广东财政年鉴 (2011)

GUANGDONG CAIZHENG NIANJIAN

广东财政年鉴编辑委员会 编著

经济科学出版社
Economic Science Press

图书在版编目（CIP）数据

广东财政年鉴．2011／广东财政年鉴编辑委员会编著．
—北京：经济科学出版社，2011．12
ISBN 978-7-5141-1216-0

Ⅰ．①广…　Ⅱ．①广…　Ⅲ．①地方财政-广东省-2011-年鉴　Ⅳ．①F812.765-54

中国版本图书馆 CIP 数据核字（2011）第 224875 号

责任编辑：白留杰　李　剑
责任校对：杨晓莹
技术编辑：李　鹏

广东财政年鉴（2011）
广东财政年鉴编辑委员会　编著
经济科学出版社出版、发行　新华书店经销
社址：北京市海淀区阜成路甲 28 号　邮编：100142
教材分社电话：88191354　发行部电话：88191540
网址：www.esp.com.cn
电子邮件：bailiujie518@126.com
北京中科印刷有限公司印装
787×1092　16 开　42.5 印张　1700000 字
2011 年 12 月第 1 版　2011 年 12 月第 1 次印刷
ISBN 978-7-5141-1216-0　定价：330.00 元
（图书出现印装问题，本社负责调换）

广东财政年鉴编辑委员会

广东财政年鉴编辑部

主　　任　黎旭东

编　　辑　张晓军　杜婷婷　陈祥福　欧阳飞

特约编辑　殷昌福　李　敏　黄丹妮　朱　昱

广东财政年鉴特约通讯员

李　萌（厅办公室）
潘　敏（厅法规税政处）
严宏宇（厅预算处）
严宏宇（厅地方财政处）
麦东阳（厅国库处）
王浩斌（厅综合规划处）
林晓红（厅行政政法处）
王炜清（厅教科文处）
姚　林（厅工贸发展处）
范小花（厅农业处）
陈周华（厅经济建设处）
廖建中（厅社会保障处）
刘雅丽（厅外经金融处）
张文蔚（厅会计处）
曾友谊（厅绩效评价处）
蔡照亮（厅行政事业资产管理处）
宋俊华（省农业综合开发办公室）
李志宏（厅农村财务管理处）
杨　瑞（厅政府采购监管处）
林承志（厅监督检查局）
朱　昱（厅人事教育处）
刘柏文（厅机关党委办公室）
耿洪波（省监察厅派驻省财政厅监察室）
黄白梅（厅离退休人员服务处）
黄林水（厅国际金融组织债务管理办公室）
叶朝珍（厅机关服务中心）
张书苑（省直行政事业单位物业管理中心）
周　静（厅投资审核中心）
吴文春（厅票据监管中心）
谢　峰（省财政信息中心）
杜婷婷（省财政科学研究所）
刘　强（省农业综合开发评估中心）
张俊生（省注册会计师协会）
刘文娴（省资产评估协会）
陈培元（省财政职业技术学校）
杨福栋（广州市财政局）
胡长青（深圳市财政委员会）
彭高旺（珠海市财政局）
潘　迪（汕头市财政局）
黄长明（佛山市财政局）
杨文乐（韶关市财政局）
具瑞新（河源市财政局）
黄定锋（梅州市财政局）
吴淑萍（惠州市财政局）
谢　岚（汕尾市财政局）
刘长青（东莞市财政局）
李立新（中山市财政局）
吴华清（江门市财政局）
李珊珊（阳江市财政局）
左　芳（湛江市财政局）
梁建旭（茂名市财政局）
张文颖（肇庆市财政局）
李晓宇（清远市财政局）
李　炼（潮州市财政局）
方松坚（揭阳市财政局）
叶志荣（云浮市财政局）

编辑说明

《广东财政年鉴》是广东省财政厅主办的大型文献资料工具书。《广东财政年鉴(2011)》是广东财政自2005年以来编纂年鉴的第七卷，该书主要汇集了2010年广东财政的各个方面情况资料，反映了2010年广东财政工作的基本全貌，并继续保持《广东财政年鉴》创刊以来的三个主要特点，即资料翔实，权威性强；理论与实务相结合；亮点和重点突出。全书立体地反映了广东财政体制改革、深化部门预算改革、完善国库集中支付改革、加强财政支出绩效管理工作、推进基本公共服务均等化建设、大力促进战略性新兴产业发展、以创先争优活动推进财政改革与发展等各方面的情况，生动体现了广东财政在落实科学发展观、关注民生问题和构建和谐社会等方面的具体做法。全书正文内容共分十二个部分。

第一部分“重要财经文献”，转载了广东省人民代表大会及其常务委员会2010年通过的有关财政经济方面的重要报告和决议；第二部分“财税工作重要讲话”，收录了省领导和省财政厅领导的有关重要讲话；第三部分“全省财政工作概况与专题”，记述了全省财政各项工作的开展情况和各项改革的进展情况；第四部分“各市财政工作概况”，刊登了全省21个地级以上市经济发展的简要介绍和财政工作有关方面的情况综述；第五部分“市县财政工作专题”，反映了全省部分市、县（市、区）财政工作重点和亮点；第六部分“统计资料”，收集了全省和各市、县（市、区）财政一般预算收支情况、非税收入基本情况、全省国有企业和外商投资企业等方面的统计资料等；第七部分“地方财经法规选编”，选编了省人民代表大会及其常务委员会通过公布的地方性财经法规，省人民政府颁布或批准颁布的重要财经规章，省财政厅和省政府有关部门制定的或几个部门联合制定的重要财经规范性文件；第八部分“财经文选”，选编了省财政厅领导在有关专题会议上的重要讲话，全省财政系统有关财政理论与实务的研究报告、研究文章和调查报告以及广东财政论坛上有关专家的讲话和有关财经文章；第九部分“财政机构人员”，主要介绍了省财政厅机构变动情况和省财政厅领导及厅属各单位领导名单，各地级以上市和各县（市、区）财政局机构设置及领导名单，以及全省财政系统人员情况；第十部分“大事记”，记述了2010年度全省财政方面的重要会议、重大活动、重要国际交往、重大决策和措施；第十一部分“媒体报道”，主要反映2010年中央和省级刊物对广东财政改革与发展中的重要工作和亮点工作进行的报道；第十二部分“附录”，简要介绍了省财政各类学会、省财政厅所属学校的工作情况和省财政厅各处室（单位、学会）所承担的研究课题、研究成果和获奖情况。

本年鉴在编辑出版过程中，继续得到各有关方面的关心和鼎力支持。在此，对所有参与年鉴撰稿、摄影、编纂、审定、出版、发行等工作的领导和同志，表示深深的感谢！你们付出的辛劳，将不断推动广东财政年鉴工作迈向新的台阶。同时，由于广东财政年鉴涉及面广，编辑出版时间有限，难免有疏漏和不妥之处，敬请广大读者批评指正，并提出宝贵意见，促使广东财政年鉴编辑出版质量不断有新的提高。

《广东财政年鉴》编辑部

2010年8月2日至6日，中央治理“小金库”工作领导小组组长、强农惠农资金专项清查工作部级领导小组组长、财政部部长谢旭人（左一）一行来粤调研“小金库”治理、强农惠农资金专

项清查和财政“两基”建设工作情况。中共中央政治局委员、省委书记汪洋（右一）会见谢旭人部长一行。

省委副书记、省长黄华华会见谢旭人部长一行。

省委常委、常务副省长朱小丹主持召开座谈会并向谢旭人部长一行作有关工作情况汇报。

2010年8月3日上午，财政部部长谢旭人在省委常委、常务副省长朱小丹，省财政厅党组书记、厅长曾志权等的陪同下，到省财政厅视察指导工作。谢旭人部长一行巡视了省财政厅有关处室、单位，对财政各项业务工作作出了一系列重要指示，提出了具体要求。

2010年9月14~17日,省政府在广州召开全省促进县域财政发展工作会议暨市、县（市区）长公共财政与经济发展方式转变专题培训班开班仪式,会议总结了2009年全省财政促进县域经济发展工作情况,表彰了2009年度落实省激励型财政机制先进单位和县级领导班子。省委常委、常务副省长朱小丹出席会议并讲话。

2010年11月9日，完善省以下财政体制工作座谈会召开，省委常委、常务副省长朱小丹出席会议并讲话。

2010年12月31日，省委常委、常务副省长朱小丹到省财政厅看望慰问财政干部。

2010年12月14日，省人大常委会副主任钟阳胜率领部分省人大代表到省财政厅视察工作。

2010年4月26日，广东省人大常委会副主任陈用志率队到省财政厅视察指导工作。

2010年12月，财政部副部长王军在参加广州亚残会开幕式期间，抽空听取了省财政厅厅长曾志权的工作汇报。

2010年11月3日，由财政部条法司副司长祝向文带队的财政“五五”普法验收检查组赴粤，对广东省“五五”法制宣传教育工作进行考核验收，检查组巡视了省财政厅“五五”普法验收考试考场，查阅了“五五”法制宣传教育工作相关资料，并召开座谈会听取广东省财政厅“五五”法制宣传教育工作的汇报总结。省财政厅副厅长沈梅红向检查组作普法工作情况汇报。听取汇报后，检查组对广东省财政“五五”普法宣传教育工作予以高度评价。

2010年8月25～26日，省财政厅党组书记、厅长曾志权陪同中央政治局委员、广东省委书记汪洋到汕尾市就深圳－汕尾特别合作区建设进行专题调研。

2010年11月25日，省财政厅党组成员、副厅长戴运龙参加广东省政府代表团，随同省委常委、常务副省长朱小丹赴林芝参加广东第六批援藏先行启动项目开工奠基仪式。当日中午，朱小丹常务副省长一行与林芝地委、行署进行座谈。朱小丹常务副省长一行还考察了林芝县八一镇福清河两岸的综合整治工程，看望慰问广东省援藏干部，并专门听取了广东省第六批援藏工作队的工作汇报。

现场公开答辩

为深入贯彻落实广东省委、省政府《关于加快经济发展方式转变的若干意见》精神，加快广东省战略性新兴产业发展，省财政设立战略性新兴产业发展专项资金。“十二五”期间,省财政将每年新增安排20亿元,五年投入100亿元,支持高端新型电子信息、LED产业、新能源汽车、太阳能光伏、核电装备、风电、生物制药、新材料、节能环保、航空航天、海洋等11个战略性新兴产业。11月30日,省财政厅在广州召开广东省扶持战略性新兴产业发展专项资金评审会,对第一批战略性新兴产业发展专项资金（省财政安排）5.8亿元实行竞争性分配。按照省财政厅印发的《战略性新兴产业发展专项资金（省财政安排）竞争性分配实施方案》及《广东省战略性新兴产业发展专项资金（省财政安排）竞争性分配评审办法》规定，此次竞争性分配分项目申报、要件准入、书面评审、公开答辩、实地考察、项目公示、省战略性新兴产业领导小组确认七个环节。在经过既定环节的组织实施，最终从153个中投项目中确定了东莞宏威数码机械有限公司等10个企业项目作为第一批战略性新兴产业发展专项资金（省财政安排）扶持单位。

要件准入评审

抽取评审专家

抽取企业出场顺序

书面评审

2010年2月，刘昆厅长率领省财政厅有关处室主要负责同志和前三批“十百千万”干部下基层驻农村工作组组长赴惠东县、五华县检查指导驻村扶贫工作。

2010年1月28日，省财政厅党组副书记、副厅长、厅直属机关党委书记曾志权率领厅办公室等处室主要负责同志赴扶贫开发“规划到户、责任到人”对口帮扶村五华县大沙村检查指导工作，发放帮扶资金，走访挂钩帮扶户，并与当地代表召开了帮扶工作座谈会。

2010年２月6日，省财政厅厅长刘昆一行前往五华县水寨镇大沙村检查指导驻村工作，先后出席省财政厅帮扶大沙村村道硬底化项目竣工仪式，检查“幸福水”安全饮水工程等公共基础设施项目建设，查看帮扶大沙村发展养鸡、养猪主导产业情况，走访挂钩帮扶贫困户，开展送温暖慰问活动。

2010年3月18日，省财政厅党组成员、纪检组长邓桂明带领厅监督检查局、监察室负责同志到大沙村检查前一阶段省财政厅对口帮扶工作落实情况，视察了大沙村自然村村道硬底化等帮扶项目的实施情况和计划今年实施的新农村建设等帮扶项目现场，还走访了挂钩帮扶贫困户。

2010年5月18日，省财政厅厅党组成员、副厅长欧斌带领厅法规处、外金处、社保处、人教处、省财校负责同志到大沙村检查前一阶段省财政厅扶贫开发“规划到户责任到人”对口帮扶工作落实情况，出席了村卫生站奠基仪式；察看了驻村工作组联系五华人民医院举办的“送医送药下乡”免费义诊活动；检查了已竣工的大沙小学挡土墙、自然村道硬底化、贫困户养鸡及村干部带头养猪产业帮扶项目和在建的大沙小学修缮、文体活动中心、排洪排涝水利设施、安全饮水供水到户管网、自然村道延长线、贫困户危房改造等帮扶项目的实施进展情况。

2010年9月3日，省财政厅党组成员、副厅长沈梅红率领厅国库处等7处室（单位）负责同志及教科文处党支部一行专程来到大沙村指导开展和检查落实厅对口帮扶和创先争优等各项工作，参加对口帮扶部分项目竣工以及启动“希望家园”活动仪式，检查对口帮扶大沙村有关项目实施情况，研究部署下一步对口帮扶工作。

9月16日至17日，广东省财政厅党组书记、厅长曾志权率领预算处等处室负责同志，到五华县水寨镇大沙村检查落实一年来对口帮扶的工作情况和创先争优“八个一”活动，察看了大沙村文体活动中心、大沙小学修缮项目等一批建成和在建项目，为大沙村卫生站、农村安全饮水到户项目竣工揭幕，出席企业家向大沙村捐赠扶贫济困金仪式，走访慰问了帮扶挂钩贫困户，并在大沙村召开了座谈会，听取有关工作汇报。

11月18～19日，省财政厅党组成员、副厅长、厅直属机关党委书记戴运龙率领厅农业处、经建处、农发办、农管处、党委办、离退休人员服务处、投资审核中心和信息中心等8个处室（单位）负责同志到五华县水寨镇大沙村检查落实对口帮扶“双到”工作和开展基层党建、创先争优“八个一”活动。

11月24～25日，省财政厅党组成员、副厅长林楚欣率领厅综合处、政府采购监管处、国际债务办、票据监管中心、科研所等5个处室（单位）负责同志一行到大沙村检查落实对口帮扶“双到”工作。24日晚，林楚欣副厅长一行与梅州市、五华县有关领导和驻村工作组举行座谈，观看扶贫专题片、听取驻村工作组汇报。25日上午，林楚欣副厅长一行出席了大沙村礼塘片村道硬底化竣工项目揭幕仪式，实地查看了新建成的水泥硬底化村道、产业帮扶养猪示范户、农村安居工程、农村安全饮水工程和平安亭景观建设等部分帮扶项目。

2010年1月6～8日，省财政厅、国税局、地税局在广州联合召开了《广东省志·财政税务卷》初审会议。省财政厅、国税局、地税局的编志工作人员、顾问、专家出席了会议。会议开幕式由省地税局副局长揭晔主持，省财政厅副厅长戴运龙在会上作了主题发言，省国税局副局长宁旭平主持了会议闭幕式。初审会上，财政厅、国税局、地税局分组对志书的相关章节进行了审议，并由三个单位的全体成员对志书进行了表决和总结。

2010年2月5日上午，广东省财政反腐倡廉建设工作会议在广州召开。省纪委第三纪检监察室梁家阳主任出席会议并作重要指示。会议由省财政厅党组副书记、副厅长、厅直属机关党委书记曾志权主持。省财政厅党组成员、驻厅纪检组组长邓桂明作了题为《加强监督检查　狠抓工作落实　深入开展党风廉政建设和反腐败工作》的工作报告。

2010年2月5～6日，省财政厅党组书记、厅长刘昆率领省财政厅办公室、预算处等处室主要负责同志和前三批“十百千万”干部下基层驻农村工作组组长赴惠东县检查指导驻村扶贫工作，并在惠东县召开了省财政厅五年驻村工作总结会议，惠东县委、县政府主要领导及有关人员参加了会议。

2010年4月2日上午，省财政厅在广州组织召开《广东省基本公共服务均等化绩效考评办法（试行）》征求意见座谈会，省财政厅副厅长沈梅红主持会议。省财政厅相关处室和省直各单位代表参加了此次座谈会。

2010年4月19～22日，省财政厅召开2010年度国家农业综合开发高标准农田建设示范工程项目竞争立项评审会，对拟申报财政部立项的10个2010-2011年度高标准农田建设示范工程项目共涉及财政投资2.4亿元进行公开竞标，这是广东省农业综合开发财政资金实行竞争性分配改革以来第三次全省性竞标活动，共有16个县（市、区）参与竞争，最终由茂南区、兴宁市、恩平市、高州市、高要市、雷州市、徐闻县、封开县、阳春市、揭东县共10个县（市、区）获得2010年度国家农业综合开发高标准农田建设示范工程项目申报立项资格。省财政厅党组成员、副厅长戴运龙出席评审会并作动员讲话。

2010年5月18日，广东省财政系统国际金融组织和外国政府贷款工作会议在广州市召开。来自全省21个地市的相关同志参加了会议。省财政厅党组成员、副厅长戴运龙出席会议并作讲话。

2010年5月19日，省财政厅在珠海市召开了全省财政支出管理电子平台阶段总结暨动态监控改革动员部署会议。省财政厅党组成员、副厅长沈梅红出席了会议并作讲话。

2010年6月24日上午，省治理“小金库”工作领导小组在广州召开了2010年工作会议。省治理“小金库”工作领导小组组长、省财政厅厅长刘昆，领导小组副组长、省纪委常委、省委巡视办主任姜斌，领导小组副组长、省审计厅副厅长何丽娟以及领导小组其他成员单位的领导出席了会议。

2010年7月23日，省财政厅在江门市召开了全省上半年预算执行分析座谈会。

2010年8月5日，省纪委驻财政厅纪检组在中山市召开2010年上半年授权管理单位工作总结交流会。省纪委驻财政厅纪检组及9个授权管理单位的纪检组长（纪委书记）及纪检监察室（处、部）主要负责同志共25人参加了会议。省财政厅党组成员、驻厅纪检组组长邓桂明出席会议，传达省纪委纪律教育学习月活动动员暨示范点现场会精神并作讲话。

2010年8月6日，省财政厅在广州召开了省直单位非税收入征管工作会议。省直73个单位和省财政厅业务处有关人员共140多人参加了会议。省财政厅党组成员、副厅长戴运龙出席会议并作了重要讲话。

2010年8月23～25日，世界银行城乡社保一体化和农民工培训项目体制创新研讨会在省财政厅召开，以世界银行中蒙局副局长刘晓云为团长的管理层代表团官员出席会议，省委政研室、省财政厅、省发展改革委、省人力资源社会保障厅和省社保局的有关领导及相关人员参加了会议。省财政厅党组成员、副厅长林楚新主持会议并作了讲话。

2010年8月24日，省财政厅在广州召开了省直管县财政改革试点工作会议，就即将于2010年10月1日实施的省直管县财政体制改革试点工作进行动员部署。省财政厅党组书记、厅长曾志权出席会议并作讲话，四个试点县南雄市、紫金县、兴宁市、封开县及其所属地级市韶关市、河源市、梅州市、肇庆市的财政局长和有关人员参加了会议。

2010年8月31日，2010年部分重点企业财税工作座谈会在广州召开。省财政厅、省地税局、省国税局、省国资委主要负责同志，部分重点企业主要负责同志和分管财务工作的负责同志参加了会议。会议由省政府副秘书长李春洪主持，省财政厅、省地税局、省国税局、省国资委主要负责同志分别就全省财税收入及重点企业税收增长情况进行了发言，部分重点企业代表作了发言。省委常委、常务副省长朱小丹出席会议并作重要讲话。

2010年10月20日省财政厅在肇庆召开了2010年第一期乡镇财政干部培训班。全省21个地级以上市财政局（委）局长（主任），67个县（市）财政局局长及部分镇（乡）财政所所长参加了培训。省财政厅党组书记、厅长曾志权出席开班式并培训动员。

2010年1月8日下午，香港立法会陈茂波议员率领香港珠三角访问团一行40余人到访省财政厅、省注册会计师协会。省财政厅党组成员、副厅长欧斌会见了陈茂波议员一行，并与访问团座谈交流，省财政厅会计处、省注册会计师协会负责同志参加了座谈。

2010年2月8日下午，广东省实施《规划纲要》评估考核第四考核组对省财政厅实施《规划纲要》工作情况进行考核检查。省财政厅党组书记、厅长刘昆作了工作汇报，省财政厅办公室、预算处等相关处室负责同志参加了会议。

2010年5月14日，汕头市委书记、市人大常委会主任黄志光，市委常委、常务副市长郑人豪，副市长苏耀光等一行到广东省财政厅，与省财政厅党组书记、厅长刘昆商谈工作。省财政厅党组成员、副厅长欧斌、戴运龙及办公室、预算处、国库处、教科文处、农业处、经建处、外金处等有关处室负责人参加了座谈。

2010年5月19日上午，广东省司法厅党委书记、厅长陈伟雄，副厅长李庆雄一行到省财政厅商谈工作，与省财政厅党组书记、厅长刘昆，厅党组副书记、副厅长曾志权等进行了深入的座谈。省财政厅办公室、预算处、农业处、经建处、行政处等处室负责同志参加了座谈会。

为响应省委办公厅、省政府办公厅关于在全省开展“广东扶贫济困日”活动的号召，省财政厅于2010年6月30日在全厅范围组织开展扶贫济困捐款活动，作为党员交一次特殊党费活动。广大党员干部积极参与，当日共筹集捐款达5.4万元。

2010年8月2日，省委常委、省委组织部部长李玉妹到省财政厅宣布曾志权上任省财政厅厅长。

2010年9月19日下午，省财政厅党组书记、厅长曾志权就贯彻实施《广东省基本公共服务均等化规划纲要（2009-2020年）》(以下简称《规划纲要》）的情况接受了人民日报记者的采访。

2010年9月28日，省财政厅举办“创先争优庆国庆·和谐财厅迎亚运”文艺演出。文艺演出由厅党组成员、副厅长、厅直属机关党委书记戴运龙致辞。厅机关、厅属各单位的干部职工及离退休老同志等观看了此次演出。

2010年10月9日，省财政厅党组书记、厅长曾志权参加广东省党政代表团，赴四川出席对口支援四川省汶川县恢复重建任务全面完成庆祝大会，并考察广东省对口支援项目。

2010年1月26日，省会计学会成立30周年纪念大会暨2009年年会在佛山隆重召开。中国会计学会会长金莲淑，省财政厅党组书记、厅长刘昆，省财政厅党组成员、副厅长郑贤操，省社科联专职副主席李旭明，省会计学会会长韩晓进及历届老领导，全省各地级市财政部门的分管领导，会计专家学者，学会理事等共130多人参加了大会。

2010年4月8日上午，省预算会计研究会在广州市召开了第三届理事代表大会。第二届理事、第三届理事候选人和各市预算会计研究会（组）通讯员以及特邀领导共110人参加了会议。

2010年6月5日，省珠算心算协会在广州举办了广东省第十五届珠算技术比赛。财政厅会计处处长、广省珠算心算协会副会长邹清莲，省科学技术协会学会学术部处长叶小鹰莅临比赛大会并作讲话。来自11个地级以上市和8所省属大中专院校的90名选手分别进行了加减算、乘算、除算三项珠算技能比赛。比赛最终评出团体一、二、三等奖，其中一等奖分别由肇庆市代表队一队等3个代表队获得；二等奖分别由佛山市代表队二队等6个代表队获得；三等奖分别由茂名市代表队一队等9个代表队获得。

2010年9月20日，省珠算心算协会成立30周年纪念大会在广州召开，省财政厅党组成员、副厅长林楚欣莅临大会并作了讲话，省科学技术协会党组成员、秘书长杨豪标亲临大会指导。省珠算心算协会韩晓进会长以及历届老领导、嘉宾参加了大会。

目　录

第一部分　重要财经文献

第二部分　财税工作重要讲话

第三部分　广东省财政工作概况与专题

● 概况

第四部分　各市财政工作概况

第五部分　市县财政工作专题

第六部分　统计资料

第七部分　地方财经法规选编

第八部分　财经文选

第九部分　财政机构人员

第十部分　大事记

第十一部分　媒体报道

第十二部分　附录

Table of Contents

Section 1 Important Documents on Finance and Economy

Section 2 Important Speech of Public Finance and Taxation Working

Section 3 Provincial Public Finance

● **Special Topics**

Section 4 Public Finance in Prefectures

Section 5 Special Topics on Public Finance in Cities, Districts and Counties

Section 6 Statistics

Section 7 Selected Local Laws and Regulations of Finance and Economy

Section 8 Selected Writing on Finance and Economics

Section 9 Fiscal Organization Structure and Personnel

Section 10 Memorabilia

Section 11 Media Reports

Section 12 Appendix

第一部分

重要财经文献

广东省第十一届人民代表大会第四次会议关于广东省2010年预算执行情况和2011年预算的决议

（2011年1月26日广东省第十一届人民代表大会第四次会议通过）

广东省第十一届人民代表大会第四次会议审查了省人民政府提出的广东省2011年预算草案及省财政厅厅长曾志权受省人民政府委托所作的《广东省2010年预算执行情况和2011年预算草案的报告》。会议同意广东省人民代表大会财政经济委员会的审查结果报告，决定批准广东省2011年省级预算，批准《广东省2010年预算执行情况和2011年预算草案的报告》。

关于广东省2010年预算执行情况和2011年预算草案的报告

广东省财政厅厅长 曾志权

各位代表：

受省人民政府委托，我向大会提出广东省2010年预算执行情况和2011年预算草案的报告，请予审议。

一、2010年预算执行情况

2010年以来，广东省各级政府和财政部门在省委、省政府的正确领导下，以邓小平理论和"三个代表"重要思想为指导，以科学发展观为统领，认真贯彻党的十七大、十七届五中全会精神，落实省委十届六次、七次全会和省委、省政府的工作部署，按照省十一届人大三次会议审议通过的年度预算，坚持生财有道、聚财有方、用财有规和集中财力办大事，贯彻落实中央扩大内需政策，紧密围绕贯彻落实《珠江三角洲地区改革发展规划纲要》和推进"三促进一保持"的中心工作，实施积极的财政政策，狠抓增收节支，优化支出结构，大力推动产业结构调整和经济发展方式转变，着力保障和改善民生，深化财税体制改革，不断提高财政管理科学化、精细化水平，为广东省经济企稳回升、加快科学发展提供了有力的支撑。在各级财税部门共同努力下，省十一届人大三次会议通过的预算完成情况良好，财政工作取得了较好的成绩，促进了国民经济和社会各项事业的发展。

据财政快报反映，2010年全省一般预算收入完成4 515.72亿元，为省代编预算的116.1%，超收625.72亿元，增长23.7%。

2010年全省一般预算支出完成5 414.76亿元，为省代编预算的115.3%，比预算增加支出719.76亿元，增长25.8%。2010年全省一般预算收入加上中央税收返还、各项补助款和预算结转、结余，减去支出以及上解中央项目后，全省一般预算实现了收支平衡，有所结余。

2010年省级财政一般预算收入完成863.25亿元，完成年初预算的113.9%，增长18.8%，比省十一届人大三次会议批准的预算超收105.25亿元。加上中央代发地方政府债券收入69亿元及转移性收入和上年结余收入等，2010年省级总收入完成1 740.93亿元。

2010年省级财政总支出完成1 738.18亿元，比省十一届人大三次会议批准的预算增加173.93亿元，主要是根据国家和省委、省人大、省政府有关文件精神，对中央代发地方政府债券收入69亿元以及2010年超收105.25亿元作了适当安排。因中央代发地方政府债券对省级预算收支进行的调整，已按规定报请省十一届人大常委会第十九次会议批准。省级2010年超收收入安排情况，已按规定报请省十一届人大常委会批准同意。剔除不可比因素后，2010年省级超收收入中约63%用于改善社会民生事业及推进基本公共服务均等化。

2010年省级财政总收支相抵，结余2.75亿元，全部结转下年使用。

2010年预算具体执行的主要情况如下：

（一）省级财政收入预算执行情况

2010年，面对复杂多变的国内外环境，省委、省政府对财政运行态势高度关注，省政府多次召开财税形势分析会，对财税形势进行了深入研究，对进一步加强收入征管、确保完成全年收入增长目标进行了全面部署。各级财税部门认真贯彻落实省委、省政府决策部署，积极加强部门协调，认真落实财税收入运行监测分析制度，采取有效措施提高征管效能，确保了财政收入的平稳较快增长。

省级财政主要收入项目。增值税11.89亿元，完成预算的88.1%，增长-15.9%。营业税433.68亿元，完成预算的110.4%，增长16.7%。企业所得税232.54亿元，完成预算的113.9%，增长20.4%。个人所得税70.75亿元，完成预算的117%，增长15.6%。土地增值税55.95亿元，完成预算的147.2%，增长56.9%。非税收入58.43亿元，完成预算的119.2%，增长14.6%。

（二）省级财政支出预算执行情况

按照省委、省政府的决策部署，2010年省级财政进一步调整优化支出结构，大力压减一般性支出，加大对“三农”、教育、医疗卫生、社会保障、就业、保障性住房、科学技术、环境保护等方面的投入，着力推进基本公共服务均等化。在预算执行中，各项重点支出得到较好的保障。

1. 农林水事务支出81.84亿元。加大对农村和农民补贴力度，落实水稻、花生、生猪良种补贴，农机具购置补贴、农资综合补贴等农业生产资料补贴政策，建立能繁母猪、渔业养殖和政策性农村住房保险补贴制度；扶持农业科技推广及农业综合开发；安排“凡亚比”台风灾害救灾复产资金，帮助受灾地区灾后重建。以上各项共安排农业支出22.38亿元。加大林业生态保护力度，对全省5 814万亩生态公益林给予补偿资金7.16亿元；推进林分改造及水源涵养林、沿海防护林建设，支持集体林权制度改革，安排林业资金11.92亿元。开展城乡水利防灾减灾工程及重点水利建设项目，推进农村饮水安全工程建设，加强农田水利基础设施建设，实施水库移民补助，安排水利支出36.31亿元。对农村低收入人口实施扶贫政策，对贫困地区3 409个贫困村“规划到户、责任到人”的扶贫开发工作给予转移支付补助；健全村级组织运转经费保障机制，对1万个贫困村、5万名村“两委”干部给予人员经费及村级组织办公经费补贴，共安排扶贫资金7.14亿元。

2. 教育支出181.81亿元（含教育转移支付）。完善义务教育经费保障机制，安排教育转移支付资金51.04亿元，提高农村义务教育公用经费保障标准，免除城乡小学和初中学生学杂费和课本费；安排奖补资金，帮助地方解决农民工随迁子女接受义务教育，保障全省1 151万名城乡小学和初中学生以及211万名农民工子女享受免费义务教育；建立农村义务教育中小学校舍维修经费保障长效机制，实施中小学校舍安全工程；建立财力性补助，帮助欠发达地区义务教育学校实施绩效工资政策，实施高校毕业生到农村从教上岗退费政策；对农村101万名困难家庭义务教育寄宿学生给予生活费补贴。以上各项共安排义务教育资金66.45亿元。加快普及高中阶段教育，推进普通高中、中职学校和职业技能公共实训基地建设，实施“智力扶贫”补助，落实家庭经济困难学生国家励志奖学金和国家助学金，对53万名家庭经济困难学生给予财政资助，免除13万名农村经济困难家庭中职学生和涉农专业学生学费，以上各项共安排高中和中职教育资金29.70亿元。支持高等教育跨越式发展，安排高校生均经费拨款37.88亿元；推进省属高校基本建设，支持“211工程”三期建设，支持高校引进人才，建立高校国家奖（助）学金资助体系，帮助20万名贫困学生接受高等教育，以上共安排高等教育资金53.18亿元。

3. 医疗卫生支出75.25亿元。提高基本医疗保障水平，各级财政对新型农村合作医疗和城镇居民医保的补助标准提高到每人每年120元，新型农村合作医疗参保人数达3 883万人，城镇居民医保参保人数达到1 961万人，新型农村合作医疗支付封顶线不低于每人每年5万元、城镇居民医保不低于每人每年8万元，安排医疗保障支出46.56亿元。健全城乡公共卫生服务体系，实施基本公共卫生服务与重大公共卫生服务项目，各级财政对基本公共卫生服务的补助标准不低于每人每年15元，加强重大疾病预防控制，安排公共卫生支出2.56亿元。完善基层卫生机构经费保障机制，对经济欠发达地区15 874个行政村驻村医务人员进行补贴，对974所乡镇卫生院和基层医疗卫生机构建设给予转移支付补助。支持省部共建大型综合性医院建设，安排公立医院支出3.52亿元。提升中医药服务能力水平，提高中医中药研发能力，支持中医药名医名科建设，安排中医药支出0.39亿元。

4. 社会保障和就业支出69.28亿元。支持覆盖全民的社会保障体系建设，推进新型农村养老保险试点，在36个县开展新农保试点工作，覆盖1 283万农民，支出1.6亿元。支持实现城镇职工养老保险全覆盖，对农垦等部分困难企业养老基金统筹缺口给予补助，支出1.3亿元。加快实现全民医保，将困难企业退休人员28.44万人纳入医疗保险，支出1亿元。提高最低生活保障线补助标准，对全省224万名城乡低保对象应保尽保，安排城乡最低生活保障支出8.95亿元。健全优抚安置体系，提高重点优抚对象补助标准，落实军队退役人员生活待遇补助，帮助欠发达地区城乡退役士兵参加就业技能培训，安排抚恤及退役安置支出7.1亿元。健全社会福利服务体系，落实残疾人康复经费，对敬老院建设、殡仪馆设施改造给予补助，安排社会福利及残疾人事业支出1.02亿元。完善社会救助体系，保障受灾群众基本生活，安排社会救济及自然灾害生活补助支出2.1亿元。落实离退休待遇政策，安排行政事业单位离退休支出23.66亿元。大力推进就业和再就业工作，加大农村劳动力转移的职业技能培训力度，对70.5万名农村劳动力实行职业培训，开展公共就业服务，改善广东省劳动力市场的基础设施和外部条件，安排就业补助支出9.6亿元。

5. 保障性住房支出3.75亿元。实施农村贫困户泥砖房、茅草房改造，用5年时间解决54.15万户农村贫困户住房困难问题。支持东西两翼和粤北山区建设廉租住房，使8 746户城镇困难家庭受益，支出2亿元。

6. 文化体育与传媒支出16.06亿元。大力推进公益性文化事业发展，支持欠发达地区7 732个农家书屋建设，大力发展文化产业，培育重点文化项目和骨干企业，对中山图书馆改扩建给予支持，安排文化支出4.91亿元。支持文物保护，落实文物普查经费，支持非物质文化遗产保护，对省博物馆运行给予经费补助，安排文物支出1.46亿元。发展广播影视事业，全省20户以上的自然村基本实现广播电视“村村通”，1.56万个行政村基本实现一村一月放映一场电影，安排广播影视支出1.75亿元。加强体育事业建设，支持亚运会省级体育场馆建设和维修，落实大型运动会补助经费，安排体育支出6.75亿元。

7. 粮油物资储备等事务支出6.11亿元。落实种粮直补资金，加强粮食和食用油储备体系建设，构建供给稳定、储备充足、调控有力、运转高效的粮食安全保障体系。

8. 科学技术支出26.71亿元。增强自主创新能力，加强广东省实验室体系建设，推进产学研省部合作，加强与中科院战略合作，安排基础研究和应用研究支出5.13亿元。支持产业技术研究与开发，重点突破关键领域，加快高新技术产业开发区发展，安排技术研究与开发支出10.29亿元。推进人才工程建设，引进培养高层次人才，支出1.75亿元。加大科学普及力度，安排科学技术普及支出0.95亿元。

9. 环境保护支出9.07亿元。大力支持节能减排工作，加快高效节能产品推广、实施节能产品惠民工程，推进可再生能源利用，加快淘汰落后生产能力，支持重点节能减排工程建设，安排节能减排及可再生能源等支出2.21亿元。加强生态保护和环境治理，推进污水处理厂建设，实施重点流域水污染防治、固体垃圾治理、环境综合整治，安排污染防治及生态保护支出5.71亿元。不断提高环境监管能力，加强环境监察执法机构建设和环保能力建设，安排环境保护管理、监测与监察支出0.84亿元。

10. 公共安全支出58.12亿元。落实中央司法体制改革精神，加大对欠发达地区政法经费补助，加强政法司法能力建设，保障人民群众生命财产安全。

11. 交通运输支出80.25亿元。支持农村公路建设，完成农村公路路面硬化里程5 000公里的目标任务，支持国省道新改建、大修、县乡公路及省管重点公路建设；对城市公交、农村道路客运等部分公益性行业给予油价补贴；支持广珠铁路、广珠城际轨道交通、厦深铁路、贵广铁路、南广铁路、赣韶铁路、茂湛铁路等项目建设。

12. 一般公共服务支出81.95亿元。主要用于保障机关正常运转，增强政府公共服务能力和应急处置能力。

（三）财政管理与改革情况

1. 调整完善财政体制，促进区域均衡发展。一是调整完善省以下财政体制。积极稳妥研究新一轮省以下财政体制，计划通过调整财政体制集中一定的财力，增强省级统筹能力，新增财力主要用于均衡区域间财力差距，缓解基层财政困难，推进广东省城乡、区域基本公共服务均等化。二是建立县以下政权基本财力保障机制。在明确责任的基础上，建立奖补机制，保障县（市）、镇（乡）和村级基本支出需要，为各地区基层政权和组织供给“底线均等”的基本公共服务提供必需的财力保障，缓解基层财政困难。三是建立生态激励和生态补助相结合的财政机制。通过调整完善现行激励型财政机制，对广东省主体功能区规划确定的生态发展区域，引入生态发展激励机制，将省财政一般性转移支付与县域生态环境改善成果挂钩，在保生态发展区域基本运转的基础上增强其改善环境的内在动力，形成生态补偿机制，支持生态地区实现良性发展。四是积极推进省直管县财政改革试点工作。从2010年10月1日起选择兴宁市、南雄市、紫金县和封开县作为试点实行省直管县财政改革，减少财政管理层级，增强基层政权提供基本公共服务能力。五是探索建立横向财政转移支付机制。在继续加大省对市县纵向财政转移支付力度的同时，逐步建立区域间横向财政转移支付制度，强化发达地区先富帮后富的政治责任。

2. 积极推进财政科学化精细化管理。按照加强财政基础管理和基层财政建设的要求，不断拓展财政管理改革的深度与广度，完善公共财政管理框架体系。在部门预算方面，进一步完善省级部门预算项目编制体系，提高预算执行时效性和均衡性，认真做好省级预算公开工作。在国库集中支付改革方面，将省级所有财政支出、预拨资金、部分省对下级专项补助资金纳入集中支付范围，逐步扩大省对下级专项补助资金国库集中支付规模；推进财政支出管理电子平台建设；推进省级财务核算信息集中监管改革，省一级预算单位100%纳入改革范围；推进公务卡结算改革，21个地级市本级全面启动改革试点；积极开展财政国库动态监控改革。在政府采购方面，在全国率先出台地方性法规，从2010年3月1日起实施《广东省实施〈政府采购法〉办法》；抓好广东省自主创新产品政府采购政策落实；继续推进电子化政府采购。在“收支两条线”管理方面，加强非税收入征管，推进非税收入征管电子信息化建设。在绩效评价改革方面，起草基本公共服务均等化绩效考评办法；完善部门预算专项支出目标审核工作机制。在资产管理方面，加大资产收益监管力度，规范各单位资产配置行为；加快推进行政事业资产统计报告和资产管理信息系统建设。在财政监督方面，强化省级财政资金垂直监督；拓宽会计信息质量检查范围和内容，探索建立会计师事务所监管新机制；深入开展“小金库”专项治理工作。

（四）落实省人大预算决议有关情况

1. 认真研究落实省十一届人大三次会议对预算的决议及省人大财政经济委员会的审查意见。进一步深化财税体制改革，结合主体功能区规划调整完善激励性财政机制，对生态发展区引入生态激励型财政体制；推进基本公共服务均等化，探索建立横向转移支付机制；稳步推进省直管县改革试点；研究建立县以下政权基本财力保障机制。进一步提高财政管理水平，坚持依法治税理财，狠抓增收节支；加强债务管理，防范化解财政金融风险；加强非税收入监控，提高财政收入质量；推进部门预算改革，完善预算报表体系，规范预算项目名称，提高预算编制科学化、规范化水平。着力改善和保障民生，加大“三农”投入力度，推动农业农村发展，促进农民增收；加大教育投入力度，重点解决欠发达地区中小学教师工资福利待遇“两相当”问题；加大农村医疗卫生投入，提高新型农村合作医疗保障水平和公共卫生服务能力，为群众提供安全、有效、方便、廉价的医疗服务；加大社会保障投入力度，重点解决农民群众“老有所养”问题。

2. 认真研究落实省人大代表意见建议。坚持把办好建议工作作为发展社会主义民主政治，推进依法执政、科学执政、民主执政的一项重要任务，坚持把“让代表满意，让群众受益”作为办理工作的出发点和落脚点，切实解决代表们普遍关心的热点难点问题。2010 年共承办省十一届人大三次会议代表建议 255 件，比上年增加 9 件，其中主办件 51 件、协办件 204 件。主办件中，建议所提问题已经解决或基本解决的共 32 件，建议所提问题列入年度计划解决的共 4 件，列入规划逐步解决的共 12 件，因目前条件所限及其他原因无法解决或供有关部门参考的共 3 件，分别占主办件总件数的 62%、8%、24%、6%。在办理人大建议过程中坚持“实事求是、积极而为、高效务实”的工作思路，努力创造条件，拓展办理深度，在解决问题、办出实效上下工夫，力求做到办理一件建议、解决一批类似问题、推动一个方面的工作，增强办理工作服务科学发展的实效，推动代表的“良策”变成实实在在的工作成果。

2010 年，在省委、省政府的正确领导下，在省人大、省政协的监督指导下，在全省各级政府和各部门密切配合、共同努力下，预算执行等财政工作取得新进展。但我们也清醒地认识到，在财政运行和管理工作中还存在一些问题，包括：预算支出执行进度不够均衡，财政结余结转资金规模较大；区域发展不平衡，一些地区的基层财政比较困难，财权与事权相匹配的财政体制及转移支付制度尚需进一步完善；财政基础管理仍需加强，资金使用效益有待提高等。我们将高度重视这些问题，继续采取有效措施，努力加以解决。

二、2011 年全省和省级预算草案

2011 年是实施“十二五”规划的开局之年，是实施《珠江三角洲地区改革发展规划纲要》的关键之年，也是广东省加快转变经济发展方式的攻坚之年。

（一）2011 年广东省财政形势

总体来看，2011 年广东省财政形势预计将随宏观经济环境的好转而继续稳定向好，但也面临不少减收增支因素。收入方面，宏观经济形势和企业经营状况继续好转，将有利于财政收入增长。但国际金融危机后出口增长的不确定性增加、国内投资消费增长受限，将影响相关主体税种收入增长。同时，国家出台的宏观经济调控政策将继续对财政收入产生一定的影响，增值税转型改革后固定资产进项税额抵扣政策仍持续影响增值税收入增长，预计 2011 年财政税收收入难以实现较高增幅，将基本与经济增长的速度相适应。此外，由于国家、省取消和规范行政事业性收费，省级非税收入也难以大幅增长。支出方面，贯彻国家稳定增长、改善结构、调节分配、促进和谐各项决策，落实国家及广东省教育中长期规划纲要、实现全省新型农村养老保险三年全覆盖、推进医药卫生体制改革、应对物价波动保障低收入群体基本生活、帮助农民持续增收等重大民生政策，都需要财政进一步加大投入力度，调整优化财政支出结构的压力不断加大。

综合分析影响经济社会发展和财政收支的各种因素，预计 2011 年全省和省级财政收支紧张的矛盾仍然比较突出，必须审时度势、科学合理编制 2011 年预算。

（二）财政预算编制和财政工作总体要求

根据国务院和财政部对编制 2011 年预算的要求，2011 年省级预算编制坚持收入安排积极稳妥、应征尽收，支出安排量入为出、厉行节约、有保有压，集中财力保障《中共中央关于制定国民经济和社会发展第十二个五年规划的建议》、《珠江三角洲地区改革发展规划纲要》、《实施〈珠江三角洲地区改革发展规划纲要〉实现“四年大发展”工作方案》、《国务院关于加快培育和发展战略性新兴产业的决定》、《广东省基本公共服务均等化规划纲要》等重大战略决策的贯彻落实。

编制 2011 年省级财政预算总的指导思想是：以邓小平理论和“三个代表”重要思想为指导，深入贯彻落实科学发展观，全面贯彻党的十七大、十七届五中全会、中央经济工作会议和省第十次党代会、省委十届七次、八次全会精神，全面贯彻落实党中央、国务院和省委、省政府关于加快转变经济发展方式的重大战略部署，紧密围绕“三促进一保持”中心工作，坚持解放思想、改革创新，继续实施积极的财政政策，着力扩大国内需求，运用财政手段推

动战略性新兴产业加快发展，促进产业结构优化升级和经济平稳较快发展；坚持依法理财、统筹兼顾和增收节支的方针，进一步优化财政支出结构，大力压减一般性财政支出，加大对“三农”、教育、科技、医疗卫生、社会保障和就业、保障性住房、节能环保以及欠发达地区的支持力度，着力推进基本公共服务均等化；进一步深化财税制度改革，加快形成有利于科学发展的财政体制机制；加强财政基础工作和基层建设，着力提高财政管理科学化、精细化水平。

编制2011年省级预算的基本原则是：(1) 坚持积极稳妥，结合社会经济发展，实事求是、科学合理编制财政收支预算。(2) 坚持应征尽收，依法加强收入征管，严格执行税收优惠政策，将预算外行政事业性收费（不含教育收费）全部纳入预算管理。(3) 坚持量入为出，科学调度财力、节约财力、巧用财力，按轻重缓急科学合理安排支出，确保收支平衡、略有结余。(4) 坚持厉行节约，大力压减一般性支出，严格控制“三公”支出增长，推进节约型政府建设。(5) 坚持有保有压，集中财力确保重点支出需要，把财力更多地用于解决事关全省经济和社会发展全局的重大问题。(6) 促进科学调控，继续实施积极的宏观调控政策，大力支持战略性新兴产业发展，推进产业结构调整和经济发展方式转变。(7) 促进民生保障，推进《广东省基本公共服务均等化规划纲要》贯彻落实，推动全省逐步建立和完善覆盖城乡、功能完善、分布合理、管理有效、水平适度的基本公共服务体系。(8) 促进城乡协调，大力支持农业发展、农村建设、农民增收，推进“三农”发展，加快形成城乡经济社会发展一体化新格局。(9) 促进区域协调，深化财政体制改革，进一步完善省以下财政体制，积极推进省直管县财政管理体制改革试点工作，逐步建立县级基本财力保障机制，提高基层政府和组织运转的财力保障水平。(10) 促进科学化精细化管理，加强财政基础工作和基层建设，进一步深化公共财政改革，提高公共财政管理水平。

（三）2011年全省一般预算安排建议

根据上述指导思想，贯彻《国务院关于编制2011年中央预算和地方预算的通知》关于“收入预算编制要坚持实事求是、积极稳妥、留有余地，与2011年国内生产总值等经济社会发展指标相适应”的要求，根据2011年中央宏观经济政策及广东省国内生产总值增长预期，并综合考虑国家宏观调控政策、增值税抵扣等政策影响，2011年全省一般预算收入拟按增长10%安排4 967亿元，人均收入5 154元，比上年增加1 078元，增长26.4%。

全省一般预算支出安排5 983亿元，比2010年增长10.5%，人均支出6 208元，比上年增加1 289元，增长26.2%。

（四）2011年省级一般预算草案

1. 2011年省级预算收入安排。2011年省级一般预算收入拟在2010年预计完成基础上，考虑剔除一次性不可比因素25亿元后，按增长10%安排922亿元。主要收入项目安排情况：增值税10.5亿元，营业税475亿元，企业所得税247亿元，个人所得税74.5亿元，土地增值税57亿元，非税收入58亿元。

2011年省级财政总收入安排1 812.71亿元，其中：(1) 省本级一般预算收入922亿元，可比增长10%；(2) 中央补助收入691.51亿元（包含中央提前下达广东省转移支付补助152.02亿元）；(3) 各市上解收入176.45亿元；(4) 动用预算稳定调节金20亿元；(5) 上年结余2.75亿元。

2. 2011年省级财政支出安排。2011年省级财政总支出1 809.98亿元，其中，省本级支出518.69亿元，占28.66%；补助市县支出1 192.12亿元，占65.86%，上解中央支出95.94亿元，占5.3%，调出资金3.23亿元，占0.18%。

根据以上2011年省级财政预算收支安排，收支相抵，净结余2.73亿元。

省级支出结构：用于促进经济发展和产业结构调整的支出为90.10亿元，占4.98%，比上年增加6.28亿元；均衡区域基本公共服务水平、帮助市县增强发展后劲的支出为768.23亿元，占42.44%，比上年增加105.67亿元；用于改善民生、提供基本公共服务的支出为638.34亿元，占35.27%，比上年增加98.56亿元；用于建立应急预警机制、防范风险的支出为49.87亿元，占2.76%；用于维持省级政权运转的支出为167.49亿元，占9.25%；上解中央的支出为95.94亿元，占5.3%。省级财政支出结构体现了保障基本公共服务、保障民生支出、保障经济发展、保障区域均衡的支出要求。

3. 2011年省级财政重点支出保障和主要项目安排情况。2011年省级支出安排重点突出，法律法规要求保障的重点支出投入均增长10%以上，其中教育、科技、社保、环保、农林水等投入增长15%以上。重点支出保障及主要项目安排情况如下：

(1) 继续实施积极的财政政策，发挥财政宏观调控作用和财政资金“四两拨千斤”作用，促进经济发展方式转变。

一是促进经济结构战略性调整，增强经济核心竞争力。坚持把经济结构战略性调整作为加快转变经济发展方式的主攻方向，把培育发展战略性新兴产业和高增长产业作为经济结构调整的重要途径，推动广东省新一轮大发展。培育壮大战略性新兴产业，落实《中共广东省委、广东省人民政府关于加快经济发展方式转变的若干意见》，“十二五”期间省财政集中安排100亿元，采用竞争性扶持方式，对战略性新兴产业发展给予支持引导，在2010年安排10亿元的基础上，2011年再安排10亿元；同时，按照省委、省政府关于运用财政激励政策促进战略性新兴产业发展的决策部署，安排4亿元进一步促进广东省战略性新兴产业加快发展。加快建设现代产业体系，安排产业发展导向资金5.75亿元，引导以现代服务业和先进制造业为核心的高端产业发展；安排4.25亿元支持粤西、粤北现代产业发展及农业现代化示范区建设；提升发展先进制造业，安排结构调整重点挖潜改造专项资金1.9亿元、装备制造业专项资金1.5亿元；加快发展现代服务业，安排现代信息服务业发展专项资金1.9亿元、现代服务业发展引导专项资金1亿元；安排重点金融产业发展专项资金0.5亿元，推进金融强省建设；安排重大产业开发引导专项资金0.95亿元，支持重点战略产业开发。进一步推进产业和劳动力“双转移”，安排重点产业转移园区专项资金15亿元、欠发达地区产业转移园区发展专项转移支付资金15亿元，支持欠发达地区加快产业转移园区基础设施建设；在2010年安排产业转移奖励资金12.5亿元的基础上再安排2.5亿元，进一步鼓励珠三角地区企业加快向东西两翼和粤北山区转移，落实省委、省政府关于利用财政手段对“双转移”工作“再推一把”的要求。大力扶持中小企业和民营经济发展，安排中小企业发展专项资金1.8亿元、中国中小企业博览会经费0.48亿元、民贸企业贷款贴息资金0.2亿元。

二是促进科技进步和自主创新，支持实施高层次人才战略。坚持把科技进步和自主创新作为加快转变经济发展方式的重要支撑，充分发挥科技第一生产力和人才第一资源作用，增强自主创新能力，吸引壮大高层次人才队伍，加快推动经济发展由要素驱动向创新驱动转变。大力推动自主创新，加强产学研合作，加快推进产业技术研究与开发，安排省部（院）合作专项资金共6亿元，支持广东省与教育部、工信部、中国科学院、中国工程院加强产学研合作，加快推进产学研重大创新平台建设和重大科研项目实施；安排产业技术研究与开发相关专项资金3.25亿元、新兴产业关键技术专项资金1亿元、自主创新专项资金0.85亿元、省高科技发展专项资金0.48亿元、重大新药创制专项资金1亿元，着力攻克一批新兴产业和高新技术产业的关键共性技术。支持引进培养高层次人才，落实《中共广东省委、广东省人民政府关于加快吸引培养高层次人才的意见》，安排创新和科研团队、领军人才引进专项4.2亿元，培养人才及人才奖励经费1.51亿元，战略性新兴产业急需高层次人才引进专项0.6亿元，高校引进人才、主体科研机构人才培训、院士工作站、跨世纪高层次人才培训等经费1.39亿元，提高高层次人才经济待遇水平，改善高层次人才工作环境，形成有利于吸引和培养高层次人才的环境，加快建设人才强省。引导企业创新和科研成果转化，安排省高新技术产业开发区发展引导资金2亿元、科技型中小企业技术创新专项资金0.5亿元、省级企业技术中心专项资金0.5亿元、专利申请资助及知识产权保护经费0.65亿元，促进企业技术改造和技术创新，增强企业发展后劲。支持基础研究，安排广东省实验室体系建设专项0.8亿元、省自然科学基金0.58亿元、广东主体科研机构创新能力建设专项0.5亿元。2011年安排科技投入33.82亿元，比上年增长38.55%。

三是有效扩大消费需求，增强经济发展内生动力。把扩大消费需求作为扩大内需的战略重点，进一步释放城乡居民消费能力，增强消费对经济增长的拉动作用。培育新型消费模式，支持实施“节能产品惠民工程”，推进家电下乡、摩托车下乡、家电以旧换新等，安排资金2.3亿元。全面实施国民旅游休闲计划，安排广东省高端旅游项目发展专项资金0.5亿元、广东省国际旅游文化节及中国旅游博览会项目经费0.4亿元、旅游宣传促销经费0.5亿元、旅游扶贫专项资金0.44亿元。支持开拓国内市场，安排开拓广货市场专项资金0.29亿元、拓展内销市场专项经费0.2亿元。加强市场流通体系建设，安排新农村现代流通服务网络工程专项资金0.35亿元、发展现代流通业引导专项资金0.3亿元。

四是推动外经贸战略性转型，提升国际竞争力。发挥广东省外经贸的独特优势，大力促进外经贸调整、转型、创新，使外经贸成为广东省经济持续快速健康发展的重要动力。支持外贸企业转型升级，安排科技兴贸、出口品牌发展、外向型民营企业发展资金1.05亿元，增强外经贸自主创新能力和产品竞争力。支持扩大进出口贸易，安排出口企业开拓国际市场、进出口奖励等资金0.7亿元，服务贸易发展、服务外包专项资金0.4亿元，支持企业开拓新兴市场、大力发展服务贸易。完善涉外贸易保护体系，安排出口信用险、促进进出口公平贸易、促进外经贸公共服务体系建设等资金1.47亿元，帮助企业有效应对国际贸易风险。提高利用外资水平，安排招商引资、吸引外资奖励等资金1.2亿元，引导外资在自主创新和产业升级方面发挥积极作用。加快实施“走出去”战略，安排“走出去”专项资金0.3亿元，支持优势企业对外投资。

（2）坚持把保障和改善民生作为加快转变经济发展方式的根本出发点和落脚点，积极推进《广东省基本公共服务均等化规划纲要》贯彻落实。

一是提升教育发展水平，促进教育公平。积极实施《国家中长期教育改革和发展规划纲要》以及《广东省中长期教育改革和发展规划纲要》，加快缩小教育差距，建设教育强省、人力资源强省。大力推进义务教育均衡发展，高质量普及九年义务教育。安排城乡义务教育转移支付资金55.99亿元，用于免除全省城乡义务教育阶段学生学杂费和课本费，提高农村义务教育生均公用经费标准，逐步解决非户籍常住人口子女平等接受义务教育问题，实施农村困难家庭子女义务教育阶段寄宿生生活费补助，建立农村义务教育中小学校舍维修长效机制等。深化中小学布局结构调整，推进义务教育学校规范化建设，安排农村义务教育中小学“三室一场五有”工程资金2.5亿元、中小学校舍安全工程专项经费1亿元。提高教师地位待遇，促进城乡师资均衡配置，安排解决中小学代课教师问题和教师工资福利待遇问题资金14亿元，实现县域内教师工资福利待遇“两相当”；支持农村教育师资建设，安排高校毕业生到农村从教上岗退费资金1.8亿元，提升农村教师队伍整体素质。加快普及高中阶段教育，大力发展职业教育和技工教育。统筹安排普及高中阶段教育建设资金18.16亿元，用于加快高中教育基础设施建设、增加高中阶段学位，完成普及高中阶段教育目标；安排技工学校建设补助2.85亿元、中等职业教育经费1亿元、职业技能公共实训基地建设资金1亿元、职业技术学院建设经费1亿元，用于加快职业技术学校基础设施建设和实训设施建设，完善现代职业教育体系，满足经济社会对高素质劳动者和技能型人才的需要。加快高水平大学建设，提升高等教育发展水平。安排29所高校生均综合定额41.58亿元、高校省级财政贴息贷款清偿资金及省属高校基本建设资金11.3亿元、“985工程”及“211工程”学校建设资金7.3亿元、汕头大学建设配套资金2亿元、高校质量工程和重点学科建设等资金1.95亿元，用于高校基础设施建设、教学质量提升、重点学科发展和自主创新能力提升。扩大并提高家庭经济困难学生资助政策覆盖范围和水平，将中职免学费政策范围扩大到城镇家庭经济困难学生，安排中职家庭经济困难学生和涉农专业学生免学费补助资金2.47亿元，智力扶贫补助资金2.2亿元；将高校助学金标准从2 000元提高至3 000元，建立普通高中家庭经济困难学生助学机制，安排家庭经济困难学生国家励志奖学金和国家助学金10亿元、普通高中国家助学金1.98亿元；安排助学贷款贴息专项资金1亿元。2011年安排教育投入213.16亿元，比上年增长16.28%。

二是加快建设覆盖城乡居民的社会保障体系，提高社会保障水平。坚持广覆盖、保基本、多层次、可持续的方针，完善社会救助和社会福利体系，逐步建立统筹城乡的社会保障网。继续扩大新型农村社会养老保险试点范围，在全省60%的县市区开展新农保试点，按照各级财政对60岁以上领取待遇的参保人给予每人每月55元的基础养老金的要求，安排新型农村社会养老保险基础养老金补助10.27亿元；同时，按照各级财政对新农保参保补助30元/人·年的要求，安排个人账户做实储备金及新型农村社会养老保险参保缴费补助1亿元。实现城镇职工基本养老保险全覆盖，安排省农垦企业养老纳入统筹缺口补助1.11亿元、贫困地区养老保险提标缺口补助0.8亿元，加快解决未参保人员养老保障问题，推进养老保险省级统筹。努力构建全民医保制度，安排欠发达地区企业退休人员参加基本医疗保险资金补助1亿元、“4050”归难侨职工和归难侨退休人员参加基本医疗保险补助0.48亿元，解决困难企业退休人员医保问题。完善优抚安置保障体系，安排提高重点优抚对象标准和解决军队退役人员生活待遇补助资金3.88亿元，14个欠发达地区城乡退役士兵就业技能培训经费2.67亿元、省属及中央驻穗企业退休军转干部生活补贴0.64亿元，欠发达地区军转干部生活费补助资金0.4亿元，建立城乡抚恤优待补助标准正常增长机制，提高优抚对象和军队退役人员生活水平。完善社会救助体系，安排农村最低生活保障补助8.36亿元、城市居民最低生活保障补助2.59亿元，将家庭人均纯收入低于1 500元以下的农村、城镇居民纳入最低生活保障范围；安排全倒户重建家园补助资金1.2亿元，提高对全倒户重建家园补助标准，切实做好城乡低保对象等困难群体基本生活保障和救灾救济工作。完善社会福利体系，安排敬老院及养老福利机构建设资金0.44亿元、残疾人康复经费0.2亿元，加大城乡社会福利设施建设力度。落实对离退休干部的待遇政策，安排省直事业单位离休干部与机关离休待遇拉平经费0.65亿元、转制企业离退休人员财政补差0.48亿元。2011年安排社会保障投入100.97亿元，增长20.62%。

三是落实积极就业政策，完善统筹城乡的公共就业服务体系。构建农村劳动力技能培训普惠制度，推进农村劳动力转移，安排扶持欠发达地区农村劳动力培训转移就业专项资金7亿元，加强农村劳动力职业培训，将补贴对象范围从“45周岁以下”扩大到“法定劳动年龄”，提高劳动者就业能力，促进农村劳动力有序转移，实现人力资源合理流动和优化配置，提高城乡居民人均收入水平。健全就业援助和保障制度，落实扶持创业政策，安排促进就业专项资金4.09亿元，支持职业介绍、职业培训、公益性岗位、职业技能鉴定、特定就业政策和社会保险等补贴，小额贷款担保基金和微利项目的小额担保贷款贴息，以及开展公共就业服务等；安排高校毕业生到农村基层支教、支农、支医和扶贫经费补助0.66亿元，支持高校毕业生到农村基层就业。健全统一规范灵活的人力资源市场，为劳动者提供优质高效的就业服务，安排人力资源市场建设资金1.17亿元，促进广东省劳动力市场和人才市场的整合，改善广东省人力资源市场基础设施。

四是深化医药卫生体制改革，加快医疗卫生事业发展。落实国务院《医药卫生体制改革近期重点实施方案》，加强公共卫生体系建设，促进基本公共卫生服务均等化。健全覆盖城乡居民的医疗保障体系，按照各级财政补助标准提高到每人每年120元的要求，安排新型农村合作医疗补助资金33.3亿元、城镇居民基本医疗保险补助资金8.05亿元。大力实施基本公共卫生服务项目，按照各级政府基本公共卫生服务经费标准不低于每人每年20元的要求，提高省财政对欠发达地区基本公共卫生服务补助标准，安排落实人均基本公共卫生服务标准资金5.16亿元，向城乡居民统一提供疾病预防控制、妇幼保健、健康教育等基本公共卫生服务。推进基层医疗卫生事业发展，安排乡镇卫生院经费保障体制补助经费6亿元、经济欠发达地区行政村驻村医务人员补贴1.66亿元、农村卫生专项及改水、改厕专项补助2.20亿元、经济欠发达地区社区卫生专项转移支付0.77亿元，改善基层医疗卫生条件，提升基层医疗卫生服务水平。支持加强公共卫生服务能力建设，安排省妇幼保健院另址新建投资0.51亿元、精神病防治机构建设及防治专项经费0.18亿元。提升大型综合性医院建设水平，安排公立医院设备购置、基础设施建设及修缮、科研等资金3.98亿元。加强中医药服务体系建设，安排中医药服务能力建设项目0.29亿元，提高中医药研发能力，推进中医药大省建设。加强重大疾病预防控制，安排计划免疫预防接种、艾滋病、结核病、麻风病、职业病防治等资金1.25亿元。提高医疗保障及救助水平，支持医疗经费保障，安排医疗保障相关资金7.77亿元、医疗救助金0.6亿元、困难市县企业离休干部医疗费统筹补助0.45亿元。2011年安排医疗卫生投入85.16亿元，比上年增长10.22%。

五是推进文化强省建设，提升文化软实力。大力实施

《广东省建设文化强省规划纲要》，推进群众性精神文明创建活动，支持文化事业和文化产业发展，满足人民群众不断增长的精神文化需求。加快建设覆盖城乡的公共文化服务体系，安排基层公共文化服务设施建设专项资金1亿元，实现乡镇有综合文化站、行政村有文化活动室的目标；安排宣传文化发展专项资金0.99亿元、中山图书馆运行经费0.25亿元，支持建设社会主义核心价值体系，开展群众性精神文明创建活动；安排自然村“村村通”广播电视设备经费0.2亿元，实现全省20户以上已通电自然村全部通广播电视的目标；安排农村电影放映“2131工程”专项经费0.19亿元，支持欠发达地区16 222个行政村每月放映一场电影。扶持文化产业发展，安排扶持文化产业发展专项资金1.4亿元，实施重点文化项目，培育骨干文化企业，推动文化产业成为广东省国民经济支柱性产业。推动文艺精品创作，安排扶持文艺精品创作专项资金0.5亿元，提高文化产品质量，推进文化创新。加强文化遗产保护，安排非物质文化遗产保护及重点文物保护、维修抢救经费0.4亿元，省博物馆新馆运行经费0.25亿元。支持重点文化项目建设，安排中山图书馆改扩建工程资金0.2亿元、广东粤剧院粤剧艺术中心演艺大楼建设资金0.25亿元、辛亥革命纪念馆建设资金0.1亿元、开平碉楼与村落维修整治资金0.1亿元。提高体育事业发展水平，安排第十二届全运会备战经费0.55亿元。

六是推进住房保障均等化，逐步解决低收入家庭住房困难。加大力度解决贫困农民住有所居问题，安排补助资金10亿元，支持全省54.15万户农村低收入住房困难户泥砖房、茅草房改造。解决城镇低收入家庭住房困难，安排城镇双特困户住房专项资金2亿元，支持欠发达地区加快廉租住房建设，解决全省城镇户籍7万户低收入家庭住房困难问题。实施政策性农房保险，安排农村危房改造及农房保险补助资金0.42亿元，扩大政策性农房保险范围，将全省有意愿参保农户的农房全部纳入政策性保险范畴。扶持边远村庄整村搬迁，安排村庄搬迁专项资金0.33亿元，扶持边远革命老区不具备生产生活条件的贫困村实行整村搬迁安置。

七是推进公共交通均等化，提升广东省交通事业发展水平。加快公路基础设施建设，通过中央返还的交通“六费”替代性收入，进一步完善农村公路网络，完成农村公路路面硬化里程5 000公里的目标。大力发展轨道交通，安排珠三角城际轨道交通主骨架网项目、部省合作铁路建设等项目资本金3.97亿元，构筑珠江三角洲地区城际轨道交通网的主轴。促进民航事业发展，安排广州白云国际机场扩建工程项目资本金2.3亿元。

（3）推进农业现代化，加大强农惠农力度，加快社会主义新农村建设。

一是加快转变农业发展方式，大力发展现代农业。加大农业科技创新和技术推广力度，安排扶持农业机械化资金0.98亿元、农业建设与改革发展专项资金0.5亿元、农业科技推广及市场体系建设补助0.39亿元，提升广东省农业的科技化、机械化水平。构建现代农业产业技术体系，安排农业综合开发资金4.01亿元、农业产业化发展等资金1.29亿元，提高农业综合生产能力、抗风险能力、市场竞争能力。健全农业生产安全和农产品质量保障体系，安排动物防疫体系建设资金0.25亿元、农产品质量安全监督监测体系建设资金0.25亿元、畜禽标识管理专项经费0.2亿元。提高农业经营集约化程度，安排农民专业合作社扶持资金0.5亿元、贫困村村级互助金试点和小额贷款担保贴息资金0.5亿元，推动农业经营体制机制创新，提高农业生产和农民进入市场组织化程度，促进农民共同致富。

二是加强农村基础设施建设，改善农民生产生活条件。全面加强水利基础设施建设，安排水利项目建设资金47.57亿元，并积极通过水利融资平台筹集水利建设资金，推进乐昌峡水利枢纽、珠江河口整治等城乡水利防灾减灾工程建设，加快大中小型病险水库除险加固工程建设，解决全省农村1 645.5万人饮水安全问题，开展湛江鉴江水利枢纽、雷州青年运河、高州水库灌区、清远水利枢纽等省重点水利工程建设，实施中小型灌区试点、重点地区中小河流治理、自然灾害水毁工程修复等项目。加快小型农田水利项目建设，大力推进“一事一议”筹资筹劳工作，安排“一事一议”农民筹资筹劳财政奖补资金1.54亿元，引导村民开展小型农田水利基本建设、道路修建、植树造林、农业综合开发等土地治理项目及其他公益事业项目；安排引导科学改造园地山坡地补充耕地专项资金3亿元、“大禹杯”专项资金0.48亿元，促进农业基础设施建设和农村综合治理，改善农业生产环境和农民生活条件。支持农村沼气建设，安排农村沼气建设专项资金0.7亿元。

三是落实强农惠农补助，拓宽农民收入渠道。推进扶贫开发“规划到户、责任到人”工作，对欠发达地区3 409个贫困村采取“一村一策，一户一法”等综合扶贫措施，确保被帮扶贫困户基本实现稳定脱贫，安排财政补助资金1亿元。健全政策性农业保险制度，安排政策性农业、渔业保险、能繁母猪保险补助资金1.12亿元，提高农业生产安全保障水平。构建粮食安全保障体系，安排粮食风险基金2.6亿元，落实对种粮农民的补贴，稳定粮食市场价格，维护粮食正常流通秩序，促进粮食生产稳定增长，保障粮食供给安全。推进集体林权制度改革，安排集体林权制度改革经费补助0.3亿元，建立产权明晰、承包到户的林权体制，激发农民发展林业生产经营的积极性，促进山区农民就业增收。解决水库移民、转产转业渔民生产生活问题，安排水库移民专项补助2亿元、渔民转产转业议案资金1.24亿元。

四是大力发展海洋经济，推动海洋大省建设。支持海洋渔业科技创新和产业化发展，安排海洋渔业科技与产业发展专项资金0.48亿元、渔产品质量安全监督监测体系建设专项资金0.4亿元、深水网箱发展专项资金0.25亿元、水产良种体系建设专项资金0.2亿元，推动广东省海洋产业结构进一步优化、海洋科技自主创新能力提高。支持渔业基础设施建设，安排标准化渔港建设工程项目资金1.01亿元、人工鱼礁建设资金0.5亿元、渔港抢险加固专项资金0.1亿元，增强渔业防灾减灾能力，保护渔民生命财产安全，促进渔民增收致富。

五是加快推进生态建设，改善人居环境。抓好重点林业生态工程，培育森林资源，安排沿海防护林与红树林、碳汇林、水源涵养林建设资金1.13亿元，林分改造专项资金0.48亿元，森林抚育专项资金0.3亿元、自然保护区建设专项资金0.16亿元、主干道山地绿化工程0.1亿元、森林防火工程专项经费0.3亿元。建立生态补偿机制，安排生态公益林补助资金8.3亿元，将省级生态公益林补偿标准提高至16元/亩。

六是完善村级组织运转经费保障机制，提升农村基本公共服务水平。实施村级办公经费和村干部补贴，安排补助资金3.08亿元，落实各级财政对村级办公经费2万元/年补助政策，并把欠发达地区贫困村干部补贴逐步提高到人均每月不低于1 000元。

2011年安排农业投入146.2亿元，比上年增长23.85%。

（4）加强节能减排，加大生态环境保护力度，建设资源节约型、环境友好型社会。加大节能降耗工作力度，扶持节能服务产业发展。安排经贸口节能专项2亿元、低碳技术创新与示范专项资金1亿元、环保减排专项资金1.5亿元、发展循环经济经费0.2亿元，支持实施重点节能减排工程，开展节能服务平台建设，推广先进节能技术、设备和产品，实施资源综合利用及清洁生产项目，淘汰落后产能，开展可再生能源科技研究和项目推广，推动广东省循环经济发展。大力推进污染治理和水质、空气、土壤保护。安排环境保护专项资金2亿元，治污保洁专项资金0.8亿元、农村环保建设专项0.5亿元，固体垃圾处理专项0.3亿元，开展环境综合治理及生态恢复；安排水质保护和水污染防治资金1.06亿元，开展重点流域、河流和湖泊整治；安排重金属污染防治专项0.5亿元，支持欠发达地区重金属污染治理和防治。支持环保监管能力建设，安排环保能力建设资金0.77亿元，用于欠发达地区环保监管仪器设备补助。2011年安排节能环保投入12.01亿元，比上年增长17.94%。

（5）保障政权运转，增强应急处置能力，建设服务型政府。保障政权机关正常运转，安排省级党政机关、公检法部门运转及建设经费167.49亿元，推进行政管理体制改革、提高行政效能，为政府提高公共管理和公共服务能力创造条件。完善公共安全应急体系，提高政府应急处置能力，维护社会稳定，安排预备费8亿元、防范化解金融风险准备金7亿元、省应急平台建设资金0.38亿元、安全生产专项资金1亿元、动物重大疫病防控经费1亿元、自然灾害生活费救助资金0.6亿元、地质灾害防治专项资金0.7亿元、农业救灾复产专项资金0.4亿元、林业防灾减灾专项资金0.2亿元、特大“三防”经费0.2亿元、应急专项资金0.2亿元。落实中央司法体制改革精神，按照中央关于“提高基层政法部门经费保障水平，全面落实依法治国、建设社会主义法治国家、建设公正高效权威的司法制度”政策精神，加大对经济困难地区政法机关的财政补助，安排政法转移支付省级配套资金4亿元。

（6）推进区域协调发展，深化财政体制改革，加快推进区域基本公共服务均等化。围绕推进基本公共服务均等化和主体功能区建设，进一步完善省以下财政体制，理顺各级政府间财政分配关系，建立健全财力与事权相匹配的体制。通过实施新一轮省以下财政体制，落实生态激励型财政机制，建立完善横向财政转移支付机制，推进省直管县财政改革，构建县以下政权基本财力保障机制等政策手段，增强基层政府提供基本公共服务能力。2011年共安排对市县的税收返还及转移支付补助1 192.12亿元（含专项转移支付），包括：安排增值税、消费税、所得税、成品油价格和税费改革税收返还及其他税收返还支出346.68亿元，实现财政体制平稳运行；安排一般性转移支付支出338.55亿元，保障欠发达地区维持基层政权运转，增强基本公共服务保障能力；安排专项转移支付支出506.88亿元，支持欠发达地区各项社会民生事业发展，提高基本公共服务水平。

（五）2011年政府性基金收支预算草案

1. 2011年全省政府性基金预算草案。按照财政部《2011年政府预算收支科目》的规定，2011年全省政府性基金收入预算安排1 393.79亿元，加上上级补助收入9.2亿元、上年结转收入199.95亿元和调入资金6.39亿元，基金预算总收入1 609.33亿元。2011年全省政府性基金支出预算安排1 425.79亿元，收支相抵，滚存结余183.54亿元。

2011年全省政府性基金预算具体安排由各级人民政府报同级人大审议批准，各级人大通过的政府性基金预算及其说明汇总后另行报省人大常委会备案。

2. 2011年省级政府性基金预算草案。按照财政部《2011年政府预算收支科目》的规定，纳入2011年省级政府性基金预算编制范围的项目共十四项：文化事业建设费、地方水利建设基金、森林植被恢复费、育林基金、新增建设用地有偿使用费、大中型水库移民后期扶持基金、大中型水库库区基金、小型水库移民后期扶持基金、残疾人就业保障金、彩票公益金、农村土地开发资金、散装水泥专项资金、车辆通行费和地方教育附加收入。

按照《社会保险费征缴暂行条例》的规定，省级的各项社会保险基金纳入财政专户管理，未缴入国库。因此，2011年省财政政府性基金未涵盖社会保险基金。有关社会保险基金收支情况，将按规定单独上报省人大常委会。

按上述基金范围，2011年省级政府性基金收入97.7亿元，比2010年预算数增加40.98亿元，增长72.23%。2011年省级基金预算增加的主要原因是增加了大中型水库库区基金、小型水库移民后期扶持基金、车辆通行费和地方教育附加收入等4项基金收入。2011年省级政府性基金支出预算安排97.7亿元，其中：省本级支出20.31亿元、对市县转移支付77.39亿元。

（六）2011年省级部门预算草案

按照编制部门预算的原则和方法，2011年省级部门预算由117个部门组成，列入部门预算的支出总计约为392.77亿元，其中：一般预算支出235.05亿元。

三、进一步解放思想、开拓创新，努力完成全年预算任务

2011年是我国实施“十二五”规划的开局之年，完成好全年预算任务、做好各项财政工作，对于进一步巩固宏观调控成果、保持经济平稳较快发展意义重大。2011年，全省财政工作将紧密围绕省委十届八次全会提出的“加快转型升级，建设幸福广东”这一核心，突出运用财政手段促进经济社会发展，突出保障和改善民生，突出深化财政改革和完善省以下财政体制，巩固和扩大应对国际金融危机冲击成果，促进经济长期平稳较快发展和社会和谐稳定，在“十二五”起始之年开好头、起好步，为广东省当好推动科学发展、促进社会和谐的排头兵作出新的贡献。

（一）注重抓好增收节支，确保省委、省政府决策部署支出需要

依法加强收入征管，继续落实财税联席会议制度，围绕征管关键领域、重点地区、重点税源，加强工作督导和科学指导；加强收入运行监测和分析，提高预算执行分析水平。同时，坚持厉行节约，严把预算审核关，严格控制一般性支出，节约财力保障民生和重点支出需要。落实省直单位行政经费节约考核任务，加强对“三公”费用监管，确保2011年公务接待经费、因公出国（境）经费、公务用车购置及运行费用支出不超过2009年按规定比例压缩后的经费预算规模。继续从严控制楼堂馆所建设、办公楼维修项目，严禁超预算标准装修办公用房。严格控制和规范庆典、节会、论坛等方面的经费支出。继续推进党政机关节能减排。

（二）注重有效运用财政杠杆手段，促进加快转型升级

积极运用财政手段促进战略性新兴产业发展，根据省委、省政府的决策部署，落实好各项激励奖励措施和配套扶持政策，推进支持战略性新兴产业发展各项政策实施；落实好25亿元推动产业转移的各项政策措施，促进产业集聚和向欠发达地区转移；完善财政支持自主创新的政策措施，研究以竞争性方式支持省属企业开展自主创新，加快形成鼓励企业自主创新的利益导向机制；支持培养和引进高层次人才，落实好广东省财政支持人才工作的各项政策措施；支持节能减排和环境保护，支持广东省开展国家低碳省试点工作。

（三）注重发挥财政资金引导带动作用，促进消费、投资、出口协调发展

拉动居民消费需求，进一步做好家电下乡和以旧换新工作，加快补贴资金拨付进度，推动城乡流通网络建设，扩大农村消费市场，支持广货北上；加快推进各项省重点项目建设进度，逐步加大对文教卫生、社会保障、公共基础设施等的基建投入；支持收入分配制度改革，加快推动农村劳动力向城市迁移，扩大中等收入者规模，提高城乡居民总体收入水平；坚持“拓市场、调结构、促平衡”，完善扶持外贸进出口政策，落实促进加工贸易转型升级和扩大内销的财政政策。

（四）注重保障和改善民生，促进建设幸福广东

进一步推进《广东省基本公共服务均等化规划纲要》实施，力求在基本公共服务均等化的关键环节和重点领域取得突破，提高人民生活水平，增加人民幸福感。大力推进扶贫开发工作，努力缩小贫困群体，减少贫富差距；贯彻落实国家中长期教育改革和发展规划纲要，努力建成覆盖城乡的基本公共教育服务体系；推进医药卫生体制改革，提高医疗保障水平，多方筹集资金落实国家政策，从2011年起提高新型农村合作医疗和城镇居民医疗保险财政补助标准，促进基本公共卫生服务均等化；支持文化强省建设，构建支持文化事业发展的财政投入机制、引导机制和保障机制；健全养老保障体系，扩大新型农村社会养老保险试点，支持稳步推进事业单位养老保险制度改革试点工作，提高低收入群体最低生活保障标准；推进住房保障工作，推进解决全省54.15万农村贫困户泥砖房、茅草房改造问题，继续支持推进各类棚户区改造工作；落实各项就业扶持政策，促进就业稳定增长。

（五）注重夯实“三农”发展基础，统筹城乡协调发展

继续落实种粮直补、综合直补、农机购置补贴、农作物良种补贴等各项支农惠农补贴政策；加快发展现代农业，扶持省级重点农业（扶贫）龙头企业、农民专业合作组织发展；继续推进现代标准农田建设和低效园地山坡地改造新造耕地工作；推进城乡水利防灾减灾工程、病险水库除险加固工程及农村饮水安全工程建设；大力推进农田水利资金整合，建立小农水利建设多元化投入机制；落实好农村基层组织工作经费保障制度。

（六）注重促进区域协调发展，落实好省以下财政体制改革

按照省委、省政府推进省以下财政体制改革的既定决

策部署，落实好省以下财政体制各项改革措施，确保新一轮省以下财政体制的平稳运行。建立县以下政权基本财力保障机制，为基层财政提供基本公共服务给予财力支撑。做好对各市建立横向转移支付机制情况的追踪和反馈工作，推动各市探索建立横向财政保障机制，保障资金安全、规范和有效运作。推进《珠江三角洲地区基本公共服务一体化规划》实施，促进珠三角基本公共服务一体化发展。以深汕（尾）特别合作区建设为试点，积极探索建立全省各市共建产业园区财政分配机制。完善财政转移支付机制，逐步提高一般性转移支付比重。

（七）注重加强财政“两基”管理，提高财政科学化精细化管理水平

注重抓基层打基础，进一步加强财政“两基”建设。继续深化各项支出管理改革，加强财政管理基础，深入推进细化预算编制、加强基础数据采集、细化政府收支科目体系、实行预算执行管理责任制和预算执行情况通报制度、推进清理和压减财政结余结转资金、加快“金财工程”建设、开展预算会计权责发生制改革试点、改进预算执行分析、促进预算信息公开等基础工作；逐步建立公共财政对群众个体的直接支付渠道，提高财政资金到位率；加强对基层财政指导，充实完善基层财政特别是乡镇财政职能，继续大规模开展乡镇财政干部和农村财会人员培训。

（八）注重加强作风建设，提升财政干部队伍执行力

积极推进学习型、服务型、创新型机关建设，加大干部教育培训力度。深入基层开展调研，围绕民生热点难点问题开展专题调研，并形成推动工作的思路和措施，加大力度把调研成果转化为惠民利民的政策措施；改进工作方式，主动自我加压，建立干部努力工作的倒逼机制，对重大活动、重大任务分解目标，明确责任，激发干部干事创业的干劲；深入开展创先争优活动，围绕推动“十二五”发展开局起步、庆祝建党90周年、推动广东财政继续改革创新当好排头兵等中心工作，创新活动载体，确保取得实效。

各位代表，新的一年，我们将高举中国特色社会主义伟大旗帜，以邓小平理论和“三个代表”重要思想为指导，深入贯彻落实科学发展观，全面贯彻党的十七届五中全会和中央经济工作会议精神，按照省委十届七次、八次全会的部署，在省委、省政府的正确领导下，在省人大的监督支持下，坚定信心，解放思想，开拓创新，圆满完成全年财政预算任务，为广东省当好实践科学发展观排头兵和夺取全面建设小康社会的新胜利作出新的更大贡献！

广东省人民代表大会财政经济委员会关于广东省2010年预算执行情况和2011年预算草案的审查结果报告

（2011年1月25日广东省第十一届人民代表大会第四次会议主席团第四次会议通过）

广东省人民代表大会财政经济委员会主任委员　曾寿喜

广东省第十一届人民代表大会第四次会议审查了省人民政府提出的2011年预算草案及省财政厅厅长曾志权受省人民政府委托所作的《广东省2010年预算执行情况和2011年预算草案的报告》。会议期间，省人民代表大会财政经济委员会召开了各代表团代表参加的预算审查座谈会。代表们对省人民政府及财政、税务部门的工作给予充分肯定。财政经济委员会在初审的基础上，根据各代表团的审查意见，对预算草案及其报告作了进一步的审查。现将审查结果报告如下：

2010年，全省各级人民政府及其财税部门贯彻落实科学发展观，认真贯彻落实中央及省委扩大内需的政策措施和《珠江三角洲地区改革发展规划纲要》，认真执行省十一届人大三次会议批准的预算，依法加强收入征管，实施积极财政政策，继续优化支出结构，扩大公共财政覆盖面，确保重点支出需要，着力保障和改善民生，努力推进基本公共服务均等化，促进经济平稳较快发展，完成了全省一般预算和省级一般预算任务。全省及省级财政收支相抵，略有结余，工作成绩显著。

财政经济委员会认为，2010 年广东省预算执行情况总体是好的，财政工作取得的成绩来之不易。同时也要清醒地看到，广东省部分县和镇乡级财力薄弱，财政比较困难，区域、城乡之间基本公共服务水平存在较大差距，财政转移支付结构有待进一步优化，财政资金结余结转量较大、资金使用效益有待提高，收入分配制度有待进一步完善，以上问题需要认真逐步加以解决。

根据审查情况，财政经济委员会认为，省人民政府提出的 2011 年预算，符合中央经济工作会议和省委十届七次、八次全会精神，实事求是，积极稳妥，预算安排可行，经过努力是可以实现的。财政经济委员会建议批准省人民政府提出的 2011 年省级预算草案，批准《广东省 2010 年预算执行情况和 2011 年预算草案的报告》。

财政经济委员会建议，在新的一年里，广东省各级人民政府及其财税部门要深入贯彻科学发展观，认真落实省委十届七次、八次全会精神，集中财力保障广东省“十二五”规划的贯彻落实；要严格执行大会批准的预算，坚持依法治税理财，突出支出重点，保障和改善民生，完成全省和省级的各项预算任务；要继续理顺省以下各级人民政府财力和事权的关系，加大对基层政府的财政转移支付力度，建立和完善县以下政权基本财力保障机制，增强基层政府公共服务能力，着力推进基本公共服务均等化；要强化财政支出绩效管理，提高资金使用效益，严肃查处资金使用过程中的违法违纪行为；要进一步细化预算，认真做好预算公开工作。

财政经济委员会将综合整理代表的审查意见，会后转送省人民政府研究处理，并跟踪落实情况。

广东省人民代表大会常务委员会关于批准广东省 2010 年省级决算的决议

（2011 年 7 月 29 日广东省第十一届人民代表大会常务委员会第二十七次会议通过）

广东省第十一届人民代表大会常务委员会第二十七次会议听取了省财政厅厅长曾志权受省人民政府委托所作的《关于广东省 2010 年省级决算草案的报告》和省审计厅厅长蓝佛安受省人民政府委托所作的《关于广东省 2010 年度省级预算执行和其他财政收支的审计工作报告》。会议结合审议审计工作报告，对广东省 2010 年省级决算草案及其报告进行了审查。会议同意省人民代表大会财政经济委员会提出的《关于广东省 2010 年省级决算草案的审查报告》，决定批准 2010 年省级决算，批准《关于广东省 2010 年省级决算草案的报告》。

关于广东省 2010 年省级决算草案的报告

——2011 年 7 月 27 日在广东省第十一届人民代表大会常务委员会第二十七次会议上

广东省财政厅厅长　曾志权

主任、各位副主任，秘书长，各位委员：

广东省 2010 年预算执行情况已向省十一届人大第四次会议报告并经审议同意，现 2010 年省级财政决算草案已按要求正式编成。受省人民政府的委托，我向本次常委会报告广东省 2010 年省级财政决算草案，请予审批。

2010 年，广东省各级政府和财政部门在省委、省政府的正确领导下，以邓小平理论和“三个代表”重要思想为指导，深入贯彻落实科学发展观，坚持“生财有道、聚财有方、理财有规、用财有效”和集中财力办大事的原则，紧密围绕贯彻落实《珠江三角洲地区改革发展规划纲要》和推进“三促进一保持”各项中心工作，狠抓增收节支，科学调度资金，实施积极的财政政策，大力优化支出结构，着力保障和改善民生，推进基本公共服务均等化，深化财税体制改革，不断提高财政管理科学化、精细化水平，为广东省经济企稳回升、加快科学发展提供了有力的支撑。在各级财税部门共同努力下，省十一届人大三次会议及省第十一届人大常委会第十九次会议通过的预算及调整后预算完成情况良好，财政工作取得了较好的成绩，促进了国民经济和社会各项事业的发展。年终执行结果，省级财政实现了收支平衡，略有结余。

一、2010 年省级公共财政收支决算情况

2010 年，省级一般预算收入完成 863. 55 亿元，比 2009 年（下同）增加 136. 38 亿元，增长 18. 75%，完成预算的 114%。加上中央补助收入 990. 19 亿元、市县上解收入 174. 36 亿元、财政部代理发行地方政府债券收入 69 亿元、上年结余结转收入 690. 55 亿元、国债转贷资金上年结余 0. 19 亿元、调入资金 8. 19 亿元，省级公共财政收入决算数 2 796. 03 亿元。

2010 年省级公共财政支出决算数 1 972. 2 亿元，增加 355. 16 亿元，增长 21. 96%，完成预算的 126%。其中，省本级支出 581. 83 亿元，省对市县税收返还、转移支付和债券转贷支出 1 290. 74 亿元，上解中央支出 96. 4 亿元，调出资金 3. 23 亿元。

收支相抵，2010 年省级公共财政结余结转 823. 64 亿元，其中：结转下年支出 820. 84 亿元，全部按规定结转下年继续安排；净结余 2. 8 亿元，比上报省十一届人大四次会议的净结余 2. 75 亿元增加 0. 05 亿元，主要是在途税收收入增加转增净结余。此外，国债资金转贷结余 0. 19 亿元。

（一）收入决算情况

1. 省级一般预算收入完成 863. 55 亿元，各主要项目完成情况如下：增值税 11. 89 亿元，完成预算的 88%，增长 －15. 9%，未完成预算的主要原因是受 2010 年增值税转型改革全面实施和电力固定资产购置增加影响，增值税进项抵扣超出预期；营业税 433. 71 亿元，完成预算的 110%，增长 16. 75%；企业所得税 232. 53 亿元，完成预算的 114%，增长 20. 25%；个人所得税 70. 76 亿元，完成预算的 117%，增长 15. 63%；土地增值税 55. 97 亿元，完成预算的 147%，增长 56. 96%；非税收入 58. 69 亿元，完成预算的 120%，增长 14. 38%（见图 1）。

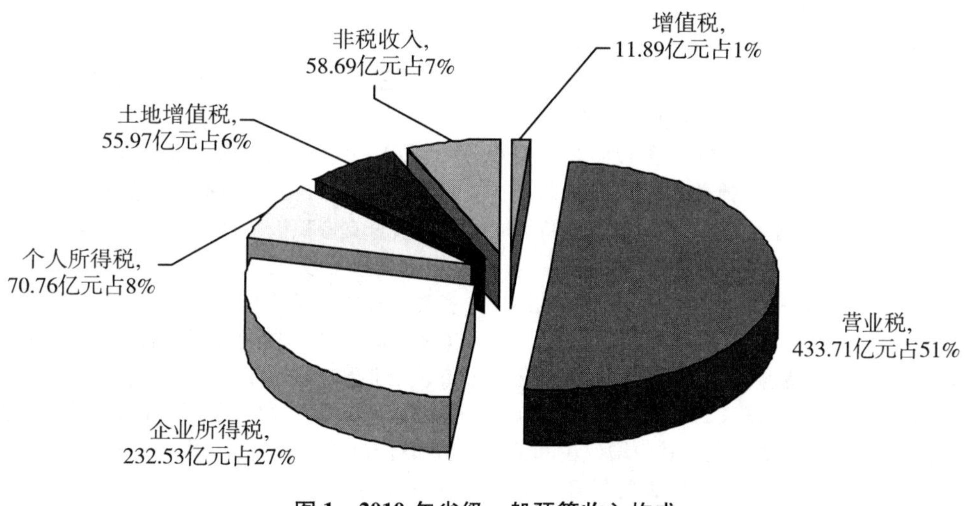

图 1　2010 年省级一般预算收入构成

2. 中央补助收入 990. 19 亿元，增加 209. 99 亿元，增长 26. 91%，完成预算的 159%。超预算的主要原因是：预算执行过程中财政部对广东省增加中央专项补助、县级基本财力保障机制奖补资金及其他一般性转移支付。

3. 市县上解收入 174. 36 亿元，增加 27. 07 亿元，增长 18. 38%，完成预算的 112%。超预算的主要原因是：省与市按现行体制据实结算增加上解，包括深圳市定额上解、津补贴调节基金、车辆牌证费等四项交通管理收费上解增加等。

4. 财政部代理发行地方政府债券收入 69 亿元，减少 16 亿元。减少的主要原因是：财政部下达广东省中央代发地方政府债券额度减少。

5. 国债转贷资金上年结余 0. 19 亿元。

6. 调入资金 8. 19 亿元，主要是省属水库移民专项资金、国资收益资金等调入一般预算安排使用。

7. 上年结余结转收入 690. 55 亿元。

（二）支出决算情况

省财政支出决算数 1 972.2 亿元，其中，省本级支出 581.83 亿元，占省财政支出的 29.5%；省对市县税收返还、转移支付及债券转贷支出 1 290.74 亿元（相应形成市县财政收入，并由市县安排财政支出），占省财政支出的 65.4%；上解中央支出 96.4 亿元，占省财政支出的 4.9%；调出资金 3.23 亿元，占省财政支出的 0.2%（见图 2）。

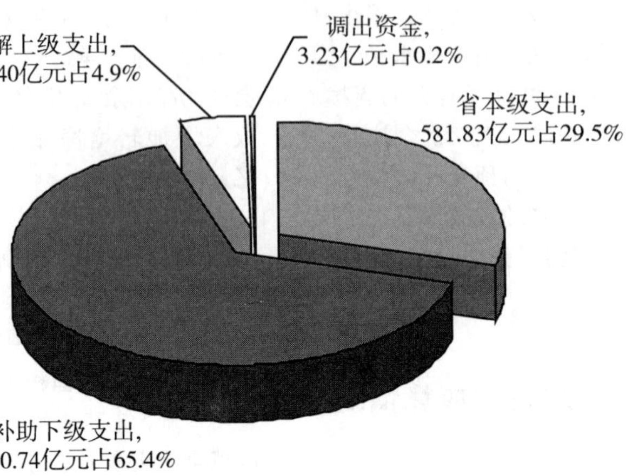

图 2　2010 年省财政支出构成

1. 省本级支出 581.83 亿元，增加 95.3 亿元，增长 19.59%。其中：教育支出 108.86 亿元，社会保障和就业支出 33.59 亿元，农林水事务支出 33.15 亿元，医疗卫生支出 24.62 亿元，文化体育与传媒支出 15.42 亿元，科学技术支出 14.82 亿元，环境保护支出 2.82 亿元，城乡社区事务支出 1.04 亿元，国土资源气象等事务支出 5.53 亿元，公共安全支出 59.73 亿元，交通运输支出 113.69 亿元，粮油物资储备管理事务支出 23.15 亿元，资源勘探电力信息等事务支出 13.29 亿元，商业服务业等事务支出 4.34 亿元，一般公共服务支出 94.49 亿元，其他支出 30.11 亿元。汇总 2010 年省直行政单位（含参照公务员法管理的事业单位）、事业单位和其他单位用财政拨款开支的出国（境）经费、车辆购置及运行费、公务接待费（简称“三公”经费）支出，合计 10.44 亿元。其中，出国（境）经费 0.73 亿元，车辆购置及运行费 6.59 亿元，公务接待费 3.12 亿元。

2. 省对市县税收返还、转移支付及债券转贷支出 1 290.74亿元，增加 245.34 亿元，增长 23.47%。各支出项目具体情况如下：税收返还 322.42 亿元，其中增值税和消费税税收返还支出 128.25 亿元、所得税基数返还支出 90.29 亿元、成品油价格和税费改革税收返还支出 55.73 亿元、其他税收返还支出 48.15 亿元；一般性转移支付支出 301.17 亿元，其中均衡性转移支付支出 107.31 亿元、调整工资转移支付支出 65.49 亿元、教育转移支付支出 57.52 亿元、农村税费改革补助支出 26.88 亿元、公共安全转移支付支出 11.72 亿元；专项转移支付支出 608.15 亿元，其中农林水事务支出 113.45 亿元、医疗卫生支出 66.09 亿元、社会保障和就业支出 53.61 亿元、教育支出 33.07 亿元、科学技术支出 12.5 亿元、文化体育与传媒支出 6.41 亿元、城乡社区事务支出 3.9 亿元、环境保护支出 97.78 亿元、公共安全支出 7.76 亿元、交通运输支出 38.35 亿元；财政部代理发行地方政府债券转贷支出 59 亿元，用于支持市县落实中央投资公益性项目地方配套资金。

3. 上解中央支出 96.4 亿元，增加 14.53 亿元，增长 17.75%。

4. 调出资金 3.23 亿元，主要是成品油替代性收入中筹集的水利建设基金调出到基金预算安排使用。

（三）重点支出项目执行情况及效果

2010 年，省财政全面贯彻落实省委、省政府决策部署，坚持改革创新，大力调整优化支出结构，压减一般性支出，筹集资金支持积极财政政策实施和社会民生事业发展，推进基本公共服务均等化和城乡区域协调发展，有力保障了省委、省政府保增长、保民生、保稳定的各项政策措施的落实。2010 年，省财政用于教育、科学技术、公共文化体育、社会保障和就业、医疗卫生、环境保护、农林水事务、城乡社区事务、住房保障等方面的民生支出（含省本级支出和对市县转移支付）共 682.4 亿元（含中央补助资金，下同），加上对市县税收返还、一般性转移支付和政府债券转贷支出后，省财政 2010 年用于改善民生、提供基本公共服务以及均衡区域基本公共服务水平、帮助市县增强发展后劲的支出共达 1 525.38 亿元，占省财政支出的 77%，较好地保障了各项重点支出需要。

1. 突出促进经济发展方式转变，财政杠杆作用显现出新成效。

一是支持引导战略性新兴产业发展。确定“十二五”时期设立战略性新兴产业发展专项资金，集中支持高端新兴电子信息、LED 产业、新能源汽车等 11 类战略性新兴产业发展，2010 年以竞争择优配置的形式预拨 20 亿元；并研究制订综合运用财政、金融、投资、土地、税费、人才、政府采购等政策，进一步加大力度扶持战略性新兴产业发展。

二是支持产业和劳动力"双转移"。在拨付重点产业转移园区专项资金15亿元、欠发达地区产业转移园区发展专项转移支付资金15亿元的基础上，按照省委、省政府关于利用财政手段对"双转移"工作"再推一把"的要求，2010～2013年再安排25亿元资金，进一步推动欠发达地区形成集约水平较高的专业性产业转移园区，2010年拨付省专业性产业转移园建设资金3.2亿元。

三是支持产业结构优化升级。拨付资源勘探电力信息等事务支出42.6亿元，推动广东省现代服务业和先进制造业快速发展、传统产业加快转型升级，现代产业体系建设取得初步成效。其中：拨付10亿元支持高世代液晶面板生产线建设；拨付制造业资金5.39亿元，支持珠海航空产业园建设及装备制造业等产业发展及技术改造；拨付中小企业发展和管理支出8.97亿元，实施中小企业融资担保、贷款贴息，支持中小企业技术创新及举办中小企业博览会等。

四是支持提高自主创新能力。拨付科学技术资金27.32亿元。其中：拨付技术研究与开发资金13.19亿元，支持广东省实验室体系建设，推进产学研省部合作，加强与中科院战略合作，加快产业技术研究与开发，重点突破关键领域，提升产业科技创新能力；支持建设人才强省，投入4.74亿元，在全球范围成功引进首批11个创新科研团队和14名领军人才，并设立高层次人才奖励基金、实行住房资助政策等措施，支持培养和引进高层次人才。

五是支持扩大内需外销拉动经济增长。拨付商业服务业等事务资金45.87亿元。其中，拨付商业流通事务支出26.85亿元，推动扩大内需，截至2010年年底，广东省累计拨付家电、汽车、摩托车下乡及以旧换新补贴资金28.24亿元，拉动城乡消费527.54亿元；拨付涉外发展服务支出16.58亿元，扶持外贸企业扩大内外销市场；拨付旅游业管理与服务支出2.22亿元，支持旅游宣传促销，拉动消费增长。2010年广东省社会消费品零售总额17 415亿元，比上年增长17.3%，消费对经济增长的拉动作用进一步增强。

六是支持节能减排和生态环保。拨付环境保护资金100.6亿元。其中：拨付能源节约利用资金76.5亿元，支持节能空调、节能汽车、高效照明产品推广及节能技术改造等；拨付污染防治资金17.99亿元、污染减排资金2.42亿元，支持粤东西北地区污水处理厂建设、实施重点流域水污染防治、固体垃圾治理、环境综合整治、淘汰落后产能。

2. 突出保障和改善民生，推进基本公共服务均等化迈出新步伐。细化分解基本公共服务均等化2010年重点任务，明确保障标准及目标，狠抓落实，确保全省基本公共服务均等化扎实有序推进：

一是基本公共教育服务不断普及，拨付教育支出199.46亿元（含教育转移支付）。全面实现城乡免费义务教育，免除全省1 151万名城乡中小学生义务教育阶段学杂费、课本费，对全省100万名农村困难家庭义务教育寄宿学生给予生活费补贴，基本解决中小学代课教师问题，全省有18个地市基本实现教师工资福利待遇"两相当"，大力推进义务教育规范化学校建设，全省有7市基本实现城市义务教育学校100%达到规范化学校标准，拨付义务教育资金57.82亿元。提前一年实现基本普及高中阶段教育的目标，2010年广东省高中阶段学校新增建筑面积314万平方米，新增学位25万个，户籍适龄人口毛入学率达到86.2%，提前一年实现基本普及高中阶段教育的目标，中职招生和在校生规模全国第一，全省53万名中职家庭经济困难学生享受国家助学金等各项资助、13万名农村经济困难家庭中职学生和涉农专业学生享受免学费政策，拨付高中阶段教育资金29.54亿元。进一步提升高等教育发展水平，支持高等教育规模扩大和重点学科发展，2010年全省普通高校本专科在校生达到142.66万人，比2009年增长6.9%，全省高等教育毛入学率提高到28%，全省20万名高校贫困学生接受国家助学金或其他各项资助，拨付高等教育（含高职教育）资金70.45亿元。

二是医疗卫生体制改革和公共卫生服务均等化扎实推进，拨付医疗卫生支出90.72亿元。医疗保障水平显著提高，2010年，全省各级财政对新型农村合作医疗和城镇居民医保补助水平达到人均120元以上，其中省财政对欠发达地区补助标准达到人均72元，全省新农合参合人数3 883万人，参合率达到99.2%，城镇居民医保参保人数达到1 971万人，新农合支付封顶线不低于每人每年6万元，城镇居民医保支付封顶线不低于每人每年8万元，拨付医疗保障资金49.19亿元。基层医疗卫生服务体系进一步完善，对974所乡镇卫生院等基层医疗卫生机构建设给予转移支付补助拨付，对15 872个欠发达地区行政村给予每年1万元的村医补贴，拨付基层医疗卫生机构资金10.98亿元。公共卫生服务覆盖城乡居民，全省各级财政补助基本公共卫生服务经费人均不低于15元，向城乡居民统一提供健康档案、预防接种、老年人保健、妇幼保健等9项基本公共卫生服务，2010年全省城市居民健康档案建档率达到43.9%，农村居民达到28.3%，并按照国家部署实施6项重大公共卫生项目，拨付公共卫生资金12.09亿元。综合性医院服务能力进一步增强，省级综合性医院医疗设备进一步改善、学科能力进一步增强，拨付公立医院资金7.26亿元。中医药强省建设进一步推进，全省80%以上的乡村、所有社区卫生服务机构和90%的县级综合医院能够提供中医药服务，拨付中医药资金1.09亿元。

三是生活保障和公共就业服务进一步完善，拨付社会保障和就业资金87.2亿元。大力推进新农保试点工作，拨付新农保资金2.03亿元，欠发达地区实现2010年年底覆盖面30%的目标，覆盖1 283万农民，并将被征地农民养老保障并入新农保；同时，省委、省政府作出了新农保到2012年三年全覆盖的决策部署。提高低保补助标准，拨付城乡最低生活保障资金10.75亿元，基本实现全省农村家庭年人均收入低于1 300元的全部纳入低保补助，全省低保对象91.4万户、224.65万人受益。提高优抚安置水平，拨付抚恤和退役安置资金18.13亿元，提高全省29.4万名重点优抚对象、军队退役人员生活待遇补助标准。解决行政事业单位离退休人员生活待遇问题，拨付行政事业单位离退休资金25.65亿元。增强公共就业服务能力，拨付就业补助资金9.6亿元，2010年年底全省街道（乡镇）以上公共就业服务机构都能够提供基本的公共就业服务功能，全年培训农村劳动力84.7万人，实现转移就业147.1万人，全省成功创业10.2万人，带动就业51万人，推动城镇新增就业186.3万人，完成年度任务的149%。支持社会保障基金制度完善，拨付财政对社保基金补助6.12亿元。加强自然灾害救助，拨付自然灾害生活救助资金4.54亿元，及时保障灾民口粮衣被需要，落实全倒户安置政策。支持社会福利事业和残疾人事业发展，拨付社会福利和残疾人事业资金2.62亿元，对残疾人康复、敬老院建设等予以补助。

四是公共文化体育均等化水平不断提高，拨付文化体育与传媒资金21.82亿元。基层文化服务日益普及，拨付资金7.2亿元，支持欠发达地区基层文化设施建设，全省1 594个乡镇、街道已建立了文化站，基本实现全覆盖；建成了16 139个农村和城市社区文化室，行政村覆盖率达77%；此外还建成5 000多个具有一定规模的文化广场。文物保护及公益服务能力增强，拨付资金3.4亿元，用于博物馆纪念馆免费开放运行维护、文物征集保护以及省博物馆新馆、辛亥革命纪念馆、广东海上丝绸之路博物馆建设。基层广播影视及新闻出版服务进一步健全，拨付资金3.01亿元，2010年年底，全省提前1年实现20户以上已通电自然村广播电视村村通目标；省财政对经济欠发达地区16 222个村，按每月100元/村给予电影放映补助，全省基本实现行政村一村一月放映一场电影的公益服务目标；到2010年年底全省建设完善农家书屋12 291家，行政村覆盖率达60%。公共体育事业全面发展，拨付资金6.75亿元，支持各地建设3 617个农民健身工程项目，在2010年年底基本完成全省100%行政村都建有公共体育场地设施的目标；积极引导全省建设社区体育健身工程，2010年年底全省有13市实现100%的社区建有1个以上的健身点；支持亚运会省级体育场馆建设和维修，落实大型运动会补助经费。

五是困难群众住房保障水平逐步提高，拨付住房保障支出3.35亿元。推进解决城镇低收入家庭住房困难问题，2010年年全省新增解决符合廉租住房保障条件的低收入住房困难家庭2.3万户。实施农村低收入住房困难户住房改造，计划用5年时间解决54.15万户农村贫困户住房困难问题。全面实施政策性农房保险，2010年，全省累计承保的农户数约1 029万户，占总农户数的90.61%，承担的风险保障金额达到1 064亿元。

六是公共交通体系建设不断完善，拨付交通运输资金152.04亿元。2010年全省共完成5 000公里的社会主义新农村公路建设，省按照15万元/公里的标准进行补助；截至2010年年底，全省实现了48.3%的镇有站，76%的村有亭和96.1%的有安全通车条件的行政村通客车率的目标；支持港珠澳大桥、省管高速公路、国省道新改建和大修、部省合作铁路、珠三角城际轨道交通、民用航空等重点项目建设。

3. 突出落实强农惠农政策，支持“三农”工作取得新进展。拨付农林水事务资金146.6亿元、种粮直补资金2.56亿元、农村税费改革补助26.88亿元。

一是支持农业发展，拨付农业资金53亿元、农业综合开发资金7.39亿元。推广种植水稻、玉米、小麦、花生等农作物优良品种，实施良种补贴3 726万亩；落实农机具购置补贴、农业保险补贴政策，补贴欠发达地区承保能繁母猪108万头，水稻34万亩；支持现代农业发展，扶持欠发达地区现代农业园区基础设施建设、现代农业主导产业带建设、农业龙头企业发展及农民合作组织建设，新增省级现代农业园区34个、农业龙头企业38家；支持海洋与渔业科技创新、技术推广，扶持沿海渔民转产转业；加大耕地保护力度，支持推进125万亩现代标准农田建设，支持市县新造40万亩有效耕地；加强农产品质量监督、动物疾病预防控制和自然灾害灾后恢复重建。

二是支持林业事业发展，拨付资金22.41亿元。省级生态公益林补偿标准提高至每亩14元，对全省5 814万亩生态公益林给予补偿资金7.26亿元；支持防护林、红树林、水源涵养林、生物防火林带、自然保护区建设、林木良种推广及林业防灾减灾，推进林分改造及集体林权改革。

三是推进水利事业发展，拨付资金54.54亿元。加快城乡水利防灾减灾工程及重点水利建设项目建设，确保在2011年汛前基本完成293宗城乡水利防灾减灾工程、76宗病险大中型水库和1 200多宗病险小型水库除险加固工程。推进农村饮水安全工程建设，着力解决全省250万人农村饮水安全问题，截至2010年年底，省财政共解决全省1 041万人饮水不安全问题。加强水库移民后期扶持工作，落实水库移民补助。加强农田水利基础设施建设，推进中小型灌溉区改造试点工作，进一步完善农村水利基础设施建设和管理。

四是推进扶贫开发工作，拨付资金7.67亿元。对贫困地区3 409个贫困村“规划到户、责任到人”扶贫开发工作给予转移支付补助，2010年安排资金2.54亿元；健全村级组织运转经费保障机制，对1万个贫困村、5万名村“两委”干部给予人员经费及村级组织办公经费补贴，支持建立农村基层组织工作经费保障制度，安排资金2.54亿元。

2010年，在省委、省政府的正确领导下，在省人大、省政协的监督指导下，在全省各级政府和各部门密切配合、共同努力下，广东省各项财政工作取得了一定的成绩。但我们也清醒地认识到，广东省预算管理中还存在一些突出问题，包括：预算编制仍需进一步细化；预算支出执行进度不够均衡，财政结余结转资金规模较大；区域发展不平衡，一些地区的基层财政比较困难，财权与事权相匹配的财政体制及转移支付制度尚需完善；财政基础管理仍需加强，资金使用效益有待进一步提高等。对此，省财政厅和有关部门高度重视，已经并将继续采取措施，努力加以解决，不断提高预算管理水平。

二、2010 年省级政府性基金收支决算情况

（一）基金收入决算情况

2010 年，省级政府性基金总收入完成 291.93 亿元，主要项目如下：

1. 省级当年基金收入 92.4 亿元，完成预算的 208%，超收 48.05 亿元。超收较大的主要原因是：年中增加了小型水库移民扶助基金、车辆通行费等收入项目，征收部门加大征管力度。各主要项目完成情况如下：

（1）散装水泥专项资金收入 0.01 亿元，完成预算的 50%。

（2）文化事业建设费收入 2.88 亿元，完成预算的 160%。收入增加的主要原因是：文化企业长足发展，上缴收入增加。

（3）国家电影事业发展专项资金收入 -0.08 亿元，主要是受中央级收入调库影响收入减少。

（4）新增建设用地有偿使用费收入 48.83 亿元，完成预算的 163%。收入增加的主要原因是：为保障国家重点工程建设进度，各地加快用地审批进程；同时，征收部门加大征管力度。

（5）育林基金收入 0.02 亿元，完成预算的 211%。

（6）森林植被恢复费收入 6.78 亿元，完成预算的 261%。收入增加的主要原因是：高速公路等国家重点工程大量开工，带动征用林地补偿费增加；林业主管部门加大征收和追缴力度。

（7）地方水利建设基金收入 0.38 亿元。

（8）残疾人就业保障金收入 2.55 亿元，完成预算的 170%。收入增加的主要原因是：实行地税代征后征缴面扩大，地市按 15% 的比例上缴省级统筹金。

（9）国有土地使用权出让金收入及国有土地收益基金收入 0.01 亿元。

（10）农业土地开发资金收入 5.47 亿元，完成预算的 219%。收入增加的主要原因是：重点项目建设进度加快，加速土地有偿使用；土地出让市场化机制进一步完善；加大以前年度收入清缴力度。

（11）彩票公益金收入 8.27 亿元，完成预算的 140%。收入增加的主要原因是：彩票玩法增加新品种，销售部门加大营销宣传力度。

（12）小型水库移民扶助基金收入 4.8 亿元。

（13）车辆通行费收入 12.5 亿元。

2. 上年结余结转收入 168.54 亿元。

3. 中央补助收入 23.9 亿元，主要是年度执行过程中中央专项补助广东省的大中型水库移民后期扶持基金、新增建设用地土地有偿使用费、港口建设费、民航机场管理建设费补助等。

4. 调入基金 7.09 亿元，主要调入项目包括：成品油替代性收入筹集的水利建设基金、省级车辆通行费、国家电影事业发展专项资金等调入基金预算安排。

（二）基金支出决算情况

2010 年，省级政府性基金总支出完成 89.31 亿元，具体包括：

1. 省本级基金支出 31.22 亿元。主要项目如下：

（1）文化体育与传媒支出 1.65 亿元。

（2）社会保障和就业支出 1.4 亿元（加上补助市县支出 14.9 亿元，实际完成 16.3 亿元）。

（3）城乡社区事务支出 5.33 亿元（加上补助市县支出 24.88 亿元，实际完成 30.21 亿元）。

（4）农林水事务支出 0.91 亿元（加上补助市县支出 3.77 亿元，实际完成 4.68 亿元）。

（5）交通运输支出 18.98 亿元（加上补助市县支出 4.59 亿元，实际完成 23.57 亿元）。

（6）资源勘探电力信息等事务支出 0.01 亿元。

（7）其他支出 2.95 亿元（加上补助市县支出 7.83 亿元，实际完成 10.78 亿元）。

2. 补助市县支出 55.99 亿元。

3. 调出资金 2.1 亿元。

收支相抵，2010 年省级政府性基金结余结转 202.62 亿元，比上年增加 34.08 亿元。

三、2010 年全省财政总决算汇编情况

2010 年，在各级人大及其常务委员会的监督支持下，全省各级政府和财政部门认真执行经各级人大批准的 2010 年预算，全省财政较好地实现了收支平衡，略有结余。

（一）全省公共财政收支决算情况

根据汇编的决算，2010 年，全省地方一般预算收入完成 4 517.04 亿元，为省十一届人大三次会议通过预算的 116%，超收 627.04 亿元，比上年增收 867.23 亿元，增长 23.76%；其中，财政计划单列的深圳市地方一般预算收入完成 1 106.82 亿元，比上年增收 226 亿元，增长 25.66%。全省地方一般预算收入 4 517.04 亿元，加上中央补助收入 1 125.45 亿元（含税收返还补助）、财政部代理发行地方政府债券收入 91 亿元（其中省级 69 亿元、深圳市 22 亿元）、国债转贷收入及结余 0.61 亿元、上年结余结转收入 1 220.56 亿元、调入预算稳定调节基金 5.77 亿元、调入资金 140.27 亿元之后，全省公共财政收入决算数 7 100.7 亿元。

2010 年，全省一般预算支出完成 5 421.54 亿元，为省十一届人大三次会议通过预算的 115%，比上年增支

1 087.17亿元，增长25.08%。其中，财政计划单列的深圳市地方一般预算支出完成1 266.07亿元，比上年增加265.23亿元，增长26.5%。全省一般预算支出5 421.54亿元，加上上解中央支出151.3亿元、增设预算周转金6.95亿元、国债转贷支出及结余0.61亿元、安排预算稳定调节金40.49亿元、调出资金11.3亿元之后，全省公共财政支出决算数5 632.19亿元。

收支相抵，2010年全省公共财政结余结转1 468.51亿元，其中：结转下年支出1 333.93亿元，净结余134.58亿元。

（二）全省政府性基金收支决算情况

2010年，全省政府性基金总收入2 938.35亿元。其中：当年基金收入2 122.81亿元，上年结余结转收入769.73亿元，上级补助收入26.96亿元，调入资金18.85亿元。

2010年，全省政府性基金总支出2 057.59亿元。其中：当年基金支出2 047.95亿元，调出资金9.64亿元。

收支相抵，2010年全省政府性基金结余结转880.76亿元。

四、落实省人大2009年省级决算决议意见的有关情况

按照省十一届人大常委会第二十次会议关于批准广东省2009年省级决算决议的要求，省政府高度重视，认真研究落实，确保《关于广东省2009年省级决算草案的审查报告》所提的各项建议措施落到实处，进一步提高了财政预算管理的科学化、精细化水平，确保了预算执行的严肃性。

（一）强化预算管理，提高预算执行水平

1. 加强预算收支管理。收入管理方面，面对复杂多变的国内外环境，省委、省政府对财政运行态势高度关注，多次组织研究部署，各级财税部门进一步提高征管效能，确保应征尽收，较好完成了收入预算。支出管理方面，省财政厅会同省直各部门严格执行《预算法》等法律法规，严格按照经省人大批准的预算安排支出；完善预算实时在线监督系统，使省人大、省审计部门可以通过网络对省财政预算执行进行实时监控；积极推进省级财务核算信息集中监管系统建设，加强对省直单位预算执行情况的实时监管。

2. 严格按照审计报告意见落实整改。省财政厅将审计整改和行政问责制相结合，建立审计整改责任制，采取有力措施落实整改，审计报告反映的问题基本得到解决。收入管理方面，加大追缴督查力度，审计报告反映的欠缴国资收益、非税收入基本追缴到位；并制定省直行政单位国有资产收益管理制度，完善非税收入管理系统，为强化财政收入管理提供制度和技术保障。支出管理方面，对省财政支出实行规范的国库集中支付管理；加大结余结转资金清理力度，审计报告反映的长期结转项目绝大部分得到清理落实；并制定省级结余结转资金管理办法进一步规范管理。

3. 加快预算支出进度。省财政厅对预算执行工作进行专门部署和督导，全省各级财政预算支出进度明显加快。一是制定加快省级预算执行的实施意见，对省直各部门制定资金分配方案、申请追加预算的时限作出明确规定，提高预算执行的时效性和均衡性。二是建立预算执行通报制度，按月对各地和省级财政支出进度情况进行排名并通报，督促加快支出进度。2010年广东省在财政部关于地方支出进度的通报中始终名列前茅，1～11月支出进度达87.3%，比2009年同期提高8.3个百分点，高于全国平均水平3.6个百分点。

4. 加强结余结转资金管理。省财政厅组织全省各级财政部门对结余结转资金进行了专项清理，按照资金性质、资金结转年限等对资金进行分类处理，切实压缩结余结转资金规模；同时，制定《省级财政结余结转资金管理暂行办法》等制度，明确了结余结转管理的原则、职责分工、分类管理办法、减少结转和消化结余资金的具体要求，进一步夯实了结余结转资金管理制度基础。

（二）改进预决算编制，推进预决算信息公开

1. 进一步提高预算编报科学化、精细化水平。充实和丰富省级预算表的内容，对2011年报送省人代会的预算表格进行修改并增加说明，修改后表格从原9张增加到19张；同时，将收入预算和支出预算单列反映，将省本级支出和执行中补助市县的支出分列反映，使政府预算更清晰明了。

2. 进一步丰富预决算公开内容。2010年起，在原已经主动公开省级预算草案报告（文本）的基础上，主动公开省级预算表格。2011年，省财政厅在门户网站主动公开省政府十件民生实事资金安排情况。同时，省财政厅还及时公开民生补助标准、资金安排、实施情况，进一步增加民生信息透明度。

3. 进一步推进预决算信息公开。2011年省政府印发《关于深入推进政府预算信息公开的指导意见》（粤府办［2011］15号），对全省各级政府预决算信息公开作出明确部署。省财政厅大力抓好贯彻实施：一是推进省直部门预算公开，要求省直部门主动公开部门预算，并建立部门公开情况统计制度，将统计结果报告省人大，作为省人大实施预算监督的一项内容；二是加强对市县预决算公开工作的指导，2011年在中央下达的专项资金公开目录的基础上，要求市县增加公开10项专项资金；三是积极贯彻落实5月4日国务院常务会议关于推进预决算信息公开的决策部署，抓紧研究进一步推进广东省预决算公开的措施。

（三）深化省以下财政体制改革，完善转移支付制度体系

按照推进主体功能区建设和基本公共服务均等化的要求，进一步完善省以下财政体制，不断加大转移支付力度，逐步建立起财力与事权相匹配、对科学发展起具体导向和激励作用的财政体制机制。

1. 调整完善省以下财政体制。从2011年起调整省对市县（不含深圳市）财政体制，将省级与市县“四税”分享比例由“四六”调整为“五五”，增强省级统筹能力，省级新增财力主要用于均衡区域间财力差距，缓解基层财政困难，推进城乡、区域基本公共服务均等化。

2. 建立县以下政权基本财力保障机制。在明确责任的基础上制定奖补机制，建立县、镇、村三级基本财力保障机制，为基层政权和组织供给“底线均等”的基本公共服务提供财力保障。

3. 建立生态激励和生态补助相结合的财政机制。对生态发展区域引入生态激励机制，建立一套由17项生态指标组成的指标体系，形成生态补偿机制，支持生态地区良性发展。对优化开发区域和重点开发区域继续实施原激励型财政机制。

4. 积极推进省直管县财政改革试点工作。2010年选择4个县（市）作为试点实行省直管县财政改革，并配合顺德区行政体制综合改革对顺德区实行省直管财政体制。通过改革，在增强县级财权与事权完整性、协调性的基础上，进一步增强省级帮扶责任和管理力度，优化县域发展环境，增强县域发展动力。

5. 探索建立横向财政转移支付机制。在省财政继续加大纵向转移支付力度的同时，研究制定推进基本公共服务均等化横向财政转移支付机制，吸收并将对口支援政策制度化，强化发达地区先富帮后富的帮扶责任。

（四）严格政府债务管理，积极防范财政风险

2010年，在省委、省政府的高度重视和正确指导下，省财政积极采取措施加强地方政府性债务管理，规范政府投融资行为，防范债务风险。

1. 加强政府融资平台公司管理。省级融资平台管理方面，加强测算确保融资规模与还款能力相适应；制定管理办法，对融资平台资金实行指标制管理，并以共管账户形式实行联合印鉴管理。市县融资平台管理方面，省政府成立了领导小组加强统筹协调，组织各级政府清理融资平台债务，并在完善治理结构、落实偿债责任、规范融资管理、充实资本金、促进投资主体多元化等方面采取了一系列措施。

2. 规范中央代发地方政府债券管理。制定债券资金预算管理、会计核算等多项办法；债券资金安排使用严格按照程序人大审批纳入一般预算管理；同时，省财政厅还与各市政府、省直使用单位签订转贷（借）协议，确保债券资金安全规范使用。

3. 研究政府债务管理法规及指标体系。省财政厅积极配合省人大进行地方政府性债务管理法规研究；密切关注财政部拟出台的地方政府债务规模控制和风险预警指标体系，研究广东省实施办法并指导市县建立完善相关机制。

主任、各位副主任，秘书长，各位委员，2011年是我国实施“十二五”规划的开局之年，加强预算管理、做好各项财政工作，对于进一步巩固宏观调控成果、保持经济平稳较快发展意义重大。我们将在省委、省政府的领导下，坚持以邓小平理论和“三个代表”重要思想为指导，深入贯彻落实科学发展观，自觉接受省人大的指导和监督，积极运用财政手段促进经济社会发展，突出保障和改善民生，大力推进财政改革发展，为“加快转型升级，建设幸福广东”作出新的贡献！

关于广东省2010年省级决算草案的审查报告

——2011年7月27日在广东省第十一届人民代表大会常务委员会第二十七次会议上

广东省人大财经委员会主任委员　曾寿喜

主任、各位副主任、秘书长，各位委员：

我代表省人大财经委员会，将对广东省2010年省级决算草案的审查情况报告如下：

财经委员会听取了省财政厅《关于广东省2010年省级决算草案的报告》和省审计厅《关于广东省2010年度省级预算执行和其他财政收支的审计工作报告》，并对2010年

省级决算草案作了初步审查。

财经委员会认为，2010年，省人民政府及其财税部门坚决贯彻党中央、国务院的战略决策部署，认真贯彻落实《珠江三角洲地区改革发展规划纲要》和推进“三促进一保持”各项中心工作；加强财政管理，改进预算工作，省级预算完成情况良好。财经委员会建议省人大常委会批准省人民政府提出的2010年省级决算草案，批准省财政厅厅长曾志权代表省人民政府所作的《关于广东省2010年省级决算草案的报告》。同时，财经委员会提出以下建议：

一、改进预算管理，提高预算执行水平和财政资金使用效益

要高度重视每年省级财政结余结转数额偏大并逐年递增的问题，认真分析原因，以改革的精神，采取切实措施逐步加以解决，进一步提高专项资金的使用效益。

二、改进预算、决算的编制，推进部门预算、决算公开

要继续改进预算编制办法，细化项目预算编制，提高预算分配特别是专项资金分配的透明度。努力推进部门预算、决算向社会公开。

三、深化财政改革，完善转移支付制度

积极推进省直管县财政改革，努力建立县级基本财力保障机制，提高县级基本财力保障水平，调整省以下财政体制后新增的省级财力应主要向欠发达地区转移支付，努力调整转移支付的结构，提高一般性转移支付的比例，增强欠发达地区财政提供基本公共服务的能力，促进区域经济社会协调发展。

以上报告，请予审议。

第二部分

财税工作重要讲话

在全省财政工作会议上的讲话

广东省省委副书记、省长　黄华华

（2011 年 1 月 13 日）

一、“十一五”时期广东省财政改革发展成绩显著，为促进全省经济社会平稳较快发展作出了重要贡献

刚刚过去的“十一五”时期，是广东省发展史上极不平凡的五年，是广东省改革开放和现代化建设取得新的重大成就的五年，也是广东省财政改革发展取得重大进展、财政实力实现新跨越的五年。五年来，全省各级财政部门深入贯彻落实科学发展观，按照中央和省委、省政府的决策部署，坚持“生财有道、聚财有方、理财有规、用财有效”和集中财力办大事的原则，开拓创新，攻坚克难，扎实工作，推动财政改革发展取得新的重大成绩，突出表现为“六个更加出色”。

（一）狠抓增收节支，在增强财政实力、确保重点支出上更加出色

一方面，面对国际金融危机冲击下广东省经济增长速度放缓和国家实施结构性减税政策的双重挑战，全省各级财政部门坚持把培植税源和组织财政收入作为财政工作的重中之重来抓，认真落实财税联席会议制度、财税收入分析制度和领导分片抓收入制度，切实加强收入征管，努力挖掘增收潜力，在严峻形势下保持了财政收入的平稳较快增长，收入规模不断创新高，全省财政实力实现历史性新跨越。2010 年，来源于广东的财政总收入突破 10 000 亿元大关，由 2005 年的 4 432 亿元增加到 11 842 亿元，年均增长 21.7%，增幅比“十五”时期提高 3.4%；平均每年增收 1 482 亿元，增收部分相当于我国内地特别是西部一些省份一年的财政总收入。全省地方一般预算收入由 1 807 亿元增加到 4 516 亿元，年均增收 541.8 亿元，年均递增 20.1%，增幅比“十五”时期提高 5.4%，连续 20 年居全国各省区市首位。去年广东 GDP 是 45 472.8 亿元，来自广东的财政总收入是 11 842 亿元，大概相当于 1999 年全国的财政总收入，五年来年均增长 1 400 多亿元，这个增幅是很大的。2010 年相当于 2005 年财政 2.6 倍。更可喜的是，从财政占 GDP 的比重可以看出整个经济的质量。1994 年分税制改革第一年，当时广东省财政收入是 650 多亿元，占整个 GDP 的比重为 12.6%，2005 年财政收入占 GDP 的 19.8%，到去年占 GDP 比重达 25.6%。除北京、上海作为直辖市不可比之外，广东省财政收入占 GDP 比重多年来在全国各省是排第一的。在世界上来讲，（比重）应该说也是比较低的，当然，也比不上发达国家。税收政策全国是一样的，我们也没有收“过头税”，财政收入占 GDP 的比重高，关键是广东省产业提升、转型升级加快，产业的含金量提高了，所以广东省整个财政收入大幅度增加。据统计，去年广东省增值税占税收比例下降，不到 40%，而所得税比重是增加的；广东省去年工业企业利润增长 36%，但是传统产业增长 44%，说明传统产业转型升级速度快，这充分说明过去五年特别是应对金融危机以后，广东省产业转型升级步伐加快，效果很好。2009 年广东省财政收入是 9 000多亿元，2010 年是 11 800 多亿元，一年增加了 2 800 亿元。从财政增收数据里面，一是反映了综合实力，二是反映了经济社会发展质量，特别是反映了产业加快转型升级，这个是很可喜的事情。

广东为什么受金融危机冲击最大？因为我们是改革开放的第一波，劳动密集型企业最多，产业链条的低端广东的企业最多，单单加工企业就占了全国的 40%，所以广东的产业层次相对比较低，劳动密集型程度比较高，受国际金融危机首当其冲，影响最大。按理来讲，广东这样的经济、这样的产业结构财政收入是比较低的，但我们财政收入占 GDP 比重在全国各省是第一，这是相当不容易的。

同时，财政收入结构更加合理、增长质量明显提高，省、市、县三级财政增速日益协调，区域间财力差距不断扩大的趋势得到有效遏制。五年来，粤东西北地区地方一般预算收入占全省地方一般预算收入的比重提高了 1.6%。这也很不容易了，珠三角区域财政收入增长迅速，而粤东西北增长更快，占全省收入比重提高。税收收入占地方一般预算收入的比重基本稳定在 85% 左右，主要还是靠税收，如果不是靠税，还是靠费，那就难说了，风险比较大。这说明财政增收方面取得了非常显著的成绩。

另一方面，坚持勤俭办事节约开支，确保重点支出需要。省财政厅按照“压省级、保地方”的要求，精打细算，大幅削减省级预算用于政权运转的经费支出，特别是严格控制省直机关一般性行政经费支出，腾出资金确保调整结构、改善民生、转移支付等重点需要。各级财政也积极厉

行节约，较好地控制了一般性行政经费支出。全国一般性行政经费支出占财政收入的23.6%，华东几个省是23.8%，而广东只有19.6%。省财政还肩负着转移支付给粤东西北的职责，所以从2003年开始，省级行政经费连续四年零增长，2008~2009年应对国际金融危机还连续两年负增长。这样腾出资金来支持粤东西北，加上支持地区经济发展的专项资金，已经占到省级财政76.9%。当然全省各地也是严格控制一般性行政经费支出，这两年成效特别突出。同时，切实加强财政资金管理，千方百计提高财政资金使用效益。过去五年在增收节支方面，应该说是取得了很显著的成绩，完成得很出色。

（二）认真落实财政政策，在推动扩大内需保增长上更加出色

全省各级财政部门深刻把握经济发展和公共财政的辩证关系，积极发挥财政资金“四两拨千斤”的作用，科学运用财政手段促进经济发展。特别是国际金融危机爆发以来，坚决落实积极的财政政策，按照广东省扩大内需保增长16项政策措施的要求，统筹使用2009~2012年各项支持经济社会发展的资金投入，多方筹措资金，集中投入财政资金近1 000亿元，拉动社会需求13 000亿元以上。同时，在争取中央代发地方政府债券的基础上，运用现有的财政资金现金流，建立了国有资本收益、交通、水利等三大融资平台，新增融资超过550亿元。各级财政部门还积极落实家电下乡、种粮直补等扩大内需政策措施，加大对中小企业发展的扶持力度，千方百计支持外经贸发展，都取得了良好的成效，为广东省有效应对危机冲击、实现经济平稳较快发展发挥了重要作用。

财政杠杆在“扩内需、保增长”中是很重要的，现在经济调控上省级权力很有限，像银行、中央管理，这方面没法突破，汇率、税率都没办法作调整，唯有能较好把握的就是财政，还有物价还有相当一部分权力，再加上行政，这是地方调控经济社会发展主要的三个手段。2008年7月份开始，广东形势就很严峻；到了2009年的3月份，那时候最低一个月财政下降33.1%，外经贸下降31%，财政减收33.1%，整个GDP增长是下降的，如果再这样下去可了不得，所以保增长也就是保财政，当年3月份省政府开了一个常务会议，当机立断扩大公共投资保增长。形势非常严峻，广东的外经贸下降了31%。外经贸是广东经济的主体，外经贸依存度最高时达155%，2008年还有133%。我过去常讲一句话，成也萧何，败也萧何，我们是外向型经济，所以外经贸是很重要的，历来如此。外经贸尽管是受国际金融危机影响，我们怎么样也不能让它掉下去。解决办法只有两条路，一个是怎么样确保外经贸不要降那么多，第二个就是如何转成内销。为了支持企业多出口，2009年3月份省财政一次性拿了12亿来支持外经贸的发展，每出口1美元就给补助3分钱，加上原来的十几个亿，总共拿了29亿元。结果到年底，广东省外经贸由下降31%到最高增长32%，总共倒差63%，稳定了外经贸下滑的严峻形势。另外是转内销，当时提出一个口号“外资损失内资补、外销损失内销补”。最后仅加工贸易企业转内销就是8 000多亿元，所以2009年广东省GDP还能保持9%的增长，那是很不容易的。

当财政厅长要首先考虑生财有道。没有经济发展，哪有财源，这个非常重要。因此，财政支持经济发展、保增长扩内需要下力气，我看这几年我们做得很不错。2009年形势非常紧张，金融危机以后温家宝总理一年三次到广东视察工作，要求广东不能掉，广东GDP占全国1/9，财政占全国1/8，2010年财政达到了1/7，广东掉下去谁也补不上。我们压力非常大，最后广东还是保持了财政收入增长6.9%、GDP增长9%的增长速度，这是很不容易的事，对全国保增长大局起到了很大的作用。

（三）灵活运用财政杠杆，在推动调结构促转型上更加出色

各级财政部门坚持“有所为、有所不为”、集中财力办大事，分清轻重缓急，确保把资金优先投入到事关全省发展大局的大事、实事上。特别是紧紧围绕加快经济发展方式转变，切实把保增长与调结构、促转型有机结合起来，加大对战略性新兴产业、自主创新、双转移、节能减排、生态保护等重要领域的支持力度。如认真落实省委、省政府关于产业和劳动力“双转移”的战略部署，过去五年集中投入400亿元资金，其中75亿元以竞争性方式分配，扶持建立省级示范性产业转移园区，原来东西北14个后来加一个江门就有15个，原来计划按照一个产业转移给5亿元、共75亿元。汪洋书记提出要利用竞争性办法，不能采取行政分配，增强欠发达地区加快发展、科学发展的积极性。省财政厅这项工作抓得很好，效果也很不错。截至2009年底，75亿元竞争性扶持资金共带动地方和社会共投入913.3亿元，资金放大乘数达12.2倍。广东最大的问题就是发展不平衡，珠三角很发达，东西北欠发达，差距还比较大。为了促进区域协调发展，产业和劳动力“双转移”是一个很重要的措施，这几年效果很好，东西北地区GDP和财政收入增长速度都高于全省平均水平、高于珠三角水平。与此同时，切实加大对建设现代产业体系的支持力度，积极支持高世代液晶面板、高精尖重型装备制造业等重点产业项目建设。又如，从2005年开始，进一步加大力度提高自主创新能力。自主创新要靠人，没有人才自主创新很难，广东的大学科研院所在全国都不是属于最好的，接近中上的水平，为解决人才不足和大学科研力量不足的问题，从2005年开始，由省政府与教育部开展产学研合作，借外脑，动员全国各地的高校到广东进行科研工作。广东第一年拿出1个亿，第二年省本级拿出2个亿，第三年3个亿，第四年4个亿，带动地方财政投入80亿元，带动了企业投入几百个亿。现在和广东省搞广东产学研合作的有全国重点大学310所、科研院所330多家、教授博士等科研人员1万多人，这几年累计合作600多个项目，实现产值800多个亿，纳税1 000多个亿。过去广东发明专利排不到第一，

都是北京第一，这两年发明专利申请量、授权量都是广东第一，很重要一条就是我们借了外脑，充分利用了高等院校、科研院所跟我们的企业相结合，产学研相结合，这是推动自主创新很重要的一招，但实际上财政花的钱不多，是真正的“四两拨千斤”。

再如，我们支持高新技术产业的发展，现代电子信息关键要抓好“三电”产业：电脑、彩电、移动电话，这“三电”跟老百姓关系最密切，市场潜力大。这里面两个很关键，一个是芯片，一个是液晶面板，这两个都是广东的弱项。过去广东彩电全国第一，后来基本上被淘汰了，现在主要生产液晶面板。液晶面板我们自己搞不出来都要靠进口技术；芯片现在有所突破，我们引进北京一些人才搞了新干线，现在的芯片科技水平已经超过了微软的酷睿，酷睿是中高档，我们超过了它，接下来的市场潜力很大。电视面板现在是2.5代，4.5代，8.5代都能造，2.5代基本上是手机，4.5代基本上是电脑，8.5代是彩电。我们采取的政策是引进一条8.5专线就安排10个亿，现在全国最大的液晶面板生产线在广东，保持了全国第一的领先地位。这也需要财政支持。根据省政府决定，“十二五”时期省财政五年投入100亿元、每年20亿元支持战略性新兴产业发展。

又比如节能减排。原来广东省节能减排形势是十分严峻的，主要问题是东西两翼、粤北山区连县城都没有污水处理厂。节能减排重要的是水质，改善水质的关键是处理生活污水，所以每个县、珠三角地区的每个中心镇都要有污水处理厂。要完成这个任务对山区、东西北县来讲困难很大。第一没有资金，政府不投资金，光靠社会搞不起来，所以2008年省财政一次性拿出25亿元补助东西北地区污水处理厂建设，结果广东省污水处理厂建设全部如期完成任务。目前污水处理能力达到每天1 000多万吨，在全国排第一。这次亚运会广州市区污水处理率超过90%，污水处理能力达每天460万吨，同时亚运会期间新建38个污水处理厂，新增200多万吨日处理能力，为举办一届成功圆满的运动会作出了贡献。所以节能减排工作有力地推动了经济结构调整、促进了经济发展方式转变，财政杠杆在这方面发挥了很好的作用。

（四）坚持取之于民、用之于民，在推动保障改善民生、发展社会事业上更加出色

各级财政部门坚持民生优先、民生为重和注重公平、共享发展的理念，把民生福祉放在更加突出的位置来抓，切实加大对保障和改善民生及发展社会事业的投入。率先在全国编制实施省基本公共服务均等化规划纲要，从公共教育、公共卫生、公共文化体育、公共交通、生活保障、住房保障、就业保障和医疗保障等八大方面确立了广东省基本公共服务均等化的建设目标和保障措施。财政支出结构更加优化，五年间全省财政民生投入约10 000亿元，占全省一般预算支出的比重从42.7%提高到57.2%，年均增长22.3%。这几年，广东省在教育方面全面推进农村义务教育经费保障机制改革，不仅普及了免费义务教育，而且中小学教师工资福利待遇“两相当”也基本解决。实现城乡免费义务教育走在全国前列，广东九年义务教育学生多达1 500多万人，而且还有外来工子女入学问题，2009年外来工子女适龄入学人口达2 960万，财政投入义务教育的资金是相当大的。高等教育方面，以前广东省高等教育比较落后，大概排到全国第18位，现在提到了第8位左右。2002年广东省高等教育在校本专生只有46万，但去年已经达到130多万，翻了近3倍。为什么短短7、8年间，能够有那么大的幅度，这跟财政教育投入大幅增长有很大关系，省财政和各市在办大学方面都舍得投入。大学城是一个很重要的校园，广州大学城建得很快，十几个月就建成了。2007年网上热炒吉林大学资不抵债，当时我们大学城恐怕也面临这个问题。广东省大学城建设原来征地是省政府给广州市政府的钱，交通主要是广州市政府提供一些交通的公共设施，但大学里面的建设靠大学去贷款，这样大学负债就比较多。如果大学城负债不解决好，就会跟吉林大学一样，好事没办好，恐怕就会变成一个炒作的热点。所以2007年我就让当时的财政厅长和教育厅长给我秘密调查，秘密核实，到底整个大学城有多少贷款，哪些贷款是通过社会上介绍的，哪些贷款是不行的、必须要解决的。后来省财政厅算了一笔账，结果大概是全省大学教育负债200多亿元，其中大学城150亿元。后来，省政府下决心，一次性拿出200亿元来解决大学负债问题。一次拿200亿元不是很容易的事。所以现在大学城学生达到15万，很快要扩大到20万，广东大学城是全国办得最好的，也是世界一流的，国际很多友人都是交口称赞，很重要一条就是认为广州大学城是政府出资金，现在很多地方大学城不成功，就是找房地产开发商，靠征地，一批一批土地卖房地产，赚钱搞大学城，最后留下一大堆问题。所以不发展怎么行呢？当然这里面也有预算外资金，省本级不可能开发土地，只有地方才有土地权，省本级没有卖地的钱，主要还是靠发展国有资产。因此各级政府一定要善于生财，否则遇到重大问题及解决重大民生问题时没有财力来保障，这是相当重要的。

此外，中央进一步提高了城镇居民基本医疗保险和新型农村合作医疗筹资水平和财政补助标准，城乡医疗救助制度覆盖到全省所有的困难家庭，公共卫生医疗体系不断完善。社会保障方面，城乡统筹的社会保障体系不断完善，城乡居民最低生活保障覆盖面进一步扩大。文化方面，公共文化服务体系不断完善，文化事业加快发展。现在我们的文化事业这几年发展很快，省财政对省科学馆、博物馆、图书馆、大剧院都是大投入，现在广州大剧院比北京、上海的都好。还有县镇文化设施建设也是普及很快，覆盖到全省。与此同时，切实加大抗灾救灾扶持力度，在广东省每次遭到水旱灾难袭击时，财政及时拨付到位，有力地促进了灾区生产生活秩序的恢复。去年茂名、阳江又遭遇“凡比亚”台风，是500年一遇甚至1 000年一遇的大灾，仅省本级就拿出15个亿来支持粤西救灾复产重建，是历年来最高的。另外，还大力推进对口支援四川省汶川县和甘

肃省三县一区地震灾区恢复重建，实现了“三年任务两年全面完成”。一个是汶川，另一个是深圳对口帮扶甘肃四个县区，这两个地方广东省总共支持了150多个亿，其中汶川112个亿，甘肃四县40个亿。此外，还对口援藏、援疆和广西、贵州、三峡库区。所有这些，都离不开强大的财力支持，也体现了公共财政建设的价值取向。

（五）切实加大财政转移支付力度，在促进城乡区域协调发展上更加出色

认真落实《珠江三角洲地区改革发展规划纲要》和区域协调发展战略，坚持分类指导，突出发挥财政转移支付在推动城乡区域协调发展中的积极作用，努力提升珠三角带动东西北和促进城乡一体化发展。省财政厅牵头编制实施了珠三角基本公共服务一体化专项规划，从财政方面大力支持珠三角产业转型升级和城际轨道等公共交通建设，珠三角经济一体化进程加快推进。加大对粤东西北欠发达地区的转移支付力度，还有财政激励，推动欠发达地区经济社会发展提速。“十一五”期间，粤东、粤西和山区五市GDP增幅分别比全省平均水平高出1.4%、0.2%和3.3%，地方财政一般预算收入增幅更是分别高于全省3.7%、1.5%和5.3%。与此同时，认真落实强农惠农政策，整合财政资金加大对“双到”扶贫开发以及农业生产基础设施、现代标准农田、农业防灾减灾工程建设和农村泥砖房、茅草房改造的投入，推动农业农村经济发展。“十一五”时期，全省农村居民收入增长快于城镇居民0.7%，城乡居民收入之比差距下降，超过四成的被挂扶贫困户已达脱贫标准。

（六）不断完善体制机制，在推进财政体制改革、强化财政管理上更加出色

紧紧围绕完善公共财政体系的目标，深化改革，大胆创新，初步建立起体制机制充满活力、管理制度科学规范、监督问效透明有力的公共财政体系。特别是深化省以下财政体制改革取得重大突破。去年以来，财政系统按照省委、省政府的部署，围绕实施主体功能区规划和推进基本公共服务均等化，有效开展了调整完善分税制财政管理体制、建立生态激励型财政机制、省直管县财政改革试点、建立县以下财力保障机制等改革。这是广东省自1996年确立分税制财政管理体制基本框架以来，首次对分税制财政管理体制进行调整完善。通过合理调整省和市县间财政收入分配格局，在保障市县既得财力和经济发展积极性的基础上，增强省级财政调控能力。改革后省级集中财力的分配使用，将主要用于加大对欠发达地区转移支付力度，增强其财政保障能力和构建生态补偿机制。这必将为推动区域协调发展、实现全省基本公共服务均等化奠定体制基础和财力保障。与此同时，通过“省保县、市保镇、县保村”的隔层保障形式，建立完善县以下政权基本财力保障机制，确保满足县（市）、镇（乡）和村级基本支出需要。1994年广东省实行分税制财政体制改革以来，一直对分税制财政体制没有大的调整，省市共享“四税”四六分成，去年年底省委省政府讨论决定要完善这种分成制，决定把分成比例变成五五分成，适当集中点财力来保障县级财政的支出问题。财政部要求县人均财政支出水平要达到6万元，按此标准广东省缺口147亿元，是全国资金缺口最大的一个省，这是很不合理的。现在广东财政上缴全国第一，但是广东的人均财力支出却排在全国第22位，比全国平均水平还低400多元，这是体制造成的。现在民生事业发展都讲普惠制，广东是人口大省，财政支出压力很大。当然我们要按照小平同志所要求的，东部省有义务应该上缴税收，支持欠发达地区发展，但这个要适度。现在中央财政的集中度已经够高了。而省级财力占全省财力比重最低的也是广东，仅为19.65%，低于全国23.1%的平均水平和东部的23.8%，所以还是要适度集中财力支持粤东西北发展。今天珠三角各市分管市长都在这里，要深刻认识到支持欠发达地区是政治责任，是社会主义集中财力办大事的体现，在这个问题上要提高到政治的高度去认识。但是，我们也强调保护既得利益，减少阻力，以去年为基数，存量不变，增量调整，这样的话影响也不大。广东省要解决147亿元的县级基本财力保障资金缺口，体制调整后省财政一年大概也就增加几十亿，实际上还远远不能解决问题，还需要靠各级党委、政府的共同努力来解决。

同时，创新财政分配机制，引导以竞争性方式分配重点产业园建设、农业综合开发、水利、劳动力扶持等专项资金。发挥财政资金的引导作用和乘数效应，创新财政投入机制，引导社会资金投向基础设施等重点领域。扎实推进财政支出管理改革，逐渐形成了具有广东特色的公共财政管理模式。

近五年来财政工作的出色实践，既增强了广东省财力实力，又使财政对经济社会发展的科学调控职能得到充分发挥，积累了很多好经验、好做法，主要有五条：一是必须坚持围绕中心、服务大局，推动财政与经济社会相互促进、共同发展。要立足经济社会发展全局，紧紧围绕党委、政府的中心工作，既充分发挥财政促进经济稳定增长、优化经济结构和调节收入分配的职能作用，促进经济社会又好又快发展，又大力推进依法理财，强化税费征管，确保应征尽收，努力增强财政实力。二是必须坚持以人为本，注重保障和改善民生。要牢固树立“取之于民、用之于民”的理念，始终把保障和改善民生作为财政工作的出发点和落脚点，既做大蛋糕又分好蛋糕，着力解决人民群众最关心、最直接、最现实的利益问题，让人民群众共享改革发展成果。三是坚持“小钱小气、大钱大方”，把钱用在最关键最急需的地方。一方面，坚持勤俭办事、节约开支，绝不乱花一分钱；另一方面，要按照集中财力办大事的要求，分清轻重缓急，把资金集中投入到经济发展的关键领域和重点环节，集中优势兵力打“歼灭战”，着力解决影响发展的突出矛盾和主要问题。就是要抓关键，要舍得花大钱，要有气派；但是对小钱，比如一般性行政支出要卡紧，节约开支，勤俭办事，做到“小钱小气、大钱大方”。四是必

须坚持"预则立"的工作准则，前瞻性地统筹分配使用财力。要准确把握经济社会发展趋势，超前谋划，未雨绸缪，在正确判断自身财力的基础上，着力解决公共财政"缺位"问题，真正把转变经济发展方式的要求前瞻性地体现到财力的分配和使用中，牢牢掌握工作主动权。五是必须坚持改革创新、先行先试，使财政工作不断适应科学发展要求。要善于用改革的思路，创新的办法解决财政工作中出现的问题，着力推动重点领域和关键环节改革不断取得新进展，努力构建服务科学发展的财政体制机制。

广东省财政工作的扎实有效开展特别是财政职能的充分发挥，对广东省在面临复杂多变的国内外经济形势特别是国际金融危机严重冲击及严重洪涝等自然灾害下，实现经济社会平稳较快发展和加快转变经济发展方式起到了重要作用。这五年，广东省经济综合实力再上新台阶，生产总值从22 100亿元增加到45 636亿元，年均增长12.5%，翻了一番多，继超过新加坡、中国香港后又超过中国台湾等地区。与此同时，经济结构调整扎实推进，人民生活显著改善，社会事业快速发展。这与出色的财政工作是密不可分的。广东省财政工作能够取得这样的好成绩来之不易，这是在省委、省政府的正确领导下，全省财政系统广大干部职工团结奋斗的结果。阳胜、龙云、小丹同志先后分管财政工作，善于从全局出发进行谋划，抓得都很准、很出色、很有成效，小丹同志担任常务副省长分管财政，工作抓得很紧，去年6、7月份省级财政收入在下滑，小丹同志下决心狠抓了一下，结果到年底省级财政收入增长还是比较可喜的，其中特别是国税地税完成任务很出色，去年全省财政、地方财政、省级收入实现全面大丰收。以刘昆同志为班长的上一任省财政厅领导班子大局观念强、进取精神好、心齐实干、作风扎实、开拓创新，率领全省财政系统干部职工开创了广东省财政工作新局面，所以刘昆同志被提拔为副省长，很重要一条就是财政工作做得不错，政绩突出。这是对整个财政工作的充分肯定，当然也不是一个人的问题，说明整个财政工作做得很好。以志权同志为班长的新一任省财政厅领导班子秉承优良作风，团结带领全厅上下解放思想、锐意进取、扎实工作，推动广东省财政工作取得了新成绩。省财政厅给省委、省政府提了很多有建设性的方案，像完善分成改革，搞了四个方案，最后选中了一个。还有为谋划"十二五"财政预算，很多预算工作都抓得很紧，省财政厅预算能力是很强的，每年执行预算情况是很不错的；省财政厅还是有很多人才的，当家理财不容易，"财神爷"不好当，上缴任务那么重，又要发展，又要保民生，各个方面都要统筹兼顾，现在讲起来条条都重要，没有哪个不重要的，最后都要钱，很不容易。当常务副市长要会当家理财，不懂财是不称职的副市长，你要当家就要理财，理不好财当不好家，柴米油盐酱醋茶，少一分钱也不行，省市也一样，少一分钱就办不成事，所以这一条当家理财很重要，财政工作很重要。我们也相信志权同志为班长的新一任财政厅领导班子能够再接再厉，带领全省财政队伍把各项工作做得更好。省委、省政府对广东省财政工作是充分肯定和非常满意的。在此，我代表省委、省政府向在座各位并通过你们，向全省财政系统的干部职工表示衷心的感谢和诚挚的问候！

二、突出重点，狠抓落实，推动广东省财政工作再上新台阶

"十二五"时期是广东省深化改革开放、加快转变经济发展方式的攻坚时期，也是广东省全面建设小康社会，率先基本实现社会主义现代化的关键时期。综观国内外形势，广东省既面临难得的机遇，也面临严峻的挑战，但总体上仍是广东省推动科学发展可以大有作为的重要战略机遇期。刚刚闭幕的省委十届八次全会认真贯彻党的十七届五中全会、中央经济工作会议精神，全面把握国内外的形势，牢牢把握科学发展主题和加快转变经济发展方式主线，紧密结合省情创造性地提出加快转型升级、建设幸福广东的这一核心任务，对当前和"十二五"时期广东省经济社会发展工作作出了全面部署。这既为做好新形势下广东省财政工作进一步指明了方向，提供了可以大有作为的广阔平台和重大机遇，同时也给财政工作提出了新的更高要求。稳固、平衡、强大的财政是加快转型升级、建设幸福广东必备的物质基础。无论是巩固和扩大应对国际金融危机成果、促进经济平稳较快发展，保证基本运转，还是解决产业结构不合理、区域发展不平衡等深层次矛盾和问题，打好转变经济发展方式这场攻坚战，都迫切需要加大财政投入力度，特别是改善民生福祉、建设幸福广东更需要强有力的财力支撑。另一方面，我们也要清醒地认识到，国内外经济环境仍然极为复杂，影响经济发展的不确定性因素依然较多，财政增收难度加大，收支矛盾突出，调整财政支出结构任务重、难度大。同时，广东省虽然财政总量大，但人均水平不高，人均支出水平仅排在全国第22位。财政收入的地区结构仍不合理，财力主要集中在珠三角，东西两翼和粤北山区不论是总量还是人均水平都处于较低水平，公共财政保障能力区域差距仍然明显，财政工作面临的任务依然艰巨繁重。

面对新形势新任务，全省财政系统一定要把思想认识和行动统一到党中央、国务院和省委、省政府对当前形势的科学判断上来，统一到省委十届八次全会确定的目标任务和决策部署上来，既要看到各种有利条件，坚定信心、抢抓机遇、乘势而上，又要看到各种困难和挑战，切实增强忧患意识、风险意识、责任意识，切实把工作做得更深、更细、更扎实。"十二五"时期，广东省财政工作的总体要求是：深入贯彻落实科学发展观，以科学发展为主题，以加快转变经济发展方式为主线，以"加快转型升级、建设幸福广东"为核心，坚持"生财有道、聚财有方、理财有规、用财有效"和集中财力办大事，积极主动应对内外部环境变化和各种挑战，科学把握财政工作规律，继续改革创新，加强增收节支，积极服务经济社会发展，大力改善民生，努力当好全国财政工作排头兵。

"生财有道、聚财有方、理财有规"，我是2003年当省长的时候提出来的这三句话。这次加一句话"用财有效"，是贯彻整个财政工作很重要的一个原则。当家理财很重要，怎么理财，过去理财观念往往重点放在用财上，很多财政局长、厅长在用财问题上守财，守住怎么用，在这方面文章多。但如何利用财政杠杆来生财、聚财的问题考虑比较少，所以当时我提出"生财有道、聚财有方"。在生财问题上很多人不注意培植税源，所以经济发展老是搞不起来；经济上不去，财政就没钱，这是源头。所谓"大钱大花"就是在这些问题上要大钱大花。前两年省财政一年就拿出2个亿支持发展信息服务业，几年下来效果大不一样，在全国引起了反响，全国很多人都跑来广东搞生产信息服务业，去年全省信息服务业产值差不多4 000多个亿，税收增加了300多个亿。在春节，光手机这一块一天收费就超过1个亿，了不得。所以"四两拨千斤"、"生财有道"很重要。另外还要"聚财有方"，许多地方的同志不懂得聚财。2003年我发现两个很大的问题。第一个问题，不是没财，而是财聚不上，就是很多税收不上。当时我到一个县调研，结果税收占GDP比例不到3%，税到哪里去了？这几年广东省国税地税都做得很不错，切实采取措施加强税收征管，效果很好。第二个问题，就是财力分散，部门肢解财政。很多这个部门、那个部门钱下去了，财政拿不到，都是各个部门分别掌控使用，集中不了财力办不了大事。所以，"聚财有方"也很重要。当时针对这些问题，我们就提出"生财有道、聚财有方、用财有规"，实践证明这三句话非常重要。这次再加一句话"用财有效"，强调要讲绩效。这四句话希望每位分管财政常务副市长及财政局长都要牢记，切实领会其内涵实质，并贯彻落实到工作中去。千万不能变成"守财奴"，"守财奴"就是老是在用钱上死死把握不放。但经济决定财政，你不生财，经济财政也发展不起来；同样的，不会聚财也不行；另外还要有效。这四句话非常重要，希望大家好好研究。

按照上述总体要求，做好"十二五"财政工作，要紧紧围绕"三个一"，着力推进"三四五"，加快构建更加稳固、平衡、强大的公共财政体系。"三个一"就是一个主题，即科学发展；一条主线，即加快转变经济发展方式；一个核心，即加快转型升级、建设幸福广东。"三四五"就是三大任务，即促进转型、改善民生、深化改革。四个新，即探索推动财政工作转型的新路径、寻求抓基层打基础的新视角、树立管理与服务并重的财政工作新理念，适应提高干部队伍素质的新要求。五大财政，即努力建设法治财政、民生财政、绿色财政、绩效财政、阳光财政。今年是"十二五"的开局之年，做好今年财政工作，既关系当前又影响长远，意义重大，各级政府和财政部门要立足"十一五"发展基础，再接再厉推动全省财政工作再上新台阶，努力为"十二五"开好局，起好步。至于具体工作小丹同志下午还要作出部署，志权同志也将提出有关意见，要认真抓好落实。在这里，我先提几点要求，就是要突出在"六个坚持、六个着力"上下工夫。

（一）坚持科学理财，着力构建服务科学发展的公共财政体系

要牢固树立依法理财、科学理财、民主理财理念，主动适应加快转型升级、建设幸福广东的新要求，不断丰富和拓展公共财政体系建设的内涵及外延，以建设"五大财政"为抓手，构建更加稳固、平衡、强大的公共财政体系。一是坚持依法理财。要坚持以法律制度为基础，以规范运作为要求，以公平正义为准则，全面规范财政行政行为，加快依法行政、依法理财的制度建设，努力构建体系完备、结构严谨、相互协调、运行有效的依法行政和依法理财制度体系。二是大力保障和改善民生。要牢固树立民本意识，围绕促进和谐共享大力调整优化财政支出结构，扎实推进社会事业建设和基本公共服务均等化，着力解决人民群众最关心、最直接、最现实的利益问题，真正体现公共财政"取之于民、用之于民"的本质特征。这次省委提出"加快转型升级、建设幸福广东"目标任务，"建设幸福广东"这个口号引起了很大的反响，是全国各省第一个提出这个口号的。什么叫幸福？很多都是民生问题，都离不开财政，所以财政要在保障改善民生上下真工夫。有些幸福指标跟财政不一定有直接关系，但实质上还是有关的，比如社会安全感，根本上最后还是要靠财政支出来解决。三是积极推动绿色发展。要紧紧围绕实施绿色发展战略，加大财政对节能减排、生态保护、循环经济、低碳发展等领域的投入力度，继续探索完善生态激励和生态补偿相结合的财政机制，推动资源节约型、环境友好型社会建设。四是着力提高财政绩效。要始终把提高绩效作为财政管理的根本方向和依归，最后一句话就是"用财有效"，就是提高绩效，"四两拨千斤"，一分钱可以办几分钱的事，而不是反过来，所以要充分发挥财政的作用。积极推进绩效预算，继续探索在财政分配领域引入竞争性原则和激励机制，着力提高财政支出绩效。五是稳步推进财政预算信息公开。要遵循依法有序、公开透明原则，进一步增强财政预算的公开性和透明度，全力打造阳光财政。当前，要紧扣科学发展的主题、加快转变经济发展方式的主线和"加快转型升级、建设幸福广东"的核心，加快编制财政"十二五"发展规划，做好与省总体规划及国家相关规划的衔接，为"十二五"时期财政发展谋好篇、布好局。

（二）坚持狠抓增收节支，着力提高财政保障能力

增收节支是财政工作永恒主题，就好像技改是企业的永恒主题，任何时候都不能松懈。要突出抓好三个环节：一是牢固树立发展是第一要务的理念，积极培植税源、做大蛋糕。经济发展是财政收入的源头活水，要增强财力首先必须千方百计推动经济发展。要加大对关系国计民生的重大项目的投入，充分发挥财政资金"四两拨千斤"的引导作用和乘数效应，以更加灵活有效的财政手段促进经济

平稳较快发展。要把支持企业发展摆到更加重要的位置来抓，严格执行中央和省支持企业发展的政策措施，积极帮助企业解决生产经营中的融资难等问题，进一步加强和改善政府服务，支持企业做大做强，努力培植税源、壮大税基。二是牢固树立依法征管的观念，提高税收征管水平。要依法加强税收征管，完善收入监督和检查体系，建立和完善税源动态监控体系，严厉打击偷骗税违法活动，确保应征尽收。要加强对财税收入运行形势的跟踪分析，特别要密切关注国家政策动态及对广东省财政收支的影响，如在生产性服务业领域推行增值税改革试点、推进资源税改革等，及时研究应对措施，加强非税收入征管。三是牢固树立过紧日子的思想，切实节约财政支出。要严格控制一般性财政支出，可做可不做的事情不做，可花可不花的钱不花，严格控制"三公"经费增长，为重点项目和民生支出腾出财力空间，集中财力办好谋发展、促转型、利改革、惠民生的大事。这个要特别注意，过紧日子的思想，现在单单讲公务用车问题，我估计可能浪费还不少，如何加强对公务车的管理本身就是很大的问题，搞得好可以节省很多的钱，搞不好会浪费很多的钱。要对一些特别浪费比较多、漏洞比较大的项目进行认真研究，积极采取措施节约开支。公务车这方面恐怕就是下来要认真研究、整顿、改革的问题。

（三）坚持优化支出结构，着力推动经济发展方式转变

要注重统筹兼顾、突出重点，巧用财力推动经济发展方式转变。一是积极服务扩大内需战略的实施。要认真落实关于实施扩大内需战略的决定，切实加大对基础设施、重大产业和基地、民生工程等重点项目的财政支持力度，发挥财政资金的导向作用，引导带动民间投资增长。完善有利于扩大消费的财税政策，积极引导消费需求，支持重点企业开拓国内市场，扩大产品内销。与此同时，要积极支持外经贸战略转型，提升外经贸国际竞争力。二是全力支持产业结构调整优化升级。要加快实施现代产业体系建设总体规划，制定面向全省的产业发展财政政策，引导和推动产业转型升级。要用足用好各项专项资金，重点支持现代产业500强项目建设和战略性新兴产业发展。充分发挥财政政策的杠杆引导作用，采取补贴、贴息、奖励等方式，引导企业和加快技术改造步伐，支持淘汰落后产能，积极发展节能环保产业，加快建立生态激励机制，推动资源节约和环境保护。广东省下一阶段产业结构调整，就是怎么样发展现代产业体系的问题。现代产业体系关键是现代服务业和先进制造业"双轮驱动"，还要发展战略性新兴产业，改造传统产业。现代产业体系很重要，党的十七大作出了发展现代产业体系的重大决策部署，目前广东已经先走一步，现代产业体系500强已经明确，所谓转变经济发展方式最终要体现在发展现代产业体系上，所以发展现代产业体系是我们经济工作的重中之重。省政府讨论"十二五"在原来拿出100亿元支持战略性新兴产业的基础上，还准备再增加150亿元来支持战略性新兴产业，其中有50亿元专门用于风险投资，并采取政策激励各地发展现代产业体系。财政对结构调整的大力支持，这就是"生财有道"。三是加大自主创新投入力度。要充分发挥财政政策作为直接、运用灵活、定点调控的优势，加大财政科技投入，加快形成鼓励自主创新的利益导向和政策机制，重点支持"自主创新100强"项目建设，推动经济发展从要素驱动加快向创新驱动转变。四是着力推动区域协调发展。要积极探索支持粤东西北地区发展的财政体制机制，重点支持交通基础设施、重大产业项目建设，切实打好粤东西北交通建设大会战。要继续支持推动"双转移"。今年省里确定要实行省级产业转移园升降级制度，每年评出全省三个最差的，第一次对三个最差的先黄牌警告，第二次如果还是这样就红牌警告，然后降级。2011年将重点扶持10个左右省级产业园，这次对10个左右产业园的资金扶持不是平分的，而是你搞得好就支持，进行激励政策，搞不好就不支持。各级财政要切实加大扶持力度，通过资金支持、政策引导等形式，推动产业转移园区建设再上新水平。与此同时，要顺应广东省改革进入攻坚阶段的新形势，加大财政对重点领域和关键环节改革的支持力度，推动完善有利于科学发展的体制机制。

（四）坚持以人为本，着力保障和改善民生

坚持把保障和改善民生、推动重点民生项目建设作为支持建设幸福广东的重点任务来抓。要大力推进基本公共服务均等化，不断扩大公共财政覆盖面，从解决人民群众最关心、最直接、最现实的利益问题入手，集中财力支持办好关系国计民生的大事、实事。省委十届八次全会提出，今年要着力抓好扶贫、就业、教育、医疗、卫生、社保、住房、环保等重点民生实事，并形成制度长期坚持。各级政府和财政部门对此要认真测算资金需求，科学统筹调配财力，确保重点民生项目顺利实施，用民生实事的成效取信于民。与此同时，要认真落实中央和省各项强农惠农政策，推动财政投入向农村倾斜，积极改善农村生产生活条件，推动形成城乡协调发展的良好局面。"两会"期间我们向全省人民承诺办好10件民生实事，省财政也正在积极谋划。围绕着幸福广东的建设非常重要，一定要办实事。

（五）坚持改革创新，着力完善财政管理体制机制

体制机制改革是带有全局性、根本性、基础性的重要工作。要围绕推进基本公共服务均等化和主体功能区建设，把落实省以下财政体制改革各项任务作为重中之重，推动落实广东省调整完善分税制财政管理体制实施方案，加快完善公共财政体系。要健全财政转移支付机制，逐步增加一般性转移支付，规范专项转移支付，增强欠发达地区财政保障能力。要切实加强财政管理，牢固树立绩效管理理

念，提高财政管理的科学化、规范化、制度化水平。要强化制度措施的刚性，充分运用现代科学手段和制度规范，加强财政管理的整体性和系统性，构建覆盖财政资金运行各个环节的管理、监督体系，使财政发展更加适应社会主义市场经济的要求。要强化预算和财政监督的刚性，加强预算编制管理，健全政府预算体系，严格预算执行，强化预算约束和监督，维护预算的严肃性和权威性。财政预算管理是很重要的，这是刚性要求，不是可有可无的，一定要加强预算编制管理，严格按照预算来执行，不能随意，你想用多少就用多少、想增加就增加，一定要严格按照预算来执行，否则财政就没法控制。所以，维护预算严肃性和权威性，这一条希望各级财政都要加强。

（六）坚持抓自身建设，着力构建高素质的干部队伍

干事创业关键在人。要深刻把握广东省财政工作所肩负的新使命，加强自身建设，切实转变工作作风，创新工作思路，推动财政工作在新起点上实现新突破。一是大力倡导主动学习之风。财政工作政策性强，涉及面广，新生事物不断涌现。要适应经济发展方式转变的需要，主动加强学习，积极探索财政工作新路径。注重加强对财政经济运行的分析，特别要及时发现苗头性、趋势性问题，从现象中把握本质、从变化中把握趋势，做到理性分析、科学判断。二是大力倡导调查研究之风。要把加强财政基础管理和基层财政建设作为一项重要任务，推动财政工作重心“下移”，不断拓宽财政工作的任务内容和改革视野。要坚持深入基层、深入群众，针对经济社会发展中的热点、重点、难点问题广泛开展调研，提出富有前瞻性、科学性和可操作性的建议，提高在新形势下解决问题、推动发展的能力。这里面特别要重视“建设幸福广东”，有很多关系到民生的问题，可能都跟财政有关。昨天南方日报刊登了一个老干部的建议，解决老人上电梯的问题，这就是幸福不幸福的问题，这个很实在、很具体。但是要上下楼同意很不容易。老百姓之间的问题怎么协调，这又是一个问题。幸福问题每个人都有不同的理解，健康是幸福，没钱有时是幸福，有的人找不到老婆，找到老婆就是幸福。建设幸福广东是一个系统工程，需要建立一整套指标体系来衡量和考核。财政在这方面特别要加强调查研究，要提出富有前瞻性、科学性、可操作性的建议，推动在新形势下建设幸福广东的工作。三是大力倡导服务为民之风。要始终坚持服务大局、服务基层、服务群众，永远和人民群众在一起，一方面寓服务于财政惠民实践中，增强为人民群众解难事、做好事、办实事的责任感和工作能力，让各项民生政策真正便民、利民、惠民；另一方面寓服务于财政管理实践中，积极创新工作方式，精简办事环节和程序，提高服务效能。四是大力倡导求真务实、清正廉洁之风。要把队伍建设摆在更加重要的位置，狠抓转变作风，着力提高执行力。深入推进反腐倡廉建设，时刻绷紧廉洁从政这根弦，守纪律、讲规则，管好钱、用好钱，打造一支务实、清廉的高素质干部队伍。特别是管财政的人天天跟钱打交道。俗话说：“常在河边走，哪有不湿鞋？”我们就是要常在河边走，就是不湿鞋。这里我还要强调一点，财政工作处在利益分配的焦点，站在各种矛盾的前沿，需要各方面的理解、关心和支持。各级党委、政府要切实加强对财政工作的领导，选好配强领导班子，关心干部队伍成长，认真协调解决财政部门在推动工作过程中的突出问题，促进财政工作顺利开展。财政部门协调的工作往往是具有全局性的，所以党委、政府领导都要出面，来帮助协调解决财政工作支持经济社会发展工作中遇到的突出问题，只有这样才可以解决大问题。

在全省财政工作会议上的总结讲话

广东省委常委、常务副省长　朱小丹

（2011 年 1 月 13 日）

一、统一思想和步调，增强贯彻落实省委十届八次全会和全省财政工作会议精神的责任感和紧迫感

刚刚胜利闭幕的省委十届八次全会听取了汪洋书记所作的题为《加快转型升级，建设幸福广东》的重要报告，审议了《中共广东省委关于制定国民经济和社会发展第十二个五年规划建议》，作出了“十二五”时期广东省突出一个核心任务、处理好五个重大关系、实施六大发展战略、明确四个主要目标、抓住八项重点工作的重大决策部署，为广东省“十二五”实现科学发展指明了前进方向，这是

广东省加快转型升级，建设幸福广东，当好推动科学发展、促进社会和谐排头兵的行动指南。华华省长在这次全省财政工作会议上的讲话，充分肯定了广东省财政工作“十一五”时期取得的显著成绩，高度概括了五年来推动广东省财政改革发展中探索和积累的五条宝贵经验。

我到省里工作的时间并不算很长，因为工作的分工有了更多与财政部门同志接触和合作共事的机会，确实感觉到财政系统承担着非常重要的使命、非常重要的责任，我对这个系统、这条战线有以下的评价：

一是胸有大局，奋发有为。财政部门是政府加强对经济社会发展、宏观指导、宏观调控的一个非常重要的职能部门，应该说财政系统的同志都能够认清自己肩负着的特殊重要使命，有很强的大局观念，能坚持围绕中心、服务大局，工作奋发有为，在当好省委、省政府的参谋助手方面发挥了很大的作用。

二是真抓实干，执行力强。省委、省政府关于经济社会发展尤其是推动科学发展的许多重大部署都必须有财力的支撑，都必须得到财政部门的全力配合和支持。我认为在这方面无论是省级财政部门还是各市财政部门都表现出了很强的求真务实精神，工作能够坚持做到重实情、办实事、抓落实、求实效，体现了很强的执行力。作为能力建设来讲，如果说政府部门有什么最重要的能力是需要提升的话，那就是我们贯彻党委政府决策部署的执行力。真正有事业心，有责任感，有全局意识，有围绕中心服务大局的积极性和主动性，才可能有坚强有力的执行力。

三是雷厉风行，工作高效。这一点我从省财政厅的工作当中感受特别深。今年以来涉及到财政的省委、省政府重大决策部署是全方位的，包括保持经济平稳较快发展、进一步加快经济发展方式转变、推进社会建设进一步改善民生、财政税收体制改革等许多重大决策部署。凡是省委、省政府作出决策部署的这些重点工作，省财政厅贯彻落实非常坚决，行动非常迅速，效率非常高。经常有些工作是头天布置，第二天就能够拿出工作成果，这个我感受很深，也很钦佩。这不仅反映了财政干部的业务精通程度、工作效率，是业务的行家里手，更反映了这种高效率背后高度的事业心和责任感，这点让我尤为敬佩。值得肯定的事还有很多例子，我就不一一列举了。

四是勇于拼搏，善打硬仗。应该说过去这五年是很不平凡的五年，我们经历了非常严峻的挑战，经历了过去不曾有过的考验。过去这五年财政工作一度面临非常复杂、非常严峻的形势，主要是国际金融危机的冲击，这种冲击比当年亚洲金融风暴的冲击还要大得多。在这样的形势下，面对许许多多的矛盾、困难、挑战，应该说我们整个财政干部队伍是过硬的，是能打硬仗的，是能够领受省委、省政府交付的攻坚任务的，冲得上来，能够出色地完成各种繁重的攻坚任务。刚才志权同志也讲到，去年年中的时候我们做经济运行情况分析，二季度出现省级财政包括一些地方财政一般预算收入增幅明显下滑的趋势，当时我们就担心全年会出现比较明显的财政增长前高后低的情况，如果出现这样的情况，恐怕去年的财政任务就不能很好地完成。去年任务完成得如何，不仅仅作用于去年本身，而且会作用于今年，今年作为“十二五”开局之年，需要一个好的基础、好的条件，去年的任务不能完成将影响今年许多工作的完成。当时我们开了会作了分析，研究了一些对策，召集了各个市、有关大企业和国、地税部门一起研究商量对策，动员大家克服困难，拿出一种攻坚克难的精神，努力搞好财税征收工作，深挖潜力，想方设法扭转增幅下滑的局面。从那个时候开始，财政、国税、地税部门的同志们真是拿出一种拼搏的干劲，主要领导都到了一线，一个市一个市去指导、检查、督促，去抓财税征收，各市政府也高度重视，最终把局面扭转了过来，不仅抑制了增幅下滑的势头，第四季度财税收入增幅曲线还重新上扬，到开全国财政工作会议的时候，离年底还有一个月的时间，志权同志给了我一个预测数，预计我们年中提出20%左右的增速是可以实现的，甚至可以达到23%，具体绝对数字预测是4 488亿元。这个预计我也在克强同志主持的全国财政工作座谈会上汇报了。到了12月31号晚上9点多，我到省财政厅去慰问一线在做决算的同志，当时志权同志跟我讲，截止到晚上8点，广东省的收入是4 481亿元，我当时非常惊讶，你们怎么能算得那么准，还有4个小时差7个亿，当时我就说再过4个小时23%增幅估计是有可能实现的。第二天我去参加新年音乐会，见到了沈梅红副厅长，看到她能够出席音乐会，相信任务一定是完成得很好。我就问最后是多少？她告诉我是4 516亿元，超过了原来预期的23%。数字都是枯燥的，但枯燥的数字背后有许许多多感动人的故事。过去的一年，各级财政部门一线工作者恪尽职守，努力克服战胜各种困难，圆满完成了省委、省政府交付的任务。

五是班子坚强，队伍整齐。我接触的省财政厅，无论是原来刘昆同志还是现在志权同志，省财政厅班子是胜任的班子，不仅班长是胜任的，而且带出来的班子也是团结性很强的。省财政厅的班子确实是一个坚强、有战斗力的班子，是一个完全可以信赖、大有作为的好班子，再有就是省财政厅有一支高素质、业务精通、作风优良、团结紧密、积极作为的队伍。

六是勤政为民，清正廉洁。针对财政系统来说，这是安身立命之本。今天华华省长再次讲到他反复讲过的理财理念，就是如何生好财、聚好财、理好财、用好财。我认为，我们的财政本质是人民财政，就是我们按照人民的意愿帮助人民去理财，所以只有对人民高度负责，忠诚于党和人民的事业，才能够真正做好财政工作。财政部门要在人民群众中树立起可以信赖的形象，不仅要业务能力强，懂得理财，是理财的行家里手，最重要的是要在人民群众当中树立起清正廉洁的良好形象，干净干事，堂堂正正、清清白白地为人民理财。

这些评价都是我到省里工作之后的切身感受，我相信这样一支好的队伍，可以在“十一五”期间战胜前所未有的困难，为实现“十一五”的财政工作目标作出应有的贡献，在迎接“十二五”的新考验、新挑战的时候，相信大家也能够创造新的业绩。希望大家接下来能够更紧密地团结在一起，按照省委、省政府的要求，不负广大人民群众的信任和重托，真正为人民管好财、理好财、用好财。

华华省长的讲话从全局和战略的高度提出实现“五大财政”的目标要求和“十二五”时期“六个坚持、六个着重”的财政工作总体部署，强调做好财政工作要牢固树立发展改革的机遇意识、全局意识、创新意识，科学把握财政工作规律，服务于加快转型升级，建设幸福广东，努力开创财政工作新局面。华华省长的重要讲话高屋建瓴，内涵丰富，高度体现了科学发展观的本质要求，具有很强的针对性、指导性、前瞻性和可操作性，完全符合省委全会和“十二五”规划建议的精神，是把全会和“十二五”规划建议精神全面贯彻落实到广东省财政工作中去的重要指导性文件，我们要认真学习领会，切实加以贯彻。

第一，要把认真学习贯彻省委全会和“十二五”规划建议精神与学习贯彻华华省长在这次会议上的重要讲话精神紧密结合起来，进一步把思想和行动统一到省委省政府关于“十二五”财政工作的决策部署上来。通过这次会议，加深理解和准确把握科学发展这个主题，转变经济发展方式这条主线，加快转型升级，建设幸福广东这一核心，进一步增强在“十二五”财政工作中全面贯彻落实科学发展观的自觉性和坚定性。在新一个五年计划的财政工作实践中，更加注重科学发展、先行先试，更加注重创新驱动、内生增长，更加注重城乡一体、区域协调，更加注重绿色发展、生态文明，更加注重民生优先、和谐共享，坚定信心，统一步调，真抓实干，开拓进取，充分发挥财政工作在广东省“十二五”科学发展中的重要保证作用。

第二，要充分认识财政工作在加快转型升级、建设幸福广东中的重要地位和作用，进一步增强做好“十二五”财政工作的使命感和责任感。财政部门是政府整体推动经济社会发展的重要工作部门，在政府全局工作中承担着具有重要全局性、基础性、保障性的职能，财政工作是调节社会主义市场经济的重要杠杆，是构建国民收入合理分配格局、促进社会公平正义的重要手段，是改善民生、促进社会和谐的重要保证。“十二五”时期是广东省推进科学发展的转型期、攻坚期、关键期，财政工作担负着调结构、保增长、惠民生、促改革、抓落实的重大使命。各级财政部门要从加快转型升级、建设幸福广东的战略高度，加深对财政工作重要地位作用的认识，增强大局意识、责任意识、服务意识，努力在围绕中心、服务大局中作出新的贡献。

第三，要深刻认识“十二五”时期财政工作面临的形势和任务，进一步增强求真务实，狠抓落实的积极性和主动性。“十二五”时期财政工作既面临重大机遇又面临严峻挑战，机遇大于挑战，做好财政工作既要坚定必胜信心，又要增强忧患意识。要深刻认识省委、省政府关于“十二五”时期财政工作围绕“三个一”、狠抓“三大任务”、促进“四个新”、建立“五大财政”重要决策部署，认清使命，明确任务，增强聚精会神抓落实、积极主动创佳绩的主观能动性，以良好精神面貌和工作作风迎接“十二五”新的考验，交出“十二五”新的答卷。

二、狠抓工作落实，力争财政工作为加快转型升级建设幸福广东再立新功

今年是“十二五”的开局之年，华华省长就“十二五”时期财政工作开好局、起好步提出了紧紧围绕“三个一”、着力推进“三四五”，以及“六个坚持、六个着力”的明确要求，确定了今年财政工作的总体部署。大政方针已定，关键在于落实。各级政府和财政部门要树立“生财有道、聚财有方、理财有规、用财有效”和集中财力办大事的理财理念，充分发挥公共财政在资源配置、发展经济、收入分配和监督管理中的职能作用，加快建立服务科学发展的公共财政体制，贯彻落实好华华省长提出的“六个坚持，六个着力”，要在具体工作中着力做到“四个确保”。

第一，确保圆满完成今年财政各项工作任务。着眼于“十二五”国内外复杂多变的发展环境，省委、省政府确定今年广东省经济增长的预期目标为9%，地方财政一般预算收入增长为10%。各级政府和财政部门必须深入贯彻落实华华省长狠抓增收节支、集中财力办大事的重要指示，千方百计克服困难，努力完成今年财政收入的目标任务。做好增收节支工作，归根到底就是要贯彻落实华华省长一贯强调的“生财有道、聚财有方、理财有规、用财有效”的理念。一是以拓展税源为重点，抓好生财。要采取更有效的政策措施，大力发展高增长、高带动和高税收的现代产业，推动经济发展，促进生产发展和企业增收，积极培植新经济增长点，拓展税源，做大蛋糕，促进财政收入平稳较快增长。接下来财政部门要对整个产业结构调整、现代产业体系建设等省里的总体部署和推进进程有更深入的了解，要主动地适应上去，在这当中主动地捕捉那些具有良好发展前景的新的经济增长点，也是我们新的税源的培植点，原有的税源我们要进一步做优做强，最重要的就是既要优化存量，也要高度重视培植增量，而且这个增量应该是质量更高，绩效更好的。二是以依法征收为中心，抓好聚财。要依法组织征收，应征尽收，确保财政收入及时足额入库，华华省长跟志权同志都讲了很多，我就简单地点一点。三是以体制创新为先导，抓好理财。要理好财，我觉得关键就是理财制度的设计问题，我们有一套管用的制度，好的制度，要坚持下去，同时要适应形势的发展，适应新形势新任务对政府理财工作的新要求来不断地充实这些制度，完善这些制度；要注重财政政策创新，加快完善促进科学发展的激励型财政政策和长效机制，建立健全财政法规规章，继续强化财政收支监管，完善收支两条线和财政在线管理，加快完善有利于转型升级的财政管理体制机制。理财还是要靠创新、靠改革来完善制度。四是以提高绩效为目标，抓好用财。要坚持量入为出，量力而行，完善财政资金竞争性分配机制，在关系发展大局的结构调整、自主创新、现代产业体系建设、绿色低碳发展等方面，在关系民生福祉的基本公共服务均等化、社会保障体系建设等方面，要舍得投入，集中财力办大事，把钱花在促进

转型、改善民生、深化改革的刀刃上。如果我们今年要用财用得好，一方面，今年是转变经济发展方式的关键期，也是攻坚期，需要财政对经济发展方式转变、产业结构的调整及转型升级、现代产业体系的建设，特别是提高自主创新，给予有力的财力上的支撑和保障。今年在这方面我们正在研究新的政策，原来省里政策力度已经很大，汪洋书记前一段又要求我们再重新研究，在新的一年进一步加大力度，包括加大对战略性新兴产业的扶持力度。另一更重要的方面是今年我们要把公共财政做得更加完备，做得更大，做得更强，主要就是把关系人民群众幸福感的公共财政做好。我们要建设幸福广东，幸福广东最根本的内涵就是广东人民的幸福，人民幸福了，才叫幸福广东。所以新的一年里，围绕着民生福祉、基本公共服务均等化、社会保障体系建设，还有我们将要为全省人民办的十件民生大事，这些都需要财政加大投入的力度，真正发挥公共财政的职能作用，进一步提高在改善民生方面财政投入占财政总支出的比例。在这些方面怎么用财，关键是知道用财的重点在哪里，用财主要的方向在哪里，所以今年各级财政部门的同志都要加深对省委、省政府关于推动转型升级以及建设幸福广东要进一步改善民生具体决策部署的认识和理解，把思想统一起来，认认真真把省委、省政府这些重要的决策部署落到实处，通过我们的努力给予有力的财力支撑和帮助。

第二，确保在落实促进转型、改善民生、深化改革三大重点任务上取得进展。要紧扣省委十届八次全会提出的促进转型、改善民生和深化改革的三大重点任务，按照华华省长强调的“十二五”要充分发挥公共财政在资源配置、发展经济、收入分配和资源管理方面的职能作用，用好财政这一调控经济活动的重要杠杆，在调节经济运行、培育新的经济增长点、促进区域协调发展和推进基本公共服务均等化等方面，强化财政公共服务职能，进一步增强政府财政的公共性和高效性。一要发挥财政调节经济运行、促进经济发展方式转变的杠杆作用。各级财政要进一步完善已有的产业发展支持政策和竞争性资金分配机制，在支持加快建立现代产业体系、培育和发展战略性新兴产业、建设现代产业500强项目、推进“双转移”和提升自主创新能力等方面，进一步发挥财政体制、政策和资金手段的调控、扶持、激励作用。二要发挥财政在推动基本公共服务均等化、促进区域协调发展中的保障作用。广东省2009年已在全国率先出台了《广东省基本公共服务均等化规划纲要》，这也是财政部门对广东省经济又好又快发展作出的重要贡献，这个规划纲要实际上是在省委、省政府直接领导下，由财政部门牵头制定的，当然也凝聚了许许多多其他部门的心血、智慧，“十二五”时期要继续按照规划纲要要求，从公共教育、公共卫生、公共文化体育、公共交通、生活保障、住房保障、就业保障、医疗保障等八个方面调整和优化财政支出结构，切实办成让人民群众看得见、摸得着、享受得到的实实在在的实事、好事，要毫不动摇坚持民生投入只加大不减少、困难群众生活水平只提高不降低、民生工程覆盖面只扩展不缩小、新增财力向基本公共服务事业倾斜的原则，努力提高人民群众对政府工作的满意度，努力提高人民群众的幸福感。要注重发挥省级财政对市县财政的转移支付作用和对欠发达地区的促进作用，把更多的财政资源用于保障欠发达地区的民生和社会事业，使广东省不同地区、不同收入的群众共享大体均等的基本服务。三要以改革精神加快建立和完善公共财政体制。要通过深化财政体制改革，建立财力与事权相匹配、对科学发展起具体导向和激励作用的财政体制，探索将社会保障、基础教育等核心公共服务支出责任上移的有效实践方式，通过加快建设法治财政、民生财政、绿色财政、绩效财政、阳光财政，丰富公共财政体系建设的内涵和外延，建立具有广东特色的公共财政管理体制。

第三，确保财政体制改革取得新突破。华华省长讲话强调财政体制机制改革是带有全局性、根本性、基础性的重要工作，志权同志刚才也对这个工作作了重要部署，我们要把财政体制改革作为推动经济体制改革的重要突破口，坚持改革创新，切实提高财政工作科学化、规范化、制度化的水平。

一是切实做好完善省以下财政体制改革方案的实施工作。根据省委、省政府决策部署，省财政厅牵头制订了《完善省以下财政体制改革方案》，先后经省政府常务会议和省委常委会议审议通过，已经以省政府名义印发各地、各部门，从今年起开始执行。这是省委、省政府审时度势，立足发展，着眼长远作出的又一项重大改革决策，是广东省深入贯彻落实科学发展观，推进区域协调发展的必然要求和重大举措。我们要高度重视，提高认识，按照汪洋书记在省委十届八次全会提出的要求，拿出壮士断腕的决心和举措，积极推动新体制的顺利实施，争取五年取得突破性进展。为广东省区域发展差距呈现拐点式转变提供有力支撑。省财政厅要抓紧制定省对市县财政体制改革基数的核定办法，提出并落实推进实施工作的具体措施，积极主动加强与有关方面，特别是与各地级以上市沟通配合，加强对市县实施新体制工作的具体指导，以制度化方式规范新的省市财政收入分配格局。要抓紧研究省级财力具体分配方案，切实做到科学、合理、可行，真正体现公开、公平、公正。接下来我们要在经济比较发达的地方集中更多的财力，这些财力要用好，很重要就是有一个真正科学、合理、可行的分配方案，这个办法必须公开，不光是对欠发达地区公开，也要对发达地区公开，知道他们多作了贡献，多缴了钱，多给省库作了贡献，这部分资源是怎么用的，起了什么样的作用，所以下面不仅是要把分配方案做好，也要把反馈资金使用绩效、效益的公开制度建立起来，另外对新增的转移支付省级财力、实际绩效要进行非常严格的考核，严格的评估，当然也应该有一系列的制度加以约束，就是必须专款专用，比如说我们拿出一部分，就是建立生态环境补偿机制的，生态建设补偿机制，或者是生态建设激励型财政，安排的这部分钱，就应该用在生态环境的保护和建设上，而且要进行严格的绩效考核，这些考核都应该是公开的，都应该有透明度，所以我想接下来借这次改革，也要把我们省级财力再分配透明度和公开化提升到一个新的水平，若我们这些财政的整个运行过程都能够得到广大干部群众、社会各个方面有力的监督，就真正能使这些钱用好，真正做到用财有效。

二是加快完善省级财政转移支付机制，落实方案和调整分配办法。方案就是省以下财政体制改革方案，加大促进区域协调发展、基本公共服务均等化和主体功能区建设的财政转移支付力度，推进财政转移支付制度化、规范化、程序化建设，做好与其他财政体制改革措施的衔接协调工作，着力提高省级财政转移支付绩效。为更好适应主体功能区规划要求，今年要对激励型财政机制进行调整、完善，结合完善财政生态环境补偿机制，为生态发展区建设引入财政激励机制，完善生态激励转移支付具体制度设计。

三是稳步推进省直管县财政体制改革试点工作，从减少管理层次强化县域出发，加强推进在南雄市、兴宁市、紫金县、封开县进行的省直管县财政改革试点，在财政改革试点工作中积累经验，探索新路，就是整个试点阶段主要是探索经验，逐步积累一些经验，争取将来能够形成对面上有指导意义、比较成熟的经验和做法。与此同时，今年要进一步完善在确权基础上的分级管理，要真正向完全意义上的省直管县财政体制过渡，我们还是要实验，要逐步地创造条件，要积极稳妥、循序渐进有序地推进。

四是加快县以下政权基本财力保障机制建设，这要作为一个非常重要的改革任务，这个改革任务应该和我们富县强镇的改革紧密结合，甚至应该把它作为富县强镇改革一个核心内容，如果事权和财权不匹配的话，富县强镇下放管理事权任务是很难实现的，我们在地方也工作过，县一级也工作过，这个放权，那个放权，其实地方最盼望的是财权，当然有些该统就统，有些该进一步上移就应该上移，因为有大局的需要，有协调和均衡发展的需要，有全局的需要，但同时没有局部和个体的积极性也不会有全局和整体的好的发展。这是非常辩证的一对关系，我们就是宜统则统，宜放则放，或者宜分则分，宜收则收。在明确责任的基础上，要建立奖补机制，保障县市镇乡和村级基本支出的需要。

第四，确保财政“两基”建设扎实推进。加强财政基层管理和基础财政建设是做好新形势下财政工作的基本功。近年来广东省各级政府高度重视财政“两基”建设，财政基础管理不断规范，基层财政建设更加扎实，并建设了一支政治过硬、业务精通、勇于创新、清正廉洁的高素质财政干部队伍，为党委、政府各项决策部署的贯彻落实提供了坚强的组织保障。进入“十二五”时期，新形势、新任务对财政部门理财能力和水平提出了新的更高要求，迫切需要推动财政“两基”建设上新台阶。一要在加强财政基础管理上下工夫，健全财政预算体系，逐步建立由公共财政预算、国有资本经营预算、政府性基金预算和社会保障预算组成的政府预算体系；加强预算编制管理，细化预算编制，按照国家和省委、省政府的统一部署，认真处理好灵活性和原则性的关系，积极稳妥推进预算信息公开；建立预算执行管理责任制和预算执行情况通报制度，着力加快资金拨付进度；进一步完善公共财政支出管理体系，建立覆盖所有政府性资金和财政运行全过程的监督机制，着力建立完善县镇财政监督体系，完善部门和财政系统基础信息数据库，建立健全项目管理制度。二要在加强基层财政建设上下工夫，着力强化干部队伍建设，建立人员培训长效机制，切实提高干部特别是基层财政干部素质和工作能力；加强对基层财政工作的指导和督促，确保各项政策切实贯彻落实到基层。

在全省促进县域财政发展工作会议暨市、县（市、区）长公共财政与幸福广东专题培训班开班上的讲话

省委常委、常务副省长　朱小丹

（2011 年 7 月 5 日）

（送审稿）

同志们：

在全省上下加快转型升级、建设幸福广东的关键时期，省政府召开这次工作会议，举办这次专题培训班，既是对促进广东省县域经济加快发展的再动员再部署，也是贯彻落实省委、省政府关于加快转型升级、建设幸福广东决策部署的具体行动。2005 年至今，全省已举办了六期表彰大

会和专题培训班，这已成为广东省财政工作的一项重要内容，也是做好财政工作的一项重要举措。通过考核评比激励各县（市）发展经济的积极性，通过学习培训提高市、县（市、区）长当家理财能力，不仅十分重要，而且十分必要。下面，围绕这次会议和培训班的主题，我讲四点意见。

一、近年来广东省县域财政经济发展取得显著成绩

县域兴则全省兴，县域强则全省强。一直以来，省委、省政府高度重视抓基层、打基础，强根本、管长远，将发展县域经济作为促进区域协调发展的战略选择摆在突出重要的位置，着力促进县域经济加快发展，呈现良好的发展态势，为促进全省加快发展、协调发展、科学发展作出了重要贡献。

（一）县域经济加快发展，综合实力显著提升

2005～2009年，广东省67个县（市）县域GDP平均增长14.4%，增幅比全省高2%；至2009年，全省县域生产总值达7 186.88亿元，是2005年的1.8倍，占全省比重达18.2%，比2005年提高0.9%。县域经济的加快发展促进了财政收入的迅猛增长，体现在“三个显著”：一是县域一般预算收入显著增长。“十一五”期间，全省67个县（市）一般预算收入从120.1亿元增加到383.8亿元，年均增长26.16%；全省67个县（市）一般预算收入占市县级财政收入比重从8.6%提高到10.5%，提高了1.9%；县均一般预算收入从1.79亿元增加到5.73亿元，增加3.94亿元；一般预算收入超亿元县从48个增加到66个，增加了18个，其中超10亿元县（市）达11个。二是县域一般预算支出比重显著提高。“十一五”期间，省、市、县三级一般预算收入年均增长率分别为14.3%、17.58%和21.7%；全省县级一般预算支出占全省的比重从46.92%提高至50.09%，提高了3.17%。三是县域人均财力显著增强。“十一五”期间，县域人均可支配财力从2万元/人增加到4.52万元/人，年均增长17.71%。

（二）县域经济协调发展，区域差距明显缩小

县域经济在总量增长的同时，发展质量和协调性也在不断优化，发展后劲明显增强：产业结构加快向高级化调整，2009年县域经济三次产业结构为19.9:44.4:25.7，优于2005年的26.0:38.7:35.5；要素投入结构优化，2009年县域固定资产投资和社会消费品零售总额占GDP比重分别达到42.9%和41.8%，比2005年提高了11.6个和3.2个百分点；县域城乡居民收入差距缩小，2009年城乡居民收入比为1.81:1，低于2005年的1.90:1。同时，由于广东省县域主要分布在东西北欠发达地区，县域财政经济加快发展，有力地促进了区域协调发展，实现了“三个差距逐年缩小”：一是区域间财政一般预算收入差距缩小，东西北地区一般预算收入占全省市县级的比重从2005年的16.61%上升到2010年的19.89%，提高了3.28个百分点；二是人均可支配财力差距缩小，东西北地区人均可支配财力从2005年的2.51万元提高到2010年的5.67万元，与珠三角地区人均可支配财力差距从1:5缩小为1:4；三是人均一般预算支出差距缩小，东西北地区人均一般预算支出从2005年的3.49万元提高到2010年的8.99万元，与珠三角地区差距从1:6缩小为1:4.6。

（三）县域经济科学发展，发展后劲逐步显现

近年来，省委、省政府通过制定实施有利于县域经济发展的政策措施，完善有利于县域经济发展的体制机制，加大对县域经济发展的帮扶力度，不断改善县域经济发展环境，全省上下形成了加快县域经济发展的大气候、大环境。一是政策环境明显改善。先后出台了提升珠三角带动东西北、推动产业和劳动力“双转移”、振兴东西北等发展战略，特别是2009～2010年，省委、省政府连续组织召开了粤东、粤西和粤北山区工作会议，先后出台了关于促进粤东地区加快经济社会发展、促进粤西地区振兴发展以及促进粤北山区跨越式发展的指导意见，为县域经济发展提供了难得的政策机遇。二是体制环境明显改善。在管理体制上实行重心下移，加快推进富县强镇事权改革，并开展省直管县财政体制改革，赋予县（市）财政管理更大权限。同时，按照事权与财力相匹配的原则，调整完善省以下财政体制，调整分税制财政管理体制，实行生态激励型机制，建立县以下政权基本财力保障机制，促进各县（市）经济增长、财政增收、后劲增强和可持续发展。三是发展环境明显改善。省财政坚持“压省级、保地方”，集中财力加大对欠发达地区市县的转移支付力度。1996～2009年，省财政总支出中，安排对市县的各项补助总额从142.56亿元增加到1 000.4亿元，年均增长16.2%，省财政转移支付已成为欠发达地区维护政权运转、发展社会事业、落实民生政策的重要来源，对促进区域间基本公共服务均等化、保持全省经济社会全面、持续、协调发展发挥了重要作用。

这些成绩的取得，是全省人民在省委、省政府的坚强领导下艰苦奋斗、共同努力的结果，特别是在县（市）工作的各级领导及广大基层干部在比较艰苦的条件下，解放思想，奋发图强，改革创新，开拓进取，勤勤恳恳工作的结果。从2010年激励型财政机制实施的情况看，全省县域财政保持良好发展态势，全省有61个县（市、区）综合增长率超过16%，占享受一般性转移支付县（市、区）数的93.85%；全省共有40个县（市、区）获得上划省“四税”超全省平均水平返还奖励及领导班子奖励，占东西两翼和

粤北山区县（市、区）总数的61.54%；有60个县（市、区）获得一般性转移支付补助奖励，占享受省转移支付补助县（市、区）数的90.91%。今天的会议将对2010年度县域财政发展战绩显著的县（市、区）和领导班子进行表彰奖励。在此我代表省委、省政府向获奖的县（市、区）及其领导班子表示热烈的祝贺！希望你们再接再厉，再创佳绩！

二、全面把握机遇，促进县域财政经济加快科学发展

经过多年的努力，广东省县域经济取得了长足的发展，与过去相比，经济社会面貌发生了重大的历史性变化，步入了发展的新阶段，必须全面、客观、准确地把握当前县域财政经济发展面临的新形势、新机遇、新挑战，进一步解放思想，改革创新，开拓进取，推动县域财政经济加快发展。

（一）切实增强加快县域财政经济发展的责任感和紧迫感

“民为邦之本，县乃国之基。安邦之难，难在固本；治国之难，难在强基。”县域自古以来就是我国政治、经济和社会系统的最基本、最稳定的单元，既是城乡联动的关节点，又是全面建设小康社会的基本载体，是国家政策最直接的操作平台。如果县域财政经济基础不打牢，民生问题不解决好，将影响全省经济社会的又好又快发展，影响幸福广东的建设进程。因此，促进县域财政经济发展，事关广东省经济社会发展全局，事关广东省区域城乡全面、协调、可持续发展，不仅是重大的经济问题，也是重大的政治问题。

首先，加快县域发展是增强广东省发展后劲的重要因素。经济发展后劲表明经济平稳较快发展的可持续性以及加速发展的潜能，与经济结构、产业层次、自主创新能力、文化软实力等多个因素有关。广东省67个县（市）面积和人口分别占到全省的82%和61%，是关系广东经济发展的重要方面，也是影响广东发展后劲的重要因素。2009年，广东省县域GDP、投资、消费、出口等主要经济指标仅分别占全省的18.2%、23.1%、20.2%、4.4%，这是广东省与其他沿海经济发达省份相比较的明显弱项。广东省经济总量全国第一，但2009年进入全国县域经济百强县（市）只有2个，而江苏、浙江却分别有27个和26个。尤其是县域GDP占全省比重指标，江苏为54.4%，浙江为52.3%，远高于广东省的18.2%；广东省县级一般预算收入仅占全省的8.1%，远低于江苏的37.4%、浙江的36.6%。近年来广东省财政收入增幅落后于江浙等地，县域财政经济薄弱也是一个重要原因。然而，“思路决定出路，干劲决定后劲”，县域经济薄弱既是广东省发展的“短板”，也是广东省增强发展后劲的新的经济增长点。只要各县（市）按照既定的发展方针战略，与珠三角发达地区发展联动互促，发挥后发优势，奋发图强，迎头赶上，就一定能实现跨越式的发展，从而从整体上带动全省的加快发展和可持续发展，进一步巩固广东经济发展排头兵的地位。

其次，加快县域发展是促进区域协调发展的重要举措。区域发展不平衡是广东省推动科学发展的“老大难”问题。2009年，广东省东西北地区GDP累计为8 347亿元，仅为珠三角地区的1/4，地方一般预算收入累计为400.35亿元，不足珠三角地区的1/6。从人均GDP看，珠三角和粤东、西、北地区比例为4:1:0.99:1.12，区域发展很不协调。广东省67个县（市）主要分布在东西北欠发达地区，县域财政经济不发展壮大，欠发达地区各市财政经济实力也难以大幅提升。同时，各县（市）城市化进程总体较为缓慢，2009年全省县域城镇化率只有24.6%，远低于全省52.1%的平均水平，城镇化率不足20%仍有26个，最低的只有10%左右。这些都是影响区域协调发展的重要原因。因此，粤东地区要加快发展、粤西地区要振兴发展以及粤北地区要跨越式发展，必须以加快县域发展为重要举措，使县域财政经济与县域人口、环境、资源分布相适应、相协调。为加快区域协调发展，近年来，省委、省政府制定实施了一系列政策措施，实行产业转移和劳动力转移“双转移”，通过加强欠发达地区发展缩小发展差距；推动基本公共服务均等化，确保县域广大人民群众分享改革发展成果；加快推进富县强镇事权改革，赋予县（市）更大的管理权限；实施“规划到户责任到人”的挂钩帮扶，定点消除绝对贫困；同时，按照事权与财力相匹配的原则，制定实施促进县域经济发展财政性措施，调整完善省以下财政体制，实行生态激励型财政机制，建立县以下政权基本财力保障机制，适当集中财力进一步加大对欠发达地区的转移支付力度等，这些都为加快县域发展提供了良好环境和机遇。

第三，加快县域发展是建设幸福广东的重要内容。广东省超过六成的常住人口分布在各县（市），各县（市）在推进建设幸福广东中肩负着重要职责。近年来，欠发达地区坚持以人为本，不断加大民生投入力度，如，仅2003~2007年，粤北地区四市教育、医疗卫生、就业、社会保障、住房保障等五项基本公共服务支出从54.36亿元增至114.52亿元，增加了60.16亿元，占四市财政一般预算支出的比重从40%提高至42%，提高了2%，促进了民生的改善。然而，由于大部分县（区）经济基础差，底子薄，发展慢，社会事业和基础设施建设欠账多，财力相当薄弱。按照财政部统计口径，有53个存在基本财力缺口，缺口总额达147亿元，是全国缺口额最大的省份，突出矛盾是“有责无权”或“有事权没财力”，相当程度依靠省级财政转移支付保民生、保运转。如：2007年韶关、梅州、河源、惠州四市获省财政转移支付总量分别占其当年财政总支出的44%、27%、72%和11%，所属各县（市）基本上属于“吃饭财政”，成为保障和改善民生的根本制约因素。虽然近年来省财政不断加大转移支付力度，但从根本上讲，民生保障标准的提高有赖于地方政府财力和经济发展水平的不断提高，建设幸福广东必须植根于经济发展之

中，立足于生产力发展，做好做大财政经济“蛋糕”。因此，作为目前广东经济发展的一个薄弱环节，加快县域财政经济发展，是推进幸福广东建设的重要内容和重要保障，为幸福广东建设提供雄厚的物质基础，使幸福广东的美好愿景变成现实。

（二）立足当前，着眼长远，加快推进县域财政经济发展

加快县域财政经济发展是一个长期的过程，不可能一蹴而就，但在发展的过程中应把握基本规律，正确认识和处理好发展过程中的一些要素关系。

第一，处理好财政与经济的关系。经济决定财政，财政反作用于经济。解决县域经济问题，治本之策还在于发展经济。黄华华省长提出“生财有道、聚财有方、理财有规、用财有效”的科学理财观，“生财有道”仍是放在第一位。这表明，促进县域财政发展，必须牢固树立发展是执政兴国第一要务和经济决定财政的理念。各县（市、区）必须牢固树立从经济到财政的思想，跳出财政看财政，找准财政服务经济社会大局的着力点和突破口，积极发展经济、壮大财源。南雄就是一个很好的例子，主动克服不靠海、远离珠三角的区位劣势，抓住广东省扩内需开拓国内市场的发展机遇，集中人力物力财力大力发展精细化工园区，使发展的“后方”成为了“前沿”，劣势变为了优势。

第二，处理好发展与民生的关系。改善民生是发展的根本出发点和落脚点，促进发展是改善民生的手段，两者相辅相成、互为依托。邓小平同志曾说过：“贫穷不是社会主义，发展太慢也不是社会主义。”各类民生问题的解决、矛盾的化解、不和谐因素的消除，不发展经济，没有相应的财力条件是无法办到的。当前，广东省提出加快转型升级、建设幸福广东，正是科学把握发展与民生的关系，找准了促进发展的关键和改善民生的美好远景。县域财政支持加快转型升级、建设幸福广东要把握好以下三个方面：一是要坚定不移地把发展放在首位，大力推进跨越式发展，为建设幸福广东奠定坚实的物质基础。二是加大力度改善民生，推进幸福广东建设，在保运转的基础上，财政支出要优先安排民生政策落实的需要，对于“生存类民生问题”必须无条件解决，“发展类民生问题”必须尽可能解决。应该说，从今年起广东省调整完善分税制财政管理体制，适当集中财力主要用于支持欠发达地区发展，且支持力度逐年加大，预计到2015年将新增转移支付100亿元，为各县（市）统筹更多财力惠及民生创造了有利条件。三是改善民生要与发展阶段相适应。既不能让民生的改善落后于发展取得的成就，又不能让民生的改善超出发展水平的承受能力，要统筹好财力安排，通过若干年连续的财政投入，逐步、有序、系统地解决好各类民生问题。近年来，许多县（市）在财力困难的情况下挤出财力保民生，如平远县坚持“小财政办大民生”新增财政支出中用于医疗、教育、社会保障等民生支出的占到了73%，用于解决与百姓生活密切相关的上百件实事，人民群众的幸福感明显增强，参与推动发展的热情日益高涨。

第三，处理好经济发展与生态保护的关系。加快转型升级必须摆脱粗放型发展路径依赖，任何情况下都不能以牺牲生态资源和环境为代价换取一时的发展。按照主体功能区规划，个别地区或许不发展就是最好的发展，保护好生态就是最好的发展。过去我们讲促进县域经济发展要“三化”，即工业化、城镇化和农业产业化。随着对科学发展观认识的深化，要进一步更新发展理念，积极利用财政杠杆手段，落实新的“三化”战略。一是推进新型工业化。工业化是县域发展不可逾越的阶段，但传统工业化模式确实可以而且必须超越的。要把产业转移与转型升级有机结合起来，重点发展既有利于发挥当地优势，又能符合生态环境要求的环境友好型产业，大力推进产业园区化、集约化、集聚化发展。近年来广东省部分县（市）建立了一批县级工业园，有的发展得也很好，如惠东县产业转移园，2010 年园区共建成项目 41 个，实现工业总产值 42.68 亿元、税收 0.55 亿元，解决就业 1.68 万人，被省政府认定为 8 个专业性省级产业转移工业园之一。二是推进新型城市化。实践证明，以小城镇为主导的传统城市化路径，容易造成资源特别是土地资源浪费，难以实现产业集聚发展和污染集中治理，不利于长远发展。要按照集聚发展、生态宜居的要求，以提升壮大现有城市为重点，走出一条布局合理、集约用地、产出效益高、人居环境好的新型城市化路子。对于处于生态发展区的县（市）而且，走新型城市化道路的要求更高、更为迫切。与之相适应，省财政从今年起实行生态激励型财政机制，在加大生态补偿的基础上，将一般性转移支付与县域生态环境改善成果挂钩，生态保护和建设越好，所得转移支付越多，反之则越少。这是促使生态发展区县（市）科学发展的重要机遇和保障。三是推进特色资源优势产业化。各县（市）要充分发挥自身比较优势、资源优势和区位优势，因时因地制宜，或是发展特色支柱产业，或是发展现代农业，或是发展旅游产业，或是发展生态产业，推动特色经济产业化、规模化、品牌化。近年来，部分县（市）坚持“三化”发展战略，实现了经济与社会效益的双丰收。如，新兴县在集中力量抓好工业园区建设的同时，着力推动城镇绿色发展，建设宜居城乡，到 2010 年年末建成绿道近 40 公里，推进“和谐宜居村工程”建设，在民生改善的同时经济也实现了跨越式发展，至 2010 年 GDP 达 116.43 亿元，五年翻番；地方财政一般预算收入达 5.61 亿元，是 2005 年的 2.8 倍。

第四，处理好统筹兼顾与突出重点的关系。既统筹兼顾又突出重点，是工作中必须掌握的重要方法。不统筹兼顾，就难免会出现这样或那样的问题，小矛盾会演化为大矛盾；同时，不突出重点，就抓不住主要矛盾，难以形成突破。加快县域财政经济发展也是如此，县域财政最突出的矛盾仍是财力不足的问题，而方方面面都要求加大投入，必须坚持“集中财力办大事”，以不均衡投入方法解决均衡问题。要分清轻重缓急，确保把有限的资金投在事关经济

社会全局、最急需的项目上，有计划地解决关系广大人民群众切身利益的突出问题。粤东西北地区县（市）发展各有特色，要因地制宜找准发展的主要矛盾，集中财力办大事。粤北山区县（市）发展面临的最大困境，就是如何处理好加快经济发展与保护生态环境的矛盾，要探索走出一条发展经济和保护生态的“双赢”之路；粤东地区县（市）要加快整合产业资源，提高产业集聚度，解决好资源短缺、环境容量有限和人地矛盾突出的问题；粤西地区县（市）要充分利用好区位优势和环境优势，改善投资环境，着力推进招商引资和建设开放型经济。

第五，处理好生财、聚财与用财的关系。古人云：“生财有大道。生之者众，食之者寡，为之者疾，用之者舒，则财恒足矣。”生动地阐述了生财、聚财和用财的关系。其中，生财与用财关系密切，因为要通过用财来促进发展、培植财源，相当于再生产；聚财既要求依法征收、应征尽收，又关乎提高财政预算统一性和完整性，集中财力办大事，同样涉及用财。因此，“三财之道”既环环相扣、相辅相成，又辩证统一于财政促进经济社会发展的工作之中。加快县域财政经济发展，要深入研究“三财”之道，充分发挥市场在配置资源的基础性作用，财政与金融等手段相结合，撬动社会资金投入，努力实现花小钱办大事。过去，欠发达县（市）为保运转疲于应付，对发展处于一种无所作为或难有作为的境地；现在，通过调整省以下财政体制，建立县级政权基本财力保障机制、实现6万元/人·年的保障标准后，各县（市）可以放下包袱，集中精力抓经济、抓发展，实现历史的转折，这也是一个难得的机遇。为增强基层政府提供公共服务能力，确保实现基层政权和组织“保工资、保运转、保民生”的政策目标，今年将通过新增安排县级基本财力保障奖补资金、一般性转移支付和新增专项转移支付资金等途径，预计可消化县级基本财力保障缺口110.5亿元。因此，各县（市）要及时转变观念，牢固树立发展为要的意识，发挥生财、聚财、用财职能作用，把发展经济、加快转型升级作为财政工作第一要务。首先，完善体制环境，适应主体功能区规划实施和基本公共服务均等化的要求，调整财政体制机制，防止传统发展模式复归；其次，创新投入方式，增加对创新的财政资金支持，综合运用财政贴息、补助、奖励及信用担保等方式，促进经济结构调整和产业优化升级；第三，优化资源配置，将竞争性方式引进财政分配领域，让最好的创新活动和科学发展工作通过科学合理的竞争程序优先得到财政支持。由于各县（市）大多处于欠发达地区，在加快转型升级上既面临艰巨任务，又具有后发优势，必须充分发挥好财政手段的支持和促进作用。

三、进一步探索实践，有效运用财政手段支持幸福广东建设

省委十届八次全会传承历届省委确立的重大发展战略基本精神，综合考虑未来发展趋势和条件，提出了“加快转型升级、建设幸福广东”这一核心要求，体现了时代要求和广东特色的统一，体现了经济发展与社会发展的统一，顺应全省人民群众的期盼。公共财政是政府履行经济社会管理职责的物质基础、政策手段和体制保障，更好地发挥财政职能作用，支持幸福广东建设，是当前新形势下公共财政建设的一个重要任务。汪洋书记对幸福及建设幸福广东有非常精辟的论述，强调要处理好做“蛋糕”和分“蛋糕”的关系，对我们运用公共财政手段支持幸福广东建设具有重要的指导意义。这次培训班将主题定为公共财政与幸福广东，深化理论和实践探索，是非常必要的，把握住了时代的要求。这里，我着重就公共财政支持幸福广东建设讲几点意见。

第一，发挥财政政策的支撑作用，把推动加快转型升级作为支持幸福广东建设的首要任务。经济发展是建设幸福广东的物质基础。古人说“仓廪实而知礼节，衣食足而知荣辱”，只有具备了一定的物质条件，才能有主观感受上的幸福。汪洋书记指出，加快转型升级是手段，建设幸福广东是目的，要通过转型升级为实现科学发展和社会和谐奠定良好的基础，从而达到为人民谋幸福的目的。公共财政要把推动加快转型升级作为支持幸福广东建设的首要任务，充分发挥财政政策的支撑作用，努力做大做好经济“蛋糕”，从而夯实建设幸福广东的物质基础，保证人民群众有更给力的幸福，更长久的幸福。经过改革开放30多年快速发展，广东省已全面进入了经济社会转型期，传统的发展模式难以为继，加快转型升级，是推动发展，增进幸福的必由之路。下一步，要充分发挥财政政策作用直接、运用灵活的优势，有效支撑转型升级。一是要着力提高自主创新能力，一方面充分发挥企业作为自主创新主角的作用，另一方面利用财政手段促进培养和吸引高层次人才，形成鼓励自主创新的利益导向和政策机制，加快完善区域创新体系和人才支撑体系，推动经济发展从要素驱动向创新驱动转变。二是要着力支持战略性新兴产业发展和现代产业体系建设，用增量稀释存量，提升广东省经济发展整体质量。近期，省财政拟集中安排220亿元，通过政银企合作贷款贴息、实施创业风险投资、对高层次人才进行奖励等方式加快广东省战略性新兴产业发展，要认真抓好这些政策措施的贯彻实施，力争尽早发挥资金政策效应。三是着力优化需求结构，推动形成消费、投资、出口协调拉动的局面。在国际市场趋紧的情况下，尤其需要把扩大内需的文章做足、做好，发挥财政对扩大内需的服务功能，提高居民消费能力，稳定消费预期，保证扩大内需工作的有效推进。

第二，发挥财政体制的引导作用，把协调城乡区域发展作为支持幸福广东建设的关键环节。破解当前广东省区域发展不平衡和城乡二元结构等问题，既是检验经济发展方式转变的“试金石”，也是建设幸福广东的重要内容。从国际经验来看，运用财政体制的引导作用，缩小城乡发展差距、实现区域协调发展是普遍选择。一方面，运用规范的转移支付制度实施区域经济政策，平衡各地的公共服务水平，培育新的经济增长极；另一方面，建立城市反哺农

村机制，推动财力向农村倾斜和资源向农村流动，破解城乡二元结构。近年来，广东省城乡区域发展的协调性有所增强，但发展不平衡问题依然突出。下一步，要在协调区域发展上动真格，下苦功，运用财政体制的引导激励功能来影响资源配置和要素流动，从而实现协调城乡区域发展的目标。重点是继续支持欠发达地区产业园区特别是重点产业园区建设，加快产业和劳动力双转移，推动工业聚集和产业集群发展，构建符合梯度发展战略的区域产业分工体系；要继续抓实抓好扶贫开发“规划到户、责任到人”工作，推动建立起稳定的对口帮扶长效机制；要按照统筹城乡发展的要求，财政资源向农村倾斜，大力发展现代农业，加强农村基础设施建设，推动城乡一体发展。同时，要落实好县以下政权基本财力保障机制，最近省里下达了35亿多元资金，推动三年内省、市、县共同努力消化147亿元县级基本财力保障缺口。市县各级要积极行动，按照省的政策导向，落实好县级基本财力保障工作，增强基层特别是欠发达地区基层政权的财政保障能力，缩小地区间差距。

第三，发挥财政分配的调节作用，把促进社会和谐稳定作为支持幸福广东建设的核心要求。社会和谐稳定是幸福的前提与基础，社会不稳定，人民群众谈不上幸福。当前，人民群众对收入分配差距问题十分关注，反映强烈。公共财政应以实现社会公平稳定为目标，更加有效地发挥分配调节作用，既做大做好“蛋糕”，更分好“蛋糕”。首先是要加大公共财政对社会保险领域的支出，不断扩大社会保障覆盖面，健全社会保障体系，构筑社会经济运行的“安全网”和“减震器”，解决潜在的非对抗性矛盾，维护社会的公平和稳定。其次，加大对低收入者的转移支付力度，着力解决困难群众的基本生活问题。今年，物价上涨成为社会普遍关注的热点问题，老百姓感同身受，中低收入家庭对物价压力感觉尤其明显。为降低人民群众因物价上涨而新增的生活负担，年初广东省采取了为城乡生活困难群众及大中专院校学生发放一次性临时价格补贴的措施，全省270多万生活困难群众受惠，切实提高了人民群众的满意度和幸福感。从最新公布的统计数据来看，今年1～5月份，全国居民消费价格（CPI）同比上涨5.5%，广东省CPI同比上涨5.3%，其中食品类和居住类涨幅居前。面对民生的压力，全省各地都要高度重视，有效运用公共财政手段，加大对困难群体吃、住、行等基本生活的保障力度，应对物价上涨带来的影响，维护社会稳定。

第四，发挥财政资金的保障作用，把实现基本公共服务均等共享作为支持幸福广东建设的目的依归。增进民生福祉是经济发展的根本目的和最终归宿，而完善的公共服务是增进民生福祉的根本途径，也是提升幸福感的基本保障。公共财政支持幸福广东建设，必须充分发挥资金的保障作用，把健全完善基本公共服务体系、提升基本公共服务均等共享水平作为目的和依归。近年来，省委、省政府坚持民生优先的发展理念，率先全国编制实施了《广东省基本公共服务均等化规划纲要（2009～2020年）》，不断加大民生投入力度，财政民生投入占一般预算支出的比重逐年增长，“十一五”时期，全省财政民生投入达到9 673亿元，占全省一般预算支出的比重从2006年的42.69%提高到2010年的57.23%，提高了14.54%，2010年全省财政民生投入达3 099亿元。但与作为全国第一经济大省的地位相比，广东省公共服务体系和民生社会事业发展还有相当差距，公共教育、医疗卫生、社会保障等基本公共服务不仅总量供给不足而且分布不均等。因此，公共财政支持建设幸福广东要继续牢固树立民生优先、民生为重的理念，在推进基本公共服务均等化上下工夫，形成保障和改善民生的长效机制。首先要加大公共财政投入、实行重点倾斜，解决基本公共服务供给不足以及城乡地区间公共服务水平差异问题。同时，要通过完善制度，创新体制为基本公共服务均等化提供“润滑剂”和驱动力，通过探索政府购买社会服务等方式，推动建立多元化的公共服务供给制度等，形成有利于基本公共服务均等化的制度环境，脚踏实地把推进基本公共服务均等化这项大事业办好。

四、弘扬优良学风，圆满完成学习培训任务

建设幸福广东，是一项艰苦、长期的工作，必将遇到各种现实困难和客观制约。因此，我们各级领导干部不仅要有建设幸福广东的主动性、自觉性和坚定性，增强“坐不住”、“等不起”、“慢不得”的紧迫感，更要有建设幸福广东的能力和水平。这次会议暨培训班，是一个难得的学习机会，希望大家好好利用这次集中学习的机会，专心学习、认真思考、学有所成。在这里，我向大家提出四点要求：

（一）要集中精力，认真学习

今年是“十二五”时期的开局之年，省委、省政府审时度势，作出了“加快转型升级，建设幸福广东”的战略部署，可以说各项工作任务十分繁重。在座的各位领导干部身处工作指挥的中枢，肩负着谋划决策、统筹全局、部署工作的重要职责，工作任务具有较强的组织性、前瞻性和开拓性，这就要求我们的领导干部要转变观念，加强学习，与时俱进。只有具备过硬的政治理论素质、深厚的财经理论功底、全面科学的知识结构、熟练的专业技能，才能胜任繁重而艰巨的工作任务，才能提高为人民群众谋幸福的能力和水平。

（二）要勤于思考，学有所得

学习归根到底是一个认识的过程，需要经历一个感性到理性，“认识—实践—再认识—再实践”，“去粗存精、去伪存真、由此及彼、由表及里”的过程。任何知识，只有经过了理解、思考和汲取，才能转化为自己的能力。加

快转型升级，首先是要加快知识结构的转型升级。这次培训班的各个专题讲座，紧紧围绕省委省政府提出的“加快转型升级，建设幸福广东”的核心工作，按照“干什么，学什么；缺什么，补什么”的要求来安排，与广东省经济社会发展密切相关，希望同志们在认真学习之余，勤于思考，总结经验，学以增智，学有所得。

（三）要学用结合，指导工作

希望大家发扬理论联系实际的优良作风，把培训班上学习到的新知识、新方法、新思路切实应用到今后的实际中去，将学习与思考结合起来、与研究探索结合起来、与创新工作结合起来，学用结合，使学习成果在提高知识水平和工作能力上见成效，在加快转型升级、建设幸福广东上见成效。总之，希望同志们不仅要成为地方经济社会发展出色的领导者，而且要成为认真学习的表率和楷模，成为理论联系实际的践行者。

（四）要强化纪律，尊师重教

尊师重教是中华民族的传统美德，纪律约束是我们完成此次培训学习的可靠保证。在机关，我们作为领导干部，往往忙于各种事务和工作，没有足够的时间去读书学习。这几天，按照省委的要求，集中时间、集中精力进行专题学习，既是一次难得的机会，也要求大家自觉遵守纪律，实现从领导到一般学员的角色转变，努力做到“三不、三认真”，即：不迟到、不早退、有事请假不无故缺席；认真听课、认真做笔记、认真联系实际思考问题。希望通过这次培训学习，大家真正学有所得，学以增智，达到预期的目的。

同志们，加快县域经济财政发展、建设幸福广东都是我们面临的伟大事业、历史使命。希望在座的各位市县长们继续弘扬解放思想、改革开放的时代文化精神，在县域经济财政发展事业上有所作为，在建设幸福广东的进程中不辱使命，为广东省当好推动科学发展、促进社会和谐的排头兵作出新的更大贡献！

领会精神　抓好落实
努力开创全省财政工作新局面

（节选）

省财政厅党组书记、厅长　曾志权

（2011年1月13日）

一、2010年我省财政工作回顾

2010年，在各级党委、政府的正确领导和重视支持下，全省各级财政部门和省直各预算单位财务部门围绕省委、省政府中心工作，坚持“生财有道、聚财有方、用财有规”和集中财力办大事，充分发挥财政、财务职能作用，促进经济社会又好又快发展，取得了较好的成绩，得到了省委、省政府的充分肯定。上午黄华华省长在讲话中已给予了很好评价。回顾过去的一年，财政工作虽然面临复杂的形势，任务很艰巨，但成绩也很明显。我认为，主要表现在以下六个方面。

（一）突出加强财政收支管理，增收节支工作取得新进展

在省委、省政府的正确领导和朱小丹常务副省长部署指导下，全省各级财政部门和省直各相关部门狠抓增收节支，挖掘增收潜力，强化支出管理，财政收支呈现“增长快、结构优、协调好”的良好态势。从收入方面来看，一是收入总量创新高。来源于广东财政收入达到11 842亿元、增长30.82%，全省一般预算收入达到4 516亿元、增长23.75%，连续20年居全国各省、自治区、直辖市首位；省级一般预算收入完成863亿元，增长18.79%。二是收入质量持优。全省税收收入占全省一般预算收入比重为84.19%，保持较好质量，高于全国平均水平（80.52%）以及江苏（81.2%）、山东（78.2%）等省市的水平。三是各级次、各区域收入增长更加协调。省、市、县级收入分别增长18.79%、26.58%、22.1%，欠发达地区增长势头好，粤东、粤西和粤北山区一般预算收入增幅分别超过全省平均水平4.5%、2.83%和5.99%，东西北地区财政收入占全省比重比上年提高了0.41%。特别是清远市去年收入增幅达到45.47%，实现“七连冠”，总量排名比2009年提升了两位，仅次于珠三角9市。

在收入实现平稳较快增长的基础上，财政支出呈现结构优化、进度加快、管理科学、注重绩效的显著特点。一是支出结构更加优化。全省一般预算支出完成5 414.76亿元、增长25.77%，省级一般预算支出完成578.55亿元、

增长19.07%；同时，支出结构进一步优化，全省和省级财政民生投入占一般预算支出比重分别达54%和61%，比2006年提高了9%和6%，“十一五”全省和省级财政民生投入总量分别达9 673亿元和1 706亿元；省财政坚持“压省级、保地方”，支持地方经济社会发展的财力比重已超过七成。二是支出进度明显加快。全年预算执行均衡性增强，各级财政部门严格按照省政府关于进一步加快财政支出进度的要求，多管齐下加快预算支出执行进度，加强结余结转资金管理，提高了财政资金的使用效益。据统计，去年上半年全省一般预算支出进度达45.6%，高于全国地方平均水平6.3%，至11月底达87.3%，比上年同期提高8.3%，高于全国3.6%，全年支出进度达115.33%。三是行政性经费得到较好控制。大力压减一般性支出，开展省直单位行政经费节约考核，建立“三公”费用在线监督制度，严格控制“人、车、会”和楼堂馆所等支出，省级预算用于维持政权运转的经费支出比重已从2006年的25.04%下降到9.13%。从去年前三季度的考核情况来看，省直单位办公费、交通费、出国费、会议费、培训费、招待费等六个科目累计节约3.18亿元、节约率达44%，公用经费累计节约6 351万元、节约率达12.2%，效果十分明显。四是资金分配方式更加科学。竞争性分配机制进一步完善，在2008～2009年开展五批次、共75亿元省产业转移扶持资金竞标活动的基础上，2010年省级专项资金竞争性分配改革试点范围扩大到24项、涉及资金超过100亿元，并圆满完成了扶持战略性新兴产业发展20亿元资金的竞争性招投标，进一步完善了“多中选好、好中选优”、择优配置的竞争性分配机制。

（二）突出促进经济发展方式转变，财政杠杆作用显现出新成效

积极贯彻落实我省加快经济发展方式转变“四十条”政策，省财政全年用于促转变和调结构的支出达156.2亿元。一是支持引导发展战略性新兴产业发展。省财政预拨20亿元（“十二五”期间省财政每年投入20亿元、五年共投入100亿元）集中支持高端新兴电子信息、LED产业、新能源汽车等11类战略性新兴产业发展，并研究制订综合运用财政、金融、投资、土地、税费、人才、政府采购等政策，进一步加大力度扶持战略性新兴产业发展。省财政安排10亿元支持高世代液晶面板生产线建设。各地也积极采取措施支持战略性新兴产业发展，如深圳市计划在未来七年投入105亿元支持关键技术研究开发。全省各级财政部门也结合各地情况不断加大对发展战略性新兴产业的支持力度。二是支持产业转移。按照汪洋书记对“双转移”工作“再推一把”的指示，省财政安排25亿元推动形成集约水平较高的专业性省级产业转移园区，2010年已拨付3.2亿元支持8个专业性产业转移园建设。三是支持自主创新。省财政投入5.13亿元支持广东省实验室体系建设，推进产学研省部合作，加强与中科院战略合作；投入10.29亿元支持产业技术研究与开发，重点突破关键领域，加快高新技术产业开发区发展；提前集中使用升级装备制造业专项资金、结构调整挖潜改造专项资金等，实施先进制造业提升工程、传统优势产业升级工程、企业创新能力提升工程、企业技术中心创新工程等。四是支持建设人才强省。省财政投入4.74亿元，在全球范围成功引进首批12个创新科研团队和15名领军人才，并通过设立高层次人才奖励基金和风险投资基金、实行住房资助政策等措施，支持培养和引进高层次人才。五是支持节能减排和生态环保。省财政全年投入近2.83亿元支持淘汰落后炼钢、炼铁能力746.3万吨、落后水泥产能1 608万吨；投入2.21亿元支持重点节能减排工程建设和实施节能产品惠民工程等；投入5.71亿元推进污水处理厂建设实施重点流域水污染防治、环境综合整治等。

（三）突出抓好省以下财政体制改革，构建有利于科学发展的体制机制实现新突破

在多年努力探索的基础上，2010年我省财政体制改革取得重大进展。重点推进五项工作：

1. 进一步完善省以下财政体制。1996年我省开展分税分成财政体制改革以来，我省未对财政体制进行过主动调整，体制运行中矛盾和问题逐渐积累，区域发展不平衡和县域财力薄弱问题突出，省级财政调控能力明显不足，2009年省级一般预算收入占全省比重为19.9%，比1996年体制改革之初的23.4%下降了3.5%，明显低于全国23.5%和东部地区23.8%的平均水平。从我省省情出发，2010年2月8日省委十届第105次常委会议作出了关于进一步完善省以下财政体制的决定。在省政府的正确领导和省国、地税等有关部门的大力支持下，省财政厅经过总结经验和反复测算，在广泛征求各方面意见的基础上，形成了《完善省以下财政体制改革方案》。方案以促进区域协调发展和推进基本公共服务均等化为出发点，以进一步形成省级与市县财政收入同步增长机制，增强省级调控能力为主要目标，坚持“存量不变，增量调整”和“大稳定、小调整”原则，在理顺所得税分配关系的基础上，将省级与市县“四税”分享比例由“四六”调整为“五五”，适当提高省级财力集中度，并将集中财力主要用于加大对欠发达地区转移支付力度，增强其财政保障能力和构建生态补偿机制，对推进全省基本公共服务均等化、为实现区域间全面协调持续发展奠定了基础、创造了条件。去年12月7日和17日，省政府常务会议和省委十届第134次常委会研究通过了改革方案，并由省政府印发实施。这项改革能够顺利推进，是省委、省政府正确领导和科学谋划的结果，同时也得到了各地市和省直有关部门的大力支持，借此机会，在此我代表省财政厅对各市党委、政府及省直有关部门表示衷心的感谢！

2. 建立县以下政权基本财力保障机制。县域财力薄弱、基层财政困难一直是制约我省均衡协调发展的瓶颈之一，按照财政部核定我省的县级基本财力保障标准，我省共有53个县（市）存在县级基本财力保障缺口，缺口总

额达147亿元。根据省委、省政府的决策部署，省财政厅拟定了奖励和补助相结合的县以下政权基本财力保障机制方案，建立县级、镇级和村级三个层次的基本财力保障机制。其中，县级基本财力保障机制采取奖补结合、分类考核的办法，根据缺口县（市）发展基础条件等具体情况，将缺口县（市）分成两类，实行有区别的奖补办法，充分调动县（市）积极性。为确保完成三年消化缺口的目标，省财政对弥补缺口的资金来源作了统筹安排。初步考虑，计划通过省、市、县三个层次五个渠道筹措资金解决，三个层次即省财政新增安排资金100多亿元（包括新增一般性转移支付资金及专项转移支付资金）、县（市）自身财力增长及地级以上市适度支持预计解决缺口约30亿元，中央奖补资金预计解决缺口10亿元，预计到2013年可达到财政部关于三年内基本消化县级基本财力保障缺口147亿元的要求，县级基本财力保障水平将达到6万元/人。

3. 建立生态激励型财政机制。为深入贯彻落实科学发展观，促进主体功能区建设，支持生态地区实现良性发展，按照省委、省政府的决策部署，省财政厅对现行激励型财政机制进行了调整完善，对生态发展区，在加大一般性转移支付力度作为生态补偿的基础上，引入生态发展激励机制，建立一套由17项指标组成的生态环境衡量指标体系，建立激励与保障相结合的转移支付机制，促进区域协调可持续发展。对生态县一般性转移支付包括两部分，其中，基础增长转移支付部分确保生态县运转的基本财力需要，比非生态县（不含扶贫开发重点县）高2%，作为对生态地区的补偿；激励机制转移支付部分，鼓励生态县加强生态保护和建设，落实生态发展目标，生态保护和建设越好，综合评分就越高，所得转移支付越多。生态激励型财政机制已于2010年1月由省府办公厅下发执行，但因我省主体功能区规划尚未正式颁布，待其颁布实施后将正式启动。

4. 稳步推进省直管县财政改革。根据我省主体功能区规划建设目标，省政府决定开展省直管县财政体制改革，从2010年10月1日起在南雄市、紫金县、兴宁市和封开县开展省直管县财政改革试点。目前试点工作进展顺利。为配合做好顺德区行政体制综合改革工作，从2010年7月1日对顺德区实行省直管财政体制。部分市也积极推进财政体制改革，如广州市于2010年全面实施《关于完善市对区（县级市）财政管理体制的意见》，适时建立横向转移支付制度，加大对区（县级市）的激励、对经济相对薄弱和重点发展地区给予政策倾斜，为促进区域协调发展提供了体制支撑。

5. 认真贯彻落实《珠江三角洲地区改革发展规划纲要》。发挥财政职能作用，牵头制定实施了《珠江三角洲基本公共服务一体化规划》，围绕公共教育、公共卫生、公共文化体育、公共交通、生活保障、住房保障、就业保障、医疗保障、生态与环境和现代服务业等十个方面，从资源共享、制度对接、待遇互认、要素趋同、流转顺畅、差距缩小、城乡统一、指挥协调等八个目标路径逐步加以推进，促进珠三角区域经济社会一体化，为推进构建珠三角带动全省发展提供有力引擎。

（四）突出保障和改善民生，推进基本公共服务均等化迈出新步伐

进一步加大民生投入，2010年全省财政民生投入达3 099亿元，占全省一般预算支出比重达57.23%；其中，省财政安排用于改善民生和均衡地区间公共服务水平的支出达1 202亿元，占省级财政总支出的76.87%，比上年提高了1.31%。特别是认真贯彻实施《广东省基本公共服务均等化规划纲要》，推进全省基本公共服务均等化迈出重大步伐。公共教育方面，进一步提高农村义务教育公用经费保障标准，保障全省1 151万名城乡小学和初中学生享受免费义务教育；落实家庭经济困难学生国家励志奖学金和国家助学金，对53万名家庭经济困难学生给予财政资助，免除13万名农村经济困难家庭中职学生和涉农专业学生学费；建立农村义务教育中小学校舍维修经费保障长效机制，实施中小学校舍安全工程。公共卫生方面，实施基本公共卫生服务与重大公共卫生服务项目，各级财政对基本公共卫生服务的补助标准不低于每人每年15元，共补助8.2亿元；省财政对经济欠发达地区15 874个行政村驻村医务人员进行补贴，共补助1.7亿元；对974所乡镇卫生院等基层医疗卫生机构给予转移支付补助，共补助7.36亿元。公共文化体育方面，研究出台我省财政支持文化强省建设的政策体系，全省财政五年计划投入250亿元支持文化强省建设；另外，省财政在已安排30亿元给广州市的基础上，2010年又安排6.75亿元投入广州亚运会体育场馆建设，支持亚运会和亚残运会圆满举办。公共交通方面，落实省级客运站场建设专项资金，大力推进农村客运网络建设；全面启动社会主义新农村公路路面硬化建设工作。生活保障方面，推进新型农村养老保险试点，36个县开展新农保试点工作，覆盖全省1 283万农民；提高最低生活保障线补助标准，对全省224万名城乡低保对象应保尽保。就业保障方面，加大农村劳动力转移的职业技能培训力度，省财政安排2.2亿元支持76.7万名农村劳动力实行职业培训；省财政投入9.6亿元完善我省劳动力市场基础设施建设。医疗保障方面，进一步提高各级财政对新型农村合作医疗和城镇居民医保补助标准，达到每人每年120元，参保人数达5 844万人。住房保障方面，省财政投入2亿元支持东西两翼和粤北山区建设廉租住房，使8 746户城镇困难家庭受益。同时，积极采取措施支持维护社会稳定和调控物价稳定。在维护社会稳定方面，省财政投入6.11亿元加强粮食和食用油储备体系建设，构建供给稳定、储备充足、调控有力、运转高效的粮食安全保障体系；投入25.23亿元（其中省财政20.19亿元）加大对欠发达地区政法经费补助，加强基层政法司法能力建设；落实资金支持社会维稳和信访工作。在调控物价方面，省财政安排8 400万元落实对优抚对象、城乡低保对象、农村五保供养对象发放临时价格补贴政策，统筹安排5 000万元价格调节基金稳定农副产品物价等，有效调控全省价格水平趋于稳定。各地也认真落实配套措施，加大投入推进基本公共服务均等化，佛

山、清远等市还编制了本地基本公共服务均等化规划，发挥了重要作用。

（五）突出落实强农惠农政策，支持“三农”工作取得新进展

按照“稳粮保供给、增收惠民生、改革促统筹、强基增后劲”的思路，加大“三农”投入，落实各项强农惠农政策，2010年省财政投入“三农”支出约为295.9亿元，增长9.93%。一是重点支持农业基础设施建设。全省各级财政投入20.29亿元（其中省财政14.82亿元）支持推进125万亩现代标准农田建设；省财政继续安排低效园地山坡地补充耕地省级补助资金8亿元，支持市县新造40万亩有效耕地；统筹安排省级水利资金40.64亿元，带动全省水利投入146亿元，支持我省水利建设，确保在2011年汛前基本完成293宗城乡水利防灾减灾工程、76宗病险大中型水库和1 218宗病险小型水库除险加固工程。二是大力支持发展现代农业。省级财政投入2 850万元支持三大现代农业产业带项目建设，引导市县和社会投入约2.5亿元；投入1.25亿元，支持农业现代化园区建设，扶持农业龙头企业和农业合作组织发展等；投入2.15亿元实施人工渔礁建设议案和沿海渔民转产转业议案，发展现代渔业。三是加大对农村和农民补贴力度。各级财政安排26.56亿元，落实良种补贴、种粮直补、农机具购置补贴、农资综合补贴等农业生产资料补贴政策；省财政投入1.25亿元建立能繁母猪、渔业养殖和政策性农村住房保险补贴制度；省财政投入6.3亿元，将省级生态公益林补偿标准提高至每亩14元，全省有5 814万亩生态公益林受益。四是加快财政扶贫体系建设。加大财政扶贫开发投入，省财政三年投入7亿元支持14个欠发达地市“规划到户责任到人”自身对口帮扶工作；统筹整合36项省级财政农口资金3 700多万元支持连南高寒山区居民移居安居试点工作；一次性安排支持粤西救灾复产重建资金14.9亿元，有力地支持了灾区救灾复产重建工作。各地也想方设法落实“双到”扶持政策，如韶关、梅州、清远等市积极探索建立农业产业化带动、基础设施建设拉动、入股帮扶启动等模式，取得了明显成效。

（六）突出加强财政“两基”建设，财政科学化精细化管理提升新水平

认真贯彻落实去年8月份谢旭人部长到我省检查调研重要讲话及指示精神，制定实施《关于加强财政基础工作和基层建设 推进财政科学化精细化管理的实施意见》，全面部署“两基”建设工作，取得了明显成效。一方面，抓好基础管理工作，部署加快财政支出进度、开展预算会计权责发生制改革试点、加快“金财工程”建设等工作，我省“金财工程”建设立项已经省政府批准；同时，继续深化部门预算、国库集中支付、政府采购、资产管理、绩效评价等各项支出管理改革，开展国有资本经营预算试编制工作，进一步提高了预算编制完整性和科学化水平。另一方面，抓好基层财政建设，加强对基层财政工作的指导，开展第一批全省乡镇财政干部示范性培训，提高基层干部政策水平和业务能力，强化基层财政资金监管职能。同时，加强财政干部队伍建设，积极推进以“务实、高效、创新、廉洁、和谐”为核心的广东财政文化建设，深入开展创先争优活动，全省财政工作软实力有了新提高。省财政厅创新方式开展“八个一”创先争优活动得到了中央领导和省领导的充分肯定。2010年8月5日，李源潮部长作出重要批示：“广东省财政厅在创先争优中用‘八个一’的办法将活动变成可量化、可考核的行动很好，请创先争优办注意推广。”8月12日，汪洋书记批示：“请小丹、玉妹同志阅，我省要做好推广工作。”8月13日，朱小丹常务副省长批示：“源潮同志重要批示对省财政厅是极大的鞭策，要认真贯彻批示精神，运用‘八个一’经验，推动创先争优活动取得更显著成效。”各地也结合本地实际扎实推进“两基”建设，如惠州市在全省率先推广实施电子政府采购平台，实施激励型乡镇财政管理体制，加强基层财政建设；中山市建立预算支出进度通报制度，全面修订部门预算准则；东莞市建立完善项目支出量化标准体系，推进预算管理与资产管理相结合等，都取得了很好的效果。

以上成绩的取得，首先归功于省委、省政府的正确领导，汪洋书记、黄华华省长高度重视和支持财政工作，多次就财政工作听取汇报，作出重要指示和批示；朱小丹常务副省长非常关心、支持财政工作，抓收入、调体制等重要工作都亲自部署、靠前指挥。让我们难以忘怀的是，在去年六七月份财政收入增长下滑、完成全年收入任务面临困难时，朱小丹常务副省长亲自主持召开省财税联席工作会议、部分重点企业财税工作座谈会和部分市财税工作座谈会，并多次前往省国税局、省地税局调研，经常听取省财政厅、国、地税务部门的工作汇报，为扭转财政收入增长下滑态势指明方向、理清思路、明确举措，为全省财税系统干部职工加油鼓劲，确保实现了全年收入较快增长。在完善省以下财政体制工作中，朱小丹常务副省长亲自调研，多次听取省财政厅的汇报，亲自主持会议听取各市、省直有关部门意见，明方向，点思路，抓落实。小丹省长的高度重视和全力支持，激发了全省财政干部职工的工作热情，为完成全年财政工作任务起到关键作用。同时，成绩的取得离不开全省财政系统广大干部职工的辛勤工作，离不开各市县党委、政府、省直各部门的理解和支持，特别是组织收入工作离不开国、地税系统的努力拼搏、忘我工作，离不开公安、质监、工商等执收执罚单位的共同努力。借此机会，我代表省财政厅党组向一直以来关心支持财政工作的各位领导表示崇高的敬意！向关心、支持财政工作的各市、县党委、政府、省直各有关部门表示衷心的感谢！向辛勤工作在财政战线的广大干部职工表示亲切的问候！

我省财政工作虽然取得了一些成绩，但仍面临着一些亟待解决的问题。突出表现在五个方面：一是财政收入可

持续增长压力加大。经过努力，2010 年我省地方一般预算收入增幅达到 23.75% 的较高水平，但仍低于全国平均水平（24.6%）0.85 个百分点，也低于江苏（26.4%）、山东（25.1%）等沿海省市增幅。特别是江苏省收入总量与我省的差距越来越小，我省与江苏省地方一般预算收入总量对比从 2006 年的 100∶76 缩小到 2010 年的 100∶90，差距缩小了约 14 个百分点。照此速度推算，江苏省财政收入总量赶超我省的压力越来越大。二是我省人均财力水平较低。我省财力水平已经降到全国中游水平，到 2008 年我省人均支出水平在全国排第 15 位，仅高出全国平均水平 195 元；如果剔除财政单列的深圳市则排全国第 22 位，低于全国地方平均水平。与全国相比，2008 年我省县级人均支出仅 1 891 元，低于西部（2 109 元）和东部（1 964 元）的水平。三是部分市县财政收入质量不高。全省税收收入比重虽然保持在 84% 以上的良好水平，但部分地区非税收入占比过重，最高的市已达到 42.34%，最高的县已达到 54.94%，2010 年有四个市当年非税收入增幅超过 50%，最高的达 101.82%，远远超过当年税收收入增幅。四是财力区域分布仍显不均衡。2007 年全省区域发展差异系数为 0.75，高于全国 0.62 的平均水平，东西两翼和粤北山区 GDP 和地方一般预算收入仅为全省的 1/4 和 1/5，按人均值计算，2008 年东西北地区人均 GDP 和人均一般预算收入仅为珠三角地区的 1/4 和 1/6。同时，县域财力基础薄弱，2009 年全省县（区）级财政收入仅占全省的 28.41%，县均财力仅为 3 亿元。五是支出结构调整难度较大，收支监管力度有待加强。由于支出刚性的存在及地区、部门对财政分配的固化，财政支出结构的调整特别是存量结构的调整难度很大，同时，收支监管力度有待加强，违反财经纪律的现象时有发生，审计表明，少数部门及下属单位执行政策不到位、财务管理不规范，财政专项资金被截留、挪用的现象仍然存在等。这些问题需引起我们的高度重视。

二、明确任务，真抓实干，努力做好“十二五”财政工作

科学谋划“十二五”时期财政发展，是我省财政工作在新起点上取得新突破的必然要求和重要举措。省委十届八次全会对“十二五”时期广东经济社会发展作了全面部署，围绕加快转型升级、建设幸福广东这一核心，明确了发展战略和目标任务。今天上午，黄华华省长深刻阐述了新时期新形势对我省财政工作提出的新任务和新要求，提出了建设“五大财政”的目标，为我们做好新时期财政工作指明了方向。我们要深刻领会和准确把握省委十届八次全会及黄华华省长讲话的精神实质，并贯彻落实到开展“十二五”财政工作的各个方面和全过程。要紧紧围绕建设法治财政、民生财政、绿色财政、绩效财政、阳光财政等“五大财政”的目标，继续坚持“生财有道、聚财有方、理财有规、用财有效”和集中财力办大事的理财方针，遵循可持续发展、科学理财、依法理财、民主理财、统筹兼顾、改革创新等原则，加快财政工作转型，推动广东财政继续改革创新当好排头兵，着力构建有利于科学发展、更具活力和效率的“五大体制机制”。

（一）构建相机抉择、灵活协调的调控机制

按照中央的统一部署，应对宏观经济形势实行相机抉择的财政政策，做到有保有压、有所为、有所不为，解决财政“越位”和“缺位”的问题；适应市场经济体制进行财政投融资体制改革，引导和集聚更多的社会资金的投入，促进社会总需求和总供给平衡；不断增强财政政策手段的灵活性和针对性，加大力度支持自主创新、现代产业体系、战略性新兴产业发展、产业转移、传统产业转型升级、外经贸战略转型、节能减排等关键领域，支持“三农”工作，推动经济发展方式转变；制定实施扩大内需特别是居民消费需求的政策措施，破解经济社会发展深层次矛盾。

（二）构建责权明确、激励引导的财政体制

要通过全省各级财政部门的共同努力，实施和完善新的省以下财政体制，建立健全系统配套的财政体制机制。一是注重保障性，进一步分清事权与财权，促进各级政府财力与事权相匹配；二是强化激励性，无论是发展经济还是保护生态，都引进激励因素，引导地方尤其是欠发达地区增强自身发展的积极性；三是提升协调性，省财政在加大对欠发达地区转移支付力度的同时，坚持实施提升珠三角带动东西北战略，增强珠三角核心竞争力，促进全省协调可持续发展。

（三）构建统一完整、持续稳定的收入增长机制

牢固树立从经济到财政的思想，发挥财政促进经济发展作用，积极培植财源，确保财政可持续发展；坚持财税联席会议、领导分片抓收入、抓好重点地区和重点税源收入等有效制度措施，深入分析经济和重大政策对财政的短期影响和长期趋势，增强抓收入工作的科学性、针对性和预见性；加强与税务部门沟通协作，强化收入征管，做到依法征收、应征尽收，杜绝收入“跑冒滴漏”；拓展公共财政理财领域，逐步清理预算外资金，规范非税收入征管，加强国有资产收益收缴管理，完善国有资本经营预算，盘活行政事业单位国有资产；完善部门预算资金管理，逐步解决财力分散、肢解财政的问题，增强预算管理的完整性和统一性。

（四）构建系统保障、覆盖城乡的民生保障机制

把民生福祉摆在更加突出的重要位置，确保民生投入力度不减，按照系统保障、覆盖城乡、有序推进的要求，加大力度推进基本公共服务均等化，系统推进公共教育、公共卫生、公共文化体育、公共交通、生活保障、住房保障、就业保障、医疗保障等八个基本公共服务项目建设；调整优化支出结构，财政支出重点向农村、欠发达地区和困难群体倾斜，促进区域、城乡和不同人群的协调均衡发展；大力支持办好各项民生实事，注重系统配套地推进解决重大民生问题，建立民生保障的长效机制；积极采取措施促进居民增收，建设宜居城乡，维护公平正义，让人民安居乐业，共建共享幸福广东。

（五）构建科学精细、约束有力的支出管理体制

坚持公共财政改革方向，注重改革的相互衔接与支撑，抓紧构建完善以预算编制为龙头、以绩效为导向、以法治和监督为保障、以“金财工程”为技术支撑的公共财政管理体系；注重抓基层打基础，充分运用现代科学技术和规范管理制度，加强“两基”建设，不断提高科学化精细化管理水平；强化财政监管，严肃财经纪律，建立依法严格监督、严肃处理财政违法违规的监管工作机制；积极开展财政支出绩效评价，推进预算编制与绩效评价和资产管理相结合，稳步推进预算公开工作，自觉接受人大和社会公众预算监督，增强预算约束力。

按照建设“五大财政”的总体思路及省委、省政府各项部署要求，省财政厅正在抓紧研究编制《广东财政“十二五”发展规划（征求意见稿）》。初步计划，“十二五”时期力争实现全省地方一般预算收入年均增长约12%左右，全省地方一般预算支出年均增长速度控制在11%左右。“十二五”期间，全省各级财政将进一步加大民生投入力度，预计2011～2015年全省一般预算安排的民生投入将达20 585亿元，年均4 117亿元，年均增长约13%；全省财政民生投入占一般预算支出的比重力争从2011年的60%逐步提高到2015年的68%，增长8个百分点。下一步，我们将研究编制《广东财政“十二五”规划》印发各地征求意见，具体有关数据将以《广东财政“十二五”规划》的数据为准。

三、开好局、起好步，努力抓好2011年财政工作

今年是“十二五”的开局之年，抓好今年的工作十分关键和重要。全省各级财政部门要认真贯彻落实全国财政工作座谈会和全国财政工作会议及省委十届八次全会精神，按照黄华华省长、朱小丹常务副省长讲话的部署和要求，扎扎实实抓好各项工作，在“十二五”起始之年开好局、起好步。2011年重点落实“八个着力”：

（一）着力抓好财政收支管理，确保完成全年收支任务

结合2011年中央宏观经济政策及我省国内生产总值增长预期，并综合考虑国家宏观调控政策、增值税抵扣等政策影响，2011年全省一般预算收入拟按增长10%安排4 967亿元；省级一般预算收入剔除一次性不可比因素25亿元后，按增长10%安排922亿元。2011年省级财政总支出初步安排1 809.98亿元，将进一步向民生领域和欠发达地区倾斜，省级财政预算安排用于均衡区域基本公共服务水平、帮助市县增强发展后劲以及用于改善民生、提供基本公共服务的支出将达到1 406.57亿元，占省级财政总支出的比重达77.64%，比上年提高近1%。

总的来看，目前初定的收入增长目标与我省经济发展是相适应的，经过努力应该可以实现的。但是，预计2011年财政收入面临复杂多变的因素，变数较大，同时中央新出台新农保试点扩面、提高城乡医保补助标准等民生增支政策，收支矛盾仍然十分突出。为此，早抓早主动，一方面各级财政部门必须及早抓好收入工作，一是加强收入征管，继续实行财税部门联席会议、领导班子成员分片抓收入、财政运行情况通报等制度措施，加强与税务部门沟通联系，齐心协力抓好收入工作；二是加强预算执行分析，密切跟踪宏观经济形势以及国家重大社会经济政策措施对财政收支的影响，妥善应对国家实施资源税改革、增值税扩围等税制改革带来的影响，加强对重点税源、重点地区收入运行分析，进一步提高财政收支预测水平；三是加强非税管理，逐步扩大将非税收入纳入预算内管理，推进国有资本经营预算试编制工作，研究出台国有资本收益收缴细化管理办法。另一方面要认真抓好节支工作，继续落实厉行节约各项规定，重点把好“三关”。一是把好预算编制关。进一步完善预算编制，提高预算编制科学化和精细化水平；继续从严控制楼堂馆所建设、办公楼维修项目，严禁超预算标准装修办公用房；严格控制和规范庆典、节会、论坛等方面的经费支出；继续压减会议、文件及各类评比表彰活动，减少日常消耗性支出。二是把好经费考核关。落实省直单位行政经费节约考核任务，加强对“三公”费用监管，确保2011年公务接待经费、因公出国（境）经费、公务用车购置及运行费用支出不超过2009年按规定比例压缩后的经费预算规模。三是把好绩效评价关。省财政厅将进一步加强财政支出绩效管理，绩效目标管理覆盖范围将从部门预算500万元以上项目逐步拓展到所有部门预算支出项目和财政专项资金，对于绩效目标审核不通过的项目原则上不列入预算安排；进一步推进竞争性扶持资金全程绩效管理，开展战略性新兴产业扶持资金等各项竞争性扶持资金的绩效评审等，各地也要结合本地实际加强支出绩效评价工作，推进财政资金竞争性分配改

革，切实提高资金使用效益。由于2011年预算安排压力大、盘子紧，为此，各市县财政部门要妥善安排好2011年预算，按照实事求是、积极稳妥、留有余地的原则，把握轻重缓急，科学编制2011年预算，落实好中央和我省已定的各项政策。

（二）着力发挥财政杠杆作用，加快经济发展方式转变

集中财力投入经济发展方式转变的关键领域、重点环节，突出重点，创新方式，为加快转型升级提供杠杆手段和财力保障。

1. 落实自主创新战略。省财政继续投入20亿元支持战略性新兴产业发展政策，开展竞争性招投标活动，抓紧制订实施促进战略性新兴产业发展的综合性政策措施；省财政计划于2011～2015年分年注资42亿元扩充省风险投资集团资本金，由该公司使用财政注资资金设立创新投资贴息资金、创业投资和风险投资基金，支持战略性新兴产业发展和支持企业自主创新；支持我省与教育部、工信部、中国科学院、中国工程院加强产学研合作，加快推进产学研重大创新平台建设和重大科研项目实施；加大投入引导企业创新和科研成果转化，形成鼓励企业自主创新的利益导向；支持建设人才强省，加大力度支持培养和吸引高层次人才，制订实施财政支持人才工作的创新性政策措施，包括设立高层次人才奖励基金会、实行住房资助政策、对高层次人才创业项目给予财政贴息和风险投资基金支持等。2011年省财政初步安排科技投入33.75亿元（不包括注资8亿元扩充风险投资集团资本金），比上年增长38.54%。

2. 落实转型升级战略。加大投入支持先进制造业和以现代服务业和先进制造业为核心的高端产业发展，支持粤西、粤北现代产业发展及农业现代化示范区建设，引导现代服务业加快发展，省财政共安排有关资金17.75亿元；加快推动产业转移，按照省政府关于重点扶持10个左右省级产业转移工业园的决策部署，落实好省财政投入25亿元促进产业集聚、加速产业转移、提高转移企业比较优势、进行行政鼓励等四项政策；支持珠三角企业有序转移升级、经济结构调整和“三旧”改造，完善对市县“三旧”改造的奖励政策措施，促进传统产业转型升级；加大力度推进绿道网建设，确保实现“两年全部到位”阶段目标；省财政初步安排5.54亿元支持外经贸稳定增长，促进外经贸调整、转型、创新，落实促进外贸扩大出口、转型升级和扩大内销。

3. 落实扩大内需战略。支持实施“节能产品惠民工程”及推进家电下乡和以旧换新等，全面实施国民旅游休闲计划，支持开拓国内市场和市场流通体系建设，省财政初步安排有关资金5.23亿元；积极争取中央代发地方政府债券资金；加快推进各项省重点项目建设进度，省财政初步安排项目资本金3.97亿元引导构筑珠江三角洲地区城际轨道交通网主轴；加快资金拨付进度，对程序完备、符合规定的积极财政政策各项资金，采取滚动预算等方式及早安排拨付。

4. 落实绿色发展战略。支持实施重点节能减排工程和节能服务产业发展；大力推进污染治理和水质、空气和土壤保护，支持环保监管能力建设；支持我省开展国家低碳省试点工作；支持循环经济发展，鼓励开展清洁生产和资源综合利用；继续支持欠发达地区淘汰落后钢铁、水泥产能，确保按计划完成淘汰、关停任务；支持重点林业生态工程，培育森林资源。2011年省财政初步安排节能环保投入12.06亿元，比上年增长17.94%。

（三）着力推进基本公共服务均等化，促进建设“幸福广东”

认真贯彻落实《广东省基本公共服务均等化规划纲要》，把更多的财政资源用于改善民生和发展社会事业。重点落实好中央和我省出台的重大民生政策，落实好省政府办好“十项民生实事”的财力保障。初步考虑，一是多渠道增加就业，安排就业相关投入20.77亿元，包括欠发达地区农村劳动力培训转移就业专项资金7亿元等。二是积极推进公共教育均等化，安排教育投入213.04亿元，增长16.21%，落实解决代课教师问题和实施“两相当”政策，提高农村义务教育生均公用经费标准，逐步解决非户籍常住人口子女平等接受义务教育问题，将中职免学费政策范围扩大到城镇家庭经济困难学生等。三是加快建立覆盖城乡的社会保险体系，安排社会保险相关投入15.16亿元，增长132.87%，包括扩大新型农村社会养老保险试点补助11.27亿元，在全省60%的县市区开展试点，实现城镇职工基本养老保险全覆盖。四是进一步完善城乡医疗保障体系，初步安排新型农村合作医疗和城镇居民医保投入71亿元，增长73%，落实国务院出台的关于提高新农合和城镇居民医保补助标准的政策。五是进一步完善城乡公共卫生服务体系，初步安排医疗卫生投入31.34亿元，增长10.22%，包括基本公共卫生服务经费补助5.16亿元，落实提高人均基本公共卫生服务经费标准的政策。六是大力完善住房保障体系，初步安排住房保障相关投入14.56亿元，增长87.96%，计划拨付14亿元启动54万农村贫困户泥砖房、茅草房改造，继续安排2亿元东西两翼和粤北删去建设廉租房，计划从国有资本预算中安排部分资金支持推进原曲仁矿务局棚户区改造工作。七是大力改善农村生产生活条件，初步安排农业、水利投入125.11亿元，增长23.79%，包括“一事一议”筹资筹劳工作奖补资金1.54亿元等。八是进一步完善社会福利和社会救助体系，初步安排社会保障投入85.82亿元，增长20.61%，落实城乡最低生活保障补助、提高重点优抚对象和军队退役人员生活待遇补助标准等。九是加快建设城乡公共文化服务体系，初步安排文化体育与传媒投入13.31亿元，增长14.30%，初步安排1.4亿元支持基层公共文化服务设施建设、自然村广播电视“村村通”和农村电影放映“2131工程”，实现乡镇有综合文化站、行政村有文化活动室，全省20户以上已通电自然村全部通广播电视，以及欠发达地区16 222

条行政村每月放映一场电影；安排1.4亿元扶持文化产业发展，安排5 000万元推动文化精品创作，支持深化文化体制改革。十是推进节能减排和生态保护，初步安排环境及生态保护投入26.93亿元，增长17.94%，落实生态环境保护各项政策，落实提高生态公益林补偿标准政策，省级生态公益路补偿标准提高至16元/亩等。此外，着力做好支持社会维稳和稳定物价工作。落实司法经费保障体制改革，省财政投入4亿元加大对欠发达地区司法部门财政补助；继续支持社会维稳和信访工作；落实城乡低保对象、农村五保供养对象及大中专院校家庭经济困难学生等补助政策；统筹用好价格调节基金稳定农副产品物价、保障困难群众基本生活。

（四）着力落实省以下财政体制改革，缩小区域间发展差距

省委、省政府高度重视财政体制改革工作。省委十届第134次常委会指出，完善省以下财政体制改革既是推进我省区域协调发展、实现基本公共服务均等化的需要，也是落实生态发展目标、增强省级财政调控能力的需要，可为我省努力当好推动科学发展、促进社会和谐的排头兵提供强大的财力保障。各地、各部门必须统一思想认识，认真落实好各项改革措施。根据初步预算安排，2011年省财政共安排对市县的税收返还及转移支付补助1 192.01亿元，其中：安排增值税、消费税、所得税、成品油价格和税费改革税收返还及其他税收返还支出346.68亿元，一般性转移支付支出338.55亿元，专项转移支付支出506.78亿元；争取5年内发达地区与欠发达地区的人均支出比值可达到江苏省2008年2.26:1的水平；到2020年可基本实现区域差距控制在20%以内的基本公共服务均等化目标。为确保改革顺利推进，应从以下几个方面抓落实：

1. 在落实调整省对市县分税分成财政体制方面，省财政厅将重点抓好以下四项工作：一是核定改革基数，近期省财政厅已研究上报了《省对市县财政体制改革基数核定办法》，待省政府批准后将下发执行。省下划基数按2010年省级下划收入实际完成数核定；市县上划基数按2010年前三个季度实际上划收入完成数与2010年第四季度上划收入预计数之和核定，2010年第四季度上划收入预计数按2007~2010年第四季度市县上划收入平均增长率核定。各地要按照以上基数核定办法，积极配合做好基数确定工作。二是清理规范原财政体制市县上解事项，对性质相同、数额固定的上划经费上解项目予以归并，根据事业发展需要或者中央规定确需保留的予以保留。三是研究制定规范的转移支付政策，省通过体制调整集中的财力将主要用于加大对欠发达地区转移支付力度，增强欠发达地区财政保障能力。市县财政部门要加强与国税、地税部门的基础工作衔接，确保按调整后的财政体制确定的级次入库，并做好市与县区的财政体制衔接，确保新体制平稳运行。四是抓好完善省以下财政体制的宣传解释工作。按照省委常委会议决定，省财政厅制定了《完善省以下财政体制改革宣传提纲》，并已在会上印发，供各地开展改革宣传工作参考。

2. 在落实县以下政权财力保障机制方面，省财政厅下一步将重点抓好对缺口县（市）的分类考核工作，按确定的缺口弥补计划分项落实资金和消化任务，帮助消化县级基本财力保障缺口。市县财政部门要增强责任感和紧迫感，积极行动，按照省的政策导向，做好县级基本财力保障工作。市级财政部门要根据省政府文件要求，结合本地区实际，研究制定具体的保障政策，并安排一定的新增财力加大对县镇基本财力保障的奖补力度。县级财政部门应认清责任，立足自身，积极采取措施推动县域经济发展，增强自身财政保障能力。在此基础上，各级财政要认真落实好“隔层保障”的财力保障机制，统筹上级的奖补资金和自身财力，更多地投入到政权运转及重大民生等基本财力保障领域，确保至2013年全面完成消化财力保障缺口任务。

3. 在落实生态激励型财政机制方面，由于目前广东省主体功能区规划尚未出台，省财政厅先行着手进行了17项生态指标数据的收集及其他准备工作，待主体功能区规划出台后即可正式实施生态激励型财政机制。各生态发展区市县应高度重视，在准确领会生态激励机制各项政策内容的基础上，积极采取措施，配合做好实施工作。一方面，要及时开展相关生态指标的统计，加强财政与环保、国土、农业、统计等部门沟通联系，主动跟踪了解并督促有关部门做好生态指标的统计和报送工作，确保数据上报的及时、科学、准确；另一方面，主动调整优化支出结构，加大对生态发展的投入，促进经济结构调整，发展绿色产业，优化生态环境，通过自身的努力更好地运用省的激励政策，在政策范围内争取省财政更大的财力支持。

4. 继续抓好省直管县财政体制改革试点工作，追踪了解改革情况，完善改革措施。

5. 支持深汕（尾）特别合作区建设，积极探索建立全省各市共建产业园区利益分配机制。

6. 推进珠三角区域经济一体化。认真贯彻落实《珠江三角洲地区改革发展规划纲要》，加快推进《珠江三角洲地区基本公共服务一体化规划》实施，实现提升珠三角、带动东西北的目标。目前，省政府已成立珠三角基本公共服务一体化专责工作组及其办公室，按照分工，这项工作由省财政厅牵头，我们将采用集中力量、重点突破的工作方法，要求珠三角九市及省直有关部门明确第一阶段规划实施重点工作任务，确保规划实施取得更大成效。珠三角九市要积极主动探索建立公共服务一体化的成本分担和利益补偿机制，加快推进一体化步伐。

（五）着力抓好财政“两基”建设，推进财政科学化精细化管理

更加注重抓基层打基础，为我省财政长期健康持续发展打好基础。

1. 夯实财政管理基础。深入推进细化预算编制、加强基础数据采集、细化政府收支科目体系、加快“金财工程”建设、开展预算会计权责发生制改革试点、改进预算执行

分析和加快预算支出执行进度等各项基础工作，重点要抓好加快预算支出执行进度和推进预算公开工作，进一步加强省、市、县财政部门和省直各预算单位的沟通联系，特别是要切实做好有关信息传递工作。要认真实行预算支出分类管理、支出进度任务分解、预算执行通报等抓支出进度制度，加强结余结转资金管理，控制部门结余结转资金规模。抓好省直各预算单位财务人员的培训。

2. 加强基层工作指导。继续大规模开展乡镇财政干部和农村财会人员培训。充分发挥基层财政部门作用，充实完善基层财政特别是乡镇财政职能，不断提高落实各项惠民政策的水平，进一步发挥基层财政就近监管的作用；着力采取措施严格控制地方政府新增债务，加大债务清理和偿还力度，加强地方金融监管，防范和化解财政金融风险。

3. 强化财政支出管理。把预算编制、预算执行与预算监督更好地结合起来，注重财政管理改革的整体性和系统性，继续深化部门预算、国库集中支付、政府采购、“收支两条线”管理、财务核算集中监管、绩效评价、资产管理和财政监督等各项改革，进一步完善财政竞争性分配机制，抓好战略性新兴产业等领域财政扶持资金竞争性分配工作。

4. 积极推进预算公开。我省在推进预算公开方面多年来走在全国前列，从2003年起省财政厅向省人代会提交除安全部门外所有省级部门细化到项目的部门预算草案，2004年率先建立预算实时在线监督系统，2009年起将预算草案中年度支出预算进一步细化到款级科目。2009年10月，广州市财政局应市民申请，率先在门户网站上公开了市本级114个单位部门预算，开全国之先河。下一步，我们要按照国务院、财政部和省政府的有关要求，依法依规加大公开力度，省财政厅已制定了办法，明确各级部门是本部门预算信息的公开主体，一级预算部门负责做好本部门预决算信息公开工作。各市可以根据《预算法》的要求，自行决定公开方式和内容范围，并认真深入研究，做好宣传解释工作。省财政厅将加强对省直各部门和市、县公开预算工作的指导。

5. 创新财政监管机制。要树立财政“大监督”理念，建立健全覆盖所有政府性资金和财政运行全过程的监督机制，建立完善“预算编制、预算执行、财政监督、绩效评价”四位一体的监督管理机制，促进监督关口迁移；进一步加强对直接落实到个人的补贴资金及直接补助到民生项目上各项支出的监督管理，确保各项民生政策落实；自觉接受人大、政协、审计和社会的监督，把办理人大建议、政协提案和配合做好审计监督整改工作摆在重要位置予以落实，积极开展政府信息公开，推进依申请公开和网络问政工作，提高财政工作透明度。

（六）着力统筹城乡发展，促进农业发展、农民增收和农村稳定

按照以城带乡、以工促农的要求，落实财政强农惠农政策，加快现代农业建设。初步考虑，今年省财政安排“三农”支出145.91亿元，比上年预算数增长23.79%。

1. 促进农民增收。拓宽农民增收渠道，继续落实种粮直补、综合直补、农机购置补贴、农作物良种补贴等各项支农惠农补贴政策，支持农村沼气建设，落实政策性农业、渔业保险、能繁母猪保险等补助资金；支持农业经营体制机制创新，促进农民转移就业和专业合作组织发展，推进贫困村村级互助金试点和小额贷款担保工作，增加农民生产经营性收入和工资性收入；支持海洋渔业科技创新和产业化发展，加强渔业基础设施建设，推进集体林权制度改革，促进渔民和山区农民就业增收。

2. 促进农业发展。加快发展现代农业，继续推进现代标准农田建设和低效园地山坡地改造新造耕地工作，大力扶持省级重点农业（扶贫）龙头企业发展，继续集中财力建设现代农业主导产业带，围绕优势特色农业产业发展支持农业技术创新推广；加强农业基础设施建设，省财政初步考虑安排水利项目建设资金37.40亿元，并积极通过水利融资平台筹集水利建设资金，推进城乡水利防灾减灾工程、病险水库除险加固工程及省重点水利工程建设，支持解决全省农村饮水安全问题；大力推进农田水利资金整合，加快小型农田水利建设；省财政设立1.54亿元奖补资金推进农村“一事一议”筹资筹劳，建立小农水建设多元化投入机制。

3. 促进扶贫开发。积极推进“规划到户责任到人”扶贫开发，省财政安排1亿元继续落实支持欠发达地区“双到”工作补助政策，各级财政也要加大对“双到”工作投入力度，确保今年实现25万贫困户、110万贫困人口稳定脱贫；落实好农村基层组织工作经费保障制度，省财政安排补助资金3.18亿元，落实各级财政对村级办公经费2万元/年补助政策，并把欠发达地区贫困村干部补贴提高到人均每月不低于1 000元；省财政安排3 300万元扶持边缘革命老区不具备生产生活条件的贫困村实行整村搬迁；落实扩大贫困村村级互助金试点工作，在补助标准统一按每村15万元确定的基础上，做好省级80条试点村村级互助金试点工作；对贫困户小额贷款拓展进行补助，省财政按欠发达地区市县贫困户小额贷款财政实际补贴支出40%给予补助。

（七）着力编制好财政“十二五”规划，提高规划科学性、可行性

编制财政“十二五”规划是当前各级财政部门的一项重要而紧迫的任务，要深入研究，努力编制出符合本地实际，具有科学性、指导性的中长期财政发展规划。

1. 要紧扣主题，贯彻主线。在财政“十二五”规划编制过程中，无论是财政发展改革的目标设置，还是财政收支安排；无论是战略任务的部署，还是财政政策具体措施的制定，都要充分体现科学发展主题和加快转变经济发展方式主线的要求。

2. 要围绕核心，突出重点。规划的编制要紧密结合财政工作实际，统筹经济社会发展的方方面面，同时又要围

绕“加快转型升级、建设幸福广东”这一核心，突出工作重点，确保把“十二五”时期财政发展改革的重点任务落实到位。

3. 要统筹兼顾，搞好衔接。规划的编制既要立足财政发展改革，又要放眼全局，做好与各类规划的衔接，重点是做好与省“十二五”总体规划、珠三角改革发展规划纲要、主体功能区规划、基本公共服务均等化规划等的衔接。

（八）着力抓好队伍建设，转变作风抓落实

按照汪洋书记提出的“永远和人民群众在一起”的要求，努力建设一支党性强、作风正、工作实、业务精的财政干部队伍，落实好党委、政府的各项决策部署。

1. 在加强学习、提高素质上下工夫。推进学习型机关建设，建立健全各类学习和培训制度，开展形式多样的读书活动，加大干部培训力度，使学习“软任务”变为“硬约束”。

2. 在转变作风、抓好落实上下工夫。每年围绕1～2个民生热点问题深入基层调研，提高发现问题和解决问题的能力，及时向党委、政府提出政策建议；深入开展创先争优活动，牢固树立立足本职岗位、争创一流佳绩意识，大力弘扬爱岗敬业、踏实肯干、勇挑重担、乐于奉献、敢于创新的优良作风。

3. 在换位思考、主动服务上下工夫。强化服务意识，努力实现“从我出发”到“换位思考”、从“被动服务”到“主动服务”的转变，做到资金不足用笑脸和服务补足，重视精简办事环节和程序，加强服务窗口建设，提高办事效率和服务水平。

4. 在解放思想、创新工作上下工夫。从既有的思维模式、利益格局、路径依赖中跳出来，创造性地开展工作；改进工作方式，充分利用重大活动、重大任务，主动加压倒逼工作进度，激发干部干事创业的干劲；深化干部人事制度改革，树立“凭能力定使用、靠实绩求进步”的用人理念，建立健全奖勤罚懒的科学考核评价机制，为优秀人才脱颖而出创造条件。

5. 在廉洁自律、干净干事上下工夫。建立健全教育、制度、监督并重的惩治和预防腐败体系，严格执行《党员领导干部廉洁从政若干准则》和《关于实行党政领导干部问责的暂行规定》，建立健全财政权力运行机制，严格落实财政工作运行规程，规范资金分配权，监督资金使用权，做到有权必有责，问责必从严；加强生活作风建设，做到自重、自省、自警、自律，不仅在大是大非面前把握原则，更要在日常小事和生活细节上防微杜渐。

第三部分

广东省财政工作概况与专题

概　况

全省财政工作综述

2010年，在省委、省政府的正确领导和科学谋划下，坚持“生财有道、聚财有方、用财有规”和“集中财力办大事”的理财理念，充分发挥财政职能作用，有效应对较为紧张的财政收支形势，狠抓增收节支和支出结构优化，科学统筹财力、调度财力和利用财力，调结构、促转型、惠民生，有力保障了省委、省政府各项决策部署的贯彻落实，促进了广东省经济社会平稳较快发展。2010年来源于广东的财政收入完成11 842亿元，比2009年增长30.82%。全省地方一般预算收入完成4 515.72亿元，比2009年增长23.7%，连续20年位居全国各省市首位。

一、注重保重点，认真抓好增收节支工作

2010年，全省各级财政部门挖掘增收潜力，狠抓收入管理，促进了全省和省级财税收入的可持续增长，保证了积极财政政策的落实以及各项重点支出的需要。一是财政收入规模创新高，实现“三个突破”：来源于广东财政收入突破1万亿元，全省一般预算收入突破4 000亿元，省级一般预算收入突破800亿元。二是财政收入增长更加全面协调，区域间财力差距不断扩大的趋势得到有效遏制。粤东西两翼、粤北山区地方一般预算收入增长分别比珠三角地区高3.01%和5.3%，粤东西北地区地方一般预算收入占全省地方一般预算收入的比重比2009年提高了0.41%。三是财政收入结构优、质量高。保持了以税收收入为主体、非税收入为辅的多元化财政收入结构。四是财政支出结构更优化。民生支出、发展类支出比重提高，发展类支出增长加快。省级财政坚持“压省级、保地方”，压缩的财力绝大部分通过转移支付方式支持地方发展，转移财力占省级财力比重已超过七成。五是压缩一般性支出取得明显效果。坚持“压一般、保民生”，大力压减一般性财政支出，继续开展省直单位行政经费节约考核，并建立“三公”费用在线监督制度，严格控制“人、车、会”和楼堂馆所等支出，取得明显效果。

二、注重调结构，集中财力投入经济发展方式转变的关键领域

2010年，省财政坚持保增长与调结构、促转型并举，继续实施积极的财政政策，从解决影响经济发展的结构性问题入手，综合运用财政政策工具，强化财政政策对经济发展的支撑、引导和保障作用。一是突出支持扩内需保增长。完善促进消费和提高居民收入的各项财政政策，落实家电下乡、汽车摩托车下乡、汽车家电以旧换新等扩大内需政策以及种粮直补、农资综合直补等直接补贴政策，努力扩大居民特别是农村居民消费需求。二是突出促进战略性新兴产业发展。省财政设立战略性新兴产业扶持专项资金，未来五年每年安排20亿元，支持战略性新兴产业发展。2010年，以竞争择优配置的形式预拨了20亿元战略性新兴产业发展扶持资金。在此基础上，按照省委、省政府的决策部署，抓紧研究制订促进战略性新兴产业发展综合性政策措施，综合运用财政、金融、投资、土地、税费、人才、政府采购等政策，推动广东省战略性新兴产业实现跨越式发展。三是突出推动产业和劳动力“双转移”。按照省委书记汪洋对产业转移“再推一把”的指示精神，省财政安排25亿元资金，从促进产业集聚、鼓励产业转移、行政鼓励等方面入手，进一步支持欠发达地区产业转移园区建设，推动形成集约水平较高的专业性省级产业转移园区。四是突出支持提高自主创新能力。省财政投入近20亿元推进产学研省部合作、支持产业技术研究与开发及加快高新技术产业开发区发展等。新增设立引进和培养高层次人才专项资金、实施领军人才引进计划和百名南粤杰出人才培养工程；设立广东省中科院全面战略合作专项资金、开展省院战略合作等；出台了利用财政手段促进培养和吸引高层次人才的政策措施。五是突出支持节能减排和环境保护。省财政全年投入2.83亿元支持淘汰落后炼钢、炼铁能力746.3万吨、落后水泥产能1 608万吨；安排节能减排及可再生能源等支出2.21亿元，加快高效节能产品推广、实施节能产品惠民工程；推动重点行业、重点领域节能减排；调整完善财政转移支付政策，从2010年起，对生态发展区域实施以生态发展为基本导向的激励型财政机制，将转移支付与县域生态环境挂钩，以鼓励各地加强生态环境保护。

三、注重惠民生，认真组织实施基本公共服务均等化规划纲要

以贯彻、实施《广东省基本公共服务均等化规划纲要（2009～2020年）》为契机，进一步优化支出结构，提高民生保障水平。2010年，省财政预算安排民生投入达448亿元，占省级一般预算支出的60.8%；加上省对市、县转移支付后，省财政预算安排用于改善民生和均衡区域公共服务水平的支出达1 202亿元，占省级财政总支出的

76.87%，有效提高了欠发达地区和基层政府基本公共服务供给能力，推进了以民生为重点的各项社会事业的发展。

公共教育方面，进一步提高农村义务教育公用经费保障标准，保障全省1 151万名城乡小学和初中学生享受免费义务教育；落实家庭经济困难学生国家励志奖学金和国家助学金，对53万名家庭经济困难学生给予财政资助，免除13万名农村经济困难家庭中职学生和涉农专业学生学费；建立农村义务教育中小学校舍维修经费保障长效机制，实施中小学校舍安全工程；公共卫生方面，实施基本公共卫生服务与重大公共卫生服务项目，各级财政对基本公共卫生服务的补助标准不低于每人每年15元；省财政对经济欠发达地区15 874个行政村驻村医务人员进行补贴，对974所乡镇卫生院和基层医疗卫生机构建设给予转移支付补助；公共文化体育方面，研究出台广东省财政支持文化强省建设的政策体系，全省财政五年计划投入250亿元；省财政安排6.75亿元支持亚运会省级体育场馆建设和维修，落实大型运动会补助经费；公共交通方面，落实省级客运站场建设专项资金，大力推进农村客运网络建设；全面启动社会主义新农村公路路面硬化建设工作；生活保障方面，推进新型农村养老保险试点，36个县开展新农保试点工作，覆盖全省1 283万农民；提高最低生活保障线补助标准，对全省224万名城乡低保对象应保尽保；就业保障方面，加大农村劳动力转移的职业技能培训力度，对70.5万名农村劳动力实行职业培训；省财政投入9.6亿元完善广东省劳动力市场基础设施建设；医疗保障方面，进一步提高各级财政对新型农村合作医疗和城镇居民医保补助标准，达到每人每年120元，参保人数达5 844万人；住房保障方面，省财政投入2亿元支持东西两翼和粤北山区建设廉租住房，使8 746户城镇困难家庭受益；省财政五年投入54.15亿元全部解决广东省农村贫困户泥砖房和茅草房改造问题。在维护社会稳定方面，投入6.11亿元加强粮食和食用油储备体系建设，构建粮食安全保障体系；加大对欠发达地区政法经费补助和信访维稳工作投入。

同时，围绕加大强农惠农和财政扶贫力度，出台实施了多项重大民生政策和支农措施，包括：加大财政扶贫开发投入，省财政三年投入7亿元，采取以奖代补、分类帮扶的方式，支持14个欠发达地市“规划到户责任到人”自身对口帮扶工作；统筹整合36项省级财政农口资金支持高寒山区居民移居安居试点工作；省财政一次性安排救灾复产重建资金14.9亿元支持粤西救灾复产重建工作；加大对农村和农民补贴力度，落实种粮直补、农资综合补贴等农业生产资料补贴政策，建立能繁母猪、渔业养殖和政策性农村住房保险补贴制度；省财政安排6.3亿元对全省5814万亩生态公益林给予补偿；安排36.31亿元推进农村饮水安全工程建设，加强农田水利基础设施建设、实施水库移民补助等。2010～2015年，全省还计划安排81.22亿元(其中，省财政54.15亿元)，全面解决贫困农民“住有所居”问题。

四、注重促协调，探索完善省以下财政体制

按照省委、省政府的决策部署，围绕健全、完善公共财政体系的目标，着力创新体制机制，开展了调整、完善分税制财政管理体制、建立县级基本财力保障、探索生态激励型财政机制、实施省直管县财政改革试点等改革。

1. 调整、完善分税制财政管理体制。为进一步规范省和市、县政府间财政分配关系，增强省级财政调控能力，推进基本公共服务均等化和主体功能区建设，在广泛调研、总结、分析、测算和反复征求意见的基础上，按照“存量不变，增量调整、大稳定，小调整”的原则，对分税制财政管理体制进行了调整完善。主要包括两个方面的内容：一是理顺所得税分配关系。改变按企业隶属关系划分企业所得税的做法，除南方电网公司等企业所得税以及中央返还总分机构企业所得税继续作为省级固定收入外，其他企业所得税地方收入部分由省级与市、县按“五五”比例分享。二是调整省级与市、县共享收入比例。营业税（不含各银行总行、各保险总公司集中缴纳的营业税以及省级固定收入营业税）、企业所得税（不含属于中央固定收入和省级固定收入的企业所得税）、个人所得税（含利息所得税）、土地增值税地方收入部分，由省级与市、县按“五五”比例分享，在确保各级政府既得利益的同时，适当提高省级财力集中度。省级集中的财力主要用于加大对欠发达地区转移支付力度，增强其财政保障能力，构建生态补偿机制，为实现区域间全面协调可持续发展创造条件，同时通过制定面向全省的产业发展财政政策，促进产业转型升级，提升珠三角综合竞争力，增强辐射作用，带动粤东西北发展。经省政府常务会议和省委常委会审议通过，2010年12月省政府已正式印发《广东省调整完善分税制财政管理体制实施方案》。

2. 建立县以下政权基本财力保障机制。在调整完善分税制财政管理体制、适当增强省级财力的基础上，按照“导向清晰、目标明确，明确主体、隔层负责，以奖为主、奖补结合，稳定规范、分类保障”的基本原则，通过“省保县、市保镇、县保村”的隔层保障形式，确保县（市）、镇（乡）和村级基本支出需要。具体包括三部分：一是县级基本财力保障机制。对财力困难县（市），采取省规范化转移、市积极支持、县自身努力的方式，建立县级基本财力保障制度，确保基层政府实施公共管理、提供基本公共服务以及落实各项民生政策的基本财力需要。二是镇级基本财力保障机制。对财力困难镇，实行省专项补助、市统筹等办法予以保障，省建立市对镇（乡）补助考核机制，确保镇级运转的基本财力需要。三是村级基本财力保障机制。对贫困村，采取省市补助、县统筹的办法，建立村级工作经费保障制度，确保村级运转的基本财力需要。2010年12月，报经省政府批准，省财政厅印发《关于建立县以下政权基本财力保障机制的意见》。按照财政部核定的县级基本财力保障范围和保障标准，广东省共有53个县（市）存在县级基本财力保障缺口，缺口总额达147亿元。对此，省财政将通过新增安排县级基本财力保障资金、新增一般性转移支付资金、新增教育、卫生、社保等专项转移支付资金、县（市）自身财力增长以及财政部安排广东省的县级基本财力保障奖励资金等途径，在三年内基本消化县级

基本财力保障缺口。

3. 稳步推进省直管县财政改革。按照“核定基数，确保既得利益；科学规范，管理有序；积极稳妥，循序渐进；协调推进，共同发展”的基本原则，在省级加大对所有县（市）直接管理力度的前提下，对既属财政部规定试点范围的粮食、油料、生猪生产大县，又属于广东省主体功能区规划中的生态发展区域的县（市）实行完全意义的省直管县财政体制，在政府间财政收支划分、转移支付、资金往来、预决算、年终结算等五个方面实现省财政与县财政的直接联系，探索建立符合广东省实际的省直管县财政体制模式。主要目标是通过省直管县财政改革，逐步减少财政层级，实现扁平化管理，进一步理顺省以下政府间财政分配关系，增强基层财政保障财力。2010 年 7 月，省政府办公厅以《关于开展省直管县财政改革试点的通知》将改革方案印发执行，从 2010 年 10 月 1 日起，选择兴宁、南雄、紫金和封开 4 个符合条件的县（市）开展省直管县财政改革试点工作。同时，为配合顺德区行政管理体制综合改革，从 2010 年 7 月 1 日起对顺德区实行省直管县财政体制，各项改革试点工作顺利有序推进。

4. 探索建立生态激励和生态补偿相结合的财政机制。为有效落实主体功能区规划，支持生态地区实现良性发展，结合原激励型财政机制，以促进生态发展为导向，探索建立生态激励和生态补助相结合的生态激励型财政机制，对广东省主体功能区规划确定的生态发展区域，在对其加大一般性转移支付力度、提高基本保障能力的基础上，引入生态发展激励机制，建立一套共 17 项涉及多个部门的生态环境衡量指标体系，在此基础上进行综合评分，将省财政一般性转移支付与县域生态环境改善成果挂钩。生态县一般性转移支付包括两部分：一是基础增长转移支付，确保生态县运转的基本财力需要，比非生态县（不含扶贫开发重点县）高 2%，作为对生态地区的补偿，只要生态县综合评分不下降，即可获得此项转移支付。二是激励机制转移支付，鼓励生态县加强生态保护和建设，落实生态发展目标，生态保护和建设越好，综合评分就越高，所得转移支付越多。而对主体功能区规划的非生态发展区域则继续实施原激励型财政机制，鼓励地方加快发展，通过经济发展增强自身财政保障能力。2010 年年初，省府办公厅已正式下发《转发省财政厅关于调整完善激励型财政机制意见的通知》，待广东省主体功能区规划颁布实施后，将正式启动生态激励型财政机制工作。

五、注重推改革，积极推动财政科学化精细化管理

坚持公共财政改革方向，继续深化各项支出管理改革，完善公共财政管理体系。在部门预算方面，进一步完善省级部门预算项目编制体系，提高预算执行时效性和均衡性，认真做好省级预算公开工作。在国库集中支付改革方面，将省级所有财政支出、预拨资金、部分省对下级专项补助资金纳入集中支付范围，逐步扩大省对下级专项补助资金国库集中支付规模；推进财政支出管理电子平台建设；推进省级财务核算信息集中监管改革，省一级预算单位 100% 纳入改革范围；推进公务卡结算改革，21 个地级以上市本级全面启动改革试点；积极开展财政国库动态监控改革。在政府采购方面，在全国率先出台地方性法规，从 2010 年 3 月 1 日起实施《广东省实施〈政府采购法〉办法》；抓好广东省自主创新产品政府采购政策落实；继续推进电子化政府采购。在“收支两条线”管理方面，加强非税收入征管，推进非税收入征管电子信息化建设。在绩效评价改革方面，起草基本公共服务均等化绩效考评办法；完善部门预算专项支出目标审核工作机制。在资产管理方面，加大资产收益监管力度，规范各单位资产配置行为；加快推进行政事业资产统计报告和资产管理信息系统建设。在财政监督方面，强化省级财政资金垂直监督；拓宽会计信息质量检查范围和内容，探索建立会计师事务所监管新机制；深入开展“小金库”专项治理工作；开展国有资本经营预算试编制工作，不断提高预算编制完整性和科学化水平；进一步完善竞争性财政分配机制，以竞争性方式分配省级财政专项资金 24 项，分配的资金量超过 100 亿元。圆满完成第一批战略性新兴产业发展专项资金省财政安排部分 5.8 亿元竞争性招投标活动。

同时，更加重视财政“两基”建设工作，迅速制定出台了广东省《关于加强财政基础工作和基层建设　推进财政科学化精细化管理的实施意见》，深入推进细化预算编制、加快“金财工程”建设、开展预算会计权责发生制改革试点等各项管理基础工作。积极采取措施，通过实行预算支出分类管理、建立支出进度任务分解机制、落实全省预算执行通报制度和省级支出拨款进度通报制度、加强结余结转资金管理等，多管齐下加快预算支出执行进度，取得了积极的成效。据统计，2010 年上半年全省一般预算预算支出进度达 45.6%，高于全国地方平均水平 6.3%，至 11 月底达 87.3%，比 2009 年同期提高 8.3%，高于全国 3.6%。为加强对基层财政工作的指导，强化基层财政资金监管职能，组织开展了第一批乡镇财政干部培训，提高基层干部政策水平和业务能力，取得了很好的效果。

六、注重强队伍，进一步增强广东财政软实力

坚持业务与党建、机关建设与财政文化建设“两手抓”、双促进，使财政软实力提升至一个新的水平，为财政工作提供了重要保障。一方面，把加强机关干部队伍建设作为推动各项工作落实的重要保障，完善干部选拔任用机制，为优秀人才脱颖而出创造条件。推进学习型、服务型、创新型机关建设及以“务实、高效、创新、廉洁、和谐”为核心的广东财政文化建设，增强了干部队伍的凝聚力和向心力。另一方面，坚持以改革创新精神抓党建，积极探索机关党建工作的新路子。按照中央和省委的部署，省财政厅以“八个一”活动为载体，充分凝聚广大党员干部的智慧和力量，扎实推进创先争优活动，大力倡导立足本职岗位、争创一流佳绩，弘扬爱岗敬业、踏实肯干、勇挑重担、乐于奉献、敢于创新等优良作风，成效明显，全省财政系统创先争优活动呈现出内容丰富、措施扎实，特色鲜

明、亮点纷呈的生动局面，中组部部长李源潮和汪洋书记、朱小丹常务副省长、李玉妹部长等中央和省领导同志对省财政厅创先争优活动分别作出重要批示，予以充分肯定。

（办公室供稿，李萌执笔）

财政法制税政工作概述

2010年，财政法制税政工作以创先争优活动为抓手，认真贯彻落实《全面推进依法行政实施纲要》与全面推进财政科学化精细化管理的总体要求，继续加强财政法制建设，强化地方税政管理，认真履行工作职责，较好完成了各项工作任务。

一、财政法制建设取得新进展

（一）积极参与省人大、省政府的立法工作，反映财政部门工作意见

对省人大、省法制办转来省财政厅征求意见的《中华人民共和国车船税法》、《中华人民共和国政府采购实施条例》、《国家赔偿费用条例》等近70件法律、法规、规章征求意见稿，及时进行研究，结合财政工作实际提出立法意见。

（二）加快地方财政立法，推进依法行政依法理财

1. 审核提交了相关地方财政法规草案。按照年度工作计划开展了《自主创新产品政府采购管理办法》、《供应商申请复审处理办法》、《广东省实施〈中华人民共和国车船税暂行条例〉办法》、《广东省农村集体经济组织财务管理办法》的相关立法工作。

2. 研究提出省财政厅2011年立法计划。提请省法制办将《广东省农村集体经济审计条例》列入地方性法规修订项目，将《广东省行政事业单位国有资产管理暂行办法》、《广东省财政支出绩效评价管理办法》、《广东省农村集体经济组织财务管理办法》列入省政府2011年规章计划项目的新制订项目。

3. 开展省政府规章清理工作。按照《广东省人民政府规章及规范性文件清理工作方案》要求，对涉及财政业务的17件政府规章进行了清理。对《广东省价格调节基金管理规定》、《广东省航道养护费征收和使用办法》提出拟废止的修订意见；对《广东省实施〈水利建设基金筹集和使用管理暂行办法〉细则》提出拟宣布失效的意见；对《广东省耕地占用税征收管理办法》、《广东省林业基金管理办法》等14件政府规章提出拟修订的意见。

4. 加强省财政厅规范性文件的管理。对《关于价格调节基金征收使用管理暂行办法》、《广东省义务植树绿化费征收使用管理办法》、《广东省省属金融企业负责人薪酬审核管理办法》等规范性文件草拟稿，严格按规定从确保内容合法和技术规范的角度进行审核，并按程序报省法制办审查。

（三）狠抓执法监督，提高执法水平

1. 梳理财政执法职权，明确执法责任。按照省法制办《关于开展行政执法职权核准界定公告工作的通知》（粤府法［2010］23号）要求，梳理出法律、行政法规和部门规章、国务院及部门规范性文件、地方性法规、政府规章、省政府及部门规范性文件等107件，列出行政处罚70项、行政许可6项、行政征收3项、行政强制1项、行政裁决2项、其他具体行政行为73项，报省政府审定。

2. 依法办理行政复议案件，妥善化解行政纠纷。2010年，省财政厅收到申请人不服地级市财政部门处理决定提起的行政复议案件7件，决定受理的4件，不予受理3件。对受理的案件，严格按规定进行审理，作出维持的行政复议决定的2件，正在办理2件。发生行政管理相对人不服本厅行政行为向省政府提出行政复议案件1件，按规定及时提出了答复意见。在履行职责过程中，严格依法依规，遵循法定程序，行政执法质量和水平有了明显提高，化解行政纠纷工作上了新台阶。

3. 严格审核财政行政处罚文书，确保执法程序与内容合法合规。2010年，审核行政处罚文书4件，涉及的财政违法行为的领域主要是注册会计师管理。

（四）精心组织财政“五五”普法工作，深入开展法制宣传

1. 以制度建设促普法工作规范化。省财政厅建立、健全了党组中心组学习法律制度、财政法制工作考核制度、干部学法登记制度、新录用公务员和行政执法人员上岗法律知识培训考核制度。

2. 以交流检查促规划落实。省财政厅从各地级以上市财政部门抽调人员组成4个检查组分别对20个地级市开展了验收交流检查，检查组严格通过组织考试、查看档案以及听取汇报等方式进行了检查，并对被查单位出具了检查报告。

3. 以“回头看”推薄弱地区。针对检查中发现的部分薄弱地区部署了“回头看”工作，要求有关地区按照检查组反馈的意见及时抓好整改，完善档案资料和汇报总结材料等。

4. 以扎实工作顺利通过验收。2010年7月，省“五五”普法验收检查组到省财政厅检查普法工作，在听取汇报和了解有关情况后认为省财政厅普法工作走在省直单位的前列。2010年11月3日，由财政部条法司祝向文副司长带队的财政“五五”普法验收检查组对广东省“五五”法制宣传教育工作进行考核验收，并予以高度评价。

5. 以宣传培训促工作水平提高。继续开展“12.4”全国法制宣传日暨法治广东宣传周活动。2010年12月中旬，举行了财政法制暨行政复议与应诉工作培训班，提高了全省财政系统干部依法行政依法理财水平。

（五）召开全省财政依法行政依法理财工作会议，明确法治财政建设方向

2010年12月30日，全省财政系统依法行政依法理财工作会议在广州召开。省财政厅党组书记、厅长曾志权出

席会议并作讲话。曾志权厅长总结回顾了国务院《全面推进依法行政实施纲要》和财政部《财政部门全面推进依法行政依法理财实施意见》发布以来全省财政部门在依法行政依法理财方面的工作情况，分析了当前财政依法行政依法理财工作面临的新形势，提出了推进全省财政部门依法行政依法理财工作的主要任务，为建设法治财政指明了方向。

（六）加强法制服务工作，发挥参谋助手作用

1. 积极化解经济纠纷案件。一是省财政厅因与中国信达资产管理公司广州办事处（以下简称“信达公司”）借款合同纠纷一案，不服广州市中级人民法院《民事判决书》［（2008）穗中法民二终字第621号］的判决，获省高院立案再审。经过与有关部门的反复沟通协商，2010年1月省高院《民事判决书》（2009）粤高法民二提字第7号作出判决：撤销广州市中级人民法院（2008）穗中法民二终字第621号民事判决，维持越秀区人民法院（2007）越法民二初字第1212号民事判决。省财政厅意见得到省高院支持。二是办理广东华审造价工程师事务所有限公司不服省财政厅粤财采决［2010］1号政府采购投诉处理决定书提请的行政诉讼案。经过庭审，广州市越秀区人民法院作出驳回广东华审造价工程师事务所有限公司关于撤销粤财采购决［2010］1号政府采购投诉处理决定书的诉讼请求。三是办理上海东方教具有限公司不服省财政厅粤财采购决［2009］14号政府采购投诉处理决定提起的行政诉讼案。经广州市越秀区人民法院调解，省财政厅与上海东方教具有限公司达成和解协议。

2. 开展聘请常年法律顾问调研。为使财政管理工作高效运行并减少失误，做到科学决策、民主决策和依法决策，省财政厅就聘请常年法律顾问问题开展了专题调研，草拟了《广东省财政厅聘请常年法律顾问管理办法》。

3. 开展破产债权追收工作。及时跟进并做好对中关村证券、汉唐证券、广东证券破产形成的债权进行的确认、表决和追收工作。

二、地方税政管理迈上新台阶

（一）贯彻落实国家税收政策，促进广东省经济社会健康发展

1. 及时联合有关部门转发国家税收政策近60件，并在赋予的税收管理权限范围内，结合广东省实际情况对部分文件加具贯彻实施意见。

2. 做好再生资源增值税的先征后退复审工作。按照省财政厅和财政部驻广东省财政监察专员办事处联合制定的《关于做好再生资源增值税先征后退工作的通知》和《关于明确再生资源增值税先征后退有关问题的通知》，2010年，对833户企业的再生资源增值税先征后退申请进行了复审，涉及审核增值税应退税金额约9.2亿元。

3. 做好广东省公益性捐赠税前扣除资格审核工作。会同省国税局、省地税局和省民政厅对基金会、公益性社会团体的捐赠税前扣除资格进行审核确认，公布广东省第二批59家具备捐赠税前扣除资格的公益性社会团体名单。

4. 做好广东省支持和促进就业有关税收政策落实工作。提出对广东省相关企业依次扣减营业税、城市维护建设税、教育费附加和企业所得税的定额标准建议为每人每年4 800元。

5. 做好广东省商品储备管理公司及其直属库享受有关税收政策落实工作。全省财政、税务部门会同有关部门通力合作，按照规定，整理出《全省商品储备管理公司及其直属库名单》报请省人民政府批准后发布。

6. 做好广东省非营利组织免税资格认定管理工作。按照规定审核公布广东省2010年共两批具备非营利组织免税资格的确认名单共480家。

7. 做好转制文化企业名单及认定管理工作，按照要求发布省属文化体制改革试点单位名单。

8. 做好技术先进型服务企业有关税收政策落实工作，经审查推荐、专家评审、公示、备案等程序，公布友邦资讯科技（广州）有限公司等17家的广东省技术先进型服务企业名单。

9. 落实新的《营业税暂行条例》及其实施细则，继续做好营业税税率调整工作。

10. 落实《城镇土地使用税暂行条例》及其实施细则，做好城镇土地使用税税额调整。

（二）开展税政调研工作，服务科学决策

1. 开展2010年度全省企业所得税税源调查，完成调查企业5 200户。

2. 开展2010年度重点产品国际竞争力调查工作，共对535户企业进行了重点产品国际竞争力调查。

3. 开展税政专题调研。先后就资源税收入基本情况及有关意见和建议、广东省稀土矿资源税有关情况、个体工商户营业税简要情况、税式支出测算、广东省各市地税局土地增值税预征率情况、广东省酒类行业的税赋情况、横琴岛澳门大学新校区建设期间税收有关问题、税收制度改革专题调研、促进经济结构调整和发展方式转变、广东省税收分析及税收预测、企业所得税优惠政策执行存在问题及建议、促进经济结构调整和发展方式转变的地方税改革建议、车船税法的意见和建议。

4. 对电子及通讯设备制造业开展重点产品国际竞争力调研，并向财政部递交了分析报告。

5. 开展2010年关税调整方案意见征集工作。广泛听取了企业对先行关税税收政策的意见并收集其税目税率调整建议，经审核和筛选后，向财政部提出增列税目建议1条、调整进（出）口暂定税率建议17条。

（法规税政处供稿，潘敏执笔）

财政预算编制工作与财政体制概述

编制2010年省级财政预算总的指导思想是：以邓小平理论和“三个代表”重要思想为指导，深入贯彻落实科学

发展观，全面贯彻党的十七大、十七届四中全会、中央经济工作会议和省第十次党代会、省委十届五次、六次全会精神，贯彻落实中央扩大内需政策，加快转变经济发展方式，紧密围绕“三促进一保持”中心工作，坚持解放思想、改革创新，继续实施积极的财政政策，着力扩大国内需求，促进经济平稳较快发展；坚持增收节支、统筹兼顾、留有余地的方针，大力压减一般性财政支出，调整优化财政支出结构，加大教育、卫生、社保、“三农”等重点支出投入，着力推进基本公共服务均等化；进一步深化财税制度改革，加快形成有利于科学发展的财政体制机制，着力提高财政科学化、精细化管理水平。

一、2010 年全省一般预算安排

1. 根据上述指导思想，按照《国务院关于编制 2010 年中央预算和地方预算的通知》关于“收入预算编制要坚持实事求是、积极稳妥、留有余地，与 2010 年国内生产总值等经济社会增长指标相适应”、“提高收入预算编制的科学性和准确性”的要求，结合 2010 年中央宏观调控政策及广东省国内生产总值增长预期，并综合考虑广东省物价水平等因素，2010 年全省一般预算收入拟按可比增长 9% 安排，2010 年全省一般预算收入安排 3 890 亿元，人均收入 4 076 元，比 2009 年增加 399 元。主要项目安排情况如下：

（1）增值税 25% 部分 609 亿元，比 2009 年快报数增长 4.95%。

（2）营业税 1 165 亿元，比 2009 年快报数增长 8.54%。

（3）企业所得税 549 亿元，比 2009 年快报数增长 5.02%。

（4）个人所得税 251 亿元，与 2009 年快报数增长 5.02%。

（5）城市维护建设税 121.3 亿元，比 2009 年快报数增长 6.49%。

（6）房产税 116.1 亿元，比 2009 年快报数增长 8.46%。

（7）城镇土地使用税 100 亿元，比 2009 年快报数增长 7.10%。

（8）土地增值税 116 亿元，比 2009 年快报数下降 7.51%。

（9）契税 188 亿元，比 2009 年快报数增长 7.19%。

（10）行政事业性收费收入 175 亿元，比 2009 年快报数增长 6.86%。

2. 全省一般预算收入加上中央税收返还及各项补助款，减除各项上解中央款项后，全省一般预算支出计划相应安排 4 695 亿元，比 2009 年预算增长 14%，人均支出4 919元，比 2009 年增加 602 元。主要支出项目的安排情况是：

（1）教育 862 亿元，比 2009 年快报数增长 13.17%。

（2）科学技术 170.5 亿元，比 2009 年快报数增长 12.10%。

（3）文化体育与传媒 96 亿元，比 2009 年快报数增长 10.12%。

（4）社会保障和就业 449 亿元，比 2009 年快报数增长 13.20%。

（5）医疗卫生 264 亿元，比 2009 年快报数增长 13.34%。

（6）环境保护 89.7 亿元，比 2009 年快报数增长 12.00%。

（7）城乡社区事务 300 亿元，比 2009 年快报数增长 8.67%。

（8）农林水事务 298 亿元，比 2009 年快报数增长 12.19%。

（9）交通运输 242 亿元，比 2009 年快报数增长 10.48%。

（10）粮油物资储备管理等事务 82 亿元，比 2009 年快报数增长 3.03%。

二、2010 年省级一般预算草案

（一）2010 年省级预算安排的基本原则和政策

2010 年，省级预算编制按照收入安排坚持科学稳妥、实事求是，支出安排坚持量财办事、适度从紧，集中财力确保省委、省政府重大决策的落实。根据 2010 年中央和省经济财政政策取向，以及省委、省政府确定的经济社会发展战略目标，编制 2010 年省级预算安排的基本原则是：

1. 审慎稳妥，合理安排预算收支，量入为出，量力而行，统筹兼顾，确保收支平衡，略有结余。

2. 应征尽收，加强收入征管工作，实现省级财政收入增长与全省国内生产总值、物价水平以及全省财政收入的增长相适应。

3. 厉行节约，大力压减一般性支出，2010 年省级除“保增长、保民生、保稳定”之外的一般性财政支出原则上要比 2009 年度压减 5%。

4. 集中财力，确保重点支出需要，坚持调整优化财政支出结构，集中财力确保贯彻落实中央扩大内需政策和广东省“三促进一保持”工作的资金需求。

5. 科学调控，推动经济平稳较快发展，继续实施积极的财政政策，扩大政府公共投资，加快推进重点项目建设。

6. 改善民生，推进基本公共服务均等化，着力改善公共教育、公共卫生、公共文化、公共交通、社会保障、住房保障、就业保障和医疗保障等基本公共服务。

7. 加大投入，推进农村改革和发展，增加农民收入、增进农民福祉，不断扩大公共财政覆盖农村的范围。

8. 保障运转，提高公共服务管理水平。保障政权机关正常运转，提高公共管理和公共服务水平。

9. 统筹兼顾，进一步深化财政体制改革，着力调整和完善转移支付制度和财政运行机制，推进区域协调发展。

10. 改革创新，推进财政科学化、精细化管理，加强统筹安排和协调配合，不断深化公共财政改革，努力提高财政管理的科学化、精细化水平。

（二）2010 年省级财政收入安排

根据以上安排政策及原则，2010 年省级一般预算收入拟在 2009 年完成的基础上，考虑剔除一次性不可比因素 28 亿元后按增长 8.5% 安排。2010 年省级财政总收入计划安排1 566.68亿元，其中：省本级一般预算收入758亿元，可比增长8.5%；中央补助收入624.18亿元（含中央提前下达转移支付预计数88.7亿元）；各市上解收入155.26亿元；动用以前年度预算稳定调节金25亿元。2009年结余4.24亿元。

（三）2010年省级财政支出安排

根据2010年省级收入安排情况，2010年省级财政总支出计划安排1 564.25亿元。其中，用于促进经济发展和产业结构调整的支出为83.82亿元，占5.36%；均衡区域公共服务水平、帮助市、县增强发展后劲的支出为662.56亿元，占42.36%；用于改善民生、提供公共服务的支出为539.78亿元，占34.51%；用于建立应急预警机制、防范风险的支出为37.27亿元，占2.38%；用于维持省级政权运转的支出为142.84亿元，占9.13%；上解中央的支出为97.98亿元，占6.26%。省级财政支出结构体现了保障公共服务、保障民生支出、保障经济发展、保障区域均衡的支出要求。

根据以上2010年省级财政预算收支安排，收支相抵，净结余2.43亿元。

（四）2010年省级财政重点支出保障和主要项目安排情况

2010年省级支出安排重点突出，法律法规要求保障的重点支出投入均增长10%以上，其中，社会保障、教育、医疗、科技、农业等投入增长12%以上。重点支出保障及主要项目安排情况如下：

1. 贯彻落实中央扩大内需政策和“三保持一促进”中心工作，充分发挥财政在稳增长、调结构、促发展中的积极作用。支持加快转变经济发展方式，加大经济结构调整力度，把保持经济平稳较快发展和加快经济发展方式转变有机统一起来，在发展中促转变，在转变中谋发展。一是狠抓重大项目建设，促进投资稳定合理增长。二是深入扩大内需，增强经济增长内生动力。三是加快建设现代产业体系和培育战略性新兴产业，推动产业结构调整优化升级。四是进一步推动自主创新，增强经济核心竞争力。2010年，安排科学技术投入24.23亿元，按可比口径计算比2009年增长15%。五是力促外经贸稳定增长，提升对外开放水平。

2. 将改善民生作为稳增长促发展的出发点和落脚点，稳步实施基本公共服务均等化规划，努力促进社会和谐稳定。突出财政政策实施重点，加大对民生领域和社会事业支持保障力度，把改善民生、发展社会事业作为扩大内需、调整经济结构的重点，坚定不移加以推进。一是加快推进教育事业发展，提高全民教育素质。2010年安排教育投入134.28亿元，按可比口径计算比2009年增长12.62%。二是加快推进公共卫生事业，深化医药卫生体制改革。2010年安排医疗卫生投入74.99亿元，按可比口径计算比2009年增长14.92%。三是加快推进社会保障事业，建立完善覆盖城乡的社会保障体系。2010年安排社会保障投入68.01亿元，按可比口径计算比2009年增长14.76%。四是加快推进公共就业服务建设，建设完善覆盖城乡的基本公共就业服务体系。五是加快推进文化事业和文化产业发展，提高公共文化服务水平。六是加快推进住房保障体系建设，逐步解决和改善中低收入群体的住房问题。

3. 夯实“三农”发展基础，扩大公共财政覆盖农村范围，建设社会主义新农村。一是支持农业发展，提高涉农补贴。二是支持国家粮食安全体系建设。三是加快发展海洋经济和建设现代渔业。四是支持加大林业生态保护力度。五是支持农村水利基础设施建设。六是支持农村基层组织运转保障。2010年安排农业投入76.76亿元，按可比口径计算比2009年增长15.47%。

4. 支持宜居广东建设，推进生态文明建设工程，构建资源节约型、环境友好型社会。大力支持节能减排工作，加快高效节能产品推广、可再生能源利用、重点节能减排工程建设，安排节能减排和可再生能源专项资金1亿元、经贸口节能专项2亿元；加快淘汰落后生产能力，坚决遏制高耗能、高排放行业过快增长，安排淘汰落后钢铁产能补助0.1亿元；营造优质洁净的人居环境，加强生态保护和环境治理，支持发展环保产业、循环经济和绿色经济，安排污水处理厂建设专项补助3亿元、省环境保护专项资金0.65亿元、环保能力建设经费0.47亿元、省珠江水质保护专项资金0.4亿元、省治污保洁专项资金0.4亿元、环保专项资金0.29亿元、东深水质保护经费0.23亿元、固体垃圾处理专项0.2亿元、东江上中游水质保护经费0.18亿元。2010年安排环境保护投入9.05亿元，按可比口径计算比2009年增长11.30%。

5. 支持强化政府公共服务职能和应急处置能力，提高社会管理水平。保障政权机关正常运转，安排省级党政机关、公检法部门运转及建设经费142.84亿元，支持预防和妥善处理各类群体性事件，提高公共管理和公共服务水平。完善公共安全应急体系，提高政府应急处置能力，安排防范化解金融风险准备金7亿元、预备费7亿元、自然灾害生活救助0.4亿元、特大“三防”经费0.1亿元、动物重大疫病防控经费1亿元、农业救灾复产专项资金0.4亿元、林业防灾减灾专项资金0.2亿元、应急专项资金0.2亿元、安全生产专项资金0.8亿元、地质灾害防治专项资金0.5亿元等。支持公共安全应急体系建设，提高政府处置突发公共事件能力，安排省应急平台（一期工程）建设资金1.01亿元。按照中央司法体制改革精神，建立“明确责任、分类负担、收支脱钩、全额保障”的政法经费保障体制，新增安排政法转移支付省级配套资金2亿元。

6. 深化财政体制改革，加快推动区域协调发展，实现区域间基本公共服务供给适度均等。在保持分税分成财政体制框架相对稳定的基础上深化广东省财政体制改革，坚持有利于促进基本公共服务均等化和主体功能区建设、先富帮后富、兼顾效率与公平、整体设计与逐步推进相结合的原则，着力调整和完善转移支付制度和财政运行机制，实施生态激励型财政体制，探索建立横向财政转移支付机制，积极推进省直管县财政改革试点，建立健全县以下政权基本财力保障机制，努力推进区域协调发展。2010 年，共安排对市、县的各项财力性及专项性转移支付补助 728.27 亿元，包括，安排均衡性转移支付及调资补助 175.39 亿元，增强市、县基本公共服务保障能力；安排增值税、消费税、所得税以及成品油价格和税费改革等税收返还支出 337.47 亿元，实现财政体制平稳运行；安排农村税费改革补助支出 26.88 亿元、县级基本财力保障机制奖补资金 3.43 亿元，帮助基层维持正常运转。

三、财政体制概述

为进一步规范省以下政府间分配关系，完善分税制财政管理体制，推进基本公共服务均等化和落实主体功能区规划，促进区域协调发展，省委、省政府决定对省以下分税制进行调整完善，并从 2011 年 1 月 1 日起实施新的省以下分税制财政管理体制。

（一）指导思想与基本原则

1. 指导思想。深入贯彻落实科学发展观，以推进基本公共服务均等化和促进区域协调发展为出发点，合理调整省以下各级财政收入划分范围，进一步促进形成省级与市县财政收入同步增长机制，适当增加省级财力，增强省级对经济社会发展的调控能力，为促进区域协调发展，推进基本公共服务均等化，实现全面协调可持续发展创造条件。

2. 基本原则。

（1）统筹协调，调动多方积极性。统筹考虑各区域发展需要和各级政府职能，充分调动市县发展经济、增收节支的积极性，促进经济发展和财政收入协调增长。

（2）总体稳定，适度调整。坚持分税制总体框架，充分考虑各级政府的利益分配格局，按照“存量不变，增量调整”方式，适度调整增量，确保各级政府既得利益。

（3）集中投向，促进发展。省级因体制调整集中的财力，主要用于支持欠发达地区加快发展、缩小差距，同时制定面向全省的产业发展财政政策，促进珠三角地区提升综合竞争力，带动粤东西北地区发展。

（4）政策统一，确保公平。坚持全省一盘棋、一个政策，不对个别地方、个别行业或个别企业的特殊问题开口子，不区别对待，确保财政体制统一规范。

（二）调整的主要内容

1. 理顺所得税分配。除广东电网公司、广东粤电集团、中国南方电网公司、广东移动公司、中国电信公司和广东中烟工业公司企业所得税，以及中央返还总分机构企业所得税继续作为省级固定收入外，其他所得税地方收入部分均由省级与市县按“五五”比例分享。

理顺所得税分配后，相应取消中央下划企业所得税和利息所得税超基数增量分配办法；广东中烟工业公司企业所得税继续按照省财政厅《关于印发〈广东卷烟工业企业税收分配方案〉的通知》执行；省内跨市总分机构企业所得税继续按照省财政厅等部门《关于印发〈跨市总分机构企业所得税分配及预算管理实施办法〉的通知》执行。

2. 调整省级与市县共享收入比例。营业税、企业所得税、个人所得税、土地增值税地方收入部分，省级与市县分享比例由“四六”调整为“五五”。

对今后国家新开征税种或财税政策调整涉及省级与市、县财政收入划分的，另行研究确定分配办法。各级非税收入划分方式及分享比例按现行非税收入办法执行。

（三）调整后各级财政收入划分

按照省政府《印发〈广东省分税制财政管理体制实施方案〉的通知》和《转发国务院关于印发所得税收入分享改革方案的通知》有关规定，调整后各级财政收入具体划分如下：

省级固定收入：地方铁路（三茂铁路总公司、广梅汕铁路总公司）和南方航空运输营业税，金融保险业营业税（不含各银行总行、各保险总公司集中缴纳的营业税）；电力增值税《印发〈广东省分税制财政管理体制实施方案〉的通知》；广东电网公司、广东粤电集团、中国南方电网公司、广东移动公司、中国电信公司和广东中烟工业公司企业所得税，以及中央返还总分机构企业所得税；消费税、增值税增量中央 1∶0.3 系数返还部分。

市、县固定收入：增值税（不含电力增值税），房产税，车船税，资源税（不含海洋石油资源税），印花税（不含证券交易印花税），城镇土地使用税，耕地占用税，契税，城市维护建设税，烟叶税。

省级与市、县共享收入：营业税（不含各银行总行、各保险总公司集中缴纳的营业税以及属于省级固定收入部分），企业所得税（不含属于中央固定收入及省级固定收入部分），个人所得税（含利息所得税），土地增值税。

（预算处供稿，李秋萍　姚露　冯宝璇　刘木兰　黄瀛　李纪桦　严宏宇执笔）

地方财政工作概述

2010 年，全省各级财政部门坚持“生财有道、聚财有方、用财有规”和集中财力办大事的理财理念，坚决贯彻、落实省委、省政府各项战略部署，财政收支稳步增长，结构不断优化，有力保障了全省经济社会又好又快发展；省以下财政体制机制改革实现突破，各级政府财力与事权进一步匹配，全省基本公共服务均等化稳步推进；财政基层建设不断加强，县乡财政职能充分发挥，财政管理科学化、精细化水平切实提高。

一、着力促进各级财政收入稳步协调增长，加大财政转移支付力度推进基本公共服务均等化

根据省委、省政府的决策部署，全省各级财政部门沉着应对后金融危机时代的复杂局面，多措并举狠抓收入，彻底扭转了国际金融危机爆发以来财政收入低增长、负增长的局面。2010 年，全省财政收入保持平稳较快增长，一

般预算收入完成4 517.04万元，比2009年增长23.7%，为全省经济社会发展提供了有力保障。与此同时，各级次、各区域财政收入协调增长，欠发达地区经济财政实力逐步增强，县域财政收入大幅增加，基层政府提供基本公共服务的水平明显提高。分级次看，省级、地市级、县区级一般预算收入分别增长18.8%、26.8%、22.9%，占全省一般预算收入的比重分别为19.1%、44.3%、36.6%。分区域看，珠三角九市、东西北地区一般预算收入分别增长24.5%、28.4%。其中，东西北地区增幅超过全省平均水平4.6%，占全省的比重比2009年提高了0.4%。从地级市情况看，全省共有17个地级以上市增速超过全省平均水平，其中清远市收入增幅达到45.47%，实现连续七年增速全省第一，总量排名比2009年提升了两位，仅次于珠三角9市。从县（市）情况看，全省67个县（市）县均一般预算收入为5.73亿元，县均比2009年增加1.3亿元，增幅30.2%。一般预算收入超亿元的县（市）共66个，其中超10亿元县（市）达11个。从人均情况看，2010年人均可支配财力（按财政供养人口计算，下同）达11.42万元/人，比2009年增加1.82万元/人，增幅19.0%。其中，67个县（市）人均可支配财力4.52万元/人，增幅超过全省水平0.9个百分点。

为缩小地区间财力差距，加快推进基本公共服务均等化，省财政继续按照“压省级，保地方”的思路，集中财力向欠发达地区倾斜，加大对市、县财政的转移支付力度。2010年，省财政对市、县一般性转移支付和调资专项转移支付补助172.8亿元，比2009年增加14.4亿元；专项补助550.1亿元，比2009年增加121.1亿元。省财政2010年度预算安排的用于改善民生、提供公共服务和均衡区域公共服务水平，帮助市、县增强发展后劲的支出共达1 202亿元，占省级财政总支出的76%。这部分支出通过各种形式转移到市县，为推进全省基本公共服务均等化提供了财力保障。

随着省对市、县转移支付规模的不断扩大，省财政转移支付资金已成为欠发达地区维护政权运转、保障社会事业发展、落实民生政策的重要来源，对保持全省经济社会全面、协调、可持续发展发挥了重要的支撑作用。2010年，省对欠发达地区的转移支付总额与欠发达地区一般预算收入相当，占其一般预算支出的比重为45.46%。其中，省对67个县（市）的补助占其一般预算支出超过50%，省补助占比最高的县（市）达70%。

二、着力完善省以下财政体制机制，促进全省区域均衡协调发展

财政体制是规范政府间财政分配关系的制度规范，也是经济财政均衡发展的重要保障。2010年，省财政厅按照推进主体功能区建设和基本公共服务均等化的要求，在深化省以下财政体制机制改革方面取得了重大突破，逐步建立起财力与事权相匹配、对科学发展起具体导向和激励作用的财政体制机制。

（一）进一步完善省以下财政体制

根据2010年2月8日省委十届第105次常委会议关于进一步完善省以下财政体制的决策精神，在省政府的正确领导下，省财政厅经过总结经验和反复测算，在广泛征求各方面意见的基础上，形成了《完善省以下财政体制改革方案》。方案以促进区域协调发展和推进基本公共服务均等化为出发点，以进一步形成省级与市、县财政收入同步增长机制、增强省级调控能力为主要目标，坚持“存量不变，增量调整”和“大稳定、小调整”原则，在理顺所得税分配关系的基础上，将省级与市、县“四税”分享比例由“四六”调整为“五五”，适当提高省级财力集中度，并将集中的财力主要用于加大对欠发达地区转移支付力度，增强其财政保障能力和构建生态补偿机制上，对推进全省基本公共服务均等化、实现区域间全面协调持续发展奠定了基础、创造了条件。2010年12月7日和17日，省政府常务会议和省委十届第134次常委会审议通过了改革方案，由省政府以《印发广东省调整完善分税制财政管理体制实施方案的通知》印发执行，从2011年1月1日起调整省对市县（不含深圳市）财政体制。

（二）建立县以下政权基本财力保障机制

县域财力薄弱、基层财政困难一直是制约广东均衡协调发展的瓶颈之一。根据省委、省政府的决策部署，2010年，省财政厅拟订了奖励和补助相结合的县以下政权基本财力保障机制方案，建立县级、镇级和村级三个层次的基本财力保障机制。对财力困难县，采取省规范化转移、市积极支持的方式，建立县级基本财力保障制度，确保基层政府实施公共管理、提供基本公共服务以及落实党中央、国务院各项民生政策的基本财力需要；对财力困难镇，实行省专项补助、市统筹等办法予以保障，省建立市对乡镇补助考核机制，确保镇级运转的基本财力需要；对贫困村，采取省市补助、县统筹的办法，建立村级工作经费保障制度，确保村级运转的基本财力需要。其中，县级基本财力保障机制采取奖补结合、分类考核的办法，根据缺口县（市）发展基础条件等具体情况，将缺口县（市）分成两类，实行有区别的奖补办法，充分调动县（市）积极性。预计到2013年可达到财政部关于县级基本财力保障水平将达到6万元/人的目标要求。2010年12月，经报省政府批准，省财政厅以《印发〈关于建立县以下政权基本财力保障机制的意见〉的通知》下发执行。

（三）建立生态激励型财政机制

为促进主体功能区建设，支持生态地区实现良性发展，省财政厅对从2004年起建立实施的激励型财政机制进行了调整完善，探索建立生态激励型财政机制。在保持激励型财政机制总体框架不变的基础上，分区域实行不同导向的激励型财政机制。对广东省主体功能区规划确定的生态发展区域，在加大一般性转移支付力度、提高基本保障能力的基础上，改变现行激励办法，引入生态激励型财政机制。建立一套由17项生态指标组成的生态环境衡量指标体系，作为计算省财政转移支付增长的依据，生态保

护得越好，财政转移支付越多，反之，则相应减少财政转移支付。通过基本增长加生态保护激励相结合的转移支付制度，在保基本运转的基础上增强改善环境的内在动力，进而使生态发展区达到与其他地区基本相当的公共服务能力。对广东省主体功能区规划确定的优化开发区域和重点开发区域继续实施原激励型财政机制，鼓励地方加快发展，通过经济发展增强自身财政保障能力。2010 年年初，省府办公厅以《转发省财政厅关于调整完善激励型财政机制意见的通知》将调整后的激励型财政机制印发各地执行。待广东省主体功能区规划颁布后，将正式实施生态激励型财政机制。

（四）稳步推进省直管县财政改革

根据广东省主体功能区规划建设目标，结合财政部有关要求，2010 年省财政厅制订了省直管县财政体制改革试点方案，分类推进省直管县财政改革。主要思路是：在省级加大对所有县（市）直接管理力度的前提下，对既属财政部规定试点范围的“产粮、产油、生猪生产”大县，又属于广东省主体功能区规划中的生态发展区域的县（市）实行完全意义的省直管县财政体制，在政府间财政收支划分、转移支付、资金往来、预决算、年终结算等五个方面实现省财政与县财政的直接联系，探索建立符合广东实际的省直管县财政体制模式。2010 年 7 月，省府办公厅以《关于开展省直管县财政改革试点的通知》印发了省直管县财政体制改革试点方案，选择南雄市、紫金县、兴宁市和封开县作为试点，从 2010 年 10 月 1 日起开展省直管县财政改革试点工作。同时，为配合做好顺德区行政体制综合改革工作，从 2010 年 7 月 1 日对顺德区实行省直管财政体制。省财政厅通过做好省直管县财政改革试点工作，在增强县级财权与事权完整性、协调性的基础上，进一步增强省级帮扶责任和管理力度，优化县域发展环境，增强县域发展动力，努力构建符合广东实际情况的省直管县财政体制。

（五）探索建立推进基本公共服务均等化横向财政转移支付机制

为促进欠发达地区市、县加快发展，推进广东基本公共服务均等化进程，在省财政继续加大纵向转移支付力度的同时，通过实施横向转移支付方式加以配合。省财政研究制订了推进基本公共服务均等化横向财政转移支付机制方案，主要内容是：在保持现行财政体制基本框架的基础上，纵向转移支付以保障政权运作基本财力需要为主，横向转移支付则以逐步实现基本公共服务均等化为主，吸收并将目前对口支援政策制度化，通过技术手段适当调整，按照先富帮后富、点对点对口帮扶的方式，发达地区帮助欠发达地区提供基本公共服务水平，逐步缩小区域间基本公共服务差距。通过建立稳定、规范的横向财政转移支付机制，与省财政纵向转移支付一起共同推进全省基本公共服务均等化。2010 年年初，省府办公厅以《转发省财政厅关于建立推进基本公共服务均等化横向财政转移支付机制指导意见的通知》将方案印发各地执行。

（六）探索研究跨市共建产业园利益分配机制

以研究制订深汕（尾）特别合作区财政体制方案为突破口，探索跨市共建产业园利益分配机制。对珠三角地区与粤东西北地区各市合作共建的产业转移工业园区，在充分沟通、平衡协调合作共建各方利益的基础上，探索建立科学、合理、规范的利益分配机制，实现各方权利、义务、责任对等，激发并保持合作共建各方的积极性、主动性和创造性，为共建产业园建设奠定制度基础，并将对进一步推进“双转移”工作、创新区域经济合作发展模式提供示范效应和借鉴作用。

三、着力加强财政基层建设，切实提高基层财政管理水平

县、乡基层财政和财政部门内部的基层单位建设，是各级财政组织体系建设的重要组成部分，也是推进财政科学化、精细化管理的基础力量和组织保障。省财政厅通过采取扎实推进基层财政建设工作，采取有效措施完善基层财政职能、推进财政内部基层单位建设、强化财政资金监管，促进基层财政管理水平不断提高。

（一）稳步推进乡镇财政管理方式改革

根据《转发省财政厅关于推进乡镇财政和村级财务管理方式改革试点工作指导意见的通知》规定，从 2008 年起开展乡镇财政管理方式改革试点工作。乡镇财政管理方式改革主要采取“镇财县管”、“财政收支集中管理”和“镇财县统”三种模式。一是镇财县管模式。即在坚持乡镇财政预算管理权、资金所有权和使用权、财务审批权不变的前提下，按照“预算共编、账户统设、集中收付、采购统办、票据统管”的要求，由县财政部门直接管理并监督乡镇财政收支。二是财政收支集中管理模式。即由乡镇财政集中财力、集中支付，将财政供养的行政事业单位账务统一集中到乡镇财政所或财政结算中心，实行集中核算。三是镇财县统模式。即将乡镇财政收支并入县本级预算，实行收支统管。除以上三种模式外，各地也可以结合本地区实际情况，自主探索其他模式的镇（乡）财政管理方式改革。欠发达地区镇（乡）实行以“镇财县管”为主的管理模式，发达地区镇（乡）主要实行“收支集中管理”的模式。截至 2010 年年底，广东省有 1 000 多个镇（乡）开展了镇（乡）财政管理方式改革，其中实行镇财县管的约占 50%，实行收支集中管理的接近 40%，实行镇财县统等其他模式的约 10%。

（二）规范乡镇财政预算管理和加强资金监管

省财政厅按照财政部有关要求，健全乡镇财政职能，发挥乡镇财政监管优势，加强财政管理基础工作。在规范乡镇预算管理方面，通过进一步明确乡镇支出范围、开支标准、支出顺序和财务审批程序，严格控制会议费、招待费、小汽车购置费、电话费等一般性支出。同时积极采取措施，精简乡镇政府机构，压缩财政供养人员，严格控制新债务发生，进一步提高乡镇财政预算的科学性和合理性。在加强乡镇财政资金监管方面，采取了如下措施：一是认

真贯彻传达财政部有关文件精神。转发了《财政部关于印发切实加强乡镇财政资金监管工作的指导意见的通知》，并结合广东实际情况提出贯彻意见；二是建立乡镇财政结算中心，对包括镇属站所在内的部门经费实行集中核算、统一管理。三是县财政加强对镇（乡）财政管理。部分县（如德庆县）实现了县与镇级财政的直接联网，从县财政内网可以直接查阅镇级账务。四是出台了《广东省财政支农专项资金报账制实施办法》，规范中央和省财政补助的支农项目财政资金管理。五是积极推行惠农补贴"一卡通"业务，实现种粮直补、良种补贴、家电下乡、能繁母猪补助等财政惠农补贴资金及时入账。

（三）建立乡镇财政资金信息通达机制

省财政积极采取措施开展建立乡镇财政资金信息通达机制的相关工作。一是对用于乡镇的专项资金进行梳理；二是建立信息通达机制，定岗定人定责，确定专人负责将政策资金信息收集整理并传递到乡镇，将资金拨付文件抄送乡镇财政；三是建立信息反馈渠道，乡镇财政及时上报问题及建议；四是乡镇建立资金监管台账。如肇庆市结合强农惠农资金清理检查，对乡镇的各项专项资金进行梳理；珠海市要求各业务股室设置信息员，专门负责将资金拨付文件抄送镇财政所，确保政策资金信息及时传递到乡镇，并要求各镇财政所设置信息反馈员，及时将乡镇财政的问题和建议上报区局；阳江市各乡镇财政对涉及乡镇的各项财政资金均建立台账管理。

（四）继续实施帮助县（市）解决镇（乡）财政困难的帮扶政策

为帮助缓解县镇（乡）财政困难，加强对县镇（乡）财政的保障，2005年省财政出台了帮助县（市）解决镇（乡）财政困难的帮扶政策，直接对镇（乡）财政予以补助，帮助提高基层政权和基层组织运转的财力保障水平。主要内容：一是对财力薄弱镇（乡）实行补助。2005～2007年，省财政每年安排3亿元，对粤东、粤西和粤北地区市、县及恩平市的财力薄弱镇（乡），按平均每个市、县30万元的标准实行补助，帮助提高财政保障能力。二是鼓励市本级对县（区）镇（乡）实行财力性转移支付。2005～2007年，省财政每年安排1亿元，奖励对所属县（区）镇（乡）实行财力性转移支付的粤东、粤西和粤北地区的市本级。三是对欠发达地区村级干部实行补贴，2005～2009年，省财政每年安排16 744万元，用于安排粤东、粤西和粤北地区14市及恩平市贫困村"两委"干部补贴。帮扶政策实施以来，取得了显著成效。为巩固帮扶成果，2010年，省财政厅报经省人民政府同意，将上述三项项政策延期执行至2012年。

（五）提高乡镇财政干部素质

根据《关于开展乡镇财政干部培训工作的通知》要求，省财政厅制定了《广东省乡镇财政干部培训工作方案》，按照"统筹规划、分级负责、务求实效"的原则，每三年轮训一遍。计划通过三年（2010～2012年）的培训，使全省乡镇财政干部普遍具备基本的乡镇财政管理理论知识和业务操作能力，切实提高乡镇财政干部的综合素质和业务水平，进一步增强乡镇财政干部执行财政政策的水平和解决实际问题的能力。省财政厅于2010年10月举办了第一期全省乡镇财政干部示范性培训班，对县（市）财政局局长及乡镇财政所所长进行种粮直补、家电汽车摩托车下乡政策及补贴资金对付办法，民生社保资金补助政策与管理，财政法规与职业道德等内容的培训，取得了良好成效。同时，根据广东财政改革发展新形势和新要求，继续每三年对所有乡镇财政干部轮训一遍，使乡镇财政干部熟悉国家有关政策，精通财政管理业务，熟练运用信息化手段，进一步做好乡镇财政管理基础工作。

四、着力加强政府融资平台管理，控制财政金融债务风险

2008年下半年以来，为有效应对国际金融危机，广东省积极贯彻落实中央扩大内需、实施积极财政政策的战略部署，制定了"三促进一保持"等政策措施，努力保持全省经济平稳较快发展。为有效解决项目建设资金问题，广东省探索创新财政扶持方式，通过建立政府融资平台公司，多方筹集资金支持各项重点项目建设。为确保融资平台公司健康运营，防范和控制债务风险，2010年，省财政厅按照中央的要求和部署，进一步规范融资平台公司管理，防范财政金融风险，保持经济健康发展和社会稳定。

（一）落实中央文件精神，制订实施方案

2010年6月，国务院印发了《关于加强地方政府融资平台公司管理有关问题的通知》。随后，财政部、发展改革委、人民银行和银监会联合下发了《关于贯彻国务院关于加强地方政府融资平台公司管理有关问题的通知相关事项的通知》，对《关于加强地方政府融资平台公司管理有关问题的通知》相关规定作了进一步细化。省财政厅深刻领会中央政策精神，高度重视加强融资平台公司管理工作，协同有关省直部门及时转发有关政策文件，传达中央关于加强融资平台公司管理的政策精神，要求全省各地必须高度重视加强地方政府融资平台公司管理工作。为加强组织领导，明确工作要求，省财政厅研究拟订了《广东省加强融资平台公司管理工作实施方案》并呈报省政府印发。主要内容包括：一是明确工作任务。要求各级地方政府对截至2010年6月30日前的融资平台公司债务进行清理核实，对存量债务要有效落实债务人偿债责任，对在建项目按不同类型妥善安排后续资金，对融资平台公司分类采取清理规范措施，加强融资行为管理，规范地方政府担保承诺行为，并要求银行金融机构加强融资平台公司信贷管理。二是明确实施步骤。加强融资平台公司管理工作分为三个阶段：清理核实阶段，各级地方政府做好融资平台公司债务清理核实工作，并将清理核实情况报送上级有关部门。规范管理阶段，各级地方政府根据融资平台公司债务清理核实情况，研究提出存量债务和在建项目处理意见，对融资平台公司研究提出分类规范管理措施，规范政府担保承诺行为，并抓紧落实，切实推进加强融资平台公司管理工作。总结

报告阶段，各级地方政府对本地区加强融资平台公司管理工作落实情况进行总结，并向上级政府报告。

（二）采取有效措施，规范融资管理

为防范和化解财政金融风险，省财政根据融资平台公司的实际情况，采取了一系列有效措施加强管理。一是落实偿债责任，防范债务风险。督促融资平台公司按期足额偿还融资债务，根据融资协议的约定，通过设立相应的偿债准备金、预算安排等方式筹措资金，用于还本付息，努力降低债务风险。二是加强融资管理，规范政府担保。建立完善融资平台公司管理制度，加强融资平台公司财务监督，确保融资资金全部落实到项目，开展综合绩效评价，规范公司的运作机制，确保融资平台公司业务正常化、制度化和规范化。规范地方政府担保承诺行为，严格执行《中华人民共和国担保法》等有关法律法规，不以直接或间接形式违规为融资平台公司提供担保。三是完善治理结构，充实资本金。对第四类融资平台公司（承担有稳定经营性收入的公益性项目融资任务，且偿债资金中财政性资金占比低于30%的融资平台公司），进一步完善法人治理结构，充实资本金，改善股权结构，鼓励融资平台公司做大、做强，促进融资平台公司提高效益、稳健经营。四是促进投资主体多元化，探索融资新模式。鼓励和支持符合条件的融资平台公司拓宽融资渠道，除传统的银行贷款方式外，通过吸引民间资本、发行债券、发行信托产品以及利用保险资金等多种市场化方式筹集建设资金，进一步探索建立符合国家政策规定和实际需求的融资新模式。

（地方财政处供稿，李秋萍　姚露　刘华伟　罗睿　陈岚　苏晓鸿　毛俊伟执笔）

国库管理工作概述

2010年，省财政厅国库处（国库支付局）坚决贯彻落实党的十七届五中全会和省委十届六次、七次全会的精神，以科学发展观统揽全局，紧密围绕全省财政中心工作，扎实稳妥地完成了全年的工作任务。

一、着力规范预算执行管理，继续深化国库各项改革

（一）完善机制，深化国库集中支付改革

2010年，广东省继续完善国库集中支付各项管理制度，优化业务流程，改革成果进一步巩固。

1. 改革范围继续扩大。一是改革覆盖面不断扩大。2010年，省、市、县三级累计共17 128个预算单位纳入了国库集中支付改革范围，占全省符合改革条件的预算单位八成以上。二是改革资金量不断扩大。2010年，省、市、县三级及时准确拨付国库集中支付资金共4 373.2亿元。

2. 改革机制继续完善。一是不断优化集中支付业务流程。继续完善财政授权支付“两票合一”运行机制，实现来源同一指标的用款计划合并使用；进一步规范资金拨付方式划分依据，明确财政其他直接支付资金范围，完善基建资金、预拨资金、统发工资等业务办理流程；建立紧急拨款绿色通道，确保紧急救灾资金的及时准确拨付；建立省级部门预算执行进度考评机制，加大预算执行管理力度。二是不断规范预算单位银行账户管理。统一省级预算单位零余额账户和实有资金账户的审批、备案和年检手续。2010年，为765个省级预算单位办理了银行账户年检；进一步明确省级预算单位零余额账户使用范围，规范预算单位零余额账户资金拨付、委托代缴、资金归垫等相关业务流程，提高资金支付效率。三是不断加强代理银行服务质量监督。进一步完善省级财政国库集中支付银行代理业务考评办法，按照“奖优罚劣”原则，重新梳理和规范考评指标，明确工作流程，改进计分标准，完善激励措施。

（二）注重实效，推进财政支出管理电子平台建设

1. 推进国库支付系统建设。一是优化省级国库支付系统功能。坚持省级国库支付系统工作例会制度，协调解决系统问题；完成国库支付系统代理银行实时接口子系统、委托代缴业务新流程、公务卡报销还款新流程等50多项重点需求和系统问题解决的开发；实现与人民银行业务数据交换的全面光纤网络化，提高数据传输效率和安全性；制定并实行《广东省省级国库支付系统服务规范》，进一步加强对软件公司的约束力度，有效保障了国库支付业务的运作和各项改革的顺利推进。二是全面推进县级国库支付系统应用。2010年，全面完成县（区）国库支付系统的实施上线工作，121个行政区县财政部门100%使用国库支付系统管理财政支出；协调软件公司在珠三角、粤东、粤西和粤北建立二级服务中心，做好定期巡检和系统问题、需求的收集反馈工作；召开全省财政支出管理电子平台阶段总结会议进行经验总结、交流心得、部署今后工作，促进县级国库改革不断深化。

2. 推进财务核算信息集中监管系统建设。一是加强省级监管工作力度，实现省一级预算单位100%纳入改革范围的目标。2010年3月，顺利开展第四批试点工作，完成将所有省一级预算单位纳入改革范围的任务。在此基础上，充分利用系统功能重点对预算单位财务状况和预算执行情况进行实时监管、全程跟踪，按月出具监管报告，供领导决策参考，进一步发挥监管信息效用。二是加大对下级财政系统建设的指导力度，市级改革全面铺开。开展检查验收，推动市级改革，2010年，全省20个地级市（不含深圳）共有2 458家试点单位，其中12个地级市实现一级预算单位100%纳入改革范围，财政监管工作的力度有效加强。

（三）规范透明，推行公务卡结算改革

1. 完善流程。在实现省级所有预算单位以及所有地级市（不含深圳）本级全面启动公务卡改革试点的基础上，进一步规范公务卡业务办理流程，健全公务卡报销还款模块功能，实现报销还款全过程在国库支付系统内完成。

2. 加强管理。深入各地市调研，定期跟踪省级和地市

公务卡改革试点情况，并完善省级公务卡改革试点情况定期反馈制度，推进公务卡改革不断深化。截至2010年，省级单位共开办公务卡33 979张，累计持卡公务消费1.18亿元；地级市共有2 607个试点单位累计开卡72 800张，累计持卡公务消费6.24亿元。

（四）强化监管，开展财政国库动态监控改革

2010年3月，省级实现国库动态监控系统的上线运行，通过监管系统与国库动态监控系统的整合，构建了具有广东特色的“财政支出监管大平台”，对财政资金支付的申请、审核、支付、清算及核算的操作流程进行全面跟踪、动态监控，初步形成事前事中有效控制、事后跟踪问效的资金支付使用模式，发挥了动态监控的威慑作用。2010年5月，召开全省动态监控改革动员部署会议，启动了地级市改革。截至2010年底，全省20个地级市（不含深圳）的动态监控系统均已上线运行。

二、着力保障财政资金安全，夯实总预算会计管理基础

（一）以安全规范为目标，不断夯实总预算会计基础工作

1. 抓好基础工作，加强总预算会计管理。2010年，按照“安全、高效、规范”的原则，及时、准确完成各项财政实拨资金的拨付、会计核算和相关报表编制报送等会计基础业务；开展预拨经费、暂存暂付等往来挂账科目的清理和核销，对省级财政预拨经费挂账情况进行全面摸底和清理，建立省级财政预拨经费通报机制；举办全省财政总预算会计培训班，进一步提高相关会计人员的理论水平和实际操作能力；积极配合审计部门开展有关审计工作，印发《关于进一步加强财政审计整改工作的通知》，健全和完善审计整改工作机制；做好政府会计研究工作，配合省预算会计研究会组织该课题研究工作，完成题目为《政府预算会计与财务会计结合方式研究》的课题报告。

2. 抓好安全管理，开展财政资金安全检查。一方面，主动进行自我监督，开展内部稽核工作，从制度建设、岗位设置、业务流程及档案管理等10个方面对国库处（支付局）各组业务工作进行核查，确保资金安全各项制度的落实，强化安全管理责任制，严格按规定执行资金审核、支付、核算等流程，做到内部约束规范有序、自我监督管理环环相扣，相关的做法经省财政厅领导批示在全厅范围内进行推广。另一方面，坚持财政资金安全管理督查制度，抽调部分地级市财政总预算会计人员组成3个督查组对河源、梅州、汕头、汕尾、潮州、中山、珠海等7个地级市及下辖部分县的财政资金安全管理工作进行回访和督查，并及时下发了《关于广东省2010年度地方财政资金安全管理督查情况的通报》，督促各地财政部门针对发现的问题认真整改、落实。

（二）以依法理财为导向，继续健全国库业务管理制度

一是制定《广东省省级财政性资金存放管理办法（暂行）》，全面规范省级财政性资金存放银行选择和评价管理办法，对确保财政资金安全、提高存放银行选择的规范性具有重要意义。二是制定《省财政厅财政性资金银行账户印鉴管理办法》，对预留印鉴的使用范围、要求、保管和更换等进行详细规定，强化财政资金安全基础保障工作。三是制定《广东省省级财政实拨资金拨付管理规程》、《实拨资金拨款单开具流程》、《社保费纳入全国财税库银联网系统征缴后内部资金拨付流程》等多个内部工作规程，规范资金拨付流程，提高资金拨付效率。

（三）以科学精细为要求，推进总预算会计业务创新

一是完成合同动态管理子系统的开发。全面反映风险金借款、预算专项借款、预算外专项借款、地方政府债券、融资平台及其他借款资金的情况。二是积极配合省管县财政体制改革。配合省财政厅各业务处室做好省级财政与省直管县改革试点的会计核算、资金拨付、对账等工作，确保省直管县财政国库管理工作顺利开展。三是研究权责发生制核算改革工作。提出省级财政开展权责发生制改革的工作思路，报经省财政厅办公会议审定，并积极稳妥会同各业务处室拟定省级财政实行部分事项权责发生制的初步方案，提出系统改造的具体需求。四是推进财税库银横向联网工作。按照“先试点，后推开，积极稳妥推进”的原则，2010年9月选取清远、肇庆、汕尾开展社保费纳入全国财税库银横向联网系统收缴的试点工作，并联合省地税局、省人民银行广州分行印发《关于社保费纳入全国财税库银横向联网系统征缴后有关事项的通知》，明确各部门职责，规范社保费纳入系统征缴有关工作。五是积极做好预算外资金纳入预算管理的清理和数据统计等准备工作。六是积极配合财政部做好代理发行2010年广东省地方政府债券、省级财政自主发行政府债券课题调研等工作，并按规定及时做好两期共69亿元债券资金的调拨和会计核算等相关工作。

三、着力提高决策参考信息质量，提高预算执行分析水平

（一）围绕抓收入，做好预算执行分析工作

一是制订并实施《进一步提高预算执行水平工作方案》、《预算执行分析处室分工方案》，采取各项有效措施进一步提高预算执行分析水平；深化和细化与全国和兄弟省市的对比分析，加强对财政收支情况的预测分析；坚持对各市一般预算收支情况、各市、县综合增长率情况的通报制度，为省财政厅领导抓收入做好服务工作。二是开展财政收入征收管理检查工作。积极参与省政府财税联席会议、重点税源企业分析会议、部分市财税收入分析会议等，进一步加强财税部门之间、上下级财政之间的信息沟通联系，配合有关部门抓好财政收入组织工作；牵头组织开展全省财政收入征收管理检查工作，摸清各地财政收入征管现状，发现存在的问题，有效促进各地征收管理工作水平的提高和财税收入的平稳增长。三是认真做好财政运行数

据报汇总报送等基础工作，及时、准确向领导提供第一手财政运行数据，设计完善报送领导的数据手册和相关资料，改进月报报送方式，进一步提高工作效率和工作质量。四是加强与财政部和兄弟省市沟通和联系，积极参与财政部有关预算执行分析工作，了解各地情况，借鉴全国经验，同时围绕热点、难点问题开展专题调研工作，开展了《广东与江苏财税收入对比研究》等调研工作，为预算执行分析准确定位提供参考。2010 年，广东省预算执行分析工作在全国 2009 年预算执行分析工作评比中荣获二等奖。

（二）围绕抓基层，做好资金调度和拨付工作

一是及时跟踪《广东省省级与下级财政往来资金管理暂行办法》（简称《办法》）的实施效果，加强与省财政厅内各处室的沟通，针对新资金调度方式中存在的问题，进一步明确流程要求，加强与基层财政部门的沟通交流，确保办好每一次资金调度和清算工作，较好地保障了各市、县财政正常运转和各项专项业务工作的开展。二是认真开展省直管县财政体制改革试点工作。积极配合省财政厅内有关处室开展改革方案设计、测算工作，深入基层调查研究，广泛征求各级各部门意见，印发《关于开展省直管县财政改革试点相关国库管理工作的通知》、《关于开展省直管县财政改革试点有关事项的通知》等文件，明确了各级国库收入报解、报表统计等工作。同时，及时准确测算数据确保了从四季度起资金调度直接到试点县，保障省直管县改革顺利实施。

（三）围绕抓基础，做好财政总决算工作

一是加强对基层财政的业务培训和指导工作，确保市、县级决算编制的顺利完成。二是加强与财政部、省直部门和省财政厅内各业务处室的沟通协调工作，保证决算工作的顺利开展。三是加强对决算数据的挖掘和利用，进一步提高决算分析工作水平。2010 年，广东省地方财政总决算工作在全国 2009 年地方财政总决算工作评比中荣获二等奖。

（国库处（国库支付局）供稿，麦东阳执笔）

综合财政工作概述

一、把握宏观，积极服务经济社会发展大局

（一）立足长远，切实做好财政“十二五”规划编制工作

在省财政厅党组的指导下，综合规划处研究制订了《广东财政改革与发展“十二五”规划编制工作方案》，成立了由厅主要领导挂帅的规划编写领导小组和由各有关处人员组成的规划写作小组，并按照省“十二五”规划编制工作会议的部署，结合全国财政“十二五”规划研讨会和全国财政厅（局）长座谈会精神，会同有关处认真理清思路，全面规划“十二五”时期广东省财政改革与发展的目标和任务，抓紧开展规划提纲的研究和规划文本的起草工作，形成了《广东财政改革与发展“十二五”规划（初稿）》，并进一步修改完善。

（二）立足大局，认真做好财经形势分析和政策制定工作

1. 动态收集信息，及时掌握经济形势。纵向加强与财政部综合规划司的联系，积极参加财政部召开的地方财政经济形势分析座谈会，并协助财政部综合规划司做好 11 月 21～24 日在广东省开展的“进一步加强和改善财政宏观调控”课题调研；横向加强与发展改革、统计局等职能部门的联系，及时收集广东省经济财政动态数据，及时掌握经济财政发展趋势。

2. 深入调查研究，服务政府决策。针对广东省经济的热点和难点，积极开展调研，分别与省政府、住建、国土、税务和物价等职能部门就公共租赁住房等保障性住房建设情况、商品房价格情况等经济热点问题到省内外进行了多次调研，真实掌握一手素材，为政府科学决策提供依据。

3. 及时出台政策，支持重点工作发展。综合规划处紧紧围绕省委、省政府工作大局和重点部署，积极研究出台支持重点工作的政策措施。如根据省委、省政府关于人才工作的部署，综合规划处开展了吸引高层次人才住房政策的调研和政策研究，形成了高层次人才住房政策的初步思路。又如，根据省委、省政府关于促进战略性新兴产业发展的部署，研究提出了对战略性新兴产业行政事业性收费的减免政策等。

（三）立足本职，切实抓好非税收入征收管理

综合规划处始终把非税收入征管作为头等大事抓紧、抓好，促进全省非税收入保持平稳较快增长。

1. 充分调动积极性，形成抓收入的合力。认真落实《广东省省级非税收入收缴管理考核暂行办法》，严格按照考核办法编制 2010 年省级非税收入收支预算，提高执收单位对非税收入征管工作的重视程度和抓收入的积极性。为贯彻落实 2010 年上半年省财税部门工作联席会议精神，于 8 月 6 日召开了省直单位非税收入征管工作会议，明确征收任务和责任，提出征管工作要求，推动执收单位加大非税收入征管力度。

2. 突出重点，加大重点收入项目的征缴力度。如，参加省公安厅 7 月 6 日召开的全省公安非税收入管理电视电话会议，并配合省公安厅印发通知，要求各地加大省级分成非税收入的清缴力度，进一步做好下半年公安行政事业性收费收入的征管工作，截至 9 月底，省公安厅基本完成全年非税收入征收任务。又如，配合水利部门调整水资源费和堤围防护费两个重点收费项目的征缴关系，并配合其开展了全省范围内的专项检查，促进该两项收费应收尽收。

3. 积极拓展财源，做大非税收入蛋糕。认真做好新立项的政府性基金项目和行政事业性收费项目的开征准备工作，制定新开征政府性基金的征收使用管理办法，审核确定新收费项目的征收标准和做好系统设置等前期准备工作，促使新项目及时开征。同时，开展广东省 2010 年到期的水利建设基金、民航机场建设费、旅游发展基金的调研工作，

争取中央支持，保留广东省水利建设基金、民航机场建设费、旅游发展基金继续延期征收。

4. 开展专项检查和年度稽查，确保非税收入应收尽收。一方面，根据省财政厅关于开展全省地方财政收入征收管理检查工作的部署，重点开展非税收入检查工作，纠正部分地区非税收入未及时缴库、欠缴或未及时上缴非税收入省级分成等情况，强化非税收入管理。另一方面，为进一步强化对非税收入的征收管理，规范非税收入征管行为，组织了对省人力资源和社会保障厅非税收入项目的稽查。

5. 加强收入分析，服务非税收入征管。实行定期报送制度，从2010年起，要求各市每月定期报送非税收入分析材料，为全省非税收入运行分析和非税收入收缴执行分析提供翔实的资料，做好每月、每季度非税收入收缴执行情况分析工作，准确判断影响省级非税收入的运行趋势，加强收入运行监测。

通过全省各级财政综合部门和各执收单位的共同努力，广东省的非税收入保持了平稳增长。2010年，全省纳入预算管理的非税收入完成2 829.57亿元，同比增长57.9%，其中：纳入一般预算管理的非税收入完成713.84亿元，增长37.58%；基金预算收入完成2 115.73亿元，增长66.17%。省级纳入预算管理的非税收入完成150.6亿元，增长27.07%，其中：纳入一般预算管理的非税收入完成58.43亿元，增长14.6%；基金预算收入完成92.17亿元，增长36.47%。

二、深化改革，不断提高“收支两条线”管理水平

（一）完善规章制度，推进非税收入的规范管理

一是会同省物价局、省地税局制定发布了《广东省价格调节基金征收使用管理暂行办法》，规范价格调节基金的征收、使用和管理，并协调有关部门做好基金的收缴管理工作。二是会同省地税局、省教育厅、省人力资源社会保障厅制定了《广东省地方教育附加征收使用管理暂行办法》，8月6日经省政府常务会议通过，颁发全省执行。三是为规范义务植树绿化费的征收使用管理，拟定了《广东省义务植树绿化费征收使用管理办法》（征求意见稿），并征求各地各单位意见。

（二）理顺征缴关系，推进非税收入的科学管理

一是按照国务院《取水许可和水资源费征收管理条例》规定和省政府关于同意调整广东省水资源费征收主体的批复，会同省水利厅等部门联合印发《关于做好广东省水资源费征收工作的通知》，理顺广东省水资源费的征收体系，加大水资源费征收力度。二是为加强堤围防护费的征收管理，与省水利厅等部门联合印发通知，调整部分企业堤围防护费计征方式，明确有关征收管理要求，进一步规范堤围防护费征收使用管理工作。三是按照财政部将从2011年1月1日起落实将财政专户管理的非税收入纳入预算管理的要求，对省级56个部门（单位）的预算外资金进行全面清理，编制纳入预算管理的科目编码、科目名称，并联合人民银行广州分行发文明确各项非税收入缴库相关事项，为预算外资金纳入预算管理做好前期准备工作。

（三）加快系统建设，推进非税收入的精细化管理

1. 继续推广非税收入管理系统应用和上线工作。在系统上线方面，省级非税系统上线单位达到138家，执收点2 734个，银行代收网点4 000多个，2010年代收金额达34.29亿元；市级非税收入系统在18个使用统一软件的地市完成了上线工作“两个百分之百”，即市级单位100%上线、执收点100%上线；县级非税系统在中山市火炬区的试点工作进展良好，执收单位和执收点上线率均达100%。在系统应用方面，组织开发了非税收入管理系统与公安出入境证件收费网上支付服务接口并上线运行，大大缩短了办证时间，实现了便民利民，被公安部作为经验介绍进行全国推广。同时，配合省公安厅推进全省交通违法罚款异地交款系统建设工作，在江门、阳江两市进行试点并运行正常，并向全省进行推广。

2. 继续加快非税收入管理系统建设。根据2010年年初制订的推进非税收入管理系统联网试点的工作计划，基本确定省、市非税系统联网的具体技术方案，以佛山市为试点开展省、市非税系统联网试点工作，为广东省推广省、市、县非税系统大联网进行有益尝试。同时，积极配合省财政厅有关处室加快推进市、县统一版本非税系统的招标工作，并经省政府同意“金财工程”的立项。此外，根据省审计部门对非税收入的审计情况和意见，开发了非税系统的预警功能，及时提醒应收未收非税收入信息，促进非税收入应收尽收、及时入库。

3. 开展非税收入管理电子信息化建设调研。为加快推进市、县级非税系统建设，综合规划处组织全省各地市开展了非税系统建设情况调研，基本摸清了全省非税收入管理系统建设进展情况，总结分析了系统建设推广过程中遇到的困难和问题，为加快广东省非税收入管理系统建设，提高非税收入征管水平提供了有效的决策参考依据。同时，完善非税系统对账工作，召开代收银行和公安、工商等部分执收单位座谈会，对非税系统对账工作中单边账出现的原因及解决办法等进行了研究。

三、夯实基础，切实提高财政综合工作管理水平

（一）加强交通建设资金管理

一是完善管理制度。印发了《关于省级交通建设资金规范化管理的通知》，规范交通建设计划编制、项目申报下达、资金拨付、使用和绩效评价等工作，指导交通建设资金的拨付、监督管理工作，确保资金安全高效运行，提高资金使用效益。二是认真做好省级交通建设融资资金管理工作。2010年，分两批向银行提取省级交通建设融资资金共130亿元，根据《省级交通建设融资资金管理办法》投

入交通建设项目。三是编制交通建设资金综合预算。按照关于省级交通部门预算支出、成品油替代性收入支出和融资资金支出三项预算的编制要求，对省级交通建设资金进行了综合预算编制，通盘考虑全省交通建设资金，对省级交通建设融资资金和现有省级交通（公路）部门历年贷款的还本付息情况进行统筹安排。同时，严格按预算要求做好交通建设项目的审核和交通建设资金的拨付，规范交通建设资金管理。四是做好撤销政府还贷二级公路收费站工作。配合核定债务余额，并按经省政府确定拟上报中央的政府还贷二级公路收费站债务余额，建立取消政府还贷二级公路收费配套资金，与中央核拨的补助资金统筹安排使用，确保广东省政府还贷二级公路收费站撤销工作稳步、有序开展。五是理顺交通建设资金拨付流程。从2010年开始，将成品油消费税地方替代性收入返还基数列入省级与下级财政往来资金调度管理，按照各市返还基数，遵循按季均衡拨付的原则，编制年度资金调度计划并拨付，确保地方交通资金及时到位。六是按照既符合国家财政预算管理及国库支付制度改革的要求，又充分考虑当地交通公路建设发展实际情况的原则，做好中央车辆购置税用于一般公路建设项目专项资金管理工作，确保专项资金及时拨付到位。七是积极支持高寒山区移民安居工作。根据省府办公厅关于整合36项扶贫支农资金用于高寒山区移民安居工作的有关规定，及时会同省交通部门确定连南县村道公路建设资金安排总量，整合用于高寒山区移民安居工作。八是积极支持广东省高速公路建设。按照广东省高速公路建设的规划和建设进展程度，安排湛徐、广乐三个经营性高速公路项目资本金25亿元。九是配合做好推进省直管县财政改革试点工作。从2010年10月1日起，严格按照《关于推进省直管县财政改革试点的实施意见》的要求，对各项交通建设资金直接拨付到试点县。

（二）加强专项资金和专项经费管理

1. 继续加大国有土地、海域海岛使用、矿产资源等专项资金的收支管理。加大力度做好国有土地出让收入征收管理，督促全省各地抓好国有土地出让收支统计体系和用于农业土地开发资金的清算划转工作，确保用于农业土地开发资金、廉租住房资金、被征地农民社会保障资金的进一步落实。继续加大广东省探矿权采矿权使用费及价款和矿产资源补偿费征收管理，积极推进全省矿业权取得有偿使用公开出让等规范管理制度建设。落实广东省先行先试开展节约集约用地有关政策，筹措资金促进农田水利基本建设和现代标准农田建设及低效园地山坡地改造建设。强化海域、海岛使用金收支管理，支持国家和省重点项目建设，按照国家有关规定给予海域、海岛使用金政策减免扶持，使国家政策、制度进一步得到落实。

2. 加强缉私办案经费管理。与相关职能部门共同修订完善了《广东省举报走私非涉税物品违法犯罪活动有功人员奖励办法》、《广东省查获涉嫌走私“无主货物”处理细则》等管理规定，进一步规范和完善缉私经费管理。同时，会同有关部门加强对大型建设项目的监督，开展对部分地市缉私经费分配使用情况的实地检查，提高缉私经费使用效率。

3. 加强省公安交警专项经费管理。加强交通安全四项收费收入征管，并严格按照《广东省高速公路交警专项补助经费管理暂行办法》规定，会同省公安厅对公安交警专项经费分配管理。

（三）加强彩票市场监管

认真贯彻、落实《彩票管理条例》，切实做好广东省的彩票监管工作，促进广东省彩票市场的健康发展，全省彩票销量约占全国销量的1/6，连续8年稳居全国第一，其中全省福彩销量突破100亿元。2010年，全国财政“十二五”规划研讨会印发的《财政综合工作交流材料》，选登了广东省《加强彩票市场监管　促进彩票事业健康发展》经验介绍材料。

1. 加强彩票市场监管，规范彩票机构的市场行为，大力支持彩票机构创新游戏玩法和开展促销、公益宣传。2010年审核同意了灵活设奖即开型福彩设奖方案，批复同意了36选7电脑型体彩促销方案、世界杯足彩销售方案，同意开展抗震救灾、扶贫济困、亚运主题等彩票义卖、捐赠及专项募集活动，同意省福彩中心联合团省委、省学联开展2010年广东大学生“福彩公益奖”活动。

2. 严格彩票机构的财务管理，认真审核两个彩票机构的年度支出计划，将发行费重点用于业务支出和事业发展，切实提高资金的使用效益。此外，认真做好彩票机构日常经费的拨付和市级彩票发行费的返拨工作。

3. 继续加强彩票公益金监管，针对省级彩票公益金支出从今年开始由“上年筹集当年使用”改为“当年筹集当年使用”的变化，统筹安排好2009年和2010年入库的彩票公益金，不断完善省级彩票公益金分配使用管理办法，逐步形成彩票公益金与彩票市场良性互动的发展机制。

4. 加强调查研究。重点对彩票资金管理、财务监管、投注站点管理等开展调研。

（四）加强票据监管

1. 严格财政票据印制。协助做好财政票据定点印刷企业的招投标准备工作，加强对现有财政票据定点印制厂的监督管理，督促其全面加强财政票据印制、仓储、配送各个环节的安全、保密工作。

2. 严格财政票据领购。坚持“凭证领购、分次限量”的原则，严格审核用票单位领购财政票据的申请，对不符合使用财政票据条件的坚决不予受理，对按规定须使用税务发票的要求其按规定向税务部门申购，规范财政票据使用行为。

3. 加强财政票据管理法规宣传力度。在领购审批环节上注意加强对用票单位进行法律法规方面的宣传教育，增强用票单位依法依规使用财政票据的意识。同时，利用广东非税收入网站、财政专刊等平台，采取召开财政票据管理座谈会的形式，宣传财政票据管理工作有关的法律法规。

4. 加强财政票据改版和防伪工作。2010年，对资金往来结算票据和医疗票据进行了改版，使之更具适用性。同时，在财政票据印制过程中加强防伪措施，全面加强财政票据防伪工作。

5. 及时总结分析票据使用中的问题。在严格执行财政部各项财政票据管理规定的同时，及时收集7月1日起执行《行政事业单位资金往来结算票据》中的相关情况，向财政部反映存在的问题和提出解决问题的建议，得到了财政部业务部门的重视和及时答复。

6. 及时明确改革中出现的新经济业务的票据使用。针对广东省实行高速公路收费实行一卡通联网电子收费改革后韶赣、江肇政府还贷高速公路收费票据使用问题，及时研究并与省地税局联合发文进行明确。

（五）认真做好2011年省级非税收入收支预算管理工作

按照省级非税收入收支管理办法，认真做好省级非税收入58亿元征收计划的编审，并及时下达各类非税收入支出安排控制数，为做好2011年省级部门预算提供坚实基础。

四、保障民生，积极推进基本公共服务均等化

（一）积极完善住房保障体系，继续深化住房制度改革

1. 认真落实住房保障均等化2010年的工作任务。督促各市认真落实廉租住房保障资金和各项财政政策，分配下达中央补助资金2 109万元，对部分地市2009年住房保障目标任务的完成情况进行考核，对2010年保障性住房建设情况进行中期督查；积极推进广东省公共租赁住房政策研究，配合省住建厅研究制定的《关于加快发展公共租赁住房的实施意见》业经省政府同意已印发执行。2010年，全省廉租住房保障新增实物配租14 999户、新增租赁补贴8 070户，新增廉租住房16 042套，较好地完成了全年的工作任务。

2. 加快推进棚户区改造。认真研究推进城市和国有工矿棚户区改造工作中各项财政政策的落实工作，为争取中央资金的支持，向省发展改革委出具了省配套资金承诺函；经省政府同意转发了《住房城乡建设部等五部委关于推进城市和国有工矿棚户区改造工作的指导意见》；按照国家领导和省领导的批示精神，重点推进原曲仁矿棚户区改造，认真研究提出资金筹措方案；协助主管部门科学制订改造规划。

3. 深化住房制度改革，积极开展人才住房政策研究。为进一步落实省委省政府关于引进、培养人才的战略部署，建立健全高层次人才住房保障体系，加快培养和吸引高层次人才，通过认真调研和座谈，研究提出了《财政支持培养和引进高层次人才的住房保障政策建议》，为广东省打造人才高地积极主动献策。

4. 加强住房公积金财政监管。严格认真做好住房公积金呆坏账核销的审批工作，积极参与全省住房公积金中心年度考核工作；认真研究老楼加装电梯政策，联合省住房城乡建设厅印发了《关于对既有住宅增设电梯允许申请提取住房公积金的意见》，有力推进了老楼加装电梯试点工作。

5. 积极推进珠江三角洲地区住房保障一体化工作。进一步修改完善了广东省珠江三角洲地区住房保障一体化规划，研究提出“四年大发展”住房保障一体化的具体工作目标和措施并积极推进，重点推进了住房公积金的异地流转。

（二）积极推进公共交通均等化

一是按照省财政厅的统一布置和要求，认真做好广东省基本公共服务均等化规划以及珠三角基本公共服务一体化规划中有关公共交通服务的编制工作。二是深入研究广东省基本公共服务均等化工作中的公共交通问题，《广东省基本公共服务均等化规划（2009～2020）》出台后，认真研究广东省公共交通服务建设工作的相关配套政策，加快促进交通建设的步伐。三是认真做好省级客运站场建设专项资金竞争性分配工作，联合省交通运输厅组织召开了省级客运站场建设专项资金竞争性分配评审工作会议，确定2010年省级客运站场建设专项资金竞争性分配项目，并按规定报省政府批准，四是配合省交通运输厅出台广东省推进农村客运服务均等化工作方案并印发各市执行，根据社会主义新农村建设和现代农业发展要求，2010年全面启动社会主义新农村公路路面硬底化建设工作。五是积极推进城乡公共交通一体化。支持在广州、佛山、肇庆三市实施车辆通行费年票互认，切实减轻人民群众负担。

（三）认真做好稳定消费价格总水平、保障群众基本生活工作

一是在做好特定群体基本生活保障方面，运用省级价格调节基金，在2011年春节前安排1.05亿元，对广东省经济欠发达地区城乡低保对象，按增加一个月生活补助标准的一定比例给予发放价格临时补贴，并按照隶属关系，对省属公办、民办大中专院校家庭经济困难学生及学生食堂给予价格临时补贴。二是安排省级价格调节基金5 000万元，重点扶持规模化蔬菜种植基地大棚建设和农副产品批发市场冷库等储备设施建设，以及对农副产品低于市场价格投放市场的生产者、经营者给予适当价格临时补贴，以保障价格应急调控需求，保障群众基本生活。三是在降低农副产品生产经营成本方面，认真督促落实全省收费公路对整车合法装载或少量混装其他农副产品以及超载幅度在合理计量误差范围内的鲜活农产品的车辆免收通行费，并将马铃薯、甘薯、鲜玉米、鲜花生等列入绿色通道品种目录范围。

（四）积极支持灾区复产重建工作

1. 支持灾区交通基础设施修复重建。为帮助“凡亚比”强台风造成广东省部分地区水毁道路、桥梁修复加快灾后重建工作，综合规划处积极配合做好支持灾区复产重建的工作，会同省交通部门对水毁道路、桥梁修复重建项目进行核查并及时安排水毁公路修复资金3.8亿元支持灾区公路修复建设，支持灾区国、省、县道水毁公路修复重建工程、通行政村公路的桥梁修复重建工程和通自然村及

其他地方公路的修复重建工程。

2. 保障灾区群众生活。从省级价格调节基金安排570万元，对台风“凡亚比”重灾区的农副产品生产者、经营者给予临时价格补贴，支持受灾区农副产品市场供应和确保价格的基本稳定，保障受灾群众的基本生活不受影响。

3. 出台收费减免政策。为支持灾后复产重建工作，减轻灾区单位和个人经济负担，在2012年年底前，对灾区复产重建工作涉及的6个部门8项省定行政事业性收费给予减免。

五、统筹兼顾，认真完成财政综合相关工作

（一）做好广东省2009年度省直机关津贴补贴调节基金的计算和报送工作

会同省财政厅有关处室认真做好广东省计缴中央2009年度省直机关津贴补贴调节基金的计算、报送工作，并积极配合财政部驻广东省财政监察专员办事处做好津贴补贴调节基金申报的审核工作，按照省财政厅领导的指示做好相关解释、说明工作并及时向财政部及广东省专员办请示、汇报，按时保质完成了工作任务，得到厅领导的表扬。

（二）开展减轻企业负担工作

一是按照财政部要求，全面组织开展广东省涉企收费清理工作，要求各地、各单位进行自查自纠，并对现行各项涉企收费进行全面清理，严格执行国家涉企收费审批制度，完善收费项目目录，健全涉企收费项目公示制度，有效改善企业发展环境，减轻企业负担，增强企业活力。二是积极配合省物价局开展社会团体收费治理规范工作，取消社团涉企收费11项。

（三）做好人大建议和政协提案办理工作

综合规划处高度重视建议、提案办理工作，在办理量大、时限要求紧的情况下，端正办理态度，切实提高办理时效和质量，并加强与代表沟通，提高代表满意度。2010年，共承办省十一届人大三次会议代表建议12件、省政协十届三次会议提案17件、第十一届全国人民代表大会第三次会议代表建议1件，并参与了省人大牵头的保障性住房建设情况调研，认真做好旧楼加装电梯省政协重点提案的办理和落实工作。

（四）配合做好打击发票违法犯罪活动工作

按照国务院的统一部署以及全省打击发票违法犯罪活动工作协调小组办公室的要求，按照职能分工，严格监督行政事业单位、社会团体按规定使用财政票据，加强财政票据管理，积极配合协调小组各成员单位开展打击发票违法犯罪活动工作。

（综合规划处供稿，朱钢涛　林瑜
王浩斌　林晓燕执笔）

行政政法财政财务管理工作概述

2010年，行政政法处按照财政管理科学化、精细化要求，妥善处理好经费节约与经费保障、改革与稳定的关系，不断加强思想建设、组织建设和队伍建设，保质保量完成各项任务。

一、切实抓好经费保障工作，确保政权运转

2010年，行政政法处在认真做好经管近百个省直单位部门预算和日常管理工作的同时，紧紧围绕省委、省政府中心工作，科学合理调度资金，切实保障党的执政能力建设、社会主义民主法制建设、高层次人才队伍建设、政权建设和司法体制改革、经济社会事业发展等重点经费投入。

（一）认真做好行政政法经费保障

一是保障广东省政府质量奖励经费、广东省第六次全国人口普查经费、第十一届中国专利奖广东省获奖单位奖励经费、广东省参与2010年上海世博会后勤保障经费等重点项目经费。二是重点保障省委创先争优活动、信访维稳等专项工作经费。三是确保2010年广州亚运会安保、推行居住证制度启动经费等政法部门经费支出。

（二）深入贯彻广东省政法经费保障体制改革

根据《政法经费分类保障办法（试行）》及《财政部关于下达公共安全一般性转移支付资金的通知》的有关规定，积极做好广东省政法经费保障体制改革贯彻落实工作，配合财政部做好政法经费保障体制改革，研究制定县级政法机关装备标准。

二、切实抓好厉行节约工作，着力构建节约型政府

大力压减一般性行政支出，切实控制行政成本过快增长，是党中央、国务院和广东省委、省政府作出的重大决策部署。为巩固2009年广东省开展的行政经费节约年活动的工作成果，着力推进节约型政府建设，2010年以来省财政厅进一步改进工作方式方法，从行政支出预算的安排、使用、监督、考核等环节入手，切实抓好厉行节约工作，得到了财政部的充分肯定，并在2010年全国行政政法财务工作会议上作了《大力压减一般性行政支出，着力构建节约型政府》的专题发言。

（一）切实抓好“人、车、会、接待、出国”等支出控制工作

一是加强人员支出管理，规范机构、编制审核流程。二是严把审核关口。三是加强资金管理。严格按照核定的人员编制安排经费预算，加强对统发工资指标和单位人员信息的管理。

（二）加强“三公”费用监管

为加强对省直“三公”费用（即公务购车经费、出国经费和公务接待费）的管理，建立“三公”费用在线监督机制，将省直机关“三公”费用纳入省综合性电子监察系统进行监管。

（三）加强出差、会议经费管理

一是严格执行中央和省制订的会议费、差旅费管理办

法，加强对会议和差旅专项经费的审核。规范经费申请程序，对未履行报批手续或依据不充分的申请事项，不予核拨经费。二是加强定点管理。根据财政部的统一部署，会同省政府采购中心、省酒店协会等单位积极开展方案制订、采购合同草拟以及相关信息发布等工作。截至 2010 年 10 月，广东省承担的 2011 ~2012 年的中央和省直党政机关出差和会议定点饭店采购、报批和签订协议等工作任务均按时、保质完成。

（四）加强因公出国经费管理

一是落实总量控制。及时批复省直有关单位年度因公出国（境）经费总预算，并提供给省外事管理部门作为审批年度因公出国（境）总量计划的依据。二是从严审核单批团组出国经费。2010 年度，牵头审批的单批团组出国经费超 140 件，充分发挥了财政部门的监管职能，有力保障了省直因公出国（境）联审机制的平稳运转。三是适时调整出国经费审核模式。为巩固全年出国经费控制成果，适时调整了第三、第四季度单批团组的经费审核模式：对未列入年初总量计划的单批团组，从严审核报批程序和依据；对年度出国经费预算额度不足的单位，予以及时告知，建议重新调整出国人数、天数；对年度出国经费已使用完毕的单位，不予核批。四是提前做好 2011 年省直因公出国计划报备工作，指导、督促省直任务牵头单位，按程序报备。

三、切实抓好行政经费节约考核工作

（一）深入动员部署，营造良好氛围

经报省委、省政府批准，向省直各单位通报了 2009 年度广东省省直机关行政经费节约考核结果，并根据考核级次实施既定的奖罚措施。同时，联合南方日报、广州日报等主流媒体对 2009 年度省直机关行政经费节约成效进行了广泛宣传。为提前谋划 2010 年度综合考评，积极争取各单位的理解和支持，形成厉行节约的思想共识，采取上门调研、专题座谈、集中解释、重点答疑、分片交流等形式，对 2010 年节约考核工作进行深入动员和部署。

（二）加强数据监测，确保考核到位率

按照《省直机关事业单位行政经费节约考核办法》，牵头对省直行政经费季度执行情况予以考核。为确保考核结果客观、完整、准确，对纳入考核范围的单位及其支出数据作了认真筛选。

（三）加强数据分析，及时通告

按照规定，每季度的考核结果及时通报各单位，提醒单位及时调整支出结构，压缩单位行政经费开支。

四、加快推进各项改革，着力构建效益型政府

（一）加快推进事业单位改革

根据省委、省政府印发的《广东省事业单位分类改革的意见》精神，会同机构编制、人力资源社会保障等部门加快推进事业单位分类改革。一是加强政策研究和业务沟通。针对分类改革工作政策性强、牵涉面广、情况复杂等情况，主动加强政策研究，做好文件分类和政策整理汇总工作，密切与职能部门和省财政厅各业务处室的联系沟通，确保改革进程依法依规进行。二是加强经费保障和政策衔接工作，妥善处理改革前后机构和人员经费保障问题，确保改革稳定大局。三是加强对省直事业单位分类改革方案审核，规范审核流程，所有涉及机构、编制事项按规定提请省财政厅办公会议审议。四是根据财政部《关于分类推进事业单位改革有关财政投入政策的意见》精神，认真研究广东省财政配套政策实施办法，调整经费供给模式，支持事业单位发展。五是协调解决改革热点难点问题。按照省财政厅领导的指示，对省直试行核定政府购买服务人数的做法进行了深入研究，结合国外和兄弟省市的做法和经验，提出有关问题处理意见。先后形成了《关于事业单位改革后政府购买服务人员经费标准问题的签报》和《关于停止核定政府购买服务人数做法的建议》，报省财政厅领导审定，并在编审 2011 年部门预算中予以体现。

（二）加快机构编制实名制建设

为加强和完善机构编制管理，实现人员和机构精简的目标，有效提高行政效率，会同省机构编制、组织、人事等部门加快推行实名制管理。一是建立机构编制、组织、财政和人事等部门联动机制，形成合力。机构编制部门负责系统的建立和管理，及时更新机构编制信息；组织、财政、人事部门在编制限额内使用编制，落实实名制，及时核准实有人员信息；财政部门依据信息库，按照编制使用情况核定预算、核拨经费。通过编制使用公开，实现了具体运行机构与批准的机构相对应，实有人员与批准的编制和职数相对应。二是落实好阶段性工作任务。配合做好省直机关及后勤服务机构、省以下垂管机构、省属事业单位三个子信息库的建设和核准确认等阶段性工作。

（行政政法处供稿，林晓红执笔）

教科文财务管理工作概述

2010 年，教科文处深入贯彻落实科学发展观，主动服务经济社会发展大局，着力保障和解决教科文领域民生投入问题，强化科学管理，促进教科文事业又好又快发展。

2010 年，全省教科文事业经费支出 1 302.08 亿元（决算数，下同），比 2009 年增加 218.88 亿元，增长 20.2%，其中：教育支出 921.48 亿元，比 2009 年增加 118.28 亿元，增长 14.73%；科学技术支出 214.44 亿元，比 2009 年增加 45.94 亿元，增长 27.26%；文化体育与传媒事业费支出 166.16 亿元，比 2009 年增加 54.66 亿元，增长 32.44%。省级教科文事业经费支出 139.1 亿元（决算数，下同），比 2009 年增加 16.19 亿元，增长 13.17%，其中：教育支出 108.86 亿元，比 2009 年增加 15.49 亿元，增长 16.59%；

科学技术支出14.82亿元，比2009年增加1.83亿元，增长14.09%；文化体育与传媒事业费支出15.42亿元，比2009年减少1.13亿元，降低6.8%。

一、加大教育投入，支持教育优先发展

（一）完善义务教育经费保障机制，促进义务教育均衡发展

按照国务院确定的“明确各级责任、中央地方共担、加大财政投入、提高保障水平、分步组织实施”的基本原则，广东省不断加大财政教育投入，逐步将义务教育全面纳入公共财政保障范围，建立起省、市、县（市、区）分项目、按比例分担的义务教育经费保障机制。

1. 继续落实免费义务教育政策。落实免费义务教育政策，及时下达义务教育中小学公用经费补助资金28.08亿元，其中：农村义务教育中小学公用经费补助资金23.03亿元，城镇义务教育免杂费补助资金5.05亿元，确保了各地中小学的顺利开学和正常运转，全省共有1 151万中小学生受惠。

2. 落实免收义务教育阶段课本费的政策。及时下达拨付免费教科书政府采购资金11.02亿元，确保2010年“学前到书、人手一册”的政治任务顺利完成，取得了良好的效果。联合省教育厅、免费教科书供应商积极研究免费教科书结算办法，进一步完善免费教科书省统一采购、统一支付制度。

3. 继续落实农村困难家庭义务教育寄宿学生生活费补助政策。对农村人均年纯收入1 500元以下困难家庭义务教育阶段学生给予生活费补助。2010年，下达生活费补助资金2.77亿元，全省共100多万农村贫困学生受惠。

4. 积极研究解决进城务工农民工随迁子女接受义务教育问题。根据创先争优活动要求，开展解决进城务工农民工随迁子女接受义务教育调研，撰写调研报告，为领导决策提供参考；创新资金管理模式，制订科学的使用方案，安排下达解决进城务工农民工随迁子女接受义务教育中央奖励资金7.25亿元，发挥中央财政奖励资金的“四两拨千斤”的作用，取得明显的效益，解决了243万非户籍学生接受义务教育问题。

5. 建立、健全农村义务教育中小学校舍维修改造长效机制。2010年，安排下达长效机制补助资金2.5亿元，持续改善办学条件。积极向财政部报告广东省农村义务教育中小学校舍维修改造情况，争取中央校舍维修补助资金9 700万元。

6. 创新投入机制，加快义务教育规范化学校建设。2010年，积极参与竞争性评审、实地考察，制订分配方案，下达专项资金5.38亿元，支持经济欠发达地区义务教育规范化学校建设，优化学校布局，改善办学条件。

7. 全力推进中小学校舍安全工程。2010年，安排下达校舍安全工程奖补资金1亿元，并与省教育厅研究校舍安全工程补助资金与规范化学校建设、校舍维修改造长效机制等各项补助资金有机结合、统筹使用的问题。

8. 积极解决中小学代课教师和教师工资待遇问题。2010年，下达提高暂未转录代课教师待遇补助0.6亿元、解决代课教师问题财力性补助2.4亿元，下达辞退代课教师经济补偿和理顺社会保险关系补助2.7亿元，帮助经济欠发达地区更好地解决了代课教师问题。在2009年补助水平的基础上，积极向省委、省政府建言献策，2010年进一步提高欠发达地区中小学教师工资福利待遇“两相当”补助标准，并下达奖补资金9.07亿元。到2010年年底，全省已有4.9万名代课教师通过招录、转岗、辞退等补偿方式得到妥善安置，占原代课教师总数的83%，有85.1%的县（区）实现了“两相当”。

9. 清理化解农村义务教育“普九”债务工作。会同省教育厅对试点县农村义务教育“普九”债务进行省级审核确认。着手研究全省清理化解农村义务教育债务方案，尽快启动全省清理化解工作。

（二）加大职业教育投入，促进全省职业技术教育实现新一轮大发展

1. 继续安排专项资金支持普及广东省高中阶段教育基本建设。为激励东西两翼和粤北山区进一步加大力度做好普及高中阶段教育工作，对提前完成普及高中阶段教育任务的欠发达地区地级市，按通过验收的不同时间分别给予一次性奖励，肇庆市和惠州市各获得2 000万元，梅州、河源、清远、阳江和湛江五市各获得1 000万元的奖励。全省高中阶段毛入学率达到86.2%，提前一年实现普及高中阶段教育的目标。

2. 认真学习贯彻落实胡锦涛总书记视察广东重要讲话精神和汪洋书记对理顺职业教育体制问题的重要批示精神，对办好广东省职业技术教育示范基地有关问题进行认真研究，向省委、省政府提出了树立“大职教”理念，高职、中职、技校统一纳入省级职业教育示范基地“一盘棋”建设、实现科学配置、资源共享的设想，研究提出了资金筹措方案，积极推动广东省职业技术教育实现新一轮的大发展。与此同时，积极配合省委政策研究室和省府发展研究中心研究制定《中共广东省委 广东省人民政府关于统筹推进职业技术教育改革发展的决定》和《广东省职业技术教育改革发展规划纲要（2010～2020年）》。

3. 积极配合省教育厅对中职实训中心建设专项资金试行竞争性分配，遴选出一批办学理念先进、办学特色鲜明、专业建设基础能力好、综合实力强的中职学校，给予实训中心专项资金支持，提高中职教育办学质量。

4. 贯彻落实中等职业学校农村家庭经济困难学生和涉农专业学生免学费政策。为贯彻落实党的十七届三中全会精神和国务院关于“大力发展职业技术教育，特别是要支持农村中等职业技术教育，逐步实行中等职业技术教育免费，先从农村家庭经济困难学生和涉农专业做起”的要求，根据国家的统一部署，教科文处积极研究落实中等职业学校农村家庭经济困难学生和涉农专业学生免学费政策，及时起草了《关于中等职业学校农村家庭经济困难学生和涉农专业学生免学费工作实施意见（试行）》，报省政府审定

并印发执行。

5. 积极探索职业技术院校生均定额经费拨款制度。为进一步提高职业技术学校财政资金安排的科学性、合理性和规范性，调动职业学校扩招的积极性，教科文处积极探索职业技术院校生均定额经费拨款制度，研究制订了《广东省省属职业技术教育经费预算管理改革试点暂行办法》，经省政府审定后印发执行。从2010年起省属职业技术院校生均综合定额拨款在3所院校中先行试点，待试点取得经验后再逐步扩大范围。

（三）不断完善各项政策，提升高等教育质量和水平

1. 继续实施高校"211工程"三期建设。"十一五"期间省财政共安排10亿元，用于高校"211工程"三期建设。教科文处积极配合省发改委、省教育厅研究制订"十一五"期间高校"211工程"建设资金分配方案，协助做好有关项目评审工作，安排下达"211工程"三期建设资金，促进广东省高校"211工程"建设再上新台阶。

2. 大力支持高校本科教学质量工程建设。认真研究进一步加大高校本科教学质量工程的政策措施，在现有1亿元重点学科与专业建设专项的基础上，省财政每年新增安排0.5亿元共1.5亿元，支持高校提升办学质量和水平。

3. 研究高校"985工程"三期建设方案。按照财政部的部署，积极研究支持中山大学和华南理工大学"985工程"三期建设资金筹措方案，充分发挥高水平研究型大学优势，推动和支撑珠三角地区产业发展和广东省经济发展。

4. 积极做好中央财政支持地方高校发展专项资金的申报工作。根据财政部要求，教科文处会同省教育厅组织全省32所高校编制了2010年度中央财政支持地方高校发展专项资金项目，并聘请50位专家组成8个评审组对各高校申报项目进行分类评审后上报财政部，财政部补助广东省该项资金共1.7亿元，较好地支持了广东省普通高校的发展。

5. 根据省政府的决定，从2009年起，省财政根据李嘉诚基金会未来8年新增捐资20亿元港元的情况，配套安排8亿元（人民币）专项资金，支持汕头大学改革和发展。

财政投入的不断增加，促使广东教育得到较快的发展。基础教育方面，2010年小学学龄儿童入学率为99.95%，五年保留率为98.24%，小学毕业生升学率为95.51%；初中毛入学率为109.61%，三年保留率为90.41%，初中毕业生升学率为94.3%；高中毛入学率为86.2%。高等教育方面，2010年全省各类高校总数达到146所，其中普通高校有131所，高校在校生共20.48万人，高等教育毛入学率达28%，广东高等教育已经从精英教育阶段迈入大众化教育阶段。高校整体实力与综合水平有所提高，广东有9所高校列入"211工程"建设，中山大学和华南理工大学列入国家"985工程"二期建设。

二、加大科技投入，调整优化科技支出结构，推动创新型广东建设

1. 积极支持高新技术研究，推动重点领域关键技术联合攻关。2010年，省财政继续安排高科技发展专项资金4 750万元，用于粤港重点领域关键技术联合招投标工作，带动企业和民间资本投向高新技术产业。

2. 促进产学研省部合作，完善自主创新体系。按照省政府《印发广东省促进自主创新若干政策的通知》规定，2010年省财政安排产学研省部、省院合作财政专项资金5亿元。重点吸引国家"863"和"973"等重大项目到广东省落户和产业化，获得一批核心技术和关键技术，建立科技创新平台、建设创新基地，完善区域创新体系，培育和形成若干战略创新产业。促进有关部属高校与广东省优势企业联合搭建科技创新研发平台，共建产学研结合基地。

3. 加强基础研究工作。2010年省财政继续安排省级自然科学基金3 800万元，重点支持应用研究与基础研究，培养高层次人才，稳定基础性研究队伍。

4. 推动知识产权保护工作。2010年继续安排知识产权保护专项资金5 253万元，其中：用于知识产权保护、宣传、鼓励发明创造3 543万元，用于资助外国专利申请经费855万元，2010年用于知识产权战略工作的经费855万元。

经过多年的发展，广东科技综合实力全国排名第二（名列江苏之后），科技对经济的贡献率达到53%。科研机构和科研力量不断壮大，拥有13个国家重点实验室、139个省级重点实验室、18个省级公共实验室、484个省级工程研究中心。科技研究开发成效显著，2010年获得国家科技奖36项，获省部级以上重大科技成果431项。专利的数量和质量明显提高，专利申请量152 907件，专利授权量119 346件，其中发明专利申请量40 866件，发明专利授权量13 691件。专利申请量和授权量全国排名第二，其中发明专利申请量全国排名第二，发明专利授权量全国排名第一。在第十二届"中国专利奖"评选中，广东省共获金奖和优秀奖41项，获奖数居全国第一。

三、调整优化文化支出结构，推动文化体制改革，支持文化大省建设向文化强省的新跨越

（一）继续实施文化信息资源共享工程建设

以数字资源建设为核心，以基层服务网点建设为重点，运用多种传播方式，在试点工作的基础上，加快推进全国文化信息资源共享工程建设。继续完善省级分中心和市级支中心，新建县级支中心若干个，重点抓好全国文化信息资源共享工程基层服务点的建设与服务。利用广东省有线数字电视互动平台，建立文化共享工程专题栏目。实质推动文化信息资源进村入户（广州、佛山、深圳、东莞、珠海5地为先行地区）。以数字电视网络为主要通道，伴随数字电视整体转换的进程，利用机顶盒模式，不断扩大文化信息资源的覆盖范围。到2010年，将文化信息共享工程支中心服务点延伸到社区、厂区和乡村，充分利用国家中心、省级分中心和各级支中心的资源开展服务，2010年省级财政安排文化信息资源共享工程1 228万元，支持城乡基层图书馆开设电子阅览室，为群众提供互联网和数字文化服务。

（二）实施农村电影放映“2131工程”，推进农村公益性电影放映服务体制改革

按照《国务院办公厅转发广电总局、发展改革委、财政部、文化部等部门关于做好农村电影工作意见的通知》要求，进一步扩大农村电影覆盖面。2010年，共安排专项经费1 947万元对经济欠发达地区的16 222个村，按每月每村100元的标准给予电影放映补助。到2010年，基本实现行政村每村每月放映一场电影的公益服务目标。

（三）继续推进“农家书屋”建设工程

根据《农家书屋工程“十一五”时期建设规划》要求，按照政府资助建设、鼓励社会捐助、农民自我管理的要求，与农村基层组织活动场所建设等相结合，稳步推进农家书屋工程建设。按照每个农家书屋可使用面积不少于20平方米、可供借阅的实用图书不少于1 200种、1 500册，期刊不少于3种、电子音像制品不少于10张（种）的标准建设完善农家书屋工程。2010年，省级财政共安排“农家书屋”工程专项经费7 732万元。到2010年年底，全省建设完善农家书屋达到12 629家。

（四）建设流动图书馆

以农村、社区、厂矿、学校等为主要对象，加大公共文化流动服务，缩小城乡之间、区域之间公共文化服务差距。组建集书报刊阅读、宣传教育、文艺演出、科普教育、体育和青少年校外活动等于一体的乡镇综合文化站、社区文化室。2010年，省级财政安排流动图书馆专项经费600万元。

在文化强省建设的强力推动下，广东文化事业日益繁荣，至2010年年底，全省有各类艺术表演团体397个，群众馆、文化馆144个，县级以上公共图书馆133个，博物馆、美术馆、纪念馆169个，免费开放的公共博物馆有128家（占全省文化文物系统国有博物馆总数的76%），广播和电视的人口覆盖率分别达到98%和98%。

（五）落实各项体育事业经费投入，推动广东省体育事业发展

1. 安排省级各项体育事业经费。安排第十三届省运会经费3 400万元，用于第十三届省运会经费补助。安排体育专项资金1.38亿元，用于广东省参加第十一届全国运动会代表团奖励经费。备战十二届全运会经费核定为45 000万元，比第十一届全运会安排经费23 994万元增加21 006万元。其中，省级预算内资金安排19 510万元，省级体彩公益金安排25 490万元。2010年，省级预算安排备战第十二届全国运动会经费2 850万元。

2. 做好广州亚运会、亚残运会有关工作经费的审核工作。会同省财政厅有关处室完成了省“三会”办领导小组安保、宣传、外事、卫生、环保、火炬传递等6个专项协调小组工作经费的审核工作，保证了这些专项协调小组工作的顺利开展，确保两会的圆满成功。

在第16届亚运会中，广东省共有148名体育健儿参加了32个大项120个小项的比赛，有93人次获得金牌41枚，位居全国第一，28人次获得银牌17枚，61人次获得铜牌21枚，共有182人次获得奖牌79枚，为中国代表团获得亚运会金牌和奖牌第一名作出了较大贡献。

四、加大人口与计划生育投入，建立计划生育利益导向机制

为贯彻执行中央《关于全面加强人口和计划生育工作统筹解决人口问题的决定》和省委、省政府《关于进一步加强人口与计划生育工作的决定》以及《中共广东省委　广东省人民政府贯彻〈中共中央　国务院关于全面加强人口和计划生育工作统筹解决人口问题的决定〉的实施意见》精神，省财政不断增加全省计划生育事业经费投入，推动全省计划生育事业快速发展。

1. 完善农村部分计划生育家庭奖励政策。2010年，省财政安排专项补助经费共5 163.14万元，用于农村计划生育家庭奖励经费补助，全省计划生育奖励受益对象达10.48万人。

2. 推动基层计划生育服务网络建设。2010年，省财政继续安排计划生育专项资金11 400万元，主要用于基层计划生育站所建设和服务设备购置补助、计生宣传教育补助、计生信息网络补助、流动人口管理和技术服务、性别比综合治理等补助。

3. 实施计划生育家庭特别扶助制度。2010年，省财政共安排专项补助经费共169万元，用于全省计划生育家庭特别扶助补助。

4. 支持农村计划生育免费技术服务工作。为了贯彻中央关于落实向农村实行计划生育的育龄夫妻免费提供避孕、节育技术服务政策，支持欠发达地区开展此项工作。2010年，省财政安排专项经费6 296万元，用于对基层开展计划生育免费技术服务经费给予补助。

至2010年年底，广东人口与计划生育工作成效显著，全省人口出生率为12.11‰，人口自然增长率为7.71‰，计划生育率提高到95.16%。

五、加大对人才投入，推动实施“人才强省”战略

根据《广东省加快吸引培养高层次人才的实施意见》的有关规定，充分发挥财政职能作用，积极筹措资金，为实施人才强省战略提供可靠的经费保障。

1. 提高博士后日常经费标准。从每人每年5万元提高到每人每年8万元，2010年省财政安排博士后专项经费5 592万元，用于在站博士后生活及科研补助。

2. 安排享受政府特殊津贴专家专项经费1 224.54万元，用于1990年以来获得政府特殊津贴专家的生活补助。

3. 提高“三支一扶”高校毕业生生活补贴标准。标准由每人每月800元提高到每人每月1 200元，每人每年交通补贴1 000元，并为其在服务地办理养老、工伤、生育、医疗、失业等五种保险，单位缴费部分全部由省财政负担。调整后，“三支一扶”高校毕业生每人每年补助金额达到19 264元，为2008年的1.66倍。2010年，共安排3 313名“三支一扶”大学生的补贴经费2 360万元。

4. 安排引进人才经费4.67亿元。其中，对引进世界一流水平、对广东省产业发展有重大影响、能带来重大经济效益和社会效益的创新和科研团队，省财政给予8 000万元至1亿元的专项工作经费；引进国内顶尖水平、国际先进水平的创新和科研团队，省财政给予3 000万元至5 000万元的专项工作经费；引进国内先进水平的创新和科研团队，省财政给予1 000万～2 000万元的专项工作经费。对引进的领军人才，省财政一次性提供500万元专项工作经费和100万元（税后）住房补贴。2010年，省财政共安排11个创新科研团队和13名领军人才资助经费4.67亿元。

5. 安排培养人才经费4 500万元。其中：安排1 500万元，补助2008～2009年度广东省入选国家"千人计划"杰出人才10人；安排院士培养经费3 000万元，用于广东省2009年新增5位院士的工作和住房专项补贴。

六、加强制度建设，推动教科文工作管理规范化、科学化

为确保财政资金安全运行，省财政厅始终把加强财政资金管理，建立、健全资金管理制度放在首位，基本做到新设一项专项资金，必须先制定管理办法，再拨付使用。2010年，会同省有关部门制定了《广东省引进创新科研团队专项资金管理暂行办法》、《广东省引进领军人才专项资金管理暂行办法》、《关于实施〈广东省引进创新科研团队专项资金管理暂行办法〉的补充通知》、《关于印发广东省科技金融结合试点市联合科技贷款风险准备金管理暂行办法的通知》、《广东省实验室体系建设专项资金管理暂行办法》、广东省中小学校舍安全工程专项资金管理办法，转发了《中央财政支持地方高校发展专项资金管理办法》、《文化产业发展专项资金管理暂行办法》、《国家免费孕前优生健康检查项目试点专项资金管理办法（试行）》等中央制定的资金管理办法，为专项资金的规范使用提供了保障。

七、做好各项基础工作，促进各项改革顺利进行

（一）配合做好各项审计工作

积极配合审计部门做好2009年度审计工作。针对审计部门提出的意见，进一步完善会计基础工作，完善请拨款制度和资金分配使用管理制度。根据省审计厅的审计报告，积极督促有关部门落实整改。

（二）做好预算外资金"预算制"管理工作，规范预算外资金管理

按照《关于专户资金实行"预算制"管理的通知》的有关规定，认真做好教育收费等预算外资金的及时返拨，保证了各收费单位的及时用款。

（三）做好教科文事业费预算执行分析工作

及时对全省教科文事业费支出变动情况进行分析，查找支出变动原因，为厅领导全面掌握全省财政收支情况提供参考。

（四）配合做好基本公共服务均等化、一体化工作

按照省财政厅的统一安排，积极配合做好实施基本公共服务均等化、珠三角基本公共服务一体化规划工作，认真参与调研，加强与有关部门协调沟通，加快推进规划落实。

（教科文处供稿，王炜清执笔）

财政工贸发展工作概述

2010年，工贸发展处积极发挥财政职能作用，围绕"一条主线"、突出"两个重点"、推进"三项改革"、夯实"四个基础"，较好地完成了财政工贸发展的各项工作。

一、围绕一条主线，充分发挥财政职能作用，促进经济发展方式转变

工贸发展处围绕经济发展方式转变这一主线，综合运用财政政策工具，不断加大财政支持力度，推进经济结构战略性调整，加快现代产业体系建设，服务经济又好又快发展。

（一）创新支持手段，加大投入力度，促进战略性新兴产业发展

一是按照省委、省政府加快战略性新兴产业发展的部署，研究、制定《广东省财政战略性新兴产业发展专项资金管理办法（试行）》，通过竞争性分配方式，重点支持高端新型电子信息、LED产业、新能源汽车、太阳能光伏等11类战略性新兴产业发展。二是牵头组织实施由省财政厅负责的太阳能光伏、核电装备、风电、生物制药、新材料、节能环保、航空航天、海洋等8类战略性新兴产业扶持资金项目的竞争性遴选工作，建立"多中选好，好中选优"的项目优选机制，首批战略性新兴产业发展专项资金（省财政安排）共支持8类产业13个项目，支持金额4.2亿元。三是按照省政府的部署，研究制订进一步促进战略性新兴产业发展的综合性政策措施，支持战略性新兴产业重点行业、重点企业、关键技术，从财政、金融、投资、土地、税费、人才、政府采购等方面研究提出促进战略性新兴产业发展的意见建议。

（二）统筹资金使用，优化支出结构，提升自主创新能力

一是安排重大科技专项资金3亿元，组织实施"节能减排与可再生能源"、"创新药物筛选与评价"、"产业共性技术"等3个重大科技专项，支持节能减排技术突破，用于攻克现代产业体系建设的核心关键和共性技术，发展生物技术新药创制和技术服务平台，推动自主创新成果产业化。二是组织开展粤港关键领域重点突破项目招标，以粤港两地支柱产业、战略产业关键技术的科技攻关为切入点，以公开招标方式在现代服务、先进制造、电子信息、生物

医药、节能减排等领域实施重点突破攻关，提升粤港两地产业竞争力。三是安排高新技术产业开发区引导专项资金1亿元，支持高新区引进高端产业项目、孵化自主知识产权项目，加速重大创新成果产业化，培育发展高新技术产业，积极推动省内高新区实现“二次创业”。四是集中力量支持平板显示产业发展，组织召开高世代液晶面板生产线省财政专项补助资金专家审核会，安排8.5代液晶面板生产线财政补助资金10亿元，支持液晶面板生产线建设，完善液晶面板产业链。

（三）支持产业转型升级，加快现代产业体系建设

一是提前集中安排资金，加快产业转型升级步伐。会同省有关部门将提前集中使用省级装备制造业专项资金、结构调整挖潜改造专项资金等，实施战略性新兴产业培育工程、先进制造业提升工程、传统优势产业升级工程、企业创新能力提升工程、产业集群公共服务平台建设工程和企业技术中心创新工程等，推动产业转型升级，加快现代产业体系建设。二是安排产业技术研究与开发资金2.42亿元，支持企业技术改造和技术创新，及时转化科技成果，重点支持成长性好、有自主品牌、竞争力、自主创新能力强的企业，增强企业发展后劲。三是大力支持现代服务业、流通业发展。安排现代流通业发展专项资金、现代服务业发展专项资金、现代信息服务业发展专项资金、省级新农村流通网络建设专项资金等3.5亿元，推动城乡流通网络建设，扶持现代信息服务业专业化产业园区及公共技术服务平台建设，推动传统优势产业向高端服务业发展，培育信息服务新型业态。四是支持广东商品全国行，开拓国内、国际市场，认真做好“家政网络工程”、“家政服务工程”、“双百市场工程”等中央服务业、商贸流通业发展专项资金项目申报和资金安排等工作，加强资金使用及项目验收管理。

（四）促进中小企业全面发展再上台阶

一是安排中小企业发展专项资金1.8亿元，发挥财政资金的放大、引导作用，支持中小企业技术改造和技术创新，推进中小企业服务体系和担保体系建设，带动中小企业贷款融资，促进中小企业、民营企业加快转型升级。二是安排科技型中小企业技术创新专项资金5 000万元，支持中小企业科技创新和转型升级，配套国家创新基金，形成合力支持中小企业科技成果转化、引进消化吸收再创新、参与国际标准、国家标准、行业标准、地方标准制定等，推动获取自主知识产权。三是本着厉行节约、科学合理、实事求是、依法依规的原则，认真做好第六届“中博会”财务结算审批和第七届“中博会”的预算审核工作，及时拨付有关经费。经报省政府同意，印发了《中国国际中小企业博览会经费收支管理暂行办法》，加强了对“中博会”经费的收支管理，为中小企业发展提供了良好平台。

（五）充分履行财政职责，支持省属企业改革发展

一是从国有资本经营预算中安排企业改革与发展专项资金2.5亿元，支持省属企业自主创新、结构调整和转变经济发展方式。二是继续做好企业改制相关财务管理工作，在促进企业改革的同时，做好国有资产保值增值工作，确保国有资产不流失。

（六）“再推一把”，加大产业转移财政扶持力度

根据省委、省政府对产业转移“再推一把”的决定精神，安排产业转移奖励资金25亿元，研究提出从促进产业集聚、加速转移、提高转移企业的比较优势、行政鼓励等四方面鼓励企业向欠发达地区省级产业转移工业园转移的政策。一是会同省经济和信息化委、省外经贸厅制定了《广东省专业性产业转移园工业园建设竞争性扶持资金管理办法》、《广东省珠三角地区产业跨市转出奖励资金管理办法》、《广东省珠三角地区企业产能转移奖励资金管理办法》和《广东省产业转移工业园企业外贸发展专项资金管理办法》，规范产业转移奖励资金的使用和管理。二是按照专项资金竞争性分配评审工作要求，会同省经济和信息化委评选出8个省级专业性产业转移园，并拨付第一批省财政补助资金3.2亿元。三是为进一步支持产业转移工业园发展，报经省政府同意安排汕尾市、惠州市产业转移工业园补助资金共5亿元。

（七）认真做好“家电、汽车、摩托车下乡”和“家电、汽车以旧换新”工作，惠农强农、拉动消费、带动生产

不断简化家电下乡补贴兑付程序，实行销售网点代理审核和垫付补贴资金，加快补贴资金兑付。加大宣传力度，积极调动老百姓购买积极性，促进城乡消费，扩大国内需求。截至2010年年底，全省家电、汽车摩托车下乡，家电汽车以旧换新累计销售653.24万台（辆），累计拨付补贴资金29.32亿元，各地已兑付补贴资金24.91亿元，拉动城乡消费313.07亿元。

二、突出两个重点，扎实做好与人民群众切身利益相关的民生保障和环境保护工作

工贸发展处始终坚持促发展与保民生、保稳定、改善生态环境并举，认真贯彻落实中央、省的各项民生政策，大力支持环境生态治理，取得了显著成效。

（一）把民生保障工作放在突出位置，维护人民群众切身利益和社会和谐稳定

1. 认真贯彻实施种粮直补、农资综合直补政策，促进粮食增产农民增收。调整种粮直补资金发放方式，将“先预拨后结算”改为按上一年核定的实际播种面积计算，加快种粮直补资金发放。2010年，全省对种粮农民直接补贴综合兑付率全国排名靠前，全省及时、足额兑付种粮直补、农资综合直补资金18.69亿元，其中农资综合直补资金16.13亿元，种粮直补资金2.56亿元，农民种粮直补户均补贴由2008年的223元/年上升到2010年的260元。做好新增农资综合补贴资金用于农田水利基础设施建设的项目评审和资金安排工作，促进粮食播种面积得到恢复性增长。

2. 做好重要商品物资储备，确保重要商品物资供应。一是做好省级储备粮的储备工作，加强对省级储备粮的监管。二是会同省有关部门研究制定印发了《广东省省级储备食用植物油管理实施细则》，积极落实省级食用植物油储备工作，确定省级储备食用植物油承储企业和费用标准。三是加大省级药品、化肥和冻肉储备的监督管理力度，按规定及时拨付省级药品、冻肉、化肥储备费用补贴资金。

3. 做好驻粤部队粮油保质保量及时供应及副食品补贴工作。一是及时审核拨付省财政应承担的驻粤部队粮油差价补贴，按时向财政部等部门报送供应驻粤部队粮油差价支出有关情况。二是做好军供网点维修改造资金的安排和拨付工作，研究下达全省各地市军供粮的指导性计划。三是加强与驻粤部队的联系，掌握驻粤部队副食品生产供应情况，统筹安排财政补贴资金。

4. 妥善处理国有企业关闭破产遗留问题，维护社会稳定。一是做好省属企业政策性关闭破产工作，2010 年审核安排省属煤矿关闭破产补助资金 9 352 万元，保证了省属煤矿留守人员、工残人员、离退休等人员的稳定；拨付有色金属行业关闭破产补助资金 7 480 万元，支持广晟公司做好有色金属行业维稳工作。二是认真做好企业历史拖欠工资清欠工作，省财政按规定安排 2. 33 亿元补助资金用于解决企业历史拖欠工资问题，2010 年审核拨付资金 2. 2 亿元，促进企业良性发展，维护社会稳定。三是做好 2011 ~ 2015 年省属关闭破产煤矿费用测算工作，提出方案上报省政府。四是做好企业分离办社会工作。积极协助国资部门做好移交机构、人员、资产及经费等的核实，按部门职能落实办社会职能机构和人员属地化移交的相关工作。

5. 加强安全生产监管及地质灾害治理，保障人民群众生命财产安全。安排安全生产专项资金 8 200 万元，支持全省安全生产应急救援、安全生产执法及治理行动、安全生产培训、宣传教育和安全文化建设、安全生产技术研究与推广。安排地质灾害治理专项资金 5 000 万元，支持重大地质灾害隐患点和危险点的监测、勘查、治理和避险搬迁项目，坚持以预防为主、合理避让、重点整治的方针，不断完善地质灾害防治管理体系，强化地质灾害群测群防机制和监测预警预报，全面推进地质灾害搬迁治理工程，减少群众的人员伤亡和财产损失，为经济和社会发展创造更加安全、和谐的地质环境。

（二）把节能减排和环境保护放在突出位置，促进经济社会可持续发展

1. 切实保障节能投入。一是安排省级节能专项资金 2 亿元，采用节能技术改造奖励、财政补助等方式，支持企业节能技术改造，发展循环经济、资源综合利用、清洁生产，并对采用合同能源管理模式实施的节能项目，根据节能量给予奖励，鼓励合同能源管理模式发展。二是安排循环经济工作经费 2 000 万元，支持全省建设节约型社会，发展循环经济的政策宣传、教育、培训、政策研究，并加强对全省清洁生产工作的指导。三是安排资金加快淘汰落后水泥、钢铁产能，实行激励措施，确保落后水泥、钢铁产能平稳、有序退出。截至 2010 年年底，省财政累计拨付淘汰钢铁、水泥产能补助资金近 3 亿元，支持淘汰落后炼铁能力 34. 99 万吨、落后炼钢能力 711. 3 万吨、落后水泥产能 1 608万吨，有力地推动了提前超额完成国家下达的“十一五”淘汰落后钢铁、水泥产能的任务。四是支持企业能源管理中心建设，推广合同能源管理模式，参与审核上报合同能源管理公司，促进节能服务中介的发展壮大，推动节能减排的社会化服务。

2. 及时安排拨付高效照明产品推广及节能补贴资金。一是按照财政部、国家发展改革委《高效照明产品推广财政补贴资金管理暂行办法》、《高效节能产品推广财政补贴资金管理暂行办法》的有关要求，大力支持高效照明产品、高效节能产品推广，在减少能源消耗的同时减少污染物排放。二是及时拨付中央高效节能空调、高效照明产品推广财政补助补贴和节能技术改造财政奖励资金，制订印发《2010 年广东省高效节能空调推广情况专项检查实施方案》，组织开展专项节能核查，及时掌握政策实施效果，提出完善建议。

3. 加强环境保护和生态环境建设。安排省环境保护专项资金约 9 亿元支持开展水质保护、治理，固体垃圾处理和污染减排、污水处理设施建设等项目。统筹安排资金继续推进欠发达地区污水处理设施建设。同时，加强对已支持污水处理项目的跟踪和监督。支持开展环境综合整治和水污染治理，支持重点流域、河流和湖泊整治，加强环境监管能力建设，提升环境执法水平，促进经济社会可持续发展。

三、推进三项改革，进一步加强财政管理科学化、精细化

工贸发展处结合财政职能作用，积极从事和参与各项财政制度改革，规范财政专项资金管理，推动完善财政管理制度。

（一）推进国有资本经营预算制度改革，规范国有资产收益管理

一是按照省政府《印发广东省省级国有资本经营预算试行办法》的规定，2010 年试编省级国有资本经营预算，报经省政府同意后组织实施，初步构建权责明晰、分配合理、配置优化的国有资本经营预算制度体系，规范国有企业收入分配制度。二是按照 2010 年省级国有资本经营预算支出计划及省政府批准的既定项目支出，及时审核有关省属企业项目支出计划和拨付资金。三是按照 2010 年省级国有资本经营预算收入计划，组织收缴省属企业国有资本收益，全面清理历年欠缴国有资本收益，并落实审计决定，追缴完成有关省属企业历年应缴未缴的国有资本收益及罚息。四是加强与省属预算单位及省属企业的协商、沟通，认真组织编制 2011 年省级国有资本经营预算建议草案。

（二）推进粮食体制改革，保障粮食市场供应

一是深化粮食流通体制市场化改革，继续贯彻落实经

省政府批准的消化1998年6月~2003年6月国有粮食购销企业政策性亏损挂账方案，督促各地按时完成消化任务，按时拨付补助资金。二是积极做好粮食最低收购价的财政财务工作，会同省有关部门认真贯彻落实粮食最低收购价的各项政策。三是完善省级储备粮管理体制改革。巩固调整完善省级储备粮包干轮换费用标准和轮换期限，组织开展省级储备粮专项检查，按规定做好储存省级储备粮的粮库维修改造资金的安排和拨付工作。

（三）推进财政专项资金竞争性分配改革，提高资金配置效率

一是牵头组织战略性新兴产业发展专项资金（省财政安排）竞争性分配活动，通过制订实施组织申报、要件准入、书面评审、公开答辩、实地考察、项目公示、领导小组确认等七个环节的竞争性分配流程，拓宽竞争性分配对象，完善竞争性分配体系，为进一步扩大财政专项资金竞争性分配改革试点范围产生了良好的示范效应。二是完善财政专项资金竞争性分配制度措施，研究制定《广东省省级财政专项资金竞争性安排服务工作候选代理机构评选暂行办法》，规范专项资金竞争性安排代理服务机构选取，推动建立公开、公平、公正的财政专项资金项目遴选机制。三是继续推进装备制造业专项资金、现代新兴服务业发展专项资金等竞争性分配改革试点，制订试点工作方案，完善评审程序，通过专家评审或竞争性招投标方式安排资金，促进资金分配运行有序、严谨高效。

四、夯实四个基础，进一步提高财政工贸发展工作水平

工贸发展处始终注重强化工贸发展基础业务工作开展，以党建促业务，加强党风廉政建设，提升干部队伍素质，为推动工贸发展工作开展奠定良好基础。

（一）夯实专项业务基础，做好工贸发展基础工作

1. 做好经管部门预算管理。一是安排预算单位一般预算支出及财政专户支出，安排航道维护经费，按时审核办理25户事业单位统发工资，组织开展2011年省级部门预算、综合预算编制工作。二是加强非部门预算资金管理，审核、清算各单位上年度预算执行情况，审核安排部门专项经费，研究落实新增机构的预算管理体制及经费安排，对经管单位年度预算执行情况进行监控，及时安排拨付机构经费，办理机构变更划转预算事项。三是审核、批复所经管部门的部门决算，研究安排教育、地质及其他事业单位专项支出，积极支持教育、环保、地质等公共事业发展。

2. 加强资产评估机构管理，支持评估机构做大做强做优。一是调查分析全省资产评估收费情况、机构收入现状，以及机构运行成本等，研究制订资产评估收费新标准，解决资产评估行业长期存在的资产评估服务价值被低估、压价竞争等限制行业发展的问题。二是深入研究推动机构专营化经营发展的政策措施。三是对全省资产评估机构年度报备情况进行通报，按规定处理存在的问题，实现资产评估机构的动态管理。四是严格资产评估机构审批和监管，认组织开展《资产评估机构审批管理办法》修订调研工作，提出科学、合理的修订意见。

（二）夯实信息化基础，提高财政工贸工作信息化水平

一是汇总、分析上报全省国有或国有控股企业、非国有企业财务快报。二是根据财政部要求，定期上报《广东省企业经济运行状况报告》，按月对重点纳税企业税收情况进行分析，为领导经济决策提供依据。三是推动农民补贴网建设，完善农民补贴信息统计制度，完成农民补贴网数据月报工作。四是做好粮油价格月报、省级粮食风险基金月报、种粮农民直接补贴工作进度旬报等的数据报送工作。

（三）夯实作风基础，深入开展“抓落实促发展”、“创新争优”主题实践活动

一是研究制订工贸发展处“抓落实促发展”主题实践活动方案，进一步明确主题实践活动的指导思想、基本原则、目标要求、时间步骤等，并制定详细的工作安排表，确保主题实践活动稳步推进。二是大力推进学习型、创新型、服务型和节约型机关建设，深化对加强作风建设，提高执行力重要性的认识，以良好的机关作风保障抓落实的各项工作。三是深入开展“创先争优”活动，以“五个好”、“五带头”的标准严格要求全处党员干部，研究制订工贸发展处“十个自觉”，进一步增强党员干部为民理财意识，激发党员干部转变作风，做好本职工作的热情和干劲。

（四）夯实廉政基础，提高拒腐防变的自觉性和坚定性

一是认真组织开展纪律教育学习月活动，围绕“加强制度教育，构筑拒腐防线”等主题，开展专题学习讨论会，通过讨论和交流，加深理解和感悟，增强反腐倡廉教育的针对性和有效性。二是加强廉洁从政教育。教育引导党员干部坚定中国特色社会主义信念，自觉加强党性修养，弘扬党的优良作风，讲党性、重品行、作表率，结合规范权力运行工作，进一步明确岗位职责和纪律要求，规范岗位履职行为，加强权力约束和监督，牢固树立执政为民、勤政有为、善政务实、廉政有责、遵纪守法观念。三是参与开展建设现代产业体系、提高自主创新能力，以及结构调整、扩大内需、强农惠农政策落实情况的专项监督检查，开展治理商业贿赂工作，把强化资金监管与增加资金投入放在同等重要的位置，促进依法行政、依法理财。

（工贸发展处供稿，姚林执笔）

农业财政管理和契、耕两税征管工作概述

2010年，全省各级财政农业部门围绕“稳粮保供给、增收惠民生、改革促统筹、强基增后劲”的中心任务，继续加大“三农”投入，集中财力落实各项强农惠农政策，

大力支持农业基础建设和发展现代农业，积极创新和完善财政支农体系，切实推进农业财政科学化精细化管理，促进农业财政工作再上新台阶。

一、围绕夯实农业农村发展基础，继续加大“三农”投入力度

按照《中共中央国务院关于加大统筹城乡发展力度进一步夯实农业农村发展基础的若干意见》的要求，结合实施积极财政政策的契机，省财政厅加大“三农”投入力度，进一步建立完善财政支农资金稳定增长机制，做到“总量持续增加、比例稳步提高”。2010 年，省级年初预算安排“三农”支出 295.9 亿元，比 2009 年增长 9.93%。在加大投入的基础上，继续调整财政支农支出结构，推动资源要素向农村配置，突出生产发展、基础设施建设、社会事业、生态建设和劳动力素质提高等五个支持重点，确保做到“三个优先”。

同时，注重发挥财政支农政策的导向功能和财政支农资金“四两拨千斤”的作用，通过资金整合、财政贴息、以奖代补、民办公助、先建后补、农业保险和竞争性分配等多种行之有效的方式，调动各级财政部门和社会各有关方面投入“三农”的积极性，鼓励、引导和带动社会资本参与农村经营性基础设施、公用事业以及相关配套设施建设，形成以政府投入为引导的多元化“三农”资金投入机制，为农业和农村持续发展提供有力的资金支持。

二、围绕转变农业发展方式，大力发展现代农业

2010 年，以粮食、特色水果等主要农产品生产为重点，以加强农业基础设施建设、推进农业产业化为抓手，加快转变农业发展方式，大力支持现代农业发展，着力构建现代农业产业体系。

（一）加强农业基础设施建设，努力改善农业生产条件

一方面，统筹整合土地收益（新增建设用地土地有偿使用费和用于农业开发的土地出让金）和现有一般预算安排的农田建设资金，继续安排 14.82 亿元（全省 20.29 亿元），以土地开发整理、基本农田示范区建设、灾毁基本农田垦复、农田整治建设、农田水利基本建设议案、标准鱼塘建设等多种项目为载体，支持推进 125 万亩现代标准农田建设；继续安排低效园地山坡地补充耕地省级补助资金 8 亿元，支持市县新造 40 万亩有效耕地。另一方面，按照中央和省委、省政府的部署，继续通过滚动预算、建立水利融资平台等手段，科学统筹财力，合理调度资金，省级水利资金盘子安排 40.64 亿元支持全省水利建设，确保在 2011 年汛前基本完成 293 宗城乡水利防灾减灾工程、76 宗病险大中型水库和 1 200 多宗病险小型水库除险加固工程。

（二）加快农业产业结构调整，支持构建现代农业产业体系

1. 大力推进现代农业主导产业带建设。

（1）加大投入力度。2010 年，广东省三大现代农业产业带项目资金投入 4.24 亿元，其中：中央财政现代农业生产发展资金 1.47 亿元，地方投入（含地方财政新增及整合财政支农资金、企业与社会投入资金）2.77 亿元。地方投入部分，省级财政安排 2 850 万元，项目所在市、县通过整合财政支农资金投入 8 038 万元，引导社会投入 1.68 亿元。

（2）明确支持重点。2010 年中央现代农业生产发展专项资金对每项主导产业选择一两个关键环节给予集中投入，重点支持特色水果产业带的良种繁育苗圃基地和种植示范基地建设、优质稻产业带小型农田水利设施建设和油茶产业带油茶良种繁育苗圃基地及种植示范基地建设。

（3）下放项目审批权。将项目的立项权和审批权完全下放地方，只提出原则要求，不指定具体项目，也不批复地方确定的项目，由地方因地制宜，科学规划，自主确定立项产业、支持额度、支持环节、支持区域和具体项目，并负责有关项目的组织实施。

（4）加强绩效考评。按照“客观、公正、科学、规范”、“有利于推动支农资金整合”、“权责统一”和“定性考评与定量考评相结合”的四大原则，从实施方案制订、支农资金整合、资金项目管理、项目实施效果以及违规违纪行为等五个方面，分县级自评和省级考评两个阶段，对三大现代农业产业带 2009 年财政现代农业生产发展资金的管理使用情况及绩效目标实现程度情况等进行了认真细致的综合性自评，有效实现了“问效”与“问责”的有机结合。

（5）现代农业主导产业带建设成效明显。自 2008 年 9 月广东省现代农业生产发展项目启动以来，特色水果、优质稻和油茶等三大主导产业带发展迅速，品种不断优化升级，产量、产值明显提高，区域布局更加科学合理，初步形成了规模化、集约化、产业化的良好发展态势：产业结构不断优化，区域规模效应初显；产量质量不断提高，农民持续快速增收；农技推广不断加快，科技含量逐步提高；社会影响不断扩大，政策措施深入人心。

2. 支持促进农业产业化发展。安排省级发展粮食生产专项资金 4 750 万元，积极扶持粮食高产创建工作，支持有关科研、推广部门开展粮食作物新品种选育和示范推广，开展技术集成和试验示范。安排“三高”农业专项资金 3 723万元，重点用于支持高产、高效、优质现代农业建设以及特色农产品推介。安排农业产业化资金 1.34 亿元，扶持现代农业园区、农业龙头企业和农民专业合作社发展，通过开展“一乡一品”、粤台农业合作等工作促进特色农产品发展、农业良种引进与示范推广等。安排扶持农业机械化发展议案资金 9 800 万元，提高农业生产机械化水平和劳动生产率。通过省财政专项资金的扶持和引导，带动了大量社会资金投入农业产业化领域，提高了农业龙头企业、农民专业合作组织联结和带动农户的能力，对提高农产品竞争力、加快农民规模化产业化发展和优化农业生产结构发挥了积极作用。

3. 着力建设现代渔业。安排 5 000 万元，推进人工渔礁建设议案实施，恢复与改善广东重点海域、海湾的鱼类

生存环境，使濒危珍稀水生动物等得到有效的保护。安排6 200万元，继续实施沿海渔民转产转业议案，通过完善产业化基地建设和渔民专业合作组织项目专家评审和以奖代补办法，加强财政监督管理，确保资金使用安全。安排资金4 750万元，用于海洋与渔业科技创新、技术推广、振兴“南珠”等重要领域和项目建设，加大海洋与渔业科技攻关力度，研发推广一批海洋渔业关键技术，形成一批具有自主知识产权的科技创新成果。安排资金4 000万元，支持水产品质量安全监管和水生动物防疫检疫体系建设，强化渔药、饲料及添加剂等投入品使用的监督管理。逐步完善水产品质量安全管理、协调机构以及检验检测体系，重点建设区域性检验检测中心及沿海水产品质量安全检验检测站，完善水生动物疫病监测网络，扶持建设一批鱼病诊所。安排资金1 500万元，开展深水网箱养殖技术的开发与示范应用，在全省沿海建设深水网箱养殖产业园，努力把深水网箱产业园区打造成高标准、高水平、高效益的示范园区，推动深水网箱养殖的产业化、集群化。

三、围绕改善农村民生，认真落实各项惠农民生政策

（一）进一步完善和强化农业补贴政策

一是认真落实良种补贴政策，2010年中央和省级财政安排农作物良种补贴资金4.7亿元，在全省开展良种补贴，推广种植水稻、玉米、小麦、花生等农作物优良品种，调动了农民种植粮食的积极性，恢复和扩大了粮食种植面积。二是逐步提高农机具补贴水平，2010年全省农机具购置补贴资金规模达到3亿元（其中：中央补贴资金2.6亿元，省级补贴资金3 980万元），对全省符合补贴条件的农民和直接从事农业生产的农机专业服务组织购买农机具给予补贴，提高了农业机械化水平，促进了农作物增产和农民增收。

（二）大力支持农村民生水利工程建设

一是为解决全省1 645.5万人的农村饮水安全问题，按照工程建设规划及进度，2010年省财政安排2.6亿元继续支持实施农村饮水安全工程，着力解决全省250万人农村饮水安全问题。截至2010年年底，省级财政共安排资金20.42亿元，解决全省1 041万人饮水不安全问题。二是统筹整合资金，安排1.52亿元，积极推进小型农田水利重点县建设。在抓好第一批8个小型农田水利重点县的基础上，择优确定第二批11个重点县，组织专家开展绩效考评，建管并重，探索用水协会、农村合作组织参与管理模式，建立小型农田水利建管长效机制。三是按照省委2010年工作要点精神，会同省有关部门大力开展村村通自来水和中小型灌区改造工程试点调研并制订试点方案，分别筹措村村通自来水试点工作省级补助资金1 000万元和中小型灌溉区改造试点工作省级补助资金1.29亿元，推进试点工程建设，从而进一步完善农村水利基础设施建设和管理，提高水安全保障能力，确保了农田灌溉用水，增加了村民人均纯收入，带动了当地经济发展，也促进了当地农村经济的循环持续发展，水源区的生态环境得到了改善，密切了党群、干群关系，促进了农村的稳定。

（三）推动农村生态环保建设

一是为充分利用农村可再生资源开发优质能源，有效改善农村卫生条件，促进农村生态环保。2010年，省财政继续安排农村沼气建设补助资金7 000万元，重点支持东西两翼、粤北山区经济欠发达地区农村沼气建设。二是进一步加大对林业生态建设投入力度，安排5.45亿元，支持水源涵养林、林分改造、沿海防护林及红树林、生态文明“万村绿”、森林植被恢复、森林抚育等林业重点工程建设，构建生态屏障；安排林业防灾减灾资金6 500万元，健全森林消防队伍，加强森林防火基础设施建设，开展航空护林，加强检疫工作，防止外来有害生物的传播和扩散，构建“点、线、面”相结合的林业生态安全体系；安排补偿资金7.26亿元，进一步提高省级生态公益林补偿标准，由2009年的12元/亩提高至14元/亩。同时，经报请省政府同意，自2010年起统一国家级和省级生态公益林补偿标准，扩大省级生态公益林面积493万亩，省级以上生态公益林面积由5 321万亩增加到5 815万亩，占林业用地35.3%，生态功能等级稳步提升；按工作进度及时拨付中央和省级集体林权制度改革工作经费2.42亿元，大力支持集体林权制度改革，如期实现了省委、省政府确定的阶段性改革目标，于2010年年底基本完成明晰产权主体改革任务。

（四）加强动植物疫病防控体系建设

一是继续安排植物农作物病虫害防控资金1 080万元，支持欠发达地区开展植物病虫害防控工作；二是继续安排重大动物疫病防控经费1亿元，确保中央及省关于牲畜口蹄疫、禽流感和高致病性猪蓝耳病强制扑杀补偿政策的执行。三是继续安排省级基层动物防疫补助资金950万元，支持基层开展强制免疫疫苗注射等工作。四是继续安排省农业厅2010年畜禽标识管理经费2 000万元，用于配备畜禽标识和二维码识读器，推进动物标识及疫病可追溯体系建设。五是安排动物防疫体系建设资金2 000万元，支持经济欠发达地区动物防疫体系建设，完善和提高省、市、县三级动物防疫机构的重大动物疫病监测疫情处理能力。

（五）支持和稳妥推进政策性农业保险试点工作

一是安排农房保险保费补贴资金3 280万元，支持实施农房保险工作，按实际承保情况拨付至保险公司。截至12月底，全省累计承保的农户数约1 029万户，累计承保率90.61%，承担的风险保障金额达到1 064亿元。二是2010年省财政安排能繁母猪保费补贴资金7 200万元，对欠发达地区参加政策性能繁母猪保险的养殖户按每头能繁母猪35元的标准给予补助，按实际承保情况拨付至保险公司。截至12月底，全省承保能繁母猪121万头，提供风险保障金12.1亿元，受益农户约103万户。三是安排水稻种植保险保费补贴资金2 000万元，对欠发达地区试点市参加水稻种植保险的农户给予保险补贴。2010年，财政部将广东省列入中央财政种植业保险保费补贴范围，在省级财政负担

25%的保费基础上，中央财政再按保费的35%给予补助。经省政府同意，广东水稻种植保险保费资金负担比例调整为：农户负担20%，中央、省、市、县四级财政共补助保费的80%，其中：中央补助35%，省市县三级财政负担45%。通过开展政策性水稻种植工作，进一步减轻了农户的负担，有效防范了农业种植风险，确保粮食安全和农民持续增收。四是继续安排政策性渔业保险保费补贴资金2 000万元，积极配合有关部门制订政策性渔业保险试点实施方案，完善渔业风险转移能力分担机制，全面提高渔业抗风险能力和渔业安全生产保障水平。

（六）基本完成华侨农场金融债务处置

至2010年底，省财政累计安排1.56亿元，支持华侨农场金融债务处置工作，共处置资产公司、地方金融机构持有华侨农场金融债权10.82亿元（资产公司、地方金融机构持有华侨农场金融债权合计12.65亿元），处置率达86.51%。

（七）全面落实水库移民后期扶持政策

一是按照“急事急办、特事特办”的原则，积极做好水库移民资金安排和拨付工作。2010年，中央和省两级财政累计拨付水库移民资金17.84亿元。二是会同省水利厅印发《广东省大中型水库库区基金征收使用管理实施细则（修订）》，推进大中型水库库区基金征收工作。三是会同省水库移民工作局等有关部门积极推动小型水库移民后期扶持基金征缴入库和资金安排工作。四是配合省水库移民工作局做好水库库区和移民安置区基础设施建设以及经济发展规划工作。

四、围绕统筹城乡区域协调发展，初步构建财政扶贫新体系

2010年，省财政积极筹措资金，安排扶贫专项资金11.64亿元，比2009年增加8.07亿元，大力支持扶贫开发“规划到户责任到人”、农村泥砖房和茅草房改造、“大禹杯”竞赛活动、老区发展、扶贫培训、扶贫农业龙头企业贷款贴息、农村贫困老党员补贴、基层组织经费保障等各项扶贫开发工作，逐步完善财政扶贫投入机制。一是2010～2012年，省财政安排7亿元，大力支持14个欠发达市及恩平市负责帮扶的2 009条贫困村开展扶贫开发“规划到户责任到人”工作，其中2010年安排3.1亿元；二是2010～2012年，省财政计划安排农村基层组织工作经费省级补助资金9.25亿元，支持建立以省市补助、县级统筹、村集体收入自我保障为基本形式的农村基层组织经费保障制度，其中2010年安排2.54亿元。三是2010～2015年，全省财政共计划安排81.22亿元（其中，省财政54.15亿元），将贫困户泥砖房、茅草房改造补助标准由0.5万元提高到1.5万元，其中省财政补助1万元，市、县不低于0.5万元，全面解决贫困农民“住有所居”问题。其中2010年安排4亿元。四是从2010年起，省财政综合统筹整合交通、水利、农业、扶贫、农业综合开发、民政、劳动保障、卫生、教育等领域的36项扶贫支农资金，大力支持连南县高寒山区居民移居安居示范点建设。

此外，为切实解决城镇低收入家庭住房困难问题，2010年省财政安排廉租住房专项补助资金2亿元，以实物配租为主结合发放租赁补贴的方式，对人均住房建筑面积低于10平方米的城镇低保家庭和低收入家庭实施补助，补助范围主要是东西两翼和粤北山区及江门的恩平市、开平市、台山市。

五、认真做好监狱劳教经费保障工作

一是在2009年完成监狱体制改革的基础上，进一步理顺监狱经费保障机制。安排监狱体制改革保障资金，省财政对监狱基本支出经费实行全额保障，监狱生产创收部分用于监狱自身建设。二是积极配合省人保厅深入基层监狱劳教单位调研，在省财政未增支的情况下，妥善解决了全省2 000多名监狱劳教单位退休固定工退休费纳入省财政统发的历史遗留问题。三是开展对市管茂名监狱调研，探讨市管困难监狱上划省管体制管理的问题，做好前期经费保障测算和管理模式的调研。四是积极推进劳教单位“收支两条线”经费管理改革，配合劳教部门认真做好改革前的资金测算等前期工作，为劳教单位实行“教企分开、收支分开、规范运行、全额保障”的劳教收容管理改革打下基础。

六、认真做好契税、耕地占用税征管工作

2010年1～12月份全省“两税”收入共完成291.54亿元，完成年度征收预算数（代编）221.5亿元的131.62%，比2009年同期的206.53亿元增收85.01亿元，增幅41.16%。其中：契税235.51亿元，比2009年同期增收34.27%；耕地占用税56.03亿元，比2009年同期增收79.96%。同时，按照财政部、国家税务总局要求，积极统筹推进“两税”征管职能划转工作。一是强化依法治税。全省各级财政部门认真执行国家和省有关“两税”征管的各项政策规定，依法、依规进行“两税”征管，坚决杜绝违规减免等违规行为。二是强化沟通协调。通过上下联动和部门协作，加强中央、省和市县征管部门的沟通协商，及时反映和解决征管过程中存在的问题。三是强化规范管理。全省各级财政部门大力推进征管信息化建设，逐步完善征管过程与地税、国土、房地产管理部门的数据传递、信息反馈和资源共享等机制，及时掌握税源资料，严把纳税关、紧控办证关，通力合作，深入推进以契税为抓手的“先税后证”和房地产税收一体化管理。四是强化培训指导。省财政厅组织全省“两税”征管职能认真学习“两税”政策法规，并邀请国家税务总局等有关部门领导进行讲课辅导。同时，结合征管形势和耕地占用税新条例颁布等实际情况，组织订购和学习《房地产税收一体化操作指南》、《耕地占用税新法规适用指南》等政策法规书籍，提高市县“两税”征管人员的政策水平和业务能力。五是理顺征管体制。根据财政部、国家税务总局的统一要求，结合广东省“两税”征管的实际情况，省财政厅会同广东省地方税务局经过多次沟通协商，制订“两税”征管职能划

转工作方案，并报请省政府同意后印发各地实施，稳步有序推进全省“两税”征管职能划转工作。

七、全力做好“凡亚比”台风救灾工作

2010年9月底，广东省茂名、阳江、云浮等市遭受“凡亚比”台风重创。按照省委、省政府的工作部署，省财政厅第一时间启动了救灾应急工作机制，实行救灾复产值班和联络员制度、信息传递和报告制度、资金应急保障制度，并开通了资金拨付“绿色通道”，全力支持灾区群众抗灾抢险、恢复生产、重建家园。在省财政厅党组的部署下，领导率先垂范、靠前指挥，部门协同配合、高效工作，党员干部坚守岗位、连续作战，在最短时间内会同省直部门研究提出了支持灾区救灾复产重建的项目和实施方案，上报省政府批准，得到省委、省政府和有关方面的充分肯定；并按照急事急办、特事特办的原则，多渠道筹集并及时拨付救灾资金14.9亿元，切实发挥了财政应急保障的重要作用，构筑了一道坚实的“公共财政保障线”，极大地推动了救灾复产重建工作。

八、扎实推进农业财政管理科学化精细化

2010年，全省各级财政农业部门牢固树立“抓规范管理就是抓资金投入、抓效益、抓安全”的理念，从强化管理入手，积极探索，大胆进行财政支农资金管理改革，并不断创新更加富有活力和效率的财政支农资金管理方式，有效提高了财政支农资金的科学化、精细化管理水平。

（一）建章立制，建立、健全专项资金管理制度体系

从健全制度，规范管理出发，积极会同有关部门制订完善专项资金管理办法，下大力气规范专项资金的扶持范围、申报条件、申报程序、审核要求、资金用途、使用范围、分配下达、资金拨付、部门职责、监督管理等方面的管理，先后制订并印发了《广东省省级财政支农专项补助资金管理办法（暂行）》、《广东省省级农产品质量安全监督检测体系建设专项资金管理办法》和《广东省省级农村沼气建设专项资金管理办法》等一系列管理办法，进一步完善科学合理、层次清晰、分工明确、覆盖全面的支农资金管理制度新体系，全方位提高了财政支农资金的科学化、精细化管理水平，提高工作的规范化、制度化水平，切实做到以制度管权、靠制度管事、用制度管人。同时，严格按照制定印发的《广东省财政厅工作规则》的有关要求，加强权力监督，规范权力运行，切实保障权力运行的公正、公开、透明，实现权力运行的理性化、合规则和高效能。

（二）创新机制，构建涉农资金监管新体系

按照财政管理科学化、精细化要求，努力创新机制，强化工作管理，优化业务流程，构建了涵盖资金分配、项目管理、资金支付、绩效评价、监督问责五个环节的循环动态管理模式。在资金分配环节，推行按因素法、标准法分配专项资金，引入竞争性分配机制，将省级农村危房改造、欠发达地区水利工程维修养护等11项专项资金纳入竞争性分配改革试点。在项目管理环节，一是加强支农资金分配方案报送的计划性管理，规范申报程序，二是对重大专项实行主管部门委托专家审核和财政抽查复审制度，大力推进资金项目审批权下放改革。在资金拨付环节，一是实行支农资金国库集中支付和财政报账制管理，二是推行资金分类拨付管理，保证资金及时到位。在绩效评价环节，积极探索试行“事前有绩效目标，事中有绩效督查，事后有绩效考评”的专项资金全过程绩效管理机制，把项目绩效评价结果作为预算安排的重要依据。在监督问责环节，采取前期核查、实地考察和抽样检查相结合的方式，对财政支农资金的拨付、管理和使用情况进行全面监督。

（三）强化监督检查，全面开展强农惠农资金专项清查工作

6月17日，中央统一部署开展强农惠农资金专项清理和检查工作，在省委、省政府的领导下，省财政精心部署，扎实有效开展工作。在部署启动阶段，做到“四个迅速”，召开电视电话会议、成立领导小组、制订实施方案、加强宣传，全面部署启动强农惠农资金专项清查工作。在自查自纠阶段，狠抓全面清理，结合“暗访”开展“回头看”推动自查自纠，全省共梳理出强农惠农专项资金22大类、343个子项目，2007～2009年全省各级财政共安排县级及县级以下强农惠农资金约1 048.25亿元；梳理出以前监督检查发现的违规、违纪、违法问题280个，该次自查自纠发现问题120个。在重点检查阶段，全省组织13个重点检查组和10个重点督查组，对20个地级市和8个省直单位进行重点检查和督查，做到前期准备、完善工作机制和重点明确内容“三落实”，全面推进重点检查工作。在整改落实阶段，制订详细的整改计划，明确责任和时限，切实把整改落到实处，并深入分析强农惠农政策执行面临的深层次矛盾，努力构建长效执行机制。通过清查整改，有关单位和人员共归还资金2 104.69万元，通过调账处理的资金5 497.81万元；通过整改制定管理制度的项目40个；共7人受到行政处罚，15人受到组织处理，62人受到党纪政纪处理，43人被移交司法机关处理，公开通报案件数15件。财政部谢旭人部长来粤检查强农惠农资金专项清查工作和强农惠农资金专项清查工作中央督查组来粤开展强农惠农资金专项清查督查工作中，均对广东省强农惠农资金专项清查工作给予充分肯定。

（农业处供稿，范小花执笔）

基本建设财政财务管理工作概述

2010年，经济建设处积极履行和充分发挥财政经济建设职能作用，在进一步加大财政投资力度，加强财政投资基建项目支出预算管理和财政资金监管，努力做好重点项目财政财务管理工作以及援藏援疆项目资金管理工作等方面做了大量卓有成效的工作，为“加快转型升级，建设幸

福广东”，推动广东省国民经济又好又快发展作出了应有的贡献。

一、加快落实扩大内需战略和推进重点项目建设成效显著

2010年，经济建设处把落实扩大内需政策作为首要任务高度重视，以投资带动扩大需求核心目标，根据中央和省扩大内需促进增长的决策部署，认真履行职责，严格把握资金投向，加快预算执行监督力度，使中央和省扩内需促增长战略决策落到了实处。

（一）加快中央投资项目预算执行力度，补助示范带动作用明显

根据中央和省扩大内需促进经济增长的决策部署，2010年以来省财政认真履行职责，按照“特事特办、快速实施、加强管理、确保效益”的原则，及时分解下达中央资金预算，足额落实地方配套资金，严格把握资金投向，加强资金使用的监督管理，使中央扩内需促增长战略决策落到了实处。2010年，财政部共安排广东省（不含深圳和部门直接下达）扩大内需中央基建投资资金预算60.51亿元；截至2010年年底，省财政累计转下达预算50.91亿元，占中央安排广东省资金总额的84%。中央投资补助主要安排用于强农惠农、教科文卫、社会保障以及支持自主创新和高技术产业等领域。按照中央投资资金使用要求，广东省严格把握资金投向，引导资金集中投入中央规定的范围和广东省经济发展最关键、最急需、辐射或带动效应最大的领域，严禁用于“两高”行业、低水平重复建设和产能过剩行业项目，确保资金使用效益的最大化。

为确保中央扩大内需政策发挥作用，经济建设处积极研究，采取措施保障地方配套资金及时足额到位。一是按照中央关于债券资金优先安排用于中央投资的公益性建设项目地方配套的规定，要求各市将地方政府债券转贷资金优先用于中央投资的公益性建设项目地方配套，确保不留配套缺口；二是指导各地将财政投入和金融杠杆有机结合，组建投融资平台，通过财政性资金的注入吸引银行贷款等资金，充分发挥企业债、公司债和中期票据等融资工具的功能，确保配套资金落实到位；三是要求各地和有关部门统筹安排各类财力，包括财政预算内资金，各级政府土地出让收益、地方政府性基金等，足额落实配套资金。截至2010年年底，广东省（不含深圳）已落实地方政府配套资金65.41亿元，其中通过地方政府债券安排13.27亿元、政府融资平台安排9.84亿元、地方政府性基金安排1.49亿元。

（二）充分发挥重大项目投资带动作用，贯彻实施扩大内需重大战略卓有成效

按照省委、省政府《关于实施扩大内需战略的决定》的要求，为推进省重大项目建设，省财政千方百计，集中财力，积极筹措落实投资资金，做好财政投资项目财务管理相关工作。根据省委、省政府关于“集中财力办大事”的方针，2010年经济建设处统筹提出的相关经管重点项目一揽子资金筹措方案，集中新增筹集超过270亿元，用于部省合作铁路、珠三角城际轨道交通、全省重点机场、港珠澳大桥、琼州海峡跨海工程等大型项目资本金投入，确保了经济建设处经管重点项目的用款需求。

从检查掌握的情况看，2010年以来中央安排广东省扩大内需项目及省重大项目建设进展顺利，促进经济增长的政策效应正不断地释放和显现。在中央扩大内需资金和省财政直接投资重点项目资金的支持和带动下，广东省扩大内需项目建设进程不断加快，对拉动广东省内需、刺激经济增长作出了应有的贡献，产生了较好的政策效益。

二、基建项目财政投资科学化、精细化管理扎实推进

（一）切实履行项目前期论证和立项审核把关工作，提高项目投资决策的科学性和合理性

根据省府办公厅《印发广东省省级财政性资金投资民用建筑项目管理暂行办法的通知》的规定，履行财政投资项目预算审查工作，通过评审机构，合理核定建设项目使用省级财政投资规模，提出切实可行的资金安排意见和建议，供省领导决策参考。2010年，经济建设处参与项目前期论证工作共45项，所有项目送审总投资超过60亿元；经审核并报经省领导批准，核定新增项目30项目，总投资共48.68亿元，其中列入2011年度新增投资13.90亿元。

2010年1月，《中国财经报》对广东省财政投资项目的立项审批和投资管理机制作了专门报道，对广东省“财政投资项目立项以及具体投资建设规模，省发展改革委须会同省财政厅共同审查后报省政府审定”的做法给予充分肯定。

（二）加强基本建设项目预算执行，提高项目资金财务管理水平

2010年，省财政厅经济建设处统管的全部大小基建项目预算指标超过700项、其中500万元以上的项目指标超过370项（含中央补助地方项目），预算指标总计约188亿元（含上年结转指标及中央补助资金）；根据基本建设财务管理有关规定和省政府《省级基本建设项目财政性资金集中支付暂行办法》，通过集中支付审核拨付项目工程款81.36亿元，保证了各领域基建项目的用款需求，加快了工程建设进度。

（三）建立健全规章制度，规范项目投资管理行为

根据省政府关于“生财有道、聚财有方、理财有规、用财有效”的精神，为实现财政经建项目财务管理的制度化、规范化，省财政对安排的每一项财政专项资金，继续严格按照“制度先行，规范实施，跟踪监管”的原则进行，特别是投资额大、影响面广的专项资金，如：铁路建设专项资本金、中期票据募集轨道交通建设专项资金、标准化渔港建设补助资金以及公安看守所建设补助资金等，均认真研究制定了相应的资金管理办法，从制度上确保了资金管理使用的安全、规范和有效，提高了财政资金的投资效益。

（四）积极推进改革创新，继续加快推动“代建制”改革

为避免建设单位从部门利益出发，片面争项目、上规模，2010年，经济建设处坚持改革创新，着力完善财政投资项目管理机制，继续大力推动省属非经营性项目代建制改革。具体做法是：对政府投资省属非经营性项目，改变现行由使用者自建自管的做法，由专门设立的代建项目管理机构通过招标等方式，选择专业化的项目管理单位（代建单位）负责组织建设，然后代建单位再通过招标等方式选择设计、施工、监理等单位承担工程的设计、施工、监理等，直到项目竣工验收合格后移交给使用单位。截至2010年年底，由省实施代建的项目包括2010年广州亚运会省级场馆维修改造、广东社科中心等共18个项目，项目总投资15.46亿元，总建筑面积29.36万平方米。目前，各代建项目进展情况良好，其中已完工的项目9个，没有一个项目出现“三超”（超标准、超规模、超内容）的情况；其余在建项目总体工程进展顺利。

（五）加强对项目概算管理控制

针对发现的部分项目存在项目概算控制不严、投资需大幅增加等问题，2010年12月，省财政厅以《关于加强省财政投资基建项目概算控制管理有关问题的请示》向省政府提出了八点关于严格控制项目概算的建议。对此，省领导作了明确批示，指出省财政厅所提八点意见具有很强的针对性，对解决省财政投资基建项目概算管理中存在的问题具有重要指导意义，并已批转省发展改革委牵头会同有关部门，结合省财政厅所提的八点建议，研究提出加强省财政投资基建项目概算控制管理的意见。

三、加大工作力度，进一步做好援藏援疆以及对口支援汶川县恢复重建工作

按照中央新一轮对口支援新疆、西藏工作战略部署，在省委省政府和厅党组的领导下，经济建设处高度重视，坚决贯彻落实中央和省关于支援西藏和新疆的有关精神，全力以赴做好新一轮对口援藏援疆资金管理，切实保证援建工作的顺利开展。一是及时拨付项目建设资金。根据省对口援助投资计划，2010年除第五批援疆建设资金5 060万元、援藏资金9 000万元已全部拨付完毕外，新一轮对口援疆和援藏试点项目建设资金省财政厅分别提前拨付了1亿元和8 716.8万元。为确保资金安全高效实用，按有关规定，省财政厅要求援疆援藏前方工作队设立资金专户，实行全过程专账专户管理，确保专款专用。二是做好对口支援地区建设项目审核工作。派员赴新疆考察调研，实地了解掌握情况，对援建项目认真研究审核，积极主动配合制定《广东省对口支援新疆喀什地区工作方案》，明确广东省对口支援的工作目标、支援形式、时间安排和资金筹措原则与具体安排使用建议，为领导决策做好参谋。三是深入调查研究，加强援藏援疆项目总结考评工作。2010年4月和9月，经济建设处分别派员参加省工作组赴西藏、新疆实地考察援藏援疆项目，对广东省投资的援助西藏、新疆项目进行综合绩效评价，总结项目投资工作和取得的成效，并提出具体项目投资建议和资金管理意见，协助向省政府报送绩效评价报告。

2010年，经济建设处继续认真做好广东省对口援建工作：一是按照省领导批示，及时下达和拨付广东省对口支援汶川县省级财政资金共5.0499亿元，其中补助各对口援建市4.857亿元；二是配合省对口援建办审核广东省对口支援汶川县技术援建项目资金；三是在广东省《灾后重建志》编委会办公室统一部署下，按照广东省《灾后重建志》编纂任务分工，承编了广东省对口支援汶川县恢复重建方面的“资金筹集”、“资金分配”和“资金拨付”的资料长编和初稿；四是配合省审计厅和有关部门做好恢复重建项目审计检查工作，滚动汇总统计广东省省本级财政部门援建汶川灾后恢复重建资金来源和资金拨付情况，及时、准确反映广东省省本级财政资金安排拨付情况；五是配合省援建办和省援建工作组做好其他与恢复重建项目有关的后期收尾工作。

四、认真开展工程建设领域突出问题专项治理工作

按照中央和省统一部署，我厅高度重视，结合财政监管职责，认真开展工程建设领域突出问题专项治理排查工作、自查自纠工作、重点检查及“回头看”排查工作，并督促有关单位做好中央检查组和省检查组检查发现问题的整改落实工作，稳步推进工程治理工作深入开展，取得较好效果。

（一）加强领导，制订方案

省财政厅对专项治理工作高度重视，专门成立开展工程建设领域突出问题专项治理工作领导小组，由厅党组书记、厅长任组长、相关业务处室负责人为成员组成。根据中央和广东省决策精神，制订了《广东省财政厅工程建设领域突出问题专项治理工作实施方案》和《广东省贯彻落实〈加强工程建设领域物资采购和资金安排使用管理工作指导意见〉实施方案》，明确开展治理工作整体推进与突出重点相结合、严肃惩治与有效预防相结合、集中治理与日常监管相结合、自查自纠与重点督导相结合的原则，明确治理目标、措施及实施步骤，建立工作进度情况通报及报送制度，确保了我厅专项治理工作顺利推进、取得实效。

（二）稳步开展各项督促检查工作

为贯彻落实好中央扩内需政策，发挥积极财政政策资金的最大效益，结合中央检查组和审计署驻广州特派员办事处对相关市检查发现的违规问题，省财政厅积极自行组织或参加省治理办部署的工程建设领域突出问题重点抽查工作，先后于2010年3月和9月牵头联合有关部门组成检查组，分赴梅州、河源、惠州等市，对其扩大内需、促进经济增长中央投资项目资金使用情况进行专项检查；重点针对检查发现的项目组织实施不规范、财务管理薄弱、成本归集齐全等问题，督促地方认真按中央和省统一部署落

实整改工作。

（三）建章立制，强化监管

针对部分建设项目工程结算送审资料不完整以及竣工财务决算不及时等问题，省财政厅制定了《关于进一步做好省级财政性投资评审工作有关事项的通知》，指导建设单位做好工程结算工作；按照国库集中支付制度要求，计划研究修订《省级基本建设项目财政性资金集中支付暂行办法》；在加强政府采购监管方面，在全国率先出台《广东省实施〈中华人民共和国政府采购法〉办法》，并及时制定了操作性较强的《广东省政府采购工作规范》，建立健全了政府采购监管制度措施。

（四）公开项目信息，接受社会监督

按照《广东省工程建设领域项目信息公开和诚信工作实施方案》和省里的统一部署，结合我厅的实际工作，制定了《广东省财政厅工程建设领域项目财政资金管理信息公开工作实施方案》，并及时在厅门户网站上设立了广东省财政厅工程建设领域项目资金管理信息公开专栏，按每2个月更新一次信息的规定及时更新项目信息。截至2010年12月31日，在省财政厅门户网站上已公开2009年以来省级财政投资的在建工程项目94个，概算总投资3 696 759万元，已下达省级财政预算2 766 662万元，已拨付项目资金2 577 261万元。同时，为丰富专栏内容，经济建设处对有关基本建设财务资金管理制度、文件进行了整理汇编，一并在公开专栏上登载，方便群众查阅检索。

（五）认真督促整改省治理办挂牌督办的问题

根据省治理办转来中央检查组第四轮检查和省检查组抽查发现工程建设项目存在资金监管方面的问题，分别于2010年6月初和9月中旬下发督办整改通知，提请有关市财政部门和省直有关单位逐一整改落实，并按照项目资金监管职责将任务分解到省财政厅相关业务处室负责督办。为进一步加大督促整改力度，2010年9月底经济建设处组织检查组深入到惠州监狱等部分项目单位调查了解项目存在问题情况，指导、督促有关单位认真整改落实到位，防止走过场。在各地区各部门共同努力下，截至2010年年底，转交由省财政厅督办整改的43个问题中（主要是设计变更多，财务管理未分账核算，会计基础工作不规范，建安工程支出高于中标价，管理费超支，地方配套资金不到位等），已反馈整改落实29个，其中由中央检查组检查存在问题6个已整改完毕，省检查组检查存在问题37个已督办整改落实23个，通过督促整改，切实提高了基建投资项目管理水平。

（经济建设处供稿，陈周华执笔）

社会保障财务管理工作概述

2010年，社会保障处结合深入开展创先争优活动，加大民生投入力度，加强资金管理，健全体制机制，努力做好深化医药卫生体制改革、完善社会保障体系和促进就业等各项工作，切实关注和改善民生问题。

一、全面推进医疗卫生改革重点工作

2010年，围绕深化医药卫生体制改革这一核心，按国务院医改办与医改办签订的《医药卫生体制五项重点改革2010年度主要工作任务责任书》要求，主要工作突出“五个重点”：

（一）着力推进覆盖城乡居民的基本医疗保障制度建设

1. 基本医疗保障制度全面覆盖城乡居民。2010年，各级财政加大投入对新农合和城镇居民医保补助标准从每人每年90元提高到120元。其中省财政补助标准为每人每年72元/人·年，预算安排33.68亿元。截至2010年，城镇职工、城镇居民基本医疗保险参保人数达到5 043万人、新型农村合作医疗参合人数3 883万人。全民医保制度已基本建立。

2. 解决困难企业医疗保障问题。结合中央补助广东省解决政策性关闭破产国有企业退休人员参加医疗保险的补助资金，统筹解决广东省困难企业退休人员的医疗保障问题。2010年，省财政继续安排1亿元，将全省28.4万名关闭破产国有企业的退休人员全部纳入城镇职工基本医疗保险。另外，对困难华侨农场“4050”归难侨职工参加基本医疗保险3年的单位缴费、归难侨退休人员参加城镇职工基本医疗保险由单位缴纳的一次性过渡性基本医疗保险金，省财政安排专项资金4 818万元给予补助。

3. 完善城乡医疗救助制度，救助覆盖到全省所有困难家庭。为了使贫困人口能享受基本的医疗保障，继续完善医疗救助制度，切实帮助贫困人口解决“看病难，看病贵”问题，省财政继续安排经济欠发达地区医疗救助资金6 000万元和从省级福利彩票公益金地方留成部分提留20%作为基本医疗救助金，用于补助困难地区开展对低保对象、五保户等城乡特困群体的医疗救助。

（二）着力健全城乡基层医疗卫生服务体系

1. 继续推进乡镇卫生院管理体制改革。为推进乡镇卫生院管理体制改革，根据《中共广东省委广东省人民政府关于乡镇卫生院管理体制改革与建设的意见》，2010年省财政安排专项资金5.7亿元对经济欠发达地区按每万名户籍人口配置10名医务人员，每人每年1.2万元标准给予补助。

2. 继续完善村医补贴制度。为进一步发挥村卫生站在农村卫生工作中的基础作用，使农民有病及时看、小病及时治，2010年省财政安排专项资金1.7亿元，对广东省经济欠发达的14个地级市以及江门恩平市的村卫生站和乡村医生予以补贴，每个行政村每年补贴1万元。

3. 继续推进社区卫生建设。为发展城市社区卫生服务，逐步实现“小病在社区、防病在社区、健康在社区”的目标，2010年省财政继续安排专项资金7 700万元，用于经济欠发达地区社区卫生服务中心规范化建设。

（三）着力推进基本药物制度建设

根据医改文件规定，2010年广东省60%的政府办社区卫生服务机构和县（基层医疗卫生机构）实施国家基本药物制度试点，对零差率销售实行基本医疗保险基金和区财政资金双渠道补偿，由医保基金补偿70%，其余的30%部分由各级财政给予补助。2010年，省财政预算安排1 000万元。

（四）着力推进公共卫生与基层医疗卫生事业单位实施绩效工资

按照国家和广东省医改的要求，从2010年起公共卫生与基层医疗卫生事业单位实施绩效工资。广东省已印发了《广东省公共卫生与基层医疗卫生事业单位绩效工资实施意见》，省财政厅也正在牵头对全省公共卫生和基层医疗卫生事业单位津贴补贴进行清理，并对资金进行测算。

（五）着力促进基本公共卫生服务逐步均等化

根据国家和省的医改精神，为促进基本公共卫生服务逐步均等化，国家制定基本公共卫生服务项目，按项目免费向城乡居民提供，2010年人均基本公共卫生服务经费不低于15元，用于建立居民健康档案、健康教育、预防接种、传染病防治、高血压、糖尿病等慢性病和重性精神疾病管理以及儿童保健、孕产妇保健、老年人保健等。省财政2010年对经济欠发达地区人均补助6.75元，安排补助资金3.81亿元。

另外，省财政2010年安排专项资金3761万元对经济欠发达地区实施结核病、艾滋病等重大疾病防控、国家免疫规划、农村孕产妇住院分娩、贫困白内障患者复明、农村改水改厕、15岁以下人群补种乙肝疫苗、农村妇女孕前和孕早期增补叶酸预防神经管缺陷、农村妇女乳腺癌、宫颈癌检查等重大公共卫生服务项目给予补助。

二、积极推进社会保障体系建设

（一）积极推进新型农村社会养老保险试点以及提高省重点项目被征地农民基础养老金工作

2010年，继续扩大新型农村社会养老保险试点覆盖面，鼓励农民积极参保，逐步提高试点地区农民参保率。在2009年启动14个县（区）的基础上，新增加22个试点县（区），新增覆盖787万农民。2010年年底，全省试点县（区）参保农民达380万人，其中：60周岁以上领取待遇的老人有118万人左右。省财政预算安排新农保补助资金2.03亿元，对缴费和基础养老金进行补助。为加快广东省新农保全覆盖工作的推进，根据省政府审议通过的《广东省新农保三年全覆盖工作方案》，广东省将按2010年覆盖面达到30%，2011年覆盖面达到60%，2012年实现全覆盖的工作部署，通过三年时间，实现广东省新农保的全覆盖。

此外，省财政预算安排1 000万元，用于增加省重点项目被征地农民每人每月基础养老金55元。

（二）继续完善城乡居民最低生活保障制度

为了解决困难人群的生活保障问题，2010年省财政加大低保补助资金的投入，在安排8亿元低保补助资金的基础上增加安排1亿元，即共9亿元，为各地做到应保尽保提供了资金上的保障，支持经济欠发达地区逐步将家庭年人均纯收入1 500元以下的纳入低保范围。

（三）完善城乡社会救助体系

1. 为了解决广东省重点优抚对象生活医疗困难问题，省财政2010年安排重点优抚对象生活医疗3.7亿元，对广东省重点优抚对象的抚恤生活、医疗等给予补助。

2. 为解决流浪乞讨人员社会救助问题，2010年省财政继续安排流浪乞讨人员补助资金2 000万元，支持省级和经济欠发达地区开展流浪乞讨人员救助工作。

3. 支持敬老院建设。根据省委、省政府《十项民心工程》的决定，实施“千间敬老福星工程”，全省各级财政积极支持千间敬老院的改造工作，2010年继续安排敬老院改造补助资金0.24亿元。

（四）做好自然灾害救济经费保障工作

2010年，省财政积极筹措自然灾害补助资金，安排自然灾害生活救济补助资金4 800万元，针对各地冬令春荒、暴雨、台风等自然灾害发生情况，已全部安排支出，有效保障了因台风等灾害的应急救济。在此基础上，根据各地因灾全倒户的情况，还安排了全倒户重建家园补助资金对经济欠发达地区按标准给予补助，为各地全倒户在春节前搬入新居提供经费保障。

（五）积极支持深化社会保险制度改革

1. 继续提高企业退休人员养老保险待遇。按照国家的统一部署，从2010年1月1日起广东省为2009年年底退休人员再次提高养老金水平，全省平均提高幅度为每人每月142元左右，比2009年增长18.9%。截至2010年，全省企业离退休人员养老金达每人每月1 560元/人·月。

2. 省财政不断调整支出结构，加大对养老保险基金的投入。继续安排1亿元资金用于补助省级养老保险个人账户做实储备金和新型农村社会养老保险缴费补助，增强了基金抗风险能力和帮助新农保参保农民缴费；安排8 000万元，专项补助用于14个经济欠发达地区提高基本养老金发放标准后造成的基金增支缺口，确保企业离退休人员基本养老金按时足额发放；安排5 000万元专项资金，提高省属企业部分早期退休人员生活待遇，解决企业部分早期退休人员生活待遇偏低问题。

3. 积极落实国家关于养老保险关系转移接续政策。采用“待遇分段计算、发放责任共担”的办法，从制度上消除养老保险省内转移障碍。

4. 做好社会保险基金预决算工作。向财政部汇总编制了全省2009年社会保险基金决算和2010年社保基金预算，并荣获财政部2009年度社会保险基金决算编报工作评比一等奖。草拟完成了2009年社会保险基金决算和2010年第1季度社保基金预算执行情况的报告，并通过了人大常委会审议。

5. 加大养老保险调剂力度，积极推进养老保险省级统筹工作。完善养老保险调剂金收缴和分配管理制度，进一步加强完善省级调剂与预算管理相结合的养老保险省级统筹制度。

6. 开展养老保险基金保值增值工作。及时加强与国家有关部门的沟通协调工作，积极争取国家批准广东省开展养老保险基金保值增值工作。截至2010年，广东省保值增值方案已报国务院审批，待国务院批复后尽快拟定细化措施实施。

（六）加快城乡一体化的医疗保障体系建设

做好城镇职工医保、城镇居民医保、新农合、城乡医疗救助之间的衔接；做好农民工等流动就业人员基本医保关系跨制度、跨地区转移接续工作。

（七）做好离退休人员养老待遇保障工作

做好省直行政事业单位离退休人员经费安排拨付工作，2010年，共安排省直行政事业单位离退休经费预算24亿多元，6万多离退休人员的养老待遇得到保障。

三、实施积极的就业政策，全方位促进就业增长

（一）推进技工学校、实训基地建设，构建国际水准的技能教育体系

1. 2010年，安排技工学校建设专项资金3亿元，重点用于加强全国示范性技师学院建设及经济欠发达地区技工学校建设补助，促进以技工学校为主阵地，建立覆盖城乡的职业技能培训体系。

2. 2010年，继续预算安排0.4亿元加强技工学校实训中心建设，支持实训基地充分发挥培养高技能人才的基础作用，提升培训层次，提高培训质量，起到示范作用。

（二）支持开展多层次职业技能培训

1. 继续安排农村劳动力培训转移就业专项资金7亿元，用于对广东省法定年龄内的农村中青年劳动力均提供一次免费职业技能培训，由政府给予培训和技能鉴定所需经费，对农村贫困人口还给予培训期间的生活补贴，确保每个农村家庭都有一名以上有就业能力的劳动力接受职业技能培训，促进广东省产业、劳动力“双转移”，全面建立起农村劳动力技能培训普惠制度。

2. 继续对农村贫困家庭子女入读中等职业技术学校、技工学校实行免学杂费和补助生活费，政府按照人均3 500元/年的标准给予学杂费补助，并纳入中等职业学校国家助学金体系统一给予人均1 500元/年的生活费补助，有效缓解了广东省就业压力，为储备技能人才提供了有力支撑。同时，积极将推动现有政策向农村家庭经济困难学生及涉农专业学生免费入读中等职业学校政策过渡。

（三）加大促进就业专项资金投入力度

2010年安排4.3亿元，人力资源市场建设资金0.9亿元，主要用于对包括下岗失业人员在内的各类就业扶持对象按规定给予职业培训等补贴以及加强公共就业服务机构建设。

四、顺利完成全省食品药品监管系统经费下划工作

根据国务院办公厅《关于调整省级以下食品药品监督管理体制有关问题的通知》和《中共广东省委广东省人民政府关于印发〈广东省人民政府机构改革方案〉的通知》精神，食品药品监督管理机构由省以下垂直管理改为地方政府分级管理。为做好机构改革后广东省食品药品监督管理系统财务管理工作，保障食品药品监管业务的顺利开展，确保广东省人民群众饮食用药的安全有效，根据《中华人民共和国预算法》和广东省的实际情况，2010年广东省制订了《广东省省级以下食品药品监督管理系统预算经费划转办法》，从2011年起省级以下食品药品监管系统下划市县管理，省财政下划经费19 951万元。

五、做好残疾人事业经费保障工作

一是支持残疾人事业发展，做好各项资金保障工作。做好残疾人事业发展的各项预算安排。2010年继续安排残疾人康复、综合服务设施建设专项资金2 300万元。二是规范省级残疾人就业保障金的收缴和管理使用。严格按照“取之于社会，用之于残疾人事业”的原则，筹集残疾人就业保障金2 3000万元，用于补助经济欠发达地区贫困残疾人的就业培训、扶贫工作的开展。三是安排福利彩票公益金资助残疾人事业。2010年，计提9 400万元专项用于资助残疾人康复等事业发展，取得了良好的社会效益。

六、继续支持中医药和民族医药发展

按照科学合理、保证重点的原则，认真做好省中医药局部门预算工作、省级农村中医专项经费和中医服务能力建设专项经费的分配工作，确保中央和省安排中医专项经费专款专用，并继续督促各级财政根据财力和当地中医药建设的实际，保障中医药强省建设工作必要的经费。同时，安排中医药服务能力建设专项资金1 000万元，专项用于医疗机构中医特色专科（专病）建设、县级中医院急诊急救能力专科建设、县级中医院感染性疾病专科建设和乡镇卫生院中医临床技术骨干培训项目。

七、支持红十字事业发展

2010年，省财政安排省红十字会业务专项经费153万元、广州备灾救灾中心物资仓储、运输、处理经费142万元和中国造血干细胞捐献者资料库广东省管理中心业务经费142万元，切实做好各项资金保障工作，确保省红十字会各项救灾工作、人道援助工作的顺利展开。

八、完善制度规范资金管理

一是完善社保专项资金财务管理制度；二是加强资金管理、强化资金绩效，改变以前“重预算轻管理、重分配轻监督、重使用轻效益”的做法，使资金发挥最大的政治效益、社会效益和经济效益。三是加强监督检查，参加医改、新农保和新农合等方面的检查。

外经金融财政财务管理工作概述

2010年，面对错综复杂的国内外经济环境，广东外经

金融财政财务管理工作按照广东省财政厅党组的工作部署，坚持“生财有道、聚财有方、用财有规”和集中财力办大事的理财方针，进一步解放思想、开拓创新，加强管理、深化改革，在财政促进外经贸、金融、旅游支持经济发展等方面都取得了新的进展。

一、采取有力措施推动外经贸发展，支持广东外经贸竞争力不断提升

2010年，省财政按照加快广东外经贸战略转型的要求，积极采取有力措施推动外经贸发展。

（一）优化扶持外经贸发展资金支出结构，大力支持外经贸战略转型

遵循外经贸工作着力“拓市场、调结构、促平衡”的要求，转变经济发展方式，优化财政支出结构的精神，与省外经贸厅共同研究，对2010年预算安排及新增安排扶持外经贸发展的10.14亿元扶持范围和重点作出安排部署，并研究制订各项资金使用管理办法。扶持企业开拓国际市场、促进投保出口信用险，稳定外需；推动优化出口产品结构，提高产品国际竞争力；扶持机电、资源性商品扩大进口，促进贸易平衡发展；建立吸收外资激励机制，提高利用外资质量；积极落实“走出去”战略，支持企业跨国经营。2010年，省财政共拨付扶持外经贸发展各项资金16.72亿元，转拨中央财政资金5.6亿元（含部分2011年预算指标9 760万元），拨付口岸建设补助资金2.32亿元。

（二）加强外商投资企业财政财务管理，努力改善外商投资环境

一是做好省属外商投资企业财政登记有关工作。2010年，省属外商投资企业网上联合年检363户，新办财政登记证14户、变更103户、注销8户。二是做好全省外商投资企业收回投资的审批工作。根据财政部《中外合作经营企业外国合作者先行回收投资审批办法》，对企业利用折旧方式收回投资申请认真审核，批复两份外商投资企业收回投资报告。三是做好信息资料的收集及汇总分析工作。及时向财政部报送2009年度外商投资企业财务报告，编制工作得到财政部的通报表扬。

二、加快推进广东省金融体制改革，支持金融强省建设

2010年，省财政着力研究促进金融支持经济发展的财政政策措施，大力推进金融扶持“三农”及中小企业融资，切实加强国有金融资产和财务管理，防范化解金融风险，大力推进广东省金融强省建设。

（一）建立建设金融强省激励机制

落实省委、省政府关于建设金融强省的重要决定，积极探索建立相关激励机制。一是认真贯彻《中共广东省委广东省人民政府关于加快发展金融产业建设金融强省的若干意见》有关精神，省财政安排5 000万元专项资金对服务优良、具有创新意识的金融企业和防范金融风险成绩卓著地区给予表彰和奖励，对关系全局的重要金融项目建设给予支持。二是协助推进广东金融高新技术服务区建设。根据《省人民政府批转省金融办加快推进广东金融高新技术服务区建设工作方案的通知》，制定鼓励各地引进各类金融企业总部、金融后台服务机构和高级金融管理人员、骨干人员的扶持政策。

（二）研究加大财政促进金融支持“三农”的力度

通过加大扶持力度，完善广东省农村金融服务体系。一是大力支持农村信用社产权制度改革，协助做好困难联社股金稳定工作。积极推动条件成熟的农村信用社改制为农村商业银行或农村合作银行，构建科学发展的法人治理结构和经营机制；按照省政府的工作部署，安排2010年股金分红补贴专项资金10 635万元，帮助存在股金分红缺口的59家困难联社做好股金稳定工作。二是大力支持开展新型农村金融机构试点工作。按照国家调整和放宽农村地区金融机构（组织）准入的政策，积极稳妥支持推进新型农村金融机构（组织）试点，解决农村地区银行业金融机构网点覆盖率低、金融供给不足、竞争不充分等问题。

（三）支持改善中小企业融资机制和环境

为缓解中小企业普遍面临的融资难问题，积极探索尝试，充分发挥财政资金“四两拨千斤”的杠杆效应，完善中小企业融资机制和环境。一是切实推进全省政策性担保体系建设。由省财政、广东粤财投资控股有限公司各注资10亿元组建的广东省中小企业信用再担保有限公司成立一年多以来，已拓展合作银行近20家、合作担保机构超过40家，成为链接银行和担保机构的增值节点，有效解决了广东省部分中小企业融资难的问题。二是积极参与小企业网络银行信贷业务试点。为解决中小企业，特别是微小企业融资难问题，由省政府、省建行、阿里巴巴公司各出资1 000万元组建网络银行信贷业务风险池资金，开展小企业网络银行信贷业务试点工作，通过中国建设银行专门为网络交易平台上的电子商务客户提供融资服务，此项试点已累计带动投放贷款38.63亿元，起到了放大128倍的杠杆效应。

（四）积极稳妥推进地方金融机构改革重组，防范化解地方金融风险

着力推动地方金融机构改革重组，促进地方金融秩序规范，积极防范化解地方金融风险。一是大力推进广东省部分城市商业银行重组及停业整顿诚信社和信托投资公司退市工作。指导和帮助汕头市商业银行、广州市商业银行重组；出台诚信社退市奖励政策，对完成退市任务的地方给予奖励。二是配合做好省财政在广东华侨信托投资公司（以下简称“华信公司”）债权的处置工作。根据省政府要求，为避免引发诉讼风险及尽可能减少省财政债权的损失，省财政厅委托广东粤财投资控股有限公司处置省财政在华信公司的债权，并积极参与、努力配合债权处置工作。

（五）强化地方金融企业国有资产和财务管理

一是认真贯彻落实财政部《地方金融企业财务监督管理办法》、《金融类企业国有资产产权登记管理办法》、《金

融企业国有资产转让管理办法》、《金融企业国有资产评估监督管理暂行办法》等金融企业国有资产和财务管理办法，并根据广东省实际情况制定具体措施，切实维护国有资产所有者合法权益。二是认真推进实施广东省金融企业绩效评价和负责人薪酬制度改革。根据《财政部关于印发〈金融类国有及国有控股企业绩效评价实施细则〉的通知》的要求，完成全省117家金融企业2009年度绩效评价工作；按照财政部《中央金融企业负责人薪酬审核管理办法》的有关要求，研究草拟《广东省省属金融企业负责人薪酬审核管理办法》，建立有效的激励与约束机制，维护社会收入分配公平、公正。三是加强省级国有资本经营预算管理。根据省政府《广东省省级国有资本经营预算试行办法》的规定，加强经管企业国有资本经营预算的管理，收缴2008年度金融企业类国有资产收益9 058万元。

三、大力支持旅游业发展，增强广东省旅游经济实力

2010年，财政支持旅游业发展的政策措施进一步完善，支持力度进一步加大，并取得了明显成效，大力支持了广东省旅游强省建设。

（一）安排各项旅游发展专项资金，促进广东省旅游业发展

2010年，省财政拨付广东国际旅游文化节活动经费3 500万元、世界旅游日全球主会场庆典活动项目经费1 000万元，以及旅游景点专项资金3 000万元和旅游发展规划经费422万元，有力地保障了广东省旅游业各项重点工作的开展。

（二）创新旅游资金分配方式，优化资金配置

自2009年起，省财政厅对旅游资金分配模式进行了大胆的探索和创新，采用竞争性分配方式扶持省内大型重点旅游项目的开发建设。2009年和2010年，省财政厅通过竞争性分配方式安排旅游扶贫专项资金4 800万元，重点扶持12个旅游项目建设，实现了旅游资金的集中优化配置。

（三）加大对旅游业的扶持力度，提升广东省旅游业的核心竞争力

根据国家和省有关加快发展旅游业的文件精神和省领导的指示，为扶持广东省高端旅游项目发展，向省政府上报《关于设立广东省高端旅游项目发展专项资金的请示》。经省政府同意，自2011年起一定3年，设立广东省高端旅游项目发展专项资金，用于扶持广东省旅游发展规划重点旅游发展区域中具有良好发展前景的引导性优质旅游项目，主要采用贴息方式发挥财政资金的杠杆作用，加速推动高端旅游业集聚发展。

四、认真组织财政收入，加强预算执行分析

（一）积极采取有效措施征缴粤港直通车指标费

为帮助粤港直通货运行业渡过难关，经报请省政府同意，对2010营运年度粤港直通车指标费继续减免33.3%，按每辆车1.556万港元（2.333×66.7%）收缴。认真做好粤港直通车指标费的收缴工作，规范指标费收入的免、抵缴手续，做好指标费收入的会计核算工作，及时办理结汇解缴入库。2010年1～12月共收缴粤港直通车指标费收入22 344万港元，解缴入库人民币19 122万元。

（二）积极收缴境外企业专项资金

积极收缴粤海控股集团有限公司应上缴省财政的专项资金，在面对金融危机冲击、企业经营环境恶化的情况下，截至2010年末，粤海控股集团有限公司上缴省财政专项资金5 000万元。

（三）加强预算执行分析工作

积极开展外经金融业务范围内重点财税源的跟踪分析，每月按时上报广东省金融保险业营业税、利息所得税、涉外企业所得税等重点税源收入分析报告。

五、做好非贸易非经营性购汇人民币限额管理和审批工作

一是按时、按质向财政部报送广东省非贸易非经营性购汇人民币限额2009年执行情况和2010年预算；二是根据财政部下达广东省2010年购汇人民币限额11 752万元，按照“保证重点、压缩一般”的原则和保证重点涉外活动用汇、从严控制党政干部出国的要求，分配限额到各市和省直各有关单位；三是严格按照因公出国（境）费用开支标准和有关规定，并结合团组因公出国（境）经费预算审核意见，审批省直单位的出国用汇；四是及时办理各市购汇限额的调拨工作，保证各市的非贸易、非经营性用汇。

六、着眼破解发展难题，做好干部培训和调研工作

针对外经金融财政财务管理工作中的热点难点问题，深入开展干部培训和调查研究，不断提高业务素质和工作水平。一是在上海国家会计学院举办政府外债管理与地方金融财政监管业务培训班，对各市、县财政外经金融干部共50人进行财政金融监管业务知识培训。二是为贯彻落实《道路交通事故社会救助基金管理试行办法》，推进广东省道路交通事故社会救助基金的管理工作，会同广东保监局、省公安厅、省卫生厅和省农业厅组成联合调研组到深圳市和惠州市进行调研，实地了解两市道路交通救助基金的运作情况，总结他们的经验和做法，为制定广东省的实施细则提供有益的参考。三是就扶持外贸发展方式转变、防范化解地方金融风险等专题，赴汕头、潮州两市开展专题研究，了解当地发展外经贸、防范化解地方金融风险等情况，以及省财政各项扶持政策的执行情况和存在问题，作为今后制定政策、推动工作的重要依据。

（外经金融处供稿，刘雅丽执笔）

会计管理工作概述

2010年，在省财政厅党组的正确领导下，省财政厅会

计处坚持以邓小平理论和“三个代表”重要思想为指导，全面贯彻落实科学发展观，紧紧围绕财政中心工作，深入开展创先争优主题实践活动，突出工作重点，狠抓工作落实，圆满完成各项工作任务，取得了较好的成绩。

一、深入宣传贯彻新企业会计准则，加强企业内部控制规范体系宣传培训和调研指导

采取各种切实有效的措施，抓好新企业会计准则、企业内部控制规范体系的宣传培训、调研指导和贯彻实施等工作。

（一）切实抓好中国企业会计准则与国际财务报告准则持续趋同路线图的宣传贯彻

2010年4月底，向各地市财政局和省直有关单位印发了《转发财政部关于印发中国企业会计准则与国际财务报告准则持续趋同路线图的通知》，要求有关部门充分认识路线图的重要意义，切实抓好路线图的宣传贯彻工作，积极推进会计准则持续国际趋同。

（二）认真组织执行企业会计准则的上市公司和非上市企业做好2009年年报工作

为促进广东省大中型企业更好地执行新准则，全面提升会计信息质量，充分发挥会计准则在企业可持续发展和市场经济运行中的作用，根据《财政部关于执行会计准则的上市公司和非上市企业做好2009年年报工作的通知》要求，2010年2月，省财政厅与财政部驻广东专员办联合印发《关于执行企业会计准则的上市公司和非上市企业做好2009年年报工作的通知》，要求各地财政部门高度重视、加强领导、统筹协调，积极争取有关部门的支持和配合，认真做好该地区各类企业执行新准则和2009年年报工作。

（三）积极配合财政部开展调研

充分发挥省会计专家库的作用，配合财政部组织征求有关会计制度征求意见稿的意见并及时向财政部反馈，包括《XBRL年度财务报告披露模版》、《积极推进可拓展商业报告语言（XBRL）应用的暂行规定（征求意见稿）》和企业产品成本核算与成本管理有关问题的意见等。

（四）加强企业内部控制规范体系宣传培训工作

企业内部控制规范体系的颁布实施是继企业会计准则、审计准则体系建成并有效实施之后的又一项重大系统工程，是贯彻落实科学发展观、服务经济发展方式转变的重大举措。一是根据《财政部、证监会、审计署、银监会、保监会关于印发企业内部控制配套指引的通知》和《关于加强企业内部控制规范体系宣传工作的通知》文件精神，及时印发《关于加强企业内部控制规范体系宣传工作的通知》，部署全省各地财政部门做好宣传贯彻工作。二是将内控规范纳入会计人员继续教育范围，列作高级会计师专业技术资格考试和注册会计师考试的重要内容。三是召开全省贯彻实施企业内部控制规范动员大会暨会计骨干师资培训班。10月，联合中国证券监督管理委员会广东监管局、省审计厅、省国有资产监督管理委员会、中国银行业监督管理委员会广东监管局、中国保险业监督管理委员会广东监管局六部门，举办全省动员大会和培训班。参加会议的代表来自全省各地上市公司、省属集团公司、银行金融机构、保险机构、大专院校、会计师事务所及有关政府部门，共300多人。四是于11～12月举办了两期全省培训班，对来自全省市县财政部门的会计管理骨干和师资近300人进行集中培训，深入辅导。五是按照财政部的要求，启动企业联系点工作。经省国有资产监督管理委员会及部分市财政局推荐，确定了4家内部控制管理具备一定基础、有先进典型经验做法且积极主动推进企业内控建设的企业作为省级提前试点执行单位。六是组织专家到韶关等部分地区新会计准则和内部控制规范企业联系点开展调研，进行互动交流，加强指导，听取意见和建议，总结试点经验。

二、推进基层会计管理，加强基层财会人员培训，促进农村财会工作水平不断提高

一是继续落实财政部关于开展村级会计委托代理服务工作的有关要求，切实推进农村财会工作规范化管理，更好地促进农村经济的和谐稳步发展。建立农村财会人员财政支农政策培训长效机制，为加强全省农村财会工作精细化、科学化管理培训人才。二是加强农村财会人员财政支农政策培训工作。根据《财政部关于开展农村财会人员财政支农政策培训工作的通知》精神，按照中华会计函授学校的部署，全省20个地级市（不含深圳市）已全部开展培训工作，115个县（市、区）中有105个已开展培训工作，占91.3%。2010年11月，省财政厅派出3个检查小组，对全省各市2010年培训工作情况进行检查验收。2010年，广东省进一步丰富财政支农政策内容，注重以德为先，把提高农村财会人员的职业道德教育贯穿到整个培训工作当中。4月26～28日，财政部中华会计函授学校在山东烟台举办了2010年农村财会人员财政支农政策师资培训班，省财政厅开发的《村报账员业务培训》课件得到了财政部领导、中华会计函授学校、全国各地参加培训人员的一致好评。

三、加强粤、港、澳会计服务业交流与合作，推动三地会计服务业共同发展

2010年1月，省财政厅与香港会计师珠三角访问团走访了佛山市并进行座谈，双方就佛港两地会计管理架构、经贸、会计行业方面的合作前景与空间展开了深入的探讨和交流，并就下一阶段两地会计行业的合作事宜达成一致共识。通过加强交流，增进共识，推进了粤港两地会计行业的进一步合作，搭建了两地会计行业的合作桥梁，为今后开展更有实质性的合作活动提供了良好开端。

此外，根据《广东省委办公厅　广东省府办公厅关于印发〈广东省实践科学发展观重点行动纲要〉的通知》要求，向省外经贸厅报送了广东省贯彻、落实科学发展观，积极深化粤、港、澳会计服务业合作的情况。按照省港澳办有关要求，认真研究《CEPA及先行先试政策落实过程中遇到的困难和问题》，向省港澳办反馈涉及会计服务业问题的有关意见。

四、加强基础管理，提高会计服务水平

（一）积极推进会计从业资格无纸化考试工作

2010年上半年，省属会计从业资格考试率先试行无纸化模式。这在全省乃至全国来说，都是属于先行先试的具有革新意义的一项工作。年初，印发《关于推进广东省会计从业资格无纸化考试工作的指导意见》和《关于2010年度会计从业资格会计专业知识考试有关事项的通知》，把该项工作列为该年度的最重要工作任务之一。同时，对省直试行无纸化考试进行了整体的研究和规划，采用了“两手抓”的办法，即一手抓考点建设，一手抓考务工作安排。同时，全力支持各地市开展无纸化考试工作。2010年，全省省直地区及广州等18个地市开展了无纸化考试试点工作，共组织无纸化考试152 248人次，其中省属、肇庆、梅州、河源、阳江、清远已全面实施会计从业资格无纸化考试工作，不再组织笔试。通过2010年的试点工作，各地市及时总结经验，制订及完善了考试安排、考场设置以及应急预案等制度，为进一步推进无纸化考试工作奠定了基础。截至2010年12月底，全省参加会计从业资格会计专业知识考试（含无纸化考试和笔试）的达392 619人次。

（二）大力加强窗口建设，规范服务

积极深入开展创先争优活动，加强会计服务窗口建设，提高服务水平。其中，会计服务大厅制定了《会计服务大厅岗位职责》、《会计服务大厅员工培训制度》等规章制度，规范管理，从根本上提升了工作效率和服务质量；规范了省财政厅会计服务大厅工作人员的服装和仪容，焕新形象，进一步提升了员工工作的责任心和服务质量；认真开展创先争优活动，制定了《广东省财政厅会计服务大厅工作手册》，设立了“创先争优五星服务岗”，每月开展“月度服务之星”评比。截至2010年12月底，省财政厅会计服务大厅共受理从业资格业务共26 460宗，群众来信687件，接听群众来电111 252人次。安排省直会计专业知识无纸化考试71 509人次；安排省直初、中级会计电算化考试25 696人次；考试人数与去年同期相比提升了14.3%。

五、规范会计师事务所监管工作程序，加快发展注册会计师行业

（一）加强注册会计师行业监管

1. 依法办理行政审批事项。2010年，全省（不含深圳）共批复23家会计师事务所（含8家会计师事务所分所），批复港、澳、台事务所来内地临时执业20次，受理8家会计师事务所更名、19家会计师事务所终止备案材料，审查确认87家事务所变更股东、地址等备案材料。

2. 按时完成会计师事务所年度报备工作。报备结果显示，全省大部分会计师事务所规模较小，注册会计师人数在20人以下的会计师事务所有377家，占已报备总数的87.1%；注册会计师人数20～100人和100～200人的会计师事务所为54家和2家，分别占已报备总数的12.5%和0.5%；2009年度全省会计师事务所实现业务总收入19.647亿元，业务总收入比2008年度的22.008亿元减少了2.361亿元，降幅达10.7%。其中，业务收入集中分布在300万元以下，共有350家，占已报备总数的76.2%；业务收入300万～1 000万元和1 000万～3 000万元的会计师事务所分别有72家和22家，占已报备总数的16.8%和5.1%；业务收入5 000万元以上的会计师事务所有6家，占已报备总数的1.4%。

3. 加强事务所监管。及时转发了《财政部关于科学引导小型会计师事务所规范发展的暂行规定》和《财政部关于印发〈会计师事务所财务管理暂行办法〉的通知》，严格市场准入初审。重新制定了《会计师事务所设立条件和申报程序》，规范审批程序，完善服务标准。

（二）深入贯彻、落实国务院办公厅转发财政部《关于加快发展我国注册会计师行业若干意见》

按照财政部的有关要求，根据省委、省政府的工作部署，与省委政策研究室深入调研，研究制定了广东省的具体贯彻意见，共同起草了《关于加快发展广东省注册会计师行业的意见》，省政府以《转发省财政厅关于加快发展广东省注册会计师行业意见的通知》印发，明确了加快发展广东省注册会计师行业的重要意义、主要目标和主要措施等有关问题，支持了广东省会计师事务所做强做大、做精做专，不断增强竞争力，树立起广东本土会计师事务所“品牌”。

六、严格管理，深化改革，进一步加强会计人才队伍建设

（一）深化改革，认真组织会计专业技术资格考试工作

严格按照全国会计考办、财政部会计资格评价中心工作部署，认真做好各项考务工作，确保考试工作顺利进行。创新评卷方式，试行网上评卷。周密部署，制定预案，精心组织好网上评卷各项相关工作，确保网上评卷工作取得成功。2010年，广东省报名参加会计专业技术资格考试人数为152 558人，共335 171科次，实际出考178 721科次。中级资格合格人数4 668人，合格率为18.9%；初级资格11 992人，合格率为18.66%。

（二）及时组织高级会计人才考试工作

一是及时转发《转发财政部关于开展2010年全国会计领军（后备）人才（企业类）培训的通知》、《转发财政部关于开展2010年全国会计领军（后备）人才（行政事业类）培训的通知》，认真组织好全国会计领军（后备）人才选拔考试。2010年，全国会计领军后备人才考试共14人报名，其中企业类报名7人，出考4人，行政事业类报名7人，出考6人。经笔试、面试，企业和事业类各有1人入选全国培训班。二是与省人力资源社会保障厅联合印发《关于2010年度广东省高级会计师考评结合工作有关问题的通知》，组织好考试报名、评卷等各项工作。2010年高级会计师资格考试广东省报名1 864人，实际出考1 284

人，出考率68.9%，通过全国合格标准和省合格标准分别为236人和572人，通过率分别为18.38%和44.55%。

（三）认真开展高级会计师资格评审工作

根据省人力资源和社会保障厅有关文件精神，及时印发《关于2010年度高级会计师资格评审有关事项的通知》，认真部署广东省高级会计师资格评审工作。2010年12月17日至19日，省财政厅组织召开了2010年度广东省高级会计师资格第一评审委员会评审工作会议。与会评委对申报人员业绩成果、论文著作等综合能力作出了客观、公正的评价。经过评委会投票表决，2010年申报评审人数为194人，评审通过154人，通过率为79.38%。

（四）评选表彰先进会计工作者，树立会计工作楷模

认真组织各地区、各部门做好全国先进会计工作者候选人的推荐工作。经专家小组对全省各地市财政部门和省级有关单位推荐的9名全国先进会计工作者候选人的事迹材料进行评审，广东省推荐省财政厅会计处处长邹清莲为全国先进会计工作者候选人，并上报财政部。经过审核、公示、评审等程序后，邹清莲入选拟表彰的10人名单，并最终获财政部授予的“全国先进会计工作者”荣誉称号。

（五）开展会计人员继续教育，创新培训方式

一是对原先备案的继续教育单位进行重新梳理后向社会公布，同时完善管理要求，实行承诺制度。二是创新培训方式，开展会计人员继续教育远程培训试点工作。三是按照财政部要求，开展以企业内部控制规范体系及行政事业单位会计实务为主要内容的会计人员继续教育。

（会计处供稿，张文蔚执笔）

财政支出绩效管理工作概述

2010年，绩效评价处以创先争优活动为载体，强化对部门预算支出项目和专项资金绩效管理，努力构建“事前绩效审核、事中绩效督查、事后绩效评价和绩效问责”的财政支出绩效管理框架，逐步完善绩效管理制度和机制建设，并着力加强竞争性分配的财政专项资金绩效管理，推进基本公共服务均等化绩效考评机制建设，抓紧抓好会计决算报表数据质量及决算信息分析利用工作，扎实有效地推进广东省财政支出绩效管理及财政会计决算管理工作。

一、健全绩效管理制度体系，规范绩效管理业务

建立、健全了一系列绩效评价制度并形成体系，有力保障绩效评价管理工作规范、有序地开展。一是完善绩效评价工作流程图、绩效目标审核流程及要求、绩效自评报告和绩效评价报告书（范本）等业务规范，增强规范性和客观性。二是在吸收财政部关于绩效管理的新精神和省级绩效管理的新实践的基础上，进一步修改完善了《广东省财政支出绩效评价管理办法》，并将该办法列入广东省2011年地方性法规和省政府规章计划项目。三是以创新制度机制、推进各项工作协调发展为着力点，研究制订了财政绩效管理“十二五规划”，着力推进“五大体系建设”，逐步达到“两个覆盖”和有效实现“三个促进”。“五大体系建设”，全面推进财政绩效管理制度体系、部门预算绩效管理体系、专项资金绩效管理体系、财政综合支出绩效管理体系、绩效管理软实力支撑体系建设；“两个覆盖”是绩效管理横向覆盖所有财政支出，纵向覆盖财政支出管理的全过程；“三个促进”是促进完善的财政支出绩效管理体系的建立，促进财政支出绩效的提高和财政资源分配的优化，促进预算管理改革与公共财政建设。

二、完善绩效目标管理，强化部门预算管理的绩效约束力

着力完善“省直部门单位编制部门预算必须同时编报预算支出绩效目标，并由省财政支出绩效管理部门会同业务管理部门审核、批复”的管理机制。一是在总结近年绩效管理工作经验的基础上，进一步修改、完善了《财政支出项目绩效目标申报表》的格式及内容，设计更为科学的绩效目标及有关指标体系，切实将绩效目标作为项目预算安排的前置条件和预算执行、评价的重要依据。二是按照专项支出绩效目标审核分类管理的原则，2010年，共审核省级部门预算495个项目的绩效目标（涉及财政资金共200亿元），经报人大批准后纳入部门预算安排的有127个项目（涉及财政资金27亿元）；审核2011年省级部门预算“一上”项目466个，涉及资金130亿元。

三、强化绩效自评管理机制，提高部门单位绩效观念

进一步完善部门单位项目支出绩效自评管理机制，规范自评工作流程，提高自评效率和质量，强化绩效责任。

1. 进一步规范绩效自评工作程序。对部门预算支出额度达500万元（含500万元）以上和跨年度安排的项目，和财政专项资金支出，推行部门单位绩效自评与财政部门组织初审，财政和审计、监察、人事、人大财经委等部门联合复审相结合的绩效自评机制；进一步完善绩效自评表及报告格式，明确具体要求，提高自评工作的科学性、针对性，强化部门单位做好绩效自评的主体责任。

2. 进一步扩大绩效自评覆盖面。一年来，共审核批复了省级65个部门单位351个项目的绩效自评报告，涉及金额251亿元，经复查后评价等级为优良的项目267个，评价等级为中、低的项目84个。

3. 推动各地不断创新绩效自评方法。如广州市对预算完成率低于20%、验收不合格、出现重大安全事故等绩效明显偏低的项目绩效等级直接评为“低”或“差”；对30多个评价项目采取现场核查、公众满意度调查、电话访问等形式进行复核和抽评，不断提高评价结果的准确性、客观性。

四、深化重点评价管理机制改革，提升其服务力

建立围绕省委、省政府重大项目、重点工作和民生保障的重点评价项目选取机制；细化和规范重点评价的程序管理，包括依据项目行业特点等情况选取专业评价指标、评审专家，采取针对性评价办法等，建立财政部门组织实施与吸收专家、中介力量参与相结合的重点绩效评价机制，以及重点项目督查机制。具体主要抓好：一是完成了对第五批援藏和援疆财政支出项目绩效评价，对涉及外省扶持资金实行绩效管理的做法得到了省领导的充分肯定。二是按照十届50次省政府常务会议决定，与省发展改革委、省经济和信息化委联合组织各地、各项目用款单位开展对“十一五”期间投入的服务业发展资金使用情况绩效进行评价，并根据评价结果提出“十二五”期间现代服务业发展资金安排的具体建议。三是围绕污水处理设施建设、安全生产和节能专项资金成效，组织开展专项资金的绩效评价，引入专家全程参与，促使评价工作更为权威、科学和公正。四是设计科学的评价指标及简便易行的评价程序，完成了对2008～2009年14个欠发达地区和江门市的产业转移工业园发展专项资金使用情况的绩效评价。五是围绕产业转移目标责任考评，牵头完成了对汕头、潮州两市政府和产业园的目标责任考评。

五、健全竞争性扶持资金绩效管理机制，强化财政专项资金分配的绩效导向性

根据省财政厅统一部署，积极推进、完善省级财政专项资金竞争性分配绩效管理工作。一是围绕战略性新兴产业专项资金竞争性评审工作，研究设计了评审办法和评审要点，并制定了包括评审标准、专家管理规定等一系列的内部规范；组建了含190名各领域专家在内的专家库，并组织多批专家参加书面评审、公开答辩和实地考察等环节的评审工作，科学确定了第一批扶持的13个战略性新兴产业项目，扶持金额达4.2亿元。二是加强产业转移竞争性扶持资金使用的事中绩效管理。首先，加强对中标单位资金分配计划和使用情况、资金的绩效目标、重点产业园区项目建设情况等绩效管理有关资料的报送管理，确保对产业转移扶持资金的跟踪监督。其次，组织第二、第三批产业转移竞争性扶持资金督查。联合省发改委、省经贸委、有关评审专家，组成督查组分赴第二、第三批产业转移竞争性扶持资金中标市清远、阳江、云浮、韶关、汕头、潮州等地实施现场督查，并形成《省产业转移竞争性扶持资金督查报告》，上报省政府。再次，对13个中标市2009年度省产业转移竞争性扶持资金使用和园区建设发展情况进行了分析总结，形成《关于2009年度省产业转移竞争性扶持资金使用情况的报告》，上报省政府。三是协助有关主管部门确定竞争性分配财政专项资金具体评审工作方案，如协助省教育厅完成2009年义务教育规范化学校建设专项资金、省交通厅完成省级客运站场建设专项资金等竞争性分配评审等。四是继续做好竞争性分配评审专家的遴选、管理工作。进一步完善省级竞争性分配评审专家的动态管理，及时更新、充实专家信息；配合省经信委、省海洋渔业局等单位完成省级专项资金竞争性分配评审专家的选定工作。五是及时收集、总结各专项资金竞争性分配情况。截至2009年年底共有12个省级部门单位28个项目试行了竞争性分配改革，涉及省级财政资金共107亿元；实际完成竞争性分配的有22个项目，涉及省级财政资金近100亿元。

六、着力推进基本公共服务均等化绩效考评机制建设，拓展绩效理念的应用范围

根据《广东省基本公共服务均等化规划纲要（2009～2020年）》和省委十届六次全会提出的“完善基本公共服务均等化绩效考评机制”的具体要求，积极推进基本公共服务均等化绩效考评体系建设。一是按照绩效导向、科学全面、统一规范、注重实效的考评原则与思路，完成了《广东省基本公共服务均等化绩效考评办法（试行）》（以下简称《考评办法》）初稿，并以书面征求省直93个部门和21个地级以上市政府的意见。二是按照厅领导的批示精神，在征求省委组织部意见的基础上，在《考评办法》中明确“将考评结果纳入《广东省市厅级党政领导班子和领导干部落实科学发展观评价指标体系及考核评价办法（试行）》考核内容”。三是联合华南理工大学政府绩效评价中心进行考评指标体系设计的专题研究，并就基本公共服务各项内容重要性、考评内容的重点、各项考评指标的重要程度等问题展开问卷调查。在对全省21个地级以上市政府、93个省级政府机关工作人员以及行内专家中收回的432份有效问卷的系统分析研究的基础上，形成了《广东省基本公共服务均等化绩效考评指标与权重设计专家咨询报告》，为修改完善相关指标以及权重提供了重要参考依据。四是整理全省各地市38个量化考评指标前三年的历史数据、第一阶段2010年、2011年以及第二、三、四阶段的考评目标值，并对考评目标值进行科学性、合理性分析，修正了部分不合理的考评目标值。五是书面征求21个地级以上市政府对《考评办法》意见，并在省直有关部门对地级以上市政府的建议提出处理意见的基础上，经整理完善后，形成了《考评办法》（送审稿），上报省政府。

七、提升会计决算管理质量，强化决算建言咨政的服务功能

（一）狠抓会计决算质量管理

抓紧抓好会计决算报表数据质量，顺利地完成2009年度部门决算、国有、集体及境外企业财务会计决算、金融企业财务决算和财政性资金投资基本建设项目决算报表的审核、汇总、上报、批复、分析等各项工作任务，获得财政部的通报表彰。其中，部门决算获财政部地方部门决算工作二等奖，基建、国有及集体企业和金融企业财务会计决算工作均获财政部通报表扬。一是抓紧抓好决算报表业务培训，及时对部门单位报表填报和数据录入、汇总等情况进行检查、指导，及时解答有关问题，进一步提高会计

决算报表的数据质量。二是加大会计决算报表汇审工作力度，根据各类报表的不同特点采取多种汇审方式，发现问题，及时通报，尽快解决，确保会计决算报表数据的真实可靠。三是探索开展决算真实性核查。针对决算报表和会计账簿是否一致，决算数据是否真实可靠的问题，2010 年，将决算报表真实性核查纳入厅监督检查局的年度会计信息质量检查范围。

（二）依法推进决算批复工作

2010 年，按照财政部的布置要求，经省财政厅党组批准，在省直全面启动部门决算批复工作。一方面，由绩效评价处牵头草拟，报经厅党组批准印发了《广东省省级部门决算批复内部工作规程》及《广东省省级部门决算批复暂行办法》，进一步明确省财政厅内各处室部门决算审核、批复流程、职责分工，以及省直部门的职责要求等。另一方面，加大工作协调力度，各有关部门预算主管处会绩效评价处及时完成了 2009 年度省级 119 个部门的决算批复工作。

（三）提升决算分析服务功能

一是围绕当前财政管理工作的重点、难点、热点问题，利用 2009 年度企业及部门决算数据，开展有针对性的专题分析，为领导提供决策参考。一方面，在充分研究广东国有企业财务信息和其他相关经济信息基础上，确定开展广东省国有企业自主创新专题调研，并联合省社科院企业管理与决策科学研究所，专门成立调研课题组，制定课题研究方案及提纲，召开专题研究讨论会，就部分热点问题专门组织人员到广东省自主创新工作开展较好或遇到问题较多的省属国有企业进行实地调研，为专题研究报告提供典型案例，最终形成《以自主创新为抓手，加快广东国有企业转型升级》的调研报告，正式上报财政部，并专门编发了一期信息专报。另一方面，针对省直部门结余结转资金及预算执行情况，开展 2009 年部门预算执行变动和支出结余情况分析。通过选取部分省直部门，通过发放分析表格、现场问讯等方式，对部门预决算差异情况、结余资金状况等进行深入研究，并形成《从部门决算看预算执行情况——2009 年度部门预算执行情况分析》，受到厅领导的肯定。二是及时将各类决算报表的资料加工整理分析，汇编 2009 年度《广东省汇总会计决算数据资料》，并将 2000～2009 年的经济发展、财政决算相关数据汇编成《广东财政统计资料手册》，满足各方面的数据使用要求。三是加强数据服务工作，根据各有关部门和省财政厅各业务处室要求，对决算数据进行进一步加工、分析，提供给有关部门及单位使用。先后为省审计厅、省和市统计局、省国资委，以及省财政厅教科文处、行政政法处等整理加工了所需决算数据资料。

八、强化“两基”建设，提高管理科学化、精细化水平

一是细化基础数据收集。对 2005～2009 年 1 000 多个评价项目进行系统整理，制定了分类分项目的指标体系，并收集统计众多的历史指标值，为下一步绩效管理的科学化、精细化奠定了扎实的基础。二是完善绩效管理的技术基础。派员赴江苏省学习考察预算绩效管理信息系统建设运转情况，提出构建“1 平台、4 子系统、4 库”信息管理系统的思路，形成“财政支出绩效信息管理平台，专家评审管理子系统、部门预算绩效目标管理子系统、财政专项资金全过程绩效管理子系统、财政综合支出绩效管理子系统，评价指标及标准库、项目库、专家库、资料档案库”的业务需求研究报告，经过组织招标、系统开发、研究讨论等环节，目前已初步建成信息系统（征求意见版），正进一步征求意见后加以完善。三是细化部门自评工作培训。根据省财政厅领导对绩效管理工作的指示精神，分期分类分部门进行绩效自评培训，将不同项目支出性质的部门分类，采取指导、座谈、交流的形式分期对部门进行培训。如派出业务骨干分别对省旅游局、省地税、教育厅等单位系统 200 多人进行绩效评价业务辅导培训。四是深入基层，加大对地方财政绩效评价工作的指导力度。如针对东莞、梅州等地方绩效管理方面遇到的实际困难，处领导亲自前往调研，商讨解决，指导培训，将绩效管理理念、绩效管理方法和技术直接传达到基层。五是组织绩效评价处内同志参加财政部召开的部分省市预算支出绩效管理座谈会，交流学习财政部及兄弟省市关于绩效管理的新经验、新做法，研究讨论预算支出绩效考评制度建设和整体思路构建。六是加强与外省市的沟通交流，了解各省市绩效管理工作动态，学习借鉴好的经验与做法。2010 年，先后与云南省、福建省、黑龙江省、重庆市等兄弟省市财政部门开展业务交流及调研活动。七是抓好会计决算管理基础。按照财政部的部署要求，加强对市县财政部门开展部门决算批复的指导力度；分期分批完成对省直部门、企业及地市财政部门的各类决算报表布置培训；研究拓展决算数据信息利用的渠道、方法，围绕省委、省政府的工作重点和广东省经济社会发展的热点问题，开展有针对性的专题分析。

（绩效评价处供稿，曾友谊执笔）

行政事业资产管理工作概述

2010 年，行政事业资产管理处以加强财政“双基”建设，推动财政科学化精细化管理为目标，突出抓好制度建设、信息化建设等重点工作，进一步完善资产管理与预算管理相结合工作机制，认真把好资产配置和处置关，规范资产日常管理，加强资产收益监管工作，积极开展创先争优活动，努力实现业务工作和党建工作双丰收。

一、进一步抓好行政事业单位国有资产管理制度建设

（一）跟踪《广东省省直行政单位常用公用设施配置标准（试行）》的执行情况

对省直单位贯彻执行资产配置标准情况进行了调查，

结果显示该配置标准比较符合省直单位资产配置实际情况，能够满足省直单位履行职责的需要；省直各单位能遵循“科学合理、标准统一、厉行节约，从严控制”的原则，规范该单位公用设施配置。2010 年试行期间，省直单位对该办法的执行情况总体良好。省财政厅就相关情况向省政府作了专题汇报，建议该办法继续执行。

（二）研究制定省直行政单位资产收入管理办法

经省政府同意，印发了《广东省省直行政单位国有资产处置收入和出租出借收入管理暂行办法》，对行政单位及参照公务员法管理、执行行政单位财务和会计制度的省直事业单位、社会团体的国有资产处置收入和出租、出借收入管理进行了规范，明确了相关收入的管理职能、原则、收入上缴流程和使用管理等，健全了行政事业资产收入监管制度体系。

（三）研究完善行政事业资产使用的相关管理规定

及时转发了财政部《关于印发中央级事业单位国有资产使用管理暂行办法的通知》及补充通知，并结合广东省实际提出了贯彻意见，规范事业单位国有资产使用、对外投资、出租出借等行为。研究、草拟了《广东省省直行政事业单位国有资产使用管理暂行办法》，广泛征求省直单位意见，经省财政厅办公会议审定并报送省法制办审核。

二、加快推进行政事业资产管理信息系统建设

（一）扩大省级行政事业资产管理信息系统试点范围

下发省直行政事业单位资产管理信息化调查表，依据调查结果列出单位分批推广名单，有计划、分阶段地推进信息化建设工作。在充分总结省直第一批试点推广单位工作经验的基础上，分别在 2010 年 2 月、9 月及 11 月分批将全部省直部门纳入信息系统推广范围，并分期举办了信息系统培训班，共培训推广单位资产、财务管理人员 1 000 余人次。组织技术人员到省直有关单位调试设备，导入基础数据，更新卡片信息，完善数据库资料，逐步完善信息系统。

（二）加快各地资产管理信息系统的推广工作

针对第一批六个试点市工作开展情况，赴肇庆等市开展了专题调研，了解试点工作中存在的问题与困难，提出指导意见。进一步扩大各地资产管理信息系统推广范围，将江门市列入信息化试点，并派员赴江门指导试点工作开展。

（三）总结运行情况，进一步完善资产管理信息系统

按照财政部推进财政“双基”、“双化”建设的要求，将行政事业资产管理信息化建设作为一项重要工作来抓。对各批试点单位信息系统运行过程中发现的问题进行研究分析，不断修改完善系统。结合省直行政事业单位网络架构的实际情况，积极与省财政厅金财办研究协商，制定了内部网、外部网分别铺设服务器的系统使用方案。

（四）配合做好资产管理信息系统推广项目招标采购工作

根据金财工程立项审批情况和政府采购要求，配合省财政厅金财办做好资产管理信息系统推广项目论证工作及大平台建设数据转移工作，稳步推进行政事业资产管理信息化建设。

三、认真开展行政事业单位资产统计报告工作

按照财政部《关于印发行政事业单位资产管理信息系统统计报表有关问题的通知》的要求，迅速开展省直行政事业单位资产统计报告工作。根据公布的行政事业单位资产统计报表格式及中央级信息系统数据接口规范，积极研究广东省行政事业资产管理信息系统与财政部系统的对接。结合省级资产管理信息化试点进度，制定信息系统上报和手工填报相结合的报表上报方案。对上报单位业务人员开展了业务培训，聘请中介机构对单位上报数据与 2009 年决算数据之间的差异进行审核，完成汇总审核工作。据此次统计数据显示，截至 2009 年 12 月 31 日，广东省省直行政事业单位资产总量为 1 194.09 亿元。其中行政单位资产总量为 386.35 亿元，事业单位资产总量为 807.74 亿元；机动车共 19 493 辆，土地面积达 13 214.15 万平方米，房屋建筑物面积达 3 521.3 万平方米。

四、积极推进资产管理与预算管理有机结合的工作机制

（一）认真开展增量资产预算编审工作

向省直各单位印发《关于做好 2011 年省级部门预算增量资产计划编制工作的通知》，严格按照《广东省省直行政单位常用公用设施配置标准（试行）》规定对省级部门增量资产计划申请进行审核，并在内部初审的基础上借助社会中介机构的力量对省直有关单位上报的存量资产情况和 2011 年增量资产配置计划等情况进行复核，提高增量资产预算编制质量。在 2011 年部门预算编审中，各单位上报增量资产计划申请共 2 042 项，申请财政资金 21.3 亿元。经审核，核减增量资产计划项目 1 218 项，核减预算金额 17.01 亿元；最终安排增量资产计划 824 项，安排预算金额 4.29 亿元。

（二）加强增量资产预算执行情况的跟踪管理

跟踪省直单位 2010 年度增量资产预算执行结果，及时反馈增量资产预算执行结果，更新单位存量资产情况，在部门预算执行过程中加强资产管理，将增量资产执行结果作为下年度审核相关预算的依据。

（三）认真做好省属文化企业 2010 年度国有资本经营预算审核和 2011 年预算编制工作

经过认真核实，核定南方报业传媒集团等三家省属文化企业 2010 年度的国有资本经营预算收入共 1 921.20 万元，国有资本经营预算支出共 1 917.69 万元。对省文资办

编报的省宣传文化企业2011年国有资本经营预算编制情况进行审核，初步核定省属文化企业2011年国有资本经营预算收入2 457.88万元，支出2 457.12万元。

五、认真做好行政事业单位资产配置、使用、处置工作

（一）进一步加强和规范省直行政事业单位资产配置工作

印发了《关于印发省直行政事业单位办公用房调剂工作规程的通知》，作为省财政厅内部操作规程并发相关业务处室贯彻执行，规范省直行政事业单位办公用房调剂行为。加大资产调剂力度，积极协调解决省人大常委会办公厅、省国土厅土地开发储备局等单位的办公用房不足问题，节省财政开支。

（二）加强行政事业资产使用管理

起草了《广东省省直行政事业单位国有资产使用管理暂行办法》，对行政事业单位的对外投资、出租出借等行为作出了明确的规定。规范省直行政事业单位资产购建、自用管理，严格审批省直单位利用国有资产对外投资和资产出租出借事项，提高资产使用效益。

（三）认真审核资产处置事项，把好资产处置关口

严格执行《广东省省直行政单位资产处置管理暂行办法》，对省直各单位申请报废的资产，要求出具技术鉴定部门的鉴证意见；对申请处置的资产，要求严格按照规定进行资产评估，以评估值为基础到公开的产权交易市场拍卖，防止国有资产流失。2010年，共审批了省审计厅、省航道局等单位的资产处置事项100多项。

（四）加强行政事业资产收入的收缴管理

对行政单位资产处置收入、出租出借收入和事业单位资产处置收入，严格按照政府非税收入实行“收支两条线”管理的规定，督促单位将收入及时足额上缴。2010年，省级行政事业单位上缴的资产处置和出租出借收入共1.1亿元。按照省审计厅的整改意见，对华南农业大学、广东教育学院、东源县药监局等单位违规处置的资产收入下发追缴通知，将违规收入及时上缴省财政。

六、认真抓好企业国有资产管理工作

2010年，省财政厅充分运用清产核资、资产评估、产权界定和产权登记等手段认真做好所监管企业的产权管理工作。

（一）配合相关部门做好广东省文化产业体制改革工作，支持文化企业发展

贯彻落实《国务院办公厅关于印发文化体制改革中经营性文化事业单位转制为企业和支持文化企业发展两个规定的通知》精神，做好省直属文化企事业单位清产核资、资产评估、出资人变更和国有产权登记等相关审批工作，规范文化体制改革中经营性事业单位转制为企业的行为，促进广东省做强做大文化产业。

（二）完善高校校办企业管理，建立新型的高校产业管理体制

根据教育部关于积极发展、规范管理高科技产业的指导意见和省教育厅、省财政厅等六部门印发的《关于积极推进广东省普通高等学校科技产业规范化建设的实施意见》等有关规定，加速建立新型高校产业管理体制。2010年共审核批复了广东工业大学、华南农业大学、华南师范大学等8所高校组建资产经营公司、资产划转、产权登记、清产核资资金核实等25项事项，进一步理顺了高校与校办企业的投资产权关系。

（三）加强对省直行政事业单位未脱钩经济实体和事业单位开办企业的资产管理

下发了《关于开展省直行政单位未脱钩经济实体和事业单位出资企业基本情况调查的通知》，部署开展相关情况摸底调查。

七、加强调查研究，促进业务建设

一是按照财政部部署，就国务院机关事务管理局《机关事务管理条例》草稿的相关条款对全省情况进行了调查。二是做好陕西、山东等省财政厅资产处来广东省调研的配合工作。三是赴山西省开展行政事业资产管理专题调研。四是与省水利厅财审处组成专题调研组，对省水文系统、北江流域管理局飞来峡水利枢纽管理处、省三防物资储备中心等单位的资产管理情况进行实地调研，进一步推动单位加强制度建设，促进国有资产管理规范化、科学化、信息化。五是开展题为《行政事业单位国有资产管理研究》的专题调研，邀请省直单位和高校的专家学者组成调研课题组，拟定调研方案及提纲，提交了调研报告，为加强行政事业单位国有资产管理提供了理论依据。

（行政事业资产管理处供稿，蔡照亮执笔）

农业综合开发工作概述

2010年，省农业综合开发办创新投入机制、加强规范管理，大力推进农业综合开发工作，取得了明显的成效。2010年，广东省农业综合开发项目安排财政资金80 420万元，比2009年增长18.8%，包括中央财政资金35 364万元，省级财政资金36 591.6万元（含国家项目配套资金27 291.6万元，省级土地治理项目资金8 000万元，省级油茶项目资金1 300万元），市、县级财政资金8 464.4万元。安排在68个县（市、区）实施土地治理项目，建设现代标准农田59.65万亩，安排产业化经营项目69个（含财政补助项目42个、贷款贴息项目27个），科技推广项目20个，农口部门项目11个。

一、突出抓好资金筹集，在扩大开发规模上实现新突破

通过争取多方支持，2010年广东省农业综合开发投资

规模继续保持了较大幅度增长，开发范围不断扩大。

1. 向上争资金。积极争取中央财政2010年下达广东省农业综合开发资金累计3.54亿元，比2009年增长17%；争取国家农发办新增英德市、惠来县、仁化县和云安县4个2011年度国家开发县。

2. 内部挖潜力。采取年初预算安排和国家项目配套资金结余调剂以及从农业综合开发终止项目回收资金和历年回收的财政有偿资金中调剂等方式，安排省级农业综合开发项目资金9 300万元（其中土地治理项目8 000万元、油茶项目1 300万元），比2009年略有增长。

3. 往下抓落实。督导各地将农业综合开发配套资金和事业费列入年度预算，对不及时落实配套资金的，予以扣减指标。

4. 对外抓引导。积极采取招商引资、贷款贴息、项目补助等多种扶持形式，吸引农村集体、农民和企业自筹资金4.44亿元，银行贷款11.15亿元，发挥了财政资金“四两拨千斤”的作用，壮大了投资规模。

二、突出抓好资金和项目管理，在科学化、精细化管理上取得新成效

1. 抓项目申报，确保项目质量。土地治理项目方面，通过综合因素法分配下达了财政投资指标，按照组织市、县竞争选项、编制规划设计和项目计划，省组织专家进行评审，开展计划会审等程序，较好地完成了2010年国家存量资金、增量资金和省级资金土地治理项目计划编制工作；同时，提早启动了2011年存量资金土地治理项目前期工作，并于2010年12月中旬向国家农发办上报了项目计划，均得到了国家农发办批复。产业化经营项目方面，经组织专家评估考察，对通过评估的项目予以公示，最终获得国家农发办批复财政补贴项目42个，涉及中央财政资金4 022万元；贷款贴息项目27个，涉及中央财政资金2 124万元。科技推广项目方面，安排国家项目11个，省级项目5个，组织省、市科技推广单位编制项目实施方案和项目计划，并相应批复了项目计划。部门项目方面，与省农业厅、省水利厅、省林业局等联合申报，并争取国家批复农业部门项目3个，水利部门中型灌区改造项目3个，林业部门油茶产业项目5个，涉及中央财政资金1 526万元。

2. 抓项目建设，确保投资效益。采取深入各地调研、开展项目建设进度调查、组织专项检查等形式，督导各地大力推进项目建设，认真执行招投标制、监理制和公示制，确保工程进度和质量，确保农民增收受益。2010年，各类项目建设进度普遍快30%以上。

3. 抓专项检查，确保规范安全。2010年4月，驻财政部监察局对广东省农业综合开发资金进行了为期10天的专项检查，抽查了3个开发县；10月底，国家农业综合开发办（以下简称“国家农发办”）又赴广东省进行了为期半个月的年度综合检查，抽查了4个开发县。两次国家检查均要求高、检查细、时间长，省农业综合开发办高度重视、积极应对，在依靠日常规范管理的基础上，认真开展自查自纠，积极做好各项迎检工作。

4. 抓项目验收，确保跟踪问效。组织各市、县开展了2007～2008年度项目验收准备和验收工作，省农业综合开发办对重点项目进行了逐一验收，对其中30%的土地治理项目进行抽验；同时，配合省审计厅做好了2007～2009年度农业综合开发项目资金审计，形成了资金审计综合报告；对验收和审计发现的问题，及时督促有关单位认真整改；对个别问题比较突出的市、县，派出专门工作组进行检查指导，确保问题整改到位。

三、突出抓好示范带动，在建设样板示范工程上创造新亮点

围绕年初提出的“争创支农样板示范工程”的目标，创新思路建设样板示范工程。

1. 树立了发展规模农业的新亮点。进一步加大中低产田改造力度。2010年，各开发县土地治理项目投资规模平均达到950万元，每个县实施了1～2个项目，平均每个项目治理面积近万亩，示范效应更加凸显；集中资金办大事，继续抓好了7个省级示范区建设，博罗县、高要市示范区已经成为全省标准农田建设的样板；2009、2010年连续安排共12个高标准农田建设示范工程项目，用2～3年连片开发，预计至2011年，3年累计投入财政资金3.1亿元，建成现代标准农田的样板示范区。

2. 树立了发展高效农业的新亮点。用足用好“综合”手段，大力推进效益开发。2010年，在土地治理项目区发展优势农产品基地20多万亩，冬种农业生产18万多亩；安排产业化经营补助资金8 044万元，扶持种植养殖和农产品加工项目；集中省级科技推广资金1 300万元，依托省农科院等单位建设覆盖14个县（市、区）科技推广综合示范区；在优质稻、糖蔗、甜玉米、花卉、蔬菜等产业进行土地治理项目和产业化经营项目相结合，开展综合配套建设，打造了现代产业核心区。

3. 树立了促进农民增收的新亮点。围绕农民搞开发，在项目安排中，以农民受益为开发前提，项目立项、验收要以农民受益作为重要考核指标。2010年，扶持11个农民专业合作社发展种养业和农产品初步加工，投入财政资金1 664万元，与2009年相比增长540%。

四、突出抓好深化改革，在创新工作机制上探索新路子

1. 进一步创新资金竞争性分配机制。以工作绩效为导向，以公平竞争为主题，健全农业综合开发重大项目竞争立项、工作绩效竞争考核、财政资金竞争分配的工作机制。2010年4月，组织对2010年10个高标准农田建设示范工程项目继续按照“抽选专家、专家封闭评审、申报单位公开演讲答辩、现场评分确定结果”的形式进行公开竞标立项，涉及财政资金2.4亿元，共有16个县（市、区）参加了竞争；通过引入绩效考评和实地考察两个环节，使竞标分配更为科学、合理。在分配2011年度存量资金指标时，首先对市、县工作绩效量化考核，其中对工作优秀的地级市予以奖励指标，对1个地级市和3个开发县作出了“差”

的评定结论，相应扣减投资指标；根据资源条件和工作绩效量化等级、对号入座进行公平分配。

2. 进一步创新项目前期工作机制。坚持提早动手、提前准备，2010年上半年起即部署启动了2011年度项目前期工作，至12月初已经基本完成了2011年各类项目的可行性研究或规划设计、项目实施计划编制工作，比往年提早了近4个月，为下一步项目实施和资金支出争取了主动。同时，进一步加大项目建设督导力度，开展项目建设定期督查，建立处级领导包干分片督办制度，建立项目进度和质量通报制度，有力地提高了工作效率。

3. 进一步创新资金支出进度机制。不断加快资金拨付效率，预算支出与项目建设进度同步进行。至2010年年底，已将2011年度国家存量资金土地治理项目中央和省级财政资金下达到各开发县。

4. 进一步创新各项管理制度规范。着手修订农业综合开发制度汇编、项目规划设计、可行性研究、项目建设等有关操作模板，组织修订完善项目验收、工程监理等相关制度，提高业务的规范化水平。

5. 进一步创新信息化管理机制。积极参与国家农发办组织的农业综合开发信息管理系统研发，帮助提供系统需求，承办了国家农发办于11月份在广州举办的全国农业综合开发信息管理系统软件测试活动，部分省以及广东省部分市、县参加了软件测试，活动取得了圆满成功。

五、突出抓好队伍建设，在建设务实廉洁开发队伍上有新面貌

1. 便民利民，做好主动服务。规范办事规程，提高办事效率。在前期制定的权力运行流程图的基础上，进一步细化完善，形成翔实规范的办事规程，并对外公开。

2. 加强培训，提高业务水平。围绕有关政策执行、项目建设、资金管理等深入到各地开展调研活动，与基层农发干部交流，了解基层困难；开展项目管理培训手册编制工作，帮助各地熟悉掌握业务工作，提高工作水平。2010年3月，举办了农业综合开发科技推广项目管理培训班，对有关科技推广单位和市、县农发干部进行了集中培训。

3. 加强宣传，营造良好环境。在《中国农业综合开发》杂志和《南方日报》上进行了多次宣传，与《广东财政》联合编发农业综合开发专刊，恢复编发《广东农业综合开发动态》。在2010年12月召开的全国农业综合开发宣传工作培训班上，省农业综合开发办被国家农发办评为2011年度宣传工作先进单位。

4. 理顺体制，加强机构建设。加大力度推动理顺市、县农发机构管理体制，督促各地配齐配强农发机构人员。目前共有珠海、河源、湛江、茂名、江门、云浮、汕头、汕尾8个地级市和部分县理顺农发管理体制。

5. 廉洁自律，建立长效机制。坚持业务工作与廉政建设两手抓，重点建立以制度和监督为主的安全防范机制，确保农业综合开发“三安全”（资金安全、项目安全、干部安全）。

（农业综合开发办公室供稿，李国龙执笔）

农村财务管理工作概述

2010年，以加强农村财务管理制度化建设和规范化建设为主要内容，以会计代理制、委派（选聘）制和电算化管理为手段，全面深化农村财务公开、民主理财和农村审计监督，进一步推进了农村财务管理工作。

一、继续深化和推进村级会计委托代理服务工作

2010年，中纪委、监察部、财政部、农业部和民政部四部委联合印发了《关于进一步加强村级会计委托代理服务工作的指导意见》，省财政厅转发了文件，并提出了要求和实施措施，在全省开展了继续深化和推进村级会计委托代理服务工作。在坚持民主管理、民主决策、民主监督等“三个民主”和资产所有权、使用权、审批权、收益权等“四权”不变基础上，依法签订委托代理协议，全面推进村级会计委托代理服务，通过2003年开始试点到现在的多年建设，全省大部分村级都实行了会计委托代理服务，全省村级会计委托代理服务水平稳步提高。在推广村级会计代理制的建设中，全省在部分市、县开展了把会计委托代理制延伸至组一级的试点工作，并取得了很好的成效。

二、继续推进农村财务管理规范化建设工作

2010年，继续抓好了农村财务管理规范化建设联系点工作。农村财务管理处指导各地结合实际，进一步推广农村集体资产和财务管理“十县百镇千村”示范工程的经验做法。在2009年以乳源县等17个县（区）规范化建设取得成效的基础上，2010年又选取了从化市、韶关市曲江区等14个县（市、区）开展规范化建设工作，其中，新兴县重点开展农村财务管理信息化建设试点工作。各建设单位领导重视、组织严密、责任明确，严格按照规范化建设要求，在健全财务制度、规范财务处理程序、健全民主管理机制、强化审计监督、培训财会人员和会计电算化等方面取得了明显成效，促进了农村财务管理的规范化建设。同时，对其他市、县（区）加强农村财务管理起到了很好的示范带动作用。2010年年底，完成了14个试点县（区）考核检查，试点县（区）工作扎实，规范化建设进一步得到完善，农村财务管理上了新台阶。

三、继续深化和完善引入社会中介组织开展村级会计委托代理服务工作

2005年开始，佛山市引入社会中介组织开展农村财务管理的改革工作，经过五年多的改革实践，初步构建起具有佛山特点的农村财务管理新体制新机制，不仅从根本上避免了改革前存在的政府职责不清晰、财务队伍素质偏低、公开不到位等问题，而且在促进农村集体财务管理科学化、

规范化和制度化方面也体现出了明显成效，也为农村民主理财和财务公开工作奠定了坚实的基础。引入社会中介组织规范农村财务管理是一项开创性工作，还存在着票据管理不够规范、代理机制有待完善、中介组织服务质量有待提高等问题。2010 年，佛山市各级党委政府继续深化和完善引入社会中介组织委托代理村级会计服务工作，这项改革工作取得了很好的社会效果和经济效果。

四、扎实抓好全省农村财务公开、民主理财的基础工作

（一）组织编印了《广东省农村民主理财教材》

为规范全省农村民主理财人员的培训工作，确保民主理财教材与时俱进，适应新时期发展的需要，省财政厅在 2003 年编印出版的《广东省农村民主理财监督教材》的基础上，聘请专家、教授和系统内业务骨干组成了编写小组，修改编印《广东省农村民主理财教材》。期间，多次召开了小组成员研讨会。该教材已由华南理工大学出版社印刷出版，并已发放到全省各乡镇农村财务管理人员及村组民主理财小组。

（二）搭建农村党风廉政建设信息化公开平台

部分市、县（区）利用信息化手段，使村财务公开从“墙上民主”向现代科技的“信息民主”转变，形式更透明，内容更丰富、查询更便捷、监督更有力。2010 年，结合省财政厅的“金财工程”系统建设，省财政厅在新兴县开展了农村财务监控系统试点工作，并取得了很好成效，对农村财务管理实现了由镇实施基础管理、由县实施实时监控、由市和省实施远程查询和指导的财务公开和民主监督。

五、扎实开展农村集体经济审计监督工作

在加强经常性常规审计的同时，有针对性地加强了农村重点审计和专项审计，促进了农村基层党风廉政建设，有效地化解了农村基层社会矛盾。尤其在规范农村财务管理，加强制度建设等方面发挥了重要的作用。

（一）部署了第五届全省村委会换届村干部任期经济责任审计工作

省财政厅联合省监察厅、省民政厅、省农业厅、省审计厅五单位联合发文，要求各级主管部门会同相关部门共同部署组织好该项工作。换届审计工作通知和方案已下发各市，通过换届审计，第五届全省村两委换届工作正稳步有序的开展。

（二）开展农村审计改革试点

通过引入社会中介组织，完成了东莞市南城区水濂社区九里潭小组专项审计工作。为调查处理村民上访反映该居民小组的财务问题，农村财务管理处委托了会计师事务所对其进行审计，根据会计师事务所提交的审计报告，下发了《关于东莞市南城区水濂社区居委会、九里潭居民小组 2002 ~ 2008 年度财务收支情况的审计意见》，责成水濂社区、九里潭居民小组对存在问题进行整改。

（三）继续做好《农村审计证》的新办和换发工作

2010 年，办理《农村审计证》共计 1 919 人次。

六、进一步加强农村财务管理法规建设

2010 年，为完善广东省农村财务管理制度建设，农村财务管理处在省内外进行广泛调研的基础上，结合广东省农村财务管理的实际，草拟了《广东省农村集体经济组织财务管理办法（讨论稿）》。该管理办法从机构设置、人员配备、管理制度、资金保障等各方面，对广东省村集体经济组织财务管理作出了指导性的规定，该管理办法正处于再论证、再修订阶段。另外，2010 年，农村财务管理处继续就修订完善的《广东省农村集体经济审计条例（修订草案・送审稿）》进行上报。

七、稳步开展农村民主理财和审计人员的培训工作

完成了《广东省农村民主理财教材》编印和发放工作，并于 11 月份组织举办全省师资培训班，培训全省民主理财师资力量 230 人，为全省的培训工作提供师资力量。市、县组织利用师资力量，已经开展了部分村组民主理财人员培训，人数共 482 人。

10 月下旬，组织召开全省农村集体经济组织审计工作会议暨农村审计人员上岗资格培训班，对承担 2010 年全省农村重点审计的 110 名工作人员进行了政策法规和业务技能培训。

八、妥善处理农民群众上访事

2010 年，共接待反映农村财务管理和村干部经济问题的农民集体上访事件 5 宗。农村财务管理处依据《信访条例》“属地管理、分级负责、谁主管、谁负责”的工作原则，按照实际情况，区别对待，督促有关市、县（区）主管部门通过安排重点审计、或请中介机构进行审计等方式进行处理，并要求在规定的时间内把处理结果上报。对于按规定由省主管部门处理的上访案件，农村财务管理处深入基层调查处理，并将处理结果反馈有关村民，维护了农村社会的和谐稳定。

（农村财务管理处供稿，李志宏执笔）

政府采购管理工作概述

2010 年，广东省政府采购工作坚持以科学发展观为统领，认真贯彻落实《政府采购法》和党的十七大精神，按照完善法规制度、加强监督检查、建立电子采购网络平台、打造“阳光采购”的工作思路，注重改革创新、注重依法行政，求实绩、重实效，着力在体制、机制和制度建设方面作文章，在强化监管方面下力气，在政策功能方面寻突

破，结合从源头上防治腐败、加强廉政建设的要求，采取有效措施，狠抓工作落实，加快推进政府采购制度改革的步伐，努力构建公开、公平、高效、透明的政府采购环境，进一步为广东转变经济发展方式大局服务。

一、注重制度创新，加快促进政府采购规范运行

要实现政府采购管理的科学化、精细化，必须有完善的制度作保障。

1. 制定了操作性较强的政府采购工作规范。在省财政厅法规处和部分地市政府采购监管部门的配合和支持下，对广东省现有的政府采购制度性文件进行了全面清理，在此基础上，以《实施办法》为准则，制订了更具操作性的《广东省政府采购工作规范》，包括政府采购当事人行为规范、政府采购程序规范和政府采购文本规范三个部分共15个配套管理办法，进一步明确了政府采购活动的规范性和程序性，为《实施办法》的施行做好衔接和完善工作。

2. 草拟了《广东省自主创新产品政府采购管理办法》和《广东省政府采购供应商复审管理办法》。通过制订上述两个办法，作为《实施办法》的有益补充，借以推动广东省政府采购管理逐步规范化、法制化，并力争在2010年内以政府规章形式颁布施行。

3. 制订了规范政府采购权力运行机制。以依法行政、规范管理为原则，对各项政府采购权力事项进行梳理，明确权力行使依据、关键部位和薄弱环节，制定运行流程，逐步健全规范权力运行的相关制度，完善监督制约机制，确保依法用权、科学用权。

4. 研究制定政府采购投诉处理工作规程。为进一步规范政府采购供应商投诉处理工作，根据《政府采购供应商投诉处理办法》、《关于加强政府采购供应商投诉受理审查的通知》的有关要求，明确工作职责，注重集体合议，强化依法行政，从处理政府采购供应商投诉的程序、内容、时效等方面确保政府采购投诉处理程序合法，决定准确。

二、注重内力，强化政府采购竞争机制

通过在集中采购机构代理中引入竞争，打破现有的按行政隶属关系代理业务的垄断格局，形成省、市、县之间集中采购活动的竞争。通过开放市场，鼓励竞争，强化监管，激励更多的供应商广泛参与到广东政府采购市场中来，借以杜绝和减少市场垄断行为。2010年，在省直单位2010~2011年度公务车辆和印刷协议供货项目上，通过竞争择优方式，在广东省政府采购中心和广州市政府采购中心之间选择广州市政府采购中心代理协议供货资格招标活动，并要求省直单位采购属协议供货范围内的车辆，必须通过广东省电子政府采购管理交易平台进行订购、议价和电子反拍，要求各协议供货代理商严格履行签订的协议条款。对违反协议约定、价格欺骗、不及时（逾期）更新价格信息、市场整体售价低于协议供货政府采购价而生产厂商不相应调整协议供货政府采购价等行为，将在广东省政府采购网上通报、暂停其协议供货资格直至取消该品牌车辆的协议供货资格。

三、注重公开透明，加快推进全省电子政府采购平台

1. 全省电子政府采购平台进入全面实施推广阶段。在各级财政、监察、审计等部门的同心协力下，全省统一平台实施、推广进展良好，成效喜人，效果良好。第一，实施推广范围和单位不断扩大。广东省电子采购平台已培训上线的有省直和18个地级以上市，其中，广州、汕头、湛江、河源等地所属区域的所有采购单位全部纳入了实施、推广范围，其他各市也积极做好了上线运行准备工作。通过全省统一平台注册的采购单位共有7 905个，其中有7 241个采购单位已通过系统进行了电子采购。第二，信息资源丰富，资源共享优势显著。全省统一平台整合全省资源，充分实现政府采购信息资源共享。包括评审专家资源共享、商品信息资源共享、商品行情资源共享、供应商资源共享。全省统一平台的评审专家库共有10 113名专家，涵盖了政府采购领域各品目。注册供应商共有4 985家，商品品牌402个，商品及配件信息28 635条，商品及配件行情199 010条。基本覆盖各地采购人日常采购的协议商品品牌和型号，实现政府采购商品行情共享，有效促进政府采购的公开透明。第三，有效节约资金，经济效益明显。从在平台上公开各地协议供货商品的价格拿到平台上晒一晒，防止协议供货商报高价，到利用议价系统在协议供货商中进行二次议价，再到引入非协议供货商进行电子反拍等一系列措施，有效降低了政府采购的价格，特别是通过电子反拍引入非协议供货商参加竞争，有效打破了协议供货价格联盟，最大限度降低了采购成本。第四，实现采购过程无盲点监控，提升监管水平。系统设有预算、计划、协议供货限额等控制点，采购文件、采购结果确认、协议供货商品行情更新等催办预警点。采购人、采购代理机构、供应商等通过平台进行采购活动，系统自动记录各种操作行为，财政、监察、审计等部门可根据权限设置通过系统监督检查采购项目整个交易过程，各个采购单位协议供货商品的订购、议价、反拍情况可一目了然。有效杜绝“暗箱操作”，实现采购过程的无盲点监控，提升政府采购的监管水平。

2. 是启动电子招投标系统上线试点运行工作。为进一步提升政府采购监管和操作水平，增强透明度，提高政府采购效率，着手制订省直单位电子招投标系统试点实施计划，印发了《关于电子招投标系统试点运行的通知》，确定省公安厅、省体育局、省国土资源厅等10个省直单位为第一批试点单位，并进行专项培训，详细讲解了电子招投标系统的操作程序、工作守则等，2011年1月将正式启动上线试点运行。

四、注重政策功能导向，加快提升政府采购促进经济发展方式转变的执行力

政府采购的真正落实必须要有执行力，要从全局和战略的高度切实发挥政府采购的政策导向作用，积极为转变

经济发展方式服务。

1. 进一步研究制定扩大自主创新产品政府优先采购执行范畴的有关政策规定，除政府采购货物和服务领域外，将工程建设、省属国有及国有控股企业采购重大机电设备装备的，纳入优先采购广东省自主创新产品范围。

2. 积极配合省科技厅，做好广东省自主创新产品认定工作，不断扩大自主创新产品政府采购清单范围和数量，使之与政府采购需求相适应。

3. 加强对自主创新产品政府采购政策落实情况的监督，强化自主创新政府采购预算和计划编报，做好采购合同履约验收的审核，督促采购单位、采购代理机构认真落实自主创新产品政府采购政策。

4. 研究对于高层次人才及科研创新团队的政府采购扶持政策。对其生产或开发的自主创新产品，可结合其所获得的奖项和科技含量，对其投标价格按照国家及广东省关于自主创新产品政府采购评审的有关规定和办法在政府采购评审中给予一定幅度的优惠，使其最大程度地获取政府采购合同，对其利用财政性资金采购开展科研活动所需的高精端设备，提供政府采购便捷通道。

五、注重监督检查，加快完善监管机制

加强对政府采购活动的监管，是法律赋予财政部门的重要职责，也是约束不良行为，遏制腐败的重要手段。2010 年以来，积极完善政府采购监管机制，着力在建立监管长效机制上做文章。

1. 健全监管机制。建立了政府采购工作联席会议机制，会同纪检、审计等部门对政府采购工作中重大问题进行研究，明确分工。积极配合省纪检监察部门，做好电子政府采购平台与行政效能监察系统的对接工作，形成有效监管合力；建立和完善财政部门内审机制，加强对政府采购预算计划审核，严把政府采购资金预算关；加强合同审核，严把资金支付关；规范采购程序，加强对采购过程的监管，尤其是对采购方式的确定、标书制作、评标定标和采购验收进行重点监管。

2. 认真处理投诉和群众信访，维护公平公正。政府采购供应商投诉和群众信访是监督政府采购活动的有效方式，处理好政府采购投诉和群众来信也是维护公平、公正的政府采购环境的重要举措。2010 年，省财政厅正式受理政府采购供应商投诉 7 件。在处理投诉中，仔细核查投诉项目的相关材料，积极与其他行政管理部门沟通协调，获取有关证据资料，充分发挥内部合议机制，及时与厅法规处商议，做到程序合法、决定准确。此外，收到厅办公室和厅监察室转来的网络问政 6 件，群众来信 10 件，对于网络问政和群众来信，做到主动沟通、耐心解释、认真核实、及时回复。

六、注重宣传造势，进一步营造“阳光采购”良好舆论氛围

在总结几年来政府采购宣传工作经验的基础上，进一步明确宣传工作的重点，突出几年来政府采购改革创新的成效，聚焦社会关注的热点，为营造“阳光采购”良好舆论氛围发挥了积极作用。在《实施办法》出台后，配合省人大常委会召开了《广东省实施〈中华人民共和国政府实施法〉办法》新闻发布会，为《实施办法》的实施营造了良好的社会氛围。同时，注重加强与媒体的定期沟通和专题协商，形成新闻宣传的良性互动机制，围绕政府采购地方立法、电子政府采购等主题，开展了大量的宣传报道，效果良好。

（政府采购监管处供稿，杨瑞执笔）

财政监督检查工作概述

截至 2010 年年底，广东省各级财政监督机构共对 2 900 户单位进行了检查，查出财政违法、违规、违纪金额144 736.35 万元，纠正财政违法、违规、违纪金额 37 272.26 万元，查补财政收入 24 888.91 万元。

一、以开展创先争优主题实践活动为新的契机，进一步完善财政监督体制机制建设，着力提升财政监督科学化精细化水平

2010 年，省财政厅严格按照中央与省委、省政府的决策部署，立足扩大内需，突出保障民生，以开展创先争优主题实践活动为新的契机，严格按照“五个好”、“五带头”的要求，认真开展“八个一”活动，紧紧围绕财政工作的重点，进一步巩固和扩大学习实践科学发展观活动和转变作风抓落实活动成果。一是作了一次公开承诺。按照省财政厅创先争优活动办要求及实施方案，省财政厅坚持财政监督工作为财政中心工作服务的理念，9 月 3 日，制定了《监督检查局党支部公开承诺书》，并由全体党员干部向社会公开承诺认真做好财政监督工作。同时，全体党员干部对照省财政厅开展创先争优活动方案有关要求和工作职责，围绕党员权利义务和“五带头”具体要求，认真撰写投身创先争优活动的具体计划并作出公开承诺。二是树一个先进标杆。省财政厅以沈浩同志为标杆，在监督检查局掀起了一股学习沈浩同志无私无畏、一心为民的思想热潮。三是建一套工作机制。省财政厅以开展创先争优活动为契机，进一步健全和完善了财政监督工作宣传教育机制、财政监督检查工作联动机制、财政监督检查协调协助机制和财政监督执法问责机制等四个工作机制。四是定一个工作亮点。财政监督检查的亮点工作是对社会团体、国有及国有控股企业开展“小金库”专项治理工作。省财政厅在总结去年工作经验的基础上，认真做好社会团体、国有及国有控股企业“小金库”专项治理自查自纠、重点检查工作，把“小金库”专项治理工作推向深入。五是做一次调查研究。省财政厅采取“边工作，边调查，边思考”的工作思路，围绕《农村劳动力转移资金使用存在问题的调查及思考》开展调查研究，在工作中求得实践经验并加以提炼、

总结。六是开一期民主生活会。省财政厅以开展纪律教育学习月活动为契机，积极召开民主生活会，对照“五个好”、“五带头”查找不足，分析原因，研究改进措施。七是写一篇读书心得。省财政厅积极开展“读一本好书、写一篇心得”活动，广泛发动党员干部踊跃参与厅里组织的读书活动。八是帮一户贫困农户。除了继续按照“规划到户责任到人”的要求，做好对口帮扶五华县大沙村脱贫工作之外，省财政厅还开展了对乳源高级中学7名贫困家庭学生“结对帮扶送温暖，捐款助困显真情”活动。9月9日，监督检查局长亲自带队去乳源看望了贫困学生并送上监督检查局党员干部的捐款和鼓励。

二、创新工作方式，突出工作亮点，加大财政资金监管力度

2010年，省财政厅继续围绕省委、省政府的战略决策部署，进一步加强财政支出监督检查，关注财政资金使用的合规性、真实性和效益性，加大对违法违规问题整改的追踪问效力度，特别是对涉及民生的财政资金的监督检查工作，保障省委、省政府的利民惠民政策得到贯彻落实。

（一）点面结合，突出重点，有序推进省级财政资金检查工作

2010年，省财政厅紧紧围绕财政中心工作，确定省级财政资金重点检查项目和范围，布置各市对确定的财政资金进行自查，并对自查阶段提出具体要求：一是要求市级财政部门必须对县区、县区财政部门必须对乡镇自查工作进行督导巡查；二是要求财政部门必须对每项资金至少抽查一个用款单位。3月，省财政厅向各市印发了《关于开展2010年省级财政专项资金检查的通知》，将挖潜改造资金、省部产学研专项资金、农村饮水安全工程建设省级补助资金、农村劳动力培训转移就业专项资金、乡镇卫生院建设补助经费等财政资金和项目纳入省财政厅2010年的检查计划，要求各地认真开展自查，省财政厅根据自查情况进行抽查。截至5月，各市都按要求顺利完成了自查工作。省财政厅根据各市自查情况并结合实际，重点抽查了清远、揭阳和湛江三个市及所属十个县，检查涉及金额2.09亿元，查处违规金额达1 662.21万元。

（二）以查促管，明确目标，积极开展省直单位财政专项资金检查工作

省财政厅坚持以促进和规范被查单位资金管理为检查的根本目的，以财政资金安全、有效运转为检查的出发点和落脚点，加大力度开展对省直单位财政专项资金的检查工作。2010年，省财政厅还完成了对省直公务员招录经费、2008年度农业综合开发良种繁育及加工基地项目省级财政资金的检查工作。检查结束后，省财政厅积极与被查单位沟通，征求处理意见，并要求有关部门要吸取教训，采取有力措施，杜绝类似违规问题的再次发生。各单位对检查发现的问题认真整改，并及时将整改情况反馈，如省侨办在认真整改后，出台了《广东省侨办侨务工作专项资金管理内控制度（试行）》，从制度上规范和加强专项资金的管理。

（三）深入基层，加强指导，稳步开展财政资金检查督导工作

为了适应新形势下财政管理科学化精细化要求，进一步加强和规范财政资金的管理和使用，确保专项资金自查工作不走过场、不留死角，省财政厅党组成员、纪检组长邓桂明先后带领厅监督检查局部分同志赴东莞、潮州、湛江等地督导省级财政专项资金自查工作。6月份，监督检查局局长带领部分同志赴阳江、江门等地就财政资金监督检查工作开展调研和督导。

全省各地财政监督机构也根据省财政厅统一部署，结合地方实际，认真、深入开展财政监督检查工作，取得了显著成效。例如，广州市财政局根据工作计划，对省财政挖潜改造资金、农村卫生建设资金等7项资金的管理使用情况和广州市水务局等8个单位的部门预算执行和财务收支情况进行检查，纠正财政问题资金15 290.70万元，查补财政收入5 615.20万元，维护了财经法规的严肃性，确保了财政资金安全、规范使用。东莞市财政局对市就业技能培训补贴资金、技术改造和技术创新专项资金2项市级专项资金开展了检查。佛山市财政局组织各区财政部门和有关单位开展对省部产学研和农村劳动力培训就业等6项省级补助资金的管理和使用情况进行检查，成效明显。此外，中山、河源、惠州、江门、茂名、清远、肇庆等市的此项工作也抓出成效。

三、创新检查方法，体现工作特色，提升会计信息质量检查工作效能

2010年，为进一步加强会计信息检查工作，贯彻落实财政部精神，省财政厅制订了《广东省2010年会计监督检查工作总体方案》，确定了2010年会计信息质量检查的指导思想、主要目标及重点检查单位，并将《财政部关于地方开展2010年会计信息质量检查和会计师事务所执业质量检查的通知》转发到各地市，要求各地结合实际，认真贯彻落实。

（一）拓宽检查范围，确保工作实效，注重会计信息质量检查工作质与量的双重提高

为扩大会计监督工作效果与社会影响，省财政厅改变以往重企业、轻行政事业单位的会计监督模式，将党政机关和行政事业单位纳入检查范围。2010年，省财政厅在省级财政供给单位人员信息系统培训班上，向各省直单位布置了2010年广东省会计信息质量检查工作，同时印发了《关于开展省直单位会计信息质量检查工作的通知》和《关于开展省管企业会计信息质量检查工作的通知》，要求省直单位和省管企业对该单位会计信息质量进行全面自查。截至4月底，各省直单位及省管企业按时完成了2010年度会计信息质量自查工作。从自查情况看，2010年各单位的整体自查质量较2009年有明显好转，各单位对自查阶段发现的问题及时进行了整改。省财政厅结合各单位自查情况，分别于5月和9月，组织力量对广东省建筑工程集团有限

公司及其下属两家公司和广东省画院等单位的2009年度会计信息质量进行重点抽查。

（二）下达指令性计划，提升工作积极性，切实推动市县会计信息质量检查工作

根据各市县上报省财政厅的会计信息质量重点检查项目情况，2010年省财政厅印发了《关于印发2010年全省财政监督工作指导意见和检查项目的通知》，共下达会计信息质量检查项目41项。通过统一下达检查任务，一方面有效督促基层财政部门积极开展会计信息质量检查工作，另一方面进一步加大了监督检查力度，有效宣传了财政部门的会计监管职能。

（三）利用“小金库”工作成果，强化监督效能，有针对性地选择重点单位开展检查

针对“小金库”治理过程中发现的行政事业单位存在财务管理混乱、会计基础工作不规范等问题，2010年，监督检查局联合厅绩效评价处、国库处对所有省直行政事业单位开展会计信息质量检查。1月份，监督检查局和绩效评价处、国库处在省级财政供给单位人员信息系统培训班上，向省直行政事业单位布置了2010年广东省会计信息质量检查工作，同时印发了检查通知，要求省直单位对该单位会计信息质量进行全面自查，并明确将根据自查情况确定重点检查对象。4月底，会计信息质量自查工作已顺利完成。9月份，监督检查局联合绩效评价处、国库处对广东省画院等单位进行会计信息质量检查。广东省各地也积极关注重大财税政策的执行情况和关系人民群众切实利益的民生问题，加大对企业会计信息质量检查力度，全面提升企业的会计信息质量。例如，江门市财政局选取与民生息息相关的广东省江门中医药学校、江门市固体废物处理有限公司等企事业单位的会计信息质量进行检查，在与局相关科室和市相关职能部门积极沟通、共同研究的基础上，提出加强管理的意见和建议。茂名市财政局在组织对市新华书店等六家单位开展会计信息质量检查的过程中，做到了“三个结合”：开展检查与普及会计知识相结合，与财政专项资金检查相结合，与提供服务、促进管理相结合。此外，广东省广州、阳江、汕尾、湛江、佛山、珠海和汕头等地的会计信息质量检查工作做得也比较好。

四、创新监管模式，扩大社会效应，促进注册会计师行业的健康发展

为切实履行财政部门对注册会计师行业行政监管职能，进一步整顿和规范会计秩序，2010年省财政厅积极创新监管模式，大力推进会计师事务所执业环境整治，继续加大注册会计师行业行政监管的力度，提升了会计监督的社会认可度和公信力。

（一）建立全面自查制度，树立监督的社会威信

2010年，省财政厅开始探索注册会计师行业监管新方法，着力建设全面普查与重点检查相结合的工作机制。3月份，监督检查局联合省注协对全省（不含深圳）477家会计师事务所开展检查工作，检查分自查和重点检查两个阶段。要求各会计师事务所按时报送自查报告，对逾期不报的会计师事务所，在省注协网予以通报。

（二）继续实行委托地级以上市检查会计师事务所的工作方法

为整顿经济秩序，营造良好的行业氛围，2009年开始，省财政厅创新工作思路，大胆尝试委托地市检查的办法，强化对会计师事务所行业的行政监管，取得很好效果。2010年省财政厅委托广州、珠海等7市财政局检查9家会计师事务所。各市在开展检查工作中，省财政厅按照“全程跟踪，主动指导，集中审理，统一处理”的原则，把好委托检查关，有效推动了全省会计师事务所的监管工作。实践证明，委托检查的方法切实可行，可操作性强，对推动基层财政部门财政监督工作产生积极意义。一是有利于锻炼财政监督干部队伍，提升基层财政部门行政执法水平；二是有利于弥补财政监督检查力量不足的弱点，扩大监督检查的辐射面；三是有利于整顿注册会计师行业风气，树立财政监督的社会威信，维护市场经济秩序。

（三）建立谈话诫勉制度，探索监管新机制

针对省内会计师事务所数量众多、规模发展不平衡、执业水平参差不齐等实际情况，2010年监督检查局联合省注协和厅会计处对11家新设立的会计师事务所负责人进行了谈话，同时对4家受处罚与惩戒的事务所负责人进行戒勉谈话，大力加强对会计师事务所的监管。

（四）对相关部门移送案件进行核查

2010年8～9月，省财政厅组织检查队伍，对省纪委移送的“401专案”中涉嫌违法的广州沛丰会计师事务所的相关情况进行核查。

五、把握政策法规，抓住治理工作重点，积极推进“小金库”专项治理工作

2010年8月，财政部部长、中央治理“小金库”工作领导小组组长谢旭人一行到广东检查调研“小金库”治理工作，谢旭人部长发表了重要讲话。省财政厅积极组织各地按照谢部长讲话精神，继续深化党政机关和事业单位治理工作，抓紧推进社会团体、国有及国有控股企业“小金库”治理工作，按照“边治理，边研究，边总结，边完善”的思路，将专项治理与推进财政体制改革和提高财政管理的科学化、精细化水平相结合，采取切实有效措施，进一步完善财政财务管理，建立健全防治“小金库”长效机制。

（一）继续深入开展党政机关和事业单位“小金库”专项治理工作

根据中央治理工作安排，2010年省治理办积极督促2009年治理工作措施不力、成效不显著、群众有反映的部门和地区进行“回头看”，并组织力量对自查自纠“零申报”的单位进行重点检查；对群众举报反映的有关线索继续组织核查；对全省各地重点检查发现的问题整改落实情况进行抽查及验收。截至12月底，广东省党政机关和事业

单位“小金库”专项治理共发现“小金库”402个（其中自查自纠194个，重点检查及“回头看”208个），涉及金额1.79亿元，142个市县全部发现“小金库”，不存在“双零”县区（即自查自纠“零申报”和重点检查“零问题”的县区）问题。发现的“小金库”已整改和处理396个，因设立“小金库”和使用“小金库”款项受到行政处罚53人，组织处理38人，党纪政纪处分96人，移交司法机关处理26人。

（二）加强统筹规划，细化工作方案，推进社会团体、国有及国有控股企业“小金库”治理工作

为切实做好社会团体、国有及国有控股企业“小金库”治理工作，按照中央的统一要求和部署，2010年，省治理办召开了三次工作预备会，对广东省社会团体和国有及国有控股企业“小金库”治理工作进行探讨研究，拟定工作原则及工作分工，并摸清了广东省省级社会团体、基金会和省级民非单位以及国有及国有控股企业的数量。同时，广东省于7月15日正式印发了社会团体和国有、国有控股企业“小金库”治理工作方案，工作方案的细化和印发。截至10月底，全省社会团体和国有及国有控股企业“小金库”自查工作已顺利结束。11～12月，省治理办分五批次对52个社团组织进行了重点检查。

（三）加强制度建设和建立健全治理“小金库”的长效机制

广东省在深入开展党政机关和事业单位“小金库”专项治理工作的同时，积极进行建立健全治理“小金库”的长效机制的调研。4月份，省治理办派出人员参加了中央治理办举办的党政机关和事业单位防治“小金库”长效机制研究工作布置会，根据中央治理办安排，广东省参与了第3课题组关于“强化全方位财政监督、预算财务公开”内容的研究。7月份，中央纪委会同中央治理办在广东组织召开了建立、健全防治“小金库”长效机制教育监督课题研究座谈会，与会代表对广东省防治“小金库”长效机制建设给予了充分肯定。此外，广东省还积极组织人员参加中央治理办组织的防治“小金库”长效机制建设征文活动。截至12月底，广东省共收到征文稿件83篇，并及时将20篇优质稿件上报中央治理办。

六、积极参加其他专项工作

（一）积极参与强农惠农资金检查工作

2010年8月，根据中央的统一部署，广东省精心组织，积极谋划，全力部署强农惠农资金检查工作。此项工作由农业处牵头负责，监督检查局积极参与，组织力量对省海洋渔业局、省水利厅和省林业局的强农惠农资金进行了检查，同时对汕头、韶关、阳江和云浮四市专项检查报告进行审理。

（二）参与对省工程治理整改工作进展情况检查

2010年9月，省工程治理领导小组办公室组织对省工程治理整改工作进展情况开展检查，省财政厅派员参与此项工作，对汕头、潮州、揭阳三市的工程治理工作进行了检查。

（三）参与调研及课题工作

2010年，为贯彻落实国务院办公厅转发财政部《关于加快发展我国注册会计师行业若干意见》精神，积极配合会计处进行调研，并负责会计师事务所行政监管部分的内容。

（四）参与战略性新兴产业竞争性分配评审工作

为加快广东省战略性新兴产业的发展，根据省委、省政府的决策部署，省财政厅设立了战略性新兴产业发展专项资金。11～12月，省财政厅对第一批战略性新兴产业发展专项资金5.8亿元实行了竞争性分配监督检查局派员参与了战略性新兴产业竞争性分配的评审工作。

（监督检查局供稿，林承志执笔）

人事管理和教育工作概述

2010年，人事教育处深化干部人事制度改革，扎实开展干部人事教育工作，为财政改革发展提供了良好的组织保障和人才服务。

一、统筹协调，严谨高效，干部选拔工作实现新突破

一是全力配合中组部、省委组织部做好了1名中管干部、1名省管干部的推荐、考察工作，1名省管干部的试用期满报批、考察工作。二是积极向省委申报厅级非领导职务职数，在得到批准后，配合省委组织部按程序做好了2名副巡视员的选拔任用工作。三是按照省财政厅党组“凭能力定使用、靠实绩求进步”的用人导向，统筹做好了处、科级干部选拔任用工作。2011年，共提拔任用处级干部20名（含转任同级领导职务4名），科级干部47名，完成了14名处级领导干部试用期满按期转正有关工作。

二、深化改革，拓展范围，竞争性选拔突显新亮点

不断加大竞争性选拔工作力度，创新选人用人机制。一是组织公开遴选8名副处职领导干部。在厅党组的部署下，2010年上半年采用公开遴选方式选拔任用8名副处职领导干部。坚持完善机制、规范程序，在笔试和述职述廉的基础上，增加了结构化面试、厅领导评价等遴选环节，突出专家评委权重，组织全厅干部现场测评和观摩，使选拔过程更为科学、公平、公开、有效，真正使一批实绩突出、组织信任、群众认可的干部走上领导岗位。竞争性选拔工作的组织水平走在了省直单位前列，得到了省委组织部、厅党组和全厅干部职工的好评。二是开展公开推荐选拔4名副主任科员。为进一步加大年轻干部培养力度，首

次将竞争性选拔机制引入到科级年轻干部选拔工作中。2010年年底，拟定了《省财政厅公开推荐选拔副主任科员工作方案》，坚持科学有效、简化易行的原则，按照民主推荐、平时表现考核、厅党组成员考评、综合评议四个环节进行测评推选，破格提拔了4名副主任科员，使能力较强、勤奋踏实、业绩突出的年轻同志脱颖而出，在干部队伍中形成了强烈的反响。通过竞争性选拔，进一步形成了科学的选人用人导向，激发了干部队伍的生机和活力，提高了队伍的整体素质。

三、着眼全局，争取主动，事业单位分类改革取得新进展

省财政厅共有11个直属事业单位，涵盖票据监管、投资审核、项目评估、物业管理、信息化、财政科研、职业学校、行业协会、后勤服务等多个方面，涉及干部职工260多人，这支队伍在财政工作中发挥着重要的支撑和保障功能。省财政厅党组高度重视改革工作，厅党组书记、厅长曾志权亲自召集厅属事业单位主要负责人多次研究改革事宜，先后两次率人事教育处有关同志与省编办主要领导就厅属事业单位分类改革进行沟通，使事业单位分类改革工作积极、稳妥推进。

（一）加强领导，周密部署

专门成立了由厅党组书记、厅长任组长的事业单位分类改革领导小组，下设办公室，从人事教育处、办公室、法规处抽调人员组成；领导小组先后多次专题研究部署分类改革工作。

（二）宣传发动，稳步推进

将有关改革文件资料汇编成册，组织各单位认真学习、统一思想，提高认识；各事业单位按要求制订了初步方案，人事教育处汇总后征求相关业务处室意见，形成省财政厅改革方案初稿。

（三）多方协调，争取主动

省财政厅主要负责人亲自与省编办等部门主要领导进行反复沟通，积极争取支持；人事教育处注意加强对外沟通和对内协调，并及时将编办的审核意见反馈给各事业单位，不断优化完善方案，形成合力。

（四）反复酝酿，确定方案

经反复修改、补充完善、几易其稿，并与省编办初步达成了共识。最终提请厅党组会议审定改革方案后报省编办，省编委于2010年3月批复了我厅的事业单位分类改革方案，为省财政厅事业单位争取了发展机遇，创造了有利条件。

四、以人为本，多措并举，探索干部管理工作新机制

（一）开展轮岗交流，激发干部队伍活力

一是组织开展处级、科级干部轮岗。因工作需要，年内对7名处室主要负责同志进行了轮岗；2010年底又启动了处级和科级干部大规模轮岗，经反复研究并报厅党组批准，出台了《省财政厅机关干部交流轮岗工作方案》，按照以人为本、客观公正的原则，除个别特殊岗位要求和个别同志身体原因之外，对符合轮岗条件的15名副处级和22名科级干部实行轮岗，加上因工作需要轮岗，全年共计轮岗55人次。

（二）采用多种方式，做好干部交流外派工作

积极采取向外推荐干部、外派挂职锻炼、处室借调使用、机关与直属机构交流等方式，积极为干部成长提供锻炼平台。2010年，共向厅外推荐干部1名，推荐挂职科技副县长1名，援疆干部1名，援藏干部1名，办理公务员调任转任26名，多层次推动干部交流，取得了良好的效果。

（三）明确岗位职责，落实领导干部问责制

根据省委建立领导干部问责制的有关精神和厅党组的部署，通过组织处室分头起草、人事教育处汇总审核修改、征求处室意见、呈报厅党组审定，历时2个多月，制定了《广东省财政厅处级领导干部岗位职责与职责要求》，明确了每个处级领导岗位的职责及要求，形成了公开透明、科学规范、责权明晰的管理体系，实现问责有据、有章可循。

（四）制定考核体系，完善干部考评机制

根据曾志权厅长指示精神，为建立科学的干部考评机制，首次聘请行政管理及人力资源管理专家参与厅干部考核指标体系论证研究，按照科学有效、奖勤罚懒的原则，起草并报厅党组批准制定了《2010年省财政厅干部年度考核指标体系》（分处级干部、科级干部），按照德能勤绩廉五个方面设定一、二级考核指标，对处级干部考核按照厅级干部测评、处级干部互评和本处级科以下干部考评三个环节进行，优化了考核办法，形成了可考核、可操作、科学有效的考核指标体系。这一指标体系在2010年厅年度考核中得到广泛应用。

（五）推选先进典型，树立财政队伍标兵

按照财政部和人社部有关部署，认真组织做好全省财政系统推荐全国财政系统先进集体和先进工作者评选工作，按照面向基层和工作一线以及确保先进性的原则，经初审、复审“两审三公示”程序，自下而上、层层推荐、优中选优，最终本省有3个单位和3名同志分别被人社部、财政部授予“全国财政系统先进集体”和“全国财政系统先进工作者”荣誉称号。人事教育处以此为契机，大力弘扬先进事迹，组织全省各级财政干部学先进、赶先进，掀起了创先争优的热潮。

五、紧扣热点，广辟渠道，干部培训工作迈出新步伐

（一）出台实施意见，完善培训制度

按照省委关于大规模培训干部的有关精神，研究制定了《广东省财政厅关于适应广东省加快转变经济发展方式要求大规模培训干部的实施意见》、《广东省财政厅大规模培训干部登记管理办法》等，突出“体现严要求、提高针对性、增强主动性、注重特色化、确保执行力”的特点，

努力建立以科学发展为目标、以培训需求为导向、以能力建设为核心的全方位、多形式、高质量的干部培训体系，2010年省财政厅共组织各类培训4 750人次，得到了省委有关部门的充分肯定。

（二）狠抓重点培训，提高培训质量

一是2010年9月14～17日，与省委组织部联合举办了全省促进县域财政发展工作会议暨市、县（市、区）长公共财政与经济发展方式转变专题培训班，常务副省长朱小丹作了重要讲话，省财政厅厅长曾志权以及多名专家在培训班上作了专题授课。各地级以上市分管财税工作的副市长、财政局（委）局长（主任）、各县（市、区）长以及厅处级以上干部等共200多人参加了培训。二是继续举办了第7批澳大利亚财政业务发展进修班。在全省财政系统选派了6名处、科级干部赴墨尔本大学进行了为期三个月的专题培训。充分利用国际优秀培训资源，培养高层次、高素质的财政管理人才，收到了良好的效果。三是结合岗位职责和不同类别干部的特点，认真组织厅干部积极参加了财政部、省委组织部和省人社厅等部门举办的各类岗位培训班和专题培训班，不断提高领导水平和综合素质。

（三）创新培训形式，拓展培训渠道

创办了“广东财政大讲堂”。草拟并报省财政党组批准了《“广东财政大讲堂”实施方案》，邀请省内外知名专家从2011年1月起进行每月一期的专题讲座，建立了经常化的培训平台。二是为全厅干部职工订购了《广东省加快转变经济发展方式干部培训系列丛书》等各类书籍作为学习教材。三是在厅门户网站开辟《大规模培训干部专栏》，集中上载相关知识和信息，并定期更新。四是按照创建学习型机关的要求，开展读书学习活动，精心创办了《广东财政培训动态》，在全厅营造了崇尚学习、热爱学习的浓厚氛围。五是积极引导干部参加学历、学位学习教育，认真做好干部学历、学位学习教育的审核和经费补助报批工作。全年共新增12人参加硕士以上学历教育。

六、高度重视，扎实推进，对口扶贫工作树立新样板

根据省财政厅对口帮扶五华县水寨镇大沙村“规划到户、责任到人”工作总体安排，在厅领导的亲自部署下，人事教育处会同厅有关处室和驻村工作队，保持高度的政治责任感，以争创对口帮扶示范单位为目标，以超常规的工作精神和工作作风，动脑筋、想办法、解难题、抓落实，在一年多的时间内，彻底改变了大沙村村风村貌和发展水平，帮扶贫困户走上了脱贫致富路，建立了长效发展机制。在全省对口扶贫工作中树立了样板点和示范区。2010年12月，厅扶贫开发“双到”工作荣获各级考评“优秀”等次，并推荐为全省“插红旗单位”。一是帮扶贫户基本脱贫。

对纳入扶贫任务的78户贫困户，因户因人采取“产业帮扶、社会帮扶、救济帮扶、智力帮扶”多种方式，实施“靶向疗法”，配置资源到户，基本实现初步脱贫。二是支持增加集体收入。通过支持水电入股，实现了村集体经济年收入3万元以上的考核目标。三是产业扶贫创出新模式。通过资助贫困户进行猪栏（鸡舍）改造，引进农业龙头企业提供种苗，由农户养殖后回收并支付劳务费，带动发展养猪、养鸡业，帮扶贫困户增加收入；联系良种单位提供优良蔬菜种子种苗和种植培训，计划带动农户连片开发蔬菜种植基地。四是智力帮扶持续深入。通过授课、观摩、示范等方式送技术下乡，对贫困户进行种养技术培训达到8批320多人次，创建省财政厅对口帮扶“希望家园”，让贫困户“换脑子”，主动寻求脱贫之路。五是惠农政策落实。帮扶大沙村全体村民积极参加了新型农村合作医疗、34户贫困户取得最低生活保障、30户纳入危房改造范围、22户养猪户建设沼气池及安装沼气设施、资助大沙村60周岁以上的77位老人全部购买农村养老保险，率先整村推动建立农村养老保险制度，实现了“老有所养、老有所保”。六是长效机制有效建立。先后发动全厅干部职工和98家热心企业、单位捐款140多万元设立大沙村扶困基金，专项用于大沙村贫困家庭子女读书资助、特困救助、尊贤敬老及公共基础设施建设等，成立基金理事会和监事会，订立了有关章程，建立了助学支教、特困救助和尊贤敬老长效机制。七是农村面貌焕然一新。通过帮扶大沙村修建自来水工程、硬底化村道、水利设施，修缮小学，建设文体活动中心、卫生站，进行危房改造、村庄绿化整治，建设标志石、凉亭等公共设施，呈现出新农村的崭新风貌。据统计，一年多来，先后有60余批次省市县有关领导和单位赴大沙村考察学习扶贫工作，得到了各有关部门、单位的高度赞扬。

在对口帮扶工作中，人事教育处充分发挥组织、指导、协调和督促作用，坚持雷厉风行、一抓到底，先后做好了10多次厅领导赴大沙村帮扶活动的有关工作，加强与驻村工作队的联络和沟通，支持驻村工作队大胆开展工作，参与拟定各项帮扶措施，组织厅有关单位参加帮扶活动，及时向厅领导和各有关单位提供工作动态情况，联系有关媒体开展宣传报道，及时协助编发对口扶贫工作简报，推动厅对口扶贫工作走在全省前列。

七、主动服务，提高质量，基础管理工作呈现新局面

（一）切实加强因公、因私出国（境）管理

按时规范办理有关各项报批、政审、护照、签证等手续，做到严格管理、认真审核、周到细致、热情服务，及时提供政策解释，加强沟通协调，进行必要的外事纪律教育，保证了公务出访任务规范、安全、高效开展，因私出国（境）各项手续完整、顺利往返。

（二）切实加强人事信息、干部档案、工资、职称和计划生育管理

特别是在人员更替的情况下，组织新的经办同志认真钻研、熟练业务、不断创新，在力保零差错的同时实现工作质量和效率大幅度提升；计划生育工作强化了日常管理措施，实现了计划生育率、晚婚晚育率、节育率和独生子

女办证率都达到了100%，获得计生部门的通报表扬。

（三）切实加强安全保卫管理

坚持日常化、规范化、标准化，加强与厅有关处室的协调联动，严格落实《广东省财政厅安全保卫制度》，强化安全保卫责任制，加强日常内部安全防范，定期组织人员加强监督检查；开展亚运期间和节假日期间安全大检查，强化值班备勤，努力消除安全隐患，确保内部管理安全有序，全年没有发生重大安全事故。

（四）切实加强了人事教育处自身建设

建立、健全学习交流制度，不断提高队伍素质；转变工作作风，深入开展调查研究，及时掌握各处室人员运行情况和思想动态，不断优化工作思路，提高服务水平；坚持“讲党性、重品行、作表率”，处领导率先垂范、亲历亲为，全体同志爱岗敬业、扎实苦干；坚守组工干部原则，严守干部人事纪律，认真落实党风廉政建设责任制，防止了违纪违法违规问题的发生。

（人事教育处供稿，朱昱执笔）

机关党建工作概述

2010年，省财政厅直属机关党委围绕中心、服务大局，不断加强党的思想建设、组织建设、制度建设、廉政建设和作风建设，以党建促业务，以业务成绩检验党建成果，实现了基层党组织“五个好”（即领导班子好、党员队伍好、工作机制好、工作业绩好、群众反映好）的目标。2010年，省财政厅直属机关党建工作呈现新面貌、取得新成绩。

一、认真开展政治理论学习，提高党员思想政治素质

（一）突出重点，强化领导表率作用

突出重点，全面落实党建工作责任制，在领导干部中形成抓党建的共识，切实发挥领导干部以身作则、以点带面的表率作用。

1. 协助厅党组抓好思想建设。开展好厅党组中心组理论学习，紧扣热点，选准重点，定好计划，提出专题，通过召开中心组理论学习会和编发学习简报等形式认真组织开展省财政厅党组中心组理论学习，并做好学习情况宣传上报工作。2010年，共召开中心组学习会4次，编发学习简报6期。

2. 强化机关党委班子思想建设。党委委员带头学习，先学一步，同时积极落实党委委员调研制度，每位委员每年选择不少于3个单位作为联系点参加组织活动，

3. 加强厅各党支部书记思想建设。印发实施《广东省财政厅基层党组织负责人工作述职制度》，强化各党支部书记作为支部思想政治工作第一责任人的思想意识，牢固树立不抓思想政治建设就是失职、抓不好思想政治建设就是不称职的思想，不断增强思想政治工作的针对性、主动性、实效性，营造心齐实干的良好氛围。省财政厅直属机关党委专职副书记、厅办公室主任兼厅党委办主任钟炜同志被评为2008～2010年度省直机关精神文明建设先进工作者。

（二）精心组织，全面提高党员政治素质

结合建设学习型党组织的目标要求，精心组织开展各种学习活动，注重学习的全面性、有效性和长期性，通过学习推动全体党员干部坚定政治立场、提高理论素养。

1. 组织全厅党员干部学习贯彻“三个代表”重要思想、科学发展观，深入学习党的十七大、十七届五中全会精神和省委十届六、七次全会精神，胡锦涛总书记在视察广东时的重要讲话精神等，把全厅各级党组织和全体党员干部的思想统一到中央和省委的部署上来。为在全厅真正学习好、领会好、贯彻好党的十七届五中全会精神，按照厅党组的部署，制定印发了《省财政厅学习贯彻十七届五中全会精神的意见》。

2. 紧贴时代特点和工作需要，组织开展向沈浩同志、郭明义同志学习活动等。邀请省委党校（广东行政学院）钟立功教授作专题辅导报告，组织观看反映沈浩同志先进事迹的电影《第一书记》、全省机关作风暗访片、警示教育片等。

3. 完善学习体系。一方面，建立健全学习制度，从党组中心组理论学习、党委集中学习、基层党支部理论学习和党员个人自学四个方面入手，建立理论学习制度，制定理论学习计划，包括出台《关于推进我厅学习型党组织建设的实施意见》、修订《广东省财政厅中心组学习管理制度》等，有计划、有步骤、分层次地组织党员干部开展理论学习，健全学习体系，建立和完善行之有效的学习制度。另一方面，为个人自学创造有利条件，通过印发文件、推荐书目、组织专题报告和发放学习资料等各种形式，激励党员干部自觉学、愿意学。同时，创新学习载体，激发学习动力。继续办好《读书园地》内部刊物，2010年共出版《读书园地》4期，刊登干部职工心得体会70余篇，在全厅掀起读书热潮，形成人人善于学习、勤于思考、勇于探索的学习氛围。

（三）抓主题活动，增强思想建设的针对性和实践性

以主题实践活动为契机，紧密结合财政实际，加强领导、精心组织、做好督查，确保主题活动都入心入脑，收到实效。

1. 认真开展“抓落实促发展”主题实践活动。在全厅党员、干部、职工中广泛进行思想发动，提高党员、干部、职工对开展抓落实促发展活动重要性和必要性的认识，增强以优良作风狠抓落实促发展的自觉性和积极性。扎实做好学习检查、整改提高、总结评议三个阶段各项工作，活动开展求深、求活、求实，组织有力，措施扎实，特色鲜明，成效明显，实现了预期目标。在“抓落实”上实现“五个新进步”，即：抓落实的意识进一步强化；抓落实的能力进一步增强；抓落实的作风进一步转变；抓落实的合

力进一步形成；抓落实的机制进一步完善。在“促发展”上实现“五个新成绩”：在增收节支、推动财政管理上水平上取得新成绩，在深化改革、完善公共财政体系上取得新成绩，在落实纲要、推动城乡区域协调发展上取得新成绩，在科学发展、推动“三促进一保持”上取得新成绩，在保障民生、推动基本公共服务均等化上取得新成绩。2010年9月13日，省财政厅党组书记、厅长曾志权应邀参加了省直机关“抓落实促发展”主题实践活动推进会并作经验介绍，省财政厅“抓落实促发展”主题实践活动的做法和经验得到省直机关工委的充分肯定。

2. 精心组织实施，深入开展创先争优活动。认真组织开展“八个一”活动，将活动变成可量化、可考核的行动。“八个一”活动得到了中共中央政治局委员、中央书记处书记、中央组织部部长、中央创先争优活动领导小组组长李源潮、中共中央政治局委员、省委书记汪洋、省委常委、副省长朱小丹的高度肯定。2010年11月份，省财政厅应邀在全国财政系统党建工作会议上作创先争优经验介绍。为进一步深化创先争优活动，开展了“改革创新当好排头兵”学习讨论活动，结合新的形势，重新审视广东省财政工作在全国所处的位置，重新审视服务省委、省政府中心工作的状况，通过对比分析、广泛讨论、深入调研、谋划思路、制定举措、抓好落实，研究落实各项财政工作的新思路、新举措，找准财政改革的方向和重点、路径，与各项财政工作统筹谋划，推动广东财政继续改革创新当好排头兵，实现“六个确保、六个实现”，推动广东财政继续保持在全国的整体领先位置。为确保创先争优活动成效，省财政厅党组书记、厅长曾志权以“立足本职　创先争优”为题主讲创先争优专题讲座。随后，全厅组织开展“立足本职　创先争优”专题学习讨论活动。学习讨论主要围绕思想、工作和作风等方面开展，每一位党员干部逐一对照检查，从思想深处查原因、找差距，认真查找思想观念、工作作风上的问题。针对讨论检查出来的问题，认真深入分析原因症结，提出切实可行的整改措施，并严格贯彻落实。

二、加强组织建设，提高基层党组织的创造力、凝聚力和战斗力

（一）加强厅直属机关党委建设，充分发挥党委领导作用

省财政厅直属机关党委一直高度重视加强自身建设，不断提高自身的党建业务能力和领导能力。2010年10月1日，根据厅领导班子调整变动，经省直机关工委以《关于戴运龙等同志职务任免的通知》批准，由戴运龙同志任中共广东省财政厅直属机关委员会书记职务。同时，新一届厅直属机关党委严格贯彻落实《广东省财政厅直属机关第七届党委工作制度（试行）》，团结和谐、民主决策，使省财政厅直属机关党委工作进一步科学化、制度化、规范化。

（二）加强支部建设，充分发挥基层党组织的战斗堡垒作用

1. 抓好基层党组织换届改选工作。结合干部轮岗、提拔任职，及时做好主要负责人轮岗的党支部书记任免和党支部（党委）委员增补工作，严格按《党章》的规定做到随缺随补、随调随换，保证党支部班子健全，工作到位。2010年，省财政厅共批准新成立党支部委员会1个，任免党支部书记6人，增补支部委员7人。

2. 强化培训和组织发展工作。以高度的政治责任感，严格按照组织发展程序把工作做好、做细；严格把关，把入党动机纯洁、党性觉悟高的先进分子吸收进党的队伍。2010年，省财政厅共审批发展新党员11名。

3. 积极开展城乡基层党组织建设互帮互助活动。省财政厅各党支部围绕开展“五个一”活动的要求，结合自身业务实际，把活动的着力点放在帮助解决民生问题、服务群众的实际行动上，特别是围绕办一件实事好事，重点推进了一批民心工程建设。针对2009年省财政厅专门安排支持惠东县安墩镇和白花镇38个对口村的380万元资金，进行实地调研，严格规范资金使用，确保达到预期目标。截至目前，有32条村的项目已完成并投入使用，其余6个项目正在筹建中。与此同时，按照省委“双到”工作要求，在对口帮扶工作中创先争优。2010年，省财政厅党组成员共下基层调研和指导工作8人次，厅22个党支部到大沙村开展创先争优“八个一”活动，参加党员、干部近200人次。

（三）认真做好基层党组织考评和民主评议党员工作

通过实施基层党组织建设考评机制，强化基层党组织的职责，使厅各基层党组织的思想、组织、作风、制度和反腐倡廉建设不断加强，促进了基层党组织建设的程序化、规范化，增强了基层党组织加强自身建设的内在动力；结合创先争优活动，组织开展领导点评工作，厅党组成员、厅直属机关党委委员对分管处室（单位）、联系点进行点评，各党组织书记对每名党员进行点评。通过民主评议、考评并经厅直属机关党委审批，确定党委办党支部、办公室党支部、预算处党支部、农业处党支部为省财政厅2010年度先进基层党组织；决定黄志坚等47位同志为省财政厅2010年度优秀共产党员。

（四）配合落实厅党组成员参加非分管单位党组织生活制度

2010年，厅党组成员参加非分管单位党组织生活会共25次，约与300多名党员直接进行了面对面的沟通交流。厅直属机关党委将部分会议情况在省财政厅创先争优简报上刊登。

（五）做好党员领导干部民主生活会的服务工作

按照厅党组的部署，厅直属机关党委精心准备，认真做好厅党员领导干部民主生活会前群众意见和建议的征求、收集、汇总、上报以及有关会议材料的准备工作；会后的整改措施收集、整理和会议情况通报工作。共收到意见建议44条，整改落实措施33条。同时，制定督促检查办法，加强对厅各党支部（党委）民主生活会的管理和指导以及

对整改落实工作的督促检查，保证民主生活会质量，并形成整改落实工作情况汇总分析，确保整改工作落实到位。

三、加强制度建设，规范工作流程

为加强机关党建工作的规范化、制度化，提高机关党建科学化水平，不断赋予党建工作新的内涵和时代特色。结合实际印发了《广东省财政厅基层党组织工作规则》，修订了《广东省财政厅党组民主生活会议制度》、《广东省财政厅中心组学习管理制度》、《广东省财政厅直属机关共青团工作制度》、《广东省财政厅基层党组织负责人工作述职制度》等4项制度。

四、加强党风廉政建设，营造干净干事的工作氛围

一是认真组织学习《党章》，使广大党员牢记党的宗旨，按党章办事，做学习党章、遵守党章、贯彻党章、维护党章的践行者。二是认真学习贯彻《关于党的基层组织实行党务公开的意见》，在党务公开试点工作实施方案的基础上，继续研究做好党务公开工作。三是配合做好教育、制度、监督并重的惩治和预防腐败体系的建立和落实工作，以及规范权力运行工作。通过党风党纪教育活动，营造了干净干事的好氛围，促使厅各级党组织和广大党员牢固筑起拒腐防变的思想防线。四是以“贯彻落实《党员领导干部廉洁从政若干准则》切实加强领导干部作风建设”为主题召开厅机关党员领导干部民主生活会。对照廉洁从政、增强科学发展意识、深化作风建设提高执行力、创先争优等七个方面，进行检查，查找存在问题，剖析思想根源，落实整改措施，切实加强领导干部作风建设。

五、加强机关文化和精神文明建设，营造团结和谐的氛围

（一）开展爱国主义教育活动

结合传统节日、重大纪念日和欢庆广州亚运会举办，举行寓教于乐的重大节日纪念宣传活动。举办“创先争优庆国庆、和谐财厅迎亚运”文艺演出，组织入党积极分子参观黄埔军校，在干部职工中弘扬爱国主义精神，牢固树立社会主义核心价值观。

（二）丰富机关文化生活

积极推动以“务实、创新、高效、廉洁、和谐”为核心的机关文化建设，不断丰富机关文化生活，调动党员、干部工作的积极性和创造性。举办了厅第十二届全民健身运动会及其配套的毽球比赛、乒乓球比赛；举办了专题健康知识讲座；组织全厅干部职工参观各种展览和上级部门组织的各种知识讲座；组织全厅干部、职工每季度登山活动；组织篮球队、足球队、网球队、乒乓球队、礼仪队、舞蹈队等定期进行训练并参加各项比赛和演出，其中厅机关男子篮球队参加省直机关工会举办的2010年省直机关“迎亚运和谐杯”篮球比赛获第四名，厅机关足球队参加第五届省直机关工会足球俱乐部赛获第四名，参加广东省直机关“创先争优迎亚运”健身操表演获“优秀组织奖”。

（三）组织开展送温暖献爱心活动

一是按照省委、省政府实施扶贫开发“规划到户、责任到人”的工作部署，配合“广东扶贫济困日”捐助活动，在全厅举行扶贫济困募捐活动，共计收到捐款54 000元。二是继续做好“春风送暖——万名爱心父母牵手困境儿童志愿行动”活动，全厅干部、职工共帮扶河源市仙塘镇龙尾小学困难儿童129名。三是为进一步弘扬“人道、博爱、奉献”精神，全面推进无偿献血活动，厅机关工会组织厅干部职工39人前往广州市血液中心参加无偿献血活动，获得“广东省无偿献血先进单位”称号。四是为干部职工排忧解难，办实事好事。关心慰问困难职工和住院病员；继续做好干部、职工子女入学问题；继续组织开展干部、职工到省地税培训基地休假工作。

六、坚持党管干部原则，协助厅党组做好干部管理工作

坚持党管干部原则，认真贯彻中组部和省委有关文件精神，积极协助厅党组做好干部管理工作。

（一）协助厅党组认真贯彻执行干部选拔任用工作的各项法规制度

厅直属机关党委认真组织学习各项法规制度、不断增强法规意识，积极配合厅党组认真贯彻执行《干部选拔任用工作条例》和中央的政策文件，使干部管理工作逐步走上规范化和法制化轨道。同时。通过参与民主推荐、组织考察、民主测评等工作，对干部人事工作贯彻执行条例情况进行监督，确保民主推荐、民主测评范围和要求严格按照规定进行、真正体现群众意愿；确保考察对象的确定以民意为基础；确保干部考察信息真实、准确；不折不扣地贯彻执行干部选拔任用工作的各项法规制度。

（二）深入了解广大干部群众对厅干部提拔任用的有关情况

及时向有关部门反映情况。厅直属机关党委高度重视做好日常干部管理工作的重要意义，在日常工作生活中非常注意广泛了解干部群众思想状况，注重从平时表现中了解干部，注意社会的评价和议论，做好经常性考察工作，为做好厅日常干部管理工作及干部考察工作提供了有力的支持。

（厅机关党委办公室供稿，刘柏文执笔）

财政纪检监察工作概述

2010年，省财政纪检监察部门坚持标本兼治、综合治理、惩防并举、注重预防的方针，按照“以人为本、教育为先、制度为重、强化监督、惩防并举、确保安全”的工

作思路和“以廉政促进业务，以业务检验廉政”的工作方法，围绕中心工作，切实加强党风廉政建设和队伍建设，发挥纪检监察职能，促进中央和省委省政府各项重大政策措施的贯彻落实，为财政改革与发展提供了有力保障。

一、注重提高执行力，推动中央和省重大决策部署的贯彻落实

（一）加强督导，提高财政队伍执行力

按照省委、省纪委的统一部署，驻省财政厅纪检组、监察室积极协助厅党组，把深化作风建设提高执行力作为推动工作、服务大局的重要抓手，加强组织协调和督导检查。结合财政工作实际，制定印发了《广东省财政厅深化作风建设提高执行力实施办法》，明确财政部门提高六个方面执行力的目标要求，即：提高财政部门促进转变经济发展方式的执行力；提高服务群众、服务基层、服务企业的执行力；提高财政预算和增收节支工作的执行力；提高推进财政改革发展的执行力；提高推进机关建设和机关党建的执行力；提高反腐倡廉制度建设的执行力。在2010年6月1日召开的全省深化执行力建设工作电视电话会议上，省财政厅在大会上作了经验介绍。

（二）加强监督检查，促进加快经济发展方式转变和惠民财政政策措施落实

2010年，驻省财政厅纪检组、监察室重点抓好对加快经济发展方式转变和改善民生财政政策落实情况的监督检查，促进了各项财政政策措施的贯彻落实。一是加强对支持战略性新兴产业发展资金分配的监督。省财政厅认真贯彻落实省委、省政府“十二五”期间省财政投入100亿元支持发展战略性新兴产业的重大决策，研究制定促进战略性新兴产业发展的财政激励政策。2010年11月，省财政厅组织实施了第一批战略性新兴产业发展专项资金（5.8亿元）竞争性分配。为促进资金分配过程的科学公正和公平、公开，此次竞争性分配设置了组织申报、要件准入、竞争性评审、现场考察、项目公示和结果确认等环节，驻厅纪检组派员全程进行监督。二是积极开展强农惠农资金专项检查工作。按照中央统一开展强农惠农资金专项清理和检查工作的部署，省财政厅迅速召开电视电话会议、成立领导小组、制订实施方案、加强宣传，全面部署开展强农惠农资金专项清查工作。驻省财政厅纪检组多次组织到肇庆、东莞、湛江、云浮等地市进行督导检查。全省共梳理出强农惠农专项资金22大类、343个子项目，对20个地级市和8个省直单位进行重点检查和督查并进行整改落实。通过清查整改，共归还资金2 104.69万元，通过调账处理资金5 497.81万元。

（三）加强组织协调，深入开展“小金库”专项治理工作

根据中央治理“小金库”工作领导小组第四次会议精神和《关于做好2010年“小金库”治理工作的通知》，省财政厅组织开展“小金库”专项治理自查自纠工作，部署开展全省社会团体、国有及国有控股企业的“小金库”专项治理工作。驻厅纪检组会同“治理办”多次组织到广州、梅州、河源、惠州、江门等市县检查指导治理工作。经过自查和重点检查，全省共发现“小金库”438个，涉及金额27 176.61万元，因设立“小金库”和使用“小金库”款项受到行政处罚12人，党纪政纪处分13人，移交司法机关处理8人。同时，协助省纪委对10起“小金库”典型案例进行通报，并在媒体进行曝光，全省“小金库”专项治理工作取得阶段性成效。

二、明确责任，严格落实党风廉政建设责任制

省纪委驻财政厅纪检组、省监察厅驻财政厅监察室积极协助省财政厅党组认真学习贯彻上级各次廉政会议精神，结合财政工作实际，狠抓任务落实。2010年2月5日，召开全省财政反腐倡廉建设工作会议，总结交流2009年全省财政反腐倡廉建设工作，全面部署2010年全省财政系统和授权管理单位反腐倡廉工作任务。为使工作落到实处，制定印发《广东省财政厅2010年党风廉政建设和反腐败工作安排》，把省财政厅承担的3项牵头工作和17项配合工作细化为4大方面45项工作，分解至省财政厅各处室、单位贯彻、落实。同时，制定印发《广东省财政厅党组和党组成员2010年党风廉政建设责任制具体责任内容》、《广东省财政厅机关及所属单位领导干部2010年党风廉政建设责任制具体责任内容》，细化工作责任，落实责任主体，明确工作要求，健全工作机制，并加强督促检查，确保工作落到实处。驻省财政厅纪检组、监察室多次到佛山、江门、肇庆、清远等市、县及各授权管理单位调研，指导检查各地市、各单位反腐倡廉建设情况。在日常工作中，驻厅纪检组、监察室还注重加强与厅有关业务处室的联系、沟通，检查落实党风廉政建设和反腐败各项工作。2010年年末，对各处室、单位落实责任制情况进行监督检查，要求各处室、单位对落实党风廉政建设责任制的情况进行总结。

三、加强教育宣传，筑牢党员干部思想道德防线

2010年，省财政厅创新教育载体，采取形式多样的教育方式开展反腐倡廉宣传教育。一是抓好法规制度教育，增强法规意识。一方面，驻省财政厅纪检组、监察室认真组织全厅党员干部学习《廉政准则》，人手一册发放到每一位党员干部。同时，明确省财政厅各处室、单位要坚决把学习领会好、贯彻落实好《廉政准则》作为当前和今后一个时期的重要政治任务抓紧、抓实，从完善贯彻宣教机制、强化贯彻领导机制、完善执行的监督机制、完善执行的问责机制四个方面强化《廉政准则》的贯彻执行。另一方面，及时转发中纪委《坚决制止领导干部借婚丧喜庆事宜大操大办收钱敛财》、省纪委《关于深化作风建设提高执行力的意见》等制度文件，认真组织学习贯彻《关于实行党政领导干部问责的暂行规定》、《关于实行党风廉政建设责任制的规定》等重要文件，增强党员干部廉洁从政责任意识。为强化制度教育效果，驻省财政厅纪检组、监察室通过编印《纪检通讯》，把财政系统、授权管理单位和厅机关在反

腐倡廉工作中好的经验做法及时进行宣传报道、交流学习。2010年，驻省财政厅纪检组、监察室共编印《纪检通讯》23期，报送《广东财政纪检信息专报》18期。二是抓好专题教育，增强自律意识。省财政厅围绕“加强制度教育，构筑拒腐防线”主题，采取形式多样的方式认真组织开展纪律教育学习月活动。7月14日，广东省财政厅召开2010年纪律教育学习月活动动员会，组织全厅党员干部认真学习《反腐倡廉教育读本（2010）》、《清风画语》等4本教育读本和参加《廉政准则》知识答题活动，播放《广东省纠风工作专题暗访片》、《巨贪杨光亮的反面人生》、《月季花开》等5部廉政教育片；邀请省纪委常委、省监察厅副厅长秦通海到省财政厅作《提高拒腐防变能力走好人生路》的专题辅导报告；厅党组书记、厅长曾志权作了题为《立足本职 创先争优》的专题讲座。三是抓好现场警示教育，增强党员干部自警意识。8月12日，驻省财政厅纪检组、监察室组织厅机关各支部和厅属各单位党组织的支部书记34人到番禺监狱开展反腐倡廉警示教育活动；12月7日，组织厅各处室和厅属单位领导干部及重点岗位人员共50人到国家检察官学院广东分院参观全国检察机关惩治和预防渎职侵权犯罪展览。

四、加强监督，认真落实廉洁自律各项制度规定

一是认真组织开展离任审计工作。根据《广东省财政厅关于实行干部离任审计制度的试行办法》，驻省财政厅纪检组、监察室认真组织对轮岗的4名正处级干部的离任审计工作。二是加强配偶境外定居干部的监督管理。驻厅纪检组、监察室印发《关于加强对配偶、子女出国（境）定居的领导干部监督管理有关事项的通知》，及时组织副处级以上干部进行了申报登记，实行领导干部配偶、子女出国（境）定居报告制度，建立对配偶子女均已出国（境）定居的领导干部谈话制度，进一步加强组织监督，促进领导干部廉洁从政。三是认真执行廉政档案制度、提任干部廉政考察制度、任前谈话制度和新招录公务员上岗廉政教育制度。2010年，驻厅纪检组、监察室共对新提任的20名处级干部进行了任前廉政谈话，参与43人次干部提任和期满转正的廉政考察。

五、推进财政管理制度改革，认真落实源头治腐各项工作任务

2010年，根据省纪委《关于省直有关单位落实2010年党风廉政建设和反腐败工作部署分工的通知》，由财政部门牵头的源头治腐具体工作有3大项，协办工作有17项。对此，省财政厅党组高度重视，及早部署，创新机制，大力推进财政惩防体系建设，着力构建源头治腐公共财政制度防线。驻厅纪检组、监察室主动做好组织协调和督促检查工作，做到有布置、有检查、有总结，促进源头治腐工作的落实。中国纪检监察报以《广东财政：打造阳光下的“玻璃钱柜”》为题对广东省的财政改革工作进行了报道。

六、注重制度建设，促进权力规范运行

（一）推行财政权力三公开

2010年，驻厅纪检组、监察室继续做好规范权力运行工作，把省财政厅34个处室、单位和全厅的《工作运行规程》以及各处室、单位架构职能和现有467项行政职权的权力事项运行流程图实行三公开。一是在省财政厅内部公开，加强工作规范和内部监督。二是向全省财政系统公开，既方便基层财政部门的工作联系，加强对基层财政部门的业务指导，又加强了财政系统的内部监督。三是在省财政厅门户网站向社会公众公开，接受社会公众监督。省财政厅的规范权力运行工作得到了省纪委领导的充分肯定，2010年4月南方日报以《省财厅“权力运行流程图”绘成》为题作了专门的报道。

（二）认真贯彻落实党政领导干部问责制

驻省财政厅纪检组、监察室协助厅党组，结合财政工作实际，制定印发了《广东省财政厅实行处级领导干部问责的实施意见》，把实施问责制落实到日常各项工作中去，做到“四个结合”，即把实施问责制与提高执行力相结合，与坚持“一岗双责”、落实党风廉政建设责任制相结合，与规范权力运行工作相结合，与省财政厅党组成员抓落实的重点工作相结合。为完善内部管理监督约束机制，驻省财政厅纪检组、监察室协同有关处室建立督促检查制度，结合《广东省财政厅处级领导干部岗位职责和职责要求》，加强责任追究的力度，对不按制度和规程办事的行为，依法依纪追究相关人员责任，从而引导广大党员干部更加忠于职守，更加廉洁自律，更加求真务实，更加执行有力，促进财政事业的科学发展。

（三）认真组织开展制度廉洁性评估

根据省纪委办公厅《关于印发〈广东省开展制度廉洁性评估试点工作方案〉的通知》要求，驻省财政厅纪检组、监察室协助厅党组研究制定《广东省财政厅开展制度廉洁性评估工作实施方案》，自2010年12月至2011年9月组织开展制度廉洁性评估工作。评估工作以规范权力运行和提高工作效率为重点，对省财政厅牵头实施和公布实施以及起草制订中的地方性财政法规、政府规章和其他规范性文件进行廉洁性评估，评估内容包括制度、规程的廉洁性、合法性和科学性，从而进一步加强制度建设，规范办事规程，不断健全完善规范权力运行机制，提高依法行政和依法理财水平。

七、注重信访核查，严肃查办违法违纪案件

驻省财政厅纪检组、监察室把做好信访工作和查办案件作为从严治党、惩治腐败的重要手段，以法律法规为准绳，切实做到有诉必核，有案必查，注重维护纪律的严肃性。2010年，驻省财政厅纪检组共收到群众信访举报63件（含重复举报9件），其中涉及省财政厅的举报6件，涉及地市财政系统的举报6件，涉及授权管理单位的举报34件，受理范围之外的举报17件。根据“分级负责、归口办理”的原则和财政系统的实际情况，部分举报件已转相关

部门、授权管理单位和下级财政部门组织核实和处理。2010年，驻省财政厅纪检组、监察室通过直接查办和转办要结果的形式，共对18个信访件进行了初步核查，办结14件，办结率77.78%。对反映省财政厅干部问题的信访举报件，驻省财政厅厅纪检组、监察室及时组织核查，对群众反映的一些苗头性问题，及时找有关人员谈话，进行提醒教育；对举报失实的及时予以澄清，履行保护干部职能。督促指导授权管理单位和市、县财政部门查办违纪违法案件10宗，给予党纪、政纪处分共8人。同时，驻省财政厅厅纪检组、监察室积极协助省纪委、监察厅和省直有关部门纪检组查办案件。

八、开展调查研究，探索纪检监察工作新思路

根据财政部及省纪委对调研工作的部署，驻省财政厅厅纪检组、监察室加强调查研究，探索纪检监察工作新思路。根据财政部的部署，组织开展了“反腐倡廉形势分析”、“加强财政纪检监察系统自身建设”和“政府采购制度实施现状及其完善对策研究”等3个专题调研，并将调研成果在驻财政部纪检组召开的部分省、市财政厅（局）调研工作交流会作成果交流，得到驻部纪检组领导的高度评价。根据省纪委《省纪委省监察厅领导牵头开展反腐倡廉重大课题调研分工安排》和《关于开展“建立对‘一把手’有效监督机制”专题调研的通知》，组织开展了“建立对‘一把手’有效监督机制”、“领导干部职务消费综合配套改革问题研究”、“政府采购招标投标环节规范和制约权力行使”等3个课题调研，及时报送省纪委。其中《广东省领导干部职务消费综合配套改革问题研究》被《广东纪检监察信息》采用。

九、加强纪检监察干部培训，提升队伍综合素质

驻省财政厅厅纪检组、监察室注重加强对纪检监察干部的教育培训，创新教育载体，不断提高干部综合素质。一是完善学习制度。通过设立政治理论、重要法规等学习专卷，定期召开学习讨论交流会议，拓宽纪检监察干部视野，提高政治理论和业务水平。二是认真开展主题实践活动。认真组织开展“抓落实促发展”主题实践活动，深入开展创先争优活动，切实提高纪检监察干部思想政治意识，不断提升服务大局、保障科学发展的能力。三是开展培训，提高纪检监察干部业务水平。一方面积极参加上级机关组织的各种培训，2010年，共参加财政部、中纪委、省纪委举办的各类型培训班共12人次。另一方面，举办第五期全省财政系统纪检监察干部培训班。驻省财政，厅纪检组、监察室高度重视，认真准备，精心组织全省财政系统和授权管理单位的纪检监察干部共34人到中央纪委监察部杭州培训中心参加纪检监察业务培训班的学习。

十、加强对财政系统及授权管理单位纪检监察工作的指导

驻厅纪检组、监察室认真履行对授权管理单位的指导和监督职能，促进授权管理单位的党风廉政建设。一是2010年年初组织召开全省财政反腐倡廉建设工作会议，组织各授权管理单位的党委及纪检监察部门负责人参会，传达贯彻中纪委、省纪委全会精神，部署落实反腐倡廉工作任务。二是年中召开授权管理单位工作经验交流会，深入授权管理单位进行调研，及时了解掌握授权管理单位反腐倡廉建设动态，总结经验，促进交流。三是加强对授权管理单位查办案件工作的指导和检查。召开了授权管理单位信访办案工作座谈会，传达学习贯彻全省办案工作现场经验交流会等会议精神以及省纪委《关于进一步加强和规范办案工作的意见》等有关文件精神，总结指导信访办案工作。四是采取多种措施认真抓好各项制度的贯彻落实。及时组织学习《国有企业领导人员廉洁从业若干规定》及《广东省贯彻执行〈国有企业领导人员廉洁从业若干规定〉实施细则》等制度和文件，加强对各授权管理单位贯彻执行《关于进一步推进国有企业贯彻落实“三重一大”决策制度的意见》情况的督促检查。五是制定印发《关于进一步做好省纪委驻财政厅纪检组授权管理单位反腐倡廉工作的意见》，从加强组织领导、做好信访举报案件、完善工作机制、加强干部队伍培训和加强沟通协调等五个方面对授权管理单位的纪检监察工作提出了指导性的意见。六是建立健全工作沟通机制和重大事项通报报告制度，对落实党风廉政建设责任制、信访举报案件查处等工作给予指导、协助，提高工作水平。

（驻省财政厅厅纪检组、监察室供稿，耿洪波执笔）

离退休人员服务工作概述

2010年，离退休人员服务处认真学习和贯彻党的十七届四中、五中全会精神，以开展创先争优活动为契机，坚持全心全意为老干部服务这条主线，较好地完成了全年的各项工作。截至2010年年底，厅离退休人员有150人，其中离休干部有21人（厅级6人），退休干部有114人（厅级13人），退休职工有15人。离休党支部和退休党支部共有党员105人。

一、落实离退休人员的生活福利

（一）认真做好离退休人员的日常服务工作

重视离退休人员的身体保健。为每位离退休人员订阅了《健康文摘》、《秋光》和《幸福老年》等保健书刊；做好离退休人员健康体检的相关工作，查询体检结果，发现影响健康的问题督促他们及时就医；组织离休干部及副厅以上老同志到从化疗养；建立健康档案136份，并不断补充完善内容；邀请省政府机关门诊专家每月定期到老干活动中心坐诊一次，为老同志看病开药；接送老干部看病、取药40多人次；认真做好上门家访慰问工作，对高龄、长期患病在家的离退休人员，以电话联系及上门慰问相结合的方式，了解他

们的健康和生活情况，并为他们排忧解难；及时到医院慰问住院老同志，定期探访住在养老院的5位老同志，并送上组织的关心和慰问金、慰问品。2010年1～12月，离退休人员服务处探望病人和上门家访共147人次；做好离退休人员去世时遗属的安抚、慰问工作，协助和指导遗属办理后事及遗产公证等。2010年，共有6位离退休人员去世。

（二）开展有益老年人身心健康的活动

组织离退休人员开展丰富多彩的活动，成立了舞蹈班，由省财政厅退休干部任舞蹈老师，每逢周二、四为活动日，2010年共排练了十余个舞蹈节目；组织全省财政系统“老年杯”乒乓球比赛，由全省15个地市级财政局代表队，50个离退休人员参加了比赛；日常管理好省财政厅老干活动中心，每天为老同志提供棋牌、书法、绘画等场地条件和物品；2010年共组织各种活动60次（不含日常活动），共300多人次参加。2010年，组织离退休人员到省内外参观考察共8批次，人数达到150人次。开展节日庆祝和慰问活动。在春节、中秋节、老人节等重大传统节日，组织离退休人员召开座谈会、茶话会，并做好家访慰问工作。此外，春节前与人教处负责人陪同省财政厅领导上门慰问抗战期间参加工作的老干部和享受副省级医疗待遇的老干部，并送上慰问金和贺年卡。

二、组织离退休人员参与政治学习和活动

（一）认真组织离退休人员参加政治理论学习

继续完善、落实离退休党支部组织生活学习制度，离退休党员坚持每月定期集中过组织生活，确保学习时间和学习内容的落实，及时向老同志传达党中央和省委、省政府的政策文件精神。

认真组织离退休党员学习《广东老干部政治理论读本》；2010年3月，组织全体离退休人员到四会市集中学习3天，邀请党校教授为离退休人员作十七届四中全精神专题辅导报告及当前国内外形势发展分析报告，并结合省财政厅开展创先争优和“抓落实促发展”活动进行分组讨论。

针对有些老同志年迈体弱、行动不便的特点，从实际出发，采取灵活多样的方式组织学习，把集中学习与分散自学结合起来，把座谈讨论与专题辅导结合起来，并组织看专题电教片等；对高龄多病行动不便的老同志，把学习资料送上门以方便他们在家里学习。2010年，共组织离退休人员各种形式的政治学习14场，共800多人次参加；组织省财政厅工作情况通报会2次。

（二）坚持建言献策制度

为使老干部能为财政工作建言献策，坚持举行领导干部民主生活会征询和听取老干部的意见和建议，召开离退休支部支委和离退休人员代表民主座谈会，组织副厅级以上老干部对省财政厅工作提建议，为广东财政的发展提供宝贵意见和建议。

（三）组织老同志参加新中国成立61周年庆祝活动

组织省财政厅老干部合唱团参加省财政厅主办的“广东省财政厅庆国庆、迎亚运文艺演出”活动。按照省委指示，离退休人员服务处会同人教处代表省委、省政府上门慰问省财政厅23位离休干部，并送上慰问金和慰问卡，保证把省委和省政府的关心送到每位离休干部的家里。

三、开展创先争优活动，抓好党风廉政建设

（一）积极开展创先争优活动

离退休处在创先争优活动中，开展以“八个一”活动为载体，以创建先进基层党组织、争当优秀共产党员为主要内容，在树立优秀党员标杆的活动中，离退休服务处党支部树立副处长柳捍国为优秀党员标杆，学习其为离退休人员服务、帮助离退休人员排忧解难的精神，创建先进基层党组织和学习型党组织，努力做到“五个好”和“五带头”，做到思想上有新认识，工作上有新的、更高的目标。在为老干部服务方面，离退休人员服务处树立大局观念，在服务财政中心工作大局上创先争优，立足于岗位职责，做好离退休人员的服务工作，为老同志多做好事、多办实事。同时，离退休人员服务处工作人员加强业务理论学习，提高为离退休人员服务水平，让省财政厅党组放心、老同志满意。

（二）加强纪律教育，推进党风廉政建设

结合纪律教育学习月活动，抓好党风廉政建设工作。离退休人员服务处把抓好2010年度的纪律教育作为贯彻落实《建立健全教育、制度、监督并重的惩治和预防腐败体系实施纲要》的基础性工作，确保了纪律教育活动的落实。离退休服务处组织全处党员、干部到黄花岗72位革命烈士纪念馆参观学习，接受革命传统教育；组织全处干部参加以“加强制度教育，构筑拒腐防线”为主题的纪律教育学习活动，不断提高党员干部廉洁自律的自觉性，增强党员拒腐防变的能力。

四、认真做好厅关心下一代工作委员会的各项工作

离退休人员服务处在弘扬党的光荣传统和培养教育下一代方面充分发挥老干部的优势，切实做好扶贫公益和未成年人思想道德教育工作。

（一）开展扶贫助学公益活动

省财政厅关工委与党委办、工会联合开展了捐资助学活动，发动全厅干部、职工和老同志捐款，共募集资金20 700元，用于资助河源市东源县仙塘镇龙云小学69名特困小学生学习和该校“三好”学生的奖励，并赠送了一批学习用品给该小学。现在龙云小学面貌焕然一新，在东源县176间小学中，由原来倒数第2名，进入到现在的前18名，；积极响应厅党组号召，发动离退休人员参与扶贫捐助活动，仅在2010年6月30日的“扶贫济困日”当天就有40位离退休人员参加了捐款，合计捐款7 900元，其中离休老干部张文龙个人就捐款2 000元。

（二）关心厅干部职工未成年子女的思想道德教育

在学生放暑假期间，组织省财政厅机关干部、职工的

子女小学生组（四年级至六年级在校生）共31人到孙中山故居参观，使他们了解伟大的中国民主革命先行者孙中山的事迹和中国革命史；组织中学生组（初中和高中在校生）到清远市连州瑶寨参观，了解瑶族中小学生的学习生活情况，并与当地的中学生一起参观当地爱国主义教育基地，使参加活动的学生增长了许多在课堂上学不到的知识。

（离退休人员服务处供稿，黄白梅执笔）

外债管理工作概述

2010年，国际金融组织债务管理办公室紧紧围绕财政中心工作，稳妥开展利用国际金融组织和外国政府贷款管理工作，全面完成了全年的各项工作任务，取得了较好的工作成效，为广东实现“保发展、调结构、促改革、惠民生”的目标作出应有的贡献。

一、注重创新理念，积极推进新项目

（一）围绕基本公共服务均等化，积极推动世界银行贷款社保一体化和农民工培训项目

广东省通过与世界银行合作开展《缩小广东城乡贫富差距》课题研究，争取到旨在落实课题研究成果的世界银行对广东城乡社保一体化和农民工培训的贷款资金（8 000万美元）支持，为落实基本公共服务均等化目标提供先行先试的试验田。2010年，省财政厅会同省人力资源社会保障厅前往韶关、清远、梅州等7个市进行项目的前期调研，摸清了全省社保和农民工培训的现状、存在问题，明确了工作思路。

（二）围绕“绿色广东”，积极推动节能减排项目

1. 积极推动全球环境基金赠款“绿色货运”项目前期准备工作，推动广东省货运行业的节能减排。项目计划利用全球环境基金赠款500万美元。通过实施全球环境基金赠款“绿色货车”项目，推动建设资源节约型、环境友好型社会，落实《珠江三角洲地区改革发展规划纲要》，推进广东科学发展，促进社会和谐。为推动项目的准备工作，学习国外先进的技术和管理理念，省财政厅组织省交通运输厅、省委政策研究室、省发展改革委、省公安厅等单位有关人员赴美国进行学习考察，取得了良好的效果。2010年，该项目已经通过世界银行评估。

2. 积极申请农业污染减排项目，推动广东省农业循环经济发展。经与世界银行、国家发展改革委、财政部、省农业厅等部门的沟通协调，省财政厅积极推动广东省申请世界银行贷款1亿美元进行农业污染减排项目。另外，广东省还再申请与项目配套的1 000万美元全球环境基金赠款。

3. 积极推进欧洲投资银行气候变化框架项目。该项目对于减少企业的废气排放，减少环境污染，提升空气质量有着重要的作用。2010年，广东省已完成了韶钢松山子项目第一次提款工作（1 340万美元），完成粤能、粤电项目抵押担保以及财政部与广东省，以及省财政厅与项目单位的转贷协议签署工作。

4. 积极做好亚行贷款广东节能及减排促进项目子项目（第三批次）挑选工作。

（三）围绕加快转变经济发展方式，积极推进经济综合开发示范镇项目

广东作为国家指定为利用世界银行贷款建设经济综合开发示范镇项目的试点省份，计划利用世界银行贷款5 000万美元。广东省将通过世界银行贷款经济综合开发示范镇项目，为示范镇当地主导产业集群发展建设配套的公共服务平台，推进公共服务均等化。2010年，该项目完成了预鉴别阶段的工作。经过省财政厅与省发展改革委充分协商，已初步选择了覆盖东西两翼、北部山区和珠三角地区的示范镇。

（四）围绕创新贷款模式，加强知识合作，进一步开拓与国际金融组织合作领域

1. 借助世界银行项目推动将主权债务资金和预算内资金相结合，统筹用于社会发展和经济建设的途径，更好地服务于公共财政优先支持的重点领域。2010年，省财政厅与世界银行和省人力资源社会保障厅一起研究以世界银行贷款项目社保一体化为试点，采用“成果导向融资”方式，项目的改革成果与政府的改革和发展规划有机结合，项目资金将和政府预算资金结合统筹使用。

2. 继续开展亚洲开发银行贷款节能减排促进（能效电厂）项目。广东省前两批的节能减排项目实施后已取得了显著的效果，得到财政部的肯定，并为国家清洁机制基金管理中心开展节能减排项目申报提供了积极的借鉴作用，发挥了示范效应。2010年，广东省还向财政部递交了《广东红树林保护发展项目》和《珠江三角洲农村和小城镇生态与环境保护研究》项目申请，拟利用亚洲开发银行资金和国际经验，开展生态环保类项目的研究和探索。

二、注重项目成效，保证项目规范实施

（一）严格审核项目报账资料，做好在建项目资金支付工作

一是继续加强招标采购第三方监控制度，委托专业监督咨询服务机构，负责为项目实施单位提供招标采购方面的业务指导，对采购活动进行合规性和合法性审查和监督，使采购监督关口前移，规范项目招标采购。二是认真审核相关材料，及时准确拨付资金，保证项目单位资金运转正常。2010年，累计支付项目提款报账额7 760万美元。

（二）采取有针对性的措施，提高项目的质量和效益

积极推进珠江三角洲城市环境整治一期项目贷款和赠款延期关账事宜。由于征地困难、设计变更等原因，该项目于2009年提出延长关账期，但因项目财务管理和工程计量方面存在不足，仅获批延期8个月。为保证项目顺利完

工，国际金融组织债务管理办公室加大了对污水公司的支持力度，一方面提供了财务管理和采购培训，另一方面敦促污水公司对存在的问题进行整改。最终，项目的整改情况获得了世行的认可，并继续延期关账4个月。2010年，项目征地问题取得实质性进展，污水子项主体建设任务已经完成，固废子项的国内配套资金也得到初步落实，即将进入施工阶段。

（三）建章立制，促进以规章制度管理项目

一是进一步完善亚洲开发银行贷款《财务手册》、《招标手册》、《检测手册》。二是根据《财政部　国家外汇管理局关于改进部分地区国际金融组织转贷款项目外汇管理方式的通知》制定广东省实施细则。三是制定《广东省国际金融组织和外国政府贷款债务偿还信用评价暂行办法》，对地方政府和项目单位的外债偿还信用等级进行动态监测。四是完善《广东省国际金融组织贷款项目提款报账委托中介机构审核管理暂行规定》，保证了资金的安全。

（四）加强项目审计工作，防患于未然

一方面，对正处于实施初期的项目，如广东职业教育发展项目，专门请审计部门给项目单位讲课，对在世界银行贷款项目执行中容易出现的问题进行讲解，使项目负责人更好地了解世行贷款的财务和采购等方面的程序。另一方面，配合省审计厅做好项目审计工作。作为省级主权债务管理部门，国际金融组织债务管理办公室积极配合省审计厅开展项目年度审计工作，并督促各执行单位按照审计意见进行整改，加强项目管理和监督。

三、注重债务管理，防范债务风险

（一）实行债务偿还信用评价制度

为进一步调动地方和省级有关部门还贷的主动性和积极性，确保广东省地方政府外债及时、足额的偿还，省财政厅制定了《广东省国际金融组织和外国政府贷款债务偿还信用评价暂行办法》，对地方政府和项目单位的外债偿还信用等级进行动态监测。对受到风险警告的市，视情况采取不予减免国际金融组织和外国政府贷款利费奖励、适当控制相关债务人新增债务审核、停止在建项目的支付报账和相应控制债务人新项目贷款审批等措施。通过实施信用评价制度，极大地调动了地方和省级有关部门还贷的主动性和积极性。2010年第三季度，广东对上半年广东省地方政府性外债偿还信用评价情况通报，其中：8个市信用评价等级为优，2个市评价等级为良，3个市的信用评价等级为中。

（二）进一步加强贷款项目的绩效评价工作

一是国际金融组织债务管理办公室选定的2010年广东省国际金融组织贷款绩效评价项目——广东珠江三角洲城市环境项目二期得到财政部的充分肯定。通过开展在建项目绩效评价工作，加强了国际金融组织贷款项目的自主监督和管理，改进项目执行的薄弱环节，提高了在建项目的管理水平和执行绩效。该项目的绩效评价结果格式规范、内容充分、指标详尽、数据完整，并且结合实际对项目管理的经验进行了分析总结，提出了一些针对性强的政策建议评价，得到财政部的高度肯定，被认为是全国做得最好的案例之一编辑在《国际金融组织贷款在建项目绩效评价典型案例》。二是开展外国政府贷款项目评价工作。根据《财政部关于2010年外国政府贷款项目绩效评价工作的通知》的要求，省财政厅组成外国政府贷款项目绩效评价工作小组、并聘请有关专家组成评价工作专家组，对列入2010年绩效评价的13个外国政府贷款项目开展评价工作。通过案卷研究、现场勘查、调研、问询和座谈等方式收集及核实有关资料，进行评价和编写项目评价报告。

（三）切实履行偿债责任，完善还贷准备金制度

2010年广东省应偿还地方政府外债本息合计1.11亿美元，已100%全额归还。2010年12月底，广东还贷准备金情况余额合计9 583.99万美元，占地方政府外债余额的比例为7.92%，确保项目及时足额还贷，也保证了良好偿债信誉。

（国际金融组织债务管理办公室供稿，周建中　黄林水执笔）

机关后勤工作概述

2010年，省财政厅机关服务中心坚持从机关后勤服务工作实际出发，开拓进取，务求实效，较好地完成了各项工作任务。

一、抓好理论学习，提高服务意识

根据省财政厅党组的统一部署，结合服务中心的实际情况，认真组织工作人员，积极参加厅组织的各项主题实践活动和党风廉政建设的学习。坚持每周学习制度，做到学习时间、人员和学习内容三落实。定期召开工作例会，制订每一个阶段的工作方案和实施意见，查缺补漏，对未能及时完成的任务进行认真的“补课”。

二、加强物业管理，构建文明小区

（一）认真调研，精心组织，制定厅物业管理费收费标准，实现规范化管理

为加强省财政厅物业管理，机关服务中心先后组织人员到省纪委、省委组织部、公安厅、水利厅、民政厅、林业局学习调研，并结合省财政厅物业管理工作实际，认真研究对策，参考制定厅物业管理费收费标准，向厅各处室（单位）及大院住户发放了《广东省财政厅厅属物业收费实施方案》（征求意见稿）和《机动车信息备案调查表》，收集意见并进行汇总，逐步完善了我厅物业管理工作。

（二）建立厅大院门禁管理系统，实现科学化管理

2010年，机关服务中心启动了厅大院门禁管理系统，制定《广东省财政厅厅大院3号楼门禁系统管理办法》，并正常投入使用。门禁管理系统由3个子系统组成：门禁系统、电子

停车管理系统、访客登记系统。使用后，严格区分办公、宿舍区域，严格控制人员出入，提高了科学化管理的水平。

（三）成立厅物业管理项目工作组，筹备成立业主委员会，提升管理层次

机关服务中心于2010年7月成立厅物业管理项目工作组，研究讨论厅大院物业管理方案，筹备成立业主委员会，认真借鉴先进的管理经验，并建立督办制度和工作限时办结制，实行严格的阶段控制和定期报告、通报制度，及时发现问题，调整力量，力争通过现代管理理念和手段，提升管理层次，实现综合化、科学化、高效化管理。

三、重视安保工作，落实安全措施

（一）配合广州亚运安保，严防安全责任事故发生

为确保亚运期间厅机关大院的安全、有序、和谐，机关服务中心按照省财政厅“创先争优迎亚运”活动方案的要求，全力支持和保障迎办亚运工作，对涉及迎办亚运的各项工作做到雷厉风行、行必责实，建立严格有效的抓落实制度。同时，制定了多项安全防范措施：一是加强对出入厅机关大院的车辆和人员管理，严禁无关车辆和闲杂人员进出机关大院，车辆出入大院服从保安指引和按照规定停放车辆；二是全面检查各种重要设备设施，保证供水供电设施的正常运行；三是对重点部位加强检查巡逻，排查安全隐患。

（二）认真落实消防防火安全工作

为做好消防管理工作，提高干部职工防火意识，机关服务中心邀请消防干警向厅干部职工进行了一次防火安全知识讲座，组织干部职工观看消防火灾警示录像，安排有关人员参加广州市防火培训中心的培训，确保厅消防安全工作落到实处。由于各项制度措施落实到位，省财政厅2010年度的安全责任事故发生率为零。

（三）保证行车安全，防范交通事故

通过对全体驾驶员进行纪律教育和业务知识培训考核，对全厅车辆进行安全检查等手段，保障车辆出行安全。

四、规范膳食管理，共建文明窗口

为将省财政厅机关食堂建成文明服务示范窗口，切实采取有效措施，保证厅干部职工安全、健康用餐。一是加强日常管理，细化服务质量，以人为本，做到个性化服务。二是定期收集干部职工意见，改善就餐质量。根据干部职工反映的问题，不断在菜式方面增加花样品种，给干部职工用餐提供更多的选择。

五、抓好党建工作，扎实开展活动

（一）积极开展纪律教育学习月活动

根据《中共广东省委办公厅转发〈省纪委关于2010年开展纪律教育学习月活动的意见〉的通知》和驻厅监察室的部署和要求，机关服务中心党支部积极开展纪律教育学习月活动。一是以“加强制度教育，构建拒腐防线”为主题，建立党风廉政建设内部自我监督机制，明确职责，加强监督，把纪律教育与机关后勤服务工作有机结合，使后勤服务工作做到事前审查、事中监督、事后复核，达到了纪律教育从源头开始狠抓的目的。二是重点组织学习了《党章》、《实行党政领导干部问责的暂行规定》和《反腐倡廉教育读本（2010）》的相关内容，加强个人修养，牢固树立正确的权力观、利益观。

（二）扎实开展创先争优活动

紧密结合中心工作实际，制订中心开展创先争优活动的具体实施办法，把握工作重点，明确工作目标，创新活动载体，把全体党员干部引导到创先争优活动中来，深入开展“八个一”活动。一是召开党员大会，成立党员公开承诺活动领导小组，由支部领导干部带头承诺，每个党员签订一份“党员承诺书”作出郑重承诺，明确时间进度和具体措施，切实兑现承诺。二是树立先进标杆，号召中心全体党员干部职工努力工作，无私奉献，全心全意服务机关、服务群众。三是建立定岗、定员、定责的工作机制，从源头上建立工作规范，明确有关要求，落实责任到人，推进服务工作深入有序开展。四是组织支部党员帮扶河源市东源仙塘镇小学、五华县大沙村两户贫困户。

六、认真做好其他各项工作

（一）抓好各类会议服务工作

根据会议性质和接待对象，认真做好各类会议服务工作，配合做好审计署、审计厅一年一度的审核、审查工作的接待。2010年，协助承办各类会议875场次，大礼堂举办大型会议59次。

（二）做好日常卫生保洁，维护环境美化绿化

想方设法在节假日等非工作时间进行保洁、环境美化绿化工作。

（三）完成车辆调度安排

2010年安排出车5 083车次，行车里程392 376公里，保证了厅领导、有关处室及所属单位的工作用车需要。

（厅机关服务中心供稿，叶朝珍执笔）

省直行政事业单位经营性资产管理工作概述

2010年，省财政厅省直行政事业单位物业管理中心（以下简称“省直物管中心”）在巩固和完善省直行政事业单位经营性物业管理模式的基础上，着重加强各项业务工作的科学化和精细化管理，进一步提高了省直行政事业经营性物业管理工作水平。

一、继续加强经营性资产管理基础性工作

（一）加快物业产权变更工作进度

省直物管中心按照年初既定计划，积极联系国土、房

管有关部门以及有关省直单位，拟定未分割产权证物业清单和待分割产权物业清单，先易后难，逐一完善产权资料并办理过户手续，今年完成34处共15 734平方米物业的产权过户工作。截至2010年年底，已基本完成产权明晰物业的产权分割、过户工作，累计完成168处合计80 498平方米物业的产权变更，占物业总面积的67.62%。

（二）进一步加强物业基础设施管理

为保障物业租赁工作的正常开展，省直物管中心积极征求、综合物业原单位及有关租户的意见，分区域、分批次陆续完成物业水电表的更名及改造工作，累计更名改造水电表物业共45处，确保物业租赁合同得以顺利登记，保障了物业原单位及租户的合法权益。

（三）继续加强物业基础档案管理工作

严格执行省直物管中心《物业档案管理制度》，对资产移交书、物业产权证、物业移交资料、物业图纸、租赁合同等重要物业档案分门别类、整理归档，统一存放在密码柜中。各有关人员严格执行制度规定，事先登记备案后方可查阅、借用有关档案，使用后及时归档，做到物业档案安全、完整、有序。

（四）落实物业经营管理定期报告制度和物业定期盘点制度

一是每月对物业的租赁管理和物业收支情况进行汇总分析，编写《物业情况动态》，并通过定期分析总结物业管理工作，及时发现存在问题，不断改进工作方法，努力提高物业管理水平。二是认真落实物业定期盘查工作，及时对物业划拨变动情况登记备案，编制有关报表每半年向厅领导报告一次物业的盘点情况。三是编制物业情况简本，集中反映物业从接管至今的整体变动情况，全面掌握物业当前整体情况。

二、提升经营性资产日常经营管理水平

（一）提高物业租赁管理事务审批工作科学性

一是在原有合同审批流程的基础上，新增“经营项目”、“价格来源”、“定价情况说明”等多个审批项目，使租赁审批流程更科学化、精细化，通过设置三层审核岗位，细化审批流程，确保各项物业租赁业务公开透明，杜绝暗箱操作。二是严格管理物管专项经费账户，完善物业经费支出审批流程，认真细致核实各项物管专项支出，款项超过1万元的，除经主任审批外还须报厅领导审定后才予以拨付，确保财政资金安全，从源头上预防腐败。

（二）努力实现物业租金收入平稳增长

省直物管中心积极主动参与市场运作，充分发挥监督指导作用。一是积极推动空置物业的市场招租工作，通过挂网招租、中介放盘等措施，使全年物业出租率保持在95%以上。截至2010年年底，物业出租率达到98%，圆满完成年初既定目标。二是在物业划拨后因面积减少造成年租金损失403万元的情况下，通过市场化手段适时调整租赁定价策略，努力提升物业市场价值，全年租金收入达7 199万元，比2009年同比增长了422万元，实现国有资产使用效益的稳定提高。三是逐步加强与粤财公司的联系，不定期派人参与粤财公司对物业的招租谈判工作尤其是对大型物业的招租过程，派人实地参与粤财公司的租赁管理工作，切实履行中心的监督管理职能。

（三）做好港澳物业的租赁管理工作

一是认真落实港澳物业管理制度，监督香港飞龙投资公司做好对港澳物业的经营管理工作。二是按时完成港澳物业租金跨境收缴、费用结算等财务工作，确保境外国有资产收益及时上缴国库。三是督促飞龙公司落实好港澳物业巡查工作，确保港澳物业安全保值。

（四）科学执行物业安全管理制度

为确保物业的安全完整，实现国有资产的保值，省直物管中心严格执行物业定期安全巡查制度，科学制定物业分类巡查机制，积极督促粤财公司做好物业日常安全巡查工作。并在春节、国庆长假前中心派出人员与粤财公司组成多个物业巡查小组进行物业消防安全大巡查，对各处物业逐个实地巡视，做到及时发现隐患，及时整改落实，已连续5年实现消防、安全事故发生率为零。

三、进一步盘活经营性资产效益

（一）认真履行资产行政划拨职责

一是根据省领导批示，多次派人到实地调查了解实际情况，并就划拨福今路7号大院16号楼二层1 387平方米物业给省人大办公厅一事提出切实可行的处理意见，落实好领导的批示，切实解决单位的实际困难。二是先后划拨了办公用房共3 984平方米给省国土厅、省参事室和省教育厅使用。按照市场均价15 000元/平方米估算，共节省财政支出约6 000万元。

（二）积极推动土地盘活工作

省直物管中心与粤财公司有关人员组建成立珠海横琴土地开发筹备工作小组，根据国务院批准实施的《横琴总体发展规划》要求，积极与珠海市政府、横琴开发区管委会沟通协调，开展珠海市横琴十字门地块盘活开发前期调研及可行性研究，推动闲置土地盘活工作。

（三）确保国有资产不流失

一是与省外经贸厅共同应诉，做到有理有据、坚持原则，彻底解决沿江路187号物业长达数十年的产权纠纷，并成功追回该物业首层、二层产权。二是积极配合广州市恩宁路旧城改造规划方案要求，做好恩宁路待拆迁物业住户的沟通协调工作，与市拆迁办达成了拆迁补偿方案，并最终完成拆迁补偿款的划拨手续。三是完成与德祥大厦物业管理处的管理纠纷诉讼案，并与该物业管理处、承租户多次三方协商，与承租户达成欠缴租金追讨协议，确保国有资产收益不流失。

四、积极开展政府物业管理理论研究学习工作

（一）举办业务主题讲座

省直物管中心创新学习组织形式，以年初制定的物管

工作科学化精细化九项措施为纲要，结合财政物管工作的经验以及财政管理科学化精细化要求，拟定专题讲课的主题，改变了以往由领导点题、大家讨论的做法，由具体分工负责的同志来讲课，大家来学习讨论，先后组织学习了产权管理、租赁市场、土地开发等各项业务理论专题，有针对性地对工作中的重点难点问题进行系统梳理、深入分析，积极寻求解决问题的办法和手段，努力提高政府物业管理理论水平。

（二）开展政府大型场馆（物业）财政监督体制调研

在完成《广东政府物业资产产权管理创新》课题调研的基础上，以政府大型场馆（物业）财政监管体系改革为突破口，先后到广州、上海、无锡等省内外城市开展政府大型场馆（物业）财政监管体制调研工作，认真学习兄弟单位的先进经验，提出符合广东省实际情况的改革思路；同时大量搜集原始资料，借鉴兄弟单位的先进经验，深入分析广东省财政对大型场馆监管工作存在的问题，结合公共财政管理体制改革的要求，完成了《广东政府大型场馆财政监管改革探索》调研课题撰稿工作。

（省直行政事业单位物业管理中心供稿，张书苑执笔）

政府投资审核工作概述

2010年，省财政厅投资审核中心认真履行职责，转变工作作风，创新审核组织方式，不断提高执行力，取得了较好的成效。

一、加强工作创新，着力在理清工作思路上下工夫

（一）加大调研力度

组织开展学习借鉴省内外财政投资审核工作经验的调研活动，并形成题为《强化财政投资评审管理　提高政府资金使用效益》调研报告。

（二）召开理论研讨会

为进一步推动广东省财政投资审核工作科学发展，省财政厅投资审核中心在广州召开了广东省财政投资审核工作理论研讨会，与会专家学者围绕财政投资审核职能定位、体制、机制改革等问题进行了深入的研讨，并提出很多具有建设性的意见和建议。

（三）加大总结宣传力度

为了纪念省财政厅投资审核中心成立10周年，宣传广东省财政投资审核工作取得的成效，投资审核中心与省财政科学研究所共同组织，通过编辑出版《广东财政理论与实践》专刊、画册、制度汇编等，全面系统地对投资审核系统10年来取得的成绩进行总结，并积极探索财政投资评审职能定位、体制、机制等。

二、加强业务管理，着力在提高审核工作质量和效率上下工夫

（一）加强评审管理，不断提高工作质效

投资审核中心组织对逾期项目进行全面清理、归类、统计和分析，寻找解决路径，加强与省财政厅有关处室沟通协调，在确保质量的前提下，加快审核工作进度，提高工作效率。一是投资审核中心内部集中评审力量，选择重点评审项目，明确完成时限，专项管理、专人跟踪，重点突破；二是稳步推进社会中介机构参与省级财政投资审核工作。参与省级财政投资审核的社会中介机构有11家，按照优胜劣汰的竞争机制，淘汰了3个社会中介机构；两批委托审核项目共108个，审核金额达17.44亿元，约占在审项目的1/3。第一批委托审核工作基本完成后，投审中心及时组织对完成情况进行考核、评比，量化打分，对考核结果进行全面总结和通报。

（二）发挥职能作用，评审成绩明显

坚持以财政投资评审作为履行行政管理职能的重要手段，重点加强对政府重点项目和群众关注的热点项目展开评审，突出评审的时效性，优质、高效地完成了一大批评审项目，为财政节约了大量资金，积极为财政节支增效作出了贡献。2010年，投资审核中心共完成审核项目282项，审核金额375 376万元（未含合同项目52 181万元部分），审定金额322 570万元，核减金额52 806万元，核减率为14.07%。其中：集中支付资金项119笔，评审金额58 117万元，审定金额50 417万元，建议不拨款7 700万元；工程结算项目107项，评审金额118 543万元，审定金额111 483万元，核减7 060万元，核减率为5.96%；竣工财务决算3宗，评审金额7 009万元，审定金额6 882万元，核减127万元，核减率为1.81%；预算、投资估算项目35个，审核金额191 706万元，审定金额153 788万元，核减金额37 918万元，核减率为19.78%。

（三）强化评审机制，规范评审行为

1. 加强投资审核中心信息化建设工作。投资审核中心在总结省本级财政投资评审系统的基础上，通过调研论证及充分征求各地级市评审机构的意见，积极推进全省财政投资评审系统通用版建设工作。2010年，评审系统软件开发工作基本完成，已制作评审系统测试版并在全省举行的业务培训班上进行了演示。

2. 健全财政投资评审约束机制，促进依法评审。投资审核中心建立了审核、复核、复审、审批四个环节的评审机制，对评审工作实行全过程监管，规范了评审行为，降低了评审风险，确保了评审工作的质量和效率。针对评审特点，扎实推进制度建设。一方面投资审核中心印发《进一步加强规范社会中介机构参与省级财政投资评审工作事项的通知》，明确对社会中介机构监管措施以及投审中心内部各科室岗位职责，强化监管措施和责任；另一方面做好委托社会中介机构协议、合同的修改工作，进一步完善社会中介机构审核报告报送格式，修改完善《社会中介机构

参与省级财政投资审核管理暂行规定》和《社会中介参与省级财政投资审核考核暂行办法》。加强审核过程的监管，包括联系人制度、对审核资料的监管、审核对数和现场勘察、审核进度的管理、中介机构初审的稽查、落实汇报制度、严格项目质量考核、廉政管理以及督促中介机构加强内控制度、落实岗位责任、明确合同要求等。

3. 建立评审反馈制度。注重树立服务意识，加强沟通协调，通过建立有效的评审反馈制度，及时沟通财政部门、建设部门和施工单位，有效解决评审过程中出现的困难和问题，在工作中注重加强与省财政厅各处室的沟通，及时将审核情况反馈给厅业务处室，共同研究解决相关问题，促进了审核工作的有效展开，也得到有关处室部门单位的有力支持和配合。

（投资审核中心供稿，周静执笔）

财政票据监管工作概述

2010 年，票据监管中心在厅党组的正确领导下，以邓小平理论和“三个代表”重要思想为指导，认真学习贯彻落实党的十七大精神，认真开展“抓落实促发展”主题实践活动和“创先争优”活动，深入贯彻落实科学发展观，积极推动业务开展，使各项工作跃上了一个新台阶。

一、开展各项政治学习活动，切实加强队伍建设

（一）认真开展“抓落实促发展”、“纪律教育学习月”和“创先争优”活动

根据省财厅有关部门的要求，票据监管中心认真开展“抓落实促发展”主题实践活动、“纪律教育学习月”和“创先争优”活动，围绕省财厅各项政治活动的主要任务和工作目标，健全工作机制体制，推行重要工作“限时办结制”；根据“创先争优”要求，推进落实“八个一”活动，推出“提供优质窗口服务”的工作亮点，并将其具体量化，要求票据中心工作人员在售票时，做到“五个一”，积极创建“五个好”先进基层党组织，人人争当“五带头”优秀共产党员。同时，支部注意总结创新，进一步将好做法好经验，以制度形式固定下来，转化为制度成果。

（二）加强业务知识学习

通过售票大厅 LED 屏幕，不断播放有关票据业务知识供干部职工及购票人员学习；在省直及各市举办培训班；积极做好有关票据文件管理、规则规章的汇编，方便票管人员查阅，提高干部职工的业务知识水平。

二、认真做好票据印制工作

2010 年，监制的 10.52 亿份财政票据，严格按照“质量第一、信誉第一”的要求，对票据印制质量和供应纸张情况进行全程监控，对承担全省财政票据印制任务的 3 个定点印制企业定期进行检查，发现质量问题，及时给予纠正。

三、强化票据发放和票款追缴工作

坚持按照“凭证购领、分次限量、验旧换新”原则规范票据发放工作。2010 年，共监制票据 10.52 亿份，发放财政票据 10.63 亿份，回收票据工本费 7 848 万元。

四、加大票据核销工作力度

票据监管中心投入了大量的时间和力量，通过采取随时随地、分期分批、集中上门等多种方式，对票据使用情况进行抽查和核销，并联同省工商局、省交通厅、省公路局等单位，对各市相应的财政票据进行分片集中核销，对票据监管存在问题提出解决的意见及建议。严格要求地级市财政局逐月上报票据核销和入库金额情况，进一步推动了全省财政票据核销工作的开展。2010 年，全省共核销票据 6.22 亿份，票面金额 7 188.52 亿元（是 2009 年的 1.27 倍）；核查入库金额 2 057.44 亿元（其中：教育收费 179.54 亿元）；销毁到期票据存根 232 775 978 份。同时，还积极协助有关部门鉴定假票 15 批 21 101 张，联合打击制贩假票的不法行为，有效地维护了财政票据的权威性。

五、认真开展财政票据管理调研工作

为了规范各类财政票据的使用与管理，根据财政部票据监管中心的要求，票据监管中心 2010 年上半年在全省范围内开展各类财政票据特别是捐赠、社团、往来票据的使用管理情况专题调研工作，通过书面、实地及召开座谈会等的调研方式，重点了解财政票据管理制度的建立、使用管理情况及其存在问题，提出改革完善的意见及建议报财政部，得到财政部的充分肯定。财政部下发的全国财政捐赠票据管理办法也充分采纳了广东省的意见和建议。

六、完成票据的新旧转换、票据新增等工作

完成《行政事业单位资金往来结算票据》和《广东省医疗机构门（急）诊、住院收费收据》（2010 年 7 月 1 日）及法院《案款》票据的新旧转换；新增了韶赣和江肇高速公路通行费及自助终端专用票据；规范了医疗部门和社会团体等单位的收费行为。

根据广州亚运会和广州城市日益国际化的要求，适应医院收费变化的情况，票据监管中心，适时调整了医院票据的版面格式、归并住院和门诊收据，并反复征求各大医院及卫生主管部门意见后，印发了《关于印制广东省医疗机构门（急）诊、住院收费收据的通知》。同时，就有关新版的医疗收费票据的格式、种类等问题通知各大医院，按新版格式调整电脑打印格式软件，保证新版票据在 7 月 1 日能按时启用。归并后的全省医疗收费票据仅半年就降低用量 1 亿多份，受到各大医院的普遍好评。

七、积极推进财政管理信息化建设

依靠信息化建设推进日常业务工作；适时对财政票据

管理软件进行升级，进一步推进信息化建设。同时，票据监管中心到清远、韶关市，为所在市下辖的区、县举办电脑管理票据培训班，并更换了联网方式。

八、加强指导，提高各市的票据监管水平

为进一步提高各市票据监管机构人员管理水平，票据监管中心派人到有关单位及各市举办票据管理业务培训班，讲授财政票据特别是往来票据的使用范围、要求、标准、核销等问题，并当场解答疑难问题。

九、做好事业单位分类改革

根据《广东省事业单位分类改革的意见》和省财政厅人事教育处的要求，票据监管中心认真做好事业单位分类改革前期准备工作，根据工作任务和职能，草拟并报送了有关资料，包括内设机构调整及主要任务和分类、编制及领导职数等。

十、完成科研课题

根据省财政科学研究所的要求，票据监管中心组织有关人员结合工作实际，认真撰写科研课题《加强和完善往来结算票据管理，提高政府非税收入的调控水平》，主要从加强和完善往来结算票据管理的深远意义、当前在使用和管理往来结算收据中存在的一些突出问题、主要成因、危害性以及加强对往来结算收据的使用和监管的政策建议等五个方面，阐述了加强和完善往来结算票据管理、提高政府非税收入的调控水平的重要性。

（票据监管中心供稿，吴文春执笔）

财政信息化建设工作概述

2010年，省财政信息化工作在省财政厅党组的正确领导下，在财政部的大力支持下，坚持科学发展观，充分发挥信息技术的支撑作用，成功开展“金财工程”立项、应用支撑平台建设，应用系统建设、网络基础设施及安全平台建设方面也取得新进展，财政管理科学化、精细化水平有了进一步的提升。

一、财政信息化建设基础性工作取得新进展

（一）广东省“金财工程”立项获得通过

为推进财政体制改革，建立公共财政体系，2002年财政部在全国开展“政府财政管理信息系统”建设并命名为“金财工程”。2005年，全国“金财工程”由财政部整体立项，建设总投资控制在37.29亿元，其中广东省建设资金规模为1.39亿元，省级规模为0.21亿元。由于财政部立项的“金财工程”（一期）的建设内容与财政部在2002年要求全国开展的“金财工程”建设总体规划，以及与广东省财政管理和改革的实际要求存在较大的差异，为理顺广东省已开展建设项目与财政部立项工作的关系，广东省将财政部立项的内容按财政部要求以“金财一期工程广东省建设项目”向财政部报备，同时根据广东多年来以及今后总体的管理需要另行向省发改委申请立项。为了保持与2002年省政府批复的《广东省“金财工程”建设总体规划》之间的一致性，沿用了“金财工程”的名称，全名为“金财工程广东项目（一期）”（以下简称省“金财工程”），按省发改委要求重新开展了《“金财工程”广东项目（一期）可行性研究报告》（以下简称《可研报告》）的编制工作。“金财工程”涉及财政资金，涉及预算单位多，系统建设复杂，省财政厅与省发改委就立项事宜进行了多次沟通协调，并对《可研报告》做了第三方评估。2009年3月，省财政厅将《可研报告》及相关《评估报告》报送省发改委审批，并按照省政府、省发改委、省经信委的多次审核意见，完善和修改《可研报告》。2010年3月，根据常务副省长朱小丹对省“金财工程”立项工作的批示精神和省财政厅主要领导关于当前金财工作主要是解决立项问题的指示，省财政厅加快了立项步伐，为推动立项进程，省财政厅副厅长戴运龙亲自带领信息中心和相关处室同志到省发改委等相关部门进行工作交流，加强沟通，将立项工作列入有关部门的工作日程。2010年11月23日，在省财政厅厅党组书记、厅长曾志权亲自汇报下，省政府常务会议通过了省财政厅《关于上报金财工程广东项目（一期）立项的请示》，广东省“金财工程”立项获得通过。

（二）《财政业务基础数据规范》全面推广使用

财政业务基础数据规范是财政业务信息系统建设的基础，是实现财政信息一体化、发挥信息化整体效能的关键。2004年，广东省已开展了财政数据规范建设的探索，并在全国首先提出了编制广东省“金财工程”系统编码的设想，在2005年完成了《广东省金财工程统一标准编码系统（第一期）》的编写开发工作，2006年完成了二期编码系统的开发工作，这项工作得到了财政部的高度重视和肯定，为财政部编制《财政业务基础数据规范》提供了有益的借鉴。2010年，广东以全面实施应用支撑平台建设为契机，在全省全面实施《财政业务基础数据规范》，统一信息开发建设标准，从根本上解决业务系统建设中因编码不统一而形成的各自为政的“信息孤岛”现象。

（三）认真做好财政信息化的基础性工作

一是2010年调整了财政信息化的组织管理机构。为适应“金财工程”和财政信息化建设的发展要求，省财政厅设立了以厅主要领导任组长的厅信息化建设领导小组和分管厅领导兼任主任的厅信息化办公室及相关工作机制，进一步理顺了技术部门与业务部门的职责和分工，强化了项目管理和项目监督，为财政信息化工作的健康发展提供了保障。二是明确了“十二五”期间财政信息化的建设目标和工作思路。经过多年建设，财政信息化建设已成为财政工作的重要内容，为完成广东省财政“十二五”规划，在厅领导的高度重视和各部门的积极配合下，省财政厅信息

中心按照厅统一要求，认真部署、积极准备，在全面总结“十一五”信息化工作取得的成绩的基础上，深刻分析信息化工作存在的问题和困难，并结合广东财政发展形势和现状，确立工作思路及目标，精心编制了“十二五”财政信息化工作规划，为“十二五”开好头做了积极、充分的准备。

二、推进应用支撑平台建设，提升财政管理科学化、精细化水平

应用支撑平台是财政部在全国推广的核心信息系统，是实现财政信息一体化的关键。2010 年 3 月《广东省财政应用支撑平台实施方案》通过财政部批复，全省应用平台建设进入全面实施阶段。为做好平台的推广应用，省财政厅党组高度重视，成立了平台建设领导小组，信息中心和相关业务处室认真组织调研，制定平台建设模式和实施方案，为做好平台建设，采用先试点再推开的建设模式，先选东莞、梅州、揭阳 3 个市按“接入式”、“生长式”模式建设，获取经验，并对现有财政业务进行梳理规范。2010 年 7 月，省本级应用平台建设顺利完成，国库集中支付系统完成平台接入，在通过系统联调后进入实施部署阶段。至 2010 年年底，省本级平台已成功传输数据 40 093 笔，其中：指标 3 795 笔，计划 2 729 笔，支付 33 569 笔，应用平台整体运行良好。同时，市级应用平台试点工作也取得积极进展，2010 年 9 月省财政厅在东莞召开了全省应用支撑平台建设工作会，戴运龙副厅长做了动员，地市平台建设全面展开，至 2010 年年底市级平台建设已基本完成。

三、做好财政业务系统的应用开发和实施推广，加强财政信息化支撑

广东省财政厅以“金财工程”建设为契机，以核心应用系统建设为核心，积极开展业务系统建设，有力支撑了财政改革和发展，促进了廉政建设。2010 年，紧紧围绕财政业务需求，加大应用系统推广力度，系统建设取得了积极进展，信息化的支撑能力进一步加强。

（一）做好预算管理系统建设

成功开发综合预算模块，提升预算管理信息化水平。省财政厅各业务处室每年都要参与综合预算，以往一直都是用 Excel 工具进行手工录入、管理、统计，由于涉及范围广、人员多、工作量大，每年的数据审核、统计都非常麻烦，数据归档、查询十分不方便，难以反映整个预算过程中的流转、批复过程。为进一步提升预算管理的信息化水平，2010 年省财政厅启动了综合预算管理模块开发工作，预算处、信息中心与软件公司实施了部门预算系统二次开发，在 E 财部门预算新版本的基础上进行改造，经过数月的研发、测试、上线试运行，2010 年 7 月成功实现了“一套软件实现两种预算”的模式，由于在现有软件上开发，对录入内容都进行了统一、规范的处理，对数据流转设置审核步骤，每个阶段的预算数据流转都可以在系统中体现，查询、分析也非常方便，能及时准确、多层次、多角度的反映所处阶段的数据，大大方便了软件使用，相关人员只需要进行简单的培训即可开始综合预算工作，工作效率得到明显的提升，使实行多年的“综合预算”工作正式步入了信息化时代。

（二）推进国库集中支付系统建设

广东省国库支付系统作为金财工程的核心系统之一，随着业务发展一直在不断完善，经过 2004 年、2008 年两次较大的系统整合后系统已相对完善。至 2010 年，广东省省本级已建立起涵盖预算指标管理、国库支付、会计核算、预算单位申报审核、电子勾对账、预算单位银行账户管理、公务卡报销管理、财税库银横向联网和综合查询等功能的国库支付系统（整合版），所有省级国库支付业务数据都已集中在同一数据库中存储和处理，每一笔支付业务都与预算指标一一对应，严格按照“指标控制计划、计划控制支付”的要求运作，为省级国库改革的深化和推进财政科学化、精细化管理提供了有力的技术保障。为进一步完善系统，2010 年 4 月信息中心将省级国库支付系统与各代理银行系统的数据交换接口从原来的 FTP 文件传输升级为实时接口子系统，使 800 多家省直预算单位全部实施以光纤连接或电话拨号的方式通过政务内网办理国库支付业务，提高了支付系统数据传输的安全性和稳定性，提升了国库支付业务的办理效率。

（三）做好非税收入管理系统建设

省财政厅 2004 年成功开发了广东省非税收入管理系统，并在省本级、18 个地市全面推广建设，有力支撑了“收支两条线”财政改革，初步实现了“单位开票、银行代收、财政统管”的电子化非税征缴模式，保证缴款人的每一笔缴费及时进入财政专户，大大减少预算外非税收入的体外循环，有力推进了“收支两条线”改革。2010 年，省财政厅进一步开展了非税收入管理信息系统推广建设和系统完善工作，并取得新进展。一是继续完善系统功能建设，加大系统接口开发力度，省本级完成了省公安厅网上支付接口模块开发工作和非税收入管理系统（二期）开发工作；二是继续做好新增上线单位实施工作，2010 年省级新增上线单位 3 家，新增执收点 18 家，市级新增上线单位 64 家。至 2010 年年底，省本级上线单位总数达 138 家，执收点 2 737 个，开出缴款通知书 616 万张，银行代收金额从 2005 年的 0.25 亿元增加到 2010 年的 34.3 亿元；市本级上线单位 934 家，执收点 2 512 个，代收银行 8 家，遍及网点 1 963个，银行代收金额 336 亿元。

（四）加强政府采购大平台建设

为深化政府采购制度改革，广东省财政厅积极开展政府采购信息化建设工作，取得实效，为全省各级政府采购监管部门、采购代理机构、采购人、供应商等用户提供了一个公平、高效的电子平台，2009 年已在省级和佛山等 11 个市上线运行政府采购大平台，在全国处于先进行列。2010 年 4 月，财政部在广东召开了部分省、市的政府采购系统工作会议，会上财政部充分肯定了广东省电子政府采购平台的建设取得的成绩，总结了广东省的经验和做法。

2010年8月3日，省财政厅召开了全省电子政府采购工作座谈会会议，省财政厅副厅长邓桂明发表讲话，要求全省各地市继续加强全省统一平台建设。至2010年年底，全省完成上线和培训工作的地市已有19个，纳入平台的预算单位有7 000多家，注册的评审专家6 000多人，供应商达2 800多家，商品行情数达183 850条，全省通过政府采购平台的合同金额约129亿元，节约金额40.5亿多元，节约率约20%。

（五）推进行政事业资产管理系统建设

广东省积极推进行政事业资产管理信息化建设，全面开展广东省省直行政事业资产管理系统的建设和推广实施工作，实现了资产管理由静态管理向动态管理转变，由分散管理向统筹管理转变，提高了国有资产整体使用效率，增强了资产预算的科学性。2010年，省财政厅加大了推广力度，启动了第二批省直预算单位系统实施推广工作，厅行政事业资产管理处与信息中心密切合作，成立了一个专门实施服务小组开展工作。至2010年年底，省直单位进行了5批推广实施工作，其中内网3批总计185家单位，外网2批总计299家单位，全部完成了2006年的清查数据对账工作和2007年之后的增量及减量资产数据的录入工作。目前，系统运行情况稳定，各个功能模块也基本符合省直单位的资产管理需求，单位对外网系统的速度和稳定性方面表示满意。

（六）推进其他相关信息系统建设

2010年广东省财政厅围绕推进财政科学化、精细化财政管理，不断完善相关业务系统建设，如：完善人大查询系统，根据人大工作的要求，增加了人大实时在线查询报表系统，保障人代会期间人大代表查询部门预算工作顺利进行；完善全省地市实时在线财政预算监督系统的建设，积极做好财政部门与审计部门的联网工作等。

四、加强网络及信息安全建设，强化信息基础保障

网络及信息安全体系建设是财政信息化建设的重要内容和保障。2010年，广东省财政厅在开展应用系统建设的同时，坚持按照“金财工程”网络建设统一规划和技术标准，进一步加强网络基础设施建设，强化信息安全体系建设，实现综合防范、整体推进，形成一个包括财政内网、财政外网在内的功能完备、运行稳定的网络平台，支撑核心业务系统安全、稳定、高效运行，为应用系统推广应用创造条件。

（一）推进网络平台建设

根据财政业务应用需要，进一步强化财政网络基础建设，优化网络结构，提升网络性能，继续完善横向城域网络平台和纵向网络平台建设。一是积极开发网络与应用系统的接口软件，提升网络性能，强化网络安全，保障以省本级局域网为核心，联结省直部门和预算单位以及相关职能部门的财政专网的平稳运行；二是积极加强全省地方网络平台建设统一管理，推进网络建设标准，保障省、市、县（市、区）财政部门间的网络通畅，为全省财政业务应用创造条件。

（二）完成省级数据中心建设

2010年，完成了“金财工程”广东项目（一期）数据中心专网平台建设项目的实施工作。实现省财政厅五大核心应用系统（预算执行、非税收入、财务集中监管、支撑平台、行政资产管理）的硬件资源整合，淘汰了一批服役年限较长、性能较差的老旧设备。主要设备包括IBM公司生产的2台570、2台595高端计算机主机，以及一套DS8100存储设备，能提供7.5TB的数据存储空间，并实现了单个应用系统的中间件服务器、数据库服务器的双冗余配置，建立了各应用系统数据的高效备份策略。省级数据中心项目的顺利完成，提高了省本级内网核心应用系统的可靠性、稳定性、安全性，并缓解上述核心应用系统硬件资源配置较低、稳定性较差的问题，有效地确保了财政核心业务的正常开展。

（三）强化信息安全建设

在进一步完善省财政厅机关网络系统的基础上，继续加强信息安全体系建设，提升信息安全整体保障能力，确保网络及信息系统安全运行。一是高度重视安全建设，建立相应的安全机制，加强物理设备、网络、操作系统、应用系统、数据等安全防护，制定了系统安全管理规章制度，加强网络安全培训，建立起包括安全技术、安全人员、安全管理等全方位、多层次的网络安全防护体系。二是强化安全基础设施建设，做好现行系统安全加固、网络线路的冗余备份工作，在网络平台上配置了先进的网络安全检测和监控软件，完善业务流程中的身份鉴别、数字签名、时间戳等措施，在网络建设、系统建设的同时开展安全建设，核心业务系统在安全措施到位的情况下方可投入运行，从技术措施上加强网络安全。三是认真做好省级异地灾备中心运行管理，保证预算管理、国库集中支付、非税收入管理等系统可靠运行，确保财政数据不丢失、应用不间断，保证关键业务正常进行。

五、加强运行维护体系建设，强化信息技术支撑

省财政厅坚持“统筹规划、统一标准、资源共享、建用并重”的原则，不断加大财政业务软件和信息资源开发与利用的力度，逐步建立起科学、先进、完善的财政运行技术保障机制。一是建立统一的运行维护模式和规范，制定科学有序的管理流程、方法和规章制度，形成集网络管理、系统管理、资产管理、数据库管理、应用系统管理、安全管理、流程管理等为一体的综合性管理体系，及时响应和快速解决信息系统运行过程中出现的各种问题和故障，实现对网络及信息系统的综合监管和日常技术支持。二是建立应急处理机制。建立职责清晰、分工明确的应急处理领导小组并明确执行机构，研究制定网络及信息系统突发事件应急处理预案，明确相应的应急处理流程和协调机制，规范突发事件处理程序，提高对突发事件的应急处理能力，

实现各级财政部门网络与信息系统安全、稳定、高效运行。

（省财政信息中心供稿，谢峰执笔）

财政科研宣传工作概述

2010年，省财政科学研究所以邓小平理论和“三个代表”重要思想为指导，以科学发展观为统领，按照“围绕中心、服务大局、当好参谋”的原则开展研究、宣传、财政史料和资料信息等工作，较好地完成了省财政厅党组交办的各项工作任务。

一、认真做好财政科研工作

一是在财政绩效管理理论与实践方面进行积极探索，初步形成了适应广东实际的绩效预算模式。二是认真组织开展全省财政课题管理工作。组织专家从课题的研究价值、现实意义、创新性、可行性、研究能力及课题单位申报态度等方面，对53个单位的75个省财政科研课题立项申请报告进行了评审，并对28个单位的37个课题进行了立项通报。同时，修订了《广东省财政科研课题管理办法》，明确了课题的立项、申报、跟踪管理、结项评审和课题出版发行等工作流程。三是积极筹建广东省财政厅综合性专家库。通过对省财政厅各处室所需专家类型进行摸底调查，做好专家挑选入库工作；加强专家库管理，制定实施《广东省财政厅综合性专家库管理暂行办法》和《广东省财政厅综合性专家库建设方案》，并成立专家库管理委员会，进行规范管理。四是积极参与有关课题的研究工作，配合有关部门和地市，参与了《全面推进省直管县财政体制改革——关于省直管县财政管理方式改革的研究报告》广东分报告、《欧洲债务危机对广东出口影响的分析报告》、《中山市扶持产业发展专项资金绩效管理研究报告》等课题研究工作。五是做好《广东财政理论与实务》丛书出版发行工作。六是严格抓好课题评审工作。组织有关专家、学者对2010年度广东省财政科研课题进行了评审，共评出一等奖课题3个，二等奖课题7个，三等奖课题19个。

二、充分发挥对外宣传窗口作用

一是做好杂志编辑工作。紧紧围绕财政中心工作，精心策划《广东财政理论与实务》各期中心栏目，围绕热点，抓住难点，突出重点，大力宣传财政改革。二是做好“广东财政论坛”财经专家学术报告会的组织工作，邀请了中国政法大学教授杨帆分别作《人民币汇率研究》和《后全球危机时代与我国经济发展前景》的专题学术报告。三是组织开展“惠财杯”财政征文大赛，评出一等奖6篇，二等奖10篇，三等奖29篇。

三、扎实开展史鉴编撰工作

一是切实做好《广东省志（1979～2000）·财政税务卷》的编修工作和牵头组织工作。二是认真完成《广东财政年鉴（2010）》的编辑出版任务。修订《〈广东财政年鉴（2010）〉编辑大纲》、《广东财政年鉴行文规范》和《广东财政年鉴编委会审稿方案》；以编辑精品年鉴为要求，开展紧张有序的资料收集和编审工作，重点落实好《广东财政年鉴（2010）》市县专题申报、筛选及稿件审核，确保专题稿件从重“量”向重“质”转变。三是积极开展广东财政史料工作。出版《广东财政大变革——2003～2008年广东财政重大政策案例集》；启动老领导访谈工作；认真策划《科学发展　惠及民生——2002～2010的广东财政》的编辑方案。

四、加强图书管理，做好资料库服务保障工作

一是进一步细化图书购置审批细目，打造财经精品图书馆。二是做好图书管理，提供良好的阅读环境。三是维护好数据库和电子阅览室设备，保障图书馆电子设备的正常运行。

（省财政科学研究所供稿，杜婷婷执笔）

农业综合开发评估工作概述

2010年，省农业综合开发评估中心坚持以科学发展观为统领，紧密围绕全省经济社会发展大局，按照省财政厅关于全省财政改革发展的统一部署，立足广东农业综合开发工作特别是项目评审等工作，突出促进发展、改善民生和深化改革三大主题，不断创新机制，切实履行职责，全面完成了全年各项工作任务，取得了较好的工作成效，为全省财政改革发展和新农村建设作出了积极的贡献。

一、重点抓好项目评审工作，在促进提高评审工作水平上取得新成绩

2010年，省农业综合开发评估中心先后聘请各类专业专家约1 100人/天，完成农业综合开发项目的评审415个，包括2009年度省级农业综合开发科技推广项目25个、2009年度省级农业综合开发土地治理项目21个、2010年度国家农业综合开发土地治理项目62个、2010年度国家农业综合开发土地治理科技推广项目22个、2010年度国家农业综合开发产业化经营财政补助项目89个、2010年国家农业综合开发新增开发县4个、2010年省级农业综合开发科技推广项目24个、2010年省级农业综合开发土地治理项目评审20个、2011年国家农业综合开发土地治理项目45个、2011年国家农业综合开发土地治理科技推广项目19个、2011年国家农业综合开发产业化经营财政补助项目84个。

（一）关口前移，争取工作主动性

1. 对项目建议书进行初审。2008年以来，由于国家农业综合开发产业化经营项目政策的调整，大大提高了各地申报项目的积极性，同时由于部分市、县对上报的项目把关不够严，项目申报数量大幅增加，给省级评估工作造成

了较大的压力。为此，省农业综合开发评估中心同省农业综合开发办一起，在各地正式组织项目申报前，先对项目进行建议书审核、筛选，对明显不符合国家政策的项目作出否决，以提高项目的申报质量，减轻省级评审工作压力。

2. 及早筹划。从中心领导到具体经办同志都高度重视，明确分工、责任到人，并及时就有关情况向省财政厅领导报告和请示，确保整个评审工作顺利完成。

3. 对参与评审的专家集中进行岗前培训，让专家掌握政策和评审要求。

（二）制订科学的工作方案，确保评审程序规范合理

农业综合开发不同类型项目有不同的政策要求，评审工作的出发点也各有不同，农发评估中心在制订评审工作方案时采用不同的评审方法。如产业化经营项目，由于面向社会公开申报，项目数量多，竞争性大，且申报项目质量参差不齐，因此采用差额竞争的评审方式，先进行室内集中评议，然后对其中存在疑问的项目进行实地考察和现场答辩，最后综合得出最终评估结论。土地治理项目由于各市、县已经根据投资控制指标进行项目申报，因此项目评审主要是对项目的规划设计方案进行审核，项目实地考察则采取省抽选部分项目进行考察与委托市组织考察相结合的方式进行。科技推广类项目由于规模较小，主要采取专家室内审核为主的方式开展评审。

（三）对专家实行严格的选用、管理、监督和考评，确保专家工作的公正性

在专家选用方面，按照专家轮换原则和回避原则从专家库中抽选专家。产业化经营项目及科技推广项目的专家，同一专家不能连续三年参加同类型项目的评审，与项目承担单位有直接或间接利益关联的专家，要求回避该项目的评审；土地治理项目评审专家部分来自基层，主要是回避本地区的项目；在管理与监督上，室内集中评审实行封闭式管理，确保专家开展评审工作时不受外界干扰。在专家管理方面，开展专家岗前培训，向专家印发《专家评估工作纪律》、《专家评估保密制度》，与专家签订《专家公正评审承诺书》、《专家回避声明》。在监督和考评方面，收集专家的工作底稿，记录专家的工作表现，在评审工作结束时对专家的工作过程进行综合考评，通过上述措施规范和加强对专家参与评审工作的监管。

二、认真组织省级验收和配合做好迎接国家农发办综合性检查工作

2010 年 10 月，国家农业综合开发办对广东省 2008 年度农业综合开发工作情况进行综合性检查。为迎接检查，省农业综合开发评估中心与省农发办一道，共同做好各项工作。一是认真组织开展对全省 2007 ~ 2008 年度项目进行省级验收，研究制订验收工作方案，并会同省农发办有关人员，组织专家对全省 2008 年度 8 个重点产业化经营项目进行了重点验收，对其余 2 个重点产业化经营项目进行了考察，对 12 个市的 12 个开发县项目进行了抽查验收，并按要求分别对市、县两级的农发机构进行了工作考核；二是组织专家并带队提前赴有关市、县，指导做好迎接国家农发办综合性检查的先期准备工作；三是积极配合省农发办，派出多名干部参与陪同国家农发办综合性检查。

三、主动做好服务，配合协助做好农业综合开发其他管理工作

省农业综合开发评估中心把提供精细化服务作为目标，主动配合做好农业综合开发其他管理工作。日常管理方面，参与农业综合开发各类项目投资指标分配、项目筛选和上报、项目计划会审、有关政策研讨会等。人力方面：在人员紧缺、工作量大的情况下，继续派出 3 名干部支援省农发办的工作，同时，根据工作需要，农发评估中心还承担农发办部分临时性工作，缓解了省农发办人手少的压力。

四、充分发挥优势，积极派出专家参与其他财政支农项目的评审、检查等工作

省农业综合开发评估中心充分发挥自身优势，积极、主动配合省财政厅相关业务处室做好有关工作。2010 年，已先后 12 次、共派出专家 150 名参与省财政厅农业处、经建处相关项目的评审、检查、验收和绩效评价等工作，派出 15 名专家参与省审计厅组织的审计工作。

五、加强支部建设，努力提高支部执行力

（一）努力创建学习型单位

结合省财政厅组织开展的抓落实促发展主题实践活动和专题读书活动等，加强党员干部思想政治学习、财政政策学习和业务技能学习。一是要求党员干部认真参加厅统一组织的各类型培训班和学习会，因故不能参加的要在事后补课。二是成立了学习兴趣小组，开展学习交流活动。三是统一购买辅导教育读物，供大家借阅学习；四是鼓励个人根据自身需要积极开展自学，不断提高综合素质。

（二）认真开展创先争优活动

按照省财政厅的统一部署和安排，省农业综合开发评估中心认真开展创先争优活动。一是认真学习和领会中央、省和省财政厅有关创先争优活动的文件和学习材料等，动员全体党员积极参与；二是结合实际，认真研究、制订支部开展活动的实施方案；三是认真开展“八个一”活动，重实际，求实效；四是开展党支部和党员在创建先进党支部和争做优秀共产党员方面公开承诺；五是结合 2010 年业务工作，开展了创先争优活动调研。

（三）加强组织建设，建立健全科学的领导体制和议事制度

坚持民主集中制原则，有关重大事项通过支部领导班子集体研究决定，促进班子内部的和谐、团结，形成合力，并认真征求和听取党员干部的意见和建议，充分发挥党内民主，发挥广大党员干部的积极性、创造性和主动性，为农业综合开发评估工作提供坚强的组织保障。

（四）加强作风建设，密切同群众的血肉联系

坚持解放思想、实事求是的作风，一切从实际出发，重实践，求实效。一是坚持全面评审，注重实地考察环节，务求评审结果客观、科学；二是坚持将群众利益放在首位，对群众不能直接受益或者受益不明显的项目、大多数群众不愿意开发的项目坚决说“不”，务求群众受惠。

（五）加强党风廉政建设，建立清正廉洁的干部队伍

1. 强化制度建设，从源头上预防腐败。认真抓好省财政厅2010年党风廉政建设和反腐败工作确定省农业综合开发评估中心的分解任务，建立和完善其他有关制度。修订完善并认真执行中心制定的《省农业综合开发评估中心领导班子廉政岗位职责》和《省农业综合开发评估中心财务审批制度》，进一步完善了《广东省农业综合开发项目评估实施细则》等业务工作制度，完善落实《邀请专家参与工作各项费用标准和支付办法》、《固定资产管理办法》等财务制度，进一步规范中心的内部工作流程，增强评估工作的公正性，从源头上预防腐败的发生。做好规范权力运行工作，根据省财政厅党组规范权力运行工作部署以及《广东省财政厅规范权力运行工作方案》的要求，在省财政厅规范权力运行工作领导小组的指导下，省农业综合开发评估中心认真查找、梳理和鉴别各权力事项，编制完成了《广东省农业综合开发评估中心单位工作运行规程》相关材料，为进一步规范化各项工作夯实了基础、提供了保障。

2. 强化组织纪律，在工作中防止腐败。对党员干部开展业务工作中的廉政纪律进行反复强调，使之成为每一个干部的自觉行动，自觉遵守党风廉政建设的有关规定，能严格要求自己，做到了干净干事，清白做人，党员干部的廉洁自律意识不断增强。此外，为强化专家在评估工作中的公正性，还加强对专家参与评估工作的纪律要求，认真落实《广东省农业综合开发评估专家管理办法》，实行专家轮换制度、专家回避制度等，建立专家档案和专家评估考核制度，对不符合条件的专家以及违反评估工作纪律的专家坚决予以清除。同时要求基层及项目单位对干部和专家赴实地开展工作时予以监督，及时反馈有关情况。通过监管，认真研究、部署、督促反腐倡廉各项工作，有效预防违纪违规问题的发生。

六、认真开展事业单位分类改革工作，为业务工作开展创造更好环境

2010年，省农业综合开发评估中心以广东省事业单位分类改革为契机，努力加强机构建设，积极争取完善机构职能，优化内部设置。一是按照省财政厅分类改革领导小组办公室的要求，认真梳理原有职能，结合实际，研究提出省农业综合开发评估中心的分类改革方案初稿，将本应由市场承担的几项职能剥离推向社会，强化承担项目评审职能。二是在拟订方案过程中，多次向省财政厅主管厅领导和人教处汇报，争取对分类改革方案的支持。三是主动配合省财政厅人教处，协助做好方案汇总和上报有关工作。

七、认真开展“规划到户、责任到人”对口扶贫工作

省农业综合开发评估中心将“规划到户、责任到人”扶贫工作作为中心党建工作的重要内容，切实抓紧抓好，一是两位领导班子成员先后2次赴五华县大沙村，深入到对口帮扶的2户贫困户家中，详细了解贫困户的家庭现状，认真分析致贫原因，一起研究脱贫致富方案和措施。二是捐赠了4台电脑，用于完善大沙村小学的教学设施。三是组织全体党员干部赴大沙村开展慰问活动。此外，省农业综合开发评估中心董辉龙被抽调参加省财政厅“双到”扶贫工作组，长驻五华县大沙村驻村开展扶贫工作，有关工作取得了较好成效，得到了省财政厅的嘉奖表扬。

（省农业综合开发评估中心供稿，刘强执笔）

注册会计师行业管理工作概述

截至2010年12月31日，全省共有会计师事务所739家，比2009年同期递增21家；执业注册会计师有8 102人，较2009年增加352人；实现业务收入38.39亿元，较2009年增长11.76%。2010年，按照中国注册会计师协会（以下简称“中注协”）的工作部署和年初协会常务理事会确定的全年工作要点，省注册会计师协会（以下简称“省注协”）狠抓落实，扎实工作，较好地完成了各项工作任务。

一、深化学习实践科学发展观活动，部署开展全省行业创先争优活动

2010年2月6日，在广州召开会计师事务所学习实践科学发展观总结大会，对全省行业为期半年学习实践活动的组织情况、经验和成果进行了全面总结。3月底，全面完成全省会计师事务所党组织和党的工作“双覆盖”任务。6月底，完成市级注册会计师协会党组织组建工作任务，全省行业党建工作组织体系基本理顺。按照中央、省委和财政部党组的部署，6月中下旬迅速成立了省注册会计师行业创先争优指导小组，印发《广东省注册会计师行业深入开展创先争优活动实施意见》，召开动员会，精心组织、开展全省会计师事务所党组织和党员创先争优活动。全省行业合计成立领导（指导）小组104个，各级党组织书记担任组长的有95个，领导（指导）小组办公室专兼职人员155人，召开了组织生活会、学习讨论会144场次，积极推动活动的开展。全省行业党组织和事务所党组织共计227个（其中基层党组织213个），全部不同程度地开展了创先争优活动，绝大多数党员积极投入活动，已有170家事务所党组织、2 434名党员作出了公开承诺。

（一）明确主题，创新载体

指导各市行业党组织结合行业实际，明确争创主题，

设计争创载体，确定争创形式，确保活动取得实效。如："保障亚运、服务亚运"、"争当时代先锋，推动新业务发展"；"为党旗添光彩，为审计铸辉煌"、"夯实战斗堡垒，争当模范先锋，推动行业跨越式发展"等主题；"党建带团建、团建促党建"、"践行科学发展，争做诚信模范，打造社会信赖、让党放心的注册会计师行业"、"内强素质、外塑形象、恪守道德、诚信执业"、"三比三创"、"三学两比一提升"等载体。

（二）典型引路，加强宣传

每个市选取1～2个事务所党支部、共产党员、党务工作者或非党员合伙人，逐步选树为行业的先进典型，2010年已选树25个基层党支部、128名共产党员作为先进典型，及时总结和推广了好的经验、好的做法。

（三）督促指导，考核评价

实行分片指导，建立联络点。明确协会指导小组成员、协会党工委委员和协会秘书处班子等共13人为指导联系人，从全省各事务所党支部中，确定26家会计师事务所党支部为联络点。全省各级财政部门、行业协会领导确定75个联系点，深入联系点指导工作176次/人，形成一级抓一级，层层抓落实的工作格局，有力促进了活动顺利开展。制定印发了《广东省注册会计师行业创先争优活动考核评价办法》，对各市指导小组领导（指导）当地行业创先争优活动工作实施全面考核。

（四）机制建设，积极推进

根据全国行业党委有关要求，结合广东实际，制定印发《关于切实做好广东省注册会计师行业创先争优机制建设工作的通知》，以科学发展为导向，以创新活动为载体，以量化评价为手段，探索建立行之有效的行业创先争优科学机制。10月10日、10月11日、10月14日分三期举办了涵盖全省事务所的创先争优综合评价工作培训班，积极指导和推动全省各事务所、事务所党组织和党员在线完成行业综合评价信息填报工作。11月24日，全面完成了包括453家事务所和近15 000名人员在内的综合评价信息填列工作。12月31日，完成对453家会计师事务所、3 318名注册会计师、1 598名合伙人（股东）的数据确认工作。会计师事务所及从业人员创先争优综合评价信息的全面填报和确认，为广东省注册会计师行业创先争优机制建设打下了坚实基础。

二、积极参与制定出台广东省贯彻落实国办56号文的政策措施，引导行业又好又快发展

积极参与广东省出台贯彻国办56号文实施意见的起草、调研、修改等工作，参与《关于加快发展广东省注册会计师行业的意见》文稿的起草工作，9月26日省政府办公厅以粤府办［2010］52号文正式印发。配合省财政厅调研、制定广东省会计师事务所收费办法，开展广东省事务所业务收费情况调查，召开不同类型事务所座谈会和分地区研讨会，规范会计师事务所业务收费范围。配合省统战部做好"推进专业服务业发展的对策和建议"的调研，完成"注册会计师行业"分报告。经推选，蒋洪峰主任会计师被省委统战部等5部门联合授予"广东省第三届优秀中国特色社会主义事业建设者荣誉称号"。

配合中注协认领出口企业战略转型咨询、海关稽查鉴证、医院等医疗卫生机构年报审计、农村集体经济审计等四项注册会计师新业务拓展工作，加强与政府相关部门的协调，结合实际制订工作计划和实施措施，确定工作目标、方法和步骤，出台配套政策措施，组织本地事务所积极探索。参与省文化系统国企改制对中介机构的招投标工作；积极协调省国资委规范省属国有大中型企业中介机构招投标工作。2010年11月底，联合省审计厅召开省属国有企业审计工作服务资格采购项目选聘宣传动员座谈会，广州地区有40余家事务所所长及业务骨干等人员参会，就参与国有企业审计工作等具体问题进行了讨论和交流。

三、以信息化带动规范化、科学化，全力推进广东省注册会计师行业公共服务平台建设

2010年，省注协高度重视行业信息化建设工作，把信息化建设工作列为全年的重点工作来抓，加强规划、有序推进，经过近一年的开发建设，取得了阶段性成效。一是开通启用协会办公OA平台，实现了协会内部的无纸化办公。同时，面向全省市级注协、事务所的发文、收文、上下行文、归档等公文处理也在网上进行，提升了行业办公协同应用效率，建立、健全了协会的办公信息支撑体系。二是上线运行省注册会计师行业公共技术服务平台系统。系统统一开发、分级管理，初步实现了协会与事务所、注册会计师之间信息交流的网上进行，逐步实现了面向事务所提供注册会计师注册、年检、后续教育培训、会费缴纳、业务报告防伪等行业管理事务的网上处理，提高了行业基础信息数据采集能力和信息发布的及时性、准确性和系统性。省、市协会、事务所信息互通、共享、共用，做到分级网上数据统计分析、网上办公，调动了行业各级各主体参与信息化建设的积极性，提高行业管理效能和管理水平。三是在2009年试点的基础上，又成功举办了一期"E审通"社会审计协同作业系统培训班，继续向省内100多家事务所赠送"E审通"审计软件，现全省共有200多家事务所使用"E审通"社会审计协同作业系统，审计工作质量和效率明显提升。2011年，省注协计划在全省事务所全面推行、应用"E审通"。

四、扎实组织开展注册会计师任职资格检查和会计师事务所执业质量检查工作

（一）创新任职资格检查方式方法，全面完成2010年注册会计师年检工作任务

2010年，协会在广州地区探索实施注册会计师现场任职资格检查。协会以事务所为单位，要求全市2 500多名注册会计师本人到省注协提交检查材料，并现场签名确认，进而对递交材料进行进一步核查。现场检查不仅提高了工作效率，也有利于杜绝注册会计师兼职的行为和现象。

2010 年，省注协共对 5 170 名注册会计师进行了年检（77 人未参加检查），4 920 人通过年检，87 人暂缓通过年检，163 人未通过年检、撤（注）销注册。

截至 2010 年 12 月，省注协共批准注册会计师注册 442 人，办理注册会计师转所 663 人，为拟担任会计师事务所股东（合伙人）的 164 名注册会计师出具审计业务证明；审核并会签了省财政厅转来的 16 家新设事务所申报审批材料；为 94 家会计师事务所变更法人、地址、股东、合伙人的变更信息及时进行了网上系统操作，保证事务所信息的准确性；继续发布 2010 年度全省会计师事务所综合信息；组织会计师事务所在自愿原则下参加 2010 年度会计师事务所综合评价工作，在中注协公布的 2010 年度会计师事务所综合评价前百家信息中，广东省 7 家事务所进入全国百强。为2 189 名非执业会员换发新证，批准了 578 人成为非执业会员，办理了 70 名非执业会员转会。

（二）及早谋划、扎实开展会计师事务所执业质量检查工作

为适应新形势下行业监管工作的需要，省注协不断改进检查方法，创新监管方式，探索建立了分层监管制度，突出检查重点，节约检查成本，提高了检查效能。

2010 年 3 月初，省注协发文布置全省事务所在 4 月底前完成本所 2009 年的执业质量和内部管理情况的自查与上报。根据自查情况，选定对 102 家事务所进行执业质量检查（其中，对 63 家事务所实施了重点检查，对 39 家事务所实施了一般检查），并于 6 月初向事务所下发《关于开展 2010 年广东省会计师事务所执业质量检查工作的通知》。省注协从事务所抽调了 59 名精通业务、熟悉政策的注册会计师，组成 16 个检查组，抽查事务所审计报告 908 份，验资报告 256 份。9 月底，召开了执业质量检查审理工作会议。12 月下旬，召开惩戒委员会会议，对执业质量存在较严重问题的 9 家事务所、17 位注册会计师予以行业惩戒。

五、按照精细化管理要求，精心组织注册会计师考试、继续教育等工作

（一）圆满完成广东考区注册会计师全国统一考试各项工作任务

1. 顺利组织注册会计师专业阶段考试、综合阶段考试和英语测试。专业阶段考试全省共有 47 781 人、118 783 人科次报考，较 2009 年的 42 430 人增长了 12.61%。9 月 11～12 日专业阶段考试顺利举行，全省共设 21 个考点，44 个考场，6 个考试科目，共计 43 948 人次参加考试，综合到考率为 37%。9 月 18 日，注册会计师综合阶段全国统一考试和英语测试在广州举行，全省有 56 人报名参加综合阶段考试，实际到考 53 人，到考率为 94.6%；英语测试报名 34 人，实际到考 14 人，到考率为 41.17%。

2. 精细管理、加强合作，提高考试组织管理水平。全省全面推行注册会计师考试网上报名，考生报名、购书、缴费、考试成绩查询、成绩核查申请，提高考试管理工作效率。考试期间，与无线电管理部门建立联合工作制度，采取无线电监控车巡查、无线电信号屏蔽、考场视频监控等方式，防范高科技作弊行为。

（二）精心组织、扎实开展行业继续教育工作

2010 年 4 月，按照注册会计师行业发展的战略新要求，以新业务拓展、案例教学为培训重点，制订印发年度培训工作计划，按计划自主举办不同层次、类别的注册会计师培训班，组织会员参加中注协在北京、上海和厦门国家会计学院举办的培训。2010 年，省注协直接组织培训班 13 期，其中采取合作办班、省外办班、自办等方式组织主任会计师培训班 3 期，新批注册会计师培训班 1 期，专题培训班 3 期，远程同步培训班 6 期，培训注册会计师 2 000 多人。开展网上远程异步培训，近 400 名注册会计师参加学习并通过集中考试。委托广州、东莞、佛山等市注协自办培训，共培训注册会计师近 2 000 多人。审批 10 家事务所自办培训，培训注册会计师约 1 000 人。培训期间，加强考勤及考试考核管理，鼓励教师采取互动、提问等多种培训方法，严格培训纪律、增强培训效果。

六、稳妥做好协会专门和专业委员会换届工作，深化行业自律管理运作机制

稳妥、顺利完成协会七个专门委员会的换届工作。认真、严格组织各市注协、各会计师事务所推荐七个专门委员会新一届委员人选的推荐工作；按程序于 10 月 9 日召开五届二次常务理事会议，审议表决通过了惩戒、教育培训等七个专门和专业委员会委员名单。新一届专门和专业委员会共有委员 109 名，分别由来自省、市注协以及事务所、大专院校等代表和专业人士组成。

认真做好中注协第五次代表大会代表、五届理事会理事以及中注协首批资深执业会员和非执业会员广东省行业候选人员名单的推荐、审核工作。经五届二次常务理事会审议通过，由欧斌、熊展瑜、陈雄溢等 25 人代表广东省行业参加中注协第五次全国会员代表大会。在 11 月 25～26 日举行的中注协第五次全国会员代表大会上，选举产生了省注协新一届领导机构及组成人选，省注协秘书长丁跃文、主任会计师陈雄溢等 2 人当选中注协第五届理事会常务理事，会长熊展瑜、秘书长丁跃文等 13 人当选中注协第五届理事会理事。此外，经中注协第四届常务理事会第七次会议审议通过，广东省的陈雄溢、蒋洪峰、潘荣卿等 34 位来自事务所的代表成为中注协首批资深执业会员，肖学、纪武、谭劲松等 16 位相关单位领导和专家成为中注协首批非执业资深会员。

七、加强国际交往，注重行业文化建设，自觉履行社会责任

（一）加强与中国香港、中国澳门及国际同行的交流

1 月 26 日，接待英格兰及威尔士特许会计师协会理事、Emile Woolf International 总裁 Graham Durgan 先生一行来访交流。1 月 8 日，接待陪香港立法会陈茂波议员率领的香港

珠三角访问团一行40余人来访交流。2月1日，与来访的省政协委员、香港会计师界代表罗君美女士和邹灿林先生进行交流。3月18日，派员赴港参加香港华人会计师公会2010春茗联欢晚宴。5月20日，接待香港华人会计师公会会长陈美宝一行来访，就加强两地会计业界培训、资格考试、事务所业务合作等方面进行交流和探讨。6月21日，接待澳大利亚国家会计师协会全球执行总裁Andrew Conway一行的来访交流。派员参加7月13日由中国注册会计师协会、香港会计师公会联合承办的第四届中国（香港）国际服务洽谈会——会计业合作分论坛在香港会展中心举行。派员赴澳门参加7月17日由澳门注册核数师协会举办的“经济犯罪与企业风险管理”论坛，参加当晚举办的“澳门核数师公会成立20周年联欢晚宴”。9月15日，派员赴港出席由两公会共同举办的“香港会计界庆祝国庆六十一周年晚宴”。9月17日，组织70余人的行业代表团赴澳门参加2010年海峡两岸及港澳地区会计师行业交流研讨会。12月2日，接待香港会计师公会冯英伟会长、谭锦章总监来访交流。

（二）认真组织行业乒乓球比赛

为深入推进注册会计师行业创先争优活动，促进行业文化和精神文明建设，8月28日协会在广州成功举办“中国注册会计师行业2010年‘诚信杯’乒乓球比赛广东选拔赛”。8月25～27日，组织广东省8名男女乒乓球选手赴河北参加中国注册会计师行业2010年“诚信杯”乒乓球比赛，取得较好的成绩。

（三）参与公益活动，树立行业良好形象

及时组织全省行业党组织和会计师事务所积极弘扬“一方有难、八方支援”的奉献精神，展现注册会计师行业回馈社会，担当社会责任的良好职业风貌。在西南旱灾、玉树地震两次抗旱救灾中，全省注册会计师行业共向灾区人民捐款达200余万元。

（广东省注册会计师协会供稿，张俊生执笔）

注册资产评估师行业管理工作概述

2010年，省资产评估协会（以下简称“省评协”）深入学习实践科学发展观，积极开展创先争优“八个一”活动和行业“优质主题年”活动，以服务广大会员为宗旨，以行业自律管理为基础，以开拓评估市场为重点，以执业质量检查为手段，以创新行业人才培养方式为亮点，以打造行业文化为载体，全方位抓好行业建设与发展，充分发挥省评协职能作用，引导、推动行业稳健发展。

一、完善行业自律管理体制

2010年，省评协根据全省资产评估行业发展和建设的要求，注重自律管理与行政管理相结合，进一步强化自律监管，完善管理体系，促进行业自律不断深化。

（一）行业自律组织体系不断完善

进一步完善由会员代表大会、理事会和常务理事会、各专门专业委员会、协会秘书处组成，适应行业发展实际的行业自律管理组织体系，在行业自律管理、专业建设、学术研究、市场开发、人才培养等方面发挥了重要作用。

（二）行业管理体制日趋完善

政府行政管理、行业协会自律管理、资产评估机构自我完善，行政管理和自律管理有机结合的资产评估行业管理格局基本形成。省评协与地方财政部门紧密联系、上下互动的自律管理机制也逐步建立。

二、规范行业管理和服务会员工作

（一）加强执业资格年检工作，规范会员资质管理

2010年，省评协不断创新工作思路，加强对年检材料合规性审查力度，全省125家资产评估机构申报注册资产评估师年检，通过年检的注册资产评估师1 282人；对不符合年检条件的不予通过，并根据具体情况作出撤销注册建议。年检结束后，及时在省评协网站对年检情况进行公告。

（二）增强服务会员意识，及时办理会员申办事项

在办理评估师注册申请、非执业会员、转所转会等日常工作中，省评协不断完善会员管理机制，注重提高工作效率，提升服务质量，规范操作程序。2010年受理上报资产评估师注册申请三批，共计38名；办理转所转会130余人次；受理上报非执业会员19名。

三、加强行业自律和执业监管工作

（一）推行评估业务备案管理，规范资产评估机构执业行为

2010年，省评协采取有效措施加快推动网上业务信息报备工作，通过年检手段督促业务信息报备工作的落实，全省120多家资产评估机构开展了业务信息报备工作。同时，巩固工商验资评估备案管理工作成果，并在行业执业质量检查中对部分资产评估机构的备案验资业务进行了抽查，对存在问题的机构下发了执业风险提示函。

（二）开展行业自律检查工作，提高行业执业质量

2010年9月，根据中国资产评估协会（以下简称“中评协”）的要求，省评协在资产评估机构中抽调20人组成5个检查小组，对珠三角、粤东、粤西等地区15家资产评估机构进行执业质量自律检查，每家机构检查6天，共抽查了评估报告120份。检查结束后，省评协及时召开检查情况汇报会，听取各组检查情况。接着，省评协对检查中发现的问题进行汇总，并分别与15家评估机构负责人进行谈话，了解具体情况。随后，省评协组织召开惩戒委员会会议，将检查情况及相应处理结果提请各委员讨论并表决。经惩戒委员会研究表决后，省评协对被检查的15家资产评估机构发出相关处理决定文件，要求各有关机构和执业人员严肃认真对待存在的问题，引以关注，逐一对照整改，并将整改情况按时上报省评协。

四、注重行业人才培养工作

（一）构建校企合作平台，积极推动行业人才培养工作

人才是行业发展壮大的关键因素，做好行业人才培养工作事关行业的长远发展。2010 年，省评协充分发挥协调职能，多次组织相关高校代表、部分资产评估机构负责人召开学习交流会、人才培养研讨会，并取得了良好的成效：一是高校专业设置方面，中山大学、暨南大学、华南理工大学均设置资产评估硕士点，计划 2011 年招生开班；广东商学院 2011 年招收资产评估专业学生，开设本科班；广东农工商职业技术学院 2010 年秋季首次开设资产评估专业，并成功招录 47 名学生；二是校企合作方面，定期召开校企联席会议，加强高校、机构间的沟通交流；协调高校聘任业界优秀注册资产评估师为客座教授（导师），前期遴选准备工作已顺利展开；推动在规模较大的资产评估机构建设高校学生实习基地，有关工作正在开展。

（二）积极做好注册资产评估师资格考试考务工作

2010 年，省评协多次与广东省人事考试局联系，及时掌握全省有关报考情况；通过在省评协网站向社会各界进行宣传、发售 2010 年注册资产评估师考试用书等办法，积极协助广东省人事考试局做好 2010 年度广东省注册资产评估师执业资格考试相关考务工作。

（三）创新培训方式方法，积极做好资产评估师继续教育培训工作

省评协采用面授培训、远程视频培训、网络教育培训、到省外交流学习等多种培训方式对学员进行培训。2010 年度，共举办注册资产评估师培训班 7 期，其中：中评协组织的远程视频培训班 3 期，广东省自主组织的面授培训班 1 期、网络教育培训班 3 期。此外，广东省还组织证券业资产评估机构党员负责人参加中评协举办的评估行业学习实践科学发展观活动骨干培训班。2010 年度已参加后续教育培训的注册资产评估师 1 271 名。

五、加强资产评估收费管理工作

根据国家发展改革委和财政部联合发布的《资产评估收费管理办法》以及中评协《关于贯彻实施〈资产评估收费管理办法〉尽快做好资产评估收费管理工作的通知》文件精神，省评协积极主动与省财政厅和省物价局沟通，配合做好广东省资产评估新收费标准制订工作，加强资产评估收费管理：

（一）积极引导

在广东省资产评估收费新标准制定期间，省评协严格执行新的《资产评估收费管理办法》，结合实际，正确引导和监督资产评估机构的收费行为。在资产评估项目招投标工作方面加强与省国资及其他资产管理部门等的沟通和协调，大型资产评估项目的收费标准不仅未出现低价竞标，而且在收费标准上取得较大幅度的提升，为省资产评估收费新标准的制定提供了有力的市场实证依据。

（二）反复研究、调研，提供基础数据

国家发展改革委和财政部发布《资产评估收费管理办法》后，省评协迅速向全省资产评估机构和注册资产评估师征求收费改革意见，并多次组织召开座谈会和实地调研，充分听取反馈意见、收集资产评估收费基础数据，认真做好收费标准的数据分析，为省财政厅、省物价局出台广东省新的资产评估收费标准提供了可靠的数据基础，促成广东省资产评估收费新标准于 2010 年 7 月 5 日正式出台，成为全国第三个地方性，也是第一个经济发达省份的资产评估收费标准。

（三）制订配套保障、监管措施

广东省新收费标准出台后，省评协认真研究制定事前、事中、事后保障机制，并拟订《广东省资产评估协会关于进一步规范资产评估行业招投标行为的指导意见》（征求意见稿）、《广东省资产评估机构评估业务收费管理办法实施意见》（征求意见稿）、《广东省资产评估收费管理检查办法》（征求意见稿）等文件向全省各资产评估机构、常务理事会征求意见，以完善制订实施相应监管措施，推动、保障新收费标准落到实处，为新收费标准的顺利执行保驾护航。目前，上述有关文件拟提交各位常务理事表决。

六、积极推动资产评估机构做大做强做优

（一）广泛发动全省资产评估机构积极参与，建言献策，共同探讨广东省资产评估机构做大做强做优的办法

省评协在协会网站上专门开辟“关于进一步做好广东省资产评估工作专栏”，为关心全省评估事业发展的评估界热心人士提供一个“建言献策”的平台。省评协结合收集到的意见和建议，积极研究加快全省资产评估事业发展的措施。

（二）做好有关研调工作

省评协积极研究全省资产评估机构做大做强做优的方法和途径，多次组织资产评估机构召开座谈会，同时到有关资产评估机构进行实地调研，听取广大从业人员的意见。

（三）加强与有关部门和大型国有企业集团的联系，逐步拓展资产评估服务领域

大力推动广东省知识产权评估、林权评估、行政事业资产评估等方面工作，通过增加资产评估机构的业务范围和业务收入，促进资产评估机构做大做强。

七、做好行业党建工作

转发中评协《关于加强评估行业党建工作的指导意见》，要求各资产评估机构根据文件精神和要求，认真做好本机构的党建工作，并将党建工作总结以及有关建议（包括党组织制度建设情况、党员人数及党员挂靠情况、党组织生活开展情况、党组织生活主要内容、发展新党员情况

和途径、管理流动党员措施、党员政治学习情况等）上报省评协，及时掌握全省资产评估行业党建工作情况，有针对性地开展推动有关资产评估机构完善基层党组织建设。

转发中评协《关于资产评估行业学习实践科学发展观有关事项的通知》，要求各资产评估机构根据文件精神和要求，认真做好学习实践科学发展观各阶段工作，并将本机构的学习实践科学发展观工作总结报送至省评协。省评协及时总结、分析全省资产评估行业学习实践科学发展观活动存在的问题，对行业开展学习实践科学发展观活动给予指导。

积极开展创先争优“八个一”活动。按照省财政厅的统一部署，省评协积极开展创先争优“八个一”活动，组织部分资产评估机构负责人到省财政厅帮扶点大沙村开展有关活动，向大沙小学捐赠校服。

关注灾区献爱心。省评协积极响应国家号召，发动全省资产评估机构和从业人员，向西南干旱灾区群众和玉树地震受灾群众捐款捐物达20万元。

八、加强与各有关部门的沟通联系，共同推进行业规范、科学发展

为优化行业执业环境、推进行业科学发展，省评协积极与各有关单位、部门沟通联系，先后与深圳市资产评估协会、省国资委、省林业局、省证监局等有关单位、部门联系交流，加强两会合作，共同推进广东省资产评估行业快速发展；开展做好省属国有资产评估问题；加强广东省森林资源评估管理工作，规范森林资源资产评估行为问题；加强证券业资产评估机构管理问题进行研究探讨、交换意见，并达成合作共识。

九、加强行业信息化建设

积极办好省评协网站，充分利用网站功能，及时向社会展现行业建设成果和工作动态，及时传递行业信息，并做好行业数据报备工作；协助中评协完善行业信息管理平台（IBD）的使用功能，做好评估项目报备的管理工作。

十、大力宣传资产评估行业，提高社会认知度

2010年，省评协大力开展行业宣传工作，社会认知度、公信力逐步提高：一是以10月下旬中评协贺邦靖会长莅临中山大学管理学院作专题演讲为契机，省评协通过中山大学财智论坛、组织媒体报道及省评协网站信息发布，向社会充分宣传广东省资产评估行业，树立行业专业形象；二是省评协保持与相关政府部门、高等院校及其他单位的沟通联系，利用网络、简报等方式加强资产评估行业宣传力度，提高社会公众对行业的认知度，提升行业形象。

（省资产评估协会供稿，刘文娴执笔）

专　题

调整完善省以下财政体制

根据省委十届第105次常委会议关于完善省以下财政体制的决定精神和省政府的部署，从2010年2月起省财政厅专门成立工作小组，全力以赴开展完善省以下财政体制的研究工作。经过反复测算和论证，最终形成《完善省以下财政体制改革方案》，经十一届第65次省政府常务会议和省委十届第134次常委会议审议通过，于2011年1月1日起正式实施。

一、广东省财政体制概况

财政体制是通过财政的分级管理，各级财政的收支划分以及财力的纵向和横向协调，来规范各级政府财政分配关系的一项重要制度安排。作为1994年中央分税财政体制改革的贯彻和延伸，1996年广东省建立了以“核定事权、划分税种、分级管理”为主要特点的分税分成财政体制，财力分配格局得到优化调整，并在国民经济运行中逐步发挥重要的作用。

分税分成财政体制的特点可以归纳为：一是确保既得利益，财政收入划分坚持“存量不动，增量调整”的确保既得利益原则，维持了各级政府既有财力，满足了市县正常支出及资金调度的需要。二是调动市县积极性，市县政府的独立性和自主权扩大，各级财政必须“量入为出、自求平衡”，形成财政自我制衡机制，培植财源、增收节支的积极性得到了很大提高。三是增强宏观调控能力，分税分成财政体制改革后，广东省财政收入占GDP比重逐年上升，保证了政府对经济的宏观调控力度和财政职能的充分发挥。

从分税分成财政体制多年来的改革实践看，其符合市场经济发展要求，对广东省的经济社会发展产生强大的推动力，体现出巨大的优越性：科学规范的政府间分配关系为全省财政收入快速增长创造了良好的体制政策环境，政府宏观调控能力逐步增强；分级财政管理体系促进了各级次和各区域财政收入的协调增长。纵向方面，1996～2009年，来源于广东地区的中央财政收入从387.75亿元增加到4 107.55亿元，年均增长19.9%；省级一般预算收入从111.97亿元增加到727.18亿元，年均增长15.5%；市县级一般预算收入从367.48亿元增加到2 922.63亿元，年均增长17.3%。横向方面，1996～2009年，珠三角地区收入年均增长17.5%，东西两翼地区年均增长13.8%，粤北山区收入年均增长19.3%；经济与财政良性互动，促进财政收入质量稳步提高，逐步形成以税收收入为主体，辅之以非税收入的多元化财政收入结构；财政能力的逐步增强，使财政充分发挥了职能作用，保障了经济社会发展的支出需要。

二、分税分成财政体制存在的主要问题

广东省分税分成财政体制在健全财政职能，加强财政管理，规范财政分配等方面起到了显著的积极作用，较好地实现了效率优先、兼顾公平的目标，是适应市场经济发展的必然选择。但随着经济社会发展环境的变化和体制改革的深化，现行财政体制存在的弊端也日益凸显，如按企业隶属关系划分收入级次的方式，已不能适应企业的改革发展，影响了各级财政收入质量。同时，近年中央实施的所得税分享改革等体制调整措施，主要以中央集中财力为导向，形成财力向上转移的趋势，导致地方利益分配格局逐步发生变化，使财政体制运行中积累的矛盾和问题日渐突出。

（一）财力分布极不平衡，基层财政困难突出

长期以来，广东省区域间经济财政发展水平很不平衡，既有繁华富庶的珠江三角洲地区，也有经济欠发达的东西两翼和粤北山区。近年来，尽管省级采取加大转移支付力度、加快县域经济发展、缓解县镇（乡）财政困难等一系列政策措施，在促进粤东、西、北地区经济财政发展方面取得了较大成效，但欠发达地区基础差、底子薄、总量小的状况没有根本转变。特别是作为基层一级的县级，在基层财力薄弱的情况下，还承担了维持政权运转以及教育、卫生等大量基础性事权，其事权与财力的配比存在较为严重的失衡。

（二）省级财政收入结构单一，难以保障财力调控的需要

现行体制下，省级固定收入行业依赖性强，受国家财税政策和行业企业发展情况影响较大。另一方面，省市共享收入未完全涵盖地方主体税种，目前省级与市县共享的企业所得税、个人所得税、营业税和土地增值税“四税”中，仅有营业税、企业所得税和个人所得税的增长较为稳定。但在2002年所得税分享改革后，中央统一集中两项所得税的60%，地方仅剩下40%，使得省级与市县分享比例由改革前的40%:60%变为16%:24%，省级分享的收入比例下降了24个百分点。而作为规模最大的中央与地方共享税种增值税，省级收入仅限于供电企业和部分发电企业缴纳的电力增值税，其余增值税地方25%部分均作为市县收

入，不利于实现省与市县财政收入的同步增长。

在省级收入结构的约束下，省级财政收入占全省比重逐年缩小，在收入比重下滑的同时，省级负担着保障全省教育、医疗卫生、社保、环保、农业等重点民生支出的统筹责任，使省级财政收支面临巨大的平衡压力，形成支出刚性进而倒逼收入的现象。

（三）按企业隶属关系划分收入的办法欠科学，不利于财政收入管理

分税分成体制下将省属企业所得税划分为省级固定收入，市、县所属国有企业所得税划分为市、县固定收入。改革初期，企业改制、改组力度不大，按行政隶属关系、经济性质划分其所得税入库级次的政策易于操作和管理。但随着市场经济体制改革的不断深入，特别是2002年所得税分享改革后，企业改革的步伐加速，企业性质变化快、隶属关系逐渐模糊，按原办法来确定企业所得税入库级次变得复杂和困难，对财政收入的征管和监控难度逐步增大，由此造成各级税款混（错）库的情况逐年增多。

三、调整和完善省以下财政体制的必要性

现行财政体制存在问题大大影响了体制实施的效果，制约了广东省推进科学发展的进程。调整和完善省以下财政体制，不仅是解决当前财政各项突出问题的基础，更是广东省推进基本公共服务均等化和主体功能区建设等战略目标，实现科学发展的迫切要求。

（一）完善省以下财政体制是促进区域协调发展的客观需要

区域发展不平衡，是广东省省情的突出特点之一，也是广东省实现科学发展最需要重视和解决的突出问题之一。省委、省政府一直高度重视广东省区域协调发展问题，把统筹推进区域协调发展作为落实科学发展观、构建和谐社会的重大举措。但由于地理条件、经济基础、体制机制等多方面原因，目前广东省区域发展不平衡问题仍然十分突出。2008年，广东省地区发展差异系数为0.746，高于全国0.58的平均水平，更高于江苏（0.55）、浙江（0.30）和山东（0.54）等沿海发达省份。有效缓解区域发展不平衡问题，必须通过完善财政体制，以促进地区协调发展为根本目标，进一步调节区域间财力的集散度，合理确定政府间收入分配格局，更好地调节地区间财政能力差异，缩小区域发展差距。

（二）完善省以下财政体制是推进基本公共服务均等化和落实生态发展目标的重要支撑

为实现基本公共服务均等化，2009年广东省出台了《广东省基本公共服务均等化规划》。同时，广东省主体功能区规划也基本编制完成，并即将实施，还出台了以生态发展为基本导向的激励型财政政策。但从目前情况来看，广东省基本公共服务支出不仅总量上不足，而且区域、城乡及不同人群间享受水平差异较大。2008年全省八项基本公共服务支出仅为724亿元，人均支出766元，东西北地区人均支出仅为珠三角地区的55.5%。生态发展区的县（市）经济财政基础十分薄弱，单纯依靠生态发展区自身的努力，将无法承担推进生态建设、为社会提供生态产品及缩小与发达地区基本公共服务水平差距的重任。因此，必须按照均等化和实现生态发展的目标，对广东省财政体制进一步调整完善，加大区域间财力均衡力度，并集中一定的财力，为建立生态发展补偿机制提供财力保障，为欠发达地区经济社会加快发展，进而最终实现均等化和科学发展目标创造条件。

（三）完善省以下财政体制是增强省级财政调控能力的关键举措

当前，广东省省级财政调控能力明显不足，2010年省级一般预算安排用于改善民生和均衡区域公共服务水平支出占省级总支出的76.87%，其中大部分用于对市县转移支付，而用于省级的支出占全省支出比重从2001年的18.8%下降到2009年的11.2%。2009年，省级一般预算收入占全省的比重为19.9%，明显低于全国23.5%和东部地区23.8%的平均水平，并呈逐年下降趋势，这与广东省促进区域协调发展和推进基本公共服务均等化的目标要求存在着较大差距。必须通过体制调整增强省级财政对全省的宏观调控能力，适当增加省级财力，为调节地区间基本公共服务能力差异，保持地方政府间公共服务水平大致均等，促进区域的协调发展，进一步加大转移支付力度、集中财力办大事提供财力保障。

四、调整和完善省以下财政体制的总体思路和原则

各级政府间的财政收入划分决定了其各自的财力，也决定了政府间财政分配关系的基本取向。从广东省目前的情况看，当前财力分布不均衡、基层政府财力薄弱、省级财力调控困难等问题既有发展方面的原因，也有体制机制方面的原因。要从根本上缓解这些问题，治本之策是从体制制度上进行理顺和完善，必须通过完善财政体制，形成划分科学、责权匹配与集散适度的政府财力配置格局，才能有效提高财政基本保障能力和支持经济社会事业发展的能力，实现财政与经济社会共同发展的目标。

（一）调整和完善省以下财政体制的总体思路

以促进区域协调发展和推进基本公共服务均等化为出发点；以进一步形成省级与市县财政收入同步增长机制，增强省级调控能力为主要目标；坚持“存量不变，增量调整”和“大稳定、小调整”原则，适度调整增量，在确保各级政府既得利益的同时，适当提高省级财力集中度。省级集中的财力主要用于加大对欠发达地区转移支付力度，增强欠发达地区财政保障能力，为推进基本公共服务均等化，实现区域间全面协调可持续发展创造条件；同时，通过制定面向全省的产业发展财政政策，促进珠三角地区提升综合竞争力，增强辐射作用，带动粤东西北地区发展。

（二）调整和完善省以下财政体制的原则

1. 有利于促进科学发展。完善省以下财政体制必须紧紧围绕科学发展这一主题，将科学发展的要求贯穿于财政

体制的各个环节，从根本上转变理财方式和模式，为促进经济社会又好又快发展奠定体制基础、提供财力保障。

2. 着眼于促进区域协调发展。充分兼顾发达地区持续发展与欠发达地区加快发展的需求，合理调节区域间财力分配，既要让珠三角地区留足支撑可持续发展的必要财力，促进珠三角地区提升综合竞争力，增强辐射带动作用，又要通过体制调整支持欠发达地区加快发展、缩小差距，构建全省区域协调发展新格局。

3. 适当增强省级财政调控能力。为确保省政府调控全省经济社会发展的需要，必须适当增强省级财力，这不仅有利于解决全省区域发展不平衡问题和集中财力办大事，而且有利于引导各地财政性资金投向，调整优化全省财政支出结构。

4. 充分调动各级政府的积极性。正确处理省级与市县的财政分配关系，既统筹考虑各区域发展需要和各级政府职能，调动地方发展经济、增收节支的积极性，促进各级经济发展和财政收入协调增长；同时充分考虑当前各级政府的利益分配格局，确保各级政府既得利益不受影响，为各级财政的平稳运转奠定基础。

五、调整和完善省以下财政体制的方案意见

（一）理顺所得税分配关系

打破按企业隶属关系划分收入的方式，省级保留南方电网公司、中国电信广东公司、中国移动通信集团广东有限公司、广东电网公司、广东中烟工业有限责任公司和省粤电集团有限公司企业所得税等电力、通信和烟草行业重点企业的企业所得税，以及中央返还总分机构企业所得税作为省级固定收入，确保省级财政收入稳定增长和保持一定财力规模。其余将现行属于省级固定收入的企业所得税和利息所得税，以及属于市、县固定收入的企业所得税全部纳入省级与市、县共享范围，由省级与市、县按比例分享，从根本上解决现行按隶属关系和企业性质划分所出现的问题。

（二）调整省级与市、县财政收入的分配内容

在理顺所得税分配关系基础上，提高省级共享收入分享比例，保持目前省、市共享“四税”（营业税、企业所得税、个人所得税和土地增值税）范围不变，将省级与市、县分享比例由“四六”调整为“五五”，由省级与市、县对“四税”地方收入部分各分享50%。

（三）清理规范财政体制上解事项

规范财政决算，简化操作，对各市财政上解省级项目进行清理规范。目前市、县对省上解项目共22个，主要包括体制上解、专项上解和临时性上解等三种类型。其中，体制上解包括了实现财政自给县的定额补贴款上解等项目；专项上解包括了部门经费上划、援藏援疆工作专项资金上解等项目；临时性上解包括了审计应上交等项目。清理方式包括：一是对性质相同、数额固定的单位上划经费上解项目，在此次体制调整中统一予以归并。归并上解项目包括：广州上划省属中学退休教职工经费、五市安全部门经费上划、地税系统人员经费上划、工商行政管理系统经费上划、技术监督系统经费上划、药监系统经费上划、肇庆有色金属工业公司预算指标上划、省中医院珠海医院经费上划、南海卷烟厂被广州二厂兼并后税收基数划转上解等9项。二是根据事业发展需要和中央规定确需保留的予以保留，包括援藏援疆工作专项资金上解等项目。三是与有关省直部门配合，积极规范并尽量减少新出台的新增上解项目。

（四）完善财政转移支付机制

财政转移支付是省级统筹区域协调发展和实现全省基本公共服务均等化的主要途径。为更好地实现财政体制改革目标，推进区域均衡发展，省级通过完善激励型财政机制、建立县以下政权基本财力保障机制和实施省直管县财政体制等途径，逐步增加一般性转移支付，规范专项转移支付，使广东省财力的横向和纵向分布达到一定的均衡，增强欠发达地区的财政保障能力，推进全省基本公共服务均等化进程。同时，通过制定面向全省的产业财政政策，带动全省产业转型升级，支持珠三角地区提升产业结构，带动东西北地区发展，促进全省区域协调发展。

六、改革目标的落实

总体而言，方案意见以进一步规范财政分配关系为基本导向，在促进各级财政协调发展的同时，省级对增量财力的集中度较为适中。从改革方案的测算情况看，省级每年新增财力，一方面可用于解决落实生态补偿机制和推进基本公共服务均等化的财力需求，其中粤东西北地区人均基本公共服务支出占珠三角地区比例可由目前的57%提到2015年的70%左右，到2020年预计可实现区域差距控制在20%以内，基本达到广东省基本公共服务均等化规划纲要所设定的均等化目标；另一方面可有效缩小区域间财力差异，通过省级转移支付，预计5年内发达地区与欠发达地区的人均支出比值可达到江苏省2.26的水平。

（预算处供稿，李秋萍　姚露　刘木兰　李纪桦执笔）

建立县以下政权基本财力保障机制

实行分税分成财政体制以来，广东省各级财政收入持续稳步增长，财政保障能力不断增强，基本公共服务水平逐步提升。但由于多方面因素的影响，部分县（市）、镇（乡）政府和村级组织运转仍较为困难，制约了基本公共服务供给能力的提高。根据党的十七届四中全会关于建立基层组织工作经费保障制度的精神，按照推进基本公共服务均等化的要求，省财政厅于2010年探索、建立了县以下政权基本财力保障机制。

一、建立县以下政权基本财力保障机制的背景

由于县域经济基础差、底子薄，广东欠发达地区基层财政困难问题突出，收支压力较大，基层政府和村级组织

运转仍较为困难。根据《财政部关于建立和完善县级基本财力保障机制的意见》核定的2010年县级基本财力保障范围和保障标准，广东省县级基本财力保障缺口的数额较大，存在缺口的县（市）较多，其主要原因有以下几个方面。

（一）区域发展不平衡

广东一直以来都十分重视促进区域协调发展，采取了一系列积极有效的措施，优化区域经济布局，缩小区域发展差距，东西两翼和粤北山区经济社会各项事业发展水平有了显著提高。但由于区位条件、资源配置、发展历史等因素，东西两翼和粤北山区基础差、底子薄、总量小，与珠三角地区存在很大差异，区域间经济财政发展很不平衡：广东区域发展差异系数为0.77，高于全国0.67的平均水平，也高于同期浙江（0.38）、江苏（0.71）等沿海省份的地区差异水平；从财政方面看，区域间财力存在较大差异，2009年东西两翼和粤北山区一般预算收入仅为全省市县级收入的19%，人均财力（按常住人口计算，下同）分别为1 059元和1 799元，仅为珠三角地区的17%和29%。最高的深圳市人均财力达10 349元，为最低的揭阳市783元的13倍左右。

（二）县域财力薄弱

改革开放以来，广东经济发展带有较为明显的城市化、集聚化特征，珠三角地区和中心城市快速发展的同时，欠发达地区尤其是县域发展则相对滞后。体现在财政上，县级以下基层财政困难是广东省财政工作的主要矛盾。全省67个县（市）中，62个属于享受省财政一般性转移支付县。2009年，广东省67个县（市）县均一般预算收入为4.4亿元，县均一般预算支出为11.09亿元，县级财力自给率仅为49.59%，县域人均可支配财力为3.77万元，仅为全省市、县级平均人均可支配财力水平的四成左右。与全国相比，2009年广东县级按总人口计算的人均财政支出为2 134元，比全国平均水平低189元，也分别比东部地区和西部地区低205元和488元，在全国的排位也呈逐年下降趋势。

（三）民生支出增长较快

近年来，中央、省出台了一系列民生政策，对改善民生，促进地区间基本公共服务均等化起到了积极作用。但随着民生项目增多，保障标准不断提高，保障范围不断扩大，一定程度上超过了基层财政的承受能力，虽然省级在尽最大努力安排欠发达地区市县民生事业补助，但由于省级调控能力十分有限，从总体上看，民生政策仍有相当部分支出需由县级承担，给欠发达地区基层财政造成了较大压力，财政收支矛盾较为突出。

（四）人口规模较大

广东是人口大省，截至2009年年底，全省约9 600万人，其中67个县（市）人口合计5 096万人，超过100万人的县有20个，50万～100万人的县有25个，合计占全省的67%。人口基数庞大给县级财政支出带来了较重的负担。同时，一方面由于农业人口、学生比重较高（2009年全省农业人口将近4 000万，占42%），按照县级基本财力保障机制，“保民生”项目中农业、教育、医疗等支出任务较重；另一方面由于财政供养人口多（2009年全省财政供养系数为32，其中67个县市财政供养系数为42），“保运转”项目中承担的工资津补贴及公用经费也较多，提供各项公共服务和管理的支出压力大，基层财政负担沉重。

二、建立县以下政权基本财力保障机制的思路和原则

按照财政部关于建立县级基本财力保障机制的部署和要求，省财政厅从2009年开始探索研究基层政权和村级组织的经费保障机制，并于2010年2月就村级组织经费保障方面先行出台了具体办法，省政府办公厅以《关于建立稳定规范的农村基层组织工作经费保障制度的意见》印发执行。在此基础上，探索建立统一、规范的县以下政权基本财力保障机制。总体思路是：以基本公共服务均等化为导向，通过省、市、县共同努力，采取“省保县、市保镇、县保村”的隔层保障形式，确保县（市）、镇（乡）和村级基本支出需要，为各地区基层政权和组织供给“底线均等”的基本公共服务提供必需的财力保障。对财力困难县（市），采取省规范化转移、市积极支持的方式，建立县级基本财力保障制度，确保基层政府实施公共管理、提供基本公共服务以及落实党中央、国务院各项民生政策的基本财力需要；对财力困难镇，实行省专项补助、市统筹等办法予以保障，省建立市对镇（乡）补助考核机制，确保镇级运转的基本财力需要；对贫困村，采取省市补助、县统筹的办法，建立村级工作经费保障制度，确保村级运转的基本财力需要。

按照上述思路，建立县以下财政基本财力保障机制坚持四项原则。一是导向清晰，目标明确。以基本公共服务均等化为导向，通过提供基本支出需要的财力保障，确保实现基层政权和组织“保工资、保运转、保民生”的政策目标。二是明确主体，隔层负责。采取省保县、市保镇、县保村的隔层保障形式，各级共同努力和帮扶，解决基层政府财力薄弱和基层组织运转基本财力需要问题。三是分类实施，奖补结合。省财政根据存在基本财力保障缺口县（市）的发展基础等条件分类采取不同的奖补标准，对属于扶贫开发重点县或生态发展区的缺口县（市），实行以补为主、以奖为辅的保障机制；对其他发展基础相对较好的缺口县（市），实行以奖为主、以补为辅的保障机制。四是稳定规范，分类保障。帮扶与改革创新体制机制相结合，上级补助与自身努力相结合，根据基层组织的实际情况，采取分类保障办法，确保保障工作取得实效。

2010年12月，经报省政府批准，省财政厅以《印发〈关于建立县以下政权基本财力保障机制的意见〉的通知》下发各地执行。

三、县以下政权基本财力保障机制的主要内容

通过省、市、县共同努力，采取“省保县、市保镇、县保村”的隔层保障形式，建立稳定、规范的县以下政权和村级组织基本财力保障机制，具体包括县级基本财力保

障机制、镇级基本财力保障机制和村级工作经费保障机制三个部分。

（一）县级基本财力保障机制

建立激励型保障机制，从2010年起，通过省规范化转移、市积极支持、县自身努力的方式，争取用3年左右时间建立、完善县级基本财力保障机制。通过县自身努力、市积极支持、省规范化转移的方式，争取用3年左右时间建立完善县级基本财力保障机制。

1. 县级通过自身努力，加快发展，不断提高基本财力保障水平。一是继续充分运用和发挥激励型财政机制的政策激励效应，进一步加快县域经济财政发展，逐步提高基本财力保障水平。二是积极调整优化财政支出结构，合理安排预算，将财力优先用于保障基本支出，确保县级有关部门和镇（乡）运转的基本财力需要，确保教育、医疗卫生、社会保障等民生政策有效落实。

2. 市级通过强化帮扶责任，对县级积极予以财力支持。一是继续加大对所辖财力薄弱县级的帮扶力度，不断提高县级财力保障水平，支持县级民生等社会事业发展，帮助弥补县级基本财力保障缺口。二是严格执行粤府办［2005］49号文，不得通过调整县（市）财政体制或在体制外向县（市）另行集中财力。

3. 省级通过规范财政转移支付制度，实施激励与约束并重的保障办法，不断加大对财力困难县（市）的奖补力度。一是实施财力倾斜，加大对县级的转移支付力度，不断提高基层政府提供公共服务的能力；二是对县级消化基本财力保障缺口实行奖励；三是根据县（市）基本财力保障缺口的大小予以适当补助；四是建立对基本财力保障缺口扩大的约束机制，对当年缺口额不减反增的县（市），省财政将相应扣减以往年度奖励额基数。

（二）镇（乡）基本财力保障机制

通过对财力薄弱镇（乡）采取省专项补助、市统筹保障、县加大补助支持力度的方式，建立镇（乡）基本财力保障机制，确保镇（乡）基本支出需要。

1. 省级通过实施专项补助政策，不断提高财力薄弱镇（乡）基本财力保障水平。继续安排财力薄弱镇（乡）专项补助。2005年，广东省出台了财力薄弱镇（乡）补助政策，2005~2009年，省财政每年安排3亿元，对东西两翼和粤北山区市、县及恩平市的财力薄弱镇（乡）按平均每个30万元的标准实行补助。为继续帮助缓解镇（乡）财政困难，从2010年起继续执行财力薄弱镇（乡）补助政策，一定3年。

2. 市级通过加大补助力度和建立激励约束机制，统筹保障镇（乡）基本支出需要。一是进一步理顺镇（乡）财权和事权关系。根据农村税费改革以后镇（乡）面临的新形势，合理划分和明确规划镇（乡）财力和事权范围，上级政府和部门不得随意向镇（乡）转嫁事权，集中镇（乡）财力资源。二是建立镇（乡）财力分类保障和激励机制。对财政困难镇（乡），根据镇（乡）承担的基本事权核定基本支出范围，确定相应的基本财力保障标准，由市级统筹安排财力给予保障。对经济财政发展较好的镇（乡），通过建立镇（乡）激励机制，鼓励镇（乡）通过加快自身发展，不断增加财政收入，逐步提高镇（乡）财力保障水平。三是加大对镇级的专项转移支付补助力度。市级要以安排专项转移支付的方式，加大对镇级基础设施建设和社会民生事业发展的支持力度。四是加强镇（乡）政府性债务管理。在对镇（乡）政府性债务进行认真核实的基础上，探索建立债务管理长效机制，严格控制镇（乡）新增债务，鼓励镇（乡）采取措施化解历史债务。

3. 县级通过完善县镇（乡）财政体制，加大对镇（乡）财政帮助支持力度。一是改进完善县镇（乡）财政体制，财力分配要向镇（乡）倾斜，加大对镇（乡）的补助支持力度。二是积极推进镇（乡）财政管理方式改革，进一步规范镇（乡）财政收支管理。

4. 省级建立市级对镇（乡）补助的考核机制。市级给予镇（乡）的补助要保持稳定增长，2010~2012年，省级每年对欠发达地区市级补助镇（乡）的情况进行考核。

（三）村级组织工作经费保障机制

通过采取省市补助、县统筹保障的方式，建立激励型村级组织工作经费保障机制，下予保底，分类保障，帮助解决欠发达地区村级组织运转困难问题。

1. 在明确县级统筹责任的基础上，省级采取专项补助的方式，帮助建立村级组织工作经费保障机制。一是对欠发达地区贫困村“两委”干部补贴实行补助，逐步提高村干部待遇水平。二是对欠发达地区贫困村办公经费给予补助。所需补助经费由省市县财政按比例负担。

2. 市级加大帮扶力度，确保村级组织运转。一是按省规定比例落实对贫困村“两委”干部补贴资金。二是继续加大补助力度，对村级办公经费给予稳定保障。三是指导和帮助县（市、区）妥善解决离任村干部养老问题。在稳步推进新型农村社会养老保险试点工作的基础上，区分不同情况，采取固定补助或一次性补助相结合的方式，逐步建立离任村干部生活补助制度。

3. 县级通过加大转移支付力度，加强村级财务管理，统筹保障村级组织基本运转支出需要。一是县级要统筹安排自身财力，确保村级组织正常运转。要按规定比例落实对贫困村“两委”干部补贴资金，加大对村干部补贴和村级办公经费的补助力度，安排离任村干部养老生活补助，切实提高村级组织开展基层工作的能力。二是按照粤府办［2007］96号文的要求，积极推进村财镇代管、村级会计委派制、选聘制和委托中介机构管理等模式的村级财务管理方式改革，规范村级财务收支行为，加强村级债务监管和化解力度，提高村级组织财务管理水平。

四、实施县以下政权基本财力保障机制的下一步打算

在2010年省以下财政体制改革取得重大突破的基础上，下一步，省财政厅将根据省委、省政府的决策部署，以新一轮财政体制改革为契机，把县级基本财力保障作为

一项重点工作来抓，通过集中部分财力，加大对欠发达地区的转移支付力度，保障基层政府推进基本公共服务均等化的财力需求，促进经济发展、区域协调和社会进步。

（一）统筹资金加大支持力度

按照财政部要求完成缺口消化的任务，结合目前全省财力和中央财政奖补政策情况，在2011～2013年省级财政预算安排上加大对县级基本财力保障缺口县（市）的奖补力度。在此基础上，通过新增一般性转移支付资金、新增教育、卫生、社保等专项转移支付资金、县（市）自身财力增长以及财政部安排广东省的县级基本财力保障奖励资金等途径，帮助县（市）消化基本财力保障缺口。预计至2013年，可总体消化县级基本财力保障缺口，县级基本财力保障水平将达到6万元/人。

（二）制订落实分解任务工作计划

按照县（市）努力增加自身收入和省、市级财政加大对缺口县（市）转移支付力度的思路，将每年消化缺口任务具体分解落实到有关县（市）和省财政厅有关业务处室，每年进行考核。一是落实市、县的发展责任。根据市、县缺口的情况及发展基础，分类确定年度收入增长任务并下达缺口县（市）。同时要求市、县调整支出结构，集中财力保障基本支出要求。二是将通过省级转移支付补助帮助消化缺口任务分解落实到省财政厅相关处室。在现有转移支付的基础上，结合县级基本财力保障缺口情况，对缺口大的县（市）给予倾斜照顾。三是对消化缺口难度较大且市级与县（市）财力差异较大的部分县（市），由省财政厅调整部分市级财力直接补助至缺口县（市），切实增强市级责任。

（地方财政处供稿，李秋萍　姚露　刘华伟　罗睿　毛俊伟执笔）

规范管理、加强监管，夯实预算单位银行账户管理基础工作

自2003年实施财政国库管理制度改革以来，省财政厅积极采取各项措施，在清理省级预算单位（以下简称“预算单位”）银行账户、摸清预算单位账户家底的基础上，积极采取各项措施，进一步规范预算单位银行账户开设，加强预算单位银行账户审批管理，初步构建起了规范、科学的省级预算单位银行账户管理机制。

一、加强预算单位银行账户管理意义重大

（一）规范和加强预算单位银行账户管理，是深化预算制度改革、加强公共财政管理的客观要求

作为财政资金在预算单位的收支运行平台，预算单位银行账户管理是公共财政体制建设的重要组成部分，预算单位银行账户的规范管理与财政资金使用的规范性、安全性和效率性密切相关。长期以来，由于缺乏统一、规范的管理和监督，各预算单位从自身管理需要出发，随意开设各种资金账户，出现了重复设户、多头开户、私设“小金库”、挪用财政资金等现象，影响了预算的规范执行和财政资金的高效使用。近年来，广东省以绩效优先、约束有力、规范透明为导向，先后推行了部门预算、国库集中支付、政府采购、“收支两条线”等公共财政支出改革，这些改革工作的落实，都依托严格控制预算单位银行账户，建立统一规范的预算单位账户管理体系。

（二）规范和加强预算单位银行账户管理，是完善和深化财政国库管理制度改革的基础性工作

国库管理制度改革的一个重要内容就是改革原有账户设置和管理模式，建立以国库单一账户为核心的国库单一账户体系。清理撤并、规范加强预算单位原有经费转拨账户、基建专户、收入汇缴专户等实有资金银行账户，规范了财政资金的收支缴拨渠道，督促所有财政性资金收付都在国库单一账户体系内运作，约束预算单位按预算、按计划、按程序使用资金，为财政国库管理制度改革的有效实施和深入开展提供基础保障。

（三）规范和加强预算单位银行账户管理，是强化资金监管、从源头上预防和治理腐败的重要措施

银行账户作为各项资金收支活动的平台，能够客观、真实、全面地反映预算单位各项资金收支和经济活动，把预算单位银行账户管理与集中支付审核、非税收入监管、专项资金检查等监督检查工作结合，有助于从管理机制上对违规支出、套取资金、私设“小金库”和账外账等问题进行严格监督和有效防范，从源头上有效抑制违规违法行为的发生。

二、构建科学规范的预算单位银行账户管理机制

（一）开展账户清理，摸清预算单位银行账户“家底”

为配合做好省级财政国库管理制度改革试点工作，规范省级预算单位银行账户的管理，省财政厅在启动省级预算单位的银行账户清理规范工作后，又进一步扩大省级预算单位银行账户清理工作，2003年6月，省财政厅联合中国人民银行广州分行、省监察厅、省审计厅，制定了省级预算单位银行账户管理暂行办法，规定了预算单位可以依法设置的银行账户，开立、变更和撤销银行账户的程序，明确了省财政厅、人民银行广州分行、外汇管理局广东省分局、省监察厅、省审计厅在预算单位银行账户管理与监督工作中的职责。

2006年1月，针对省级预算单位银行账户清理过程中所出现的具体情况，为进一步明确省级预算单位银行账户规范设置的有关具体要求，省财政厅联合人民银行广州分行印发了《关于执行〈广东省省级预算单位银行账户管理暂行办法〉的补充通知》，从单位银行账户设置、财政部门审批程序、银行账户变更事项，以及单位银行账户的日常

监督等方面进行了相关说明、调整和补充，为进一步加大预算单位银行账户清理归并工作力度提供了依据。截至2007年12月，省财政厅共清理预算单位银行账户4 839个，其中批复单位保留账户3 807个，撤销账户1 032个。

（二）强化账户审批、备案，建立账户管理日常制度

在清理整顿预算单位银行账户的基础上，省财政厅建立了一系列的制度，强化预算单位银行账户审批、备案的日常管理。2008年6月，结合自2003年以来账户管理的实际情况，省财政厅印发了《关于进一步加强广东省省级预算单位银行账户管理的通知》，进一步明确了预算单位银行账户审批、备案的相关程序和需要提交的相关资料。同时，为进一步提高账户审批管理的工作效率，简化了省级预算单位银行账户审批方式，以《广东省省级预算单位银行账户批复部门汇总表》（以下简称“部门汇总表”）、《广东省省级预算单位银行账户清理意见书》和《广东省省级预算单位开立银行账户批复书》（以下简称“意见书”、“批复书”）代替批复函。2009年，省财政厅又印发了《关于预算单位银行账户管理有关事项的通知》，明确从2009年1月起将预算单位实有资金账户与零余额账户统一一个口审批和备案，实行“集中审核、统一报批”，统一省一级预算单位和基层预算单位的开立（变更、保留）银行账户申请表，以《广东省省级预算单位银行账户批复表》代替《部门汇总表》、《意见书》和《批复书》，进一步提高账户审批效率。

随着对单位账户审批、备案工作的铺开，省财政对预算单位银行账户的管理工作进入了规范化的日常管理阶段，并建立起了财政审批工作程序和备案制度，设置了单位申报→经办人受理审核→领导审定→批复四个基本工作环节。在各个工作环节中，省财政厅严格按照银行账户管理规定，认真审核预算单位提交的开立、变更和保留银行账户申请资料，督促和指导预算单位提交完整清晰、要素齐全的开户审批资料，并于规定的时间内办理银行账户开立、变更、保留和撤销的备案手续。

（三）实行账户年检制度，建立齐抓共管的账户管理机制

为进一步规范和加强预算单位银行账户管理，推进省级财政国库管理制度改革基础性工作的不断规范，强化资金监管，2009年9月省财政厅联合中国人民银行广州分行联合印发了《关于加强省级预算单位银行账户管理工作的通知》（以下简称“通知”），全面彻底清查预算单位银行账户，完善和确立预算单位银行账户备案、年检制度，将预算单位银行账户年检作为一年一度的常规性工作纳入账户管理轨道。每年1月31日前，各预算单位提交包括截至2009年12月31日保留的所有银行账户的年检表。省财政厅国库处（支付局）在每年的3月31日前督促各预算单位及时办理银行账户年检，完成账户信息审核，对符合规定的银行账户出具年检确认书，建立起银行账户管理长效机制。同时《通知》进一步明确了一级预算单位、各商业银行和人民银行广州分行在预算单位银行账户管理监督方面的责任，强化协调监管制度，齐抓共管，以共管促监管，进一步规范预算单位的账户管理行为。

（四）建立账户管理系统，动态监控账户变动情况

为夯实银行账户管理基础，深入推进财政科学化精细化管理，在开展预算单位银行账户清理和年检的基础上，省财政厅结合业务操作流程，按照分步实施、同步完善的原则，及时改进和完善国库集中支付系统。2009年，省财政厅将预算单位账户管理信息纳入预算执行管理系统管理，初步实现预算单位银行账户信息化管理，为下一步通过系统实施预算单位账户审批备案的电子化管理奠定基础。2010年，省财政厅在2009年建立预算单位银行账户信息管理系统的基础上，以业务需求为导向，继续改进和优化系统设置，完善系统功能，将预算单位银行账户申请、审批、备案和年检业务纳入系统管理，实行网上操作，进一步提升工作效率，建立、健全预算单位银行账户信息数据库。银行账户管理信息管理系统的不断改进和完善及时满足了银行账户不同阶段和不同层面的管理需要。

（五）开展培训调研，促进预算单位提高账户管理水平

为督促预算单位提高账户管理水平，近年来省财政厅通过走访预算单位和到各地市财政部门实地调研和座谈等多种形式，及时了解和掌握预算单位和基层财政部门在银行账户管理方面的问题和情况，研究提出有针对性的解决办法。同时，针对预算单位银行账户管理中存在的突出问题，根据账户管理政策制度变化情况，结合建立账户年检制度、账户信息系统操作规范需要，省财政厅加大了业务培训力度，多次组织省级一级预算单位的财务人员召开国库集中支付业务培训会，对银行账户管理的政策性规定和要求进行了专题讲解和答疑。通过宣传和培训，帮助预算单位及时了解和掌握账户管理政策制度规定，做好银行账户日常规范管理工作。

三、预算单位银行账户管理工作取得的成效

经过多年努力，预算单位银行账户管理工作逐步规范和有序，取得了一定的成效。

（一）实现了预算单位银行账户审批和备案的规范化管理

省财政厅针对银行账户管理发现的新问题新情况，及时研究对策，相继出台一系列预算单位银行账户管理规章制度。省财政厅严格按照银行账户管理制度规定，结合实际情况对预算单位银行账户进行清理、规范和审批，2010年省财政厅共批复预算单位开立、变更、保留银行账户415个（其中开立228个，保留127个，变更60个），比2009年减少60%。减少的原因是省财政厅进一步加强管理，从严控制预算单位新增账户，批复开立的银行账户主要来自新成立的预算单位新设基本存款户、零余额账户和住房公积金户等。通过银行账户管理在线申报、审批和备案，预

算单位银行账户备案效率进一步提高。截至2010年12月，各级预算单位共6 827个银行账户完成系统备案手续，比2009年新增44%。

（二）逐步确立了预算单位银行账户年检的长效机制

省财政厅建立了银行账户年检的长效机制。针对银行账户管理工作政策性强、涉及面广、情况复杂、难度较大的实际情况，省财政厅在办理年检确认的过程中，以提高预算单位银行账户管理水平为目的，将账户年检与业务指导相结合，精心组织，周密安排，对单位上报的账户资料严格审核把关，及时发现预算单位银行账户管理中遇到的问题，对不熟悉账户管理规定和系统操作的单位或个人，耐心详细地指导和解释；对部分不符合规定的银行账户，责成有关单位予以撤销或合并。2010年，省财政厅国库处（支付局）共为705个基层预算单位4 845个银行账户办理了年检手续。

（三）提高了预算单位的预算执行和财务管理水平

通过加强政策宣传和有效管理，预算单位对银行账户规范管理的必要性和重要性认识有了很大提高，账户规范管理意识和工作自觉性有了明显增强，促使预算单位从最初的被动清理转变为现在的主动申报。对于银行账户管理中遇到的问题，预算单位能积极、主动咨询省财政厅业务人员，账户管理业务水平逐渐提高，有效纠正了预算单位多头开设账户、资金管理分散、会计核算混乱等问题；通过清理归并银行账户、完善账户及资金管理办法，预算单位财政资金银行账户实现了财务统管，健全了财务管理规章制度，进一步强化了单位资金安全管理，有效预防了以权谋私、贪污腐败等违规违纪问题的滋生。

（国库处供稿，麦东阳执笔）

全面推进公务卡改革
促进源头防治腐败

公务卡改革是将银行卡的独特优势与财政财务管理的目标要求相结合的制度创新，是提高财政财务支出透明度、规范预算单位现金支出管理、有效促进源头防治腐败的重要措施。推行公务卡改革，对公共财政管理体制改革向纵深推进有着积极而深远的意义。

一、广东省推行公务卡改革的必要性

（一）推行公务卡改革，符合财政部深化源头治腐工作的统一要求

自2005年起，财政部就着手开展建立公务卡制度的探索研究。2007年5月，财政部、中国人民银行联合召开全国公务卡应用推广工作会议，指出推行公务卡制度是当前加强财政管理和防治腐败工作的重要举措，并对公务卡结算改革试点工作进行了统一部署；当月，财政部下发《关于深化地方国库集中收付制度改革的指导意见》，提出积极推行公务卡制度的意见，要求各地财政部门要高度重视、认真研究，加快推进公务卡制度的建立。2008年1月，中央纪委、财政部、中国人民银行联合召开全国公务卡改革试点电视电话会议，明确将公务卡改革作为加强党风廉政建设需要推进的一项重点工作，并提出了公务卡改革的总体目标："在先行试点的基础上，重点突破，全面推进，力争到2010年在全国建立起'使用方便、操作规范、信息透明、监控有力'的公务卡管理新机制，所有中央预算单位和地方省、市以及有条件的县，都要推行公务卡管理"。

（二）推行公务卡改革，切合广东加强财政资金现金支出管理的客观实际

广东是财政大省，财政资金总量大，单位财政资金的现金支出多。如何用好巨大的资金量、如何管好巨大的现金流，是广东省财政部门面临的重大课题。为了改变传统预算执行管理制度下资金层层拨付、财务管理手段落后、资金运行信息透明度差等状况，建立系统、安全、规范、有效的财政资金运行机制，广东省近年来推行了国库集中支付、政府采购、绩效评价及财务核算信息集中监管等一系列支出管理改革，规范了财政资金拨付方式，减少了财政资金运行的中间环节，提高了资金运行效率和预算执行透明度，基本实现了财政资金事前、事中及事后的全程监督，大多数违规和不规范操作问题得到了有效遏制。但是，财政部门对于预算单位大量提取和不规范使用现金的现象缺乏有效的监管手段，预算单位现金支出仍游离于财政国库动态监控之外，一定程度上成为财政财务管理事前、事中监管的"盲区"。在公务支出领域引进具有"雁过留声、消费留痕"特点的公务卡替代现金结算，对于提高政府支出透明度、强化财政财务监督、加强惩防体系建设具有重要意义。

（三）推行公务卡改革，契合预算单位加强财务管理的内在需求

近年来，随着财政改革的不断深化，预算单位财务管理水平有了显著提高，但是作为单位财务管理重要环节的报销业务仍大量采用传统的现金结算方式，单位财务管理成本高且工作效率低下。此外，单位财务人员对公务消费行为真实性、合规性的审核缺乏有效的鉴别技术，对虚假发票抵账等情况无有效手段核实，一定程度上制约了单位财务管理水平的提升，影响了单位对财政资金的安全管理工作。使用公务卡结算，能够有效克服传统现金支付方式下存在的问题，减少预算单位现金流量和现金管理风险，简化公务支出报销流程，促进单位财务安全管理和规范水平的提升。

二、改革进展情况

省财政厅深入贯彻落实财政部的统一部署和总体要求，坚持把公务卡改革作为加强财政财务管理和反腐倡廉建设的重要抓手，围绕"抓系统、抓服务、抓督导、抓宣传、

抓调研”五个重心，抓好组织实施，完善配套措施，加大工作力度，不断推动改革全面深入开展。

（一）省级公务卡改革稳步推进

按照总体规划、分步实施的“先试点、后扩面，先一级预算单位、后基层预算单位”原则，广东省省级公务卡改革于2008年1月正式启动试点，同年9月将改革范围扩大到省级所有115个一级预算单位，2009年8月进一步扩大到所有838个基层预算单位。自改革实施以来至2010年12月，省级预算单位共开立公务卡33 979张，累计持卡消费516 497笔，消费金额7.52亿元，其中办理公务消费还款55 892笔，还款金额1.19亿元。

（二）地级以上市积极推动公务卡改革

2007年8月，省财政厅印发《关于贯彻落实深化地方国库集中支付制度改革的指导意见》，要求全省各地级以上市研究推行公务卡制度。2008年6月，省财政厅印发《关于在全省范围内推行公务卡结算试点工作有关问题的通知》，要求各地级以上市于当年内启动本级的公务卡改革试点。按照省财政厅的统一部署，各地财政部门在有关市政府及纪检监察部门的大力支持下，积极筹备、精心部署，制订实施方案，建立配套系统，开展宣传培训，稳步开展试点，积极推动公务卡改革全面开展。2009年，全省21个地级以上市本级全面启动公务卡改革试点，部分有条件的县（区）对本级公务卡改革进行了探索尝试。自改革实施以来至2010年12月，全省地级以上市（不含深圳）本级共有2 607个基层预算单位纳入公务卡改革范围，开立公务卡72 800张，累计持卡消费1 040 521笔，消费金额达16.69亿元，其中办理公务消费还款的有268 467笔，还款金额达6.47亿元。

三、主要工作措施

（一）制订实施方案，确定改革步骤

2007年8月，省财政厅联合人民银行广州分行制订《广东省省级预算单位实行公务卡结算试点实施方案》，规定了公务卡结算的政策要求、基本流程、财务管理及实施步骤，明确改革中有关各方的职责分工，为公务卡改革在全省的顺利推行提供了政策指导和制度保障。2008年，根据中央纪委、财政部、中国人民银行全国公务卡改革试点电视电话会议精神，结合广东省实际情况，确定按照以下总体步骤开展全省公务卡改革：2008年，省级正式启动公务卡改革试点，同时全省各地级以上市也要启动公务卡改革试点；2009~2010年，按照“先试点、后扩面，先一级预算单位、后基层预算单位”的原则，在试点稳步推进、不断总结试点经验的基础上，省级、地市级逐步扩大试点范围，力争到2010年年底省、市两级全面推行公务卡制度；有条件的县，也要研究推广使用公务卡。

（二）完善系统功能，简化操作流程

2008年4月，省级国库支付系统实现更新升级，代理银行公务卡支持系统完成开发并上线运行。预算单位财务人员通过登录代理银行公务卡支持系统查询公务消费信息，再登录国库支付系统开具财政授权支付电子指令办理还款。财政部门、预算单位和代理银行实现三方联网，公务消费信息、单位财务报销还款及财政支付信息实现全程联网操作和信息共享，提高资金支付的准确高效，并强化了公务卡个人消费信息的隐私性管理。结合公务卡配套系统的正式启用，省财政厅印发《关于省级公务卡试点单位使用国库集中支付系统（整合版）办理公务卡网上报销还款有关事项的通知》及相关补充通知，明确了公务卡网上报销还款的业务流程和系统操作规范。2010年10月，完成省级国库支付系统公务卡报销还款模块的升级改造，成功实现与代理银行系统实时接口的上线运行，取消原还款操作模式，改由预算单位财务人员直接登录国库支付系统进行公务消费查询和还款，进一步完善系统功能，简化操作流程，提升预算单位财务人员工作效率。

（三）加强业务指导，部门联动形成合力

省财政厅在改革实施过程中，及时了解、协调预算单位反映的业务问题，深入预算单位实地调研公务卡业务办理情况，做好释难解惑服务工作。建立与人民银行广州分行、银联广东分公司的每月例会制度，及时互通公务卡改革进展情况，并商讨改革进程中遇到的问题和相应解决办法。建立与代理银行的定期反馈机制，要求代理银行按月报送《省级公务卡试点开卡、消费及公务消费还款情况表》，不断完善公务卡业务动态监控机制。同时将公务卡业务纳入对代理银行财政代理业务的年度综合考评范围内，对代理银行在公务卡业务的组织管理、资金支付和信息反馈等方面进行考核评价，督促代理银行不断提高代理业务水平。

（四）加大宣传培训，营造用卡环境

为消除预算单位对公务卡使用的疑虑，提升对公务卡的认知度，省财政厅分别于2007年12月、2008年10月、2009年8月及2010年12月召开了由预算单位财务人员、代理银行业务人员参加的公务卡改革宣传动员会和业务培训班。2010年一季度，省财政厅联合人民银行广州分行、银联广东分公司及各代理银行，面向全省（不含深圳）所有预算单位开展公务卡宣传活动，鼓励预算单位使用公务卡进行消费，营造良好的用卡氛围。

（五）加强地方督导，扩大改革范围

公务卡改革实施以来，省财政厅不断加大对各地财政部门公务卡改革工作的督导力度，及时转发财政部关于公务卡改革的指导意见，明确要求各地财政部门充分认识公务卡改革的紧迫性和重要性，结合各地实际，制订可行方案，稳步有序开展试点，不断扩大改革范围。同时，建立地方公务卡改革情况统计制度，密切跟踪地方公务卡改革动态，加强业务联系和交流。

（六）开展改革调研，及时总结经验

2008~2010年，省财政厅先后组织到甘肃省、陕西省及宁夏回族自治区进行考察调研，学习和借鉴兄弟省份开展公务卡改革的先进做法和宝贵经验，比较分析了广东省公务卡改革存在的问题和困难，拓宽了继续推进公务卡改

革的工作思路，提出了进一步完善的公务卡改革的努力方向，并顺利完成《广东省推行公务卡改革的理论和实践研究》的课题撰写工作。2008～2010年，先后到揭阳市、潮州市、惠州市、河源市、茂名市及阳江市开展公务卡改革调研督导，了解当地公务卡改革政策措施、系统建设、实施进度等情况，共商解决地方改革过程中遇到的相关问题，提出进一步深化推进公务卡改革工作的意见和建议。

四、改革成效

（一）进一步提高单位财务管理水平

随着公务卡改革的不断深化，预算单位逐步转变消费观念，并切身感受到使用公务卡消费及报销还款的便捷，逐渐形成了公务卡支付的习惯，公务消费、还款逐步规范、快捷和安全，单位财务管理效率和管理水平得到进一步提升。一是预算单位现金支付量和提现频率减少，相应减少单位财务人员的现金管理等工作，降低现金提取和现金管理的风险和成本。二是方便预算单位职工用款，职工办理现金借款和现金还款的次数减少。三是没有按规定使用支票对大于1 000元的公务消费进行结算的行为有所减少，转为公务卡消费及报销还款，进一步规范了公务消费支付行为。四是实现批量还款，减少预算单位财务工作量，提高单位财务工作效率。

（二）进一步提高财政支出透明度

公务卡改革通过制度创新和技术手段创新，替代了传统的现金结算，所有的支付行为都有据可查、有迹可寻，改变了过去对现金提取后使用范围和路径缺乏监控的状况。一方面，预算单位的财务部门可以清楚地查询到每一笔公务消费的单位和金额，有利于加强本单位的财务管理和监督，增强单位行政成本的合理性和有效性；另一方面，财政部门通过对单位零余额账户划款信息和公务消费明细信息的全程监控，强化对财政国库资金动向的监控和对预算单位现金使用的监管，提高财政支出透明度，规范财政预算执行，促进惩防体系的建设。

（三）进一步促进国库集中支付改革深化

由于公务卡还款采取授权支付的形式以及公务卡特有的免息还款期的特点，财政资金能够尽可能长时间的保留在国库中，减少或杜绝了财政资金被挤占挪用的可能，提高了财政资金的使用效率。同时，在预算单位公务支出领域引入公务卡管理，建立财政部门和金融部门的联动机制，扩大国库集中支付系统和动态监控系统的信息范围，加强对公务消费行为合规性、真实性的监督管理，强化财政资金动态监控，实现公务卡改革与国库集中支付制度改革目标和要求的有机结合和高度统一，促进了国库集中支付制度改革的进一步深化和完善。

（四）进一步促进金融市场的有序发展

一方面，发挥政府部门使用公务卡支付对整个社会的导向作用和辐射效应，通过报纸报道、开展宣传促销活动等方式方法，借助社会舆论的力量，向预算单位及社会公众宣传推广公务卡改革，引导预算单位积极用卡、规范用卡，形成全社会用卡的环境和氛围，为规范管理各项金融交易提供了条件。另一方面，发挥公务人员职业相对稳定性和公务消费相对确定性的优势，代理银行和预算单位积极配合，开具了大量优质的贷记卡，并鼓励公务卡用于个人支付结算，极大地推动了广东省银行卡产业的发展。

（国库处供稿，麦东阳执笔）

加强彩票市场监管
促进彩票事业健康发展

在财政部的正确领导和大力支持下，广东省财政综合部门认真落实科学发展观，严格按照“安全运行、健康发展”的方针，树立正确的发展理念，强化彩票市场监管，在彩票销量逐年大幅提高的同时有效地控制了市场风险。2006～2010年，广东省彩票销量连续五年居全国第一，累计销售彩票589.20亿元（其中福彩366.24亿元、体彩222.96亿元），为国家筹集公益金177.41亿元（其中福彩117.58亿元、体彩59.83亿元），彩票市场实现了安全稳定健康发展，为广东省社会公益事业发展作出了积极贡献。2010年，广东省福彩销量突破百亿大关，达到113.55亿元，成为全国首个福彩销量过百亿的省份，受到了民政部的表彰。

一、围绕提高国家彩票竞争力这一核心，积极支持彩票机构创新发展模式

广东省彩票事业先行先试得到了财政部在政策和玩法上的大力支持。通过几年的努力，广东省福利彩票、体育彩票的游戏规则不断优化，至2010年年底达到25种之多。

（一）不断规范彩票机构销售网点建设

广东省始终强化全局意识、宗旨意识、形象意识、发展意识、创新意识和安全意识，加强彩票机构销售网点的建设和管理工作。经过多年努力，广东省彩票站点形成了较为合理的布局，截至2010年12月底，广东省电脑型彩票销售终端达到20 941台，比2005年增加了9 839台。为进一步挖掘市场潜力，促进彩票投注站点的发展，广东省彩票投注站点逐步实行专营化管理。在专营化过程中，广东省按全国统一标准对投注站店面形象进行了改造，要求彩票销售网点“统一标识、规范管理、提升形象、做大做强”，进一步擦亮了国家彩票的品牌，树立了国家彩票的形象。此外通过市场化、科学化的投注站量化考评机制，推行投注站末位淘汰制度，逐步调整和改进网点的布局和管理，鼓励销售网点要“内强素质、外树形象”，不断提升服务质量，提高管理水平，为广东省彩票市场的健康发展打下了坚实的基础。

（二）大力支持彩票机构创新游戏规则

一直以来，广东省对彩票机构调整彩票游戏玩法进行严格审核。对不符合国家规定的，严格把关，认真做好彩

票机构的解释沟通工作；对条件尚未完全成熟但有一定市场前景预期的，权衡利弊，谨慎审核上报；对只要是符合国家有关规定、适合广东彩民购买习惯、有利于扩大彩票销售和市场拓展的，大力支持，并主动做好服务和汇报工作。以广东省彩票近几年的游戏规则为例，福彩2008年调整了36选7好彩1的游戏规则、2009年调整了“快乐十分”的游戏规则；体彩2007年上市了超级大乐透、2008年上市了即开票、2009年上市了高频游戏和新单场。同时，综合规划处在不同时期还鼓励彩票机构适时推出促销措施，既充分挖掘了市场潜力，又有效打击了私彩。如广东省福彩每年都开展36选7“好彩1”的促销活动，体彩不定期开展“11选5”加奖派送活动，同时配合有效的宣传，成绩明显。

（三）积极支持公益宣传，突出国家彩票的品牌形象

广东省财政部门积极支持彩票机构创新宣传形式，在常规宣传和主体宣传的基础上，注重突出彩票公益性宣传，打造国家彩票的良好形象。如组织访贫献爱心、慰问留校大学生以及春节慰问投注站主等一系列送温暖活动；省福彩中心与省慈善总会合作，捐助200万元参与救助全省先天性心脏病患者活动；开展大型公益宣传活动，省福彩中心成立了广东福彩艺术团，在韶关市组织了纪念汶川地震一周年大型公益晚会；举办“福彩爱心洒南粤”公益行活动；设立专项临时社会救助资金，帮助弱势群体；向台风“凡亚比”灾区捐赠救灾资金250万元；与团省委、省学联共同举办广东大学生“福彩公益奖”评选活动；积极响应省委、省政府号召，开展“扶贫济困日”专项募集活动；省体彩中心的支援汶川、支援玉树的赈灾义卖活动和支持广州亚运会的义卖活动；继续加强大型彩票公益广告发布工作等。

二、围绕规范彩票机构市场行为这一关键，着力完善各项规章制度和推进彩票机构标准化建设

随着广东省彩票事业的不断发展壮大，广东省财政部门进一步加强了彩票管理制度建设，在彩票发行与销售、彩票资金和彩票机构财务，以及市场安全等方面，制定了有关的管理制度，保证了彩票机构的正常运转。特别是《彩票管理条例》（以下简称《条例》）颁布施行以后，广东省财政部门按《条例》规定，进一步加强彩票市场的监管工作。

（一）以《条例》为契机，积极完善各项规章制度

《条例》于2009年7月1日实施，彩票立法对中国彩票事业的发展具有里程碑的意义，填补了中国彩票管理方面的法律空白，中国彩票事业从此迈入了有法可依、管理更规范的新阶段。综合规划处以《条例》实施和参与研究《彩票管理条例实施细则》为契机，对广东省原有彩票管理文件进行了全面梳理，及时修订相关文件，进一步规范彩票机构在游戏规则设置、销售方式、开奖兑奖以及信息宣传等方面的行为，保障彩票发行销售活动的高效安全和平稳进行。此外，综合规划处认真指导广东省彩票机构及时修订电脑彩票销售系统运行和升级管理、中心机房管理、设备维护保养等方面的工作规范。此外，还制定完善了各种应急预案，如《电脑福利彩票摇奖紧急情况处理预案》、《处理危机事件预案》等。

（二）根据国家有关法律法规和规章制度，积极推进彩票销售机构的标准化建设

广东省福彩和体彩系统分别于2006年和2007年启动了ISO9001质量认证工作。通过规范制度、制定标准化工作流程，建立了标准化、程序化、规范化的运行管理机制，进一步提高了广东省彩票销售机构的综合管理水平，奠定了广东省彩票事业现代化管理的基础。其中，广东省福彩系统于2009年9月18日通过了ISO9001质量认证的全面审核，成为全国首个省、市二级福彩发行中心同时获得ISO9001质量认证的省份。广东省体彩系统省中心和22个市（区）中心已全部完成质量体系的建立、认证工作，比原计划提前1年完成。

三、围绕防范彩票市场风险这一难点，从机制、玩法、技术等多方面加强监管和保障

广东省十分重视运用严格的管理制度和先进的技术手段防范和控制风险，确保数据、资金和市场管理安全。

（一）完善彩票管理的各项机制

一是建立彩票管理工作会商机制。广东省参照中央的做法，建立了彩票管理工作会商机制。省财政厅、民政厅、体育局承担彩票管理工作的处室和省级福彩、体彩中心每季度召开一次例会，及时传达和共同学习领会国家彩票管理文件的新精神，共同分析广东省彩票销售和市场运营状况，研究、讨论广东省彩票市场中出现的新情况、新问题，协商研究加强广东省彩票规范化管理的相关工作，切实加强对广东省彩票市场的监管。二是完善“绩效挂钩、安全第一”的综合考核机制。2007年，广东省根据彩票市场出现的新情况、新问题，在充分调研的基础上，及时修订了《广东省彩票销售机构工作年度综合考评奖励试行办法》。三是完善监督制约机制。在原有的报表制度、重大事项报告制度、例会制度和调研制度的基础上，广东省重点加强舆论和社会监督的力度，增强彩票管理工作的透明度和与社会群众的互动性。主要是通过省财政厅的门户网站、非税收入管理网站、省财政厅网络发言人QQ、电话、信件、来访等多种渠道，接受社会各界群众对广东省彩票管理和彩票机构行为的投诉建议；同时结合省财政厅网络发言人制度，及时登记、回复网友在各网络渠道的来信、留言，对网上影响较大、网友议论较多的彩票管理问题发表权威言论，引导网络舆论方向。

（二）大力支持彩票机构的销售技术进步，提高国家彩票的公信力

在审核广东省彩票机构的部门预算时，综合规划处一直大力保障彩票机构软、硬件升级改造方面的必要支出，

支持彩票机构加快技术创新的步伐，增强彩票销售的安全系数。针对彩民对彩票设备和系统安全性等关键环节的关注和质疑，广东省彩票机构采取多项措施，确保技术系统的安全。一是规范技术设备和服务的采购工作，按规定实行政府采购；二是升级通讯线路，为销售系统运行和数据存储提供安全稳定的环境；三是建设省级数据同步备灾中心，通过双保险系统和数据，确保广东省电脑彩票销售系统的稳定性、连续性和安全性；四是建成多功能监控中心和集团化管理系统，实时监控全省投注站销售及缴款动态，在第一时间了解广东省彩票的销售情况，提高应对彩票市场变化的能力。五是升级改造销售系统，对全省福彩、体彩的投注机逐年分批进行了更新换代，升级了彩票密码，提高了投注机和彩票防克隆功能，大大增强了销售系统的安全保障性能。

（三）从严控制风险大、组织成本高的个别游戏规则

3D、排列3、排列5等固定返奖的彩票游戏上市以来，为避免出现彩民追号、“团购”等非理性购买行为，广东省严格执行财政部的规定，监督彩票机构分别制定“限号”和“限额”措施，实行风险提示，并及时对外公告，切实规避风险，保证安全。

四、围绕资金安全和使用效益这一监管重点，进一步加强彩票机构的财务管理和彩票公益金管理

广东省彩票资金量逐年大幅增长，财政监管责任也随之加重。广东省各级财政部门每月认真核对彩票机构的销售情况，加强彩票资金归集、分配和使用管理，确保彩票资金安全，切实提高资金的使用效益。

（一）严格彩票机构财务管理

一是每年编制部门预算时，要求广东省彩票机构按照“统筹安排、量入为出、确保重点”的原则，将发行费重点用于业务支出和事业发展，提高全省彩票系统的技术设备和水平；彩票机构自身的人员经费和日常支出，则要求参照省直行政单位“五个零增长”的规定，从严控制，能省则省，过紧日子。二是为激励省级彩票机构加强全省彩票队伍管理，积极开拓广东省彩票市场，明确广东省福彩、体彩中心的奖金按全年销量的0.7‰计提。三是加强彩票机构的财务培训和检查工作。按财政部的通知要求，省财政厅认真组织布置福利、体育彩票机构认真开展广东省彩票发行销售和财务管理情况专项检查工作，对自查发现的问题，要求各级彩票机构要及时制定整改措施，边查边改，注重实效，推动彩票发行销售和财务管理工作的规范化。

（二）加强彩票公益金管理

一是调整彩票公益金分配比例，支持各项社会公益事业协调发展。广东省参照中央的做法，省财政固定从省留成的彩票公益金中统筹6%作为省级彩票专项公益金，用于资助广东省相关的社会公益事业。广东省按照2009年和2010年的工作重点，从2005年至2010年广东省彩票销售实现的省级专项公益金中安排了4.7亿元重点用于医疗急救、红十字备灾救灾、艾滋病预防、社会保障、特殊教育、贫困村公益性建设、社会福利和全民健身等领域。二是制定了《广东省彩票专项公益金使用管理暂行办法》。为管好、用好省级彩票专项公益金，广东省出台了《广东省彩票专项公益金使用管理暂行办法》，对省级彩票专项公益金的归集和管理、项目审核、资金分配和拨付、监督和处罚等作了严格详细的规定，做到科学化、规范化、程序化管理。三是建立了彩票公益金管理使用跟踪问效的长效机制。广东省定期组织各级财政部门总结彩票公益金资金管理、使用情况及补助项目的实施情况，尤其注重对项目的社会效益及实施经验的总结，并及时向省政府汇报；同时将总结情况作为下一年安排公益金资助项目的参考。四是在彩票公益金纳入政府性基金管理以后，省级彩票公益金从过去的“上年筹集当年使用”改为“当年筹集当年使用”，并编入年度政府性基金预算报省人大审核，让资金尽早使用，减少了预算结余资金规模，提高了资金使用效益。

（综合处供稿，林瑜　王浩斌执笔）

大力压减一般性行政支出
着力构建节约型政府

2008年爆发的国际金融危机对外向依存度较高的广东造成了强烈冲击，经济社会发展面临严峻挑战，财政在保增长、扩内需、调结构、促民生等方面的任务进一步加重，收支平衡压力巨大。面对这一形势，广东省各级财政部门紧抓这一契机，认真谋划，精心组织，周密部署，从行政支出预算的安排、使用、监督、考核等环节入手，积极采取一系列有效措施，大力压减一般性行政支出，着力构建节约型政府，取得了明显成效。

一、实行“五个零增长”和“四个减半”，营造厉行节约的良好氛围

为大力弘扬艰苦奋斗精神，强化节约意识，倡导勤俭办事，广东省及时出台新政，要求全省各级机关加强对“人、车、会、接待、出国”等一般性行政支出的控制，切实做到“五个零增长”（即公务购车和用车经费零增长、会议经费零增长、公务接待费用零增长、党政机关出国出境经费预算零增长、办公经费预算零增长）和“四个减半”（即议事机构减半、会议数量减半、文件数量减半、各类评比表彰减半），以声势浩大的行政经费节约活动引导全社会形成厉行节约、共度时艰的良好氛围。

1. 加强机构和人员编制管理。按照财政部的统一部署，推行机构编制实名制管理，确保具体运行机构与批准的机构相对应，实有人员不超过批准的编制和职数。同时明确规定各地各部门不得擅自改变行政编制的使用范围，严格控制事业编制的使用范围，防止因增人增编引起行政经费过快增长。

2. 减少公务用车支出。除达到报废条件必须更新的车

辆外，不再安排新购汽车经费。车辆燃油、维修等支出严格实行政府采购、定点供应，切实降低公务用车经费支出。

3. 加强会议费、差旅费和接待费支出管理。严格执行中央和省关于公务接待管理的规定，加强出差和会议定点管理，推广使用公务卡结算，杜绝用公款大吃大喝，并从严控制会议规模、时间和经费预算，从严控制差旅费开支水平。

4. 严格控制出国（境）经费支出。进一步修订完善出国（境）计划报批制度，发扬“勤俭办外事”的精神，强化出国任务审批，压缩出访团组、人数、时间；严格出国（境）经费预算管理，实行总量控制；建立出国（境）计划与经费联审制度，各团组出国经费只有经财政部门审核同意，外事部门才批团，使因公出国（境）监管渐趋科学。

二、停拨一切不必要的行政开支，切实节约财政资金

1. 清理规范各类评比达标表彰活动。一直以来，广东省对各类评比达标表彰活动始终坚持从紧从严的管理原则。经过反复清理整顿，全省保留的全省性评比达标表彰项目由2007年年底的348个大幅减少到2009年的44个，撤销304个。为巩固成果，构建规范管理长效机制，2009年广东省印发《关于严格控制和规范党政机关评比达标表彰活动的意见》，对从严控制评比达标表彰活动、严格审批新增项目、加强项目监管以及加大监督检查力度等方面作了具体要求，明确规定除经批准保留的项目外，其他地级市和省一律不得举办评比达标表彰项目；对表彰先进的项目，先进集体控制在40个以内，先进个人控制在80名以内；对需要财政拨款的项目，主办单位在请款时必须提供批准举办活动的相关文件，并按程序申请。

2. 从严控制各种开放性晚会、展览会、庆典和论坛等活动经费。为坚决制止举办展览、晚会、庆典和论坛等活动中铺张浪费、挥霍公款行为，切实节约财政资金，广东省研究下发了《关于严格控制拨付开放性的晚会、展览会、庆典和论坛等活动经费的意见》，明确规定：除经省委、省政府批准的重大活动外，省财政停止安排省级部门举办的各类晚会、展览会、庆典和论坛等活动经费；对计划举办或正在举办的晚会、展览会、庆典和论坛等活动经费安排进行全面清理；对缺乏实质意义、内容重复的活动坚决取消，停拨经费；经批准的重要活动，如规模过大、规格过高，需重新核定规模和申报经费；对正在举办的活动，严格执行批准的经费预算，不得随意扩大范围和增加经费支出。

三、建立在线监督制度，实时监控“三公”支出

省党政机关公务公车购车费用、因公出国（境）费用和公务接待费用即“三公”费用在行政开支中所占比重较大。为及时掌握“三公”费用开支情况，建立健全监测、评估和预警机制，广东省从2010年起，将省直机关“三公”费用纳入省综合性电子监察系统进行监管，监管对象包括省直党委、政府、人大、政协机关，省法院、省检察院以及省各人民团体。

1. 抓好数据上线与核对工作。各单位在每季度结束后10日内，按要求填报《“三公”费用支出情况统计表》并书面报送省纪委；由省纪委将有关数据上线至省综合性电子监察系统；年度终了，由省财政厅向省纪委提供各单位上年度“三公”费用实际支出数据，与各单位报送数据进行核对。

2. 实行定额指标管理。严格按照中央和广东省规定的比例和标准，设置各年度公务购车用车、因公出国（境）和公务接待费用定额控制指标，并按定额指标加强监管。

3. 定期分析评估。省纪检监察、财政、审计部门定期对各单位“三公”费用开支情况进行分析评估，并综合上报省委、省政府。

4. 强化预警监督。对日常管理中发现的异常情况和苗头性问题，及时向相关单位预警。对年度实际开支超过当年定额指标的单位，要求作出书面说明；对存在奢侈浪费问题的，予以通报或查处。

四、建立行政经费节约考核机制，确保节约成效

为确保各项节约措施落到实处、取得实效，广东省及时印发实施《省直机关事业单位行政经费节约考核办法》，对省直各机关、财政拨款事业单位的公用经费预算执行情况，以及办公费、交通费、出国费、会议费、培训费、招待费等6个经济科目的支出情况进行考核。

1. 明确考核标准。公用经费以2009年部门预算公用经费总额为考核基准数据，经济科目以2008年支出决算数为考核基准数据。各单位的基准数据和支出数据均从广东省财政厅与单位联网的部门预算系统、国库集中支付系统和财务核算信息集中监管系统直接提取。

2. 创新考核方式。实行按季预告，年度综合考评，按季预告结果分为合格和不合格两个级次，年终综合考评结果分为良好、合格、不合格三个级次，并明确了良好、合格、不合格的具体认定标准。

3. 加大奖惩力度。对考核结果为“良好”级次的单位，在该单位节约的行政事业经费中提取部分资金，按照现行年度节支奖标准发放一次性行政事业经费节约奖励金；对考核结果评定为“合格”和“不合格”的单位，不得发放一次性行政事业经费节约奖励金；对考核结果评定为“不合格”的单位，由省审计厅对该单位2009年度预算执行情况进行重点审计。

通过上述措施，广东省行政经费节约工作取得了一定的成效，不仅对行政经费的使用起到了有效约束作用，行政经费得到大幅节约，而且使各单位不同程度地树立了节约观念，推进了节约型政府的建设。2009年度纳入省直行政事业单位行政经费节约考核的单位有103个，其中：年度综合考评结果为“良好”级次有80个单位，占实际考核单位77.6%；“合格”级次有21个单位，占实际考核单位的20.4%；“不合格”级次有2个单位，占实际考核单位

的2%。2009年，省直公用经费节约6 680.8万元，节约率9.35%；6个经济科目节约费用22 736.1万元，节约率23.8%，其中：办公费节约2 461.2万元，节约率26.5%；交通费节约2 369.9万元，节约率12.8%；出国费节约2 061.8万元，节约率26.8%；会议费节约9 438.6万元，节约率25.8%；培训费节约3 848.4万元，节约率34.9%；招待费节约2 556.3万元，节约率20.5%。

广东省行政经费节约取得成效的主要原因包括：第一，领导的正确决策和高度重视是前提。根据财政部的统一部署，广东省对行政经费节约工作高度重视，迅速开展了经费节约年活动。广东省有关领导多次作出重要指示，省财政厅党组将其作为厅党组成员抓落实的一项重要内容，厅领导多次就严格控制行政经费作出批示，明确省财政厅要起表率作用，细化分工，抓好落实。省政府、省财政厅领导的高度重视、科学指导，是做好工作的根本前提，为工作的顺利开展提供了坚实后盾和强大动力。第二，深入开展行政成本调研是基础。为了解、掌握广东省行政成本基本情况，2008年省财政厅会同部分地级市开展了行政成本课题调研，基本掌握了广东省存在的行政管理支出增长较快、财政供养人口居高不下、政府运行成本较高等问题，并就问题产生的深层次原因进行了积极的探索和研究，为确保广东省经费节约各项措施科学合理、目标切合实际、工作顺利推进夯实了基础。第三，争取各单位的理解和支持是关键。省财政厅积极采取上门服务、专题座谈、集中解释、重点答疑、分片交流等形式，对节约年活动和考核工作进行广泛宣传，解释节约考核办法的口径、范围、步骤和具体要求，积极争取各单位的理解和支持，形成厉行节约的思想共识。第四，严密制度设计和精细化管理是保证。在推进经费节约工作中，我们始终坚持“制度先行”、实行精细化管理，对经费节约工作的各个方面、各个环节、各项审核流程抽丝剥茧，深入每一个细节，制定了一系列措施具体、目标明确的规章制度，加强各方沟通协调，明确职责分工，确保了行政经费节约工作的有序进行。

（行政政法处供稿，林晓红执笔）

解决广东省非户籍学生平等接受义务教育问题

近年来，广东省各级政府和教育、财政部门高度关注非户籍学生平等接受义务教育的问题，从维护社会公平正义，保持社会和谐稳定的大局出发，把做好非户籍学生平等接受义务教育工作，作为实践科学发展观、建设和谐社会的重要举措，认真贯彻、落实国务院“以流入地政府管理为主，以全日制公办学校为主”的要求，采取有效措施，努力解决进城务工人员子女接受义务教育问题，取得了一定成效。但是，由于广东省进城务工人员数量庞大，增长速度较快，区域分布集中，要解决好进城务工人员子女义务教育问题，仍然面临着较大的困难。为此，省财政厅、省教育厅通过调查研究，了解现状，发现问题，提出对策建议，为下一步更好解决非户籍学生平等接受义务教育问题提供了参考。

一、非户籍学生义务教育现状

非户籍学生，主要是由进城务工人员随迁子女构成，包括省内跨县（市）流动，以及外省流入学生。近年来，广东省进城务工子女义务教育取得长足发展。2010年，全省义务教育阶段在校生中有随迁子女242.84万人，占全省义务教育在校生总数的18%，约占全国随迁子女总数的六分之一（据2011年3月7日《光明日报》《教育公平，让随迁子女融入城市》报道：目前，全国随迁子女总数为1 400万人）。与2009年相比，全省随迁子女增加了31.88万人，增长15.1%。从学生来源看，省外户籍在粤随迁子女有135.98万人，占随迁子女总数的56%，占全省义务教育在校生总数的10.1%。从学生分布看，83.2%的随迁子女集中在珠三角的9个市。其中：东莞占18.2%，深圳占17.4%，广州占15.5%，佛山占11.1%。从入读公办学校情况看，全省随迁子女入读公办学校人数为122.15万人，占随迁子女总数的50.3%，基本实现“以全日制公办中小学为主”。东西两翼和粤北山区12个市中随迁子女入读公办学校的比例均在60%以上。其中：韶关99.2%、云浮97.8%；珠三角的9个市中有5个市超过了50%。其中：江门92.1%、肇庆78.8%、佛山71.5%、珠海58.2%、惠州55.4%。非户籍学生义务教育问题给广东教育和经济社会的可持续发展带来了新的挑战。

二、解决非户籍学生接受义务教育的措施及成效

省委、省政府十分重视非户籍学生特别是随迁子女平等接受义务教育这方面的工作。为做好进城务工就业农民子女义务教育工作，2004年7月，省政府办公厅转发《国务院办公厅转发教育部等部门关于进一步做好进城务工就业农民子女教育工作意见的通知》中强调，坚持“以流入地政府管理为主，以全日制公办学校为主”解决进城务工就业农民子女教育的问题；提出“凡是在广东省居住半年以上、有固定住址、有固定工作和收入来源的进城务工就业农民，其6～15周岁有学习能力的子女随父母或其他监护人流入广东省的，应列入在流入地接受义务教育范围。流动人员在同一市、县暂住5年以上，有合法就业或经营证明、计划生育证明的，其子女入学与常住人口同等待遇”，“并酌情减免家庭经济困难农民工子女的有关费用”等，明确了广东省非户籍人口子女教育的政策规定。2010年，根据省委办公厅《关于对贯彻落实粤委办发电［2010］121号通知精神进行立项督办的通知》的要求，落实《关于开展农民工积分制入户城镇工作的指导意见（试行）》；根据省政府办公厅《关于推行居住证制度有关工作的通知》要求，贯彻实施《广东省流动人口服务管理条例》，抓紧出台流动人口在当地入户及其子女接受学前教育、义务教育的具体实施办法。2010年4月，广东省委书记汪洋和省长

黄华华对解决进城务工人员子女平等接受义务教育的问题作出了重要批示。全国纠风会议也对广东解决进城务工人员子女平等接受义务教育问题提出了要求。

根据国家和省有关政策精神，广东省各地进一步落实政府责任，积极采取有效措施，逐步解决非户籍人口子女义务教育的问题。一是自2009年起，全省一律取消义务教育阶段中小学校学生借读费。广东省户籍以及符合省规定免费义务教育条件的外省户籍学生，在广东省义务教育阶段公办学校就读的，免收学杂费、课本费，在义务教育阶段民办学校就读的，按民办学校学杂费标准减除各级财政规定的义务教育阶段学杂费和课本费补助标准后缴费入学。不符合免费条件的，可按所就读学校原“一费制”收费标准收取书杂费。二是设立专项资金支持和引导民办中小学发展。省财政每年安排民办教育发展专项资金3 000万元。三是中央财政加大了对广东解决进城务工人员随迁子女平等接受义务教育问题的支持。2008～2010年，中央财政补助广东省解决进城务工农民工随迁子女接受义务教育奖励资金7.25亿元，省财政厅、省教育厅积极创新资金管理模式，制订科学的使用方案，发挥中央财政奖励资金“四两拨千斤”的作用，取得了明显的效益。

三、非户籍学生义务教育工作存在的问题

一是珠三角非户籍学生就读压力较大。由于珠三角经济发展以及优质教育资源的吸引，广东省非户籍学生主要集中在珠三角地区（占83.2%）。但由于教育经费和特别是土地资源有限，公办学校学位供不应求。加上随迁子女流动性较大，给当地教育发展规划带来较多的不确定性。

二是非户籍学生尚未全部享受免费义务教育。据统计，2009年非户籍学生中，有221.63万人未享受免费义务教育，占非户籍学生总数的79.49%。其中本省户籍有116.13万学生、外省户籍有105.5万学生未享受免费义务教育。

三是接收随迁子女的民办学校的办学水平与公办学校差距明显，接收随迁子女的民办学校经费来源主要依赖收取学生的学杂费，在办学条件、聘请高素质教师及办学水平等方面难以到达当地公办学校的水平。

四是一些欠发达地区县城和乡镇师资、校舍、设备器材和经费等教育资源不足，大班额现象普遍存在。全省欠发达地区城市、县镇和农村分别有61.59%、66.93%和68.72%的初中学校班级班额超过56人。部分涉及留守儿童的学校教学用房和教学设施缺乏，住宿学生所需的生活设施简陋，生活管理老师缺乏编制。

四、非户籍学生义务教育问题的原因分析

（一）户籍管理困难

长期以来，中国义务教育入学政策和教育拨款体制与户籍制度是紧密联系的，户籍是学生享受义务教育的主要依据。而随迁子女的居住地与户籍所在地相分离，当他们随父母流入城市时，没有相应的教育经费随之流转。另一方面，非户籍人口流动性大，管理上存在困难，难以对学位需求进行预测，容易引起教育规模失控。尤其是珠江三角洲，随迁子女数量不断增长，加剧了当地学位供求矛盾和教育的不平衡，对学位供给造成了潜在的压力。

（二）财政与建设用地压力

随迁子女数量不断增长，地方财政压力大、土地资源压力大。由于随迁子女数量多、增长快、分布集中，造成流入地财政、土地资源压力非常大。特别是非户籍学生数量众多的珠江三角洲地区，土地资源极其有限，不允许无限制地新建、扩建学校。这是制约广东省解决非户籍人口子女教育问题的另一个客观因素。

（三）部分经济欠发达地区市、县财政教育投入落实不到位，基础教育投入保障能力和保障水平较低

一些地区未能根据社会经济发展和农村人口逐步迁移到城镇地区的要求，加快县城和乡镇学校规范化建设，改善寄宿制学校生活设施和办学条件。

五、解决非户籍学生义务教育问题的意义

（一）解决非户籍学生义务教育问题，是各级政府落实《义务教育法》的法定责任

《义务教育法》第二条规定：实施义务教育，不收学费、杂费。第十二条规定，父母或者其他法定监护人在非户籍所在地工作或者居住的适龄儿童、少年，在其父母或者其他法定监护人工作或者居住地接受义务教育的，当地人民政府应当为其提供平等接受义务教育的条件。解决非户籍学生义务教育问题，是促进社会公平，建设和谐社会的必然要求。教育公平是社会公平最重要的体现，是社会和谐最重要的基石。汪洋书记在全省教育工作会议上指出，外来子女平等接受义务教育问题还没有得到很好解决，成为社会关注的热点问题，要把公平作为制定教育公共政策的重要内容，让每一个学生都有成功的机会，努力促进社会和谐。解决非户籍学生平等接受义务教育问题，为每一位学生提供平等接受教育的机会，有利于消除非户籍学生与户籍学生之间的隔阂，促进学校和谐和社会和谐。

（二）解决非户籍学生平等接受义务教育问题，是实现基本公共服务均等化的重要体现

省政府《印发广东省基本公共服务均等化规划纲要（2009～2020年）的通知》要求，坚持“以流入地政府管理为主，以全日制公办中小学就读为主”原则，解决进城务工人员随迁子女义务教育问题，全面实现城乡免费义务教育。广东省实现基本公共服务均等化，不仅是户籍人口的均等，也应包括非户籍人口的均等。让非户籍学生享有平等的公共教育服务，是实现全省基本公共服务均等化的重要内容。

六、解决非户籍学生义务教育问题的对策

（一）明确责任，充分认识做好进城务工人员子女义务教育工作的重要性和迫切性

进城务工人员是现代化建设的生力军，为广东省的经

济社会发展和城市繁荣作出了重要贡献。进城务工人员子女将成为城市未来建设者中不可忽视的力量，其成长状况关系到城市长远的整体发展水平。妥善解决进城务工人员子女接受义务教育问题，对提高城市新增劳动力的综合素质，推动社会发展，建设和谐广东具有重要意义。各级党委、政府和各有关部门要进一步提高认识，从实现经济社会的科学发展，构建和谐社会的战略高度，充分认识做好进城务工人员子女义务教育工作的重要性和迫切性，把做好进城务工人员子女教育工作列入本地巩固提高义务教育工作的重要内容，作为为民办实事的具体行动，落实办学和管理责任，积极创造条件，采取有效措施，切实保障进城务工人员子女接受义务教育的权利。

（二）健全制度，形成保障进城务工人员子女平等接受义务教育的长效机制

1. 积极探索，配套推进。各地应根据国家和省的要求，根据当地经济社会发展宏观规划和人口分布与变化趋势，坚持以流入地政府管理为主、以全日制公办学校为主的原则，完善进城务工人员子女义务教育政策，探索解决进城务工人员子女平等接受义务教育的问题，为进城务工人员子女上学提供制度保障。

2. 创新机制，分类管理。根据《广东省流动人口服务管理条例》，依法保证居住证持证人在同一居住地连续居住并依法缴纳社会保险费满五年、有稳定职业、符合计划生育政策的进城务工人员子女接受义务教育与常住户口学生同等对待。公办学校未能满足进城务工人员子女需要的地区要根据《关于开展农民工积分制入户城镇工作的指导意见》，实行进城务工人员子女义务教育积分制入学管理办法。根据当地公办学校空余学位量，按积分由高到低就近统筹安排进城务工人员子女入读公办学校。在学额有空余的情况下，任何公办学校不得拒收符合积分条件的进城务工人员子女入学。义务教育阶段在本省普通中小学（含民办中小学）就读义务的进城务工人员子女与当地户籍学生一样享受省统一规定的免杂费、免课本费、免借读费政策。考虑到各地具体情况不同，积分制入学具体管理办法应由各县（区、市）人民政府制定。

3. 科学规划，统筹解决。一是增加公办学校学位。各级政府要根据该地经济社会发展规划、产业结构发展方向、城镇化的发展进程，对该地区未来几年学龄人口的分布情况，特别是进城务工人员子女的分布和变化趋势等情况进行科学预测，科学合理地设置学校或调整学校布局，配置教育资源，确保公办学校学位数逐年增加，进城务工人员子女入读义务教育公办学校比例逐年增长。公办学校布局调整中闲置的校舍可通过置换、改造、新建等形式，办成招收进城务工人员子女的公办学校，逐步提高进城务工人员子女接受公办义务教育的比例。二是规范城镇住宅小区学校建设和使用。城镇住宅小区建设和改造要将学校建设列入规划，同步建设。学校建成后，应明确国有资产产权，由开发建设单位整体移交给教育部门管理使用，办成公办学校。原住宅小区配套义务教育阶段改制学校，要按规定恢复公办学校性质，满足进城务工人员子女平等接受义务教育的需要。已经开发建成住宅小区未按规定配套建设基础教育设施及新建住宅小区规模未达到配套建设义务教育阶段学校最低标准的，或周边教育设施已能够满足居民就学需要的，开发建设单位应当按建筑面积向城乡规划部门缴纳基础教育设施配套建设费，统筹用于义务教育阶段学校建设。三是进一步优化城乡教育资源配置。在生源增幅特别大或班额较大、学位不足的县镇和城乡结合部，要根据城乡建设规划，结合常住人口密度和交通等具体情况，按照小学低年级就近入学、高年级相对集中的原则，进一步调整优化中小学布局，扩大学校规模，合理配备师资、设施设备，逐步减少城镇义务教育大班额的数量，实现县域内义务教育均衡发展。有条件的地方要在县城创建教育园区，让进城务工人员子女和城郊地区农村学生都能享受到良好的教育条件。要加快寄宿制学校建设步伐，人口较少的乡镇要加强九年一贯制寄宿制学校建设，按规范化学校“三室一场五有”建设要求落实设施设备，尽量缩小与县城学校的差距，为农村学生提供良好的学习成长环境，满足小学高年级以上学生到乡镇就读的需求。在边远偏僻、地广人稀、交通不便的地方仍应办好村办学校或教学点，并尽力提供相应的教学条件和业务指导，尽可能使每个留守子女都能接受到优质教育。四是积极鼓励举办面向进城务工人员子女的民办学校。要把民办教育纳入教育发展总体规划和城市建设总体规划。出资人不要求取得合理回报的民办学校，其税费、用地用房、基建、贷款、用气、用水、用电、通讯和环保等方面享受与公办学校同等的税费减免及其他优惠政策。

（三）加大投入，为解决进城务工人员子女接受义务教育提供保障

1. 建立各级财政合理分担的机制。贯彻落实《义务教育法》、国家和省《中长期教育改革和发展规划纲要（2010～2020年）》、《广东省基本公共服务均等化规划纲要（2010～2020年）》的要求，建议省进一步修改完善目前的免费义务教育政策，切实将非户籍学生纳入免费义务教育范围，即改变目前按学生户籍身份核定免费对象的做法，省财政可根据各地义务教育学校在校生人数核拨免费补助资金，据测算，调整完善目前免费义务教育政策，将非户籍学生纳入免费范围，省财政预计每年增加支出7亿元。同时，参照中央的做法，省可安排资金根据各地义务教育阶段实际接收进城务工人员子女人数和经济状况，给予一定财政资金奖励。各级财政要继续加大经济欠发达地区义务教育规范化学校建设投入，并向薄弱学校适当倾斜，切实提高经济欠发达地区城镇学校以及寄宿制学校办学条件，为进城务工人员子女在城镇就读创造条件。各地也必须切实按照义务教育中小学校在校生核拨学校公用经费，落实地方责任，加强管理，让公共财政惠及所有学生。

2. 健全经费拨付机制。各级政府要把进城务工人员子女义务教育纳入公共财政保障范围，根据公办学校的实际在校人数等因素，拨付生均公用经费，核定教职工编制，配置教学设施设备，发放教科书。

3. 建立财政性经费扶持民办学校制度。各地可探索“政府购买学位”、“政府补贴民办进城务工人员子女学校办学”和“民办公助”等模式，对委托承担进城务工人员子女义务教育的公益性民办学校，按一定标准购买学位或给予补助，并要求学校减收或不再收取学费。各级政府应设立民办教育发展专项资金，帮助民办学校添置和改善教学设施设备。

4. 建立和完善教育监督和审计制度，加强对教育经费使用的监管。各级教育、财政、审计、监察等部门必须建立健全教育经费管理和监督制度，把财政对教育拨款、上级转移支付资金的分配使用、教师工资发放、专项资金使用等纳入审计范围，确保教育经费及时足额拨付到学校并按规定使用。

（四）加强管理和服务，切实保障进城务工人员子女平等接受义务教育的权利

1. 创新资源配置机制和办学模式。实行学校办学经费拨付、教师和校长配置城乡一体化，促进城乡义务教育均衡发展。改革办学模式，鼓励采取合并、一校多区或集团办学等形式，促进城乡优质学校与薄弱学校教育资源共建共享，扩大优质教育资源，以满足进城务工人员子女对优质教育的需要。

2. 加强对民办学校的管理和指导。各地要依法审批以接收进城务工人员子女为主的民办学校，完善民办学校管理机制，规范民办学校办学行为。完善教育行政部门、银行和民办学校三方共管的民办学校资金监管机制，防止和化解民办学校的办学风险。提高学校管理水平和教育教学质量，确保进城务工人员子女有一个健康、安全的成长环境。

3. 建立健全进城务工人员子女管理和服务制度。建立学生电子学籍管理系统和进城务工子女义务教育信息发布平台，加强对进城务工人员子女的动态管理，掌握进城务工人员子女的数量、分布和流动趋势，定期发布区域内公、民办学位信息，有效配置教育资源，为进城务工人员子女入学、转学和升学提供“一条龙”服务。简化入学办理程序，把握进城务工人员子女流向，将“防流控辍”工作落到实处。

建立寄宿学校留守子女饮食安全、宿舍生活、交通安全和“防流控辍”等一系列保障机制，为留守子女学习和生活提供全方位监护、指导、管理和服务，建好、管好学校学生食堂、逐步适当提高住宿生的伙食标准，为学生的健康提供保障。

进城务工人员子女在分班排座、担任学生干部、教育教学过程、困难资助、评优评先、入队入团和参加校内外活动等方面，与当地学生一视同仁。要主动及时了解进城务工人员子女思想、学习和生活情况，有针对性地采取教学帮扶措施，帮助他们克服心理和学习障碍，使他们尽快适应新的学习环境，融入集体、健康成长。

动员社会力量关爱进城务工人员子女教育工作，充分发挥社区、居委会、街道办等基层群众组织的作用。建立进城务工人员子女校外教育指导机构，组织青年团员、志愿者参加校外教育活动，利用文化站，建立进城务工人员子女校外教育活动阵地，组织进城务工人员子女参加健康有益的校外文化体育娱乐活动，帮助进城务工人员子女解决生活、学习中的实际困难，努力为进城务工人员子女创造良好的学习、生活环境。

健全家校联系制度，加强与进城务工人员子女家长的沟通，积极向进城务工人员宣传科学家庭教育观，指导他们掌握正确的教育子女的方法，形成教育合力，促进进城务工人员子女健康成长。

（教科文处处供稿，冯国维执笔）

发挥职能作用　创新扶持手段
大力促进战略性新兴产业发展

按照省委、省政府加大战略性新兴产业支持力度的决策部署，“十二五”期间，省财政厅将每年安排20亿元支持高端新型电子信息、LED产业、新能源汽车、太阳能光伏、核电装备、风电、生物制药、新材料、节能环保、航空航天、海洋等11个战略性新兴产业发展。为做好省财政厅牵头负责的太阳能光伏、核电装备、风电、生物制药、新材料、节能环保、航空航天、海洋等8类战略性新兴产业项目的竞争性遴选工作，省财政厅在总结前期财政资金竞争性分配经验基础上，提出了对战略性新兴产业发展专项资金实行竞争性安排，建立“多中选好，好中选优”的项目优选机制，培育和扶持一批具有知识技术密集、资源消耗低、辐射带动能力强、成长潜力大、综合效益好的重大项目。经省财政厅组织第一批战略性新兴产业发展专项资金（省财政安排）项目竞争性遴选工作，东莞宏威数码机械有限公司等分布在太阳能光伏、核电装备、生物制药、新材料、节能环保五个领域的10家企业和广东明阳风电产业集团有限公司等分布在风电、航空航天、海洋三个领域的3家企业共13家企业获得省财政资金扶持，扶持金额4.2亿元。

一、竞争性评审情况

（一）优化制度设计，贯彻财政资金竞争性分配理念

为有效支持战略性新兴产业发展和不违背财政资金使用的公平性，发挥好财政资金的引导带动作用，省财政厅制定了《广东省战略性新兴产业发展专项资金管理办法（试行）》（以下简称《管理办法》）、《战略性新兴产业发展专项资金（省财政安排）竞争性分配实施方案》（以下简称《实施方案》）并报省政府同意印发实施。在资金扶持方式上，实行分类扶持，将财政资金扶持对象划分为以单个企业为主体的项目和以主体企业或主体产品为主的产业集群项目。在标的设定上，对不同的扶持对象分别确定不同的资金支持额度，对以单个企业为主体的项目，每个项目支持1 000万~5 000万元；以主体企业或主体产品为主的产业集群项目，每个项目支持3 000万~8 000万元。同时，对项目投资规模较大的，还可报省政府批准后另行研究给予特殊支持。在准入条件上，为体现扶优扶强，集中财力，重点突破的资金使用原则，适当提高准入门槛，设置了项目总投资要达到5 000万元以上、项目整体技术水平达到国内一流、与国际领先水平基本同步、具备科技引领和创新驱动能力等准入条件。在竞标程序上，设置了组织申报、要件准入、书面评审、公开答辩、实地考察、项目公示、领导小组确认等七个环节，环环相扣，密切相连，初步形成一套完整的竞争性分配流程。在绩效管理上，建立专项资金部门切块动态调整机制，将资金绩效评价结果作为专项资金安排额度的重要调整依据，增强资金分配使用的绩效观念。

（二）严格分配程序，确保公平、公正、公开

在竞争性分配过程中，省财政厅严格按照《管理办法》、《实施方案》确定的分配流程，在任何环节、任何过程中都切实做到公平、公正、公开，确保评审结果经得起各方、各界的检验。

1. 组织申报。按照《关于组织申报第一批战略性新兴产业发展专项资金（省财政安排）项目的通知》，省财政厅共受理申报项目153项，其中，太阳能光伏19项，核电装备3项，风电4项，生物制药30项，新材料38项（其中集群项目1项），节能环保51项（其中集群项目2项），航空航天5项，海洋3项。

2. 要件准入。2010年11月16~18日，省财政厅会同省经济和信息化委、省发展改革委、省科技厅、省外经贸厅对申报项目进行准入审查。共有太阳能光伏、核电装备、生物制药、新材料、节能环保等5类产业78个单个企业项目符合规定的申报条件并取得书面评审资格；3个产业集群类项目均未通过要件准入审查；航空航天、风电、海洋类产业因通过要件准入审查的项目不足3个，因此，该3类产业未取得书面评审资格，省财政厅另行研究提出了扶持措施。

3. 书面评审。2010年11月22~24日，省财政厅对通过要件准入的项目组织组织开展专家书面评审。一是11月22日召开书面评审专家预备会，省财政厅党组成员、纪检组长邓桂明同志出席会议并作讲话，要求认真学习、深刻领会省委、省政府加快战略性新兴产业发展的决策精神，介绍书面评审工作程序，并对评审工作提出要“思想重视、统一认识，精心组织、周密部署，通力协作、尽职尽责，完善制度、规范程序”等具体要求。二是11月22~24日，按照5类产业类型，组建由有关部门代表及相关领域专家组成的5个竞争性评审小组，每组15名专家，对参评项目就企业实力、项目科技水平、发展前景、可行性、单位表现等5个一级指标、9个二级指标、23个三级指标进行综合评审，按各产业项目专家评分排序，从高到低选取前3名，共5类15个单个企业项目进行公开答辩。

4. 公开答辩。2010年11月29~30日，对通过书面评审的5类产业15个项目举行公开答辩。一是11月29日，组织召开公开答辩专家预备会，省财政厅党组成员、副厅长沈梅红出席会议并作讲话，详细介绍省财政厅组织项目遴选工作的总体部署，并对做好公开答辩专家评审工作提出具体要求。二是11月29日，组织召开参评单位预备会，介绍公开答辩程序，并采用电动摇号机摇号确定15个参评单位公开答辩出场顺序。三是11月30日召开公开答辩会。省财政厅党组成员、副厅长沈梅红作讲话并全程主持公开答辩会。按照5类产业类型，组建由有关部门代表及相关领域专家组成的5个竞争性评审小组，每组15名专家，对参评单位经5分钟的投影演示及陈述、10分钟的专家提问后，就企业实力、项目科技水平、发展前景、可行性、单位表现等5个一级指标、9个二级指标现场评定得分，按各产业项目专家评分排序，从高到低选取前2名，共5类10个单个企业项目进入实地考察。

5. 实地考察。2010年12月3~5日，省财政厅组织相关领域专家组成5个考察组，对10个项目进行了实地考察，确定东莞宏威数码机械有限公司等10个项目作为第一批战略性新兴产业发展专项资金（省财政安排）拟扶持项目。

6. 项目公示。2010年12月6~14日（共7个工作日），省财政厅对拟扶持项目在省财政厅网站进行了公示，公示期间未收到异议。

竞争性分配全过程由省纪委、省监察厅派驻省财政厅监察室，省财政厅监督监察局监督人员监督，未发现违规、违纪行为。

7. 领导小组确认。2010年12月16日，省财政厅向常务副省长朱小丹上报了《关于批准第一批战略性新兴产业发展专项资金（省财政安排）扶持项目评审结果及资金安排的请示》，并将按照省领导批示精神及时安排财政扶持资金。

二、专项评审情况

根据朱小丹常务副省长在省财政厅《关于第一批战略性新兴产业发展专项资金（省财政安排）特殊项目评审工作的请示》（粤财工请［2010］39号）上的批示，2010年12月6日，省财政厅组织有关部门代表及相关领域专家对因每类产业符合要件准入条件的申报项目不足3个不能参加书面评审的风电、航空航天、海洋等3类产业5个项目进行了专项评审，经书面评审和现场考察答辩，按照评审结果，每类产业择优扶持项目1项。

专项评审全过程由省纪委、省监察厅派驻省财政厅监察室，省财政厅监督监察局监督人员监督，未发现违规、违纪行为。

三、竞争性评审的主要特点

在有关部门和专家、工作人员的共同努力下，竞争性分配项目遴选工作组织严密，开展有序，确保了遴选过程的程序化、规范化和公开化，呈现出许多新特征、新亮点，

主要体现在以下六个方面：

（一）"公平、公正、公开"原则贯穿始终

"三公"原则是竞争性分配的基本原则。在评审过程中，通过随机抽取评审专家，随机确定参评单位出场顺序实现了参评单位平等地参与竞争，确保公平；通过严格按照既定程序和办法开展评审，以同一标准、同一方法进行客观打分，同等对待每一项评审结果，确保公正；通过新闻媒体的全面介入和纪检监察部门的全程监督，坚持在每一个评审环节结束当天即在省财政厅网站公布评审结果，实行项目公示制度等，最大限度地公开整个评审过程，防止"暗箱操作"，确保公开。

（二）评审制度健全规范

为确保评审工作每个环节、每个步骤都有章可循、有规可依，围绕专家评审的各个环节，省财政厅先后制定了《资金管理办法》、《实施办法》以及评审办法和评审要点，起草了面向专家、工作人员、会场管理、纪律约束等一系列制度办法，确保评审工作程序规范、职责明确、设计科学、运行有序，并在评审过程中严格贯彻执行，凸显了各项制度安排的权威、规范，为竞争性分配高效、有序、平稳开展提供制度保障。

（三）评审程序科学完备

结果的公平公正，首先要确保程序的公平公正。为做好项目的竞争性遴选工作，省财政厅严格按照《管理办法》确定的七个步骤组织评审，由组织申报、要件准入、书面评审、公开答辩、实地考察、项目公示、领导小组确认等七个环节形成了一套完整的竞争性分配流程。

（四）专家决策智囊作用有效发挥

引入专家力量是财政资金竞争性分配改革的重大创新。一是从上百名专家中随机抽取评审专家，并要求评审专家签署承诺书，入住相对独立的住房区域，将手机等通讯设备暂时交由专家服务小组集中保管，确保专家评审工作独立、客观、科学、公正。二是选取的专家均有较高的政策水平、较深的学术造诣，通过运用专家们的专业知识，对参评项目作出科学判断，将专家意见作为参评项目是否通过评审的直接依据，确保了专家评审的权威性，体现了决策的科学化、民主化。三是专家在评审过程中有针对性的提问和答辩，对各参评单位进一步完善项目实施方案，提高项目可行性、科学性等都有很好的帮助和促进作用。

（五）参评对象差异明显，项目淘汰力度大

此次的竞争性分配与以往情况不同，项目淘汰力度非常大。一是参评对象从原主要是相关市（县、区）政府变为全省数以万计的企业，而且同为企业其性质也在存在很大差异，既有国有企业、私营企业，也有外资企业；既有有限责任公司，也有股份有限公司，在组织管理、评审规范等方面为评审工作增加了很大难度。二是对参评单位的要求也发生了变化。此次直接面对企业的竞争性分配活动，竞争标的从单一变为分类，竞争对象、评判指标体系都存在不同，为此，省财政厅专门制定了评审办法，细化评审指标要素，设置了5个一级指标、9个二级指标、23个三级指标进行综合评审，保证了评审工作有序开展。三是淘汰力度大，获胜企业实力较为突出。按照《评审办法》的规定，经要件准入、书面评审、公开答辩、实地考察等环节，从153个申报项目中只选取了10个项目予以立项支持，入选率仅6.54%。如：要件准入阶段的淘汰率为49.02%，书面评审阶段的淘汰率达到80.77%，获得立项企业均具备较强的实力，在各阶段评审中都能按照评审要求，展现出了自身优势。

（六）财政资金竞争性分配获得广泛认同

通过引入竞争性机制，从众多备选项目中"多中选好、好中选优"，大大提高了财政资金的配置效率和使用效益。同时，竞争性分配工作通过公平公正的制度设计，赢得了舆论和社会各界的支持。参评专家表示，评审工作规范、严谨，做到了程序化、规范化和公开化，应成为以后评审工作的样板；参评单位表示，评审工作公平有序，各评审专家意见客观专业；《中国财经报》、《南方日报》等中央、省级媒体也进行了广泛报道，为财政资金实施竞争性分配改革营造了声势，形成了支持竞争性分配改革的良好氛围。

（七）竞争性分配示范效应明显

财政资金通过公平竞争的机制来安排，既是财政管理模式的创新，更为优化财政资金配置，提高资金使用绩效提供了现实途径。与此前其他财政资金的竞争性分配不同，此次参评对象从相关市（县、区）政府变为企业，竞争标的从单一变为分类，竞争对象、评判指标体系等都在原有基础上进行了扩充，为进一步扩大省级专项资金竞争性分配改革试点范围，在省级全面铺开专项资金竞争性安排产生了良好的示范效应，提供了可供借鉴的范本。

（工贸发展处供稿，姚林执笔）

构建财政扶贫新机制
打好扶贫开发攻坚战

广东是经济大省，经济总量已连续22年居全国首位，主要经济指标长期名列前茅。但是，广东也是相对贫困问题凸显的省份，全省有3 409个贫困村、70万户316万农村贫困人口，占全省农村人口的6.14%，高于全国4.6%的贫困率。全国最富的地方在广东，最穷的地方也在广东，区域发展不平衡、城乡差距大、相对贫困面积较大已成为制约广东科学发展的一大瓶颈。为解决这一问题，广东省委、省政府立足广东科学发展大局，作出了扶贫开发"规划到户、责任到人"战略部署，中共中央委员、广东省委书记汪洋要求"举全省之力打一场扶贫开发攻坚战"。为贯彻落实省委、省政府的统一部署，广东省财政厅科学统筹财力安排，加大财政扶贫支持力度，积极探索构建财政扶贫新机制，以建立稳定农村基层组织工作经费保障制度为基础，以扶贫开发"规划到户、责任到人"为主线，以切实解决贫困居民生产生活困难为重点，全力支持打好扶贫

开发攻坚战，取得了显著成效。

一、夯实执政基础，建立农村基层组织工作经费保障新机制

根据党的十七届四中全会关于“通过财政转移支付等建立稳定规范的基层组织工作经费保障制度”的精神，广东省紧紧围绕保基层、保运转、保稳定，在深入调研的基础上，研究、制定、出台了《关于完善村级组织运转经费保障机制促进村级组织建设的意见》，明确用3年左右时间，逐步建立以省市补助、县级统筹、村集体收入自我保障为主要内容的农村基层组织工作经费保障制度。

（一）增强农村基层组织工作经费自我保障能力

通过财政支出进一步向农村倾斜，加大对农业基础设施和农村公益事业投入力度，加大对政策、法律、科技、文化等信息资源下乡的支持力度，推进城乡基本公共服务均等化。统筹扶贫开发、城乡基本公共服务均等化、支持“三农”、建设社会主义新农村等各项支农工作，积极引导社会组织、企业、个人等社会各方力量参与农村扶贫开发。把建立农村基层组织经费保障制度与“规划到户、责任到人”扶贫开发工作结合起来，确保村集体收入3年达到3万元以上。

（二）完善农村基层组织工作经费保障制度

2010～2012年，省财政计划安排农村基层组织工作经费省级补助资金9.25亿元，支持建立以省市补助、县级统筹、村集体收入自我保障为基本形式的农村基层组织经费保障制度。包括建立省保县（市）、市保镇（乡）、县（市）保村的基层政权经费保障长效机制，确保县（市）、镇（乡）和村级基本支出需要；建立基层组织工作经费保障制度，2010～2012年对欠发达地区年集体经济收入在3万元以下的贫困村，由各级财政共安排2万元/年的办公经费补助，并把欠发达地区贫困村干部补贴逐步提高到人均每月不低于1 000元。其中，2010年省财政安排补助资金2.54亿元，促使欠发达地区贫困村干部补贴提高到人均每月不低于700元。2011年，省财政计划安排补助资金3.08亿元，拟将补贴标准提高到人均每月不低于850元。

二、转变帮扶方式，大力支持扶贫开发“规划到户、责任到人”

根据省委、省政府部署，从2009年开始，用3年时间，对粤东西北14个地级市和恩平市等83个县（市、区）的3 409个贫困村以及农村家庭人均纯收入1 500元以下的农户通过实施“规划到户、责任到人”扶贫开发工作责任制。由省直和中直驻粤单位、珠三角7个经济发达市、贫困村和贫困户所在市、县（市、区）的国家机关、事业单位和全省国有企业、社会团体承担全省3 409个贫困村和村内贫困户的帮扶任务，要求采取“一村一策，一户一法”等综合扶贫措施，确保被帮扶贫困户基本实现稳定脱贫，80%以上被帮扶的贫困人口达到农村人均纯收入2 500元以上，实现被帮扶的贫困村基本改变落后面貌的目标。为积极支持全省扶贫开发“规划到户、责任到人”工作向纵深发展，2010～2012年省财政厅在继续安排革命老区建设、环境恶劣边远山区贫困地区人口搬迁、农村技能培训等扶贫专项资金的同时，还安排7亿元，采取以奖代补、分类帮扶的方式，大力支持14个欠发达市及恩平市负责开展扶贫开发“规划到户、责任到人”工作，平均每村补助30万元，确保3年内实现欠发达地区自身帮扶的2 009个贫困村基本改变落后面貌，被帮扶的贫困户基本实现稳定脱贫。2010年，广东省财政厅对14个欠发达地市承担“规划到户、责任到人”定点帮扶任务的2 009个贫困村，已按照每村15.5万元的标准共下达资金31 139.5万元。截至2010年，省财政正积极会同省扶贫办组织开展“规划到户、责任到人”绩效考评工作，将对2010年度绩效考核为优秀的，按每村25万元的标准进行奖励，积极推动“规划到户、责任到人”工作深入开展。

三、改善农村民生，着力解决贫困农民生产生活困难

广东省3 409个贫困村中，有半数以上的村庄是因基础设施和生产生活设施薄弱所致，200多万户农民还居住在泥砖房和茅草房中。为此，广东省财政厅抓住重点，创新方式，加大投入，着力解决事关贫困农民最现实最直接利益的生产生活困难，不断提高贫困农民的生活水平。

（一）科学规划，支持农村低收入住房困难户住房建设改造工作

根据省委、省政府统一部署，在充分调研的基础上，省财政厅以《关于全面进行全省农村贫困户泥砖房、茅草房改造的请示》报请省政府同意，计划用5年时间，全省财政共计划安排81.22亿元（省财政安排54.15亿元），全面解决全省54.15万户贫困户泥砖房、茅草房改造工作，并于2010年安排4亿元省级财政资金，大力支持农村贫困户泥砖房、茅草房改造工作。在此基础上，省政府下发《关于推进广东省农村低收入住房困难户住房改造建设工作的意见》，计划2011～2015年，用5年左右时间将全省农村54.15万户低收入住房困难户的住房改造建设成为安全、经济、适用、卫生的安居房。省财政2011～2015年共安排54.15亿元专项资金，按每户1万元的标准安排补助资金，市、县两级财政合计按每户不低于5 000元的标准安排地方专项补助资金，全面实现低收入住房困难户“住有所居”的目标。

（二）整合资金，做好高寒山区移民移居安居工作

为切实让不具备生产生活条件地区特别是高寒山区居民（即居住在海拔600米以上的高寒山区居民和存在地质灾害隐患村庄的农民）顺利移居并稳定生活，广东省从2010年起，以建立高寒山区居民移居安居示范点为突破口，以综合、统筹使用扶贫支农资金为手段，创新资金整合机制，全面推进移民区基础设施建设、移民生活生产条件改善、移民文化教育、就业培训等工作。2010年起，省财政

厅综合统筹整合 36 项扶贫支农资金，大力支持连南县高寒山区居民移居安居示范点建设，重点解决当前高寒山区居民移居安居面临的搬迁费用高、生活设施配套不足、就业难等突出问题，确保移民群众“搬得出、稳得住、能致富”。

（三）积极探索，支持欠发达地区小额贷款拓展和扩大贫困村互助金试点

2010 年，根据省委、省政府的统一部署，广东省财政厅以《关于落实省人大常委会对财政支持扶贫开发“规划到户责任到人”相关建议的请示》报经省领导同意，省财政安排扶贫开发“规划到户责任到人”资金 5 000 万元，主要集中用于扩大贫困村村级互助金试点、欠发达地区开展贫困户小额贷款担保贴息资金补助：一是开展省级贫困村村级互助金试点（约 80 个村），省财政按照每村 15 万元给予补助；二是从 2011 年起在东西北 14 个欠发达市各选择一个县开展扶贫小额贷款试点，省财政按欠发达地区市县贫困户小额贷款财政实际补贴支出的 40% 给予补助。

四、扶贫开发工作扎实推进，成效显著

在财政部的大力支持和省委、省政府的部署下，广东省“规划到户、责任到人”等扶贫开发工作进展顺利，取得了阶段性成果，贫困户民生问题得到较好解决，贫困户收入明显提高，贫困村集体经济基础明显改善，基层队伍建设明显增强，贫困村公益事业明显进步，贫困村、贫困户稳定脱贫机制初步建立。2010 年，全省经核定的 37. 1 万户、155. 8 万贫困人口年人均纯收入达 2 410 元。与帮扶前相比，人均增收 822 元，增长 51. 76%；有 15. 6 万户贫困户年人均纯收入达到 2 500 万元以上，初步实现脱贫，占贫困户总户数的 42. 19%。有 3 409 个贫困村集体经济收入达 10 249 万元，比帮扶前增收 5 859 万元，增长 133. 46%。全省解决了 26 109 户贫困户住房难问题，贫困户危房改造工程总体完成率达到 16. 8%；解决 66. 9 万户贫困村内饮水安全问题，贫困户饮水安全率达 95% 以上，贫困村新农合参保率和义务教育入学率均有新的提高。

（农业处供稿，范小花执笔）

全面引入项目资金竞争机制
大力推进农业综合开发工作

自 2008 年省财政厅在省级专项资金分配管理环节引入竞争性分配机制以来，省农业综合开发办公室逐步将竞争机制引入各类农业综合开发项目，现已初步建立科学合理、高效公正、奖优罚劣、充满活力的项目资金竞争机制。

一、主要做法

（一）根据项目类型的特点，分类建立项目资金竞争制度

1. 对国家农业综合开发土地治理高标准农田建设示范工程项目和省级示范区项目实行公开竞争评审。在国家农发办下达项目投资指标前，省发布《公开竞争立项评审办法》，组织各地申报项目材料。项目评审程序按照召开室内评审会、实地考察、工作绩效考评和现场演讲答辩四个步骤进行。每个评审环节均按《公开竞争立项评审办法》规定的评价指标打分，最后根据综合评价结果确定立项对象。

2. 对省级农业综合开发县实行末位淘汰机制。对省级开发县，实行动态管理。省对扶持满 3 年的省级农业综合开发县进行绩效考评。一方面聘请有关专家深入开发县实地考察，对项目实施情况进行评分；另一方面，由省农发机构对开发县日常管理工作进行了综合考核评分；最后按专家实地考评和管理部门综合考评的权重计算总分。对绩效考评为末位的开发县，暂停安排省级农业综合开发土地治理项目。

3. 对土地治理改造中低产田项目资金实行综合因素法分配。项目资金的分配不仅考虑自然资源因素，还重点考虑工作绩效因素。考核工作绩效的内容包括资金管理、项目管理、综合管理和其他四个大类指标。每个大类指标中由若干小指标构成。在开发县绩效考评办法中规定了各类因素指标的权重。各类因素指标评分汇总得出综合评分。项目资金根据综合评分情况进行分配。

4. 对产业化经营财政补助项目及土地治理科技推广项目实行专家评审制。评审前组织对专家进行集中培训。培训后按项目类型组成专家组，由专家组推选专家组组长。在专家独立审阅并提出个人意见的基础上，由专家组组长召集专家组成员集中评议，形成专家组意见。对产业化经营财政补助项目，还选择室内评审提出疑问的项目进行实地考察，实地考察后形成专家最终评审结论。

5. 对产业化经营贷款贴息项目实行专家审核制度。贷款贴息项目选项的有关政策操作性较强，主要涉及财务资料的审核。贷款贴息项目的立项与否，其中关键一项是看贷款是否真实，贷款的时间、贷款的金额及贷款用途是否符合当年的政策规定。对该类项目的筛选在核实贷款真实性的基础上采取聘请会计师事务所注册会计师对项目申报材料及项目申报单位的账簿、原始会计凭证进行审核的办法。

（二）在各类项目资金竞争中全面引入第三方评价

1. 选择第三方参与的环节。农业综合开发项目的类型较多。不同类型项目的评审程序和方法不同，因而选择第三方参与的环节也不同。贷款贴息项目由第三方直接对申报材料进行审核；改造中低产田项目由第三方参与项目检查验收的环节；财政补助项目由第三方参与室内评审和实地考察的环节；高标准农田建设示范工程项目由第三方参与项目评审的全过程。

2. 选择第三方的对象。项目资金竞争的环节不同，第三方参与的单位人员也不同。室内评审主要聘请相关专业的技术专家参与；公开竞争评审邀请厅监察室等部门监督；实地考察时考察组成员还听取基层干部群众的意见；项目实施的情况检查验收，由审计等部门参与；为确保申报项

目贷款的真实性，省财政厅还分别向项目贷款银行的省级银行进行函证。

3. 建立评审专家库。经省农发机构发函征询、专家单位推荐、资格审查等程序，挑选建立包括种植、养殖、农产品加工、农机工程、财务会计等众多专业、涉及行政机关、高等院校、科研院所、会计师事务所等多个行业共400多位专家组成的专家库。专家库中的专家均具有高级以上专业技术资格，纪律作风优良，在专业领域里具有较高的权威性。同时，对专家库的专家实行动态管理、适时更新。

（三）将“公开、公平、公正”原则贯穿项目资金竞争全过程

1. 公开竞争。公开的内容包括公开项目的申报、公开项目评审办法以及公开项目评审结果等。省每年向社会公开发布农业综合开发产业化经营项目申报指南。在审查项目单位申报资格的基础上，省组织专家对项目进行评审，并对通过专家评审的项目进行公示。对未予以立项的原因通报至项目申报单位。分配改造中低产田项目资金时，将考评结果通报市、县政府，并在下达项目财政资金投资指标文件中说明指标增减的原因。高标准农田建设示范工程项目竞争邀请社会媒体公开报道。

2. 公正评审。为了使专家做到公正评审，在每次专家评审前均组织专家进行培训，阐明相关政策，严明纪律要求。培训后专家现场签订公正评审承诺书和回避声明书。每次专家评审后均对评审专家进行考评。对考评不合格的专家在专家库中清除名单；对严重违反专家纪律的专家除将其名单在专家库中清除外还向其单位予以通报。高标准农田建设示范工程项目竞争时还邀请了厅监察室到现场监督。

3. 公平机会。公平机会的内容主要包括公平项目申报的机会、公平评审考核的机会以及公平信息反馈的机会。为了让更多符合条件的农民专业合作社申报项目，省采取了下发文件、召开会议、下基层调查等多种形式广泛发动；为了使项目单位获得公平评审的机会，在挑选专家时采取了按类别随机抽选的方式，并对连续三年参加评审的专家予以轮换；为了体现信息反馈的公平，省将所有未予立项的原因逐级反馈至项目申报单位。

二、主要成效

（一）实现了农业综合开发科学化精细化的管理

1. 项目资金竞争评审，增强了项目资金分配的科学性。竞争立项，改变了过去“一对一”单项审批的方式，建立了“多中选好、好中选优”的农业综合开发项目优选机制。专家参与评审过程，发挥了专家的优势，弥补了行政管理人员专业知识的不足。在竞争评审过程中，始终坚持技术上依靠专家、政策上指导专家的原则，克服了过去立项的随意性，增强了科学性。

2. 工作绩效量化考评，提高了对基层单位工作评价的准确性。过去对基层工作评价靠感觉。将综合因素法引入工作考评后，对基层工作评价靠的是数据。工作绩效量化考评，细化了上级部门的管理，增进了对基层工作情况的了解。与此同时，考评结果通报后，有利于基层部门寻找工作的差距、分析产生问题的原因，改进今后的工作。

3. 全面引入项目资金竞争机制，有利于构建一个科学合理、系统全面、权责明确、运作规范的农业综合开发工作管理新模式。公开透明的项目申报及评审，使符合条件的项目申报单位均有机会享受到农业综合开发的扶持政策。公开量化的工作绩效考核在农业综合开发系统内营造了一种求真务实、上下联动的良好氛围。公开、公正的项目评审，规范了管理部门的运作，增强了各级管理部门的责任感和使命感。

（二）规范了部门单位当事人的行为

过去，“跑项目”、“跑资金”成风，上项目资金靠的是“拉关系”、“走后门”。项目资金实行竞争性分配，从源头上铲除滋生腐败的土壤，净化了社会风气。

1. 规范了行政管理人员的行为。产业化经营项目好不好，专家说了算。评审结论不可行的一律不予立项。土地治理项目资金多与少，不是领导说了算。项目资金与工作绩效挂钩。基层的工作好不好，以统计数据为依据。清晰的政策，有效地约束了上级管理部门的权利，大大压缩了“寻租”的空间。

2. 规范了评审专家的行为。“人情项目”、“关系项目”要回避。《专家评审工作纪律》中要求：对工作不认真负责、考核不合格的专家，今后不再聘请为农业综合开发专家；对违反纪律的评审专家给予严厉的处罚。对此，《项目评审专家管理办法》中有明确的规定。

3. 规范了项目申报单位人员的行为。公开透明的政策，使项目申报单位有了项目平等申报和竞争立项的机会。公正评审、项目公示、结果反馈，一道道规范的程序提高了农业综合开发管理部门的公信力。项目立项与否关键是看申报项目是否符合政策、项目单位的条件是否更优越。

（三）激发了基层农发部门的工作热情

“竞争立项，干好干坏不一样！”这是高标准农田建设示范工程项目实行公开竞争以来各地基层农发部门发出的共同感受。全面引入项目资金竞争机制，极大地激发了基层农发部门的工作热情。

1. 引起了当地政府领导的高度重视。公开竞争通过电视、报纸等社会媒体宣传报道，扩大了农业综合开发的社会影响力。参与公开竞争的开发县都派出了由县（市、区）领导带队的竞争团队。一些未申报竞争项目的开发县领导纷纷表示将来一定申报。

2. 增强了农发管理部门领导的责任心。省每年将对开发县考评结果通报至当地政府的做法，鼓励了先进，鞭策了后进。一些工作落后的地方部门领导，化压力为动力，通过实施改进措施，取得了明显的效果。

3. 调动了基层管理人员的积极性。工作绩效量化考核，有利于基层管理人员寻找工作中的差距，发挥主观能动性，结合实际提出解决问题的办法；有利于在全省农发系统形成一个“创先争优”的良好氛围。

（农业综合开发办公室供稿，李国龙执笔）

2010年创先争优活动取得阶段性成效

自2010年4月份创先争优活动启动以来，省财政厅机关党委紧紧围绕“党员创先进、组织争优秀、群众得实惠”的总要求，以解决突出问题、完善体制机制为核心，突出实践特色，贯彻群众路线，在深入上下工夫，在实效上求突破，圆满完成了成立机构、制订方案、贯彻落实、创新载体、加大宣传、督导检查等各项工作，取得了明显成效，先后得到了中央和省领导同志的高度肯定。2011年11～12月份，省财政厅应邀分别在全国财政系统党建工作会议、省直机关创先争优活动座谈会上作经验介绍。总体来说，省财政厅开展创先争优活动，取得了阶段性成效。

一、精心组织，扎实推进，创先争优活动深入开展

根据中央和省委省政府关于开展创先争优活动的部署要求，围绕财政中心工作，紧扣广东省财政继续改革创新当好排头兵主题，精心组织，周密安排，深入扎实开展创先争优活动，主要体现为“六个突出”、“六个贯穿始终”：

（一）突出抓好组织保障，把加强领导、落实责任贯穿始终

强有力的组织领导是创先争优活动取得成功的保障。省财政厅在开展创先争优活动中，始终做到“两个坚持”：第一，坚持领导率先垂范。省财政厅党组高度重视创先争优活动的开展，厅党组书记、厅长曾志权多次对厅创先争优活动作出重要批示。厅党组成员、副厅长、厅直属机关党委书记戴运龙（兼）任办公室主任，亲自指导创先争优活动具体工作。建立厅党组成员创先争优活动联系点制度，每个厅党组成员各选定一个处室（单位）党支部（党委）作为创先争优联系点，进行点对点的工作指导，落实创先争优活动的领导和指导责任。同时，建立了厅领导干部联系点制度，党组成员全程参与联系点的创先争优活动。各处室（单位）主要领导也充分发挥示范带动作用，形成一级抓一级，层层强化组织保障的良好局面。第二，坚持加强分类指导。在活动总体目标确定的前提下，区别创先争优活动的不同对象，以党建带妇建、以党建带工建、以党建带群建，确保创先争优活动效果最大化。

（二）突出营造活动氛围，把宣传引导、全员发动贯穿始终

坚持把营造创先争优活动的氛围摆在突出位置，“内宣、外宣一起抓”，打通渠道，把握导向，全员发动。第一，紧扣宣传主题。将宣传重点放在创先争优活动中财政促进发展、改善民生、深化改革等方面的思路、措施和成就，营造创新体制、推动改革的氛围。第二，丰富宣传方式。活动启动以来，在厅互联网站和厅机关办公系统开设专栏，及时反映活动进展情况。同时，通过编印活动简报、汇编学习资料、主流媒体宣传、张贴横幅标语等形式，对活动进行全方位、多角度的宣传报道。截至目前为止，共编发活动简报43期，《南方日报》、《经济日报》、《广东党建》等媒体报道10余篇次，在厅内挂贴横幅和标语共180多条，形成了强大的舆论合力。第三，拓展宣传范围。充分发挥厅机关工会、厅直属机关团委、厅妇委会联系干部群众、团员青年、妇女干部职工的桥梁纽带作用，协助厅创先争优活动领导小组做好对干部群众的宣传引导工作，努力做到全员发动、全员参与。

（三）突出创新活动载体，把丰富形式、增强实效贯穿始终

创新性地提出了“八个一”活动载体，使活动成为可量化、可考核的具体行动，突出实践特色，进一步增强创先争优的责任感和紧迫感，使创先争优活动取得实实在在的成效。

1. 作一次公开承诺。公开承诺是强化创先争优自我约束的重要举措。结合实际，形成易懂、易记的175字省财政厅创建“五个好”先进基层党组织和争当“五带头”优秀共产党员的基本要求，并公开张贴，让广大党员干部看得见、记得住、学得进。每一个党支部都作出公开承诺，并汇编成册在厅内公开。每一名党员都作出个人承诺，在党支部（党委）扩大会宣读，由党支部（党委）委员点评、审核后存档。承诺践行情况纳入个人和党支部年终考核范围。全厅35个党支部（党委）根据创先争优活动的要求认真开展领导点评，按照党组织隶属关系和领导分工，包括厅党组书记、厅党组成员、厅直属机关党委书记、厅直属机关党委委员等在内，全厅共有549名党员参与领导点评。

2. 树一个先进标杆。通过树标杆、立先进，实现比有标杆、学有榜样、赶有目标、超有方向。开展争创“党员先锋岗”和“先进基层党组织”活动，颁发“党员先锋岗”流动岗牌和“先进基层党组织”流动红旗，共建立党员先锋岗48个、先进基层党支部4个。开展创建“五星服务岗”活动，选取会计服务大厅作为窗口建设的典型，实行“一站式”便民服务。开展“四比四看四提高”活动。

3. 建一套工作机制。制度机制管根本、管长远，是实现创先争优活动可持续发展的重要保障。重新修订《广东省财政厅机关工作制度汇编》，涉及相关制度110项，其中新制定40项。厅各党支部（党委）建立内部工作制度废、改、立机制，完善行政问责、工作考核、定岗定责、服务承诺、限时办结、调查研究等内部管理制度，形成了抓落实的倒逼机制。

4. 定一个工作亮点。把重实践、求实效作为创先争优活动的出发点和落脚点。积极开展“定一个工作亮点、破一个工作难点”活动，共确定工作亮点34个，涵盖了财政工作促进发展、改善民生、深化改革的各个方面。同时，开展“亮点追踪”，将各党支部（党委）工作亮点进行汇编公开，并建立督办通报制度，追踪各工作亮点进展，努力把“亮点做亮”。

5. 做一次调查研究。坚持把学习的收获、调研的成果转化为谋划发展的正确思路和推动工作的具体措施。一方面，在“准”字上下工夫，确定了42个调研专题，并明确了各专题的牵头处室，落实工作责任。截至2010年年底，42个专题均完成调研并形成调研报告。另一方面，在“实”字上做文章，开展年度优秀调研报告评选活动。

6. 开一期民主生活会。开好民主生活会是创先争优的重要方面。积极开展“联创共建”，鼓励各党支部跨支部联合召开民主生活会；开展“结对共建”，由厅党支部（党委）和帮扶基层党组织联合召开民主生活会。全厅34个党支部（党委）共计召开140余次民主生活会；工会、团委、妇委会、离退休人员共计召开创先争优主题座谈会6次。

7. 写一篇读书心得。推进学习型党组织建设，是提高创先争优能力的内在要求。先后开展了“读一本好书、写一篇心得”和“提高执行力”、“加快转变经济发展方式”专题读书活动，创办《读书园地》内部刊物，作为推进读书交流活动的重要平台和载体，活动开展以来已收到干部职工读书心得投稿90余篇，出版4期《读书园地》，刊登文章70余篇。

8. 帮一户贫困农户。立足于民、创优为民是创先争优活动的基本要求。积极开展“规划到户、责任到人”对口帮扶大沙村活动，118位厅处级干部对口帮扶大沙村78户贫困户，积极推进产业帮扶、救济帮扶、发动社会帮扶、智力帮扶，特别是通过设立“大沙村扶困基金”，发动社会力量累计捐款达140多万元，专项用于大沙村读书教育、特困救助及基础设施建设等，建立了帮扶长效机制。

（四）突出财政实践特色，把破解难题、推动工作贯穿始终

在创先争优活动过程中，始终突出财政实践特色，按照科学发展观的要求，充分发挥财政职能作用，力促发展、力纾民生、力保稳定，力推科学发展上水平、人民群众得实惠。从2011年11月份开始，在全厅范围内开展“改革创新当好排头兵”学习讨论活动，将“组织创先进、党员争优秀、群众得实惠”的要求与“工作上水平”结合起来。讨论活动要求结合新的形势，重新审视广东财政工作在全国所处的位置，重新审视服务省委、省政府中心工作的状况，通过对比分析、广泛讨论、深入调研、谋划思路、制定举措、抓好落实，研究落实各项财政工作的新思路、新举措，找准财政改革的方向和重点、路径，与各项财政工作统筹谋划，推动广东财政继续改革创新当好排头兵，实现“六个确保、六个实现”，推动广东财政继续保持在全国的整体领先位置。

（五）突出督导检查，把落到实处、取得实绩贯穿始终

加强督导始终是推动工作顺利开展、取得实效的重要保障。一是制订督导方案。通过制订督导方案，明确督导的目的和方式。二是创新督导形式。通过定期召开支部书记会议，建立创先争优活动情况月报制度，经常性督查、随机抽查、集中评比等方式了解活动进展情况，鼓励先进、鞭策后进，共同促进。厅活动办抽取有代表性的基层党组织进行上门督导。三是确保督导效果。通过对各阶段的成果采取自下而上、分级评选、集中审议的形式评选考核，深入了解活动开展情况，及时发现和解决问题，推广经验做法和先进典型事迹，确保了创先争优活动的深入开展。

（六）突出转变作风，把立足本职、主动服务贯穿始终

厅党组高度重视创先争优工作，并以此进一步推动干部队伍和机关作风建设。2011年11月22日，厅党组书记、厅长曾志权以“立足本职　创先争优”为题主讲创先争优专题讲座。随后，全厅组织开展“立足本职　创先争优”专题学习讨论活动，学习讨论主要围绕思想、工作和作风等方面开展，每一位党员干部逐一对照检查，从思想深处查原因、找差距，认真查找思想观念、工作作风上的问题。针对讨论检查出来的问题，认真深入分析原因症结，提出切实可行的整改措施，并严格贯彻落实。通过开展学习讨论活动，清除消极和错误的思想作风，牢固树立五种意识、大力弘扬五种精神，推动厅机关干部队伍作风建设取得实实在在的成效，力争建设一支务实、高效、创新、廉洁、和谐的干部队伍。

二、围绕中心，注重实践，创先争优活动初显成效

创先争优，“创”是关键，“先”是目标，“争”是核心，“优”是标准。省财政厅创先争优活动紧紧围绕“三个坚持”，即坚持围绕中心服务大局，坚持管理与服务并重，坚持党建与业务相结合，把重实践、重实效贯穿活动的全过程，取得了明显成效。

（一）坚持围绕中心服务大局，充分发挥了财政职能作用，为省委、省政府各项决策部署贯彻落实提供了有力保障

2010年，广东财政工作取得了新进展，成绩显著。从收入方面来看，广东财政收入突破万亿大关，收入总量创新高。在收入实现平稳较快增长的基础上，财政支出现结构优化、进度加快、管理科学、注重绩效的显著特点。省财政全年用于促转变和调结构的支出达156.2亿元，集中投入到支持引导发展战略性新兴产业发展、支持产业转移、支持自主创新、支持建设人才强省、支持节能减排和生态环保。财政支出进一步向民生倾斜，从公共教育、公共卫生、公共文化体育、就业保障、医疗保障、住房保障等八个方面入手，加快推进以民生为重点的各项社会事业发展。加大“三农”投入，落实各项强农惠农政策，并在落实自身“双到”帮扶工作方面，省财政厅带头提方案，启动帮扶工作。仅花了一年多时间就完成了3年帮扶任务，顺利通过了省、市、县、镇各级的年度考评，被推荐为全省“插红旗单位”和“红旗村”。进一步完善省以下财政体制、建立县以下政权基本财力保障机制、建立生态激励型财政机制、稳步推进省直管县财政改革。抓好基础

管理工作，继续深化各项支出管理改革。抓好基层财政建设，提高基层干部政策水平和业务能力，强化基层财政资金监管职能。创先争优活动为这些成绩的取得提供了有力保障。

（二）坚持党建与业务相结合，推进了学习型、创新型、服务型机关建设

1. 创新机关建设思路，确保了机关平稳、高效、有序运转。一是改进了学风。积极开展“读一本好书、写一篇心得”读书活动，鼓励引导广大干部职工“干什么学什么、缺什么补什么”，多读书、读好书、优化知识结构。全面落实干部培训任务，开展大规模培训干部工作，认真组织好领导干部参与市厅级领导干部进修、中青年领导干部培训及各类境外培训，鼓励干部职工参与学历、学位学习教育，提升领导、干部队伍综合能力素质。二是规范了机关运转。健全完善机关运行规程，提高政务事务管理水平；健全完善保密、档案、财务、固定资产等管理制度，完善办公自动化系统建设，确保机关平稳运转；稳步推进部门预算公开，提高财政工作透明度；丰富机关文化生活，加快推进厅机关基建工作，加强后勤保障服务，改善干部职工工作生活条件。三是营造了良好发展氛围。全年中央和省重要新闻媒体共播发广东财政新闻信息70多条，厅领导接受《人民日报》、新华社、《南方日报》、广东电视台等新闻媒体采（专）访20余次，扩大了广东财政影响，为财政发展改革营造了有利的舆论环境。

2. 创新廉政建设机制，规范财政权力运行。始终把党风廉政建设摆到突出重要的位置，不断创新制度安排，认真落实党风廉政建设责任制，切实履行领导干部“一岗双责”，推进构建教育、监督、制度并重的惩防体系。认真执行廉政档案、提任干部廉政考察、任前谈话、新招录公务员上岗廉政教育、离任审计等廉政建设制度，筑牢反腐倡廉的思想防线，加强单位内控制度建设，堵塞管理漏洞。

（党委办供稿，刘柏文执笔）

锐意创新　强化管理
努力创建一流的公务员队伍

近年来，省财政厅高度重视公务员队伍建设，把加强公务员管理、大力推进干部人事制度改革作为深入学习贯彻科学发展观的重要举措，作为推动广东财政事业跨越式发展的人才保障，认真贯彻执行《公务员法》，坚持锐意改革、创新机制，努力建设一流的财政公务员队伍，促进广东财政改革和发展取得了辉煌成就。在2011年的全省财政工作会议上，省委常委、常务副省长朱小丹同志高度赞扬广东财政队伍“胸有大局，奋发有为；真抓实干，执行力强；雷厉风行，工作高效；勇于拼搏，善打硬仗；班子坚强，队伍整齐；廉政为民，清正廉洁。”主要做法是：

一、创新考录培养机制，着力发展壮大财政精兵

借助公务员统一招录机制这一平台，省财政厅建立健全了“科学招录、集中培养、统一输送、跟踪管理”的公务员考录培养机制，严格把好进人入口关，发展壮大“财政精兵”。五年来，先后招考公务员5批共58人，其中具有双学士学位的13人，占22.4%；具有基层工作经历的26人，占44.8%；具有研究生以上学历的23人，占39.6%。一是科学设职，规范招录。坚持广泛性、适用性和公平性原则，在深入分析队伍结构，广泛征集人员需求的基础上，认真编制年度招录计划，科学设置职位及资格条件，考虑财政需求，突出综合素质，注重个人实绩，不唯学历、不唯名校，不拘一格选人材。坚持公开、公平、公正，招录过程由人事教育处牵头，党委办、监察室共同参与、加强监督，严格按程序组织招考，防止“量身订做、因人设岗”，确保招录高素质人才。二是统一安排、集中培养。将经办财政收支管理基础性业务的窗口服务单位国库支付局，作为“新招录公务员培养基地”。使用国库支付局编制统一招录，招录后在国库支付局集中培养1年左右，系统进行财政基础业务学习和各种上岗培训，全面熟悉财政业务和机关管理流程。三是统一输送，跟踪管理。集中培养一定时期后，根据处室用人需求和培养情况，统一调配输送各缺员处室，办理转任手续，人教处负责跟踪了解新招录公务员学习和工作情况，加强考核和服务管理，并根据实际情况不断完善招录培养机制。通过“一条龙”式的集中招录和培养，为新招录公务员打下扎实的基础，提高了队伍的整体素质，队伍的战斗力和团队意识也大为增强，收到了良好的效果。

二、创新干部选拔和交流轮岗机制，着力激发队伍活力

不断深化干部人事管理改革，创新公务员管理机制，充分调动和激发公务员奋发有为、干事创业的积极性。一是树立正确的选人用人机制。坚持德才兼备、以德为先的用人标准，选好干部、配强队伍。多年来，省财政厅坚持“凭能力定使用，靠实绩求进步”的选人用人机制，按照民主、公开、竞争、择优的原则，完善领导干部选拔任用制度，健全完善不同层次干部的晋升渠道，真正把一批政治坚定、实绩突出、作风过硬、群众信任的干部选拔上来，全厅形成了风清、气正、实干的良好机关氛围。二是不断加大竞争性选拔工作力度。继2000年机构改革后，2008年，率先在省直单位中采取竞争上岗方式选拔10名副处级领导干部；2009年，省财政厅被省委确定为首批公开遴选副厅级领导干部试点单位，公开遴选1名省财政厅副厅长；2010年，再次采用公开遴选方式选拔任用了8名副处级领导干部，同年又率先将竞争性选拔机制引入科级干部的选拔中，采取公开推选的方式，首次破格提拔了4名副主任科员，使优秀年轻干部脱颖而出，为一批有能力、想干事、能干事的优秀年轻干部提供了舞台。三是建立健全交流轮

岗机制。根据干部轮岗交流的有关规定，制定了《省财政厅国家公务员职位轮换（轮岗）暂行办法》，明确正处级领导干部在同一领导职位任职满5年以上；同一处室任正、副处职领导职务合计满7年以上；在同一处室工作满10年以上的，原则上予以轮岗；同时，对新提任的处级领导干部实行交流提拔制度，对主任科员和副处级干部提拔时原则上安排到其他处室任职。五年来，全厅共轮岗135人次，向外单位推荐正处级领导干部7名，推荐参加援疆、援藏、援川、挂职和驻村等专项工作的干部达30余人次，为公务员提供了多岗位锻炼机会，增强了队伍活力，对提高干部综合素质、预防腐败滋生起到了积极作用，得到了广大干部的好评。

三、创新教育培训机制，着力提升队伍素质

近年来，省财政厅把加强教育培训、提高干部素质作为战略性任务，不断创新机制，建立全方位、多形式、高质量的干部教育培训体系。一是创新培训载体。按照科学理论武装、具有世界眼光、善于把握规范、富有创新精神的要求，分不同层次创新开展专题培训。从2004年起，每年结合省委、省政府中心任务确定一个经济社会热点专题，与省委组织部联合举办公共财政专题培训班，组织全省分管财政工作的市县长、各级财政部门负责同志和厅处室负责同志参加培训，邀请省领导作重要讲话，由省财政厅厅长作专题讲座，并聘请有关财经专家进行授课，5年来累计培训1 300多人次，通过高层次的专题培训，培养财政领导干部的战略思维，提高了当家理财能力。此外，2006～2007年，连续两年与北京大学联合举办广东省财政系统处级干部北京大学公共管理研修班，共有103名处级干部参加了专题研修；多次举办新招录人员培训班，采取业务培训和拓展训练相结合，帮助新招录公务员提高综合素质和工作能力；大力实施素质提升工程，在厅内组织开展各类财政业务培训和公文写作、信息化、保密和廉政建设等专题培训，收到了良好的效果。二是创新培训形式。2004年起创办“广东财经论坛”，2010年底又设立“广东财政大讲堂”，紧紧围绕经济社会和财政改革发展中的热点、难点和焦点问题，定期聘请知名专家“开讲”，构建公务员开拓视野、提升素质的重要培训平台。按照创建学习型机关要求，深入开展读书学习活动，精心创建了《学习园地》，创办了《广东财政培训动态》，并在门户网站开辟了《大规模培训专栏》；积极引导公务员参加学历学位教育，对参加学习教育的，予以学费补助，营造了崇尚学习、热爱学习的浓厚氛围。三是创新培训途径。坚持境内培训与境外培训相结合，立足于培养具有国际视野的高层次财政管理人才，每年在全省财政系统选派6名处、科级干部赴澳大利亚皇家墨尔本理工大学进行为期3个月的专题培训，目前累计选派36人。同时，积极选派干部参加各类出国（境）培训班。累计参加培训达到145人次。四是完善培训制度。根据干部培训的有关精神，制定了《省财政厅公务员培训管理办法》、《省财政厅关于适应我省加快转变经济发展方式要求大规模培训干部的实施意见》、《省财政厅大规模培训干部登记管理办法》等，建立健全干部培训及考核制度，确保干部教育培训经常化、系统化、制度化。

四、创新管理监督机制，着力建设为民务实清廉队伍

一是深入开展服务型机关建设。弘扬以“务实、高效、创新、廉洁、和谐”为核心的广东财政机关文化，制定了省财政厅机关工作人员守则，注重换位思考，转变干部作风，强化主动服务，做到资金不足用笑脸和服务补足，深化服务理念，简化惠民资金办事程序，切实提高服务效能；建立群众办事“五个一服务程式”，即“一张笑脸相迎、一张椅子让坐、一杯清茶暖心窝、一腔热忱办事，一句好言相送”，切实提高服务水平。二是建立健全干部考核评价机制。按照科学考评、奖勤罚懒的原则，制定了省财政厅干部年度考核指标体系，按照德能勤绩廉五个方面设定一、二级考核指标，建立了细化、量化和可操作的考核体系；将考核结果作为干部选任重要依据，引导公务员转变作风抓落实，立足岗位争优秀，提高了队伍的执行力和战斗力。三是建立健全领导干部问责制。落实领导干部问责制，制定了《省财政厅实行党政领导干部问责的实施意见》、《省财政厅处级领导干部岗位职责要求》，明确岗位职责及问责制度，确保问责有据、有章可循。四是切实规范权力运行机制。在认真执行财政内部循环监督机制的基础上，创新制度设计，建立健全《广东省财政厅工作运行规程》，将全厅467项行政职权运行绘制成流程图，并向社会公开；建立完善领导干部内部离任审计、固定资产、财务等内控管理机制，加强反腐倡廉建设，努力防止各类违规违纪问题发生。

（人事教育处供稿，朱昱执笔）

第四部分

各市财政工作概况

广州市

2010年，广州市认真落实科学发展观，加快经济结构调整和增长方式转变，经济取得快速增长。全年实现地区生产总值（GDP）10 604.48亿元，按可比价格计算，比2009年增长13.0%。其中，第一产业增加值189.05亿元，增长3.2%；第二产业增加值3 950.64亿元，增长13.0%；第三产业增加值6 464.79亿元，增长13.2%。第一、二、三产业增加值的比例为1.8∶37.2∶61.0。三次产业对经济增长的贡献率分别为0.4%、38.4%和61.2%。全社会固定资产投资3 263.57亿元（包括省属跨市项目），增长22.7%。三次产业投资额的比例为0.10∶19.18∶80.72。全年进出口总额达1 037.76亿美元，增长35.3%。其中，商品出口总额483.8亿美元，增长29.3%；商品进口总额553.96亿美元，增长41.0%。社会消费品零售总额4 476.38亿元，增长24.2%。

2010年，来源于广州地区的财政一般预算收入3 348亿元，增长26.1%。地方财政一般预算收入872.6亿元，比2009年决算数（下同）增长24.2%，完成年度计划的110.4%。其中税收收入704.07亿元，同比增长20.9%，增收121.69亿元；非税收入168.58亿元，同比增长40.2%，增收25.16亿元。三大主体税种增值税、营业税、企业所得税合计收入430.68亿元，占税收收入61.17%，增量占税收收入增量的56.15%。地方财政一般预算支出977.5亿元，比2009年决算数增长23.7%，为年度预算的84.8%。

2010年广州市基金收入完成526.5亿元，比2009年决算数增长30%（其中国有土地使用权出让金收入455.6亿元，增长40.9%），加上上年结余收入261亿元、上级补助收入3.1亿元和调入资金5.4亿元，全市基金总收入796亿元。全市基金支出509.8亿元，比2009年决算数增长89.1%。

一、保障亚运会成功举办

2010年，第九届亚洲运动会在广州召开，为保证亚运会成功举办，广州市财政局认真审核亚运（亚残运）会总体预算。根据市委、市政府指示精神并结合亚运城市行动计划要求，经与有关部门协商，按照实事求是和节俭的原则，完成了亚运（亚残运）会总体预算的审核和资金来源统筹工作，并在财力极度紧张的情况下，严格审核把关，足额安排亚运（亚残运）会组委会的运行及专项经费，及时拨付资金，确保了亚运（亚残运）会的顺利开展。同时制定了涉亚运资产赛后处置方案，确保亚运有关资产赛后得到合理、有效的利用。

二、推进城市环境综合整治

利用举办亚运的契机，广州市财政大力支持开展城市环境综合治理。一是加强水环境整治，财政足额安排资金，积极开展河涌整治，确保完成了市内河涌截污和水生态修复，塑造了东濠涌、荔枝湾涌两个成功治理水环境的典范。二是全力推进“空气整治50条”和“新30条”落实，拨付空气整治专项资金4.3亿元，按照市委市政府综合整治工业污染的要求对污染企业治理改造。三是大力推进公共交通建设。拨付公交行业综合补贴4.91亿元，缓解公交行业燃料和财务成本压力；拨付0.57亿元用于快速公交线路（BRT）管理和营运，确保BRT正常投入运作；拨付2.98亿元用于亚残运会购置无障碍公交车，确保了亚运公交正常提供服务；拨付3.84亿元用于公共交通车辆配置和改造；拨付0.17亿元推进“村村通客车”，缩小了公共交通服务城乡差距。

三、促进产业转型结构升级

支持完善自主创新体系。印发实施《广州市创业投资引导基金实施方案》、《广州市创业投资引导基金施行细则》，促进广州市创新性城市的建设。统筹安排有关专项资金，优化科技投入，保障科技重大专项的实施。大力支持配合设立省市中央共建科技创新项目，推进科技成果产业化进程。加快发展现代服务业。进一步完善总部经济有关扶持政策，着力吸引知名企业和国内战略性新兴产业领军企业在广州设立总部，积极配合开展国家服务业综合改革试点城市申报工作。支持新兴产业和低碳经济。支持企业开展节能减排技术改造和清洁生产，大力淘汰落后产业和产能。牵头制定节能与新能源汽车示范推广财政补助实施方案，根据该方案，2010～2012年广州市财政将安排8亿元支持节能与新能源汽车推广。进一步完善民营经济发展环境。拨付1.3亿元，完善中小企业信用担保体系建设；拓宽中小企业融资渠道，担保发行“广州市中小企业2010年度集合票据”。

四、进一步完善民生保障

推进基本公共服务均等化，起草了《关于完善市对区（县级市）财政管理体制的意见》，强调按照基本公共服务支出均等化的原则，通过财政横向转移方式，逐步解决区域间财力分配的不均衡，促进财政支出向公共服务倾斜。加大就业专项资金投入力度，2010年安排就业专项资金5.8亿元，比2009年增加2.2亿元，增长61%。扩大失业保险基金使用范围，支付稳岗补贴3.5亿元，帮助困难企业稳定就业岗位。不断完善社会保障体系，投入135 049万元，用于“农转居”人员、困难企业职工参加养老、医疗等保险及安排用于城镇、农村养老保险政府资助等。制定了广州市新型农村社会养老保险实施办法，实行生育保险市级统筹，逐步推进市级医保统筹。保障城乡特困人员基本生活。支付2 457万元用于城镇居民最低生活保障金及城乡分类救济金，投入1 665万元（全市共投入3 176万元）向城乡低收入困难居民发放临时物价补贴。安排5 000万元补助从化市开展农村危破房改造，安排24.55亿元推进全市廉租房建设。

五、促进社会事业全面发展

积极推进城乡免费义务教育及免费义务教育标准一体化，促进广州市教育均衡发展。大力发展职业教育，积极推进市属高校财政管理模式改革。实施文化惠民工程，推进农家书屋和乡镇（社区）综合文化站（室）建设、支持博物馆、纪念馆免费开放，打造面向公众的公共文化服务平台。加大强农惠农力度，落实市本级粮食风险基金2.1亿元，推进中心镇及农村“五小”基础设施建设。切实落实公益林补偿、农机购置补贴、良种补贴等各项惠农政策，促进农民持续增收。完善城乡医疗救助制度，改善农村卫生设施建设，不断提高新型农村合作医疗水平，2010年广州区（县级市）新型农村合作医疗筹资标准从每人200元提高到260元以上，参合率达到99.7%。

六、大力推进财政改革

1. 继续做好财政信息公开。按照财政部要求，广州市财政局在部门网站上公开了《广州市2009年预算执行情况和2010年预算草案》，并率先公开了《广州市财政局2010年部门预算》；在政府采购方面，3月1日，在全国率先实施招标前在网上公示采购文件、中标候选人和评标委员会、谈判或询价小组成员名单和综合性评审意见等相关资料，供应商可书面提出质疑。

2. 深化财政国库集中支付制度改革。到2010年年底，广州市所有预算单位均纳入改革范围，基本实现“纵向到底，横向到边”的改革目标，财政性资金绝大部分纳入改革范围，基本实现以国库单一账户体系为核心、以直接支付方式为主的管理模式。

3. 全面铺开市本级公务卡改革。联合广州市纪委印发了《关于广州市市本级预算单位全面实施公务卡结算改革的通知》，并分3个阶段对市直单位推行公务卡结算改革工作进行专项检查；进一步扩大公务卡的结算和财务报销范围，推进了在国库集中支付系统（B/S版）增加公务卡结算其他账户还款功能，方便预算单位通过基本存款账户等其他账户对公务卡进行报销还款。全年共有576家市本级预算单位正式启动公务卡改革，开立24 591张公务卡。同时，创新推行公务车专用卡，推动公务车加油业务改革，已初步形成公务车加油结算改革方案，今后将逐步把公务车加油资金纳入国库集中支付，实现公开透明管理。

4. 强化地方金融企业财务和国有资产监管。明确企业国有资产在转让过程中有关报批程序，进一步规范转让行为；做好广州银行、农村商业银行负责人的薪酬情况测算，研究制定广州市金融企业负责人薪酬管理办法；全力推进广州银行和广州国投的重组工作。

5. 进一步强化财政监督。对筹办亚运会财政资金实行“预算管理、集中支付、专项监督”，确保“廉洁办亚运”；深入开展“小金库”专项治理，共清理“小金库”9个，涉及金额312.95万元；牵头组织全市开展强农惠农资金专项清查工作，促进落实和完善强农惠农政策，建立健全强农惠农资金监管长效机制。

七、加强财政机关内部建设

1. 推进机构改革。广州市财政局根据市委、市政府“大部制”改革的有关精神及市编委办《关于认真做好市政府部门“三定”工作的意见》，参照财政部、省财政厅职责配置和内设机构设置，结合广州市财政工作的实际和今后财政改革的方向，按照理顺机构职责、缩减行政层级、强化业务处室三项原则，积极稳妥推进机构内部整合：撤销信息管理处、监督检查处；将行政政法处分拆为行政处和政法处，进一步平衡机关各处室业务；新设部门预算编审处，以进一步提高财政预算管理水平。此次改革，全局行政编制不变，层级减少，效率提高。

2. 全面加强干部队伍建设。完善政治理论学习和业务培训制度，不断提高财政干部的综合素质和业务技能，努力建设政治过硬、业务拔尖、作风优良的干部队伍。让一批德才兼备、年富力强、群众认可的干部走上领导岗位，逐步形成朝气蓬勃的领导层。

3. 组织干部到市财政局新增加“双到工作”挂钩村——梅州市大埔县清溪镇清溪村进行对接，并5次深入该村了解情况，制订帮扶计划和措施。

4. 继续加强机关作风建设和党风廉政建设，建立健全惩治和预防腐败体系，认真落实反腐倡廉各项规定。

（广州市财政局供稿，杨福栋执笔）

深圳市

2010年，面对十分复杂的国内外经济环境，深圳市认真贯彻落实党中央、国务院和广东省委、省政府各项宏观调控政策措施，加快推进发展方式转变和结构调整，实现了国民经济又好又快发展。全年实现国内生产总值9 510.91亿元，比2009年增长12.0%。其中，第一产业增加值6.00亿元，下降14.3%；第二产业增加值4 523.36亿元，增长14.1%；第三产业增加值4 981.55亿元，增长9.9%。全年完成全社会固定资产投资1 944.70亿元，比2009年增长13.8%，其中基本建设投资1 226.29亿元，增长17.5%。全年外贸进出口总额3 467.49亿美元，比2009年增长28.4%。其中，出口总额2 041.84亿美元，增长26.1%；进口总额1 425.66亿美元，增长31.8%。全年实际使用外商直接投资金额42.97亿美元，比2009年增长3.3%。全年社会消费品零售总额3 000.76亿元，比2009年增长17.2%。其中，批发和零售业零售额2 692.61亿元，增长17.7%，住宿餐饮业零售额308.15亿元，增长12.8%。

一、财政收支情况

2010年，深圳市财政部门进一步加强与深圳市国税、地税等部门的沟通协调，及时分析和解决收入征收入库中的问题；同时加大非税收入征收力度，充分发挥非税收入在补充和均衡财政收入方面的积极作用，加强财政经济形势分析，及时提出有关应对措施，确保了全年财政收入任务的完成。全年全市实现全口径财政收入3 506.8亿元，比2009年增长26.83%。全口径财政收入中，属中央级收入2 400亿元（含关税和海关代征收入等），比2009年增长27.35%。全年全市实现地方一般预算收入1 106.8亿元，比2009年增加226亿元，增长25.66%。全市地方预算内财政主要收入项目完成情况如下：各项税收收入991.98亿元，增长20.50%，占财政一般预算收入的89.63%；非税收入114.84亿元，增长99.38%，占财政一般预算收入的10.37%。在各项税收中，增值税、营业税、企业所得税和个人所得税4个主体税种共完成837.84亿元，增长18.51%，占地方级各项税收的84.46%。

2010年，深圳市完成一般预算支出1 265.27亿元，比2009年增长26.43%。深圳市财政部门进一步优化财政支出结构，压缩一般性经费支出，将更多公共财政资金用于民生领域。加大财政教育经费投入，建立了统一的全市教育资源配置标准，逐步缩小了市、区义务教育阶段公办学校在经费投入、办学条件等教育资源配置上的差异，全年教育支出150.55亿元，比2009年增长10.21%。调整和优化社会保障资金支出结构和资金投向，着力支持公共卫生、就业再就业等社会保障事业发展，全年财政医疗卫生支出61.51亿元，比2009年增长11.84%；社会保障和就业支出47.42亿元，比2009年增长14.27%。加大社会治安综合治理维护稳定经费保障力度，促进"平安深圳"建设，全年公共安全支出91.25亿元，比2009年增长7.10%。积极支持节能减排及市容环境提升行动，着力推进城市绿化美化工作，全年环境保护支出70.54亿元，比2009年增长102.70%。在加大资金投入的同时，通过建立预算支出进度通报制度，加快资金拨付，增强了财政支出的时效性和均衡性。

二、财政改革情况

（一）深化部门预算改革，强化预算约束刚性

在2010年市本级部门预算编制中，除人员经费等刚性增支外，对中央要求压缩和严控类经费实行指标单列、专项管理，一般行政运行项目经费实行零增长；大力推行零基预算，调整和优化行政部门经费支出结构，对行政机关确需增加项目经费需求的，原则上在2009年厉行节约压缩的经费规模中平衡解决；强化出国经费管理，对行政事业单位出国（境）实行经费预算和外汇计划双控制，要求市本级各部门2010年出国（境）经费支出不得超过2009年按规定比例压缩后的经费预算规模，成效明显。2010年，选取部分预算单位实施与批复预算相对应的部门决算改革试点，将单位的预算执行情况与年初预算安排情况对比，并结合执行情况编制下一年部门预算；对专业性强、缺乏相关经费安排标准的重大项目尝试逐步引入专家评审机制，将评审结果作为经费安排的重要依据，2010年对行政事业单位电子政务项目运行维护经费进行了专家评审，并据此安排运维经费。

（二）大力推进国库集中支付改革，扩大区级业务覆盖面

2010年，深圳市财政委员会加强单位账户管理，整治向自有账户划款的行为。通过强化指标（项目）管理、用款计划审批、直接支付控制、报表信息共享、相关支出预警和技术系统把关等措施，确保对重点支出得到切实严控。加强对区级国库改革工作的指导，详细梳理各区新增业务需求，依IT管控规则分门别类地加以管理。深化集中支付改革，扩大区级业务覆盖面，在福田、龙岗、盐田等区推广使用工资发放、部门预算两个子系统，全面铺开罗湖、南山、宝安区的业务改革，积极推动光明、坪山两个新区的国库集中支付改革。规范区级财政总决算工作，进一步提高全市决算编审水平，制定并印发了《深圳市财政总决算工作考核评比暂行办法》。

（三）加强非税收入征收管理制度建设，完善收缴手段

2010年，深圳市财政委员会拟定了《深圳市政府非税收入管理办法》、《深圳市市本级政府非税收入退付规程》，在明确非税收入管理范围和审批权限，规范征收方式、账户设置、资金及票据管理，建立多层次监督机制，加强垄断性资源性经营服务性收费管理，规范和优化退付程序等多方面取得创新突破，为推进深圳市非税收入征管科学化、规范化提供了制度保障。结合行政事业性收费年审和涉企收费的清理，建立各项非税收入项目库，全面掌握市本级收入总体情况、收入结构、执收依据和管理方式，从源头上防止乱收乱罚行为，促进征收范围全覆盖和征收方式的科学规范。推进非税收入征管系统的试点上线工作，选择了11家单位作为试点上线，为实现电子化收缴管理奠定了基础。完善罚没物品处理工作规程，大力处理历年积压物资，规范罚没物资入库、评估、处置和收入上缴等各环节秩序，提升了罚没物资处置效率。

（四）完善政府采购法规制度，规范政府采购操作规程

2010年，深圳市财政委员会加强政府采购制度建设，进一步规范了政府采购操作规程。协同市法制办认真开展《深圳经济特区政府采购条例》修订工作，并形成了新的修订稿。制定并印发了《深圳市市级政府采购单位责任制暂行办法》，要求采购单位在实行政府采购行政首长负责制、建立集体决策制的基础上，明确本部门、本单位内部政府采购责任机构和责任人，健全了部门内部政府采购集体决策机制。深入贯彻落实深圳市委市政府《关于加强党政正职监督的暂行规定》，制定并印发了《政府采购保密应急等项目非公开招标采购方式认定标准及办理程序》和《深圳市政府采购投诉的认定标准和处理程序》，对采购单位的非公开招标采购方式报批和供应商投诉所需材料及办理程序进行了规范，对财政部门的审批标准和投诉处理标准也进行了明确的规定。在多个项目中广泛推行预选供应商名录制度。开发和拓展全市统一专家库，规范评审专家管理。

三、财政管理情况

（一）加强财政资金监督管理，提高财政资金使用绩效

2010年，深圳市财政委员会加强保障性住房专项资金管理，将保障性住房拨款、租售收入、建设支出、运行维护支出及国土基金安排用于住房保障的资金进行整合，纳入全市保障性住房收支计划统筹安排，增强了财政资金使用效益。大力推进节能减排工作，设立建筑节能发展专项资金，促进低碳城市建设。积极推进政府投融资体制机制创新，发挥财政资金的杠杆作用和放大效应，撬动社会资金参与特区一体化建设。加强行政事业单位项目资金使用管理和支出制度建设，认真清理部门年度结余经费指标，从严审核请款事项，做好重点项目经费测算、审核与下达工作。调整和优化医疗卫生经费投入结构，完善养老和医疗等社会保险制度，规范基金财务管理。加大行政事业单位工资福利等政策研究力度，支持人力资源事业改革。继续开展工程建设领域专项治理工作，完善基建财务管理制度，提高政府投资项目监管水平。继续开展500万元以上财政性资金绩效评价（检查）工作，完成了6个单位、15个项目的重点检查，涉及财政资金2.2亿元。及时通报和妥善处理评价（检查）中发现的问题，加强了财政资金规范、高效管理和使用，避免了被评价单位违规、违纪使用财政资金的现象重复出现。扎实开展社会团体、国有及国有控股企业“小金库”专项治理工作，得到省财政厅和市纪委等部门的好评。

（二）加强制度建设，稳步推进行政事业单位资产管理工作

2010年，深圳市财政委员会拟定了《深圳市行政事业单位国有资产管理办法》报市政府，弥补了深圳市行政事业单位资产管理制度的空白，为深圳市行政事业单位资产的科学规范管理提供了政策指导。创新管理手段，推动行政事业单位资产管理信息系统顺利上线，并在编制2011年部门预算时，初步试行了资产管理信息系统与预算执行系统的对接，推进了深圳市资产管理与预算管理相结合。深入研究政府物业管理体制和大型场馆管养模式，完成了有关场馆资产分割工作，拟定了政府对大型文体场馆购买服务方案报市政府，为大运会场馆等大型公共场馆的管养模式提供了范本。

（三）充分发挥财政宏观调控作用，推进经济发展方式加快转变

2010年，深圳市继续贯彻实施积极的财政政策，加大政府投资力度，全年政府投资总规模达639亿元，比2009年增长7%。加大产业扶持力度，推进产业结构调整升级。2010年市本级预算安排支持经济和产业发展资金158亿元，比2009年增加44亿元，重点保障自主创新、节能减排、战略性新兴产业以及引进重大项目等方面的投入。继续实施“主打两个市场”战略，积极推进“深港创新圈”、海外经贸合作区建设，帮助企业开拓市场空间。以加快经济发展方式转变、促进特区一体化和基本公共服务均等化为目标，拟定了深圳市第四轮市区财政体制实施方案、深汕特别合作区财政体制方案。深入研究制定促进自主创新的财税政策，科学编制市财政“十二五”发展规划，为未来5年全市财政工作提供了纲领性指导文件。

（四）加强会计监督管理，促进行业健康发展

2010年，深圳市继续采取市区两级财政部门上下联动等方式开展会计信息质量和会计师事务所执业质量检查，并将会计信息质量检查与执业质量检查相结合，加大对违法违规行为的公开曝光、处理处罚力度，提高监管效果。认真做好2010年注册会计师管理业务首次纳入行政绩效评价后的各项工作，行政许可业务的办理更加规范和透明。严格履行行政监管职能，全面推动会计师事务所年度报备工作。贯彻实施企业内部控制规范体系，推进我国企业会计准则与国际财务报告准则持续趋同，深化非企业会计准则制度建设。加强注册会计师行业和资产评估行业调研，积极争取支持行业加快发展的政策，截至2010年12月31日，深圳市共有会计师事务所263家，注册会计师执业人数2 613人；资产评估事务所44家，注册资产评估师执业人数529人。

（五）加快外围系统建设，构建“金财工程”大平台

2010年是深圳市“金财工程”二期及外围业务系统建设加快向纵深推进卓有成效的一年：社保资金管理系统上线；行政事业单位资产管理系统上线启用，并与预算编审等其他业务系统形成闭环；构建“阳光政府”工程政府采购监管系统各子系统陆续上线运行；非税收入征管系统建设与非税收入征管改革并行推进，为规范非税收入征缴、存储、划转、汇集、核算迈出了重要一步；财政部统一平台接口基本建设完成；公物仓管理系统项目交付使用；“财税库银关”横向联网平台财政端正式上线运行；行政事业单位银行账户管理系统建设进展顺利；基建资金管理系统建设迈出重要步伐；“金财工程”区级系统推广有序推进；整合各业务子系统的统一入口，形成全委的信息互联共享大平台，进一步提高了财政信息化水平。

（六）积极稳妥地推进预算公开，增强预算的透明度

2010年，深圳市进一步推进财政预算信息公开工作。加强财政预算管理知识宣传，积极做好预算信息公开的正面引导。召开了全市财政预算信息公开工作会议，统筹协调市、区两级预算信息公开工作。制定了《2010年深圳市预算信息公开工作预案》，调整完善了本级政府总预算和部门预算格式，建立了预算信息公开工作联席会议机制。及时公开人大审议批准的财政预算（草案），积极推动部门预算公开，截至2010年11月，市本级已有35个部门向社会主动公开了本部门的预算。

（七）强化干部队伍建设，提高财政部门行政执行力

2010年，深圳市财政委员会深入贯彻落实胡锦涛总书

记在深圳经济特区建立30周年庆祝大会上的重要讲话精神，认真开展“创先争优”、纪律教育学习月、机关作风大提升及“双百”竞赛等活动，财政干部干事创业的责任感、使命感和紧迫感进一步增强，服务意识、工作效率不断提高。科学制定干部选拔任用方案，充分发扬民主，严格按程序操作，完成了12名处级干部及30名科级干部提拔任用工作，充实了干部队伍中坚力量，调动了工作积极性。建立健全规章制度，完善运作机制，规范权力运行。灵活多样地组织开展干部教育培训，进一步提升了干部的业务能力和综合素质。组织对市财政委2009年以前的规范性文件进行清理，做好全市财政“五五”普法及验收工作，推进依法行政、依法理财。明确职责，落实责任，扎实做好市财政委2010年首次纳入政府绩效评价对象后的各项工作，收到良好成效。

（深圳市财政委员会供稿，胡长青执笔）

珠海市

2010年，是“十一五”收官之年，也是珠海市发展“升温”之年。珠海全市GDP达到1 202.6亿元，比2009年增长12.8%；完成规模以上工业增加值615.4亿元，同比增长18.2%；全社会固定资产投资501.6亿元，同比增长22.2%；实现社会消费品零售总额486亿元，同比增长20.5%；外贸进出口总额达到434.8亿美元，同比增长16.1%；实际吸收外商直接投资总额12.2亿美元，同比增长3.7%；居民消费价格总指数103，同比增长3%。在各级党委、政府的正确领导和重视支持下，全市各级财政部门紧紧围绕市委、市政府中心工作，坚持“生财有道、聚财有方、理财有规、用财有效”和集中财力办大事，充分发挥财政职能作用，促进经济社会又好又快发展，取得了较好的成绩，主要体现在“六个新突破”：

一、在增收节支、保重点支出上取得新突破

面对2010年财政经济复杂多变的形势，财政部门以高度的大局意识和责任意识，狠抓增收节支，确保实现收入增长目标，集中财力保障确定的市委、市政府重点支出需要。

（一）加大组织收入力度

认真落实财税联席会议制度，建立税务征收激励机制，挖掘非税收入潜力，提高税收征管效能，全力抓好重点税源、重大项目收入组织工作。2010年全市财政收入创三项新高，财力进一步增强。一是地方一般预算收入创新高。累计完成124.5亿元，同比增长22.8%，增幅高出年初预算12.8个百分点。地方一般预算收入年度增收23.1亿元，创下珠海市历史以来新高。二是全市税收收入创新高。全年累计完成103.1亿元，同比增收20亿元，增长24.1%，税收收入地方留成部分首次突破百亿元大关。税收创新高意味着良好的收入结构和质量，税收收入占地方一般预算收入比重为82.8%，收入质量较好。三是全市政府性基金预算收入创新高。累计完成227.9亿元，完成预算的102.8%。其中，土地使用权出让金收入累计完成225亿元。

（二）认真落实中央和省关于厉行节约的各项政策规定

大力压缩一般性开支，努力降低行政成本，为重点支出腾出财力空间。2010年，行政经费支出与近3年支出平均数相比均有不同程度的下降，其中：办公费下降27.06%、交通费下降12%、出国费下降5.93%、会议费下降15.32%、培训费下降15.29%、招待费下降7.6%。科学发展观指标中，2010年珠海市行政运行成本占财政一般预算支出的比重为14.19%，较2009年全年（19.63%）下降了5.44个百分点，珠海市压缩一般性支出取得了明显成效。

二、在扩大国内外需求、落实积极财政政策上取得新突破

坚决贯彻落实好积极财政政策扩大内需战略，加强部门间协调，不断细化完善以财政扩投资、促消费、稳外贸等各项政策措施，促进珠海市经济平稳较快增长。

一是扩大政府投资，支持重点项目建设。2010年，在国家收紧对地方政府融资平台信贷的形势下，市财政积极协调组织市直各有关单位新签订合同总金额95亿元，有效缓解了“十大重点建设工程”中政府性投资的资金压力。为支持市融资平台公司做强做大，市财政对城建集团、交通集团各安排资金3亿元用于解决注册资本金缺口和项目配套资金问题，进一步增强了融资平台公司的可持续发展能力。政府债务及时偿还，2010年偿还政府债务31.74亿元（银行债务本息28.12亿元，历史工程欠款3.62亿元）。目前，珠海市的历史工程欠款由高峰时期的70多亿元大幅减少至7.7亿元，维护了政府的良好信誉。

二是开拓国内市场，促进消费增长。市财政安排506万元用于扶持中小企业开拓国内市场，其中对112家开拓国内市场的企业补助323万元；7家民营及中小企业信用担保体系项目企业补助183万元。同时，认真落实“家电下乡”、“汽车摩托车下乡”、“家电以旧换新”、“汽车以旧换新”政策，引导农村消费和搞活流通、扩大消费。

三是稳定外贸发展，促进加工贸易转型升级。为鼓励企业增加出口，加速促进出口回暖，市财政进一步加大外贸发展扶持力度。2010年安排3 200万元外贸发展专项资金，帮扶出口企业积极应对国际市场的挑战，巩固原有市场，努力开拓新市场。2010年继续实施出口信用保险、出口征退差补贴政策，并按出口1美元给予0.01元的标准进行奖励。同时，积极争取上级财政支持珠海市企业扩大外贸出口、开拓国际市场。2010年全年，152家中小企业的467个开拓国际市场项目获得上级支持资金656万元；145家外向型民营企业的第三方电子平台项目获得上级支持资金165万元。

三、在科学发展、推动转方式调结构上取得新突破

2010 年，市财政安排产业发展资金达 6.2 亿元，大力扶持企业创新发展、科学发展。

一是抓好产业转移，加快产业升级。2010 年，全市安排产业转移专项资金 1 亿元，对口帮扶揭阳、茂名两市共建产业园。

二是加大科技创新支持力度。积极支持企业节能减排和绿色生产，2010 年为格力电器积极争取中央和省补助高效节能专项资金 21 亿元。市财政全年安排企业自主创新发展资金 1 亿元，全年拨付科技应用研发等项目资金 7 500 万元；对市政府授予的 45 个科学技术成果奖项目拨付奖励资金 401 万元；同时对 1 343 件专利资助项目拨付专利资助资金 248 万元，其中省知识产权局安排配套经费 30 万元。积极引进和建设国家重点实验室，2010 年，安排引进国家重点实验室专项资金 1 000 万元，对“软件工程国家重点实验室（武汉大学）珠海研发中心”等 7 个项目共安排资助资金 500 万元。

三是大力支持中小企业发展。2010 年，市财政预算安排“四位一体”融资风险准备金及贷款贴息专项资金 3 500 万元，帮助 135 家企业融资 12.2 亿元，财政资金以 1∶28 的比例撬动银行资金支持中小企业发展。同时，积极探索科技与金融有效对接的机制和模式，省与市按 1∶4 比例组成 5 000万元联合科技贷款风险准备金，进一步加大对科技型企业的扶持力度。安排中小企业技改和发展专项资金 3 792 万元，推动企业实行技术改造、开拓国内市场、实行品牌战略和在资本市场融资。

四是加大实施技术标准战略财政资金扶持力度。2010 年，市本级财政预算安排技术标准战略专项资金 600 万元，比 2009 年增加 100 万元，鼓励企业参与制定技术标准，创建“标准化良好企业”，建立、维护与珠海出口贸易相适应的技术性贸易壁垒预警机制及 WTO/TBT 防范和应对体系，完善技术标准社会公共信息服务和检测服务平台。2010 年，市财政首次对珠海市企业作为商标国际注册人在外国以及港澳台地区获准注册的商标给予财政资助，2010 年共对珠海格力电器股份有限公司等 4 家企业的 185 件商标国际注册资助费用 27 万元，有效推进了珠海市商标国际注册工作的开展。

五是充分发挥政府采购政策扶持创新功能。实施《珠海市自主创新产品政府采购评审办法》，优先采购自主创新产品，确保自主创新企业优先获得政府采购合同，有效支持了珠海市的远光软件、天威飞马、格力空调等行业龙头企业的自主创新建设。

此外，安排高端人才专项资金 350 万元，扶持人才创业发展；安排现代服务业专项资金 1 500 万元，重点支持现代物流、旅游、会展、金融服务、文化创意等行业的发展。

四、在保障民生、推动基本公共服务均等化上取得新突破

2010 年，全市一般预算支出用于教育、文化体育和传媒、社会保障和就业、医疗卫生、环境保护和农林水事务等 6 项民生方面的支出达到 57.6 亿元，同比增长 14.2%，占全市一般预算支出的 39.6%，切实把各项惠民政策落到实处。一是实施教育优先发展战略。全年教育支出 26 亿元（为全市地方财政一般预算支出口径，以下同），增长 11.7%。中小学 12 年免费教育、扶持贫困生上大学、高中阶段特困家庭子女免收书杂费等政策得到落实；推进了市一职校新校区（原市高级中学）、北师大（珠海）附属高级中学工程、市第一中学扩建工程、城市职业技术学院工程、市技工学校新校址等项目建设，进一步改善办学环境。二是大力推动文化事业发展。全年文化体育和传媒支出 2.2 亿元，继续推进歌剧院、文化馆（拱北剧院）、博物馆新馆等文化设施建设，加强基层文化站和广场文化建设，落实文物保护和文物征集经费，安排专项资金促进文化产业发展，为珠海经济特区成立 30 周年系列庆祝活动顺利进行提供资金保障，等等。三是完善社会保障体系建设。全年社会保障和就业支出 13 亿元，增长 14.2%。农民和被征地农民老年津贴和基础养老金标准提高；企业养老金水平大幅上调，目前达到 1 748 元，低收入人群生活有了更多保障；最低生活保障标准趋向一体化，香洲区、金湾区、万山区等区全部实现城乡一体化，低保标准统一提高到 350 元，斗门区的农村低保标准从原来 200 元提高到 280 元、城镇低保标准由 300 元提高到 350 元。安排促进就业资金1 753 万元，完善就业补贴办法，理顺下岗失业人员小额担保贷款管理，下调部分社会保险缴费标准，全市就业形势进一步好转。四是支持医疗卫生事业发展。全年医疗卫生支出 6 亿元，同比增长 24.6%。积极参与推进医改，建立基本药物制度，目前珠海市 135 家公立基层医疗机构全部实施基本药物零差率销售，对于实施基本药物零差率销售的合理损失，市、区财政各支付 15%（城镇基本医疗保险支付 70%）。城乡居民医疗保险财政补助标准从原来的 150 元调整到 280 元，市区财政按 5∶5 分担。五是推进环境生态建设。全年累计支出 2.8 亿元，大力支持“迎检”项目建设；充分保障绿道网工作经费，及时拨付（省立）绿道建设市本级补助资金 5 700 万元；向水源保护区居民提供社保特殊补贴 3 733 万元，对水源保护区进行生态补偿。六是加大财政支农力度。全年农林水事务支出 7.6 亿元，比 2009 年增长 68.1%。在落实各项农民直补政策和推进政策性保险工作的基础上，加强了防灾减灾、水利工程建设。农业综合开发取得良好成效，全年争取到国家和省级农业综合开发项目资金 1 636 万元。

五、在精细理财、深化财政改革上取得新突破

在部门预算方面，深化部门预算改革，减少代编预算规模；加强预算指标管理，及时向各预算单位下达预算支出指标，确保财政资金及时到位；继续扩大项目绩效预算试点范围，将绩效预算项目起评金额由 500 万元降为 300 万元，将评审结果与预算安排相结合，进一步推动珠海市绩效预算管理改革走向深入。在国库集中支付改革方面，完成了市本级国库动态监控系统的搭建，大力推行区级公

务卡改革试点，研发财政工资统发新系统并向区级推广使用，启用财政支出进度动态监管系统，实现了对预算支出进度的实时监控。在政府采购方面，启用全市政府采购电子化监管平台，实现全市政府采购活动统一监管和数据大集中。制定实施《珠海市自主创新产品政府采购评审办法》，发挥政府采购政策功能。在"收支两条线"管理方面，逐步将市本级行政事业单位的经营服务性收入和其他新增非税收入纳入"收支两条线"管理；完善户外广告经营和城市停车场管理等城市公共资源收益的管理，加强对7家具有特许经营权单位的管理力度；加快推进市本级非税收入收缴信息化管理系统建设，推动"网络财政"建设。在财政资金绩效管理改革方面，加强2011年项目绩效预算申报前培训，深入推进部门预算编制与绩效评价管理相结合，促进绩效评价管理从事后评价向绩效预算编制的"上游"延伸。在资产管理方面，制定了《珠海市市直行政事业单位国有资产处置管理暂行办法》，不断加强行政事业资产管理制度建设和加快推进信息化建设。

同时，加强财政监督和精细化管理，强化预算约束。在完善政府预算体系方面，推进国有资本预算编制工作，理顺和规范市级国有资本经营预算编制、执行、决算编制等各项管理工作。在财政监督方面，把财务总监监督纳入正常的财政监督工作之中，规范财政支出管理。加强对财政专项资金的检查。会计信息质量检查重心由企业转移至行政事业单位，对"问题"企业进行重点检查。深入开展"小金库"专项治理工作。在集中支付集中核算方面，珠海市302个市直预算单位已全部纳入国库集中支付改革，覆盖面达100%。纳入支付中心会计集中核算的统管单位有236个。在地方政府性债务管理方面，在全省率先探索建立财政风险准备金制度，并且成功筹集风险准备金约30亿元，大大增强了市委、市政府应对各种经济社会风险的能力。认真做好地方债务统计工作，分析债务状况、发展趋势和存在问题。及时偿还政府债务，2010年偿还政府债务31.74亿元（银行债务本息28.12亿元，历史工程欠款3.62亿元）。目前，珠海市的历史工程欠款由高峰时期的70多亿元大幅减少至7.7亿元（其中：市属工程欠款1.05亿元、1998年航展贷款1.6亿元、横琴新区欠款5.05亿元）。在政府购买服务方面，继续做好政府购买法律顾问服务和软硬件设施维护服务的试点工作。在落实审计整改方面，就2010年市级预算执行审计查出的问题，认真进行整改，推动建立财政规范管理的长效机制。在预算公开方面，通过人大在线监控系统等信息平台，主动接受人大、审计部门监督；主动公开经人大批准的市本级政府预决算；编写预算报告导读资料，让社会公众了解财政和预算工作。

六、在健全职能、加强干部队伍建设上取得新突破

一是财政职能进一步健全。在市委、市政府高度重视和直接指导下，珠海市财政投资审核中心在2010年年底正式成立，弥补了财政在投资审核方面的职能空缺，为进一步推进财政科学化精细化管理、提升政府投资效能打下了基础，为财政部门当好政府投资的参谋助手提供了组织保障、人才保障和专业技术保障。

二是班子队伍得到充实发展。2010年市财政局有3名同志被提拔为副处级干部，领导班子进一步充实，驾驭发展大局能力进一步增强，这是市委、市政府高度重视财政工作的结果。同时，通过公开竞争上岗选拔了5位素质好、能力强、有专长、年纪轻的同志担任科长职务，全局中层干部梯队结构更趋合理，形成了正向激励的人才成长机制。

珠海市财政工作虽然取得了一些成绩，但仍面临着一些亟待解决的问题。突出表现在四个方面：一是财政收入可持续增长压力加大。2010年珠海市地方一般预算收入增幅达到22.8%的较高水平，但仍低于全省平均水平（23.76%）约1个百分点，增幅在珠三角仅高于佛山和东莞两市。收入总量在珠三角仅高于江门和肇庆。当前，中山、惠州等兄弟市发展的步伐在加快，江门、清远紧随珠海市之后，前有标兵、后有追兵，珠海市财政增收压力很大。二是收支矛盾依然突出。虽然财政收入保持了较快增长，甚至是大大超过经济增长速度，但相对于珠海市重大项目支出、民生支出以及偿债支出的资金需求来看，财政收支矛盾突出的情况还将长期存在。2011年珠海市需偿还政府债务约50亿元，偿债支出迎来高峰期，在国家加强对土地和房地产市场调控的形势下，财政支出压力巨大。三是全市财政体制面临调整压力。突出表现在市级财力与发展任务不相适应，2010年全市市本级一般预算收入累计完成63.6亿元，占全市比重为51%，但市本级承担全市重大基础设施建设、统筹推进基本公共服务均等化以及偿还历史债务等诸多事权，导致当前市级财力与事权不相匹配，再加上支出刚性的日益增长，财政"集中财力办大事"的能力受到削弱。四是财政管理科学化精细化水平还有很大的提升空间，"两基"建设仍需不断加强。

（珠海市财政局供稿，彭高旺执笔）

汕头市

2010年，汕头市以科学发展观为统领，认真贯彻落实党中央、国务院和省委、省政府的决策部署，积极应对复杂多变的发展环境，继续解放思想，提升发展理念，推进经济发展方式加快转变，全市经济社会发展呈现增长速度加快、结构逐步优化、价格总体稳定、民生继续改善的良好态势，各项事业平稳较快发展，人民群众生活质量和水平不断提高。各级财政部门紧紧围绕市委、市政府工作部署，发挥财政宏观调控作用，调结构，促转型、稳增长、惠民生，奋力推进经济社会发展赶超进位。全市财政收入保持平稳较快增长。"十一五"时期，全市地方财政一般预算收入年均增长19.8%，高于同期地区生产总值增幅7.9个百分点。地方财政一般预算收入占地区生产总值的比重从2005年4.5%提高到2010年6.04%，财政保障能力进一步增强，为落实市委、市政府重大决策部署提供了有效的

财力支撑，有力地推动了全市经济社会发展。

2010年，全市生产总值1 203.25亿元，比2009年增长13.7%。比“十五”期末增加567.37亿元，“十一五”期间年均增长11.9%。其中，第一产业增加值64.00亿元，增长5.0%；第二产业增加值678.14亿元，增长16.1%；第三产业增加值461.11亿元，增长11.5%。第一、二、三产业增加值占地区生产总值的比重由2009年的5.5∶55.0∶39.5调整为5.3∶56.4∶38.3。全市人均生产总值23 274元，比2009年增长11.8%，“十一五”期间年均增长10.9%。全市全社会固定资产投资额361.68亿元，增长23.9%。其中，城镇投资274.74亿元、农村投资86.94亿元，分别增长21.6%和32.0%。实现进出口总额73.64亿美元，增长22.2%。全年实际吸收外商直接投资金额2.56亿美元，增长25.2%。全年社会消费品零售总额830.41亿元，增长25.8%，其中，城市消费品零售额589.96亿元，增长26.1%；乡村消费品零售额240.45亿元，增长25.1%。全年居民消费价格总水平上升3.1%。中心城区居民人均可支配收入15 178.59元，农村居民人均纯收入6 518元，分别增长11.2%和16.6%。

2010年，全市财政运行平稳，预算执行情况良好。全市完成全口径财政收入1 866 392万元，比2009年增长22.26%，其中：一般预算收入726 452万元，增长24.11%，增收141 098万元；上划中央收入987 634万元，增长21.48%，增收174 652万元；上划省收入152 306万元，增长18.78%，增收24 079万元。

全市一般预算收入726 452万元，完成预算的108.39%，增长24.11%，增收141 098万元。其中：税收收入517 723万元，完成预算的104.40%，增长24.34%，增收101 346万元；非税收入208 729万元，完成预算的119.73%，增长23.53%，增收39 752万元。全市一般预算收入726 452万元，加上返还性收入102 608万元，一般预算转移支付收入131 222万元，专项转移支付收入292 920万元，转贷财政部代理发行地方政府债券收入16 856万元，国债转贷资金2009年结余658万元，一般预算2009年结余收入（根据省批复决算结转下年使用的专项资金）62 130万元，调入资金1 276万元，收入总计1 334 122万元。全市一般预算支出1 217 123万元，完成预算的110.46%，增长23.77%，加上上解支出37 372万元、结转下年支出（结转下年使用专项资金）76 998万元、增设预算周转金180万元，国债转贷资金结余658万元，支出总计1 332 331万元。全市财政收支相抵，净结余1 791万元。

市本级一般预算收入312 575万元，完成预算的113.56%，增长23.98%，增收60 450万元。其中：税收收入215 639万元，完成预算的106.79%，增长20.70%，增收36 983万元；非税收入96 936万元，完成预算的132.20%，增长31.94%，增收23 467万元。市本级一般预算收入312 575万元，加上返还性收入102 608万元，一般预算转移支付收入131 222万元，专项转移支付收入292 920万元，债券转贷收入16 856万元，国债转贷资金上年结余308万元，一般预算上年结余收入（根据省批复决算结转下年使用的专项资金）52 764万元，一般预算调入资金308万元，收入总计928 107万元。市本级一般预算支出431 306万元，完成预算的120.67%，增长32.91%，加上一般预算补助下级支出408 256万元（其中经市本级转拨区县329 157万元），上解支出37 372万元，债券转贷支出9 131万元，国债转贷资金结余308万元，结转下年支出（结转下年使用的专项资金）41 609万元，支出总计927 982万元。市本级财政收支相抵，净结余125万元。

一、努力增收节支，奋力赶超进位，财政收入实现新跨越

全市各级财税部门认真贯彻市委、市政府决策部署，紧紧围绕和服务全市发展大局，积极应对国际金融危机冲击，克服扩大内需和结构性减税等政策带来的短期内减收增支压力，完善征管措施，加大征管力度。继续实行领导分片抓收入、财税联席会议等制度，积极协调各区、县和征管部门，全力以赴抓收入，深化预算执行分析，加强重点地区、重点税源监控，加大征管力度，细化征管措施，努力挖潜增收。2010年，全市地方财政一般预算收入增长24.11%，增幅创“十一五”时期新高，超额完成年度预算收入增长14.5%目标。全市完成税收收入517 723万元，增长24.34%。超额完成市委、市政府确定的税收收入增长20.1%的赶超进位目标。收入结构有所改善，税收收入占一般预算收入的71.27%，比2009年提高0.14个百分点。

坚持税收收入与非税收入并举，依法治税理财与整合盘活资源并重，努力做大财政蛋糕，增强财政实力，为经济社会发展提供很好的财力保障。根据国务院关于把政府所有收支全部纳入预算管理的规定，结合汕头市实际，从2010年11月1日起，市直原纳入财政专户管理的预算外收入（不含教育收费）纳入预算管理，资金全额上缴国库。着力研究盘活土地资源、增加财政收入的方法和途径。深化综合预算管理，将非税收入形成的可用财力纳入统一的政府预算体系，增强政府宏观调控能力。积极推进公共资源盘活运营，已实现小汽车吉祥号牌和户外广告资源有偿使用。自2008年5月启动小汽车吉祥号牌拍卖活动以来，共组织拍卖活动18期，成交号牌727块，拍卖收入1 328万元。中心城区加油站用地和市区道路停车泊位等公共资源有偿出让工作加紧推进。

坚持开源节流，统筹兼顾，确保重点。调整优化支出结构，大力压缩一般性支出，降低行政运行成本，支持各项事业均衡发展。做好党政机关厉行节约工作，2010年，市直行政事业单位年度预算专项经费比2009年压缩8%，对车辆购置、会议费、接待费、公费出国（境）考察、培训等经费项目支出进行大幅度压缩。积极探索控制行政成本、规范消费性支出管理的途径。市财政会同市纪委、监察等部门，研究制定公务用车清理和配置意见，开展市直机关事业单位行政经费节约考核。严格控制一般性支出，节约资金用于增加社会事业和公共服务支出。按照省委对市厅级党政领导班子落实科学发展观绩效考核的统计口径，2010年，汕头市行政运行支出比2009年减少35 178万元，

下降15.86%，行政运行支出占一般预算支出的比重比2009年下降7个百分点。社会事业和公共服务支出比2009年增加137 691万元，增长30.46%，占一般预算支出的比重比2009年提高2.96个百分点。

二、积极运用财政杠杆，促进经济发展方式转变，财税增长注入新动力

贯彻落实中央扩内需、保增长“一揽子”政策措施，实施积极的财政政策，有效发挥财政资金“四两拨千斤”的杠杆作用，推进经济结构调整和发展方式转变。认真做好中央扩大内需项目资金管理工作，及时下达、拨付扩内需资金。截至2010年年底，全市共四批83个项目列入新增中央投资计划，新增中央投资计划补助资金18 827万元。争取中央代发地方政府债券16 856万元，主要用于中央投资公益性项目地方配套。落实“三个百分之百”要求，做好扩大内需资金管理监督工作，确保资金安全有效使用。千方百计筹措资金，全力保障市委、市政府重大决策及市重点项目建设资金需要。创新政府投融资方式，通过国家开发银行贷款、商业银行融资以及BT建设等方式，加快推进城市基础设施、重大民生项目、城乡防灾减灾工程等重点项目建设。发挥财政资金引导和带动作用，推进产业结构调整优化。落实省、市产业转移园区建设专项资金9 600万元，全市签订融资协议208 500万元，推进省示范园园区基础设施建设，加大招商引资力度，加快企业入园进度。认真落实国家结构性减免税费政策，创新对企业发展的扶持方式，落实出口退税政策，有效减轻企业税费负担。落实取消省定13项行政事业性收费和涉及产业园企业免缴行政事业性收费的规定，切实减轻企业负担，推动产业结构优化升级。落实刺激消费政策措施，提高城乡低保对象补助水平，兑付实施家电下乡、汽车下乡、以旧换新等政策性补贴7 137.74万元，着力扩大居民消费需求。争取中央、省扶持企业发展资金16 152万元，市本级预算安排拨付专项资金6 000万元，扶持中小企业发展。积极稳定外需，安排市级外贸扶持资金1 800万元，支持外贸出口。财政宏观调控政策效果明显，全市经济稳步增长、回升向好的趋势不断巩固。

三、坚持统筹兼顾，切实保障和改善民生，各项社会事业发展取得新进展

在财政收支矛盾突出的情况下，大力压缩一般性支出，加大民生投入，科学调度资金，把资金优先用于解决民生民困、推进民生项目建设。不断优化财政支出结构，制定出台《汕头市推进基本公共服务均等化实施意见》，增加教育、就业、住房、医改、交通、文化等方面投入。大力推进基本公共服务均等化。2010年，全市教育、医疗、社会保障等民生支出760 158万元，增长25.32%，占一般预算支出比重62.46%，占一般预算增支额的68.68%。落实各项强农惠农政策，加大对农民的补贴力度，研究财政支持解决农民工返乡就业和新农村发展问题，加大对农村、农业基础设施的投入。2010年市本级安排支农资金28 999万元，比2009年增加9 592万元，并全面开展强农惠农资金专项清理和检查工作。落实中央、省关于优先发展教育的相关政策，安排16 005万元用于推进义务教育均衡发展、支持普及高中教育及职业教育事业等，努力实现教育投入的“三个增长”和“两个提高”。做好加大新型农村合作医疗（以下简称“新农合”）投入工作，全年安排新农合补助资金7 015万元，新农合制度覆盖了7个区县58个镇（街道）866个行政村，全年参加新农合人数329万人，覆盖率99.02%。全面落实就业再就业政策，拨付各类再就业补助资金1 549万元。推动卫生事业发展，投入卫生医疗方面的资金达18 769万元。安排中心城区“城中村”自来水直抄到户改造工程资金3 000万元，完成40个社区改造工程。加大对公交行业扶持力度，投入800万元支持发展城市公共交通。会同有关部门对中心城区130条道路规划设置6 568个道路停车泊位，缓解人民群众停车难问题。努力解决困难群众的基本生活问题，确保企业离退休人员地方性补贴等7 964万元补助资金按时足额发放。加大廉租住房建设的资金保障力度。落实住房保障资金近9 000万元，通过新建、收购、清理、租赁及帮建等形式共筹集廉租住房600多套，全年新增解决900多户符合廉租住房保障条件的城镇低收入家庭住房难问题。加大对困难地区的扶持力度，认真做好扶贫开发“规划到户、责任到人”对口帮扶工作，加快村集体经济发展，促进全市各地经济社会协调发展。

四、以改革促管理，财政科学化、精细化管理实现新突破

不断深化财政管理改革，努力构建有利于科学发展的财政体制机制。进一步深化部门预算改革。规范预算编制程序，细化预算编制内容，推进综合预算管理。研究制定建立健全财政资金“一支笔”审批制度的意见，规范财政资金追加，强化预算执行的刚性。深化国库集中支付改革。截至2010年年底，全市共有803个单位纳入国库集中支付管理，基本覆盖纳入部门预算管理的所有一级、二级和基层全额拨款单位。其中市直267个单位全部纳入国库集中支付管理。推行公务卡结算、财务核算信息集中监管改革试点工作。推进财政支出电子平台建设。加强政府采购监管。实行电子化政府采购。实行“1小时专家评审圈”，促进评审公正性。全年政府采购节约资金2 367万元，节约率8.01%。扎实推进财政支出绩效评价。在督促各项目单位做好自评的基础上，市财政局对部分财政支出项目开展绩效评价工作，协同配合省财政厅绩效评价组到相关项目单位开展现场勘验，核查资金使用情况及效益情况。

以财政“两基建设”为重点，推进财政管理改革创新，提高科学化精细化水平，提高财政资金使用效益。完善非税收入征管手段，全面推行非税收入征管系统。严格将国土资金、住房基金和住房公积金增值收益纳入基金预算管理范围。推进实时在线财政预算监督系统建设，与市纪委实现财政预算支出“一体化”系统联网。自觉接受人大、纪检及社会监督。认真做好财政性资金投资项目工程预、结（决）算审核工作。共审结项目预、结算225宗，核减

10 102万元，核减率6.19%。在一定程度上有效遏制工程建设中铺张浪费违规违法行为，节约了财政资金。加强财政监督检查。按照中央、省、市的统一部署，从2010年7月起，全面组织开展全市社会团体、国有及国有控股企业“小金库”专项治理工作。纳入本次专项治理的全市国有及国有控股法人企业共640户，社会团体单位户数568户。以查促管，着重建立预防和治理“小金库”长效机制，巩固治理成果。把好行政事业单位资产配置关和处置关，推进国有资产管理、处置和经营性资产收入逐步走向规范化。大力加强会计管理，提高会计服务水平。推进国家统一会计制度的贯彻实施，加强会计人员继续教育培训和基层会计管理人员业务培训，扎实开展农村财会人员财政支农政策培训，提高全市会计队伍整体素质。深入开展财政科研活动，做好《汕头财政》内部刊物编辑出版工作，共编辑出版4期，发行4 160册。深入开展财政法制宣传教育。认真组织实施了企业所得税税源调查和重点产品国际竞争力调查工作，为企业所得税改革、财税政策调整、关税政策调整提供参考依据。

五、加强财政队伍建设，干部执行力得到新提高

全市各级财政部门以加强财政干部队伍建设为抓手，全面推进财政依法行政、依法理财，加强财政系统党风廉政建设，打造一支熟悉财经理论、精通财政业务、作风优良、执行力强的财政干部队伍，提高财政可持续发展能力。认真贯彻落实党风廉政建设和反腐败工作，编印《汕头市财政局权力运行工作规程》，清理和规范各类权力事项103项，提高行政审批事项的规范性和透明性，有效规范财政部门理财行为。扎实开展干部教育培训工作，组织各类培训学习活动，推进学习型机关建设。适应加快经济发展方式转变，坚持“干什么学什么，缺什么补什么”原则，积极探索大规模培训干部的新路子。邀请财政部科研所、汕头大学知名专家学者为财政干部作专题辅导报告。市财政局干部培训教育工作情况被省委组织部作为创先争优简报刊发，并被市委组织部推荐作为省委组织部莅汕调研时的经验介绍材料。结合深入学习实践科学发展观活动，认真开展创先争优活动，着力在拓展活动效果、促进财政发展上下工夫，努力加强自身建设，强化服务意识，加强作风建设，增强为民服务、为民办事的责任感，着力提高办事效率和行政效能，做到为民、务实、清廉。

（汕头市财政局供稿，潘迪执笔）

佛山市

2010年，佛山市国民经济保持了平稳较快增长，促进了经济社会各项事业全面协调持续健康发展。2010年全市生产总值实现5 651.52亿元，比2009年增长14.3%。其中，第一产业增加值104.63亿元，增长2.4%；第二产业增加值3 653.18亿元，增长16.9%；第三产业增加值1 893.71亿元，增长10.2 %。全年社会消费品零售总额1 687.13亿元，增长20.1%。居民消费价格总指数总水平比2009年上涨3.1%。全社会固定资产投资1 719.63亿元，增长16.9%。全市进出口总额516.55亿美元，比2009年同期增长34.7%，其中出口330.39亿美元，增长34.4 %，进口186.16亿美元，增长35.3 %。居民生活水平稳步提高，全市城镇居民可支配收入27 245元，增长10.9%，农村居民人均纯收入12 202元，增长14.1%。

2010年，全市财政实现收支平衡，并有结余。2010年，全市地方财政一般预算收入完成306.05亿元，为年初各级人大通过预算的108.76%，比2009年增长20.16%。其中：税收收入（地方部分，下同）完成252.13亿元，增长19.41%；非税收入完成53.92亿元，增长23.82%。全市一般预算支出完成363.35亿元，比2009年增长36.09%。2010年，佛山市上划中央“两税”和省与市共享“四税”的税收收入总额为260.13亿元，其中上交中央188.73亿元，上划省71.40亿元，分别比2009年增长6.60%和23.93%。

一、狠抓增收节支，圆满完成财政预算任务

佛山市各级财政部门积极采取有效措施，狠抓收入征管，圆满完成了全年收入目标任务。与此同时，厉行节约，严格控制一般性行政经费支出，确保全年财政收支平衡。

（一）加大组织收入工作力度

2010年，在各项政策的刺激下，佛山市基本形成了“持续回暖、率先突围”的良好经济运行态势，但同时也面临国家各项结构性减税和税费扶持政策等减收因素影响。为此，佛山市各级财税部门积极应对，狠抓收入征管，超额完成了市人大、市政府确定的增长任务并按省政府要求完成了增收目标。一是明确各区党政一把手负总责，各级财税部门主要领导为完成财政收入任务的责任人，强化责任考核，确保收入任务落实。二是建立健全财税增收激励机制，充分调动各区和各征收部门组织收入的积极性。三是落实“政府牵头、财税主管、部门配合、信息共享”的综合治税新机制，充分发挥社会各界在税收征管中的积极作用，实现对税源的有效监控，保障税收及时足额入库。四是对收费项目实施动态管理，强化源头管控、以票控收；强化国有资产收益和经营性资产收益的收缴管理，盘活行政事业单位闲置资产，有效加强了非税收入征管。

（二）厉行节约，严格控制一般性行政经费支出

一是联合纪检机关对市级经费节约情况进行考核，督促节约经费工作落实。二是严格预算编制，确保市级党政机关公务购车和用车经费、会议经费、公务接待费、出国（境）经费和办公经费“五个零增长”。2010年，全市共节约财政资金3.36亿元，其中节约公用经费2 375万元，压减一般性专项支出3.12亿元并调整用于重点项目建设及民生事业发展。三是加强支出管理。加强支出审核、基建审

核、财务总监、政府采购监管、财政支出绩效评审等工作，将节约工作贯穿财政管理的始终，厉行节约，形成勤俭办事的氛围。四是积极配合做好市直公车改革和各区大部制改革的相关工作，切实降低行政运行成本。

二、推进基本公共服务均等化，积极打造民生财政

2010年，佛山市各级财政部门坚持民生为重的理念，加大财政对民生事业的投入，推进基本公共服务均等化发展，促进和谐社会建设。

（一）统筹兼顾，加快编制基本公共服务均等化发展规划

推进基本公共服务均等化是省委、省政府和市委、市政府的重要工作部署，对于佛山市走科学和谐发展之路有重大和深远的政治、经济和社会意义。市财政局印发了《佛山市2010年基本公共服务均等化工作任务要点》，起草并经市政府印发了《佛山市推进基本公共服务均等化工作方案》，并起草了《佛山市基本公共服务均等化发展规划（2010～2020年）》（送审稿），为进一步推进佛山市基本公共服务均等化提供了行动纲领。

（二）加大财政投入，大力推进基本公共服务均等化

全市各级财政部门以实现基本公共服务均等化为目标，以市委、市政府确定的10件民生实事为重点，加大财政对民生事业的投入，促进民生社会事业发展。全市财政一般预算用于民生方面支出213.42亿元，比2009年增长40.67%，占一般预算支出的59.30%。

一是加大教育投入。全市安排教育方面资金78.44亿元，用于落实免费义务教育、教师工资福利待遇“两相当”、绩效工资改革以及扶贫助学，推进教育均衡、公平发展，率先成为全省地级市中推进教育现代化的先进区域。二是加大医疗卫生投入。全市安排医疗卫生方面资金15.61亿元，落实城乡基本公共卫生服务、重大公共卫生服务、居民医保等项目以及实施国家基本药物制度，深化医药卫生体制改革。三是加大文化体育事业投入。全市文化体育与传媒支出5.64亿元，着力打造以祖庙百年修缮、佛山市公共文化综合体建设为代表的文化项目，推进岭南文化名城建设；安排第16届亚运会佛山分赛区专项经费0.78亿元，保障广州亚运的成功举办。四是大力推进城乡统筹发展。全市农业方面支出30.04亿元，大力支持现代农业生态园区、海峡两岸农业合作实验区等农业产业化建设，实施农田整治、基本农田保护和政策性农业保险扩面、公共基础设施延伸到农村等工作，推进城乡一体化发展。五是加大社会保障和就业投入。全市社会保障和就业支出26.19亿元，主要用于实施新型农村养老保险制度补助、老年人高龄津贴、就业补助、低保和社会福利支出。同时，在养老保险基金安排3.60亿元，提高企业离退休人员待遇水平约10%；扩大失业保险基金支出范围，安排3.24亿元资金用于失业人员社会保险补助、职业介绍、高技能人才培训等。六是加大住房保障投入。全市住房保障支出7.52亿元，主要是加强保障性住房建设，进一步解决中低收入家庭“住房难”问题。七是落实援建、扶贫资金。2010年，全市财政筹集汶川地震灾区灾后恢复重建资金2.54亿元，3年累计筹资6.77亿元（加上省级资金和社会捐赠资金，全市累计筹集资金10.75亿元），将汶川县水磨镇打造成援建典范。筹集对口扶贫、“双到”扶贫开发以及高明区革命老区建设资金1.55亿元，促进欠发达地区经济社会发展。

三、发挥财政职能作用，促进经济平稳较快发展

佛山市各级财政部门认真落实积极的财政政策，积极应对国际金融危机，集中财力保障基础设施建设，并着力发挥资金的导向作用，支持产业结构调整，为佛山市经济平稳较快发展发挥了积极的作用。

（一）集中财力保障基础设施建设

围绕珠三角改革发展规划纲要的实施，全市财政安排铁路、公路、轨道等交通基础设施建设资金100.52亿元，促进广佛同城发展和广佛肇经济圈建设；投入东平新城建设资金32.6亿元，大力打造“佛山新城区”；全市落实财政资金49.42亿元，通过补助旧村居改造示范村居建设、奖励“三旧”改造先进示范点等方式，加快“三旧”改造，促进了土地节约集约利用，有效改善了城乡面貌。

（二）发挥财政资金的导向作用，推动产业结构调整

全市财政共落实支持产业转移、产学研、科技孵化基金、高新区发展等经济科技发展以及企业改革专项资金21.40亿元，支持企业自主创新、节能减排，扶持战略性新兴产业、信息产业和文化产业发展，促进科技进步和产业优化提升，加快经济方式转变。其中，全市筹集佛山（清远）、佛山（云浮）共建产业转移园建设资金1亿元，大力推进产业和劳动力“双转移”。

（三）落实积极的财政政策，应对国际金融危机

一是刺激消费。截至2010年年底，全市累计落实财政补贴款2.08亿元，确保“家电下乡”、“汽车、摩托车下乡”、“家电以旧换新”、“汽车以旧换新”等工作的顺利实施，扩大内需，促进消费。二是扶持中小企业发展。在积极落实中央、省、市扶持企业的各项减免税费政策，以及地方财政贴息、扶持担保体系、鼓励上市融资的同时，积极争取上级对企业发展的财政扶持资金43.7亿元，帮助企业渡过难关。三是拨付中小企业国际市场开拓、外向型民营企业发展以及招商引资和服务外包扶持资金2.25亿元，助推进出口贸易发展。四是围绕《佛山市落实CEPA示范城市实施方案》，搭建佛港澳三地会计行业交流合作平台，举办了一系列高端专题交流活动，进一步加强了三地会计行业的互访、沟通和协作，着力推介佛山市经济环境，促进了佛港澳三地的经贸合作。

四、深化财政改革，完善公共财政管理体系

2010年，佛山市各级财政部门围绕公共财政管理体系中的预算编制、绩效管理、国库支付、资产管理等重要环节，深化各项财政改革。

（一）理顺和完善财政体制

妥善处理好省、市、区财政管理体制的关系，支持顺德区开展综合改革试验工作；起草并经市政府印发了《关于实施简政强镇后区与镇（街）财政体制改革的指导意见》，理顺区、镇之间的财政分配关系，增强镇（街）经济社会发展活力。

（二）大力推进绩效管理改革

一是市区两级全面铺开绩效预算改革，并扩大了纳入绩效评审的资金范围。全市纳入2011年预算绩效评审的项目1 190个，纳入评审资金额101.10亿元，通过专家评审核减资金近41.5亿元，资金核减率为41%，涉及项目309个，占项目总数的26%。二是试点财政专项资金竞争性分配。市直、南海、顺德和三水区分别安排了部分科技专项资金实行竞争性分配，提高了财政资金的使用效益。三是积极探索建立财政绩效问责制度。市级将核查评价结果提交市人大作为问责调研项目，强化了人大、监察、审计等部门的监督问效；南海区和三水区通过建立绩效问责制度，将单位财政资金使用绩效纳入区机关作风和效能建设考核范围。

（三）深化国库管理制度改革

市级全面推行公务卡结算制度改革，进一步加强了对小额零星支出的源头监控；铺开了财务核算信息集中监管改革，提高了财政财务的透明度；启动了预算执行动态监控改革，进一步加强了对财政资金使用的动态监管。与此同时，各区也积极开展了试点工作。

（四）稳步开展行政事业单位资产管理改革

一是市级在行政事业单位中深入开展闲置土地和房产为重点的资产专项清查、摸清资产家底；并对经营性事业单位以外的行政事业单位实行房地产权证集中管理，要求全额拨款行政事业单位将符合条件的房地产交由市政府统一管理和处置。二是南海区将行政单位资产除办公大楼以外的具有商业价值的资产全部划转公资局统一管理，在资产管理改革方面做了有益的探索。

（五）推进政府采购改革

2010年，全市政府实际执行采购金额34.05亿元，节约资金3.11亿元，资金节约率8.38%。一是在全市推广应用电子化政府采购管理交易平台。市直和禅城区统一运用省电子采购平台进行订购、议价和反拍，累计完成119个项目，成交金额819.3万元。二是正研究出台《佛山市镇（街）级政府采购管理工作意见》，规范和加强镇（街）级政府采购管理。

（六）加强“收支两条线管理”

做好非税管理系统的升级改造，依托非税收入管理系统，统一收费项目与标准，规范国土出让金收入的征缴，并推广“一站式”服务的非税POS机刷卡收费模式，在规范管理的同时，解决了群众缴费难的问题。

五、严格财政监管，保障资金安全运行

佛山市各级财政部门严格加强财政监管，逐步建立起事前、事中、事后相衔接，日常检查和专项检查相结合的财政监督体系，切实保障财政资金安全运行。

（一）加强专项检查和治理

一是对佛山市2007～2009年度强农惠农专项资金安排使用情况进行了全面清查，确保各项强农惠农政策落到实处。二是在1 008个社团和348户国企中深入开展“小金库”专项治理，通过自查自纠和重点检查共发现和查处“小金库”14个，涉及金额387.57万元，严厉打击了违法违纪行为，进一步加强了单位财务管理工作。

（二）加强债务监管和社保基金管理

一是建立健全地方政府性债务预警分析机制，做好地方政府性债务和融资平台的统计分析工作，适度控制债务规模，防范财政金融风险。二是制定了《关于加强佛山市社会保险基金监督管理的有关问题的意见》，并将市社保基金预决算的编制范围从省规定的城镇职工五大险种扩大到包括“新农保”、居民医保等社保基金，全面反映佛山市社保基金的整体情况，进一步加强社会保险基金管理。

（三）强化财务总监管理

一是从事前、事中、事后全程监管重点支出单位和工程项目的财务状况。二是加强预算执行分析，指导和督促各部门按照预算计划推进支出进度。三是做好财政性投资基建工程造价评审工作，全市共完成财政性投资基建工程编审额192.77亿元，其中送审额165.27亿元，核减不合理费用12.64亿元，核减率7.65%。

（四）强化财政部门自身监督管理

一是采取多种方式开展财政内部监督检查，受到了财政部和省财政厅的充分肯定和高度评价，认为佛山市的经验值得在全省和全国财政系统中推广。二是认真落实上年度审计整改工作，积极配合中央、省、市审计部门开展2010年审计工作。三是印发了《关于做好佛山市预算信息公开工作的意见》，做好网络发言人工作，积极稳妥地推进财政信息公开。同时，认真办理人大议案和政协提案，完善财政业务查询监督系统，主动接受人大和社会公众监督。

六、大力创先争优，提升机关作风效能

佛山市各级财政部门深入学习实践科学发展观，开展创先争优和“三深入”活动，着力抓好机关作风建设和干部培训教育，积极发挥学会、协会以及工、青、妇组织作用，凝聚队伍，努力提升机关作风效能。

（一）深入开展创先争优活动

在财政部门各党支部组织开展了“创先争优党旗红，智慧佛山当先锋”主题活动，全面提高机关党建的科学化水平；成立了佛山市注册会计师协会党委并召开第一次党员代表大会，开创了佛山市注册会计师行业党建工作的新

局面；同时建立了市注协党委委员党建工作联系挂钩点制度，深入推进会计师事务所党组织开展创先争优活动。

（二）做好“三深入”工作

在机关党员干部中积极开展“深入农村、深入社区、深入企业，听民意、解民困、暖民心”活动。按照“规划到户、责任到人”的要求，积极参与扶贫开发工作。与英德市石灰铺镇惟东村建立定点、定人、定责帮扶机制，着力改善贫困村的生产生活条件和发展环境，确保帮扶对象如期实现脱贫目标。广泛发动财政干部职工为青海玉树地震灾区、对口扶贫村和“广东扶贫济困日”捐款献爱心，促进社会和谐。

（三）抓好机关作风建设

深入学习实践科学发展观，认真做好信访和行政投诉电子监察工作，组织开展“民生直通车”和“科学发展、问计于民”播出工作，加强行风政风建设；加强纪律教育学习，增强财政干部廉政勤政意识；贯彻实施四项监督制度，进一步提高选人用人公信度；印发了《机关作风建设会议纪要》，解决财政业务工作统筹协调的问题，切实转变作风，提高执行力和工作效能。

（四）加强干部培训教育

一是贯彻落实《广东省实施〈中华人民共和国政府采购法〉办法》和《广东省政府采购暂行工作规范》，认真做好农村财会人员财政支农政策培训，顺利通过了财政“五五普法”宣传教育考核验收。二是组织全市财政系统业务骨干参加香港大学和厦门国家会计学院举办的公共财政管理知识培训，并邀请知名专家举办专题讲座，提高财政干部的综合素质。

（五）加强财政文化建设

一是继续发扬财政支持学会、协会的优良传统，积极支持学会、协会换届工作，为学会、协会的发展提供组织保障；依托学会协会组织的学习交流活动，在扩大学会协会组织的影响力的同时，有效地宣传了财政工作。二是充分发挥工青妇群众组织的作用，举办了2010年全市财政系统运动会等一系列形式多样、内容丰富的群众文化体育活动，促进干部职工身心健康。

（佛山市财政局供稿，黄长明执笔）

韶关市

2010年是“十一五”时期的收官之年，韶关市积极巩固应对国际金融危机的成果，成绩喜人。2010年，全市实现生产总值683.1亿元，比2009年增长12.5%，连续5年经济增长率高于全国、全省平均增长率。全市人均生产总值突破2万元、达2.3万元，增长12.1%。年末金融机构本外币各项存款余额907.7亿元，增长14.3%，贷款余额376.1亿元，增长17.5%。据居民家庭抽样调查，城乡居民人均收入10 130元，增长12.6%其中城镇居民人均可支配收入14 260元，农村居民人均纯收入6 317元，分别增长10.1%和18.3%。完成全社会固定资产投资433.7亿元，增长21.7%。三次产业结构调整为13.7:42.6:43.7，先进制造业增加值占工业增加值的比重提高到31.7%。全市完成工业增加值252.4亿元，增长15.5%。其中规模以上工业增加值202.1亿元，增长16.1%。钢铁、有色金属、烟草、机械、电力、玩具、制药等七大支柱工业不断发展壮大，实现增加值占规模以上工业的77%。2010年服务业增加值298.4亿元。接待旅游者人数1 582万人次，旅游收入106.8亿元，分别增长29%和49.7%，旅游收入年均增长速度居全省第一位。丹霞山成功申报为世界自然遗产。2010年全市社会消费品零售总额329.8亿元，增长18.8%；民营经济完成增加值322.1亿元，增长12.6%，占全市生产总值的47.2%。成功创建韶关（省级）高新技术产业开发区。26个项目纳入广东省现代产业500强项目。创建省部产学研创新联盟2个，成立博士后科研工作站2个。2010年年末森林覆盖率达71.5%，森林资源数量和质量均居全省首位。始兴、乳源被省委、省政府授予南岭山地森林生态及生物多样性功能区生态发展试点县称号。乳源南水湖获批建设国家湿地公园。2010年全市承接产业转移项目440个，合同投资304.4亿元，增长137%，到位资金101.7亿元，增长27.5%。2010年东莞（韶关）产业园、东莞大岭山（南雄）产业园成功竞得省专业性产业园建设扶持资金，成为区域经济重要增长极。东莞大岭山（南雄）产业园、仁化有色金属循环经济产业基地成为全省首批省市共建循环经济产业基地。全市实际利用外资2.12亿美元，增长12.1%；在全省山区市率先开通铁海联运班列。创建粤台（韶关）农业合作试验区，推进省市共建粤北农业现代化示范区。2010年市级以上农业龙头企业达55家，农民专业合作社达497家。

2010年，全市财政工作围绕做大财政收入总量首要任务，进一步推动“三促进一保持”，重点打好转变经济发展方式、提升“双转移”工作质量、推进扶贫开发“规划到户、责任到人”工作“三场硬仗”，坚持生财有道、聚财有方、用财有规、集中财力办大事原则，实施积极的财政政策，狠抓增收节支，优化支出结构，扩大公共投资，着力保障民生，深化体制改革，加强财政管理，提高支出绩效，积极构建有利于科学发展的财政体制机制，圆满完成了市十二届人大五次会议通过的财政预算，收支执行情况良好。一是收入总量增长较快，财政实力明显增强。来源于韶关市的财政总收入143.31亿元，增长32.4%，全市地方一般预算收入完成478 135万元，增长17.49%。二是县级财政增收跨越发展，支撑作用明显。县级财政收入再上新的台阶，其中曲江突破4亿元，乳源、仁化、乐昌突破3亿元，浈江、武江突破2亿元。综合增长率在全省排名前5位的有乳源、翁源、始兴三个县，分别排在第三、四、五名。三是支出结构不断优化，重点支出保障有力。全市一般预算支出完成990 064万元，增长14.54%。在民生支出方面，全市民生支出合计617 596万元，占一般预算支出的比重达62.38%，其中文化体育与传媒、医疗卫生、农林水事务、住房保障等支出实现了较快增长。在压缩支出方面，全市行政运行成本占一般预算支出的比重为10.49%，较2009年降低3.54个百分点，低于全省平均水平3.58个百分点，较好地完成了压缩支出任务，为保重点、保民生腾出了财力空间，基本公共服务均等化稳步推进。全年实现收支平衡，略有结余。

一、积极组织财政收入，确保收入稳定增长

面对2010年的复杂财政形势，韶关市各级财政部门认真研究，理性分析，积极应对，把组织收入作为财政工作的头等大事，努力从强化征管、开源节流、提高效益等方面来缓解收支平衡巨大压力，财政增收工作取得了成效：从全市财政角度看，2010年来源于全市的财政总收入完成143.31亿元，增长32.4%，高于全省平均水平0.13个百分点，占GDP的比重达20.98%，比2009年提高2.68个百分点，增强了财政宏观调控的能力，财政收入形成了以增值税、营业税、企业所得税和个人所得税为主体，行政性收费、罚没收入等非税收入为补充的多元化收入结构。全市地方一般预算收入完成478 135万元，为年度预算的112.52%，增长17.49%，超额完成韶关市十二届人大五次会议通过的增长9%目标任务。全市上划中央收入完成500 596万元，比2009年增收70 520万元，增长16.4%；上划省收入完成79 009万元，比2009年增收17 857万元，增长29.2%，均完成了全年考核任务。从县域财政增收角度看，县级财政收入保持较快的增长势头，收入水平大幅提高，县级一般预算收入完成261 538万元，同比增长25.68%，总量占全市的54.7%，增量占全市的75.07%，成为全市财政增长的有力支撑。

1. 落实财税相关会议及重要文件精神，认真分析与把握复杂的财政形势。2010年面对部分重点税源企业增值税大幅减收、重点项目建设进展较慢、城镇土地使用税退库较多等诸多不利因素，韶关市各级财政部门以省市财税各次会议及重要文件精神为指导，多次组织各县（市、区）财政部门召开财税分析会议及务虚研讨会议，多次深入基层调研和组织收入，并主动与当地税务、金融、发改等部门沟通协调，定期向党委政府报告预算执行情况，为做好困难时期财政收入工作打下了坚实的基础。

2. 加强重点税源企业服务，推进重点项目建设。各级财政部门牢牢把握中央和省实施扩大内需政策重大机遇，积极推进韶赣铁路、韶赣高速、广乐高速、湾头水利枢纽以及比亚迪、韶关核电等重点项目建设，拉动经济增长，促进财政增收。2010年城建投入总计46 590万元，比2009年增支8 460万元，同比增长22.19%；东堤北路旧城改造暨百年东街商业开发项目顺利启动，并成功引入BT方式，一期工程总投资约2.3亿元；通过多元化投融资，加快芙蓉新城建设步伐，努力打造“三旧”改造工作新亮点。与此同时，财政部门还积极与税务部门合作，认真抓好重点税源企业跟踪服务，既促进了企业发展，又加强了税收征管。

3. 强化非税收入征管，力促非税收入稳步增长。除继续做好行政事业性收费、政府性基金和罚没收入等非税收入的日常征管入库工作外，不断加强政府资产、资源收益以及代行政府职能的社会团体的经营服务性收费和社会捐赠等其他非税收入的征管力度，做到应收尽收，确保非税收入及时入库。对立项审批权限在省级或以上的政府性基金和行政事业性收费，不乱“开口子”扩大范围或降低标准减免征收，做到依法征收、应征不漏，保证了非税收入的足额入库。通过召开有关业务部门的分析、总结会议，对各项工作的动态情况进行研究分析，及时掌握有关信息，有侧重点地对重大收入项目、专项资金进行了解和跟踪问效，从而保证了各项收入的及时入库和稳步增长。

二、充分发挥财政职能作用，全力打好“三场硬仗”

2010年，韶关市各级财政部门紧紧围绕政府工作重点，多措并举，为打好转变经济发展方式、提升“双转移”工作质量、推进扶贫开发“规划到户、责任到人”工作这“三场硬仗”提供了有力的支撑。

1. 加快推进经济发展方式转变。针对韶关市列入省现代产业500强的26项产业项目总投资超过300亿元的情况，设立韶关市现代产业发展引导专项资金，从2010年起连续三年，每年安排资金6 000万元用于现代产业体系建设。管好用好省产学研专项资金，支持科技企业创业园建设，安排资金100多万元完善市科技企业创业园基础设施建设。重点安排好扶持中小企业发展专项资金、全民创业专项资金、省市共建装备制造业专项资金、国有企业改革专项、现代产业发展资金“五个一千万元”，扶持企业做大做强。大力支持以旅游业为龙头的第三产业发展，全年共拨付旅游宣传促销经费560万元，成功以财政贴息400万元撬动银行资金1.09亿元，确保了丹霞山“申遗”成功，第三产业对财政贡献率明显提高。安排资金580多万元引导和鼓励出口企业开拓国际新兴市场，促进外贸出口增长方式转变和提高吸收外资质量水平。积极配合相关部门成功争取省口岸建设支持口岸建设和粤北国际物流中心资金2 000万元。安排生态文明建设专项资金2 000万元、节能减排专项扶持资金1.2亿元，大力促进经济发展方式转变，坚持走生态文明发展之路。

2. 努力提升“双转移”工作质量。加大财政资金投入力度，加快产业转移园区基础设施建设，韶关市财政下拨园区建设资金1亿元，其中莞韶产业转移园区5 400万元、其他园区4 600万元。强力推进与珠三角地区的合作，采用财政贴息杠杆、政策引导、融资担保、盘活存量等措施手段，引导各类资本参与园区建设，增强产业承接能力。贯彻落实市招商引资工作现场会精神，设立招商引资专项奖励资金，每年安排300万元并纳入年度财政预算。以竞争性方式从省财政获得莞韶和南雄产业转移园区建设扶持资金2亿元，加大劳动力培训力度，市财政投入“双转移”资金6 000多万元，支持比亚迪、汉鸿木业等一批企业落户韶关，韶关市“双转移”工作连续两年在全省目标责任考核中名列前茅。2010年，全市省级产业转移工业园规模以

上工业增加值增长37.5%。进一步完善对金融机构财政存款的激励政策，引导银行加大对企业的信贷支持。制定《全市劳动力技能培训及转移就业实施意见的贯彻意见》、《奖励企业和优秀农民工及对口扶持制度》，建立健全市、县、区、乡镇、农村的劳动力转移信息管理网络平台。2010年完成农村劳动力技能培训2.84万人、转移就业9.5万人。有3 805名农民工积分入户城镇。在省2009年度农村劳动力技能培训转移就业和产业转移目标责任考核中，韶关市分别居全省第一名和东西北地区首位（全省第三名），连续两年在全省“双转移”考核中荣获“双优”。

3. 积极落实扶贫开发“双到”工作。认真贯彻落实省市扶贫工作会议精神，加强领导，周密部署，成立韶关市财政局扶贫开发“规划到户、责任到人”工作领导小组并设立日常工作机构，形成了主要领导亲自抓，分管领导具体抓，部门紧密配合一起抓，层层抓落实的良好工作格局。2010年，财政预算安排扶贫开发专项资金2 000万元，用于改善农村生产生活条件和发展环境，在全省率先开展扶贫开发“双到”小额贷款贴息工作，在财政资金的引导下，已吸引社会各类资金3亿多元投入扶贫“双到”工作，实施扶贫项目1 071个，355个贫困村的贫困户人均增收688.3元，78 383人实现脱贫，占贫困人口的54.4%。

三、更加注重保障和改善民生，努力推进基本公共服务均等化

在财政比较困难的情况下，韶关市各级财政部门始终坚持把改善民生作为保发展的出发点和落脚点，通过调整优化财政支出结构，贯彻落实省委、省政府关于厉行节约的决定，全力确保民生支出力度不减。2010年全市用于民生方面的支出为61.76亿元，占财政支出的比重达62.38%，比2009年提高1.21个百分点，文化体育与传媒（40.05%）、医疗卫生（26.25%）、农林水事务（31.16%）、住房保障（172.03%）等支出实现了较快增长，为推进基本公共服务均等化提供了有力保障。

1. 加大文教科支出，推进科教兴市战略。全市教育支出18.43亿元，增长12.97%。大力支持创建教育强市工作，免除在普通中、小学（包括民办学校）就读的本市学生义务教育阶段学杂费、课本费1 700多万元；加快义务教育规范化学校建设，配合相关部门争取省欠发达地区义务教育规范化学校建设奖补资金3 900万元；对全市7.4万名农村贫困家庭子女义务教育阶段学生给予春季学期生活费补助1 000多万元，免收市区低保家庭、零就业家庭和残疾家庭子女书（学）杂费350多万元；投入1 550万元支持重建市特殊教育学校和改建市中心业余体校；投入1 600万元继续支持职业教育和高等教育发展；落实中、小学教师工资福利待遇“两相当”和义务教育学校绩效工资政策，进一步解决中、小学代课教师问题。大力支持文化体育事业建设，将中央再贷款资金2 000万元用于文化实施场馆建设；投入150万元落实广播电视无线覆盖工程，支持市区有线数字电视整体转换，落实农村电影放映“2131”工程；投入5 500多万元支持抗战时期中共广东省委暨粤北省委机关旧址的保护与维修。继续实施文化惠民工程，重点改造市区中山公园文化广场中心舞台，安排900万元大力支持承办全省第四届少数民族传统体育运动会和组队参加省第十三届运动会。

2. 加大社会保障力度，落实全民安康工程。全市社会保障支出20.39亿元，增长17.53%。完善三个机制，即进一步完善城乡公共卫生经费保障机制、社会保障资金分配机制和救灾工作分级管理机制。推进三个试点，即进一步推进仁化县城乡基层医疗卫生服务体系建设试点和乳源县国家基本药物制度试点，并在推进曲江区开展第一批农村养老保险试点基础上，从11月初开始在浈江区、仁化县进行第二批农村养老保险试点。提高三个水平，即提高新型农村合作医疗（以下简称“新农合”）财政补助水平，各级财政对参合农民的补助标准提高到每人每年120元，并将参合率扩大到99.8%；参照新农合的做法将城镇居民基本医疗保险财政补助标准提高到每人每年120元，并将参保率扩大到60%以上；继续提高企业退休人员基本养老金水平及其他有关社保对象的待遇水平。做好三个衔接，即做好农村低保与农村五保供养、自然灾害生活救济等制度的衔接；做好新农合、城镇居民基本医疗保险以及城乡医疗救助制度之间的衔接；做好就业政策与社会保障政策之间的衔接，实现就业与社会保障之间的良性互动。据统计，全年拨付就业再就业资金1 784万元，促进了就业再就业政策的落实；市本级支出低保资金1 947万元，将全市11万人纳入低保范围，做到了应保尽保；安排乡村医生财政补助资金1 183万元，落实农村卫生站医生补贴政策。加大廉租住房建设力度，重点支持天子岭、十里亭廉租住房和经济适用住房建设，加快棚户区改造，扩大住房保障覆盖面。投资1 400万元兴建的天子岭（一期）廉租住房于2010年11月正式投入使用，为市政府解决水上居民、双退企业及其他低收入家庭住房困难问题提供有力支撑。继续推进政策性农村住房保险“民心工程”，已为全市8个县（市、区）共36.78万户续保农户拨付政策性农村住房保险市级财政保费补助资金47.81万元。

3. 加大强农惠农力度，统筹城乡社区事务。加快推进农业发展方式转变，投入80万元扶持龙头企业发展，构建现代农业产业体系。2010年共投入资金500万元进行农村公路硬底化建设，进一步解决农村群众“出行难”问题。安排双拥慰问年度预算经费250万元，预算追加创建国家双拥模范城工作经费100万元，全力支持韶关市创建国家双拥模范城。积极开展迎春送暖活动，将1 200多万元发放给孤寡、残疾、下岗失业、企业离退休人员等低收入人群。认真落实救灾复产重建家园工作，全年下达自然灾害救灾资金2 602万元，突出抓好灾区保生活、保发展、保稳定。认真落实政府为民办实事工作，筹集8 700万元支持10项为民工程建设。

四、加强财政体制机制建设，促进“两基”管理科学化、制度化、规范化

2010年，各级财政部门以服务经济社会大局为重心，

以强化管理基础和基层财政建设为抓手，以推进改革、创新机制为手段，在推进财政精细化管理方面作出了有益的探索，取得了一定成效。

1. 有效开展市级预算单位零余额账户结算。从2010年1月1日起，在市直预算单位全面实施财政授权支付零余额账户会计结算制度，已为126个市直预算单位开设了零余额账户。

2. 有序推进财政支出管理电子平台建设。全面铺开市级财务核算信息集中监管改革工作，已对120多个预算单位会计人员进行了培训，集中监管系统已覆盖市直全部预算单位，75个市直预算单位已纳入市级财务核算信息集中监管改革。

3. 全面推进公务卡结算改革。已将108个市直预算单位纳入改革，各县（市、区）公务卡改革在武江区、仁化县试点的基础上，逐步扩大到全市范围。

4. 进一步加强财政资金检查监督。重点做好强农惠农资金专项清查工作。

5. 加大绩效评价工作力度。拓宽检查、评价渠道，选取社会热点、难点项目，对6个重点评价项目和18个自我评价项目开展针对性评价，评价项目数量分别比2009年增加了10%和63.6%。

6. 继续深化政府采购制度改革。以加快推进电子政府采购为重点，以规范操作执行和健全竞争制约机制为核心，不断改进工作方式方法，强化政府采购资金管理。目前，曲江区、始兴县、南雄市、翁源县、仁化县、乳源县、乐昌市、新丰县已分别成立了政府招标采购中心，完成了政府采购执行机构从财政部门分离的工作。

7. 认真做好财政票据监管工作。2010年，票据监管中心全年累计发放各类财政票据1 533万份（含各县、市、区），核销票据494万份（县、市、区票据各自核销），核销金额394 625万元，并积极配合省财政厅票据监管中心做好财政票据换版工作。

8. 进一步深化“小金库”专项治理。在全市党政机关和事业单位开展“小金库”专项治理“回头看”工作，稳步推进国有及国有控股企业、社会团体“小金库”治理工作，建立和完善防治“小金库”长效机制。

9. 高度重视网络问政工作。专门制定网络问政相关制度，指定专人及时协调解答网民提出的与财政工作相关的各种疑问。

10. 进一步加强信息化建设。不断完善政务公开平台，使相关信息公开更及时，条目更清晰；全力打造财政业务一体化系统和金财工程应用支撑平台，为财政管理精细化提供技术支撑。

11. 认真做好保密工作。上半年和下半年分别两次对全局办公设备及文件保管进行大检查，对发现问题进行了认真整改，并进一步加强了对涉密计算机、移动存储介质等的保密管理。

12. 认真办理人大、政协的建议和提案。全年主办19份、会办14份，累计答复人大代表及政协委员250人次，办复率达100%，收到的反馈意见均为满意。

13. 加强项目资金审核。全年共审核财政性资金结算项目793个，审查资金68 074.53万元，审定金额58 985.41万元，核减金额9 089.12万元，减少33%，核减率为13.35%。此外，市财政部门还积极加强与上级的联系与沟通，及时掌握政策动态，积极配合南雄市开展省直管县财政体制改革试点工作，推进财政管理层级扁平化建设。

五、进一步加强队伍建设，提高干部职工综合素质

2010年，各级财政部门深入实践科学发展观，以建设纪律教育学习月活动示范点、开展“创先争优”活动为契机，着力加强机关作风和干部队伍建设，全市财政系统干部职工素质得到了进一步提高。

1. 加强政治理论学习。全面深入落实科学发展观，明确提出将中央各次会议精神作为学习重点，组织全局党员干部进一步以多种形式深入学习。制定党组中心组理论学习计划，按季度由局领导带头组织开展专题学习。

2. 加强财政业务培训。通过以会代训形式，邀请省财政厅领导对各县（市、区）长、分管财政工作的副县（市、区）长、财政局中层以上领导进行培训，分两期组织了副处级以上领导干部参加市委举办的转变经济发展方式培训班，分8期组织了全局机关干部职工参加市信息能力培训班。以多种形式开展经常性的法规学习教育活动，不断提高干部职工的法律意识和理财水平，形成公务员学法、用法、守法的良好风气。2010年11月荣获广东省“五五”普法工作先进集体称号。

3. 加强机关作风建设和提高执行力。认真开展“树立正确权力观，提高执行力”活动，认真贯彻落实党风廉政建设和反腐败工作责任制，制定并印发了《2010年韶关市财政局党风廉政建设和反腐败暨惩防体系建设工作任务责任分解表》，积极开展党风廉政宣传教育，分发《党员领导干部廉洁从政若干准则》学习读本给局机关和下属单位副科长以上领导干部，组织局机关科长参加市重点岗位中层领导干部廉洁从政党纪政纪法规知识培训和考试，举行廉政宣誓仪式，开展述职述廉暨民主评议活动。举办“树立正确权力观，提高执行力”演讲比赛，并邀请市委常委、市纪委书记段宇飞等领导出席。进一步完善《韶关市财政局党组议事规则》、《韶关市财政局关于局班子成员及局属副处级单位负责人落实党风廉政建设责任制“五个一”制度的意见》等规章制度，切实做到用制度管人、用制度管事、用制度管权。

4. 进一步加强党建工作。扎实开展“创先争优”活动，围绕“建设学习型党支部”、“三服务两提高”、“加强党的基层组织建设”主题，以创建“五个好”先进党组织，争当“五带头”优秀共产党员，争做“五个强”优秀党务工作者为主要内容，创新方式，拓宽服务领域、强化服务功能，诚心诚意办实事，尽心尽力解难事。认真贯彻落实中共中央政治局常委、中央书记处书记、国家副主席习近平对会计师事务所行业党建工作做出的重要批示和财政部、省财政厅领导的批示精神，成立了市注册会计师事

务所党总支，突出抓好会计师事务所党建工作，取得了初步成效。

5. 加强干部的培养与锻炼。为进一步深化财政干部队伍建设，努力培养德才兼备的复合型人才，成立了分别由业务骨干和选调生组成课题调研与写作小组，就基本公共服务均等化、生态转移支付、财政“十二五”规划、提高“双转移”质量、转变经济增长方式以及扶贫“双到”工作6个课题开展系列专题调研活动，通过深入基层、深入企业、深入农村等实地调查调研，有效提高了财政干部特别是年轻干部的理论研讨水平和实际工作能力。

2010 年，韶关市财政局获得了省丹霞山申遗集体三等功，全市“精神文明建设先进单位”、“创建国家卫生城市工作优秀单位”、“创建国家园林城市工作优秀单位”、“依法治市工作先进单位”等多项荣誉称号。各县、市、区在财政改革与发展中进行了许多有益的探索，取得了明显的成效。南雄市财政局荣获国家“家电下乡”工作先进集体称号；武江区财政局被省财政厅授予“农村财会人员财政支农政策培训工作先进单位”称号；曲江区财政局获得韶关市“依法治市先进单位”称号；乳源县财政局被列为省级小型农田水利建设重点县；翁源县财政局加大公共资产管理和城市经营力度，取得了明显成效，获得了多项市级授予的荣誉。

（韶关市财政局供稿，刘礼清　杨文乐执笔）

河源市

2010 年，在河源市委、市政府的正确领导和上级财政的有力支持下，全市财政工作坚持科学发展观为指导，全面贯彻市委、市政府的决策部署，围绕“抓落实、打硬仗、出战果”的工作要求，认真贯彻积极的财政政策，充分发挥公共财政职能，努力增收节支，严格依法治税；深化财政改革，调整和优化财政支出结构，健全公共财政体制，保障重点支出需要；推进财政科学化、精细化管理，强化财政监督和支出绩效，出色地完成了全年各项财政工作任务。

2010 年，全市财政收支呈现出增幅高、质量好、惠民生的良好态势，财政收支对比 2006 年实现了“四个翻一番”。

一是增幅高。2010 年，全市地方财政一般预算收入同比增长 24.3%，比年初确定的增长13%的目标增加 11.3 个百分点，增幅达到近 4 年来最好水平，收入总量在全省排名第 19 位，全面实现了“两个确保”工作目标。

二是质量好。税收收入增长快于非税增长，地方财政一般预算收入质量不断提高，2010 年，地方库税收收入占一般预算收入比重达 81.2%，地方财政一般预算收入中税收的比重居全省第 7 位。

三是惠民生。财政支出与经济协调发展、民生事业协调发展，确保了市委、市政府各项决策和重大项目及民生支出需要，尤其是 2010 年保障和改善民生支出达到 70.5 亿元，占一般预算收入比重达 74.6%，体现了发展惠民、发展为民的宗旨。

四是财政收支对比 2006 年实现“四个翻一番”。地方一般预算总收入实现翻一番，全市财政一般预算总收入完成 106.8 亿元，比 2006 年的 50.4 亿元翻了一番，年均增长 20.6%；税收收入总量实现翻一番，全市税收总收入完成 52.2 亿元，比 2006 年的 24.5 亿元翻了一番，年均增长 20.8%，其中：国税税收收入完成 25.2 亿元，比 2006 年的 11.0 亿元增长 129.1%，年均增长 23.1%；地税税收收入完成 24.4 亿元，比 2006 年的 12.7 亿元增长 92.42%，年均增长 17.8%；地方一般预算收入实现翻一番，全市地方一般预算收入完成 25.1 亿元，比 2006 年的 12.5 亿元翻了一番，年均增长 18.8%。；财政支出规模翻一番，全市财政一般预算支出完成 94.55 亿元，比 2006 年的 45.8 亿元翻了一番，年均增长 25.9%。

一、着力抓好增收节支

2010 年，全市经济平稳较快增长，为财政预算收支任务顺利完成创造了良好的条件，但由于受到外部经济环境复杂多变、政策性减收因素增多以及银行信贷“外松内紧”等因素影响，财税增收受到一定程度的制约。以此同时，财政在“保运转、保民生、保重点、促发展”以及重点工程建设等方面刚性支出迅猛，财政预算平衡面临相当大的压力。市委、市政府非常重视财税工作，提出“两个确保”的目标，主要领导对培植壮大财源、依法科学理财多次作出重要指示和批示，为全市财税工作指明了方向。市政府分管领导亲力亲为，具体部署增收节支工作，确保预算任务完成。全市各级财税部门按照市委、市政府的“抓落实、打硬仗、出战果”工作部署，大力发扬务实进取、艰苦奋斗的优良传统，坚持以增收节支为主题，多管齐下促增收、控支出，推动财政可持续发展。

1. 在收入组织上，财政部门认真分解落实收入目标责任制，加强与税务等部门的沟通，强化服务、协调和监督，促进严格征管。及早开展调研、测算，做好对财政运行形势特别是收入形势的监测，进一步加强对收入进度的跟踪检查，并以市政府名义下发了《关于进一步加强财政收入组织工作的通知》，促进全市抓收入工作，确保财政增长；实行局党组成员“分工分片”抓收入工作责任机制，分别挂钩一个县（区）督促组织收入，同时认真抓好契税收入，依法组织政府非税收入，壮大财政实力，确保各项收入的均衡入库和稳定增长。支持税务部门对税收实施科学化、精细化管理，加大对重点行业、重点税源企业和重点税种的监管力度，依法打击各种偷、逃、骗税行为，大力清欠拖欠税；加大对中小税种的征管力度，做到了既“抱西瓜”，又“捡芝麻”，确保应征尽收。

2. 在支出管理上，全市财政按照公共财政的要求，积极调整和优化支出结构，既注重保障政权运转的基本需要，又注重通过支出结构的调整和优化，保障经济社会协调发展。同时坚持“保重点、压一般”的理财原则，严格执行

“四个减少”和“五个严格控制”的规定，大力压减一般性支出，对各项支出精打细算，讲求实效，增强财政保障重点能力；加大向上级争取资金的力度，力求最大限度缓解资金调动困难；坚持主动向人大汇报预算的执行情况，认真听取人大代表、政协委员对财政工作的意见和建议，并抓好贯彻落实；高度重视并积极配合做好审计工作；有力地促进了全年财政收支平衡。

二、努力培植壮大财源

2010年，全市各级财政牢固树立服务经济发展、支持经济发展、促进经济发展的思想，认真贯彻落实积极的财政政策，加大投入，培育财源，增强后劲。

1. 克服重重困难筹集资金，推进重大项目建设。按照市委、市政府的统一部署，市财政以高度责任感和使命感全力落实重点项目融资工作，努力克服银行放贷额度逐步收紧等困难，千方百计筹集落实资金并及时支付，确保了滨江大道首期、万绿湖大道、桂山大道、西环路首期以及客家文化公园等重大项目在“世客会”前如期交付使用，进一步优化了发展环境，增强了经济发展后劲。同时抓住扩大内需项目建设不放松，足额安排配套资金2.15亿元，推动扩大内需项目加快建设，培植了新的财税收入增长点。

2. 全力支持产业转移园区建设，推动“四新”产业发展和经济转型升级。放大省产业转移竞争性扶持资金效应，加快完善园区基础建设，优化园区发展环境，增强园区接纳能力和竞争能力，不断巩固和提升园区工业对全市经济增长的拉动作用。从统筹安排专项资金、贷款贴息扶持、协助申报项目、扶持自主创新等方面入手，积极推进“强企工程”和培育“四新”产业发展。2010年帮助中小企业获得上级扶持项目127个，扶持资金达7.43亿元；帮助36家企业获得省政策贴息补助1 684万元，促进了企业扩大投资和再生产；鼓励和引导企业加强与高校、科研院所、检测机构开展产学研合作，提高企业科技创新水平和品牌创建能力。同时贯彻落实各项外贸扶持政策，及时拨付出口企业2010年出口退税“以奖代补”等各项资金；大力支持各类重大招商引资活动，扩大利用外资规模，推动外向型经济保持稳步增长态势。

3. 认真贯彻落实积极财政政策，扩大有效消费需求刺激经济发展。全面推进家电下乡、汽车下乡、以旧换新等政策，及时足额拨付补贴资金；支持新建和改造农产品批发市场、农贸市场等，改善居民消费环境，有力扩大了消费促进了经济增长。

三、保障民生政策落到实处

2010年，全市各级财政克服财力紧张等各种困难，加大民生和社会事业投入力度，保障各项民生政策落到实处，促进了和谐社会稳定，人民群众的满意度和幸福感普遍提高。

1. 大力支持“三农”发展。全市农林水事务支出14.7亿元，同比增长39.9%。全面落实各项强农惠农政策，及时拨付农资综合直补等各项补贴资金，促进农业生产，增加农民收入。加大力度支持农村饮水工程建设、农村危房改造和村村通公路硬底化，改善农村生活环境。积极扶持水利基础设施建设、农村生态建设和现代农业示范基地建设；扎实推进政策性农村住房保险工作；多渠道筹集资金强力推进扶贫开发“双到”工作，全面落实“千村脱贫”政策，贫困人口由“十五”期末的28.36万人减少到20.3万人。

2. 支持创建教育强市建设文化河源。2010年，全市教育文化支出21.3亿元，增长19.0%。全面落实免费农村义务教育和城镇免费义务教育政策；大力推动普及高中阶段教育工作，全市高中阶段教育毛入学率达到87.06%，提前一年实现普及高中阶段教育目标；继续支持大中专院校建设，启动校舍安全工程，学校教育教学环境有力改善；及时落实市直义务阶段学校绩效工资政策；完善扶贫助学机制，加大对困难学生生活补助和中职助学补助，惠及17 286名学生。公共文化设施和基层文化建设得到加强，筹集约1亿元加快市恐龙博物馆、市图书馆、市职工文体活动中心等，完成文化信息资源共享工程市级分中心建设。积极推动文化遗产保护工作，加大基层文化建设力度，实现全市广播电视“村村通”、农家书屋建设全覆盖。筹集3亿多元用于客家文化公园征地拆迁和建设工作，进一步推进了客家文化公园的建设步伐。

3. 加快完善社会保障体系，促进就业和再就业。全市社会保障和就业支出13.2亿元，同比增长14.1%。全市各级财政强化了对就业再就业的扶持和服务，着力帮助零就业家庭、就业困难人员和农民工转移就业；积极落实城乡低保政策，拨付省、市、县低保配套资金2.59亿元，全市达到最低生活保障线的城乡居民实现应保尽保；积极支持新农村养老保险改革试点，推动新农村养老保险3年全覆盖；全市企业职工养老保险、失业保险、工伤保险和生育保险全面实行市级统筹；积极落实下岗职工基本生活费、农村特困救助和复员军人及优抚对象等各项政策；支持完善残疾人社会保障体系，努力实现贫困残疾人应保尽保。

4. 支持公共医疗卫生事业发展。全市医疗卫生支出8.1亿元，同比增长21.5%。大力支持医疗卫生体制改革，五项重点改革进展顺利，改善了城乡医疗卫生条件，城乡居民就医难、看病难问题得到初步缓解；加大力度推进新型农村合作医疗（以下简称“新农合”），参合人均筹资达到150元，全市参加新农合人数260万人，参合率达到98%；开展公共卫生与基层医疗卫生事业单位实施绩效工资工作；推进城镇职工基本医疗保险、城镇居民基本医疗保险和外资企业职工基本医疗保险等制度，支持困难和关闭破产企业退休职工免费参加城镇职工城镇居民基本医疗。

5. 全面落实市委、市政府决定的项目资金。2010年，投入资金37.1亿元，支持落实市政府“十件实事”和“十项惠民工程”；安排投入创卫、创模、创双拥支出近2亿元；足额及时拨付“世客会”专项资金。

6. 积极支持维稳工作。按照“平安河源”建设的要求，加大对社会治安综合治理工作的资金投入，切实维护社会的安定稳定；积极做好抗洪救灾工作，迅速启动了救灾应急保障机制，及时拨付救灾资金9 690万元，确保了政府各项抗洪救灾应急保障工作顺利开展；同时大力加强政府债务管理，防范和化解金融风险。

四、推进科学化、精细化管理

全市财政认真贯彻部长谢旭人在河源市检查调研时的讲话精神，在落实积极的财政政策的同时，坚持推行财政科学化、精细化管理，不断提升理财水平。

1. 深化财政改革，增强财政活力。围绕主体功能区建设和省新一轮财政体制改革，积极做好有关政策研究工作，及时提出应对措施，做实做细准备工作，为应对生态激励型机制、省管县试点、完善省以下财政体制等各项工作赢得主动，作为全省4个省管县试点之一的紫金县已纳入省直管县改革试点，进展顺利；严格执行市对区的财政管理办法并不断改进完善，促进了市与区经济社会协调发展；推进县、乡财政管理体制改革，落实“乡财县管”和农村会计代理制，村级财务监管更加规范。深化部门预算改革，严格实行分项定额和综合分类分档定额标准，不断细化项目支出，部门预算编审更加适应改革的要求；逐步扩大预算公开的项目范围，财政收支透明度不断提高。稳步推进国库集中收付改革，不断完善国库集中支付运行机制和操作办法，着力加大县、区国库集中支付改革力度，全市覆盖面达91.6%；启动财政国库动态监控系统改革试点，全市国库动态监控系统上线工作全面完成；财务集中监管试点、公务卡改革试点增点扩面，市直88个一级预算单位已全面纳入财务核算信息集中监管改革试点改革范围，市直公务卡改革试点单位达到30个，效果明显。扎实推进非税收缴改革，市直86个有非税收入的部门已全面纳入了改革范围，改革覆盖面达到100%。继续推进政府采购制度改革，政府采购范围不断扩大，市直单位办公设备实行协议供货采购并统一使用电子政府采购平台，政府采购运行程序更加规范，效益更加明显。认真开展绩效评价，在配合省财政做好专项资金绩效评价的基础上，加大了大宗财政性资金评价，重点开展了污水处理设施建设资金、产业转移园扶持资金、现代服务业发展引导专项资金等的绩效评价工作，市级50万元以上的专项资金全面开展了自评工作，资金使用的导向作用进一步增强。进一步规范和加强行政事业单位经营性资产的管理，加快行政事业单位资产管理信息系统建设步伐，启动了行政事业单位资产管理信息化试点，提高了财政部门对行政事业单位资产的监管能力，资产管理向制度化、规范化和流程化迈进；经营性资产的出租、出让均采取公开拍卖、公开招租、公开招标等方式进行，资产处置规范。

2. 加强财政监管，提高资金使用效益。切实加强了财政专项资金的监督检查，开展了涉及重点工程建设、工程建设领域政府采购、扩大内需新增投资等资金的监督检查，积极配合上级完成各项专项检查工作任务，确保有限资金花出更好效益；扎实开展社会团体和国有及国有控股企业“小金库”治理工作，深入开展强农惠农资金专项清查工作，对河源市2007～2009年各级财政预算安排涉农资金使用情况进行检查，涉及资金41.5亿元，检查发现问题切实跟踪整改到位，在确保强农惠农资金落到实处的同时，进一步促进了各级对涉农资金的管理，取得明显成效，受到了财政部部长谢旭人及市委、市政府的肯定；同时认真开展规范津贴补贴专项检查工作；落实会计信息质量检查工作，纠正违规资金1 600多万元，补缴税款225万元；加强基层财政管理，采用交叉检查的形式开展对全市基层财政所财政资金和财务管理情况的专项检查，促进了各县、区重视和加强基层财政所内部管理，进一步健全和完善制度。加强重点项目资金监管，制定了《河源市政府投资重点市政工程建设项目资金管理暂行办法》，健全了政府投资重点项目资金管理与监督的财政职能。严格实行财务总监制度和全面加强基建财务监管，对重点项目工程按规定委派了财务总监，将审核监督的“关口”前移，实行建设项目专管员跟踪制，对政府基建工程全过程跟踪管理，确保了财政性资金的安全有效使用以及项目建设单位财务规范管理。加强财政投资评审，推广项目“代建制”，2010年市财政审核项目217个，其中总送审金额11.28亿元，审定额10.04亿元，净核减额1.24亿元，净核减率10.99%。

五、推进学习型、服务性、廉洁型机关建设

2010年，市财政局根据市委统一部署，认真开展“创先争优”、“我为党旗添光彩”、“纪律教育月活动”以及扶贫开发“双到”等主题实践活动，依托载体促效能，注重实效，扎实推进学习型、服务性、廉洁型机关建设，机关效能有了明显提高。2010年，市财政局被评为第二次全国经济普查国家级先进集体、全省会计管理工作二等奖单位、全省地方财政总决算工作二等奖单位、全省汇总会计决算报表工作先进单位、全省企业所得税税源调查工作优秀单位、全省财政支出管理电子平台建设表扬单位等。

（河源市财政局供稿，具瑞新执笔）

梅州市

一、全市经济社会发展概况

2010年是“十一五”的期末之年，面对复杂的经济形势和各种挑战，一年来，梅州市全面贯彻落实中央和省的决策部署，全力实施“双转移”战略，强力推进园区建设和招商引资，加快推进绿色现代产业体系建设，谋求绿色经济崛起的新突破，全市国民经济保持平稳较快增长，运行质量进一步提高。2010年，梅州市经济运行总体向好，呈现稳步上升态势，运行质量进一步提高。其中地区生产总值、规模以上工业、固定资产投资增速是梅州市“十一五”时期最快的一年。主要特点表现为“七个较快增长、一上升、一平稳”。

（一）经济较快增长，产业结构调整加快

2010年，全市生产总值为612.36亿元，比2009年增

长14.1%，增速由第一季度的9.1%，到前二季度的11.8%，再到前三季度的12.8%，最后上升到14.1%，呈现逐季走高态势，增长速度在全省21个市中排行10位，增速分别比全省（12.2%）、全国（10.3%）平均水平高1.9个百分点和3.8个百分点，是梅州市“十一五”时期增速最快的一年。其中第一产业增加值125.99亿元，同比增长6.9%，拉动GDP增长1.3个百分点；第二产业增加值254.94亿元，同比增长18.9%，拉动GDP增长7.8个百分点，第二产业中工业增加值208.54亿元，同比增长17.9%，拉动GDP增长6.1个百分点；第三产业增加值231.43亿元，同比增长12.4%，拉动GDP增长5.0个百分点。

三次产业的结构比例由2005年的23.1:41.1:35.8调整到2010年的20.6:41.6:37.8。与2005年相比，第一产业比重下降2.5个百分点，第二、三产业比重分别上升0.5个和2.0个百分点。

（二）工业较快增长，企业效益提高

2010年，全市规模以上工业企业502家，比2009年增加了13家；工业增加值164.33亿元，比2009年增长18.7%。2010年1～11月份，规模以上工业企业利润总额实现28.05亿元，同比增长22.1%；工业经济效益指数208.6%，比全省平均水平（199.1%）高9.5个百分点。

2010年，规模以上工业增加值增速分别比全省（17.6%）、全国平均水平（15.7%）高1.1个和3.0个百分点，是“十一五”期间梅州市工业增长最快的一年。全部工业增加值增速比GDP增速高个3.8个百分点，贡献率达到43.3%，直接拉动GDP增长6.1个百分点。

（三）投资较快增长，投资结构有所改善

2010年，全市全社会固定资产投资完成195.52亿元，同比增长20.0%，是“十一五”期间增速最快的一年。城镇完成投资157.15亿元，同比增长16.6%；农村完成投资38.26亿元，同比增长36.2%。其中工业完成投资63.43亿元，同比增长18.8%，增幅比2009年提高5.7个百分点。全市房地产开发投资增长较快，房地产开发投资完成26.18亿元，大幅增长70.3%。

（四）消费较快增长，社会需求旺盛

在国家扩大内需，刺激消费的政策下，2010年，全市全社会消费品零售总额实现319.05亿元，同比增长19.4%。其中：城镇198.23亿元，同比增长19.4%。批发、零售贸易业294.79亿元，增长19.3%；住宿和餐饮业24.26亿元，增长20.9%。全市房地产市场较为活跃，商品房销售面积和销售额分别比2009年增长16.5%和57.8%。

（五）出口较快增长，增幅位居全省第一

2010年，全市贸易出口总额保持较好发展势头，全市全年贸易出口总额实现9.51亿美元，同比增长41.7%，增速居全省第一位，比全省增幅平均水平高15.4个百分点。

（六）财政收入较快增长，总收入突破百亿元

2010年，全市一般预算财政收入38.95亿元，同比增长26.6%，财政总收入实现114.46亿元，首次突破百亿元大关。从分地区看，一般预算财政收入增幅超过全市平均水平的有梅县、梅江区、五华、丰顺，同比分别增长38.1%、36.0%、31.7%和30.5%。全市地方财政支出117.69亿元，同比增长21.4%。

（七）城乡居民收入较快增长，农村居民收入快于城镇

据抽样调查统计，2010年，市区居民可支配收入14 728元，同比增长12.3%（未扣除物价因素）。农民人均现金收入6 367元，同比增长18.1%（未扣除物价因素），农村居民收入增幅近年来首次快于城镇居民收入增幅。

（八）物价继续小幅上升

2010年，物价水平继续小幅上升，全市居民消费价格总指数102.8%，同比上升2.8%。主要是受食品和居住类价格上涨的影响，分别比2009年增长5.8%和3.5%。工业品出厂价格指数103.8%，累计同比上升3.8%。

（九）金融运行态势平稳，存、贷款增幅较大

截至2010年年末，全市金融机构本外币存款余额839.63亿元，比年初增长19.0%，其中：城乡居民储蓄本外币存款余额582.20亿元，比年初增长16.1%。金融机构本外币各项贷款余额331.10亿元，比年初增长20.7%。其中，短期贷款67.74亿元，比年初增长19.5%；中长期贷款259.83亿元，比年初增长20.8%。

二、全市财政工作概况

2010年，梅州市各级财政部门在梅州市委、市政府的正确领导和上级财政部门的关心指导下，以科学发展观为统领，紧紧围绕梅州市绿色的经济崛起发展战略和年初确定的目标任务，牢固树立“跳出财政看财政，转变观念抓落实”的理财观念，按照“积极财政、有效财政、公共财政、规范财政”的要求，从“搞活财政、科学理财”入手，开拓创新，主动作为，圆满完成了全年各项工作任务，全市一般预算收入完成38.95亿元，增长26.6%，增幅在全省21个地级市中排名第8位。一年来市财政局还先后荣获“全省地方财政总决算工作一等奖”、“全省会计管理工作考核一等奖”、“农村财会人员财政支农政策培训工作一等奖”、“广东省节能工作先进单位”、“全省污染源普查工作先进集体”、“市先进基层党组织”、“市‘双拥’工作先进单位”、市依法治市先进单位、市五届人大代表建议办理先进单位、市政协提案办理先进单位等荣誉称号。局党组书记、局长李钢被评为全国家电下乡工作先进个人。财政改革与发展取得新成就，有力地推动了梅州市经济社会健康协调较快发展。

（一）2010年预算收支执行情况

2010年，全市财政运行总体情况良好。来源于梅州的财政总收入完成114.46亿元，同比增收16.79亿元，增长17.19%。全市一般预算收入完成38.95亿元，同比增收8.18亿元，增长26.6%；全市一般预算支出完成117.69亿元，同比增支20.77亿元，增长21.43%。其中：市本级一

般预算收入完成 13.57 亿元，同比增收 2.34 亿元，增长 20.78%；市本级一般预算支出完成 27.44 亿元，同比增支 7.49 亿元，增长 37.49%。

全市财政一般预算收入加上上级补助、上年结余、调入资金，收入总计128.22 亿元；全市一般预算支出加上专项上解、增设预算周转金，支出总计119.18 亿元。收支相抵，年终滚存结余 9.04 亿元（含专项结转 8.88 亿元），净结余 1 621万元。其中：市本级财政一般预算收入加上上级补助、上年结余、县上解收入等，收入总计 41.01 亿元；市本级一般预算支出加上市补助县支出、专项上解及增设预算周转金，支出总计 32.16 亿元。收支相抵，年终滚存结余 8.85 亿元（含专项结转 8.83 亿元），净结余 169 万元。

上划中央“两税”完成 46.2 亿元，同比增加 1.87 亿元，增长 4.23%；上划省“四税”完成 7.16 亿元，同比增加 1.99 亿元，增长 38.53%。

（二）2010 年主要工作情况

1. 着重抓科学聚财，确保收入稳定增长。坚持把确保收入稳定增长、均衡入库、提高收入质量作为财政工作的首要目标，主动加强与税务部门的沟通和协调，落实财税联席会议制度，深化预算执行分析，加强税源监控，提高征管效能，加大稽查力度，及时清缴欠税，严格控制减免税，严肃查处偷逃税，做到依法征收，应征尽收，确保税收收入稳定增长。进一步规范非税收入管理，严格执行“收支两条线”管理规定，实行以票管费，源头控管，确保非税收入按时足额上缴财政。此外，积极开拓税源，争取外税，想方设法增加财政收入。市本级和 8 个县（市、区）均超额完成了人大通过的预算收入任务，收入增幅均达到 20 %以上，全部可获得省财政新增转移支付补助，7 个县（市、区）可获得市对县财政增收奖励；预计市本级（含梅江区）和 4 个县（市）可获得省“四税”超全省平均增幅奖励。

2. 着重抓发展生财，确保财源基础不断壮大。一是落实财政政策措施推动发展。认真落实财政支持企业发展，加快产业结构调整和鼓励企业技术创新、增资扩产的各项政策措施，积极支持企业参加广交会、海峡两岸经贸交流会、粤港交流会等经贸平台，开拓国际市场促进地方外贸出口，全年共投入扶持资金 4.06 亿元，推动现有企业做强、做大、做优。投入扶持资金 1 695 万元，推动梅州市农信社改革、农村金融改革创新试验区项目建设，促进地方金融事业发展，帮助解决中小企业融资难题，支持地方金融改革助推经济发展。落实家电、汽车、摩托车下乡补贴政策，及时兑付财政补贴资金 1.47 亿元，促进消费增长，拉动经济发展。助推发展。此外，市本级投入 920 万元支持重新修编旅游规划、自驾旅游日暨梅州金柚飘香自驾旅游周等旅游宣传营销主题活动，提升“世界客都”知名度，推动梅州市旅游事业发展。

二是狠抓招商引资加快发展。落实市委、市政府加快招商引资决策，筹集资金 3 433 万元，全力支持全市招商引资工作；落实部门招商引资任务，成立招商引资领导小组，组织精干力量，打好回乡创业牌，成功引进梅州市威利邦电子科技有限公司覆铜板、铜箔项目（总投资 4.6 亿元，投产后年产值可达 10 亿元、新增税收 6 000 万元以上）。安排六名领导干部提供全程跟踪服务，协助解决项目建设中的征地、环保、通信线路以及水、电等相关问题，加快项目建设进度，全力支持招商引资加快经济发展。

三是积极筹资加大投入支持发展。千方百计筹集资金，坚持“有机会要抓住，没机会要创造机会”的工作思路，加强对上联系、沟通、汇报，及时了解上级的政策、项目、资金等信息，选准项目，积极争取上级财政支持；继续发挥财政投融资平台作用，努力克服国家清理、整顿、规范地方政府融资平台公司带来的不利影响，加大融资力度，创新融资方式。全年共争取到上级资金 62 亿元和新增融资 2 亿元，大力支持产业转移园区、进城大道、广州大桥、江南“一纵二横”项目、“创卫”、山歌节等市委、市政府重点项目和民心工程建设，广借外力推动梅州市经济社会加快发展。

3. 着重抓统筹用财，确保民生持续改善。严格按照经批准的预算安排支出、拨付资金，控制预算追加，既保证重点支出需要，又厉行节约，大力压缩一般性支出，把更多的财力腾出来用于保障和改善民生。2010 年全市民生投入达 84.65 亿元，同比增加 14.08 亿元，增长 20%，占财政一般预算支出的 72 %。

一是加大投入推动“三农”加快发展。落实支农惠农政策，加大投入力度，支持发展绿色现代农业产业，大力推进梅州市韩江上游油茶茶叶产业带等现代农业发展项目建设，支持农业基础设施建设，支持防灾、减灾、抗灾，继续推进新农村建设，及时足额发放种粮补贴、能繁母猪补贴等各项惠农补贴，推动农村各项社会事业加快发展。全市农林水事务支出完成 15.74 亿元，同比增长 16.8%。

二是加大投入支持教科文事业加快发展。大力支持创建教育强市，落实中小学校公用经费，实施农村免费义务教育，落实困难家庭子女就学生活补助，实施中小学校舍安全工程，支持职业教育发展，加大投入支持教育优先发展。支持《客家意象》等重点剧目排演，支持向社会免费开放公共博物馆、纪念馆，支持实施农家书屋、农村电影放映等文化惠民工程，丰富农村文化生活，推动文体公益事业和广播电视事业改革发展。全市教育、科学技术、文化体育与传媒支出共完成 27.01 亿元，同比增长 16.1%。

三是加大投入促进社保事业快速发展。落实扶持政策促进农村劳动力培训转移就业工作，提高城乡低保补助标准，落实低保补助资金，做好农村特殊困难群体的生活救助工作，努力解决好优抚对象和部分企业军转干部生活困难问题，及时发放社会养老保险补助资金和救灾救济资金，通过加大社会保障资金投入力度，逐步建立城乡社会保障救助体系。全市社会保障和就业支出完成 18.08 亿元，同比增长 15.33%。

四是加大投入推进公共卫生体系建设。加大对医疗卫生管理、医疗服务、医疗保障、疾病预防控制、妇幼保健、农村卫生等投入，落实新型农村合作医疗补助、村医补助、城镇居民医疗保障、困难企业退休人员医疗保障、重症贫困精神病人免费治疗措施。全市医疗卫生支出完成10.64亿元，同比增长19.66%。

五是加大投入推动平安梅州建设。继续加大政法部门办公办案、警力装备、基础设施建设等方面的投入，增强政法部门打击违法犯罪、维护社会稳定、保护群众利益的能力。全市公共安全支出完成6.86亿元，同比增长20.29%。

4. 着重抓规范理财，确保监管体系不断完善。深入推进部门预算、国库集中支付、政府采购、非税收入"收支两条线"管理、绩效评价、财务集中监管、财政投资评审等各项财政改革。加大财政投资项目评审力度。全市共完成工程审核项目1 738项，完成送审总金额36.39亿元，核减金额5.64亿元，核减率为15.5%（其中：市本级共完成送审总价13.77亿元，核减金额2.91亿元，核减率为21.1%）。抓好政府采购监管工作。全市实施采购预算5.96亿元，实际完成采购金额5.42亿元，节约资金0.54亿元，节约率9%（其中：市本级实施采购预算3.1亿元，实际采购金额2.84亿元，节约资金0.26亿元，资金节约率8.6%）。

加强国有资产管理工作。认真开展市直行政事业单位资产清查核实工作；重点推进市金雁集团公司、市齿轮厂、市磁性材料厂三家国有企业产权制度改革；加强产权交易市场监督管理，严格规范资产处置行为，防止国有资产流失。盘活存量国有资产，促进国有资产保值增值，今年累计处置国有资产45宗，盘活国有资产8 800万元。

抓好会计规范化工作。进一步规范全市会计从业资格管理，宣传、培训、贯彻新企业会计准则，开展农村财会人员财政支农政策培训，积极推进会计从业资格无纸化考试改革，加强会计人员继续教育培训，组织好会计专业技术资格考试。做好财政票据的保管、发放、核销工作，加大财政票据监管力度，进一步规范收费票据使用行为。

加强财政信息化建设。加快构建全市财政数据中心，大力推进财政信息化科学化建设。目前，已实现财政内部信息一体化，做到"统一数据标准、统一平台、互通互用、实时掌握、动态监管"，建设取得突破性进展。

强化财政资金监管。组织开展现代农业生产发展资金、强农惠农资金、家电下乡补贴资金、农村劳动力培训转移就业资金、农村饮水安全工程建设补助资金等财政专项资金检查，组织实施省产业园发展资金、省级安全生产专项资金等财政专项资金的绩效评价自评工作，继续开展"小金库"专项治理工作，不断增强财政资金使用和管理的安全性、规范性和有效性。

5. 着重抓机制创新，扎实推进"双到"工作。一方面，多方筹集资金，全力支持扶贫"双到"工作，在财政资金比较困难的情况下，全年安排2 000万元扶贫专项资金，专项用于全市扶贫工作。另一方面，扎实做好该局的挂钩帮扶工作。注重创新扶贫工作机制，选派综合素质高、业务能力强的科级干部组成帮扶工作组进驻帮扶村，同时，在取得五华县转水镇党委同意后，从局机关选派一名优秀中层干部到帮扶村新丰村任党支部书记，工作组与村支书密切配合，认真落实各项帮扶政策，通过发动干部职工捐款、龙头企业捐助筹集帮扶资金254万元，着力抓好产业帮扶、保障帮扶、新农村建设帮扶、学技就业帮扶等经济帮扶，实现村容村貌大改善，在全省扶贫"双到"工作考核中取得了好成绩。

6. 着重抓队伍建设，大力提升服务水平。高度重视财政干部队伍建设，通过开展"五五"普法、"创先争优"等一系列学习活动和专题学习培训，开展税政调研，使财政干部开阔视野，提升依法行政依法理财的能力和水平，推动财政干部理财观念的转变、发展思路的创新。加强办文、办会、办事管理和财政信息宣传工作，进一步完善公章、公车等使用规定，完善财务审批程序，加强内部财务审核，做好后勤保障服务，抓好机关内部管理。推进政务公开，扎实做好人大代表建议、政协提案、民声信访办理工作。激活用人机制，重用年富力强的干部，形成"你追我赶、奋发有为"的良好局面。以开展纪律教育学习月活动为契机，强化财政干部大局、服务、责任三种意识，坚持规范、热情、便民、高效的服务宗旨，高标准，严要求，机关作风建设取得新成就。

（梅州市财政局供稿，黄定锋执笔）

惠州市

2010年，惠州市国民经济持续快速增长，全市实现生产总值1 730亿元，增长18%，增幅比2009年同期上升4.8个百分点。其中，第一产业增加值103.58亿元，增长5.5%；第二产业增加值1 021.47亿元，增长23.7%；第三产业增加值604.85亿元，增长10.4%。全社会固定资产投资894亿元，增长17.8%；社会消费品零售总额582.5亿元，增长19%；实现进出口总额342.35亿美元，增长17.1%；实际吸收外商直接投资14.4亿美元，增长3.1%；商品零售价格指数和居民消费价格指数分别为103.7%和103.2%，比2009年分别增长3.7%和3.2%。

2010年，全市预算执行情况良好。全市一般预算收入完成131.2亿元，比2009年增收29.7亿元，增长29.27%，比全省平均增幅高5.5个百分点，增幅在全省地级以上市中排第6位，在珠三角九市中排第2位。其中税收收入完成105.0亿元，增长24.92%，占比重为80.05%；非税收入完成26.2亿元，增长50.26%，占比重为19.95%。全市一般预算支出完成185.3亿元，为年度预算的122.79%，比2009年增支50.5亿元，增长37.49%。

2010年，全市财政一般预算执行情况良好，财政运行呈现"总量增长快，县级发展猛，支出结构优"的特点，收入总量继2009年突破百亿元大关后再上新台阶达到131.2亿元，是"十一五"初期（2006年）44亿元的近3倍，收入年均增幅在30%以上，财政实力明显增强。全市财政一般预算支出增长较快，支出结构继续调整优化，同时加快推进基本公共服务均等化，实现新增财力的70%以上投入民生，在贯彻实施《纲要》、改善和保障民生、压缩一般性支出等方面均取得了明显成效。

一、培植壮大财源，全市财政实力明显增强

今年来，全市各级财政部门认真贯彻市委、市政府的发展战略，实施积极的财政政策，发挥财政政策导向作用，促进经济发展方式转变，扶持重点产业发展，培植壮大财源，在全市经济平稳较快发展的基础上，财政实力不断增强。继2009年全市地方一般预算收入首次突破百亿元大关，一般预算收入总量上升到全省第6位后，2010年全市地方一般预算收入完成131.22亿元，增长29.27%，增速在全省地级以上市中居第6位，在珠三角九市中居第2位。其中，市本级一般预算收入完成52.46亿元，增长31.42%。同时，各县、区发展加快，7个县（区）一般预算收入平均增长27.87%，高于全省平均增幅（23.75%）4个百分点。惠东县、龙门县一般预算收入分别突破10亿元和4亿元，实现跨越发展。

在全市财政实力不断增强的基础上，2010年，全市一般预算支出完成185.30亿元，增长37.49%。其中，市本级一般预算支出完成69.38亿元，增长57.95%。财政支出的持续、稳定、较快增长，有力保障了市委、市政府重点支出需要。

二、发挥财政职能，促进经济发展方式转变能力明显增强

一年来，全市各级财政部门紧紧围绕市委、市政府重点工作，调整和优化财政支出结构，发挥财政杠杆作用和引导作用，促进经济平稳较快发展和经济发展方式加快转变。着力做到“五个推动”。

（一）推动基础设施建设

加大对城市建设及重点民心工程的支持力度，通过统筹预算内和融资两个渠道，市本级安排资金9亿元，为惠民大道、第十三届省运会场馆、城市生态环保工程、绿道等民心工程和市政配套项目建设提供资金保障（其中，落实绿道建设资金5 000万元，确保了惠州市区域绿道建设顺利推进）；安排资金4.9亿元，确保华罗庚中学二期、市技师学院、市妇幼保健院、市商贸旅游高级技术学校等建设项目顺利实施。

（二）推动自主创新

一是支持创新载体建设。大力发展高新技术产业，以实施市对仲恺高新技术产业开发区财政体制改革为契机，赋予高新区县级财政行政职权，理顺市与开发区的财政分配关系，加大对开发区的倾斜和扶持力度，加快仲恺高新区建设国家创新型特色产业园区的步伐。二是支持创新平台建设。加大对重点企业、重点项目的投入，促使企业真正成为科技创新的主体。全年核拨TCL集团国家和省产业扶持资金7.9亿元、德赛集团1 600万元，市本级投入三大集团科技扶持资金5 500万元，支持了TCL、德赛、华阳等一批大企业关键核心产业发展，提升企业竞争力。三是支持产学研合作。市本级安排技术研究与开发资金2 200万元，其中省、市级工程研究开发中心组建经费560万元，支持4个省级工程研究开发中心、12个市级工程研究开发中心组建，使之成为惠州市产业关键技术和共性技术研发的重要基地，力争拥有一批自主知识产权的核心技术。

（三）推动产业转移工业园建设

通过整合省、市园区建设资金，共安排4.5亿元，推动惠州市两个省级产业转移工业园建设，其中安排东莞（惠州）产业转移工业园建设资金3.8亿元，东莞凤岗（惠东）产业转移工业园7 000万元，使产业转移工业园成为惠州市集聚发展、加快发展的重要载体。

（四）推动外贸出口转型升级

一是拨付专项资金1.2亿元，扶持企业开拓国际市场、防范出口收汇风险，市本级安排一般贸易出口增量补助资金800万元，对出口快速增长的外贸大户给予补助，鼓励出口企业扩大一般贸易出口。二是拨付奖励资金2 094万元，鼓励加工贸易企业扩大内销及品牌培育，扶持加工贸易企业加快转型升级步伐。三是安排招商引资活动经费及惠州产品国内展销会经费2 406万元，推进惠州市国内外招商引资活动，为惠州市民营企业搭建交流合作平台，扩大惠州市内销市场份额。

（五）推动现代服务业发展

围绕现代服务业发展重点领域和重点行业，安排现代服务业发展引导资金500万元、现代信息服务业发展引导资金600万元，重点扶持带动力强的服务型企业项目，推进服务业结构优化升级。

三、以人为本改善民生，提供基本公共服务能力明显增强

全市各级财政部门按照市委、市政府建设惠民之州的要求，调整优化支出结构，不断提高民生保障水平，2010年，全市各级财政对公共教育、公共卫生、社会保障等各项民生投入达到115亿元，占全市一般预算支出的比重为62%，比“十一五”初期（2006年）的56%提高了6个百分点。通过加大民生投入，加快推进基本公共服务均等化，让广大人民群众切实感受到公共财政“阳光”的温暖，享受到改革开放的成果。

（一）深化医药卫生体制改革，在全省率先实现城乡统筹的基本医疗保险制度

2010年，全市各级财政安排医改资金逾2亿元，积极支持医改工作。一是将城镇居民基本医疗保险和新型农村合作医疗整合并轨，实现城乡统一的居民基本医疗保险制度。二是率先在全国建立城乡居民生育保障制度。惠州市是全国7个城镇居民生育保障试点城市之一。从2010年起，惠州市按照参加居民医保人数每人每年补助3元，市、县财政每年投入690万元以上，使符合计划生育政策住院分娩的参保居民医疗费用达到基本报销的保障目标。三是提高城乡居民基本医疗保险补助标准。2010年起，各级财政对居民医保补助标准从100元提高到130元，市、县级

财政共安排参保补助资金1.2亿元。四是全市安排公共卫生服务经费2 066万元，将人均公共卫生服务经费标准提高到15元。

（二）优先保障教育投入，巩固普高成果

坚持优先发展教育事业，加大教育投入，市直财政预算内教育支出4.47亿元，推进免费义务教育，创建教育强区、教育强镇，实施“智力扶贫”，资助困难学生就读中等职业学校，实施农村中小学校舍维修改造，提高山区教师津贴，稳定教师队伍，促进城乡教育均衡发展，巩固惠州市普及高中阶段教育成果。

（三）加大投入，提高社会保障和就业水平

市本级安排低保补助资金1 175万元，实现低保对象应保尽保，继续完善城乡低保标准自然增长机制，从制度上保证低保救助水平与当地经济发展水平同步提高；安排就业资金1 150万元，大力开展免费职业技能培训、职业介绍、职业技能鉴定、社保补贴、岗位补贴等各项促进就业工作，大力促进农村富余劳动力向城市转移及大学生就业；落实资金6 168万元，解决企业军转干部生活保障、困难转业复员退伍军人优待、参战涉核退役人员生活补助及企业退休处级干部、机关下海、行政机构改制退休人员的生活保障问题；全市财政安排补助资金4 982万元，大力推进新型农村社会养老保险试点工作，使农民逐步享有基本养老保障。

（四）推进文化惠民，支持建设文化惠州

市本级安排2 250万元，保障市文化艺术中心、市博物馆新馆和市科技馆正常运作；安排146万元推动公益性文化事业发展；安排453万元用于农家书屋建设、送戏下乡演出补贴等，丰富农村群众精神文化生活。

（五）多渠道筹集资金，支持完善政策性住房保障体系

落实政策性保障住房的资金投入，多渠道、多形式筹集资金，市本级投入3 430万元用于廉租房建设，同时累计在市直单位住房基金借出5 000万元用于滚动建设，保证惠州市政策性住房建设的顺利推进。

（六）编制《惠州市落实〈珠江三角洲基本公共服务一体化规划〉工作方案》

提出了从公共教育、公共卫生、公共文化、公共交通、生活保障、住房保障、就业保障、医疗保障、人口和计划生育、生态与环境、现代服务业等11个方面推进基本公共服务均等化，促进民生保障的“底线公平”。

四、落实强农惠农政策，统筹城乡协调发展能力明显增强

2010年以来，全市各级财政部门更加注重财政政策的公正公平，加大对农业、农村、农民的投入，落实好强农惠农政策，有力推动了全市城乡统筹协调发展。

（一）积极支持扶贫开发“规划到户责任到人”工作

围绕市委、市政府开展扶贫开发“规划到户责任到人”的工作部署，将扶贫开发列为统筹城乡发展的一项重要内容，市财政从2009年起三年投入2 220万元实施扶贫开发“双到”工作，目前已提前到2010年一年完成投入，为惠州市扶贫开发“双到”工作实现“三年任务、两年完成”的目标提供了坚实的财力保障。

（二）支持县、乡道路建设，改善农村发展环境

市本级拨付金龙大道改造资金2.45亿元，促进山区及乡镇改善发展环境，壮大经济实力，努力缩小区域发展差距；安排省级贫困村公路硬底化改造资金7 043万元，继续解决农村“行路难”问题。

（三）落实惠农强农政策和国家拉动内需战略

市本级预算内安排9 546万元，着力推进水利建设、农业综合开发、低产田改造、农业现代化示范区建设、农业龙头企业贷款贴息、农业保险和农业科技创新工程等，提高农业综合生产能力；安排776万元对经济薄弱村干部和村级组织正常运转实施专项补助，加强农村基层政权建设；安排1 600万元，促进山区和革命老区、贫困地区经济发展，帮助水库移民、归难侨等特殊困难群体解决生产生活问题；落实“家电下乡”、“汽车摩托车下乡”和“家电以旧换新”财政补贴，兑付补贴资金4 872万元，引导扩大农村消费。

（四）实施农村安全饮水和安居工程

把农村安全饮水和安居工程作为统筹城乡发展和建设惠民之州的一项重要举措，纳入民心工程，2010年，市本级安排资金1 674万元，确保农村饮水安全项目顺利实施，解决农村人口饮水问题；安排资金1 249万元，确保农村贫困户泥砖房（一般损坏房）改造工程顺利推进，切实解决农村困难群众住房难问题。

（五）为第十三届省运会圆满举办提供财力保障

在总计投入超过50亿元建设省运会场馆和完善市政配套基础设施的基础上，2010年，落实省运会和省残运会筹备和备战经费等1.16亿元，专项投入3 752万元用于体育馆周围视频监控点租赁及市交通智能指挥中心系统建设，确保了省运会各项工作顺利开展，实现了一流的组织服务、一流的竞赛成绩、一流的城市形象，把办省运会的过程变成加快城市建设、提升城市形象、提高民生水平和促进经济社会又好又快发展的过程。

五、深化财政管理改革，财政科学化、精细化管理能力明显增强

（一）大力推进省财政厅统一部署的各项改革

部门预算改革，目前已在市、县二级全面铺开，市直纳入部门预算的单位达到126个，覆盖率100%；国库集中支付改革，市直已经将改革推进到所有财政全额供给的基层预算单位，惠城区、惠阳区、大亚湾区、博罗县改革范围也实现全覆盖，国库集中支付制度基础性地位基本确立；政府采购改革，在全省率先推广实施电子政府采购平台，

拓展政府采购范围，采购规模不断扩大，2010 年，市本级政府采购完成 7.03 亿元，资金节约率为 7.35%；“收支两条线”管理改革，全面实行委托银行代收、罚缴分离、票款分离的制度，逐步将各项非税收入纳入国库或财政专户管理，使非税收入成为全市财政收入的重要组成部分；积极推进预算指标管理系统、财务核算信息集中监管系统和国库动态监控系统建设，对财政资金运行及管理进行实时、动态监控，提升了财政支出管理水平。

（二）加强财政监管，规范财经纪律

一是稳步推进财政支出绩效评价改革。在深入开展自我绩效评价和重点项目绩效评价的同时，探索社会中介机构参与绩效评价工作的方式方法，建设绩效评价评审专家库。通过开展绩效评价，督促预算单位树立绩效观念，促进财政资金的规范使用，提高了资金使用效益。二是规范会计工作秩序，强化会计管理和监督。认真抓好会计人员业务培训和后续教育，开展农村财会人员财政支农政策培训，精心组织全国会计专业技术资格考试、注册会计师考试、全省会计从业资格考试，考试秩序良好，加强代理记账机构规范管理。三是强化重大工程项目监管。2010 年，对广东省 3 号绿道惠州段、市商贸学校等 7 个政府投资重点项目委派财务总监，监管在建重点工程 25 项，涉及项目投资 24.3 亿元。全年核减各项费用 66 项，核减金额 1 628 万元。四是加强对财政性投资资金使用审查管理，严把工程预结算审核关。全年审定工程结算 162 项，结算送审金额为 94 958 万元，审定金额为 82 305 万元，审减 12 653 万元，审减率为 13.32%。预算审定 195 项，预算送审金额为 380 433 万元，审定金额为 286 104 万元，审减 94 329 万元，审减率为 24.80%。五是开展“小金库”专项治理。在全市范围内，深入开展党政机关和事业单位、国有及国有控股企业和社会团体“小金库”治理工作，有力推动了从源头上预防腐败。六是进一步规范产权交易工作。按照市场经济运行规则，在申请登记、挂牌公示、咨询洽谈、公开竞价等过程中，严谨、细致操作，防止国有、集体资产损失。2010 年，全市完成企业产（股）权转让、政府物业及行政事业单位资产处置、小汽车号牌拍卖等 99 项国有产权的挂牌交易工作。到期成交 86 宗，成交额 35 079 万元，比挂牌交易底价增值 952 万元，升幅为 2.79%。

六、加强机关和队伍建设，机关作风和执行力明显增强

全市各级财政部门以学习实践科学发展观为动力，按照市委、市政府关于深化作风建设提高执行力、开展“五个年”活动的要求，整体推进机关作风和干部队伍建设，大力推行首问责任制、服务承诺制、限时办结制，实行工作绩效考核制度，干部职工的宗旨意识、责任意识、服务意识和效率意识明显增强；坚持和完善党组中心组学习制度，广泛开展读书活动，有序组织干部参加网络大学堂学习，财政干部的政治理论素养进一步提升；组织党员干部认真学习、深刻领会和严格执行《中国共产党党员领导干部廉洁从政若干准则》，落实党风廉政建设责任制，规范权力运行，扎实有序开展纪律教育学习月活动，干部职工廉洁自律意识进一步增强；不断推进法治财政建设，积极开展财政法制宣传教育工作，建立健全财政领导干部学法制度和财政干部依法行政培训考核制度，推进行政执法责任制和建立健全财政科学民主决策机制，加强档案管理工作，全体干部依法行政、依法理财观念进一步增强；以开展“党建工作提升年”活动为契机，积极开展创先争优活动，加强对注册会计师行业党建的领导和指导，党建工作水平不断提升；扎实开展“万众评公务”和创建群众满意机关活动，不断提高服务水平，群众满意度始终排在市直机关前列。

（惠州市财政局供稿，吴淑萍执笔）

汕尾市

2010 年，汕尾市财政工作在省财政厅的大力支持下和汕尾市委的正确领导下，充分发挥财政部门职能作用，全面提高依法行政依法理财水平，认真贯彻粤东工作会议和粤东（汕尾）现场会精神，按照“五年大变化”要求，积极实施砍掉落后尾巴行动纲要，全力以赴促进地方经济发展方式转变，认真贯彻落实《市委市政府关于加快建设现代产业体系的实施意见》，千方百计推进产业转型升级，依法加强收入监管，集中财力办大事，并继续深化公共财政体制改革，创新工作方式方法，贯彻落实科学发展观。经过努力，较好地完成了财政各项工作任务，有效地保证了汕尾市改革、发展和稳定的基本需要，有力地促进了汕尾市经济社会又好又快发展。

2010 年，全市地方财政一般预算收入完成 262 306 万元，比 2009 年增收 65 170 万元，增长 33.06%；全市地方财政一般预算支出完成 564 911 万元，比 2009 年增支 36 779万元，增长 6.96%。

市级地方财政一般预算收入完成 62 402 万元，为年度预算的 106.88%，比 2009 年增收 15 694 万元，增长 33.6%；市级地方财政一般预算支出完成 104 261 万元，为年度预算的 151.23%，比 2009 年减支 3 818 万元，减少 3.53%。

2010 年，在国家全力发展经济的有利环境和在市委的正确领导下，汕尾市成功举办了亚运会帆船赛、亚洲帆船锦标赛、惠州同乡恳亲会等重大活动，汕尾的整体形象得到了很大提升，全市各级财税部门坚定信心、顺势而上，继续实施积极的财政政策，保持宏观经济政策的连续性和稳定性，实现财政收入和支出双增长，财政收支平衡，地方财政运转正常，全市经济建设、社会文明及民生工程建设等都取得了新的重大进展，为汕尾市实现社会经济平稳较快发展奠定了基础。

一、大力抓好财税征管工作，确保财政收入稳步增长

2010 年，汕尾市各级政府大力抓好财税收入征管工作，

特别是市委、市政府主要领导多次深入基层调研、指导财税工作，大力引进上马重大建设项目，挖掘财源税源，做大“财政蛋糕”，确保全年财政收入持续稳定增长。财政部门认真配合税务部门强化税收征管，协调税务等有关部门解决税收征管过程中遇到的困难和问题，推动税收协调可持续增长。2010 年，全市税收收入完成 167 810 万元，比 2009 年增长 34.14%，确保了年度预算计划的圆满完成。同时，各级财政部门继续加强行政事业性收费、政府性资源及特种行业的管理，努力组织非税收入。2010 年，全市非税收入完成 94 496 万元，比 2009 年增长 31.19%。此外，财政部门还认真做好契税和耕地占用税的征收工作，全年契税和耕地占用税收入完成 47 383 万元，比 2009 年增长 131.41%。

二、积极发挥财政职能作用，确保扩大内需和重点支出需要

各级财政部门以科学发展观为统领，按照粤东会议精神及构建和谐汕尾的要求，充分利用国家出台扩大内需刺激经济发展政策，积极发挥财政职能作用，落实各项财政政策，提高社会事业和公共服务保障能力，科学调控经济社会协调发展。2010 年，汕尾市财政为社会事业和公共服务提供资金 294 714 万元。

（一）加大“三农”投入力度

按照“多予、少取、放活”的方针，落实各项支农惠农政策，全市共投入资金 9.05 亿元资金支持农业和农村经济发展，进一步加强和改善农业农村基础设施建设，解决饮水安全和行路难等问题，提高农业综合生产能力，支持粮食种植补贴和粮食储备管理，培育和扶持农业龙头企业的发展，建设农业防护体系，引进良种，推广先进农业生产技术，支持农村免费义务教育，补助农村家庭困难学生生活费，提高贫困农村干部生活补贴，为汕尾市农民增收、农业增效和新农村建设提供了有效资金保障。

（二）完善社会保障服务体系

加强社会保险基金征收管理，完善社会保障制度，会同有关部门制定出台《汕尾市社会保险基金统筹管理暂行办法》、《汕尾市社会保险基金操作暂行办法》，为汕尾市社会保险基金市级统筹奠定了基础。加强资金保障力度，确保基金安全和各项社会保险待遇按时足额发放，全市安排城乡居（村）民最低生活保障 9 498.6 万元，城乡享受低保救济对象 43 116 户 108 043 人，做到应保尽保；大力加强医疗卫生体系建设，投入资金 46 252 万元构筑公共卫生体系，推动新型农村合作医疗和城镇居民医疗保险制度建设，其中，全市参加新型农村合作医疗人数 1 957 195 人，有 87 888 人次享受住院补偿金额合计 24 289 万元，640 人次享受医疗救助金额合计 75 万元；全市参加城镇居民医疗保险 393 691 人，逐步建立起覆盖城乡居民的基本卫生保健体系；积极落实就业和再就业优惠政策，全市实现农村富余劳动力转移就业 53 443 人，实现下岗失业人员再就业 21 644 人；做好退役士兵安置和企业军转干部生活困难补助，支持拥军优属工作，发放城镇退役士兵自谋职业一次性补助、企业军转干部生活困难补助、随军军转干部家属有偿安置补助 747.2 万元。

（三）加快基础设施建设步伐

按照把汕尾市“建设成为工业、旅游业和海洋业发达的现代化新城”的发展目标，充分利用中央拉动内需和省产业转移新契机，积极争取上级基建资金 19 533 万元投入汕尾市基础设施建设，主要用于农业农村基础建设及农村民生工程、节能减排和生态建设工程、医疗卫生建设等，积极争取省亚运专项补助资金 1.55 亿元，用于亚运场馆设施及亚运赛区道路等基础设施建设，完善汕尾健民工程。

（四）加快“人文汕尾”建设进程

投入资金 151 826 万元，促进“人文汕尾”建设进度。其中教育投入资金 135 114 万元，主要用于实施农村及城镇免费义务教育资金 23 738 万元，农村困难家庭子女义务教育阶段生活费补助 1 336 万元，高校和中等职校家庭经济困难学生资助体系补助资金 1 097 万元，普及高中及中职学校建设资金 10 622 万元，文化体育与传媒投入资金 12 737 万元，科学技术投入资金 3 975 万元，有效地改善了汕尾市农村及城镇义务教育条件，促进了汕尾市文化科技的进一步发展。

（五）营造“清新汕尾”发展环境

投入资金 17 892 万元，加大环境资源保护力度，其中：环保专项资金 681 万元，治污保洁专项资金 230 万元，生态公益林补偿 2 287 万元，营造生物防火林带和沿海防护林建设等 324 万元。加强生态保护，支持实施可持续发展战略，建设“清新汕尾”。

（六）支持企业升级和拓展国内外市场

拨付中小企业发展专项资金和企业挖潜改造资金 453 万元，促进企业提高自主创新能力和出口竞争能力，拨付机电、高新技术产品出口退税征退差扶持资金 138 万元、八大类商品出口退税征退差及工缴费扶持资金 38 万元等，帮助中小企业拓展国内外消费市场；加快工业园区建设，推动产业和劳动力“双转移”，促使企业进行技术改造和技术创新，优化经济产业结构，增强经济发展潜力和后劲。

（七）做好第 16 届广州亚运会后勤保障服务工作

积极筹措资金 2.45 亿元投入赛区场馆建设、周围环境配套设施建设和安全保卫维护稳定；派出精干财务团队，确保赛区后勤保障。按照赛区协调委员会的安排，市财政局抽调 9 人负责赛区财务后勤保障工作，结合竞赛通则，先后制定《第 14 届亚洲帆船锦标赛资金使用管理办法》和《第 16 届亚运会赛区协调委员会（汕尾团队）财务管理意见》，使整个赛事在财务收支、物资管理、报账手续和财务结算等方面有章可循，每笔资金的使用进行规范化管理，做到公开、公证、透明。

三、深化财政改革，构建公共财政体制框架

一是改进部门预算编制软件，规范部门预算编制，推

进部门预算改革，2010 年，全市纳入部门预算单位 717 个（其中市直 180 个）。二是配合开展财政“省直管县”前期工作，为全面推开“省直管县”工作打好坚实基础。三是继续完善全市国库集中支付系统和“非税收入管理系统”，开展市、县纵向网链接工作，并按照省财政厅的部署在 2010 年 12 月底前顺利完成财政业务系统平台建设。五是按时完成契税、耕地占用税征管与税务部门的交接工作。六是进一步优化和完善“实时在线预算监督”系统功能，加强人大和审计对财政预算监督，进一步构建完善财政惩治和预防腐败体系。

四、加强财政监管，确保资金使用安全

一是加强财政法制建设，认真落实行政执法责任制，全面推行廉政风险防范管理制度，把依法理财、廉洁理财的要求落到实处。二是加大财政监督检查工作力度，继续加强对转移支付资金、民生专项资金、会计信息质量等监督检查，巩固“小金库”治理工作成果，严肃财经纪律。2010 年对全市党政机关和事业单位进行重点检查和“回头看”检查，以及 276 户国有企业和社会团体单位自查工作，查出违规违纪单位 7 个，金额 110 多万元。三是加强工程预（结）算审核和政府采购监管。2010 年，全市财政部门审核工程预结算 633 宗，送审造价 119 241 万元，净核减造价 9 777 万元，净核减率 8.2%。全市政府采购预算金额 17 358.6万元（其中亚运会设备及安保工程政府采购 2 809.5万元），实际采购金额 16 667.1 万元，节约资金 691.5 万元，节约率为 4.0%。

五、深入开展学习实践科学发展观活动，积极参与“行风热线”活动

根据省委、市委的要求，各级财政部门高度重视，认真组织，精心部署，以深入开展第二批深入学习实践科学发展观活动和读书活动为动力，激发财政系统广大干部职工创建学习型机关，推动财政事业科学发展的工作热情和信心。同时，以参与省“民声热线”、市“行风热线”活动为契机，大力整顿机关政风行风，树立依法行政、为民理财、干净干事的良好风气。

（汕尾市财政局供稿，谢岚执笔）

东莞市

2010 年是东莞市继续巩固应对国际金融危机成果、加快转变经济发展方式的重要一年，也是实施“十一五”规划的收官之年。面对复杂多变的国内外经济形势，在市委的坚强领导下，全市各级各部门以转变经济发展方式为主线，稳增长、调结构、强管理、抓改革、保民生，通过实施积极的财政政策，全力推进经济社会双转型，较好地完成了“十一五”各项主要目标任务。

2010 年，东莞市生产总值（GDP）4 246.25 亿元，按可比价格计算，比 2009 年增长 10.3%。其中第一产业增加值 16.64 亿元，增长 1.9%；第二产业增加值 2 183.18 亿元，下降 16.8%；第三产业增加值 2 046.43 亿元，增长 3.9%，三大产业比例为 0.4：51.4：48.2。全年全社会固定资产投资 1 114.98 亿元，比 2009 年增长 1.9%。全年全市进出口总额 1 213.38 亿美元，比 2009 年增长 28.8%。其中进口总额 517.4 亿美元，增长 32.7%；出口总额 695.98 亿美元，增长 26.1%。全年合同利用外资 25.97 亿美元，比 2009 年增长 60.7%。实际利用外资 27.32 亿美元，增长 5.3%。全年全市社会消费品零售总额 1 108.06 亿元，比 2009 年增长 15.9%。2010 年城市居民人均可支配收入 36 350元，农村居民人均纯收入 20 486 元，分别比 2009 年增长 10.0% 和 13.2%；城市居民人均消费性支出 25 733 元，增长 6.0%。

2010 年，来源于东莞的财政收入 785.1 亿元，比 2009 年增长 25.1%，其中：上划中央 424.9 亿元，增长 30.0%；上划省 82.4 亿元，增长 18.0%；市一般预算收入 277.8 亿元，增长 20.2%。市一般预算收入加上预算外收入 4.5 亿元，基金预算收入 46.5 亿元，地方政府性债券转贷收入 1.7 亿元，上级税收返还、上级补助收入、上年结余、其他调入资金等 112.2 亿元，市 2010 年可支配财力为 442.7 亿元，比预算增加 70.8 亿元。市财政支出 340.4 亿元，比预算增支 17.3 亿元；省追加支出 26.6 亿元；专项上解（含出口退税超基数市负担 7.5% 部分）17.2 亿元；地方政府性债券转贷支出 1.7 亿元。收支相抵，结余 56.8 亿元（其中：一般预算结余 35.9 亿元，基金预算结余 20.9 亿元）。

一、努力增收节支，确保市委、市政府确定的各项重点支出需要

雄厚的财政实力是一个地区经济社会又好又快发展的重要物质保证。2010 年，东莞市各级财政部门面对复杂多变的国内外经济形势，坚定信心、迎难而上，切实做好组织收入的各项工作。一是强化收入形势监测，依法加强各项收入征管，挖掘增收潜力，保持财政收入稳定增长。市一般预算收入 277.8 亿元中，市国税部门、地税部门以及财政部门组织的收入分别达 74.4 亿元、120.6 亿元和 82.8 亿元，分别增长 23%、19% 和 19.5%。耕地占用税和契税的征管职能也于年底由财政部门划转至地方税务部门。二是继续牢固树立过紧日子的思想，坚持厉行节约，一般性的项目支出预算原则上按“零增长”控制，晚会、展览、庆典、活动、公款出国（境）、车辆购置及运行费用、公务接待费、用电、用油、用水等上级要求严格控制和压缩的支出，2010 年支出不超过 2009 年压减后的规模，集中财力保障重点项目和民生支出需要。

二、积极应对国际金融危机，推动经济全面协调发展

（一）多措并举帮扶企业转型升级，促进经济稳步回升

科技东莞专项资金支出 10 亿元。主要用于散裂中子源

项目、东莞中山大学研究院、东莞上海大学纳米技术研究院等科技创新服务平台建设。支持企业科技研发、申报专利和培育名牌名标。拓宽科技型中小企业融资渠道，支持专利权质押贷款业务。大力发展装备制造业和支持企业技术更新改造，增强东莞市经济核心竞争力。

创业东莞专项资金支出10亿元。通过实施就业培训、发放岗位补贴和职业学校建设，帮助提升劳动者综合素质和专业技能。其中：发放大中专毕业生企业岗位津贴、技能人才奖励、就业技能培训补贴以及社会保险缴费补贴等2.3亿元，49万人次受惠；发放创业小额贷款5 000万元，帮助约750名户籍人员自主创业等。

转型升级专项资金支出10.2亿元。推动“三来一补”就地转型升级，促进东莞市外源型经济稳步增长。引入台湾、香港等地区专业辅导机构，对企业参与转型升级辅导给予资助。引导和鼓励企业应用电子商务平台，参加境内外展览，开拓国内外市场。设立“先销后税”担保金3 000万元，为加工贸易企业内销“先销后税”集中申报提供反担保，构建良好的营运环境。对年缴堤围防护费超2万元的制造业企业返还50%作研发基金，支持企业加大研发力度，提升产品竞争力。

支持中小企业融资支出2.2亿元。通过提取贷款风险补偿金、发放企业贷款贴息，激励银行和担保机构加大对东莞市中小企业的信贷支持，2010年共帮助1 010家企业获得新增贷款175.2亿元。该计划自2008年10月实施以来累计支出7.2亿元，共帮助1 404家重点企业获得新增贷款356.0亿元，较好地缓解了中小企业融资难问题，对提振企业信心、拉动经济回升发挥了积极作用。

继续落实企业各项减负政策。实施阶段性降低医疗保险和工伤保险缴费费率，其中医疗保险单位缴费费率下调5%，工伤保险费率下调20%；残疾人就业保障金征收率从1.5%下调为0.8%，减轻企业负担约4.9亿元。允许困难企业在一定期限内缓缴社会保险费，减轻困难企业的资金压力。

帮助企业开拓市场。投入8 245万元，健全商品流通网络体系，支持举办首届台博会、第二届动漫展及外博会、电博会，在上海、西安、合肥等市开展形式多样的东莞名特优产品展销活动，优化外企内销通道，推动莞货拓展国内市场。

（二）加大对镇村转移支付力度，提升基层发展能力

通过财政转移支付，加大对镇村的支持力度。全年拨付镇、街补助经费65.0亿元，比2009年增加19.3亿元。其中：拨付10.0亿元，补助镇、街初中、小学教育经费；拨付3.9亿元，对镇、街财政超收实行奖励分成；拨付3.5亿元，帮助镇、村建成31条联网公路，完成71项水利工程建设；拨付2.4亿元，对经济综合实力排名靠后的285个村（社区）公共管理支出给予补助；拨付1.7亿元，加大生态补偿力度，将基本农田补助范围从原来超出全市平均分摊比例部分扩大到各村实有基本农田，补助标准为每年每亩500元，对非经济林每年每亩补助100元，较好地补偿村因承担农林地生态保护任务而减少的经济收入；拨付4 443万元，对欠发达镇提供扶贫贷款贴息补助；拨付4 019万元，完成75个欠发达村约1 290公里老化水管改造；拨付3 500万元，对石龙镇、塘厦镇“简政强镇”试点工作给予补助。

（三）着力保障和改善民生，提高基本公共服务均等化水平

2010年，市财政用于社保、教育、医疗卫生、就业、扶贫等方面各项民生支出116.4亿元，比2009年增加13.4亿元，有力保障了东莞市各项民生事业持续发展，使东莞市基本公共服务实现了城乡一体，均等化水平进一步提高。

1. 建立城乡一体的社会保险体系。2010年，社会保障支出28.0亿元，比2009年增长34.9%，其中：市财政投入8.6亿元，推动农居民与职工养老保险并轨，近14万名有缴费记录的原农保退休人员基本养老金从人均266元/月提高到385元/月，正在参保的46万名原农保人员参加全市统一的职工社会养老保险，在全省率先建立城乡一体的社会养老保险体系；投入1.4亿元，用于城乡一体的社会基本医疗保险缴费补助，2010年1月起东莞市社会基本医疗保险年度最高支付限额从10万元提高到15万元，社区门诊医疗报销比例从60%提高到70%，全市约600万名参保人享受到较高水平的医疗保障。

2. 促进教育事业均衡发展。总投资32.5亿元，推进新建9所、扩建13所高中以及职教城建设，其中2010年投入2.8亿元，完成塘厦理工学校、东城高级中学和厚街中学等扩建工程并投入使用；投入4 728万元，对全市3万多名中职学校一、二年级学生发放每人每年1 500元的国家助学金；投入1 428万元，对39所市直学校进行校舍安全排查鉴定和加固补强，对全市238所学校进行地震安全评估；出台生源地助学贷款政策，本市户籍家庭经济困难学生就读全日制高校，可申请最高每人每学年1.5万元的助学贷款，贷款利息由市财政全额负担，帮助困难家庭学生圆大学梦；对莞籍人才到国内外著名大学攻读硕士或博士给予学费和生活费补助，为东莞市经济社会可持续发展培养高端人才。

3. 完善公共卫生服务体系。投入4 156万元，支持全市社区卫生服务中心（站）信息化建设，免费开展建立居民健康档案、健康教育、免疫规划等基本公共卫生服务；筹集2.1亿元，支持市人民医院、市中医院、市疾控中心等“四院一中心”工程建设，努力为市民提供良好的就医环境。

4. 加大对社会弱势群体帮扶力度。投入4 123万元，向全市3.4万名低保对象发放最低生活保障金；投入5 306万元，向全市2.9万名低保和低收入家庭在读子女发放助学金和学校寄宿生活补贴；投入2 620万元，向全市3.4万户低保优抚家庭赠送春节慰问礼包；投入2 490万元，建立高龄老人生活津贴制度，向全市3.9万名户籍80周岁以上老人发放每人每月100～300元的政府津贴；投入1 025万

元，为低保对象、五保对象等困难群众共5.6万人发放3个月，每人180元的临时物价补贴，切实保障困难群众的基本生活水平；投入1 365万元，购买182个社工岗位服务，推进东莞市社会工作试点；累计支出3.8亿元，建成2 638套廉租房和经济适用房，有效改善了困难群众住房条件。

5. 承办亚运会举重赛事。累计投入8 715万元，用于亚运会分赛场场馆建设，安全保卫、竞赛器材购置以及赛事期间各项支出，圆满完成亚运赛事组织和服务工作。通过承办亚运会项目，进一步完善东莞市文体设施，提升重大公共活动安全管理水平。

6. 扎实推进绿道网建设。投入2.2亿元，推动珠三角区域绿道（东莞段）225公里全线贯通，加快生态园、森林公园内绿道网建设，为市民运动、休闲营造良好的生态环境，让健身、休闲融入市民生活。

7. 落实各项对口帮扶政策。拨付2.7亿元，圆满完成对口支援映秀重建工作；拨付2 076万元，用于对口帮扶韶关新丰县、乳源县及广西河池市；拨付1 800万元，用于全省"规划到户、责任到人"扶贫开发，全面完成上级下达的各项帮扶任务。

三、深化各项财政改革，推动财政科学化精细化管理

一是深化预算管理改革，加强部门预算与政府采购、资产管理、绩效评价以及国库集中收付的有效衔接，提高预算编制水平。二是开展预算单位公务卡结算改革，完成试点并在全市331家市直预算单位推广，有效减少单位现金使用量，提高公务开支透明度。三是强化财政监督职能，加强财政专项资金跟踪问效，追回违规资金1 705万元。全面开展对社会团体、国有及国有控股企业的"小金库"专项治理工作，查处"小金库"7个，收回账外资金704万元。四是加强政府物业管理，全年市直行政事业单位经营性资产收益3.1亿元。规范招租渠道，通过公开竞价成功招租185处政府物业，租金收入较原水平增幅42.7%，提高了政府物业的使用效益。五是深入开展绩效评价工作，逐步建立预算绩效评价体系，自绩效评价工作开展4年来，共促进83个单位完善项目管理，减少财政支出7.6亿元。2010年专题向市人大常委会报告财政支出绩效评价工作，充分听取和吸纳社会各界的意见和建议。六是优化用款计划审批程序，减少业务科审批环节，大大提高审批效率；取消集中支付采购监管科的"会签"环节，取消预算单位报送合同、发票等审核资料；调整支付方式标准，单项物品、服务实行直接支付方式的限额由10万元提高至50万元；货物类公开招标数额标准从50万元提高至80万元；改进了基建资金拨付流程，取消了部分基建核算专户，做到随时请款、随时审核支付。七是充分发挥政府采购政策性功能，加大政府采购对节能、环保、自主创新等产品的支持力度；加快财政投资项目前期服务的政府采购进度，勘察、设计、监理、可行性研究、环境影响评估等服务实行协议供货；牵头组织社会采购代理机构、法律顾问等，草拟了操作性较强的《东莞市政府采购实施办法》；稳步推进广东省电子政府采购平台，选取公检法单位作为第一批试点。八是率先实施无纸化考试推展工作，安排参加无纸化考试的考生比例达到48.8%；相继推出网络培训和高层次专题讲座培训，全年参加继续教育人数达到13.16万人次；试点建立"会计信息咨询台子机"，扩大东莞市会计信息咨询服务平台的覆盖范围；更新会计信息服务平台外网网站，实现了东莞市会计信息系统的全方位动态管理。九是积极做好"金财工程"应用支撑平台试点建设工作，形成了《东莞市财政局财政业务基础数据规范》；做好信息系统"管用分离"工作，引入电子认证公司专人驻点服务模式；推进财政纵向专网的全面应用，将公文传输、预算数据报表、基建数据报表及企业报表等涉密程度较高的信息资料纳入纵向网传输；开展财政信息一体化建设的前期调研工作，形成实施方案；对财政门户网站进行升级改造，增设政务信息公开栏目，实现与"东莞市政府信息公开平台"的对接。

四、加强财政干部队伍建设，进一步提高组织凝聚力和战斗力

（一）注重学习培训，打造高素质财政干部队伍

举办了10个月度专题讲座，邀请北京大学、中国人民大学、武汉大学、厦门大学、中山大学等知名院校专家学者为财政干部职工授课，讲座主题涵盖了公共财政理论、地方债务管理、产业升级、国内外政治格局等各个方面，为东莞市财政领导干部提供了一个重要课堂。局机关各科室、单位以及财政分局近2 000人次参加了讲座。举办一期镇街分管财政工作领导"公共财政与经济发展方式转变"专题培训班，内容涉及宏观经济形势、产业发展、财政体制、地方债务等方面，促进市、镇两级财政干部加强学习，提升素质，掌握经济财政前沿理论，提高依法、科学理财能力。组织2008年度、2009年度58名工作先进个人到北京大学进行为期5天的集中培训，有力提升了业务骨干在创新发展、社会管理、公共服务、文化建设等方面的综合能力。

（二）落实党风廉政建设责任制，规范部门权力运行

一是抓好《廉政准则》学习教育的组织落实，组织全局党员干部共300多人开展知识测试，形成全局学准则、知准则、守准则的良好风气。二是积极开展2010年纪律教育学习月活动。围绕"加强制度教育，构筑拒腐防线"的活动主题，组织各支部集中观看党风廉政教育片，参观反腐倡廉和预防职务犯罪教育基地，并邀请市纪委副书记吴才华同志为全体干部职工上廉政党课，不断增强法制观念，长敲廉政警钟。三是组织梳理了涉及全市或财政系统的反腐倡廉规章制度，按照保留、修订、新建、废除等四类要求，重点梳理29项。四是继续深入开展规范权力运行工作，全年共梳理财政权力事项227项，梳理和完善工作流

程119个，逐步建立了结构合理、配置科学、程序严密的财政权力运行机制。

（三）积极组织集体活动，丰富干部职工文体生活

为努力建设和谐财政、文明财政、活力财政，2010年7月份和10月份，组织了全市财政系统第二届羽毛球比赛和第二届网球比赛，充分展现财政工作者的精神风貌。注重发挥市财政局工会、妇委会、团总支等作用，切实做好关心干部职工、退休人员以及青年和妇女同志的各项工作。组织60余名干部职工参加东莞首届合唱节，并组织了网球、羽毛球、足球、篮球、太极拳、瑜伽等兴趣班和兴趣小组，大大丰富了东莞市财政系统干部职工的业余文体生活。

（东莞市财政局供稿，徐栋栋执笔）

中山市

2010年，中山市生产总值（GDP）1 826.32亿元，按可比价格计算，比2009年增长13.5%，总量继续居全省第5位。其中，第一产业增加值50.52亿元，增长3.2%；第二产业增加值1 073.60亿元，增长15.7%；第三产业增加值702.20亿元，增长11.0%。三次产业结构调整为2.8∶58.7∶38.5。民营经济增加值830.63亿元，增长14.5%，占全社会GDP的比重达45.5%；农业总产值86.82亿元，增长3.2%；完成全社会工业总产值5 309.64亿元，增长20.4%；固定资产投资660.37亿元，增长21.0%。其中房地产开发投资241.79亿元，增长25.7%；居民消费价格总水平上涨3.0%，其中，消费品价格上涨3.1%，服务项目价格上涨2.3%；全年进出口总值311.19亿美元，增长27.2%。其中，出口225.05亿美元，增长26.9%；进口86.14亿美元，增长27.9%。进出口差额（出口减进口）138.91亿美元，增长26.3%；全年接待过夜海内外游客587.87万人次，增长6.5%。其中，国际游客48.05万人次，国内游客539.83万人次。旅游景点接待游客1 018.52万人次，增长0.5%；旅行社接待总人数313.60万人次，下降7.2%。

2010年，中山市各级财政部门以科学发展观为指导，以财政科学化、精细化管理为目标，超额完成年初预定目标。2010年全市实现一般预算收入139.4亿元，完成年初预算的116.9%，较2009年增收28.9亿元，同比增长（以下简称“比增”）26.2%，高于全省平均增幅23%和珠三角各市平均增幅24%的水平。加上级补助等收入42.7亿元，全市2010年可支配财力182.1亿元，总量在全省保持第5位。2010年全市财政一般预算支出145.8亿元，完成年初预算的126%，较2009年增支27.9亿元，比增23.7%。结转2011年支出和上解上级支出25.4亿元，以及计提预算稳定调节金等2.3亿元后，当年净结余0.3亿元，实现收支平衡，略有结余。

一、积极应对挑战，组织收入取得新突破

为确保完成市委、市政府提出的保位争先任务和省下达的珠三角各市财政收入要达到20%以上的增幅要求，市财政部门采取了一系列积极有效的应对措施，组织开展财源、税源调查，狠抓收入征管，深化预算执行分析，强化均衡入库和财税调度，取得明显成效。在组织收入的具体措施上，突出三个“强化”：一是强化收入预警预测，建立收入监测联动分析机制，实时掌握财政收支变动情况。通过横向比较各类数据，及时发现收入征管中存在的薄弱环节，有针对性采取应对措施，确保财政收入稳步增长。二是强化各项征管措施。大力组织农税和非税收入。一方面，清理农业两税过渡户，加大耕地占用税追缴力度。另一方面，协调抓好各项非税收入征管，大力挖潜，加大对土地规划收费的征缴，推动城市道路停车泊位收费等工作；加快非税收入征管的信息化建设，全面推进罚没收入的上线和镇、区非税系统上线工作，确保各项收入及时入库。三是强化各级财源建设。按照市、镇财政体制调整方案，出台实施细则，分类管理不同镇、区，激励各镇、区自主发展，尤其是对五个后进镇、区实施扶持类一级财政政策，调增专项补助，固化债务，加大对困难镇、区帮扶力度，使镇、区呈现良好发展势头，财政收入增长较快。通过各项措施，推动了全市财政收入的持续稳定增长。

整体收入呈现三大“亮点”：一是财政收入均衡快速增长。通过统筹调度，科学安排进度，全年各月入库收入保持在10亿元以上，实现了均衡入库，保持了收入增长的稳定性。二是总量规模快速扩大。随着收入持续稳定增长，一般预算收入总量大幅增加，提前一个月完成了年初预算任务。三是镇、区增长有效提速。有20个镇、区的收入增长均在20 %以上，5个镇、区的全口径财政收入增幅超过50%以上，为全市财政收入的增长奠定了坚实的基础。

二、坚持协调发展，民生保障取得新成果

2010年，涉及民生的各项重点支出得到有效保障。教育、科技、环保、交通等重点项目支出增幅均超过29%以上，全市与民生相关的社会事业和公共服务支出达63亿元，占一般预算支出43%，比2009年增支13亿元。

促进经济结构调整和产业转型升级，重新整合各类产业扶持资金，加大产业扶持力度，投入4 000万元用于新能源产业共性平台建设，重点扶持风电、太阳能、新能源汽车、LED等新能源产业发展；分别拨付金融、科技发展专项资金2 900万元和6 200万元，加快金融改革和科技创新步伐，有效拉动全市经济增长。此外，直接支付3.05亿元用于公交补贴、成品油补贴、垃圾处理费、污水处理费补贴等项目，在促进行业发展的同时，广泛惠及社会民生。

完善社会保障体系，投入2.4亿元基本实现全市城乡居民养老保险、住院和门诊基本医疗保险全覆盖，2010年全市城乡居民医疗保险补助标准达221元/人·年，比省下达的珠三角地区补助标准高出101元；投入7 400万元提前

一年完成省提出基本公共卫生服务25元/人·年的目标；投入5 800万元用于创业孵化基地建设以及职业技能培训、高校毕业生创业就业、农村困难家庭子女入读职业技术学校等补贴，支持创业型城市创建工作；投入城乡生活保障救济补助6 000万元完善最低生活保障制度，改善重点优抚对象待遇，确保城乡居民应保尽保。

落实免费义务教育政策，拨付1.5亿元用于补贴本市和本省外市户籍学生，受惠学生达24万人次；拨付高中教育经费2.6亿元改善教学条件，促进教育信息建设现代化发展；拨付1亿元补助镇、区实施教师绩效工资改革；投入3 400万元支持大型群众文化活动及上海世界博览会中山展馆参展；拨付620万元用于完善城乡公共文化体育设施和各类参赛奖励，实现全市行政村（社区）农村文化室、农家书屋全覆盖。

支持农村经济发展，完善农业基础设施建设，拨付水利工程建设资金1.8亿元，内河整治资金1.5亿元，农路硬底化资金7 900万元；支持农业产业化、农民专业合作组织和农业科技发展，投入3 000万元落实对农民的各项补贴政策，推动基本公共服务深入农村、惠及农民，促进城乡协调发展。

推进重大项目建设，全年市财政基建项目累计支出32.28亿元，推动了怡华片区交通综合改造工程、区域绿道网建设、轻轨站路网配套等一批重大项目及经济适用房、廉租房等保障性住房建设。

三、突出改革创新，精细理财迈出新步伐

推行综合预算、零基预算、滚动预算等一系列改革措施。首次全口径编制预算，将国有资本经营预算、政府性基金、社保基金预算和公共预算，连同政府基建投资计划同步编制，并报人大审议，统筹安排、统一管理各类财政性资金；取消部门预算基数，按实有人员、数量和实际需要，重新核定正常经费和专项经费。另外，实行滚动预算，对部分跨年项目按实际支付分年安排，避免资金闲置浪费。继续推行绩效预算，所有市级预算单位50万元以上项目全部实行绩效评审，对立项依据不足或预算执行与编制脱节等项目，不予立项或核减预算金额，项目淘汰率为18.5%、资金核减率达32.8%。并提前一年实现人大提出的绩效预算3年全覆盖目标；对预算执行率低的项目，相应核减下年预算申报金额，并采取取消结转预算指标的做法，除部分特殊指标外，当年未使用的指标一律不予结转。推进部门预算信息公开，明确预算单位为预算编制、执行的责任主体。

四、立足稳扎稳打，各项财政业务取得新进展

1. 规范支出管理。出台总纲性或专项性业务规章制度40多项。从预算指标、资金拨付、预算追加、专项资金、资产管理、财政监督等各方面，对财政业务进行全面梳理，初步建立了相对完善的预算执行制度框架。如出台全市专项资金管理总纲，规范市级财政专项资金的设立、变更等申报程序。并按照“一个专项，一套办法”的要求，逐步梳理项目资金管理办法，重新修订各专项细则。明确二次分配调整期限，对超过期限的收回指标纳入财政统筹，防止单位年终突击支出、突击二次分配；出台预算指标管理细则、资金拨付审核操作规程和资金拨付管理监督办法等，对财政业务办理各环节的内部程序、审批权限作了全面规范；针对部分预算单位随意调剂使用经费，预算执行不均衡等问题，实行预算支出通报制度，建立健全预算执行分析机制，确保预算执行进度及时、均衡、有效；成立局预算编审工作小组，建立预算追加内部联审制度，加强财政环节对部门预算追加的审核，减少预算追加的盲目性和随意性，经费追加核减率为52%。此外，建立收支联动核对机制，深入细化和完善收支联动管理，规范收支联动设置控制比例和收入预算调整等审批流程，确保收支均衡。

2. 完善监管体系。推进国库管理配套改革，加强财政资金的实时监控。包括规范财政资金支付方式，将直接支付比例由2009年的46%提高到2010年的61%；全面推行市级预算单位公务卡结算和市级财务核算信息集中监管试点扩面工作，并正式启动预算执行动态监管系统的建设。明确业务科室资金拨付情况全部纳入监督核查范围，并实行重点工作监督备案制。全面开展市级预算单位及镇、区财政所银行账户清查，开展社会团体和国有企业“小金库”治理工作，做好省级财政专项资金、重点中小企业贷款贴息等各类财政专项资金的监督检查工作，构筑财政资金安全保障线。

3. 针对预算单位办公设备、办公用房、车辆购置经费逐年攀升、标准不一等问题，制定出台行政事业单位办公设备标准化配置管理办法及公务用车管理实施细则等规章制度，规范办公设备、公务用车的配置条件和配置标准。同时，引入办公用房租赁联审和资产报废联审模式，规范办公用房、资产报废审批流程，防止资产变相流失和财政资金浪费。

4. 推进政府采购代理机构市场化，实行ISO9001标准化质量管理，加强政府采购电子监察系统建设，全年市级委托项目政府采购零投诉、零诉讼，节约采购资金2.4亿元。

5. 针对基建项目普遍存在的预算超概算、结算超预算、追加大、立项不规范等问题，推行基建项目预备库、储备库、项目库三级管理制度，强化基建项目前期准备工作及财政的投审参与功能，规范基建预算编制，将监督关口前移。同时，加强工程变更送审管理，强化项目事前、事中、事后各环节控制，减少基建支出的随意性。

五、强化基础观念，基层建设显现新面貌

组织各镇、区财政人员开展业务综合培训，并将近年来中央、省、市印发的有关财政管理文件汇编以及部分镇、区管理办法选编成册，帮助基层干部提高政策水平。继续落实每季度由局班子成员带工作组到镇、区开展分片调研和每年对所有镇、区财政部门进行业务考核检查制度，促进工作落实，提高镇、区财政管理工作水平。2010年8月，原由市农业局履行的农村财务管理工作职能划转市财政局，

市财政局设立农村财务管理科，选取大涌镇、坦洲镇开展农村财务规范化示范点建设等工作。通过《中山财政工作简报》等载体总结宣传火炬开发区作为全省县级非税系统建设试点单位在全省县级单位率先成功实施上线、东凤镇对镇属预算单位全面推行国库集中支付改革、东区实行预算公开等做法。12月27日，在北京召开的全国财政工作会议暨财政系统先进集体、先进工作者表彰会议上，三角镇财政所获得“全国财政系统先进集体”荣誉称号。

（中山市财政局供稿，李立新执笔）

江门市

2010年，江门市各级财政部门在市委、市政府的正确领导下，紧密围绕《珠江三角洲地区改革发展规划纲要（2008～2020年）》和“三促进一保持”中心工作，落实积极的财政政策，狠抓增收节支，优化支出结构，大力推动产业结构调整和经济发展方式转变，进一步巩固和扩大应对金融危机成果，着力保障和改善民生，积极推进基本公共服务均等化，深化公共财政改革，不断提高财政管理科学化精细化水平，出色地完成了全年各项财政工作任务，实现全市财政收支平稳运行，为江门市经济企稳回升、加快科学发展提供了有力支撑。2010年，全市生产总值（GDP）1 550.37亿元，增长14.3%，高于全省平均增速。第一产业增加值116.02亿元，增长4.2%，对GDP贡献率为1.8%；第二产业增加值876.02亿元，增长17.2%，对GDP贡献率为72.0%；第三产业增加值558.33亿元，增长11.1%，对GDP贡献率为26.2%。在第三产业增加值中，交通运输、仓储和邮政业增长13.6%，批发和零售业增长11.3%。住宿和餐饮业增长7.6%，金融业增长2.2%，房地产业增长1.4%，其他服务业增长14.7%。三次产业结构的比例为7.5∶56.5∶36。全年全社会固定资产投资631.77亿元，增长28.4%，其中国有经济投资232.37亿元，增长60.3%；三资经济投资117.96亿元，下降5.1%；民营经济投资243.97亿元，增长18.3%。全年海关进出口总额143.4亿美元，增长29.9%，其中进口总额39.28亿美元，增长27.1%；出口总额104.12亿美元，首次突破百亿美元大关，增长31.0%，高于全省4.7个百分点。实际利用外商直接投资11.08亿美元，增长6.9%。全年社会消费品零售总额655.86亿元，增长17.0%，其中城镇消费品零售总额439.74亿元，增长17.4%；农村消费品零售总额216.12亿元，增长16.4%。全年居民消费价格上涨3.2%，其中食品类价格上涨6.8%。全市实现规模以上工业增加值829.69亿元，增长23.7%。农村居民人均纯收入8 589元，增长14%；市区城镇居民人均可支配收入21 153元，增长11.3%。年末金融机构人民币存款余额2 14.97亿元，较年初增长15.8%，其中城乡居民储蓄存款余额1 461.98亿元，较年初增长13.4%。

全市三库收入（地方一般预算收入＋中央库收入＋省库收入）199.8亿元，比2009年增长25.6%。其中：中央库收入完成69.03亿元，比2009年增加14.8亿元，增长26.59%；省库收入完成26.49亿元，比2009年增加6.5亿元，增长32.53%。全市地方财政一般预算收入完成1 042 871万元，首次突破100亿元，比2009年增收206 548万元，增长24.70%，高于GDP增长10.4个百分点，比全省平均水平高出0.95个百分点，实现8年来第七次高于全省平均水平，并高于珠三角地区平均水平（24.44%）0.26个百分点。其中，市本级地方财政一般预算收入完成220 722万元，占全市地方财政一般预算收入的21.16%，同口径增长17.86%。在市本级及四市三区8个收入单位中，有5个单位地方财政一般预算收入增长幅度高于全市平均增长水平（24.70%），分别是恩平市、鹤山市、开平市、台山市和江海区，其中恩平市增幅最大（33.38%）；2010年全市镇级财政收入继续保持平稳较快的增长势头，按财政决算口径计算，即按现行各市（区）镇（街）财政体制口径计算，全市镇级地方财政收入499 784万元，占全市地方财政一般预算收入的47.92%，比2009年增收97 541万元，增长24.25%，低于全市地方财政一般预算收入增长0.45个百分点。全市80个镇（含街道办事处、海侨经济管理区）中，财政收入超亿元镇有15个，比2009年增加6个，分别是：会城街道办、台城街道办、沙坪街道办事处、三埠街道办事处、环市街道办事处、长沙办事处、水口镇、双水镇、棠下镇、外海办事处、杜阮镇、荷塘镇、恩城办事处、司前镇和古井镇，其中：新会区会城街道财政一般预算收入达64 816万元。镇级地方财政一般预算收入增长幅度最快的镇是恩平市东成镇，达75.47%。

面对复杂多变的财经形势，全市各级财政部门在市委、政府的正确领导下，紧密围绕《珠江三角洲地区改革发展规划纲要（2008～2020年）》和市委、市政府中心工作，加强宏观预测，构建部门协调联动机制，积极应对严峻的财经形势，贯彻扩大内需各项政策措施，切实执行积极的财政政策，狠抓增收节支，优化支出结构，扩大公共投资，着力保障民生，深化公共财政改革，完善财政管理，继续加大对基础设施和公共领域的投入，改善投资环境、生活环境、教育环境。全市一般预算支出完成1 329 803万元，比2009年增支219 053万元，增长19.72%，其中市本级一般预算支出完成265 336万元，比2009年增支45 113万元，增长20.49%。重点支出得到较好保障，其中医疗卫生支出完成88 944万元，增长38.68%；社会保障和就业支出完成176 978万元，增长24.94%；农林水支出完成123 013万元，增长2.79%；科技支出完成29 897万元，增长32.76%；教育支出完成262 986万元，增长13.32%；环境保护支出完成23 112万元，增长28.27%。

2010年，省对江门市财政转移支付补助共380 784万元，其中返还性补助145 595万元，一般性转移支付补助52 196万元（包括：均衡性转移支付补助8 783万元；调整工资转移支付补助6 169万元；教育补助16 981万元；农村税费改革补助10 407万元；县级基本财力保障机制奖补资金663万元；结算补助1 417万元；企事业单位预算划转补助205万元；公共安全转移支付2 615万元；其他财力性转移支付4 956万元），专项转移支付182 993万元。江门市财政对市属各市（区）转移支付补助共47 117万元。全市财政预算收支相抵后，实现收支平衡，略有结余，圆满完成各级人大通过的财政收支预算。

一、致力于加强收入征管，促进财政收入稳定增长

面对影响江门市财经发展的各种不确定因素，全市各级财政部门围绕各级党委、政府抓收入的各项部署要求，增强政治意识和全局观念，全力以赴抓收入促增长。一方面，加强财经形势分析，当好党委政府抓收入工作的参谋助手。结合全省财税形势的变化，以及市委、市政府提出2010年全市地方财政一般预算收入要超过100亿元、增幅要高于全省平均水平的目标，各级财政部门增强抓收入工作的责任感和紧迫感，认真落实财经分析联席会议制度和收入通报制度，强化财政收入分析和预判，正确判断和把握整体收入形势，发挥决策参谋作用。另一方面，积极发挥财政部门的主观能动性，加强抓收入工作的精细化管理。全市各级财政部门加强相互沟通，并加强与各级党委政府及税务、人行国库等部门的统筹协调，抓好收入任务的分解和落实，着力从服务、协调、监督三方面处理好财税关系，确保依法征收、应收尽收；并按照“手抓当年、着眼明年、脑想后年”的思想，确保各项收入足额入库和稳定增长，把握住收入工作的主动权。同时加强非税收入管理，为顺利完成全市地方财政一般预算收入增长目标任务提供了有力保证。

经过全市各级财政部门的共同努力，2010年江门市财政收入工作圆满完成。全市地方财政一般预算收入总量突破100亿元，达到104.29亿元，增长24.70%，收入总量比2010年代编预算收入92.41亿元，超收11.9亿元，增收20多亿元，增收额相当于2002年全市地方财政一般预算收入总量；收入增幅比2010年代编预算增长10.5%高出14.2个百分点，比2010年汇总各级人大通过的预算增长11.11%高出13.59个百分点，比全省平均水平（23.75%）高出0.95个百分点，并高于珠三角地区平均水平（24.44%）0.26个百分点，实现近8年来第七次超过全省平均水平，也是省份税分成财政管理体制实施15年以来最高的一年。同时，全市财税收入在增收任务较重的情况下保持了较高质量，税收收入占一般预算收入比重达到81.47%，排在全省21个地级市第6位。各市（区）的收入实现均衡增长，四市三区一般预算收入增幅均超过20%，其中恩平市、鹤山市一般预算收入增幅分别达33.38%和30.13%。

二、致力于发挥财政杠杆作用，积极促进转方式调结构

全市各级财政部门围绕“三促进一保持”和市委、市政府的决策部署，继续落实积极的财政政策，进一步扩大内需，推动经济发展方式转变和经济结构调整。一是狠抓重大项目引进，促进江门市产业的转型升级。落实有关政策和资金安排，推动广东南车轨道交通车辆修造基地等一批重大投资项目在江门市落户；以LED为突破口，加快培育发展战略性新兴产业，落实相关扶持政策，对购置外延片生产设备每台给予800万～1 200万元补贴。二是突出重点，大力扶持核心工业园区建设。江门市本级从税收留成、贷款贴息，基础设施建设、资金筹措等方面全方位加大对市高新技术产业园区的扶持力度，支持创建成为国家级高新区；江门市本级投入1.5亿元启动资金，推进江门市先进制造业江沙示范园、江门市先进制造业现代物流产业园等园区建设，安排800万元支持礼乐腊味基地建设，加快市区共建园区发展。三是加快推进江门（开平、恩平）产业转移园建设发展。江门与开平、恩平两级通过绩效考核分配2010年的省级产业转移工业园发展资金1亿元，落实配套资金安排，共同促进产业转移园区加快完善基础设施和招商引资，提升产业集聚水平。四是积极兑现江门市委、市政府出台的招商引资、以商引商、推动企业上市和金融机构支持地方经济发展的奖励政策措施，促进产业招商，提升利用外资水平。五是积极扩大消费需求，增强经济发展内生动力。落实“家电汽车摩托车下乡”和“以旧换新”政策，全市共拨付补贴资金11 325万元，增强消费对经济增长的拉动作用；各级财政部门落实资金共同支持举办粤台经贸交流会、珠中江名优产品展销会、摩博会、中国（侨乡）工艺美术品展、传统家具精品鉴赏会等相关展会活动，推介江门的企业和产品，支持开拓国内市场。六是积极应对国家逐步从紧的信贷和资金政策，多渠道筹措城建资金，有效保证了江门市各项城建项目资金需要，江门市本级筹措资金7 400万元补偿各项目公司和收费站，推动“珠中江”年票互认在2010年1月1日顺利实施，促进是珠三角交通一体化，优化江门市投资环境。

三、致力于改善社会民生，确保人民群众分享改革发展成果

由于各项刚性支出需求加大、财政收支矛盾突出，为确保完成江门市第十三届人大五次会议通过的预算和中央、省要求的各项支出安排任务，全市各级财政部门坚持“取之于民，用之于民”的思想，克服困难，积极履行配置资源职责，进一步加强预算执行管理，认真执行党政机关厉行节约各项要求，严格控制行政成本，确保实现“三个零增长”。同时，进一步优化财政支出结构，集中财力，保障各项惠民政策落实；制定全市基本公共服务均等化实施方案，切实建立完善财政保障机制和配套措施，积极构建保障基本公共服务全市均衡发展的长效机制。2010年，全市财政民生投入57.3亿元，增长25.42%，超过一般预算支出平均增长5.7个百分点。

由于财政资金保障工作及时、到位，江门市涉及社会民生发展各项工作进展情况良好：一是积极落实各项强农惠农政策。全市各级财政拨付农林水事务资金12.3亿元。主要改善市（区）农业生产条件，支持农村饮水安全工程建设和“农村信息直通车”建设，推进江门市现代农业综合示范基地建设，举办江门市第二届农业博览会，支持江

门（开平）农业现代化示范区创建成为广东省第一个国家级现代农业示范园区，扶持重点农业龙头企业和农民专业化合作组织发展，促进农业产业化经营和农业技术推广，推动发展现代农业；积极开展“规划到户、责任到人”扶贫开发工作，继续加大扶贫开发力度，全力促进农业生产和农民增收。二是继续加大教育投入。全市各级财政拨付教育资金26.3亿元，落实城乡免费义务教育、中等职业技术教育以及高校、高职学生国家助学金等资助学生政策，继续实施对中等职业学校城乡家庭经济困难学生发放生活费资助。特别是各级财政部门克服困难，切实兑现中小学校教师收入“两相当”与绩效工资改革，积极推动教育强市强区创建成功。三是完善社会保障体系。全市各级财政拨付社会保障和就业资金17.70亿元，调整优抚对象和低保人员的生活补助标准，积极推进江门市完全被征地农民基本养老保险试点工作，并将开平市纳入新型农村养老保险国家试点城市；落实促进就业的各项扶持政策，支持就业公共服务平台建设，推进劳动力转移，落实小额担保贷款和退役士兵就业免费技能培训等政策；加强菜篮子基地建设，促进市场价格稳定，保障困难群众生活；对市区低保户发放临时生活补贴和液化石油气补贴，缓解物价上涨对困难群众日常生活的影响。四是提高公共医疗卫生服务水平。全市各级财政拨付医疗卫生资金8.89亿元，进一步提高新型农村合作医疗和城镇居民基本医疗保险财政补助水平，深化医疗卫生体制改革，实施基本药物制度，继续完善优抚对象、低收入群体、贫困重度残疾人等分类医疗保障和救助机制。五是加大保障性住房建设支持力度。全市各级财政拨付住房保障支出3.47亿元，加快廉租住房建设，并对低收入住房困难家庭发放租赁住房补贴，对经济适用住房建设项目免收城市基础设施配套费和各种行政事业性收费，推动经济适用住房建设。六是全市各级财政拨付交通运输资金5.58亿元，支持优先发展公共交通。江门市本级通过价格调节基金和环境专项资金补助900万元，用于市区购置新能源公交车；拨付公交企业补助资金621万元，落实老年人乘车优惠政策。七是加强公共文化建设。全市各级财政拨付文化体育与传媒资金1.35亿元，举办中国（江门）侨乡华人嘉年华活动，建成五邑文化广场以及完成五邑华侨史展馆布展，全力支持创建全国文明城市，把创文工程作为民生工程保障资源配置。此外，全市各级财政加大资金筹措和管理力度，积极稳妥支持推进“三旧”改造和“绿道”建设，认真研究落实对口支援新疆、西藏资金保障工作。江门市本级关注群众反映的热点问题，安排市区农贸市场改造整治经费318万元，推进市区集贸市场改造升级。

四、致力于改革创新，不断完善公共财政体系

围绕构建完善公共财政体系的目标，结合推进“金财工程”建设，全市各级财政部门把解决财政改革发展的现实问题与建立长效机制紧密结合，着力构建有利于科学发展的财政体制机制。一是进一步加强预算执行管理，推进财政预算信息公开透明。各级财政部门深化零基预算和绩效预算，对资金使用效果不佳的相应调减下一年的专项安排，并结合实际，不同程度地开展或扩大支出项目绩效预算试点，通过引进专家进行项目现场评审，提高财政支出绩效管理水平。江门市本级从2010年起市直预算单位全面上线，通过实时在线监督系统接受市人大对部门预算执行情况的在线监督。二是进一步推进国库改革。全面推进公务卡、财务核算信息集中监管改革，建立国库动态监管系统，进一步加大支出监管力度，提高财政支出透明度。三是继续深化政府采购改革。进一步完善政府采购相关制度建设，抓好自主创新产品政府采购政策落实，推进电子化政府采购，规范政府采购评审工作，确保政府采购评审工作的客观、公平、公正。全市完成政府集中采购预算24.74亿元，实际采购支出23.62亿元，节约率为4.51%。此外，全市各级财政部门进一步完善非税系统，加强票据管理，做到以票促收，应收尽收，不断完善“收支两条线”管理；加强行政事业单位资产管理，贯彻落实公务购车费用零增长的要求，认真配合落实一体化改革，积极推动完善财政管理体制，切实研究应对省以下财政体制调整，积极稳妥地构建保障基本公共服务全市均衡发展的长效机制。

五、致力于推进科学化、精细化管理，进一步提高财政管理绩效

全市各级财政部门在履行监督职能进行了积极有效的探索，有力保障财政资金安全和提高资金使用效率。一是强化对外监督。各级财政部门认真组织对国有企业、社会团体开展“小金库”专项治理，积极构建防治“小金库”长效机制；组织落实农村财务人员财政支农政策培训；开展强农惠农资金专项清理和检查工作，对2007～2009年强农惠农资金进行全面清理，对以前监督检查和审计发现的问题分类梳理，并逐项检查后续整改落实情况，不断完善监管制度，健全监管机制。江门市本级实施创建联动监督机制，扎实开展市直部分一级预算单位预算执行情况、会计信息质量、专项资金等联动检查。同时，江门市本级、开平市财政局等创新开展市直预算单位财务人员财政综合业务培训工作，促进财政业务管理交流，进一步提高部门和基层领导、财会人员的财务管理水平。二是接受外部监督。各级财政部门认真做好预算编制和报请人大审议的工作，认真办理人大建议和政协提案，配合省财政厅做好民声热线工作，跟进落实有关交办事项，促进财政监督管理进一步完善。同时，自觉接受人大、审计、纪检监察和上级部门的监督检查，积极配合参与上级各项检查验收及延伸审计、决算审计工作，不断提高财政监管水平，确保财政资金安全。三是加强内部监督。各级财政部门通过加强财政法制教育宣传提高财政干部依法理财意识和工作水平，建立和完善内部监督循环体系，加强银行账户和印鉴票据管理，开展内审工作，建立长效机制，落实首办（首问）责任制等，努力避免监守自盗和保证资金安全，进一步促进依法理财、依法办事。

六、致力于以人为本，多管齐下加强财政机关队伍建设

全市各级财政部门坚持以人为本，多管齐下抓好干部

队伍建设，推动财政机关内部管理更加科学完善。一是加强教育培训工作，不断提高财政干部队伍综合素质。在加强财政干部日常教育培训的基础上，各级财政部门都结合新形势、新任务、新要求，组织形式多样的业务管理培训活动。二是坚持公开、平等、竞争、择优的原则，不断优化财政人力资源配置。各级财政部门都能够依法做好干部提拔、推荐和交流工作。三是加强财政机关党风廉政建设。通过开展纪律教育学习月活动、落实好党风廉政建设和反腐败工作分工任务、组织党员干部学习《中国共产党党员干部廉洁从政若干准则》，江门市本级分两批组织全局工作人员到江门监狱接受警示教育，将全局规范权力运行工作制度文件导入ISO质量管理体系等，进一步规范局机关权力运行，促进财政党员干部廉洁从政和廉洁自律。同时，落实固本强基，加强党组织建设。抓好发展新党员和关心困难党员、老党员工作，扎实推进党建带工建、团建、妇建各项工作。四是加强财政机关作风建设。各级财政部门以扎实开展"提高执行力和服务满意度"为主题的作风建设年活动和创先争优活动为契机，通过认真落实首办（首问）责任制、行政问责制，精心组织参与《民生热线》上线直播工作等，多管齐下推进财政机关作风建设。江门市财政局通过落实局新"三定"方案，完善个人考核办法和科室考核办法，以及继续推进ISO管理工作，组织开展形式多样的机关作风建设明察暗访活动，着重树立典型，通报表扬好人好事和感人事迹，进一步改善财政机关作风。五是深入开展扶贫解困工作，检验财政干部工作作风和工作实效。各级财政部门都按照部署要求，积极主动地开展扶贫开发"规划到户、责任到人"工作，通过各种有效措施帮扶挂钩村集体和村民脱贫致富，按时间进度要求顺利完成各项帮扶工作任务。

经过全市各级财政部门的共同努力，2010年江门市财政运行情况总体平稳，各项财政工作任务顺利完成并取得突出成效，同时财政运行和财政管理仍面临一些矛盾和问题：一是财政减收增支因素增多，落实保增长、保民生、保稳定的各项政策措施，财政增支压力大，财政收支矛盾仍较突出；二是财力与事权相匹配的财政管理体制及重大项目税收分享机制尚需进一步完善；三是预算支出执行进度不够均衡，财政支出结构仍需继续优化；四是对财政资金的监督管理和绩效管理仍需加强。对于上述矛盾和问题，全市各级财政部门将继续通过加快经济发展、加强财政管理，逐步克服和解决，为促进江门市经济社会又好又快发展作出新的更大贡献。

（江门市财政局供稿，吴华清执笔）

阳江市

2010年，阳江市着力调整经济结构和转变经济发展方式，经济实力进一步加强，经济效益进一步提高，人民生活水平提高，各项社会事业取得进步。全市生产总值实现640.0亿元，比2009年增长16.8%，增幅比预期目标高1个百分点。其中，第一产业增加值139.5亿元，增长5.5%；第二产业增加值269.0亿元，增长20.4%；第三产业增加值231.5亿元，增长19.2%。三次产业比例由2009年的23.2∶40.8∶36.0转变为21.8∶42.0∶36.2。全市固定资产投资239.2亿元，比2009年增长37.5%。社会消费品零售总额370.6亿元，剔除价格因素后实际增长21.7%。外贸出口16.1亿美元，增长30.6%；进口1.97亿美元，增长8.5%。实际吸收外商直接投资2.1亿美元，增长19.3%。年末金融机构人民币各项存款余额564.2亿元，增长19.1%；城乡居民储蓄存款余额386.8亿元，增长20.3%。农村居民人均纯收入6 655元，增长19.6% 。全年居民消费价格指数上涨3.1%。

2010年，全市地方一般预算收入完成267 711万元，为年度预算233 805万元的114.5%，比2009年收入实绩201 553万元增收66 158万元，增长32.8%。增幅为近10年新高，在全省21个地级及以上市中排名第五。加上上级补助收入357 806万元，地方政府债券转贷资金收入10 002万元，上年结余（含省批复决算增加数）38 652万元，调入资金7 131万元，全年总计收入681 302万元。其中，2010年，市本级地方一般预算收入完成96 665万元，为年度预算88 630万元的109.1%，比2009年收入实绩76 405万元增收20 260万元，增长26.5%。

2010年，全市各级财政部门按照构建公共财政的要求，在财政收支矛盾突出的情况下，调整优化支出结构，合理安排支出，确保重点支出的需要，为构建和谐社会提供有力的财政保障。2010年，全市一般预算支出完成645 155万元，比2009年支出实绩566 367万元增支78 788万元，增长13.9%。其中市本级一般预算支出173 161万元，比2009年支出实绩147 986万元增支25 175万元，增长17%。

一、强化收入征管，财政实力不断增强

2010年，阳江市地方财政一般预算收入累计完成267 711万元，比2009年同期实现了32.8%的增长。其中税收收入完成182.736万元，同比增长32.1%，非税收入完成84 975万元，同比增长34.5%，在经济形势企稳回升但基础尚未牢固，财政增收压力大的情况下，全市财政按照实事求是、依法治税理财的要求，采取一系列有针对性的措施强化财税征收管理，确保了全市财政收入平稳较快增长。

（一）落实税收征管责任制

按照市委、市政府的要求，明确税收收入增长任务，并及时将任务细化分解到各县、区及财税征管部门，促使税收征管部门早落实责任、早明确任务。

（二）加强财政执行分析和重点税源监管

继续实施财税联席会议和收入通报制度，加强对重点税源的跟踪和监控，继续加强对重点行业、重点税源企业和重点税种的监管，依法打击各种偷、漏、骗税的行文，确保各项税收的均衡入库和稳定增长。

（三）强化非税收入征管

进一步加强非税收入的征收管理，全面落实“收支两条线”管理制度，推动非税收入征管电子信息化建设，杜绝非税收入“跑、冒、滴、漏”现象等积极有效的措施实现财政收入的稳定增长。

二、优化支出结构，保障重点支出的需要

一是保障了工资的正常发放。财政部门严格坚持“保工资、保重点、保稳定”的原则，保障了阳江市机关事业单位人员、离退休人员工资的正常发放，维护了社会稳定。从2008年开始，市本级实行规范公务员津贴补贴统一发放，有效解决了市直单位收入标准不统一的矛盾。二是保障重点支出的需要。在保证国家公职人员工资发放、维持政权正常运转的基础上，集中财力办好市委、市政府确定的大事，保证社会保障、农业、教育、科技、卫生等重点项目支出需要。三是从源头控制支出。在保障全市机关事业单位正常运转的前提下，认真抓好全市各项公用经费节支工作。重点加强了对因公出国（境）、公务购用车、党政机关办公费用、公务接待以及举办晚会、展览、庆典、论坛活动的监管。四是强化预算约束。及时足额拨付预算资金，从严控制各项超预算追加，坚持市、县（区）长“一支笔”审批制度；严格按月、按进度拨款。

三、积极支持经济发展，培植新兴和后续财源

（一）全面推进扩大内需新增中央投资项目建设

阳江市抓住中央实行积极的财政政策的机遇，从2008～2010年共争取到扩大内需新增中央投资项目180个，资金66 326万元，其中中央投资30 092万元，省配套资金11 384万元，阳江市投入配套资金24 850万元；2010年当年争取到扩大内需新增中央投资项目92个，资金22 236万元。此外，阳江市还累计争取到地方政府债券资金31 069万元，2010年当年争取到地方政府债券资金10 002万元，用于基础设施项目及扩大内需项目建设。阳江市各级财政部门坚持“加强管理、特事特办、快速实施、确保效益”的原则，及时拨付并认真监管扩大内需资金。项目建设进展顺利，成为阳江市经济发展的强力引擎。

（二）大力推进产业园区建设

2008年，阳江市成功竞得省第二批产业转移竞争性扶持资金5亿元，2010年又成功竞得专业性产业转移园竞争性扶持资金1亿元，争取了省财政从2007～2011年每年补助阳江市1亿元产业转移工业园发展资金，2009～2012年每年补助阳江市5 000万元现代产业引导资金，财政用于支持经济发展的资金显著增加，为阳江市产业结构调整，实现经济转型提供了良好机遇。

（三）认真做好汽车摩托车下乡、家电下乡、家电以旧换新工作

贯彻落实中央实施汽车摩托车下乡、家电下乡、家电以旧换新，拉动内需的政策，积极做好与各销售网点的沟通协调，加快审核进度，及时拨付补贴资金。2010年，共补贴下乡汽车、摩托车60 317辆，兑付补贴资金5 452万元；补贴下乡家电77 740台，补贴资金1 785万元；补贴家电以旧换新29 102台，补贴资金827万元，有效拉动了城乡消费。

四、坚持为民理财，保障民生政策落到实处

全市财政以科学发展观为第一要务，坚持以人为本，按照公共财政的要求，积极调整财政支出结构，坚持为民理财，关注民生、贴近民意，解决民困，确保改革发展的成果惠及人民群众，促进阳江市社会和谐稳定及全面进步。2010年，全市一般预算支出完成645 155万元，增长13.9%。其中：用于教育领域支出128 978万元，增长33.6%；用于社会保障和就业领域支出78 274万元，增长11%；用于医疗卫生领域支出56 373万元，增长37.5%；用于农林水事务领域支出83 494万元，增长19.8%。全市财政用于民生领域的总支出占全市财政一般预算支出比例达57.2%。

一是加大对“三农”的投入，支持现代农业的发展。全面落实强农惠农政策，加大对农村公共事业的投入，大力推进城乡水利基础设施建设，加快社会主义新农村建设进程，2010年，全市共拨付农林水事务支出83 494万元，比2009年增长19.8%。继续做好农资综合直补、种粮直补和成品油价格补贴工作，全市共拨付农资综合直补资金8 184万元，拨付种粮直补资金1 158万元，两项补贴惠及30.79万农户，127.4万农民。

二是落实成品油价格资金。拨付成品油价格补贴资金20 516万元，支持农业、渔业生产者和公共交通等部门有效化解油价上涨压力。

三是加大教育投入。2010年，全市共拨付农村免费义务教育补助经费10 729万元，城镇免费义务教育补助经费2 510万元，共投入校舍安全工程建设资金54 300万元，全面完成了阳江市866所学校4 951幢单体建筑物的安全鉴定工作。2010年，阳江市教育支出128 978万元，比2009年增长33.6%。主要是阳江市第一中学和阳江市第一职中两所学校建设地方政府债券转贷资金、竞争性分配资金、高中教育基本建设补助等支出增加。

四是支持做好医疗卫生工作。2010年投入7 682万元，保障了农村合作医疗工作的顺利开展；从2008～2010年全市财政累计投入了1 008万元，全面推进了城镇居民医疗保障制度的建设，全市参加城镇居民医疗保险24万人。2010年，全市财政还投入医改补助资金22 988万元，推动医改顺利实施。

五是支持加大低收入群体保障力度，2010年，全市共拨付城乡最低生活保障补助资金7 242万元。积极筹措资金解决困难企业退休人员的基本医疗保险问题，全市共拨付补助资金376万元。

五、深化各项财政改革，加快构建公共财政体制框架

各项财政改革全面推进，公共财政体制框架逐步形成。

一是不断深化部门预算改革。提高预算编制的科学性，增加预算透明度。二是积极推进国库集中支付改革。市本级从2006年10月份开始，选择首批20个单位实施国库集中支付改革试点，并按照先试行，后推开的原则，2010年，市本级单位已全面实施国库集中支付。同时，各县（市、区）也不断推进国库集中支付改革工作。三是不断完善政府采购管理制度。建立健全政府采购管理制度体系，积极推进政府采购信息化建设。四是不断完善“收支两条线”管理制度，全面实施非税收入征管电子化、信息化系统建设。五是进一步加强绩效评价制度建设，促使绩效评价工作不断向制度化、规范化、精细化迈进。六是推行财务核算信息集中监管和公务卡支出结算试点工作。2010年，财务核算信息集中监管预算单位已扩大到132个；2009年首批3个预算单位开始公务卡改革试点后，2010年已有132个市级预算单位实行了公务卡结算。

六、认真做好国企改革各项工作

一是认真做好市属困难国企职工补偿金等资金的核准发放工作。2010年，核准拨付83家市属困难国有企业改制资金2 962万元，确保改革工作顺利进行。二是推进有关企业改革重组工作。制订了《阳江市公用事业集团公司组建方案》，通过组建市公用事业集团公司、实施产权转让方式改革企业、关闭无发展前景的困难企业等措施进一步优化国有经济布局。三是做好国有企业监管工作。制定了《阳江市市属国有企业负责人经营业绩考核暂行办法》和《阳江市市属国有企业薪酬管理暂行办法》，规范了市属国有企业的管理。

七、强化财政管理和监督，维护财经秩序

配合省审计厅、省财政厅做好对省示范性产业转移园区竞争性扶持资金和农业、教育、社保等专项资金的审计和检查工作，加强专项资金使用情况的跟踪管理。按照《阳江市国有集体资产交易管理办法》的规定，规范产权交易行为。继续做好财政性资金投资项目的工程预、决（结）算编制和审核工作，全面落实公共工程代建制，有效控制工程造价，节约财政资金。积极配合人大、审计等部门对财政资金的监督工作，严格执行定期向人大及其常委会报告预算、决算、预算执行情况以及超预算支出情况的制度，配合审计部门做好年度财政收支审计工作。进一步加强财政内部监督制度建设，继续完善财政内部循环监督工作系统，健全监督制度，全面推进依法理财。

八、加强班子建设，提高财政干部素质

一是坚持民主集中制，建设高素质领导班子，提高决策水平和领导能力。严格坚持重大事项领导班子集体决策制度，局主要领导善于听取不同的意见，在集体讨论中营造民主集中的氛围；严格坚持在集体领导下的个人分工负责制度，局班子成员各司其职、各尽其责，正确处理分工协助和团结合作的关系；坚持发扬民主，接受干部职工的监督，坚持民主生活会制度和民主监督制度，协调一切积极因素推动全局工作发展。二是开展廉政教育活动，扎实推进党风廉政建设。通过召开全市财政反腐倡廉建设暨市属国有企业纪检监察工作会议、组织党员干部认真学习胡锦涛总书记在中央纪委十七届五次全会上的讲话、省委书记汪洋在省纪委十届四次全会上的讲话和市委书记林少春在市纪委五届五次全会上的讲话、制定2010年党风廉政建设和反腐败工作安排、组织干部职工学习廉政建设的相关资料和举办廉政制度答题测试等各种形式的学习，全方位引导党员干部树立正确的世界观、人生观、价值观，正确对待名利地位，树立全心全意为人民服务的思想，取得了良好的学习效果。三是着力建设学习型机关，要求全体干部职工平时要加强自学，在此基础上，每个星期五下午集中学习半天，并形成制度；2009年和2010年分别在清华大学和复旦大学各举办了一期干部培训班。通过加强学习，建设学习型机关，使市财政局干部职工努力做到与时代同行，与时代发展理念接轨，提高服务科学发展的能力和水平。四是委托广州的软件公司成功开发了办公自动化系统，并实施了双轨试运行，将于2011年脱离手工，实行无纸化办公，有效提高工作效率，实现向现代办公方式转变。

九、建立健全干部选拔任用和监督机制

一是领导重视，认真贯彻干部选拔任用工作各项法规。市财政部门严格执行《干部任用条例》有关规定，把干部的选拔任用工作作为党的建设的一件大事摆上重要议事日程，认真学习省纪委《关于深入整治用人上不正之风进一步提高选人用人公信度的意见》、《关于进一步规范干部选拔任用的十项规定》等干部选拔任用文件精神，并坚持公开、公正、公平的原则严格执行选拔任用干部的工作程序。二是做好机构改革后科级领导干部竞争上岗工作。严格按照程序实行竞争上岗，择优确定35个职位的任职人选，为财政干部队伍的长远建设注入新的动力和活力。三是做好局下属事业单位岗位设置和人员聘用实施工作。

（阳江市财政局供稿，李珊珊执笔）

湛江市

一、全市经济发展概况

2010年是全面完成“十一五”规划的冲刺之年。一年来，在湛江市委、市政府的正确领导下，全市人民以科学发展观为统领，紧紧围绕争当粤西地区振兴发展龙头的目标，深入实施“工业立市、港口兴市、生态建市”发展战略，抢抓机遇，发挥优势，科学务实，攻坚克难，顺利完成了市十二届人大六次会议和“十一五”发展规划确定的各项目标任务，经济社会发展取得了显著成就。2010年，全市生产总值1 402.77亿元，增长14.2%，创15年来最高增速，人均生产总值20 048元，增长13.4%。其中第一、

第二、第三产业增加值分别为294.58亿元、576.54亿元、531.65亿元，分别增长6.8%、16.7%和15.2%。三次产业结构调整为21∶41.1∶37.9，规模以上工业增加值464.06亿元，增长18.2%；海洋产业总产值713.8亿元、增加值336.8亿元，服务业增加值531.65亿元，农业总产值471.42亿元，增长6.9%，居全省前列。全年社会固定资产投资526.57亿元，增长33.9%。全市港口完成货物吞吐量1.36亿吨，增长15.2%，外贸进出口总额35.32亿美元，实际利用外资额3672万美元，增长25.5%。社会消费品零售总额679.79亿元，增长21.8%，商品零售价格指数102.7%，居民消费价格指数103%。城镇居民人均可支配收入15 305元，增长12%；农民人均纯收入6 906元，增长17.2%，增速创12年来新高。

"十一五"期间，湛江市实现了生产总值、规模以上工业总产值、服务业增加值、全社会固定资产投资、港口吞吐量、社会消费品零售总额、旅游业总收入和游客流量、财政总收入等八个主要经济指标翻番。其中生产总值由2005年的681亿元增至2010年的1 402.77亿元，比"十五"期末增长1.1倍，相当于五年再造一个湛江经济；财政总收入由2005年的117.85亿元增至2010年的341.14亿元，比"十五"期末增长1.9倍，年均增长23.69%。

二、2010年财政收支情况

2010年，湛江市财政部门贯彻落实市委、市政府的决策部署，围绕全市重点工作，坚持以发展促壮大，以改革促提高，以创新促规范，强化财源建设，狠抓增收节支，优化支出结构，严格财政管理，促进全市经济建设和社会各项事业的发展。全年地方财政一般预算收入66.23亿元，总量排在全省第12位，比2009年增收13.58亿元，增长25.79%。其中市本级一般预算收入完成309 701万元，增长27%。2010年，全市地方级税收收入完成451 988万元，比2009年增长28.41%，占一般预算收入的68.25%；非税收入完成210 370万元，增长20.50%，占一般预算收入的31.75%。全市上划中央"两税"522 514万元，比2009年增收167 662万元，增长47.25%；上划省共享"四税"120 562万元，增收28 735万元，增长31.29%。全市获得省级财政补助收入785 763万元，市财政对各县（市、区）补助支出128 243万元。

2010年，全市一般预算支出完成153.6亿元，增支30.38亿元，增长24.64%，总量排在全省第7位。其中：市直一般预算支出完成611 944万元，比2009年增支188 373万元，增长44.47%；县级财政一般预算支出完成661 810万元，比2009年增支88 562万元，增长15.45%；区级财政一般预算支出完成262 699万元，比2009年增支26 821万元，增长11.37%。全年通过大力压缩一般性财政支出，严格追加预算，统筹资金，集中财力全力支持重点项目支出、民生支出。全年用于社会民生事业的财政资金107.24亿元，比2009年增加24.63亿元，增长29.82%，占地方财政一般预算支出的69.8%，是社会民生投入力度最大、城乡居民受益最多的一年。其中，优先支持教育事业发展，全年教育支出35.9亿元，同比增长17.14%；建设和完善覆盖城乡的医疗卫生和社会保障体系，全年安排医疗卫生支出14.1亿元、社会保障和就业资金20.28亿元；支持生态、宜居城市建设，用于环境保护、节能减排、污水处理和垃圾场建设等项资金4.38亿元。

2010年财政各项目标任务的圆满完成，将对"十二五"及长远发展产生具有决定性意义的影响。站在五年时间节点上回顾"十一五"期间，财政工作取得显著成绩，主要表现在：一是财政收入增速明显加快，收入规模一年上一台阶，除来源于湛江的财政总收入翻番外，一般预算收入从2005年的24.01亿元增长至2010年的66.23亿元，增长2.76倍，年均增长22.50%；二是财政保障能力明显增强，支出结构不断优化，一般预算支出从2005年的57.63亿元增长到2010年的153.65亿元，年均增长21.53%。其中民生支出比重从2005年的五成提高到2010年的近七成；三是财政各项改革稳步推进，部门预算编制渐趋成熟完善，国库集中支付已由市级向县级推进，进一步加强和规范非税税收入管理，政府采购规模不断扩大，各项科技手段加强电子采购平台监管。

三、2010年财政主要工作

2010年，湛江市财政系统全面贯彻党的十七大、十七届四中全会、省委十届六次全会、市委九届九次、十次会议以及粤西"两会"精神，继续实施积极财政政策，推进由"吃饭型财政"向"发展型财政"转变。一方面贯彻实施积极财政政策，以重大项目为支撑，以经济建设为主导，集中精力大搞财源建设，不断提高财政对经济社会发展的支撑能力；另一方面继续调整和优化财政支出结构，建设"老百姓财政"，将更多的资金用于民生领域，更大限度发挥财政资金的作用，促进社会经济和谐发展。2010年，湛江市财政规模适度发展，财政结构得到进一步优化，健全各项规章制度，财政绩效不断提高，财政科学化、精细化管理水平不断提高，建设发展型财政工作初显成效。

（一）征收管理措施得力成效显著

1. 市领导高度重视，审时度势，灵活应对，及时调整工作部署。

2010年是国际金融危机以来经济形势最为复杂的一年。国家宏观经济政策进行了重大调整，金融政策逐步收紧，湛江市面临的融资形势严峻，重点项目推进缓慢，税源达不到预期。同时省内其他兄弟市奋起直追，市委、市政府领导十分关注财政运行情况，多次对财政工作作出重要批示。各级财政部门进一步加强经济形势的研究分析，加强收入运行监测，准确判断影响经济财政的关键因素和问题，采取强有力的措施，挖掘增收潜力，克服重重困难，确保完成全年预算任务。

2. 财税部门加强征收管理，组织协调，及时制定征收任务。

全市各级财税部门继续坚持财税部门工作联席会议制度，加强收入分析和预测，及早提出应对措施，建立财税收入增长监测分析新机制。市财政继续实施好领导分片抓收入制度，加强督促各县（市、区）财政的收入组织工作，各级财政局领导班子经常到挂点地方了解情况，让挂点抓收入成为工作常态，督促指导各县（市、区）抓收入、保增长。加强对湛江市经济发展的动态监测，加强对各行业、企业、各收入项目状况调查分析，全面评估各行业发展对财政收入增减的影响，细化分解收入责任。加强收入组织工作的计划性管理，保持财政收入均衡入库。全年市直国税部门完成9.18亿元，增长50.18%；地税部门完成8.83亿元，增长33.4%。财政部门契税收入2.6亿元，比2009年增收1.8亿元，增长2.25倍。

市财政负责征管的非税收入注重统筹兼顾，既在总体上提出“双增长”目标，又细化分解各收入项目到分管领导、责任科室、责任单位，使得抓收入工作目标明确责任到位。2010年下半年，为了改变以往非税收入分散在各业务科的局面，对非税管理体制做了重大调整，将12个非税收入大户移交到预算外资金管理中心，实行精细化管理。集中管理的12个单位（含下属单位）提前2个月完成全年任务。

3. 加强财政监督检查，有重点有针对性，形成征管合力。采取经常性走访等方式，共同商讨，及时帮助解决征管难题。对一些重点企业如电厂、供电局、烟厂、东兴炼油等重点企业，充分挖掘税收增收潜力。加强房地产、饮食娱乐等行业企业会计信息质量检查，严厉打击做假账和偷税、骗税等违法行为。加强了解在建楼盘的建设及竣工楼盘的商品房和二手房的销售情况，掌控税源状况，及时组织收入，确保税款及时上缴入库。契税等税收征管模式改革，清缴历年拖欠税费。

（二）支出管理有保有压结构优化

加强财政科学化、精细化管理，进一步增强机遇意识、忧患意识和责任意识，强化预算约束，坚持有保有压，不断优化支出结构，支持改革发展，强化公共保障，统筹兼顾，突出重点，规范财政支出管理，切实提高财政资金使用效益。

1. 强化预算约束，严格控制一般性财政支出。在预算编制环节落实党政机关厉行节约的各项规定，严格控制一般性和行政性经费支出。在预算执行环节，以预算指标控制为抓手，严格审批手续，从严把关，控制预算追加。在预算监督环节，制定了行政经费节约和考核办法，对行政事业单位压缩一般性支出情况进行检查，取得明显成效。大力压缩一般性财政支出，降低行政运行成本，全市一般性公共服务支出比2009年仅增长3.35%，低于一般预算支出增长21.29个百分点。建设节约型机关，公务接待费、因公出国（境）费用、车辆购置费、会议费等支出分别比2009年下降10.22%、14.17%、13.27%和8.36%。加强政府投资项目评审效率，将以前年度积压的项目全部清理完毕，核减金额25.03亿元，核减率15.86%。政府采购电子反拍功能运用全省领先，全年政府采购金额5.6亿元，实际成交金额比预算金额减少7 765万元，下降12.23%。

2. 全力保障和改善民生，推动基本公共服务均等化建设。进一步调整优化财政支出结构，重点加大对“三农”、教育、医疗卫生、社会保障、保障性安居工程建设、环境保护等民生领域的投入，做到保民生、保运转、保稳定。

“三农”方面：全年“三农”支出52亿元。支持农村基层组织建设，完成政策性农村住房承保102万户，承保率100%。发放农资综合直补、种粮直补、汽车摩托车家电下乡补贴等各种惠农资金3.1亿元。融资7 289万元支持农村公路路面硬底化建设，解决农民“行路难”问题。安排1.58亿元用于大中型水库移民后期扶持，8 560万元用于江海堤围、青年运河灌区改造以及海堤配套资金。

教育方面：全年教育支出35.09亿元，增长17.14%。市财政安排2 086万元用于提高农村中小学公用经费标准，进一步落实义务教育经费保障机制。安排3 738万元实施市辖区义务教育学校绩效工资和落实教师待遇“两相当”。安排3 959万元化解学校历史债务，弥补市直免费义务教育学校补助经费与“一费制”收费资金缺口。安排1.5亿元支持全市基本普及高中阶段教育，比2006年新增学位14.48万个，提前一年实现了基本普及高中阶段教育目标，并获得省奖励资金1 000万元。融资7 000万元支持湛江职教基地建设。

医疗卫生方面：全市医疗卫生支出14.1亿元，增长18%。其中：城乡居民医疗保险补助9 907万元，用于解决群众“看病难”、“看病贵”问题，使全市587.5万人享受基本医疗保险，财政补贴标准提高到120元，个人住院报销标准提高5个百分点。拨付1.34亿元启动6项重大和9项基本公共卫生服务项目，包括投入1 000万元用于改造10间乡镇卫生院；1 405万元用于基层医疗卫生机构综合配套改革；2 330万元用于基本公共卫生服务配套。

社会保障方面：安排社会保障和就业资金20.28亿元，比2009年增长9.7%。投入6.5亿元开创了“湛江模式”，进一步完善医保一体化。安排7 810万元解决17家建筑施工企业社会保险缴费困难的问题。提高五保户供养标准，将集中供养和分散供养的五保户供养标准分别提高到150元和100元。

保障性住房建设方面：中央、省、市三级财政总投资1.07亿元，其中市财政安排廉租房建设资金2 806万元，落实廉租房建设用地3.1万平方米，实施的建设项目8个，已建成廉租房365套。发放廉租住房补贴71万元。下达农村贫困户危房改造补助资金2 875万元，改造危房5 749户。

生态环保建设方面：中央、省和市财政共安排资金4.38亿元支持环境保护、节能减排、污水处理和垃圾场建设。投入2 546万元对市区88条小街小巷进行改造，投入1 001万元安装市区61公里3 000多盏路灯。筹集资金近10亿元用于海湾大桥的股权回购和森林公园、湖光岩周边1.2万亩土地的回收，对加快海东新区的建设、保护“市肺”起到了积极作用。

3. 落实积极财政政策，发挥财政职能推动经济跨越发展。按照建设“发展型财政”思路，充分利用积极财政政策与适度宽松货币政策机遇，及时加大融资力度，较好地解决湛江市重点项目建设资金“瓶颈”问题，保障了疏港公路海大路口至蔚葎港工程、鉴江供水枢纽工程、钢铁基地征地补偿、茂湛铁路等重点项目外围基础设施建设工程和市政工程的建设。争取国债资金11.3亿元，加快钢铁、石化、林纸浆一体化等重点项目的外围基础设施建设和城市基础设施建设。拨付扩大内需项目资金3.26亿元，加强与相关部门协调合作，充分发挥监管合力，发挥资金使用效益。

加大企业帮扶力度，促进产业转型升级。安排5 000万元促进现代产业体系建设及扶持外贸出口。支持港口建设5 150万元，国企改革和脱困4 500万元，现代旅游业发展1 325万元。安排科技投入2 100万元，支持企业自主创新、挖潜改造和龙腾物流项目。做好湛江市现代产业体系技术创新、战略性新兴产业技改等272个项目的申报工作，争取到中央和省对湛江市扶持补助资金1.1亿元。扩大财政资金的竞争性分配范围，开展“扶持中小企业发展专项资金”、“商贸流通发展专项资金”、“科技专项经费”、旅游分配工作，以起到“四两拨千斤”的带动效应。开展调研、测算北京直航补贴，拉动地方经济发展。

（三）加强“双基”管理，提高财政科学化、精细化管理水平

加强财政基础工作管理，推进各项的基础数据库建设。不断完善财政供养人员、部门预算编制、国库集中支付、非税征缴等系统工程建设，及时掌握全市各类数据及信息。细化专项支出编制，完善功能分类和经济分类相结合的预算编制方式，提高预算编制的完整性，加大项目支出绩效评价力度，扩大自评项目特别是重点项目、民生项目范围。建立以绩效为导向的财政资金分配和管理模式，选取57家事业单位开展财务预算管理试点，推进市直行政事业单位国有资产管理考核工作。

进一步加强县乡基层财政管理工作，推进村级财务管理改革。在麻章区、廉江市、坡头区、吴川市、开发区开展农村财务管理规范化建设试点，统一财务管理制度，统一实行会计代理，统一农村财务票据统一会计档案管理，统一信息管理系统，统一财务公开模式，使农村财务管理中存在的突出问题得到解决。加强基层财政队伍建设，全年直接培训和指导督促县（市、区）共培训农村干部和农村财会人员9 726人次，完成年度计划任务的103.18%。

（四）强化财政监督，提高财政绩效管理水平

1. 加强重点项目资金、扩大内需资金和保民生等专项资金的监管力度。成立重点项目资金管理小组，完善和规范财政投资管理制度，出台《关于加强湛江市市级财政投资项目资金管理的意见》，对计划内外投资、超计划投资、领导审批权限、资金来源、管理费标准等各方面作了认真细致规定。建立重点项目明细账目和台账制度，保证资金安全，提高效率。

2. 加强监督检查，加大对财政资金的跟踪问效。开展中职学校助学金专项审查，会同有关部门重新确认了17所中职学校2010年春季国家助学金受助资格，核减人数近6 000人，减少财政支出1 300多万元。开展强农惠农资金专项检查，抽查自然村155个，抽查农户和项目单位达756人次。继续完善财务核算集中监管系统，扩大公务卡改革试点范围，启动预算执行动态监控系统建设，将预算外资金纳入国库管理。开展对预算单位的“小金库”、财务、会计信息质量专项检查。

（五）开展财政文化建设，努力提高行政效能

在全省地级市和市直部门中，率先开展财政文化建设活动，制订规划纲要，举办系列活动，加强宣传，增强了财政凝聚力，树立财政新形象。加强服务型机关建设，精简办事环节，提高拨款效率，起草《湛江市财政局工作人员行为规范》，引导干部职工从自身做起，不断提升服务水平。优化支付流程，取消政府采购实有账户，减少多头资金划拨、多头对账。解决了《财政授权支付汇总清算通知单》和《财政授权支付通知单》两单及电子数据流编码合一的技术问题，提高工作效率。进一步完善市直单位银行账户的开立、变更的审批、备案等工作制度。实施干部动态量化考核，增加考核工作的操作性，减少考核工作的主观性影响。

（湛江市财政局供稿，左芳执笔）

茂名市

2010年，茂名市奋力战胜重大自然灾害，稳步推进结构调整，着力转变发展方式，全市经济保持平稳较快增长，社会事业取得全面进步，城乡人民生活持续改善，圆满完成了“十一五”规划的主要目标任务。全市生产总值1 492.09亿元，增长14.1%。其中，第 产业增加值275.35亿元，增长5.2%，对GDP增长的贡献率为6.3%；第二产业增加值590.76亿元，增长14.1%，对GDP增长的贡献率为34.4%；第三产业增加值625.98亿元，增长17.3%，对GDP增长的贡献率为59.3%。三次产业结构为18.4 : 39.6 : 42.0。全市居民消费价格总指数比2009年上升3.0%。全市工业增加值550.72亿元，增长14.2%，其中规模以上工业增加值386.71亿元，增长14.3%。1～11月全市规模以上工业经济效益综合指数401.75%，同比提高7.86个百分点。全年全社会固定资产投资244.54亿元，比2009年增长35.8%。全年社会消费品零售总额704.97亿元，增长19.6%。全年进出口总额80 024万美元，增长19.0%。合同外资金额7 434万美元，下降19.7%。实际利用外资金额3 099万美元，下降0.2%。年末全市金融机构人民币存款余额1 025.39亿元，比年初增长20.3%。年末金融机构人民币贷款余额361.30亿元，增长21.5%。全年在岗职工工资总额76.42亿元，增长6.4%。在岗职工年平均工资25 811元，增长6.4%。城市居民人均可支配收入14 360元，增长9.1%。农村居民人均纯收入6 802元，增长17.6%。

2010年，全市财政部门坚持为民理财、依法理财、廉洁理财、科学理财，在促进经济发展、狠抓增收节支、深化财政改革、保障民生支出、加强自身建设等五个方面取得了新进展，基本扭转了国际金融危机爆发以来财政收入低增长的局面。全市财政一般预算收入完成51.95亿元，完成年初人大预算任务的114.4%，增长24.6%。其中税收收入完成29.95亿元，增长23.0%。占一般预算收入的57.7%；非税收入完成21.99亿元，增长26.7%。占一般预算收入的42.3%。在税收收入中，国内增值税完成8.58亿元，增长11.9%；营业税完成5.81亿元，增长22.7%；企业所得税完成1.34亿元，增长30.1%；个人所得税完成0.90亿元，增长13.1%；地方其他各税收入完成13.32亿元，增长31.7%。在非税收入中，专项收入完成1.92亿元，增长47.7%；行政事业性收费收入完成8.61亿元，增长16.4%；罚没收入完成3.02亿元，增长50.5%；其他收入完成6.21亿元，增长66.3%。全市财政一般预算支出122.49亿元，增长24.6%。其中，一般公共服务支出17.73亿元，增长29.3%；公共安全支出7.19亿元，增长7.8%；教育支出31.41亿元，增长16.5%；社会保障和就业支出18.23亿元，增长37.6%；医疗卫生支出12.98亿元，增长57.1%；住房保障支出0.82亿元，增长77.6%。全市一般预算收入加上税收返还款、各项补助、调入资金、上年结余等，全市一般预算总收入为135.83亿元，增长23.0%。全市一般预算支出加上上解支出、调出资金、增设预算周转金等，全市一般预算总支出为124.48亿元，增长25.1%，全市财政实现了收支平衡，有所结余。市级和各县（市、区）均实现了收支平衡。全市完成上划中央“两税”（不包括中央省属企业上划数）11.8亿元，为2009年同期上划中央“两税”的116.5%；完成上划省“四税”6.04亿元，为2009年同期上划省“四税”的128.3%。六个县（市、区）一般预算收入平均增长率为25.6%，税收平均增长率为37.4%。各县（市）综合增长率为：高州市24.83%、电白县22.99%、信宜市21.99%、化州市17.42%。

一、在促进经济发展、扩大内需、培育财源方面取得新进展

一是通过创新融资平台等方式筹措资金，支持重点项目建设。市级共向金融机构新增融资5.65亿元，争取到地方政府债券资金3.02亿元，以及从多种渠道筹措其他资金，推进了市新一中、市民大道等重点项目建设。市财政、市城建投公司累计投入重点项目征地及土地储备资金达6.65亿元，落实市新一中、市海洋大道等征地资金。政府土地储备运营取得了重大突破。市级累计拨付洛湛铁路征地拆迁资金4.77亿元，确保茂名段征地拆迁、铁路施工等主要工程顺利完成。累计拨付茂湛铁路茂名段征地拆迁资金7 134万元，签订征地协议606.87亩。市财政拨付炼油厂卫生防护距离搬迁安置资金1 000万元、乙烯厂卫生防护距离搬迁安置资金3 000万元，支持推进炼油改扩建项目建设。二是统筹用好产业转移园建设资金，支持园区加快发展。拨付珠海（茂名）产业转移工业园省竞争性扶持资金2.8亿元到园区专户，拨付珠海市政府投入的共建珠海（茂名）产业转移工业园资金5 000万元。市级财政拨付珠海（茂名）产业转移工业园资金6 383万元，用于园区外部基础设施和公用管廊工程建设。拨付省产业转移工业园外部基础设施建设资金2 400万元，拨付市产业转移工业园发展资金1亿元，加快工业园区建设。三是充分利用“三旧”改造政策，支持推进城镇化。安排保障宜居城乡建设资金4 996万元，加大公共财政对城乡基础设施和公共服务设施建设投入。四是按时做好粮食消化挂账工作，确保粮食安全。全市完成粮食消化挂账任务5 585.96万元，全面完成粮食消化挂账任务。全市超额完成粮食风险基金规模，资金到位率达112%。市直安排拨付储备粮利息费用和轮换费用1 008.71万元。五是做好家电下乡、汽车摩托车下乡和家电以旧换新工作，拉动农村消费。全市拨付家电下乡、汽车摩托车下乡和家电以旧换新补贴1.26亿元。六是有效应对科学发展实绩考核，涉及财政的税收收入增速、行政运行成本比重、社会事业和公共服务支出比重等三项指标均实现了较大幅度的正向变动。

二、在增收节支和切实提高收入质量方面取得新进展

一是财政收支规模再创新高。全市财政一般预算收入首次跃上50亿元的新台阶，增幅为六年来新高，增长额首次超过10亿元。全市财政一般预算支出突破120亿元大关。二是财政收入质量稳步提高。经政府批准出台了《关于提高茂名市财政收入质量的意见》，激励县（市、区）强化税收征管，改善财政收入结构。6个县（市、区）一般预算收入平均增长率为25.6%，非税收入比重平均降低5个百分点，均可以获得提高财政收入质量不同档次的奖励。三是财政支出结构逐步优化。加大扩内需、保增长、调结构、惠民生、促稳定的支出力度，加快财政支出进度。坚决压缩和控制好一般性支出，为惠民、涉农政策以及重大项目配套腾出财力空间。全市用于教育、社会保障和就业、医疗卫生、环境保护等民生支出67.03亿元，占一般预算支出的54.7%。

三、在深化财政改革、推进财政科学化精细化管理方面取得新进展

确定了财政“两基建设”总体框架。印发了《关于加强茂名市财政基础工作和基层建设，推进财政科学化精细化管理的实施意见》，在健全政府预算体系、完善财政监督体系、加强财政基础管理、推进基层财政建设等四个方面制定了30条细化措施。加强预算管理，推进预算公开。对教育费附加、排污费、城市维护建设专项经费等21项政府性基金和专项资金制订了专项资金计划，改变了以往个别专项资金“边预算、边执行、边修改”的“三边”现象。在茂名市财政局网站上将市级一般预算收支和政府性基金收支预算表及决算表、重大民生支出和重点项目支出的预算安排等有关预算信息向社会公众公开，提高了财政工作透明度。全面深化国库集中支付改革。实施国库动态监控

系统，建立起对预算、执行、单位财务和银行资金往来等全方位、多层次的实时监督管理体系，实现对财政资金支付的事前、事中、事后全过程的实时监控。6个县（市、区）均已全部铺开国库集中支付改革，达到省财政厅“横到边、纵到底”的要求。稳步推进市级财务核算集中监管改革。95个市直一级预算单位全部完成上线建账工作，逐步解决财务信息系统建设滞后、上线建账率偏低等问题。全面推进市级公务卡改革。全市95家一级预算单位全部纳入公务卡改革范围，不断加强公务卡报账管理，逐步完善公务卡消费和报账管理制度。加强非税收入“收支两条线”管理。加大非税收入以票管收、源头控管力度，扩大非税收入征管范围，健全非税管理制度，加强非税稽查，提高非税收入征管水平。通过重点抽查的形式，对22个单位的非税征管与票据使用情况进行检查。加强政府采购管理。制定了《关于进一步加强市级政府采购项目申报和采购方式审批管理的通知》等制度，初步形成了与《政府采购法》相配套的制度体系。坚持管采分离原则，在政府集中采购业务代理活动中引入竞争机制，提高政府采购工作质量。电子化政府采购平台开始试运行，20个行政事业单位，办公用品计算机、打印机两个品目实行了网上采购。全市政府采购金额8.73亿元，平均节约率为17.7%。加强行政事业单位资产管理。制定《茂名市市直党政机关事业单位经营性资产统一管理暂行办法》，为2011年规范市直党政机关事业单位经营性资产管理打下了基础。加强行政事业单位经营性国有资产出租收入的征收管理和行政事业单位资产处置审批。加强财政支出绩效评价。市级抽取了32个单位共40个项目进行自我绩效评价，涉及资金5 000万元。通过委托有关专家和引进中介机构等方式，对薄弱卫生院改造、农田水利基本建设议案等4个项目实施重点绩效评价，涉及资金1.34亿元。加强财政支出投资评审。在积极执行2009年修订的“六项制度”的基础上，出台了《茂名市投资审核中心审核资料登记暂行办法》，从源头上规范送审行为。市级共审核结算项目207项，审定造价2.57亿元，净核减率达17.4%。完善“茂名市财政信息大平台”。将“茂名市财政信息大平台”第三期三个应用系统的建设和财政部金财工程应用支撑平台的实施结合一起，初步建成了基于大平台的一体化财政管理信息系统，实现了财政业务流程和业务数据的规范化管理，实现了财政内部各业务系统之间，市、区财政部门之间，财政与同级预算单位之间的信息互联互通和数据共享，提前一个月完成了省下达的任务。开展强农惠农资金清查工作。组织开展2007～2009年各级财政预算安排用于“三农”的61项18.50亿元强农惠农资金自查自纠，自查涉及17个部门，自查面达到100%，彻底弄清各级强农惠农资金的底数、结构、支持重点和监管情况。对资金规模较大、涉及面广、农民群众关心、社会各界关注的专项资金使用管理情况进行重点检查，共检查两个县（市）18大类74项强农惠农资金。开展“小金库”专项治理工作。开展“小金库”治理“回头看”，把在前期“零申报”、“零问题”的单位但涉及人民群众利益及在财务管理上存在问题和在重点检查阶段发现“小金库”的单位和部门作为“回头看”重点抽查单位。认真开展全市社会团体和国有企业及国有控股企业“小金库”专项治理，共组织社会团体共409户开展自查自纠，重点检查单位为72户，发现“小金库”2个，涉及金额8 200元。

四、在推动基本公共服务均等化、促进区域协调发展方面取得新进展

一是开辟救灾复产资金拨付“绿色通道”。“9·21”特大暴雨洪灾发生后，迅速启动财政应急保障预案和财政紧急拨款程序，印发了救灾重建专项资金管理办法。市级财政共拨付中央、省、市各类救灾专项资金9.23亿元，其中市级财政安排复产重建资金5 389万元。二是落实“规划到户责任到人”扶贫资金。省财政下达茂名市185条贫困村帮扶资金2 868万元。市财政安排56条贫困村帮扶资金336万元。三是加大财政支农力度。全市农林水事务支出11.41亿元，增长11.9%。市级下达中央农机购置和农作物良种补贴资金1.23亿元。全市成功竞得两个高标准农田建设示范工程项目，获得省6 454万元资金支持。四是大力支持教育强市建设。全市教育支出31.41亿元，增长16.5%。全市免费义务教育共投入资金4.34亿元，其中市级配套1 836万元，县（市、区）配套1.22亿元。全市完成“代转公”考试招录工作4 878人，3 823人代课老师转岗录用和分流安置工作稳步推进。全市高中阶段扩建、新建项目投入资金2.77亿元，其中市级投入2101万元，加快高中阶段学校改扩建项目的建设，大力发展中等职业教育。五是加大就业扶持力度。在实施培训补贴、小额担保贷款、收费减免、税收减免等优惠政策取得新突破，确保就业再就业政策全面落实。全市享受各项就业扶持政策5 797人次。全市免费培训农村劳动力70 134人，完成省下达任务的127.52%。六是加大医疗卫生投入。全市医疗卫生支出12.98亿元，增长57.1%。推进城镇居民基本医疗保险试点工作，市级财政预算安排城镇居民基本医疗保险补助资金202万元，困难企业退休人员参加医疗保险市级配套资金350万元。市级财政预算安排医疗救助资金380万元，让重大疾病患者获得医疗保障。积极推进新型农村合作医疗制度建设，全市参合人数498.78万人，全市100%的农村人口享有合作医疗保障；人均筹资150元，全市总筹资7.482亿元。统一提高了新型农村合作医疗住院补偿标准，住院补偿封顶线从2008年的3万元提高到6万元。推进城乡医疗救助工作，缓解了低保、五保、城镇“三无”人员等人员的困难。市级安排九项基本公共卫生服务项目经费2042万元。七是完善社会保障体系。社会保障和就业支出18.23亿元，增长37.6%。发放茂南区新型农村社会养老保险试点资金227万元。全市落实到位资金1.70亿元，基本完成了低保标准调整工作。全市投入农村五保供养资金5 100万元，提高五保供养标准。八是加大住房保障投入。全市住房保障支出8 178万元，增长77.6%。市区落实保障性住房资金4 874万元，推进723套46 117平方米廉租房建设，为茂名市提前两年完成省下达的保障性住房建设任务奠定了基础。

五、在加强自身建设方面取得新进展

一是深入开展创先争优等四项主题实践活动。扎实开展创先争优、转变作风抓落实、效能建设考评、创建学习型党组织等“四项活动”，在全市党建工作会议上作了经验介绍。在创先争优活动中创造性开展党组织结对帮扶注册会计师行业活动，构建了基层组织共建、党员队伍共管、党建资源共享、科学发展共赢的基层党建工作新格局。二是推进财政惩治和预防腐败体系建设。认真执行《中国共产党党员领导干部廉洁从政若干准则》，全面落实党风廉政建设责任制。对“以优服人促发展，从廉理财惠民生”等财政理财理念进行广泛宣传，被评为市直机关廉政文化建设十佳理念单位。开展以“加强制度教育、构筑拒腐防线”为主题的纪律教育学习月活动，重点抓好反腐倡廉党纪法规制度教育。三是认真开展规范权力运行工作。下大力气完成了梳理登记、健全完善、审核把关、总结成果等四个阶段工作，在梳理流程、完善制度、规范运作、强化监督等方面取得了阶段性成效。将各项权力及其责任逐项分解到具体岗位，明确岗位职责和关键环节，把10个廉政风险点防范制度建设作为规范权力运行、建立长效制度的主攻方向。四是全面推进学习型党组织建设。开展“书海扬帆，增智之旅”读书学习活动，成功召开茂名市财政学会第四次、会计学会第七次、注册会计师协会第三次会员代表大会。《支持中小企业发展的财政政策研究》课题获得省财政科研课题一等奖，获得“湛财杯”全省财政征文组织奖。分别在全市党委（党组）中心组学习秘书和理论骨干培训班和全市干部理论教育经验交流会上作了经验介绍，被授予“茂名市干部理论教育示范基地”。五是财政普法工作取得阶段性成效。顺利通过了省财政“五五”普法规划和《茂名市全面推进依法行政十年规划》检查验收。编印了《茂名市财政局文件汇编（2008～2009）》。完善了财政行政执法责任制。承办人大代表建议和政协委员提案83件，各方反响较好。六是积极提高行政效能。开展效能建设考评活动，细化重点工作目标、业务工作目标和动态工作目标等三类职能工作目标。对市委、市政府的重大决策事项进行重点督查，定期通报科室公文办理情况。七是加强干部队伍建设。印发了《茂名市财政局关于加强全市财政系统干部队伍建设的意见》。与中国财政学会联合举办4期“防范与化解地方政府债务风险”培训班，7位干部参加了华南农业大学2010年在职研究生班学习。举办公务卡改革、农村财会人员财政支农政策、乡镇财政所长培训班等6类共44期培训班，参加培训人员3 910人。何江同志被评为全国财政系统先进工作者。八是做好扶贫开发“规划到户责任到人”对口帮扶工作。以增加农民收入、发展农村经济为目标，以发展当地特色产业为重点，以“因地制宜，长短结合，切实可行”为思路，对口帮扶高州市大坡镇福州村工作取得了阶段性成效，在年度考核中被评为优秀。

（茂名市财政局供稿，梁建旭执笔）

肇庆市

2010年是实施“十一五”规划的最后一年，也是肇庆市尽快实现GDP超千亿元、尽快成为名副其实的珠三角城市的关键之年。各级财政部门在党委、政府的正确领导下，以科学发展观为统领，认真贯彻中央、省、市关于加快经济发展方式转变、实施《规划纲要》、努力实现“两个尽快”等决策部署，全年收入增幅稳居全省前列，民生、重点支出得到较好保障，财政科学化、精细化管理水平进一步提高，全面超额完成了年度各项目标任务，“十一五”财政工作完美收官再创新佳绩。

一、收入大幅增长，财政实力跨上新台阶

2010年，全市经济形势总体向好，但收入组织工作也面临着财政收入连续多年高幅增长、收入基数快速推高、增收难度明显加大，房地产市场复杂多变、增值税免抵调库指标持续减少等因素影响。为确保收入任务顺利完成，市财政局积极落实市委、市政府的决策部署，始终把收入工作放在财政工作的首要位置，采取有效措施全力抓紧、抓实、抓好。一是建立收入目标倒逼机制。围绕市委、市政府提出的争先进位工作目标，将收入任务层层分解落实到各个征收部门，以目标倒逼责任，以责任倒逼措施，以措施确保收入任务顺利完成。二是加强与国地税等征收部门的沟通联系，多商量、多协调，重点抓好工业企业、重大基建项目、房地产行业等税源的征管。完善“收支两条线”管理制度，积极挖掘土地出让、国有资产（资源）有偿使用等非税收入的增收潜力，严征细管确保应收尽收。三是认真做好收入进度分析工作。加强纵向、横向信息研判，做到知己知彼、及时应对。在年初、年中、年末关键节点，市委、市政府多次召开财税形势分析会，及时掌握和分析经济运行和财政收入动态信息，统一思想、完善措施、凝聚合力，切实增强收入组织工作的科学性、前瞻性和针对性，牢牢把握收入工作的主动权。

通过努力，全年全市地方财政一般预算收入累计完成76.80亿元，比2009年增收20.89亿元，增长37.36%。收入总量跃居全省第9位；增量超过了“十五”时期最后一年（2005年）的全年总量（20.43亿元）。增幅纵比创下历年新高、横比位居全省第二、珠三角九市第一，分别高于全省及珠三角九市13.61个及12.92个百分点，成为分税制改革以来肇庆市财政收入增长最快、增量最多、总量在全省排位最高的一年。整个“十一五”时期，肇庆市财政收入从20.43亿元增加到76.80亿元，五年时间增长了276%，年均增幅达到30.32%，比“十五”期间年均增幅（13.24%）高出一倍多，也远高于“十一五”时期全省（20.11%）及珠三角九市（20.85%）的平均增幅。从区域情况看，各地增幅均在25%以上，其中高要市及市直城区的总量分别突破了13亿元，四会市突破11亿元，高新区、

端州区突破8亿元，充分体现了全市各地竞相发展取得的丰硕成果。

二、服务“两个尽快”，支持经济发展取得新成效

实现GDP超千亿元是2010年全市经济发展的重要目标任务。各级财政部门围绕市委、市政府确定的目标，积极发挥职能作用，从多个方面全力支持全市经济加快发展。

（一）加大投入支持经济发展

在财力紧张的情况下，市财政分别安排了1 000万元招商引资资金、700万元促进民营经济发展资金、845万元重点企业扶持资金、921万元旅游发展资金、500万元促进外贸扩大出口资金、500万元城市公交发展资金、200万元产学研合作资金、200万元促进港口物流经济发展资金、220万元科技型中小企业技术创新资金，加大对经济发展重点领域、重点环节的支持力度，运用财政杠杆手段推动肇庆市经济又好又快发展。为了促进经济发展方式加快转变，在市研究出台相关政策过程中，市财政主动提出了“市本级每年新增安排1 000万元，用于支持经济发展方式加快转变”的意见建议，得到了市委、市政府的采纳。

（二）扩大内需支持经济发展

各级财政积极落实中央、省、市各项扩大内需政策，在落实新增中央投资项目方面，2010年国家共安排肇庆市新增中央投资项目92个，总投资134 023万元，其中地方财政配套安排13 028万元，带动信贷资金、企业资金和社会资本投入9 056万元；在落实家电（汽车、摩托车）下乡、以旧换新政策方面，各级财政累计发放财政补助资金7 583万元，共有162 258人次享受了补贴，带动家电（汽车、摩托车）销售81 175万元，有效地刺激了广大居民特别是农村居民的消费需求。

（三）关注“三农”支持经济发展

为了加大对农村地区发展的支持力度，各级财政严格落实强农惠农政策，全年通过种粮直补、农资综合直补等9个涉农政策项目，累计向农民个人发放财政补贴资金达21 482万元。此外还重点投入农田基本建设议案和标准农田示范区建设项目资金4 423万元、投入生态公益林项目资金5 311万元，扎实推进农田基本建设和生态公益林建设；投入怀集梁村平原优质稻产业带和西江北岸特色水果产业带资金11 734万元，推动现代农业发展取得新成效。

（四）争取资金支持经济发展

通过努力，全年共获得省财政基础设施建设、企业扶持、节能减排、技术创新等一次性专项补助32.53亿元（比2009年增加3亿元）、省财政预算超调资金3.1亿元、地方政府债券转贷资金2.08亿元，有效地弥补了地方自有资金不足，支持了地方经济社会发展。此外，财政部门还积极参与政府性贷款资金管理，其中市财政共筹集资金2.55亿元用于政府性贷款还本付息，为扩大融资规模支持地方经济社会建设作出了贡献。

三、优化支出结构，推动基本公共服务均等化迈出新步伐

随着收入的快速增长，2010年肇庆市财政支出规模进一步扩大，全市财政一般预算支出达到126.68亿元，比2009年增加19.95亿元，增长18.69%。财政支出规模的扩大，为全市经济社会发展提供了更有力的保障。

（一）坚持抓节支，着力降低行政运作成本

从预算编制到预算执行，各级财政始终牢固树立过紧日子的思想，在确保正常运作及各项法定考核支出需要的基础上，坚持勤俭节约、控制和压缩一般性支出，力求腾出更多的财力用于支持民生发展重点。全年全市党政机关公款出国（境）费用、车辆购置及运行费用、公务接待费用、晚会、会议等费用支出在2009年大幅压减的基础上，继续呈全面下降趋势。截至2010年10月份，公款出国（境）费用比2009年同期下降7.12%，车辆购置及运行费用下降1.4%，公务接待费用下降4.6%，用电、用油、用水费用下降4.74%，晚会、展览、庆典、论坛费用下降6.35%，会议费用下降6.4%，通信费用下降3.55%。

（二）坚持抓保障，着力推进基本公共服务均等化

一方面，认真贯彻落实省、市有关精神，牵头编制完成了《肇庆市基本公共服务一体化规划》，并正在抓紧推进全市基本公共服务均等化实施意见编制工作；另一方面，在资金保障上着力加大对各项公共民生事业的倾斜力度。2010年，全市教育、科学技术、文化体育与传媒、社会保障和就业、医疗卫生、环境保护、城乡社区事务、农林水事务、住房保障等9大类民生支出同比增长20.27%，增幅高于一般预算支出增幅1.58个百分点，占一般预算支出比重由59.42%上升到60.21%，高于全省平均水平（57.23%）2.98个百分点。其中市、县两级财政投入用于“五大民生工程”的资金达11.8亿元，比2009年增加91.69%。

1. 公共教育方面。重点安排资金15 763.3万元，力促教育创强工作加快推进；投入资金28 267万元，落实城乡免费义务教育补助政策，全市61万名中小学生享受到了免费义务教育；投入资金5 427万元，落实普通高校、中职（中技）及高中阶段家庭经济困难学生资助政策，健全非义务教育阶段学生助学体系，全市共有3.8万名学生获得了资助；支持保障中小学教师待遇“两相当”，确保了教师队伍稳定；落实职教基地、师资培训、布局调整、教育信息化和肇中新校第三期建设等专项补助政策，提高教育投入水平，促进了肇庆市教育均衡发展。

2. 公共卫生方面。市财政投入1 830万元，对市中医院、第三人民医院、第一人民医院建设给予补助、贴息，投入285万元，支持未达标乡镇卫生院及村卫生站规范化建设，对社区卫生人员全科护士培训给予支持，着力健全基层医疗卫生服务体系；投入1 525万元，对健康教育、预防接种等九大项基本公共卫生服务及为贫困白内障患者开

展复明手术等重大公共卫生服务项目实施补助，着力促进基本公共卫生服务逐步均等化。

3. 公共文化体育方面。市财政重点安排资金3 532万元，支持市图书馆加快建设；安排资金200万元，设立市文化产业发展专项资金；投入资金250万元，用于崇禧塔景区改造及粤剧演艺中心建设；投入资金1 421万元，支持建设525家农家书屋、实施农村电影放映“2131”工程，丰富农民群众文化精神生活；投入资金560万元，支持市体育代表团参加省第十三届运动会，推动肇庆市文化体育事业蓬勃发展。

4. 公共交通方面。进一步完善公共交通投入机制，加大国省道重点项目、农村公路及农村客运站场建设力度，2010年，市财政共拨付交通建设财政专项资金6.76亿元，支持全市297.36公里国省道、310.2公里县道、433.63公里农村公路、6座县道桥梁（共886米）和58座农村公路桥梁（共2 356.06米）建设，加快推进构建全市综合运输网络体系。

5. 生活保障方面。市、县两级财政投入低保资金3 828万元，向低收入家庭增发临时性生活补贴736万元，完善城乡居民最低生活保障制度，努力保障困难群众基本生活；投入资金2 423万元，推动德庆县新型农村养老保险试点，建立农村社会养老保险制度；投入资金4 600万元，兑现石油价格补贴政策，缓解油价攀升对群众及公益性行业的影响；按时足额发放养老、失业、医疗、工伤和生育保险资金20.62亿元，提高社会保障水平，维护了社会大局稳定。

6. 就业保障方面。以推进国家级创业型城市创建、做好促进大学生、农民工就业以及稳定困难企业就业局势等为重点，安排1 089万元财政资金，实施更加积极的就业政策，促进就业再就业工作开展。充分发挥失业保险基金促进就业的作用，对符合条件的企业给予社保补贴和岗位补贴，支持企业稳定就业。

7. 医疗保障方面。市财政重点投入4 791万元，将经济欠发达地区城镇居民医保和新农合的补助标准提高到每人每年120元，对难以负担医疗费用的城乡低保对象、五保户等特困人员给予救助，着力推进基本医疗保障制度建设。同时积极落实资金，建立补偿机制，推动国家基本药物制度在肇庆市实施。

8. 住房保障方面。市财政积极落实资金，投入1 660万元，支持城区411套廉租住房和经济适用房建设；按照每户2 000元的标准，对农村泥砖住房改造给予补助；投入477万元，帮助1 411户受灾“全倒户”重建家园，着力改善群众住房条件，缓解群众住房困难。

9. 落实党委、政府重点民生决策部署方面。市财政多渠道筹集资金，累计向“城市建设年”建设项目投入资金8.31亿元，其中投入牌坊广场改造、绿道网等22个重点城建项目超过4.5亿元，为“城市建设年”各主要工程建设项目顺利实施提供了有力支持。市、县两级财政投入2 380万元，带动机关事业单位、企业、个人投入21 220万元，确保了肇庆市扶贫开发“双到”工作加快推进。各级财政累计落实资金10.4亿元，支持了政府“为民惠民十件大事”有效实施，其中农村饮水安全工程共落实财政资金5 024万元，19宗饮水安全工程扎实推进，惠泽群众19万人。

四、夯实“两基”基础，科学精细管理水平有了新提高

（一）完善收入管理制度

稳步推进财税库银税收收入电子缴库横向联网系统建设，国税收入全面纳入系统运行，地税收入选择四会市开展了试点，税收征缴效率进一步提升。非税收入电子管理系统建设扎实推进，市级上线覆盖范围扩大，县级非税系统开展试点调研，委托银行代收款工作进一步改进，各项非税收入及时、足额缴入财政专户，非税收入“收支两条线”管理更趋规范。全年纳入财政专户管理的非税收入共17.19亿元，其中市直9.44亿元。

（二）健全支出管理平台

国库集中支付改革步向深入，在原有授权支付方式以外，正式开通财政直接支付业务，国库集中支付改革铺开至市本级所有符合条件的216个预算单位，政府调控资金能力进一步增强，全年全市批复用款计划60.98亿元，实际支出56.24亿元，结余在国库的资金4.74亿元，结余率达到7.77%。公务卡结算试点在市本级预算单位全面推开，公务支出“阳光消费”机制进一步确立。政府采购制度不断完善，电子化平台建设稳步推进，全年全市政府采购预算37.96亿元，实际采购36.58亿元，节约1.38亿元，节约率达到3.62%。财政投资评审、基建资金集中监管制度全面落实，为政府投资项目、特别是“城市建设年”重点工程项目节省了大量的资金，得到了市主要领导的表扬，全年全市完成政府投资评审项目595个，评审金额25.3亿元，核减金额4.2亿元，核减率达到16.7%。财政支出绩效评价工作继续推进，完善了绩效评价指标体系，建立了项目数据库，对一批备受关注的项目进行了重点核查和评价，增强了财政资金管理使用的绩效性。

（三）强化财政监督管理

财政监督信息化手段进一步增强，预算执行动态监控系统建成投入使用，财务核算集中监管系统覆盖市本级所有一级部门预算单位，集智能预警、动态监控、对比纠错、财务核算、综合分析于一体的财政支出监管平台初步形成。财政资金检查的密度和范围进一步加大，重点抓好了强农惠农政策及省市财政专项资金项目、会计信息质量的检查，财政资金管理使用的安全性、规范性有效增强。“小金库”专项治理进一步推进，对党政机关事业单位治理情况实施了“回头看”，对社团和国企实施了自查自纠和重点检查，检查发现的问题依法依规得到了及时处理。

（四）夯实财政基础管理

市环卫处移交端州区管理财政配套工作顺利完成，省直管县改革封开试点工作平稳推进。会计管理工作扎实有效，圆满完成农村财会人员支农培训、会计从业资格无纸

化考试改革、会计专业技术资格考试、注册会计师考试等任务，得到了省财政厅的充分肯定。行政事业单位资产管理体系初步建立，经营性资产收益管理趋于规范。地方储备粮财务管理稳健有效，储备粮油成功轮换，国有粮食购销企业政策性财务挂账消化任务全部完成。政府性贷款及地方金融管理进一步加强，农信改革及城信、信托退市工作稳步推进，地方金融债务风险得到防范。财政法规税政管理工作深入开展，完成多项税政调研调查，"五五"普法宣传教育顺利通过省财政厅验收。财政科研信息宣传工作取得突破，信息工作排名跃居全省前列。财政信息化建设扎实推进，门户网站完成建设开通运行，金财工程应用支撑平台建设进展顺利。

五、突出自身建设，机关服务效能取得新进步

一是加强学习，着力建设学习型机关。重点抓好了党组（党委）中心组及全局政治理论学习，积极组织干部职工参加省、市组织的各类培训班和专题研讨班，有针对性地提高财政干部队伍的政治业务素质，增强了依法、科学、民主理财的能力。二是转变作风，着力建设服务型机关。结合财政工作实际，积极开展深化作风建设提高执行力"四个一"活动及"创先争优"活动，财政机关服务环境进一步优化，财政窗口服务制度进一步完善，财政办文及资金拨付效率进一步提高，财政工作的主动服务意识明显增强。三是勤政廉政，着力建设廉洁型机关。积极配合市纪委派驻财政局纪检组工作，组织干部职工认真学习《廉政准则》，加强廉政教育，落实党风廉政建设责任制，确保了党风廉政建设分工任务完成。四是凝聚合力，着力建设和谐型机关。认真开展"规划到户责任到人"帮扶工作，动员干部职工踊跃捐款扶贫济困，局各级党组织、"工青妇"、老干结合实际，积极开展各种对口帮扶及有益身心的集体活动，营造了心齐、气顺、劲足、风正的良好氛围，增强了机关队伍的凝聚力和战斗力。

（肇庆市财政局供稿，张文颖执笔）

清远市

2010 年，全市财政部门在市委、市政府的正确领导下，沉着应对后金融危机时代的复杂局面，坚决贯彻市委五届九次、十次全会精神，按照"工业园区化、农业产业化、城镇特色化、管理人性化"的发展战略以及"抓提速、调结构、促转变、惠民生"的决策部署，强化财政调控职能，深化财政体制改革，财政实力不断增强，财政体制机制不断完善，为全市经济又好又快发展提供了有力的保障。

据快报统计，实现来源于清远市的财政总收入 170.74 亿元，同比增长 47.09%；地方一般预算收入累计完成 72.78 亿元，同比增长45.47%，增幅在全省 21 个地级市中排名第一，圆满完成了市委、市政府提出争创地方一般预算收入增幅全省第一的目标任务。一般预算收入总量历史性地排在全省第十位，比 2009 年提升了两位，在珠三角地区以外地级市中排名第一。市直一般预算收入 21.77 亿元，完成年初收入预算的 128.04%，增长 54.09%。支出方面，全市地方一般预算支出累计完成 131.9 亿元，同比增长 31.91%，市直一般预算支出累计完成 26.66 亿元，增长 41.44%，工资等刚性支出得到保证，教育、社会保障等重点和经常性支出得到保障，预算执行情况正常。

2010 年财政工作能够取得显著成绩，较好地完成了市委、市政府交办的各项工作任务。

一、坚定不移抓收入，全市财力实现大跨越

在组织收入方面，主要采取了如下措施：一是立足抓"早"，做到早研究、早部署、早落实，加强与各部门、各县（市、区）的沟通联系，分配好各单位的工作任务，严格按照时间进度和任务抓好落实。二是加强收入形势分析，掌握各预算收入单位的收入进度，掌握规模企业的经营状况，掌握重点税源的预测分析。三是加强税政研究和收入来源分析，挖掘增收突破口，加强市县级固定收入税种的征收管理，根据"向征管要税收"的理念，强化征管对增收的促进作用。四是加强契税、耕地占用税"两税"征收管理，全年"两税"收入取得历史性的突破，征收 10.6 亿元，入库 9.98 亿元，比 2009 年增长 58.52%。五是加强非税收入征收管理，科学安排非税收入纳入一般预算收入，突出加强资源性、资产经营性等非税收入的征管力度，全年非税收入完成 23.68 亿元，增收 10.06 亿元，同比增长 73.83%。

二、服务四化重民生，经济社会取得大发展

（一）贯彻落实工业园区化战略，切实帮扶和服务企业

大力推进工业园区化，落实税费优惠政策，完善各个工业园区的基础设施及配套设施的建设，成功吸引国内外知名企业落户工业园。同时，大力促进中小企业健康发展，继续执行涉企收费减免、资金补助、贷款贴息等一系列措施，兑现安排 2 500 万元企业发展专项资金和 6 041 万元企业奖励资金，为 33 家企业发放贷款贴息 313.5 万元，带动企业完成贷款 4.8 亿元。此外，通过落实家电下乡、汽车摩托车下乡、以旧换新等财政补贴以及住房公积金贷款政策，有效促进了社会消费水平和相关企业的发展。家电下乡方面：全市家电下乡销售量 5.75 万台，已兑付补贴资金 1 459.29 万元。全市平均兑付率达到 98.32%，位居全省第一。在汽车、摩托车下乡、家电以旧换新方面，已分别兑付补贴资金达 5 564 万元和 1 631 万元。住房公积金方面：今年全市贷款金额 8.1 亿元，贷款余额 20 亿元，同比增长 41%，全市 3 638 人（其中市直 865 人）享受了住房公积金贷款。

（二）贯彻落实农业产业化战略，切实推进"三农"工作

2010 年，全市农林水事务支出 13.95 亿元，同比增长

54.67%。其中：大力推进清远市现代农业产业带的发展，安排2 000万元用于农业产业化发展专项资金。成功争取广东省油茶等产业带项目（清远）中央和省级2010年度建设补助资金3 550万元；大力推进社会主义新农村建设，安排1 000万元专项扶持资金，加大对28个示范村扶持力度，启动5个新农村建设示范片，逐步从分散办点示范向连片示范方向转变，从村庄整治向镇村同治方向转变；大力推进农村饮水安全工程建设，市财政局成功向省财政厅申请到免息借款3 000万元，专项用于该项一号民生工程，1 366宗工程已全部完工，解决了116.26万人的饮水安全问题，比中央和省的要求分别提前了两年和一年完成。

（三）贯彻落实城镇特色化战略，切实推进投融资工作

市财政局积极探索和创新投融资模式，为“十个一批”等重点工程提供资金保障。累计拨付“十个一批”等重点项目建设资金约26.87亿元，其中财政性资金约7.66亿元、融资资金约19.21亿元。同时，积极做好市交通建设开发公司企业债券的发行准备工作，目前已筛选好债券发行商和发债主体，初步制订了发债10亿元的方案以及发债主体的资产整合方案。在保障资金投入的基础上，市财政局重点抓好以下几方面：梳理沉淀资金，节约财政成本，对不能投放的项目提前归还贷款，优化资产结构，有效节约了数千万元的利息成本。尝试采取“BT”项目建设模式，引导社会民间资金投放到市政基础设施建设。按照市委、市政府的总体部署，第一批“BT”项目共24个，目前正在稳步推进。强化财政投资审核工作，2010年，市本级送审金额历史性突破100亿元，达到了115亿元，与2009年相比增长160%，核减资金约9亿元，为政府节约了建设资金。

（四）贯彻落实管理人性化战略，切实保障和改善民生

全市财政安排教育、医疗卫生、社会保障和就业、环境保护、文化体育以及城乡社区事务等支出达到了62.69亿元，同比增长21.39%，占一般预算支出的47.53%，有效推动了清远市基本公共服务均等化的建设步伐：医疗卫生事业进一步提升，2010年全市医疗卫生支出10亿元，同比增长21.94%。投入6 000万元专项资金用于卫生事业的发展；落实农村合作医疗市级配套资金4 376万元，全市有313万人参加新农合，参保率98.4%，基本实现了新型农村合作医疗（以下简称“新农合”）全覆盖。社会保障事业进一步推进，加强社保费征缴和监督力度，扩大社会保险覆盖面，成功将新农合整合为城乡居民医疗保险；完善城乡最低生活保障制度，做到“应保尽保”，2010年市财政筹集城乡低保资金1 482万元，保障了全市15.5万人、5.9万户城乡低保人员的基本生活。就业再就业工作进一步加强，合理安排就业财政补助资金，落实就业、再就业优惠政策，取得明显成效。2010年，新增就业人数5.7万人，转移城乡富余劳动力就业11万人，农村劳动力职业技能培训转移就业5.3万人，零就业保持动态为零，城镇登记失业率为3.13%。教育事业得到进一步促进，全年全市教育支出24.96亿元，同比增长7.95%，安排7 000万元教育长效机制资金，用于解决市直学校历史债务、教育配套资金、扩招经费和普高的投入等。及时兑现普高工作奖励，确保全市提前一年实现“普高”任务。文化体育事业进一步发展。全年全市投入文化体育与传媒支出1.89亿元，同比增长91.59%。安排3 000万元资金用于公共文化、体育设施等建设。

三、开拓创新有突破，财政改革迈出大步伐

市财政局始终坚持公共财政改革方向，不断深化各项支出管理改革，不断提高资金管理水平，并积极探索以绩效为导向的财政支出管理体制。在部门预算方面，进一步优化支出结构，加强财政预算变动及执行情况监控，细化财政运行情况分析；拟定了《关于实践生态激励型财政机制的工作方案》，并在全省率先制定了《清远市基本公共服务均等化实施办法（2010~2020年）》。在非税收入管理方面，完善综合财政预算制度，实现55个部门预算单位和一般预算单位的经费纳入预算管理；全面推进非税收入电子信息管理，市直的152个行政事业单位已启用了非税收入管理银行上线缴费系统。在国库集中支付改革方面，在市级全部部门预算单位推广公务卡改革，把公务支出信息统一纳入国库集中支付系统。在财政监督方面，认真开展“小金库”治理和“回头看”工作，发现“小金库”21个，违纪资金969万元；认真做好2010年省级财政专项资金检查及整改落实工作，发现违法、违纪资金1 878万元，上解国库495万元。在资产管理方面，在市直72个一级预算单位上安装了资产管理系统，使清远市行政事业单位资产已经进入动态管理的实质性阶段。在绩效评价改革方面，继续完善财政支出绩效评价制度，起草了《清远市中介机构参与绩效评价工作暂行办法》，将进一步规范中介机构参与绩效评价的工作。在政府采购方面，切实抓好“五关”，2010年全市政府采购预算为6.83亿元，实际采购为6.39亿元，节约4 300万元，节约率6.29%。在会计考试改革方面，市财政局顺利完成了传统会计人员从业资格考试改革，顺利过渡到无纸化考试，比省财政厅的要求提前半年时间完成。

四、稳扎稳打求实效，扶贫双到完成大推进

市财政部门切实发挥职能作用，千方百计筹措资金，大力推进扶贫“双到”工作。一是保障基础设施建设，确保农村饮水工程建设、农村沼气建设、农村公路建设的顺利实施。二是建立互助金模式，全市财政投入资金2 340.45万元，用于94个村建立互助金、贫困户贴息，支持3 150户农民加入互助资金组织。三是推进劳务输出，投入扶贫技能培训资金2 685.27万元，完成各类劳动力培训5.9万人次，全市新增转移劳动力11.7万人。四是推进移民搬迁，安排1 333万元补助资金用于移民搬迁安置经费。目前在清新、阳山、连南三县进行了下山移民试点工作，已落实搬迁对象240户1 144人。市财政局以“创先争优，

争当全市扶贫开发工作示范点”为宗旨开展各项工作。一是落实帮扶责任，72 名干部与连山太保镇上坪村 81 户贫困户结成帮扶对子，采取“一户一策一干部”的办法进行帮扶，并成立扶贫工作组，到 12 月底已有 70 户年均人收入达到 2 500 元以上，当年脱贫率达 84%；二是落实帮扶项目，解决有关项目资金 19.4 万元，协助做好 400 亩油茶种植项目的发展规划和前期工作；三是落实帮扶资金，设立“清远市财政局扶贫开发启动资金”，解决互助金组织启动资金 30 万元，并筹措资金 20 万元，以连山县财政局名义入股小水电，保证村集体每年按本金的 11% 享受投资回报；四是落实民生工作，安排 48.8 万元解决当地新农保、村医疗站、农村书屋、修复农田水利、饮水工程、村路硬底化等问题。

五、夯实基础能战斗，队伍综合素质大提升

市财政局围绕建设高素质干部队伍和优化机关内部服务的要求，不断加强干部队伍和机关效能建设。

（一）扎实开展创先争优活动

为巩固和发展学习实践科学发展观活动成果，市财政局按时、按质做好创先争优的规定动作。市财政局制订了创先争优活动方案、专题宣传方案、成立了领导小组和明确了成员联络点，全年上报了 26 期活动简报，顺利完成了公开承诺的活动，现正进入领导点评阶段。在完成规定动作的基础上，市财政局创新活动方式，以创建省文明单位和廉政文化进机关示范点为目标，打造创先争优活动的开展平台，务求今年能取得创建成效。此外，市财政局坚持做好每年的争创“五个一流”活动，切实加强整个财政干部队伍的政治、思想、作风建设，提升机关服务质量和水平。

（二）不断完善和加强党的建设

机关党建方面，市财政局成功召开全体党员会议，成立了局机关党委，发展了一批新党员，对规范党务管理、完善党组织建设等起到了重大的推动作用。党风廉政建设方面，根据省、市相关部署，认真落实党风廉政责任制，认真开展“廉风和畅”、纪律教育学习月等活动，较好完成全年党风廉政建设工作任务，获得了市检查组的好评；同时，结合财政工作实际，成功开展“廉政文化进机关”系列活动，如：“一月一影片”，“走廊、电梯、信息”等廉政文化，使广大干部职工在日常氛围中受到教育。

（三）坚持教育培训提升干部职工素质

市财政局高度重视干部职工的教育培训工作。组织了“依法行政、依法理财”、“中国传统文化与廉政建设”、《政府采购法》、《廉政准则》等的专题讲座；组织了 3 期财政系统干部综合素质提升班，并牵头财贸系统部分干部职工参加了 2010 年的考研培训班，争取培养出更多高学历人才。

（清远市财政局供稿，黎敏执笔）

潮州市

2010 年，潮州市财政工作在市委、市政府的正确领导下，以科学发展观为统领，紧紧围绕全市经济社会发展大局，充分发挥财政职能作用，认真贯彻落实积极的财政政策，全市财政收支规模不断扩大，财力进一步增强；财政支出结构不断优化，民生建设和基本公共服务均等化投入进一步加大；财税改革不断深化，公共财政体系建设进一步推进；财政监督不断完善，理财水平进一步提高，为全市经济平稳较快发展和社会全面进步提供了有力保障。2010 年，全市实现生产总值 559.2 亿元，比 2009 年增长 14.1%，增速比全省平均水平高 1.9 个百分点。三次产业比例关系由 2009 年的 7.4∶55∶37.6 调整为 7.2∶56.3∶36.5。人均生产总值 21 661 元，比 2009 年增长 13.6%。2010 年，全市地方一般预算收入完成 232 514 万元，比 2009 年增收 50 057 万元，增长 27.43%，其中：税收收入完成 197 403 万元，占一般预算收入的 84.9%，比 2009 年增收 32 511 万元，同比增长 19.72%；非税收入完成 35 111 万元，占一般预算收入的 15.1%，比 2009 年增收 17 546 万元，增长 99.89%；市本级一般预算收入 95 019 万元，同比增加 22 617 万元，同比增长 31.24%。县、区财政收入全面增长，潮安县增长 27.5%；饶平县增长 25.4%；湘桥区增长 25%；枫溪区增长 17.1%。全市地方一般预算支出完成 559 920 万元，比 2009 年增支 116 936 万元，同比增长 26.4%，其中：市本级一般预算支出完成 194 118 万元，比 2009 年增支 69 449 万元，比增 55.71%。

一、着重抓好增收节支，做强做大财政“蛋糕”

2010 年，全市各级财政部门紧紧围绕全年收入目标，积极应对国家宏观政策变化，千方百计增收创收，严控一般性支出，突出抓好以下几项工作：一是加强市与县区财政部门的沟通协调，认真落实财政重点工作领导挂钩负责制。市财政局领导分工挂钩两县两区，针对县、区收支管理中面临的新情况、新问题，及时协调指导，力促各项财政增收节支重点工作措施落到实处，确保了全市财政年度收支任务的超额完成。二是加强财税部门的配合，抓好预算执行情况的监测。深化预算执行情况分析，定期对收入动态进行分析和预测，密切关注入库情况，及时发现和解决预算执行中存在的问题，确保收入均衡入库和平稳增长。三是扎实推进“收支两条线”管理，进一步完善非税收入收缴电子信息化建设，努力拓展非税收入管理范围，加强重点项目的征收监管，确保收入进度。四是坚持厉行节约，严格控制一般性支出。牢固树立过“紧日子”的思想，认真执行市委、市政府《关于深入贯彻落实中央、省委厉行节约要求的通知》精神，按照有保有压的原则，科学合理安排资金，压缩一般性行政经费支出，保证关乎民生的各项支出和党政机关的正常运转。2010 年，市直预算单位公用经费按照压缩 5% 后进行拨付。

二、着重抓好重点支出，支持地方经济又好又快发展

2010 年，全市各级财政部门充分发挥财政在经济发展中的促进作用，认真落实保增长的政策措施，完善扶持地方经济发展的投入机制，积极调整财政支持经济发展的方向和领域，进一步培植和壮大财源，支持地方经济发展和“三农”建设，促进城乡协调发展，实现财政收入可持续增长。

（一）支持产业结构调整，促进产业升级

认真落实支持产业发展以及扶持外贸发展的政策和激励措施，充分发挥财政资金“四两拨千斤”的作用，引导企业开展自主创新和技术改造，提高产品竞争力，推动产业升级和结构调整。2010 年，市本级安排 300 万元扶持优势企业通过争创名牌名标做大做强；安排 385 万元奖励资金鼓励企业增加外贸出口、招商引资和积极应对国际金融危机；安排 434 万元支持企业实施科技创新、产业技术研发、实施技术标准战略等各项工作的开展。同时，全市拨付 1 000 万元扶持企业上市融资，对成功上市的欧华能源、雅士利和长城等公司进行奖励；另外，积极做好中小企业国际市场开拓资金的申报和审核，并及时拨付扶持外贸出口各级资金 668 万元。

（二）支持企业参加经贸洽谈推介活动

2010 年，按照潮州市推动内外需求协调发展的部署，积极支持企业参加境内外经贸洽谈推介活动，及时拨付 503 万元专项经费支持企业参加“香港国际旅游展览会”、“十四届东西部合作投资会”、“广东（潮州）赴北京商品大集”和在泰国、新加坡、中国台湾、马来西亚等地举行的各类经贸洽谈会、招商会，通过政府搭台企业唱戏，引导企业走出去，开拓国内外市场。

（三）支持产业和劳动力“双转移”

围绕“双转移”工作重点，发挥园区建设资金带动经济增长的乘数效应，积极推进产业转移园建设和各项重点产业的发展，培育新的经济增长点。严格执行“双转移”专项资金管理办法的规定，合理安排省 5 亿元的产业转移扶持资金和深圳市 2 亿元共建资金，加快完善产业转移园区基础设施建设和实施劳动力免费技能培训；同时，通过建立对外融资合作平台，为入园企业向金融机构贷款提供担保和提供贷款贴息等方式，引导、鼓励和支持企业入驻园区；全市各级财政部门积极配合相关部门扩大职业技术教育办学规模，多渠道、多形式拓宽就业门路，加强技能培训，较好地促进劳动力转移就业，2010 年共培训农村劳动力 2.1 万人，转移劳动力 5.46 万人。

（四）支持“三农”发展，推进新农村建设

解决好“三农”问题关系到国民经济发展全局，为此，在资金安排上，重点向“三农”倾斜，2010 年，全市对“三农”方面的投入达到 5.96 亿元，比 2009 年增长 20.6%。重点抓好三个方面：一是加大对农业和农村基础设施建设的投入。积极推进重点水利工程建设，提高防汛抗旱能力，拨付 1.55 亿元实施河道清淤、农田排灌、人畜饮水等农田水利建设；拨付 2 061 万元支持标准农田建设整治和改造中低产田，改善农业生产基础条件。二是加大对农业产业建设的投入，构建现代农业产业体系。扶持专业镇、专业村和农业龙头企业、农业生产示范基地等建设资金 556 万元，进一步增强优势农产品的市场竞争力。三是加大对强农惠农补贴的投入。2010 年，拨付 2 079 万元，用于扶持农作物良种补贴和农机购置、能繁母猪保险、禽畜疫苗等补贴。

2010 年，通过严格申报、认真审核，及时拨付全市石油价格财政补贴资金 4 193 万元；通过与金融机构建立“一卡通”业务，兑付农资综合直补、粮食直补资金 2 648 万元；继续贯彻实施扩大内需战略，全市拨付“家电、汽车、摩托车下乡及以旧换新”补贴资金 5 068 万元。

2010 年，全市各级财政部门高度重视、认真做好“规划到户、责任到人”扶贫开发工作，积极筹措资金，加大扶贫投入力度，帮助贫困村建设村道、老人活动中心、校舍、垃圾场等生活设施；扶持发展农业种养项目，力争早日实现脱贫。

三、着重抓好结构优化，推进公共服务均等化建设

2010 年，全市各级财政部门认真贯彻落实《广东省基本公共服务均等化规划纲要》，关注民生建设，合理配置财政资源，提升公共财政服务水平，全市一般公共支出达到 37.77 亿元，比 2009 年增加 6.8 亿元，增长 21.95%。其中，涉及教育、文化体育、社会保障、医疗卫生、住房保障等民生支出 24.86 亿元，比 2009 年增长 25.68%。

（一）进一步加大对教育事业的投入

全市各级财政部门认真履行职责，积极推进实施免费义务教育工作，严格执行免除在普通中小学就读的本省户籍学生义务教育阶段学杂费、课本费的规定，实施义务教育免费的资金支出 1.18 亿元，共计 34 万人受惠；与此同时，投入资金 1 484 万元实施中小学校舍维修改造；筹集 4 936 万元用于市直高中校园建设；拨付资金 1 585 万元，资助农村贫困家庭和城镇低收入家庭子女接受职业技术教育，建立和完善以“奖、贷、助、补、减”为主体的职业学校贫困学生助学体系；着力解决中小学教师工资福利待遇问题，积极稳妥推进绩效工资改革，市直学校教师津补贴按“两相当”的规定编列部门预算，按月拨付。同时，及时拨付“两相当”奖补资金 3 708 万元，确保学校教师绩效工资按时发放。

（二）进一步加大对社会保障的投入

一是认真开展新农保试点工作。严格按照《新型农村社会养老保险试点实施意见》，在湘桥区开展试点工作，2010 年登记参加新农保共 2.99 万人，缴费收入 299 万元，试点工作取得了较好成效。二是完善社会救助、农村低保等工作制度。依法保障各类救助对象的基本生活，积极做

好五保供养对象、优待抚恤工作，促进各项优抚政策的落实，市本级投入低保资金427万元，比2009年增长11%，城镇居民最低生活保障线提高到每人每月255元，比2009年增加35元。三是积极构建城乡公共医疗卫生体系。扩大新型农村合作医疗保险和城镇居民医疗保险范围，推进基本公共卫生服务均等化建设，建立“低水平、广覆盖”的医疗保障体系。2010年，全市行政村全部实行合作医疗，参合人数达到192万人，覆盖率达到99.89%，各级财政投入2.3亿元，其中，市级配套2 496万元，农民报销封顶线从5万元提高到8万元，新型农村合作医疗和城镇居民医疗保险的实施，使城乡居民“看病难、看病贵”的问题得到缓解。四是着力解决困难群体的医疗保障问题。2010年，市、县财政投入1 076万元，为全市4.3万名国有集体困难企业退休人员办理医疗保险，使困难企业退休人员的医疗问题得到进一步的保障。另外，市本级还安排1 000万元，专项用于解决市属国有困难企业欠缴养老保险费问题。

（三）进一步加大对文化、体育和卫生事业的投入

2010年，全市各级财政部门积极支持公共文化服务体系、全民体育健身运动、公共医疗卫生等事业的发展，全市共投入6.44亿元，比2009年增长41.21%。一是支持文化事业发展。加快市图书馆、市档案馆和基层文化站等基础设施建设，支持广播电视村村通、农家书屋、文化信息资源共享、农民体育健身、文化遗产普查等文化项目的投入，推进公共文化服务向农村基层延伸。二是支持体育运动事业的发展，重点实施农村体育、社区体育等公共运动场所基础设施建设，推进公共体育服务覆盖城乡。按照体育后备人才培养条例的要求，保障各类训练基地、体育运动学校等的基本支出，进一步推进体育事业发展。三是加大卫生事业的投入。建立公共卫生服务经费保障机制，支持重大公共卫生服务项目的投入，初步建立了基本药物制度。市级安排1 927万元计生专项经费，支持计划生育奖励和免费技术服务，保障计生政策的落实。

四、着重抓好财政改革，推进财政工作科学化、精细化管理

2010年，全市各级财政部门不断深化财政改革，加快建立预算编制与预算执行、预算监督相互制衡、有机衔接的运行机制。一是深化部门预算改革。完善财政管理信息系统，细化部门预算编制内容，提高预算编制的系统性、科学性和完整性，2010年，全市共有459户单位编列了部门预算。二是加快国库集中支付制度改革。严格执行国库集中支付制度，积极扩大财政资金直接支付范围，完善国库管理体系，2010年，全市纳入国库集中支付资金达到13.63亿元。在推进财政改革试点工作方面，市直已有97个单位纳入公务卡改革试点，有180个单位开展财务核算信息集中监管改革试点。三是进一步加强政府采购改革。推进政府采购领域的电子信息化平台建设，加强监督管理，扩大采购规模，规范采购行为，提高采购效率。四是加强财政支出绩效评价改革。逐步形成自我评价、自我监督和外部监督相结合的评价监督体系，促进预算单位严格执行预算，提高理财水平，实现财政资金的规范高效运作。

五、着重抓好财政监督，确保财政资金运行安全

2010年，全市各级财政部门加强对财政资金的严格监管，建立健全资金安全运行机制，切实做到依法监督、科学监督和规范监督。一是全方位推进财政监督工作。强化财税政策执行、会计信息质量、财政专项资金使用管理等方面的监督，2010年，共对市直11个单位2009年度的会计信息质量进行了检查，查出违规金额155万元，对查出的违纪违规问题，根据《会计法》、《财政违法行为处罚处分条例》等规定，责令有关单位限期整改，促使单位财务管理逐步规范。二是开展“小金库”专项治理工作。2010年，通过检查，全市发现私设“小金库”的机关事业单位、国有及国有控股企业、社会团体4家，违规金额29万元，上缴国库15.72万元，5名相关责任人受到处理。三是加强扩大内需财政投资资金的监管。进一步加强对扩大内需中央投资500万元以上项目的调研，突出对新增项目资金的监管，2010年，全市新增项目33个，资金总额7 145万元。四是认真做好工程建设领域突出问题专项治理。对2008年以来政府投资和使用国有资金规模100万元以上，以及非政府投资和未使用国有资金规模3 000万元以上的17个建设项目进行检查，纠正了项目审批手续不齐、投资超概算、项目施工监理不到位等突出问题，责成项目单位及时整改。五是加强政府投资工程的预结算审核工作，确保财政资金的安全并发挥应有的效益。2010年，市级完成预结算工程审核351项，送审总额8.21亿元，核减金额0.51亿元，核减率6.15%。

六、着重抓好队伍建设，提高机关效能建设水平

2010年，全市各级财政部门大力推进“深化作风建设提高执行力”、“反腐倡廉制度建设年”、“创先争优”和“建设学习型党组织”等主题实践活动；加强队伍建设，提升干部素质，改进工作作风，努力建设一支务实、清廉、高效的干部队伍，推进财政系统党的建设和机关建设；认真开展机关效能建设，进一步深化政务公开，优化政务环境；完善和修订了财政机关内部管理各项制度，坚持依法行政，依法理财、切实提高服务水平、提升服务质量。

（潮州市财政局供稿，李炼执笔）

揭阳市

2010年，是落实省委书记汪洋视察揭阳，要求揭阳力拔粤东“五年大变化”头筹重要指示取得显著成效的重要一年，经济社会继续保持健康快速发展。2010年全市生产

总值（GDP）首次突破千亿元大关，达到1 008.99亿元，比2009年增长19.6%，人均生产总值17 364元，比2009年增长18.6%。其中第一产业增加值110.22亿元，比2009年增长5.0%，第二产业增加值579.15亿元，比2009年增长26.3%，第三产业增加值319.62亿元，比2009年增长43.3%，三次产业比例调整为10.9∶57.4∶31.7；规模以上工业增加值438.66亿元，增长38.9%，全社会固定资产投资总额564.07亿元，比2009年增长43.35，社会消费品零售总额446.62亿元，增长31.2%，外贸进出口总额36.27亿美元，增长21.6%，实际利用外资总额1.49亿美元，比2009年增长3.8%，居民消费价格指数为103.1%。其中，规模以上工业增加值、全社会固定资产投资、社会消费品零售总额三项主要经济指标增速在全省21个地级以上市名列第1位，地方生产总值增速名列第2位，加上中石油广东石化炼油项目前期工作进入收尾阶段，中海油粤东LNG一体化项目、中电投揭阳物流中心项目顺利奠基，惠来电厂3号、4号机组及电网送出工程基本建成，大项目发挥经济拉动引擎效应，全市经济加快赶超进位，揭阳区位形象显著提升。

2010年，在全市经济持续快速增长的有力支撑下，揭阳财政工作实现与社会经济建设同步发展、协调互促。全市各级财政部门在市委、市政府的正确领导下，深入贯彻落实科学发展观，认真贯彻落实省委、省政府、市委市、政府的各项决策部署，大力实施“一三二”发展思路，坚持科学理财、科学保障、科学调控，深化改革创新，加强收支管理，有效统筹财力、集中财力、善用财力，竭诚服务揭阳赶超进位、后来居上，力拔粤东“五年大变化”头筹的工作大局。

2010年，全市地方财政一般预算收入完成386 506万元，完成调整预算的102.19%，比2009年增收97 850万元，增长33.9%，增幅在全省21个地级以上市排名第3，全市10个预算单位均完成或超额完成全年预算收入任务；全市地方财政一般预算支出完成946 830万元，完成调整预算的110.74%，比2009年增支178 957万元，增长23.31%。市直一般预算收入加上转移性收入703 050万元（含省补助县市区），总收入为777 762万元。一般预算支出加上上解上级支出18 247万元，补助下级支出482 227万元（含省补助县市区），地方政府债券转列县15 937万元，调出资金247万元，结转下年支出72 250万元，集中支付额度结转6 613万元，收支相抵年终净结余473万元，实现收支平衡且略有结余。

总体而言，2010年揭阳财政工作坚持了生财有道、聚财有方、用财有规和集中财力办大事的理财原则，财政增收实现与经济增长齐头并进，财政支出结构不断优化，体现量入为出、统筹兼顾、有保有压的原则，有效保障工资、公共行政经费支出，集中资金支持“三农”、公共教育、医疗卫生、全民社保、劳动就业、扶持中小企业、基础设施建设等重点领域、重点工作的支出，财政工作与揭阳市力拔粤东“五年大变化”头筹工作格局相适应、相协调。

一、坚持“强征管、促增收”壮大地方财政实力

在经济基础薄弱、政策性减收因素多、基数压力大的情况下，全市各级财政部门把组织收入作为一项核心工作来抓，加强财税勤征细管，确保财政稳步增收，壮大地方财政实力，提高财政保障能力。

1. 强化财税征管责任，及时将财政一般预算收入目标任务落实到市直和各地，分解到财政、地税、国税三个口，建立健全“插红旗”考核制度，有效增强各地各有关部门组织收入的政治保障。

2. 强化精细化征管，切实加强财税征收分析监测，从1月份开始详细掌握各地收入增长及进度情况，每月在20日前抓收入分口进度及全月预测情况，下旬根据形势作相应的调整预测，审时度势加强对各地收入工作的指导、督促，把握组织收入工作的主动权，力保收入按计划序时均衡入库。

3. 主动加强与税务部门的沟通协调，跟踪税收进度，摸清税收结构，及时掌握税源变化情况，协力解决征管难题，力促税务部门加强税收征管，确保应收尽收，全年全市完成税收收入290 364万元，同比增长31.64%，有力支撑财政收入稳步增长，全市税收收入总量赶超梅州，在全省排名第15位。

4. 进一步建立健全非税收入征管规章制度，联合有关部门制定《揭阳市“三旧”改造土地出让收支管理实施意见》、《揭阳市残疾人就业保障金征缴管理办法》等文件，完善公共财政收入体系，拓宽收入渠道，做大财政收入“蛋糕”。全年全市完成非税收入96 144万元，同比增长41.21%。

5. 继续发挥以奖代补等激励型财政政策，调动各地发展经济、抢抓收入的积极性，力促各地财税收入的均衡增长。

二、坚持“调结构、促转变”推动经济赶超进位

坚持以加快经济发展方式转变为第一工程，紧紧围绕揭阳经济建设的中心工作，灵活运用财政杠杆，集中财力投入关键领域、关键环节，着力支持经济赶超进位。

1. 坚持以大项目为“调结构、促转变”的动力引擎，积极落实市委、市政府“狠抓大项目、猛促大发展”的决策部署，筹集10亿多元资金支持中石油广东石化炼油项目、转移工业园等重大项目建设，助力增创揭阳市产业经济发展的新极点、新载体。

2. 坚持以产业升级为“调结构、促转变”的主攻方向，大力整合和落实好各项财政引导资金，大力扶持一批成长性好、竞争力强的支柱产业和重点企业发展。全年全市安排支持中小企业发展和管理支出5 166万元，市级安排重点中小企业贷款贴息200万元，工业用电补贴200万元，落实上市公司补贴500万元，科技三项费用454万元，市级财政按规定每年安排1 000万元以上专项资金扶持民营经

济发展，协助吉荣公司竞得省第一批新兴战略性产业发展专项资金1 000万元，有效推动中小企业和优势产业挖潜改造、提升档次，推进揭阳市现代产业体系建设，促进产业优化升级，推动经济总量增长和经济结构优化。

3. 坚持以扩大需求为“调结构、促转变”的基础支撑，努力扩大内外需求。一方面是努力扩大公共投资，千方百计调度资金支持市政基础设施建设。全年市级财政多方筹集5.62亿元资金投入揭阳楼及其广场道路、新老30亿工程、市区市政道路、文化广场、体育馆、揭阳学宫、污水处理厂等重点基础设施建设，既扩大基础投资，又提高城市品位。另一方面是努力扩大市场需求，全市共下达家电下乡、汽车摩托车下乡和汽车家电以旧换新补助资金7 452.05万元，完成家电汽车摩托车下乡、家电汽车以旧换新销售补贴128 027台（辆），有效激活需求，引导消费；市级安排中小企业开拓国内外市场专项资金450万元，支持中小企业主动“走出去”开拓市场；全市安排出口退税（含免抵调库）地方承担部分资金13 346万元，做大外向型经济，拉动外需。同时，支持实施“万村千乡市场工程”，支持举办国际玉器节、五金不锈钢博览会、纺织服装交易会，促旺商贸经济。

三、坚持“惠民生、筑和谐”保障改善社会民生

坚持以人为本、民生优先的公共财政价值体现，以推进基本公共服务均等化为主题，不断优化支出结构，加大民生投入，大力保障和改善社会民生。全年社会事业和公共服务支出约占财政一般预算支出的比重为57.04%，比2009年提高1.44个百分点，绝对额增加11.33亿元。

1. 支持实施教育优先发展战略。全年全市安排教育支出24.7亿元，安排城乡免费义务教育补助资金4.8亿元，确保106.82万名义务教育阶段学生享受免费义务教育政策的优惠，促进免费义务教育政策的深入实施。同时，多方筹措资金2 325万元，专门用于农村困难家庭学生生活费补助，受益学生近17万人次，推进教育事业均衡发展。

2. 支持医疗事业发展。全市安排医疗卫生支出9.73亿元，有效改善城乡医疗卫生机构条件，完善公共医疗卫生服务体系，提升公共卫生服务能力；支持深化医疗体制改革，全面实施基本医疗保障制度，全市安排各项补助资金5.14亿元支持实施新农合医疗制度，全市参合人数占农业人口覆盖率99.3%；稳步推进城镇居民基本医疗保险和职工医疗保险工作。

3. 健全社会保障体系。全市共发放低保资金12 086万元，共有13.4万人享受低保救助，初步实现动态管理下应保尽保；安排社会保险基金待遇支出127 490万元，确保基本养老待遇按时发放；稳妥推进新型农村养老保险试点工作，推动建立多元化的新型农村社会养老保险资金筹集机制，累计收入养老保险费9 501.08万元，发放新农保养老金额4 559.71万元，人月均54.37元。

4. 促进社会劳动就业。投入转移就业培训资金832.72万元，组织农村劳动力参加各类中短期培训5.55万人次，实现就业4.99万人，就业率达到90%；安排免费技能培训补助资金138万元，实现免费劳动技能培训2 300人次。

5. 推动住房保障工作。全市安排住房保障支出1.64亿元，比2009年增长776%，其中保障性住房支出2 309万元，廉租住房支出1 476万元，有效解决部分困难群众的住房问题。其中，市级落实廉租住房建设资金2 421万元，构建两宗住房建筑面积18 688平方米，解决市区241户廉租户的住房问题。

6. 支持文化、体育事业发展。全市安排文化体育与传媒支出10 025万元，其中安排文化支出5 456万元，有效推动文化基础设施建设，活跃城乡群众文化活动；安排体育支出1 263万元，推动公共体育健身事业发展。

四、坚持“强基础、促协调”加大财政支农力度

把握财政支农的重点和方向，建立健全财政支农长效保障机制，加大财政支农力度，统筹推动城乡协调发展。全年全市安排农林水事务支出8.02亿元，同比增长45.11%，高出全年全市财政一般预算支出增幅11.22个百分点。

1. 坚持以绩效为导向整合财政支农资金。以重点支农项目为载体整合财政资金，力促财政资金向基础性、生产性、公益性支农项目倾斜，有效放大财政支农效应。市级投入及争取省支持饮水安全补贴资金共4 967万元，市级社会主义新农村建设资金200万元，争取省城乡减灾及水库除险加固资金5 623万元、城乡廉租房保障资金1 120万元、生态公益林补偿资金2 146万元，有效推进农业基础设施建设，改善农民生产生活条件，促进城乡协调发展。投入农业综合开发资金4 383万元，有效提高农业综合生产能力。

2. 加大对农村和农民补贴力度。进一步健全一卡通平台，兑现惠农政策，下达农资综合补贴5 978万元、良种补贴2 562万元、农机购置补贴665万元、种粮直补资金488万元，减轻农民负担，促进农业增产、农民增收。

3. 加快财政扶贫体系建设。加强扶贫工作，全市安排扶贫资金4 384万元，着力建立健全帮助贫困地区稳步脱贫基本保障机制。市级安排扶贫开发“双到”资金467万元，配套扶贫开发“双到”工作经费24万元，推动扶贫开发“双到”工作的有效开展。

五、坚持“重创新、促改革”提高科学理财水平

按照财政部关于推进财政科学化精细化管理的工作部署，深化财政体制机制改革，不断完善公共财政体系，不断提高科学理财能力和水平。

1. 部门预算改革方面：市直部门预算编制首次使用财政部金财工程应用支撑平台，规范了部门预算的编制流程，统一了部门预算“二上二下”编制流程，实现了预算编制与执行相互统一，进一步推动部门预算公开。

2. 国库集中支付改革方面：进一步扩大国库集中支付

范围，市直143个单位纳入国库集中支付，并将实拨资金全部纳入国库集中支付；全面推行市级财务核算信息集中监管改革试点工作，积极实施市级公务卡改革试点工作，进一步强化国库集中支付电子管理平台。

3. 非税收入管理改革方面：运行中国银行揭阳支行非税收入代收业务，进一步完善非税收入征管系统，提高非税收入征管质量；逐步建立综合财政预算管理模式，实行预算内外资金统筹使用。

4. 政府采购改革方面：进一步推进政府采购监管制度建设，加强政府采购活动监管，规范政府采购操作行为；积极引导发挥政府采购政策功能，积极支持和优先采购节能、环保、自主创新产品。全年全市政府采购额47 176万元，同比增长12%，节约金额5 084万元，节约率9.73%。

5. 绩效评价改革方面：在积极协助省财政厅做好2008～2009年污水处理设施建设项目专项资金进行绩效评价等4项省级专项资金支出绩效评价工作的基础上，探索开展2008～2010年北京师范大学教师教育研究中心揭阳教育研究院培训经费专项资金支出绩效评价工作，综合分析评价、衡量项目资金支出的“产出”与绩效，进一步积累经验，为预算资金安排和管理提供有效依据。

6. 金财工程建设方面：积极推进金财工程应用支撑平台建设，构建基于平台生长的一体化业务系统，为整合财政数据、业务，推动各种财政业务科学化精细化管理提供坚实的信息化技术支撑。

六、坚持“强管理、严监督”规范财经工作秩序

大力加强财政监督管理，自觉将理财工作置于政府的依法管理之中、限定在法律范围之内，努力规范财经秩序。

1. 强化预算管理，加快预算支出进度，有效控制年终结余结转规模，确保重点财政支出及时、有效落实；强化预算约束，严格控制一般性支出尤其是一般行政经费支出，全年行政运行成本占财政一般预算支出的比重控制为13.97%，比2009年下降4.35个百分点，既腾出财力空间支持民生支出和重点建设，又确保了年度财政收支平衡。

2. 加强资金监督检查，严格执行《揭阳市财政专项资金监督检查暂行办法》，加强专项资金筹集、分配、拨付、使用、管理、评价等各个环节的监督检查，积极开展强农惠农资金专项清查，确保各项资金的合规、透明、安全、高效使用。

3. 加强财政投资审核，创新审核机制，将财政审核工作贯穿于政府投资管理的事前、事中、事后，强化对政府投资的全过程审核，提高政府资金使用效率。市级财政共审核各类投资项目126项，审定总造价65 161万元，核减总造价14 151万元，核减率17.8%。

4. 加强地方政府性债务清理及融资平台规范管理工作，建立地方政府融资平台清理联动工作机制，规范全市融资平台管理工作，着力防范财政金融风险。

此外，继续深化“小金库”专项治理工作，自觉接受人大的审议监督和审计部门的审计检查，认真落实人大的审议意见和审计部门的审计意见，加强财政部门政府信息公开，规范财政权力行使。

七、坚持“强作风、抓落实”提高队伍执行力

深入开展忠诚教育活动，使忠诚履职意识和感恩奉献精神成为理财队伍的行动自觉，成为财政队伍科学理财、强化保障、服务大局的强大思想动力和精神支柱。努力把创先争优活动具体化、目标化为“八个创先争优”，把活动开展与理财业务结合起来，将“创先”创在先进业绩上，将“争优”争在优秀标兵。积极开展加强作风建设提高执行力工作，对各项抓落实任务进行具体化、责任化，落实到领导、到科室、到岗位、到人员，完善作风效能检查督促制度，树立严明纪律约束和奖惩导向，有效加强理财队伍作风建设，提高执行力，以高功率的理财效能服务市委、市政府各项决策部署的落实。切实加强财政反腐倡廉建设，落实党风廉政建设责任制，进一步加强财政反腐倡廉制度建设，完善财政预防和惩治腐败体系，从源头规范财政权力行使，确保财政资金安全、财政干部平安。

（揭阳市财政局供稿，方松坚执笔）

云浮市

2010年，云浮市国民经济继续保持快速增长，生产总值394.27亿元，比2009年增长13.8%；工业总产值、农业总产值分别实现475.26亿元和163.18亿元，分别比2009年增长42.4%和5.9%；社会消费品零售总额、全社会固定资产投资总额分别实现315.65亿元和136.97亿元，分别比2009年增长30.2%和16.5%，实现进出口总额13.47亿美元，其中出口总额8.13亿美元，分别比2009年增长41.7%和32.1%。实际利用外资0.79亿美元，比2009年增长11.5%。金融机构各项本外币存款余额486.93亿元，比2009年增长20.1%。在岗职工工资总额42.32亿元，比2009年增长15.8%。农村居民人均年纯收入6 744元，比2009年增长16.9%。

一、财政预算收支概况

2010年，云浮市各级财政部门坚持把培植税源和组织财政收入作为财政工作的重中之重来抓，认真落实财税联席会议制度、财税收入分析制度和领导分片抓收入制度，努力挖掘增收潜力，狠抓收入管理，促进了全市和市级财税收入的可持续增长，保证了落实积极财政政策以及各项重点支出需要。一是财政收入规模稳增长、创新高。云浮市一般预算收入突破23亿元，完成23.54亿元，比2009年增收4.76亿元，增长25.37%，完成年初收入计划的110.95%；市级一般预算收入突破6亿元，完成6.06亿元，比2009年增收1.24亿元，增长25.61%，完成年初收入计划的113.16%。二是财政收入结构优、质量高。2010年，云浮市和市级税收收入占地方一般预算收入的比重均超过

66%，达近年最高水平，为66.29%、67.40%；云浮市和市级非税收入占一般预算收入的比重均低于34%，为33.71%、32.60%，分别比2009年下降了5.82个和12.21个百分点。三是财政支出结构优、保障好。云浮市和市级一般预算支出分别完成66.16亿元、15.73亿元，比2009年分别增长39.66%、91.33%。民生类支出、发展类支出进一步提高。2010年全市民生支出达37.63亿元，占一般预算支出56.88%。同时，在工业园区和重点项目建设投入加大、家电下乡有效推进等各项扩大内需政策以及加快推进现代产业体系建设等政策带动下，交通运输、资源勘探电力信息事务、商业服务业支出等发展类支出增长加快，分别增长了90.34%、116.78%和93.47%。压缩一般性支出取得明显效果。坚持"压一般、保民生"，大力压减一般性财政支出，建立"三公"费用监督制度，严格控制"人、车、会"和楼堂馆所等支出，取得明显效果，全市和市级一般公共服务支出比重均为2006年以来的最低水平。

二、财政促进经济社会发展和扶持社会惠民事业发展情况

（一）发挥财政引导作用，加快经济发展方式转变

坚持保增长与调结构、促转型并举，继续实施积极的财政政策，从解决影响经济发展的结构性问题入手，综合运用财政政策工具，强化财政政策对经济发展的支撑、引导和保障作用。一是支持扩内需保增长。完善促进消费和提高居民收入的各项财政政策，落实家电下乡、汽车摩托车下乡、汽车家电以旧换新等扩大内需政策，努力扩大居民特别是农村居民消费需求。2010年累计拨付家电下乡、汽车摩托车下乡、汽车家电以旧换新资金1.32亿元，带动销售额10.01亿元。加快推动市60项重点项目（工程）建设，安排13.78亿元，转贷地方使用中央代发地方债券12 781万元。二是加快推进现代产业体系建设。2010年安排7 728万元。三是突出支持自主创新。2010年安排428万元。四是支持外经贸稳定增长。2010年安排2 397万元。五是支持节能减排和环境保护。2010年全市投入环保资金1.50亿元，支持淘汰落后水泥产能90万吨；安排节能减排及可再生能源等支出1 341万元，加快高效节能产品推广、实施节能产品惠民工程；推动重点行业、重点领域节能减排。

（二）发挥财政支撑作用，促进经济社会发展

一是积极争取上级专项资金的支持。进一步加强与省财政厅的业务联系，2010年积极向省财政厅申请超调资金，用于保工资发放和保运作，为维护云浮市稳定和发展提供了必要的财力支持。二是主动配合相关部门，继续争取上级加大对云浮市各项事业的投入。据报表统计，2010年，云浮市各级财政向上级争取专项及补助资金42.37亿元，比2009年增加9.95亿元，同比增长30.69%。这些资金为云浮市的经济发展注入了动力，促进了云浮市经济和各项社会民生事业发展。三是大力支持扶贫开发"规划到户、责任到人"工作。全市投入帮扶资金2.92亿元，云浮市有13 790户贫困户实现脱贫，占贫困户的比例为42.8%。四是大力支持推进产业和劳动力"双转移"，管好用好第三批省示范性产业园区资金和省产业园区基础设施配套资金，加快建设"一区三园"。2010年共拨付园区建设资金4 000万元。五是大力支持生态宜居城市建设。云浮市财政投入8 800多万元，支持美好环境与和谐社会共同缔造各项工作开展，建成城市绿道65公里、开通郊野绿道400多公里，建成生态文明村2 800多个。支持"三旧"改造，投入4.18亿元，完成改造的项目有11个，改造土地总面积758亩。支持"三网融合"建设，市城区已完成"三网融合"网络改造8万多户，建设了新兴温氏畜牧业物联网、市三网融合远程医疗会诊平台、远程教育系统等增值业务。

（三）发挥财政保障作用，推进和谐社会建设

按照"保运转、保重点、保民生"的原则，大力优化和调整支出结构，把新增财力大部分投入到民生事业支出。

1. 加大财政支农力度。云浮市财政共投入农林水事务支出6.78亿元，增长39.22%。各级财政支农资金促进现代农业建设和农民持续增收，改善了云浮市农村生产生活条件。继续落实对农民各项政策性补贴，2010年落实农资和种粮直补资金8 801万元；落实农机补贴资金1 560万元。支持救灾复产工作，安排救灾复产重建资金7 466万元支持受自然灾害地区。安排6 419万元推进农村饮水安全工程建设，加强农田水利基础设施建设、实施水库移民补助等。积极做好农业综合开发工作，成功争取了云安县列入新增国家农业综合开发县；争取到土地治理项目投资指标3个，中央和省财政总投资3 550万元；争取产业化项目2个，中央贴息和财政总投资达320万元。

2. 大力推进基本公共服务均等化的实施。制订了《云浮市基本公共服务均等化实施方案（2009～2020）》。2010年全市财政在公共教育、公共医疗卫生、公共文化事业、公共交通、生活保障、就业保障、医疗保障、住房保障方面等基本公共服务均等化方面投入29.47亿元，占一般预算支出的44.54%。

公共教育方面，进一步提高农村义务教育公用经费保障标准，保障全市346 365名城乡小学和初中学生享受免费义务教育；落实家庭经济困难学生国家励志奖学金和国家助学金，对23 082名家庭经济困难学生给予财政资助，免除20 896名农村经济困难家庭中职学生和涉农专业学生学费；完成了500所中小学校的布局调整、172所山区老区小学改造、487所义务教育阶段学校C、D级危房改造，全市教师绩效工资实现了"两相当"。

公共卫生方面，实施基本公共卫生服务与重大公共卫生服务项目，对基本公共卫生服务的补助标准不低于每人每年15元；对云浮市829个行政村驻村医务人员进行补贴，对63所乡镇卫生院和基层医疗卫生机构建设给予补助。

公共文化体育方面，研究出台云浮市财政支持文化强省建设的政策体系，从2011年起，云浮市财政的文化事业经费支出占财政总支出的比例达到1%以上；安排720万元

支持体育事业发展。

公共交通方面，投入2.5亿元完成324国道云城段、云安段大修；大力推进农村客运网络建设完成了56条线路、397公里、101个行政村的农村公路“五无一缺”整治。

生活保障方面，继续推进新型农村养老保险试点；提高最低生活保障线补助标准，发放保障金5 411.58万元对云浮市66 762名城乡低保对象应保尽保。

就业保障方面，加大农村劳动力转移的职业技能培训力度，对58 400名农村劳动力实行职业培训；云浮市安排2 019.5万元用于就业保障的各项支出。

医疗保障方面，新型农村合作医疗参合率、城镇基本医疗保险参保率分别达99.85%和90%以上，进一步提高对新型农村合作医疗和城镇居民医保补助标准，达到每人每年120元。

住房保障方面，投入5 768万元支持建设廉租住房。在维护社会稳定方面，公共安全投入43 848万元，比2009年增长46.30%；投入4 128万元加强粮食和食用油储备体系建设，构建粮食安全保障体系。

三、深化财政改革情况

1. 部门预算改革不断完善，加大预算公开力度，已实现了人大、监察、审计部门与政府预算日常信息实时共享。

2. “收支两条线”改革不断深化，2010年将市级所有执收执罚单位纳入电子化征管。

3. 国库集中支付改革全面推进。2010年云浮市集中支付资金达27.49亿元，比2009年增长53.63%；市级集中支付资金达7.7亿元，比2009年增长15.16%；2010年将市级预算单位全部纳入改革范围；开展了预算执行动态监控改革，市直、罗定、郁南、云安完成了上线工作；稳步推进公务卡结算改革，2010年将市级预算单位全部纳入了公务卡改革。

4. 完善政府采购改革，对重点项目实行现场监督，推行专家评委“管用分离”，会同监察、审计、公证等职能部门在管理上进行监督，政府采购过程实现了视频监控，2010年云浮市政府采购政府采购预算金额50 041万元，实现采购金额46 569万元，节约3 472万元，节约率为6.94%。

5. 财政支出绩效评价工作进一步推进。进一步扩大绩效评价的范围，通过分析绩评结果为资金的使用投向、确保资金高效提供了参考决策。2010年对49个部门单位共96个项目开展绩效自评，资金总额约2.80亿元。

6. 农村财务管理方式改革全面实施，云浮市63个镇街已全面实施农村财务管理方式改革，完成农村基层财务人员培训4 622人，提前一年完成了省财政厅的培训任务。

7. 金财工程建设进一步推进，部门预算、国库集中支付、非税收入实现了信息化管理，会计从业资格考试实现了无纸化，省、市、县三级财政实现了联网，建设了财政应用支撑平台，建立了云浮市财政业务基础数据规范。

四、强化财政监督情况

1. 财政监督工作进一步加强。积极开展会计信息质量检查、专项资金检查，加大对“三农”、教育、救灾、就业、社会保障等涉及民生财政投入的监督检查。

2. 加强财政投资审核监管工作，认真审核财政性资金投资的项目，核减支出规模，节省财政资金。2010年云浮市完成审核项目164个，合理核减结算资金1 328万元，核减率为12.84%。

3. 加强会计基础工作监督。对《会计法》执法情况进行专项检查，重点检查会计人员持证上岗、各单位执行会计制度的情况。积极配合上级财政部门合力推进企业会计准则和内部控制规范的贯彻实施，提高全市会计信息质量。

4. 积极开展强农惠农资金专项清理工作。认真开展自查自纠工作，并对农作物良种补贴、农机购置补贴、家电下乡补贴、生态公益林效益补偿资金、水库移民后期扶持资金等五个专项进行了实地检查。通过检查，杜绝制度政策落实、项目申报审批、资金下达、拨付和使用等环节出现违规违纪现象。

5. 深入开展治理“小金库”工作。开展对党政机关、事业单位“小金库”专项治理工作“回头看”，同时根据上级的统一部署，及时部署开展社会团体、国有及国有控股企业“小金库”专项治理工作。目前已完成了自查自纠阶段工作，正全面开展重点检查工作。

6. 认真开展工程建设领域突出问题专项治理工作。对2008年以来政府投资建设项目以及非政府投资3 000万元以上111个项目进行全面督查，并对全市项目单位进行专项治理排查工作“回头看”抽查，对发现的存在问题及时督促进行整改。

7. 加强对中央、省和市扩大内需促进经济平稳较快发展财政政策措施执行情况的检查。

五、财政队伍建设情况

1. 坚持业务与党建、机关建设与财政文化建设“两手抓”、双促进，使财政软实力提升至一个新的水平，为财政工作提供了重要保障。把加强机关干部队伍建设作为推动各项工作落实的重要保障，完善干部选拔任用机制，为优秀人才脱颖而出创造条件。推进学习型、服务型、创新型机关建设及以“务实、高效、创新、廉洁、和谐”为核心的财政文化建设，增强了干部队伍的凝聚力和向心力。

2. 深入开展创先争优活动。以开展“八个一”活动”为载体，通过“四比四看四提高”等活动，在提高执行力上创先争优、在加快转变经济发展方式上创先争优，在推进基本公共服务均等化上创先争优、在提高财政科学化精细化管理水平上创先争优、在建设学习型党组织上创先争优。

3. 做好扶贫开发“规划到户、责任到人”工作。投入帮扶资金40多万元，对接帮扶贫困户平均年人均纯收入同比2009年增长29.68%，高出村年人均纯收入19.98个百分点，46户贫困户实现脱贫，占贫困户总户数的44.23%，在省组织的检查中被评为优良。

（云浮市财政局供稿，叶志荣执笔）

第五部分

市县财政工作专题

广州市

推进绩效评价改革　强化财政支出管理

财政支出绩效评价工作是一项为适应市场经济和财政改革需要而开展的全新工作。广州市自2004年开展绩效评价工作以来，积极推动绩效评价改革，探索建立以绩效评价结果为导向的预算管理新机制，到2010年年底已形成市直单位自评与财政部门组织重点评价相结合、项目评价与部门评价相结合的模式。

一、基本情况

2004年，广州市财政局成立了绩效评价处（处室人员编制7人），拉开了绩效评价改革的序幕。2005年，按照“先简后繁，先易后难，由点及面”原则，选择了“麻雀学校”改造和农村“五通”中“通水、通路”两个专项作为试点，探索开展财政支出项目绩效评价工作。2006年，按照市统一部署，选择了市政府直属48个部门作为试点，探索开展部门财政支出绩效评价工作。在此基础上，2007年，全面推行了市直单位对市级财政2006年及跨年度安排500万元以上的支出项目自评。2008年，继续开展财政支出绩效评价改革，推进绩效评价制度化、规范化。2009～2010年，在继续开展市直单位财政支出项目评价的同时，按市人大要求，先后对市教育局、卫生局、环保局、农业局实施部门财政支出绩效评价。

二、主要做法

（一）绩效评价制度体系初步成形

经过这几年的努力，广州市已建立了一系列绩效评价制度并初步形成体系。在积极探索创新绩效管理改革的进程中，市财政局先后制定了《广州市部门财政支出绩效评价试行办法》，印发了《广州市财政支出项目绩效评价试行办法》、《广州市扩大内需项目绩效评价暂行办法》来规范全市绩效评价工作的开展，力求使绩效评价工作向规范化、客观化、科学化方向发展；同时，按照精细、优化、绩效、规范的原则，制定了《广州市财政局财政支出绩效管理规程》，对目标申报、评价流程、结果应用进行了优化和完善，进一步明确了各有关处室及局属单位绩效管理职责。

（二）绩效评价机制日趋完善

以各部门、单位财政支出绩效自评和财政部门重点评价为载体，形成自我评价和外部评价相结合的有效机制。绩效评价工作涉及项目申报、目标评审、资金使用（执行）、评价结果运用各环节，贯穿于财政资金分配、使用、管理全过程。在这种机制作用下，广州市绩效评价覆盖面不断扩大，自评报告的质量不断提高，绩效评价工作力度不断加大。

1. 全面推行项目自评。2007年，在全面摸查的基础上，广州市推行了市直单位财政支出项目自评工作，共有52个部门单位报送了400个财政支出项目自评报告，涉及2006年及跨年度预算安排114亿元。自评工作按照布置培训、单位自评、专业人员初审、专家复审、征求意见、抽样复核、下达结论7个阶段展开。在此过程中，组织了市直单位近千人的业务培训，聘请7名综合类专家和部门专家，从专家库中抽取21名行业专家，外请5名会计专业人员，对单位报送的自评报告进行评审。

2008年，市级共有61个部门报送了470个财政支出预评项目，涉及2007年度财政资金114.4亿元。与2007年相比，增加预算单位9个（2007年为52个），增加项目70个（2007年为400个），资金总额基本持平。筛选后确定了45个部门的172个项目纳入自评范围，涉及2007年度财政资金31.7亿元。在自评组织中，增加了项目筛选环节，从专家库中抽取了4名综合类专家、22名行业类专家，聘请了4名会计师、15名博士生和硕士生，邀请了人大财经委、人事局、监察局、审计局4个部门的工作人员，采取现场答疑、咨询、校验等方式，对项目自评报告分类进行封闭式评审。

2009年全市共有54个部门报送460个财政支出预评项目，涉及2008年度财政资金172.7亿元。筛选后确定了42个部门的210个项目纳入自评范围，比2008年增加项目29个，涉及2008年度市财政资金约71亿元（2008年为31.7亿元）。

自评工作按照布置培训、项目筛选、单位自评、专业人员初审、专家复审、征求意见、抽样复核、下达结论8个阶段展开。随着绩效自评工作逐步推开，各部门和单位充分认识到，开展绩效自评不仅仅是完成财政管理任务，而且有利于加强部门和单位自身的财务和业务管理水平，有利于提高资金使用效益。为此，各部门和单位都在想方设法做好自评工作，主动采取各种措施，努力提高自评工作质量和水平。例如，制定本部门的自评基础表、自评材料清单，交叉互审等。

2. 着力开展重点评价。2007 年，广州市选取了市民较为关注、较具代表性的“科技三项费用”、“就业再就业专项”、“城建信息专项”、“广州市城市总体规划（2006～2020 年）第一期”、“市珠江堤防建设工程原人民制革厂至黄埔港段”、“旅游发展专项”等 6 个支出项目组织实施重点评价，形成了绩效评价报告。

2008 年，广州市又组织专家和中介机构对“六榕寺扩建配套市政道路建设”、“支持外经贸发展和走出去”、“2007 年度市级用于农业土地开发的土地出让金”3 个支出项目开展重点评价。

3. 积极探索部门财政支出评价。2009～2010 年，在开展市直单位财政支出项目自评工作的同时，按市人大要求，市财政局对市教育局、卫生局、环保局、农业局的财政支出实施评价，并在年底专门向市人大报告评价结果。

（三）评价模式不断创新

一是增加项目筛选环节。按照绩效滞后或上年已评价过的跨年度、经常性项目缓评的原则，增加了项目筛选环节。二是改进评价计分办法。第一，细化项目类别，由上年的基建、其他两类细分为基建、购置、其他三类，并分类设置计分权重，以更准确反映项目绩效；第二，增加共性评价指标，丰富和细化个性评价指标，以更全面反映项目绩效；第三改进计分格式和修改了评分表格，规范计分内容，便于更为直观地对项目绩效进行打分，以更客观反映项目绩效。三是推行预评机制。市公安局、市教育局、市民政局、市公路局、市质监局等 20 多个部门在评价报告正式报送前进行预审，进一步突出效益性指标，优化评价方法，丰富评价内容，以更全面反映项目绩效。

（四）绩效目标申报与预算编制紧密度不断增加

积极推动预算支出绩效目标事前申报试点，这是绩效评价的基础环节。广州市绩效目标申报 2008 年试点，2009 年全面推行，到 2010 年正式纳入部门预算编制当中；从纸质填报到通过部门预算软件申报；从可填可不填，到符合条件必须申报；从简单填报，到尽可能量化、注重绩效内容的申报；要求部门在编列项目支出预算时，必须报送预算资金要达到的绩效目标，并在下一年度对该项目实施评价时，将紧密结合项目的绩效申报目标进行评价，检验项目财政资金的使用效益，不断提高评价的准确性。

（五）评价结果得到积极应用

不断加大绩效评价结果应用力度一直是市财政局近几年着力解决的重点问题。一是从 2008 年开始，把市本级财政支出绩效情况（主要是项目支出）向市人大常委会专题报告，这在全国省会城市中属开创之举。二是每年将评价结果在部门预算编报二上之前提交给市财政局预算处和相关的业务处室，为每年制定预算提供重要的参考依据。三是把支出项目绩效意见下达给部门，提出绩效改进问题及意见，以使绩效信息有效地贯穿于部门业务活动之中。四是结合《广州市政府部门行政首长财经责任问责试行办法》与《广州市财政支出项目绩效评价试行办法》，逐步加大绩效问责力度，对在绩效管理中发现的问题，及时予以纠正和整改，加强对财政资金进行有效的后续跟踪和绩效监督。

（六）存在问题

1. 评价工作开展不均衡。少数单位只是表面应付，敷衍了事，距离自评资料报送限期没剩几天才开始组织自评工作；有的未成立自评小组，认为绩效评价只是财务方面的事。

2. 大多数自评报告报喜不报忧，只讲成绩，回避问题，或只谈资金缺口问题，或点出了问题但无改进措施。

3. 不重视绩效目标申报。部分项目报送的绩效目标过于抽象和笼统，未有尽可能量化、细化表述，缺少具体的实施计划和资金使用效果的描述，所设置的个性指标未能充分反映项目绩效，这就给客观、全面、准确地评价项目绩效带来较大的困难。

4. 评价方法较为单一。目前广州市各个项目的评价绝大多数都是采用目标评价法，缺少其他方法的尝试。

5. 评价结果有效运用不足。大多数部门还处于为了评价做评价的阶段，做好的评价资料只是作为档案保存，对于财政资金支出项目中的成绩、问题与相关责任，对项目执行过程中的各环节责任人没有任何直接约束，这在很大程度上会使财政支出绩效评价工作流于形式。

（七）取得成效

1. 绩效意识逐步贯穿到财政支出管理当中。广州市近年评价体系以及评价手段的不断丰富和完善，使绩效意识逐步贯穿到部门财政支出管理过程中：多数部门预算执行中的绩效意识显著增强，“花钱要看效果”的理念不断融入到公共管理活动当中，项目用款单位乱要钱、乱花钱、支出无效、低效等行为不断减少。

2. 自评水平逐步提高。财政支出项目绩效评价是一项全新的、开拓性工作，涉及面广，技术性强，操作难度大，需要领导重视和支持，需要各部门的理解和配合。近几年来，通过做实做细绩效评价宣传、布置和培训工作，各部门、单位对开展此项工作的目的、程序和要求等有了较清晰的认识，自评组织工作和报告撰写质量有了一定的提高，与财政部门形成了良好的互动关系。

3. 绩效评价指标体系不断优化。为使评价指标更好地反映绩效，对指标体系梳理，从以往的经济性、效率性、效益性分类修改为财务性、业务性、效益性的分类，以更好地反映“绩”和“效”。

4. 符合广州实际的绩效管理方式逐步明确。广州市绩效评价改革，先后经历了项目评价试点、部门支出评价试点，项目自评为主、财政组织重点评价为辅，到项目自评与重点评价相结合、项目评价与部门评价相结合这几种方式，逐步明确了“以结果为导向的预算过程”这一符合广州市实际的绩效管理方式，得到国务院发展研究中心中国发展研究基金会、财政部、省财政厅的充分肯定。

三、下一步工作设想及改进措施

（一）完善工作体系

树立绩效优先的理念，全面落实绩效管理责任，不断拓展财政绩效管理改革的深度和广度，形成科学、规范的财政支出绩效评价体系。一是在总结以往评价工作经验和借鉴省厅做法的基础上，着手拟订广州市财政支出绩效评价工作3年（2011～2013年）规划。明确绩效评价未来工作目标任务，勾画工作路线图，使评价工作的连贯性和一致性得到了有效保障；二是完善绩效评价内部管理规程，使评价工作制度化、规范化发展；三是加快绩效管理相关办法的立法进程，推进绩效评价工作向规范化、科学化方向发展。

（二）丰富评价方法

一是通过完善项目筛选环节、改进评价计分办法、现场勘验评价项目、核查和发放调查问卷、邀请市人大代表或市民参与等有效手段，丰富评价手段，不断提高评价工作的准确度和客观性。二是精细评价工作。要求部门在指标设置中，除财务性、业务性指标，还要突出效益性指标，细化和完善评价细则，使评价结果更具科学性和客观性。

（三）加强目标申报

一是不断加强绩效申报与预算编制的紧密度，要求部门在编制年度部门预算时必须同时填报绩效目标申报表；相关处室结合市财政局绩效管理内部管理规程加强对目标申报表的审核力度。二是在下一年度对该项目实施评价时，将紧密结合项目的绩效申报目标进行评价，检验项目财政资金的使用效益，提高评价的准确性。

（四）注重指标积累

研究制定开放性、动态性的绩效评价指标及标准体系；通过实施评价指标动态管理等手段，不断丰富和完善广州市评价指标体系，逐步设立指标标准值，同时建立同类项目的指标库，力求使新的指标体系更加贴近评价工作实际和要求，促进评价工作水平的不断提高。

（五）加大结果应用

扩大绩效评价结果的应用范围。适时扩大评价结果的公开范围，增强绩效评价过程中公民参与程度，提高评价结果的权威性和公信度，强化项目绩效管理，使绩效信息有效地贯穿于部门业务活动之中。

（六）加快信息化进程

稳步推进财政支出绩效信息管理系统建设，创立项目数据库、专家审核平台、绩效评价指标库等，利用绩效管理信息平台，优化预算管理流程，夯实评价管理基础。

（广州市财政局供稿，庄海涛　杨福栋执笔）

深圳市

科学制定市区财政体制
加快推进特区一体化和基本公共服务均等化

深圳市第三轮市区财政体制自2006年1月1日起实施，运行至2010年12月31日。在全面总结第三轮市区财政体制实施成效的基础上，深圳市财政结合新时期、新形势下全市社会经济发展的需要，科学设计第四轮市、区财政体制，全面加快推进特区一体化和基本公共服务均等化。

一、深圳市第三轮市区财政体制运行的基本情况

深圳市第三轮市、区财政体制巩固和完善了前两轮体制“属地征收，分税分成”的机制，继续坚持“财权事权相匹配”等原则，突出“服务大局、集中财力办大事、产业第一、激发活力”，同时，按照基本公共服务事权下沉、经济发展和重大基础设施建设事权上收的原则，进一步划分市、区两级政府事权。在此基础上，以事权需求决定财力划分，除市、区各自的专享税外，市、区共享税按分成比例划分收入，每个区对应一个共享税分成比例。

与前两轮体制相比，第三轮市、区财政体制的主要特点突出表现在：一是集中财力办大事，实现了全市重大建设事权由市本级统一规划、统一建设、统一保障；二是实现了财政体制与政府投资、国土收入分成体制的协调统一；三是产业发展事权上收，产业发展资金主要由市本级安排，在全市范围内实施统一的产业发展战略；四是地方出口退税负担由市、区两级共担调整为全部由市本级负担，解决了各区发展经济的后顾之忧。

第三轮财政体制实施以来运行平稳，成效显著，总体上达到了体制设计的预期目标：

（一）充分调动了市、区两级发展经济的积极性，共同做大蛋糕，政府财力显著增强

第三轮财政体制运行的5年间（2006~2010年），全市一般预算收入由2006年的500.8亿元增长到2010年的1 106.8亿元，累计实现地方一般预算收入3 946.9亿元，年均增长21.83%，比上一轮体制运行的5年（2001~2005年）增长154.1%。市、区两级财力显著增强，其中市本级累计实现收入2 583.82亿元，年均增长23.22%，比上轮体制年均增幅高11.57个百分点；区级累计实现收入1 363.12亿元，年均增长19.6%，较上轮体制年均增幅高7.2个百分点。综合考虑体制补助与体制上解关系后，市、区两级可支配财力格局大体保持在60:40，较好地保障了各项事业的发展。

（二）合理界定市、区事权，加快政府职能转变

第三轮财政体制规定，市级政府主要着重于宏观调控、重大项目建设、重大产业布局等关乎全市经济社会发展大局的战略部署；区级政府主要着重于辖区政权运作、公共服务和社会管理等。体制运行以来，区级支出结构得到明显优化，财政支出更多地投向民生和公共服务领域，“保障政权运作支出”及“公共服务支出”占区级一般预算支出的比重从2005年的62.3%提高到2010年的80%左右，有力促进了服务型政府的建设。

（三）集中财力办大事，提前展开特区一体化建设，促进全市产业结构优化升级

第三轮财政体制首次实现了财政体制与政府投资、国土收入分配体制的协调统一，市级集中财力对全市重大项目实行统一规划、统一建设和统一保障。2006~2010年，市政府加快建设了一批现代化轨道交通、海空港、快速路网、文教卫体科等基础设施，重点投向原特区外地区，事实上提前了特区一体化进程。同时，市本级逐年加大对经济和产业发展的支持力度，大力促进自主创新和高新技术进步，转变经济增长方式、调整产业结构成效显著：第一、二、三产业结构由2006年的0.12:52.64:47.24优化为2010年的0.1:47.5:52.4；从税源看，第二产业和第三产业税收年均分别增长23.25%、26.98%。先进制造业、现代服务业和战略性新兴产业实现协同快速发展。此外，第三轮财政体制将地方负担的出口退税由市、区分担改为全部由市本级承担，解决了各区发展外贸的后顾之忧，5年来市级负担出口退税总额超过120亿元。

（四）加大转移支付力度，提高各区财力均衡水平

2006~2010年市对区转移支付累计达262亿元，比上轮体制多152亿元，重点加大对区级尤其原特区外地区的公共服务投入力度，新增了教育、公共安全、市容环境整治、农

村城市化市政设施维护等专项转移支付，提高了财力性转移支付规模，有效均衡各区财力，促进全市协调发展。

二、深圳市第四轮市、区财政体制方案设计的主要考虑

近年来，随着国家批复《珠江三角洲地区改革规划纲要》和《深圳综合配套改革总体方案》，尤其是批准深圳经济特区扩大到全市范围后，深圳改革开放和经济社会发展进入了一个新的发展阶段。新一轮市区财政体制要顺应社会经济发展需要，全面落实胡锦涛总书记在深圳经济特区建立30周年庆祝大会上的重要讲话精神，以科学发展为主题，以加快转变经济发展方式为主线，围绕《中共深圳市委关于制定深圳市国民经济和社会发展第十二个五年计划的建议》提出的目标和任务，充分发挥财税体制“指挥棒”的作用，努力构建市、区两级协调统一，共同贯彻落实市委、市政府战略意图的有机整体，促进经济发展方式“快转”，促进特区一体化和基本公共服务均等化加快实现。

方案设计突出以下考虑：一是以深圳市委、市政府《关于加快转变经济发展方式的决定》为纲领，着力发挥财税政策的引导和激励作用，充分调动市、区两级积极性，促使市、区两级形成合力，全面加快经济发展方式转变；二是大力推进特区一体化发展，以基本公共服务均等化为抓手，重点加大投入，力争在重点民生领域率先实现基本公共服务全覆盖和均等化；三是将集中财力办大事与调动区级积极性相结合。坚持全市一盘棋的发展理念，保持市级政府的宏观调控能力，着力通过财税激励机制引导各区特色化、差异化发展，发挥各区在加快产业结构优化升级和经济发展方式转变上的主动性和积极性；四是大力支持投融资体制改革，向宝安、龙岗、光明新区、坪山新区倾斜，通过市场化运作发挥财政资金的杠杆效应，为特区一体化建设提供财力支持；五是按照事权财权相匹配原则，在城市事务性管理和基本公共服务事权进一步下放的基础上，相应增强区级财力，实现财权事权适当下沉。

方案的突出特点：一是事权财权下沉，未来5年，区级财力占全市财力的比重将较第三轮体制显著提高；二是进一步优化财税激励机制，建立健全促进产业结构升级、促进节能减排，加强生态保护和绿色低碳发展的激励机制；三是扩大市、区共享税范围，使市、区两级更好地共享发展成果，进一步调动区级积极性；四是将具有活力和增长潜力的税种下放为区专享税，进一步夯实基层财源；五是建立体制中期评估机制，增强体制弹性和灵活性，更好地适应社会经济发展需要。

三、第四轮市、区财政体制对加快推进特区一体化和基本公共服务均等化的主要构想

（一）财权事权适度下沉，财力向基层倾斜

随着城市事务性管理和基本公共服务事权进一步下放，“十二五”期间区级政府将承担更多的公共服务事权，第四轮市、区财政体制将在统筹考虑全市财力状况的基础上，通过下放税收增长点、加大转移支付力度以及提高标准支出水平等办法，相应增强区级财力。未来5年，区级财力占全市财力的比重将显著提高，区级提供公共服务的能力将得到充裕的财力保障。

（二）加大公共服务保障力度，促进基本公共服务均等化，提升民生幸福水平

第四轮财政体制重点保障区级提供公共服务的财力需求，参照中央财政核定地方财政标准支出的办法，对区级公共服务支出进行分类，包括教育、医疗卫生、公共安全、城市管理等，选取影响各项支出的主要因素，合理均衡各区支出水平。在此基础上，进一步额外提高原特区外的宝安、龙岗、光明新区和坪山新区的保障水平，使各区支出水平都达到区级平均水平，为实现基本公共服务均等化提供了财力保障。

（三）完善转移支付体系，加快特区一体化发展

新一轮财政体制将更加注重发挥财税政策的激励和导向作用，将努力在以下方面取得突破：一是产业发展激励制度。根据全市产业布局和各区功能定位、产业集聚特点、税源结构等，建立主体产业税收返还激励机制，鼓励各区做大做强主体产业，引导各区加快产业结构优化升级。二是低碳绿色发展激励机制。以鼓励基层加强生态保护、推动节能减排、探索低碳发展之路为目标，将转移支付与辖区节能减排、低碳经济、生态环境等指标挂钩，节能减排和生态环境状况等综合指标越好，则转移支付额度越高，努力实现在生态环境不断改善的同时，人民生活水平和基本公共服务水平不断提高，率先建成国家低碳生态示范城市。三是基本公共服务转移支付机制。随着特区一体化进程加快，各区尤其关外各区的公共服务供给范围将逐步扩大，标准逐步提高，负担也将逐步增加，为此，市级专设基本公共服务均等化转移支付，对公共服务人均支出水平低于区级平均水平的区予以补助。四是政法经费专项转移支付，加大对基层公共安全的保障力度。五是教育费附加转移支付机制。根据深圳市政府四届一六二次常务会议审议通过的《关于优化深圳市义务教育财政投入结构的意见》，全市教育费附加收入由市级集中，按规定在市区间分配，促进全市义务教育均衡发展。六是基本公共服务投入考核约束机制，确保各区将财力投入到相关公共服务领域，切实改善民生。

（四）大力支持区级投融资体制改革，为特区一体化建设提供强有力支撑

城市建设和市政设施一体化是特区一体化的重要内容，“十二五”期间，特区一体化建设资金需求巨大，仅靠财政自身投入远不足以满足建设需求，本轮体制将大力支持区级投融资体制改革，拟通过设立种子资金、奖励资金等办法支持区级投融资平台发展，通过市场化融资运作，发挥财政资金“四两拨千斤”的作用，吸引更多社会资本参与城市一体化建设。

（深圳市财政委员会供稿，黄云执笔）

创新预算支出项目体系
推进财政管理精细化建设

一、改革背景

随着财政改革工作的不断推进和精细化要求的不断提高，社会对财政信息公开、财政资金绩效考核等关注度越来越高，但是现行的中央制定的政府收支科目体系是按照国际惯例和通行做法制定，主要适用于国家宏观财政管理层面，基层财政预算管理需要在此框架下，结合自身的实际，建立起切合实际、完整规范、高效明细的支出项目体系。过去，在部门预算编制这一基础性环节中，各基层部门的项目设定随意性较大，遗漏事项较为普遍，福田区各部门的支出项目的设定连续性和可比性不高，给预算管理的后续环节带来较大的压力。而且由于预算项目设定的随意性大，给预算留有硬缺口埋下了隐患，导致预算执行过程中临时请款和追加调整事项频发，预算约束力下降。针对上述情况，有必要在财政部政府收支科目框架内，建立一套符合基层财政使用的预算项目体系。

二、改革内容

深圳市福田区财政局通过充分调研论证，在2009年创新部门预算项目体系的基础上，总结2010年该项目体系的运行情况和存在问题，2010年对预算项目体系做了进一步升级完善，并将完善后的项目体系应用于2011年部门预算、指标管理、计划管理、国库支付、会计核算等各环节，有效地改善了预算编审信息不对称状况，加强了项目支出管理的科学性，提高了项目资金使用效益，为深化预算管理，提高财政管理精细化水平提供了可借鉴的实例。

（一）总体思路

在财政部制定的《政府收支分类科目》的框架内，建立一套能够满足福田区实际需要的部门预算科目（项目）体系。按照两级项目体系管理预算，其中，按照各部门的职能属性设置一级项目——即“项目分类”，在职能属性下再按照涉及的主要工作内容设置二级项目——即“项目名称”。

（二）具体做法

改变现有按单项工作填列预算的做法，改为按照“基本职能——主要工作”两个级次填列预算的做法。首先按照各部门基本职能分类，参照《政府收支分类科目》确定一级项目名称（即“项目分类”），此级次主要用来进行指标管理和以后年度的对比分析，涉及跨项目分类的指标调剂需要财政部门审核；然后对各部门近几年使用过的所有业务费项目和数据进行统计整理，分类汇总出各“项目分类”下的二级明细项目，即“项目名称”，并对每个“项目名称”的主要用途和填列口径做详细说明。此级次主要用来满足会计核算细化的要求，同时赋予各部门一定的自主权，在此级次内可自主进行调剂。财政部门将上述两级科目体系发给各部门征求意见，并模拟填列预算，使得此项目体系更加符合各部门实际需要。财政部门对部门预算编制系统进行升级，使得系统能够满足两级编报预算的要求，并将“项目分类”和“项目名称”导入系统，各部门在编制预算时只需按照实际需要进行选取，简化了录入工作量并减少了出错几率，有效提高了预算编制效率。在此基础上，财政部门每年将对此科目（项目）体系进行微调，使得更加满足工作发展的需要。

此项目体系2010年首次运用到部门预算编制中，取得了较好的反响和效果。经过一年的运行，福田区财政局在总结经验的基础上，对项目体系做了进一步修改完善，并两次征求各部门意见，已初步形成一套较为科学合理，又符合该区实际的部门预算项目体系，并已编印成册印发给各部门，连同《部门预算编制指引》作为部门预算编制的重要规范性文件。

三、改革成效

部门预算项目体系完善后，极大地推动了福田区财政预算精细化管理水平的提升，改革成效显著。

（一）整体上提升了部门预算管理水平

由于预算编制是整个财政管理链条的龙头，预算编制得到有效规范后，为接下来的指标管理、计划管理、国库支付、会计核算等一系列环节的规范运作开了好头，各项数据在财政信息管理系统平台上流畅运转，形成了管理闭环，并为后续的财政监督和绩效考核奠定了基础。

（二）部门预算执行刚性约束得到有效加强

由于部门预算项目体系以各部门基本职能为基础进行

分类，在指标管理环节中着重以“项目分类”级次为管理标的，在核算管理环节着重以“项目名称”级次为管理标的，且在规定的权限内赋予部门一定的调剂自主权，更加符合实际工作需要，使得预算编制的执行度和准确性得到明显提高，从而有效地减少了预算执行过程中的频繁调整或调剂，预算执行可控性明显提高。

（三）为财政管理分析评价奠定了基础

改革前的部门预算项目名称繁多，表述清晰度较低，同一部门相同性质的工作在不同年度或不同工作人员手里编制出了不同口径和名称，性质相同或相近的部门（如街道办事处）编制的预算口径和项目差别较大，使得整体上部门预算项目的延续性和可比性较差，且由于项目名称的不同，在系统中无法归并结转，几年下来积累形成几十条甚至上百条预算指标，给指标核算管理带来较大的困难。改革后，同一部门采用相对固定的项目体系，性质相同或相近的部门（如街道办事处）采用统一规范的项目名称且相对固定，指标条目基本都压缩到10项以内，为以后财政预算支出项目纵向或横向的分析评价奠定了基础。

（四）财政预算管理效率得到有效提高

上述改革完成后，实现了在经费总额不突破的前提下，允许各部门在各项目间进行合理调剂，有效减少了临时请款事项的发生，体现了刚性约束下调剂的灵活性，更加符合现实需要。而且按照规范化管理的要求，事项审批与经费审批分离，事项审批按照权限进行决策后可以在相关职能经费项目中先行列支，对于经费总额出现缺口的部门，财政在每年6月份和9月份统一进行两次集中审核调整，有效扭转了过去因为等待单项工作经费审批而耽误工作时效的问题，促进了全区工作效率的提升。另外，部门预算项目体系在每年编制预算前对其进行微调后直接导入编制系统，极大地减少了各部门编制预算时的录入工作量和出差错的几率，且为后续的国库支付和会计核算带来较多的便利，整体上提升了财政管理效率。

（五）提升了财政信息化运转效率

目前深圳市统一使用的财政信息系统由市财政委员会开发建设，数据库和服务器均设在市财政委员会，各区采取远程登录的方式，数据量大的时候容易造成线路拥挤。福田区改革后每个单位的预算指标条目由原来的几十条甚至上百条压缩到10项以内，全区所有部门累加起来，在系统内流转的数据量成倍下降，为整个系统起到了消肿减负作用，福田区的数据运转也更加平稳顺畅。

（深圳市福田区财政局供稿，李健盛　朱江执笔）

珠海市

促进自主创新的财政政策选择

胡锦涛总书记在中共中央政治局第十八次集体学习时深刻指出，“要更加注重推动经济发展方式转变和经济结构调整……加大推动自主创新和培育战略性新兴产业力度……”讲话强调了自主创新在加快转变经济发展方式和经济结构调整的重要地位，只有坚持自主创新，才能有力推动经济发展从要素驱动向创新驱动转变。

综观珠海30年的发展，珠海高度重视科技创新。早在1992年，珠海以百万重奖向国内外优秀科技人员抛出“橄榄枝”；1999年，珠海又率先把“技术入股”写进地方法规，实现了由政府激励为主机制向以市场机制激励为主的转变和创新。2006年以来，珠海集中推出的“1＋N”自主创新系列政策，内容涵盖人才引进和激励、企业自主创新、产学研结合、科技奖励、知识产权保护等，在增强了珠海对创新人才的吸引力同时，又较好地引导了企业加大自主创新力度。从财政方面看，要充分利用财政资金、政策及手段作用直接、运用灵活、定点调控的优势，促进企业自主创新加快发展，提升企业竞争力。

一、构建财政科技投入稳定增长机制

近年来，珠海市委、市政府高度重视科技工作，始终把科技进步摆在优先发展的地位，不断加大科技投入。2010年，全市财政一般预算科技支出5.7亿元，占一般预算支出的3.4%，高于2006年（3.14%）、2007年（2.51%）、2008年（2.84%）和2009年（3.3%）水平，科技投入为近年来最高提高。但仍然低于深圳、广州、东莞、中山科技投入水平。为实现“人均首位”目标，做强做大经济规模，加大科技投入尤为必要，尤其要构建财政科技投入的稳定增长机制。一是要利用珠海特区立法优势，明确财政科技投入增长指标，硬化财政科技投入的法律约束，真正实现财政科技投入的稳定增长。二是要形成多元化科技创新投入体系。目前财政资金投入的方式单一，财政科技投入引导作用不足，资金使用绩效较低。要研究设立专项资金扶持科技中小企业创新发展，分别为初创期、成长期和壮大期科技型企业提供资金支持。科技型中小企业资金主要用于中小企业嫁接改造和调整转型；鼓励国有企业、科研院所干部职工和科技人员领办科技中小企业；支持高校师生走向社会创办科技中小企业；吸引优秀人才来珠海创办科技中小企业；与国内高校院所开展合作，引入科研成果，组建科技中小企业；鼓励风险投资、产业基金和银行贷款跟进支持，鼓励企业上市融资等。

二、完善鼓励创新的政府采购政策

政府采购是政府购买性支出的重要方式，不仅担负着优质高效提供公共产品或服务的重要职能，而且对企业自主创新具有重要的引导作用。2008年，珠海市在全省范围内率先制定了《珠海市自主创新产品政府采购评审办法》，在制度层面上确立了珠海市自主创新企业在市政府采购市场的竞争优势。目前，格力等本地品牌均入围协议采购供应商，珠海市自主创新耗材品牌天威飞马、纳思达、格之格等生产企业产品已陆续进入全国政府采购协议供货范围。珠海政府采购在扶持自主创新方面已经发挥了较好的作用，但还有更大的作用空间，要确定自主创新政府采购的重点领域与行业，挑选出具有发展前景、对增强综合实力有重大影响的项目予以支持，增大创新成果采购份额，深化政府采购激励效果。各级政府机关、事业单位和团体组织用财政性资金进行采购的，必须优先购买列入《政府采购自主创新产品目录》的产品。政府对于需要研究开发的重大创新产品或技术，通过政府采购招标方式，择优选择研究开发机构，使企业根据政府需求，进行研发具有自主知识产权的重要高新技术产品。要发挥财政、审计与监察部门的监督作用，地方各级财政部门要对采购人采购自主创新产品情况开展经常性检查或专项检查，督促采购人自觉采用自主创新和高新技术产品。

三、优化促进科技创新的税收环境

税收政策是激励企业科技创新的重要推动力。当前，我国税收立法权高度集权在中央，地方在税收政策上的可作为空间很小。总体来看，需要大力完善促进企业自主创新税收政策。一是建立激励企业自主创新的税收优惠法律体系。对目前零散在国务院、财政部、国家税务总局各种通知、规定中的具体税收优惠政策进行归纳梳理，结合当前国家产业政策和经济发展的新形势，加快有关科技税收方面的立法步伐，提高科技税收法律的权威性、规范性、

透明性和整体性。要改变按区域、按企业性质实行税收优惠的做法，制定单独的针对高新技术产业发展的税收政策，进一步明确高新技术产业税收优惠的范围、对象、税种、税率和年限，切实推动高新技术产业发展。二是完善所得税优惠政策。所得税优惠对象的重心应从产业链下游向上游转移。重视运用优惠政策使企业“形成创新能力”，优惠重点应从目前生产销售环节向研发环节转移，即由产业链下游向产业链上游转移，逐步确立研发环节税收激励在整个税收优惠体系中的核心地位。要加大对科技创新产业研发人员个人所得税的优惠力度，对主持和参与重大科研项目与产品的科研人员，免征个人所得税，从而提高科研人员的创造力和积极性。三是针对自主创新型企业人力资本投入占总投入的比重远远高于传统产业的现状，允许适当提高计税工资水平，减轻科技型企业的税收负担水平。针对高新技术产业市场风险较大，投入的广告费用占销售收入的比例较高的情况，宜采取区别对待的税收政策，适当提高广告费用扣除比例或据实扣除，以体现税收公平。

四、加强财政对创新人才的政策保障

人才是科技创新的根本。财政应为珠海吸引和凝聚科技创新人才助力。一是优化人才创业环境。制定科技型中小企业金融服务和支持政策，鼓励促进知识产权质押融资等科技金融创新，拓宽科技型中小企业融资渠道，充分发挥政府中小企业发展资金、创业投资引导基金、高新技术成果转化资金的作用，吸引和带动社会资本进入创业投资领域，满足科技型中小企业在科技开发、成果转化和产业化等环节的融资需求。建立科技型中小企业信贷风险分担机制，完善科技型中小企业信用评价体系，鼓励担保机构为自主创新企业提供贷款担保。规范行政行为，进一步简化创业注册登记、行政审批、办证手续，减少和规范行政收费事项，为人才创业发展营造良好环境。二是优化人才生活环境。大力实施人才安居工程，实施高端人才住房资助计划，多渠道解决各类人才阶段性居住需求问题。建设更完善的城市基础设施，在人才密集区域，积极发展公共交通，建设适合人才生活需求的购物、就学、就医、文化及娱乐休闲场所等配套设施，使珠海真正成为适宜各类人才创新创业、生活工作的城市。

五、创新财政科技资金管理模式

在确保财政科技支出稳定增长的同时，必须强化财政科技资金管理，提高科技创新资金使用的绩效水平。一是科学编制科技支出预算。编细编实科技预算，保证科学事业费、科技三项费用、科研基建费和其他部门事业费中安排用于科技方面的经费的预算安排，切实解决预算编制不够细化、不够完整的问题。二是整合科技专项资金，形成拳头重点出击。当前科技资金分散使用问题较为严重，“撒胡椒面”做法大大降低了资金的使用效益。为此，财政部门要与各有关部门通力合作，着力整合专项资金，集中财力办大事，促进科技资金使用高效使用。三是建立科技创新资金绩效管理制度。财政部门要强化激励约束机制，认真开展科技创新项目绩效预算管理，实现明确绩效目标，事中加强指导管理，事后实施目标评价，最后将项目绩效结果运用于下年度预算，以全过程的“跟踪问效”提高自主创新资金使用效益。通过对科技创新资金的绩效管理，增强部门单位使用资金的绩效理念，管好用好科技资金，为增强企业创新能力提供财力支撑。

（珠海市财政局供稿，彭高旺执笔）

香洲区国库集中支付体制改革稳步推进

为深入贯彻党的十五届五中全会提出的积极财政预算管理体制改革的要求，建立以国库单一账户体系为基础的现代财政国库管理制度，规范政府财政收支行为，提高财政收支透明度和资金使用效益，香洲区根据《转发广东省财政厅关于深化地方财政国库管理制度改革有关问题意见的通知》精神，借鉴珠海市财政国库集中支付制度改革的成功经验，结合香洲区的实际情况，制定了《珠海市香洲区财政国库管理制度改革实施方案》。财政国库集中支付制度是指财政部门在经办国库支付业务的银行开设国库单一账户，所有财政性的收入直接缴入国库单一账户，所有财政性支出均由国库单一账户直接支付到商品或劳务提供者的财政预算管理模式，又称之为现代财政国库管理制度。2006年12月1日香洲区财政国库集中支付系统正式上线运行。至2007年6月，全区所有区直预算单位全部纳入了集中支付改革，在全市三个行政区中最早实现国库集中支付改革覆盖率100%。2010年7月，香洲区又对国库集中支付系统进行了升级改造，为做好完善支付手段，加强资金监管等各项后续工作奠定了良好的基础。

一、实施国库集中支付体制改革取得的成效

经过4年多的上线运行，国库集中支付系统已覆盖全区189个预算单位。目前，纳入集中核算的单位265家，建立会计账套175套。2010年直接支付笔数为27 177笔、金额约223 818.38万元，授权支付笔数为7 193笔、金额约11 982.74万元。直接支付金额占总支付金额94.92%，达到国库集中支付改革的预期目标，并取得以下四个方面的成效。

（一）促进预算编制细化，优化政府资源配置

邀请区审计部门、区人大财经工委及人大代表组成部门预算联审小组，对预算单位上报的专项项目预算数据进行联审，对预算编制进行实时全过程监督。联审小组按照确保重点、统筹兼顾、民生项目优先的原则，逐一审查项目申请依据是否充分、申报资金数额是否合理合法等，由此提高了项目支出预算编制的精细化程度，提高专项支出预算编制的科学性和准确性，基本实现财政资金按计划使用，优化了政府财力的资源合理配置。

（二）提高资金使用效率，增强财政调控能力

实行财政国库集中支付的资金，通过“零余额账户”直接支付到收款人或用款单位账户，资金不再大量沉淀在预算单位。改变了传统的支付方式，简化了支付环节；加快了资金支付的速度，提高了资金使用效率。把以往沉积在各预算单位的资金集中到国库中统一调配使用，提高了财政部门的宏观调控能力。

（三）增强财政支出透明度，保障资金安全运行

在财政国库集中支付系统里，通过现代化的网络技术手段，代理银行每天反馈支付信息，实现对每笔财政资金流向和流量的全过程监督，将传统的事后监督转变为对预算单位支出全过程进行实时监督，提高了财政资金运行的透明度，有效保障了财政资金安全运行。

（四）提高财务管理水平，增强公共财政意识

国库集中支付体制改革使各预算单位加强了对预算编制和执行的管理，增强了财政资金使用的计划性、科学性和规范性，从而提高了各预算单位人员的理财观念、用财意识和财务管理水平，对财政资金支出的管理更为细致。

二、国库集中支付体制改革的主要做法

（一）建章立制，取保试点工作顺利开展

建立健全相关实施细则和操作办法，理顺工作流程，规范操作程序。确定“三权不变”的原则，即预算单位的资金使用权不变、财务管理权不变、会计核算主体不变。做到制度先行，从制度上保证国库集中支付资金的安全性和试点工作的顺利开展。

（二）清理账户，建立国库单一账户体系

为了严格控制和规范试点单位的银行账户，促进财政国库集中支付改革的顺利实施，区财政局于2002年1月对试点单位现有银行账户进行了全面的清理整顿。对不符合开户条件的账户，一律予以取消归并；对符合开户条件的账户经过规定的批准程序后保留。全区189单位，共撤销

437个账户。同时，按规定在代理银行开设财政零余额账户和预算单位零余额账户，从而建立了国库单一账户体系。为方便各预算单位的日常代扣业务，通过账户使用协议方式，由区国库支付中心在代理银行开设对公银行账户，交给预算单位使用。各预算单位在使用该账户时，须经过区国库支付中心审核，加盖印鉴后方能办理相关业务。

（三）分月用款，明确财政支付业务流程

分月用款计划是办理财政资金支付的依据，包含财政直接支付用款计划和财政授权支付用款计划两部分。预算单位依据批复的年度财政预算编制本单位的分月用款计划，通过申报系统经审核汇总后，于每月30日之前报财政部门审核批复。财政部门审核并于次月5日前下达分月用款计划。预算单位使用财政性资金采用财政直接支付和财政授权支付方式。

（四）建立预算执行管理信息系统

实行财政国库集中支付后，财政支付业务呈几何级数增加，再加上管理上的需要，必须有强大的信息系统作支撑。区财政局决定采用省财政厅使用的“金财工程”，“金财工程”的核心，就是实现财政部门、预算单位、代理银行以及中国人民银行等方面的连接，有关部门、单位能够通过网络进行快捷的业务处理、信息交换和查询。在财政国库集中管理上，预算单位可以通过这个系统在网上申报用款计划和财政直接支付申请，财政部门借助该系统进行审核。有关各方可实现支付信息的网上交换、查询和对账，从而大大提高资金支付效率和支付信息的反馈速度。

（五）做好业务支付系统操作培训

为了保证改革的顺利推进，区财政局积极开展了广泛的宣传发动工作。通过召开几次较大规模的工作会议，宣传发动，部署工作，编辑印发文件资料和操作手册，大力宣传改革，营造了良好的改革环境。区财政局还分部委办局、教育系统、街道办、城管系统四批组织对各改革单位所有财务负责人、经办人进行了支付业务、工资统发和系统操作的培训，同时，采取“请进来，走上门”的形式，进行业务指导和辅导，帮助了各方有关人员掌握政策，熟悉业务和网上操作技术。

（六）加强国库集中支付外部监管

区财政局开通了“香洲区人大财政实时在线监督系统”，实现香洲区财政部门与人大部门对财政国库集中支付系统和部门预算报表系统的资源共享。区人大对财政支出的监督由周期性监督转变为实时监督，有利于加强和规范财政监督管理，确保财政资金规范、安全和高效运行。按照香洲区党风廉政建设领导小组办公室《关于区直有关单位落实2009年党风廉政建设和反腐败工作部署分工的通知》的要求，2010年，区财政局坚持“账务提示”制度，特别是厉行节约提示，每季度按公务接待及用电、用油、用水支出情况进行全面的统计，在2009年的支出基础上零增长，争取全年不突破，得到单位领导重视，效果较好。

（七）推进公务卡结算方式的改革

2010年7月1日，香洲区财政国库集中支付系统升级取得成功，为公务卡结算业务提供了技术支持。区财政局选取了15家预算单位，在2010年10月1日正式上线运行公务卡结算试点，在稳步推进、不断总结试点经验的基础上，逐步在全区行政事业单位全面推行公务卡改革工作。11月26日，香洲区首笔公务卡消费款报销支付成功，标志着香洲区公务卡的使用管理进入了实际运行阶段。建立公务卡制度，是深化财政国库管理制度改革、加强公共财政管理的必然要求，也是方便预算单位用款、提高财务管理水平的重要措施，对提高政府支出透明度、加强惩防体系建设的制度创新和推动银行卡产业发展都具有重要意义。

（八）推进改革向镇级财政延伸

镇级国库集中支付改革是整个国库集中支付改革的重要组成部分，为进一步深化香洲区财政国库集中支付改革的力度，根据《珠海市香洲区财政国库集中支付改革的实施方案》的有关精神，从2010年8月1日起，香洲区南屏镇政府及相关单位被纳入国库集中支付核算。

三、香洲区国库集中支付体制改革尚需改进的地方

（一）国库集中支付系统不稳定有待改进

香洲区财政国库集中支付系统2006年上线初期，区财政局发现下达的指标（特别是专款指标）在支付系统中不能清晰、明细的按预算单位要求予以反映，给预算单位的专款指标管理带来诸多不便，同时还使预算单位专款业务的会计账务处理容易随之出现混乱。经过几年来的不断完善，通过改造—升级—改造三次反复的试验，到目前已建立了一套比较完善的切合实际的软件系统。

（二）财政方面设立的政策性专户太多

《财政部办公厅关于严格控制和规范管理财政资金专户的通知》等规定，各级财政部门为核算具有专项用途的财政资金，在商业银行及其他金融机构开设的资金账户，均属于应当加强规范与管理的范围。各级财政部门应对本级开设的财政资金专户进行认真清理、整顿。现在财政部门设立的政策性财政专户太多，有粮食的、城管的、失业的、基建的等。加强与规范财政资金专户管理，是深化财政国库管理制度改革、强化财政资金监管的关键环节，也是从源头上预防和治理腐败的重要措施。因此有必要合并同类账户，将账户归口统一管理，并控制新增专户。

（三）相关人员业务素质有待提高

根据目前的财政集中支付改革进展情况，下一步深化改革的一项重要任务就是加强财务人员队伍建设。一是加

强对财务人员的培训。开展多种的业务培训，帮助财务人员提高业务水平；财务人员要认真履行职责，做好本职工作，不断加强学习，依法依规理财，充分发挥参谋助手作用。二是加强对财务人员的实际操作指导。编制业务实际操作手册，有针对性地解决和完善财务工作的实操问题。三是加强对财务人员的考核和考评。建立财务人员工作质量考核和考评制度，采取激励措施，努力调动财务人员的工作积极性。

四、进一步完善国库集中支付改革的措施和建议

国库集中支付制度作为财政管理的一项创新性基础性工作，在实施过程中必然会出现许多新情况和新问题，需要不断加以规范和完善。要按照“规范操作、完善措施、全面推进、强化监督”的工作思路，扎扎实实地开展以下工作。

（一）进一步规范现金核算业务

目前预算单位的往来款、收入款项及水电费、通信费等银行代扣款业务无法在预算单位零余额账户处理，还保留着“老钱户”，现金业务还比较大，为此在公务卡结算方式改革试点的基础上，进一步扩大范围，从而加强银行业务，减少现金使用量。

（二）完善改革的各项配套措施

一是做好国库集中支付改革与部门预算编制和财政支出绩效评价改革的衔接，发挥财政改革的合力效应。要发挥集中支付快捷提供信息的优势，不断检验和修正预算编制，客观评价预算执行效果，使财政管理各环节能及时反馈、相互配合，发挥财政改革的整体效益。二是加紧研究实行国库集中支付后产生的新情况、新问题，如专项资金执行进度偏慢，国库资金沉淀较多，应采取措施妥善加以解决。三是加强宣传及配套服务工作。通过座谈会、媒体宣传等多种形式，提高社会对改革重要性和必要性的认识，扩大改革的影响和效果，为改革的推广和深入创造良好的氛围。重视对业务人员的培训，提高业务素质和工作能力，提高服务意识和服务水平。

（三）加强国库集中支付的财政监管力度

实行财政国库集中支付制度后，随着财政支出信息透明度和详细度的增加，财政资金不再区分预算内外。即将所有的财政资金都纳入预算，使国库收支真实反映所有的财政收支状况，并使所有的财政收支都纳入国库的管理和监督范围，增加财政资金管理的广度和深度。一是进一步加强完善与人大建立财政资金的实时监控系统，实现财政资金的实时、动态、在线监控，从而将被动监督转为主动监督，变事后监督为事前、事中及事后监督相结合，从总量控制为主转为集约化全程监控，提高监控效率和管理水平。二是建立健全资金支付的内部控制机制。进一步完善内部岗位分工责任制，实现内部岗位之间相互制衡和相互监督；建立和完善国库内部审计制度，定期对银行账户和各项拨款实施内部检查。三是完善财政外部监督管理制度。完善投诉机制，及时受理预算单位的投诉，及时处理和纠正违规问题。

（珠海市香洲区财政局供稿，张帆执笔）

汕头市

充分发挥财政职能作用 进一步完善为民办实事的长效机制

几年来，汕头市按照建设公共财政的要求，不断深化财政管理改革，优化财政支出结构，坚持科学理财、依法理财、为民理财、节约理财，充分发挥公共财政职能作用，不断加大在基本公共服务和公共产品领域的投入力度，积极支持民生事业发展，有力地推动了全市基本公共服务能力和水平的提高。

一、主要做法

（一）财政直接投入基本公共服务领域的支出总额和比重逐年提高

全市各级财政部门坚持科学发展观，按照基本公共服务均等化的要求，在收支矛盾比较突出的情况下，努力调整和优化支出结构，加大保障和改善民生、民安投入力度，每年新增的财力基本上都投向了民生领域，“十一五”时期民生支出占财政收入的比重逐年提高。2010 年，全市一般预算支出 1 217 123 万元，其中教育、社会保障就业、医疗卫生、文化体育等民生民安支出 760 158 万元，是 2005 年的 3 倍，比 2009 年增长 25.32%，占一般预算增支额的 68.68%。

（二）财政在基本公共服务方面的投入范围不断扩大，内容不断丰富

市财政部门加大对民生民安投入，着力解决人民群众关注的行路难、入学难、看病难、住房难、饮水难等热点难点问题，不断丰富基本公共服务的范围和内容，促进经济社会和谐发展和全面进步。2008 年起，全面实行城乡免费义务教育，建立健全家庭经济困难学生资助政策体系，全市受益学生 103.2 万人。实施新型农村合作医疗（以下简称“新农合”），逐年提高新农合财政补助标准，让农民朋友享受基本医疗保障，2008 年城镇基本医疗保险覆盖范围扩展到城镇居民，完善医疗救助制度，为困难群众提供医疗救助 1.7 万多人次，有效解决城乡居民看病难，看病贵以及因病致贫、因病返贫问题。2010 年安排新农合补助资金 7 015 万元，新农合制度覆盖了 7 个区县 58 个镇（街道）866 个行政村，全年参加新农合人数 329 万人，覆盖率 99.02%。全面落实就业再就业政策，拨付各类再就业补助资金 1 549 万元。推动卫生事业发展，投入卫生医疗方面的资金达 18 769 万元。完善筹资机制，努力解决困难群众的基本生活问题，确保企业离退休人员地方性补贴等 7 964 万元补助资金的及时足额发放。加大对公交行业扶持，投入 800 万元用于公共交通，构建优质、高效的一体化公共交通。从 2008 年起，全面对 53 座公路危桥改建或加固，全面改造“城中村”和涉农社区供水管网设施，用 4 年的时间基本解决农村 68 万人饮水安全问题，2010 年，安排中心城区“城中村”自来水直抄到户改造工程资金 3 000 万元，完成 40 个社区改造工程。大力推进基本公共服务均等化，出台《汕头市推进基本公共服务均等化实施意见》，增加教育、就业、住房、医改、交通、文化等方面投入。

（三）加大对区、县的转移支付力度，区域协调发展和应急维护稳定保障有力

通过财政转移支付、专项补助等手段，加大对困难区县的扶持力度，促进全市各地经济社会协调发展，推进基本公共服务均等化。2010 年，市财政调整优化支出结构，积极筹措资金，安排下达校舍建设市级专项补助资金 1 000 万元、老区山区改善办学条件市补助资金 500 万元，促进各地按时完成任务。努力推进义务教育绩效工资及教师待遇“两相当”工作，及时拨付全市义务教育绩效工资及教师待遇“两相当”市财政补助资金 2 500 万元；在普及高中阶段方面，市财政每年安排 6 000 万元资金补助扩建新增学位校舍建设，每年市财政补助困难及涉农中等职业学校学生助学金 780 万元，全力推进教育均衡发展。创新水利投融资制度利用水利规费融资 4.9 亿元，支持城乡水利防灾减灾，为全市工农业的发展和城乡人民的生命财产提供了安全保障。同时，加大扶贫开发“规划到户、责任到人”工作，2010 年拨付省、市专项资金 1 714.5 万元。

（四）公共财政运行机制逐步完善，基本公共服务支出管理手段多样化

市财政部门积极转变理财观念，创新管理办法、规范支出管理。坚持一手抓发展，一手抓管理，加强财政管理监督，从健全机制、完善制度入手，推进财政管理改革，

加强财政管理监督，着力解决财政管理中存在问题，提高财政运行绩效。及时调整完善市与区、县财政体制，有效地调动了各地发展经济增加收入的积极性，促进了区域经济协调发展。进一步加快财政改革步伐，推进国库集中支付制度改革，市直实行非税收入收支脱钩，推进综合预算编制改革，目前全市各地均实行了国库集中支付制度，完成国库改革“纵向到底，横向到边”目标，提高了宏观调控能力和资金使用效率。政府采购的规模和范围不断扩大，由原来单一的货物采购逐步扩展到各类公共设备、专用设备、网络工程、市政工程、银行服务、物业管理等项目。开展了财政支出绩效评价试点工作，将资金使用效益作为部门预算安排的重要依据，为逐步推行绩效预算摸索积累经验。加强财政检查监督，开展行政事业单位“小金库”治理和非税收入检查工作，规范财经秩序，严肃财经纪律。完善财政预算实时在线监督系统，加强人大、社会对财政工作的监督。健全覆盖所有政府性资金和财政运行全过程的监督机制，建立健全跟踪问效制度，重点开展对涉及民生专项资金使用情况的检查监督，强化事前和事中监督，促进监督与管理的有机融合。推进“金财工程”建设，运用信息化手段，推进财政管理科学化、精细化。

二、存在的问题

几年来汕头市基本公共服务供给能力和服务水平虽有明显提高，但仍存在一些薄弱环节和制约因素。

（一）财力薄弱是实现基本公共服务均等化最主要的制约因素

全市经济虽呈现加快发展的良好态势，但总体而言经济整体素质仍然不高。经济堆头不大，产业层次偏低，规模以上企业和高新技术产业产值比例小，单位GDP创税能力不强，财政收入总量仍然较小，全市税收收入占一般预算收入及GDP比重偏小。财政供养负担大，人均财力水平低，基层财政普遍运转困难，支持各项事业发展的资金不足。

（二）现行体制下市、县级税收收入体系非常脆弱

历次财税体制调整使市、县级财政收入增长的得益逐年下降。近年来省财政对堤围防护费、水资源费等部分地方收费收入进行分成集中，进一步削弱基层可支配财力。目前汕头市非中心城区（潮阳区、潮南区、澄海区和南澳县）实行县级财政体制，收入直接与省分享，市级财政没有分享收入，却仍然要安排专项补助和配套补助给这些区、县，2010年，市本级安排区、县转移支付和专项补助83 023万元，运转十分困难。

（三）现行转移支付制度缺乏科学性和合理性

近几年上级对地方的转移支付有所加大。但是在财政转移支付资金中，专项转移支付所占比重较大，种类多，项目散，资金下达明确了专门用途，并且多数硬性要求地方承担相应的配套资金比例。明确不允许市对县（包括仍执行县级财政体制的区）统筹资金，但大量配套资金却要求市进行配套，越是困难的地方，就越难以保证配套资金的落实，争取上级专项资金的难度就越大。

三、进一步完善的措施及建议

要按照实现城乡基本公共服务均等化的要求，深化财政体制改革，发挥公共财政主渠道作用，把更多财政资金投向城乡基本公共服务领域，逐步满足城乡居民对基本公共服务的需求。

（一）做大财政蛋糕，为实现基本公共服务均等化提供财力保障

紧紧围绕组织收入这个中心，进一步加强财源建设，做大财政蛋糕。加大科技投入，重点支持现代产业体系建设，优化产业结构和区域布局，大力支持中小企业发展，鼓励企业增资扩产、技术革新、上市融资，夯实基础，增强后劲，积极推进产业结构转型升级和经济发展方式转变。要强化收入征管，改进征管手段，加强税源监控，做到依法征收、应收尽收，切实解决收入跑冒滴漏、政府财力分散、公共资源配置使用效率不高等问题，努力实现财税收入与经济发展同步增长。要加强国有资源有偿使用收入和国有资产收入的征缴力度，积极推进政府公共资源盘活运营，统筹规划，重点突破，稳步推进，发挥资源效益。完善收入体系，改善收入结构，努力提高税收占一般预算收入及一般预算收入占GDP的比重，实现财政收入发展速度与质量、结构与效益的协调，切实增强财政实力，为实现基本公共服务均等化目标提供坚实的财力保障。

（二）进一步优化支出结构，不断加大对基本公共服务领域的投入

优化财政支出结构，重点向保障和改善民生领域倾斜，加大公共服务和社会事业投入。在预算编制和支出安排上，遵循优先满足社会公共需求和提供公共产品服务的原则，调整预算资金安排顺序，把公共财力更多用于扶持社会发展领域中的薄弱环节，加大对“三农”、社区公共服务体系、社会保障、弱势群体救助以及教育、公共卫生、公共安全、环境保护等与人民群众切身利益直接相关领域的投入力度，让人民群众共享改革发展成果。同时坚决压缩一般性支出，厉行节约，制止奢侈浪费，进一步规范政府行为，减少行政开支，把节约资金用于增加对公共服务的投入。建立健全民生保障长效机制，切实解决涉及群众切身利益的重点难点问题。完善激励型财政机制，规范财政转移支付，激发各区县加快发展的积极性。进一步加大对扶贫开发“双到”工作的支持力度，支持欠发达地区加快发展。健全基本公共服务财力保障机制。逐步缩小全市各地区之间公共服务水平的差距，推动城乡区域协调发展。

（三）构建基本公共服务多元化供给制度，提高政府的公共服务效能

在坚持公益事业发展由政府主导的原则下，探索基本公共服务多样化供给形式，建立基本公共服务供给的市场机制，逐步推进社会事业项目向全社会开放，实行公平竞争、公开透明、多元发展，加速形成社会事业项目投资多元化的格局。积极推进公共服务政府采购，例如，政府可把劳动就业、就业培训、公共卫生、养老服务、公共设施建设等基本公共服务面向社会公开招标，由市场化专业机构承办、政府“买单”。通过引入市场竞争，激励各种社会力量参与公共产品的生产和服务，实现公共产品供给的市场化、社会化，降低公共产品供给成本，提高政府的公共服务效能。

（四）进一步完善财政转移支付制度

重新核定市、县级税收返还基数，增加地方税收和非税收入分成比例，赋予市、县财权与事权责任相匹配的财力规模。按照财力与事权相匹配的原则，科学界定，合理调整，完善财政转移支付政策制度。按各地年财政一般预算收入、财政供养人数、地方财政可支配财力情况，核定各市（县、区）转移支付基数，调整地区间财力不平衡状况。完善转移支付政策措施，建立转移支付补助逐年增长机制。清理专款一次性补助，将其依法规范为“整块拨款”和“配套拨款”，增加一般转移支付数量，充实地方财力。规范转移支付的项目设置，将年度数额相对固定的专项转移支付，归并到财政体制补助中；新增专项转移支付应控制在政府提供基本公共服务的项目范围内，并对欠发达地区给予倾斜。减少地方政府资金配套，发挥专项转移支付的均等化作用。同时要进一步完善转移支付制度，加大一般性转移支付力度，提高一般性转移支付在转移支付中所占比重，逐步实现地区间财力均衡，为区域间基本公共服务均等化创造财力条件。

（五）建立基本公共服务绩效评价机制，增强政府责任意识

为社会提供基本的公共产品和公共服务，维护社会成员最基本的生存和发展权利，是政府不可推卸的社会责任。要根据公共服务领域的发展状况，将基本公共服务数量和质量指标纳入政府绩效考核范围，建立基本公共服务绩效评价体系，约束、引导政府部门和官员的行为，提高政府在基本公共服务供给方面的效率和责任意识。同时将基本公共服务绩效评估与干部选拔、任用和内部激励相联系，并在此基础上建立相应的问责机制。

（六）深化财政改革，建立有利于科学发展的财政体制机制，提升公共财政管理水平

要按照特区“科学发展、先行先试”的要求，解放思想、更新观念、敢于探索、勇于创新、坚定不移地推进和深化改革，加快构建有利于科学发展的财税体制机制，为推进基本公共服务均等化提供有效的财政管理工具和手段，确保用好、用优财政资金。一是要从收、支、管、调等方面对财政体制机制、管理方式方法进行改革创新，努力建立体制机制充满活力、支出结构合理优化、管理制度科学规范、监督问效透明有力的公共财政体系。着力解决财政运行中存在的深层次矛盾和问题，努力提高科学理财，依法理财水平。二是要围绕推进基本公共服务均等化和实施主体功能区规划要求，进一步完善市级财政管理体制，规范各级政府间分配关系，科学界定财权与事权，充分调动各级政府通过加快发展增加财政收入的积极性，完善财政转移支付制度，建立各级基本公共服务财力保障机制，推动城乡区域协调发展。三是努力推进基本公共服务均等化，推进收入分配等改革。以提高低收入者收入水平为着力点，充分发挥市场对初次分配的基础性调节作用，更加注重发挥政府再分配的调节作用，进一步调整国民收入分配格局。

（汕头市财政局供稿，林旭群执笔）

强化财政服务保障功能
促进澄海经济社会和谐发展

2010 年，汕头市澄海区财政总收入 25.85 亿元。区财政一般预算收入 10.77 亿元，首次突破 10 亿元大关，比 2009 年增长 24.57%，为 2005 年的 2.41 倍，年均增长 19.25%，超额完成预定的“财政一般预算收入年均递增 12%以上”目标，有力地推进澄海经济和社会和谐发展，为构建“幸福澄海”提供稳定可靠的财力保障。

一、坚持发展强财，培植和壮大地方财源

（一）强化财政服务保障功能，扶持企业做大做强

一是落实结构性减税政策等扶持企业发展的若干政策措施，配合市“百人服务团”开展服务企业活动，安排好科技三项经费、支持中小企业发展、推动动漫文化产业发展等各类专项资金共 3 550 万元，扶持企业扩大规模、加快发展。二是发挥财政资金的引导作用，加大推动自主创新和培育战略性新兴产业力度，鼓励和扶持企业加快技术改造、推进技术创新，同时大力支持节能减排，实行以奖促整，推进造纸等行业整治工作。对按期自行关停属落后产能的造纸企业，按该企业原审批年产量每 10 000 吨予以 200 万元奖励；对按期自行淘汰属落后产能造纸生产线的造纸企业，按该生产线核定年产量每 10 000 吨予以 50 万元奖励。同时，在环保经费中安排 200 万元，设立造纸企业技术改造专项资金，用于鼓励、支持全区造纸企业创新技术、改造技术、改善环保设施的补助和贷款贴息。从 2010 年 7 月 1 日起，对符合国家产业政策的造纸企业每减排 1 吨 COD 的，由区财政予以奖励 1 万元。三是落实好汽车家电摩托车下乡、汽车家电以旧换新政策，共发放补贴资金 1 849万元，有效地增强消费对经济增长的拉动力。

（二）发挥资金的杠杆作用，吹响澄海玩具进军海外市场号角

一是安排专项资金，支持设立中国澄海（迪拜）玩具展示中心，由区财政拨款 300 万元，作为对参展企业的资金补助（每个展位补助人民币 8 000 元）和本次推介会工作经费，出台《关于区政府支持设立中国澄海（迪拜）玩具展示中心及举办推介会专项资金管理使用办法》，规范专项资金的使用管理。中国澄海（迪拜）玩具展示中心的正式开业，开创澄海玩具在海外举办专门展会的先河并构筑了海外常年营销平台。二是区财政安排企业开拓市场专项资金 500 万元，鼓励企业抱团开拓国内外市场，组织企业参加纽伦堡、香港、上海玩具展和广交会等大型专业展会，赴境外参展企业 260 多家次。成功举办的第十二届中国澄海国际玩具礼品博览会，实现协议贸易总额 14 亿元，比上届增长 13.4%，创历届新高。

（三）鼓励企业上市融资，打造资本市场“澄海板块”

围绕区政府“上市一批、培育一批、储备一批”的工作思路，通过专项补助、财政补贴等方式，降低企业改制上市成本；兑现对已上市（包括借壳上市）的企业每户给予 100 万元奖励的政策，鼓励企业上市融资，发挥企业上市融资在推动地方特色产业发展中的作用。目前已有宜华木业、宜华地产、东方锆业、奥飞动漫、星辉车模、骅威股份 6 家企业成功上市，上市公司总数和总市值位居粤东首位。

二、坚持科学聚财，抓好财政增收节支工作

坚持和完善财税部门联席会议、分解下达年度收入任务，强化收入目标责任考核，完善征收激励机制，实行国、地税征管员绩效挂钩奖惩制度，提高各征收单位的积极性，做到应征尽收。按照中央、省、市相关规定，严格执行厉行节约各项措施，严格控制各类新增支出，努力降低行政运行成本，把有限的财力更多地用到保障区委、区政府重大决策和解决民生民困之中。2010 年税收收入 8.11 亿元，增长 35%，非税收入占财政一般预算收入 24.6%，比 2009 年下降 5.85 个百分点，出现财政收入快速增长、收入结构明显优化的局面。

三、优化支出结构，大力推进公共服务覆盖面

在财政资金的使用安排上，坚持“先吃饭，后建设；先重点，后一般”的原则，在确保正常的工资性支出和机关事业单位日常运转支出需要的同时，将更多资金向教育、医疗卫生等民生领域倾斜。2010 年，全区财政一般预算支出 17.51 亿元，增长 20.23%，新增财力 80% 以上投向于各

项民生和社会事业。2010 年全区农林水支出 15 557 万元，相当于“十五”期末的 1.93 倍；教育事业投入 45 141 万元，比 2009 年增加 4 646 万元，增长 11.47%，相当于“十五”期末的 2.83 倍；医疗卫生支出 16 254 万元，比 2009 年增加 2 383 万元，增长 17.18%，相当于“十五”期末的 3.46 倍；社会保障支出 16 790 万元，比 2009 年增加 8 490 万元，增长 102.29%，相当于“十五”期末的 3.69 倍。

（一）教育事业发展得到有力保障

进一步巩固和提高“普九”工作，全面实施免费义务教育。取消义务教育阶段借读费，减轻学生家长负担，惠及学生 90 387 人。加强高中阶段教育统筹，促进普高与中职进一步协调发展。加快校舍建设，投资 1 000 多万元改善南翔中学等 37 所学校的办学条件。投入资金 5 000 万元新（扩）建澄海中学、苏北中学、港口小学、澄海职教中心等四所学校，其中，澄海中学通过广东省国家级规范化学校督导验收，起到示范辐射作用。加快高素质师资队伍建设，保障教师工资福利待遇。大力推进“代转公”，切实推进解决中小学代课教师问题；全面实施义务教育学校绩效工资，出台《澄海区义务教育学校绩效工资实施办法》，落实“两相当”工作。

（二）医疗卫生服务体系进一步完善

投入医改资金超过 1.32 亿元，推进澄海公共卫生事业和医疗保障事业发展。通过购买服务和实施补偿机制等，增加基层卫生机构的补贴资金，保证镇级卫生院的正常业务和卫生事业的发展，确保城乡居民“病有所医”。实施基本公共卫生，共投入 1 000 多万元为全区城乡居民提供包括居民健康档案、健康教育、重症精神疾病管理等九个免费项目。进一步推进新型农村合作医疗改革，筹集资金 8 308 万元用于提高参合保障水平，将新型农村合作医疗筹资标准由每人 110 元提高到 150 元，住院医药费报销封顶金额从 5 万元提高至 6 万元，参合人数 55.38 万人，参合率达 99.9%。扩大城镇居民医保，全区共有 55 348 人参加，比 2009 年增加 13 802 人。筹集资金解决国有和区直集体困难企业退休人员医疗保险，共有 7 000 多名困难企业退休人员落实了医保待遇。

（三）加强扶持推动特色文化产业发展升级

安排动漫文化产业发展扶持资金 600 万元，用于大力扶持发展动漫创意产业，推动玩具业转型升级。2010 年，澄海国家科技富民强县专项计划——“澄海玩具产业技术创新及优化升级示范项目”顺利通过验收，玩具礼品先进制造业基地建设纳入省市区共建项目。安排各类文化专项资金 700 多万元，用于举办澄海首届文艺奖等项目。加强公共文化建设，投资 2 400 万元建成区澄海区博物馆新馆，东里、盐鸿、溪南等 6 个镇级文化活动中心达到省二级以上标准；投入 2 000 万元，实施樟林古港综合整治工程，建设樟林古港历史文化展览厅。大力扶持发展旅游文化产业，推动特色旅游文化产业上新档次。投资 960 多万元，分别对现代散文大师秦牧故居、岭南第一侨宅陈慈黉故居和明代先贤唐伯元纪念馆等故居景点进行宣传、包装和推介，有效促进一批历史文化景点建设。

（四）交通条件得到有效改善

大力支持新建、扩建、改建公路、桥梁、站场和候车亭等基础设施建设，为人民群众出行提供便利。2010 年，区财政一次性拨给区汽运总公司 300 万元，用于购置 16 辆新车，目前全区拥有公交线路 21 条，公交车辆通达全区各乡镇，切切实实提高澄海城乡居民以及外来人员工作、学习、生活、旅游、经商的交通便利水平。

（五）民生保障工作扎实推进

及时兑付低保金、五保供养资金等社保类个人保障性资金。调整部分重点优抚对象抚恤和生活补助标准。提高城乡居民最低生活保障标准和扩大低保范围。城乡低保对象补助水平月均救济水平从原来 70.83 元提高为 101 元。增加低保对象 1 045 户 2 412 人，使低保政策得到进一步落实，惠及更多民众。及时落实企业退休人员提高基本养老金，2010 年共增加支出 2 300 万元，惠及 1.65 万人。进一步贯彻完善企业养老制度，认真做好企业养老账户的清核确认资金上划工作，顺利完成市级统筹。落实廉租住房建设等方面的税费优惠政策，加大保障性住房特别是廉租住房的投资建设力度，2010 年安排资金超过 240 万元用于廉租房建设。

（六）促进城乡协调发展有新举措

大力支持农业生产和农村发展，增加农村基础设施建设、生态建设和扶贫开发等方面的投入。投入农田水利基本建设资金 2 120 万元，有效改善围内排灌条件。投入资金超过 1.6 亿元，用于城乡水利防灾减灾工程建设。为有力推进区城乡水利防灾减灾工程建设，由区财政安排资金 300 万元实行同奖同惩，对在规定时间内保质保量完成任务的，每完成 100 万元工作量给予 6 700 元的奖励，作为获奖的镇（街道）的补充经费。

（七）加大财政政策扶贫力度

区财政拨出 150 万元专项资金，专项用于扶持年集体经济收入低于 5 万元的贫困村发展集体经济和人均收入低于 1 500 元的贫困户尽快脱贫；继续保持扶持扶贫村发展专项资金 80 万元，用于改善贫困村生产生活和发展环境的公共建设项目；安排贫困户发展资金 70 万元，用于改善贫困户生活条件和贫困户子女的智力扶持。

（八）居民就业再就业得到有力保障

一是配合相关部门认真贯彻国家、省、市关于促进就业再就业各项扶持政策，加强对资金的监管，确保专款专用。扎实推进就业再就业工作，城镇新增就业岗位 1.66 万个，转移农村富余劳动力 1.62 万名，城镇登记失业率控制在 2.95% 以内。二是落实务工人员关爱行动，出台政策措施奖励和关爱务工人员，由区财政安排资金300万元，奖励企业优秀技能、管理人才和优秀务工人员；切实解决外来务工人员入户和子女就读问题，努力为企业创造良好的用工环境。

四、谋改革促管理，推进管理科学化、精细化

按照科学发展观和公共财政需求，进一步完善财政管理制度和运行机制，推进财政管理科学化、精细化。一是推进部门预算管理模式，细化项目支出预算编制审核，增强预算编制的科学性和完整性，提高预算资金使用效益；二是加强对镇（街道）的财政收支管理，进一步规范镇（街道）财政收支行为，同时完善征收激励机制，提高各征收单位的积极性。三是深化国库集中收付改革（目前全区纳入国库集中支付管理的行政事业单位共131个），对原有的国库支付系统进行升级，各项指标均达到省财政厅的要求。四是深化非税收入管理改革，坚持以票管收，源头控收，启用新版"广东省行政事业单位资金往来结算票据"、"广东省医疗机构门（急）诊住院收费收据"。五是进一步强化政府采购管理，制定《关于澄海区2010～2011年度公务车辆政府采购实行协议供货办法的通知》等文件，扩大政府采购范围和规模，2010年共完成委托采购92宗，采购预算金额3 972.49万元，实际采购额3 651.55万元，节约资金320.94万元。六是抓好财政支出绩效评价管理工作。配合有关部门对2005～2009年省级现代化服务业发展引导专项资金等资金进行绩效评价，进一步衡量资金的"产出"和绩效，分析问题，总结经验，提高项目管理水平。七是出台《汕头市澄海区区级国有资源和资产有偿使用收入管理暂行办法》等文件，进一步规范资产处置工作的评估、审批、程序、方式和监管，2010年资产处置收入超过500万元，通过处置企业的存量资产，盘活国有资产。

五、促规范抓监督，提高依法理财水平

把依法理财、规范管理、严格监督贯穿到财政工作的各个方面和环节，不断提高财政监督管理水平，确保合法、规范、科学、高效运用好每一笔资金。严格执行《预算法》等财经法律法规，通过专项检查、对重大建设项目派驻财务总监等方式，强化对部门、企业的财务、资产监管，加大财政监督检查力度。按照有关文件规定，对国有资产经营收益、社会福利基金等专项资金实行财政专户管理，对资金使用进行严格把关。结合国有及国有控股企业、非营利性社会团体"小金库"专项治理工作，有重点的组织对有关单位会计信息质量进行检查。

（汕头市澄海区财政局供稿，张茵执笔）

佛山市

加快推进基本公共服务均等化 促进民富市强幸福佛山建设

几年来，为进一步推动佛山市科学和谐发展，加快构建民富市强幸福佛山，佛山市不断优化财政支出结构，着力加大对民生事业的投入，加快推进基本公共服务均等化。“十一五”时期，全市财政民生投入702.19亿元，年均增长22.84%，占一般预算支出的比重达到56.02%。其中，全市一般预算用于教育方面的支出262.33亿元、社会保障和就业方面的支出94.07亿元、医疗卫生方面的支出49.45亿元、农林水方面的支出70.45亿元。

目前，佛山市已在众多基本公共服务领域中形成了“城乡统筹、区域同步、不分阶层、不分群体、社会同享”的新局面。其中：城镇居民人均可支配收入年均增长9%，农村居民人均纯收入年均增长9.4%；教育现代化建设稳步推进，率先在全省实现城乡九年义务教育全面免费，成功创建广东省教育强市和教育现代化试点城市；社会保险覆盖面进一步扩大，新型农村社会养老保险基本实现全覆盖；低收入家庭住房问题得到缓解，已建设保障性住房6 000多套；就业形势稳定，城镇登记失业率保持在2%以下；文化体育事业日益繁荣，村（居）基层文化服务点实现全覆盖；医药卫生体制改革顺利启动，基本形成覆盖城乡的公共卫生网络，在全省乃至全国率先步入全民医保时代。

一、佛山市编制基本公共服务均等化规划的主要情况

根据《广东省基本公共服务均等化规划纲要（2009~2020年）》和《广东省基本公共服务均等化规划（2009~2020年）》总体部署，佛山市于2009年上半年成立了全市基本公共服务均等化调研工作小组，并经政府采购招投标程序，委托省社会科学院的专家团队协助市财政局调研工作小组开展均等化规划编写工作，2010年，佛山市财政局制定了《佛山市基本公共服务均等化规划编写工作方案（2010年）》，印发了《佛山市2010年基本公共服务均等化工作任务要点》，起草并经市政府印发了《佛山市推进基本公共服务均等化工作方案》，建立专门的联席会议制度，加强组织领导，落实各区政府、财政、教育、卫生等部门的责任分工，统筹兼顾、协调推进佛山市的基本公共服务均等化工作，并制定了《佛山市基本公共服务均等化发展规划（2010~2020年）》，明确了佛山市均等化工作的指导思想、基本原则、主要目标与总体思路，为进一步推进佛山市基本公共服务均等化提供了行动纲领。

（一）指导思想

以实现城乡、区域和群体间基本公共服务均等化为目标，从公共教育、公共医疗卫生、公共文化体育、公共交通、生活保障、住房保障、就业保障、医疗保障等方面入手，加大公共服务投入，创新公共服务体制，完善推进基本公共服务均等化的体制保障和配套措施，加快建成覆盖城乡、功能完善、分布合理、管理有效、水平适度的公共服务体系，为佛山争当实践科学发展观的排头兵提供有力的保障。

（二）基本原则

立足公平，兼顾效率；循序渐进，重点突破；政府主导，多方参与；统一灵活，两相结合，允许部分地区依靠自身力量率先发展，或集中财力对辖区内最急需的部分项目优先发展；先行先试，制度创新。

（三）远期愿景

以科学发展观为统领，按照以人为本、改善民生、维护社会公平正义、优化公共资源配置的原则和要求，通过将佛山经济社会发展的状况与实现均等化的水平相结合，将近期、中期以及远期规划相统一，以选择适合当地的基本公共服务均等化发展模式，为佛山市当前及今后一段时期推进均等化制定行动纲领。按照收支平衡、量入为出、积极稳妥的原则，探索建立基本公共服务均等化财力保障机制。按地方财政一般预算收支年均增长10%测算，预计2010~2020年11年间全市一般预算收入合计为5 192亿元，一般预算支出合计为5 443亿元；预计11年间全市基本公共服务支出需求合计为1 632亿元，年均增长14.42%；全市基本公共服务支出占一般预算收入的比重将从2010年的24.7%提高到2020年的36.6%，占一般预算支出的比重将从23.6%提高到34.9%。在保证基本公共服务支出增长适当高于一般预算收支增长的前提下，通过全市上下10年左右的努力，到2020年，佛山市基本形成惠及全民、公平公

正、功能完善、布局合理、管理有效的基本公共服务体系，基本公共服务水平与效率在全国领先，在国际上达到中等发达国家水平，实现全市居民人人都能均等地享有基本公共服务，而且区域之间、城乡之间、居民个人之间享受的基本公共服务水平大体一致的宏伟目标，推进现代化富裕和谐佛山建设。

（四）总体目标

到2020年，佛山市基本公共服务均等化力争做到“五个率先、一个领先”的总体目标，即：率先实现基本公共服务全覆盖；率先建立一体化的基本公共服务制度；率先实现全市各区基本公共服务财政能力均等化；率先建立基本公共服务多元供给机制；率先建成全国基本公共服务均等化示范市；全市基本公共服务水平与效率在全国领先，在国际上达到中等发达国家水平。

（五）总体思路

采取“三步走”的总体思路：第一步，建立起广覆盖、多层次的基本公共服务体系（2010～2012年）；第二步，建立起一体化的基本公共服务制度（2013～2016年）；第三步，建立起全面、高水平的基本公共服务体系（2017～2020年）。

二、佛山市推进基本公共服务均等化规划的主要措施

为了加快推进基本公共服务均等化，佛山市制定了主要路径、配套措施和保障措施，着力从公共教育、公共医疗卫生、公共文化体育、公共教育、生活保障、住房保障、就业保障、医疗保障等八个方面全同协调推进各项工作。

（一）推进基本公共服务均等化的主要路径

1. 大力推进公共教育事业。要优化学前教育，建立政府主导、社会共同参与、财政积极投入的多渠道筹集经费的学前教育发展机制，加大学前教育布局调整的力度，重点扶持乡镇幼儿教育发展，激励等级幼儿园、示范性幼儿园建设。全面推进区域义务教育均衡发展，积极推进义务教育规范化学校建设，进一步优化义务教育阶段学校布局结构，促进校际之间均衡发展，加快教育信息化建设步伐，建立健全县域内中小学校长和教师定期轮岗制度，促进城乡教师资源合理均衡配置；努力办好义务教育特殊学校，为残疾儿童、少年接受义务教育提供切实保障；妥善解决非户籍常住人口子女义务教育问题。高质量、高水平普及高中阶段教育，积极扩建、改建、新建一批普通高中学校，构建特色鲜明、充满活力的现代高等教育体系，调整优化普通高中学校布局结构，大力发展中等职业技术教育，深化职业教育办学模式和人才培养模式的改革。

2. 大力推进公共医疗卫生事业。要完善公共卫生服务体系，包括疾病预防控制体系、卫生应急体系、卫生监督体系建设、妇幼保健服务体系、农村三级卫生服务网络建设、大力发展城市社区卫生服务等。同进，进一步扩大免费公共卫生服务范围、加快公共医疗体制改革、实施公共卫生人才队伍建设工程、加强公共卫生健康教育和健康促进工作等。

3. 大力推进公共文化体育事业。要建立健全公共文化体育服务网络，加大公共文化基础设施建设力度，切实加强三级文化网络建设，实施乡镇综合文化站和基层文化阵地建设工程，推进文化信息资源共享工程建设，实施公共文化流动服务工程，加大公共文化基础设施建设投入力度，全面提高公共体育服务水平。同时，创新公共文化体育服务方式，加大文化体育资源向农村倾斜，切实维护低收入和特殊群体的基本文化权益，推进群众文化体育活动等。

4. 大力推进公共交通发展。提倡公交优先理念、加快镇内公交、发展公交与限制私人交通同步推进、加强公共交通基础设施建设、加快轨道交通网络建设、优化公交线网和换乘枢纽建设、强化公共交通管理、强化公共交通人性化服务、完善公共交通扶持政策。

5. 提高生活保障水平。要进一步扩大社会保险覆盖面、完善社会保险制度、健全最低生活保障制度、完善生活保障领域投入机制。

6. 提高住房保障水平。要着力加强保障性住房建设规划、住房保障制度、住房保障土地供应，确保资金保障、全面提高住房保障管理水平。

7. 提高就业保障水平。要建立健全城乡就业制度、就业援助制度、公共就业服务体系、职业培训体系，推进创业带动就业工程，实行失业保险制度改革等。

8. 提高医疗保障水平。要进一步完善城镇职工、城镇居民基本医疗保险制度和城乡医疗救助体系等。

（二）推进基本公共服务均等化的配套措施

1. 提高政府公共服务能力建设。转变地方各级政府职能，形成以基本公共服务为取向的政府行政理念，明确政府是基本公共服务提供者的职能定位，建立以基本公共服务为导向的政府绩效评价体系和问责制度。把基本公共服务均等化作为全市行政管理体制改革的重要任务之一来抓，明确规定市、区、乡镇政府对辖区内基本公共服务统筹安排、实现基本公共服务均等化的具体事项和所负的最终责任。通过调整改革，力求政府的机构设置、组织运行、管理方式与基本公共服务均等化的要求相适应。

2. 改革完善公共财政体制。调整优化财政支出结构，建立稳定的基本公共服务投入保障机制；完善市、区、镇财政体制，提高市级财政调控能力；完善转移支付制度，促进地区间财力均衡；加强区、镇财政和农村财务管理，规范基层公共财政行为。

3. 建立基本公共服务多元化供给机制。一方面，要逐步建立基本公共服务供给的市场机制，放宽基本公共服务投资的准入限制，创新政府基本公共服务投资体制，同时，在基本公共服务供给环节引入竞争机制，提高服务质量和提高效率。另一方面，建立基本公共服务供给的社会参与机制，鼓励社会资金参与基本公共服务项目建设，充分发

挥社会组织、社区在基本公共服务供给中的作用。

4. 推进事业单位改革。要按照创新基本公共服务体系的要求，实施事业单位分类改革，创新事业单位管理制度和运作机制，优化公共事业资源配置，鼓励和支持事业单位加强联合，进行资源重组，提高整体服务效益和服务水平。

5. 创新城乡、区域协调发展机制。要着力破除城乡二元制度，率先建立城乡统一的公共服务供给体制；同时通过健全市场机制、合作机制、互助机制等方式，建立起区域协调发展机制。

（三）推进基本公共服务均等化的保障措施

1. 加强组织保障。成立“佛山市基本公共服务均等化行动计划”工作领导小组，协调解决基本公共服务均等化过程中的重大问题。按照基本公共服务的8个方面，领导小组下设8个工作小组，具体负责各个方面行动计划的综合管理。要切实加强对“基本公共服务均等化行动计划”的组织领导，制定年度行动计划，明确责任落实。

2. 加强政策制度保障。制定和完善佛山市基本公共服务的地方性政策、制度，规范政府和其他社会力量在基本公共服务中的角色、作用和行为。

3. 加强技术保障。逐步建立和完善义务教育、公共卫生和基本医疗、社会保障、公共就业服务、住房保障等方面全市统一的基本公共服务均等化标准。

4. 加强管理保障。要探索建立具有独立性、专业性和权威性的监管机构，建立统一的行业监管模式，并进一步强化社会监督。

（佛山市财政局供稿，刘文斌执笔）

探索竞争性分配改革　提高资金使用效益

作为全国最早开展财政绩效管理工作的县，南海区在绩效管理方面作出了一些有益的创新和尝试，形成了自身的特色，特别是运用绩效管理手段对财政专项资金进行分配和管理，实行财政专项资金竞争性分配改革，取得了较好成效。

一、财政专项资金竞争性分配改革背景

（一）明确财政资金分配思路的需要

以往对财政专项资金分配是由相关部门和财政部门协商后，根据工作需要和部门的资金申请报告相机决策，会“跑资金”、“争项目”的单位往往能争取到资金，分配过程不公开，依据不明确，虽然暂时回避了矛盾，但是没有解决矛盾，分配者始终面临各种矛盾冲突所带来的巨大压力。同时，这种分配模式也难以体现区委、区政府经济发展战略目标和政府政策的导向性，不符合公共财政改革的根本方向。

（二）提高财政资金使用效益的需要

对企业扶持资金的分配除了相机决策外，主要采用的方式是平均主义，“太公分猪肉”、“撒胡椒面”，人人有份。这种分配方式容易造成资金分散，政府安排的资金总量虽然不少，落实到每家企业的资金量却不多，对有技改需求的企业无疑只是杯水车薪，对另一些企业来说则可能拿了钱却没有真正用到实处，专项扶持资金形成不了乘数效应，财政资金的使用效益达不到最大化。由于财力有限、扶持资金投向重点不够突出，资金集聚效应不强。而且在扶持资金的分配上重公平而忽视竞争，缺乏优选机制，导致公共资源配置效率不高。

（三）企业发展壮大的需要

纺织服装、铝型材等传统产业，曾支撑着南海经济的快速发展，但在国家节能减排政策的推动下，这些产业面临转型升级的改造压力。企业迫切需要改造提升，但技改需要的金额动辄过千万，要推动企业发展壮大，对这些弹性需求较大的领域，改革财政资金分配模式，使公共财政更集中用在最有潜力和市场前景和企业和技术上，集中财力办大事，充分发挥财政资金“四两拨千斤”的作用成为必然选择。

二、竞争性分配改革的基本情况及经验做法

（一）基本情况

2010年7～11月，南海区财政局和南海经济促进局联合举办了三场财政资金竞争性分配专家评审会，安排2 000万元财政专项资金，选择传统产业升级技术改造和信息化建设项目两个领域作为试点。其中，传统产业选取了纺织服装、铝型材行业作为竞争性分配试点，信息化项目选取了电子商务及现代物流、信息通信及数字视听平台、互联网应用作为试点。评审会共有35家企业参与，经过激烈角逐，佛山市立笙纺织有限公司、广东新合铝业有限公司等18家企业最后胜出，赢得技术改造扶持资金。

（二）主要做法

为确保竞争性分配工作顺利进行，南海区财政局高度重视，始终秉持“公平、公开、公正”的原则，认真谋划，精心组织，周密部署，狠抓落实。

1. 慎重选择试点。纺织和铝型材是南海区最具特色的两大传统产业，企业数量多、获得荣誉多，节能压力大、改造意识强。2010年上半年，南海技术改造备案项目数量继续位居全省县（区）级第一，其中包括铝材、纺织项目28个，占总数的44%。另外，信息化建设是佛山市“四化融合，智慧佛山”发展战略的重要一环，也是南海的一大品牌。选择这三大产业试行竞争性分配，能使区财政资金向这三大领域适当倾斜，对推进传统产业改造提升，提高信息化品牌含金量具有积极的促进意义，并对其他产业升级起到明显示范作用。

2. 制定竞争流程。为确保竞争性分配顺利实施，促使整个评审工作规范有序，根据公开、公正、公平和绩效导向、简便易行的原则，确定“要件准入、专家评审、政府批准”三阶段工作流程。要件准入，即设定门槛，制定参与竞争性分配的单位和项目的准入条件和认定办法；专家评审，即从专家库中随机抽选专家进行评审；政府批准，即参评项目和单位报政府审定后，由区财政部门拨付扶持资金。

3. 科学设计流程。在程序设计方面，将整个专家评审会分为公开抽签、公开演讲、现场答辩、专家评分等环节进行，增强了评审工作的竞争性和互动性。在指标体系设

计方面，从有利于促进企业自主创新、可持续发展、节能减排的思路、企业是否制定有效可行的保障措施、提高财政资金的使用效益等角度出发，制定了多项考核指标，既注重科学导向，又坚持实事求是，具有可操作性。在评分办法设计方面，采用“评分制”方式，既注重指标的导向作用，又力求尽可能简便、易行。

4. 充分宣传“预热”。从2010年4月份起，财政、经促部门即通过政府网站、“互信通”政企实时交流平台、地方主流媒体向全区企业发布了相关事宜，各镇（街）经发部门也组织召开了企业动员会，确保有条件的企业获得评审相关信息。

5. 严密组织评审。这次评审借用省经信委专家库，每个专题随机抽取4个技术类专家、1个财务专家组成专家评审小组，抽取的评审专家要签订保密协议。书面评审阶段，专家通过财政部门配备的“密匙”才能进入公共财政绩效系统查看企业申报材料并评分，其登录时间、阅览时间、评价内容等均可全程网上监控。现场答辩阶段，企业按签到时间抽取答辩顺序并依次进行公开演讲、现场答辩，公开演示时间为10分钟，现场答辩为15分钟，专家按评审指标逐项打分后现场宣布得分情况。

6. 强化社会监督。整个评审过程由区人大、监察、审计部门派出监督人员进行全程监督，所有抽取结果当场公示，并严格履行签字确认程序。相关部门在主要新闻媒体公开发布公告，邀请广大媒体参加专家评审会，切实将评审全过程置于社会监督之下，确保“公开、公平、公正”的原则贯彻评审始终。

7. 实施跟踪问效。对竞争性分配资金实施全过程绩效监控，明确对专项资金的使用，事前进行绩效目标备案，事中实施绩效督查和跟踪问效，事后综合绩效评价和绩效问效，并提出问责惩罚措施，确保其足额、按既定方向投入。

三、主要成效

南海财政资金竞争性分配的做法首开全国县域单位先河，实现财政专项资金分配模式逐步由传统分配模式向以结果为导向的分配模式转变，促进了财政资金安排决策的科学化、阳光化和财政资金使用效益的最大化，把政府资源切实用到最需要和最有潜力的地方中去。

1. 实现财政资金绩效管理。竞争性分配方式在资金分配环节就要求项目申报单位明确项目计划和绩效目标，从分配源头就开始强化用钱责任，从而迫使各用钱单位形成自我约束机制。资金使用后，财政部门也会对项目实施、完成后的资金使用进行跟踪问效。从过程到结果都强化用钱主体各项责任的落实，形成从财政资金申请、使用到评价的全过程监督，规范了用钱主体的行为，促进了资金使用效果的提高。竞争性分配改革与近几年南海区开展的财政支出绩效管理改革目标基本一致，这将为南海区今后探索财政分配新路子奠定基础，确保财政专项资金分配使用的科学性和有效性。

2. 实现财政专项资金分配的科学化。在财政资金分配环节引入竞争性机制，通过对众多备选项目的遴选比较和科学评判优选出使用效益最高的项目，克服了以往对项目进行“一对一”单向式审批的弊端，有效提高了财政资金的配置效率和使用效益。同时对纳入竞争性分配改革的财政资金，通过科学、理性方式进行优化配置，扩大了资金分配的决策范围，提高了社会公众在财政专项资金管理的参与程度，增强了财政专项资金分配的科学性和透明度，克服了资金分配过程中的主观随意性，为实现民主理财、科学理财奠定了坚实的基础。

3. 发挥了财政的杠杆作用。将财政专项资金分配从“一对一”单向审批安排转向“一对多”选拔性审批安排，能更注重财政政策的引导，充分发挥财政杠杆的放大作用，提高了财政资金的使用效益，带动效应明显。据测算，这1 000万元资金将带动企业技改资金6.8亿元，乘数达1∶68。通过财政资金的“撬动”，能起到“四两拨千斤”的作用，使财政资金成为企业发展创新的“助推器”，让一批更有竞争性、更有发展前景的项目得到扶持，使得公共财政更集中用在最有潜力的企业和技术上，从而有力地推动产业转型升级，为经济的可持续发展培养新的增长极。

4. 确保集中财力办大事。竞争性分配方式通过引入专家评审机制，并邀请广大媒体和有关部门派员监督，能够在完整的制度化过程中科学分配资金，实现向透明公开的转变，促进了决策的科学化和合理化，使资金真正落到有实际技改行动的企业的腰包。虽然资金与技改需求差距甚大，但却能切实用到实处，体现政府对重点领域和行业的扶持，确保集中财力办大事，使有限的政府资源在无限财政资金需求中更好地发挥作用。

5. 强化了企业的发展主体责任。竞争性机制的引入，使财政资金主要是根据项目的合理性、可行性以及效益性进行分配。因此，这种分配方式在一定程度上强化了企业的竞争意识和主体责任，有效打破传统的路径依赖和思维定式，极大激发企业加快发展的主观能动性，提升企业的技改氛围，促使其进一步解放思想，立足长远，引进或开创具有发展性的项目，以获得资金扶持。这两次评审会上，不少企业参评项目的技术都很有“含金量”，如在纺织类申报项目中，就有多个项目涉及材料面料的研发应用及技术改造，企业研发团队实力不俗，其中两家有产学研背景。同时，大多数参选企业都由企业老总亲自参与现场答辩，表明企业走可持续发展、自主创新道路的意识非常强，企业技改的主动性和参与热情高涨，竞争性分配带来的正面激励作用可见一斑。

四、下一步思路

为进一步完善区级财政管理体系，提高财政资金使用绩效，南海区谋划在以下方面进一步深化竞争性分配改革，促进财政支出管理向公平与效率并重转变。

1. 成立评审小组。评审小组由区财政局牵头，相关职能部门组成。评审小组主要负责审批财政扶持项目的立项申报，拟定当年度竞争性分配方案，审议评审结果，确定扶持项目、扶持方式、扶持对象及分配金额报区政府审批，从而为竞争性分配改革的顺利开展奠定坚实的组织基础。

2. 扩大试点范围。在需求弹性较大、支持经济发展的竞争性领域逐步扩大试点范围，在明确扶持范围及预期绩效的基础上，通过向社会招标投标、专家评审等方法，以绩效目标为主要原则择优选择资金分配对象，进一步建立项目优选机制。所有纳入竞争性分配范围的财政资金必须参加竞争性分配，纳入竞争性分配范围的区级财政资金不分配到各业务主管部门，由区政府统筹使用。经区政府审批后确定为当年度拟扶持的项目，在具体扶持对象之间分配时，均需按规定的程序参加竞争性分配。计划用3年时间将大部分扶持企业类资金纳入竞争性分配范围，并力争扩大至环保、卫生、教育等公共类支出，条件成熟时全面推广。

3. 建立财政扶持项目库。项目库用于对财政扶持项目进行登记、跟踪、验收以及总结分析，相关数据作为区评审小组制定竞争性分配方案及区政府决策的重要参考。

4. 明确职责分工。区级财政资金竞争性分配实行决策权、执行权和监督权相互分离，主管部门负责组织项目的实施，制定绩效评价指标，跟踪项目的执行情况；评审小组负责制定扶持项目、扶持对象报区政府审批；区监察局对主管部门实施竞争性分配过程的监督，并引导社会力量参与监督。

（佛山市南海区财政局供稿，梁倩虹执笔）

以“标准化管理体系”建设为契机全面推进财政科学化精细化管理

2010年，顺德区财税局引入“标准化管理体系”建设，不断规范业务管理，逐步建立和健全财政收支及预算编制、执行、监督等环节之间相互制衡的机制，为全面推进财政科学化精细化管理提供了强大的支持。

一、实施“标准化管理体系”建设的背景

近年来，各级政府关于调结构、促转型、惠民生等政策措施不断出台，财政保障任务日益繁重，财政收支矛盾日益突出，强化财政管理以确保资金安全和发挥资金的最大效益越来越紧迫和重要，财政管理科学化精细化的要求也越来越高。顺德区财税局虽然在规范化建设和信息化建设中取得了一定的成绩，但在业务流程设计、内部监督检查、效能考核以及规范性文件的信息化查询方面，仍存在需要进一步完善的地方。

（一）财政业务流程的设计亟须完善

顺德区财税局一直以来都十分注重业务流程的设计和内控制度的建立。近年来，因为财政改革的任务十分繁重，区财税局每年都会新增不少新的业务流程及操作模块，其执行过程中难免会出现与原有流程不配合的问题。同时，由于业务流程是信息化建设的基础，业务流程的不合理和不明晰也使得信息化建设的推进甚为艰难。

（二）财政内部监督检查工作还有待加强

由于区财税局内部监督检查专职人员较少，日常的检查工作一直以来都采取抽调相关业务科室骨干组成检查组对科室进行交叉检查的方式。面对财政业务快速增长而专职人员基本没有增加的局面，内部监督检查工作的力度和效果要取得突破难度很大。

（三）与岗位职责相匹配的效能考核体系尚未建立

由于原有的考核体系与工作岗位职责、工作量等客观因素没有直接挂钩，年终考评一般都是采用投票决定员工是否优秀。这种粗放、主观的考核方法，不能准确地衡量一个员工具体的贡献，因而难以形成很好的激励机制。

（四）财政规范性文件的信息化查询功能还有待进一步开发

财政业务涉及的法律、法规和相关政策性文件更新较快，数量庞大，但工作中使用频繁，原有采用手工查找的方式，效率较低，不利于加强依法理财工作。

二、“标准化管理体系”建设的措施

鉴于财政管理方面存在的上述情况，2010年，顺德区财税局实施了“标准化管理体系”建设，使其成为推进财政科学化规范化管理的重要动力。“标准化管理体系”建设包含业务流程梳理、财政内部监督检查、效能考核体系建设和建立电子法规库等四项内容。

（一）重新梳理业务流程，加强规范化建设

业务流程规范是财政业务标准化建设的基础。区财税局以“大部制”改革和省直管县财政管理体制改革为契机，组织内部相关人员和中介机构共同对财政规范性文件进行全面、系统的清理，形成一系列完备的制度规范，使各项工作有章可循、有制可依。对内，整合内部规章制度，形成涵盖财政工作各环节的10多万字的《顺德区财税局规章制度规范化文本》。对外，在深入调研的基础上组织编写了《顺德区财税局财政业务指南（2010版）》，并及时派发到各区属部门，使各部门能清晰掌握财务业务日常操作流程。同时，新的业务流程强化了对风险节点的控制，将财政资金各个监控环节连接起来，形成了预算编制与预算执行相互制衡、相互促进的预算执行监管机制。业务流程梳理规范后，进一步明确了职责分工，完善了岗责体系，加强了对财政资金运行全过程的监督，强化了事前和事中监督，促进了监督和管理的有机融合，有力推进了管理的科学化、精细化。

（二）创新财政内部监督检查模式，提升财政监管水平

为进一步提升内部检查水平，规范各项工作，区财税局聘请中介机构协助开展内部监督检查工作，形成了由抽调业务骨干和外聘专业机构专家组成检查组共同实施内部检查的新模式。与中介机构的合作，增加了检查组的独立

性，解决了以往内部检查中积极性不够、不敢动真等问题，大大提升了内部检查的效率和质量。同时，专家先进的工作理念、新颖的检查方式、丰富的检查经验也给区财税局相关检查人员提供了一个非常好的学习机会，有助于内部检查工作水平的提升。与专家合作开展内部检查后，区财税局现已形成了包含检查准备、检查实施、整改、追踪整改情况四个阶段环环相扣的内部检查机制，内部检查工作走上了良性轨道，有效提升了内控水平。一是检查准备阶段。检查组根据区财税局实际，制定检查计划、检查表等制式表格，不断细化检查程序，完善检查方法。二是检查实施阶段。根据检查准备阶段确定的检查内容，通过现场查看科室具体业务流程的操作，同科室人员座谈等方式，了解各科室业务运作的总体情况，并在每个科室抽取 3 项完整的业务流程进行检查。三是整改阶段。由检查组根据检查情况出具检查报告，形成整改通知书并送交科室，科室根据整改通知书的要求进行整改，将整改情况书面反馈到检查组。检查组对此次检查情况进行总结，将好的做法和需要改进的地方进行汇总，并运用到下一次检查中。四是追踪整改情况阶段。整改阶段结束半年后，由检查组对各业务科室的整改情况进行追踪，了解科室整改效果，收集整改中遇到的问题和科室提出的建议，将情况反馈到局党委。

（三）建立效能考核体系，提高员工的积极性

顺德区财税局在重新梳理业务流程的基础上，根据《公务员考核规定（试行）》、《广东省公务员考核办法（试行）》、《关于印发〈佛山市顺德区公务员考核试行办法〉的通知》等相关要求，结合业务流程和关键业绩指标考核方法，制定了效能考核体系。该考核体系采用自评、互评（服务对象）、定期评价、定期和不定期的抽查方式进行考评，并实行平时考核检查通报制度和考核结果反馈制度。局考核委员会定期或不定期将平时考核的情况向局全体公务员通报，并将考核结果向本人反馈。平时考核结果作为公务员年度考核、奖惩和单位评先选优的重要依据，并与公务员年度考核优秀等次的评定直接挂钩。该考核体系以公务员的岗位职责和所承担的工作任务为依据，从德、能、勤、绩、廉五个方面，特别是完成日常工作任务、阶段工作目标以及出勤等情况，为每个员工建立了一个科学的考评标准。做到权责相当，奖罚分明，将对业务流程的监管落实到岗位和个人，从而大大加强了内部监管的责任追究力度。

（四）建立电子法规库，提高依法理财水平

财政法律、法规是财政工作的重要依据，顺德区财税局以财政电子法规库建设为切入点，全面推进依法行政、依法理财工作。区财税局以业务科室为依托，收集了大量与财政业务相关的法律、法规文件，并按照对外与对内、涉及资金与不涉及资金两大标准进行整理、归集，将相关文件分门别类地录入电子库。由于工作量巨大，该项工作目前还在进行中。电子法规库建成后，将大大方便工作人员对财政相关法律、法规的查阅。

三、巩固“标准化管理体系”建设成果的工作思路

（一）运用信息化手段夯实“标准化管理体系”建设成果

财政信息化建设本身就是一个财政业务规范化、管理科学化的过程。在推进信息化建设过程中，区财税局将通过信息化系统对流程进行“固化”，确保制度和流程的落实，进一步促进管理的规范化。

（二）加快推进财政辅助决策系统建设

为充分利用“标准化管理体系”的成果，进一步提高财政资金安全性和使用效率，区财税局于 2011 年启动了财政辅助决策系统建设。该系统独立于现有的财政管理信息平台，可以实现对预算执行、资金运行的实时监控。通过汇集和利用各个部门、各个系统的数据，可以使业务管理和监督工作延伸到各个部门、系统，真正实现财政监督渗透到财政资金管理与使用的每个环节、每个角落。该系统还可以保证财政监督评价的客观性。统一平台集中的数据是由各个部门实际工作过程所产生的，也是财政监督所需要的关键数据，依据财政监督的需要来汇集和分析处理数据，能更客观地反映相关业务部门财政资金运作的实际情况。

（佛山市顺德区财税局供稿，林立执笔）

韶关市

创新机制　大力扶持革命老区建设

韶关市财政局十分重视革命老区建设，深刻理解韶关革命老区在长期的革命斗争中，不畏艰难不怕牺牲，在中国的革命史上谱写了壮丽的篇章重要意义，切实贯彻落实市委、市政府《关于加快革命老区经济发展的决定》和《中共韶关市委、韶关市人民政府关于进一步加强革命老区建设工作的实施意见》精神，深入调查研究，积极建言献策，千方百计筹集资金大力支持老区项目建设，尽心竭力为老区人民群众办实事做好事。8年来，市本级、县（市、区）级财政投入老区建设资金达89 000多万元，有效地支持了革命老区的水利、农业、林业、交通、教育、卫生、文化、医疗、科技等方面建设，极大地促进了革命老区的物质精神文化繁荣，带动了革命老区经济社会各项事业的健康快速发展。

一、加强组织领导，切实贯彻落实好革命老区建设工作

全市革命老区点多面广，总人口90多万人，占全市人口的41.8%，韶关市财政局切实把加快革命老区发展问题摆上重要的位置，认真执行江泽民总书记关于“任何时候都不要忘记老区人民”，“尤其要帮助仍然处在贫困状态的革命老区尽快发展起来”的重要指示，坚持把革命老区建设工作和财政事业发展工作一起部署、一起落实，持之以恒地逐年加大对革命老区的扶持建设，使革命老区不断取得新成绩，呈现新面貌。一是成立了韶关市财政局革命老区建设工作领导小组，负责革命老区建设工作的组织、协调和指导。领导小组下设办公室，负责处理日常工作。二是深入调查研究，局领导定期不定期地深入革命老区，注重了解老区基础建设进展情况及工作中存在的主要问题，注重了解老区贫困乡村村民的忧难问题，并根据调研掌握的一些具体翔实情况，切实对老区建设给予有针对性的财力扶持。

二、创新工作机制，形成多元的财政投入格局

市财政紧紧围绕社会主义新农村“生产发展、生活宽裕、乡风文明、村容整洁、管理民主”的总体目标，着力解决当地农民生产、生活中最关心、最迫切、最受益的实际问题，主要包括农村基础设施建设、义务教育、公共卫生、社会化服务体系建设等方面，让公共财政惠及广大农村。一是建立健全财政资金稳定的增长机制。财政不断调整财政支出结构，逐步建立合理、稳定和有效的投入机制，每年预算安排一定的革命老区建设资金，因地制宜，大力扶持当地传统产业升级，培育当地特色经济，加快推进老区脱贫致富。二是积极开辟新渠道，整合资金资源，不断扩大投入规模。财政局领导班子高度重视“三农”投入，有效整合农业综合开发资金、财政扶贫资金和水利、交通、农业等部门的涉农资金，同时积极筹集社会资金、民间资金，支持革命老区新农村建设。三是创新工作方式，积极发挥财政资金的引导和带动作用，运用补助、奖励、贴息、保险等多种手段，鼓励和引导民间资金、社会资金投入革命老区“三农”建设。创新财政资金使用绩效，发挥财政资金“四两拨千斤”的示范带动作用，建立起以财政资金为引导、以农民投资投劳为主体、社会资金广泛参与的多元投资体系。四是创新农村金融模式，进一步强化农村金融服务体系。成立韶关市首家村镇银行——始兴县大众村镇银行，对进一步加大当地金融市场供给，该银行将立足“三农”，加大对农业、林业、新农村建设的支持力度，推动本地区域经济发展将发挥积极的作用。五是充分利用革命老区优势，积极争取政策资金支持。南雄是一块“红土地”，在中国革命史上有“相当”的历史地位，2010年5月南雄市被认定为中央苏区县。围绕促进原中央苏区经济社会发展，南雄市积极争取中央和省的政策和资金支持。六是进一步优化信贷结构，简化小额农户贷款手续，加大信贷支持力度，多予少取，推行各项优惠的扶持措施，尽量满足革命老区不同层次群众的贷款需求，大力支持农业产业化、农业龙头企业、农田水利设施等的建设。

三、贯彻落实配套改革，切实减轻革命老区农民负担，努力提高人民群众生活水平

一是贯彻落实农村税费改革政策。2003年，实行农村税费改革后，韶关市取消乡镇统筹费、村提留费、农村教育集资等专门面向农民征收的行政事业性收费和政府性基金、集资；取消屠宰税；取消劳动积累工和义务工；合并农业税和农业特产税，实行农业税单一税种，除烟叶外，

不再征收农业特产税；取消农业税附加。2004年按税改后确定的计税面积和核定的常年产量，按6%税率计征。2005年1月1日起，全面免征农业税。二是妥善解决教育负债及乡镇和村的其他负债问题，对用于普及九年义务教育的债务余额，主要由当地政府统筹安排，逐步解决，财政给予适当帮助。对乡镇和村的其他负债，核实规模，分类处理，逐年化解。量力而行，严禁将乡镇和村的债务转嫁到农民身上，确保农民负担得到明显减轻、不反弹。三是落实种粮补贴政策，调动革命老区农民发展农业生产的积极性。2004～2010年，市、县财政投入综合直补资金18 600多万元，有效促进了农民种粮积极性，确保了粮食增产增收。四是大力实施“镇财县管镇用”财政体制改革，夯实“村账镇记”和“组账村记”工作，探索出了一条新的路子，不断提高基层财政自我保障能力。五是大力实施扶贫开发“规划到户、责任到人”工作。市财政从2010年起每年投入2 000万元，力争用3年实现80%以上被帮扶的贫困人口达到农村人均纯收入2 500元以上，确保被帮扶的贫困户基本实现稳定脱贫，从而使被帮扶的贫困村的落后面貌得到根本性改观，促进全市城乡区域协调发展。

四、加大农村基础设施建设，改善农村人居环境和农田水利条件

一是建设乡村公路网络，改善农村交通条件。近年来，财政不断加快镇能行政村公路建设。市财政按照给予每公里1万元的补助，2004～2010年，共完成村村通3 210千米，累计投入资金4 600万元，全面完成了镇通行政村其中包括革命老区的硬底化任务。与此同时，加快建设韶赣高速、广乐高速、韶赣铁路等，进一步打造成为革命老区的致富路，促进沿线地区资源开发、切实提高当地人民群众生活水平。二是加大农田水利基础设施建设的支持力度。按照政府支持、民办公助的原则，充分发挥财政资金的导向和辐射作用，支持建设农田水利工程、水库除险加固工程、机电排灌工程等水利工程。三是在石灰岩地区、边远山区开展“两大会战”，解决了20万群众生活用水难问题和石灰岩地区7万亩土地的灌溉问题。按照“先急后缓、量力而行、先生活后生产、讲求实效”的原则，投入资金完成180宗饮水工程的建设任务，受益人口达18万人。四是用足用好政策，抓住机遇，大力支持土地易地开发整理，确保耕地占补平衡，加大对中低产田改造，提高耕地数量和质量。五是以农房改造为重点，精心组织实施革命老区安居工程，制订规划，落实措施，把农房改造与农村“五改”（改厕、改水、改灶、改人畜混居、改路）有机结合起来，加快农村安居工程建设步伐。六是建设农村沼气工程。从2003年起，在全市农村进行推广使用沼气，拨出专项资金对建池农户进行补助，其中石灰岩地区补助400元，其他地区补助200元的标准，加上省和各县（市、区）级政府补助，建池户补贴达到1 000～1 800元，到2010年底，全市161 000多户农户用上了沼气。七是根据《韶关市政策性农村住房保险的实施方案》的有关规定，认真审核资料，核实续保农户数，及时拨付韶关市政策性农村住房保险市级财政保费补助资金，2010年已为全市八县（市、区）合计36.78万户续保农户拨付韶关市政策性农村住房保险市级财政保费补助资金。八是以“乡村清洁美”工程为契机，全力打造生态宜居村庄。大力实施“八化”工程，做到生活垃圾处理日常化、生活污水处理无害化、村道巷道硬底化、生活能源洁净化、村庄和庭院园林化、村道巷道亮化、家家户户楼房化、生活用水自来化。通过几年的努力，许多有革命老区的村庄生产持续发展，房舍整齐有序，村民生活质量不断提高，村落环境整洁美丽，实现了水清、地绿，环境美，成为了生态文明建设以及新农村建设的样板村，有的更是被评为了“全国生态家园先进村”。

五、开展智力扶贫工程，提高革命老区农民整体素质

在新农村建设中，农民是主人，必须要唱主角，必须要加强对农民的科技、文化培训，提高农民素质。一是建立农民工培训机制。通过开展农民函授、农业远程教育、举办农民夜校和专题培训班，以及现场技术指导、基地示范、送书下乡等多种形式，每年接受实用技术培训的农民达3万人次，农技人员接受再培训6 000多人次。在韶关市农民工培训示范基地就读的学生还能享受政策补助。二是全面实施农村免费义务教育。近年来，财政不断加大对农村中小学校的投入，切实改造薄弱学校，减免困难家庭子女基础教育学杂费。对人均年收入1 500元以下的贫困家庭学生除免收杂费外，还免费提供教科书并给予生活费补助。2006年在遭受特大洪灾影响的情况下，市和县投入2 000多万元对全市40所农村中小学校的基础设施进行了改造，对严重受灾家庭学生只要凭有效证明到学校报到即可入学，在实行义务教育免收学杂费的基础上，还免去2006～2007学年度书费以及寄宿生住宿费，并按每人每月80元的标准补助一学年的伙食费。

六、加大财政投入力度，增强革命老区农村社会保障职能

建立和完善农村尤其是革命老区社会保障制度是践行“三个代表”重要思想的具体行动，是切实解决农民生产生活困难的“民心工程”：一是加强农村医疗站设置工作。按照一个行政村一个卫生站的要求，在革命老区均建立了卫生站。目前每个卫生站医生每人每年财政给予1万元补助，已继续补助多年。二是农村合作医疗方面。2010年市级按每人每年12元，县按每人每年30元进行补助，加上中央和省的补助78元和个人出资30元，农民人均筹资标准达150元。截至2010年年底，全市参加新型农村合作医疗人数达193万人，参合人数占总农业人口数的99.8%，革命老区参加新型农村合作医疗人口覆盖率达100%。三是农民最低生活保障方面，对农村家庭年人均收入低于1 200元的贫困人口，将符合条件的困难群众全部纳入低保救济范围，

四是加强革命老区薄弱卫生院建设，财政投入890万元对革命老区63间卫生院进行了改造，大大改善了革命老区的卫生医疗条件和设施。五是抓好新型农村养老保险曲江、浈江和仁化试点工作。对农村60岁以上老人每人享有55元养老生活补助。充分体现了各级政府对老百姓的关怀。

七、积极筹措资金，加大财政在抗洪救灾中的投入

韶关是一个多自然灾害的地区之一，近年来，接连发生了2006年“7·15”洪灾、2008年“1·29”冰灾，2010年“5·16”洪灾等严重自然灾害。灾情发生后，及时采取措施抗洪救灾：一是加大力度投入帐篷、棉被、大米、饮用水、衣物等救灾物资，保障灾民的基本生活，帮助他们渡过难关。近5年来，全市包括革命老区在内累计投入救灾专项资金5亿多元，救济灾民289.7万人次，帮助灾民建房29 144套，全倒户已全部搬进新居。二是对洪灾中的全倒户实施统一规划、统一建设，市财政给予补助3 000元、县（市、区）补助2 000元，加上省的补助，总额达到1万元以上。目前，全倒户均已按市委、政府的要求搬入新居、新村。三是积极开展受灾地区农村35周岁以下劳动力短期职业技能培训转移就业和智力扶贫工作。印发了《关于切实做好我市灾区劳动力转移培训就业支持灾民脱离困境的实施意见》，同时下达了全市2 500名智力扶贫招生计划。动员全市16家技工学校积极投入智力扶贫和技能培训救灾工作，并拨出专款用于重灾户劳动力技能培训。对入读技校的重灾户子女减免一学期或一学年的学费。凡受灾户有培训和就业愿望的35岁以下的劳动力，按照“广东省百万农村青年技能培训工程”的要求，给予他们一次免费职业指导，三次免费推荐就业和一次免费职业技能培训待遇。

八、加快农村现代服务体系建设，带动农民奔康

一是支持农（林、渔）业科技研究与推广应用，建设现代农业示范园区、农业科技园和技术创新专业镇。充分发挥农业科研单位、基层农技站的作用，带动革命老区科技致富的能力。二是支持农业产业化发展，不断提升韶关农业竞争力。支持农民专业合作组织，提高革命老区农民进入市场的组织化和信息化程度。以“公司＋基地＋农户”、“公司＋协会＋农户”的模式，培育和发展专业协会或合作社，增强辐射带动能力。三是大力推进革命老区农村城镇化，提高农民生活质量。不断优化农民进城的政策环境，引导和鼓励农村人口向城镇转移，逐步减少革命老区农村人口。加强劳动力输出与输入的信息服务，加强组织管理，不断扩大农村劳动力输出规模和转移渠道。大力发展革命老区农村私营企业等非公有制经济，促进第二、三产业吸纳革命老区农村富余劳动力就业。四是大力实施革命老区的“红色旅游”精品线路，带动农村第三产业蓬勃发展。韶关历史文化遗迹丰富，近年来财政加大投入主动开发旅游资源，通过以点带面实现省委旧址与其他革命遗址等结合起来，打造爱国主义教育、自然遗产、森林公园等为主题的各类型公园，推动老区的第三产业发展。

（韶关市财政局供稿，刘礼清　杨文乐执笔）

完善财政支持体系　促进教育优先发展

仁化县位于广东省北部，是粤、湘、赣三省交接之地，也是全省48个山区县之一。全县总面积2 204平方公里，辖10个镇和1个街道，总人口23.33万人。全县目前有中小学89所（含初级小学），其中高级中学、完全中学、中职学校、电大进修学校、特殊学校各1所，初级中学6所、九年一贯制学校7所，完全小学17所，初级小学54所。2009～2010学年在校中小学生27 925人，其中小学生13 361人，初中学生7 909人，普通高中学生4 316人，中职学生2 339人，中、小学在职在岗专任教师2 242人。2010年，仁化县以“三个代表”重要思想为指导，以科学发展观为统领，紧紧围绕全县经济社会发展大局，坚持“生财有道、聚财有方、理财有规、用财有效”和集中财力办大事的原则，坚定不移地推进“教育兴县”战略，千方百计地保障和加大教育投入，建立健全教育经费的长效投入机制，贯彻落实国家各项教育惠民政策，积极完善公共财政体系，推动城乡教育服务均等化，为教育事业优先、快速发展提供重要的物质基础和机制保障。

一、确保教育经费逐年增加

经济社会发展要求对教育投入应大幅增加，面对财政盘子小、支出压力大、支柱型财源少的现状，仁化县始终坚持“预算安排倾斜教育、资金拨付优先教育”的原则，进一步明确政府的支出责任，不断增加教育投入，努力构建教育经费长效增长机制。2006年以来，全县教育经费投入呈快速增长趋势，从2006年的1.28亿元增加到2010年的1.71亿元，教育一般预算支出从2006年的7 264万元增加到2010年的1.37亿元。2009年在校生平均费用为4 869元，较2008年的4 776元增加93元，增长1.95%；2010年在校生平均费用为5 364元，较2009年的4 869元增加495元，增长10.17%。2009年生均公用经费为452元，较2008年的441元增加11元，增长2.5%；2010年生均公用经费为507元，较2009年增长55元，增长12.17%。财政持续增加对教育的投入，较好地满足了教育事业快速发展的需求。

二、多渠道筹措安排教育资金

（一）依法足额征收城市教育费附加

2010年全县教育费附加收入为1 434万元，较2009年增长47.99%，教育费附加支出为1 494万元，较2009年增长52.14%，占当年教育费附加收入的104.18%，已按年度使用计划全部用于发展高中教育及义务教育。

（二）积极借助社会融资发展教育

一是争取金融机构信贷支持。通过统筹盘活县属国有资产等方式，向金融机构争取贷款，作为高中阶段学校改造和扩建的启动资金，加快3所高中校园改造工程的建设。在国家开发银行的有力支持下，仁化二中综合教学大楼第一、二期工程顺利完成并于2010年秋季投入使用。二是畅通社会投入渠道。积极探索建立政府主导、社会参与、公办和民办并举的办学机制，充分发挥财政政策和资金的杠杆效应，研究制定民间资本经营教育事业的优惠政策；积极探索学校后勤社会化发展路径，减轻学校建设经费和管理负担；鼓励社会各界捐资助教，建立固定的港澳台地区侨胞和企事业单位联系沟通制度，充分利用儿童节、教师节、校庆等教育节日及中、高考成绩放榜等集中时间，广泛发动热心人士开展捐资助学、奖教奖学活动，吸引更多社会资本用于发展教育。

三、狠抓增收节支确保教育等重点支出

为了加大教育等民生领域的投入力度，仁化县财政局把组织财政收入作为促进社会各项事业发展的重要抓手，通过深入分析收入形势、积极协调有关部门、加大税收的稽查和征管力度、不断深化收支两条线管理，取得突出的成效。2010年，县本级一般预算收入达到3.37亿元，收入规模在韶关市各市、县、区排第二，同比增收7 030万元，增长26.33%，超额完成年初预算目标任务。同时，积极向上级部门争取资金支持当地社会事业发展。在各部门的通力合作下，2010年共争取上级资金9 618万元（其中县财政局争取到1 960万元，县教育局争取到96万元）。加强国有资产管理，扩大公共资产统管范围，县公共资产管理中心接手县九龙岩水电站，该电站实现销售纯收入126万元；2010年中心共处置县直行政事业单位资产27宗，处置金额2 438万元，对38间合同到期的商铺等经营性资产实行公开招租，实现年租金收入10万元，收入纳入“收支两条线”管理。同时，坚持“规范支出”、“有保有压”，进一步节支优支。2010年政府采购金额达1 971.79万元，节约资金152.77万元，其中节约财政资金93.44万元，节约率

为7.19%。县财政投资评审中心对仁化中学教学楼等52个项目预结算进行审核，共涉及财政投资资金9 071万元，核减金额184万元，核减率为2.03%。2010年纳入财政集中支付资金为1.97万元，其中直接支付1.55万元，占79%，授权支付4 160万元，占21%，进一步地提升财政资金的使用效益。通过一系列卓有成效的增收节支措施，为发展教育等民生事业提供稳定的财力保障。2010年，投入民生领域的财政一般预算支出达4.2亿元，较2009年增支6 867万元，增长19.51%，在刚性需求不断增强的情况下，仍实现了预算收支平衡。

四、加强教育经费管理

全县各中、小学校经费在财政年度预算中单列预算，所有教育经费都按时由财政直接拨付各校。各镇（街道）完善了镇级教育经费收支财务结算中心，将所有教育收费都纳入教育专户“收支两条线”管理。同时，全县中、小学在开学初均把书杂费上缴县财政专户，县财政部门按要求及时全额返拨给学校，没有被截留、克扣、挪用等现象；建立了中等职业教育生均综合定额拨款制度，学生助学金市、县配套部分纳入年度财政预算，并按时足额拨付，确保了教育经费全部用于学校教育事业。

五、切实保障和提高教师待遇

仁化县委、县政府充分认识到要实现教育事业又好又快发展，拥有一支素质过硬、从业稳定、团结协作的教师队伍至关重要。仁化县地处粤北山区，在经济社会环境上，与韶关市、珠三角之间都存在明显的差距，这种差距也体现在教师的收入上。为了稳定师资队伍，减少师资力量流失，仁化县在财力十分有限的环境下，千方百计地保障和提高教师待遇。

（一）从不拖欠教师工资

县财政对全县教育系统的所有教师工资进行了全额负担，将教师工资按照国家和省统一规定的工资项目和标准列入年度财政预算，将教师补贴资金纳入部门预算管理，坚决做到“四不准”：不准截留、挪用中央、省、市各级工资性补助资金，不准拖欠教师工资，不准迟发教师工资，不准降低教师工资标准，保证了教师工资正常发放。从2001年起，全县教职工工资就一直由财政部门通过银行按月足额打入银行开设的教职工个人工资账户，从未发生过拖欠工资的情况。

（二）实现教师工资待遇逐年提高

教师月平均工资从2006年1 315元，提高到2010的1 723元，增长31.03%，其中2008～2010年分别为1 676元、1 697元和1 723元，实现逐年稳步提升。另外除了统发工资外，从2006年开始，仁化县财政按月给包含教师在内的行政事业单位人员发放生活补贴，高级职称按副处级、中级职称按正科级标准发放。经过多次上调，2010年里全县在编教师（含离退休）都能获得每月400～1 200元不等的补贴，全年共发放教师生活补贴207万元，人月均684.63元；另外，从2008年起，全县对高中一线教师每人每月增加200～300元的补贴，2010年共发放98万元，惠及816名高中教师。

（三）超额实现“两相当”

经过多年的努力，仁化县中、小学教师的收入状况发生了很大的变化，一跃成为当地高收入群体之一。2010年，全县中小学教师的月人均工资（财政安排的工资和补贴）为2 469元，而当地公务员为2 084元，高出385元。在实行城乡教师统一工资福利标准的基础上，乡镇任教的教师还高套一档工资，超额实现了“两相当”的目标（即县域内中、小学教师平均工资水平与当地公务员平均工资水平大体相当，县域内农村中、小学教师平均工资水平与城镇中、小学教师平均工资水平大体相当）。

（四）促进师资队伍建设

县财政将教师队伍建设专项经费列入年度预算，为中、小学教师接受继续教育提供经费保障。2010年，在全县2 242名在岗中、小学教师中，小学专任教师学历达标率为99.1%（其中大专以上学历为75.9%），初中专任教师学历达标率为98.2%（其中本科以上学历为55.8%），高中专任教师学历达标率为99.1%（其中研究生学历2%）。2010年，县财政还拨款16万元，举办了一期203人参加的教育技术能力项目中级培训，通过严格的培训、面试、试教和考核，全县共有95人取得不同层次的教师资格。

六、大力优化教育资源配置

（一）加强教育基础设施建设

2006～2010年，仁化县教育基础建设的财政投入达6 635.4万元，通过采取“财政为主、上级资助、社会支持、规费减免”的方法，新增校舍建筑面积55 930平方米，新增土地面积21 600平方米。一是推进高中校园改造工程，先后投入5 000多万元对仁化中学进行校园改造以及完善了学校实验室、多媒体电教平台、塑胶田径运动场等设施；投入2 700万元兴建仁化二中教学综合大楼第一、二期工程并于2010年秋季投入使用；投入800万元建设仁化中职学生饭堂宿舍一体楼，也已按计划完工。二是开展农村学校危房改造工作，2007～2008年，共投入危改工程资金1 800万元，完成23栋总面积13 000多平方米的C级危房维修，拆除了33栋D级危房并完成新建工程，全面完成农村学校危房改造任务。三是开展校舍安全工程，从2009年启动以来，共投入2 326万元，完成全县校安工程规划总投资额5 287万元的43.99%，其中7栋新建校舍已全部动工兴建，2个工程已竣工交付使用，投入254万元维修加固董塘中学等3所学校校舍，维修加固面积达5 185平方米。

（二）优化中、小学布局

近年来，仁化县开展多次大规模的乡镇中、小学校布局调整工作，利用暑假的有利时机，先后撤并了多个农村薄弱学校；将城口、红山、闻韶等6个乡镇的初中和中心小学合并，开创了乡镇学校实行九年一贯制的先河，还将中心小学腾出的校舍兴办乡镇中心幼儿园。通过撤并调整，整合了乡镇学校的硬件和师资、提升了管理效率，也切实减少了学校运营成本、减轻了财政负担。

（三）做好中、小学教育装备配置

为提升全县中、小学校的教学装备水平，仁化县开展了以“新装备”工程为主的教育装备工程建设。2年多来，全县共投入705万元，新装备中学理化生试验室37间、小学科学实验室10套、添置图书72 643册、增加办公电脑423台、电教平台94套，中小学的教学装备状况得到了根本的改善。2010年，教育部门通过对中、小学的教育装备的管理使用状况的检查，积极督促各校补充征订常规教育仪器。据统计，仅2010年上半年补充征订的常规教学仪器经费就有460万元。

至2010年年底，仁化县已建成义务教育规范化学校31所，义务教育规范化学校覆盖率为90.1%；全县共有1所国家级示范性普通高中，1所省级重点中职学校，1所市一级普通高中学校；全县共有省一级幼儿园1所，乡镇中心幼儿园10所，占乡镇总数的90.9%。

七、统筹兼顾、协调联动，促进教育事业再创辉煌

（一）推动“普高”成绩再上新台阶

2010年，仁化县参加普通类高考人数1 545人；高职类考生32人；重点本科上线率5.31%；本科上线率47.96%；大专以上上线率96.25%，高职类上线率93.75%。全县重点本科、本科以上、大专以上上线率均列全市八县（市、区）第一，在2009年重本第二、本科以上第二、大专以上第一的基础上，实现高考成绩再上新的台阶；高职类上线率居全市同类学校第一名，全市美术专业、体育专业高考状元均花落仁化县。全县共有1 462名考生被相关高校录取，总录取率超九成；其中，第一批本科录取111人，第二批本科A类录取328人，B类录取217人，本科录取率达42.46%；专科类录取人数774人，录取率50.10%；普通本、专科类录取率92.56%，高职类录取100%。2010年7月29日，县委、县政府隆重召开了“扬帆起航，放飞梦想”为主题的2010年高考表彰大会，县财政拨出106.3万元（2009年为74.75万元）重奖高考工作先进单位和个人。

（二）促进农村义务教育均衡发展

仁化县全面落实免费义务教育政策，县财政发放2010年春、秋季城乡免费义务教育补助资金954万元，受益学生44 593人次，并在实施省内学生免费义务教育的基础上，继续对持有“三证”的外省学生实施免费义务教育，取消义务教育阶段借读费，有872名外省学生享受到这一优惠政策。免费义务教育政策真正做到深入民心，惠及民生。2010年仁化县小学毛入学率为113%，较2009年增加了1%；初中毛入学率为133%，较2009年增长了11%。

（三）全力支持“教育强县”创建工作

仁化县把创建广东省“教育强县”作为继“普高”、“普九”之后，又一项具有深远意义的教育民心工程、作为做好今后几年教育工作的重要抓手，制定了《仁化县创建教育强县工作实施方案》，对“创强”工作进行了全面科学的部署。仁化县财政局围绕大局、统一步伐、强化责任、协调联动，全力支持“创强”工作。一是加强宣传教育，牢固树立“投资于教育，就是投资于人民，投资于未来”的理念；二是及时足额做好“创强”建设资金和工作经费的安排与拨付；三是积极发挥财政职能，做好参谋，确保完成教育经费财政拨款、生均教育经费、生均公用经费和教师工资的增长任务；四是加强与相关部门、机构的沟通联系，积极争取项目资金、金融机构信贷支持、相关政策扶持和税费减免。目前，仁化二中综合教学楼、仁化中职宿舍饭堂一体楼、部分乡镇中学教学楼维修工程等项目分别获得省、市、县立项，董塘镇、城口镇、闻韶镇和丹霞街道创建“教育强镇”工作顺利通过省督导评估组的验收，为2012年实现“教育强县”的目标打下了坚实的基础。

（仁化县财政局供稿，欧钊黎执笔）

河源市

“六个注重”确保“小金库”治理成效

河源市“小金库”治理工作开展以来，在市委、市政府的正确领导下，紧紧围绕“提高治理实效、建立长效机制”的工作目标，突出自查自纠、重点检查、整改落实三个关键环节，努力将中央、省精神和河源市实际结合起来，将阶段性治理与标本兼治、建立长效管理机制结合起来，着力强化组织领导，加大治理力度，创新方式方法，“小金库”治理工作有力有序推进，取得了明显成效。2010年8月初，中央治理“小金库”工作领导小组组长、财政部部长谢旭人在河源市检查调研期间对河源市“小金库”治理工作给予了充分肯定。

一、注重提高思想认识

着力提高对治理“小金库”工作的思想认识是抓好治理工作的前提和基础。中央《意见》下发以后，河源市立即召开专题会议研究部署，认真学习领会中央和省有关会议精神。市委、市政府领导对治理“小金库”工作高度重视，分别多次专门作出重要批示。在市委、市政府主要领导的高度重视下，全市上下积极行动，及时制定“小金库”治理工作实施方案，层层召开治理“小金库”工作动员会议。市治理“小金库”工作领导小组加强对治理工作的具体指导，先后8次召开专题会议，对“小金库”治理的各环节、各阶段工作进行研究，提出明确要求。由于全市上下思想统一、认识到位，“小金库”治理工作在全市范围内有力有序全面推开。

二、注重强化组织协调

着力强化对“小金库”治理工作的组织协调是抓好治理工作的有力保障。“小金库”治理工作涉及面广，工作量大，河源市立足实际，精心组织，统筹协调，为治理工作的顺利开展创造了良好的条件。一是在组织机构上，全市各级均建立了“主要领导亲自过问、分管领导亲自抓，牵头部门领导全程主抓”的领导体制，明确职责，强化责任。市治理“小金库”工作领导小组各成员单位之间配合得当，市纪委、市监察局、市财政局、市审计局等10家单位为领导小组成员，为治理工作提供了良好的组织保障。在开展社会团体和国有及国有控股企业“小金库”治理工作中，还增加市民政局、市国资委为领导小组成员单位，确保“小金库”治理工作的高效开展。二是在工作保障上，全市各级治理工作机构基本达到人员、经费、办公场所、办公设备保障到位。其中，市级抽调专职工作人员10余名，组织协调和指导督查“小金库”治理工作。在重点检查阶段，市级抽调业务精、能力强、素质高、工作扎实的检查人员共128人/次，组成17个检查组开展党政机关和事业单位检查；组成11个检查组开展社团组织和国有及国有控股企业检查，均实行组长负责制，确保了检查工作组织有力，人员到位，力量精干。同时还聘请注册会计师加入全市各个重点检查组，加大工作力度。三是在统筹协调上，全市各级治理机构纵向联动，横向配合。市治理办在统筹协调抓好全市治理工作的同时，注重抓好与市级单位之间的协调配合工作。如协调新闻媒体做好宣传发动工作，协调市纪委等领导小组成员带队，组成督查组对全市开展督查等。

三、注重创新工作机制

建立高效的工作机制是确保“小金库”治理工作事半功倍的关键环节。河源市立足实际，精心组织，积极创新治理工作的运作机制。一是在工作机制上，研究制定了治理“小金库”工作单位职责分工和治理“小金库”工作领导小组办公室工作制度等一整套工作制度。制定实施了市治理“小金库”工作举报奖励办法、信访举报事项办理工作流程等一些有创新、有成效的治理工作规范。二是在强化责任上，根据市委、市政府领导的批示精神，市纪委、监察局与市直216个党政机关和事业单位“一把手”、150个社团组织和国有及国有控股企业法人代表签订了“小金库”专项治理工作责任状。这一做法推广到全市各县、区，进一步明确了各级各部门责任，各项工作得到了更加强有力的开展。三是在统筹推进上，将治理“小金库”工作与规范账户清理、行政事业单位资产清查、规范津贴补贴、规范非税收入征收等工作结合起来，综合治理，深入推进，加大源头治理力度，并要求各地以治理“小金库”工作为契机，深入研究和探索长效机制建设，完善制度，建立机制，取得明显成效。

四、注重广泛发动群众

为扩大宣传和影响，在全市范围内更广泛地发动群众参与治理工作，举报“小金库”问题。河源市围绕不同治理阶段的宣传要求，突出重点，深入开展宣传。一是会议动员。在全市治理“小金库”工作会议召开以后，全市各级各部门及时贯彻会议精神，相继召开本地本部门的宣传动员大会，广泛宣传，深入发动。进入重点检查阶段以后，全市各级进一步重申政策，扩大宣传面，放大宣传效应。二是媒介宣传。市治理办先后多次在市主要媒体、报刊发布开展“小金库”专项治理工作的消息，并发布举报公告，将全市的举报电话、举报邮箱、举报通信地址全文刊登，公布奖励比例和奖励额度。市治理办编印了10多期《河源市“小金库”治理工作简报》，及时宣传治理工作政策，反映工作动态，推动全市工作开展。各县、区结合各地实际，及时宣传，如龙川县在县电视台打出字幕连续滚动播放一个月等。三是全员发动。要求各级治理机构全面立体式向社会公布举报电话和举报奖励政策，悬挂宣传标语，发动社会各界、单位群众共同参与，营造治理“小金库”的良好的社会氛围。四是开展检查现场公示。在进入检查点后，现场张贴检查公示，公布举报电话，发动群众举报，发挥了较大的作用。截至2010年年底，河源市共接到各类举报7件，均进行了调查核实，并纳入重点检查范围，按有关规定进行及时处理。

五、注重提高治理实效

提高“小金库”治理实效是开展专项治理工作一以贯之的目标和要求。河源市围绕治理工作的阶段性特点，始终坚持在提高治理实效上下工夫。一是抓自查自纠。要求各单位负责人、分管负责人、财务负责人签订自查自纠工作承诺书，对自查自纠情况负完全责任。从2009年5月30日起，在全市全面推开了党政机关和事业单位的自查自纠工作，自查出“小金库”7个，涉及金额共42.3万元；从2010年8月起，开展了社会团体和国有企业自查自纠工作，市直纳入治理范围的社团组织199个，国有及国有控股企业160个，自查面达100%，自查出“小金库”3个，涉及金额98.64万元。二是抓“零申报”、“零问题”工作。在自查自纠工作初始，一些单位存在“走过场”、侥幸过关和瞒报的思想。针对这一情况，经市治理“小金库”工作领导小组会议研究，决定将“零申报”、“零问题”县、区直接列入重点攻坚对象，以此同时市治理办主要领导亲自上门找“零申报”、“零问题”县、区相关负责人，积极宣传“鼓励自查、支持自查、依靠自查”政策，重申“零申报”的严重性，要求打消顾虑放下包袱，主动开展自查自纠。在强有力的组织领导和严格的纪律要求下，“零申报”、“零问题”县、区全面消除。三是抓重点检查。在整个“小金库”治理工作重点检查开展过程中，河源市根据《实施方案》的方法和步骤安排，结合自查自纠情况，分别制定了党政机关和事业单位、社团组织和国有及国有控股企业《治理“小金库”重点检查工作方案》；针对检查“小金库”工作的特点，组织重点检查力量，明确责任分工，明确检查纪律，并研究了专门的检查方法；加强对检查组工作人员的培训，增强检查组成员的政策水平和业务能力，深入开展重点检查工作。党政机关重点检查面达到5%，社团组织检查面达到16%，国有及国有控股企业检查面达到27.5%，共发现“小金库”3个，涉及金额共349.72万元。四是抓整改落实。对重点检查阶段发现的6个预算单位违纪行为的整改落实情况，通过听取汇报、对其财务会计账进行询查等方式逐一进行了“回头看”检查，对整改不到位或整改效果不好的，督促其重新整改，对虚报整改情况的严肃批评，情节严重的严肃追究有关责任，着力提高治理实效。目前，各单位存在问题已基本整改落实到位。

六、注重建立长效机制

“小金库”久治不能根除的一个重要原因就是在制度上有缺失、管理上有漏洞、监督上不到位。因此，河源市把建立防治“小金库”问题的长效管理机制作为专项治理工作的最终目的，在治理工作中始终坚持一边抓检查清理，一边抓长效机制建设。河源市在不断推进预算管理制度、国库集中收付管理制度、政府采购制度、非税收入收缴制度等各项财政管理制度改革的基础上，不断加大改革力度，建立和完善了一系列的制度和措施，如通过建立和完善公务卡制度，大大提高了公务支出的透明度；通过建立财政“大监督”格局，有效防止了“重分配、轻监管”的现象；通过推动部门建立内部控制制度，加强了部门单位内部的权力制约，规范了办事程序，防范了资金和管理风险；通过取消“小金库”严格控制行政支出，切断了超预算、超标准、超范围开支的来源，从源头上堵塞财政资金流失的漏洞。下一步，我们将进一步从深入剖析产生“小金库”问题的现状和成因着眼，用改革的办法、创新的手段，积极研究和探索强化源头治理的措施，建立健全覆盖财政资金运行全过程的长效监督机制，着力筑建三层“防火墙”，即创新宣传教育方式，铸建思想道德的“防火墙”，解决认识误区，消除“小金库”萌生的思想动因，使之不想私设“小金库”；建立长效监督机制，铸建财政监督的“防火墙”，使之不敢私设“小金库”；深化财政体制改革，铸建财政管理的“防火墙”，堵塞财务漏洞，铲除“小金库”适以滋生的土壤，使之不能私设“小金库”。

（河源市财政局供稿，具瑞新执笔）

梅州市

精心组织 扎实推进财政管理信息一体化建设

2010年，梅州市财政局作为广东省财政厅“金财工程应用支撑平台”建设试点市，按照“金财工程”建设要求，精心组织、扎实推进、积极开展相关工作，财政管理信息一体化系统建设取得了丰硕的成果。

一、遵循原则

基于金财工程应用支撑平台构建一体化财政管理信息系统建设工作是一项业务覆盖面大、涉及部门多、技术复杂的信息系统工程，既要重视工作实效，又得兼顾长远发展，既要符合标准规范，又得兼顾实际情况，既要突出重点，还要保障系统实施有序推进。因此，系统建设工作要坚持以下原则。

（一）坚持为财政业务工作服务的原则

既要满足目前财政业务需求，同时又要围绕财政未来业务发展的需要，建设一个基于应用支撑平台一体化的财政管理信息系统，使信息技术真正融入财政管理工作当中。并以此平台为基础，建设业务上全面覆盖、数据上全部共享、流程上相互衔接、管理上协调统一的“一体化”信息系统。从而提高财政工作的规范性和有效性，减少业务人员日常工作量，为领导决策提供科学依据。

（二）严格按照财政部“金财工程”五个统一要求的原则

按照财政部的规范与标准进行统一规划，将主体业务应用纳入一体化管理，建成财政内部、财政与本级预算单位、上下级财政互联互通的一体化财政管理信息系统，逐步实现预算自动汇编、收支及时汇总和决算及时生成。采用分步实施方法，建设包含预算管理、预算执行、集中监管、行政办公以及面向局长等领导层的决策支持五大系统。分步实施，稳步推进，逐步实现财政数据大集中的建设目标。

（三）重视实效原则

设立组织领导组和实施工作组，全面协调好基于“金财工程”应用支撑平台构建一体化财政管理信息系统建设工作。充分考虑财政业务应用和管理需求，以业务流程为主线，对现有业务流程进行优化和整合，注重一体化财政管理信息系统的运行实效。同时，在保证一体化系统高效运行的基础上，充分利用现有网络和设备，保护已有投资，节约建设成本。

二、制定建设目标

信息化建设不仅仅是技术问题，更是管理问题。市财政局从2009年下半年开始筹划以建设公开透明和服务便捷的政府财政管理信息系统为目标，以内容完善、管理思想和技术手段先进为出发点，以促进业务流程的规范、提高行政效率为主线，以有利于信息资源共享为追求，进一步完善财政信息基础设施建设，加大信息资源整合力度，建设财政局内部与单位统一的数据库，建设应用支撑平台，并以此平台为基础，建设业务上全面覆盖、数据上全部共享、流程上相互衔接、管理上协调统一的资源型财政管理信息系统。从而提高财政资金分配和使用的安全性、规范性和有效性。

一要实现全方位管理。不仅能够处理各项财政业务，而且能满足各个业务科室的管理需求，还要将全市预算单位纳入进行统一管理，加强各行业主管部门财务监管，满足政府审计和人大监督。

二要实现全过程管理。“一体化”系统覆盖了预算、执行、监督、核算、决算、分析评价各个环节，形成“以预算为源头、以预算执行控制为重点、以核算和监督为依托、以决算和分析为回路”的管理体系；做到“事前审核、事中监督、事后审计”的科学、规范管理。

三要实现精细化管理。基于翔实的基础信息库编制细化的部门预算；对多年的项目进行滚动管理；实现会计科目与预算科目相结合、功能分类与经济分类相结合、系统预置辅助核算与用户自定义辅助核算相结合的细化核算；综合利用本年数据和历史数据，进行细致的决策分析、实现精细化管理。

四要实现上下级财政信息透明。财政数据大集中，统一数据标准、统一支撑平台、统一应用系统，实时掌握全市财政管理动态，加强专项资金的管理，及时发现和解决问题。

五要优化决策支持。通过系统做好财政业务数据开发与综合利用，建立一般预算收支数据库及动态管理机制，实时掌握收支进度情况；整合财政内外部各种数据资源，为预算编制和财政政策调整提供决策依据。

三、主要做法

梅州市金财工程应用支撑平台和财政一体化系统在建设过程中一直受到局党组的高度重视，多次召开专题会议研究部署，认真分析建设过程中的每一个环节，确保项目顺利实施。

（一）加强领导，强化组织保障

“一体化”建设任务重，时间紧，技术复杂，安全可靠性要求高，是一项系统工程。市财政局党组十分重视此项工作，正视困难，迎难而进，提高认识，统一思想，狠下决心抓好这一工作。成立了由李钢局长任组长、局党组成员任副组长的领导小组，由业务骨干和信息中心、实施公司人员共同组成的实施工作小组，统一领导，明确岗位职责，密切配合，统一协调，形成合力，为“一体化”建设的顺利推进提供了强有力的组织保障。

（二）精心制订工作方案，扎实做好实施工作

一是制订详细的实施计划。结合市财政局财政业务工作实际，按照总体规划，分步实施的原则，制订详细的实施计划。二是组织业务培训。通过学习和业务培训，要求所有业务人员掌握和了解“一体化”系统的管理模式及基本要点、操作程序和技术要求，进一步提高了工作效率，为顺利实施这项工作奠定了坚实的基础。

（三）全局配合，相互协作，确保有序推进

2010年3月初，梅州市金财工程一体化建设工作正式启动，全局上下积极配合，各业务科室都派出业务能力强、计算机操作熟练的人员专门负责配合一体化项目建设，有力推动了此项工作的开展。

（四）加强与省财政厅财政信息中心的请示、汇报工作

省财政厅财政信息中心的领导和技术人员十分关心基层信息化建设，经常检查和了解市财政局“一体化”建设情况，指导梅州市信息化建设工作的顺利开展。

四、取得成效

（一）实现了财政业务数据和业务流程的规范化管理，提升财政工作科学化、精细化管理水平

根据财政部《基于“金财工程”应用支撑平台数据交换规范》和《基于“金财工程”应用支撑平台开发规范》的要求，基于平台建立起来的基础数据标准、基础业务规范、统一代码体系和技术标准，进一步优化、规范基础数据和业务处理流程，有力地促进梅州市财政管理基础工作的加强和改善，提升了梅州市财政工作科学化、精细化管理水平。

（二）构建以应用支撑平台为中心的一体化财政管理信息系统，进一步提升了梅州市财政信息化管理水平

按照“统一规划、统一管理协调”的原则，做到实施方案符合部里及省财政厅的要求，平台建设符合“两个规范”，各项功能符合业务需要，系统规划符合长远发展，实现了财政管理一体化。

（三）开发基于应用支撑平台基础数据的财政综合查询分析系统，进一步提升辅助决策支持水平

以平台为标准载体和数据中心，建立全面、准确、及时的财政业务平台数据库，实现了指标账的自动生成。通过数据对账功能，确保接入到平台的业务数据与日常业务处理数据一致。通过查询分析提供灵活、实用的各种报表，为领导决策提供科学依据。

（四）支持上下级财政数据交换

金财工程应用支撑平台作为一个数据平台，规范了“数据交换标准”，提供了“数据交换组件”功能。通过平台在各级财政的部署应用，可实现与省厅、与区、县财政的数据上传下达。“数据交换组件”目前正处于实施阶段，与省财政厅确定交换数据规格后，通过纵向网实现数据交换。

（梅州市财政局供稿，黄定锋执笔）

突出“四个加大”科学理财实现新突破

2010年，兴宁市财政局紧紧围绕“三市”发展战略，以科学发展观统揽全局，以促进绿色的经济崛起作为着力点，以抓收入为中心，以求支持、强管理为重点，突出“四个加大”，凝心聚力，开拓创新，真抓实干，攻坚克难，财政工作实现新的突破，有力地推进了“工贸新城、人文秀区、绿色兴宁”建设。2010年，兴宁市完成本级一般预算收入32 398万元，占年初预算计划28 800万元的112.49%，对比2009年26 174万元增收6 224万元，增幅23.78%。其中：税收收入完成26 444万元，占一般预算收入的81.62%完成上划中央“两税”17 186万元，对比2009年增加188万元，增幅1.11%。完成上划省“四税”8 815万元，对比2009年增加2 537万元，增幅40.41%。完成财政总收入16.56亿元，对比2009年14.9亿元增加1.66亿元，增幅11.14%；财政总支出16.48亿元，对比2009年增支1.86亿元，增幅12.66%；收支对比结余163万元。

一、加大抓收入力度，财政收入再创新高

紧紧围绕财政一般预算收入增长10%目标，把抓收入作为财政全年工作的中心任务，以培植财政源、强化征管和争取资金为抓手，努力增加可用财力，财政收入再创新高，2010年财政综合增长率达26.13%。

（一）注重财源建设，奠定增收基础

一是大力推进招商引资和工业园区建设，努力增强财政增收后劲。二是扶持产业结构调整，促进产业转型升级，筹集资金3 300多万元，扶持31个企业重点项目改造，培育战略性新兴产业和新的经济增长点。三是投入800多万元，突出奖励纳税大户，制定奖励措施，着力扶优扶强骨干企业；四是积极筹集资金，支持重点项目建设，以项目建设带动财政增收，进一步奠定了增收基础。

（二）狠抓依法征管，财政收入稳步增长

落实目标责任管理，加强部门协作，调动部门征收积极性，形成抓收合力。积极应对宏观经济形势和国家税收政策变化，认真分析影响收入的各种不利因素，加大税收宣传力度，抓大控小，挖潜堵漏，依法清理欠税，做到应收尽收。强化收入态势跟踪，加强对重点行业的税源监控，改善收入结构，提高收入质量，财政收入稳步增长。

（三）加大争取支持力度，增大本级财力

紧紧抓住国家实施扩内需、保增长积极财政政策的机遇，并充分利用兴宁被列为省直管县财政4个改革试点之一以及省财政的一些体制机制改革（如完善激励型财政措施、基本公共服务均等化建设、财政隔层保障机制、实施横向转移支付等）的有利时机，结合实际，采取抓大不放小的措施，加强部门协调，找准突破口，选优项目，全力争取省竞争性项目资金扶持，促进了县域经济发展。

（四）发挥财政杠杆作用，放大财政资金效用

一是加大融资平台建设力度，拓宽融资渠道，积极采取BT项目融资等方式，努力筹措资金支持市重点项目建设。二是以贴息等方式，积极扶持工艺、纺织、机电等行业发展壮大。三是以财政补贴等方式扶持小水电、农业龙头企业发展生产。

二、加大民生投入力度，推进基本公共服务均等化迈出新步伐

紧紧围绕公共财政体系建设的要求，积极调整优化支出结构，严格控制一般性支出，把财政支出优先用于六大民生工程建设和办好八大民生实事上，以小财政办大民生，推动基本公共服务均等化向前迈进，促进了和谐兴宁建设。一是落实教育优先战略，全年教育投入达43 565万元，促进了城乡教育均衡发展。二是大力推进“文化名城”创建和体育事业发展，全年公共文化体育方面投入1 524万元。三是围绕市委“大交通、大发展、大建设”的思路，投入4.2亿元，支持改造建设了官汕大道、205国道穿城段，以及径荷、径石、溪留、甘罗、龙石、龙山等公路共78公里，完成了16座危桥改造和200公里自然村道硬底化。四是进一步完善社会养老保险体系，在继续扩大城镇职工基本养老保险覆盖面的同时，重点推进新型农村社会养老保险试点工作，促进老有所养。五是实行梅州最低工资标准，按政策提高企业离退休人员养老金。六是推进医疗卫生体系建设，加大公共卫生、城市社区卫生、农村卫生等方面投入，不断提高医疗卫生服务水平，缓解群众看病难问题。全力支持基本医疗保障事业发展，新型农村合作医疗、职工基本医疗保险和城镇居民基本医疗保险覆盖面进一步扩大，其中全市新型农村合作医疗参保数达81.9万人，参保

率达99.4%。进一步完善合作医疗救助、低保救助机制和城镇居民医疗救助制度，解决城乡弱势群体医疗困难问题。2010年，全市医疗卫生支出18 218万元。七是完善社会救助体系，投入6 077万元提高了全市25 623户56 312名城乡低保人员、2 715名农村五保户基本生活保障水平。八是落实就业再就业政策，共核拨就业补助资金224万元，使8个企业1 517人得到了就业补助。九是投入4 783万元，继续对农村贫困家庭子女入读中等职业技术学校、技工学校实行免学杂费和补助生活费的政策，使广大人民群众共享发展成果。十是全年安排资金2 051万元，全面落实农村基层组织经费保障、农村困难老党员补助、农村住房保险。十一是积极筹集建设资金1 062万元，加快兴福花园经济适用房、廉租房和农村安居工程建设，逐步解决城乡困难群众住房难问题，构建和谐社会。十二是全面落实各项惠农政策。实行家电下乡销售网点代垫直补，简化家电下乡补贴兑付程序，大幅提高家电下乡产品最高限价，拉动了农民消费积极性。同时，认真做好粮食直补、农资综合直补、中央水稻良种补贴、农机购置补贴、大中型水库移民资金补贴、生猪良种补贴、农村沼气建设补助、生态公益林建设效益补偿、汽车摩托车下乡补贴等涉农补贴工作，确保涉农补贴及时、足额发放到农民手中，全年发放以上十大涉农补贴10 649万元。十三是围绕“八个确保”和“六有”的工作目标，筹集帮扶资金1.15亿元，推进扶贫开发“规划到户责任到人”工作向纵深发展。不断加大对湖尾村的帮扶力度，多渠道筹集资金75万元，支持该村改善生产生活条件，加快脱贫致富步伐，使该村的整体面貌有了显著变化，村集体经济收入比2009年翻了一番，有劳动能力的贫困户走向了稳定增收脱贫的轨道，年内规划帮扶的64户贫困户中，人均纯收入增长水平超过本村农民年人均纯收入增长水平的达60户。

三、加大统筹力度，支持城乡协调发展取得新进展

一方面坚持把保重点作为支持全市经济社会科学发展的重要课题，科学调度财力，全力支持技工学校新校区、“二库二堤”等重点工程建设，推进城乡发展提速增效；另一方面是围绕以“五联创”活动为载体的新农村建设及以城市建设、基础设施建设、生态保护为重点的宜居城乡建设，突出重点，推进城乡可持续发展。一是财政投入1 200多万元，着力推进“二河二路一公园”、“三旧”改造、城市“四化”工程等一批城市项目建设。二是通过省竞争性项目立项，获得了2010年度国家农业综合开发高标准农田建设示范工程项目，该项目一定两年，每年可获得国家财政项目资金1 200万元，有效地支持了项目区农田水利建设，推进现代农业发展和新农村建设。三是努力筹集资金，支持城乡基础设施建设，其中，投入粮食基础产能建设资金240万元支持永和、水口、罗浮三镇修建水利工程，改善粮食生产条件。四是围绕发展绿色经济，投入治污保洁资金855万元，重点支持罗浮、石马、叶塘、黄槐、刁坊、坭陂、福兴等镇（街）的生态环境保护。五是大力扶持广东富农、树人木业、广东新丰盛等特色农业龙头企业发展壮大，加快推进农业产业化进程。

四、加大“两基”建设力度，财政“两化”管理跨上新台阶

针对财政改革发展的新形势、新要求，进一步更新理财观念，突出“两基”建设，努力增强财政科学化精细化管理，不断提高财政资金使用效益，推进了县域经济更好更快发展。

（一）创新机制，深化改革

一是继续深化部门预算改革。细化预算编制内容，提升预算编制的科学性、准确性和规范性，加强预算支出管理，提高预算执行力，进一步增强了财政科学调控能力。二是扎实开展省直管县财政改革试点工作。围绕省财政“五个直接到县”（财政收支划分直接到县、转移支付直接到县、财政决算直接到县、资金调度直接到县、财政结算直接到县）的改革目标，及时、准确做好“统一财政收支划分”、“划转各项补助基数”的清理测算及与省财政厅的业务对接等各项改革工作。积极主动向省财政汇报改革进展情况，认真反映突出问题和实际困难，努力争取省财政的最大支持，确保省直管县财政改革试点工作顺利进行。三是继续深化国库集中支付改革，扎实推进预算执行动态监控改革试点工作，全面完成预算执行动态监控系统建设；启动国库集中支付延伸的试点工作，推进国库集中支付管理模式逐步由“大厅模式”向“一般模式”过渡，实现预算单位在网上查看本单位预算指标执行情况，完成授权支付额度申请、直接支付申请等业务。四是继续深化政府采购改革。不断完善内部管理监督制度，规范采购程序，扩大政府采购范围和规模，进一步提高财政资金使用效益。五是完善国有、集体资产管理机制。进一步建立健全行政事业资产管理体制，规范国有产权交易行为，促进产权有序流通，防止国有资产流失，确保国有资产的保值增值。六是深化收支两条线改革。努力构建公共财政框架下非税收入管理新模式，进一步扩大“收支两条线”管理范围，坚持依法征收，加大稽查力度，规范票据管理，确保各项收费足额、及时上缴，进一步规范资金使用行为。

（二）严格财政监管，提高财政绩效

紧紧围绕财政收支管理，拓宽财政监督检查的领域和范围，实现了财政监管的三个转变，提高了财政资金使用效益。一是由事后监督为主转变到全过程的监督。一年来，对合水水库加固扩建工程，基本农田建设示范项目、农业综合开发项目等重大工程建设项目的监管，从过去的事后监督检查，转变为从立项申报、开工建设以及每拨付一笔资金都进行现场的检查核实。通过全过程的监督，确保财政资金的安全运行。二是由突击性监督检查转变到日常监督。充分发挥财务总监的职能作用，加强对派驻单位的日

常监督管理，13个派驻单位均未出现财会管理上违法、违纪行为；积极探索开展绩效评价，加强对重点项目的日常监督管理。年内重点对兴宁市房管局兴福花园廉租房建设项目专项补助、劳动局2007年再就业专项补助、精细化工公司2008年的二硫氰基甲烷等11个财政专项资金项目共1 189万元实施绩效评价，提高了财政资金使用的绩效水平。同时，把上级专项资金的监督检查列入财政日常监督检查，并实行检查登记负责制。通过进行日常监督检查，进一步完善制度，堵塞漏洞，提高了财政的精细管理水平。三是由对外监督转变到内外并重的监督。进一步修订完善财政内部管理制度，明确岗位职责，实行责任追究。对财政业务部门的资金拨付使用、管理进行交叉监督检查，严格执行内部监督机制，促进了财政政策、法规、制度的正确贯彻落实。注重提高财政监管效率，协调配合纪检、监察、审计等部门，积极开展惠农资金使用、政府采购、党政机关、事业单位、社会团体和国有控股企业“小金库”、工程建设领域、扩内需资金等的专项治理检查，确保资金的安全、规范、高效使用。

（三）推进“金财工程”建设，提升财政管理的技术支撑

按国家B级标准对财政信息平台进行软、硬件升级改造，实现了部门预算编制的网络化、国库集中支付系统与中国人民银行和集中支付代理行联网、镇财政结算账套的集中统一管理，增强财政资金的有效管理，提高财政管理的精细化水平和科学化，也为财政省管县提供了技术支撑。

（四）切实加强基层财政建设，提高基层财政规范化管理水平

一是领导挂点财政所，加强对乡镇财政的业务指导，提高乡、镇财政规范化管理水平。二是不断强化乡、镇（街道）财政职能。充分发挥乡、镇财政就地、就近实施监管的优势，提高乡、镇财政对财政性资金的全面监管效率，确保了惠农资金及时、足额、安全、便捷落实到户，全年由镇财政负责核实、发放的惠农资金达2.3亿元。三是通过组织财政所长业务知识考试、会计从业资格无纸化考试、《会计准则》培训、农村财会人员支农政策培训等形式，提高基层财会人员的业务水平，规范了财经秩序，促进了依法理财。四是加快乡镇财政信息化建设，逐步改善乡镇财政所基本办公条件，统一为20个财政所制作了所牌和宣传栏。

（五）加强财政队伍建设，提高机关效能

一是深入开展机关作风提升年“抓落实促发展”主题实践活动，以深化作风建设提高执行力、规范行政执法行为及评选窗口之星为抓手，认真查找党员干部在思想作风、学风、工作作风、领导作风和生活作风等方面存在的问题，针对查找到的问题及时进行整改，切切实实转变作风，不断提高财政干部勤政廉政水平，始终保持以良好的党风促政风带民风。进一步建立、完善各项规章制度，简化办事程序，努力在抓落实促发展上出成果，在提高执行力上见成效，提高为民理财效率，促进了机关效能的提高，树立了财政“清廉、公正、为民、务实”的良好形象。在机关作风评比中，兴宁市财政局被评为A类单位第三名。二是以全面推广“八个一”做法经验活动为主要载体创先争优，不断强化财政干部队伍内部管理，提高服务效率，营造比、学、赶、帮、超的浓厚氛围，开创了“履职尽责创先进，立足本职争优秀”的良好工作格局，创建活动取得了显著成效，获得了梅州市城乡基层党组织互帮互助活动先进党支部和先进单位、梅州市计划生育先进单位、梅州市爱国拥军模范单位、梅州市先进职工之家等多个荣誉称号。

（兴宁市财政局供稿，黄定锋　潘洪毅执笔）

公共财政服务民生　提升百姓幸福指数

梅县把服务民生、提升百姓幸福指数作为为梅州实现绿色的经济崛起的出发点和落脚点，坚持“小财政办大民生”，公共财政坚持向民生倾斜，以项目为载体改善民生，加大民生投入力度，实施民生行动措施，让百姓生活更幸福，让社会更和谐。“十一五”期间5年来，梅县民生领域累计投入41.73亿元，其中：2010年民生投入约10.9亿元，占当年一般预算支出的比重达70%。但是，梅县财政部门并不满足于这样一个数据，因为他们知道，民生工作做得好不好，不是看主管部门的各种数字，而是要看百姓的满意度。

梅县服务民生的视角很值得关注：坚持把百姓的事当成自己家的事来办，像关心自己孩子上学那样关心百姓“学有所教”问题，像关心自己家人就医那样关心百姓“病有所医”问题，像关心自己家老人养老那样关心百姓“老有所养”问题，像关心自己改善住房条件那样关心百姓“住有所居”问题等。

一、关注五大民生问题，提升百姓幸福指数

百姓最关心的五大民生问题，具体来说，就是就业、教育、分配、社保、稳定五大现实问题。

“就业是民生之本”。“就业”是人民生存和生活的根本，大力解决下岗职工再就业，引导农村富余劳动力向非农产业转移，抓好高校毕业生、复转军人、新增劳动力的就业问题，实行“劳动者自主择业、市场调节就业、政府促进就业”的方针，使人人有活干，有饭吃。

2010年，梅县财政共拨付职业介绍经费87.9万元，介绍就业人数4 885人，拨付农村劳动力转移培训资金205万元，培训人数5 139人。企业军转干部人数有130人，拨付生活困难补助67.7万元，生活困难个案补助30人，拨款4.1万元。

“教育是民生之基”。“教育”是强国富民的基础，努力提高国民素质，把教育放在优先发展的战略地位，加大投入，加强农村义务教育，实行“两免一补”，解决进城务工子弟上学难等问题，让孩子们都能无忧无虑地读书，让家长们不再为学费发愁。

2010年，梅县教育支出25 804万元。坚持加强免费义务教育资金的拨付管理工作和中职学校国家助学金管理拨付工作，按照教育部门申报拨付数据，按照各中、小学的学生人数以及各中职学校受助学生人数等实际，严格按补助标准和受助标准核定核实，仅免费义务教育资金和助学金两项就拨付2 738万元。

“分配是民生之源”。“分配”是人民休养生息的源泉，就是“改革发展成果让人民共享”，让广大人民群众都过上好日子，前提是财政收入不断增长。

2010年，梅县以发展财政为着力点，财政收入实现新突破。在主要税源企业政策性减收情况下，梅县财政全面落实科学发展观，通过新县城整体开发大力推动、房地产快速发展、扩大内需等积极财政政策的有效落实和招商引资工作的进一步深入，使全县2010年财政收入得于大幅度增长，并且科学地分析安排各项收入任务，明确责任，层层下达，深入纳税企业调查研究，对重点税源企业进行纳税辅导，规范收入项目和征缴行为，拓宽管理范围和领域，寻求新的增长点。2010年一般预算收入达到7.58亿元，同比增收2.09亿元，增幅38.14%，有效促进全县经济和社会各项事业的快速发展。

“社保是民生之依”。“社保”是人民生存和发展的依托，梅县财政部门不断完善和健全养老、失业、医疗等社会保障机制，落实居民最低生活保障。探索建立农村养老、医疗保险和最低生活保障制度。大力加强对特殊困难群众的救助，确保弱势群体的生活底线，使人民群众老有所养，病有所医，居有其屋，衣食无忧。

梅县城乡低保户数6 991户，人数18 578人，2010年财政共发放低保资金1 560.6万元，发放农村社会救济17.43万元，救济人数858人，发放基本医疗救助资金70.2万元，其中城乡低保对象参加合作医疗18 578人，拨付资金55.2万元，拨付医疗救助金15万元，救助人数405人，五保供养人数1 982人，敬老院工作人员63人，共拨付金额555万元。

“稳定是民生之盾”。“稳定”是百姓安居乐业的可靠保障和坚强后盾。“稳定压倒一切”“利莫大于治，害莫大于乱”就是讲要重视社会稳定工作，健全社会矛盾纠纷处理机制，排难解纷，把各种矛盾化解在萌芽状态，加强社会治安防控体系和综合治理，依法严厉打击各种刑事犯罪，争取社会治安状况的根本好转，增强人民群众的安全感，没有安全感，就没有幸福感。

梅县财政对政法部门有关单位给予提高补助标准、实行经费保障机制，为政法系统做好维护稳定工作、加强综治工作提供经费保障；积极筹集资金，支持社会治安视频监控系统建设，并在每年的财政预算中列支100多万元用

于监控费用，使全县平安创建活动上了一个新台阶；对各镇各部门的基本支出提供基础保证，支持各镇信访维护稳定中心建设，防止信访上访及“三乱”行为的发生，维护群众的合法利益。社会保持和谐稳定，有效提升了百姓的安全感、幸福感。

二、建设宜居家园，提升百姓幸福指数

古人说：“不谋全局者，不足以谋一域；不谋万世者，不足以谋一时”。梅县的民生工作注重与县城发展的长远之计紧密结合，坚定不移全面实施“培育绿色产业，建设宜居家园，打造客都明珠”发展战略，以“优环境、促发展、惠民生”的思路，全力提升百姓幸福指数。

宜居，是一种充满人文关怀的居住理念。为了提升县城品位、改善人居环境，2010 年，梅县举全县之力推进“四大板块”建设，财政拨出 5 000 万元促进协调发展，推动绿色经济实现强势崛起。梅县把市重点项目作为拉动县域绿色经济的最重要推手，以建设新县城公共设施为重点，投资 41.6 亿元的山水城商住房、投资 2 亿元的文化体育馆、投资 5.1 亿元的新城人民医院等市政项目，是梅县完善新城功能配套的重点工程，各项工程进展顺利。

文化，是县城的灵魂。梅县在提高公共文化服务能力、丰富公共文化活动内容等方面大下工夫，进一步唱响文化先进县品牌，加快建设首期投资 4.4 亿元的麓湖山省级文化产业园和投资 3.5 亿元的林风眠艺术园，新增 10 个教育强镇，提前一年实现创建“广东省教育强县”目标。此外，梅县还以“城中村”改造为契机，积极做好城乡规划修编，现已完成 14 项圩镇总体规划、52 项村庄规划。

在推进重点项目建设过程中，梅县实行“一个项目、一位领导、一套班子、一抓到底”的“四个一”机制，突出“四个抓”。一是抓挂点领导，将重点项目制成表格，由县委书记、县长及其他县领导分别对应挂点，做到项目到人、任务到人、责任到人。二是抓职能部门，要求各部门无条件为重点项目建设“开绿灯”，从优、从速办理相关手续，形成人人服务重点项目建设的良好氛围。三是抓项目进度，定期或不定期会商解决重点项目建设中遇到的各种困难、瓶颈，使项目进度在确保高标准建设的前提下，只提前不推迟。四是抓工作落实，年初由县长、县重点项目办公室与各建设单位签订责任书，一级抓一级、层层抓落实。

这些重点项目建设的推进，有效地促进了梅县经济的发展，更好地改善了人居环境，这些都彰显出优化效应，充分体现了民心民意，提升百姓幸福指数。

三、关注“三农”问题，提升百姓幸福指数

让公共财政阳光照耀农村，“三农”成为财政支持的重点。2010 年，梅县财政涉农支出 26 425 万元。

在产业发展方面，以四大板块建设为依托，促进全县农业发展。在基础设施建设方面，通过实施小型农田水利建设、农业机械购置补贴等项目，有效地提升了土地生产能力和农业生产条件。在促进生活水平大提高方面，通过实施农村户用沼气建设、整村推进扶贫开发、农村饮水安全等项目，改善了农民的生产条件和生活环境。

各项惠农政策全面落实，广大农民朋友得实惠。2010 年，梅县已核补水稻晚造面积 228 463 亩，金额 342.69 万元，已通过县邮政储蓄银行一卡通直接打入农户个人账户内。种粮补贴面积为 453 275.52 亩，补贴金额 2 423 万元，计有 115 306 户农户受益。做好屠宰环节病害猪无害化处理的数据核实与管理，全年合计病害猪 1 060 头，核拨金额为 60 多万元，及时足额通过经贸部门将财政补贴资金拨付到病害猪货主及屠宰企业。累计核拨 220.09 万元的林业油价补贴、渔业油价补贴、农村客运、水运油价和出租车补贴，全部足额发放到补贴户手中。投入 210 多万元开展扶贫开发双到工作。

梅县荣获家电下乡 2009 年全国先进县，截至 2010 年底，家电下乡备案商家 76 家，家电下乡共补贴家电 21 875 宗，补贴金额为 545.09 万元，汽车摩托车下乡共补贴 8 052辆，补贴金额为 887.08 万元，家电以旧换新共补贴 2 567宗，补贴金额为 70.61 万元。

四、加强民生资金管理使用，确保提升百姓幸福指数

做好财政工作，抓好民生，就要找准民生工作与群众愿望的契合点，既要全力以赴、尽最大努力做好工作，又要立足实际能力，科学有序推进。要解决好就业、教育、社保、医疗、住房等重点民生问题，把有限的资金用在刀刃上，要建立惠及全民的基本公共服务体系，在全面完成年度民生建设任务的同时，把最新的理念、模式用于民生建设，与时俱进地推进工作。梅县始终坚持提高对教育、医疗、社保、就业、科技、文化等社会公共产品和公共服务的保障能力，着力解决人民群众最关心、最直接、最现实的利益问题，努力为提高公共福利、改善人居环境、提高民生质量提供良好的服务，让人民群众共享改革发展成果。

一是加强税收等收入的征管，夯实民生支出的基础，切实掌握重点税源情况。主动深入企业，了解企业生产经营情况，采取有针对性的措施，加强分类指导，积极挖掘税源、把握好税收收入新增长点。同时强化非税收入征管，严格执行“收支两条线”，有效调动各征收部门的积极性。二是科学测算资金，将财政支出向重点民生领域倾斜。在不断壮大财政实力的基础上，进行全方位科学、精细测算，既要尽力而为，也要量力而行，最大限度地将财政支出向重点民生领域倾斜。三是强化资金管理，确保改善民生的资金落到实处。充分发挥各部门职能作用，通过强化资金监督与管理，以确保财政资金安全，确保改善民生的资金落到实处。四是提高资金效益，按照进度对民生资金进行拨付。“让每一分钱用到实处，让老百姓真真切切地得到实惠。”全面实行国库集中支付制度，严格按项目进度拨付资

金，以确保财政资金安全到位，合理使用，发挥财政资金的最大效益。

在扎实抓好财政收支管理的同时，梅县财政还以建立公共财政体制、实现基本公共服务均等化为目标，积极探索新形势下财政管理的新模式，不断深化财政改革，强化财政监管，以创新谋求财政新发展。一是推行部门预算改革，强化预算约束力。二是全面推行国库集中收付制度改革，规范财政收支管理。三是不断改进政府采购，降低政府行政成本。四是强化非税收入的监管，规范资金管理秩序。五是不断完善财政投资审核工作。六是推行财政激励办法改革。七是不断推进县、乡财政改革，实行乡、镇财政收支集中管理，村财镇代管制度。这些做法有效地推动了党风廉政建设，促进了全县经济和社会各项事业的又好又快发展。

（梅县财政局供稿，李婧纯执笔）

惠州市

建立和完善乡镇财政管理体制
推进财政科学化精细化管理

随着公共财政体系建设的不断完善和统筹城乡发展的深入推进，乡镇（包括街道办，以下简称“乡镇”）财政工作任务日益繁重。为强化乡镇财政职能作用，提高乡镇财政服务经济社会发展的能力，惠州市财政局在深入各乡镇财政所调研的基础上，建立和完善乡镇财政管理体制，制定《关于进一步加强乡镇财政建设的指导意见》，进一步推进财政科学化精细化管理。

一、乡镇财政建设现状

（一）机构管理现状

惠州市现有乡镇财政所68个，除大亚湾区下设的3个财政所属区财政局派出机构外，其余县、区65个财政所已下放归当地镇府管理，属乡镇政府部门，人事权、管理权属乡镇政府，人员调任须征求县（区）财政部门的意见，县（区）财政局负责业务指导。大亚湾区下设财政所由区财政局垂直管理，人事权、管理权在区财政局。

（二）人员配置及经费保障情况

惠州市现有乡镇财政所在岗人员625人，其中：大学本科学历87人（占总人数13.92%），大专学历231人（占36.96%），中专85人（占13.6%），高中及以下学历222人（占35.52%）。

从年龄结构上划分：35岁及以下218人，占总人数的34.88%，36~45岁227人，占总人数的36.32%，46~54岁148人，占总人数的23.68%，55岁以上32人，占总人数的5.12%。

当前惠州各县（区）乡镇财政所的机构编制大部分属于参照公务员管理的事业单位（其中只有龙门县乡镇财政所定位为行政单位），编制内人员实行参照公务员管理，经费由县财政核拨，编外人员经费主要由乡镇政府自筹解决。人员配置中财政供给人员611人（其中公务员58人，事业单位编制及参照公务员管理的有343人），聘用人员14人。

（三）乡镇财政所职能的演变

在农业税取消前，征收农业税是原乡镇财政所的一项重要职能和主要工作任务，免征农业税后乡镇财政所的职能发生重大转变，目前，各乡镇财政所承担的工作大致相同，主要有以下八个方面：负责制定乡镇的年度收支计划；负责乡镇机关及其事业单位的经费支出管理；落实国家“三农”财政政策补贴，具体负责种粮直补、良种补贴、家电下乡、汽车摩托车下乡、优抚、五保户补助、农村低保等涉农资金的审核和发放；负责乡镇契税、耕地占用税和窗口收费等非税收入的征收管理及票据的监督管理工作；负责乡镇各单位的会计核算和代理村级财务会计核算工作；参与农村社会保障资金的筹集与管理工作；参与农村综合改革；乡镇政府安排的其他中心工作。

二、乡镇财政部门在职能转变中存在的问题

税改后，惠州虽然在乡镇财政所的职能定位和管理方式上进行了积极探索，使乡镇财政部门实现了明显的职能转变，但由于时间短和受种种客观因素的影响，从一级政府一级财政的角度看，在如何规范乡镇财政职能、加强乡镇财政管理、发挥乡镇财政监督作用上，还有不少需要改进的问题。

（一）乡镇财政预算管理职能弱化

从乡镇财政的实际运行情况看，税改后乡镇财政只负责政府机关及有关站所的支出管理，支出范围窄，大部分乡镇预算内机动财力匮乏，预算调控余地小。大部分乡镇对财政预算内资金以及预算外资金的安排和使用的原则、范围、审批权限等没有作出具体的规定，乡镇财政管理体制不够完善。而部分乡镇由于财力薄弱，预算编制比较简单、粗放，乡镇收支项目只是简单的列举，不全面，不完整，部分收支项目没有纳入财政预算的管理范围，预算执行和管理不严格，约束力不强。

（二）乡镇财政监督职能弱化

下达乡镇的涉农补助资金逐年增多，但分属财政、民政、林业、农业、教育、计生等多个部门，资金分散，多头管理，乡镇财政无法实施有效监督。尤其是非税收入管理与资产管理两个方面：一是非税收入管理职能落不到实

处。由于机构上划，在乡镇中的行政执法权（如公安、司法、计划生育执法权等）大多直接或间接掌握在上级相关职能部门手中，脱离财政监督。二是国有资产管理落不到实处。乡镇大部分单位由区级部门主管，乡镇上划单位的资产同乡镇财政之间没有隶属关系，区级财政“鞭长莫及”，乡镇财政“有职无权”，一些单位随意处置资产，存在资产流失现象，形成国有资产管理上的严重脱节。

三、完善乡镇财政管理体制措施

（一）进一步明确并充实乡镇财政职能，适应乡镇财政管理需要

为适应公共财政改革和统筹城乡发展的需要，乡镇财政要由过去面向千家万户抓收入的“征管型”向面向农村、农民实施公共财政政策的“监管型”转变。当前和今后一个时期，惠州市乡镇财政工作应主要包括六项职能：

1. 预算管理。负责编制执行乡镇年度财政预算，监督乡镇单位预算执行，编制财政决算。

2. 组织收入。负责乡镇契税、耕地占用税和窗口收费等财税收入的征收和管理。

3. 资金监管。负责涉及乡镇部门及乡镇辖区范围内实施的所有财政资金的监管。

4. 资产管理。对乡镇国有和集体资产的购置、登记、处置进行管理，确保乡镇国有资产安全和保值增值。

5. 会计管理。负责乡镇各单位会计核算和依法代理村级财务工作，加强对农村财务管理指导和监督。

6. 宣传教育。负责党和国家财经方针政策特别是涉农惠农补助政策的宣传；培训农村财务人员，督促基层财务人员依法履行职责。

（二）进一步完善乡镇财政预算管理，夯实乡镇财政管理基础

全面推进财政科学化精细化管理，预算管理是核心、是基础。市、县（区）财政部门要结合部门预算改革，结合乡镇财政管理实际，通过抓基层打基础，提升乡镇财政预算管理水平。

1. 合理编制乡镇财政预算。实行分类管理，对基本具备一级政府预算条件的乡镇，应积极推行政府预算管理，条件还不成熟的，应参照县（区）部门预算编制要求编制，所有收入全部纳入预算管理，进一步细化项目预算编报，实行综合预算。年初预算须报县（区）财政部门备案。

2. 增强预算约束力。要逐步完善乡镇基本支出定员定额管理，建立项目库管理制度。强化预算执行管理，建立健全追加、调整预算的规范性程序及制度。及时公开预算及执行、专项资金的分配和使用等情况，自觉接受社会监督。从2011年起，凡是市、县（区）财政安排在乡镇辖区范围内实施的财政资金项目，经同级人大批准后一律向社会公开。预算项目公开要全部细化到“项”级科目，乡镇财政必须严格落实。

3. 加强乡镇收入征管。对乡镇负责征收（包括代收）的财政收入，按照规定及时、足额缴入国库，严格执行“收支两条线”的规定。

4. 加强指导和监督。县（区）财政部门要切实加强对乡镇财政的预算编制、执行的指导和监督，统一乡镇财政预算的编制格式，对乡镇的财政转移支付资金做到规范化、制度化。

5. 加强乡镇资产债务管理。乡镇政府对本镇负债情况要进行全面清理，建立专门台账，登记造册，严禁“账外账”、账外资产或账外债权。加强对各项资产的财务管理，确保各项资产完整。县（区）财政及国有资产管理部门要完善对乡镇资产处置各环节的指导、审批、监督工作，确保各乡镇资产处置规范进行。上级财政要建立激励约束机制，通过奖补等方式，鼓励、引导和督促乡镇政府积极化解逾期债务，同时坚决制止发生新的债务。

（三）进一步加强财政资金监管，突出乡镇财政管理职责

要明确乡镇财政部门的监管职责，将各级财政安排和分配用于乡镇辖区范围内的各种财政资金全部纳入乡镇财政监管范围。

1. 强化对补助性资金的监管。乡镇财政部门应及时公开、公示补助政策和补助对象，认真核实补助信息，扎实做好补助信息的基础管理工作，切实将补助资金落实到户；通过上级主管部门发放的补助性资金，上级财政部门应协调同级主管部门委托乡镇财政部门做好监管工作。做好乡镇范围内补助资金相关基础数据信息的收集、整理、分类、报告和建档等台账工作。

2. 严格项目资金监管。乡镇财政部门对项目的真实性、可行性进行实地考察，在全面审核的基础上向县（区）财政部门和项目主管部门进行申报。在收到县（区）项目批复后，要对项目情况进行公示，接受群众监督。跟踪项目实施情况，根据项目建设进度申报核拨资金或报账拨款，做好项目支出审核和资金拨付工作。对完工项目要建立档案管理，完善项目库建设。对实行报账制且不经过乡镇财政部门的资金项目，县（区）财政部门和项目主管部门要采取适当方式让乡镇财政部门参与监管工作。

3. 充分发挥乡镇财政部门熟悉情况、就近监管的作用。乡镇政府以下机关和单位（含乡镇政府）今后向上级财政部门申请（包括通过主管部门渠道申请的）专项资金或补助时，要有当地乡镇财政部门的签注意见，并作为市、县（区）财政部门安排资金的必要条件。相应安排的资金纳入乡镇财政部门监管范围。

4. 加强乡镇会计核算。进一步完善乡镇财政结算中心建设，积极推行乡镇财政结算中心与乡镇财政部门“一套人马，两块牌子”模式。乡镇财政结算中心负责管理乡镇政府及其辖下所有行政事业单位的账务记账、会计核算工作。同时按有关要求将村（居）委会及独立核算的村民小组纳入统一管理，集中核算。结算中心应严格执行有关的财务会计制度，定期开展财产、债权债务清查清理，确保

会计信息和会计资料合法、真实、完备；应督促相关单位做好财务基础工作，建立健全资产管理、财务收支等管理制度，确保单位资产和财政资金安全、完整；应监督相关单位执行各项财务制度和财经纪律，并参与拟订年度预算、编制年终决算，参与重大财务开支的决策活动。

（四）进一步加强乡镇财政机构队伍建设，提高乡镇财政管理能力

1. 提高乡镇财政建设经费保障水平。县（区）、乡镇政府要切实加大对乡镇财政基础设施的投入，有效改善乡镇财政工作条件，提高办公自动化水平。市、县财政要专项安排乡镇财政建设事业费和乡镇财政监督管理专项资金，对乡镇财政建设给予积极支持。

2. 加强乡镇财政机构和干部队伍建设。县（区）政府要按照乡镇财政工作职能的要求，合理增加乡镇财政部门人员编制，保证新形势下基层财政建设的需要。鼓励县（区）政府按照富县强镇事权改革精神，因地制宜地推动乡镇财政机构管理体制创新。县（区）、乡镇政府要注重加强对乡镇财政部门领导班子建设，从2011年开始，争取在两年内将所有乡镇财政所长的任免纳入县管干部权限范围内。乡镇财政所长的任免应事先征得县（区）财政部门的同意。市、县（区）财政部门要加大对乡镇财政干部的培训力度，适应新形势下乡镇财政工作的要求。建立人员培训长效机制，定期开展业务培训，按照“统筹规划、分级负责、务求实效”原则，每三年轮训一遍，从2010年起，确保2012年前完成对所有乡镇财政干部的培训。

3. 加强乡镇财政管理基础工作。县（区）财政部门要帮助乡镇财政部门建立健全各项财务管理和内部控制工作制度，特别是会计、出纳及报账员岗位分离、现金管理、费用报销等关键环节的管理制度。健全乡镇财政档案管理，对乡镇财政管理过程中形成的文书档案、项目档案、基建档案、会计档案等，做好收集管理、分类归档、保管使用、清理检查、登记利用等管理工作。

（五）进一步采取有力措施，保证乡镇财政管理落实

1. 加强组织领导和业务指导。各县（区）、乡镇政府应根据本意见，制定具体的实施办法，切实加强对乡镇财政建设的领导。市、县（区）财政部门要加强对乡镇财政的业务指导，经常深入基层开展调研，检查督促各项工作落实。县（区）财政部门要落实责任，指定专门科（股）室牵头负责，制定工作安排表和时间进度表，确保各项工作的落实。落实方案于2010年年底前报市财政局。

2. 建立信息通达制度。市、县（区）财政部门在制发的相关资金和项目管理的文件中要明确规定乡镇财政的监管责任。除直接拨付乡镇财政部门安排使用的财政资金外，县（区）财政部门要及时将通过主管部门等其他渠道安排涉及乡镇部门或在乡镇辖区范围内实施的财政资金项目及有关资金拨付文件抄送（通知）乡镇财政部门，为乡镇财政部门推进财政资金全范围监管创造条件。

3. 建立年度考核制度。市、县（区）财政部门要制定考核办法，每年对乡镇财政部门资金监管工作进行年度考核，考核的结果与乡镇财政建设和监管专项资金的安排挂钩。

4. 建立乡镇财政工作报告制度。建立乡镇财政信息专报制度，乡镇财政部门每月至少向上级财政部门专题报送资金监管信息1期，年终，要向县（区）财政部门报告本乡镇的财政工作情况。每年度终了1个月内，各县（区）向市财政部门报送加强乡镇财政建设的贯彻落实情况。对工作开展较好、成效显著、信息反馈及时的，予以表扬；对工作开展不力的，加强督促，促进整改。

（惠州市财政局供稿，吴淑萍执笔）

抓好财政支农政策培训
促进农村基层廉政建设

为贯彻落实财政部《关于开展农村财会人员财政支农政策培训工作的通知》和国家财政部部长谢旭人到惠州调研时的重要讲话精神，促进财政科学化精细化管理，进一步规范村级财务管理，加强农村党风廉政建设，构建基层反腐防线，提高涉农资金使用效益，保障农民利益和民主权力，根据财政部和省、市财政部门的部署，博罗县开展全县农村财会人员财政支农政策培训工作，取得了良好的效果。

一、基本情况

为确保培训顺利完成，达到让全县农村财会人员全面了解国家强农惠农政策的目的，博罗县成立了农村财会人员财政支农政策培训领导机构，并制定具体培训方案，以乡、镇为单位、以集中面授的方式组织实施培训。培训内容着重围绕《财政支农政策解读》、《村集体经济组织财务管理》、《村集体经济组织会计制度》等三本教材，对财政支农惠农政策和农村财务管理、农村会计等相关内容进行讲解，并组织现场考试；同时组织编印《博罗县农村干部廉洁从政学习手册》供学员课后自学，让广大农村财会人员及农村干部进一步提高廉洁从政意识。从5月份开始，组织授课老师进行备课、课件制作、课程安排，于2010年6月11日开始正式在乡镇巡回进行培训。截至10月上旬，通过5个月的努力，一共举办培训班17期，对全县337个村的村委会书记、主任、会计、出纳、报账员、理财小组长以及园洲、石湾两镇的村小组财会人员培训完成1 835人次，取得预期效果。

二、主要做法

（一）领导高度重视，工作稳步推进

1. 领导重视，迅速部署。全市农村财会人员财政支农政策培训工作会议后，博罗财政局立即成立了全县农村财会人员财政支农政策培训工作领导小组，由分管会计的纪检组长担任领导小组组长，局预算股、会计股、农业股、企业股、教科文股、社保股等6个股室为成员单位，办公室设在会计股。及时召开领导小组全体成员座谈会议，研究部署培训工作。

2. 上下联动。根据上级财政部门培训工作实施意见，印发了《博罗县农村财会人员财政支农政策培训实施方案》，明确培训的指导思想、培训目标、责任分工、培训要求等，确立了统一领导、分级负责、权责明确、协调配合的管理体制。各镇成立了培训工作协调领导机构，明确了工作任务和职责，形成了县、镇二级联动的工作机制，为做好全县农村财会人员财政支农政策培训工作打下扎实的基础。

3. 积极协调，争取县纪检监察机关对支农政策培训工作的高度重视和大力支持。与县纪委联合下发《关于组织开展农村财会人员财政支农政策培训工作的通知》，要求各镇纪委加强对开展农村财会人员财政支农政策培训工作的领导，将其纳入农村基层党风廉政建设的一项重要工作，同时印发《博罗县农村干部廉洁从政学习手册》作为培训的辅助资料供学员学习。各镇纪检部门按照培训工作的要求，切实加强领导，精心组织实施，为培训工作任务顺利完成提供有力的保障。

4. 科学规划，规范管理。培训计划坚持尽力而为、量力而行的原则，各镇结合实际，采取自下而上申报、自上而下审核，统一下达全年培训计划，做到平稳起步、有序推进。同时研究出台了《博罗县农村财会人员财政支农政策培训工作考核评价办法》。各镇结合本地工作实际需要，制订了涉及组织领导、计划实施、教学管理、质量控制、后勤保障等一系列培训管理制度，确保培训人员、内容、时间三落实。

5. 各镇党委、政府高度重视财政支农政策培训工作。镇委、镇政府把开展农村财会人员培训宣传工作列入重要议事日程，作为加强农村基层党风廉政建设的一项重要工作狠抓落实。县纪委和县财政局及各镇有关负责同志在每期开班仪式上作动员讲话，要求参训人员统一思想，充分认识开展农村财会人员财政支农政策培训工作的重大意义，珍惜难得的学习机会，认真学习，加强交流，深刻领会财政支农政策的内涵，做财政支农政策的宣传员、执行者、监督员和理财能手，积极落实好财政支农惠农政策。

（二）组织工作有力、管理措施到位

1. 县纪委、县财政局等部门齐抓共管，上下联动，形成工作合力。从培训工作的准备阶段到具体实施由县财政局负责统筹安排，实时跟踪、全程指导各镇的培训工作，及时研究解决工作中的问题，县纪委党廉室积极配合、全

程参与，各镇也把此项工作列入重要事项，牵头发出培训通知，狠抓落实。

2. 开展需求调查。按照上级财政部门的统一部署和要求，组织相关人员开展支农培训需求座谈，摸清行政村的财务机构设置状况、农村财会人员培训需求、村财务管理基本状况及农村财会人员基本情况，为科学制定教学方案、实施培训奠定基础。

3. 抓好试点示范。启动初期，确定了杨桥镇基础工作比较完备的镇为试点，通过以点带面、示范推动，促进全县财政支农政策培训工作整体上水平、上台阶。

4. 学员管理实行财政所负责制。由于各镇的培训人数较多，由熟悉镇情的镇财政所安排专人负责组织学员按时参训，提高组织效率。

5. 落实经费，为培训工作的顺利开展提供了资金保障。

（三）注重教学管理、提高培训实效

1. 科学安排师资和教材。根据省培训办的要求，结合博罗县的实际情况，精心选择教师和教材，确定《财政支农政策解读》、《村集体经济组织财务管理》、《村集体经济组织会计制度》等教材为蓝本，同时组织编印《博罗县种粮直补、农资综合直补、家电下乡家电以旧换新、汽车摩托车下乡讲义》、《博罗县农村养老保险、城乡居民医疗保险及最低生活保障制度讲义》、《涉农财政政策解读》等作为培训教材。在已有经省培训办培训的3名师资基础上，再挑选县财政局企业股、社保股、农业股等相关股室的业务骨干对博罗县财政支农政策具体操作作讲解。6名授课教师根据上级要求和培训安排认真备课，编写讲课材料。

2. 创新培训方式，注重学以致用。考虑到培训对象的特殊性，博罗县采取流动办班的方式，由县财政局牵头，组织师资力量深入到各镇，分镇进行培训。培训内容结合博罗县实际，坚持从实践出发，重点放在财政支农政策和农村财务管理的日常应用上，课程设计上针对性和操作性强，对指导处理日常工作和解决实际问题具有一定的帮助作用。同时，授课过程中，开展交流提问、现场有奖答疑等互动环节，活跃课堂气氛。

3. 因地制宜，调整授课语言。针对园洲、石湾两镇农村平时交流语言为广东话的情况，为保证教学质量，讲课老师及时调整了授课语言，由平时讲的普通话换成广东话授课，使学员听得清楚、听得明白，尽量做到通俗、易懂、实用，取得实效。

4. 全程跟班服务。会计股派出专人全程跟班服务，充分参与到培训各个环节，及时了解掌握学员对教学内容、方式方法的反馈意见，做到心中有数。同时要求财政所新进人员和分管村财务经管站干部参与学习，一方面参加学习，一方面参与管理，课后开展指导，促进了学习交流。

5. 严格学员考勤签到和测试制度。实行课前签到，村书记、主任等参训人员对号入座，各镇纪检办负责保障培训对象按时参加培训，对迟到、早退人员实行拍照留底，对组织不力的村委和无故不参加培训的人员予以通报批评的方式，确保考勤工作落到实处。为确保培训质量，根据培训内容编印考核试卷，对每个培训人员进行考核。经考试成绩合格者，颁发财政部统一印制的培训证书。

6. 召开总结座谈会，及时总结培训经验。全县培训任务结束后，召开了县纪检、财政及授课老师等的座谈会，充分听取大家意见，总结培训经验，提出改进措施。按照《博罗县农村财会人员财政支农政策培训工作考核评价办法》的要求，评比出培训组织工作开展较好的镇并给予表彰奖励。

7. 积极宣传，营造良好氛围。培训期间一共印发财政简讯3份，财政信息专报1份，及时宣传报道支农政策的目的意义和培训的情况。

三、主要成效

（一）广泛系统地宣传了国家财政支农惠农政策

通过集中培训学习，使全县农村财会人员更加了解各项支农惠农政策措施，并以此为媒介，让广大农民群众全面了解掌握国家支农惠农政策，有效提高了涉农资金使用效益，农民权益得到保障，培训班成为宣传、贯彻和落实各项支农惠农一个重要阵地和窗口。

（二）进一步提高农村财会人员业务水平和思想素质

通过培训，使全县农村财会人员比较系统地掌握了农村财务会计基础知识和基本技能，提高了履行岗位职责的本领，增强了职业道德素质，深化了为民理财理念。

（三）推进了村务公开和民主理财

通过培训，广泛宣传了农村财经纪律，增加了财务、村务管理的透明度，进一步推动了村务公开和干部廉洁自律。

（四）树立了财政部门的形象

通过培训，进一步拉近了财政部门与农村财会人员的距离，密切了财政与基层关系，树立了财政部门在广大农村财会人员的良好形象。一些长期从事村级财务管理的人员已多年没有参加这样全面系统的财会基础知识学习，这次培训，参训学员一致认为财政部门急农民所急、想农民所想，真心实意为广大农民办了一件大好事、大实事，非常必要、非常及时。

（五）锻炼了财政干部队伍

一批财政部门中层干部和业务骨干走上讲台、承担了教学主要任务。培训前，他们积极参与需求调研，认真准备讲义，精心制作课件；教学中，做到理论联系实际，积极开展教学互动，现场答疑解惑；结束后，及时了解培训效果，虚心听取教学建议，主动完善教学内容、改进教学方法，通过开展教学活动，培养了一批既精通财政业务、又有一定教学水平的财政干部。

（博罗县财政局供稿，刘志斌执笔）

汕尾市

科学谋划　全面推进财政收入再创新高

十多年来，陆丰财政成为“穷”的代名词。从2001年开始，由于化解金融风险转化为财政风险，陆丰财政一直依赖上级临时借款维持运转，财政支付风险时时显现。由于穷，长期以来地方政府无法出台地方性津贴政策，导致公务员和教师队伍工资性收入只能维持在极低水平上；由于穷，长期以来财政预算安排的公用经费严重不足，导致党政机关运转十分困难；由于穷，基础设施投入严重不足，导致陆丰市投资硬环境得不到有效改善。财政工作虽然一直以来遵循“保工资、保运转、保稳定、保重点、促发展”次序安排支出，但就连保工资、保运转都存在困难，财政无时不处在超负荷运转中举步维艰。

为逐步解决陆丰市财税运行中存在的问题，缓解财政资金供需矛盾，新一届市委、市政府及时为陆丰市经济发展准确诊脉，提出了“二年打基础、三年上台阶、五年大变化”的总目标，要求各部门要继续解放思想，坚持改革开放，争当实践科学发展观的排头兵。财政部门紧紧围绕目标要求，着力查找和克服制约科学发展的观念障碍和体制障碍，着力探索促进科学发展的新思路、新途径、新举措，以有效的工作措施开创陆丰财政新局面，努力推进陆丰经济社会又好又快发展。通过科学谋划，陆丰市财政一般收入连续7年达到30%左右的高速增长。2010年，更是实现了新的重大突破，财政收入创下历史新高，综合增长率达到79.6%、上划省“四税”增长率为125.1%，在全省67个县（市）中排名第一。

一、抓财源建设，做大财政收入“蛋糕”

2010年实现一般预算收入73 162万元，比2001年11 753万元增收61 409万元，增长522.5%。

（一）领导重视，财政部门全力支持协调

陆丰市委、市政府高度重视，集中精力加强对收入组织工作的领导，狠抓财税收入工作。市委书记、市长多次主持党政联席会议和财税分析会议，定期分析财税运行情况。成立了税收工作领导小组，将收入分线条、分责任、分任务落实到每位领导身上，形成上下联动、主动研究组织收入工作的良好氛围。财政部门全力支持协调，坚决贯彻市领导提出的应收尽收工作要求，坚持和完善各项组织工作，及时掌握财政收支情况及综合增长率通报制度等，及时掌握财政收支完成及变化情况，为领导决策提供参考依据，确保实现财税增长与经济增长良性互动、协调发展。

（二）抓发展经济，努力增加财政收入

当前是全方位、多层次推动陆丰经济发展的最佳时期。从外部环境看，省粤东会议已确立粤东地区经济发展战略，陆丰市又位于深圳与汕头两个经济特区之间，南濒南海、毗邻港澳，深汕高速以及筹建中的厦深铁路贯穿全境，是一个水陆交通便利，地理条件优越的地区。这对于陆丰市招商引资和承接发达地区产业转移，都是极为有利的条件。从内部环境看，陆丰市第十一次党代会确立“二年打基础、三年上台阶、五年大变化”的奋斗目标，突出重点建设项目，并且部分项目已经开始启动，这对于引领各镇（场、区）积极开展招商引资工作都具有良好示范作用。陆丰紧抓这一契机，一方面大力实施“百企回陆，千商回乡”战略，多次举办端午节龙舟比赛暨招商引资会、香港陆丰同乡恳亲会等招商引资活动。通过多形式、多渠道、多方位的宣传和招商引资策划，成功吸引了国内外众多知名企业到陆丰投资创业，引进了一批重大项目到陆丰落户建设。如：引进投资100亿美元的陆丰核电站、广东宝丽华投资560多亿元的甲湖湾能源基地、投资1.8亿元的甲东风电等重点项目；另一方面紧紧抓住国家、省实施扩大内需和“双转移”政策措施，省委、省政府扶持粤东地区加快发展，省、汕尾市促进区域协调发展的重要机遇，明确陆丰定位，狠抓内外部环境建设，筑巢引凤，千方百计谋发展，积极争项目、争资金、争扶持，突出推进重工、强农、兴贸、活旅、聚财工作，星都产业转移园区、东海产业园区、农副产品物流基地、玄武山—金厢滩—乌坎旅游区、“三甲”地区海峡两岸贸易中心六大产业组团初见成效，全市经济发展后劲强大。

二、抓税收征管，力促税收“颗粒归仓”

2010年税收收入38 355万元，比2001年6 625万元增收31 730万元，增长478.9%。

（一）全面普查税源

一是摸清底数。国税、地税和工商部门联合成立税源

普查组，对本地工商户进行清理普查，实事求是评估各种工商业户的营业额，造册建档，不留税收征收漏洞。对没有设立税务分局（所）的镇（场、区）以及一些"跳蚤"市场业户，在镇府、财政所设立税务协管员，由税务协管员负责分片分档建立经济户口档案，密切关注业户的经营动态，对月销售额低于起征点的业户如果销售额达到起征点，及时调整为征纳对象。二是挖掘税源。陆丰市政府成立挖掘税源协调领导小组和收入督查组，各镇（场、区）成立税收工作协调组，各协税、护税部门通力协作，树立全市一盘棋思想，切实加大解决重点、难点税源的工作力度，在全行业、全税种中深挖税源，做到"既抱西瓜，又捡芝麻"，小税大抓，大税强抓，大小齐抓，确保各项税收应收尽收。

（二）强化税收征管

一是切实提高税收精细化管理水平。陆丰市税务部门，根据不同企业、不同行业的经营变化情况，专门建立了税收台账，并不断完善。二是依法稽查。对陆丰之前存在的部分批发市场由市场管理机构垄断包税的情况，市税收工作领导小组及时牵头，组织税务、工商、公安、监察等部门进行全面清查，坚决取缔垄断包税行为，实行逐户申报纳税，严格建档管理，不留税收征收漏洞。三是大力整顿和规范税收秩序。组织税收专项清理检查，严厉打击制售假发票、非法代开发票和市内相互买税、引税行为，维护税收秩序，切实防止税收流失。四是落实税收目标管理责任制。明确以税务部门为主的税收征管责任，把税收任务层层分解，落实到具体部门，落实到人，做到一级抓一级，一级对一级负责，严格考核，兑现奖惩，确保征管到位。税务部门每10天汇报一次税收进度，每月召开一次税收工作分析会，分析税源情况，分析税收收入增减变动因素，找出薄弱环节，预测税收收入发展趋势、提出下一步的工作等，为税收收入出谋献策。

（三）完善税收征管监督机制

一是切实加快征管信息化建设步伐，健全"大集中"税收征管信息系统，开展税收查询和税务质疑约谈，切实加强纳税评估和税源监控。二是完善民主评税机制，研究制订体现"依法、合理、公开、平衡"评税办法，公正、公平、公开重新核定税负。在全面查找税收征管薄弱点的基础上，重点清理和调度饮食、网吧、私人房产租赁、超市、家庭手工作坊和建筑安装材料销售门店等行业税负。对纳税户特别是大型超市和餐饮行业实行查账征收管理；对一时无法实行查账征收的业户，由市税收工作领导小组牵头，联合国税、地税、工商等部门，结合纳税户的经营规模和经营状态，共同协商评定，并将税负评定结果予以公示，接受社会的监督，切实制止"暗箱操作"行为，杜绝收"关系税"、"人情税"现象，防止"滴、漏、跑、冒"。

（四）系统建立护税协税网络

一是建立完善财税联席会议和财税工作分析会等制度。定期召开会议，加强财税情况沟通、分析和调研，整合力量为税收征管出谋献策，群力群策促进财税增长。二是建立工商、国土、建设、交通、经贸、外经等部门与税务部门的信息共享机制，将经济户口、土地使用、房产登记、车船使用、生猪屠宰情况等信息，每月做一次互换、沟通，严格税源监控，挖掘税源潜力，打击各种偷逃税、骗税，堵塞收入漏洞，核实税负，确保应收尽收。三是形成齐抓共管税收征管氛围，市、镇（场、区）和部门齐动，切实加强税收宣传阵地建设，积极开展税收宣传月等税法宣传和税法咨询辅导活动，大造舆论，强化大众纳税意识，在全市范围内形成如实申报、自觉纳税、人人监督税收的良好氛围。

三、抓非税收入管理，确保应缴尽缴

非税收入是陆丰市财政收入的"半壁江山"，充分开发和利用政府资源是组织非税收入的一项最重要的来源。陆丰市非税收入主要来自五个方面：罚没收入、行政事业收费收入、国有固定资产（包括金融资产）盘活变现收入、公共资源（砂、石、土、广告等）经营权拍卖收入和储备土地使用权拍卖收入等。2010 年实现非税收入 34 807 万元，比 2001 年 5 128 万元增收 29 679 万元，增长 578.7%。

（一）做好土地文章，合理开发和利用公共资源

陆丰市土地储备制度运作起步较晚，发展潜力较大。市政府出台了一系列政策，认真开展闲置土地的清理工作，充分开发荒坡野岭，努力增强政府对土地的有效控制，做好"砂、石、土"等矿产资源的规划和开采权的竞投、拍卖工作。同时加强对其他政府资源和公共特许（垄断）经营权的规范化管理，包括公共设施户外广告权和冠名权、公路客运和公交线路的营运权等，对其经营权进行统一规划布局，实行竞标经营，最大限度的变资源为收入。

（二）积极推进土地、房产使用权初始登记工作

陆丰市具有土地使用或房产合约而没有申办合法房、地产证的群众超过十几万户，为满足广大群众财产确权需要，市委市政府研究出台了《陆丰市土地、房产初始登记管理办法》。全市通过清理历史遗留用地，补办国土登记，国土部门收费有了大幅度增收，特别是一些房产业的发展，增加了土地有偿出让收入，财政部门密切跟踪土地出让动态，促使国有土地有偿出让收入及时足额缴交财政。

（三）逐步规范国有资产管理

陆丰市闲置国有资产主要来源于原国有企业关闭、粮食企业基层粮所改制储备仓库弃用后形成的土地、厂房、机器和其他场地等固定资产。市政府对全市闲置国有资产进行全面的清产核资工作，并出台了《陆丰市国有资产处置管理暂行办法》，依法拍卖部分国有资产。不仅壮大了财

政收入规模，也为处理国有企业的历史遗留问题提供了部分财力。

（四）做好罚没收入和行政事业收费收入工作

推广实行非税收入“统收统支”和“收支脱钩”管理。一是结合市计生工作，组织各财政所做好社会抚养费征收工作。二是通过健全收费服务大厅和乡镇信用社代收费网点建设，配合公安部门继续做好第二代居民身份证收费和交通违章罚款收缴工作。

（五）做好账户和票据管理

1. 强化银行账户管理。一是从严控制单位的账户开设，市直所有行政事业单位开设银行账户，必须符合开设账户的规定条件，向市财政局提出书面申请，经审核同意后，报中国人民银行审批，并且规定除个别单位专项资金管理需开设专户外，各单位只能开设一个基本账户。二是加强对各单位的银行账户管理，开展账户清理和监管，逐步取消各执罚单位原开设的各类收入过渡账户，从严预防财政收入流失。

2. 严格票据管理。一是严格票据申领。对新申领票据的单位认真进行资质审核，不符合申领、不必要申领的严格控制；对再申领单位严格按照收费依据审核，收费不符合政策规定以及收费不执行“收支两条线”管理的单位不予办理票据领购。二是以票促管。严格控制票据发放数量，强化票据使用的检查核销，核旧领新，对存在缓交、拖欠应缴非税收入的单位，除限期其整改补缴外，还依照有关规定给予停发票据等处理。

3. 加强检查监督。监督是加强非税收入管理的有效手段。一是财政部门自身加强监管，实行财政专户管理股室和票据管理中心业务衔接，互相监督，保证每一笔经过结算的非税收入都及时足额缴交财政。二是经常深入各用票单位，对财政票据的使用情况和非税收入的缴交情况进行监督，严防各执收执罚单位截留、挪用、延缓缴交应缴非税收入情况发生。三是开展专项检查活动。由财政会同审计、纪检监察、物价等部门，对收费收入和专项资金使用情况进行检查，防止、打击挤占和坐支财政性资金的行为，以查促管，以管保缴促收。

四、抓激励型财政机制建设，激活财政创收潜力

陆丰市实行激励型财政机制，充分调动乡镇创收积极性，推动区域经济协调发展。根据《关于促进县域经济发展财政性措施意见》和《汕尾市乡镇党政主要领导工作实绩考核（试行）办法》的有关规定，从2004年开始，结合实际，制定《陆丰市税收考核办法》，并逐年根据新情况，不断补充、调整和完善《考核办法》。《考核办法》明确考核内容和标准、奖惩办法和措施，建立市、镇两级税收分成机制，并设立完成任务奖、超收奖、新增税源奖等，鼓励各镇党政班子大胆创新，坚定地实施“弯道超车”和“砍尾”战略，改变以往由税务机关创收的做法，使乡镇党政成为创收的领导者、组织者，努力开展招商引资，承接发达地区产业转移工作，积极培植和壮大镇级经济，并及时兑现对乡镇税收考核的奖励，共享经济发展的成果，拉动全市经济协调快速发展。

（陆丰市财政局供稿，陈木喜执笔）

东莞市

彰显民生财政理念　共建共享幸福东莞

保障和改善民生，是经济社会发展的根本目的，是一切工作的出发点和落脚点。几年来，东莞市委、市政府牢固树立以人为本的理财观念，坚持把保障和改善民生作为公共财政的优先方向，把民生福祉摆在更加突出的位置，不断健全公共财政保障体系，共建共享幸福东莞。2010年，东莞市财政投入社保、教育、医疗卫生、就业等方面各项民生支出达116.4亿元，比2009年增加13.4亿元，增长13%，有力保障了各项民生事业持续蓬勃发展。

一、加大财政投入，建立健全城乡一体的社会保险体系

建立和完善城乡一体的社会保险体系，让全体市民老有所养、病有所医，是一项功在眼前、利在长远的重大改革，是发展所需、民心所向，是公共财政义不容辞的责任。2010年，东莞市财政社会保障方面支出28亿元，比2009年增长34.9%，大力推动建立城乡一体的社会养老保险体系，提高社会基本医疗保险年度支付限额，让更多的市民享受到更高水平的社保待遇。

（一）建立城乡一体的社会养老保险体系

市镇财政总投入43.4亿元，其中2010年市财政投入8.6亿元，推动农居民与职工养老保险并轨，近14万名有缴费记录的原农保退休人员基本养老金从人均266元/月提高到385元/月，正在参保的46万名原农保人员参加全市统一的职工社会养老保险，在全省率先建立城乡一体的社会养老保险体系。

（二）提高社会基本医疗保险年度支付限额

投入1.4亿元，用于城乡一体的社会基本医疗保险缴费补助，2010年1月起东莞市社会基本医疗保险年度最高支付限额从10万元提高到15万元，社区门诊医疗报销比例从60%提高到70%，全市约600万名参保人享受到更高水平的医疗保障。

二、促进教育公平，提升教育发展整体水平

教育是国家和民族发展最根本的事业，促进教育公平和教育事业均衡发展是公众要求最强烈的民生课题。2010年，东莞市财政投入27.7亿元，充分保障公办学校办学经费，支持引导民办教育健康发展，满足市民对优质教育资源的迫切需求，提升教育发展整体水平。

（一）着力解决新莞人子女接受义务教育问题

将全市可以提供的公办学位全部用于接收新莞人子女入读，秋季学期通过积分制共接收约1.5万名新莞人子女入读公办学校，市、镇财政每年增加投入1.2亿元。出台了《东莞市民办学校扶持专项资金使用管理办法（试行）》，从2010年起连续5年，每年安排1 000万元用于民办学校扶持资金，对办学规范、教育教学质量好、社会声誉高的民办学校进行奖励，其中2010年共扶持86所，引导民办学校依法办学，规范管理，为新莞人子女接受义务教育创造更好的条件。

（二）加快高中学校建设

总投资32.5亿元，推进新建9所、扩建13所高中以及职教城建设，其中2010年投入2.8亿元，完成塘厦理工学校、东城高级中学和厚街中学等扩建工程，进一步改善办学条件，满足市民对优质学位的迫切需求。

（三）发放中职学校国家助学金

投入4 728万元，对全市3万多名中职学校一、二年级学生发放每人每年1 500元的国家助学金，鼓励青少年接受中等职业教育，为东莞市经济社会发展提供更多高层次技能人才。

（四）实施全市中小学校舍安全工程

投入1 428万元，对39所市直学校进行校舍安全排查鉴定和加固补强，对全市238所学校进行地震安全评估，深入推进全市中小学校舍安全工程建设，为广大师生提供安全的学习生活环境。

（五）鼓励莞籍人才学历进修

出台《东莞市鼓励莞籍专业人才学历进修补助资金管理暂行办法》，对具备一定条件的户籍居民到国内外著名大学攻读硕士或博士给予学费和生活费补助，进一步优化人

才环境，为东莞市经济社会可持续发展培养高端人才。

三、努力提高劳动者技能，帮助市民就业创业

就业是民生之本、发展之源，是人民群众改善生活的基本前提和基本途径。东莞市一直把解决群众的就业再就业问题作为政府的重要职责，连续5年设立10亿元“创业东莞”工程专项资金，努力提高劳动者技能，帮助市民实现就业创业。

（一）发放各类就业培训补贴

包括对就业困难人员实现就业给予工资差额补助和社保缴费补贴；对提供青年就业见习训练岗位的企业给予1 000元/人的训练补贴，对见习青年给予15元/天的生活津贴，对在一线企业工作满1年的中专以上毕业生，给予200～800元/月的企业就业岗位津贴以及社保缴费补贴；对户籍劳动力取得职业技术等级给予500～2 500元的技能人才奖励；对职业介绍服务机构推荐新莞人就业给予100元的职业介绍补贴；对新莞人参加职业技能培训给予200～500元的定额补助等。2010年，市财政用于促进就业各类补贴共2.3亿元，惠及49万人次。

（二）发放免息创业小额贷款

2010年市财政投入5 000万元，为约750名户籍人员发放为期两年的3万～8万元免息创业小额贷款，帮助解决其自主创业过程中资金周转困难等问题。自2006年以来，东莞市已累计为4 033名户籍人员发放创业小额贷款2.98亿元，取得了良好的社会效果，深受群众好评。

四、加强公共卫生体系建设，推进基本公共卫生服务均等化

医疗卫生关系着人民群众的切身利益和幸福安康，涉及千家万户。2010年，东莞市继续加强公共卫生服务体系建设，不断提高公共卫生服务水平，努力解决市民看病难、看病贵问题。

（一）完善社区卫生服务网点建设

社区卫生服务工作是公共卫生体系建设的基础，是解决群众“看病难、看病贵”的重要途径。2010年投入1 228万元，继续对社区卫生服务中心（站）装修、设备购置以及启动经费给予补助。至2010年年底，全市累计建成388个社区卫生服务站点，积极发挥社区卫生服务站的辐射作用，努力使市民步行15分钟可获得基本医疗服务。

（二）开展9项基本公共卫生服务

投入2 928万元，免费开展建立健康档案、健康教育、儿童健康管理、孕产妇健康管理、计划免疫预防接种、老年人健康检查、慢性病管理等9项基本公共卫生服务。截至2010年年底，全市社区卫生服务机构累计建立居民健康档案296.9万份，提供卫生健康保健知识咨询服务162万人次，发放相关资料403.4万份，开展儿童保健、孕产妇健康管理等公共卫生服务惠及86.1万人次。

（三）支持综合医疗卫生机构建设

筹集2.1亿元，支持市人民医院、市中医院、市疾控中心等“四院一中心”工程建设，努力为市民提供良好的就医环境。

五、持续改善治安生活环境，保障市民安居乐业

社会安定是人民群众的共同心愿。加强环境保护、推进生态建设是造福当代、惠及子孙的民生工程。2010年，东莞市继续把改善社会治安作为为民办实事的首要任务，深入开展生态保护和环境整治，市财政用于社会公共安全支出27亿元，环境保护支出5.1亿元，致力营造安定有序的社会环境和舒适的生态人居环境。

（一）维护社会安全稳定

2010年，东莞市继续强化社会治安综合治理，采用“社会投资，政府租用”的模式，推动社会治安视频监控系统的建设维护，加强对东莞市重点路段和敏感区域的监控能力；继续实施科技强警，从优待警，增加和完善公安和政法部门侦查破案设备，如投入1 997万元建设“电子围栏”系统以及技侦专用综合指挥决策系统，提高防范和打击违法犯罪的能力，推动社会治安形势持续好转。

（二）加强生态绿化建设

投入1.7亿元，加大生态补偿力度，将基本农田补助范围从原来超出全市平均分摊比例部分扩大到各村实有基本农田，补助标准为每年每亩500元，对非经济林每年每亩补助100元，妥善处理农林地生态保护和经济发展之间的关系；投入4 788万元，加快黄旗山森林公园建设和林相改造，完善银瓶山、大岭山、大屏嶂等森林公园建设，优化城市生态环境；投入3 912万元，用于东莞市森林资源保护，包括水源涵养林改造、培育乡土阔叶树苗木、幼林抚育、营造农田林网、迹地复绿、封山育林等，努力为市民提供环境优美、功能齐全的公共休闲场地，打造生态宜居城市。

（三）扎实推进绿道网建设

投入2.2亿元，推动珠三角区域绿道（东莞段）225公里全线贯通，加快生态园、森林公园内绿道网建设，为市民运动、休闲营造良好的生态环境，让健身、休闲融入市民生活。

（四）推进污水废气处理

投入3.5亿元，用于全市BOT污水处理厂的污水处理服务费和2家市属污水处理厂的运营费用；投入4 997万元，对在规定期限内提前完成油气污染治理且验收合格的油品经

营单位，采取“以奖代补”的方式给予适当财政奖励。

六、建立全方位救助体系，改善弱势群体生活

关怀弱者、扶助弱势群体，是社会进步的体现，是文明程度提升的重要标志。一直以来，东莞市坚持以人为本，把做好弱势群体的救助工作作为政府的重要责任和义务，不断加大对社会弱势群体的帮扶力度，切实解决他们在基本生活、子女教育、住房保障等方面存在的困难。

（一）落实低保对象各项帮扶政策

投入4 123万元，向全市3.4万名低保对象发放最低生活保障金，并建立低保标准自然增长机制，从2011年起将低保标准从400元提高至440元；投入5 306万元，向全市2.9万名低保和低收入家庭在读子女发放助学金和学校寄宿生活补贴；投入2 620万元，向全市3.4万户低保优抚家庭赠送800元的春节慰问礼包。

（二）建立高龄老人政府津贴制度

投入2 490万元，建立高龄老人生活津贴制度，向全市3.9万名户籍80周岁以上老人发放政府津贴，其中：80～89周岁老人每人每月100元，90～99周岁老人每人每月200元，100周岁及以上老人每人每月300元。

（三）发放困难群体临时物价补贴

为缓解东莞市困难群众由于主要食品物价上涨带来的生活压力，投入1 025万元，为低保对象、五保对象等困难群众共5.6万人发放3个月（2010年11月至2011年1月），每人每月60元的临时物价补贴，切实保障困难群众的基本生活水平。

（四）改善困难群体住房条件

投入1 399万元，对2 978户住房困难家庭发放租赁住房补贴或进行房屋修葺，其中：租赁住房补贴按人均保障面积18平方米，城镇每平方米9元，农村每平方米6元的租金标准进行补贴；房屋修葺按人均18平方米，每平方米不超过800元进行补助。累计支出3.8亿元，建成2 638套廉租房和经济适用房，有效改善困难群众住房条件。

（五）积极推进社会工作试点

投入1 365万元，购买182个社工岗位服务，积极培育和扶持社会组织发展、充分发挥社会工作在解决社会问题，化解社会矛盾，维护社会稳定、增进社会和谐、推动社会进步中的重要作用。

（六）全面开展居家养老服务

投入293万元，对户籍年满60周岁的老人按不同条件无偿、低偿享受居家养老服务给予财政补贴，营造尊老、敬老、助老的良好社会氛围，全面提高老年人生活质量。其中：享受无偿服务的老人360元/人·月，享受低偿服务的老人240元/人·月。

（七）出台生源地助学贷款政策

为支持东莞市家庭经济困难学生顺利完成学业，2010年东莞市出台了《东莞市生源地助学贷款管理暂行办法》，本市户籍家庭经济困难学生就读全日制高校，可申请最高每人每学年1.5万元的助学贷款，贷款利息由市财政全额负担，帮助困难家庭学生圆大学梦。

（八）支持公共交通惠民服务

投入4 400万元，继续实施老年人和残疾人免费乘车、学生半价乘车政策，对社会公益性的公交企业实行油价、亏损补贴和购置新车贷款贴息，努力使市民享受到快捷、舒适、优惠的公共交通服务。

（东莞市财政局供稿，徐栋栋执笔）

紧抓发展契机　推动产业转型升级

几年来，东莞市塘厦镇的财政工作始终坚持“生财有道、聚财有方、用财有规”和集中财力办大事的原则，不断攻坚克难，财政收入屡创新高，财政改革发展取得新的重大成绩，公共财政体系进一步建立健全。2010 年是“十一五”规划收官之年，塘厦财政紧紧围绕“抓转型、促增长、惠民生、保稳定”的工作思路，把转变经济发展方式作为突破发展瓶颈、实现持续发展的着力点，扎实贯彻落实中央、省、市的各项政策措施，全面实施积极的财政政策，充分发挥财政资金的引导作用，有力推动了产业结构调整和经济平稳较快发展。

一、财政收入新起点上实现高增长，为加快转型升级提供财力保障

2010 年，塘厦镇的财税收入实现了新起点上的高增长。全镇工商税收总额达到 29.63 亿元，同比增长 23.92%。征收契税 1.16 亿元，同比增长 45.97%，财政一个窗口收费总额 2.17 亿元，同比增长 27.92%。2010 年，塘厦镇财政收入达 11.38 亿元，同比增长 17.64 %，加上上年结余 228 万元，全年一般预算可支配收入达到 11.41 亿元，彻底扭转了 2008 年国际金融危机爆发以来税收收入下滑的不利局面。财政收入的快速增长为塘厦镇加快实现经济社会双转型奠定了坚实的财力基础。2010 年，塘厦财政积极优化支出结构，进一步提高对教育、医疗、文化、社会保障、安全等社会公共产品和公共服务的保障能力，将更多财政资金向民生倾斜，使居民更好地享受到经济发展的成果。同时，塘厦财政积极抓好厉行节约，强化预算控制，确保压减一般性支出任务落到实处，为重点项目和民生支出腾出财力空间，确保了财政资金的合理高效运转。

二、以“三旧”改造为契机，促进产业结构升级调整

2010 年，塘厦镇围绕“三旧”改造这个中心工作采取了一系列重大举措。一方面为了防止传统发展模式复归，塘厦镇以招商引资促增量，千方百计引进大企业、大项目。另一方面积极实施“退二进三”战略，大力发展金融、休闲、商业、物流等现代服务业，从而弥补塘厦镇第三产业明显滞后于第二产业的现状。

（一）发挥财政资金引导作用，大力开展招商引资

2010 年，塘厦镇紧紧抓住深圳新一轮产业转移的良好机遇，积极加大招商引资工作力度，取得显著成效。在不断完善科苑城信息产业园配套设施建设、凤凰工业园建设的同时，先后引进了福群科技集团、福迈包装印刷公司、奥克斯通讯科技工业园等基地型、龙头型优质项目落户塘厦，协助了志成冠军、坚朗五金、大行科技等重点工程加快建设。2010 年，全镇合同利用外资 1.35 亿美元，同比增长 25.8%，在东莞市甲类镇街排名第四；实际利用外资 1.74 亿美元，同比增长 9.3%，在东莞市甲类镇街排名第二。同时，外商投资的领域不断拓宽，从传统的劳动密集型行业拓展到电子信息、电脑产品、通信产品等技术含量较高的行业。

为配合招商引资工作的开展，塘厦财政积极采取措施，对招商引资贡献突出的单位和个人实行奖励，进一步规范财政奖励的制度和管理办法。同时积极扶持企业转型升级、自主创新，让企业安心在塘厦扎根发展。塘厦镇按照国家、省、市的奖励措施对该镇企业符合条件的科技研发投入实施配套奖励，2010 年补助志成冠军建立大容量绿色电源产业技术研究院（第二期）250 万元，拨付翱翔实业招商引资奖励金 240 万元。同时大力宣传市财政扶持企业的政策措施，举办“塘厦镇财政扶持企业政策推介会”，将政策文件送到企业手中，全年共转拨中央、省、市扶持资金 2 739 万元。

（二）积极发展现代服务业，商贸塘厦建设提速

按照把塘厦打造成“东莞东南部区域商贸中心”的目标，塘厦镇通过加快推进“三旧”改造，腾出发展空间。积极实施“退二进三”战略，大力发展金融、休闲、商业、物流等现代服务业，推进经济的可持续发展。2009 年，塘厦镇就已成功通过“三旧”改造，引入民间资本，建设了潮流坊商业步行街和华堂旧货市场。在促进商贸发展、安置就业、方便群众生活等方面发挥了重大作用。2010 年，塘厦镇林村社区的华赛电子批发市场成为“三旧改造”工程的又一硕果。该市场由东莞市华堂事业投资有限公司投资创办，基于原来废置不用的综合楼进行改造，第一期投资约 1.8 亿元，占地 15 000 平方米，可容纳近千家商户经营，主要经营手机、电脑、家电、电子配件等产品。该市场已于 2011 年 1 月 1 日起正式招商，目前已有 1 000 多家

商户预定入驻。该市场建成后，将成为一家可吸引深圳华强、深圳赛格等大户定点入驻的大型电子批发市场。

三、打造高尔夫特色产业，走“品牌兴镇”之路

（一）加大财政投入，推动高尔夫产业做大做强

塘厦财政积极响应镇委、镇政府号召，加大财政投入，推动高尔夫产业转型升级、做大做强。2010年镇财政投入25万元资助高尔夫企业成立行业协会，投入410万元举办中国（塘厦）第二届国际高尔夫球用品博览会。本届高博会吸引了来自欧美、东南亚及全国各地超过11 000家客商参观采购，参观参展人数超过11万人次，现场成交额达2.8亿元，意向成交额高达7亿元。塘厦镇以高博会和各项高尔夫赛事为契机，改善商贸、服务行业发展环境。目前塘厦已成为广东乃至全国最大的高尔夫用品生产基地，高尔夫产品产业链日益完善，高尔夫产业已经逐步发展成为该镇的特色产业和重要的新经济增长点。

（二）扶持企业争创名牌名标，实施品牌带动战略

品牌是企业的灵魂，是提高企业综合竞争力的核心。塘厦镇积极采取措施鼓励企业进行技术创新、申请专利、打造品牌，扶持企业争创名牌名标，实施品牌带动战略。2010年，塘厦镇通过实施名牌带动战略，使“生产重镇”向“品牌重镇”转变，全镇各类名牌名标总数达到28个。企业研发的力度明显加强。目前，全镇共有国家高新技术企业12家，省级民营科技企业15家，市级民营科技企业31家，获得省级科技进步奖3项，市级科技进步奖15项，通过授权专利数623项，大幅增长1倍，拥有各类名牌名标28个，其中志成冠军、坚朗五金获得“中国驰名商标”称号。

塘厦财政积极采取措施，加大扶持力度，在市奖励的基础上，再按照1∶0.5的标准比例给予配套奖励。包括对新获得“中国驰名商标”称号及同一级别名牌称号的企业，一次性给予50万元的奖励；对新获得“广东省著名商标”、“广东省名牌产品”等称号的企业，一次性给予15万元的奖励等。此外，塘厦镇还积极培育“两自”企业，帮助企业申请专项扶持资金，鼓励企业设立研发机构，加大技改投入，积极承接参与国家和省市重大科技项目，鼓励企业参与各级各类标准的制定和修订；帮助企业注册商标、申请专利，推动更多企业申报成为省市企业技术中心、专利培育企业，增强自主研发能力。

四、帮扶加工贸易企业转型，全方位开拓销售市场

（一）大力帮扶加工贸易企业转型为三资企业

为尽可能减少金融危机造成的来料加工企业订单减少、流动资金减少等困难，2010年，塘厦镇积极宣传、推动来料加工企业转型为三资企业。据统计，2009～2010年，塘厦镇共有126家来料加工企业成功转为三资企业，其中2009年转型30宗，2010年转型96宗，完成总量在东莞市甲类镇街排名第一。转型的企业主要是五金塑胶、电子、金属制品和纸制品等低端行业。为引导来料加工企业就地不停产转为三资企业，帮助企业拓宽生存发展空间，塘厦镇因势利导，出台多项帮扶政策，在积极宣传引导企业用好用足这些政策的同时，制定相应鼓励政策，将“三资”企业合作管理费减免25%，给予两年的优惠期。部分村、社区也主动降低厂房租金，通过费用减免和融资帮助、开展来料加工企业转三资专项协调会等方法给予企业切切实实的帮扶。塘厦镇相关职能部门和社区相关负责人定期与企业召开座谈会，让企业详细了解转型升级的各项优惠政策。同时，还积极协调国土、规划、城建、消防、财政、税务等职能部门抽调人手设立专门窗口，为企业提供“一站式服务”，并且制定相关流程，简化办事程序，缩短审核期限。

（二）积极帮助企业开拓内销市场

面对外需趋紧、内需扩大的趋势，塘厦镇积极采取措施，鼓励企业一手抓外销，一手抓内销，促进产品市场多元化。塘厦镇把扩大内需作为战略基点，在帮助企业由原来的“来料加工”转变为“三资企业”的同时，帮助有意向内销的外资企业及早掌握内销的产品标准要求、产品质量监督模式等具体要求，为企业生产内销产品创造条件。2010年，全镇开展内销业务的外资企业达400多家，外资企业内销达71亿元，增长34%。电子信息、不间断电源、家用电器等传统的工业支柱产业都实现了较好的内销收入。镇委、镇政府还充分利用外博会、高博会、科技展等专业性强、国际化程度高的会展平台，推动生产企业与大型商家、电子商务平台实现对接，积极寻找内销的合作意向。并通过塘厦外经网等平台，帮助企业寻找“买家”。同时，塘厦镇还选取了105家重点企业，推动其扩大内销、创建品牌，其中乐格电子、保辉电子、光距电子等5家企业在2010年还成功纳入了市推广内销“集中申报”受理范围。

五、积极采取措施推进家电下乡工作有序开展

实施家电下乡和以旧换新政策，对于扩大内需、拉动消费、改善民生、节能环保等方面具有重要的现实意义。是保持经济平稳较快发展和加快转变经济发展方式的有力举措。自家电下乡和以旧换新工作全面启动以来，塘厦财政精心组织、广泛宣传，采取有效措施，积极开展“家电下乡”推广工作任务，取得显著成效。2010年，塘厦财政共完成补贴审核9 435台次，累计兑付补贴金额约280万元。

（一）加大宣传，营造良好舆论氛围

塘厦镇充分利用广播、电视、报纸、网络等各种渠道，

多形式、多角度、多层次地宣传“家电下乡”推广工作的重要意义和补贴政策规定等，使广大农民群众了解政策、明白政策，让各级干部、销售商家准确把握政策，使中央的惠农政策更加深入人心，让广大农民群众真正得到实惠。2010年6月13日，由塘厦镇财政分局和经信局牵头，联合8家以旧换新商家在花园街中心广场举行塘厦镇“家电下乡和以旧换新”宣传活动，本次活动重点对家电下乡和以旧换新各种流程、各类产品知识及相关服务举措进行宣传。活动形式新颖，除设立宣传图片展、提供咨询外，还借助文艺表演、有奖问答等活动，引导广大市民对家电下乡和以旧换新惠民政策的深入了解，获得了广大市民好评。

（二）完善兑付程序，加强网点管理

在方案实施过程中，塘厦财政多次向市财政部门咨询意见，与镇经贸办和家电中标企业反复磋商，不断完善兑付程序，简化审核手续，推动家电下乡、家电以旧换新兑付工作顺利进行。

（三）定期开展监督检查

为促进家电下乡工作健康有序运行，塘厦财政、经贸等部门人员对家电下乡销售网点开展了监督检查，重点检查商家是否张贴广东省家电下乡中标销售企业服务责任书、家电下乡宣传告示，家电品种、型号是否齐全，销售价格是否在规定范围内及信息录入、货源准备情况等。对于检查发现的不规范现象当场要求商家进行整改，并尽快完善家电下乡的标准化设置。

（东莞市财政局塘厦分局供稿，唐超执笔）

中山市

务实创新求发展　十年评审成效高

2000年以来，中山市财政投资审核工作紧跟财政改革步伐，结合中山实际，全面落实科学发展观，贯彻执行国家的法律、法规和有关政策规定，按照“积极探索、规范运作、主动服务、强化监管”的总体要求，突出建立完善制度机制，不断创新工作方式方法，开创了适合中山实际的财政投资评审新机制。

一、锐意改革创新，率先实现机构性质与职能的转变

中山市财政投资审核中心成立初期是一个自收自支的事业单位，工作开展是被动和从属的，其职能是接受市财政局的委托，从事财政性项目的预、结算审核工作，工作的形式和社会中介机构别无两样，被社会认为是另一种形式的中介机构。经过2003年、2005年两次机构改革，现已更名为财政投资审核办公室，定位为局机关属下的一个科室，成为行使财政管理监督职能的审核部门，依据国家法律、法规和部门规章的规定，运用专业的技术手段，从工程经济和财政管理的角度出发，对政府投资项目全过程进行技术性评审和经济评价。工作形式转变为借助中介技术力量进行评审，通过日常随机抽审和重点抽查等形式进行复审，对中介机构的审核结果即审核质量实施监督和管理。实现了审核机构、审核职能、审核形式重新定位的巨大变化。

二、有效履行职能，节支增效明显

通过借助中介机构的评审力量，让审核办评审人员能从繁杂的项目具体审核工作中脱身出来，不断开拓创新，充分发挥评审专业技术优势，为财政预算支出管理提供了有力的技术支撑，为政府部门投资提供了重要依据，取得显著成绩。通过建立有效的监督管理机制，不断提高财政投资评审水平和评审质量，扩展财政投资审核范围，优质高效地完成了文化艺术中心工程、博览中心工程、大涌口水闸重建工程、博爱路改造工程、汶川漩口援建工程等一批重大项目的评审工作，为政府节约了大量财政资金，积极为财政节支增效做贡献。截至2010年12月底，完成评审金额153.33亿元，审减不合理资金8.71亿元。其中：完成结算送审金额66.15亿元，审定金额58.85亿元，核减7.3亿元，核减率11.03%；完成概、预算审核87.18亿元，审定85.76亿元，核减1.41亿元。

三、稳步拓展评审业务，不断扩大投资评审的覆盖面

近几年，市财政审核部门已逐步将各类项目纳入评审范围，并逐步理顺了交通、水利、卫生等部门的基建项目投资审核工作，开始纳入审核监管，对由基建预算安排赎买费用的国企代建的行政事业单位办公用房项目的概、预算也纳入投资审核范围，从而大大地扩大了财政投资评审范围。

通过这些举措，理顺了交通、水利、卫生部门等基建项目投资的审核工作，规范这些项目的预、结算审核和设计变更审核的程序，加强了这些项目的审核监管，扩大财政投资审核范围，提高财政管理的科学化、精细化程度。

四、狠抓制度建设，为评审工作顺利开展打下坚实基础

在几年的运作中，投资评审管理部门不断完善和健全审核管理工作，并制定了一系列的管理制度。

一是为加强评审项目档案资料的管理，维护中山市财政投资评审项目档案的完整和安全，更好地为审核工作服务，制定了《中山市财政投资评审项目档案管理暂行办法》。

二是为切实履行财政职能，强化财政支出预算管理，规范财政性资金基本建设投资工程预、结（决）算的审核工作，提高审核质量和财政性资金的投资效益，制定了《中山市财政性资金投资项目预、结（决）算审核管理办法》，该办法不但明确了投资评审部门的财政投资评审范围以及相关职责的要求，规范了建设单位评审资料提交的具体清单内容，而且还对受财政委托进行财政投资评审的中介机构的操作规程作出了严格的规定。该办法操作性、针对性、时效性都较强，对审核工作正常有序的开展起到一定的促进作用。

三是为加强中山市财政性投资项目预算审核工作，规

范预算审核工作流程，提高预算审核质量，有效控制投资概算，制定了《中山市市级财政性资金投资项目预算审核（复核）工作细则》。该工作细则进一步规范了预算资料的接收，明确了预算审核的工作流程，加强了预算审核质量的监管，从而达到提高预算编制质量，合理控制财政投资项目投资规模和标准的目的。

四是为加强对从事财政性资金投资项目审核的中介机构的管理，规范财政性资金基本建设投资工程预、结（决）算的审核工作，提高审核质量和财政性资金的投资效益，制定了《中山市财政性资金投资项目委托中介机构审核管理办法》，该办法对中介机构的职责要求以及审核的实施进行了严格的规定，并制定的有效可行的奖惩措施。

五是为规范中介机构审核财政性投资建设项目的委托程序，建立项目委托中介审核制度，实施评审抽签制度。项目审核单位通过抽签确定，抽签程序严格按照《中山市财政投资项目委托中介机构预算复核、结算审核的摇珠抽签操作办法》进行，该办法具体对抽签时间、规则、监督方法、项目库设置等作了详细的规定，充分体现审核工作的公平、公正、公开透明的原则。

六是建立委托评审的复核制度和项目专管员制度。对于委托中介机构审核的项目，实行了项目专管员责任制，根据项目规模和专业，每个项目安排1～3名专管员对项目的评审过程实行全程跟踪，负责处理项目评审中出现的问题和协调各方的关系，并对中介机构出具的审核报告进行全面复审，强化了中介机构项目审核过程的监督管理，确保在每个环节堵塞“漏洞”。

五、多措并举，强化对社会中介机构的评审管理

一是实施中介机构资格评审和委托制度。制定《中山市参与财政投资审核的中介机构资格要求》，经过对符合资质要求的中介机构进行考评，对考评合格的中介机构纳入财政投资审核委托的范围，签订委托合同。每个项目审核都是通过抽签确定审核单位，并邀请监督部门的人员监督抽签过程，避免人为操作。

二是制定中介机构综合考核制度。制定《社会中介机构参与财政投资项目审核综合考核办法》等制度，对参与财政投资审核的社会中介机构进行评审质量单项考评及年度综合考评。对于审核项目中出现审核差错、延期等问题均按合同严格处理，年度结束时汇总单项测评情况，对中介机构进行综合测评，测评不合格的中介机构将取消合同委托关系。通过以上制度对中介机构加强约束，促进中介机构的自我提高和完善，并能剔除审核水平差、不思进取的中介机构，达到保证财政投资审核质量的目的。

三是建立中介机构年度检查制度。每年定期进行中介机构的检查工作。每年年中联合有关部门开展对从事财政性投资审核的中介机构的办公场所、人员配置、制度建设等进行检查，重点检查各中介机构实际从业人员情况，及内部审核和监督管理制度建设的情况。并就检查情况结合上年度各中介机构的工作表现召开了财政投资审核工作座谈会，及时提出对中介存在问题的改进意见，并听取各中介机构的反馈意见，及时调整工作方式。

四是实行中介机构评审人员备案制度。在每一合同年度开始之前，均要求中介机构上报该年度参与财政投资审核的备案人员名单和材料，并在中介机构年度检查中进行人员核实。由于财政投资审核的责任重大，审核人员水平的高低直接影响到投资审核的质量。因此对参与财政投资审核的人员实行备案制，备案人员必须是造价师或从事审核工作3年以上的造价员，并确实在本企业注册和工作，以便审核办公室对备案登记的人员实行更直接的了解、跟踪和管理。

六、通过“倒逼”机制，稳步推进财政投资项目建设程序规范化

进一步规范送审资料的接收，对于立项报批、初步设计评审、中介预算编审、工程招投标、政府采购、工程报建以及竣工验收等基建程序不规范、工程变更签证手续不完备等不符合送审要求的项目，送审资料坚决予以退回，待手续完善后才给予办理。认真审核建设单位送审项目的预算，对于预算超概算项目，核实建设单位是否自行扩大设计规模和提高设计标准，并将评审意见及时反馈建设单位，要求建设单位优化设计、调整建设规模和标准。认真审核项目结算，对于结算超出概算的项目，待追加投资手续完善后方可办理工程结算业务。针对在招标文件的制定和合同签订时一些不合理条款给结算带来的不便，结合实际审核情况中存在的问题，列举招标文件制定和合同签订时存在的几种通病，反馈给建设单位，规范了建设单位合同条款的制定，从而形成对投资主管部门和建设单位投资建设管理的“倒逼”机制。

七、强化队伍建设，打造出一支作风过硬、高效廉洁的评审队伍

坚持以科学的管理理念，打造一流的评审队伍，积极营造团结、向上、和谐的工作氛围，为做好财政评审工作提供坚实的保证。目前，评审管理部门内部共有评审人员7人，其中：高级工程师1人，造价工程师5人，100%为工程专业技术人员。受委托参与财政投资评审业务的中介机构备案人员共有95人，其中：高级工程师17人，造价工程师有41人。初步形成了一支具有造价工程师、高级工程师、咨询师等资格职称，而且素质高、业务精湛的专业评审队伍。

财政投资评审是一项政策性、专业性、技术性很强的工作，难度大、涉及面广、情况复杂，为此，评审管理部门实行管教并重、德才齐抓的工作思路，一是抓好制度建设，制定了《中山市财政投资审核中心审核人员工作守则》、《中山市财政投资审核中心业务流程图》，每年与局党组签订《党风廉政建设责任书》，用制度管人和规范评审

行为。二是抓好业务培训，经常组织人员参加省、市举办的各种业务学习培训、更新专业知识，并结合工作的实际，及时发现和分析评审中出现的新情况、新问题，认真组织评审人员进行研究，并围绕这些问题有针对性地开展业务培训，全面提高评审人员的综合素质，适应评审工作的需求。三是经常开展廉政教育、职业道德教育，财政评审是运用专业技术知识，对专项资金进行审核的一项技术性工作，评审结论涉及到方方面面的利益，由此带来的廉洁自律要求就很高，就必须高度重视和加强廉政建设。不仅在评审机构内部，要认真落实廉政建设责任制，采取多种形式进行党风廉政建设教育，构筑思想道德防线，并且要对参与评审的中介机构和工作人员强化廉政意识，通过签订廉政建设承诺书等方式，加强考核与管理。不断强化评审人员的廉政意识、责任意识，制定“一服从”、“三自觉”、“八不准”等审核工作纪律制度，提高拒腐防变能力。四是实行督办员和科长督办制度。每月根据工作量统计表和完成时间情况，月底根据项目统计员的信息，检查各专管员手头工作完成情况，对没有按时完成的项目专管员要解释原因，并提出解决方法。

（中山市财政局供稿，李文执笔）

创新机制　积极推动镇财政制度改革

几年来，外部客观环境的新变化和经济社会发展的新形势对基层政府的公共财政管理提出了非常高的要求，财政制度深化改革和资金配置效率优先的倒逼压力越来越直接和加剧。中山市三乡镇财政部门积极适应新时期外部环境及发展形势变化的客观要求，紧紧围绕市委、市政府的总体部署和镇党委、镇政府的中心工作，在狠抓财政收入持续、稳定增长的基础上，积极深化财政制度改革，着力推行科学化、规范化、精细化预算编制工作，全面探索集中理财、民主理财、集体理财及专项资金绩效管理机制，并取得了较为显著的成效：一方面全方位强化财政监管，从源头上有效预防和治理腐败，提升财政资金的运行安全。另一方面优化财政支出结构，提升财政资源及配置效率，加大对经济转型的支持力度，突出顺民意、惠民生和解民忧，确保全镇经济稳定增长、民生持续改善、社会和谐稳定，开创了基层政府公共财政管理的新局面。

一、建章立制简化流程，规范管理提速行政

以“建章立制简化流程、规范管理提速行政”为目标，2009 年三乡镇陆续出台了《三乡镇财务管理制度》、《二乡镇部门预算管理办法》、《三乡镇财政资金审查委员会工作规则》、《三乡镇财政性资金审批及拨付制度》、《三乡镇重点工程项目建设财务管理制度》、《三乡镇政府采购管理办法》、《三乡镇财政结算资金管理制度》、《三乡镇财政结算备用金暂行管理办法》、《三乡镇镇属行政企业事业单位报账员工作规则》等九大规章制度，分别对预算单位及镇属企事业单位的开支审批权限、支付标准、支付手续、预算编制、预算执行、预算监督、财审会工作规则以及镇重点项目规范管理等方面作出详细规定，并根据各规章制度在执行过程中产生的新情况、新特点及时修订和完善相关细节条款，确保各规章制度不流于形式。九大规章制度的实施，不仅规范了各类资金的使用行为，而且在保证依法审批的前提下，大大简化了审批手续和流程，使上级领导从繁复的审批事务中解脱出来，更加专注于统筹全局的工作，大大提速了行政运行效率。

二、完善会计集中核算，统管预算单位出纳

积极完善会计集中核算及支付制度，实现对预算单位的会计出纳双统管。在确保各部门单位财务自主权、资金使用权和领导审批权不变的前提下，三乡镇财政结算中心融会计核算、监督和服务于一体，对预算单位进行集中管理、统一开户、分户结算，大大强化了镇财政结算中心控制财政资金的“蓄水池”作用，一方面要求各预算单位清零基本账户，转变为备用金专户，专门办理现金收支业务，将原基本账户的存款余额转入镇财政结算中心名下的二级账户，由镇财政结算中心统一办理和承担各预算单位的收付和结算以及日常会计核算监督、会计报表编制、会计档案管理等工作，确保资金使用得到事前、事中、事后全方位监督；另一方面财政结算中心通过主管会计领导稽核小组对预算单位经济活动中的每笔具体财务收支事项的合规性等进行全面二次稽核，实现对预算单位开支标准、部门预算、收支两条线等多种财政政策执行情况的有效监督，实现了镇财政部门对镇财政资金流向、流量的全程监控。通过完善会计集中核算及支付，增强了财政资金运行的透明度，规范了各类资金的使用行为，提高了财政性资金使用效益，为财政预算编制、执行分析和调控经济提供准确依据。

三、完善财政审会机构设置，强化财政事务民主决策

“财政资金审查委员会”（下称“财审会”）是三乡镇重大财务事项的审查和监督机构，通过项目申请单位陈述、财审会委员询问、申请单位人员陈述后回避、财审会委员以非公开记名投票表决等方式，负责审查全镇财务资源配置方式以及重大财务开支事项的必要性和合理性，并对审议通过的财务事项执行情况进行监督。三乡镇不断完善财政资金审查委员会机构设置，下设预算审核、绩效管理、监督等三个功能小组，预算审核小组全面参与专项预算编制，集体研究决定专项资金的设立，重点把关单项 10 万元以上的重大开支事项，强化全镇财政资源配置的合理性；绩效小组负责探索专项资金绩效管理改革工作，着力提升专项资金管理效率；监督小组引入人大代表、政协委员参与，建立内外并重的长效监督机制。通过完善“财审会”机构设置，突出了财政事务的民主决策，提高了财政预算审核过程的公平、公开、公正性，有效控制了预算规模，如 2010 年“财审会”审核把关的项目金额达到 19 033. 85 万元，节约金额达到 888. 44 万元；“财审会”还积极指导 2011 年度镇财政预算编制工作，对部门预算项目进行集体

审议，强化了财政资金的监管，提高了财政资金的使用效能。

四、加强财政专项资金管理，确保专项资金专款专用

三乡镇全面加强财政专项资金管理，率先在全市出台镇级财政专项资金管理规定，对镇村两级专项资金管理的原则、专项资金管理部门的职责、专项资金的设立与调整及撤销、专项资金的执行、专项资金绩效评审及监督检查等方面作出了明确规定，严格要求“业务主管部门不得以任何方式在专项资金中开支各项公用经费性质的管理费用”，有效杜绝了预算单位利用专项资金支出日常公用经费的行为。在具体专项资金的设立方面，要求必须符合公共财政投入方向，具备法律、法规、规章或政策依据，具有明确的绩效目标及绩效评价量化指标体系，经镇财审会集体审议把关后，按照项目的轻重缓急优先安排最急需的项目；对已设立并经认定符合规定的专项资金，财政部门根据单位类型、项目性质以及使用单位上报的用款计划，确定资金支付方式，对符合直接支付条件的支出项目，一律由镇财政以直接支付形式办理；对属于基本建设用途或需纳入政府采购的项目，按基建项目投资管理和政府采购有关规定，根据项目实施进度办理资金拨付手续；专项资金支出项目完成后，由项目业务主管部门及时组织验收和总结，对专项资金使用和分配情况进行绩效自评，由镇财政、监察、审计、组织人事等四部门组成联动检查组，按照项目性质和项目金额，分别以绩效审计、内部审计和审计检查等方式对专项资金的预算执行、使用分配效益和财务管理等方面情况进行监督检查。通过全面加强财政专项资金管理，三乡镇达到了专项资金专款专用的总体要求，如2010年镇属部门预算“商品和服务支出”总计4 608.19万元，隐含在部门预算专项经费中的“商品和服务支出”的金额高达1 620.26万元；经过强化专项资金管理，2011年镇属部门预算专项经费中不再隐含人员补贴经费及各项商品和服务支出，“商品和服务支出”项目金额3 757.48万元，对比2010年实际支出减少18.46%。同时积极打破传统的审计观念，联合审计部门，努力探索绩效审计模式，高质量完成包括三乡医院、一体办及17间社镇卫生站、镇集体资产公司、镇报关公司和污水处理厂等5个绩效审计项目，全面提高资金使用效能。

五、严格政府采购管理，提高财政资金使用效益

深化财政制度改革、建立公共财政体制必然要求严格政府采购制度。三乡镇实施严格的政府采购管理制度，严肃政府采购纪律，进一步加大对政府采购的监管力度，全部实现了“管采分离”的机构建设要求，积极消除政府采购管理职能缺位、执行职能越位的机制隐患：一方面切实规范政府采购行为，推行公开、公正、公平的政府采购程序，全镇全年采购数量为103单，货物工程服务采购预算金额为3 027.31万元，实际采购金额为2 841.68万元，节约资金185.64万元，节约率为6.13%。另一方面严格建筑投招标管理，全镇2010年招投标共8宗，标底价为1 762.63万元，中标价为1 630.99万元，节约资金131.64万元，下浮率为7.47%，达到了提高财政资金效能、节约采购资金及有效防范腐败的良好效果。

六、精细预算编制管理，提高预算编制质量

随着财政各项事业的科学化、规范化和精细化管理的发展，财政预算编制的精细化要求与日俱增。近年来，三乡镇财政部门在严格控制一般性支出、努力降低行政成本、保障重点项目和民生项目开支的基础上，积极精细预算编制管理，提高预算编制质量。一是新增《单位基本情况表》、《公务车辆情况表》、《政府采购预算明细表》等预算编制表格，要求各预算单位列明单位人员分配、办公设备类别及数量及公务车辆等具体情况，财政部门依据预算单位人均设备使用量、车辆使用等实际情况，根据财力及事项的轻重缓急程度对预算部门的上报情况进行评估论证，初审把关后再上报“财审会”进行集体审议。二是对预算单位上报的各项公用经费及项目经费，要求提供各项费用构成的测算依据，并具体说明使用用途，对于20万元以上的项目支出，还需填报《项目申请书》，详细列明项目申请原因、主要内容、项目目标、预期经济及社会效益等，为财政部门审核预算提供可靠依据。镇财政部门在对各单位预算进行初审的基础上，通过约谈预算单位、统一经费标准以及简化科目等方式使预算编制更加精细化，明显提高了预算编制的准确性，极大地提升了各类财政资金的使用效能。

七、坚持创收与节约并重，确保利益向下和集中资源办大事

三乡镇财政部门坚持创收与节约并重，一方面加强征收征管，积极增创财源，确保应收尽收，在金融危机冲击影响尚未完全消除的情况下，2010年全镇财政收入达到7.13亿元，完成年度预算的100.10%；同时在重点保证经济结构调整、发展方式转变、基础设施建设开支的基础上，积极优化财政支出结构，坚持利益向下，2010年累计安排资金2 300万元支持农村建设发展、解决“农保转城保”及提高居民养老、医疗保障，累计免息借出6 874万元扶持农村集体经济发展。另一方面，推行节流、节支和节约，集中资源办大事，对部门预算项目进行集体审议和严格把关，2010年审议项目总金额为6 662.21万元，同意通过金额为6 115.04万元，节约金额547.17万元，提高了财政资金的使用效能；同时积极优化财政资源配置，集中力量办大事，近年来统筹8亿元推进八大工程，统筹2.4亿多元回购270多亩土地，统筹1.2亿元解决农转非及社保等问题。

八、强化“村账镇管”力度，提升农村财务管理质量

不断强化“村账镇管”力度，在维持农村“三权不变”的前提下，由镇财政结算中心对全镇17个村（居）委会的会计账务进行统一核算和处理，有效保证了会计核算数据的准确性、核算方法的规范性及核算程序的合理性，规范了村（居）委会的会计基础工作，提升了农村财务管理质量。一是通过向村（居）委会建议，将委托镇结算中心代理记账的做法列入村民自治章程，确保“村账镇管”行为合法化。二是按最新《村集体经济组织会计制度》的要求，于每月15日前完成会计账务处理并出具相关会计报表交至各村（居）委会，由村（居）委会按财务公开制度的要求依时在各村的财务公示栏进行公示，接受村民监督。三是定期清理村（居）委会银行账户，对不需要或违规开户账户进行销户处理，保障村（居）银行账户的有效性和合法性，分管会计每月与银行核对余额，保证账实相符。四是镇财政、审计和结算中心组成联合检查组，不定期对村（居）委会的库存现金进行实地盘点，有效保证货币资金的安全性。五是镇财政结算中心每半年对各村（居）的固定资产和债权债务进行清查清理，有效保证村属资产的真实性。六是对全镇村（居）的财务审计实行100%全覆盖，对审计发现的问题，由审计部门提出整改建议、结算中心协助落实整改，并由财政、纪检、审计和组织人事部门联合对违法、违规的村（居）和相关责任人进行处理。

随着财政制度改革的推行，三乡镇财政行政职能得到充分发挥，财政运行质量和效率明显提高，财政支出结构不断优化，财政资金的使用绩效持续提升，财政管理的精细化、科学化水平跃上新台阶。下一阶段，三乡镇将积极顺应新一轮财税改革的要求，认真把握财源变动规律，大力提高财政保障能力和预算管理水平，深入贯彻统筹城乡发展的要求，努力促进转变经济发展方式，继续深化财政制度改革，充分发挥财政职能的杠杆作用，促进经济社会又快又好发展。

（中山市三乡镇财政所供稿，吴金琼执笔）

江门市

引入绩效管理理念　合理配置公共资源

预算安排既是一个政策问题，又是一个管理问题，既要考虑党委、政府的决策部署，又要关注财政支出的经济性、效率性和有效性。因此，如何进一步优化公共资源配置，提高财政资金使用效益，就有必要在预算编制过程中引入有效的管理工具和管理方法，通过改进预算管理，加强财政绩效预算，为领导预算决策提供依据。江门市财政部门紧密围绕“加快转型升级，建设幸福侨乡”这一核心，树立绩效财政观念，从编制2009年部门预算工作开始，引入绩效管理理念，开展项目绩效预算试点工作。

在开展绩效预算试点工作中，财政部门与预算单位的关系不是对立关系，而是为了“少花钱、多办事，尤其是要办好事”而形成的合作关系。财政资金的绩效来源于部门单位的工作，没有部门单位的绩效，财政绩效就无从谈起。在充分理解财政资金绩效来源的基础上，有效改变财政分配方式，部门通过绩效项目申报，使部门单位自己努力把自己做的事情想清楚、讲清楚，财政部门则安排资金，帮助部门把事情干成。这样，将使越来越多的单位和部门理解和支持绩效预算工作，积极参与，按要求做好项目绩效管理，从而推进江门市绩效预算工作的深入开展。经过几年绩效预算试点工作的开展，使江门市在深化财政支出管理改革、优化公共资源配置、提高部门预算编审质量、强化财政监督方面迈上了新台阶。

一、江门市市直单位开展项目绩效预算工作总体情况

江门市市直单位自2008年开始开展项目绩效试点工作，采取与省财政科研所合作方式，由省财政厅科研所组织专家评审，再由专家们根据单位提交的申报项目可行性报告，对项目的合理性、必要性及绩效目标的可行性等进行分析评估。

江门市市直开展绩效预算工作，按照从点到面，从试点到逐步全面铺开的原则，一步一步向纵深推进。在编制2009年预算时，市财政局选择3个绩效预算项目进行试点，在编制2010年预算时我们扩大10个绩效预算项目进行试点，到2010年编制2011年预算时，要求市直所有100万元以上的项目都要填报有关绩效材料随同部门预算“一上”时上报，然后经过研究，再从中选择16个部门的18个绩效预算项目进行试点。

（一）成立江门市财政局绩效预算工作领导小组，为绩效预算（试点）改革提供组织保障

为使绩效预算（试点）工作的顺利开展，市财政局内部成立以主要领导为组长的绩效预算工作领导小组，并下设绩效预算领导小组办公室，负责督促、实施绩效预算（试点）评价的各项工作。并要求各项目预算单位成立以财会人员、项目管理人员、项目专业技术人员等组成的项目绩效预算编制小组，负责项目申报、项目可行性的研究、实施项目计划、检查项目绩效目标的完成情况等，为绩效预算（试点）改革提供组织保障。

（二）制定和配套相关的文件和措施，为绩效预算（试点）改革提供了制度保障

市财政局结合实际，制定了《江门市本级项目绩效预算工作方案》和印发了《关于开展市本级财政支出项目绩效预算（试点）工作的通知》。对财政专项支出项目绩效预算评价的依据、内容、范围、对象、方法、指标体系、组织实施、工作程序以及评价结果的运用作了规定，为绩效预算（试点）改革提供了制度保障。

（三）选取有代表性的项目进行试点，为进一步推进绩效预算（试点）改革积累经验

结合目前江门市工作实际，江门市市直开展绩效预算改革工作，按照从点到面，从试点到逐步全面铺开的原则，一步一步向纵深推进。市财政局每年都选取具有代表性的项目进行绩效试点，我们选择绩效预算项目试点的原则有三个：一是根据市政府工作目标、财政管理改革的需要、社会公众关注的热点问题，选取这些项目都是社会热点项目、惠及面广、群众关注度高。二是这些项目的评价指标、实现效果较为明显，便于开展绩效考评。三是资金金额达到一定额度，资金来源相对比较稳定。按此原则，经综合考虑，选取了市农业局的扶持农业产业化专项资金等16个单位18个项目资金作为试点。这些项目都是社会热点项目、惠及面广、群众关注度高，具有一定代表性。

（四）组织专家评审，形成有参考价值的评价意见

项目评估是绩效预算的重要程序，江门市积极探索专家参与评价的方式，依托省财政厅科研所雄厚实力，每年都邀请几位具有丰富评审经验，在相关领域具有深入研究的专家进行评价，同时，市财政局还结合江门财政工作实际，市财政局相关项目资金管理科室负责人也作为专家，同其他专家组成现场评审会的专家组，共同对项目进行现场评审。专家组根据项目单位申报的材料和现场各项目单位的答辩情况进行认真、严谨的审核和评价，提出专家评审意见。为充分运用好专家组评价结果，根据要求，市财政局组织有关业务科室就专家评审意见进行讨论，并在专家评审意见的基础上又提出综合意见，供讨论第二年预算时参考。这种单位参与、专家评价的方式不仅使评估过程透明公开，而且由专家作为第三方进行评估更显公正公平。

二、江门市开展财政支出项目绩效预算（试点）工作取得的成效

目前江门市实施的绩效预算改革，改变了传统的“按需分配”财政分配方式，以解决该不该安排、安排多少、安排顺序、总盘子不够怎么办的“四个问题”为出发点，按照“大事优先、民生优先、绩效优先”原则对项目排序，使市委、市政府的重大决策项目资金得到保障，从而理清财政分配关系，达到“依法理财、科学理财、民主理财”为目标，使“人为分钱”转变为“制度分钱”，不断提升政府执行力。

一是革新了理财观念，增强了绩效意识，端正部门用财观念，促使预算单位重视自我约束。

二是通过专家绩效评审，安排与不安排、安排多少资金，由专家评价组评定，再由市财政根据财力状况提出安排建议，提高了财政支出安排的公信力。

三是提高决策水平，减轻财政支出压力。由专家对预算资金分配项目进行论证，能更加科学、客观、合理地作出判断，为科学合理安排好财政资金提供参谋。

四是有利于提高政府效能建设，促进反腐倡廉工作。通过绩效预算，督促部门细化预算，做好计划，落实工作。由专家对项目进行绩效评审，判断项目效益情况，可遏制铺张浪费、重复投入等现象，有利于节省行政成本，提高行政效能。

三、江门市财政支出项目绩效预算工作存在的主要问题

虽然江门市财政支出绩效预算工作取得一定的成效，也积累了一定的工作经验。但是仍存在一些尚需解决的问题。

（一）部分单位认识和重视程度不够

江门市财政支出项目绩效预算工作刚刚起步，社会、部门对绩效预算的认识还需要一个逐步深入的过程，重资金分配、轻绩效管理的现象依然存在。一些部门不够重视，工作缺乏主动性，存在报送不及时，评价流于形式的现象。

（二）实现科学评价仍缺乏技术支撑

虽然江门市已经初步建立起绩效评价制度框架，但由于可供参考的经验不多，还缺乏一套科学、完整的绩效管理系统，评价指标体系和第三方评价工作机制还不够完善，在综合评价财政支出的经济效益、社会效益等方面还缺乏有效的技术支撑。

（三）评价结果应用实效未充分发挥

绩效预算的关键在于结果的应用，通过应用才能对财政资金使用部门和单位有实质性约束。受多方面因素影响，目前评价结果还没有得到完全的应用，作用尚未充分发挥。

（四）绩效评价人才队伍仍较为单薄

近年来，江门市安排100万元以上的项目数量多、涉及面广、专业性强，需要一支强有力的绩效评价工作队伍。由于目前专家资源有限，同时限于人员编制，负责全市绩效评价日常工作的人员较为单薄，导致工作难以深入开展。

四、进一步完善绩效预算工作的措施

江门市绩效预算改革的试点工作才刚刚起步，需要继续开拓创新，循序渐进，在探索中完善，在创新中发展，积极构建公共财政绩效预算管理体系。

（一）加强绩效预算人才队伍建设，推进绩效预算工作深入开展

绩效预算工作是一项综合性、政策性、技术性和专业性很强的工作，要求工作人员既要熟悉相关法律法规，具有较强的财政、会计业务素质，又要有非常强的责任心、敬业精神和奉献精神。只有通过加强人才队伍建设，才能推进绩效评价工作深入开展。要通过和其他省市绩效评价专家库联网建立包含广泛专业领域的专家库；要加强与单位沟通交流，由单位安排相关业务骨干充实各自评价工作小组；要加强绩效队伍相关能力的培训，紧跟改革形势，及时更新知识结构，拓宽知识面，不断提高业务技能，推动绩效评价工作向纵深发展。

（二）注重绩效评价工作宣传指导，不断提高单位的绩效预算意识

绩效预算是对财政管理和财政分配方式的重大变革，对财政支出进行追踪问效不仅是财政部门的重要职能，也是资金使用单位和财政部门的共同责任。要不断加大宣传力度，让预算单位和社会各界理解、重视和支持绩效预算工作，不断提高各单位开展绩效评价工作的主动性和积极性，将绩效理念渗透到预算编制、执行各个环节和专项资金管理全过程，为绩效评价工作的深入开展营造良好的工

作环境。

（三）夯实绩效预算评价的技术基础

一是提高绩效预算申报材料的有效性。为了提高绩效预算工作的水平和效果，各项目申报单位领导要高度重视，采取各种有效措施提高本单位绩效预算申报工作质量；同时加强申报单位参与绩效预算申报工作人员的培训力度，举办相应的培训班，对填报人员进行培训，强调申报工作的规范性、准确性和完整性，明确提出申报时必须提交的主要附件资料内容，包括立项批文（包括投资变动批文）、可行性研究报告、工程概算或支出明细表（项目资金额度计算的依据和标准）、规章制度、管理办法等。对于达不到绩效预算评价工作要求的材料，不能进入评价环节。二是细化和明确绩效目标和绩效指标。各单位必须要提出适合自身业务特点的、反映资金使用绩效高低的绩效目标和指标。

（四）完善绩效预算评价结果应用机制，努力增强评价结果运用实效

一是引入以结果为导向的资金分配模式，运用评价结果来突出政策导向，以绩效为核心确定财政资金投向和数量，提高资金分配的科学性。二是研究制定财政专项资金使用绩效问责办法，探索建立财政资金使用绩效问责与激励机制。三是引入社会监督机制，根据上级部门要求，逐步扩大绩效评价结果的公布范围，让社会公众了解到财政资金的支出方向和使用效益。

（五）强化监督管理力度

要制定和落实好具体措施，加强对项目资金的全程跟踪管理，特别是对资金拨付前的监督，即预算执行的监督；以及项目完成后的评价，即效益实现的监督等。此外，在开展绩效预算试点工作，加强财政资金监督的同时，探索与“绩效审计”的联动，做到内外结合，齐抓共管。

绩效预算是一项新的举措，是一种“以结果为导向”来分配财政资源的预算方式，是对传统的投入控制预算分配方式的重大变革，是提高政府资金使用效率的重要手段。实行绩效预算评价，通过对财政资金科学性、风险性、效益水平、支出管理等的综合评判，提高财政资金分配的合理性、有效性和科学性。这种从项目预算资金分配时就引入评估机制，设立绩效目标，在项目实施中和完成后进行绩效评价的方法，将是我们今后财政支出绩效评价改革的方向。通过绩效预算评价试点工作，为今后进一步扩大绩效预算范围积累了经验。我们将不断总结经验，完善制度，逐步扩大范围，使绩效预算工作向纵深发展。

（江门市财政局供稿，张义栋　冯积汉执笔）

创新工作思路　加强财政支农政策培训

2009年10月以来，江门市新会区认真贯彻落实上级财政部门关于开展农村财会人员财政支农政策培训工作的通知精神，结合本区实际，迅速成立领导机构，制定工作实施方案，创新工作思路，有计划分步骤地扎实开展财政支农政策培训工作，并取得显著成效。全区共举办12期培训班，培训农村干部、财会人员超过2 800人。该区开展农村财会人员财政支农政策培训经验得到各级财政部门充分肯定，广东省财政厅和江门市财政局先后通过简报向全省、全市推广；同时，财政部和广东省财政厅网站分别进行了转载。2010年10月，新会区财政局被广东省财政厅评为2009年度农村财会人员财政支农政策培训工作先进单位。

一、精心组织

（一）成立领导机构

为加强对全区财政支农政策培训工作的领导，指导培训工作的开展，研究、协调、解决培训工作中的各种问题，成立新会区农村财会人员财政支农政策培训工作领导小组，组长分别由区财政局、农业局、民政局领导担任，成员由区财政局农业股、会计股、乡镇财政管理中心、工贸股、教科文股、社保股，区农业局经管股，区民政局基层股等股室负责人组成。办公室设在区财政局，会计股股长兼任办公室主任，办公室成员由区财政局会计股及区农业局经管股有关人员组成，负责组织开展农村财会人员教育培训的日常工作。各镇也先后成立镇农村财会人员财政支农政策培训工作领导小组，组长由镇长担任，副组长分别由副镇长、财政所所长、经管站站长担任，成员由财政所、经管站有关人员担任。镇领导小组办公室设在财政所，落实专人负责组织协调开展农村财会人员财政支农政策教育培训的日常工作。健全的组织机构为全区开展财政支农政策培训工作提供组织保障。

（二）制定工作实施方案

为切实做好全区农村财会人员财政支农政策培训工作，新会区制定《新会区农村财会人员财政支农政策培训实施方案》，该方案明确全区开展农村财会人员财政支农政策培训的指导思想、目标任务、领导机构、培训对象、培训内容、培训教材、培训组织实施、经费保障、考核评估等内容，为全区开展财政支农政策培训工作提供制度保障。各镇分别制定《农村财会人员财政支农政策培训计划》，把学习财政支农政策、村集体经济组织财务管理、村集体经济组织会计业务基础与业务规范以及业务处理能力等列入培训主要内容；同时，明确培训的时间、地点、参加人员及考试等事项。按照计划，各镇农业办、经管站、财政所积极配合，落实组织发动工作；各村委会高度重视，村委会书记、主任带头，落实参加支农培训的村级财务人员，确保人员到位。

（三）抓好具体工作落实

为确保全区农村财会人员财政支农政策培训工作的顺利开展，区级和镇级切实抓好培训具体工作的落实。一是抓好学习动员。区财政局领导和各镇领导分别亲自在区、镇农村财会人员财政支农政策培训班开班仪式上作动员讲话，阐明区、镇开展农村财会人员支农政策培训的重要性和全区农村一线从事财务管理工作的财务人员参加学习培训的必要性，对办好培训班提出具体要求。二是抓好班务管理。每期培训班配备2名专责管理人员，负责培训班的日常管理、服务和考勤工作。三是抓好课堂教学质量。培训班邀请具有丰富教学和实践经验的会计师授课，并结合现行支农政策，联系农村财会人员的实际，实行教学互动，及时收集学员的反馈意见，有针对性地进行讲解，使学员学懂弄通。四是抓好考勤制度。坚持点名制度，每半天点名一次，并将考勤情况与考试、发放证书及补贴的发放挂钩，保证学员的到课率。五是抓好考试。培训班结束，安排半天时间对所学内容进行考试，检验学习成果，考试通过并考勤达到要求的方可发放证书，以保证培训班扎扎实实地开展，务求取得实际效果。

二、主要做法

（一）贴近农民，做好听、问、看、思

为搞好财政支农政策培训工作，区财政局、农业局精心挑选授课教师，授课教师除了对财政支农政策和专业知识熟悉外，还要了解农业、农村、农民的现状，农民想什么，农村存在什么问题；还要结合财政支农政策、农村财务知识的讲授，分析存在的问题，提出解决问题的思路和方法。为加深对上述问题认识，专门组织授课教师到各镇进行调查研究，贴近农民，做好听、问、看、思。一是每

到一个地方都认真听取当地经管站负责人的介绍，了解当地经济发展状况，财政支农政策落实的情况，农村干部的素质情况，财务管理的模式，存在什么问题，探讨问题根源，寻找解决的方法。二是到当地会计委托代理机构进行实地调研，查看会计委托代理机构的会计凭证、会计账簿、会计报表、农村财务管理制度，找出存在的问题，收集农村管理工作中的典型案例、会计核算存在问题等资料。三是深入走访农村和农民家庭，感受农村和农民生活的变化。四是认真思考，对比农民目前生活现状和国家改革开放发展形成差距，深刻领会开展财政支农政策培训工作的必要性和重要性。通过深入调研和做好听、问、看、思，使授课教师对农业、农村、农民的现状有深刻了解，为开展财政支农政策培训工作打下了坚实基础。

（二）因人施教，实行量、裁、合

贯彻、落实、执行财政支农政策，关键在于农村干部，重点是转变农村干部的观念。针对大部分农村干部文化水平低、财务会计知识基础差，年纪大、资格老、观念旧等状况，要让农村干部在短期培训中听得进、听得明白、听得有趣，熟悉掌握，培训采取因人施教，实行量、裁、合。量就是掌握农村干部的年龄、学历、工作经验等基本情况，选好财政支农政策培训的入门。如大部分学员年纪在35～60岁，受过初、中等教育，没有经过专业系统培训，管理意识淡薄，欠缺分析、解决问题的能力；但他们大部分从事农村管理工作10年以上，有丰富的农村管理工作经验，对财政支农政策等学习内容比较容易接受，把握这个切入口抓好培训。裁就是选择，选择与当地适用的财政支农政策，选择农村财务管理存在的普遍问题，选择农村会计核算存在的普遍问题，选择典型案例。培训内容选择从熟悉政策、转变观念、提高素质、提高分析解决问题的能力为出发点。通过精选内容，在有限的时间内，把重点、难点问题分析透彻、讲解清楚，其他学习内容就迎刃而解。合就是结合，把量和裁的东西合理结合，巧妙配置，达到事半功倍。在结合时，注意培训目的与培训对象的配合，重点、难点和一般问题的安排，培训内容与培训时间的分配，老师授课和学员堂上互动、课后探讨的结合等，达到培训的最佳目的。

（三）讲求效果，达到实、活、鲜

在培训过程中，注意理论联系实际，运用多媒体工具，用文字、图片、案例、象棋棋局、故事、诗词、歌曲等多种通俗易懂，形象生动，幽默深刻的形式开展财政支农政策培训，收到实、活、鲜的授课效果。实就是实事求是，理论、政策联系实际，结合农村经济发展的现状、农民身边发生的事情、农村财务管理存在的问题等，既宣传好人好事，树立榜样，又揭露问题，寻找根源解决途径，讲出农村干部的心里话，使他们爱听、用心听，深受启发和教育。活就是采用形式多样、生动活泼、紧扣主题的讲授方式，将财政支农政策融入农村干部熟悉的人、事、物、歌曲、故事中，通过比喻、比较、分析、综合、问答、讨论、堂上作业、考核等方式方法和运用语言、语调、表情和手势等讲课艺术，吸引广大农村干部认真听课，真正学到知识，掌握政策，增长智慧。鲜就是新鲜，结合财政支农政策，讲述财政支农政策的新人和新事，展现新农村新貌，给人以更深印象，回味无穷。

三、主要成效

（一）提高农民建设新农村的信心

培训前，大部分农村干部文化素质比较低，目光短浅，看不到发展和前途，对建设新农村信心不足；不少农村经济发展缓慢，资源配置不合理，财务管理不到位，没有发挥潜在的优势，效率低、效益差。通过培训，广大农村干部转变观念，重新树立建设新农村的信心。农村干部有了信心，在各级政府的支持下，落实各项支农惠农政策就有保证，各镇（街、区）借财政支农政策之势，科学规划，合理利用资源，发挥优势，强化管理，促进农村经济健康较快发展。

（二）提高农民对财政支农政策的认识

培训前，农村干部普遍对国家财政支农政策认识不足，理解不透，贯彻落实不到位。通过培训，使广大农村干部加深对财政支农政策的理解，明白落实财政支农政策不仅是取得补助、补贴的问题，而且是为了促进农业生产稳定发展，使农民收入持续增加，实现脱贫致富的问题。在贯彻落实和执行财政支农政策过程中，广大农村干部认真贯彻落实，充分、及时利用财政支农政策，不折不扣地让广大农民得到实惠，充分享受改革开放带来的成果。

（三）提高农民财务管理的意识

培训前，农村干部普遍存在理财意识淡薄、财务管理水平差的现象。通过培训，使农村干部对农村财务管理有了全新的认识，增强理财观念，同时，学会了通过对“资产负债表”、“收支明细表”、“收益及收益分配表”等报表的财务数据分析，发现存在的问题和原因，及时采取有效的措施加以解决，从而提高农村集体资金、资产、资源“三资”管理水平，进一步规范农村财务管理，使农村集体资金、资产、资源配置更合理，取得更好的经济效益和社会效益。

（江门市新会区财政局供稿，谢致光执笔）

阳江市

狠抓落实　促进行政事业资产管理向精细化迈进

阳江市各级财政部门深刻理解做好行政事业资产管理工作是践行科学发展观和构建惩防腐败体系的客观要求，认真学习领会财政部和省财政厅有关文件精神，积极探索与公共财政体系相适应的行政事业资产管理模式，狠抓落实，不断加强行政事业资产管理工作，使全市行政事业资产管理工作逐渐走上规范化管理轨道，并逐步向精细化管理迈进。

一、健全机构，理顺体制

几年来，阳江市管辖的阳春市、阳东县、阳西县相继成立了国有资产监督管理办公室，负责行政事业单位国有资产管理。特别是2010年年初的大部制改革后，阳江市财政局新成立了资产管理科，配备了6名业务精、责任心强的人员。这使阳江市市级行政事业资产管理做到机构、编制、人员、职能“四到位”，彻底改变了以前兼管的局面，形成“市一县”两级架构和“财政部门、主管部门、资产使用单位”三级行政事业国有资产管理格局，做到各层次管理主体不缺位、不越位，各司其责、各负其职，共同管理好行政事业国有资产，为行政事业资产精细化管理提供了保障。

二、建章立制，健全完善资产管理制度

规范管理是目标，建章立制要先行。为规范行政事业资产管理行为，阳江市政府相继出台了《阳江市国有集体资产交易管理办法》、《阳江市非税收入管理办法》等制度。为使国有资产处置有章可循，阳江市各级财政部门根据财政部令第35、36号规定，结合实际，及时制定处置办法。如阳江市财政局制定了《阳江市市直行政事业单位国有资产处置管理暂行办法》，规范了国有资产无偿调拨、出售、出让、置换、对外捐赠、报废、报损等资产处置行为。阳春市、阳东县、阳西县财政局也先后制定了《行政事业单位国有资产处置管理暂行办法》。同时，阳江市财政局资产管理科还制定了《阳江市财政局资产管理科工作运行规程》，并把本科室的职能、工作规则、权力运行流程进行公示，为精细化管理进一步提供了制度保证。

三、加强资产清查，建立资产管理信息系统

为全面摸清大部制改革后市直行政事业单位“家底”，找出行政事业单位内部资产管理的薄弱环节，进一步加强资产监管。阳江市财政局成立资产清查领导小组，组织专人，从2010年下半年起，利用半年时间，对市直大部制改革后的25个行政事业单位进行了清产核资摸底工作，及时研究处理机构合并后的资产处置问题，为下一步规范资产监管打下基础。同时充分利用资产清查的结果，建立行政事业单位资产数据库，为实现行政事业单位资产管理信息系统提供初始数据，也为财政部门编制行政事业单位部门预算和为今后行政事业单位资产配置、使用及处置等管理提供可靠的依据。

四、规范资产管理行为，强化资产日常管理

在日常管理中，加大力度，重点把好资产处置“四个关”，严防国有资产流失。一是严格执行《阳江市市直行政事业单位国有资产处置管理暂行办法》，严把处置程序关。规定凡重大事项和涉及房屋土地的处置经财政部门审核后，须报市政府审批；加强与国土、房管、公安交警等产权办证主管部门及资源再生利用公司的沟通协作，规定未经财政部门审核批准的资产处置，一律不予办理过户手续，杜绝了行政事业单位未经批准擅自处置国有资产的行为。同时为确保资产处置程序公开、透明，还把行政事业资产处置和非经营性资产转经营性资产审批事项列入市纪委、监察局在阳江市行政服务中心设立的电子行政监察系统，这样，既方便了办事人员，也有利于群众监督。二是严把评估审核关。对每项资产的处置，先聘请中介机构进行评估，除认真审核评估报告外，坚持工作人员到现场审核，并根据实际需要聘请专业人士进行核查，尽可能保证交易超过评估价，最大限度避免国有资产流失。据统计，2010年市级行政事业单位资产拍卖收入高出评估价20%，高出单位意向协议价30%，个别资产拍卖价高出评估价100%。三是严格执行《印发〈阳江市国有集体资产交易管理办法〉的通知》，严把进场交易关。规定凡行政事业单位国有资产

交易按“应进必进、能进则进、规范进入、操作透明”的原则在珠海市产权交易中心阳江服务窗口进行，通过公开招标、电子操作平台等交易，让群众见证阳光操作的全过程，避免了暗箱操作现象。如对经营性资产招租信息面向社会公开，采取公开竞租的方式租赁，大大提高了资产收益率，2010 年，新出租经营性资产收入较前期增长 25%。四是严格执行《印发〈阳江市非税收入管理办法〉的通知》，严把收入管理关。阳江市行政事业资产收入主要有两个方面：一是资产有偿使用收入；二是资产处置收入。对行政事业资产收入均要求全额上缴非税收入专户，实行收支两条线管理，严禁各行政事业单位挪用、挤占、少缴、欠缴行政事业资产收入。

五、积极探索资产管理与预算、政府采购、绩效评价相结合的有效途径，加快推进信息化、系统化建设

行政事业单位国有资产管理是公共财政管理职能的重要组成部分。目前，阳江市财政仍属“吃饭财政”，偏重于事后监督，对如何利用有限的资金，提高行政事业资产的使用效益，适应公共财政改革新要求等问题，阳江市行政事业资产管理工作人员已有充分认识，努力把行政事业资产管理当作一项创新性事业抓好。尽管行政事业资产管理专门机构成立时间短，工作人员在做好基础工作的同时，积极探讨在预算和政府采购中如何把握资产配置，管理好“入口”，做到事前监督；积极探讨通过绩效评价提高资产利用效率，做到事中监督；积极探讨在管理行政事业资产中如何通过信息化手段把握好全过程的监督等。

六、进一步完善的新举措

2011 年是“十二五”规划开局之年，阳江市财政局将以精细化管理为目标，在巩固成果的同时，重点配合全市拟进行的公车改革，做好车辆的回收、评估和拍卖处置等工作；配合省推进行政事业资产管理信息系统建设的工作目标，探索适合阳江市行政事业单位资产信息化管理的路子；继续探讨资产管理与预算管理等相结合的工作机制。同时进一步抓好队伍建设，努力建设一支学习型、创新型、服务型、业务精的行政事业资产管理干部队伍。扎实工作，在精细化管理方面狠下工夫，促进行政事业资产管理工作迈上新台阶。

（阳江市财政局供稿，张培兰执笔）

加强强农惠农资金监管
确保强农惠农政策落实到位

近年来，中央和省委、省政府对“三农”工作高度重视，出台了一系列支农惠农政策。阳东县作为农业重点县，积极响应贯彻上级支农惠农政策，落实支农惠农资金，当地农民普遍受惠。根据中央、省、市关于开展强农惠农资金专项清理和检查工作电视电话会议精神，以及《财政部 监察部 国务院纠风办 审计署关于印发〈关于开展强农惠农资金专项清理和检查工作的实施意见〉的通知》和《广东省强农惠农资金专项清理和检查工作方案》的部署和要求，阳东县从2010年6月份开始，全面部署启动并扎实推进强农惠农资金专项清理、检查和监管工作，组织全县各镇各部门认真开展自查自纠，落实整改措施，促使强农惠农资金规范管理、安全使用，政府强农惠农政策得到落实，农民得到实惠，农村基层组织的廉政建设得到改善，强农惠农政策落实以及支农资金监管和专项清理工作取得较好成效。

一、建立管理机制，提升支农资金监管水平

为强化财政支农惠农资金监管，增强支农惠农资金使用管理的安全性、有效性、规范性，阳东县财政局积极探索构建资金安全有效使用的长效机制，提高资金使用效益，加强财政支农资金管理，提升支农资金监管水平。

（一）健全财政支农资金管理制度

对支农资金管理制度进行整理规范，按照“先建制度、后分资金，先规范、后运作”的要求，建立健全科学、规范、覆盖全面的支农惠农项目资金管理制度体系，使财政支农资金管理做到有章可循，有制可依。近几年，阳东县在强农惠农资金管理中先后建立完善资金公示制度、项目招投标制度、财政资金分配制度、支农资金报账管理制度、绩效评价制度和责任追究制度，实现以制度管人、以制度管钱、以制度管事的目标。

（二）规范财政支农实施程序

一是完善支农资金项目申报制度，做到因地制宜，精心编制支农惠农项目建设规划，从源头上抓好项目资金管理，科学组织项目申报，细化项目预算，规范项目实施管理，建立财政部门、项目主管部门、项目实施单位和项目法人的资金监管责任制，加大项目实施的管理力度。二是加强财政支农资金的整合管理。在细化项目预算的基础上，做好重点项目的清理工作，并结合社会主义新农村建设总体规划对现有支农资金进行适当归并，通过项目的实施带动支农资金的集中使用，形成资金的整体效用。三是加大对财政支农资金支出的财政审核力度。要求各单位支农支出尤其是专项资金支出必须先向财政局上报资金使用方案，经审核同意后才能使用资金。四是加大财政参与支农项目建设管理力度。对所有支农项目，从计划编制到竣工验收，做到专人参与管理，确保支农项目预决算真实，充分发挥资金使用效益。

（三）规范资金发放方式

阳东县强农惠农资金拨付方式有两种：一是直接发放方式，主要涉及良种补贴、粮食直补、水库移民建房补助、能繁母猪饲养补贴等资金。资金的拨付先由村委会进行登记、核实并张榜公示，根据公示结果编制明细表送当地镇政府及相关部门复核，然后送县财政局（或镇财政所）审核，再由县财政局（或镇财政所）通过银行直接将资金汇至农户账户。二是实行财政报账制或国库集中支付方式。除实行直接发放方式管理的资金，其余资金均实行财政报账制管理或国库集中支付管理，严格按照广东省财政厅《关于印发〈广东省财政支农专项资金报账制实施办法〉的通知》及相应资金管理办法的规定执行，按项目实施方案和进度拨付资金。具体先由主管部门对项目单位的实施情况进行核查，并对报账资料的真实性、合法性、有效性、完整性进行审核，确认无误后由项目单位提出用款申请，经县财政局核实批准后，通过银行拨付款项。拨款程序严格按规定的流程及相应的资金管理办法执行。

阳东县通过构建完善强农惠农资金安全使用的长效机制和资金监管机制，大大提高了支农资金使用的透明度，防止部分干部以权谋私；确保财政专项资金发挥最大效益；有效避免了支农资金被截留、挪用、侵占，维护了群众的切身利益，使农民实实在在享受到党和政府的惠农政策；促进了农村和谐稳定；推动农村经济持续较快发展。2010年，阳东县预算内农业总投入（含上级专款）2.27亿元，比2009年增长41.4%，实现农业总产值45.88亿元，比2009年增长5.1%；实现农民人均纯收入6 932元，比2009年增长15.8%。

二、强化组织领导，增强清理检查工作力度

强化财政支农惠农资金监管是一项复杂的系统工程。阳东县坚持依法行政，依法理财，把“抓资金管理就是抓资金投入、抓资金管理就是抓使用效益、抓资金管理就是抓资金安全”的理念贯穿于“三农”工作的全过程，进一步解放思想，深化改革，加强领导，强化责任，用制度和机制保障财政支农惠农资金运行安全和合理有效使用。并充实监管力量，加强内部监管，充分发挥纪检、监察、财政、审计等部门的作用，形成监管合力，为强化支农惠农资金管理提供坚强的保障。

全国强农惠农资金专项清理和检查工作电视电话会议召开后，阳东县多次组织相关部门领导和业务人员传达学习《财政部　监察部　国务院纠风办　审计署印发〈关于开展强农惠农资金专项清理和检查工作的实施意见〉的通知》精神，并根据省、市实施方案，集中研究制定本县的实施方案，建立一个坚强有力的工作推进机制，做到组织领导、责任分工、协调督促、舆论宣传四个到位。成立专项清查工作领导小组，由分管财政的副县长任组长，政府办公室一名副主任和县财政局局长任副组长，县财政局、县监察局、县纠风办、县审计局等20个部门分管领导为小组成员。各成员单位分口把关并负责对各镇级强农惠农资金专项清理工作的指导、督促、检查等工作。县领导小组下设办公室，设在县财政局，负责日常工作。各镇、各部门也相应成立专项清查工作领导机构和工作机构。同时，抓好动员部署，迅速启动专项清查各项工作，切实做到机构健全、分工明确、责任落实，形成一级抓一级、层层抓落实的工作格局，为开展专项清理工作提供了强有力的组织保障。

三、及时传达贯彻，确保强农惠农政策到位

（一）加强政策学习，确保思想认识到位

2010年6月17日，阳东县组织了全县强农惠农资金监管领导小组成员参加全国强农惠农资金专项清理和检查工作电视电话会议，认真学习专项清理领导小组组长、财政部部长谢旭人的重要讲话精神。会后，组织相关单位人员进行再动员，要求各镇和有关部门站在讲政治和讲大局的高度，充分认识开展强农惠农政策落实情况监督检查工作的重要性和必要性，着力营造反复找问题、深入查原因、全力抓整改的浓厚氛围，努力把强农惠农政策真正落到实处。同时，创新工作方式方法，立即开展自查自纠，全面加强检查核实，全力抓好整改完善，重点对2007～2009年的强农惠农政策落实情况、各级财政预算安排用于“三农”资金的使用管理情况和扩大内需项目资金管理情况进行全面监督检查，切实解决强农惠农资金管理使用中的突出问题，规范和完善强农惠农资金管理、使用和监管机制，进一步推动强农惠农政策的落实。

（二）加强政策宣传，确保政策家喻户晓

为了让强农、惠农政策深受群众熟知，阳东县通过印发宣传品、张贴标语、出动宣传车、组织工作人员进村入户宣传以及利用电视台、电台、报刊、广播、网络等形式向农户开展政策宣传普及活动，确保将中央和省、市的强农惠农文件精神和政策原原本本传达给农民，将政策的执行与操作公开化、透明化，使强农惠农政策真正做到家喻户晓。

（三）加强监督检查，确保政策及时兑现

强农惠农政策的落实工作涉及面广，情况复杂，工作难度较大，为此，阳东县及时制定出台了《阳东县强农惠农资金专项清理和检查工作实施方案》等有关政策文件，并组织人员学习有关文件、资料，熟悉各项强农惠农政策，以及强农惠农资金拨付的程序和管理使用的规定，以检查强农惠农政策落实情况为重点，紧紧抓住“教育、自纠、规范、查处”四个关键环节，全面掌握阳东县强农惠农政策的落实情况，推动强农惠农政策的落实，规范和完善强农惠农资金管理、使用和监管。

四、深入自查自纠，扎实开展清理检查工作

（一）认真梳理涉农政策资金项目，摸清资金底数

阳东县通过扩大强农惠农资金监管清理范围，及时对全县涉农政策资金17个项目进行摸底，分解到财政局6个业务股室和对应的职能部门，并认真开展强农惠农资金专项清理工作，如实填报《强农惠农资金专项清理情况表》。2007～2009年，阳东县共落实中央、省、市、县四级财政安排强农惠农资金88 419万元。其中，中央下达资金16 850万元（2007年3 312万元、2008年6 712万元、2009年6 826万元）；省级下达资金43 786万元（2007年14 029万元、2008年13 925万元、2009年15 832万元）；市级下达资金2 333万元（2007年734万元、2008年924万元、2009年675万元）；县本级财政安排资金25 450万元（2007年2 576万元、2008年10 581万元、2009年12 293万元）。

（二）开展“回头看”，狠抓落实整改

阳东县严格按照广东省、阳江市强农惠农资金专项清理和检查工作领导小组的部署和要求，加强审计检查，发现个别镇、村在执行落实强农惠农政策方面存在着不规范行为。

1. 种粮补贴方面。由于个别镇村干部和群众对强农惠农资金直接补贴政策理解不透彻，以及一些基础性工作不细致，出现漏报情况，导致个别承包种田户未能领取补贴；部分财政所在审核农业部门报送的种粮面积申报表格资料时把关不严，少数农户申报资料不齐全，缺少银行账号或

其他资料，造成发放工作不顺畅；个别镇村在向农业部门申报种粮面积前没有及时张榜公示，个别财政所发放兑付补贴资金后记账科目不规范，没有按年度分类登记明细账等。对此，阳东县已及时进行了整改，做到细化工作程序，严格审核把关，并加大对国家强农惠农政策的宣传力度。

2. 家电、汽车摩托车下乡补贴方面。2009 年由于部分群众购买下乡产品后没有及时向当地财政所申领补贴，加上刚开始实施下乡补贴时财政部门对群众的购买热情估计不足，没有申请充足的资金，造成补贴兑付率不高。发现问题后，阳东县立即纠正，并在第一时间向上级争取更多的资金确保资金兑付。

3. 资金划拨方面。在强农惠农项目实施过程中，阳东县部分按工程项目进度到财政报账的单位由于工程实施进展较慢，致使部分资金未能及时划拨，延缓了广大农民群众享受强农惠农政策所带来的好处。对此，阳东县成立专门工作小组，加强督促力度，敦促项目实施单位加快项目的实施进度，确保项目早日完工并发挥社会效益。

（三）抓住关键环节排查解决问题

阳东县从制度政策落实、项目申报审批、资金下达和拨付等关键环节入手，认真排查解决问题，落实责任追究。针对种粮补贴发放工作和虚报、假报现象的投诉，阳东县在县、镇两级分别成立督查组。镇督查组在早晚两造水稻种植面积申报登记数据收集后，对辖区内种粮农户的情况进行核查；县督查组根据全县各镇掌握的情况，对全县各镇的情况进行不定期抽查。同时，对群众意见较大、存在问题较多的村、组，由县、镇纪检监察部门会同督查组深入调查，严肃处理。2008 年，阳东县由于个别村干部和群众受个人利益驱使，种粮补贴出现了虚报补贴面积现象，甚至利用他人名字虚报补贴面积并领取补贴现象，而村干部为照顾群众情绪，对虚报现象也不认真核实。接到群众投诉后，阳东县督查组立即会同纪检监察部门深入村场，走访群众，查清有关情况。对虚报冒领资金进行收缴，并对相关农户作出停止享受补贴 3 年的处理，对相关责任人进行党纪处分。

五、突出重点难点，推进资金监管再上新水平

强农惠农政策是国家一项民生工程、德政工程。下一步，阳东县在前期开展强农惠农资金管理工作的基础上，将根据广东省财政厅《关于切实加强强农惠农资金专项清查整改工作的紧急通知》以及《关于开展强农惠农资金专项清查整改总结工作的通知》的文件要求，落实更有效的措施，加强对强农惠农资金的检查和监督，并积极探索资金管理新模式、新办法，提高资金管理和使用效能，实现强农惠农资金科学化、精细化管理，确保强农惠农资金使用更科学、更安全、更符合群众的利益需求。重点抓好以下三个方面工作：一是抓住重点检查。在各镇和各有关涉农资金管理部门自查自纠工作的基础上，继续开展强农惠农资金清理重点检查，确保专项清理工作成效。二是针对弱点整改。根据全县强农惠农资金自查自纠工作情况和重点检查反馈意见，督促相关单位落实整改。三是推进强农惠农资金监管制度创新。通过专项清查，及时总结推广各镇、各部门的好经验、好做法，全面查找强农惠农资金使用管理中存在的问题，深入分析原因，研究创新科学管理强农惠农资金的制度、体制、机制，善于运用成果，把整改举措转化为加强和改善强农惠农资金管理的政策措施，促进支农资金管理制度的不断完善，发挥专项清查工作的后续效应。

（阳东县财政局供稿，梁世光执笔）

发挥投资评审职能作用　服务经济建设

2010年，阳春市财政局投资审核中心恪守“依法、科学、公平、公正、公开”的评审原则，积极服务于财政中心工作，评审范围涵盖交通、城市基础设施、水利堤防、医院、学校、土地整理等众多领域的大型支出项目和修缮项目，以及农村饮水安全工程和农村义务教育学校危房改造等专项建设资金项目、政府性基金和投融资项目。全年共完成各类工程预、结算项目256个，审核投资总额高达8.07亿元，创历史新高，比2009年同期4.96亿元增加3.11亿元，增长62.70%，核减金额9 320万元，核减率11.54%。

一、主要做法

（一）制度先行，规范审核

没有规矩，不成方圆。阳春市财政投资审核中心在成立以来一直都把内部制度建设摆在工作的第一位。在评审工作实践中，市财政投资审核中心在严格执行财政部颁发的有关财政投资评审规定和地方有关法规的基础上，根据工作实际不断完善评审流程、现场勘查工作纪律、评审质量考核办法等一系列规章制度，建立起一套内部机制，使中心内部工作的各个环节都有明确的规定和指引，实现以制度管人，以制度规范评审工作。

（二）科学发展，精细管理

一是建立“先评审、后预算”机制。关口前移，将政府投资节约在部门预算之前，强化财政支出管理和财政监督职能。二是建立“先评审，后支付”机制。凡是政府投资工程项目资金的拨付，国库支付中心必须依据投资审核中心的审核意见进行拨付。同时，投资审核中心严格按照计划、按预算、按合同、按进度，对工程施工图预算和工程进度款的拨付提出审查意见，作为国库集中支付的依据。这样既减少了拨款环节、提高工作效率，又进一步提高了国库集中支付的科学性和准确性，为政府投资节约了资金。三是建立“先评审，后结算”机制。工程竣工结算是最终确定结算造价的重要环节，涉及投资方、建设单位和施工企业等各个方面的经济利益。对竣工项目财务决算先进行评审，评审结论作为财政部门批复项目竣工财务决算、拨付工程尾款的依据，从而把好项目最好一道关，节约财政资金，提高投资效益。

（三）注意加强与有关部门的协调，营造和谐的评审环境

财政投资评审工作政策性强，涉及有关单位、部门利益的重新调整。为了更好地开展工作，市投资审核中心注意在工作中取得监察、建设、发改和审计等部门的支持与配合，并摆正财政部门在基建财务管理中的位置，处理好与各部门间的关系。主动加强与项目主管部门和服务对象的沟通，坚持用政策说话，用事实说服人，用真情打动人，使项目主管部门变被动接受评审为主动配合评审。此外，还与市发改部门达成共识，在财政投资项目的招标文件和合同中增加了一些对财政结算有利的要素条件，如工程结（决）算以中标合同为依据，以财政部门最终审核为准，变更部分的价款要按主合同进行下浮等。这些做法达到了保护政府利益和提高工作效率的目的。

（四）加强对市重点工程的跟踪了解

一是将管理关口前置，加强建设项目的可行性报告和投资概算的审核。对阳春市城区“一江两岸”二期、凌霄岩风景区综合整治、阳春名树公园、东湖绿道等一批促进经济发展、完善人民生活环境的财政性投资建设项目，要求建设单位在提出建设项目申请时提交可行性报告和投资估算，市投资审核中心对可行性报告及投资估算进行详尽、科学的审查，对项目的可行性、建设规模、建设标准等内容提出详细的审核意见，并结合财政的资金情况提出明确的投资总控，为政府的投资决策提供较为科学的决策依据，从源头上控制工程高估冒算现象的出现。二是对有关在建的重点项目进行跟踪了解，通过现场的第一手资料，及时掌握相关项目的工程进度，工程质量及工程变更情况，合理核定建设资金需求，更好地调整财政资金，提高资金的使用效益。

（五）寓评审于服务之中，提供优质服务

一是加强服务意识。评审工作涉及有关单位的利益调整，比较容易引起单位的误解和矛盾。市投资审核中心要求评审人员首先从思想上认识到财政部门的评审工作是为建设单位、为市的重要工程建设提供优质服务，从行为上要求工作人员在工作中提高服务水平，避免单位的误会和矛盾。二是将优质服务落到实处。随着钢铁、水泥等重大项目的落户、建成投产，阳春市迎来了跨越式发展的良好

机遇，重点项目成为阳春市基础设施建设的重头戏。为此，市投资审核中心及时调整工作重心，提供全方位的服务，为重点项目保驾护航。在分工上，将项目落实到人，责任到人，分工明确又协调配合；在实际审核中，开辟绿色通道，减少内部流程，保证质量的前提下尽可能缩短评审时间。同时，建立重大事项请示回报制度，及时将项目进展情况向领导请示回报，以供领导决策。

（六）采取有效措施，防止工程积压

一是把好工程送审资料的清理审核关。二是加强与建设单位和局业务股室的沟通，争取他们的支持。三是对相关单位不配合对数、不准时报送资料、在规定时间内不办理定案确认手续的项目，经财政部门书面通知都没法解决的，中心将相关资料退回给建设单位或报市政府处理。

（七）加强队伍建设，不断提高评审队伍整体素质

一是严格把住人员进入关。通过公开招聘或选调等方式吸收具备较高素质的人员。坚持用人唯贤、用人唯能的原则，选拔政治责任感强、政策水平高，业务熟练、踏实肯干的专家型人才。二是加强业务学习和后续培训。组织工程技术人员对水电设备、水利、公路等专业知识的学习，鼓励个人自学，继续深造；积极参加建设部门举办的继续教育学习班，同时派员参加省内外相关机构举办的培训班学习，使评审人员的知识不断更新，以适应日趋复杂的评审业务需要。三是加强廉政教育，强化廉洁评审意识。评审中心和市财政局签订廉政建设责任书、经常进行廉政教育、强化评审人员的廉洁意识，做到干净做人、干净做事；制定和完善廉洁评审制度，公开接受建设、施工单位的监督。四是注重团队精神建设，营造良好的工作氛围。评审人员长期工作在第一线，工作艰苦，责任重大，压力也大。因此，在日常的工作中，中心重视团队的精神建设，营造良好的工作氛围。工作中中心的领导和工作人员精诚团结，以身作则；生活上积极为每位工作人员排忧解难；积极开展评审文化活动，凝聚人心，增强合力，工作中时刻保持良好的工作状态和积极的工作热情，做到文明评审，以理服人，保证了中心评审工作高效、有序进行。

二、当前评审工作存在的问题

一是质量与进度依然是制约财政投资评审工作的主要矛盾，评审进度跟不上城市建设的发展步伐。随着公共财政基本框架的确立和完善，财政投资的基本建设项目越来越多，规模越来越大，单纯依靠中心自身的力量已难以按时完成繁重的评审工作任务。虽然经常加班加点超负荷的工作能够勉强应付评审的进度，但长此以往难免对评审质量造成一定的影响，而这种影响必然直接损害到中心的信誉、影响评审事业的发展。

二是对于一些项目的历史遗留问题因为牵涉到方方面面的利益，在建单位和施工单位不配合甚至抵触的情况下，单凭中心的力量和职能范围无法解决，评审进度受到很大的阻滞。如何在不违反政策法规的前提下妥善解决历史遗留问题，需要有关主管部门研究、协调、裁定。

三是受制于编制问题和工资待遇问题，很难招收到需要的高素质人才。

三、进一步做好评审工作的措施

一是解放思想，尊重市场规律，充分发挥社会中介力量，在明确有效的合作模式和合作范围的前提下，逐步缓解当前专业评审力量不足的问题。二是要把好评审质量关，树立评审权威。中心要始终把不断提高项目评审质量作为第一要务来抓，将创一流评审工作质量的观念深入到每一位员工的思想意识中，体现在每一项工作上。三是加强对评审工作人员的职业道德修养和专业技术的培训，夯实财政投资评审工作的人文基础，促进财政投资审核工作健康发展。

（阳春市财政局供稿，黄远升执笔）

湛江市

千方百计抓收入　真抓实干促发展

2010年，湛江市财政局深刻理解市委、市政府的指示精神，以争当粤西振兴发展龙头为契机，结合局财政文化建设，用全新的工作理念开展财政工作，按照年初制定的“一个突破、两个确保、三个提高、四个特色”的思路，树立“管好、管活”的财政新理念，狠抓各项财政工作落实，全市财政收入实现平稳较快增长，重点支出和民生支出得到保障，财政科学化、精细化、专业化管理能力进一步提高，公共财政改革实现新的突破，各项财政工作精彩纷呈、亮点闪烁。

一、一般预算收入实现历史性突破

2010年全市财政部门围绕奋斗目标，千方百计做好增收工作。一是立足计划早安排，措施早落实，成果早体现，保持抓收入工作的计划性和连续性。第一季度财政收入实现“开门红”，二季度财政收入实现时间过半任务过半，8月根据省财政的增长进度，召开全市财政工作分析会，及时调整收入目标。二是关注重点项目建设进度，加强对投资环节税收征管，对重点项目、重点企业税收实施动态监控。加强房地产、饮食娱乐业税收监管，开展税负调查研究，堵塞征管漏洞。三是协调财税关系，充分调动税务部门征管积极性，确保应收尽收，提高中小企业、工商户税基。四是积极配合执收执罚部门在车船税、房屋办证清理、水资源费、网吧经营权、加油站与土地的捆绑拍卖、矿产资源矿场拍卖等工作。由于方法好、措施实、上下形成合力，2010年一般预算收入实现历史性突破，达到66.23亿元，增长25.79%，高于全省平均增长水平2个百分点。

二、民生支出和发展性支出得到保障

树立过紧日子的思想，提高节支控支的自觉性。严格压缩一般性支出，全力保障民生性支出，大力支持发展型支出。

一是做好义务教育学校教师绩效工资、校安工程、中小学布局调整、农村中小学危房改造等教育经费保障工作，推开普及高中阶段教育的融资项目实施。二是保障公共卫生服务经费，健全城乡低保制度动态调整和管理机制，科学合理制定城乡低保标准，建立制度统一、标准有别、资源共享的城乡低保制度。三是充分发挥积极财政政策对就业的促进作用，扩大政府投资和政府购买公益型岗位，提供就业条件。加强就业服务和职业技能培训，推进劳动力转移。四是完善强农惠农政策，扩大涉农补贴规模，加强农业农村基础设施建设，推进农村饮水工程、农村道路建设。保障“规划到户责任到人”财政扶贫资金的落实，建立规范的农村基层组织、经费保障运转机制。五是集中财力确保重点项目资金的落实，发挥财政资金“四两拨千斤”作用，利用扩大内需资金、国债转贷资金、融资资金扩大投资规模，加快钢铁石化外围基础设施建设、产业转移园建设和城市基础设施建设，构建重化产业工业链，支持培育和形成强大竞争力的产业集群，壮大税源税基，做好开源文章。六是加大土地储备力度，保证土地储备资金落实。七是制定相应的融资计划、资金保障计划、还本付息计划。加快投融资平台公司的组建，加强对建设资金和平台公司的财务监管。2010年全市地方财政一般预算支出149亿元，比2009年增长22.27%，为“十五”末年2005年57.9亿元的2.57倍。全年投入民生领域的资金达107.24亿元，比2009年增长23.76%，占一般预算支出的69.8%。市财政局三大举措增加民生支出的稿件被《中国财经报》发表，并被清华大学资料库收集，市财政局的《新农保让农民老有所养》被《中国财经报》发表，被中国金融网和吉林省政府网等多家媒体转发，市财政局的《广东湛江管好弱势群体的保命钱》一文被《中国财经报》发表后，被新华网、中国新闻网、新浪财经网等全国30多家媒体转发。

三、财政形象、队伍素质、基础管理明显提高

以党建统领全局，把握好财政工作的方向，财政党风廉政建设责任制得到较好落实，各项决策得到贯彻执行。

1. 财政形象得到提高。一抓纪律约束。包括工作纪律、生活纪律、组织纪律、廉政纪律，严格上下班、请销假、会场纪律，确保在其岗、谋其职、负其责。保持优良的工作作风。二抓服务本领，从基本的文明礼仪，待人接物抓起，注重服务态度、服务质量、服务效果。帮助解决各部门存在的困难，开展上门服务。三抓工作效率。坚持督办、通报、协调、考核、问责制，确保按工作流程和工作标准运作。四抓行政执行力。言必行，行必果，发挥考核的激

励作用，确保布置的工作不折不扣执行，年初确定的各项任务得到较好落实。

2. 队伍素质得到提高。以培养现代理财专家作为干部队伍建设的目标，努力推进学习型机关建设，培养干部职工学习的主动性和自觉性。采取切实有效的培训方式，提高干部素质。既注重对专业技能的培训，又要注重文明礼仪的培训，为做好财政工作提供强有力的智力支撑和基本保障。

3. 基础管理得到提高。一是加强会计队伍建设，把好会计入口关，加强财会人员后续教育，严格会计核算、填制、凭证审核、登记账簿、财产清查、编制财务报告等制度，建立会计内部管理、会计档案管理等制度，加大会计信息检查力度，重点对房地产、饮食娱乐、建筑安装等行业的会计信息进行检查，严厉打击做假账行为。加强行政事业单位财会人员的培训和交流，提高各部门理财水平。二是从严控制各项支出，继续大力压缩会议、接待、车辆购置、公务用车等一般性支出。在预算支付中，严格按预算规定的项目和进度列支，严禁随意挪项，严格预算追加，真正做到“有预算不超支、无预算不开支”，维护预算严肃性。加强重点项目资金、民生资金监管。加强部门结余资金统筹使用。深化部门预算、国库集中支付、政府采购、“收支两条线”管理等支出管理改革。继续推行财政专项资金竞争性分配，扩大乡镇财政和村级财务管理方式改革的试点。各项支出实现规范化、标准化。发挥财政投资评审作用，既抓效率，保证重点项目审核按时完成。发挥财政监督检查职能，加强各类资金检查，严肃财经纪律。加强与纪委、监察、审计等部门合作，形成支出管理合力。三是发挥预算、国库、综合等科室在资金运转、调度、收支上的统筹，建立顺畅、快捷的运转机制。整合信息资源，建立统一的信息管理平台。加强经费管理，严格执行财务管理制度。

四、展现出财政文化、资产、非税、人事管理四大特色

1. 展现湛江财政文化特色。在全省财政系统率先开展财政文化建设，树立湛江财政文化的品牌。制定了《湛江财政文化建设纲要》和《2010年湛江财政文化建设实施方案》，确立了财政文化建设的指导思想，规范了财政文化建设的内容，明确了财政文化建设的目标和实施步骤。成立了财政文化领导小组，召开了全市财政系统动员大会，请沈阳财政人事处长来市财政局传经送宝，开展了“财政文化建设”和“外圆内方”财政文化大家谈活动，举办了“我心中的财政文化”演讲比赛，开展了“六歌”演唱活动，进行了全市财政系统篮球比赛，开展了财政文化表述语征集，在局办公楼周围竖立了财政文化建设牌位，让大家一看就明白财政工作者的神圣使命。举办了庆祝国庆61周年“财政之声”文艺晚会，制定了财政人员行为礼仪规范。以实现财政事业和财政人的全面发展与全面进步为目标，充分挖掘财政系统文化积淀，不断拓展新时期财政文化内涵，培育具有湛江特色财政文化理念，构建全市财政系统普遍认同和共同遵守的核心价值体系。建起了湛江财政物质文化、行为文化、制度文化、精神文化和廉洁文化。

2. 展现湛江资产管理特色。对市直企业化管理并执行企业财务会计制度的事业单位试行财务预算管理。推动事业单位改革和发展。在实行财务预算管理的基础上，逐步建立市直事业单位国有资本经营预算制度。加强对市直重点中学利用国有资产对外投资行为的监管，发现问题及时整改，规范学校对外投资项目的申报审批程序，防止国有资产流失。落实行政事业单位国有资产管理责任，代表市政府与市直行政事业单位签订《行政事业单位国有资产管理责任书》，主管单位与事业单位签订《事业单位国有资产管理责任书》，明确“财政部门—主管部门—事业单位”的三级管理职责。每年对市直行政事业单位国有资产管理工作进行考核考评，考评结果作为市财政核定单位下年度新增资产预算的重要参考依据。扩大经营性资产委托管理范围，在市直行政（含依公、参公管理事业单位）单位经营性资产统管的基础上，逐步将市直事业单位拥有经营性资产纳入政府统一管理并实施统一集中管理、统一委托评估、统一公开招租、统一签订合同，所得收益全额纳入单位预算，统一核算、统一管理。我们的做法被《中国财经报》进行了报道，省财政厅将在2011年全省资产管理工作会议上推广湛江市的做法。

3. 展现非税监管特色。建立非税收入征管机构，实现非税收支分开。由预算外资金管理中心专门负责非税收入征收，实现收入专业化。由综合科及相关业务科负责非税收入的支出管理，实现支出管理精细化。建立目标责任制，建设以目标考核为主、符合湛江市地方和部门实际的激励机制，提高部门征管积极性。在全面摸清各项非税收入来源、收入规模、征收成本等情况的基础上，科学合理制定非税收入目标任务，对照任务，细分收费项目，盯大户、管小户、抓散户，逐项跟踪，提高非税收入征缴率。建立激励机制，避免收支分离后抓收入力不从心。加强非税征管系统信息化建设，提高非税收入征管单位上线率，加强财政对非税收入的动态监控，加快湛江市财政票据电子化管理改革进度，提高财政票据填写、核销工作效率，强化票据监管。

4. 展现湛江人事管理特色。建立充满生机活力的财政干部管理机制，造就具有团队精神、公仆意识、廉洁勤政、业务素质高、执行力强的财政干部队伍。落实责任倒逼机制，提升强大执行力。定下的事坚决干，做到事有专管之人，人有明确之责。完善干部流动机制和奖励考核办法。加大财政干部轮岗交流力度。建立以工作实绩为核心的考核指标体系，加强对绩效考核结果的运用，将考核结果作为干部轮岗、提拔使用的重要依据。优化财政干部队伍结构，加强对年轻干部的培养和使用。形成拒腐防变的长效机制、反腐倡廉的制度体系，权力运行的监控机制。

五、各项财政业务工作精彩不断亮点纷呈

1. 采购平台全面优化。开展电子平台建设，推动电子

反拍功能的运用，实行二次竞价。要求采购人对协议供货议价预算金额超过3万元的，必须使用电子反拍功能，由报价最低的商家中标，扩大竞争范围，商品竞价激烈，价格降幅明显，市财政局的经验获得了《中国财经报》专访。

2. 工程审核效率提升。局审核中心2010年与14名人员解除了劳动合同，采取招聘的办法，从社会上择优录取了8名工程审核人员。在送审造价明显增加的情况下，对积压多年工程审核项目进行了有效清理，市财政局的经验被《中国财经报》宣传报道。

3. 契税征收成效明显。针对契税征收被动、很多税款不能及时到位，主动作为，深入调研，启动契税滞纳金程序，改进契税征管模式，2009年湛江市市直契税首次突破亿元大关，达3.25亿元，创造了契税增收的神话，经验和做法被《中国财经报》报道。

4. 农村财务逐步规范。在麻章区、廉江市、坡头区、吴川市开展农村财务管理规范化、科学化、精细化建设试点，实现了农村财务管理"一体化"，市财政局的做法和经验，被《中国财经报》市县财经版头条有较大篇幅发表，并被中国农业网、辽宁省政府网等多家媒体转载。

5. 扶贫帮困成效明显。坚持把"扶贫帮困"当做一次"赠人玫瑰，手留余香"的好机会，广大财政干部深入到扶贫点与村民开展结对帮扶，市财政局的经验和做法被市委转发，在年终考核评比中，以99.23分被市委和省委评为优秀。

6. 队伍素质得到提高。提拔了一批年轻有为、爱岗敬业、能干事、会干事、干好事的优秀财政干部。市财政局在市委组织的落实科学发展观评比考核中名列全市第二。

7. 监督检查力度加大。对重点项目资金、小金库、支农资金、"民生资金"、国家助学资金和"会计信息质量检查"进行了全面检查，会同有关部门重新审查确认了15所市直民办中职和两所公办中职2010年春季国家助学金受助资格，将原受助人数从8 443人初步核减为2 468人，堵塞了虚报骗取助学金的漏洞。开展强农惠农资金市级重点检查工作，抽查自然村155个，抽查农户和项目单位达756人次，发挥资金的强农惠农效应。对第一批20个市直党政机关和事业单位开展财务大检查。开展部门预算单位2010年度预算执行情况检查工作及2011年部门预算编报摸底工作，重点检查当年资金、历年结转资金的安排使用进度、年度预算是否有效、有序进行，获得单位好评，市财政局的做法被《中国财经报》报道。

8. "五五"普法成果显著。"五五"普法工作扎实、效果显著，2009年10月，在北京召开的全国财政系统依法行政、依法理财工作座谈会上，市财政局的普法成果，经广东省财政厅推荐，被财政部评为地方优秀成果，并在大会中进行展出，受到了国家财政部领导及省、市领导的好评。

（湛江市财政局供稿，肖淞文执笔）

幸福廉江 财政给力

2010年，廉江市财政部门深入贯彻落实科学发展观，进一步深化财政改革，紧紧围绕加快发展方式转变的主线，千方百计做大财政蛋糕，集中财力保障经济社会建设，为构建和谐廉江、幸福廉江提供有力的保障。

一、转变作风，提升服务质量树形象

2010年，廉江市财政部门以开展创先争优活动为契机，在全系统推行一张笑脸相迎、一张椅子让座、一杯清茶暖心、一腔热忱办事、一句好言相送的“五个一服务程式”，切实转变工作作风，不断提高服务效能，努力打造文明、高效、优质、快捷的服务平台，构建温馨和谐的机关文明形象。一是加强培训学习，提高干部职工的政治理论水平和业务知识水平。二是强化作风建设，提高服务质量，努力践行“八项服务承诺”，即：待人热情、政务公开、办事快捷、责任落实、服务主动、依法理财、答复满意、为政清廉。三是加强日常管理，提高工作效能，着力推进财政工作实现财政服务“零距离”、资金拨付“零误差”、部门投诉“零案件”、行政执法“零违纪”。四是狠抓执法监督，接受全社会的监督，切实做到廉洁从政，有令必行，有禁必止。

二、强化管理，推进财政管理精细化

围绕“双基双化”的工作目标，积极推进财政管理精细化、科学化，提高理财水平。在预算编制方面，精心编制财政预算，使编制的预算充分体现公平、公正、公开的要求，并积极实施好年度财政收支活动。在预算收支方面，严格执行“五个零增长”的规定，加强资金的统筹和调度，对追加预算严格把关，确保年度预算顺利执行。在专项资金管理方面，严格专项资金项目审批程序，按照项目进度和轻重缓急及时安排和拨付专项资金，确保专项资金安全有效地使用。在财政管理流程方面，健全了预算执行系统和国库支付系统，制定完善各项工作流程和岗位责任，严格按照工作流程办理业务。在行政事业资产管理方面，制定实施了《关于市直党政机关事业单位公有房屋土地的处置意见》和《市直党政机关事业单位出租办公用房和临街铺面管理及处置实施细则》，对市直行政事业单位出租办公用房和临街铺面实行统一集中管理、统一委托评估、统一公开招租、统一签订合同，提高了行政事业资产使用效益。在财政监督方面，对基建、教育、卫生等社会关注的热点、难点和重点财政资金的进行监督检查，坚决查处各种财政违法违规行为。

三、狠抓收入，做大做优财政蛋糕

廉江作为欠发达地区，在缺少大税源项目、工业发展整体较为滞后的情况下，如何做大财政“蛋糕”，廉江的财政人不懈努力，强征细管，把主要精力投入到抓收入工作上，重点在“抓、挖、治”三方面做好收入文章。

1. 坚持狠抓收入。首先，细化目标任务，落实征管责任。坚持将收入任务按月分解，层层落实到各征管部门。建立收入激励机制，把完成任务情况和岗位责任和经济奖励挂钩，调动各征管部门的积极性。健全财税部门联席会议制度，坚持每月召开一次财税分析会，做到及时沟通协调、及时掌握收入进度、及时分析增减因素、及时采取应对措施，确保抓收入工作常态化。其次，财税部门齐心协力组织收入。财政部门加强票据管理，严格实行“收支两条线”，规范非税收入，加大契税和耕地占用税的征管力度；国税部门设立重点税源监控台账，对重点税源实行全程跟踪，确保大宗税款的及时入库；地税部门实行岗位问责制，加大税务稽查力度，提高征管效率。

2. 积极挖掘财源。以“三旧”改造为契机，积极盘活城区土地资源，规范土地拍卖，引导房地产业健康发展，全年房地产业创税近8 000万元，成为近年来廉江地方财政增收的新亮点。同时，加强重点行业税收稽查，在全市开展了房地产税收清理工作。规范采矿业地方税收的征管，大力抓好砂场、泥场、石场等矿产资源的开采整顿，变资源优势为经济优势和财税亮点。切实加强土地增值税、土地使用税耕地占用税、契税、城市维护建设税的征管，2010年土地使用税、土地增值税、耕地占用税、契税、城市维护建设税地方库收入9 577万元，占地方库税收收入的30.4%。

3. 强化综合治税。建立和强化税收激励机制，充分调动税务机关和全体税务人员的税收征管积极性；健全完善镇（街）财政管理体制，增强镇（街）发展经济、抓好财政收入的意识；成立了扶税协税工作领导小组，明确各相关职能部门的护税协税工作职责，不定期组织召开扶税协税领导小组工作会议，解决征管过程中的难点问题。如在矿产资源开发秩序整顿、房地产税收清理等工作中，各相关职能部门密切配合，发挥职能作用，主动协助财税部门抓好有关税费的征管，形成齐抓共管的良好局面。

2010 年，廉江市地方一般预算收入 4.67 亿元，比 2009 年增收 1 亿元，增长 27.55%，收入总量突破 4 亿元，收入增量首次突破亿元、超过 2007 年、2008 年两年的增量总和。一般预算收入与“十五”期末的 1.37 亿元相比，增加了 3.3 亿元，增长 240%，年均递增 26.78%，实现连续 7 年保持平稳较快增长。

四、加快发展方式转变　培植财税增长点

2010 年，廉江市以加快经济发展方式转变为主线，在确保教育、社会保障、医疗卫生等重点支出的基础上，积极筹集资金加大对经济发展的支持力度，在培植财源上下工夫。

1. 加快工业发展步伐。为抢抓北部湾崛起、东盟贸易区启动、珠三角产业转移、湛江钢铁及中科炼油项目上马带来的历史性机遇，廉江树立大区域协调发展理念，确立了“一园带三区”的产业承接框架，即是以顺德（廉江）产业转移园为核心区，带动金山、良垌和龙头沙海洋产业园的发展，主动参与珠三角的产业分工，接受北部湾的辐射。经过多年的努力，廉江的工业已初步形成了以家电、家具、木业、制糖、水泥、陶瓷、饲料、制纸等为骨干的产业体系，其中，家电产业方面，发展成为中国最大的电饭锅生产基地，享有“中国电饭锅之乡”的美誉；家具产业也异军突起，以一品木业和昌发木业为龙头的家具行业，瞄准世界市场组织生产，大举进军欧美市场，成为廉江外向型经济的“开荒牛”。2010 年，廉江木制家具出口15 820 万美元，同比增长 74.4%，创利税 7 000 多万元，成为全市工业企业中创汇与纳税最大的行业。

2. 大力推进重点项目建设。2010 年廉江市委、市政府确定的 30 个重点项目，这 30 个重点项目涵括了城市基础设施建设、工业园区建设和重点民生工程。为确保这些重点项目顺利推进，廉江市财政部门在市委、市政府的正确领导下，积极筹集资金近 5 亿元推进各个重点项目建设，全年完成投资 17.13 亿元，占年度投资计划的 72.8%。其中：廉坡公路的廉江—良垌段已完成改造；文化广场、人民公园的改造也已竣工；中央商务区、万亩植物园、五星级酒店、1 000 亩物流中心、实验中学、廉江河“一河两岸”工程以及一批“三旧”改造项目等动工建设。一个个重点项目的顺利推进，有力地带动社会固定资产投资，全年社会固定资产投资 77.03 亿元，同比增长 35.1%。

3. 大力支持企业发展。2010 年，廉江市先后出台实施了《关于促进中小企业平稳健康发展的意见》、《廉江市工业园区企业投资奖励方案》等规定，鼓励企业技改创新，上品牌、扩规模、增效益。在优化发展环境的基础上，积极争取企业挖潜改造资金、企业发展专项资金、科技三项资金、中小企业信贷资金，同时，市财政挤出必要的扶持资金，帮助企业解决技术改造、生产扩建等问题，发挥财政资金“四两拨千斤”的作用，把现有的税源做大做强。目前，全市累计拥有中国驰名商标 2 个，中国名牌产品 3 个，广东省著名商标 23 个，广东省名牌产品 7 个。2010 年，全市规模以上企业达 239 家，比 2005 年增加 125 家；产值超亿元企业达 32 家，比 2005 年增加 24 家。全市纳税 500 万元以上的企业达 15 家，累计利税 2.9 亿元，占全年税收的 41.6%。

五、加大民生投入，着力保障和改善民生

2010 年，廉江市不断调整优化财政支出结构，突出民生建设，围绕“学有所教、劳有所得、病有所医、老有所养、住有所居”的目标，以“优先保障民生，优先改善民生”为导向，加大对教育、医疗卫生、社会保障等民生领域的资金投入，全年民生支出达 15.8 亿元（含人员工资），占财政总支出的 86.1%。

1. 积极支持教育事业发展。廉江市把教育工作放在优先发展的战略地位，将 2010 年确定为教育发展年，在财政预算安排上，优先安排教育经费，将教育事业必须经费纳入财政预算。2010 年累计投入教育经费 7.3 亿元，全面实施了城乡免费义务教育，“普九”工作水平不断提高，实现了中、教师工资福利待遇“两相当”，基本解决了“代转公”问题，并从 2009 年起每年都安排预算 250 万元支持建设教师住房解困房。此外，继 2009 年投资 1.5 亿元建成了廉江市第一中学后，2010 年又启动建设廉江市实验中学，计划总投资 2.6 亿元，建成后可增加学位 4 860 个，为加快普及高中阶段教育提供有力保障。

2. 努力提高社会保障水平。2010 年，全市参加城乡居民基本医疗保险人数达 136 万人，参保率达 98%；全年发放五保户供养金 1 731 万元、低保金 4 350 万元，并解决近 5 000 名残疾人实名制低保问题。安排水库移民后期扶持资金 6 516 万元，建设移民新村 50 条，解决 1 577 户移民的住房问题。全年建设廉租房 56 套，发放租赁补贴 86 户。2010 年社会保障财政支出达 5.3 亿元，比 2006 年增加了 3.5 亿元，增长近 2 倍。

3. 加大对“三农”投入。廉江市始终把解决“三农”问题作为工作重中之重，积极筹措资金，支持“三农”事业发展。2010 年，全市“三农”支出 11.7 亿元，占全年财政总支出的 63.9%，有力地促进“三农”事业的发展。一是全面落实强农惠农政策，确保各项涉农补贴落实到位。全年发放农资综合补贴 4 647 万元、良种补贴 1 214 万元、种粮直补 650 万元、渔用柴油补贴 2 081 万元、农机具购置补贴 765 万元。二是加大农村水利建设，其中投入 4 821 万元实施省人大农田水利建设议案项目和国家农业综合开发项目；投入 1.5 亿元建设三项水利工程。三是推进农业生产机械化，全市水稻生产机械化综合水平达 53.5%。四是大力支持新农村建设，全年投入新农村建设资金 5 000 多万元，累计建成省级生态文明村 4 条，湛江市级生态文明村 195 条，廉江市级生态文明村 1 600 多条。

4. 大力支持民生工程建设。2010 年，廉江确定了十大民生工程，把这十项民生工程建设作为改善民生的重要举

措。一是自然村道路建设工程。投入1.38亿元，新建水泥硬底化村道560公里，超额完成年度计划140%。二是农村危房改造工程。完成农村危房改造6 000户。三是农村饮水安全工程。完成农村饮水工程7宗，解决22.6万农村群众饮水安全问题，超额完成任务。四是劳动就业工程。组织农村劳动力技能培训1万余人，转移就业7万余人。五是镇干部住房解困工程。完成镇干部解困住房206套。六是乡镇教师住房解困工程。完成乡镇教师解困住房108套。七是镇村卫生院（站）建设改造和职工解困房工程。完成7间医院门诊、住院大楼建设和546间卫生站升级改造任务，实现了"一村一站"建设目标。完成镇卫生院职工解困房100套。八是整合城南水厂、自来水管网改造工程。投入787万元改造自来水管网改造14公里。九是扶持困难家庭子女读书工程。新筹"扶持困难家庭子女读书工程"资金300万元，解决了1 000名困难家庭子女读书问题。十是村级敬老院建设工程。全年新建村级敬老院31所，有效地解决农村五保人员养老问题。

（廉江市财政局供稿，刘兵章执笔）

茂名市

规范权力运行工作初见成效

2009 年 10 月～2010 年年底，茂名市财政局开展了规范权力运行工作，高质量完成了梳理登记、健全完善、审核把关、总结成果等四个阶段工作，在梳理流程、完善制度、规范运作、强化监督等方面取得了阶段性成效，初步形成了结构合理、配置科学、程序严密、制约有效的权力运行机制。

一、加强组织领导，周密部署规范权力运行工作

2009 年 10 月 20 日，市财政局召开了局务会议，专题研究开展规范权力运行工作。11 月 6 日，印发了《茂名市财政局规范权力运行工作方案》，明确开展规范权力运行工作的指导思想、工作目标、工作范围、工作步骤和工作要求。同时，成立了规范权力运行工作领导小组及其办公室，由局党组书记、局长李小迪任组长，杨德贤、张龙衍、钟旗军、邹继党副局长，麦俊球纪检组长，邵景来、邓华顺副调研员等党组成员和钟扬芬副调研员任副组长，局各科室及所属事业单位负责人为领导小组成员，领导小组下设办公室（设在局办公室），由局党组成员、纪检组长麦俊球同志兼任主任，办公室、监察室、监督检查科、党总支、人事教育科负责人兼任副主任。

为保证每一阶段工作的扎实有序开展，领导小组多次召集局各科室及所属事业单位负责人、联络员、办公室成员科室召开专门会议，具体研究部署权力运行工作。市财政局建立了“一把手”负总责、层层抓落实的工作机制。局主要领导多次过问权力运行工作并作出指示，分管领导对分管科室及事业单位的规范权力运行工作亲自指导把关、督促落实。各科室、单位从贯彻落实科学发展观和推进依法行政与依法理财的高度，充分认识了规范权力运行工作的重要性，认真组织开展本科室、单位规范权力运行的各项工作，真抓实干，确保了规范权力运行工作扎实有效推进。各科室、单位主要负责人切实履行第一责任人职责，认真组织分析权力运行状况，对各项权力事项进行梳理，组织好对权力运行流程的描述，明确权力行使依据、关键部位和薄弱环节，制定运行流程，针对存在的问题提出健全完善的措施，健全规范权力运行相关制度，完善监督制约机制，确保依法用权、科学用权。局规范权力运行工作领导小组及其办公室建立了督促检查制度，及时掌握工作进展情况，研究解决工作中存在的问题，促使权力行使者树立风险、质量、责任意识，严格按照规范流程操作，保证财政资金安全和财政干部安全，确保规范权力运行工作取得实效。

2010 年 8 月 20 日，李小迪局长在局规范权力运行工作领导小组办公室呈报的有关材料上作出指示，对如何进一步摸清权力底子、查找廉政风险点、完善防范措施等提出了五点意见。10 月 11 日，李小迪局长对规范权力运行工作修订材料再次作出批示，对如何进一步精简权力事项、防范廉政风险等提出了三点意见。11 月 4 日，市财政局召开局长办公会议，会议原则同意规范权力工作梳理方案，并要求加强内部监控制度建设，进一步强化监督职能，把权力监督工作落到实处；同时，进一步强化岗位责任，规范权力运行，使权力始终在阳光下运行，打造廉政财政。

二、把握四个阶段，规范权力运行工作有序开展

开展规范权力运行工作的目的是摸清底数、明确责任、完善机制、规范运行、强化监督、预防腐败，形成结构合理、配置科学、程序严密、制约有效的权力运行机制，确保财政资金安全和财政干部安全。具体要努力达到四个目标：增强权力制约、强化岗位责任、规范权力运行、推进政务公开。规范权力运行工作，分四个阶段完成。

（一）梳理登记阶段

各科室、单位一方面对本科室、单位所有权力事项和现有的各项工作规则进行全面梳理，查找关键部位和薄弱环节，分析研究进一步规范权力运行的措施办法；另一方面对所有权力事项按照行政管理类、财政分配管理监督类和其他类等类型进行分类，并逐项梳理权力行使依据，描述权力运行流程，明确岗位职责和关键环节，提出“废、改、立”的意见，填写《权力事项情况表》。

（二）健全完善阶段

各科室、单位结合局规范权力运行工作领导小组办公室上阶段审核提出的意见，一方面健全完善《工作规则》，

从总则、领导职责、决策程序、依法行政、政务公开、行政监督、会议制度、公文审批、保密制度、作风纪律、廉政建设等方面进一步健全完善本科室、单位的工作规则；另一方面健全完善各项权力事项管理制度和运行流程，针对权力事项的关键部位和薄弱环节，查找出财政和廉政风险点，对有关制度进行“废、改、立”，制定完善权力运行程序和权力监督管理流程，建立健全配套管理制度，并对每一权力事项制定《权力运行流程图》。

（三）审核把关阶段

局规范权力运行工作领导小组办公室组织对各科室、单位的《工作规则》、《权力运行流程情况表》和《权力运行流程图》进行审核，并将审核意见反馈给各科室、单位。

（四）总结成果阶段

局规范权力运行工作领导小组对规范权力运行工作进行全面总结，形成一套指导性、操作性较强的《茂名市财政局工作运行规程（汇编）》，将权力运行全过程公开，加强权力运行监督和制约，建立规范权力运行的长效机制。

三、突出四个重点，规范权力运行工作亮点纷呈

（一）绘制岗位职责分解图

以市编委2010年印发的《茂名市财政局主要职责内设机构和人员编制规定》为依据，制定了茂名市财政局及其30个内设机构的职能分工、工作规则和科室内部业务分工，从领导职责、决策程序、依法行政、政务公开等十个方面，明确了岗位职责和权力事项。同时，坚持“权责一致”原则，将各项权力及其责任逐项分解到具体岗位，明确岗位职责和关键环节。

（二）绘制权力运行流程图

对资金分配、产权交易、政府采购等重点环节，以图表形式，详细介绍了各项权力的权力类别、项目名称、权力行使依据、权力运行流程描述、责任科组（岗位）、关键部位和薄弱环节，绘制了各项权力运行流程。经过梳理，市财政局各项权力事项共计130项，其中财政分配管理类共有83项，涉及15个科室；行政管理类共有41项，涉及18个科室；其他类有6项，涉及4个科室。减除对内职能9项后，实际对外职能121项，摸清了权力“家底”。

（三）绘制廉政风险防范图

在开展规范权力运行工作中，茂名市财政局把查找廉政风险点、完善防范制度为着力点，认真查找了权力运行中可能存在的廉政风险，全面梳理了防范制度和措施的建设情况，切实增强财政惩治和预防腐败工作的前瞻性、针对性和主动性。经过排查，茂名市财政局主要廉政风险点有政府采购方式的审批、政府投资工程审核等10项，涉及17个科室。茂名市财政局把10个廉政风险点防范制度建设作为规范权力运行、建立长效制度的主攻方向，已建立32项防范制度，采取了32项防范措施；下一步拟建立4项防范制度，采取17项防范措施。

（四）绘制政务公开路线图

茂名市财政局把规范权力运行工作作为推进财政惩治和预防腐败的重要手段，进一步规范权力运行规则，明确了各项权力行使的文件依据，深化行政审批制度改革，严格限制了财政自由裁量权，提高权力运行的透明度。对每项权力的运行，公布了权力行使责任人和投诉电话，明确了推进预算公开等政务公开工作的时间表，畅通人民群众利益诉求渠道。

四、建立四个机制，规范权力运行工作取得初步成效

（一）建立权力行使廉政风险预警防范机制

市财政局把开展规范权力运行工作和推进公共财政改革紧密结合起来，对各科室、单位所行使的权力进行全面清理审核，掌握行使权力的种类，编制权力目录，查找廉政风险点，制定防范措施。引入内部分权制衡的理念，建立预算编制、执行、监督、评价相互分离、相互制约、相互促进的运行机制。印发了《茂名市地方财政资金安全管理暂行办法》，确保资金使用安全有效。完善干部管理、效能建设、政务公开、财务管理等内部管理制度。通过纵深推进预算管理、国库集中支付、收支两条线、政府采购、资产管理、投资评审等公共财政改革，有效预防了腐败现象的发生。

（二）建立权力公开透明运行机制

通过各科室及事业单位认真清理登记、初审小组反复初审，并经局规范权力运行领导小组多次审核修正，制作了相应的职权明细表和工作流程图，明确了科室及事业单位的权力设置及部门职责，明确了权力运行的关键部位和重点环节，明确了岗位责任。制定权力运行流程图，紧紧抓住决策、执行、结果等关键环节，强化权力运行动态公开，对相关制度流程进行修订和健全，完善权力运行监督制约机制。

（三）建立规范的财政许可、财政审批权力运行的长效监督制约机制

市财政局以开展规范权力运行工作为契机，做好规范性文件的审核、清理和汇编工作，对1983年6月~2009年12月颁布现行有效的政府规范性文件进行全面清理，编印了《茂名市财政局文件汇编（2003~2009）》。健全完善责任制体系，优化财政执法环境，提高财政执法水平。按照全市第四轮行政审批制度改革实施方案的要求，完成了涉及茂名市财政局的行政审批事项的清理上报工作。目前市

财政局保留行政许可事项3项，不列入行政许可、按一般业务管理事项的有5项，取消事项3项。

（四）建立权力行使的责任追究机制

在开展规范权力运行工作过程中，市财政局公开了办事指南，并进行网上发布，及时向社会公开，保障人民群众有充分的知情权、参与权、表达权、监督权，防止权力部门化、利益化，加强对权力运行情况评议考核，严格责任追究，让权力时刻处在严格的监督制约之下，铲除腐败滋生的土壤，从源头上预防了腐败。

（茂名市财政局供稿，梁建旭执笔）

积极落实“两个下乡”惠农强农政策　构建和谐高州

高州市从2009年开展家电下乡、汽车摩托车下乡补贴工作（以下简称“两个下乡”）以来，在市委、市政府的正确领导下，在省市各级相关部门的大力支持下，以建设“幸福高州”为统领，通过加强组织领导，强化政策宣传，实施基础数据和资金精细化监管，强化投诉应对处理，严格检查督促和加强制度建设，切实推进“两个下乡”财政补贴，使财政惠农强农政策惠及千家万户，农民得了实惠，企业得了市场，政府得了民心，社会和谐，成为建设“幸福高州”的一个亮点。

一、加强组织领导，精心策划开展工作

广东省从2009年2月起实行家电下乡财政补贴，从2009年3月起实行汽车摩托车下乡财政补贴，高州市政府和财政、经贸、工商等部门高度重视，成立了市级领导工作小组及其办公室，加强组织领导，各司其职、各负其责、分工协作，共同推进惠农强农财政政策的落实。一是摸清全市的家电、汽车摩托车经销网点，了解销售市场的规模。同时通过征询意见的形式下发了调查卷，了解农村家电、汽车摩托车拥有量情况等，做到心中有底。二是加强政策信息的学习研究，针对“两个下乡”政策在试点阶段暴露出的问题，工作小组成员以及市财政、经贸、工商等部门召开专题会议，学习新文件精神，研究具体实施方案，制定好财政补贴工作流程等，确定了《高州市家电下乡实施方案》并报经市政府同意下发，转发了《汽车摩托车下乡实施细则》等。三是财政部门召开“两个下乡”财政工作会议，深入学习“两个下乡”政策和进行工作动员，指导和督促财政人员必须人人熟悉政策，认真积极做好新政策的进家入户宣传。四是落实好专责岗位，基层财政所设立“两个下乡”专责岗位，专职负责“两个下乡”财政补贴业务。五是积极组织相关人员参加各级“两个下乡”业务培训班，同时组织了辖区内销售企业、财政所专管员等开办培训班，努力提升业务素质。六是认真筛选先行试点企业，经过调查摸底，确定试点经销企业，为全市推广“两个下乡”工作摸索经验，及时改进和优化各环节工作流程，提高效率。七是与时俱进，及时推广家电下乡先行垫付业务工作。在2010年1月，根据家电下乡审核和补贴环节政策调整的需要，立即选择了3家销售企业作为家电下乡先行垫付销售企业实行试点，总结了成功的经验和做法，在2010年4月全面推开了先行垫付的工作，协助市经贸部门与70多家家电下乡销售企业签订代垫补贴协议，全面实施家电下乡先行垫付政的措施，提高补贴兑付率。

二、强化政策宣传，使“两个下乡”惠农强农政策深入人心

正确把握和掌握“两个下乡”政策，是落实好财政补贴的基础。为此，高州市组织了广泛的政策宣传活动。一是全面动员宣传。在全市经销企业进行下乡产品销售之前，财政部门在2009年春节前接到《给广大农民的一封信》后，放弃了部分春节假期，立即按每户一份的标准加印了26.5万份，另外，通过学习总结政策知识，形成一份简单明了的下乡产品宣传资料，赶印宣传单张4万多份，把家电下乡产品补贴范围及标准，补贴对象及购买数量、补贴的申报及发放、购买产品退货处理等重点内容印在宣传单张上，通过各镇政府、财政所发放到各村、各户。让农民了解政策、理解政策、懂得政策，切实把党和政府对广大农民的关怀落到实处。二是充分利用各种宣传媒介宣传。一方面财政部门自行摸索、整理出《家电下乡政策知识问答》、《汽车摩托车下乡政策问答》，在财政所公告栏上长期张贴；另一方面通过张贴标语、拉横幅、电视新闻、专题报道等方式，把“两个下乡”政策知识和财政补贴申请流程传达到广大农民，使大家进一步了解“两个下乡”政策的精神意义、目的、内容和申报程序等。尤其是财政局与高州市电视台、电台合作，深入销售企业、农户家庭采访，专门录制了3期有关“两个下乡”内容的“民生财政政策话你知”节目，形成内容丰富且声情并茂的宣传节目，在黄金时段播出，解答农民关心的热点问题，引起农民的强烈反应。

三、积极创新，实施基础数据和资金精细化管理，确保程序规范、数据真实可靠

在不断推进的“两个下乡”财政补贴工作中，高州市始终坚持以家电下乡联席会议的有关规定和汽车摩托车下乡的文件规定，严格执行《广东省家电下乡实施方案》、《汽车摩托车下乡实施细则》、《高州市家电下乡工作实施方案》和《高州市汽车摩托车工作实施方案》，坚持“三到户”（政策宣传到户、补贴通知到户、资金兑付到户）、“四不准”（不准变更补贴标准，不准截留、挤占挪用补贴

资金，不准借发放补贴之机搭车捐款，不准弄虚作假）的要求抓好政策落实，确保工作环环紧扣，规范开展工作。一是针对基层财政所“两个下乡”专管员家电下乡信息管理系统和汽车摩托车下乡管理系统业务素质参差不齐等情况，组织进行统一培训，一人一机进行指导学习，交流各地做法，共同提高。二是创新工作方法，强化业务申报、汇总和上报工作。对农民和销售企业提交的申报资料，重点抓好资料与证照、纸质资料与电子资料、汽车摩托车实物与证照的核对，认真核对下乡产品的型号、标识码、销售价格、补贴额等，尤其是在家电下乡实行销售企业先行垫付措施后，强化对销售企业报送资料的凭证与标识卡号码、购买人员身份、购买数量等审核，确保数据和资料真实准确，为此，申报、汇总、上报统一采用《高州市家电下乡财政资金审核、兑付表》、《汽车摩托车下乡财政资金审核、兑付表》等一整套报表。三是认真制定和细化《家电下乡补贴操作程序》、《汽车摩托车下乡补贴操作程序》，明确家电汽车摩托车下乡补贴业务由高州市邮政储蓄银行代理，采用“一折通”形式兑付补贴资金，进一步提高了补贴兑付率。四是未雨绸缪，切实加强资金筹集和管理。根据资金兑付进度，定期进行各项资金的收支汇总结算，并积极向上级财政部门反映本地申报补贴情况，争取上级资金支持，确保及时兑付补贴资金。五是加强资金兑付和使用监管，确保兑付到户。通过在高州市邮政储蓄银行设立专户，全市“两个下乡”资金兑付全部通过专户实施。在实施“一折通”工作中，考虑到邮政储蓄银行的网点分布情况和提高兑付速度，实行镇财政审核、市级批量兑付的方式，减少了中间环节，大大提升了兑付率，确保农民及时足额领到补贴资金，群众普遍反映满意。

四、强化事后监管，加强咨询和投诉的应对处理，有理有据及时化解矛盾

自开展“两个下乡 ”工作以来，高州市各有关部门包括各镇财政所都设立了“两个下乡”投诉咨询电话，接受群众的咨询和投诉。2010年市级共接到各种咨询和投诉30多宗，主要涉及购买人身份、购买品种、购买数量、补贴标准、补贴时效等方面，高州市各部门按照“有问有答、有诉必理、深入调查、政策为据、实事求是”的原则，合理应对。一是区分不同的咨询，合理应对。既要阅读有关文件，指出所提问题的对应条款，还要详细解释政策条文，解答咨询的问题。二是做好投诉登记，深入细致调查，妥善处理。接到投诉时，立即登记投诉人的联系方式和投诉事项，告诉处理时间。登记完毕后，立即展开调查，把调查情况与各项政策比对，告诉投诉人处理结果。尤其是在对投诉购买人身份、申报补贴时效性问题，通过及时汇总，向上级咨询，及时回复投诉人。由于正确应对和处理，咨询和投诉者绝大部分舒心满意，及时化解了矛盾，保障惠农强农政策的顺利实施。三是强化事后监管。一方面加强购买农户的回访，每月财政所抽查部分下乡产品，采用电话回访或上门调查等方式，调查了解产品售后的情况特别是对购买多台家电下乡产品的农户，提高抽查比例，做好下乡产品售后服务的监督。另一方面加强对销售企业及其网点的检查，督促销售企业在下乡产品销售过程中要自律、自检。尤其是实行家电下乡销售企业先行垫付后，强化对购买2台（件）家电下乡产品实行购买资料一一核对。对存疑的资料实施全部调查。及时发现和纠正了个别销售企业申报资料不全、下乡产品乱摆放、实际销售价格与发票价格不符等行为，责令其在限定时间内整改，促进“两个下乡”政策执行不走样，杜绝骗补行为的发生。四是加强财政部门内部的监督管理，2009年把“两个下乡”工作绩效作为财政所工作业绩考核内容纳入量化考核范围。五是加强部门联合检查，对下乡产品经销网点每季必检，对不具备经销资格的网点坚决取缔，实行代销的网点督促完善代销协议签订和代销有关事项的结算等等。规范下乡产品经销市场秩序。

五、加强制度建设，不断完善“两个下乡”补贴工作机制

高州市在推进“两个下乡”财政补贴政策的落实过程中，围绕繁荣本地市场、建设和谐高州的要求，从政策启动之初的总体实施方案制订，具体实施办法的制定，到阶段性目标和工作流程制定，到政策性调整补贴人员身份、补贴标准、范围涉及的相关规定的制定等，都善于结合实际并建立了“两个下乡”财政补贴各项具体的操作程序，确保有规可依、有章可循，促进工作严格按照规范的操作程序进行，减少人为干预，实现政令畅顺。一是不断完善制度建设。依据家电下乡联席会议制定的《家电下乡实施方案》、《广东省家电下乡实施方案》和《茂名市家电下乡实施方案》，结合本地实际，制定了《高州市家电下乡工作实施方案》和有关的《家电下乡操作细则》。依据《关于印发广东省汽车摩托车下乡工作实施方案的通知》，出台了《汽车摩托车下乡补贴操作程序》等有关制度。二是不断创新，完善补贴工作制度。根据财政资金专项管理规定和有关财政补贴资金兑付的规定，考虑到资金管理的金融成本、资金安全等问题，通过借鉴和总结，设计出《高州市家电下乡财政资金审核、兑付表》和《汽车摩托车下乡财政资金审核、兑付表》，统一全市的补贴资金工作流程，具体明确了下乡产品补贴的标准、补贴范围、补贴申报程序、复核和汇总上报、补贴资金管理和兑付等内容。三是实施资金专户管理和批量兑付制度。通过调查了解，市财政部门与市邮政储蓄银行共同研究协商，签订由市财政局委托邮政储蓄银行代发补贴资金的协议书，由邮政银行统一根据需要开设“一折通”存折，兑付资金直接划入补贴农户存折，减少了资金周转时间，确保补贴资金及时足额兑付到农民手上。四是建立完善的档案管理制度。所有的下乡产品申报财政补贴资料按10年保管期进行档案保管，为此，市财政局根据需要制定了《关于进一步做好家电下乡和汽车摩托车下乡工作的通知》，具体规定了档案资料保管的有关工作，并印制了一批资料封面，每月的申报资料全面整

理装订成册，交由档案室保管。

六、实施“两个下乡”政策取得良好的效果

实行“两个下乡”政策以来，高州市的家电产品、汽车摩托车产品市场欣欣向荣，农村家庭主要耐用品如摩托车、电视机、冰箱、热水器、计算机等比重有了较大提升。其中摩托车销售3.13万辆共14 433.7万元，环比增长33.7%。家电下乡产品销售3.88万台共7 957.6万元，环比增长38.3%（数据来源：家电下乡信息管理系统、汽车摩托车下乡信息管理系统、茂名市统计局资料、高州市统计局资料）。财政补贴家电下乡产品1 052.3万元，汽车摩托车下乡产品3 260万元。增加税收收入达200万元。高州市给力，“两个下乡”政策的执行实践一直走在广东省经济欠发达地区的前列。

通过“两个下乡”这个亮点工作，增强了政府与群众之间的互信，一方面农民得到了实惠，切实体会到党和政府对建设和谐的社会主义新农村的决心和关爱，积极拥护支持政府工作的开展。另一方面政府及各部门因“两个下乡”而得到更多的与广大农民朋友接触的机会，拉近了相互的距离，相信群众、依靠群众，大大提高了威信，促进了建设和谐社会的建设。

（高州市财政局供稿，佘永伟执笔）

肇庆市

服务大局　科学评审　把好政府建设工程投资评审关

财政投资评审是财政职能的重要组成部分，肇庆市财政投资评审工作从工程经济和财政经济的角度出发，通过工程技术与财务审核的结合，对政府性资金投资项目预（结）算和竣工决算进行评价和审查，科学合理地确定政府投资建设项目的工程造价，强化了政府性投资资金的监督管理，提高了政府性资金的投资效益，保证了政府资金安全、规范、有效地运行。

一、成效显著，助推“城市建设年”项目的开展

根据肇庆市市委、市政府的工作部署，2010 年是肇庆市城市建设年，全市先后启动了星湖大道及信安路改造工程、砚都大道等城市基础设施建设项目、市第一人民医院新院、市图书馆等民生项目的建设。肇庆市财政局投资评审中心认真贯彻落实市委、市政府的正确决策，紧紧围绕“切实履行财政职能，强化财政支出管理”的财政投资评审总体目标，充分发挥投资评审的专业技术优势和技术支撑作用，严格评审，科学评审，把好政府建设工程的投资评审关，把政府有限的资金用在刀刃上，为全市经济社会又快又好的发展作出积极贡献。

2010 年，肇庆市财政局投资评审中心共评审各类项目 595 项，送审金额 25.3 亿元，审定金额 21.1 亿元，审减金额 4.2 亿元，审减率 16.6%。

其中几个较大的工程项目核减率较高：砚都大道工程送审金额 7.18 亿元，审定金额 4.67 亿元，核减金额 2.51 亿元，核减率为 34.95%；市规划局业务用房工程结算送审金额 2 739.0 万元，审定金额 1 997.9 万元，核减金额 741.1 万元，核减率 27%；南广铁路鼎湖段国防通信光缆迁改工程，送审金额 126.40 万元，审定金额 16.70 万元，核减金额 109.7 万元，核减率 86%（见图 1）。

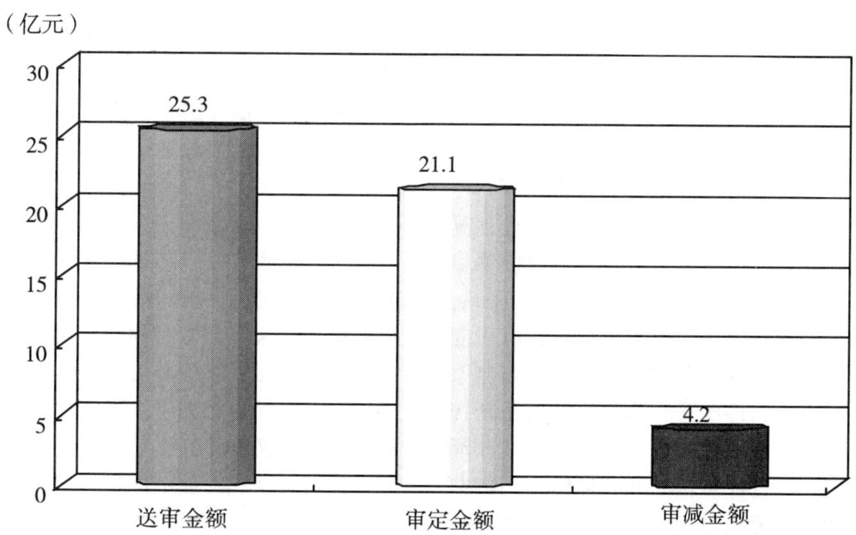

图 1　2010 年投资评审节约效果

财政投资评审工作取得的显著成效为政府节约了大量资金，助推了肇庆市“城市建设年”各项目健康顺利开展，充分发挥了评审监督的职能，得到了市委主要领导的充分肯定，并在评审中心的工作汇报材料上作出重要批示：“我市财政投资评审中心切实履行财政职能，强化财政支出管理，严格评审，科学评审，成效显著，应予以表扬。望再接再厉，继续努力，务求评审工作更科学、更规范、更专业，为全市经济社会又好又快发展多作贡献。”

二、措施积极，把好投资评审关

财政投资评审工作是财政监督管理的一个重要组成部

分，审核措施是否全面、监管机制是否健全，关系到工程项目是否顺利推进，更关系到财政资金使用是否科学合理，是否能够发挥资金使用的最大效益。肇庆市财政局投资评审中心通过科学评审、创新方式、主动评审和强化内部建设使投资评审工作全面、有效。

（一）科学评审，积极构建项目全过程评审机制

1. 严把预结算审核关，使政府资金发挥最大的投资效益。对每一份送审预结算，无论金额大小，投资评审中心均采用全面审核的办法，不仅对每一个分项的工程量及单价进行审核，还对招投标文件、合同等相关文件的规范性、连续性进行评审，剔除重复现场签证，对手续不完善的签证招集建设各方开会重新确认，确保各项文件符合规范，评审的手续流程合法、合规。

2. 坚持“按计划、按预算、按合同、按进度”进行专业评审。对施工过程的修改予以关注，特别是对修改变更的必要性、合理性进行充分论证，确保修改变更是合理而且必要的，严格评审变更引起的工程造价增加，防止造价不合理增长。严格控制修改变更的合理性、必要性，防止送审单位在立项时存在较大的随意性，要求送审单位在立项、订合同之时要作全面合理考虑，细化预算，确保项目的可行性。

3. 对千万元以上项目建立造价控制指标体系，实施全过程造价控制。投资评审中心根据项目的批复概算、中标预算及项目的实际情况确定造价指标，按进度对分部工程进行结算评审，分析与中标预算对比造价的变化情况，并将有关情况告知监察局、发改局等相关部门，形成全面的监督管理控制体系。例如，某供水加压泵站建设项目，根据市发改局批复，项目总投资为2 488万元，建设内容是铺设14.3公里的管网、加压泵站、综合楼和两个蓄水池。建设单位首先将铺设3公里管网的预算送审，评审造价约560万元，通过对该建设项目及可研估算指标的分析评审，评审中心发现如果该项目按送审内容建设，投资会超过预算10%。评审中心立即与建设单位联系，明确告诉他们项目投资存在较大的超支可能，要求他们及时与发改部门联系，核对估算指标，完善相关审批手续，但建设单位没有引起足够的重视，半年后又将余下项目预算送审，经过与监察局、发改局沟通后，评审中心再次通知建设单位需重新控制投资，完善相关手续后，才能进行评审。最后市发改局优化调整了原批复内容，经过评审中心和各监管部门的共同努力，项目投资控制在批复概算内，体现了对重大项目建立造价控制指标体系，实施全过程造价控制的必要性。

（二）创新方式，提前介入评审加快项目实施

按正常程序，建设单位需在完成招标控制价的预算编制后，才送评审中心审核。为了加快项目进度，投资评审中心及时调整评审方法，积极主动与建设单位联系，提前介入，将串联的工作方式改为并联的方式。要求建设单位将施工图纸送招标代理编制招标控制价的同时，也将施工图纸时送评审中心先行开展评审，而当招标控制价送达时，就只需进行复核审定工作，这样大大缩短了项目在招投标前所需要的时间，有效地推进了项目建设的实施进度。一年半来投资评审中心共完成了70项工程的招标控制价评审，送审金额14.1亿元，审定金额12.8亿元，核减金额1.3亿元，核减率为9.2%，其中市第一人民医院新院建设项目第一、二、三标段送审金额4.8亿元，审定金额4.3亿元，核减金额0.5亿元，核减率10.4%；肇庆市图书馆送审金额4 821.2万元，审定金额4 104.3万元，核减金额716.9万元，核减率14.86%。评审效率大大提高，项目建设也能如期推进。

（三）主动评审，为项目开展提出合理化建议

投资评审中心通过开展跟踪评审，前移评审关口，将被动评审转变为主动评审，及时发现问题，提出合理化建议，降低工程造价，节约政府资金，将事后监督转化为对项目事前、事中的优化管理。

1. 在招标控制价评审时，对新材料或市场波动较大的材料，在满足功能的原则下采取多种方式询价后确定材料预算价，从而确定科学合理的招标控制价。例如，在确定市图书馆工程外墙陶板的材料评审价时，投资评审中心通过查阅《广东省造价信息网》、《广州市建设工程材料（设备）厂商价格信息》，向相关厂商了解等方式，多方查询材料造价，并与建设单位、代建单位、设计单位充分沟通协商后，确定外墙陶板的材料预算价为350元/平方米，比招标代理的编制价减少了510元/平方米，此项核减约171万元，核减率达33.5%。

2. 认真分析造价指标，提出合理化建议，降低工程造价，节约资金，最大限度地提高资金使用效益。例如，在对砚都大道的预算进行评审时，投资评审中心发现软土地基处理工程占工程总造价的比重加大，设计单位采用的袋装砂井＋C80-PHC-A400预应力混凝土管桩的处理方法，虽然具有施工速度快、质量容易控制等优点，但造价较高。根据城东新区BT一、二期工程对软基的处理工艺反映，袋装砂井、深层搅拌桩、高压旋喷桩以及粉煤灰桩等工艺均可使用，而这些工艺与预应力混凝土管桩相比，具有造价低的优点，为了节约政府资金，提高资金的使用效益，在确保工程质量的前提下，投资评审中心立即与建设单位沟通衔接，建议建设单位对该项目的软基处理方法进一步研究，并组织专家论证、优化设计，最后优化方案比原设计方案节约近1.2亿元。

（四）抓好内部建设，不断提高投资评审业务水平

投资评审工作专业性较强，工作量也十分大，完善的管理制度以及人才培养制度，是确保该项工作顺利开展的软硬件基础。

1. 不断完善制度建设，规范评审流程，为投资评审工作的健康发展提供制度保证。肇庆市财政局投资评审中心

建立了三级复审制度，制定了《评审中心评审业务岗位工作职责》以及《评审质量考核办法》，对参与评审业务各级工作人员的工作职责、各评审环节应完成的工作内容和要求进行明确规定，规范了评审流程，使整个评审过程有据可依，评审工作都能依流程开展。通过“环环相扣、相互制衡”的方式健全了内控机制，提高评审质量，降低评审风险。

2. 抓好评审队伍的素质建设，为投资评审工作的健康发展提供人员保证。肇庆市财政局投资评审中心现有固定人员 13 人，其中机关事业编制 3 人，聘用的工程技术人员 9 人；技术人员中高级工程师 2 名，注册造价工程师 3 名，工程师及会计师 5 名，助理工程师 3 名；专业配置情况为建筑工程 5 名，公路及市政工程 3 名，水利 2 名，安装工程 1 名。投资评审工作要求评审人员不仅要有较强的专业技术水平，还必须具有较高的政治素质。肇庆市财政局投资评审中心由中心领导带头签订廉政责任书，严格执行业务回避制度和廉政“三不得”制度，同时，对外聘中介机构评审人员建立年终考核制度，每年年底从业务水平、服务态度、稽核情况等方面进行综合考核，对不合格人员取消其下一年度从事财政投资评审业务的资格。通过一系列行之有效的措施，造就了一支纪律严、作风硬、技术强、廉洁公正的评审队伍。

三、不断探索，开拓投资评审新局面

（一）人力资源管理方面

财政投资评审中心肩负着全市政府资金投资项目的评审工作，业务量很大，而且工作专业性要求较高，需要从业人员具备较高的专业水平，因此人力资源问题成为财政投资评审工作一个难点问题。而由于机关事业编制内的职位由于所能提供的薪金工资与行内具备较高专业水平的工程师薪金水平有较大差距，较难吸引到专业水平较高的工程师加入，导致评审中心编制人员招考工作较难开展。肇庆市财政投资评审中心通过聘用工程师以及借助专业中介的力量协助工作推进开展，并实行规范管理、加强监督，使中介机构的业务开展规范、可控，确保了投资评审工作的质量。

（二）评审前置方面

财政投资评审的主要对象是政府工程项目投资，工作开展要求专业、科学，有章可循，但在实际工作开展中往往也需要评审工作作出探索、创新，根据项目的具体特点因地制宜。肇庆市财政投资评审中心探索“先行评审”、“主动评审”、“合理建议”等工作方式，促进了项目实施更加科学节约，今后也将继续探索前置评审的工作，务求令工程项目全程可控，使政府资金的使用发挥更大效益。

（三）评审范围方面

财政投资评审工作的开展为政府性投资建设工程项目节约了资金，推进了项目建设顺利开展，但投资评审的空间还有待进一步扩展，与各项财政改革的结合点还需要深入探索，肇庆市财政投资评审中心将会付出更多的努力解决遇到的新情况、新问题，务求让评审工作向更科学、更规范、更专业的方向发展，为全市经济社会实现又好又快发展作出新的贡献。

（肇庆市财政局供稿，杨云辉执笔）

加强镇级财源建设　壮大基层财政实力

几年来，镇级财力在影响收入分配、资源配置、促进县域经济发展等方面扮演着重要角色。如何切实加强镇级财源建设，壮大镇级财力，加快经济发展步伐，带动财政收入快速增长，促进县域经济平稳较快发展，是加快建设"富民强县、幸福广宁"的重要课题。

广宁县财政局深入全县各镇、企业开展镇级财力调研，通过召开座谈会、实地调研等形式，总结县财政在支持经济社会发展中的成功经验，查找工作中存在的不足，为进一步理清今后财政发展的思路，着力发展经济，壮大财政实力，推动财政工作又好又快发展打下坚实的基础。

一、基本情况

（一）镇级工业园区建设情况

多年来，广宁县各镇确立了"工业兴镇"的发展思路，积极调整产业结构，大力开展招商引资，着力发展经济。特别是近年全县加快了镇级工业园区的开发建设，以"四园一基地"为载体，构建纸业科技园、石涧工业园、高新产业园、古水太和陶瓷工业园和华南再生资源产业基地，积极承接珠三角产业转移，打造林浆纸一体化产业示范区、再生资源产业升级示范区和金属加工、化工产业升级示范区，增强了经济发展后劲。同时用足用活财政政策，多方筹措资金，支持工业园区及其配套设施建设，促使更多企业进驻，加快推进全县的财源建设，不断壮大财政实力。

（二）镇级经济现状

在县委、县政府的积极引导下，各镇发展经济热情高涨，形成了你追我赶、竞相发展的局面。2010 年，全县完成 GDP70.0 亿元，同比增长 13.2%，全社会固定资产投资总额 27.13 亿元，"十一五"期间累计投资 85.76 亿元，比"十五"增长 2.8 倍；外引上争资金 3.22 亿元，农业生产总值 5.43 亿元，增长 6.1%。同时，通过积极开拓镇级和农村市场，县供销商贸大厦、庆华自选商场、好宜家超市、新汇丰商场、金嗓子电器城等企业销售保持畅旺，社会消费品零售总额 10.2 亿元，增长 20.6%。镇级的第一、二、三产业比例逐步趋于合理优化。

（三）镇级经济对县域财力助推情况

得益于全县镇域经济较快发展，2010 年各镇税收收入达 6 689 万元，占全县税收收入的 32%，镇域经济不断发展壮大，为全县财政实力的增强发挥了重要作用。2010 年，全县地方财政一般预算收入 4.39 亿元，同比增长 41.5%，财政综合增长率在全省 67 个县（市）中排第 9 位，进入了全省县域经济综合发展力进位最快前 10 名，排名第 8 位。

二、镇级财源建设存在的问题

（一）乡镇财源建设速度不平衡

从 2009 年税收收入完成情况看，全县 17 个镇国地税（县库）完成 6 689 多万元，各镇都超额完成了年度计划，但经济发展速度不平衡，发展最快的镇超年度计划的 149.6%，而发展较慢的镇仅超年度计划的 42%。经济发展速度不平衡的原因，既有优惠政策扶持力度和新建项目尚未产生税收等客观因素，也有财源建设工作力度不大、措施不力等主观因素的影响。

（二）支撑财力增长的骨干企业少

在农业产业上，取消农业税收后农业产业化进程缓慢，至目前形成规模经营的农业龙头企业少之又少，农业财源建设极为薄弱。在工业产业上，企业总量小，骨干税源单薄。有的镇纳税 10 万元以上的企业屈指可数，有的仅局限在一两个企业上。在第三产业上，由于零售业、餐饮业等第三产业主要集中在县城中心镇，其他各镇在第三产业上财源建设比较滞后，积极开拓的能动性不强。

（三）征管和服务质量有待提高

一是各镇理财观念不强，在制止漏税、逃税费问题上，监管企业的工作及措施上力度不够大，仍然存在"跑、冒、滴、漏"等税收流失现象。在专题调研中了解到，有些企业存在异地纳税现象，部分企业存有财务管理混乱等问题，有的甚至不设账本，逃避纳税稽查；有的核算不实，隐瞒经营成果；一些规模企业，也存在偷逃税款的现状。二是个别单位和部门工作欠缺协调沟通，造成一些检查重复、罚款重复、收费重复的现象，加重企业负担，影响了税源的涵养。

（四）镇级财源建设激励机制有待完善

就 2010 年的情况来看，全县各镇税收收入大幅增长，主要来源于土地出让和国有资产出售，尚未建立有效激励机制，调动各镇发展经济、培育财源、组织收入的积极性。因此，建立和完善镇级发展经济体制机制成为当务之急。

三、加强镇级财源建设的措施

（一）狠抓新农村建设，推进农村经济健康发展

着力加强社会主义新农村建设，立足农业基础税源，加快农业产业化步伐，增强农业对财政的间接贡献率。

1. 加快农村路、电网、水利等设施建设，积极发展小水电、沼气等农村能源，为农村经济发展奠定坚实基础。

2. 把发展龙头企业作为推进农业产业化、调整农业产业结构的主攻方向，围绕优势产业，建立和发展一批规模化、集约化、标准化农产品生产基地，重点培育壮大砂糖橘、番薯、龙须菜、竹子等农产品加工龙头企业，推进农业产业化经营，促进农产品加工转化增值。

3. 强化农业优势产业发展，重点抓好种植产业、养殖产业和林业产业，培植具有竞争力的优势农产品。

4. 引导组建各类农产品行业协会和农民专业合作组织，构建多种形式的农业产业化载体，进一步提高农业生产的组织化程度。

（二）大兴工业，规模发展，壮大骨干财源

工业化是发展和壮大经济的龙头，是推进农村城镇化和农业产业化的核心。发展工业财源，要切实算好“两本账”：一是算好成本效益账，科学谋划，合理确定工业用地价格，避免因招商引资、发展工业背上沉重债务负担；二是算好投入产出账，选好经济增长点，进一步完善县域税收征管体制，促使新建项目尽快产生经济效益。

1. 加快工业园区建设。着力优化区域布局，合理规划，科学布局，多方筹措资金，围绕“四园一基地”建设，加大基础设施建设力度，培育有一定规模、有支柱、有完善配套、有集聚效应的工业园区。重点加快石涧工业园，高新产业园、太和陶瓷工业园等基础设施建设，改善工业园区投资硬环境，吸引企业向园区聚集。同时，提高土地利用效率，形成各具特色的园区工业经济板块，为带动广宁县纸业、竹子深加工，建立初级产品的深加工基地和辅助产品生产基地，延伸产品附加值。

2. 突出规模工业发展。立足经济实际，充分利用经济、法律手段引导现有竹子加工、纸浆、塑料化工等规模企业，加大技改和产品结构调整力度，形成产业集群，上规模，上档次，提升效益。同时，通过现代工业的板块效应拉动镇级经济的快速发展，大力扶持企业的发展，促进企业不断扩大规模，使其多生产、多销售、多盈利、多交税，不断提升工业实现税收在地方财政收入中的比重。

3. 鼓励企业实施品牌战略。大力扶持企业的发展，加大技改资金投入，增强企业自主创新能力，增加全县工业产品市场占有率，提高工业效益。

（三）加强投资环境建设，加大招商引资力度

1. 积极整治软环境。建立健全投资软环境监测评价体系和投诉受理制度，强化项目建设的跟踪、协调和服务工作，着力帮助企业解决项目建设过程中碰到的困难和问题，促进项目早动工、早建设、早出效益。

2. 尽快制定全县产业布局规划，明确发展定位和产业发展方向，科学调控产业布局，使发展各有侧重、各有特色，避免恶性竞争和盲目发展。重点依托现有产业基础，发挥工业园区对外招商主战场、主阵地的作用，大力打造林浆纸一体化产业示范区、再生资源产业升级示范区和金属加工、化工产业升级示范区，通过对招商项目分布的指引，促进全县招商引资由项目招商转向产业招商，引导产业聚集，打造集群经济。

3. 依托丰富的农业、旅游、瓷土等资源，加强宣传策划，努力引进高附加值、利税大、对地方经济有明显拉动作用的项目，实现招商引资工作新突破。一方面各相关部门要紧密配合，对引进的企业从服务、资金方面给予支持；同时通过向上级部门争取企业技改贴息、高新技术发展资金，返还部分土地出让金以及安排预算资金等方式，促使企业进一步扩大企业生产规模，提高附加值；另一方面制定《广宁县中、小企业流动资金财政贴息办法》，从上级资金和县财政预算安排等方式给予对中、小企业信用担保体系建设、中、小企业服务体系建设、扶持中、小企业发展等项目大力支持。

（四）大力发展第三产业，壮大地方税源

1. 抓住被列入珠三角地区发展规划纲要的有利时机，发挥区位优势、交通优势和资源优势，大力发展以休闲旅游、房地产、饮食娱乐等第三产业。着力提高全县零售业、餐饮业和社会服务业质量，大力发展超市经营、物流、代理，增强服务功能，提高辐射能力。

2. 围绕建设“宜居、宜业、宜游”城市目标，加大房地产招商引资工作，发展繁荣、活跃、健康的房地产市场，通过城市经济发展的带动和辐射作用，促进城区商贸、娱乐、服务和房地产等第三产业的发展，由此带动各税源的全面增长。

（五）突出自身特色，培育发展后续财源

利用得天独厚的旅游资源，走“特色活镇”之路，积极创造条件，营造良好环境，加快竹海、碧翠湖、螺壳山等旅游景点的开发，建设好镇级有较强成长能力的特色财源。充分利用竹风情，以中国竹子之乡为特色的风光、武术之乡等优势，加快旅游宣传促销力度，开辟国内、外旅游资源市场，力争旅游业的税收在财政收入中的比重不断提高，并以此带动第二、三产业的发展。

（广宁县财政局供稿，谢圣荣　廖炜键执笔）

清远市

旅游扶贫工作的实施与成效

几年来，清远市委、市政府在省委、省政府的正确领导下，坚持以邓小平理论和“三个代表”重要思想为指导，以科学发展观为统揽，大力实施“工业园区化、农业产业化、城镇特色化、管理人性化”发展战略，经济社会发展取得了持续快速发展。目前已开发建设并向游客开放的旅游区（点）达70多处。清远旅游业发展迅猛，从2004年全市接待游客755万人次，旅游总收入22.85亿元，到2008年全市接待游客1 450万人次，旅游总收入56亿元。

一、清远市旅游扶贫工作总体情况

清远市是广东省地域面积最大的地级市和少数民族主要聚居地。在省原定的16个扶贫开发县中，清远占了4个（清新、阳山、连南、连山），省政府对清远的旅游发展给予了大力支持，2002年省政府在旅游扶贫资金中安排清远800万元，2003年安排400万元，2004年安排250万元，2005年安排450万元，2006年安排360万元，2007年安排240万元，2008年安排340万元，2009年安排240万元，2010年安排285万元。2002～2010年9年来，省政府安排清远市旅游扶贫专项资金共3 365万元，扶持了40个旅游区（点），其中连南的千年瑶寨、连山的大旭山瀑布群生态旅游区、阳山的广东第一峰风景区作为重点旅游扶贫项目。

二、旅游扶贫工作取得的成效

旅游扶贫工程启动9年来，对推动山区旅游业和相关产业的发展，解决村民就业，帮助农民脱贫奔康等都起到十分重要的作用，取得了明显的成效。

1. 为山区经济发展注入了新的活力。旅游业是“一业兴，百业旺”的行业，扶持发展一个项目，上一个品牌，带动一大片。比如连山的沙田柚，旅游业发展之前，即使每斤仅一两毛钱也卖不出去，2002年通过省旅游扶贫资金的重点扶持，使初步开发的大旭山瀑布群生态旅游区上了规模、上了档次，变成了“广东九寨沟”，带动连山县的旅游业、酒店饮食服务业快速发展起来。旅游业兴起后，带来了大批游客，使贫穷落后的山城兴旺起来，沙田柚由原来的“高产低销”变成了“高产高销”，同时使加工业和商业也相应活跃起来，有效地推动了山区经济的发展。又如连南的南岗千年瑶寨，本是古老而富有特色的旅游资源，但由于县的资金有限，一直没有开发利用。省的旅游扶贫工程启动的第一年，作为重点扶持项目，当地县委、县政府把握时机，修通了公路，加大了对古寨的开发修复力度，仅用不足一年的时间，把沉睡千年的古寨开发建设成为省、市、县旅游的新亮点，为县域旅游业的快速发展注入了新的生机活力。

2. 帮助一大批山区群众解决就业难问题。通过旅游扶贫，旅游业发展起来了，当地从事餐饮、蔬菜种植、土特产加工销售等从业人员大大增加。9年来，以上几个旅游扶贫项目直接和间接解决就业人员超过20 000多人，其中连南瑶族自治县3年就解决3 500人就业，连山2 500人，阳山县3 685人，连州市1 800人，佛冈县约600人，清新县近2 000人，英德市约2 000多人。

3. 有效地促进农民生活水平和综合素质的提高。通过旅游扶贫后，旅游业发展了，解决了就业从而增加了农民的收入，旅游业发展起来，带来大量的人流、物流、信息，使山区的群众更新了观念，学会了做生意，使当地的农副产品、土特产成倍升值，同时也带来了财路，使农民增产增收。如坐落在广东第一峰山中的瑶族乡，海拔1 500多米（第一峰顶为1 900多米），距阳山县城近百公里。广东第一峰开放后，在山村设立餐饮、购物一条街，成为了游客必到之外，使沉静的山村活跃起来，瑶民自养自产的山鸡、番薯、芋头、土豆、山货、土特产这些过去无法销出而不值钱的东西，现在都以较好的价格一卖而空。使全省最高最远的瑶民也尝到了发展旅游业的甜头。又如连南瑶族自治县，近几年来，在省政府及有关部门的大力支持下，旅游业得到快速的发展，游客除白天游览景区景点外，晚间尤其是节假日，每晚都有数百上千的游客观看“篝火晚会”，同时，连南县城到处都是瑶族特色、购物商场、商店，有效地拉动了消费和促进了各项经济的发展。据初步了解，近几年来，得到旅游扶贫的几个旅游区（点）周边的村民人均年增加收入800～1 000元以上，不但解决了温饱问题，并逐步走上致富奔小康的阳光大道。

4. 旅游配套设施得到完善，大大提高了旅游品牌。通过旅游扶贫资金的支持，使受益的旅游区点的游客中心、购物商场（店）、景区道路等配套设施不断得到完善，大大地提高了景区（点）的档次水平，确保景区可持续发展。

三、旅游扶贫资金的管理办法和方式

为进一步加强和规范财政支出管理，充分发挥旅游扶贫专项资金的作用，根据《广东省旅游扶贫专项资金管理办法》，清远市在2004年除了转发省的管理办法外，还结合本市的实际2006年上半年相应制定出台了《清远市旅游专项资金管理规程》，按照管理规程严格使用和管理清远市的旅游专项资金。

1. 各县（市、区）财政部门在省旅游扶贫专项资金到位时，首先要求项目用款单位填报和提交具体项目资金使用计划表，然后要求项目用款单位必须根据《中华人民共和国招标投标法》，到具备有资质编制招标文件和组织评标的相应专业力量的招标机构进行项目工程的招投标，投标人不得少于3个，少于3个投标人的，项目用款单位应当依照《中华人民共和国招标投标法》重新进行招投标，直到符合规定为止。旅游局是旅游企业的主管部门，所以旅游扶贫资金的项目工程招投标时，市旅游局扶贫领导小组和项目所在地旅游局必须作为招标组成员参与招标。

2. 项目用款单位招标结束后，必须提交一份中标书、项目工程预算方案、与建设工程单位施工合同书等复印件到当地财政部门。在工程动工后，当地财政部门才根据项目工程的进度划拨出每一笔旅游扶贫专项资金。当项目工程在竣工结算时，需施工单位出具完整税票，再到当地财政投资审核中心审核项目工程造价和工程不可预见的费用，最后由当地财政主管旅游的业务科（股）室，根据审核中心审核后的项目工程总造价，将剩余的部分资金划拨到项目用款单位。

3. 建立健全旅游扶贫资金使用情况半年报制度。项目用款单位必须向当地财政部门和旅游部门如实汇报旅游扶贫资金使用情况。

4. 项目用款单位要对财政部门划拨的旅游扶贫专项资金设置专门会计科目核算。在工程结算完毕后，当地财政部门必须要求项目用款单位提交：工程支付凭证、施工单位结算正式发票等凭证复印件，与项目工程动工前提交的中标书、项目工程预算方案、与建设工程单位施工合同书等复印件一起作为旅游扶贫资金使用情况的归档资料，以及省、市对扶贫专项资金使用情况检查的备查资料。

5. 项目资金绩效评价，推进扶贫项目服务“三农”。通过财政、旅游等部门对扶贫资金使用的监督检查和绩效评价，促进了扶贫资金的规范使用、实现项目建设的杠杆效应和服务“三农”。

四、清远市旅游扶贫工作具体措施

（一）制定旅游优惠政策，扶持旅游业快速发展

近几年，清远市市委、市政府为了优化组合全市旅游资源，加大对旅游的扶持力度营造良好的旅游发展大环境，把旅游业培育成为清远市的支柱产业和第三产业的龙头，在2004年、2005年、2006年、2007年、2008年连续5年制定修改出台了《中共清远市委、清远市人民政府关于进一步加快旅游业发展的若干规定》，对各景区景点和旅游酒店、宾馆以及大型的旅游购物商场和旅游纪念品开发企业等，在行政事业规费、用水、用电等方面给予优惠和补贴，在税收方面由财政安排资金给予税收优惠奖励，并在次年的建市庆典大会上兑现奖励。具体的扶持政策是：

1. 实行重点扶持政策。对年接待30万人次和3A级以上的景区景点，三星级以上的旅游涉外酒店、宾馆（其中清城区、清新县五星级以上，连州、英德、佛冈、阳山四星级以上，连南、连山三星级以上），建筑面积3万平方米以上的旅游定点购物商场，从事旅游纪念品开发企业每年缴纳入库的营业税和企业所得税的地方留成部分（扣除财税部门查补征收往年应缴税款入地方库部分）超过100万元以上，且从2003年起逐年增长幅度超过20%以上的，均可享受以下优惠政策：一是行政事业性规费优惠；二是用水方面的优惠；三是用电方面的优惠；四是财政奖励优惠。

2. 加大财政对旅游的投入。实行积极的财政政策，市、县（市、区）财政每年拿出一定数量的专项资金，对具有新的增长点的旅游景区景点和重点旅游项目，在起步阶段给予适当的引导性投资，以扶持其加快上规模、上档次、上水平、出效益。政府的投入主要用于外部环境的改善和引导性的投资。同时，对重点旅游景区景点，还应通过多种渠道，积极争取中央、省和对口扶持单位的支持，以促进旅游业的发展。

3. 加大金融部门的扶持力度。对投资者在清远市依法投资兴办的旅游景区景点和相关旅游项目，金融部门优先给予贷款支持。对某些旅游景区景点遗留的历史债务，金融部门可采取短期贷款转为长期贷款，抵押贷款转变成按揭贷款等灵活变通办法处理，减轻企业的债务负担，盘活企业。

（二）创旅游品牌，发展大旅游

清远市旅游还通过“打造新品牌、发展大旅游”来创建品牌、实施精品名牌发展战略，实现旅游景区上规模、上档次、上水平、上效益。自2002年清远被国家授予“中国优秀旅游城市”后，2005年清远市又成功打造出了“中国漂流之乡”、“中国温泉之乡”、“中国龙舟之乡”等优质品牌；粤北山区的阳山县也利用山区的区位优势，2005年也成功创建了国家级的“四驱之城、越野之都”新品牌；清新县也发挥本地资源优势，并以敢为人先的精神，2004年率先申请，2005年就成功打造出了广东省第一个“旅游强县”。2006年8月连州地下河景区又成为了清远市第二个4A级国家旅游景区，同年11月清新太和古洞旅游风景区也成为清远市首个3A级国家旅游景区。2009年，清远市进一步扩大了清远温泉、漂流、山水、奇洞、风情等五大品牌的影响力，其中，在2007年欧中旅游合作论坛组委会组织的评选活动中，清远市温泉、漂流与云南丽江等全国9个著名景区同获“欧人最喜爱的中国景区”称号；2009年

6月，国家地质学会授予清远“中国奇洞之乡”称号；2009年9月上旬，在北京钓鱼台国宾馆举行的“中国休闲经济发展论坛”大会上，清远市荣膺全国首批“中国生态休闲旅游城市”称号；2009年9月下旬，在粤西北经济合作交流会上，清远市荣获“港澳和海外华人眼中最具魅力的休闲度假之都”称号。清新县被国家旅游局授予首批“中国旅游强县”，阳山、连州荣获“广东省旅游强县（市）”称号。清新县玄真古洞生态旅游度假区、飞来峡水利枢纽风景区、黄腾峡生态旅游区、碧桂园假日半岛故乡里旅游度假区等4个景区被评为国家4A级风景区。至2010年年底，清远市已拥有6个国家4A级风景区，成为目前全省拥有4A景区最多的地级市。

（三）旅游扶贫项目开发促进环境资源保护

旅游是“无烟”工业。清远市在旅游扶贫项目开发建设过程坚持绿色、环保理念，认真协调好项目建设与环境，资源保护的和谐关系，达到了双赢的效果。

1. 连南县的南岗千年瑶寨是省旅游扶贫的重点项目，在开发建设过程中，始终坚持科学发展的态度，协调好项目开发与资源环境保护之间的关系。一是强化了环境保护。在项目开发的同时，加快了文物保护单位的申报工作，经过多方努力，南岗千年瑶寨成功申报为省级文物保护单位，使瑶寨内的资源环境得到较好保护。林业部门加大林业执法力度，对瑶寨周围的植被进行重点保护，有效制止了景点周边林木特别是寨内的古树乱砍滥伐的行为，保住了青山绿化，实现了自然景观与人文景观的绝佳融合。二是加速历史文化遗产的优化升级。南岗千年瑶寨在未开发之前是个不通电、不通路的破旧老村寨。随着当地村民不断往山下搬迁，瑶寨日显荒芜。开发为景点之后，开通了公路，通上了电、水，对古民居进行了抢救、修复，实施了美化、绿化、亮化工程，使古老的瑶寨焕发出迷人的风采，瑶寨的旅游资源、生态环境得到了较好保护。

2. 第一峰旅游风景区地处南岭国家森林保护区腹地，景区的开发让当地民众对动植物保护的意识得到加强，收到明显的效果。按照科学规划、合理开发、统一经营、强化管理的原则和思路，对景区进行科学合理的开发管理，能有效地遏制目前人们不合理的开发行为，保护景区所在地的自然资源、环境与景观，发挥景区的最大生态环境效益。

3. 英西峰林走廊旅游发展公司在建设中和建设后保持和加强了自然景观、人文景观的原有风貌，没有任何的破坏和工业污染，生活污染也降到极低，有效地维护了旅游资源和旅游环境的整体性、完整性，做到合理建设，避免了过度开发。

4. 连州天龙峡，谷底道路全部用河石，并且不添加水泥，成为一条原生态的谷底步道。

（四）旅游扶贫工作存在的问题与不足

1. 旅游扶贫资金小而散。特别是近两年旅游扶贫的面过散、过广，有“撒胡椒面”的感觉，扶持的金额和力度到了市、县一级也越来越少。

2. 交通道路不畅及“武广专线”未深度开发影响了清远市三连一阳旅游业的发展。清连公路在改建时，清远至三连一阳车程仅100多公里，却要行走4~6个小时，道路不畅，以及“武广专线”未深度开发。严重影响了三连一阳旅游业的发展，近两年游客逐年下降，比早两年减少30%以上。

3. 旅游管理人才缺乏，队伍的素质偏低。随着招商引资工作不断加强，特别是清远市关于加快旅游业发展优惠政策的出台，投资旅游成为了清远市一个新的热点。造成旅游行业管理人才普遍缺乏，从业人员队伍素质偏低。

4. 旅游的投入偏少和宣传经费不足。清远市是山区市，由于缺乏资金的投入造成一些旅游景点基础设施和配套设施不完善，给游客一种旅游景区（点）多，但档次不高的印象。同时，由于宣传经费的不足，造成对旅游景区（点）的宣传促销和推介受到了一定制约，一定程度影响了清远市旅游业的发展。

（清远市财政局供稿，张秀强执笔）

潮州市

以信息化建设为突破口 多措并举推进非税收入征收管理

财政改革是财政发展的动力，财政快速发展也有效推进财政改革深入开展，非税收入改革是财政改革的重要组成部分，非税收入改革的稳步推进，能够从源头上预防非税收入征管方面的腐败行为，有效地遏制“三乱”行为的发生，为地方经济发展提供一个稳定的社会政治环境和廉明的行政执法环境。几年来，潮州市财政局紧紧把握财政中心工作，扎实推进非税收入管理制度改革，紧密结合“金财”工程建设，全面加强非税收入信息化建设，高标准建设非税收入征收管理系统，以信息化为突破口，多措并举加强非税收入征收管理，收支两条线管理制度得到全面落实，财政管理制度进一步完善。

一、全面建设非税收入电子信息化系统，为推进非税征管打下扎实的基础

非税收入电子信息化建设是推进非税收入改革的重要组成部分，潮州市财政局认真按照省财政厅、省纠风办《关于深化收支两条线改革全面推进非税收入电子信息管理的通知》的要求，根据省财政厅的工作部署，采取切实有效的措施，与有关部门通力协作、密切配合，高标准建设非税收入征管系统，在非税系统建设和管理上取得了一定成效，加强和规范非税收入征管，促进全市从源头上预防和治理腐败工作的开展，进一步推动党风廉政建设。

（一）建设完善的信息网络

建设非税征管电子信息化系统是充分利用现代科学技术加强非税收入征收管理的有效手段，通过非税系统实现财政部门、执收单位、代收银行的联网，能够实时查询和实时监控非税收入收缴情况。潮州市财政局按照“三个统一”即：“统一收费项目、统一收费编码、统一财政票据”的要求高规格、高标准建设非税征管电子信息系统。首先，开展系统建设的调研活动，全面调查市级非税收入业务情况，包括业务笔数、收入规模、财政票据使用量等，全面把握市财政局内外网络及软硬件情况，为非税征管系统建设提供第一手材料。其次是提出切合潮州市实际的建设方案。潮州市财政局认真组织专业技术人员与瑞联、电信、银行等密切配合，深入研究，全面分析非税收入征管现状，制订切合实际的非税系统建设方案，提出适当超前的设计思路，在征管单位上线的同时加装 POS 机（读卡器），系统安装到哪里，银行的服务就跟进到哪里，实现缴款人直接刷卡缴费，缩短缴费时间。截至 2010 年年底，与潮州市财政局签订 POS 机协议的银行有工行、中行、建行，邮政银行等多家银行加入，在银行间形成有效竞争，提高了服务质量，进一步方便企业和人民群众。最后是建设非税征管系统运行网络，与电信签订合作协议，租用电信线路为各征收单位铺设联网网络，并与各商业银行签订代收非税收入协议，实现财政、银行和征收单位的联网，这样财政—银行—征收单位实现互联互通，一个完整的非税征管系统全面建成。

（二）扎实稳妥推进非税收入网上征收工作

非税收入征管系统建设难点在各征收单位，征收单位习惯于传统的征收方式，对新的征收管理方式不接受甚至拒绝，另外上线征管也面临不少技术难题，针对这种情况，潮州市财政局根据市直非税收入征收工作实际，采用先易后难、分步实施的办法推进非税收入网上征收工作，最终实现所有行政事业性收费、政府性基金和罚没收入上线征收工作的目标。根据建设方案的安排，如期对学校教育收费、交警执罚、基层派出所罚款收费、交通稽查及治理超载等收费项目一律上线通过非税征收系统进行征收。同时全面清理原委托银行代收款情况，对已上线的单位和项目，全面取消原委托银行代收费的编码，没有收费编码执收单位想从原渠道上缴非税收入已无法实现，执收执罚单位只能按照新的征收渠道将非税收入通过非税征管系统征收入库，通过这种方式保证非税系统网上征收工作稳步推进。在强力推行下，市直学校实行“批量批扣”刷卡缴费，市交警所有执收点的罚没款也在规定期限内全部实行刷卡缴费，目前市公安局最远的执收点在闽粤交界的汾水关，距离市区 50 多公里，通过非税征收信息化系统实行联网，保证该执罚点的罚没款通过刷卡形式实时入库，在方便群众的同时保证收入及时入库。在 2009 年，市区公安管理体制实行了改革，潮州市财政局及时与公安部门密切配合，将基层派出所的收费及罚款全部纳入非税收入征管系统，实现上线征收。为方便小车号牌拍卖买受人缴款，潮州市财

政局专门在市拍卖行上线并安装POS机，买受人在小车号牌拍卖成交后在拿到确认书的同时一并刷卡缴款，一方面方便买受人缴款，另一方面保证拍卖款及时入库。

（三）加强网络维护工作，保证系统正常运行

非税收入征管信息系统建成后主要工作重点是正常维护，潮州市财政局建立健全应急机制，配备专门的技术人员做好系统维护工作，与瑞联科技公司密切配合，由公司派出精通业务的技术人员进驻潮州，实行24小时跟踪服务，对征收部门征收管理过程中碰到问题及时予以解决，保证网络畅通。另外，加强与上线单位的协调配合，派出技术人员到征收单位对操作管理人员进行具体培训指导工作，对上线工作中碰到的具体困难和问题，共同研究解决方法。到2010年年底，市直有102个执收单位100%上线征收，市直所有行政事业性收费、罚没收入和政府性基金（按政策要求应由缴费人直接缴入国库和应上省级网的除外）全面实现纳入非税系统征收，市直共有336个收费项目纳入非税系统征收，截至2010年年底，市非税系统征收收入3.22亿元，比2009年同期2.27亿元增长41.85%，非税系统自动核销非税收入票据71万多份。非税收入征管系统的建成，所有非税收入征收情况通过联网进行实时监督，确保非税收入应收尽收，从源头上切断截留、挪用、坐支非税收入现象。

二、多措并举，加强非税收入征收管理

非税收入征管信息系统的建设并投入使用，为全市的非税收入征收管理提供强有力的技术支撑，潮州市财政局以非税收入征管信息系统为突破口，实时查询和监控各征收部门非税收入收缴情况，非税收入监督管理水平明显提高。但是，加强非税收入的征收管理光有技术手段还不够，必须坚持以技术为支撑，采取切合实际的措施，多措并举加强非税收入征收管理，保证非税收入应收尽收，为地方经济建设添砖加瓦。

（一）下大力气解决思想认识问题

非税收入监督管理的重点在于认识不足。一些部门、单位甚至单位领导往往对政府非税收入的管理与监督没有足够的认识，对非税收入监督管理的行为、目的和意义不是很了解，把管理与监督的必然联系割裂开来。有个别部门即使把非税收入纳入财政管理，心里还想着这是本部门征收的收入，部门具有支配权，财政部门应该如数返拨。针对这种情况，潮州市财政局把转变部门对非税收入的认识作为加强非税收入征收管理的重点来抓，以市政府出台《关于加强和规范政府非税收入管理的通知》为契机，及时把广东省人民政府《印发关于深化收支两条线改革进一步加强和规范非税收入管理意见》、《关于进一步加强非税收入征管工作提高非税收入质量的通知》复印各部门、各单位，并加强与各部门领导及工作人员的交流沟通，积极宣传非税收入的概念、范围、性质、管理方式，进一步统一思想认识，使全社会各界明确非税收入是财政收入的重要组成部分，明确非税收入“所有权属国家、使用权归政府、管理权在财政”的基本原则，把规范政府非税收入管理与加强税收征管放在同等重要的位置，强调规范和加强非税收入管理的政治经济意义。通过有针对性和长期的宣传教育，各部门的思想认识有明显提高，意识到非税收入也是国家财政收入而不是单位自有资金，从而自觉主动地接受财政部门对非税收入的管理，思想认识的提高使加强非税收入征管有一个坚实的着力点。

（二）加强部门之间配合，发挥协同作战效应

由于非税收入征收涉及部门较多以及部门之间存在利益趋向等问题，非税收入的管理已经不是财政部门一家能够承担的。因此，必须建立由财政、征收单位、物价、审计、监察等部门密切配合的非税收入征管工作机制，加强部门之间的配合，发挥协同作战效应，以达到1+1>2的目的。潮州市通过出台《关于加强和规范政府非税收入管理的通知》，明确了财政部门、征收单位、审计监察部门在非税收入征管中的职责，征收单位负责按照规定足额征收非税收入，征收单位日常要加强非税收入的税源调查，掌握收入的基本态势，并加强收入的征管工作，严格依照规定征收非税收入，不得多征、少征或者擅自减征、免征，确因特殊情况需要缓征或减免非税收入的，由征收单位提出意见，经财政部门审核后，按审批权限报市人民政府或上级主管部门批准。禁止随意减免、越权减免和收“人情费”的行为，保证收入及时入库。财政部门做好非税收入的管理及协调工作，重点是抓好检查督促、调查分析等项工作。一是加强跟踪管理。建立了征收收入月报制度，落实专人对各部门的征收项目和入库金额进行比较，及时掌握是否存在漏征或多征行为，及时掌握征管中存在的问题，为领导决策提供依据。二是加强调查研究。针对非税收入征管薄弱环节开展深入细致的调查研究活动，剖析产生问题的根源，并采取有效的措施堵塞征管漏洞，提高非税收入征管质量。三是加强对征收部门的检查督促，确保收入应收尽收，对在国家、省未有明文取消征收项目、降低征收标准的情况下，非税收入无故出现明显下降，造成财政收入流失的，督促征收单位领导查明原因，追究责任，迅速扭转收入下降的局面。审计、监察部门主要做好对非税收入征收管理工作的审计监督工作。通过各职能部门的密切配合，能力合作，堵塞征管漏洞，保证非税收入应收尽收，足额入库。

（三）加强重点收入的监管，提高征管质量

城市基础设施配套费、绿化配套费是非税收入的重点，在非税收入中所占比重较大，其收入情况直接影响市级的非税收入，对这部分重点收入，潮州市财政局重点予以监管，采取积极措施堵塞征管漏洞，防止城市基础设施配套费、绿化配套费等收入流失，确保应收尽收。一是理顺规划报建审批管理权限。为加强和规范城市规划管理，潮州市财政局提出改变按行政管理区域划分为市级、经济开发

试验区、枫溪区和湘桥区四大块进行规划报建审批管理的模式，市规划区范围内的规划报建统一由市规划主管部门进行规划审批的建议，得到了市政府的高度重视和肯定，并规定市规划区范围内的规划报建统一由市规划局进行规划审批，进一步明确了管理权限和征收职责，规范了收费征收行为。二是建立统一窗口办事制度。统一规划审批权限后，为进一步规范规划、人防和绿化等部门对报建项目的管理，加强部门之间的协调配合，方便建设单位办理报建手续，市政府决定由市规划局、市人防办和市政园林管理局等部门统一在市规划局设立办事窗口，派专人到收费审批窗口办公，受理建设单位的报建和收费，有效地解决了部门之间因信息互通不足造成收费收入漏征的问题。三是规范建筑面积的计算标准。为进一步加强收费管理，提高城市规划的严肃性，采取事前规范管理、事后加强监督的办法。建设项目报建时，要求规划设计部门必须按照《建设部关于发布国家标准〈建筑工程建筑面积计算规范〉的公告》的规定，准确计算建筑总面积，在规划图纸中标明，作为收费征收依据，各部门应依据标明的建筑总面积，按规定标准收费。建设项目完工后，规划部门必须按规定程序和要求严格组织验收，发现建设项目实际完工有违反规划的，根据《中华人民共和国城市规划法》等有关法律法规进行处理，属于可补办审批手续的，规划部门在办理手续时，应通知建设单位主动到人防、绿化主管部门补办手续，同时将情况通报给人防和绿化主管部门，堵塞少报多建漏洞，确保收费收入应收尽收。

（四）拓展收入渠道，做大财政蛋糕

在加强征收管理的同时，潮州市财政局注重更新观念，开拓创新，努力拓展非税收入管理渠道，提高非税收入规模，做大财政蛋糕，增强政府调控能力，一是开展国有资源（资产）有偿使用收入的征收管理。潮州市财政局积极探索国有资源（资产）有偿使用收入的征管工作，通过深入的调查研究，并借鉴省内兄弟市的经验，专题向市政府报告，提出加强国有资源（资产）有偿使用收入等非税收入的请示，得到了市政府的高度重视和支持。在有关部门的支持配合下，开展对汽车号牌使用权、韩江河沙开采权、采石场经营权等国有资源（资产）有偿使用权进行的公开竞价，收入全部上缴财政。加强对强制性垄断性经营收入的"收支两条线"管理，将市公安局属下机动车驾驶员培训学校和机动车检测中心的经营收入、市场物业管理总站的市场管理费收入纳入管理，按2010年统计，年可增加收入非税收入2 600多万元。切实加强市直行政事业单位国有资产出租经营收入的"收支两条线"管理工作，在原来加强管理的基础上，继续将市农业局、市计生局、市房管局、市妇联等36个单位资产出租收入纳入管理，2010年行政事业单位国有资产出租收入达345.6万元。二是将市直事业单位经营服务收入纳入财政管理。为加强事业单位经营服务性收入的监督管理，根据潮州市财政局的建议，市政府将事业单位经营服务性收入作为政府非税收入的一个方面纳入市政府《关于加强和规范政府非税收入管理的通知》的文件中，潮州市财政局积极做好相关单位的工作，争取各部门的支持，将市直事业单位的经营服务性收入纳入财政管理，实现"收支两条线"管理。

在非税收入管理过程中，潮州市财政局坚持依托非税征管电子信息化系统，采取多种措施加强非税收入征管，非税收入质量明显提高，非税收入规模也不断增大，2010年，市本级非税收入达到7.52亿元，比2009年增长29.63%，非税收入成为地方政府财政收入的重要组成部分，非税收入为全市的社会经济发展提供强有力的资金保证。

（潮州市财政局供稿，王文颖执笔）

加大财政支农力度　建设社会主义新农村

“三农”问题关系党和国家事业发展全局，加大财政支农是落实科学发展观、实现城乡区域协调发展、建设社会主义新农村、保障粮食安全、提高我国农业竞争力的必然要求，也是构建和谐社会、实现全面小康和促进城乡协调发展的必然要求。国家财政是政府履行职能的重要物质基础、政策工具和保障手段，在建设社会主义新农村中负有重要职责。2010 年，潮安县财政部门按照科学发展观要求，坚持以人为本，继续优化支出结构，不断加大对公共服务领域的投入，向社会事业发展的薄弱环节倾斜，向困难地区、基层和群众倾斜，着力建立保障和改善民生的长效机制。通过加大对“三农”的支持力度，积极推进社会主义新农村建设。加强农村基础设施建设，改善农村生产生活条件，促进了粮食增产和农民增收。2010 年，潮安县地方财政用于“三农”的资金投入累计达到 60 257 万元，同比增长 13.8%。为了按照公共财政要求，发挥政府财政资金的引导和示范作用，突出重点，整合社会力量和资源，加快建立引导社会投入机制，集中力量，全面推进潮安县新农村建设，潮安县财政局在 2010 年采取了多项有力措施。

一、认真落实各项强农惠农政策

自 2004～2010 年，中央一号文件均聚焦农业发展与农村改革，中央、省、市各级财政逐年大幅度增加了对农业的财政投入，不断加大了对县级财政转移支付力度，而且县级财力水平也在不断提升，因此，潮安县财政严格按照“三个高于”要求，逐年增加本级财政对农业的投入。增加对农民的农资综合直补、粮食直补、家电下乡补贴、良种补贴和农机具购置补贴等，确保面向农民的各项直接补贴及时兑现，确保农民增收。2010 年农民人均纯收入 5 583 元，比 2009 年增加 570 元，同比增长 11.37%；粮食生产面积达到 29.52 万亩，同比增长 7.9%；粮食产量 13.52 万吨，同比增长 8.1%。

二、加大农村基础设施投入

为解决新农村建设中存在的问题，潮安县财政紧紧抓住中央、省惠农政策出台的机遇，围绕县委、县政府建设新农村的决策部署，一方面，积极向上争取资金，形成资金投入合力，提升新农村示范效应、促进全县农村社会经济全面进步、城乡经济协调发展；提高服务意识，积极支持农口部门及各乡镇向上争取项目资金，缓解县级财政困难。2010 年向省、市有关部门上报的项目请示共 64 件，其中，以县财政局拟文上报的 17 件，与部门联合上报的 47 件，包括农业综合开发、新型农民科技培训、农业产业化、农民专业合作组织、良种补贴、改造中低产田、农田水利建设、农村饮水安全、农机具购置补贴、扶贫资金、移民资金、省人大扶持小型水库除险、欠发达地区农村小水电、城乡水利防灾减灾、防汛抗旱、省人大扶持农村机电排灌、生态公益林补偿、生物防火林带建设、韩江流域林分改造、一乡一品等项目，有力地支持了潮安县新农村建设。

通过财政资金引导，重点是发挥和引导社会资本和农民投入的积极性，集中帮助农民建设一批新的水利。解决农村“一保五难”政策，落实配套资金，确保项目实施的顺利进行。拨付“三旧”改造经费 40 万元。拨内洋南总干涝区挡潮排涝整治工程建设资金 40 万元。积极推进农村“一池三改”（建造沼气池、改厨、改厕、改圈）工程，促进农民节约能源，改善环境，同时达到减支增收的目的。进一步引导农民对直接受益的公共设施投资、投劳。

潮安县财政加大对农村基础设施建设的有效投入，积极推进农村路桥修建、水库整险加固、水利改造、河道疏浚、环境整治、饮水安全等民心实事工程，进一步改善农村生产生活条件。一是加大农田水利基本建设的支持力度，实施省人大扶持农田水利基本建设议案；二是加大中低产田改造，提高耕地质量；三是实施小型水库除险加固议案以及防灾减灾重点工程，进一点加强水利基础设施建设。如潮安县城乡水利防灾减灾工程建设的实施，是县各级党政树立科学发展观和落实“三个代表”重要思想的具体体现。城乡水利防灾减灾的工程项目共有 5 宗，分别是东厢堤达标加固工程、西山溪截洪达标加固工程、秋西堤达标加固工程、秋北堤达标加固工程及岗山水库达标加固工程，5 宗工程批复总概算 1.13 亿元，工程建设资金来源主要是上级补助和地方自筹。2010 年，潮安县及时拨付资金，确保了各项工程的顺利完成及验收。完成投资 8 220.69 万元。工程建成后保护人口 134.35 万人、农田 49.3 万亩，年效益 4 439.24 万元。如潮安县农村饮水安全工程建设项目总共 20 宗，其中 13 宗上级已审批并资金到位。13 宗项目总投资 14 161.71 万元，其中大部分已经建成投入使用，在建 2 宗。解决农村饮水安全问题资金投入大，大部分的自筹资金须由当地自行筹集。为确保项目建设的顺利实施，县财政积极协调，引导各乡镇采取分期实施、逐步解决资金问题，在资金筹集上，通过大力宣传，社会各界积极投入，形成多方投资机制，引导、组织、动员受益群众和社会各界积极参与工程建设。在资金管理上，严格执行《广东省农村饮水工程项目建设及资金管理办法》，加强资金管理的指导，建立健全财务会计制度，设立专项资金财政专户管理，专款专用，严格资金支付手续，厉行节约，提高投资效益。及时拨付上级到位资金及市县配套资金，拨付2010年度农村饮水安全工程资金2 498.8万元。同时要求各有关乡镇要切实加快工程建设进度，力争在2011年年底前全面解决31.42万人的饮水不安全问题。

三、积极支持农业产业化的发展

加强农业科技推广，扶持发展现代农业。农业持续发展的出路在于产业化。因此，潮安县财政通过财政扶持手段，支持农业产业化的有关企业做大做强业务，促进农业产业化“龙头”企业的提档升级，快速发展。要继续按照扶大做强的原则，支持引导龙头企业发展壮大，逐步形成农业产业化集群。对潮安县已具备一定规模的企业，继续给予重点支持。如及时拨付贴息资金。通过对农畜产品加工、种养殖业项目的贷款给予财政贴息支持，发挥财政资金“四两拨千斤”的作用，积极吸引信贷资金投入新农村建设。对目前零星分散的加工企业，县财政通过支持和引导按其行业予以整合，实现强强联合，优势互补；继续支持企业创建精品名牌。同时积极支持一批竞争力、带动力强的农业产业化“龙头”企业和企业集群示范基地或工业园区，推广龙头企业、合作组织与农户有机结合的组织形式，凡是能带动农户、能与农民建立起合理的利益联结机制的，努力从财政方面以及产业政策方面给予扶持，引导其在新农村建设中最大限度地发挥其牵引力和推动力，让农民从产业化经营中得到更多的实惠。截至2010年年底，全县拥有各种农业产业化组织91家，其中农业龙头企业23家（含国家级3家、省级7家），农民专业合作社54家，农产品流通大户、种养大户14家，拥有固定资产总值16.3亿元，实现销售收入38亿元，上交国家税金3亿元，出口创汇3 856万美元，不同程度带动农户3.2万户，带动面积县内生产基地15多万亩，县外基地41万亩，年带动农户增收7 084万元，户均增收1 727元。在县认定范围的23家农业龙头企业中，经营范围涵盖了种植业、畜牧业、水产业、农产品加工业等多个领域。全县初步形成凤凰单枞茶、无公害蔬菜、亚热带水果、畜牧水产、花卉园艺、杂交优质稻等六大特色产业基地，建成6.8万亩茶叶基地、12.3万亩蔬菜基地、16.8万亩水果基地、4.5万亩淡水鱼养殖基地和四个万头猪场、1.2万亩花卉基地、10.5万亩杂交优质稻基地。结合开展“一乡一品”活动，建设各具特色的专业镇、专业村、专业带，引导农业生产向专业化、规模化方向发展，初步形成凤凰茶叶专业镇，庵埠农产品加工专业镇、铁铺万亩茶叶基地，金石花卉一条街，江东万亩无公害蔬菜生产基地。同时，积极实施名牌发展战略，抓好农产品质量安全和农业标准化生产，获省农业类名牌产品23个，国家绿色食品认证3个，有机农产品认证4个，无公害基地认证39个，省级现代农业示范园区4个。

四、支持农村合作组织发展壮大

推进新农村建设的根本在于提高农民收入持续增长，提高生产、销售和消费能力。因此，潮安财政发挥职能作用，积极支持农村合作组织不断发展壮大，从潮安县实际出发，发挥乡镇政府引导、组织农民的功能，通过税收优惠、财政补贴等手段，鼓励、引导农村能人牵头成立包括生产、经营、产品销售等各个环节，各种类型的农民协作组织，产品行业协会、专业技术协会或是股份合作组织，社会中介组织，鼓励农村服务性社会组织、社会中介组织为农业服务的第三产业的发展，把农民由单纯自给自足的产品生产者引导为以出售商品为主的商品生产者，切实解决农户单家独户小生产经营与大市场脱节，抵御市场风险能力弱的问题，为订单农业、特色农业和高效农业发展提供操作平台，也为促进农村土地流转、实现农业规模经营营造良好的发展环境。

另外，县财政大力支持动物防疫体系、动植物病虫害防控体系建设，确保农业生产安全和农产品质量安全，提高农业生产的标准化水平。

五、大力支持农村社会事业发展

随着农村综合改革的深入，农民劳务负担得到实实在在减轻，税费负担不仅为“零”，还可得到国家多项惠农补贴。但由于绝大多数村级集体组织不仅缺乏经济收入来源，相反还承担过去因办学、办企业以及其他历史原因而欠下的巨额债务，因村组集体缺乏资金来源，由此带来农村公益事业发展滞后的突出问题。潮安县财政努力发挥公共财政职能作用，通过政府引导，财政支持，群众积极参与方式，支持农村社会事业。重点突出老有所养、病有所医、兴办农村幼教、村医务室、图书室或农村书屋、体育活动等公共活动场所；通村组硬化道路建设与日常维护，从而为促进社会主义新农村建设提供保障。此外认真落实新增教育、卫生、文化、计划生育等事业经费主要用于农村的规定。逐步增加对农村文化建设的投入，积极争取文化信息资源共享工程建设扶持资金，加强农村公共文化建设。

六、扎实开展扶贫开发“规划到户、责任到人”工作

2010年是实施扶贫开发“规划到户、责任到人”工作的第一年，潮安县财政及时拨付县级资金263万元，确保扶贫工作的开展。主要支持“整村推进”和扶持扶贫农业龙头企业以及贫困农户实用技术培训，以帮助贫困村发展壮大集体经济和贫困户发展生产；认真落实贫困村“两委”干部补贴，加强农村基层组织建设。通过一年的帮扶，到2010年年底，全年共5 847人（1 155户）脱贫。全县贫困

户人均纯收入3 578元，比2009年人均纯收入2 389元增加1 189元，增长49.8%。村基础设施明显改善，村容村貌有了明显改观，有力地推动了乡风文明，促进了乡村和谐。此外加大贫困地区、弱势群体扶持力度。安排沿海渔民转产转业、省属水库移民、扶持少数民族发展、扶贫培训专项资金以及革命老区专项资金，支持贫困地区改善生产、生活条件。认真落实中央、省的各项扶持政策，加大对扶贫开发的投入力度。

七、加强支农专项资金管理

把充分发挥财政资金的效益作为同财政工作的着眼点和归宿。为把资金落到实处，充分发挥其效益，县财政加大了资金监管力度。在政策上，强化了政务公开，主动接受社会监督；在项目资金的申报和管理上，通过制定和完善管理办法，强化了资金使用的事前、事中、事后监督。同时，各级财政部门将项目单位内部监督、审计监督和财政监督相结合，日常监管和专项检查相结合，加大了检查落实力度。认真审核投资支出的每个项目，监督追踪下达每笔资金，做好各项环节的调查研究，检查验收以及绩效评价工作，不断提高财政资金使用的规范性、有效性和安全性，加强财务管理和监督，防止资金截留、挤占和挪用，切实贯彻好《会计法》，规范财务管理行为。在2010年认真贯彻落实全国强农惠农资金专项清查和检查工作电视电话会议以及市财政局、市监察局、市政府纠风办、市审计局《关于印发〈潮州市强农惠农资金专项清理和检查工作实施方案〉的通知》精神，制定了《潮安县强农惠农资金专项清理和检查工作实施方案》发文执行。认真开展了强农惠农资金专项清查和检查工作自查自纠工作，检查的主要内容：一是管理制度是否完善；二是对农民的各项补贴资金是否及时足额拨付到户；三是是否存在多头申报、虚报冒领、套取资金的问题；四是是否存在截留、挤占、挪用、贪污资金的问题；五是是否存在滞留、资金使用效率较低的问题；六是财政预算安排的强农惠农资金相关账户设置和资金划转存在的问题。省检查组于2010年8月27～31日对潮安县的强农惠农资金专项清理和检查工作进行了检查，肯定了潮安县的工作，没有发现强农惠农资金被挤占、挪用情况及多头申报、虚报冒领，套取资金等问题。

（潮安县财政局供稿，陈烁执笔）

揭阳市

积极推进城乡最低生活保障工作动态管理下的应保尽保

最低生活保障制度是社会救助体系里的最后一道“保险丝”，是维护社会稳定、促进社会和谐的重要“稳压器”。揭阳市从1998年开始建立最低生活保障制度，始终坚持以人为本，按照省的统一部署，明确任务，狠抓落实，大力完善城乡最低生活保障制度，不断扩大保障范围，逐步提高补助标准，积极推进动态管理下的应保尽保，有效提高最低生活保障制度的统筹能力和救助水平，筑牢城乡困难群众基本生活保障线，促进和谐社会建设。

一、完善低保制度，筑牢城乡低保体系，推进动态管理下的应保尽保

（一）落实低保政策，提高补助水平

2006年年初在全国城市低保情况通报中，揭阳为月人均补助金额最低的10个市（地级）之一，揭西、惠来2个县为月人均补差最低的15个县（市、区、旗），最低生活保障工作处于落后、被动局面。对此，揭阳市委、市政府高度重视，正视差距，将低保提标工作纳入市“10项民心工程”，想方设法筹措资金，提高补差水平。2006年10月，省民政厅、财政厅联合印发《广东省城乡居（村）民最低生活保障制度实施办法》，明确要求提高城乡最低生活保障对象补助水平。揭阳市以此为契机，认真贯彻，狠抓落实，深入调查研究，周密谋划部署，稳步提高低保对象补助水平。根据省的规定，城镇低保对象人均月补差提高到80元，农村提高到40元的要求，市财政局积极与市民政局协调，做好低保对象提高补差水平年需增加资金测算工作，并联合起草《关于提高城乡低保对象补助水平工作的意见》上报市政府，市政府迅速把该意见批转各县（市、区）人民政府（管委会）、市直各单位贯彻实施。各县（市、区）党委、政府（管委会）高度重视，财政、民政等部门通力合作，真抓实干，加大力度做好配套资金到位工作，确保从2007年1月起按省要求达到的标准提高补助水平。2007年，揭阳市低保补差水平从2006年城镇人均月44元提高到80.28元；农村从人均月29元提高到40.36元，达到全省中等水平，摘掉落后的帽子，省对揭阳市低保工作进行调研，在听取工作汇报之后都给予充分肯定。2008年2月、7月，省民政厅、省财政厅又联合下发了文件，要求从2008年1月起，城乡低保对象按每人每月15元提高补助水平；从7月起，城镇低保对象每人月提高15元，农村低保提高10元。全市9个县（市、区）都按规定增发低保资金，及时兑现省低保提标政策。至2010年年底，揭阳市最低生活保障补助标准为城镇人月115元，农村人月81元。2010年，为减轻以农产品为主的生活必需品价格上涨较快对低保对象基本生活的影响，对城乡低保补助标准同步提高30元，使城镇低保对象补助标准提高至每人月145元，农村低保对象补助标准提高至每人月101元，分别比东西两翼、北部山区12市城镇低保对象补助平均水平（以2009年12月份省民政厅通报统计数据为准）高出21元，农村低保对象补助平均水平高出30元，使低保补助标准随经济社会发展而同步提高，切实保证低保对象的基本生活。

（二）完善低保制度，健全低保体系

在实施低保工作中，揭阳市坚持以制度建设为推动低保工作动态管理的根本保障，完善低保制度，规范办事程序，提高救助效果。一是不断完善最低生活保障制度实施细则。1998年建立低保制度以来，在市政府的督促下，各县（市、区）人民政府（管委会）都先后下发了低保制度实施办法（或实施细则），如普宁市出台《普宁市城乡居（村）民最低生活保障暂行规定》，推动低保工作步上制度化、规范化发展轨道。二是市财政局与市民政局联合制定下发《揭阳市城乡最低生活保障对象家庭收入核算办法》，规范了低保对象家庭收入核算方式，有关县（市、区）也制定出台相应核算办法，健全救助渐退机制，提高低保工作动态管理水平。三是城乡医疗救助制度建设取得新突破，制定出台《关于资助农村低保户五保户参加新型农村合作医疗的意见》和《揭阳市城乡医疗救助实施意见》，进一步完善城乡医疗救助制度，落实低保户医疗补助，努力解决低保群众“看病”难题。2007年以来，各县（市、区）按《关于资助农村低保户五保户参加新型农村合作医疗的意见》要求，每年1月份主动与有关部门联系，共同做好资助农村低保户、五保户参加新型农村合作医疗工作，其个人应交的资金，由县（市、区）民政部门和卫生部门共同支付，有关部门同时将负担的资助资金一次性划转到县

级农村合作医疗基金专用账户，县（市、区）农村合作医疗管理办公室及时把参加农村合作医疗的证件发放到他们手中，切实帮助农村低保户、五保户解决医疗难问题。2008年下半年，市民政局配合市劳动保障部门制定《揭阳市城镇居民基本医疗保险暂行规定》，扩大保险制度覆盖对象，资助城镇低保对象、重度残疾学生和儿童、丧失劳动能力的重度残疾人、低收入家庭60周岁以上的老年人等困难居民参加城镇居民基本医疗保险，切实帮助他们解决因病致贫、因病返贫问题。四是在2009年1月出台实施《揭阳市城乡低保对象分类施保实施意见》，对低保对象中的特殊困难家庭，在享受低保待遇的基础上，根据其家庭不同情况再适当提高补助水平，较好地保障其基本生活。

（三）坚持应保尽保，扩大保障范围

根据《广东省城乡居民（村）民最低生活保障制度实施办法》的规定，坚持应保尽保的原则，通过低保户数据动态管理，努力扩大低保制度保障范围，凡是城乡居（村）民家庭年人均收入低于当地低保标准的都可在户籍所在地的居（村）委会申请，符合条件的均纳入低保救济范围。目前，揭阳市低保对象已扩大至在职职工、退休（职）、失业人员、民政救济对象、失地农民、在押人员子女、艾滋病患者及子女，以及农垦、华侨农场等多方面人群，初步建立健全覆盖城乡、动态管理、能进能退、应保尽保的低保救助体系，低保对象覆盖了全社会。截至2010年年底，全市总人口637.21万人，其中农业人口474.22万人，非农业人口162.99万人，全市享受低保人数从1998年的8 036户30 539人增加至2010年的57 525户135 724人（其中城镇10 466户23 453人，农村47 059户112 271人），户数和人数分别比增603%和340%，低保人数占全市总人口的2.11%，2006～2010年，共有63万多人（次）享受了低保救济，确保城乡居民无饥寒，为维护社会稳定、构建和谐揭阳发挥了重要作用。

（四）强化资金管理，实行社会化发放

低保资金列入财政预算和专户管理，各地财政部门都将地方财政预算安排资金及中央、省下拨补助资金，及时拨入低保专户，实行专户管理，杜绝资金截留、挪用，专款专用。低保资金委托商业银行、邮政储汇银行、农村信用社发放到低保对象手中，减少中间环节，确保资金安全、透明、高效使用，保障低收入困难群众的基本生活，发挥资金保稳定、促和谐的社会效应。2007年，全市需低保资金7 047.14万元，其中，城镇2 182.07万元，农村4 865.07万元，除省级财政按地方低保资金到位确认数的30%和50%的比例分别给予补助外，地方各级财政需投入3 996.84万元，比2006年增加低保资金投入1 415.84万元，是实施低保制度以来增幅最大的一年。2008年揭阳市城乡低保对象人均月补差水平分别提高30元和25元，地方低保配套资金比例分别降低10个百分点，全市需投入低保资金1.03亿元，地方财政按城镇配套60%、农村40%的比例需投入4 640.40万元（其中城镇1 650.81万元，农村2 989.59万元），比2007年多投入低保资金643.56万元，增长16%；而2009年比2008年需多投入低保资金838.62万元，同比增长18%。2010年共发放低保资金12 299.81万元，其中城镇3 142.65万元，农村9 157.16万元，全市各级财政均通过建立多元筹资机制，强化资金监管，及时足额落实。

（五）建立应急救助制度，落实临时生活补助

把建立应急救助制度作为健全低保救助制度的一个重要环节，落实政策性临时生活补助，完善低保救助体系。2007年下半年，省政府连续下发了《关于采取有力措施促进我省生猪发展稳定市场供应维护副食品价格稳定的通知》等一系列文件，要求各地民政部门要落实困难补助，从8月份开始对城市低保对象每人月增加15元临时生活补贴，妥善安排好低收入群体的生活。为做好此项工作，揭阳市根据省文件要求，制定实施《揭阳市建立应急救助制度，妥善安排低收入群体生活工作方案》，从2007年8月开始，揭阳市城市低保对象实行临时生活补助，每人月补15元，补助时间6个月。同时，市财政局及时加强与上级财政业务部门联系，争取省财政厅对揭阳市给予补助，每人月10元，余额由各县（市、区）配套解决，各地都依规兑现政策，在当年8月底前将补助资金发放到低保对象手中。2009年春节前夕，省财政厅、省民政厅再次下发了两个文件，要求各地为正在享受低保补助的城镇、农村低保对象，按照现行的补助标准每人增发一个月的补助资金，另外，城镇低保对象每人再发放春节生活补助150元，农村低保对象每人100元。2010年春节前夕，为切实减轻物价上涨对城乡困难群众生活的影响，做好特定群众基本生活保障工作，按照中央、省文件精神，对农村、城市低保对象分别发放生活补贴中央补助每人100元和150元，发放临时性价格省补助每人100元，并增发省级价格调节基金价格临时补贴，累计发放补贴资金3 406.24万元。各县（市、区）积极调整财政支出结构，认真落实低保对象临时补助资金，严格执行低保金和临时生活补助金的社会化发放工作，确保补助资金按时发放到位，保证低保对象不因物价上涨影响基本生活。

二、存在困难和问题

近年来，揭阳市低保工作虽取得了一定的成效，但由于揭阳市属于欠发达地区，是人口大市、经济弱市、财政穷市，低保工作存在较多的困难和问题：一是地方各级收入规模小，财力支撑薄弱，低保资金筹措渠道单一；二是低保补助标准不高，部分地方低保金补差平均化；三是基层工作力量薄弱，工作经费不足，基层低保管理不够规范，一定程度影响了低保工作质量。

三、坚持均等化目标，加强动态管理，进一步提高低保保障能力和水平

针对上述存在问题，揭阳市将以推进基本公共服务

均等化为平台，强化改革创新，进一步完善低保制度，努力构建多元筹资、动态管理、覆盖城乡的低保体系，推进应保尽保，提高低保保障能力和水平，促进社会和谐。

（一）大力完善低保预算，积极拓宽低保资金筹集渠道

目前，揭阳市的低保资金由省、县（市、区）财政二级按比例负担，地方财政收入规模小、支撑压力大。尤其是2010年城乡低保补助水平人月增加30元后，全市全年需增加低保补助支出4 978.84万元，其中地方财政负担部分需增支约2 157.06万元，更是大大加重了各县（市、区）财政的支出压力。解决低保资金瓶颈必须建立健全多元筹资机制，多方筹资解决资金问题。地方财政在调整优化财政支出，加大资金配套的同时，要积极研究制定引导政策，鼓励企业建立基金，充分发挥民间慈善机构及各种社团的力量，拓宽低保筹资渠道，扩大低保资金投入，提高地保救助保障能力。同时，要努力争取省资金支持，给予基层民政部门开展低保工作经费补助。

（二）合理调整低保标准，切实提高低保对象生活水平

最低生活保障标准的制定应根据地方经济发展状况，运用科学的测算方法制定，既不能太低，以致不能满足居民基本生活需求，也不能过高，导致“养懒汉”的现象，并且应随着物价上涨情况作出及时、合理的调整，以免使低保对象实际生活水平降低。对于医疗、教育、住房方面，建议省政府应加大对低保对象优惠减免力度，减轻贫困家庭负担。同时，制定和调整低保标准，还要充分考虑当地财政的承受能力，特别是低保标准调整显著的特点是能升不能降，能高不能低，所以提高低保标准和补助水平要积极而慎重。根据《揭阳市建立妥善安排低收入群体生活应急救助制度工作方案》和市人民政府《关于进一步扩大有效需求促进经济平稳较快发展的若干意见》，揭阳市在2010年提高城乡低保补助水平30元。

（三）大力加强队伍建设，着力提高基层低保监管水平

要注重抓基层、打基础，着力抓好基层低保工作队伍建设，夯实低保工作持续健康发展的基础。要努力筹集资金，加大投入落实人员编制和配发相应的资金及设备，改善基层低保工作部门工作条件；要加大基层低保工作人员学习培训力度，提高基层低保工作人员政策水平和工作能力，规范办事流程，提高工作效率；要完善低保工作保障措施，深化低保工作信息公开，提高工作透明度，加强工作监督，确保低保待遇正平、公正落实。要加强基层低保工作督导，尤其要重点加大基层低保工作执法力度，着力建立完善反欺诈措施，对于骗取低保资金者一经查实，立即停止发放低保金并追回已发款项，同时取消其享受低保的待遇，着力营造公平、公正的低保工作社会氛围。

（四）实施就业扶持政策，大力鼓励低保对象积极就业

要坚持社会保障和劳动就业统筹调节的思维，鼓励引导低保对象自立自强，积极觅职、实现就业，摆脱贫困。针对目前低保对象文化程度普遍偏低，职业技能缺乏的现状，首先，要通过组织各种就业技能教育培训以提高他们劳动技能，安排劳动就业服务部门和专业人士根据下岗人员的不同需要，定期对他们进行免费的职业技能培训，在社区安排专门人员对低保对象进行就业指导和心理辅导，帮助他们树立正确的就业观和自信心，促进他们积极就业，实现“就业一人，脱贫一户”；其次，在贷款、税收等多方面制定优惠措施，鼓励自主创业，充分利用私有企业和民营企业帮助低保对象就业；再其次，适当提高最低工资标准，使低保标准和最低工资标准拉开一定距离，提高低保对象劳动所得；最后，建立救助渐退制度，建立低保对象逐步扣减低保金、逐月退出低保范围的渐退机制，为低保对象提供了一个平稳的心理适应期和保障过渡期，增强低保对象的就业愿望。

（揭阳市财政局供稿，方松坚执笔）

树立科学精细理念　提升绩效评价质量

全省财政资金支出绩效评价实施以来，普宁市党政领导及财政部门高度重视，对绩效评价制度深入研究，在已有的指标体系基础上，结合工作实践，对评价指标进行了及时的补充和完善，增加其可操作性和针对性，为准确实施绩效评价提供了技术支持和依据；并通过严格程序，选准项目，着力在提高评价水平和提升评价质量上下工夫，推进绩效财政建设。普宁市财政局荣获广东省财政厅“2010 年度财政支出绩效评价省市县三级联评先进单位”。

一、精心筛选项目，明确绩评目标

绩效评价的目标是通过对财政支出资金、部门或项目绩效目标的综合评价，实现政府财政资源的合理配置，规范预算分配，优化财政支出结构，降低政府运行成本，提高财政资金使用的经济性、效率性和有效性，建立从预算编制、执行到监督与评价相结合的管理制度。为此，普宁市针对绩效评价工作任务新，目前尚处于试点探索阶段的特点，在财政支出绩效评价项目的选择上，做到早着手、早安排，积极主动与有关部门沟通协调，精心筛选，把群众关注度高、社会影响较大、具有代表性的重点支出项目列入筛选范围，明确绩效目标，提升绩效评价的效果。2010 年选取中央、省级资金投资的扶贫、农田水利建设、污水处理、安全生产等 8 个项目 3 000 多万元资金的使用进行绩效评价，有效提高财政资金的使用效益。

如在选取 2006 ~ 2007 年度农田水利基本建设议案资金的使用情况绩效评价项目时，充分考虑该项目投入 294 万元，经改造里湖镇庵埔村、梅塘镇大东山村等 11 个村的农田水利设施后效益显著。经济效益方面：项目区整治面积 3 922亩改造后，预计年产稻谷可增产 259 005 公斤，年可增产值 51 万元，并可种植多种经济作物。社会效益方面：该项目建成后，不但可以实行水旱轮作，还可扩大冬种（马铃薯等）种植面积和增加经济作物的种植面积，利于粮食增产、调整农业结构、发挥特色农业优势、开发冬季农业、促进农民增收。生态效益方面：该项目建成后，遇雨可以及时排除洪涝，受旱时可以及时引水灌溉，从而为片区的农田和周围的居民创造了一个良好的生态环境。

二、科学严格程序，提高绩评质量

普宁市财政支出绩效评价以财政支出的经济性、效率性和有效性为出发点，采用规范的工作程序和选取科学的评价办法，科学、准确地确定评价结果。在重点项目的评价过程中，严格按照规定，以务实的工作态度，科学的评价方法，认真完成每一个项目的绩效评价工作。坚持定量分析与定性分析相结合的方法，在评价项目的“绩”、“效”上做文章，在评价结果的深度和广度上下工夫。

（一）明确评价目的和方法

绩效评价的目的是通过绩效评价，衡量资金的“产出”与绩效，了解、分析、检验资金使用是否达到预期目标，是否有效，为预算安排提供重要依据，同时，及时总结经验，分析存在问题，采取切实措施进一步改进和加强财政支出项目管理，不断提高项目管理水平。绩效评价的方式是根据省财政厅三级联评要求，采取目标预定与实施效果比较法，评价包括定量评价指标分析和定性指标分析。

（二）多方收集基础资料

根据评价工作要求，到被评价项目现场采取勘查、问询、复核、由业主单位撰写自评报告等多种方式收集基础资料，资料包括评价现场的基本情况、财政资金使用情况、评价指标体系需要的各项数据资料等。如在对 2008 年乡镇卫生院机构建设专项补助资金使用绩效三级联评时，市财政局领导高度重视，立即抽调有关人员成立专门的绩效评价工作组，并将上级绩效评价文件神传达到市卫生局，让资金使用项目单位明确此次评价的目的、对象。同时要求对里湖中心卫生院、船埔卫生院两个资金使用项目，认真开展资金使用绩效自评工作，按时上报自评报告和相关资料。绩效评价工作组到项目实施单位进行核查，实地察看了解项目建设情况，核查项目资金使用账目，多方采集相关数据。

（三）对评价指标进行分析

根据省财政厅三级联评要求，采取目标预定与实施效果比较法，评价包括定量评价指标分析和定性指标分析的绩效评价方法。通过对收集的基础评价资料以及每位评价人员所掌握情况的相互交流和分析，让所有参与评价人员充分了解项目建设信息，明确评价指标和评价标准，力求避免主观随意性。在对 2008 ~ 2009 年普宁市污水处理厂建设专项资金绩效评价分析中，各位评价人员从统一项目资金投入、资金管理、组织情况、绩效情况等几个方面进行分析，力求评价结果客观、科学。如本项目的绩效情况分析：一是该污水处理厂的运营能有效改善练江水质，发挥减排效益，促进普宁市经济、社会和环境的可持续发展。二是该污水处理厂于2009年4月开工建设，于2010年6月通过环保验收投入运行，按期完成建设。三是该污水处理厂建成运营可发挥减排效益。目前实际污水处理量为5万吨/日，COD削减量为2 636公斤/日，总氮削减量为250公斤/日，达到预定效益。四是普宁市人民政府对普宁市区污水处理厂建成后的运营大力支持，加强运营管理，促进污水处理厂的可持续发展。

（四）形成本综合评价报告

结合项目资金使用单位上报的自评报告及数据表进行综合评价分析，现场勘验，形成分析评价报告。评价报告包括项目基本情况、项目评价情况、指标分析情况、综合评价情况、存在主要问题、相关意见建议六个方面，全面阐述了财政投入项目资金的使用效益。

三、强化结果应用，扩大绩评影响

一方面是通过深入剖析项目实施中存在的问题，提出合理化建议，确保对项目作出科学客观公正的评价，对领导决策提供有价值的参考依据。如在对2006～2007年度农田水利基本建设议案资金的使用情况的绩效评价指出：该项目一方面是投入资金使用效益虽然显著，但受惠面小，普宁市总共有500多个行政村，受惠的只有11个，只占总数的2%左右；另一方面是个别单位工作进度缓慢，财务管理不规范。同时，通过对存在在问题的分析，向领导提出了必须加大农田水利建设投入，完善财务管理，依法依规进行农田水利建设等建议，为下一步加快农田水利建设提供决策参考依据。

另一方面是将财政支出绩效与政资金预算安排结合起来，将绩效评价结果与财政资金管理结合起来，建立起奖惩制度，逐步建立科学、规范的项目资金分配使用约束机制，对绩效优良的，在下年度安排预算时要优先考虑；对绩效差劣的除进行通报外，在下年度安排预算时要从紧考虑，把预算项目与事业发展目标完成情况挂钩，从源头上控制没有绩效和低绩效的财政支出，不断提升绩效评价的影响力。如2006～2007年度农田水利基本建设议案资金的使用情况的效益显著，带动了各级政府对农田水利资金的投入，上马了普宁市流沙联围新河堤加固工程、普宁市上三坑水库扩建工程、普宁市高湖水库新建工程、农村饮水工程建设工程等农田水利工程，提高了地方防洪减灾和农田灌溉能力，缓解饮水难问题。再如通过对企业挖潜改造专项资金的绩效评价带动力全市企业挖潜改造，转变生产方式快速开展。2010年，全市在技术创新，转变生产方式方面，就向上级申报31个项目，得到上级资金支持2 297万元，有力地推动普宁市企业向高科技、低耗能、少污染方式转变。

四、初尝绩效甜头，形成绩评共识

经过几年来绩效评价工作实践，普宁全市各部门、单位已初步尝到绩效评价带来的甜头，在全市上下形成绩效财政的共识，进一步增强了绩效理念、强化了支出管理，提高财政资金使用绩效。

（一）绩效财政深入人心

通过绩效评价，普宁市各部门、单位的绩效观念和责任意识明显提高，讲求绩效的用财风气逐步形成，初步改变了长期以来各部门、单位“重预算轻管理、重分配轻监督、重使用轻效益”的现象，有效减少和防止盲目请款、无效支出及盲目支出等行为发生，使财政资金的配置运行更加合理高效，有效地缓解了财政支出压力。同时，市各部门、单位普更加重视自我绩效评价工作，采取各种措施，提高自评工作质量和水平，绩效评价已逐步成为部门单位的自觉行为。大部分单位自评报告的内容更完整全面、清晰准确，评价数据也更加实事求是，较好地反映出项目的绩效水平和绩效目标的实现程度。

（二）自觉规范资金管理

通过绩效评价，市各部门、单位更直接地了解到项目资金使用管理、项目实施等方面存在的问题及其形成原因，自觉加强内部资金使用的监督管理，完善内部管理制度和措施。同时，市财政部门可以及时发现部门单位资金使用存在的问题并提出相应建议，促进部门单位严格执行预算，把工作的重心放在项目的运作和管理上，从而形成一种自我约束、内部规范的项目管理机制，部门单位管理水平和用财水平普遍得到提高，项目绩效和综合效益得到有效改善。

（三）促进支出结构优化

实施财政支出绩效考评，对优化财政支出结构，逐步提高支出效益，促进公共资源有效配置发挥了积极作用。如通过农田水利建设资金的绩效评价，实实在在看到以财政资金为导向，在社会主义新农村建设中有着举足轻重的作用。为此，市财政迅速调整支出结构，把握财政支农的重点和方向，建立财政支农长效机制。仅2010年，全年农林水事务投入13 074万元。其中，投入农村饮水安全补贴资金1 912万元，有效改善农村饮水安全问题，不断推进农村基础设施建设，改善农民居住环境；投入贫困村两委班子干部补贴资金2 590万元，加强农村基层组织建设；投入扶贫开发“规划到户、责任到人”资金3 228万元，改善了困难群众生活生产等实际困难问题；兑现惠农政策，拨付农民种粮补贴、农机购置补贴2 558万元，切实减轻农民负担，促进农业增产、农民增收。

五、积极探索创新，完善绩评体系

普宁市在财政资金支出绩效评价上，虽然取得较好的效果，但从近年来开展财政支出绩效评价工作的情况看，仍存在着局限性和效果不明显等问题，还不能跟上当前经济发展的步伐，市财政局认识到要使财政支出绩效评价体制更具生命力和影响力，在评价的方式和方法上还需要突破创新。

（一）完善财政资金使用的“追踪问效”制度

建立预算安排，预算执行，使用效果的考核评价体系，提高财政资金运行质量。即在财政支出前要申报绩效目标，使用过程中要跟踪监督，使用后进行绩效评价的全过程的跟踪问效机制，把财政支出绩效评价的重点前移到支出预算申报和审核过程之中。

（二）实行多类型的评价方式

坚持专项评价和综合评价相结合，建立各部门自我评价，财政综合评价，绩效审计评价为一体的绩效评价机制。同时，还要针对财政支出的多样性和复杂性，聘请有专业知识的专家和社会中介等第三方独立机构进行参与，使绩效评价工作更具权威性。

（三）创新绩效评价方法

财政支出绩效评价工作是一个非常复杂的过程，需要对不同的绩效评价项目使用一种或几种不同的方法，针对经济和社会情况的变化特点，采取“分级负责，分类对待，因地制宜”的灵活多样的评价方法，充分体现各级各部门各行业和各事业发展的特点，使绩效评价达到预期效果。

（四）加强绩效评价信息建设

财政支出绩效评价工作涉及面广，数据信息量大，时效性强，对信息化技术支持要求较高，因此，必须加强绩效评价信息建设，建立绩效评价信息交流与沟通平台，开发绩效评价分析系统软件。同时要充分利用和依托现有的政府采购评审论证专家信息库，构建绩效评价专家信息库和中介机构信息库，实现开展绩效评价工作所需信息的资源共享与互通。

（普宁市财政局供稿，方玉丰执笔）

管理打基础 服务促规范

为适应新形势下的财政工作，发挥乡镇财政所就地就近监管职能，促进各项惠农政策有效落实，揭西县财政局深入谋划，按照财政“两基”建设指导思想和基本要求，打基础提升管理水平，强化服务促规范化建设，强势推进乡镇（街道）财政所规范化建设，努力提高基层财政所服务社会主义新农村建设的能力和水平。

一、充分调研，找准问题

揭西县财政局在2009年年初成立了以局长为组长的乡镇财政所规范化建设领导小组，并带领规范化建设领导小组成员深入到基层调研，查找揭西县乡镇财政所在基础工作和基层规范化建设的一些突出问题。

（一）在硬件建设上

近几年来，随着中国经济社会的不断发展，中央、省、市不断出台惠及民生的各项政策，对民生资金的投入也呈现连年递增、断扩面深化的趋势。但基层财政所无论是硬件还是软件，都难以满足工作的基本要求，办公用房既少又破旧，分散办公，办公设备落后。基层财政所办公条件、办公环境滞后，严重影响财政工作的有效、便捷的开展，不能很好地适应当前的财政业务需要。

（二）在软件建设上

基层财政所各项管理规章制度尚未完善。财政机关制度化、规范化管理是实现精细化管理、提高工作效率的重要途径，加强规范化管理就是运用各种科学管理的手段、制度和载体，充分调动工作人员的积极性、主动性和创造性。只有这样才能不断提高财政工作人员的办事效率和工作能力，提高为人民服务的质量，保证党和政府的惠农政策、财政各项改革得以顺利贯彻落实。所以，基层财政所就如何加强财政工作的制度化、规范化、程序化、公开化建设已成为当前财政工作的新课题。

（三）在基层财政队伍建设上

近年来，各项强农惠农政策的相继出台，使财政工作纷繁复杂，同时也给基层财政工作带来了空前压力，这就要求财政干部要紧跟时代的步伐，不断提升自己的综合能力。而基层财政所在这方面的矛盾较为突出，主要体现在：一是学习意识创新意识不够浓。财政干部尤其乡镇干部中部分存在思想观念陈旧，学习创新意识不浓，总以为以现有的知识就可以应付目前财政工作，存在学不学无所谓态度。满足于现状，缺乏学习危机感、创新意识、开拓意识，缺乏工作主观能动性和财务知识、法律、计算机等相关业务知识，对问题的认识程度、解决问题方法、依法行政、科学理财能力不足。二是服务水平和质量不够高。某些乡镇财政干部仍然存在盲目的一种职业优越感，对来单位的办事同志，存在“三难”（门难进、脸难看、事难办）现象。有的单位认为机关效能建设及规范化管理是搞形式主义，存在应付心理。服务硬件设施不适应形势发展，便民措施不到位。

二、落实措施，推动规范化建设

通过一个阶段来的充分调研，针对基层财政所近几年存在的问题，县财政局深入谋划布局，把加强财政所的基础工作和基层建设当成一项系统工程来抓，制订了关于开展揭西县乡镇财政所规范化服务建设的指导意见，力争通过两年的努力把乡镇财政所“两基”建设推上一个新台阶。

（一）加大投入，提供硬件保障和软件支持

1. 为揭西县17个乡镇财政所配备现代化的网络和办公设备，确保每个财政所都统一配备电脑、打印机、票据打印机、复印机等设备。其中，2006年更新电脑53台，投入资金25万元；2008年更新服务器17台，投入资金27万元；2009年配置复印机17台、电脑34台，投入资金25万元；2010年配置文件档案柜153个，投入资金8万元。通过连续几年的基础设施投入，各财政所硬件设施不断升级完善，适应了新形势下对农村财务工作的需要，确保了工作的规范、高效运转。

2. 实施乡镇财政会计电算化，提升科学理财水平，启动乡镇财政会计电算化工作，从根本上扭转会计信息处理手段落后的局面。

3. 完成办公硬件“六个一”规范化建设。针对各乡镇（街道）财政所在完善硬件建设上思路不同，标准不一的现状，县财政局在召开多次现场办公会议和广泛征求各方意见的基础上，统一了硬件建设的“六个一”标准（一个财政窗口、一个惠民政策平台、一张支付惠民资金卡、一系列政策宣传栏、一个县、镇财政贯通的惠民信息平台、一

间配套完善的档案室）。一个财政窗口：加强财政所办公环境建设，统一办公场所，集中办公，方便群众办事，以提高办事效率为出发点和落脚点，大力实施政务服务中心建设工程，确保群众进一个门，在一个窗口就能办好所有的事。一个惠民政策平台：对于各种强农惠农政策设立专门平台，并贴上标识，落实专人负责，对接农民前来咨询或办理相关业务。一张支付惠民资金卡：对各种强农惠农补贴全部实行“一卡通”直接发放财政补助补贴资金的方式，粮食直接补贴、农资综合补贴、良种补贴、能繁母猪补贴、家电下乡补贴等各项惠民补贴资金都乘上信息高速公路的“直通车”，实现“数据管理一个网、资金发放一张卡、专业服务一班人”，既安全，又便捷，确保把各项惠民政策落实到位。一系列政策宣传栏：乡镇财政按照“高效快捷、便民利民”的要求，在乡镇政务服务中心设立惠民服务宣传栏，及时宣传各项惠民政策。一个县、镇财政贯通的惠民信息平台：内网开通县局和财政所的文件传输系统，实现了网络化办公，内部公文县局通知及资料全部通过网上交换及内网邮件传递，简化了办事程序，提高了工作效率。一间配套完善的档案室：对各乡镇基层财政所档案室提出建设统一标准，明确档案管理制度，落实专人负责。

截至2010年年底，各乡镇（街道）财政所，已基本完成“六个一”规范化建设，通过“六个一”规范化建设，形成了一个统一、量化可考核的规范化标准，从根本上改变了基层规范化建设的落后局面。

（二）完善制度，提升财政管理水平

提升财政规范化管理水平，县财政局以完善制度建设为抓手，按照“规范、明晰、有序、高效”的原则，力求统一乡镇（街道）财政业务流程和工作规范，形成环环相扣、互为制约的业务操作体系。按照依法理财、依法行政的要求，逐步将政务向社会公开，在广泛接受各界监督的基础上，方便单位和群众办事，提高工作效率和服务质量，并尽可能地实行一个模式运行、一个标准检查，确保管理有序、运行高效。

1. 制订内部干部职工分工明细表。要求各乡镇（街道）财政所上报人员分工表，明确所长、副所长及办事人员的职责范围和负责的具体业务，对于负责结算、代理中心的人员要求要明确到具体的村，对于负责惠农资金、家电、汽车、摩托车下乡的工作人员要在窗口上贴有告示，并把分工表做成制度牌上墙，力求前来办事的群众一眼就清楚所要办理的业务具体谁负责，提高效率，方便群众办事。

2. 对各乡镇（街道）财政所进行制度大检查、大汇编，并成立工作小组。第一阶段是梳理以前制定的一直使用的相关规范化管理的制度文件，进行对照检查，抓落实抓贯彻。第二阶段是根据当前对“两基”建设工作的新要求，进行查漏补缺，落实整改，制定符合新形势下财政基础工作要求的管理规范，从制度上完善内部管理。第三阶段是把整理出来的相关文件汇编成书，为财政干部职工提供学习的素材和工作过程中的工具书。

3. 继续抓好乡镇（街道）财政所绩效考评机制。坚持每年度对各乡镇（街道）财政所进行各项管理工作的绩效考评交叉检查，考核内容主要从完成任务和财政基础建设管理和规范化管理两大方面的26项内容进行检查考评。一是明确考核原则。开展乡镇绩效考评工作，实行量化考核与定性考评相结合，考评组考评与群众测评相结合，按照客观公正、民主公开、注重绩效和加强监督教育的原则，从而进一步调动财政所人员的工作积极性和创造性，增强服务意识、法制意识和效率意识，转变工作作风，提高工作效率。二是制定考核内容。考核内容主要为完成任务和财政管理两大方面，其中完成任务方面以完成工商各税为主。财政管理方面具体到内部管理制度的建立、“两个中心”运转情况，行政村成立理财小组情况，直接支付资金管理、票据管理、档案管理、信息报送等26项内容进行了检查考评。三是落实考核方法。绩效考评实行经常性检查与定期检查及采取量化考评与定性考评相结合的考核形式，考评组考评与群众测评相结合的方法。采取“评、听、查、看、议、核”的方法。（评：即由考核组对财政所进行测评；听：即听汇报；查：按照量化考核项目查阅有关资料，核实数据；看：即实地察看有关项目的具体情况；议：即由考核组综合评、听、查、看的情况，讨论研究相关事项；核：即考核组根据量化项目逐项评定分数，并综合民主测评和量化考核情况计算综合得分。）四是实行考核奖励措施。绩效考评经县财政局考评组考核验收，局班子审定后，排列名次。凡名次排列在前6名的财政所，由县财政局授予该年度“优秀财政所”称号，进行通报表彰，并给予增加工作经费的奖励。五是加强考核意见反馈。通过检查，为乡镇（街道办）财政所所长提供了一个互相学习交流的平台，检查组成员对财政所各项工作发现问题及时指正，并进行了具体的业务指导。检查结束各级进行小结，各位所长和检查组成员都提出意见和建议，总结经验，进一步推动了财政所科学管理工作。

4. 健全完善“两个中心”的内部管理。进一步规范县直部门与各乡镇、行政村的资金往来结算是农村财务管理规范化建设的重中之重，县财政局在这项工作上狠下工夫，制定了统一的业务流程、工作规范和人员职责等，为各乡镇“两个中心”统一制作了制度牌、统一刻制公章、统一办理代码证、统一向银行办理开户，向各乡镇和行政村印发了《行政单位会计制度》、《事业单位会计制度》和《村集体经济组织会计制度》小册子，并要求按规定认真遵照执行，为基层财务收支管理工作提供了物质基础和制度保证，使各乡镇“两个中心”工作人员岗位职责得到进一步明确，财务收支管理和会计核算工作有章可循。同时，要求各乡镇制定有关资金管理制度、财务收支审批制度和民主理财制度等，使各个环节都能以制度加以规范。

通过完善各乡镇（街道）财政所的内部制度和强化外部监督考核形成合力，切实提高了各乡镇（街道）财政所的基础工作，不断优化管理，提高了绩效。

（三）加强培训，提高队伍综合素质

基层财政工作纷繁复杂，需要一批吃得苦，学得快，

素质高，业务精的适应新时期财政业务的财政队伍。为此，县财政局在队伍建设上立足学习培训，坚持系统的业务培训与专题业务培训相结合。几年来先后举办了电脑技能、新进人员财政业务知识、惠农政策等培训，并确定每年4月、9月为“培训月”，以提高乡镇财政干部职工责任意识、大局意识和服务意识，增强执行财政政策的能力，业务操作能力和解决实际问题的能力，促进财政干部队伍深化作风建设和提高财政服务意识。

1. 举办业务培训班，强化人员综合素质。一是组织财政所电脑技能培训班。为加强乡镇财政所人员计算机知识的学习，不断提高业务水平。2008 年度，我们组织了全县乡镇财政人员 80 多人进行了电脑技能培训及操作考试，要求每个财政所参加培训及考试不少于 5 人，并把考试成绩列入年终乡镇财政所绩效考评范围，对考试总排名前 3 名的财政所、考试前 8 名的个人进行奖励，通过这次培训与考试，使财政所人员的业务技能有了明显提高。二是举办农村财会人员财政支农政策培训班。为做好全县财政支农政策的宣传、贯彻和落实工作。2009 年度，揭西县财政局集中力量，深入全县 17 个乡镇（街道），通过开展对全县农村财会人员以及乡镇会计代理中心等相关人员实施统一教材、统一师资的财政支农政策培训。培训的主要涉及各项财政支农政策、村集体经济组织会计制度、村集体经济组织财务管理、义务教育经费保障机制、社保惠民政策、家电、汽车下乡和种粮补贴政策等。三是举办新进人员业务培训班。2010 年度，县财政局对近两年来财政系统新进人员，举办业务培训班。主讲人员由局长及各业务股室（中心、所）主要负责人担任，并采取讲授，讨论交流，考核相结合的互动学习方式，以提高财政队伍理论水平，提高实际业务操作能力，提高效率为目的，培训结束后并进行统一的培训考核，收到了良好的效果。

2. 建立健全各项检查督促、考核、问责和宣传引导机制，增强执行意识，提高执行力。大力推进财政所办事方式方法的创新，与建设高效、服务型政府机构结合起来，与业务研究、业务技能培训结合起来，提高办事人员的素质和工作效率。打造一支坚持到群众中去，想群众所想，谋群众所需，业务精、素质硬的财政队伍。

3. 深化作风建设、效能建设，进一步树立服务至上的意识。县财政局以学习实践科学发展观活动为契机，统一思想、武装头脑，加强财政队伍建设，规范内部管理，努力建设一支政治坚定、结构合理、业务熟练、作风优良的财政干部队伍，以适应新时期下的财政工作。一是进一步加强机关作风、行风和政风建设，努力提高财政服务工作的效率、质量和水平。进一步提高机关行政效能，认真落实机关效能建设和岗位责任制、首问责任制、办文办事限时制和服务承诺制，加快建立和完善机关效能建设长效机制。二是牢固树立“四个所有”的服务理念，即所有的部门都是服务部门、所有的岗位都是服务岗位，所有的人员都是服务人员、所有的工作都是为人民服务，从源头上遏制“话难听、脸难看、事难办”的衙门作风。三是把思想和行动统一到“五个进一步”上来，即进一步转变服务意识，进一步突出服务职能，进一步强化服务责任，进一步规范服务程序，进一步改进服务方式。实现服务方式、服务责任、服务承诺、服务监督、服务考核“五个到位”。

（揭西县财政局供稿，刘政章执笔）

云浮市

调结构　惠民生
大力推进基本公共服务均等化

几年来，云浮市以基本公共服务均等化为目标，积极调整优化财政支出结构，将更多的财政资金投向公共教育、公共卫生和基本医疗、公共文化体系、社会保障、公共就业、保障性住房等公共服务领域，同时引导和调控社会资源向农村地区倾斜，推动各项社会事业快速发展，基本公共服务均等化水平不断提高，有力促进了和谐云浮建设。据统计，“十一五”期间，基本公共服务支出明显增大，达102.88亿元，年均增长24.03%。

一、推进基本公共服务均等化取得的成效

（一）城乡教育事业快速均衡发展

2006～2010年共投入47.38亿元，年均增长14.88%。义务阶段教育均衡发展。全面推行了城乡免费义务教育政策，落实了困难学生生活费补助政策；确保流动人口子女100%平等接受义务教育；义务教育阶段普及程度指标均达到省的要求，新兴县省级义务教育均衡发展试点县工作得到省的充分肯定。普及高中阶段教育成效明显。全市高中阶段教育毛入学率达到68.8%。高等教育、成人教育规模不断扩大。2010年在校生增加1 657人，达到10 470人。中等职业教育加快发展。每年高、中职毕业生有7 000多人，就业率达95%以上。民办教育规模不断扩大。2009年民办学校在校生人数同比增长42%。全市教师绩效工资得到落实，实现了“两相当”。

（二）公共医疗卫生体系不断健全

2006～2010年共投入17.96亿元，年均增长38.45%。健全城乡基层医疗卫生服务体系。中心卫生院、国家县级重点中医院、社区卫生服务中心建设等总建设规模达到27 173平方米；开展250个农村卫生站规范化建设工作，罗定市完成了100个农村卫生站规范化建设。着力推进基本药物制度建设。新兴县全面实施国家基本药物制度试点工作后，住院、门诊人均费用同比下降了7.8%、4.5%。着力加强城乡疾控中心、精神病院等疾控机构建设和重大疾病防控。向城乡居民提供基本公共卫生服务项目。在新兴县开展35～59岁农村妇女乳腺癌检查试点；在市妇幼保健院加快建立全市新生儿疾病筛查中心；全面铺开新生儿疾病筛查工作，县级以上医院筛查率为79.05%，镇卫生院筛查率为49.47%；免费开展救治贫困家庭先天性心脏病患儿；积极推进改厕工作，全市完成改厕36 000户。

（三）公共文化体育事业不断发展

落实广播电视无线覆盖工程。全市20户以上已通电但未通广播电视的盲点村已实现了“村村通”。实施文化信息资源共享工程建设。市、县两级文化信息支中心已建成运作。实施农村电影放映“2131工程”。每个行政村安排一场公益电影。推进“农家书屋”建设工程。全市至2010年年底将建成541家。县以上城镇“十分钟文化圈”已基本建成。县城以上市区均设有文化馆、图书馆、博物馆和文化广场。实施农民体育健身工程、社区体育健身工程，推进公共体育服务延伸覆盖至农村与社区。建设了91个农民体育健身工程，全市847个行政村中649个建有公共体育场地设施。已规划兴建占地205.5亩的体育公园，建设可容纳10 000人的市体育场。

（四）公共交通网络日臻完善

2006～2010年，全市累计投入交通基础设施建设资金172.35亿元，近5年投入是过去“九五”、“十五”时期10年总和的2.84倍。高速公路里程跃升全省第14位。“5321”工程进度加快，河杨公路扩建工程、沿江公路工程、新城快速干线、肇云轻轨等项目建设也稳步推进。公交覆盖面不断扩大，市城区公交线路由10条线路增加到15条。农村客运建设不断推进，完成了56条线路、397公里、101个行政村的农村公路“五无一缺”整治。完成350公里农村公路改造。对接珠三角绿道网的慢行绿道系统已开通300多公里。

（五）生活保障水平不断提高

全面推进养老保险扩面征缴工作。全市企业职工基本养老保险、城镇职工基本医疗保险、城镇居民基本医疗保险、工伤保险、失业保险、职工生育保险六个险种实行了市级统筹；逐步做实养老保险个人账户，在原基础上每年递增1%。实施农民工“平安计划”，全面将老工伤人员待

遇纳入工伤保险基金保障范围。加快新农保试点工作步伐，已在新兴县开展试点。建立完善社会救助体系。把农村低保标准从104元提高到125元。全市低保救助和五保供养水平增幅均超过当地城乡收入的增长幅度。逐步提高五保供养对象和城市“三无”人员的保障标准。把五保供养标准提高到当地人均纯收入的60%以上；对城市“三无”人员按标准补助同时，每月再增发20元补助金。

（六）住房保障政策有效落实

2006～2010年共投入1.54亿元，年均增长48.39%。加大廉租住房建设力度，以实物配租为主、发放住房租赁补贴为辅，基本解决云浮市城镇户籍1 290户低收入且人均住房建筑面积10平方米以下家庭的住房困难问题。积极开展农村安居工程，每年均超额完成省下达农村贫困户危房改造目标计划任务。积极推进政策性农房保险。在全省率先开展农房保险，惠及全市61万户农村居民。

（七）就业途径不断拓宽

加强公共就业服务体系建设。在云安县开展村劳动保障工作站试点工作。落实税费减免、小额担保贷款等创业扶持政策。定期举办免费现场招聘会。每年举办招聘岗位500个以上的大型综合性招聘会50场，举办镇（街）企招聘会100场。以大力实施“智力扶贫工程”、“百万农村青年技能培训工程”和“城乡退役士兵免费技能培训工程”为重点，落实对困难群众就业技能培训政策，促进就业再就业。如实施“智力扶贫工程”，2003～2010年云浮市财政共安排资金900万元，每年资助一定数量的农村贫困家庭子女免费接受技工教育和中等职业技术教育；实施“城乡退役士兵免费技能培训工程”，2007～2010年落实省财政安排资金1 026.9万元，资助城乡退役士兵免费接受中等或高等职业培训，使全市1 467名退役士兵得到免费培训；实施“百万农村青年技能培训工程”，2007～2010年全市已培训农村劳动力10.39万人，转移农村劳动力18.41万人；实施“云浮市农民工技能提升培训计划”，全市已组织8.64万人名农民工参加技能提升培训，年均培训2.88万人。

（八）医疗保障水平不断提高

基本医疗保障制度全面覆盖城乡居民。新型农村合作医疗参合率达99.85%，城镇居民基本医疗保险参保率达到90%以上。提高城镇居民医保和新型农村合作医疗的补助标准到每人每年120元。按照“一村一站”要求，建设了829个农村卫生站，完成村卫生站规范化建设450间。完善社区卫生服务。建成社区卫生服务机构12个，建立起居民健康档案2.5万份，并开展了糖尿病、高血压、冠心病等慢性病随访管理工作。

二、推进基本公共服务均等化制约因素

从云浮市实际情况看，保吃饭、保运作、保稳定仍是云浮市各级政府和财政部门的头等大事，云浮市基本公共服务均等化仍存在着城乡基本公共设施供给差距大、基础教育城乡差距大、社会保障水平城乡差距大、城乡医疗卫生资源配置不合理、群体间基本公共服务不均衡等情况。导致上述情况的原因有几方面：一是云浮市经济和财政总量规模较小。近年来云浮市一般预算收入增长虽然较平稳，但经济总量和财政总量在全省处于末端，财政难以进一步加大基本公共服务均等化投入。二是县（市、区）财政发展不平衡，收支矛盾突出，财政资金调度困难，财政刚性支出逐年增加，上级政策性配套较多，大大加重了市、县基层财政的负担，这为实现公共服务均等化带来了许多影响。

三、推进基本公共服务均等化对策

加快推进基本公共服务均等化，要进一步推进财政体制改革与调整，构建以基本公共服务均等化为导向的财政投入及保障机制。

（一）构建系统保障、覆盖城乡的民生保障机制

把民生福祉摆在更加突出的重要位置，确保民生投入力度不减，按照系统保障、覆盖城乡、有序推进的要求，基本公共服务支出要按高于一般预算支出增长安排，占一般预算支出的比重要逐年提高，按市实施方案要求，每年新增财力70%以上投入基本公共服务支出。加大力度推进基本公共服务均等化，系统推进公共教育、公共卫生、公共文化体育、公共交通、生活保障、住房保障、就业保障、医疗保障等八个基本公共服务项目建设；调整优化支出结构，财政支出重点向农村和困难群体倾斜，促进区域、城乡和不同人群的协调均衡发展；大力支持办好各项民生实事，注重系统配套地推进解决重大民生问题，建立民生保障的长效机制。

（二）逐步建立激励型镇级基本财力保障机制

在财力许可的范围内，逐步建立镇级基本财力保障机制，保障基层政府实施公共管理、提供基本公共服务以及落实中央和省各项民生政策的基本财力需要，实现“保工资、保运转、保民生”的政策目标。通过建立镇级基本财力保障机制，激励消化基本财力保障缺口，使财政能力进一步趋于均衡，增强基层财政保障能力。建立健全市、县对镇级的转移支付制度。大力实行“镇财县管”。理顺镇级事权和财权关系，使财权和事权逐步得到统一。建立激励约束机制。

（三）建立基本公共服务多元化供给机制

在坚持公益事业发展由政府主导的原则下，探索公共服务的多样化供给形式，提高公共服务效率和质量。除必须由国家举办的事业单位外，鼓励、支持和引导社会组织或者个人直接举办公益类事业，或通过捐助等形式参与公益服务，

逐步打破所有制、部门、行业界限，形成社会公益事业举办主体多元化的格局，促进各项公益事业的加快发展。

（四）建立完善基本公共服务均等化评价机制

构建以基本公共服务为导向的政府绩效考评体系。建立科学的基本公共服务均等化评价指标体系。建立严格的基本公共服务问责制。将基本服务均等化纳入政绩考核体系。

（云浮市财政局供稿，陈耀福执笔）

加大财政支持力度
努力创建残疾人社区康复示范市

2009年，省市卫生、残联将罗定市列为广东省创建“全国残疾人社区康复示范市”。2010年，罗定市共投入资金102.5万元，按照全国残疾人社区康复示范市培育标准，扎实有效地开展创建工作，建立健全残疾人康复服务网络，残疾人社区康复工作形成政府主导、部门协作、社会参与、残疾人融入四位一体的康复工作架构，全市残疾人在社区内得到了就地就近的康复服务，仅2010年就为9 707名残疾人及其家庭提供了优质的康复服务，有效地改善了残疾人的生活质量。2010年9月15日创建工作顺利通过检查验收。12月，罗定市被民政部、卫生部、全国残联联合授予“全国残疾人社区康复示范县（市）”荣誉称号。

一、基本情况

罗定市有21个镇街，306个村级组织，118万人口，其中城镇人口20万，农村人口占80%。各类残疾人6.9万，占总人口的6.8%。其中视力残疾11 700人，占残疾人总数的16.92%；听力残疾15 100人，占残疾人总数的21.85%；言语残疾1 100人，占残疾人总数的1.58%；肢体残疾19 100人，占残疾人总数的27.86%；智力残疾6 300人，占残疾人总数的9.07%；精神残疾5 500人，占残疾人总数的8.01%；多重残疾10 200人，占残疾人总数的14.71%。

2010年，通过创建，罗定市21个镇（街）306个行政村均成立残疾人协会，建立社区康复站，选聘残疾人专职委员和康复协调员，建立各项制度，明确工作职责，开展康复服务，规范档案管理，社区康复服务长效工作机制基本形成。罗定市共调查出有康复需求的残疾人24 713人，康复需求筛出率2.1%，残疾人康复服务建档人数19 845人，建档率80.3%。

二、主要做法

（一）加强组织管理，健全工作机构

罗定市委、市政府高度重视全国残疾人社区康复示范市创建工作。一是成立以分管副市长为组长，市府办、民政、卫生、教育、财政、计生、残联、妇联、广电等部门领导为成员的“罗定市创建全国残疾人社区康复示范市工作领导小组”，并在罗定市残联设立办公室，由罗定市残联理事长任办公室主任。领导小组定期或不定期召开会议，听取办公室关于创建工作情况的汇报，研究解决创建工作中遇到的困难和问题。二是市政府把残疾人康复工作列入政府实事，印发《罗定市创建全国残疾人社区康复示范市活动实施方案》，将残疾人社区康复作为社区工作的一项重要内容，与其他社区工作同部署、同安排、同检查，对包括社区康复在内的社区各项残疾人工作提出了明确要求。三是成立残疾康复工作办公室，明确办公室成员的职责分工，并根据社区康复工作的总体部署，制定罗定市社区康复工作计划，针对工作中遇到的实际问题，定期召开相关部门的协调会，发现问题及时协调、及时调度、及时解决。四是每个镇（街）均设专人分管残疾人康复工作，社区居委会配备了社区康复协调员，从而形成社区康复工作自下而上层层有人抓，有人管的工作格局，做到时刻了解、掌握残疾人康复的动向。

（二）制订工作方案，建立服务网络

罗定市创建活动领导小组深入调查研究，制订工作方案，采取有效措施，不断构建残疾人康复服务网络。一是组织领导小组成员单位深入各镇进行调查，对社区康复现状和存在困难进行认真分析，提出了“健全组织机构，落实人员场所，明确工作职责，做好各项调查，规范档案管理，强化康复服务”的创建工作方案，指导开展创建活动。二是依托各乡镇卫生院成立残疾人康复服务指导站，依托村（社区）卫生室成立村（社区）残疾人康复站、残疾人康复训练室，为残疾人融入主流社会，开展康复训练，参与社区活动创造了条件。三是建立健全乡镇康复服务站、村（社区）康复站各项制度及相关工作职责。四是由各镇（街）残联组织有关人员对辖区内残疾人基本情况进行逐户逐人调查摸底，建立健全残疾人基本情况和各种需求档案资料，为开展社区康复工作打好基础。

（三）制定优惠政策，保障残疾人权益

罗定市先后出台促进残疾人事业发展、残疾人参加新型农村合作医疗、重度残疾人参加城镇医保等一系列扶残助残政策，为残疾人的医疗、康复提供切实的保障。一是保障残疾人最低生活需要。优先将残疾人列入重点保障人群，罗定市2 000多名低保对象中有1 500多名残疾人及其

家庭成员，年享受保障金达135万元。二是保障残疾人基本医疗卫生服务。落实残疾人医疗保障政府补贴政策，城镇丧失劳动能力的重度残疾人参加居民基本医疗保险和农村残疾人参加新型农村合作医疗的个人缴费部分由市财政负担，罗定市113名残疾人享受医疗保障，残疾人医疗保障支出3.9万元，2010年共为96名重度残疾人代交新型农村合作医疗金8 640元。并逐步将符合规定的残疾人医疗康复项目纳入城镇居民基本医疗保险、城镇职工基本医疗保险和新型农村合作医疗范围，将困难残疾人及其家庭列入医疗救助和临时困难救助的重点，2010年250户303名残疾人享受救助金21万元。三是强化残疾人康复服务措施。以市、镇、村三级医疗卫生服务网络为基础，大力开展残疾人社区康复工作，推进康复进社区、服务到家庭。2010年累计投入100万元实施精神病防治、白内障复明、聋儿语训、脑瘫训练、辅助器具适配等重点康复项目，优先开展0～6岁残疾儿童抢救性康复工作，并对贫困残疾人康复给予经费补贴。另外，罗定市各级法律服务机构为残疾人提供及时有效的矛盾纠纷调处、法律咨询服务和法律援助工作，切实维护残疾人合法权益。

（四）确保财政投入，夯实基础工作

在创建活动中，罗定市财政部门认真落实各项资金，切实保障残疾人康复工作顺利开展。一是做好经费保障。罗定市财政局按照2009年辖区人口每人每年不少0.15元的标准安排37万元社区康复工作经费，罗定市政府每年落实配套工作经费20万元，省残联每年对罗定市给予一定的专项经费，用于康复业务培训、购置康复器材、康复治疗等支出。二是开展业务培训。罗定市残联和罗定市残疾人康复中心对乡镇残联、社区残协和康复站有关人员进行业务技术培训，2010年共举办两期培训班，培训人数达120人次，培训学时达30学时。培训的主要内容包括残疾人工作者职业道德教育、工作原则、管理方法、工作流程和残疾与康复的基本知识等，培训合格率达95%以上。三是加强工作指导。罗定市残联和罗定市残疾人康复中心派出业务骨干深入各社区进行具体指导，投入15万元为乡镇残联和社区康复室（站）配备档案柜和档案盒，确保社区康复工作资料的统一化、延续化、规范化。

（五）强化责任意识，提高服务质量

罗定市各康复工作部门主动为残疾人康复、教育、就业、维权、娱乐、生活救助等提供优质高效服务。一是为残疾人提供康复治疗和训练服务信息。2010年，罗定市共为488名贫困白内障患者提供免费手术，白内障致盲患者手术率达到90.4%；低视力患者验配助视器965人，验配率达30.1%；组织27名聋儿家长参加罗定市残联举办的聋儿康复训练知识讲座，为27名儿童配戴了助听器，并进行了语训，聋儿康复训练率达77.1%；指导67名智力残疾儿童进行语言交往、生活自理能力等家庭康复训练，康复训练率达85.1%；推荐10名截肢者免费安装假肢，装配率达100%；在21个镇街设立康复室，每月固定一日作为“精防日”，由罗定市大岗医院派出专科医务人员到康复室进行诊治和康复指导，并发放取药卡，为4 150名贫困精神病患者送药到镇或推荐到罗定市大岗医院住院治疗，精神病人监护率达到92.2%。二是普及康复知识，提供转介服务。社区康复协调员组织卫生、教育、心理等专业技术人员为社区内的残疾人及其亲友举办康复知识讲座，开展康复、心理咨询，传授残疾预防知识和康复训练方法，有效预防残疾的发生，残疾人及其亲友对康复服务的满意度达85%。三是社区残协及康复站先后协调有关单位为11名残疾人或残疾人子女提供扶残助学，帮助69名残疾人实现就业。

（罗定市财政局供稿，凌伟志执笔）

第六部分

统计资料

2010 年度广东省财政一般预算收支决算总表

单位：万元

预算科目	决算数	预算科目	决算数
一、税收收入	38 034 715	一、一般公共服务	6 853 900
增值税	6 578 232	二、外交	473
营业税	12 442 647	三、国防	110 860
企业所得税	6 787 468	四、公共安全	4 958 014
企业所得税退税	-6	五、教育	9 214 848
个人所得税	2 872 581	六、科学技术	2 144 417
资源税	93 538	七、文化体育与传媒	1 661 632
固定资产投资方向调节税		八、社会保障和就业	4 695 773
城市维护建设税	1 359 685	九、医疗卫生	3 040 419
房产税	1 224 427	十、环境保护	2 391 606
印花税	699 277	十一、城乡社区事务	4 076 410
城镇土地使用税	877 763	十二、农林水事务	3 250 231
土地增值税	1 897 893	十三、交通运输	3 181 688
车船税	273 769	十四、资源勘探电力信息等事务	1 639 809
耕地占用税	560 337	十五、商业服务业等事务	993 349
契税	2 355 100	十六、金融监管等事务支出	127 080
烟叶税	11 983	十七、地震灾后恢复重建支出	249 888
其他税收收入	21	十八、国土资源气象等事务	458 852
二、非税收入	7 135 730	十九、住房保障支出	885 748
专项收入	973 462	二十、粮油物资储备管理事务	393 190
行政事业性收费收入	2 934 324	二十一、预备费	
罚没收入	956 180	二十二、国债还本付息支出	571 814
国有资本经营收入	900 029	二十三、其他支出	3 315 431
国有资源（资产）有偿使用收入	818 835		
其他收入	552 900		
本年收入合计	45 170 445	本年支出合计	54 215 432
上级补助收入	11 254 454	上解上级支出	1 512 961
返还性收入	6 498 102	一般性转移支付	1 316 326
增值税和消费税税收返还收入	3 468 970	体制上解支出	268 282
所得税基数返还收入	1 631 032	出口退税专项上解支出	1 048 044
成品油价格和税费改革税收返还收入	1 398 100	专项转移支付	196 635
一般性转移支付收入	1 057 860	专项上解支出	196 635
民族地区转移支付补助收入	3 172		
农村税费改革补助收入	11 978		
县级基本财力保障机制奖补资金收入	95 493		
结算补助收入	89 234		
企业事业单位划转补助收入	155 279		
成品油价格和税费改革转移支付补助收入	313 100		
工商部门停征两费转移支付收入	53 081		
一般公共服务转移支付收入	16 311		
公共安全转移支付收入	56 915		
教育转移支付收入	254 614		
社会保障和就业转移支付收入	7 655	增设预算周转金	69 508
其他一般性转移支付收入	1 028	拨付国债转贷资金数	665
专项转移支付收入	3 698 492	国债转贷资金结余	5 502
财政部代理发行地方政府债券收入	910 000	安排预算稳定调节基金	404 884
国债转贷资金上年结余	6 167	调出资金	112 985
上年结余	12 205 589	年终结余	14 685 089
调入预算稳定调节基金	57 697	其中：本级	8 236 353
调入资金	1 402 674	减：结转下年的支出	13 339 257
1. 政府性基金调入	96 388	其中：本级	8 208 394
2. 预算外调入	157 712	净结余	1 345 832
3. 其他调入	1 148 574	其中：本级	27 959
收入总计	71 007 026	支出总计	71 007 026

注：此表由省财政厅国库处提供。

2010年度广东省财政一般预算

预算科目	决算数合计	省级	地级	其中：地级直属乡镇	县级	乡镇级
一、税收收入	38 034 715	8 048 651	16 407 876	1 105 324	10 184 106	3 394 082
增值税	6 578 232	118 949	3 073 808	310 442	2 424 563	960 912
营业税	12 442 647	4 337 120	4 564 469	229 405	2 671 743	869 315
企业所得税	6 787 468	2 325 307	2 551 488	125 543	1 543 829	366 844
企业所得税退税	-6		-4		-2	
个人所得税	2 872 581	707 553	1 459 030	55 498	556 833	149 165
资源税	93 538		11 816	266	42 523	39 199
固定资产投资方向调节税						
城市维护建设税	1 359 685		563 463	56 324	561 514	234 708
房产税	1 224 427		462 617	48 325	588 102	173 708
印花税	699 277		249 015	44 867	357 781	92 481
城镇土地使用税	877 763		379 753	49 342	275 039	222 971
土地增值税	1 897 893	559 722	1 047 797	42 379	145 853	144 521
车船税	273 769		144 490	15 354	79 304	49 975
耕地占用税	560 337		225 072	38 195	300 231	35 034
契税	2 355 100		1 675 062	89 384	626 511	53 527
烟叶税	11 983				10 261	1 722
其他税收收入	21				21	
二、非税收入	7 135 730	586 882	3 615 149	7 265	2 727 384	206 315
专项收入	973 462	59 639	532 117	379	349 904	31 802
行政事业性收费收入	2 934 324	330 624	1 409 644	1 405	1 081 598	112 458
罚没收入	956 180	72 281	508 578	20	356 726	18 595
国有资本经营收入	900 029		649 802		236 008	14 219
国有资源（资产）有偿使用收入	818 835	60 878	276 267	5 451	462 162	19 528
其他收入	552 900	63 460	238 741	10	240 986	9 713
本年收入合计	45 170 445	8 635 533	20 023 025	1 112 589	12 911 490	3 600 397

注：此表由省财政厅国库处提供。

收支决算分级表

单位：万元

预算科目	决算数合计	省级	地级	其中：地级直属乡镇	县级	乡镇级
一、一般公共服务	6 853 900	944 859	2 283 806	242 473	2 866 521	758 714
二、外交	473		473			
三、国防	110 860	20 506	37 630	45	50 783	1 941
四、公共安全	4 958 014	597 263	2 050 310	321 889	2 128 757	181 684
五、教育	9 214 848	1 088 626	2 705 555	677 794	3 989 743	1 430 924
六、科学技术	2 144 417	148 194	1 432 140	29 473	526 472	37 611
七、文化体育与传媒	1 661 632	154 158	1 136 604	31 879	337 990	32 880
八、社会保障和就业	4 695 773	335 935	1 645 654	147 751	2 222 794	491 390
九、医疗卫生	3 040 419	246 246	953 907	44 432	1 539 686	300 580
十、环境保护	2 391 606	28 228	1 528 752	14 595	711 294	123 332
十一、城乡社区事务	4 076 410	10 373	2 186 425	465 641	1 624 558	255 054
十二、农林水事务	3 250 231	331 451	961 591	202 225	1 426 526	530 663
十三、交通运输	3 181 688	1 136 930	1 678 898	28 068	353 959	11 901
十四、资源勘探电力信息等事务	1 639 809	132 892	1 036 779	47 515	438 269	31 869
十五、商业服务业等事务	993 349	43 369	372 745	5 052	534 274	42 961
十六、金融监管等事务支出	127 080	2 992	120 867	150	3 196	25
十七、地震灾后恢复重建支出	249 888	2 355	165 924	387	80 308	1 301
十八、国土资源气象等事务	458 852	55 332	168 804	9 171	224 311	10 405
十九、住房保障支出	885 748	3 243	383 623	6 868	443 537	55 345
二十、粮油物资储备管理事务	393 190	231 507	80 433	2 858	78 717	2 533
二十一、国债还本付息支出	571 814	2 675	544 133		24 905	101
二十二、其他支出	3 315 431	301 120	1 663 279	69 358	1 208 587	142 445
本年支出合计	54 215 432	5 818 254	23 138 332	2 347 624	20 815 187	4 443 659

2010年度广东省地（市）县地方财政一般

地区	收								
	收入合计	税收							
		小计	增值税	营业税	企业所得税	个人所得税	资源税	城市维护建设税	耕地占用税
广东省	45 170 445	38 034 715	6 578 232	12 442 647	6 787 468	2 872 581	93 538	1 359 685	560 337
广东省本级	8 635 533	8 048 651	118 949	4 337 120	2 325 307	707 553			
广东省地市合计	36 534 912	29 986 064	6 459 283	8 105 527	4 462 161	2 165 028	93 538	1 359 685	560 337
广州市	8 726 470	7 040 624	1 594 182	1 777 343	935 248	472 154	1 945	426 622	66 520
广州市本级	4 163 220	3 191 499	516 012	719 832	351 906	456 100		120 098	
广州市区县合计	4 563 250	3 849 125	1 078 170	1 057 511	583 342	16 054	1 945	306 524	66 520
越秀区	336 234	281 677	30 152	92 495	41 100			34 201	
海珠区	310 114	235 292	26 616	97 715	32 405			25 921	507
荔湾区	311 760	253 347	70 834	69 773	18 255			52 473	470
天河区	381 435	314 876	43 887	108 675	38 909			42 299	717
白云区	331 992	289 630	53 328	107 989	25 077		258	32 691	4 690
黄埔区	120 945	111 099	40 850	13 068	18 084			14 581	2 383
花都区	491 607	434 632	188 986	113 581	60 794		1 603	20 115	1 181
番禺区	631 703	479 641	104 265	181 590	64 853			35 148	26 875
南沙区	252 936	222 239	102 847	37 228	42 252			7 846	4 206
萝岗区	802 414	750 567	341 444	94 040	198 913			19 190	4 481
从化市	193 351	144 186	19 600	41 735	14 253	6 377	26	6 278	9 526
增城市	398 759	331 939	55 361	99 622	28 447	9 677	58	15 781	11 484
深圳市	11 068 166	9 919 813	1 610 781	3 505 966	2 144 834	1 116 847		101 131	
深圳市本级	7 300 324	6 394 104	788 849	2 429 898	1 451 709	687 166		-36	
深圳市区县合计	3 767 842	3 525 709	821 932	1 076 068	693 125	429 681		101 167	
福田区	692 665	541 773	43 610	152 048	124 649	77 337		21 097	
罗湖区	367 346	340 475	31 170	95 524	82 129	45 825		11 452	
盐田区	161 318	161 111	14 077	79 285	38 901	17 019		1 987	
南山区	463 443	449 646	75 794	157 330	92 280	50 554		17 478	
宝安区	1 113 642	1 089 782	367 912	342 988	176 709	91 447		29 024	
龙岗区	969 428	942 922	289 369	248 893	178 457	147 499		20 129	
珠海市	1 245 280	1 030 959	255 307	226 738	163 251	50 605		61 090	
珠海市本级	836 912	686 370	153 594	149 774	109 730	33 936		40 768	
珠海市区县合计	408 368	344 589	101 713	76 964	53 521	16 669		20 322	
香洲区	167 289	134 163	34 509	35 882	27 851	7 695		9 893	
金湾区	102 343	86 020	31 484	13 514	13 113	3 592		3 297	
斗门区	138 736	124 406	35 720	27 568	12 557	5 382		7 132	
汕头市	726 452	517 723	140 614	92 387	79 067	20 754	1 820	33 895	15 478
汕头市本级	312 575	215 639	50 070	39 389	27 796	9 523	37	11 591	4 000
汕头市区县合计	413 877	302 084	90 544	52 998	51 271	11 231	1 783	22 304	11 478
金平区	61 781	43 735	11 333	9 591	7 921	3 245	486	3 265	6
龙湖区	66 769	52 865	14 781	12 721	7 643	2 601	333	3 552	338
澄海区	107 669	81 196	26 809	12 321	15 535	2 294	354	6 740	604
濠江区	25 205	16 493	3 975	2 830	2 352	275	245	584	4 923
潮阳区	87 000	60 177	17 963	7 913	13 922	1 347	158	5 048	2 557
潮南区	59 287	42 611	15 002	6 206	3 442	1 356	169	2 894	2 650

预算收支情况表（1－1）

单位：万元

入										
收　入			非税收入							
契税	烟叶税	其他各项税收收入	小计	专项收入	行政事业性收费收入	罚没收入	国有资本经营收入	国有资源（资产）有偿使用收入	其他收入	支出合计
2 355 100	11 983	4 973 144	7 135 730	973 462	2 934 324	956 180	900 029	818 835	552 900	54 215 432
		559 722	586 882	59 639	330 624	72 281		60 878	63 460	5 818 254
2 355 100	11 983	4 413 422	6 548 848	913 823	2 603 700	883 899	900 029	757 957	489 440	48 397 178
610 978		1 155 632	1 685 846	205 412	651 651	166 919	381 998	235 822	44 044	9 773 199
548 805		478 746	971 721	81 835	371 351	102 876	303 805	108 705	3 149	4 230 185
62 173		676 886	714 125	123 577	280 300	64 043	78 193	127 117	40 895	5 543 014
		83 729	54 557	10 808	17 849	2 275	73	23 542	10	478 699
		52 128	74 822	10 250	20 200	6 765	4 342	30 599	2 666	423 268
		41 542	58 413	16 729	7 402	2 955	14 773	14 251	2 303	445 154
		80 389	66 559	13 930	29 020	1 994	5 656	11 103	4 856	420 394
		65 597	42 362	16 768	12 650	8 170	96	4 326	352	439 525
		22 133	9 846	4 473	2 253	2 195		842	83	184 910
		48 372	56 975	10 228	27 153	9 554	5	6 730	3 305	505 275
		66 910	152 062	17 190	68 387	13 246	37 067	6 407	9 765	783 638
		27 860	30 697	3 786	9 085	1 772		8 862	7 192	327 656
		92 499	51 847	5 232	25 582	5 442	13 800	1 528	263	846 765
17 977		28 414	49 165	3 578	16 090	3 747	2 381	15 407	7 962	255 327
44 196		67 313	66 820	10 605	44 629	5 928		3 520	2 138	432 403
310 103		1 130 151	1 148 353	192 867	394 492	160 667	174 547	134 762	91 018	12 660 668
310 103		726 415	906 220	190 828	326 103	128 390	156 581	35 290	69 028	7 863 337
		403 736	242 133	2 039	68 389	32 277	17 966	99 472	21 990	4 797 331
		123 032	150 892	133	55 996	7 739		77 594	9 430	867 880
		74 375	26 871	315		1 602		12 933	12 021	476 663
		9 842	207	62	17			128		213 215
		56 210	13 797	165	2 219	3 487	466	7 460		621 834
		81 702	23 860	925	10 157	10 272	1 500	639	367	1 441 126
		58 575	26 506	439		9 177	16 000	718	172	1 176 613
129 815		144 153	214 321	30 622	63 351	23 323	49 620	30 952	16 453	1 664 116
107 485		91 083	150 542	21 103	43 359	19 974	37 180	17 185	11 741	1 197 219
22 330		53 070	63 779	9 519	19 992	3 349	12 440	13 767	4 712	466 897
		18 333	33 126	4 594	5 069	1 856	12 440	4 799	4 368	197 703
7 830		13 190	16 323	1 476	6 000	347		8 156	344	109 980
14 500		21 547	14 330	3 449	8 923	1 146		812		159 214
39 869		93 839	208 729	22 097	74 411	28 055	20 896	10 133	53 137	1 217 123
30 442		42 791	96 936	10 357	36 945	15 018	7 893	3 129	23 594	431 306
9 427		51 048	111 793	11 740	37 466	13 037	13 003	7 004	29 543	785 817
		7 888	18 046	1 398	5 265	234		58	11 091	108 254
		10 896	13 904	1 521	2 915	211	9 080	177		94 310
5 022		11 517	26 473	3 721	7 760	3 178		94	11 720	172 900
		1 309	8 712	254	741	117	814	56	6 730	46 161
2 988		8 281	26 823	2 563	11 532	3 614	2 809	6 303	2	190 871
1 035		9 857	16 676	2 119	8 908	5 092	300	257		142 617

2010年度广东省地（市）县地方财政一般

支

一般公共服务	外交	国防	公共安全	教育	科学技术	文化体育与传媒	社会保障和就业	医疗卫生	环境保护	城乡社区事务
6 853 900	473	110 860	4 958 014	9 214 848	2 144 417	1 661 632	4 695 773	3 040 419	2 391 606	4 076 410
944 859		20 506	597 263	1 088 626	148 194	154 158	335 935	246 246	28 228	10 373
5 909 041	473	90 354	4 360 751	8 126 222	1 996 223	1 507 474	4 359 838	2 794 173	2 363 378	4 066 037
1 222 997		17 142	1 114 366	1 126 343	319 379	524 684	1 141 224	513 908	243 259	924 110
453 708		298	480 557	234 649	78 673	421 812	464 915	214 690	164 496	410 468
769 289		16 844	633 809	891 694	240 706	102 872	676 309	299 218	78 763	513 642
47 913		963	81 496	98 367	11 717	2 350	124 986	28 360	1 361	36 682
63 354		1 249	59 542	68 435	9 332	5 801	77 295	23 171	2 770	56 358
45 729		600	54 830	84 822	11 294	3 233	83 488	21 591	2 786	67 235
56 005		1 348	64 363	79 253	24 499	4 493	43 768	21 802	1 245	59 447
66 250		417	55 951	78 786	21 124	2 439	67 978	26 979	2 564	30 757
25 391		1 372	24 032	27 549	5 154	3 652	30 134	6 300	1 600	11 064
104 337		297	49 935	85 341	13 767	10 220	42 353	27 083	8 452	41 677
88 218		6 938	94 788	155 272	20 592	10 301	72 631	63 235	14 514	85 252
61 508		1 334	32 780	24 053	7 986	12 925	13 180	11 197	6 747	55 288
81 688		1 238	45 670	42 892	105 680	29 297	31 621	24 955	31 073	40 338
62 371		1 088	25 992	59 053	2 897	2 989	37 239	17 743	1 763	6 341
66 525			44 430	87 871	6 664	15 172	51 636	26 802	3 888	23 203
1 164 839		13 948	931 252	1 524 955	1 166 617	567 668	478 158	619 987	708 248	1 565 759
505 422		7 401	326 617	646 833	1 082 467	458 225	219 932	321 674	653 230	830 318
659 417		6 547	604 635	878 122	84 150	109 443	258 226	298 313	55 018	735 441
58 004		1 489	86 831	172 925	40 874	25 746	43 668	51 240	16 241	124 813
68 205		1 301	70 608	111 001	2 954	3 622	45 702	20 778	1 466	74 710
35 735			31 019	28 768	5 100	6 638	15 543	12 568	2 966	21 179
50 081			79 753	132 114	10 998	15 252	38 826	52 684	14 764	97 668
248 849		393	197 046	239 420	11 437	39 097	65 604	80 983	12 783	204 746
198 543		3 364	139 378	193 894	12 787	19 088	48 883	80 060	6 798	212 325
219 570	463	14 319	168 822	259 700	56 984	22 373	130 275	59 936	237 985	131 480
146 222	463	8 419	148 324	125 509	35 621	15 451	72 250	37 644	232 023	89 972
73 348		5 900	20 498	134 191	21 363	6 922	58 025	22 292	5 962	41 508
26 558		2 136	9 953	59 835	7 343	2 442	25 265	10 127	1 624	24 503
21 608		3 442	5 541	19 487	10 819	2 699	9 136	4 316	1 360	11 828
25 182		322	5 004	54 869	3 201	1 781	23 624	7 849	2 978	5 177
186 095		4 076	110 196	303 068	14 491	20 987	96 353	117 364	45 089	67 614
57 415		2 742	62 890	42 977	4 528	12 953	37 774	29 671	34 824	25 490
128 680		1 334	47 306	260 091	9 963	8 034	58 579	87 693	10 265	42 124
24 149		379	3 133	39 727	3 754	263	7 947	9 539	487	11 903
23 689		465	3 750	34 764	2 159	719	7 546	7 365	285	6 313
33 456		193	13 195	45 997	2 318	3 140	16 790	16 254	4 529	4 514
7 107		118	1 667	12 939	556	221	3 030	4 462	200	4 875
17 938			12 234	73 351	424	2 718	12 409	25 551	1 117	12 681
17 173		144	10 053	49 467	522	547	9 435	20 659	2 829	1 421

预算收支情况表（1－2）

单位：万元

出										
农林水事务	交通运输	资源勘探电力信息等事务	商业服务业等事务	金融监管等事务支出	地震灾后恢复重建支出	国土资源气象等事务	住房保障支出	粮油物资储备管理等事务	国债还本付息支出	其他支出
3 250 231	3 181 688	1 639 809	993 349	127 080	249 888	458 852	885 748	393 190	571 814	3 315 431
331 451	1 136 930	132 892	43 369	2 992	2 355	55 332	3 243	231 507	2 675	301 120
2 918 780	2 044 758	1 506 917	949 980	124 088	247 533	403 520	882 505	161 683	569 139	3 014 311
389 238	406 399	522 183	316 622	3 903	72 517	141 550	419 954	31 270	898	321 253
147 401	356 045	344 140	20 759	3 214	42 339	28 819	174 087	22 677	729	165 709
241 837	50 354	178 043	295 863	689	30 178	112 731	245 867	8 593	169	155 544
154	386	5 618	8 760		3 172	7 089				19 325
1 880	591	2 426	13 722		2 737	3 360	24 642			6 603
10 340	724	3 512	2 422		4 596	2 047	22 835			23 070
4 028	681	5 799	6 198		3 150	1 526	43 302	93		－606
31 857	3 383	3 728	2 755		2 951	3 190	18 833	334		19 249
4 396	780	1 190	4 765		971	626	25 495	33		10 406
23 532	10 630	39 892	6 432			10 428	27 473	1 978		1 448
62 803	11 455	13 394	11 431	－16		7 323	53 348	1 850	107	10 202
25 092	2 101	5 242	3 421		2 018	61 859	422			503
19 690	8 018	88 432	227 019	705	7 417	9 029	19 609	3	62	32 329
22 083	4 002	3 666	2 776			2 895		1 895		534
35 982	7 603	5 144	6 162		3 166	3 359	9 908	2 407		32 481
141 550	726 532	342 921	204 823	108 603	86 927	52 965	125 274	20 553	514 890	1 594 199
63 970	599 838	276 160	183 419	108 563	64 478	44 403	45 862	13 953	514 890	895 682
77 580	126 694	66 761	21 404	40	22 449	8 562	79 412	6 600		698 517
4 971	16 020	27 713	5 386				1 959			190 000
2 948	5 100	1 107	2 350		3 712		17 734			43 365
2 493		1 405	1 002		1 424					47 375
12 348	42 239	3 122	4 749				15 530			51 706
25 878	26 092	29 760	4 200	40	8 923	1 630	3 163	3 400		237 682
28 942	37 243	3 654	3 717		8 390	6 932	41 026	3 200		128 389
76 200	59 629	43 929	35 329	375	3 790	14 983	13 491	3 425	638	110 420
57 168	58 996	42 371	26 854	375	1 540	14 908	8 418	1 803	638	72 250
19 032	633	1 558	8 475		2 250	75	5 073	1 622		38 170
3 250		787	2 722		1 460			697		19 001
6 829		347	4 480		790	39	5 050	249		1 960
8 953	633	424	1 273			36	23	676		17 209
80 423	35 019	15 675	15 871	1 019	3 352	12 606	14 769	8 642	53	64 361
15 189	26 035	4 523	9 208	728	503	6 638	11 147	4 960	27	41 084
65 234	8 984	11 152	6 663	291	2 849	5 968	3 622	3 682	26	23 277
2 934	4	1 995	964		528	157	30		9	352
3 881	10	1 102	681		531	557				493
15 557	2 542	4 561	2 585		864	1 116	2 877	734	3	1 675
3 545	38	608	344		194	297		310	1	5 649
14 783	2 136	1 932	1 061	225	684	1 005	325	1 715	1	8 581
18 112	3 746	706	700	52		2 404	94	746	11	3 796

2010年度广东省地（市）县地方财政一般

地区	收								
	收入合计	税收							
		小计	增值税	营业税	企业所得税	个人所得税	资源税	城市维护建设税	耕地占用税
南澳县	6 166	5 007	681	1 416	456	113	38	221	400
佛山市	3 060 545	2 521 331	598 372	557 792	283 058	128 624	513	167 058	62 789
佛山市本级	309 889	276 422	45 033	59 617	34 453	18 426		17 204	2 808
佛山市区县合计	2 750 656	2 244 909	553 339	498 175	248 605	110 198	513	149 854	59 981
禅城区	307 865	234 770	38 362	50 785	28 648	15 696		14 655	2 392
南海区	1 026 588	829 959	186 291	199 348	92 064	37 791	2	58 186	20 933
顺德区	1 067 540	891 081	261 458	182 956	100 631	45 479	208	58 954	29 447
高明区	147 006	116 026	28 125	25 071	12 085	4 015	235	6 484	3 239
三水区	201 657	173 073	39 103	40 015	15 177	7 217	68	11 575	3 970
韶关市	478 133	347 555	82 943	82 192	25 838	13 859	11 091	39 597	9 709
韶关市本级	216 596	143 813	37 033	26 534	7 956	5 924	1 568	24 026	3 495
韶关市区县合计	261 537	203 742	45 910	55 658	17 882	7 935	9 523	15 571	6 214
浈江区	23 685	19 956	3 659	10 046	1 796	1 081	146	1 875	
武江区	22 253	17 186	2 629	8 115	2 298	1 070	506	1 292	
曲江区	44 121	35 838	10 668	8 072	3 482	1 423	550	3 808	15
乐昌市	30 763	24 256	3 978	7 856	2 251	798	811	1 860	956
南雄市	28 302	22 657	2 077	5 002	1 451	599	856	1 163	343
仁化县	33 733	26 094	10 481	3 705	771	762	3 597	2 384	754
始兴县	16 676	13 518	2 204	2 369	1 269	395	150	585	1 987
翁源县	16 269	12 477	2 750	3 760	702	657	571	850	106
新丰县	14 803	11 766	2 288	2 432	632	356	2 145	601	1 592
乳源瑶族自治县	30 932	19 994	5 176	4 301	3 230	794	191	1 153	461
河源市	250 906	203 607	41 993	54 722	21 508	6 889	7 740	11 944	7 994
河源市本级	85 169	76 300	14 282	18 246	14 611	3 023	515	3 234	
河源市区县合计	165 737	127 307	27 711	36 476	6 897	3 866	7 225	8 710	7 994
源城区	35 815	30 303	5 255	10 556	1 792	1 067	240	1 948	
东源县	30 741	24 914	5 914	6 276	1 285	838	1 463	1 459	1 812
和平县	14 020	10 446	1 581	3 835	495	289	577	666	
龙川县	28 091	18 387	3 638	6 456	1 170	719	329	1 239	1 126
紫金县	25 228	19 002	3 529	5 228	1 266	450	739	1 282	3 056
连平县	31 842	24 255	7 794	4 125	889	503	3 877	2 116	2 000
梅州市	389 542	289 800	68 019	56 077	26 864	11 590	8 365	36 701	11 086
梅州市本级	135 732	90 283	24 631	10 060	6 564	3 531	197	23 439	5 607
梅州市区县合计	253 810	199 517	43 388	46 017	20 300	8 059	8 168	13 262	5 479
梅江区	27 750	22 523	4 025	5 291	1 594	879	196	2 560	1 959
兴宁市	32 398	26 444	5 319	8 172	2 148	956	115	1 621	1 082
梅县	75 790	58 392	12 921	12 349	8 243	3 303	1 158	3 518	815
平远县	16 189	12 535	4 261	2 867	721	367	787	1 038	82
蕉岭县	26 213	20 071	4 956	3 372	1 913	594	3 482	1 282	1 154
大埔县	30 382	25 565	3 780	5 689	972	660	2 082	1 191	15
丰顺县	25 278	19 318	4 968	4 876	3 227	773	229	1 288	148
五华县	19 810	14 669	3 158	3 401	1 482	527	119	764	224

预算收支情况表（2－1）

单位：万元

入										
收　　入			非税收入							
契税	烟叶税	其他各项税收收入	小计	专项收入	行政事业性收费收入	罚没收入	国有资本经营收入	国有资源（资产）有偿使用收入	其他收入	支出合计
382		1 300	1 159	164	345	591		59		30 704
327 175		395 950	539 214	92 608	314 882	66 617	18 576	29 733	16 798	3 633 477
59 767		39 114	33 467	3 179	18 969	5 319		4 168	1 832	424 716
267 408		356 836	505 747	89 429	295 913	61 298	18 576	25 565	14 966	3 208 761
50 913		33 319	73 095	15 587	35 700	10 354		10 635	819	415 129
99 484		135 860	196 629	29 414	106 580	24 327	13 311	8 985	14 012	1 088 796
83 530		128 418	176 459	31 823	121 341	19 109	3 015	1 171		1 345 157
14 951		21 821	30 980	4 546	18 476	2 605	2 250	2 991	112	148 402
18 530		37 418	28 584	8 059	13 816	4 903		1 783	23	211 277
25 711	8 094	48 521	130 578	24 003	36 165	27 345	10 536	20 354	12 175	1 002 379
13 075		24 202	72 783	14 679	15 481	13 538	8 572	11 385	9 128	344 008
12 636	8 094	24 319	57 795	9 324	20 684	13 807	1 964	8 969	3 047	658 371
		1 353	3 729	61	1 605	525		915	623	50 640
		1 276	5 067	218	1 730	429		1 824	866	39 988
2 777		5 043	8 283	2 069	3 793	1 157	274	358	632	75 747
2 011	1 257	2 478	6 507	1 572	2 893	1 989		53		90 965
1 974	5 167	4 025	5 645	828	2 140	1 782	840	55		89 948
1 616		2 024	7 639	1 668	4 011	1 235		725		68 665
1 074	1 263	2 222	3 158	586	301	1 498	350	423		55 523
1 332		1 749	3 792	619	589	2 536		48		66 623
571		1 149	3 037	559	396	1 551	500	31		53 635
1 281	407	3 000	10 938	1 144	3 226	1 105		4 537	926	66 637
17 832		32 985	47 299	7 433	18 961	6 829	964	9 028	4 084	945 488
8 000		14 389	8 869	1 960	3 916	2 359		633	1	217 499
9 832		18 596	38 430	5 473	15 045	4 470	964	8 395	4 083	727 989
3 068		6 377	5 512	1 031	1 566	126		425	2 364	80 514
1 331		4 536	5 827	987	2 859	1 068		913		147 170
1 518		1 485	3 574	419	1 861	1 031		263		98 895
1 391		2 319	9 704	802	5 099	782		3 021		163 535
1 639		1 813	6 226	927	1 928	626	964	62	1 719	132 915
885		2 066	7 587	1 307	1 732	837		3 711		104 960
20 640	3 440	47 018	99 742	20 500	39 575	11 575	8 459	10 650	8 983	1 179 823
5 556		10 698	45 449	11 151	20 367	3 050	3 472	2 387	5 022	275 916
15 084	3 440	36 320	54 293	9 349	19 208	8 525	4 987	8 263	3 961	903 907
1 223		4 796	5 227	1 118	785	185	1 406	1 333	400	61 431
2 546		4 485	5 954	1 289	901	1 162	2 500	102		163 527
5 745	584	9 756	17 398	2 656	6 481	991		4 117	3 153	155 461
287	502	1 623	3 654	692	757	1 112	579	514		69 144
690	500	2 128	6 142	1 032	2 073	1 231	580	921	305	73 426
2 947	851	7 378	4 817	875	2 825	967		70	80	106 146
682	134	2 993	5 960	1 060	2 987	722		1 168	23	113 953
964	869	3 161	5 141	627	2 399	2 155	－78	38		160 819

2010年度广东省地（市）县地方财政一般

支

一般公共服务	外交	国防	公共安全	教育	科学技术	文化体育与传媒	社会保障和就业	医疗卫生	环境保护	城乡社区事务
5 168		35	3 274	3 846	230	426	1 422	3 863	818	417
466 946	10	4 797	411 767	691 057	113 366	51 144	249 125	139 425	480 516	222 949
57 360	10	2 323	74 743	43 409	13 421	15 900	39 786	14 251	4 386	9 942
409 586		2 474	337 024	647 648	99 945	35 244	209 339	125 174	476 130	213 007
85 002		855	51 226	85 230	13 532	3 269	39 358	20 674	18 819	41 763
124 887			137 247	249 578	35 733	12 010	67 852	46 479	99 672	62 569
135 222		874	108 591	234 342	41 587	15 365	65 353	36 268	349 076	93 958
24 238			17 501	33 947	4 546	2 053	14 089	9 201	4 304	6 843
40 237		745	22 459	44 551	4 547	2 547	22 687	12 552	4 259	7 874
172 342		3 240	77 779	186 506	14 243	17 281	124 383	80 925	32 818	54 509
44 241		1 369	35 219	39 106	5 493	7 939	41 182	14 626	16 912	40 679
128 101		1 871	42 560	147 400	8 750	9 342	83 201	66 299	15 906	13 830
9 109		198	2 264	15 923	399	557	7 253	3 970	327	1 753
10 491		67	1 523	12 547	432	162	5 068	2 873	26	1 149
14 776		207	5 039	16 303	996	659	12 498	7 078	1 300	2 342
14 456		198	6 725	19 985	1 050	781	11 864	10 693	3 516	1 214
16 109		165	5 643	20 534	1 150	1 056	5 363	10 831	1 861	1 514
15 777		163	4 194	13 709	872	1 311	7 566	7 431	2 759	1 287
11 034		292	4 598	9 319	759	918	7 808	6 356	2 218	472
14 848		137	4 327	12 411	359	885	10 093	7 669	1 333	1 223
8 953		189	4 475	13 381	695	1 174	8 702	4 141	634	820
12 548		255	3 772	13 288	2 038	1 839	6 986	5 257	1 932	2 056
130 364		740	54 679	198 631	7 961	14 443	131 786	82 177	24 827	42 814
39 716		399	19 045	38 464	2 946	6 027	11 715	6 942	11 875	18 451
90 648		341	35 634	160 167	5 015	8 416	120 071	75 235	12 952	24 363
16 570			2 758	17 450	606	1 214	9 045	4 634	51	5 999
19 968		5	7 242	26 278	670	1 004	26 743	11 989	4 984	736
13 093			5 570	23 634	1 339	894	18 317	9 837	2 011	4 141
18 342			7 373	39 037	633	1 127	29 059	21 833	2 206	7 289
11 567		333	7 090	32 576	572	2 798	20 944	16 671	1 470	2 805
11 108		3	5 601	21 192	1 195	1 379	15 963	10 271	2 230	3 393
151 881		16	68 616	254 427	9 934	22 812	191 398	107 692	46 962	33 860
32 876		13	20 214	44 540	2 979	10 628	28 382	7 975	23 187	12 697
119 005		3	48 402	209 887	6 955	12 184	163 016	99 717	23 775	21 163
6 907			1 972	17 602	310	586	14 127	5 514	82	1 784
15 174		3	9 541	43 565	1 006	1 524	30 271	18 217	1 917	4 597
28 131			8 168	33 701	961	2 717	29 604	15 592	1 737	3 124
10 804			4 778	11 000	759	744	11 597	8 030	3 372	971
6 676			4 413	11 125	618	1 625	13 044	6 790	5 475	3 685
16 300			5 539	21 829	864	2 615	17 316	12 179	2 101	2 735
15 641			6 710	25 400	826	915	18 925	14 679	2 295	2 886
19 372			7 281	45 665	1 611	1 458	28 132	18 716	6 796	1 381

预算收支情况表（2－2）

单位：万元

出										
农林水事务	交通运输	资源勘探电力信息等事务	商业服务业等事务	金融监管等事务支出	地震灾后恢复重建支出	国土资源气象等事务	住房保障支出	粮油物资储备管理等事务	国债还本付息支出	其他支出
6 422	508	248	328	14	48	432	296	177	1	2 731
239 854	121 600	115 529	58 465	1 113	32 590	24 545	67 357	14 410	45 163	81 749
9 810	63 883	6 955	2 564	206	11 145	2 517	11 518	3 410	24 458	12 719
230 044	57 717	108 574	55 901	907	21 445	22 028	55 839	11 000	20 705	69 030
13 407	9 903	6 328	7 933	130	2 752	1 365	8 822	1 122		3 639
86 622	29 870	43 128	12 125	530	7 901	9 964	17 129	3 871		41 629
98 032	12 426	55 390	29 053	217	8 169	8 171	24 305	3 600	15 000	10 158
12 446	3 084	1 350	3 137		1 127	1 226		959	5 705	2 646
19 537	2 434	2 378	3 653	30	1 496	1 302	5 583	1 448		10 958
102 680	38 671	28 424	16 673	293		8 453	9 377	5 392	1 212	27 178
22 889	28 688	16 605	2 919	209		3 320	2 425	2 275	239	17 673
79 791	9 983	11 819	13 754	84		5 133	6 952	3 117	973	9 505
2 339	3	2 426	2 381			40	741		13	944
2 382	54	1 342	610			7	1 013			242
6 978	1 362	1 345	1 067	3		299	2 913	326	186	70
11 471	1 158	588	2 817			2 858	746	358		487
15 729	1 031	1 838	1 448	43		288	45	427	751	4 122
8 813	1 430	418	698			447	489	635	1	665
7 648	417	477	1 521			289	788	368	9	232
8 534	2 307	509	1 235	3		231	139	292		88
6 433	284	1 440	900	4		349	55	262		744
9 464	1 937	1 436	1 077	31		325	23	449	13	1 911
147 455	34 030	10 954	13 867	67		6 837	13 915	3 369	187	26 385
15 027	24 788	4 287	2 500	47		1 762	6 930	455		6 123
132 428	9 242	6 667	11 367	20		5 075	6 985	2 914	187	20 262
10 793	389	1 769	3 190			182	1 270	343	34	4 217
32 722	3 668	1 402	2 495			1 260	1 386	791	66	3 761
15 177	740	1 063	989			860	450	395	87	298
25 339	1 107	482	2 021	10		481	862	417		5 917
24 759	1 636	1 061	1 696			724	1 473	602		4 138
23 638	1 702	890	976	10		1 568	1 544	366		1 931
148 529	42 243	17 088	18 309	133		8 482	12 327	6 528	380	38 206
19 087	37 093	7 652	4 935	85		4 771	2 353	3 442	290	12 717
129 442	5 150	9 436	13 374	48		3 711	9 974	3 086	90	25 489
5 750	206	865	1 105	30		2	380			4 209
23 416	1 259	1 612	2 795	15		548	829	452	37	6 749
22 125	295	1 325	2 405			580	3 540	398	7	1 051
10 577	100	1 541	1 013			403	1 581	233	4	1 637
10 181	1 183	1 115	935	3		604	222	300	4	5 428
15 993	227	843	2 208			464	841	724	19	3 349
16 756	1 716	927	1 271			839	776	352	6	3 033
24 644	164	1 208	1 642			271	1 805	627	13	33

2010年度广东省地（市）县地方财政一般

地区	收入合计	收							
		税收							
		小计	增值税	营业税	企业所得税	个人所得税	资源税	城市维护建设税	耕地占用税
惠州市	1 312 270	1 050 478	292 202	241 989	97 051	42 105	8 491	70 008	6 010
惠州市本级	715 353	589 965	210 769	110 694	65 032	22 783	2 523	47 689	
惠州市区县合计	596 917	460 513	81 433	131 295	32 019	19 322	5 968	22 319	6 010
惠城区	154 795	124 566	13 485	40 076	11 349	7 024	600	6 672	
惠阳区	147 984	127 831	21 363	34 188	7 215	4 629	375	5 870	1 560
惠东县	102 672	70 896	11 819	21 399	3 024	2 779	289	3 307	2 185
博罗县	150 184	107 868	26 763	28 334	8 056	4 035	858	4 521	2 265
龙门县	41 282	29 352	8 003	7 298	2 375	855	3 846	1 949	
汕尾市	262 309	167 813	25 734	36 975	11 684	3 578	1 225	6 987	27 104
汕尾市本级	70 543	49 498	12 142	10 686	5 773	1 292	395	2 548	5 771
汕尾市区县合计	191 766	118 315	13 592	26 289	5 911	2 286	830	4 439	21 333
城区	29 476	25 791	4 168	5 337	1 245	618	93	903	7 822
陆丰市	73 162	38 354	2 373	7 210	1 236	371	269	1 688	9 438
海丰县	72 968	45 298	6 062	11 758	2 935	1 151	372	1 511	3 680
陆河县	16 160	8 872	989	1 984	495	146	96	337	393
东莞市	2 778 404	2 217 675	626 301	458 712	247 986	110 441	87	113 837	79 908
东莞市本级	2 778 404	2 217 675	626 301	458 712	247 986	110 441	87	113 837	79 908
中山市	1 393 743	1 277 438	312 632	255 827	134 304	57 531	158	59 523	42 674
中山市本级	1 393 743	1 277 438	312 632	255 827	134 304	57 531	158	59 523	42 674
江门市	1 042 871	849 596	229 090	172 320	91 098	32 973	3 422	45 204	32 272
江门市本级	220 722	187 968	46 344	38 969	20 076	8 215	210	10 771	7 437
江门市区县合计	822 149	661 628	182 746	133 351	71 022	24 758	3 212	34 433	24 835
蓬江区	116 488	92 890	20 685	20 274	10 181	4 377	104	5 441	3 237
江海区	41 108	35 393	12 048	5 817	3 384	1 012		1 866	2 169
新会区	228 908	181 433	63 954	28 424	18 048	8 037	2 010	8 618	5 693
台山市	146 089	116 582	27 376	28 783	19 767	3 984	20	6 257	3 129
开平市	118 902	90 693	24 998	17 295	10 471	3 422	8	5 306	716
鹤山市	122 563	104 940	27 702	24 433	7 351	2 918	492	5 096	3 466
恩平市	48 091	39 697	5 983	8 325	1 820	1 008	578	1 849	6 425
阳江市	267 710	182 734	33 507	51 512	19 360	7 972	1 830	12 264	9 340
阳江市本级	115 582	65 181	7 981	19 881	6 145	3 198	309	4 395	5 983
阳江市区县合计	152 128	117 553	25 526	31 631	13 215	4 774	1 521	7 869	3 357
江城区	24 403	14 601	3 673	5 140	1 342	905	76	1 309	
阳春市	51 391	43 154	10 209	10 118	2 701	1 612	1 062	3 200	1 285
阳东县	56 098	42 295	9 805	10 230	6 568	1 594	294	2 378	1 968
阳西县	20 236	17 503	1 839	6 143	2 604	663	89	982	104
湛江市	662 295	452 001	114 613	114 645	29 468	19 409	744	34 168	40 443
湛江市本级	380 707	252 870	68 466	55 909	14 819	10 445	7	18 993	26 188
湛江市区县合计	281 588	199 131	46 147	58 736	14 649	8 964	737	15 175	14 255
赤坎区	31 550	20 939	4 016	5 993	1 293	1 118		2 010	2 565
霞山区	40 491	32 028	9 555	8 299	3 986	1 866		1 963	1 154

预算收支情况表（3－1）

单位：万元

入										
收　入			非税收入							
契税	烟叶税	其他各项税收收入	小计	专项收入	行政事业性收费收入	罚没收入	国有资本经营收入	国有资源(资产)有偿使用收入	其他收入	支出合计
105 314		187 308	261 792	43 904	110 644	48 805	1 839	28 436	28 164	1 854 379
42 516		87 959	125 388	23 558	49 541	24 904	1 497	5 720	20 168	894 999
62 798		99 349	136 404	20 346	61 103	23 901	342	22 716	7 996	959 380
18 297		27 063	30 229	6 616	7 242	1 035		12 649	2 687	200 306
19 883		32 748	20 153	3 112	7 570	9 175		295	1	193 708
12 576		13 518	31 776	2 637	23 188	4 906		45	1 000	219 311
9 849		23 187	42 316	4 134	21 281	6 262		8 076	2 563	243 882
2 193		2 833	11 930	3 847	1 822	2 523	342	1 651	1 745	102 173
20 279		34 247	94 496	5 348	31 566	6 432	8 817	19 017	23 316	565 096
2 111		8 780	21 045	2 070	7 414	2 244	2 930	1 991	4 396	127 279
18 168		25 467	73 451	3 278	24 152	4 188	5 887	17 026	18 920	437 817
1 306		4 299	3 685	407	1 341	252		46	1 639	50 054
11 214		4 555	34 808	686	8 922	1 424	1 600	16 565	5 611	187 553
3 594		14 235	27 670	1 973	12 046	1 805	4 260	43	7 543	142 722
2 054		2 378	7 288	212	1 843	707	27	372	4 127	57 488
186 994		393 409	560 729	72 153	306 894	78 400	33 000	58 075	12 207	2 898 306
186 994		393 409	560 729	72 153	306 894	78 400	33 000	58 075	12 207	2 898 306
243 202		171 587	116 305	35 194	41 047	24 053	12 000	3 363	648	1 458 491
243 202		171 587	116 305	35 194	41 047	24 053	12 000	3 363	648	1 458 491
79 254		163 963	193 275	29 834	87 763	49 436	20 165	5 934	143	1 329 803
19 405		36 541	32 754	7 472	12 067	10 664	1 350	1 061	140	265 336
59 849		127 422	160 521	22 362	75 696	38 772	18 815	4 873	3	1 064 467
10 700		17 891	23 598	2 329	9 031	12 182		56		148 241
1 948		7 149	5 715	850	2 906	1 407		552		57 516
10 952		35 697	47 475	6 849	18 678	8 145	11 575	2 225	3	270 352
7 774		19 492	29 507	4 500	16 166	6 095	1 935	811		195 026
7 189		21 288	28 209	3 495	15 977	4 266	4 124	347		157 290
16 530		16 952	17 623	2 881	8 713	5 267		762		136 471
4 756		8 953	8 394	1 458	4 225	1 410	1 181	120		99 571
21 941		25 008	84 976	9 690	34 773	26 476	4 764	8 793	480	649 223
7 393		9 896	50 401	4 330	18 979	20 746	1 986	4 180	180	212 904
14 548		15 112	34 575	5 360	15 794	5 730	2 778	4 613	300	436 319
		2 156	9 802	565	4 215	443	902	3 677		63 356
7 069		5 898	8 237	2 517	3 364	1 586	658	112		163 083
4 832		4 626	13 803	1 542	6 935	3 051	1 218	757	300	124 626
2 647		2 432	2 733	736	1 280	650		67		85 254
41 314	63	57 134	210 294	20 965	82 099	33 199	40 172	13 180	20 679	1 536 453
29 846		28 197	127 837	11 451	44 523	12 939	39 318	9 899	9 707	672 070
11 468	63	28 937	82 457	9 514	37 576	20 260	854	3 281	10 972	864 383
		3 944	10 611	1 368	3 145	821	74	615	4 588	45 180
		5 205	8 463	719	5 472	596		425	1 251	65 448

2010 年度广东省地（市）县地方财政一般

支										
一般公共服务	外交	国防	公共安全	教育	科学技术	文化体育与传媒	社会保障和就业	医疗卫生	环境保护	城乡社区事务
287 259		2 094	163 718	323 894	35 738	41 162	184 779	107 259	64 952	80 658
122 138		95	84 098	84 099	21 007	23 894	88 595	42 584	46 924	47 182
165 121		1 999	79 620	239 795	14 731	17 268	96 184	64 675	18 028	33 476
45 506		422	7 774	56 123	4 335	3 191	28 227	10 378	1 134	2 759
36 046		426	21 892	46 844	2 570	2 100	13 622	10 054	7 246	9 728
30 600		460	21 219	53 550	3 389	4 883	21 459	17 682	2 928	14 370
36 100		303	19 745	63 202	3 965	5 035	24 611	19 276	4 076	5 224
16 869		388	8 990	20 076	472	2 059	8 265	7 285	2 644	1 395
80 152			35 021	135 016	3 974	10 284	77 901	46 249	17 241	21 228
22 455			14 617	11 814	929	6 272	13 767	4 399	2 426	4 160
57 697			20 404	123 202	3 045	4 012	64 134	41 850	14 815	17 068
8 808			1 164	16 381	560	458	6 619	5 074	144	1 167
19 006			8 268	47 144	938	1 464	27 722	19 733	12 404	13 054
21 324			8 554	43 660	1 343	1 552	21 413	10 772	1 426	2 085
8 559			2 418	16 017	204	538	8 380	6 271	841	762
269 505		760	388 243	653 090	79 830	42 085	264 017	53 096	156 851	427 966
269 505		760	388 243	653 090	79 830	42 085	264 017	53 096	156 851	427 966
143 049		24	130 987	382 708	67 248	52 238	108 308	47 558	35 457	92 352
143 049		24	130 987	382 708	67 248	52 238	108 308	47 558	35 457	92 352
200 870		6 639	132 521	262 986	29 897	13 458	176 978	88 944	23 112	44 526
38 848		3 726	39 318	32 731	8 070	6 481	26 307	10 909	10 256	11 293
162 022		2 913	93 203	230 255	21 827	6 977	150 671	78 035	12 856	33 233
24 247		421	17 591	31 949	3 474	1 199	18 369	5 771	509	6 780
13 079		286	7 406	10 885	1 542	333	5 635	3 348	2 051	2 910
31 988		318	20 530	60 519	10 644	1 425	31 459	20 292	2 978	3 774
23 929		487	13 031	39 989	2 019	917	35 769	16 182	1 378	1 672
25 621		574	13 107	37 475	1 482	1 226	23 473	12 822	1 995	6 535
23 132		630	12 955	27 493	1 424	1 129	19 877	11 057	3 025	6 740
20 026		197	8 583	21 945	1 242	748	16 089	8 563	920	4 822
102 006		117	49 940	130 636	7 992	7 265	80 666	55 722	15 703	17 745
34 839		63	24 689	35 754	3 029	4 753	26 524	9 727	6 523	8 818
67 167		54	25 251	94 882	4 963	2 512	54 142	45 995	9 180	8 927
10 129		54	3 086	17 049	672	247	8 724	6 566	34	461
21 310			8 473	39 617	1 317	525	24 494	20 956	1 716	5 467
22 139			7 484	19 730	2 295	1 114	12 945	10 229	6 223	2 139
13 589			6 208	18 486	679	626	7 979	8 244	1 207	860
185 599		5 236	108 530	350 859	5 809	20 273	202 823	140 998	43 823	57 160
63 219		2 929	62 310	83 453	2 566	15 132	70 038	75 688	32 184	34 940
122 380		2 307	46 220	267 406	3 243	5 141	132 785	65 310	11 639	22 220
12 493		180	2 999	12 518	176	214	7 340	2 895	3	3 682
10 969		164	3 503	19 751	1 007	219	9 700	2 373	1 719	3 225

预算收支情况表（3－2）

单位：万元

出										
农林水事务	交通运输	资源勘探电力信息等事务	商业服务业等事务	金融监管等事务支出	地震灾后恢复重建支出	国土资源气象等事务	住房保障支出	粮油物资储备管理等事务	国债还本付息支出	其他支出
146 094	98 181	73 650	31 076	189	5 523	17 396	7 123	10 125	487	173 022
33 723	79 737	61 424	13 704	189	5 523	7 876	1 798	2 425	282	127 702
112 371	18 444	12 226	17 372			9 520	5 325	7 700	205	45 320
16 371	1 248	4 809	6 705			421		2 467	22	8 414
18 816	5 948	1 926	2 411			2 390	4 522	1 190	14	5 963
25 843	2 595	1 826	2 004			2 969	250	1 578	12	11 694
36 321	7 389	2 587	4 940			2 557	315	2 106	116	6 014
15 020	1 264	1 078	1 312			1 183	238	359	41	13 235
60 800	13 011	5 503	5 280	24		8 253	8 394	2 809		33 956
11 450	11 078	2 455	1 035	24		1 222	2 286	1 097		15 793
49 350	1 933	3 048	4 245			7 031	6 108	1 712		18 163
5 136	33	422	360			150	84	312		3 182
21 408	1 055	1 198	1 626			5 689	5 068	519		1 257
16 496	609	802	1 620			844	2	626		9 594
6 310	236	626	639			348	954	255		4 130
229 613	90 609	160 014	46 513	231	17 946	18 920	1 308	4 016	260	－6 567
229 613	90 609	160 014	46 513	231	17 946	18 920	1 308	4 016	260	－6 567
183 415	31 328	34 904	28 434	6 140	2 398	8 135	11 723	4 027	469	87 589
183 415	31 328	34 904	28 434	6 140	2 398	8 135	11 723	4 027	469	87 589
123 013	55 809	15 570	30 420	105	8 052	8 578	34 716	8 546	393	64 670
10 872	38 532	2 686	2 032	83	6 407	2 535	5 739	3 212	37	5 262
112 141	17 277	12 884	28 388	22	1 645	6 043	28 977	5 334	356	59 408
9 006		1 779	6 716		312	71	3 124			16 923
2 154	7	2 103	2 400		114	8	1 283		53	1 919
36 412	6 126	3 184	5 840	14		2 277	8 281	760	245	23 286
26 988	3 749	2 012	3 712		425	2 294	4 459	1 761	14	14 239
13 389	3 107	1 695	4 632		331	503	7 421	1 080		822
15 579	2 327	1 440	3 314		336	365	3 684	915	44	1 005
8 613	1 961	671	1 774	8	127	525	725	818		1 214
85 301	27 130	12 480	14 213	50		7 761	6 513	5 731	1 485	20 767
11 534	18 170	3 648	4 557	10		2 951	4 353	1 750	295	10 917
73 767	8 960	8 832	9 656	40		4 810	2 160	3 981	1 190	9 850
8 077	182	178	2 623			170		897	4	4 203
26 414	2 550	1 240	3 604			2 290	1 307	1 289	6	508
22 303	4 408	3 459	1 978	40		1 303	732	1 113	1 180	3 812
16 973	1 820	3 955	1 451			1 047	121	682		1 327
172 181	63 357	12 750	18 121	294	7 665	11 071	78 493	6 356	186	44 869
38 481	56 664	6 089	7 425	244	7 665	6 092	70 323	4 303	169	32 156
133 700	6 693	6 661	10 696	50		4 979	8 170	2 053	17	12 713
723		270	581			2	954			150
3 703	41	1 065	1 953			129				5 927

2010年度广东省地（市）县地方财政一般

地区	收入合计	收							
		税收							
		小计	增值税	营业税	企业所得税	个人所得税	资源税	城市维护建设税	耕地占用税
麻章区	22 385	16 899	4 021	3 135	753	570	1	1 394	3 309
坡头区	15 701	11 620	1 714	2 590	623	398	255	713	3 995
雷州市	32 088	22 585	4 991	8 543	1 225	990	94	1 871	37
廉江市	46 729	31 509	7 665	9 168	1 735	1 004	240	2 431	1 738
吴川市	35 068	22 973	4 888	6 632	2 836	979	25	1 875	411
遂溪县	33 998	23 981	6 481	7 719	978	1 152	44	1 831	800
徐闻县	23 578	16 597	2 816	6 657	1 220	887	78	1 087	246
茂名市	519 455	299 530	85 831	58 126	13 354	8 974	4 265	40 551	14 105
茂名市本级	255 360	145 202	60 205	17 257	6 504	4 771	292	29 071	
茂名市区县合计	264 095	154 328	25 626	40 869	6 850	4 203	3 973	11 480	14 105
茂南区	33 565	24 414	3 611	6 957	2 252	1 206	359	2 068	1 217
茂港区	17 351	13 252	2 678	3 708	926	219	21	782	
信宜市	48 162	25 150	4 430	5 687	886	601	1 154	2 935	270
高州市	61 533	32 348	6 374	9 337	1 159	902	340	2 192	4 173
化州市	48 971	29 032	4 105	5 318	736	582	1 729	2 054	5 321
电白县	54 513	30 132	4 428	9 862	891	693	370	1 449	3 124
肇庆市	768 042	482 555	79 994	124 516	31 724	16 216	7 692	25 893	45 001
肇庆市本级	216 415	158 779	20 126	47 726	9 837	5 666	16	8 161	17 738
肇庆市区县合计	551 627	323 776	59 868	76 790	21 887	10 550	7 676	17 732	27 263
端州区	80 600	52 394	6 904	16 810	4 024	2 444		3 134	
鼎湖区	27 655	22 890	4 902	6 341	1 305	603	8	1 541	191
四会市	113 772	69 031	15 357	16 251	4 584	1 639	170	4 985	3 323
高要市	136 132	82 722	16 048	14 900	7 154	2 307	1 427	4 070	6 536
广宁县	43 910	21 084	3 508	5 569	1 044	748	251	844	4 525
德庆县	47 153	26 026	4 225	5 131	1 009	731	1 228	1 132	5 361
封开县	41 009	21 967	2 695	4 351	1 372	514	2 699	832	5 648
怀集县	61 396	27 662	6 229	7 437	1 395	1 564	1 893	1 194	1 679
清远市	727 875	491 007	74 330	130 103	43 468	14 363	23 367	23 243	44 038
清远市本级	217 678	164 019	15 822	49 240	12 908	5 080	1 730	8 552	17 056
清远市区县合计	510 197	326 988	58 508	80 863	30 560	9 283	21 637	14 691	26 982
清城区	112 745	78 931	7 794	24 253	6 358	2 502	852	4 185	6 933
英德市	118 381	78 640	17 767	14 521	8 605	1 472	10 448	3 288	9 334
连州市	53 317	29 825	6 157	6 152	2 889	1 136	2 904	1 487	913
佛冈县	68 926	37 549	8 619	8 025	3 887	1 086	420	1 191	1 147
清新县	83 903	63 195	10 551	20 040	6 255	1 836	2 234	2 352	4 285
连山壮族瑶族自治县	10 080	6 052	1 305	1 093	295	228	276	379	1 279
连南瑶族自治县	17 586	9 098	2 020	1 381	641	288	1 344	526	1 469
阳山县	45 259	23 698	4 295	5 398	1 630	735	3 159	1 283	1 622
潮州市	232 514	197 403	72 262	26 329	19 575	9 829	5 655	15 338	2 796
潮州市本级	116 441	95 802	34 498	17 309	11 158	5 385	2 745	6 621	52
潮州市区县合计	116 073	101 601	37 764	9 020	8 417	4 444	2 910	8 717	2 744
湘桥区	20 508	17 631	4 864	2 826	1 614	1 012	269	1 314	1 317

预算收支情况表（4－1）

单位：万元

入										
收　　入			非税收入							
契税	烟叶税	其他各项税收收入	小计	专项收入	行政事业性收费收入	罚没收入	国有资本经营收入	国有资源(资产)有偿使用收入	其他收入	支出合计
1 339		2 377	5 486	582	4 239	605		60		40 243
140		1 192	4 081	350	2 443	241		353	694	51 702
2 019		2 815	9 503	1 247	2 785	4 982	80	209	200	144 838
3 054	63	4 411	15 220	1 429	7 822	4 489	493	501	486	183 500
1 823		3 504	12 095	1 060	3 892	3 179	103	294	3 567	108 432
1 600		3 376	10 017	1 871	4 542	2 576	104	738	186	120 337
1 493		2 113	6 981	888	3 236	2 771		86		104 703
18 765		55 559	219 925	19 170	86 051	30 218	8 213	14 193	62 080	1 224 935
4 759		22 343	110 158	14 273	22 546	8 628	1 694	3 081	59 936	352 343
14 006		33 216	109 767	4 897	63 505	21 590	6 519	11 112	2 144	872 592
1 409		5 335	9 151	876	4 610	1 863	33	305	1 464	86 599
947		3 971	4 099	339	2 065	1 608		87		54 833
2 494		6 693	23 012	824	12 914	4 443	4 476	115	240	184 417
2 862		5 009	29 185	908	19 028	4 697	2 010	2 542		204 200
2 426		6 761	19 939	805	7 545	4 374		6 775	440	172 188
3 868		5 447	24 381	1 145	17 343	4 605		1 288		170 355
59 397		92 122	285 487	30 375	63 044	21 720	55 249	109 452	5 647	1 276 606
16 638		32 871	57 636	6 580	12 805	5 786	29 474	1 993	998	343 075
42 759		59 251	227 851	23 795	50 239	15 934	25 775	107 459	4 649	933 531
9 459		9 619	28 206	1 764	4 466	1 893		20 083		106 206
4 315		3 684	4 765	900	2 526	369		969	1	44 027
6 337		16 385	44 741	3 635	13 194	3 952	17 451	5 760	749	152 580
12 896		17 384	53 410	2 932	14 489	3 033		32 956		187 800
1 596		2 999	22 826	975	5 969	1 174	4 588	7 032	3 088	100 630
3 213		3 996	21 127	1 088	4 001	2 035	3 736	10 241	26	95 590
1 287		2 569	19 042	994	2 235	1 820		13 993		93 046
3 656		2 615	33 734	11 507	3 359	1 658		16 425	785	153 652
55 760	386	81 949	236 868	15 870	81 775	38 033	12 473	5 314	83 403	1 328 090
24 246		29 385	53 659	5 760	30 965	12 243		701	3 990	265 918
31 514	386	52 564	183 209	10 110	50 810	25 790	12 473	4 613	79 413	1 062 172
11 581		14 473	33 814	1 549	6 464	7 461	10 000	159	8 181	212 467
4 938		8 267	39 741	2 003	6 857	2 258		232	28 391	242 042
1 954	386	5 847	23 492	1 318	4 640	3 202	1 573	479	12 280	120 696
4 877		8 297	31 377	1 015	6 948	3 292		564	19 558	105 678
5 422		10 220	20 708	1 881	12 467	5 371	900	80	9	168 758
134		1 063	4 028	390	761	816		2 061		45 306
305		1 124	8 488	525	6 632	1 061		39	231	57 034
2 303		3 273	21 561	1 429	6 041	2 329		999	10 763	110 191
7 575		38 044	35 111	10 061	17 115	6 590	-400	1 145	600	559 920
3 950		14 084	20 639	4 602	9 613	4 942	305	577	600	223 589
3 625		23 960	14 472	5 459	7 502	1 648	-705	568		336 331
590		3 825	2 877	557	2 239	131	-60	10		43 737

2010年度广东省地（市）县地方财政一般

支

一般公共服务	外交	国防	公共安全	教育	科学技术	文化体育与传媒	社会保障和就业	医疗卫生	环境保护	城乡社区事务
8 639		168	1 502	12 662	253	276	5 294	2 318	288	1 616
8 463		156	1 427	16 997	185	263	8 253	3 605	312	1 282
13 550		334	7 483	48 642	237	735	23 201	9 889	647	2 074
21 711		302	9 250	63 065	519	1 016	27 550	16 805	1 395	2 238
17 960		235	6 992	33 877	371	670	16 096	7 380	2 004	1 811
10 918		446	6 416	34 053	354	665	19 596	12 872	3 192	2 714
17 677		322	6 648	25 841	141	1 083	15 755	7 173	2 079	3 578
177 252			71 924	314 133	5 856	12 673	182 316	129 767	44 050	41 957
52 444			28 899	59 812	3 058	5 229	36 069	12 871	27 023	25 994
124 808			43 025	254 321	2 798	7 444	146 247	116 896	17 027	15 963
14 656			7 236	19 053	402	404	14 122	11 241	2 448	561
6 469			2 960	15 286	232	305	7 353	7 303	581	634
24 870			9 027	55 823	736	1 128	30 138	22 197	2 468	2 600
28 622			7 845	59 863	814	1 710	36 255	26 426	5 316	7 001
21 108			7 123	52 772	168	1 949	31 059	27 726	2 706	2 221
29 083			8 834	51 524	446	1 948	27 320	22 003	3 508	2 946
227 380		5 904	103 678	267 503	22 967	22 309	145 336	87 042	12 582	70 828
51 576		1 508	25 937	35 656	8 701	10 035	29 509	15 285	2 395	35 525
175 804		4 396	77 741	231 847	14 266	12 274	115 827	71 757	10 187	35 303
22 604		499	14 696	25 458	2 159	1 746	14 854	4 204	88	8 187
10 570		620	4 753	10 105	616	234	4 662	2 229	588	694
21 453		1 150	13 760	38 222	1 999	2 165	16 974	8 439	3 924	11 413
37 823		664	14 969	46 608	4 379	3 513	20 845	12 579	2 196	6 740
17 900		313	7 369	23 555	657	1 812	14 514	8 085	785	2 945
21 443		545	5 583	20 380	1 684	938	12 979	6 930	1 289	2 453
19 802		374	6 693	21 681	1 155	846	14 129	8 386	325	1 024
24 209		231	9 918	45 838	1 617	1 020	16 870	20 905	992	1 847
200 747		6 703	96 697	270 845	13 275	19 029	141 560	103 408	33 782	92 285
49 965		3 912	26 421	32 997	3 410	8 533	20 341	13 193	17 522	16 368
150 782		2 791	70 276	237 848	9 865	10 496	121 219	90 215	16 260	75 917
23 537			16 521	40 558	1 955	507	18 067	10 395	281	15 649
22 795		712	14 896	62 911	2 266	1 159	26 411	20 138	5 469	13 128
19 108			8 225	21 992	1 381	1 327	16 585	10 967	2 001	11 106
23 385		85	8 059	20 295	1 375	2 634	11 477	9 536	902	13 539
27 891		1 947	10 305	47 010	2 205	708	17 403	13 659	1 376	12 733
7 054		47	3 480	8 504	103	943	8 374	3 619	2 811	1 175
9 244			3 527	9 240	72	973	9 096	5 929	2 684	2 478
17 768			5 263	27 338	508	2 245	13 806	15 972	736	6 109
79 778		1 016	32 600	113 000	4 434	8 771	71 739	55 349	14 324	18 094
33 118		716	17 933	26 209	1 693	6 570	20 596	8 212	8 364	9 138
46 660		300	14 667	86 791	2 741	2 201	51 143	47 137	5 960	8 956
7 059			1 744	12 545	215	371	8 913	4 933	993	1 956

预算收支情况表（4－2）

单位：万元

出										
农林水事务	交通运输	资源勘探电力信息等事务	商业服务业等事务	金融监管等事务支出	地震灾后恢复重建支出	国土资源气象等事务	住房保障支出	粮油物资储备管理等事务	国债还本付息支出	其他支出
4 129	383	540	497			141	270	3		1 264
6 838	262	1 598	755	32		188	743			343
31 403	2 276	627	1 511			909	338	369		613
34 840	1 382	357	323			1 168	797	174		608
13 107	432	531	1 831	1		584	1 229	438		2 883
21 935	685	784	1 620			940	2 095	607	17	428
17 022	1 232	889	1 625	17		918	1 744	462		497
114 070	33 960	17 258	19 546	651	4 787	9 704	8 178	7 733	387	28 733
18 047	29 282	13 773	2 867	138	3 994	2 719	5 627	1 964	387	22 146
96 023	4 678	3 485	16 679	513	793	6 985	2 551	5 769		6 587
9 653	63	334	3 817	63		1 101		1 232		213
9 711	77	328	1 336		160	397	203	682		816
24 032	1 105	800	3 227	172		1 197	964	620		3 313
19 775	1 608	273	5 248	153		1 980	365	571		375
17 856	649	725	2 751	44		621	776	252		1 682
14 996	1 176	1 025	300	81	633	1 689	243	2 412		188
135 176	43 698	25 531	22 243	15	525	15 310	9 357	4 772	354	54 096
35 819	30 588	19 025	2 778	15	525	2 453	5 374	845	94	29 432
99 357	13 110	6 506	19 465			12 857	3 983	3 927	260	24 664
1 945	2	513	2 571				1 174	464	40	5 002
5 932	899	524	797			355	15	167	14	253
13 745	2 526	1 102	3 591			1 228	2 061	586	53	8 189
22 284	2 227	1 006	3 460			4 911	78	1 219	67	2 232
13 069	1 773	391	1 642			697	35	336	19	4 733
12 190	1 310	1 191	3 764			1 247	82	444	21	1 117
13 216	2 065	197	1 119			910	273	297	18	536
16 976	2 308	1 582	2 521			3 509	265	414	28	2 602
137 779	46 018	11 703	13 193			8 241	12 754	4 606	449	115 016
9 248	35 609	4 933	3 156			2 027	4 487	1 300	352	12 144
128 531	10 409	6 770	10 037			6 214	8 267	3 306	97	102 872
16 162	5	305	3 305			202	2 355	498		62 165
37 016	3 391	1 379	2 239			946	438	497	44	26 207
20 597	2 093	570	524			1 235	120	333		2 532
7 146	1 742	2 205	1 242			1 445	208	159		244
22 065	651	1 077	1 604			926	2 321	440	9	4 428
6 582	323	136	322			273	1 100	151		309
6 374	727	688	306			739	226	936		3 795
12 589	1 477	410	495			448	1 499	292	44	3 192
55 193	19 155	7 271	9 514	579	349	3 399	4 959	1 688	483	58 225
13 162	15 142	3 305	2 738	66	349	1 438	2 440	700	359	51 341
42 031	4 013	3 966	6 776	513		1 961	2 519	988	124	6 884
1 841	1	617	1 079			5	190	310		965

2010 年度广东省地（市）县地方财政一般

地区	收								
	收入合计	税收							
		小计	增值税	营业税	企业所得税	个人所得税	资源税	城市维护建设税	耕地占用税
饶平县	29 565	25 326	9 543	2 771	2 719	491	510	2 675	928
潮安县	66 000	58 644	23 357	3 423	4 084	2 941	2 131	4 728	499
揭阳市	386 506	290 361	92 803	40 805	34 104	11 122	1 002	24 847	30 307
揭阳市本级	121 058	88 203	23 404	16 424	10 425	4 218	260	8 279	6 355
揭阳市区县合计	265 448	202 158	69 399	24 381	23 679	6 904	742	16 568	23 952
榕城区	44 019	31 778	10 950	3 324	3 856	1 732	29	2 469	3 398
普宁市	103 191	74 450	26 813	9 270	11 067	2 715	208	6 930	3 058
揭东县	67 053	57 715	19 310	5 123	4 927	1 174	173	4 489	11 020
揭西县	21 781	15 557	4 962	2 402	1 717	644	184	1 045	2 170
惠来县	29 404	22 658	7 364	4 262	2 112	639	148	1 635	4 306
云浮市	235 424	156 061	27 773	40 451	9 317	9 193	4 126	9 784	12 763
云浮市本级	60 602	40 846	5 614	12 485	1 796	2 376	767	4 699	
云浮市区县合计	174 822	115 215	22 159	27 966	7 521	6 817	3 359	5 085	12 763
云城区	25 107	21 769	2 408	5 292	729	1 055	344		6 071
罗定市	41 976	25 342	6 073	6 488	2 308	1 123	475	1 777	960
新兴县	56 106	38 111	7 444	7 216	3 040	3 351	134	1 619	3 499
郁南县	24 942	14 981	2 859	5 718	900	700	140	984	
云安县	26 691	15 012	3 375	3 252	544	588	2 266	705	2 233

注：此表由省财政厅国库处提供。

预算收支情况表（5－1）

单位：万元

入										
收　　入			非税收入							
契税	烟叶税	其他各项税收收入	小计	专项收入	行政事业性收费收入	罚没收入	国有资本经营收入	国有资源（资产）有偿使用收入	其他收入	支出合计
1 078		4 611	4 239	1 827	657	1 351	260	144		134 287
1 957		15 524	7 356	3 075	4 606	166	－905	414		158 307
15 522		39 849	96 145	14 766	35 524	23 078	11 318	7 298	4 161	946 830
5 514		13 324	32 855	4 580	11 031	10 780	3 210	978	2 276	256 897
10 008		26 525	63 290	10 186	24 493	12 298	8 108	6 320	1 885	689 933
2 332		3 688	12 241	1 049	5 477	1 271	2 200	1 387	857	63 636
5 694		8 695	28 741	4 018	8 628	7 084	4 009	3 974	1 028	198 970
1 044		10 455	9 338	3 122	4 277	1 944	－230	225		168 696
604		1 829	6 224	681	2 745	1 304	850	644		117 011
334		1 858	6 746	1 316	3 366	695	1 279	90		141 620
17 660		24 994	79 363	10 951	31 917	6 129	26 823	2 323	1 220	692 773
5 255		7 854	19 756	5 002	5 728	1 725	5 535	1 766		182 939
12 405		17 140	59 607	5 949	26 189	4 404	21 288	557	1 220	509 834
2 361		3 509	3 338	1 125	1 176	518	281	46	192	54 050
1 882		4 256	16 634	1 160	12 372	776	1 309	87	930	170 215
5 611		6 197	17 995	1 315	2 720	1 064	12 607	289		127 020
1 549		2 131	9 961	859	5 069	1 012	2 838	85	98	88 785
1 002		1 047	11 679	1 490	4 852	1 034	4 253	50		69 764

2010 年度广东省地（市）县地方财政一般

支										
一般公共服务	外交	国防	公共安全	教育	科学技术	文化体育与传媒	社会保障和就业	医疗卫生	环境保护	城乡社区事务
16 651			6 270	32 193	1 236	874	22 868	19 593	1 628	2 593
22 950		300	6 653	42 053	1 290	956	19 362	22 611	3 339	4 407
140 742		1 494	65 608	247 008	4 781	10 130	108 576	97 263	66 406	43 928
39 595		144	25 158	36 659	2 019	4 207	16 456	9 410	40 092	33 229
101 147		1 350	40 450	210 349	2 762	5 923	92 120	87 853	26 314	10 699
14 116			3 055	17 560	226	856	11 464	5 393	3 316	894
23 387		544	14 598	67 893	735	1 351	31 667	28 130	3 608	2 509
23 476		137	9 135	54 785	931	1 010	20 837	21 107	11 816	1 763
20 586		307	6 636	35 322	435	1 160	11 069	13 021	2 317	2 196
19 582		362	7 026	34 789	435	1 546	17 083	20 202	5 257	3 337
99 668		2 089	43 807	129 857	11 447	6 405	72 137	60 104	15 391	14 215
26 095		789	14 091	15 086	4 452	2 240	9 191	3 502	1 802	1 443
73 573		1 300	29 716	114 771	6 995	4 165	62 946	56 602	13 589	12 772
8 835		246	2 796	15 299	1 133	239	8 458	5 276	555	337
23 241			9 802	44 417	1 481	1 137	20 780	19 267	5 150	2 394
16 859		763	7 262	25 722	2 522	1 519	17 519	12 770	4 767	6 295
12 892			5 786	18 210	715	540	10 252	10 413	1 674	2 822
11 746		291	4 070	11 123	1 144	730	5 937	8 876	1 443	924

预算收支情况表（5－2）

单位：万元

出										
农林水事务	交通运输	资源勘探电力信息等事务	商业服务业等事务	金融监管等事务支出	地震灾后恢复重建支出	国土资源气象等事务	住房保障支出	粮油物资储备管理等事务	国债还本付息支出	其他支出
22 396	1 456	904	2 231			1 507	206	644		1 037
17 794	2 556	2 445	3 466	513		449	2 123	34	124	4 882
80 235	22 082	13 842	13 081		1 112	5 931	16 391	3 557	507	4 156
11 118	19 309	8 263	3 003		1 112	1 676	3 148	1 091	71	1 137
69 117	2 773	5 579	10 078			4 255	13 243	2 466	436	3 019
2 344	7	366	2 664			24	516	583		252
13 074	669	987	2 056			1 272	3 991	130	206	2 163
16 583	224	1 999	2 273			1 120	843	559	78	20
13 679	486	888	2 257			743	5 144	593		172
23 437	1 387	1 339	828			1 096	2 749	601	152	412
69 981	36 297	19 738	18 387	304		10 400	6 132	4 128	258	72 028
4 568	27 484	13 567	1 345	300		3 622	2 277	728	87	50 270
65 413	8 813	6 171	17 042	4		6 778	3 855	3 400	171	21 758
5 120	201	1 263	1 975	1		186	1 072	1 004	16	38
26 500	5 163	1 598	6 283			942	230	730	64	1 036
14 056	1 452	753	4 446			1 012	1 544	397	75	7 287
9 557	1 210	1 773	2 655	3		3 976	364	402	9	5 532
10 180	787	784	1 683			662	645	867	7	7 865

2010年度广东省非税收入规模及结构情况表

单位：万元

项　　目	决算数	备　　注
一、纳入一般预算管理的非税收入小计	6 511 689	
1. 行政事业性收费收入	2 585 692	
2. 罚没收入	908 642	
3. 专项收入	949 137	
4. 国有资源（资产）有偿使用收入	703 685	
5. 国有资本经营收入	897 297	
6. 其他收入	467 236	
二、纳入预算管理的政府性基金收入小计	21 228 091	
1. 农网还贷资金收入		
2. 库区维护建设基金收入		该科目已取消
3. 散装水泥专项资金收入	7 588	
4. 新型墙体材料专项基金收入	53 441	
5. 文化事业建设费收入	100 025	
6. 农业发展基金收入		该科目已取消
7. 新菜地开发建设基金收入	9 134	
8. 国有土地使用权出让金收入	17 841 754	
9. 国有土地收益基金收入	310 388	
10. 农业土地开发资金收入	226 370	
11. 新增建设用地土地有偿使用费收入	486 871	
12. 林业建设基金		该科目已取消
13. 育林基金收入	16 487	
14. 森林植被恢复费	69 804	
15. 地方水利建设基金收入	75 784	
16. 水资源补偿费收入		该科目已取消
17. 残疾人就业保障金收入	165 652	
18. 政府住房基金收入	154 161	
19. 城市公用事业附加收入	278 465	
20. 大中型水库库区基金收入	59	
21. 小型水库移民扶助基金收入	48 219	
22. 彩票公益金收入	258 016	
23. 城市基础设施配套费收入	499 027	
24. 贸促会收费	815	新增科目
25. 国家电影事业发展专项资金收入	−766	新增科目
26. 车辆通行费	434 709	新增科目
27. 船舶港务费	23	新增科目
28. 其他基金收入	192 065	
三、纳入预算管理的非税收入合计	27 739 780	
四、纳入财政专户管理收入小计	6 612 607	
1. 行政事业性收费收入	3 560 538	
2. 国有资产（资源）有偿使用收入	179 980	
3. 其他收入	2 872 089	
五、非税收入合计	34 352 387	

注：此表由省财政厅国库处提供。

2010年度广东省地方财政一般预算收入超亿元县（市）统计表

单位：万元

序号	县（市）	一般预算收入	序号	县（市）	一般预算收入
1	增城市	398 759	34	龙门县	41 282
2	从化市	193 351	35	封开县	41 009
3	博罗县	150 184	36	吴川市	35 068
4	台山市	146 089	37	遂溪县	33 998
5	高要市	136 132	38	仁化县	33 733
6	鹤山市	122 563	39	兴宁市	32 398
7	开平市	118 902	40	雷州市	32 088
8	英德市	118 381	41	连平县	31 842
9	四会市	113 772	42	乳源瑶族自治县	30 932
10	普宁市	103 191	43	乐昌市	30 763
11	惠东县	102 672	44	东源县	30 741
12	清新县	83 903	45	大埔县	30 382
13	梅　县	75 790	46	饶平县	29 565
14	陆丰市	73 162	47	惠来县	29 404
15	海丰县	72 968	48	南雄市	28 302
16	佛冈县	68 926	49	龙川县	28 091
17	揭东县	67 053	50	云安县	26 691
18	潮安县	66 000	51	蕉岭县	26 213
19	高州市	61 533	52	丰顺县	25 278
20	怀集县	61 396	53	紫金县	25 228
21	新兴县	56 106	54	郁南县	24 942
22	阳东县	56 098	55	徐闻县	23 578
23	电白县	54 513	56	揭西县	21 781
24	连州市	53 317	57	阳西县	20 236
25	阳春市	51 391	58	五华县	19 810
26	化州市	48 971	59	连南瑶族自治县	17 586
27	信宜市	48 162	60	始兴县	16 676
28	恩平市	48 091	61	翁源县	16 269
29	德庆县	47 153	62	平远县	16 189
30	廉江市	46 729	63	陆河县	16 160
31	阳山县	45 259	64	新丰县	14 803
32	广宁县	43 910	65	和平县	14 020
33	罗定市	41 976	66	连山壮族瑶族自治县	10 080

注：此表由省财政厅国库处提供。

2010年度来源于广东的财政收入和上划中央“四税”情况表

单位：亿元

来源于广东的财政收入	上划中央“四税”			
	合计	上划“两税”	上划企业所得税	上划个人所得税
11 850. 57	4 029. 03	2 533. 86	1 064. 28	430. 89

注：此表由省财政厅国库处提供。

2010年度广东省国有企业主要财务指标

地　　区	汇编企业户数（家）	资产总额（亿元）	负债总额（亿元）	所有者权益总额（亿元）	国有资本及权益总额（亿元）	营业总收入（亿元）	利润总额（亿元）	净利润总额（亿元）	资产负债率（%）	净资产收益率（%）
全省合计	7 661	23 922.81	14 504.58	9 418.23	7 109.00	9 825.30	765.18	594.98	60.63	6.77
省直小计	2 122	7 055.51	4 470.59	2 584.92	1 980.98	3 596.53	220.58	168.05	63.36	6.63
地市合计	5 539	16 867.29	10 033.99	6 833.31	5 128.02	6 228.78	544.60	426.93	59.49	6.83
广州市	1 792	7 358.94	4 757.92	2 601.02	2 045.21	3 720.24	266.62	213.24	64.65	8.73
深圳市	1 010	4 684.05	2 068.05	2 616.00	1 769.67	973.21	197.68	154.16	44.15	6.56
珠海市	310	1 108.94	601.59	507.34	439.62	147.66	28.10	22.35	54.25	5.22
汕头市	283	172.65	156.00	16.65	16.65	91.19	0.31	-0.91	90.36	-5.69
佛山市	96	975.71	694.39	281.31	287.13	101.96	5.38	2.91	71.17	1.01
韶关市	106	55.99	36.83	19.16	18.13	26.55	0.64	0.52	65.78	2.75
河源市	79	45.92	31.00	14.92	14.49	6.35	-0.42	-0.51	67.51	-3.61
梅州市	122	38.78	23.69	15.10	15.00	26.00	0.30	0.14	61.08	0.91
惠州市	328	895.33	635.75	259.58	89.74	663.12	12.73	8.35	71.01	4.05
汕尾市	112	29.81	26.07	3.73	3.85	8.65	0.09	0.07	87.48	1.81
东莞市	10	176.54	103.53	73.01	73.01	14.57	-1.45	-1.52	58.64	-2.14
中山市	70	397.71	259.26	138.45	105.14	64.06	15.98	13.48	65.19	10.44
江门市	163	129.82	89.85	39.96	35.58	28.61	1.24	1.05	69.21	2.67
阳江市	82	13.01	11.36	1.65	1.65	8.63	-0.08	-0.12	87.33	-6.93
湛江市	173	337.51	187.84	149.67	124.15	133.08	7.36	5.42	55.66	3.93
茂名市	138	49.14	34.04	15.10	11.43	53.93	0.25	0.03	69.27	0.24
肇庆市	150	233.52	164.89	68.63	65.28	106.59	6.25	5.69	70.61	9.03
清远市	48	34.31	25.32	8.99	8.99	9.57	0.57	0.40	73.79	4.58
潮州市	169	56.37	72.79	-16.43	-16.43	11.35	-0.42	-0.59	129.14	3.70
揭阳市	233	54.73	35.41	19.32	19.56	25.07	3.60	2.92	64.70	16.03
云浮市	65	18.54	18.40	0.14	0.17	8.41	-0.12	-0.15	99.24	-46.39

注：本表由省财政厅绩效评价处提供；国有资本及权益总额指标来源于省年度企业财务会计决算报表中的《国有资产变动情况表》。

2010年度广东省外商投资企业资产负债总表

单位：万元

项目	合计		其中		
		其中深圳市	合资	合作	外商独资
一、汇编企业户数	35 964	9 828	5 313	1 779	28 872
二、资产总额	474 502 452	156 828 362	153 740 264	33 440 460	287 321 728
流动资产	306 638 405	105 202 049	94 357 798	19 797 219	192 483 388
其中：货币资金	65 130 320	21 937 674	23 022 638	2 819 412	39 288 271
应收账款	70 450 254	28 972 229	17 423 431	1 652 820	51 374 003
存货	76 647 983	20 067 593	22 698 010	6 399 720	47 550 253
固定资产原值	159 891 507	38 637 625	53 015 777	13 510 959	93 364 771
固定资产净值	92 796 756	22 789 014	32 016 545	7 012 367	53 767 844
固定资产净额	92 033 632	22 472 352	31 580 038	6 955 654	53 497 940
工程物资	604 971	62 435	517 339	1 924	85 708
在建工程	11 734 660	2 900 536	4 594 995	936 114	6 203 550
固定资产清理	30 334	9 563	18 711	1 107	10 516
无形资产及其他资产	14 203 691	4 733 472	5 097 972	4 156 892	4 948 827
递延税款借项	1 457 432	437 448	572 737	114 291	770 404
三、负债总额	288 115 121	98 564 040	93 720 322	22 410 965	171 983 835
流动负债	246 779 229	86 438 293	77 833 106	13 787 263	155 158 859
其中：短期借款	32 980 304	12 193 979	13 161 839	1 283 099	18 535 366
应付福利费	426 232	47 505	293 881	13 844	118 507
其中：职工奖励及福利基金	300 583	20 630	238 049	4 898	57 636
应付账款	89 026 023	34 201 521	21 518 746	2 540 477	64 966 800
非流动负债	41 335 893	12 125 747	15 887 215	8 623 702	16 824 976
其中：长期借款	34 357 672	10 218 996	12 752 874	7 512 580	14 092 217
应付债券	861 015	4 871	340 152	19 075	501 789
长期应付款	3 251 520	990 009	957 407	698 269	1 595 844
递延税款贷项	362 477	179 176	117 689	82 640	162 148
四、所有者权益（或股东权益）总额	186 387 330	58 264 322	60 019 942	11 029 495	115 337 893
实收资本（或股本）	123 619 553	32 052 246	36 509 938	9 314 244	77 795 370
其中：中方	26 779 058	7 345 495	18 327 189	2 808 378	5 643 491
外方	96 840 495	24 706 752	18 182 749	6 505 866	72 151 879
减：已归还投资	642 056		44 248	472 826	124 982
实收资本（或股本）净额	122 977 496	32 052 246	36 465 690	8 841 418	77 670 389
资本公积	12 997 252	5 349 801	8 002 864	680 543	4 313 845
盈余公积	13 610 812	3 552 666	4 286 169	512 713	8 811 930
其中：法定盈余公积	2 031 987	884 894	948 436	57 614	1 025 936
任意盈余公积	331 341	120 218	125 238	1 317	204 787
储备基金	4 255 081	507 124	777 087	94 467	3 383 527
企业发展基金	2 856 358	120 045	505 854	46 487	2 304 017
利润归还投资	292 960	797	123 523	14 095	155 343
提取的其他准备	207 237	196 121	145 946		61 291
未分配利润	37 388 929	17 766 030	11 499 301	976 945	24 912 683
外币报表折算差额	－1 085 853	－834 009	－563 760	11 412	－533 505
*少数股东权益	279 273	179 586	179 568	75	99 630

注：此表由省财政厅外经金融处提供。

2010年度广东省外商投资企业利润总表

单位：万元

项目	合计	其中深圳市	其中：合资	合作	外商独资
一、营业总收入	443 179 039	158 507 554	131 564 370	15 181 178	296 433 490
其中：营业收入	442 405 751	158 301 607	131 056 743	15 181 153	296 167 856
其中：主营业务收入	433 146 174	155 752 117	126 984 876	14 916 178	291 245 120
其他业务收入	8 409 961	2 203 510	3 736 723	263 943	4 409 295
二、营业总成本	417 680 583	150 573 989	122 582 445	13 553 016	281 545 122
其中：营业成本	370 892 291	136 576 652	107 338 743	11 164 812	252 388 736
其中：主营业务成本	363 872 837	134 964 841	104 205 760	10 976 037	248 691 039
其他业务成本	6 365 562	1 405 375	2 929 085	188 774	3 247 703
营业税金及附加	3 486 743	800 222	1 596 755	682 340	1 207 648
销售费用	19 130 401	5 026 717	6 038 638	522 458	12 569 305
管理费用	21 386 297	7 292 643	5 978 887	874 215	14 533 195
其中：业务招待费	277 141	83 289	78 478	13 180	185 483
研究与开发费	925 355	297 295	361 511	14 303	549 540
财务费用	1 769 676	513 834	923 994	300 703	544 980
其中：利息支出	1 691 002	476 977	680 285	342 581	668 136
利息收入	693 128	264 403	287 760	26 179	379 189
汇兑净损失	-411 641	-165 670	2 711	-69 382	-344 969
Δ资产减值损失	398 206	213 155	192 872	7 499	197 835
其他	125 728	125 080	119 945	944	4 839
加：公允价值变动收益	379 131	337 275	57 661	7 016	314 454
投资收益	2 624 316	1 209 428	1 265 152	54 495	1 304 669
其中：对联营企业和合营企业的投资收益	73 013	-21 125	85 538	-13 712	1 187
三、营业利润	28 510 292	9 482 128	10 304 880	1 689 993	16 515 419
加：营业外收入	2 230 982	778 726	1 127 536	95 011	1 008 435
其中：非流动资产处置利得	142 946	31 793	65 722	6 199	71 025
非货币性资产交换利得（非货币性交易收益）	1 757	458	463	1	1 294
政府补助（补贴收入）	575 274	169 210	371 322	41 755	162 197
债务重组利得	33 064	16 171	16 590		16 474
减：营业外支出	931 183	228 311	297 305	56 432	577 446
其中：非流动资产处置损失	138 877	35 224	36 035	3 015	99 826
非货币性资产交换损失（非货币性交易损失）	4 674	193	36	29	4 609
债务重组损失	8 406	2 853	-8		8 414
四、利润总额	29 810 092	10 032 543	11 135 111	1 728 573	16 946 408
减：所得税费用	5 473 567	1 626 059	1 835 334	400 146	3 238 087
五、净利润	24 336 525	8 406 484	9 299 777	1 328 427	13 708 321

注：此表由省财政厅外经金融处提供。

2010 年度广东省外商投资企业补充资料总表

单位：万元

项　　目	合　　计		其中		
		其中深圳市	合资	合作	外商独资
（一）汇编企业户数	35 964	9 828	5 313	1 779	28 872
其中：产品出口企业户数	20 205	5 339	2 386	612	17 207
先进技术企业户数	2 905	852	751	97	2 057
高新技术企业户数	956	367	349	75	532
已缴所得税企业户数	17 095	4 596	2 813	907	13 375
（二）合同投资总额	215 357 277	53 557 257	65 092 547	21 339 978	128 924 752
其中：计划外资额	159 349 359	42 905 850	30 689 909	12 351 229	116 308 221
（三）实际投资总额	174 381 592	47 335 378	54 275 867	18 942 894	101 162 830
其中：实际外资额	134 623 260	37 568 073	25 542 423	11 479 589	97 601 247
（四）注册资本	139 469 683	36 101 366	42 154 049	9 594 051	87 721 584
其中：外方	115 978 149	30 967 525	20 882 898	7 373 667	87 721 584
（五）进出口总额	263 563 907	89 089 387	43 838 659	4 829 244	214 896 005
其中：进口总额	112 652 067	39 119 842	19 068 412	1 821 640	91 762 016
出口总额	150 911 840	49 969 545	24 770 247	3 007 604	123 133 989
（六）缴纳税收合计	21 363 729	5 630 855	8 049 346	1 402 760	11 911 624
1. 关税	1 148 121	313 584	426 163	22 328	699 630
2. 增值税	10 445 934	2 934 811	4 049 210	382 487	6 014 236
其中：进口环节增值税	4 691 525	1 604 654	1 541 286	403 301	2 746 938
3. 消费税	1 357 852	31 224	986 508	305 426	65 919
其中：进口环节消费税	61 338	6 098	17 463	8	43 867
4. 营业税	1 631 688	492 275	394 671	198 466	1 038 551
5. 企业所得税	5 405 720	1 505 446	1 714 967	366 188	3 324 566
6. 个人所得税	1 311 999	582 019	369 799	40 883	901 316
7. 其他税金	1 374 414	353 516	477 827	127 865	768 722
其中：土地增值税	380 470	115 296	105 757	65 092	209 621
资源税	12 037	354	5 357	2 692	3 988
印花税	175 361	43 736	52 373	5 976	117 012
契税	115 919	21 582	80 109	5 462	30 348
城镇土地使用税	160 198	34 374	52 619	14 175	93 404
其他	530 429	138 173	181 612	34 467	314 350
（七）中方职工各项社会保险	2 423 149	798 967	638 414	84 080	1 700 655
其中：养老保险	1 675 609	576 396	422 161	57 001	1 196 447
医疗保险	493 220	112 731	144 024	19 572	329 625
失业保险	51 661	13 314	13 676	2 128	35 858
工伤保险	79 215	20 719	16 355	2 300	60 560
生育保险	48 666	24 412	12 371	1 335	34 960
其他	74 778	51 395	29 827	1 744	43 206
（八）住房公积金	578 050	70 061	148 759	16 426	412 864
（九）场地使用费	174 001	88 079	21 138	15 297	137 566
（十）海域使用金	5 845	655	4 280		1 565
（十一）土地出让金	2 409 270	3 105	1 717 450	111 339	580 481
（十二）实际工资总额	29 883 401	10 281 464	6 205 716	891 144	22 786 542
其中：外方职工实际工资总额	1 113 048	347 459	134 350	35 162	943 537
（十三）全年平均职工人数	121 733 027	97 328 102	97 204 700	295 866	24 232 461
其中：外方职工人数	1 244 771	73 087	58 743	2 954	1 183 074

注：此表由省财政厅外经金融处提供。

2010年度广东省外商投资企业分行业资产负债表（1）

单位：万元

项　　目	农林牧渔业	采矿业	制造业	电力、燃气及水的生产和供应业	建筑业	交通运输、仓储和邮政业	信息传输、计算机服务和软件业	批发和零售业	住宿和餐饮业
一、汇编企业户数	332	69	25 872	197	358	943	794	2 843	540
二、资产总额	1 543 768	987 887	262 211 966	16 650 692	6 368 896	21 641 781	25 752 740	22 184 187	5 626 638
流动资产	1 115 997	582 706	176 744 361	6 009 380	5 376 705	5 267 814	11 604 597	18 475 264	2 622 975
其中：货币资金	306 422	94 308	35 231 047	1 889 021	577 953	2 075 943	6 772 061	3 514 600	476 351
应收账款	137 691	187 852	56 844 857	912 571	878 510	962 126	1 591 433	6 202 461	137 823
存货	317 420	140 298	46 775 818	690 150	1 562 002	234 866	249 786	3 601 545	92 891
固定资产原值	317 638	503 470	104 695 962	12 818 936	556 649	12 731 691	14 470 270	2 703 706	3 469 719
固定资产净值	192 367	290 406	62 118 602	5 812 245	364 003	8 743 518	6 388 481	1 720 168	2 048 349
固定资产净额	191 457	290 211	61 527 889	5 787 220	361 598	8 739 828	6 379 979	1 671 515	2 009 456
工程物资	2 337	19	562 544	10 969	806	2 838	23 176	82	629
在建工程	39 241	18 745	6 033 069	508 985	41 443	1 447 305	1 377 197	82 713	241 203
固定资产清理	264	98	16 550	346	291	284	13	746	333
无形资产及其他资产	38 175	19 067	5 806 711	1 668 891	25 725	4 378 124	563 056	237 921	244 438
递延税款借项	4 803	53	739 425	17 253	13 447	26 720	230 951	67 828	4 586
三、负债总额	1 023 561	620 347	150 617 118	8 852 397	4 397 705	12 362 890	10 221 164	16 417 566	4 029 859
流动负债	915 117	527 149	139 280 699	5 042 620	3 835 364	5 538 631	9 306 342	15 592 077	2 744 503
其中：短期借款	279 517	125 918	22 577 097	1 851 038	428 964	1 251 629	407 177	1 818 171	265 015
应付福利费	395	141	350 864	7 378	2 070	10 112	17 380	4 386	2 879
其中：职工奖励及福利基金	70		261 739	2 806	126	5 562	15 834	1 631	783
应付账款	279 785	127 806	68 949 199	795 225	696 160	1 266 750	3 399 814	8 444 222	262 615
非流动负债	108 443	93 198	11 336 420	3 809 776	562 341	6 824 259	914 823	825 489	1 285 356

续表

项　　目	农林牧渔业	采矿业	制造业	电力、燃气及水的生产和供应业	建筑业	交通运输、仓储和邮政业	信息传输、计算机服务和软件业	批发和零售业	住宿和餐饮业
其中：长期借款	85 820	92 162	9 008 377	3 262 951	540 208	6 023 115	379 659	748 738	1 021 884
应付债券			79 784	198 874		3 200	500 000		2
长期应付款	11 385	975	1 516 079	42 611	16 988	675 689	17 571	49 488	134 757
递延税款贷项			49 702	22 515	23	43 826	3 091	1 668	2 641
四、所有者权益（或股东权益）总额	520 207	367 540	111 594 848	7 798 295	1 971 191	9 278 891	15 531 575	5 766 621	1 596 779
实收资本（或股本）	556 731	361 009	78 417 949	4 593 093	1 033 677	7 107 714	1 917 017	4 003 711	2 283 229
其中：中方	110 027	133 066	14 471 494	1 840 163	345 591	3 542 158	282 190	745 935	589 589
外方	446 703	227 943	63 946 455	2 752 930	688 087	3 565 556	1 634 827	3 257 776	1 693 640
减：已归还投资	63	41 767	160 344	154 550	13 353	117 418	325	8 028	2 053
实收资本（或股本）净额	556 667	319 242	78 257 605	4 438 543	1 020 324	6 990 296	1 916 691	3 995 683	2 281 176
资本公积	22 160	6 097	7 595 262	967 989	40 574	508 753	1 562 028	363 697	212 112
盈余公积	11 340	29 636	6 171 752	826 886	141 510	605 652	4 411 538	282 705	40 877
其中：法定盈余公积	1 496	886	1 084 418	81 164	64 100	150 198	284 917	66 443	6 486
任意盈余公积	480	49	106 074	3 533	22 590	34 950	131 901	14 071	1 954
储备基金	4 530	5 655	1 952 478	58 971	18 522	109 239	1 800 086	25 764	11 453
企业发展基金	47	4 709	582 593	24 827	11 064	45 001	2 143 367	6 669	2 978
利润归还投资	37		201 902	42 512	8 669	23 402	202	113	1 879
提取的其他准备			8 912						
未分配利润	-69 969	13 865	19 859 005	1 757 367	767 867	1 452 896	7 640 219	1 128 713	-953 770
外币报表折算差额		-1 300	-562 569	-193 464	915	-285 130	-73	-15 117	16 407
*少数股东权益	10		263 380	21		569	1 172	10 833	-23

注：此表由省财政厅外经金融处提供。

2010年度广东省外商投资企业分行业资产负债表（2）

单位：万元

项　　目	金融业	房地产业	租赁和商务服务业	科学研究、技术服务和地质勘察业	水利、环境和公共设施管理业	居民服务和其他服务业	教育	卫生、社会保障和社会福利业	文化、体育和娱乐业	公共管理和社会组织
一、汇编企业户数	60	1 358	876	292	35	1 239	21	6	126	3
二、资产总额	18 402 152	72 939 716	7 304 308	1 731 334	526 562	7 643 597	34 021	45 224	1 717 528	1 070
流动资产	9 736 032	58 303 341	3 888 761	708 731	300 933	4 450 344	25 748	18 139	638 310	604
其中：货币资金	3 968 184	7 803 392	859 040	173 207	50 555	993 893	11 152	5 855	154 092	79
应收账款	64 502	631 255	768 200	126 844	79 676	860 219	1 400	3 253	51 394	102
存货	2	22 339 750	125 468	53 524	16 712	409 448	1 977	2 252	32 759	202
固定资产原值	127 677	3 377 677	599 361	471 953	286 110	1 660 205	5 676	17 354	1 071 805	539
固定资产净值	71 407	2 537 864	356 374	405 829	185 306	954 737	2 317	12 380	586 906	388
固定资产净额	71 407	2 534 684	355 187	405 739	185 306	936 651	2 317	12 380	565 311	388
工程物资		247		3		81	1 211		29	
在建工程	1 953	1 195 776	92 372	380 459	9 822	108 393	73	7 848	147 772	
固定资产清理	6	8 472	138	19	229	590			1 955	
无形资产及其他资产	14 230	601 095	63 637	64 962	24 088	200 989	768	3 441	248 125	13
递延税款借项	27 172	274 486	26 349	1 499	469	20 067	120		2 202	
三、负债总额	16 129 919	50 732 866	4 880 881	868 133	343 303	4 477 139	37 251	18 417	1 114 107	564
流动负债	14 930 383	39 079 881	3 935 558	539 734	143 568	3 495 351	37 171	16 611	847 971	564
其中：短期借款	98 868	2 206 635	751 690	131 443	25 183	493 992			213 968	
应付福利费	2 784	23 742	1 143	887	6	1 796	9		260	
其中：职工奖励及福利基金	2 462	8 049	186	314		920			101	
应付账款	30 960	3 586 127	391 695	56 994	52 060	564 765	5 349	6 949	69 885	177
非流动负债	1 199 536	11 652 985	945 323	328 399	199 735	981 788	81	1 805	266 136	

续表

项　　目	金融业	房地产业	租赁和商务服务业	科学研究、技术服务和地质勘察业	水利、环境和公共设施管理业	居民服务和其他服务业	教育	卫生、社会保障和社会福利业	文化、体育和娱乐业	公共管理和社会组织
其中：长期借款	316 060	10 683 401	861 092	274 065	191 429	675 386	81		193 243	
应付债券						79 155				
长期应付款	1	625 826	55 461	2 503	4 479	70 179		1 764	25 765	
递延税款贷项	2 040	152 488	27 882		183	56 302			117	
四、所有者权益（或股东权益）总额	2 272 232	22 206 849	2 423 427	863 200	183 259	3 166 458	-3 230	26 808	603 421	506
实收资本（或股本）	1 752 530	15 367 339	1 623 950	817 901	138 435	2 740 792	7 735	28 131	713 093	1 244
其中：中方	392 684	2 898 963	259 647	53 813	63 809	919 284	158	5 180	125 235	70
外方	1 359 846	12 468 376	1 364 304	764 088	74 625	1 821 508	7 577	22 951	587 858	1 173
减：已归还投资		-61 459	13 036			180 227			12 351	
实收资本（或股本）净额	1 752 530	15 428 798	1 610 915	817 901	138 435	2 560 565	7 735	28 131	700 743	1 244
资本公积	4 054	1 016 463	135 461	30 359	1 521	438 802	148	163	24 400	1
盈余公积	69 639	680 866	131 030	20 133	16 727	132 626		89	37 710	
其中：法定盈余公积	41 533	206 122	6 083	1 073	68	36 672			327	
任意盈余公积	2 738	11 865	207	500	18	410				
储备基金	15 798	104 172	106 049	5 792	498	25 441		6	10 627	
企业发展基金	417	23 034	382	1 482		3 186			6 602	
利润归还投资		8 238	1 596			2 153			2 256	
提取的其他准备	198 260		65							
未分配利润	284 727	5 078 905	545 083	-4 445	26 575	38 660	-11 113	-1 575	-160 219	-739
外币报表折算差额	-41 709	-1 604	875	-748		-3 123			788	
＊少数股东权益		3 289	-2			23				

注：此表由省财政厅外经金融处提供。

2010年度广东省外商投资企业分行业利润表（1）

单位：万元

项目	农林牧渔业	采矿业	制造业	电力、燃气及水的生产和供应业	建筑业	交通运输、仓储和邮政业	信息传输、计算机服务和软件业	批发和零售业	住宿和餐饮业
一、营业总收入	1 427 503	1 132 724	347 783 704	8 885 462	2 850 595	7 798 889	12 368 650	39 805 036	2 386 445
其中：营业收入	1 427 503	1 132 724	347 782 808	8 885 449	2 850 595	7 798 889	12 368 650	39 804 914	2 386 445
其中：主营业务收入	1 390 169	1 125 360	340 855 077	8 659 917	2 788 375	7 672 874	12 169 261	38 820 848	2 358 780
其他业务收入	37 333	7 365	6 409 982	225 532	62 220	126 014	199 389	984 066	25 451
二、营业总成本	1 394 554	1 098 881	331 840 826	8 005 046	2 599 607	6 404 924	8 608 984	38 829 505	2 355 175
其中：营业成本	1 302 635	1 036 583	301 343 033	7 338 998	2 295 209	5 323 880	4 943 989	35 173 870	896 886
其中：主营业务成本	1 271 822	1 034 162	295 641 776	7 181 122	2 244 803	5 274 138	4 749 113	34 690 406	888 151
其他业务成本	30 813	2 420	5 223 769	157 876	50 406	49 742	194 876	483 463	6 491
营业税金及附加	1 740	5 724	1 543 085	13 040	84 467	146 308	308 466	47 590	119 410
销售费用	27 999	13 833	12 513 305	98 139	64 180	116 134	2 246 722	2 270 684	847 210
管理费用	61 970	32 670	15 374 103	298 316	138 412	586 091	1 047 139	1 230 187	451 697
其中：业务招待费	807	140	168 437	5 735	2 274	12 697	31 803	13 674	3 142
研究与开发费	481	425	841 500	3 596	6 890	388	54 532	1 468	137
财务费用	675	9 951	848 814	228 785	15 824	220 647	-82 649	50 097	37 001
其中：利息支出	9 656	2 127	766 063	219 288	16 745	255 074	37 512	68 276	26 431
利息收入	4 941	276	355 461	25 987	7 364	30 957	142 529	36 820	3 627
汇兑净损失	-6 091	505	-282 220	-42 130	-1 162	-37 676	370	-41 911	-11 660
Δ资产减值损失	1 006	122	214 243	28 229	1 364	11 812	22 612	56 562	329
其他	-1 484	-1	3 222	-463	138	52	122 704	-12	2 877
加：公允价值变动收益	-9 052	4	14 509	1 413	148	97	38 010	7 250	2 391
投资收益	-20 622	-285	962 429	157 646	15 360	122 964	100 503	144 578	27 840

续表

项　目	农林牧渔业	采矿业	制造业	电力、燃气及水的生产和供应业	建筑业	交通运输、仓储和邮政业	信息传输、计算机服务和软件业	批发和零售业	住宿和餐饮业
其中：对联营企业和合营企业的投资收益	-20 860	-289	-19 103	43 212	-414	30 411	53 556	-1 070	-3 545
三、营业利润	3 275	33 562	16 920 270	1 039 474	266 496	1 517 023	3 898 035	1 127 361	61 599
加：营业外收入	6 360	6 469	1 427 345	328 496	5 900	122 953	123 743	77 663	9 561
其中：非流动资产处置利得	256	147	101 262	1 094	463	11 829	440	8 277	642
非货币性资产交换利得（非货币性交易收益）			1 644			2		107	
政府补助（补贴收入）	1 217	22	259 340	178 152	310	41 886	73 582	1 837	845
债务重组利得	145		29 387			26	268	78	3
减：营业外支出	6 440	5 431	704 989	11 749	5 985	22 942	23 414	28 044	12 616
其中：非流动资产处置损失	1 030	14	103 005	3 001	903	4 740	12 761	6 603	2 260
非货币性资产交换损失（非货币性交易损失）			4 524	27	3	2	19	1	
债务重组损失	17		8 143				30		117
四、利润总额	3 194	34 601	17 642 627	1 356 222	266 410	1 617 034	3 998 363	1 176 980	58 544
减：所得税费用	8 943	7 690	3 117 863	243 956	22 580	243 751	821 449	295 020	38 323
五、净利润	-5 749	26 910	14 524 764	1 112 266	243 830	1 373 283	3 176 914	881 960	20 221

注：此表由省财政厅外经金融处提供。

2010年度广东省外商投资企业分行业利润表（2）

单位：万元

项目	金融业	房地产业	租赁和商务服务业	科学研究、技术服务和地质勘察业	水利、环境和公共设施管理业	居民服务和其他服务业	教育	卫生、社会保障和社会福利业	文化、体育和娱乐业	公共管理和社会组织
一、营业总收入	1 363 214	9 689 863	2 283 382	534 682	137 065	3 941 144	40 535	27 570	400 684	2 349
其中：营业收入	595 809	9 689 776	2 281 744	534 682	137 065	3 938 018	40 535	27 570	400 684	2 349
其中：主营业务收入	555 048	9 166 332	2 251 685	531 129	136 177	3 877 948	40 355	27 541	397 427	2 349
其他业务收入	40 760	199 774	24 075	3 553	889	60 070	180	29	3 257	
二、营业总成本	1 114 059	8 020 003	2 199 088	496 335	126 129	3 803 202	40 774	27 977	393 752	2 429
其中：营业成本	194 551	5 410 966	1 597 799	348 994	88 096	3 046 106	17 875	21 244	206 310	1 953
其中：主营业务成本	172 909	5 142 047	1 588 826	348 517	88 085	3 007 139	17 804	21 244	205 508	1 953
其他业务成本	21 642	94 982	8 751	478	10	38 967	72		803	
营业税金及附加	43 625	1 012 820	57 051	14 776	892	63 135	962	42	23 560	7
销售费用	47 325	477 604	102 524	18 958	4 197	210 114	8 279	963	53 406	106
管理费用	310 278	784 524	385 025	105 844	23 052	428 064	13 287	5 554	101 492	342
其中：业务招待费	5 809	19 485	2 222	4 999	139	4 679	14	13	1 069	
研究与开发费	338	556	43	9 837		3 927	18	351	870	
财务费用	1 010	333 700	39 378	6 814	9 856	47 687	371	174	2 902	20
其中：利息支出	2	203 562	28 291	4 474	2 229	33 487	-3		5 384	
利息收入	534	55 986	7 790	1 392	-242	7 487	1	3	1 425	
汇兑净损失	1 102	35 689	-1 944	-824	-3	-15 561	26		-4 786	20
Δ资产减值损失	29 446	-85	17 204	948	50	7 899			6 075	
其他	-1 961	473	107		-14	91				
加：公允价值变动收益	-3 385	283 810	6 061	-1		37 813	1		62	
投资收益	50 839	567 236	424 459	131	86	70 514	67	-1	570	

续表

项　　目	金融业	房地产业	租赁和商务服务业	科学研究、技术服务和地质勘察业	水利、环境和公共设施管理业	居民服务和其他服务业	教育	卫生、社会保障和社会福利业	文化、体育和娱乐业	公共管理和社会组织
其中：对联营企业和合营企业的投资收益	-26	-50 072	8 952	-548		32 822		-1	-12	
三、营业利润	304 068	2 521 210	514 814	38 700	11 023	246 268	-171	-408	7 563	-80
加：营业外收入	5 066	60 575	8 785	5 544	18 021	11 745	24	698	11 882	6
其中：非流动资产处置利得	771	18 895	-1 600	21		444	4			
非货币性资产交换利得（非货币性交易收益）				1		3				
政府补助（补贴收入）	1 219	325	1 248	402	11 850	2 229	2	502	306	
债务重组利得		63	410		2 102	582				
减：营业外支出	1 570	87 982	5 758	1 057	479	8 001	120	86	3 988	4
其中：非流动资产处置损失	91	1 214	2 083	338		634	1		199	
非货币性资产交换损失（非货币性交易损失）		50				47				
债务重组损失			52	48		-1				
四、利润总额	307 564	2 493 802	517 840	43 187	28 566	250 011	-267	204	15 457	-78
减：所得税费用	51 864	486 194	44 408	12 801	2 997	67 525	30	57	8 114	
五、净利润	255 700	2 007 608	473 432	30 386	25 568	182 486	-297	147	7 343	-78

注：此表由省财政厅外经金融处提供。

2010年度广东省外商投资企业分行业补充资料情况表（1）

单位：万元

项　　目	农林牧渔业	采矿业	制造业	电力、燃气及水的生产和供应业	建筑业	交通运输、仓储和邮政业	信息传输、计算机服务和软件业	批发和零售业	住宿和餐饮业
（一）汇编企业户数	332	69	25 872	197	358	943	794	2 843	540
其中：产品出口企业户数	110	33	18 252	22	79	88	170	1 056	25
先进技术企业户数	32	9	2 395	28	21	18	141	91	14
高新技术企业户数	11	2	804	4	7	6	60	21	2
已缴所得税企业户数	75	30	13 366	86	174	490	231	1 065	191
（二）合同投资总额	889 825	598 802	118 939 657	14 859 251	1 387 748	16 022 066	4 245 212	5 633 122	3 309 150
其中：计划外资额	759 781	536 071	98 400 679	5 866 364	1 041 494	7 830 144	4 005 033	5 148 020	2 633 856
（三）实际投资总额	947 483	470 627	98 790 357	12 986 163	1 208 572	13 903 264	3 923 850	4 681 618	2 716 186
其中：实际外资额	625 515	346 462	81 596 147	5 226 486	901 713	7 319 172	3 735 321	4 343 421	2 158 144
（四）注册资本	568 691	388 958	86 526 200	4 806 371	1 059 265	7 345 939	2 074 306	4 207 888	2 258 833
其中：外方	497 301	280 100	74 096 397	2 534 205	895 436	4 478 280	1 947 164	3 929 109	1 835 236
（五）进出口总额	600 008	277 293	251 248 679	2 115 680	289 661	842 729	916 778	6 311 832	2 005
其中：进口总额	473 831	127 954	106 134 497	1 098 653	114 959	441 902	423 507	3 447 509	1 856
出口总额	126 177	149 339	145 114 182	1 017 027	174 702	400 827	493 271	2 864 323	149
（六）缴纳税收合计	95 670	46 563	14 737 181	605 202	189 711	512 270	1 337 738	1 460 194	166 195
1. 关税	16 003	3 163	940 262	25 271	369	4 472	841	148 468	186
2. 增值税	72 689	27 634	8 759 659	317 782	22 063	39 196	184 478	953 971	3 214
其中：进口环节增值税	65 110	10 205	3 928 144	119 551	900	24 807	59 392	465 507	181
3. 消费税	10	1 342	1 325 893			56	3	29 938	
其中：进口环节消费税	10	1 097	29 875		1	6	30	26 943	3 311
4. 营业税	1 792	3 954	111 213	8 123	69 335	233 436	297 188	40 104	112 351
5. 企业所得税	3 256	8 846	2 962 829	228 137	75 668	207 652	820 227	259 229	34 359
6. 个人所得税	3 475	2 549	787 840	21 885	9 757	34 293	147 159	84 636	13 190

续表

项　　目	农林牧渔业	采矿业	制造业	电力、燃气及水的生产和供应业	建筑业	交通运输、仓储和邮政业	信息传输、计算机服务和软件业	批发和零售业	住宿和餐饮业
7. 其他税金	1 921	1 624	637 324	25 889	22 275	27 458	35 002	28 485	16 086
其中：土地增值税	38		9 355	324	16 404	891	2	123	49
资源税		64	11 433	29	339			148	18
印花税	705	329	138 512	5 052	1 179	2 177	2 906	11 224	354
契税	74		24 413	113	221	58	609	610	148
城镇土地使用税	289	349	109 049	3 686	1 314	9 063	1 514	1 255	1 887
其他	815	883	344 562	16 684	2 817	15 269	29 971	15 124	13 630
（七）中方职工各项社会保险	5 122	1 690	1 835 736	29 737	14 612	84 741	124 200	128 370	39 720
其中：养老保险	3 665	1 098	1 270 518	18 972	10 400	57 004	86 230	92 359	26 826
医疗保险	1 050	330	358 455	6 571	2 872	19 996	29 500	26 256	9 902
失业保险	87	44	37 842	595	250	2 118	3 048	3 213	1 051
工伤保险	118	64	68 454	740	441	1 535	2 207	2 193	699
生育保险	66	26	38 310	896	229	1 640	1 888	1 923	669
其他	135	128	62 156	1 963	420	2 449	1 326	2 426	574
（八）住房公积金	900	567	412 182	11 891	1 587	23 747	45 919	24 362	7 271
（九）场地使用费	1 023	233	91 286	422	489	4 471	3 309	16 614	36 129
（十）海域使用金		2	1 497	10	1	4 197		129	5
（十一）土地出让金	5 713		77 145	272	16 498	4 754	12 522	2 765	2 471
（十二）实际工资总额	99 915	32 259	24 409 680	208 296	301 534	504 168	955 769	1 353 859	338 884
其中：外方职工实际工资总额	3 477	2 245	821 148	3 935	3 229	16 132	18 846	76 502	10 262
（十三）全年平均职工人数	550 432	9 770	112 616 328	25 704	84 350	5 887 066	230 373	513 086	125 417
其中：外方职工人数	209	178	1 177 679	133	244	1 628	54 545	2 911	675

注：此表由省财政厅外经金融处提供。

2010年度广东省外商投资企业分行业补充资料情况表（2）

单位：万元

项　　目	金融业	房地产业	租赁和商务服务业	科学研究、技术服务和地质勘察业	水利、环境和公共设施管理业	居民服务和其他服务业	教育	卫生、社会保障和社会福利业	文化、体育和娱乐业	公共管理和社会组织
（一）汇编企业户数	60	1 358	876	292	35	1 239	21	6	126	3
其中：产品出口企业户数	3	24	58	69	3	195	2	1	14	1
先进技术企业户数	3	18	21	38	4	69		2	1	
高新技术企业户数		10	3	11	2	11		1	1	
已缴所得税企业户数	36	515	253	83	8	441	3	3	45	
（二）合同投资总额	1 933 749	30 337 459	3 000 219	999 138	393 561	11 427 995	9 279	84 922	1 131 040	808
其中：计划外资额	1 493 761	24 605 796	2 115 311	880 069	223 752	2 726 463	9 097	64 904	853 811	680
（三）实际投资总额	1 903 987	25 183 089	2 024 056	863 333	287 496	3 423 472	7 018	30 567	875 373	808
其中：实际外资额	1 466 601	20 752 428	1 871 507	775 591	197 876	2 398 592	6 971	24 950	721 299	793
（四）注册资本	1 917 157	21 861 329	1 735 273	854 831	175 287	2 778 335	7 099	37 891	710 965	793
其中：外方	1 478 772	18 489 966	1 590 268	783 579	112 486	2 236 573	7 053	25 279	605 881	793
（五）进出口总额		818	35 787	29 295	1 894	835 739	10 519	607	42 414	2 170
其中：进口总额		852	9 097	16 409	1 891	344 414	1 465	443	12 828	
出口总额		－34	26 690	12 885	3	491 325	9 054	164	29 586	2 170
（六）缴纳税收合计	113 840	1 734 724	108 491	37 638	9 113	160 036	649	492	43 787	11
1. 关税		26	1 008	1 217	116	6 662	2	17	37	
2. 增值税	2	5 879	6 952	7 978	5 348	33 288	13	390	1 172	
其中：进口环节增值税		48	2 353	3 362	402	11 395	3	75	89	
3. 消费税		277	44	2		288				
其中：进口环节消费税		50		16						
4. 营业税	47 861	566 523	50 816	13 785	733	57 021	518	38	16 893	1
5. 企业所得税	63 525	630 887	37 331	13 185	2 667	51 386	103	33	6 401	
6. 个人所得税	37 230	62 837	52 789	12 667	622	38 058	130	212	2 041	5

续表

项　　目	金融业	房地产业	租赁和商务服务业	科学研究、技术服务和地质勘察业	水利、环境和公共设施管理业	居民服务和其他服务业	教育	卫生、社会保障和社会福利业	文化、体育和娱乐业	公共管理和社会组织
7. 其他税金	2 451	531 132	12 340	1 471	248	11 391	13	13	19 283	10
其中：土地增值税	115	350 705	3	10	47	2 396			7	
资源税		1		5						
印花税	544	9 440	1 378	143	18	1 274	3	9	115	
契税	2	86 212	44	478		535			2 400	
城镇土地使用税	9	16 980	791	188	88	2 288			11 448	
其他	1 781	67 794	10 124	647	95	4 897	10	4	5 312	10
（七）中方职工各项社会保险	11 953	36 686	33 334	15 890	956	52 325	272	361	6 970	14
其中：养老保险	7 892	24 324	22 455	11 288	738	36 192	185	231	4 897	9
医疗保险	3 261	9 372	8 756	3 603	150	11 371	70	118	1 487	2
失业保险	293	877	915	259	21	862	6	7	162	
工伤保险	186	714	467	289	16	869	5	2	200	1
生育保险	239	750	458	340	14	1 032	7	3	166	
其他	82	648	283	112	16	1 999		1	57	2
（八）住房公积金	5 850	10 007	13 351	5 649	143	13 298	14	8	1 047	
（九）场地使用费	3 225	1 941	10 007	1 443	33	2 880	110		387	
（十）海域使用金						6				
（十一）土地出让金		2 207 310				－181			80 000	
（十二）实际工资总额	149 572	411 827	362 263	130 526	8 570	529 153	5 705	5 877	68 912	637
其中：外方职工实际工资总额	11 793	20 467	70 174	7 424	326	41 916	1 448	92	3 615	18
（十三）全年平均职工人数	7 735	81 370	52 619	26 576	1 465	1 494 056	1 209	1 250	23 583	271
其中：外方职工人数	160	1 911	1 484	262	9	2 196	142	9	390	6

注：此表由省财政厅外经金融处提供。

第七部分

地方财经法规选编

广东省《融资性担保公司管理暂行办法》实施细则

广东省人民政府2010年9月27日发布（粤府令第149号）

《广东省〈融资性担保公司管理暂行办法〉实施细则》已经2010年9月9日广东省人民政府第十一届60次常务会议通过，现予公布，自2010年11月1日起施行。

第一章　总　则

第一条　根据《融资性担保公司管理暂行办法》，结合本省实际，制定本实施细则。

第二条　本实施细则所称融资性担保是指担保人与银行业金融机构等债权人约定，当被担保人不履行对债权人负有的融资性债务时，由担保人依法承担合同约定的担保责任的行为。

本实施细则所称融资性担保公司是指依法设立，经营融资性担保业务的有限责任公司和股份有限公司；融资性担保公司分支机构是指融资性担保公司依法设立的分公司，包括省外融资性担保公司在我省依法设立的分公司；省属融资性担保公司是指省直有关部门或省属企业依法出资设立并控股的融资性担保公司。

第三条　融资性担保公司应当以安全性、流动性、收益性为经营原则，建立市场化运作的可持续审慎经营模式。

融资性担保公司与企业、银行业金融机构等客户的业务往来，应当遵循诚实守信的原则，并遵守合同的约定。

第四条　融资性担保公司依法开展业务，不受任何机关、单位和个人的干涉。

第五条　融资性担保公司开展业务，应当遵循法律、法规、《融资性担保公司管理暂行办法》和本实施细则的规定，不得损害国家利益和社会公共利益。

融资性担保公司应当为客户保密，不得利用客户提供的信息从事任何与担保业务无关或有损客户利益的活动。

第六条　融资性担保公司开展业务应当遵守公平竞争的原则，不得从事不正当竞争。

第七条　广东省人民政府金融工作办公室（以下简称省金融办）以及各地级以上市金融局（办）是我省融资性担保公司的监管部门。省金融办负责全省融资性担保公司及其分支机构设立、变更及终止的审查批准工作，承担对全省融资性担保公司的监督管理。省属融资性担保公司的日常监管和风险处置由省金融办负责。

各地级以上市人民政府是融资性担保公司风险处置的第一责任人。各市金融局（办）具体负责辖区内融资性担保公司及融资性担保公司分支机构相关事项的初审或审查批准工作，承担对辖区内融资性担保公司及融资性担保公司分支机构的日常监管和风险处置。

第二章　设立、变更和终止

第八条　设立融资性担保公司及其分支机构，应当经省金融办审查批准。

经批准设立的融资性担保公司，应当在公司名称中冠以“融资担保”字样，由省金融办颁发经营许可证，并凭该许可证向工商行政管理部门申请注册登记。

任何单位和个人未经批准不得经营融资性担保业务，不得在名称中使用“融资担保”字样，法律、行政法规另有规定的除外。

第九条　设立融资性担保公司，应当具备下列条件：

（一）有符合《中华人民共和国公司法》规定的章程。

（二）有具备持续出资能力的股东。

（三）有符合本实施细则规定的注册资本。

（四）有符合任职资格的董事、监事、高级管理人员和合格的其他从业人员。

（五）有健全的组织机构和内部控制、风险管理制度。

（六）有符合要求的营业场所。

（七）省金融办规定的其他审慎性条件。

董事、监事、高级管理人员和其他从业人员的任职资格按融资性担保业务监管部际联席会议有关规定执行。

第十条　设立融资性担保公司注册资本的最低限额实行地区分类管理。

广州、深圳、珠海、佛山、惠州、东莞、中山、江门、肇庆市为一类地区，其余地区为二类地区。一类地区融资性担保公司注册资本最低限额不得低于人民币1亿元，二类地区融资性担保公司注册资本最低限额不得低于人民币5 000万元。

注册资本为实缴货币资本。

第十一条　设立融资性担保公司，应当提交下列文件、资料：

（一）申请书。应载明拟设立的融资性担保公司的名称、住所、注册地、注册资本和经营范围等事项。

（二）可行性研究报告。应载明主要业务区域经济金融发展情况、市场需求分析、公司经营发展战略规划、风险控制措施、经济效益和社会效益分析等内容。

（三）章程草案。应包括股东名册及其出资额、股权结构等内容。

（四）股东关于入股资金来源合法性及持续出资的承诺书。

（五）股东出资的验资证明。

（六）股东基本情况的报告。包括法人股东近三年经营业绩、财务状况和资信等情况，以及自然人股东入股资金来源、资信等情况。

（七）拟任董事、监事、高级管理人员的简历和资格证明。

（八）营业场所所有权或使用权证明、消防设施合格证明等材料。

（九）工商行政管理部门核发的《企业名称预先核准通知书》。

（十）省金融办要求提交的其他文件、资料。

第十二条 融资性担保公司申请设立分支机构，应当具备下列条件：

（一）连续经营融资性担保业务两年以上，近两年连续盈利。

（二）一类地区的融资性担保公司，注册资本应不低于人民币2亿元；二类地区的融资性担保公司，注册资本应不低于人民币1亿元。

（三）近两年每年累计发生的代偿损失或投资损失不得高于净资产的5%。

（四）近两年无违法、违规不良记录。

（五）省金融办规定的其他审慎性条件。

省外融资性担保公司申请设立分支机构，应具备上述条件，其中注册资本应不低于人民币2亿元。

第十三条 设立融资性担保公司，由拟设地市金融局（办）受理申请并提出初审意见，报省金融办审查批准。

第十四条 省内融资性担保公司在省内设立分支机构，应征得总公司所在地市金融局（办）同意，向拟设地市金融局（办）提出申请。市金融局（办）提出初审意见，报省金融办审查批准。省属融资性担保公司设立分支机构，由省金融办征求拟设地市金融局（办）意见后审查批准。

省内融资性担保公司在省外设立分支机构，应当报经总公司所在地市金融局（办）和省金融办同意。

省外融资性担保公司在省内设立分支机构，应当征得其总公司所在地省级监管部门同意，向拟设地市金融局（办）提出申请，由省金融办审查批准。

第十五条 非融资性担保机构申请经营融资性担保业务，必须具备本实施细则第八条、第九条、第十条规定的条件，并按设立融资性担保公司的程序提出申请，由省金融办审查批准。

第十六条 融资性担保公司变更下列事项之一的，应向所在地市金融局（办）提出申请。市金融局（办）提出初审意见，报省金融办审查批准。

（一）变更名称。

（二）变更组织形式。

（三）变更注册资本。

（四）跨市变更公司住所。

（五）调整业务范围。

（六）变更法人代表、董事长、总经理或实际履行相应职责的人员。

（七）变更持有5%以上股权的股东。

（八）分立或者合并。

（九）省金融办规定的其他变更事项。

融资性担保公司减少注册资本的，应当距公司登记注册或前一次变更注册资本至少六个月以上。

第十七条 融资性担保公司变更下列事项之一的，由所在地市金融局（办）负责审查批准，报省金融办备案。

（一）除跨市以外变更公司住所。

（二）变更除法人代表、董事长、总经理或实际履行相应职责人员以外的董事、监事、高级管理人员。

（三）分支机构变更住所、业务范围、高级管理人员。

（四）修改章程。

（五）省金融办规定的其他变更事项。

第十八条 融资性担保公司变更事项以及融资性担保公司分支机构设立与变更事项应当提交的文件、资料清单，由省金融办另行规定。

融资性担保公司经审查批准的变更事项，涉及变更经营许可证的，由省金融办按规定换发经营许可证；涉及公司登记事项的，凭经营许可证或批准文件向工商行政管理部门申请变更登记。

第十九条 融资性担保公司及其分支机构自批准设立之日起，无正当理由超过六个月未开业，或开业后连续六个月以上未经营融资性担保业务的，由省金融办收回经营许可证，并告知工商行政管理部门，按有关规定予以处理。

第二十条 融资性担保公司因分立、合并或出现公司章程规定的解散事由需要解散的，应当向所在地市金融局（办）提出申请，市金融局（办）提出初审意见，报省金融办审查批准。融资性担保公司应提交解散理由、或有债务保障措施及债务清偿计划等资料。

第二十一条 融资性担保公司有重大违法经营行为，不予撤销将严重危害市场秩序、损害公众利益的，由省金融办按照《融资性担保公司管理暂行办法》第十五条予以撤销。法律、行政法规另有规定的除外。

第二十二条 融资性担保公司解散或被撤销的，应当依法成立清算组进行清算，按照债务清偿计划及时偿还有关债务，落实或有债务保障措施。市金融局（办）监督其清算过程。担保责任解除前，公司股东不得分配公司财产或从公司取得任何利益。

第二十三条 融资性担保公司不能清偿到期债务，并且资产不足以清偿全部债务或者明显缺乏清偿能力的，应当依法实施破产。

第二十四条 融资性担保公司解散、被撤销或破产的，由省金融办收回经营许可证，并告知工商行政管理部门，按有关规定予以处理。

第二十五条 省属融资性担保公司设立、变更、终止等事宜，由省金融办直接受理并审查批准。

第三章　业务范围

第二十六条　经省金融办批准，融资性担保公司可以经营下列部分或全部融资性担保业务：

（一）贷款担保。

（二）票据承兑担保。

（三）贸易融资担保。

（四）项目融资担保。

（五）信用证担保。

（六）其他融资性担保业务。

第二十七条　经省金融办批准，融资性担保公司可以兼营下列部分或全部业务：

（一）诉讼保全担保。

（二）投标担保、预付款担保、工程履约担保、尾付款如约偿付担保等履约担保业务。

（三）与担保业务有关的融资咨询、财务顾问等中介服务。

（四）以自有资金进行投资。

（五）省金融办规定的其他业务。

第二十八条　融资性担保公司符合以下条件的，经省金融办批准，可以为其他融资性担保公司的担保责任提供再担保和办理债券发行担保业务。

（一）连续经营两年以上。

（二）一类地区的融资性担保公司，注册资本应不低于人民币 3 亿元；二类地区的融资性担保公司，注册资本应不低于人民币 2 亿元。

（三）近两年每年累计发生的代偿损失或投资损失不得高于净资产的 5%。

（四）近两年无违法、违规不良记录。

（五）省金融办规定的其他审慎性条件。

第二十九条　融资性担保公司不得从事下列活动：

（一）吸收存款。

（二）发放贷款。

（三）受托发放贷款。

（四）受托投资。

（五）省金融办规定不得从事的其他活动。

融资性担保公司从事非法集资活动的，由有关部门依法予以查处。

第四章　经营规则和风险控制

第三十条　融资性担保公司应当依法建立健全公司治理结构，完善议事规则、决策程序和内审制度，保持公司治理的有效性。

融资性担保公司应当建立符合审慎经营原则的担保评估制度、决策程序、事后追偿和处置制度、风险预警机制和突发事件应急机制，并制定严格规范的业务操作规程，加强对担保项目的风险评估和管理。

第三十一条　融资性担保公司应当按照金融企业财务规则和企业会计准则等要求，以及《担保企业会计核算办法》的规定，建立健全财务会计制度，真实地记录和反映企业的财务状况、经营成果和现金流量。

第三十二条　融资性担保公司收取的担保费，可根据担保项目的风险程度，由融资性担保公司与被担保人自主协商确定，但不得违反国家有关规定。

第三十三条　融资性担保公司是否向被担保人收取客户保证金，由双方自主协商确定。收取的客户保证金应当存入专门账户，由融资性担保公司、被担保人、贷款银行三方签订托管协议，委托银行进行监管，任何机构和个人不得挪用。

第三十四条　融资性担保公司的融资性担保责任余额不得超过其净资产的 10 倍。

融资性担保公司对单个被担保人提供的融资性担保责任余额不得超过净资产的 10%，对单个被担保人及其关联方提供的融资性担保责任余额不得超过净资产的 15%，对单个被担保人债券发行提供的担保责任余额不得超过净资产的 30%。担保责任余额是指融资性担保公司实际承担风险的担保责任金额，不包括银行业金融机构、再担保机构、政府担保基金、其他融资性担保公司等按照合同约定分担的风险责任金额。

第三十五条　融资性担保公司以自有资金进行投资，限于国债、金融债券及大型企业债务融资工具等信用等级较高的固定收益类金融产品，以及不存在利益冲突且总额不高于净资产 20% 的其他投资。

第三十六条　融资性担保公司不得为其母公司、子公司等关联企业，以及持股比例达 5% 以上的股东及其关联企业提供融资性担保。互助型融资性担保公司除外。

第三十七条　融资性担保公司应当按照当年担保费收入的 50% 提取未到期责任准备金。提取实行差额提取法，上一年提取的未到期责任准备金，可以转回或扣减当年应提取的未到期责任准备金。

融资性担保公司每年应当按照不低于当年年末担保责任余额 1% 的比例提取担保赔偿准备金。担保赔偿准备金累计达到当年担保责任余额 10% 的，实行差额提取。

未到期责任准备金、担保赔偿准备金的提取和使用管理办法由省金融办另行制定。省金融办可以根据融资性担保公司责任风险状况和审慎监管的需要，提出调高担保赔偿准备金比例的要求。

融资性担保公司应当对担保责任实行风险分类管理，准确计量担保责任风险。

第三十八条　融资性担保公司与债权人或其他融资性担保公司等应当按照协商一致的原则建立业务合作关系，并在合同中明确约定各自承担风险责任的方式。

第三十九条　融资性担保公司办理融资性担保业务，应当与被担保人约定在担保期间可持续获得相关信息并有权对相关情况进行核实。

第四十条　融资性担保公司与债权人应当建立担保期间被担保人相关信息的交换机制，加强对被担保人的信用辅导和监督，共同维护双方的合法权益。

第四十一条 融资性担保公司应当将公司治理情况、财务会计报告、风险管理状况、资产和资本金的构成及运用情况、担保业务总体情况等信息告知相关债权人。

第五章 监督管理

第四十二条 各地级以上市人民政府应当强化监管部门职能，加强监管队伍建设，建立专业化的、相对稳定的监管队伍，按照“非现场监管为主”的原则，配备必要的监管设施和监管手段，确保履行监管职责。

第四十三条 全省统一建立融资性担保公司非现场监管信息系统，建立健全融资性担保公司信息资料收集、整理、统计分析制度，对经营及风险状况进行持续监测。

建立融资性担保公司监管记分和评级制度，实施分类监管。

各市金融局（办）应于每年5月底前完成本辖区融资性担保公司上一年度机构概览报告，报省金融办备案。

省金融办应当于每年6月底前完成全省融资性担保公司上一年度机构概览报告。

第四十四条 融资性担保公司应当按照规定及时向所在地市金融局（办）报送经营报告、财务会计报告、合法合规报告等文件资料。

融资性担保公司提交的各类文件和资料，应当真实、准确、完整。

第四十五条 融资性担保公司应当按季度向所在地市金融局（办）和省金融办报告资产和资本金的运用情况。

省金融办可以根据审慎监管的需要，适时提出融资性担保公司的资本质量和资本充足率要求。

第四十六条 监管部门根据监管需要，有权要求本辖区融资性担保公司提供专项资料，或约见其董事、监事和高级管理人员进行监管谈话，要求就有关情况进行说明或进行必要的整改。

省金融办认为必要时，可以向债权人通报融资性担保公司的违规或风险情况。

第四十七条 监管部门根据监管需要，可以对融资性担保公司进行现场检查。融资性担保公司应当予以配合，并按照监管部门的要求提供有关文件、资料。

现场检查时，检查人员不得少于2人，并向融资性担保公司出示检查通知书和相关证件。

第四十八条 融资性担保公司发生担保诈骗、金额可能达到其净资产5%以上的担保代偿或投资损失，以及董事、监事、高级管理人员涉及严重违法、违规等重大事件时，应当立即采取应急措施并向所在地市金融局（办）报告。

第四十九条 融资性担保公司应当及时向所在地市金融局（办）报告股东大会或股东会、董事会等会议的重要决议。

第五十条 融资性担保公司应当聘请社会中介机构进行年度审计，并于每年4月底前将审计报告报送所在地市金融局（办）和省金融办。

第五十一条 融资性担保公司分支机构，接受所在地监管部门监管，按要求报送有关报表、资料。

第五十二条 省金融办牵头会同有关部门建立融资性担保行业突发事件的发现、报告和处置制度，制定融资性担保行业突发事件处置预案，明确处置机构及其职责、处置措施和处置程序，及时、有效地处置融资性担保行业突发事件。

第五十三条 各市金融局（办）应于每年2月中旬前向本级人民政府和省金融办报告上一年度辖区内融资性担保行业发展和监管情况。省金融办应于每年2月底前向省人民政府报告上一年度全省融资性担保行业发展和监管情况。

各市金融局（办）应当及时向本级人民政府和省金融办报告辖区内融资性担保行业的重大风险事件和处置情况。

第五十四条 融资性担保行业建立行业自律组织，履行自律、维权、服务等职责。省级融资性担保行业自律组织接受省金融办的指导。

第五十五条 征信管理部门应当将融资性担保公司的有关信息纳入征信管理体系，为融资性担保公司查询相关信息提供方便。

第六章 法律责任

第五十六条 监管部门从事监督管理工作的人员有《融资性担保公司管理暂行办法》第四十八条情形的，依法给予行政处分；构成犯罪的，依法追究刑事责任。

第五十七条 融资性担保公司违反法律、法规、《融资性担保公司管理暂行办法》及本实施细则规定的，有关法律、法规有处罚规定的，依照其规定给予处罚；有关法律、法规未作处罚规定的，由省金融办按照《融资性担保公司管理暂行办法》第四十九条规定责令改正，可以给予警告、罚款；构成犯罪的，由司法机关依法追究其刑事责任。

第五十八条 违反本实施细则规定，擅自经营融资性担保业务的，由所在地市金融局（办）提出处理意见，省金融办按照《融资性担保公司管理暂行办法》第五十条规定，会同有关部门依法予以取缔并处罚；擅自在名称中使用融资担保字样的，由所在地市金融局（办）提出处理意见，省金融办按照《融资性担保公司管理暂行办法》第五十条规定责令改正，依法予以处罚。

第七章 附 则

第五十九条 公司制以外的融资性担保机构从事融资性担保业务参照本实施细则的有关规定执行，具体实施办法另行制定。

外商投资的融资性担保公司适用本实施细则，法律、行政法规另有规定的，依照其规定。

融资性再担保机构管理办法另行制定。

第六十条　本实施细则施行前已经设立的融资性担保公司不符合《融资性担保公司管理暂行办法》和本实施细则规定的，应当在2011年3月31日前达到《融资性担保公司管理暂行办法》和本实施细则规定的要求。

第六十一条　本实施细则自2010年11月1日起施行。

关于贯彻落实国务院部署稳定消费价格总水平保障群众基本生活的通知

广东省人民政府办公厅2010年11月25日发布（粤府［2010］159号）

各地级以上市人民政府，各县（市、区）人民政府，省政府各部门、各直属机构：

今年以来，我省按照党中央、国务院有关部署，大力发展生产、保障供应、强化监管，保证了价格总水平和价格秩序的基本稳定。7月份以来，受国内外多种因素影响，我省居民消费价格指数（CPI）呈上升趋势。特别是受自然灾害影响，农副产品价格一度出现较大幅度上涨，加大了城乡居民尤其是中低收入群体的生活负担。为深入贯彻落实《国务院关于稳定消费价格总水平保障群众基本生活的通知》（国发［2010］40号）精神，结合我省实际，就有关问题通知如下：

一、大力发展农副产品生产

（一）严格管理蔬菜种植用地，稳定并适度增加全省蔬菜种植面积。扩大全省大中城市郊区常年蔬菜生产基地建设规模，加快建立一批现代化蔬菜生产基地。切实抓好冬春蔬菜和速生蔬菜生产。

（二）落实农业补贴政策，大力支持粮食生产发展。扶持省内产粮、产菜、产猪大县（镇）和规模化、标准化生猪养殖、禽畜养殖基地建设，以及规模化蔬菜种植基地的大棚建设。

二、稳定和保障农副产品市场供应

（三）适当扩大蔬菜批发市场建设规模。支持省内32家农业部定点批发市场升级改造，在全省中等城市规划建设一批省级重点农产品批发市场和产地批发市场。各地应按居民人口和消费规模，合理布设集贸市场，增设零售摊档。

（四）鼓励珠三角地区与农副产品主产区建立农副产品产销定向合作，保障重点消费区域的市场供应。

（五）落实省、市、县三级储备粮油规模和小包装成品粮油储备制度，组织国有粮企增加粮油商品库存。主产区要完善糖料蔗与白砂糖销售价格联动机制，及时调整糖料蔗收购价格和二次结算比例，协调好糖农和制糖企业的利益关系。

三、做好煤电油气运协调工作

（六）加强煤炭市场监管，优先安排电煤运输。做好成品油生产、调运、投放和储备工作，增加柴油产量和投放量，重点保障中心城区、交通要道、高速公路服务区等客货运输枢纽的用油需求。全力做好电力供应保障，优先保障重点城市、重点扶持产业和城乡居民、医院、学校、农业生产等重点用户的用电。

四、降低农副产品生产经营成本

（七）完善鲜活农产品运输绿色通道政策。自2010年12月1日起，全省所有收费公路对整车合法装载鲜活农产品的车辆免收通行费（含次票）；少量混装其他农产品以及超载幅度在合理计量误差范围内的鲜活农产品运输车辆，比照整车合法装载车辆执行；将马铃薯、甘薯、鲜玉米、鲜花生列入绿色通道品种目录。

（八）立即开展规范整治集贸市场摊位费和超市进场费工作，降低收费标准并实行备案管理。认真检查取消市场管理费、个体工商户管理费等政策的执行情况，进一步清理和取消不合理收费项目。由省物价局会同省财政厅提出清理和调整省立项批准的行政事业性收费的具体方案，经省政府批准后实施。

（九）减少流通环节，降低流通成本。发挥农副产品骨干企业作用。扶持大型集贸市场与农副产品生产基地、流通企业的“场地挂钩”、“场场挂钩”，以及大型连锁超市、农副产品流通企业与农民专业合作社的“农超对接”，在农副产品价格较大幅度上涨时，各地可在大型集贸市场或超市建立直销门店，以低于市场的价格销售肉菜等农副产品。

五、规范市场和价格秩序

（十）加强农副产品流通环节的价格监管，必要时实行流通差价率管理。进一步规范农产品批发市场、集贸市场的经营主体资格准入和交易行为。在集贸市场全面推行明码标价。迅速开展农副产品等生活必需品价格和化肥、农药、农膜等重要生产资料价格检查。重点查处恶意囤积、哄抬价格行为，以及变相涨价、串通涨价、价格垄断、掺杂使假等违法行为。

（十一）全面核查粮食经营者的收购资格，严厉打击无证照收购、超范围收购粮食的违法经营行为。组织开展经营者最高库存量核查。

（十二）在全面清理大宗电子交易市场的基础上，进一步规范交易行为，加大电子交易市场保证金监管力度，发现有异常大宗交易量的重点跟踪检查，及时依法处理。

（十三）尽快出台定价成本监审地方性法规。尽快制定重要农副产品价格分类管理办法。

六、加强价格监测预警和信息发布

（十四）开展农副产品价格监测。对与城乡居民日常消费密切相关的粮油菜肉禽蛋等农副产品价格，实施全方位监测。分别在生产、流通和零售环节合理分布价格监测点，及时采集和公布零售最高价、最低价和平均价。加强蔬菜等商品的成本调查，适时发布农产品流通成本信息。

（十五）加强农副产品等生活必需品价格走势的分析和预警。逐步在各县建立"农产品价格直通车"。强化农村价格信息员和大型集贸市场价格信息员队伍建设。进一步加大惠农政策宣传力度。加强正面的舆论宣传引导，及时澄清不实报道，正确引导社会预期。

七、完善稳定价格应急处置机制

（十六）必要时启动重要生活必需品价格临时干预。遵循市场调节和政府调控相结合的原则，当居民消费价格持续较快上涨、部分重要生活必需品价格显著上涨，并给城乡居民特别是低收入群体带来较大影响时，根据省应对价格异动预案，经省政府批准实行临时干预措施。

（十七）制定出台应对自然灾害引发的市场价格异常波动处置办法。因自然灾害给农副产品生产造成不利影响时，各地应积极采取措施组织调运，保障供应，稳定价格。

八、做好特定群体基本生活保障

（十八）今年年底前，各地要对优抚对象和城乡低保对象、农村五保供养对象分别发放价格临时补贴。经济欠发达地区发放城乡低保价格临时补贴，由省财政按增加1个月生活补助的一定比例给予补助。按照隶属关系，增加对大中专院校家庭经济困难学生和学生伙食补贴，由省财政厅商省教育厅、人力资源社会保障厅提出方案，经省政府批准后实施。

（十九）尽快建立和完善最低生活保障、失业保险标准与物价上涨挂钩的联动机制。

（二十）出台一批面向中低收入群体的价格惠民措施。继续降低部分偏高的药品价格。审慎出台政府调价项目，尚未实施的天然气价格调整方案暂缓出台。除国家和省部署的资源环境价格改革外，其他新提价项目一律从严控制。

九、发挥价格调节基金作用

（二十一）认真贯彻落实《广东省价格调节基金管理规定》，依法征收价格调节基金。运用价格调节基金，重点扶持规模化蔬菜种植基地大棚建设和农副产品批发市场冷库等储备设施建设，以及在农副产品价格较大幅度上涨时，对在大型集贸市场或超市建立直销门店和调运农副产品并以低于市场的价格投放市场的生产者、经营者给予适当补贴。

十、加强组织保障

（二十二）全面落实"米袋子"省长负责制和"菜篮子"市长负责制。设立由省政府分管领导牵头的"菜篮子"工程领导协调机构，加强对"菜篮子"工程建设相关工作的协调领导。协调机构办公室设在省农业厅。

（二十三）建立由省政府分管领导任总召集人的市场价格调控联席会议制度，负责价格调控监管协调工作。联席会议办公室设在省物价局。省直各有关部门要按照本通知要求，进一步细化分工，明确责任，制订具体落实方案。

各地、各有关部门要对国发［2010］40号文和本通知贯彻落实情况加强督促检查。省政府将于12月上旬组织督查组赴各地检查。

广东省加强地方政府融资平台公司管理工作实施方案

广东省人民政府办公厅2010年11月24日印发（粤府办［2010］63号）

为加强对我省地方政府融资平台公司的管理，有效防范财政金融风险，根据《国务院关于加强地方政府融资平台公司管理有关问题的通知》（国发［2010］19号）和《财政部发展改革委人民银行银监会关于贯彻国务院关于加强地方政府融资平台公司管理有关问题的通知相关事项的通知》（财预［2010］412号），结合我省实际，制订本实施方案。

一、主要工作任务

（一）清理核实融资平台公司债务

1. 清理核实范围。纳入本次清理核实范围的融资平台公司，是指截至2010年6月30日，各级地方政府（不含深圳市，下同）及其部门和机构等通过财政拨款或者注入土地、股权等资产设立的，具有政府公益性项目投融资功能，并拥有独立法人资格的经济实体，包括各类综合性投资公司。纳入本次清理核实范围的融资平台公司债务，是指截至2010年6月30日，融资平台公司通过直接借入、拖欠或因提供担保、回购等信用支持形成的债务。

2. 全面清理核实债务信息。包括融资平台公司数量，债务余额、来源、举借方式，资产负债、在建项目情况等。各级地方政府在清理核实债务信息时，要加强与银行业金融机构的对账和磋商。

3. 融资平台公司债务分类。融资平台公司债务经清理核实后按以下分类：（1）融资平台公司因承担公益性项目建设运营举借、主要依靠财政性资金偿还的债务；（2）融资平台公司因承担公益性项目建设运营举借、项目本身有稳定经营性收入并主要依靠自身收益偿还的债务；（3）融资平台公司因承担非公益性项目建设运营举借的债务。

（二）妥善处理融资平台公司存量债务和在建项目

对融资平台公司存量债务，各级地方政府要有效落实债务人偿债责任。融资平台公司要按照协议约定偿还存量债务，不得单方面改变原有债权债务关系，不得转嫁偿债责任和逃废债务；要制订偿债计划，明确偿债时限，切实承担偿债责任。金融机构要坚持按照“逐包打开、逐笔核对、重新评估、整改保全”的原则对融资平台公司贷款进行全面清理，对存在问题及时采取补救措施，确保信贷资产安全。各相关部门应积极配合，完善相关手续。

在建项目是指截至2010年6月30日，经相关投资主管部门依照有关规定完成审批、核准或备案手续，并已开工建设的项目。为避免损失浪费，防止出现“半拉子”工程，对原计划由融资平台公司承担融资的在建项目，应当妥善安排后续资金。在建项目经各级地方政府审核后，分类予以妥善处理：

1. 按照《中华人民共和国公路法》、《国务院关于加强国有土地资产管理的通知》（国发［2001］15号）等规定可以融资的项目，以及经国务院核准或审批的重大项目，可暂继续执行既定融资计划。

2. 还款来源70%以上（含70%）来源于财政性资金的公益性在建项目，除法律和国务院另有规定外，不得再继续通过融资平台公司融资，应通过财政预算等渠道，或采取市场化方式引导社会资金解决建设资金问题。

3. 还款来源中财政性资金占比低于70%的公益性在建项目，原贷款金融机构要重新审核，对符合国家产业政策、土地政策、环境保护政策、信贷审慎管理规定及宏观调控政策等要求的项目，要继续按照协议提供贷款，推进项目建设。不符合上述政策的项目，相关地方政府要尽快采取整改、终止等措施妥善处置。整改后符合政策要求的项目，金融机构应继续提供贷款；整改后仍不符合要求的项目，金融机构按规定严格管理贷款发放。

（三）清理规范融资平台公司

以化解风险、健康发展为导向，分类妥善处理现有的融资平台公司。

1. 一类融资平台公司：只承担公益性项目融资任务且偿债资金70%以上（含70%）来源于财政性资金的融资平台公司。此类公司今后不得再承担融资任务，相关地方政府要在明确还债责任，落实还款措施后，对公司作出妥善处理。

2. 二类融资平台公司：承担公益性项目融资任务且偿债资金70%以上（含70%）来源于财政性资金，同时还承担公益性项目建设、运营任务的融资平台公司。此类公司在落实偿债责任和措施后剥离融资业务，不再保留融资平台职能。

3. 三类融资平台公司：承担有稳定经营性收入的公益性项目融资任务，且偿债资金30%（含30%）至70%来源于财政性资金的融资平台公司。此类公司在落实偿债责任和措施后剥离融资业务，不再保留融资平台职能，或是通过资产重组等方式，将偿债资金中来源于自身经营性收入的比重提高到70%以上，转型为四类融资平台公司。

4. 四类融资平台公司：承担有稳定经营性收入的公益性项目融资任务，且偿债资金中财政性资金占比低于30%的融资平台公司。此类公司要按照《中华人民共和国公司法》等有关规定，充实公司资本金，完善治理结构，实现商业运作；要通过引进民间投资等市场化途径，促进投资主体多元化，改善融资平台公司的股权结构。

5. 五类融资平台公司：其他兼有不同类型融资功能的融资平台公司，主要为政府投资项目（含公益性项目）融资而组建，不承担具体项目建设、项目经营管理职能，且与下属子公司仅是股权关系的国有资产运营公司、国有资本经营管理中心等类型的融资平台公司。此类公司参照上述四类公司的处置原则进行清理规范。

根据财预［2010］412号文，2010年7月1日后，各级地方政府确需设立融资平台公司的，必须严格按照有关法律法规办理，足额注入资本金，学校、医院、公园等公益性资产不得作为资本注入融资平台公司。

（四）加强融资平台公司融资管理

1. 规范融资行为。融资平台公司的融资和担保要严格执行相关规定。经清理整合后保留的融资平台公司，其融资行为必须规范，向银行业金融机构申请贷款必须落实到项目，即贷款资金应用于项目本身，以项目法人公司作为承贷主体，承贷主体应为具有独立承担民事责任的市场主体，并符合有关贷款条件的规定。融资项目必须符合国家宏观调控政策、发展规划、行业规划、产业政策、行业准入标准和土地利用总体规划等要求，按照国家有关规定履行项目审批、核准或备案手续。要严格按照规定用途使用资金，讲求效益，稳健经营。

2. 加强信贷管理。银行业金融机构要加强对融资平台公司的信贷管理，以及对地方经济发展和融资主体偿债能力的分析和预测，注意跟踪项目建设运营情况，加强对信贷资金实际流向的监控，切实防范和化解贷款风险。要明确区分融资平台公司的政府投资项目融资与市场化投资项目融资，分别按规定妥善处理。

（五）规范地方政府担保承诺行为。各级地方政府在出资范围内对融资平台公司承担有限责任，实现融资平台公司债务风险内部化。自国发［2010］19号文印发之日起，对于融资平台公司的新增债务，各级地方政府仅以出资额为限承担有限责任。如果债务人无法偿还全部债务，债权人也应承担相应责任。要严格执行《中华人民共和国担保法》等有关法律法规规定，除法律和国务院另有规定外，各级地方政府及其所属部门、机构和主要依靠财政拨款的经费补助事业单位，均不得以财政性收入、行政事业等单位的国有资产，或以下列形式为融资平台公司提供担保：为融资平台公司融资行为出具担保函；承诺在融资平台公司偿债出现困难时，给予流动性支持，提供临时性偿债资金；承诺当融资平台公司不能偿付债务时，承担部分偿债责任；承诺将融资平台公司的偿债资金安排纳入政府预算；其他直接或间接形式为融资平台公司提供担保。

二、实施步骤及进度

（一）清理核实阶段

各地级以上市人民政府在清理核实融资平台公司债务的基础上，向省财政厅报送融资平台公司债务清理核实情况表和清理核实情况报告，并抄送省发展改革委、人民银行广州分行和广东银监局。清理核实情况报告应包括以下内容：债务清理核实工作的组织实施情况、债务核实情况（包括债务总量、分类、分级等情况）、特殊事项及说明、问题及政策建议等。

（二）规范管理阶段

各级地方政府根据债务清理核实情况，研究提出融资平台公司存量债务和在建项目处理意见，以及融资平台公司分类规范管理措施，规范政府担保承诺行为，并抓紧落实。

（三）总结报告阶段

各地级以上市人民政府于2010年12月15日前将本地区融资平台公司管理工作落实情况报送省财政厅。省财政厅牵头会同有关部门起草全省落实情况报告，于12月20日前报送省政府。落实情况报告应包括以下内容：组织实施情况，债务总量、分类、分级等情况，在建项目后续资金安排情况，规范管理的具体措施及效果，特殊事项及说明，问题及政策建议等。

三、保障措施

（一）加强领导

各地、各部门要高度重视，充分认识加强融资平台公司管理工作的重要性和紧迫性，按照国家和省的要求，精心组织，周密部署，切实加强融资平台公司管理工作。为加强统筹协调，省将成立加强融资平台公司管理工作领导小组（以下简称“省领导小组”），成员单位包括省财政厅、省发展改革委、省审计厅、省国资委、省金融办、人民银行广州分行、广东银监局等。省领导小组下设办公室，办公室设在省财政厅。各地要参照省的做法建立相应工作机制。

（二）明确职责

省各有部门在各自职责范围内做好融资平台公司管理相关工作。省财政厅为融资平台公司管理工作的牵头部门，负责牵头清理核实省级融资平台公司债务、研究提出省级融资平台公司清理规范意见、规范省财政担保承诺行为，并指导市县开展相关工作。省发展改革委负责妥善处理省级融资平台公司在建项目。省金融办负责会同有关金融部门研究落实省级融资平台公司贷款偿还责任及计划，协调在建项目后续贷款安排。省国资委负责核实省级融资平台公司资产负债、政府资本金注入形式、项目融资结构等情况，界定省级融资平台公司所属类别。省审计厅协助清理核实省级融资平台公司债务。人民银行广州分行协助确定省级融资平台公司名录，提供省级融资平台公司发行短期融资券、中期票据等债权债务信息，收集银行贷款等债权债务信息。广东银监局负责指导和督促银行业金融机构做好省级融资平台公司贷款清理分类工作，对在建项目后续贷款安排提出意见，并督促银行业金融机构进一步加强信贷管理。

（三）分级落实

各地级以上市人民政府负责组织实施市本级和指导县级融资平台公司管理工作。县级政府负责组织落实本地区融资平台公司管理的各项工作。各市、县相关部门参照省相关部门的职责分工，落实融资平台公司管理各项具体工作。

广东省财政厅　广东省物价局　广东省地方税务局关于价格调节基金征收使用管理的暂行办法

广东省财政厅　广东省物价局　广东省地方税务局
2010 年 6 月 18 日发布（粤财综［2010］98 号）

第一章　总　则

第一条　为规范价格调节基金征收使用管理，根据《广东省价格调节基金管理规定》，制定本办法。

第二条　本办法适用于本省行政区域内价格调节基金的征收、使用、管理。

第三条　价格调节基金收入全额纳入财政，实行“收支两条线”管理。

第四条　价格调节基金征收、使用、管理，应当接受政府财政、价格、审计和监察部门的监督检查。

第二章　征收和缴纳

第五条　价格调节基金由地方税务部门统一代征，纳入地税“大集中”系统与税同征同管。地方税务部门代征价格调节基金统一使用税收票证。

第六条　省级价格调节基金按照以下规定征收：

（一）对成品油批发经营企业在第一道批发环节销售（含系统内调拨）的成品油按 0.02 元/升（即汽油按 27 元/吨，柴油按 22 元/吨）征收。

（二）对省级电网企业的销售电量（扣除农业生产、稻田排灌和脱粒用电量）按 0.003 元/千瓦时征收。

（三）对天然气批发经营企业在第一道批发环节销售的气态天然气（标准大气压和室温条件下）按 0.04 元/立方米征收。

（四）对液化气批发经营企业在第一道批发环节销售的液化气按 0.04 元/立方米（即 17 元/吨）征收。

（五）对依法应计征水资源费的取水户（不含发电取水企业）按实际取水量 0.03 元/立方米征收，农业灌溉、牲畜家禽饲养、水产养殖和农药、化肥、农用薄膜生产取水暂缓征收。

（六）对省级基础电信运营商的通信业务收入和确无法退还消费者的预付通信费，分别按 0.1% 和 50% 征收。

（七）省人民政府批准的其他项目。

第七条　市、县级价格调节基金的征收项目和标准由地级以上市人民政府规定，并向社会公布。地级以上市人民政府应当在作出决定之日起 10 个工作日内报省人民政府价格、财政和地税主管部门备案。省级价格调节基金设立的征收项目，市、县不得重复设立。

对存在两个以上批发环节的同一商品不得重复征收价格调节基金（包括对同一企业不得重复征收不同环节的价格调节基金）。

第八条　县级以上人民政府价格主管部门应会同同级财政、地税部门确定具体缴纳义务人，并书面告知缴纳义务人，同时向社会公布。

缴纳义务人应当自收到书面通知之日起 8 个工作日内按通知要求办理价格调节基金缴纳登记手续。

第九条　县级以上人民政府价格主管部门应当对缴纳义务人的基本信息进行汇总，编制价格调节基金缴纳义务人明细表，加盖公章后附相关发文送交主管地方税务机关。

主管地方税务机关应在收到政府价格主管部门报送的价格调节基金缴纳义务人明细表后及时书面告知缴纳义务人相关缴纳事项。

第十条　价格调节基金实行按月或按季申报征收，缴纳义务人应当按照价格主管部门的规定于每月或每季第一个月的 10 日前向价格主管部门申报上月或上一季度应缴数额，并于每月或每季度第一个月的 25 日前向主管地方税务机关缴纳。缴纳义务人可以采用电子申报、纸质申报等方式申报缴纳价格调节基金。采用电子申报方式的，应妥善保管有关资料并附报纸质申报资料。

价格主管部门应当于每月或每季第一个月的 15 日前对上月或上一季度价格调节基金应缴数额进行汇总，并将汇总的价格调节基金电子应征数据，通过联网或报盘方式传送主管地方税务机关，同时以纸质件形式，送交主管地方税务机关。

第十一条　主管地方税务机关征收的价格调节基金应及时足额解缴到相应的财政部门设立的价格调节基金专户，财政、税务部门做好对账工作。

第十二条　主管地方税务机关应于每月或每季度终了后 5 个工作日内，汇总上月或上一季度价格调节基金实际征收数额，编制价格调节基金实收情况月度报表或季度报表送交政府价格主管部门和财政部门。

第十三条　多征错征价格调节基金，由缴纳义务人填写基金入户退还书，并附缴费凭证等主管地方税务机关要求提供的相关资料，向主管地方税务机关提出申请，由主管地方税务机关会同政府价格主管部门审核批准后，交政府财政部门办理退还手续。

第十四条 申请减缴、免缴或者缓缴价格调节基金的，缴纳义务人应当在减缴、免缴或者缓缴申请起始日期30天前向政府价格主管部门提出，其中县级人民政府价格主管部门应当在收到申请材料后3个工作日内报上一级政府价格主管部门。

申请减缴、免缴或者缓缴价格调节基金的，缴纳义务人应当提交下列材料：

（一）申请价格调节基金减缴、免缴或者缓缴书面报告，包括申请单位名称、理由、相关财务报表，以及申请减缴、免缴或者缓缴的数额和起止时间等；

（二）申请单位法人登记证书或者营业执照复印件；

（三）申请单位行政主管部门的意见；

（四）要求提供的其他相关材料。

第十五条 受理减缴、免缴或缓缴价格调节基金申请的，省、地级以上市人民政府价格主管部门应当在受理之日起20个工作日内会同同级财政、地税部门提出审核意见，报同级人民政府批准。

省、地级以上市人民政府价格主管部门应当自批准之日起5个工作日内书面告知主管地方税务机关，主管地方税务机关据此办理减缴、免缴或者缓缴手续。

第十六条 批准缓缴价格调节基金的最长期限不超过90日，缓缴期内不计征滞纳金。缴纳义务人应在缓缴期届满之日起5个工作日内，将缓缴期间应缴纳的价格调节基金缴足。

第十七条 缴纳义务人未按照规定缴纳价格调节基金的，由主管地方税务机关责令其限期缴纳，责令限期缴纳的期限为15天；逾期仍不缴纳的，从欠缴之日起每日处应缴纳金额万分之五的滞纳金。缴纳义务人仍拒不缴纳的，政府价格主管部门可依法申请强制执行。

第十八条 未经依法批准，任何部门、单位不得改变价格调节基金的征收项目和征收标准；不得减缴、免缴或缓缴价格调节基金。

第十九条 县级以上人民政府价格主管部门会同同级财政部门、地方税务部门于每年5月底前完成对上一年度价格调节基金实缴数额的核查；价格调节基金缴纳义务人应积极配合核查，如实提交有关资料。

第二十条 经核查明确缴纳义务人实缴数额超过或少于应缴数额的，由政府价格主管部门向缴纳义务人出具清缴事项通知书，明确补缴或退款数额；缴纳义务人根据通知书要求向主管地方税务机关办理补缴或抵扣手续，对不能抵扣的按规定程序退还多收款项。

第三章 资金使用和管理

第二十一条 价格调节基金遵循“以收定支、专款专用”的原则，按照“量入为出、统筹规划、注重效益”编制支出预算，年末结余可结转下年度使用。

第二十二条 价格调节基金适用以下情形：

（一）对因执行政府依法采取的价格干预措施、紧急措施而造成亏损或重大经济损失的生产者、经营者给予适当补偿；

（二）当粮油副食品等基本生活必需品价格发生异常波动时，给予相关商品生产者、经营者适当价格补贴、贷款贴息等；

（三）对因基本生活必需品价格大幅度上涨或者政府提价而影响基本生活的低收入困难群体给予临时价格补贴；

（四）对因遭受自然灾害等不可抗力严重影响的基本生活必需品生产者、经营者，给予临时补贴；

（五）为调控价格、稳定市场，对基本生活必需品等重要商品的储备和生产基地建设，给予补贴、补助或者贷款贴息；

（六）价格调节基金征收管理相关业务支出；

（七）省、地级以上市人民政府为调控价格、稳定市场批准使用的其他情形。

第二十三条 县级以上人民政府价格主管部门应会同有关部门编制价格调节基金年度收支计划送交财政部门，由财政部门审核并报同级人民政府批准后下达年度收支预算。价格调节基金应严格按批准后的年度收支预算执行。

省级价格调节基金按项目支出预算管理使用，其中属于省级部门使用部分纳入省部门预算安排。项目支出预算申请使用申报时间和具体要求，由省人民政府财政部门会同同级价格主管部门另行下达。

第二十四条 价格调节基金用于项目预算支出的（含专项补助，包括调剂地区间市场价格调控需求的专项补助），县级以上人民政府价格主管部门应会同同级财政等有关部门在规定时间内对价格调节基金项目支出预算申请材料进行审核（重大项目需组织专家进行评审），并由财政部门审核报同级人民政府批准后下达执行。

第二十五条 申请用于项目预算支出的，申请人应当向政府价格主管部门提出申请，并提交下列材料：

（一）申请使用价格调节基金书面报告，包括申请人名称、基本情况、申请项目名称、内容、资金数额以及申报理由等；

（二）第三方（具有评审资质或资格机构）出具的申报项目评审报告；

（三）价格调节基金的具体使用方案；

（四）申请人法人登记证书或者营业执照复印件（农民种植、养殖户提供身份证明）；

（五）申请人行业主管部门意见（农民种植、养殖户提供村委会相关证明）；

（六）要求提供的其他资料。

申请用于低收入困难群体补贴项目预算支出的，由政府民政等相关主管部门向价格主管部门提出申请，并提交下列材料：

（一）申请使用价格调节基金书面报告，包括申请项目名称、申请补贴对象的姓名、住址、补贴标准、申报理由等；

（二）申请补贴对象身份证复印件；

（三）要求提供的其他资料。

第二十六条　编制价格调节基金年度支出预算时，应充分考虑预留一定的资金作为应急事项支出预算。用于应急事项支出预算的项目支出，根据发生的应急事项，按照特事特办要求，由县级以上人民政府价格主管部门根据紧急情况对申请使用价格调节基金提出使用方案，由同级财政部门审核报同级人民政府批准后下达执行。

第二十七条　应急事项发生，需申请使用价格调节基金的，使用人可向政府价格主管部门提出申请，并应提交书面申请报告。申请报告内容包括申请人名称、基本情况、应急事项名称、使用方向、资金数额以及申报理由等。

受理申请的，政府价格主管部门应及时提出初步审核意见，由同级财政部门审核报同级人民政府批准后下达执行。

第二十八条　经政府财政部门正式批准的项目支出预算，不得随意进行调整。

在执行过程中，确因特殊情况需要调整预算的，由价格主管部门提出调整意见后送同级财政部门批准下达执行。

第二十九条　征管费用支出包括地方税务部门代征业务经费和有关部门的管理费用。征管费用主要用于价格调节基金的征收使用管理，包括宣传、培训、系统开发以及票据、报表印刷等相关费用支出。

省级价格调节基金的征管费用按规定纳入省级部门预算，从价格调节基金中统筹安排；市、县级价格调节基金的征管费用参照执行。

第三十条　省级价格调节基金可用于调剂地区间的市场价格调控需求，并纳入省级价格调节基金项目支出预算。

第三十一条　各级征收的价格调节基金缴入同级财政部门开设的价格调节基金专户，收入科目列“其他收入——价格调节基金”；价格调节基金的资金支付按照财政国库管理制度有关规定执行，支出科目列“其他支出——价格调节基金”。

第四章　监督和检查

第三十二条　价格调节基金使用单位应对本单位价格调节基金使用情况设立专账进行会计核算；价格调节基金补贴低收入困难群体的，由民政等相关主管部门设立专账进行会计核算。政府价格主管部门应按规定对价格调节基金使用绩效情况组织自评，并送同级财政部门，财政部门按规定组织开展重点项目资金使用绩效评价。

第三十三条　县级以上人民政府价格主管部门、财政部门应对价格调节基金的征收和使用情况实施日常监督检查。审计、监察部门应对价格调节基金的征收、解缴、入户、拨付、使用情况进行审计和监督，审计结果应及时向社会公示。

第三十四条　价格调节基金应严格按批准用途专款专用，价格调节基金使用单位不按照规定用途使用的，由政府价格主管部门会同财政部门责令其限期改正，终止拨款，并追回已拨付的资金。

第三十五条　各级人民政府及其有关部门截留、挪用、侵占价格调节基金的，由上级行政机关责令限期改正，对负有直接责任的主管人员和其他直接责任人员依法追究行政责任。

第五章　附　则

第三十六条　本办法由省人民政府财政部门、价格主管部门、地方税务部门负责解释。市、县可根据实际情况制定具体操作办法，并报省人民政府财政部门、价格主管部门、地方税务部门备案。

第三十七条　本办法自2010年6月1日起施行。

广东省举报涉假犯罪奖励专项资金管理办法

广东省公安厅　广东省财政厅2010年4月28日发布

（粤公通字［2010］132号）

第一条　广东省举报涉假犯罪奖励是指对举报假币、假发票和侵犯注册商标专用权等犯罪进行奖励。为规范广东省举报涉假犯罪奖励专项资金管理，严格执行奖励金的申请、审批和使用程序，经省人民政府同意，制定本办法。

第二条　根据《广东省举报假币犯罪奖励办法》、《广东省举报假发票犯罪奖励办法》和《广东省举报侵犯注册商标专用权犯罪奖励办法》规定，我省设立举报涉假犯罪奖励专项资金，该经费纳入我省年度财政预算，专款专用。

第三条　广东省举报涉假犯罪奖励专项资金由省公安厅先行垫付，支付的金额按年度由省公安厅向省财政厅申请划拨。省公安厅应在省政府确定的奖励资金总额和标准内严格控制奖励资金审批规模。

第四条 省公安厅是我省举报涉假犯罪奖励的审批和支付机关。根据案件管辖规定，立案侦查涉假犯罪案件的经济犯罪侦查部门或刑事侦查部门为公安机关立案单位。公安机关立案单位是举报涉假犯罪奖励的申报机关。

第五条 奖励金实行一案一报。省公安厅根据举报有功人员所提供情况的准确程度及其在协助侦查工作中所发挥的作用，按相关奖励办法予以奖励，在收到《广东省举报涉假犯罪奖励审批表》及相关材料后30个工作日内完成奖励金审批和下拨。

第六条 举报假币犯罪奖励由公安机关立案单位在破案或抓获在逃主要犯罪嫌疑人后30个工作日内填写《广东省举报涉假犯罪奖励审批表》，并附上简要案情、中国人民银行出具的《假币没收收据》及其他相关材料，破案的须附上破案报告，经县（区）级以上公安机关审批后逐级呈报省公安厅。

第七条 举报假发票犯罪奖励由公安机关立案单位在破案或抓获在逃主要犯罪嫌疑人后30个工作日内填写《广东省举报涉假犯罪奖励审批表》，并附上简要案情、税务机关出具的假发票鉴定没收收据（文件）及其他相关材料，对犯罪嫌疑人采取的强制措施，破案的须附上破案报告，经县（区）级以上公安机关审批后逐级呈报省公安厅。

第八条 举报侵犯注册商标专用权犯罪奖励由公安机关立案单位在破案后30个工作日内填写《广东省举报涉假犯罪奖励审批表》，在该审批表“举报及案件侦查情况”栏中根据举报事实的准确程度和举报人的配合情况确认举报等级（分为四级），并附上相关审批材料，包括举报有功人员名单（代号）、举报信函记录复印件、扣押物品清单、合法机构评估的货值、对犯罪嫌疑人采取的强制措施及破案报告书，经县（区）级以上公安机关审批后逐级呈报省公安厅。

第九条 举报涉假犯罪信息实行报告备案制度。各级公安机关接到举报涉假犯罪重大线索、情况的，应做好举报资料记录工作并及时报告省公安厅经济犯罪侦查局。省公安厅经济犯罪侦查局收到举报涉假犯罪重大线索、情况的报告后，应当登记备案，确定举报备案编号。

第十条 举报涉假犯罪奖励经省公安厅审批同意后，将奖励金直接划拨到公安机关立案单位。如举报人明确到受理举报的公安机关领取奖励金，由省公安厅将奖励金直接划拨到受理举报的公安机关。公安机关立案单位或受理举报的公安机关在收到奖励金之日起7个工作日内，按照与举报有功人员商定的支付方式支付奖励金，并在支付举报有功人员奖励金后7个工作日内将奖励金支付情况上报省公安厅经济犯罪侦查局，逾期不报的，省公安厅将暂停受理当地举报涉假犯罪奖励。省公安厅直接受理举报的，举报有功人员的奖励金由省公安厅或省公安厅指定的办案单位发放。公安机关奖励金发放单位应对涉假举报奖励造册登记。

第十一条 公安机关立案单位应确保举报涉假犯罪奖励金及时、足额支付给举报有功人员，不得截留、挪用。举报有功人员在接到公安机关立案单位或受理举报的公安机关奖励通知后3个月内领取奖励金，逾期不领取的，视为自动放弃，奖励金由公安机关立案单位或受理举报的公安机关直接退回省公安厅装财部门，并将情况上报省公安厅经济犯罪侦查局。

第十二条 各级公安机关对举报涉假犯罪奖励金的申请、审批必须严格把关，不得弄虚作假、虚报冒领，违者依法追究有关人员责任，构成犯罪的，依法追究当事人的刑事责任。

第十三条 本办法自印发之日起施行。2007年12月21日广东省公安厅、广东省财政厅联合发布，并于2008年1月1日起施行的《广东省举报假币犯罪奖励专项资金管理办法》同时废止。

第十四条 本办法由广东省公安厅、广东省财政厅负责解释。

广东省省级环保专项资金使用管理办法（修订）

广东省财政厅2010年1月7日印发（粤财工［2010］4号）

第一章 总 则

第一条 为加强和规范对省级环保专项资金的管理，提高资金使用效益，促进我省环境保护事业的发展，根据财政专项资金管理的有关规定，制定本办法。

第二条 省级环保专项资金由省财政设立，实行无偿补助。

第三条　省级环保专项资金的使用和管理，应当遵循以下原则：

（一）依法依规，公平、公开、公正。

（二）发挥财政资金引导和放大作用。

（三）专款专用，注重绩效。

第四条　省财政部门负责资金管理，会同省环保部门审定、下达资金项目计划，负责下达资金预算指标，办理资金拨付手续；监督检查项目资金使用情况，审核项目绩效目标及自评结果，组织实施重点项目绩效评价。

第五条　省环保部门负责项目管理，会同省财政部门审定、下达资金项目计划，对项目实施进展情况进行监督检查，组织项目单位申报项目绩效目标及进行项目绩效自评。

第二章　资金补助范围

第六条　省级环保专项资金优先安排列入省环境保护规划计划的重点项目以及重大科研、重大环境监管能力建设等项目，用于解决我省环境保护存在的突出问题，重点支持东西两翼和山区、经济欠发达地区、重点流域地区。

第三章　项目申报和审批下达

第七条　省级环保专项资金的申报程序。由项目（承担）单位提出申请，县（市）以上环保和财政部门审查后于当年3月底前联合上报省环保和财政部门。其中县（市）申报的项目，同时报地级以上市环保和财政部门备案。

属省直项目由省一级预算单位、科研单位、资产经营公司或企业集团对项目材料进行初审后于当年3月底前直接上报省环保和财政部门。

项目申报单位应具有独立法人资格单位，而且是项目业主单位。

地级以上市属项目原则上限报3个，县（县级市）属项目原则上限报5个。

第八条　省级环保专项资金项目的申报材料要求。

项目申报材料包括项目基本材料和其他辅助材料。

（一）项目基本材料，主要包括：

1. 联合上报文。由同级环保、财政部门出具，包括申请专项资金的正式文件及《广东省省级环保专项资金申报项目汇总表》。

2.《广东省省级环保专项资金申请表》（以下简称《申请表》，可在“广东环境保护公众网 http：/www. gdepb. gov. cn 下载）”。《申请表》由项目承担单位负责填写，并加盖公章。《申请表》中涉及有关部门意见的，必须由该部门签署意见并加盖部门公章。

3. 资金落实证明材料。地方财政承诺给予财政资金支持的项目，需附财政部门资金承诺函或预算安排文件；已获银行贷款的项目，需附银行贷款合同及申请银行贷款文件；企业自筹的项目，需附加盖项目承担单位公章的资金自筹证明。

4. 项目可行性咨询评估意见。工程项目需由经省级以上工程咨询协会认定资质的咨询评估机构出具项目可行性咨询评估意见。

工程项目需提供项目可行性研究报告及批复。项目可行性研究报告应由项目承担单位委托具有相应资质的单位编制。项目可行性研究报告按规定需要报经有关部门批复的，应附项目可行性研究报告批复。可行性研究报告编制时间超过5年的项目应重新编制可行性研究报告。

环境监管能力项目需附项目建设方案。主要内容包括建设目标、背景及现状、建设内容、经费预算、项目效益等。生态示范区建设项目，需提供生态建设规划或创建方案或验收批复等。

按规定需要进行环境影响评价的项目，应附项目环境影响评价报告表（书）批复文件。

属续报项目，要求提供项目进展、资金使用情况等材料。

（二）其他的辅助材料。城镇生活污水处理厂项目附初步设计文件、用地证明文件等；污染防治新技术新工艺推广应用项目附证明技术先进、具有良好推广应用效果的相关文件。

第九条　省环保部门会同省财政部门对申报项目进行审核，对部分重大项目组织专家评审，对需要进行现场考察的项目进行现场核查。

第十条　省级环保专项资金由省环保部门会同省财政部门按省级财政专项资金管理的有关规定报省领导审批。经省领导审批后由省环保部门会同省财政部门下达补助项目计划，省财政部门按资金管理规定下达补助资金计划。

第四章　项目监督管理

第十一条　项目承担单位要接受各级环保、财政部门的检查和监督。省环保、财政部门根据实际情况，采取定期检查、不定期抽查或委托项目所在地市、县环保和财政部门等方式，对资金的使用和项目实施情况进行督促检查。各级财政部门负责对省级环保专项资金的使用情况进行管理和监督，各级环保部门负责对项目实施情况进行管理和监督。每年4月底前，各地环保、财政部门应将往年度省级环保专项资金安排项目的进展情况、资金使用管理情况联合上报省环保、财政部门。县（市）环保、财政部门同时抄报地市级环保、财政部门备案。

第十二条　各地收到省级下达的省级环保专项资金补助计划后，要认真组织实施。项目承担单位要按申请方案认真开展工作。在省下达项目补助资金计划后，原则上不得调整项目用途和项目承担单位。对于确需调整的，要经同级环保、财政部门审核后报省环保、财政部门审批。

第十三条　逾期未完成任务的项目，项目承担单位应及时向同级环保、财政部门报告，说明未能完成任务的原因及整改措施。项目承担单位上级主管部门应采取措施，责令承担单位限期完成。

第十四条　省级环保专项资金必须专款专用，任何部门、单位和个人不得截留、挪用、挤占省级环保专项资金。项目承担单位申请拨款，需向财政部门提供项目进展、资金用途、招投标等相关材料，同时提供同级环保部门的审核意见。

第十五条　对省级环保专项资金使用、管理中存在骗取、截留、挪用、挤占等行为的，按《财政违法行为处罚处分条例》规定，除将已拨付的资金全额追回外，还将依法追究有关单位及其相关人员责任。

第五章　项目绩效评价与验收

第十六条　项目承担单位要按省的有关规定认真做好省级环保专项资金补助项目的绩效评价工作。项目建成后，项目单位应及时按规定进行竣工验收，并进行绩效评价自评。

第十七条　省级环保专项资金单笔补助金额500万元以上的项目或同一项目累计补助超过2 000万元的项目，该项目完工后，除项目承建单位按规定组织竣工验收外（验收内容主要包括项目申报内容完成、资金使用、项目环境效益等情况），项目单位还应向省财政、环保部门提交项目绩效自评报告、试运行报告、环境监测报告和资金使用管理报告等材料。省财政、环保部门在项目单位自评的基础上进行专项资金绩效评价。

其他补助项目参照上款要求，由地级以上市环保和财政部门组织验收（承担单位属省级的，由省直主管部门组织验收），并在验收后1个月内将项目绩效验收报告报送省环保和财政部门备案。

第十八条　资金补助项目的验收工作可结合财政资金绩效评价工作进行。各地环保、财政部门要对有关项目的验收绩效评价情况进行抽查。项目绩效评价结果作为下年度省级环保专项资金安排的重要依据之一。

第六章　附　则

第十九条　本办法自颁布之日起施行。原《广东省环境保护专项资金使用管理办法》（粤财工［2001］208号）和《广东省环境保护专项资金安排项目竣工验收办法》（粤环［2002］183号）同时废止。

第二十条　本办法由省财政厅、环保厅负责解释。

广东省科技金融结合试点市联合科技贷款风险准备金管理暂行办法

广东省财政厅2010年3月9日印发（粤财教［2010］57号）

第一章　总　则

第一条　为规范对广东省科技金融结合试点市省市联合科技贷款风险准备金（以下简称科技贷款风险准备金）的管理，加强资金监督，提高资金的使用效益，进一步发挥国家政策和政府专项资金的引导和杠杆效应，加强科技要素和金融创新结合，提高广东省自主创新能力，促进高新技术产业的发展，制定本办法。

第二条　科技贷款风险准备金是财政性专项资金，应按照《广东省省级财政专项资金管理暂行规定》和国家有关财务规章制度进行管理。

第三条　科技贷款风险准备金资金规模暂定为3 000万元。

第四条　科技贷款风险准备金的使用原则

（一）根据广东省高新技术产业发展规划，确定需要支持的科技型中小企业。

（二）坚持公平、公开、公正的原则，明确目标，突出重点，规范程序，科学评估，择优扶持。

（三）专款专用，严格监督，确保风险准备金规范、安全和高效使用并及时核销。

（四）遵守国家有关法律、法规和财务规章制度，不以营利为目的。

第二章　使用范围和标准

第五条　科技贷款风险准备金主要用于推动科技金融试点市工作的开展。主要包括：

（一）对试点市放款银行或担保机构科技型中小企业贷款损失进行补偿；

（二）扶持试点市科技型中小企业信用担保体系建设；

（三）政府与试点市有关银行和担保机构合作，促进增加科技型中小企业的贷款数量；

（四）省科技厅和省财政厅确定的需要支持科技型中小企业融资发展的其他事项。

第六条　科技贷款风险准备金使用标准。

（一）对珠海市、东莞市和中山市三个试点市各设立1 000万元科技贷款风险准备金，合计3 000万元。珠海、东莞、中山三地市政府分别配套4 000万元，各自组成5 000万元省市联合科技贷款风险准备金。

（二）项目实施过程中，每个贷款项目按照省科技厅和地方政府1∶4的比例拨付风险准备金。试点市对省科技厅每一笔科技贷款风险准备金的使用应提交相关申请及附件材料，报省科技厅审批。

（三）项目实施过程中发生科技贷款风险准备金损失，由省科技厅和试点市政府按照1∶4的比例分担，并按照各自的管理办法进行核销，代偿总额最高以风险准备金存款额为限。

（四）项目操作过程中，试点市政府与合作的商业机构的风险分担比例由试点市政府管理与合作金融机构洽谈商定，报省科技厅备案。

第三章　使用方法

第七条　省科技厅在三个试点市各自所在银行开设的指定账户，分别一次性存入专项资金1 000万元用作科技贷款风险准备金，单独列账。

第八条　试点市在省科技贷款风险准备金核拨到位后30个工作日内一次性投入相应的配套资金，实行专款专用，单独列账。

第九条　省市联合科技贷款风险准备金按省、试点市各自管理办法进行管理。试点市制定的风险准备金管理办法，报省科技厅备案。试点市与相关金融机构合作签署的协议和企业贷款过程中的企业借款合同副本、银行放款凭证（复印件，加盖银行公章）、贷款风险准备金质押通知书等应报省科技厅备案。

第十条　试点市每季度向省科技厅提交本季度联合风险准备金质押清单及银行放款凭证；每半年向省科技厅提交项目实施情况、经费决算和风险控制的书面报告。

第十一条　科技贷款风险准备金每年用于风险代偿等预算开支由省科技厅初步拟定，报省财政厅同意后，由省科技厅将资金拨付到放贷银行等相关单位。相关单位收到相应资金后，应按国家有关财务制度处理。

第四章　管理与核销

第十二条　省科技厅应设立专门的会计账目，对科技贷款风险准备金的活动情况进行账务处理，定期向省财政厅报送有关报表，并按规定进行绩效自评；会同省财政厅对资金使用效益进行检查和跟踪。

第十三条　科技贷款风险准备金的核销。风险代偿仅限于科技金融结合试点市项目，实施风险代偿时，由科技金融结合试点市提出代偿申请，并附经论证的贷款损失材料，报省科技厅审核。经省科技厅审核同意后，省财政厅和省科技厅联合行文批复科技金融结合试点市应核销的项目及金额，试点市据此办理相关账务处理手续。

第五章　监督检查

第十四条　建立检查制度。省科技厅和省财政厅负责对科技金融结合试点市项目实施监督检查，建立项目追踪反馈制度，定期或不定期对项目进行现场检查，并按规定进行绩效评价。及时掌握了解科技金融结合试点市项目执行情况和效益情况，发现问题及时解决，最大限度降低风险责任。

第十五条　科技贷款风险准备金必须专款专用。对有弄虚作假、挪用专项资金等行为的，除按《财政违法行为处罚条例》对有关款项予以追回外，一并追究责任单位和责任人员的法纪责任。

第六章　附　则

第十六条　本办法由省财政厅和省科技厅负责解释。

第十七条　本办法自印发之日起执行。

全省重点产品国际竞争力调查工作考核办法

广东省财政厅2010年3月25日印发（粤财法［2010］29号）

为更好地开展广东省重点产品国际竞争力调查工作，提高调查工作水平，进一步调动各市财政部门的积极性，确保调查数据的真实性和可用性，发挥调查结果对科学科学调整进出口税收政策、拟定双力、多边贸易关税谈判方案等方面的作用，促进广东省关税工作的深入开展，特制定本办法。

一、考核的基本原则和办法

重点产品国际竞争力调查工作考核的基本原则：本着公开、公正、公平的原则，坚持实事求是，做到有依有据；以调查数据质量为核心，全面考核调查样本数量、质量和数据分析运用情况；坚持专项考核与综合评议相结合，注重工作实绩。

考核办法：根据各市财政部门上报的工作总结报告、调查数据、汇总说明、分析报告及会审结果，以及后期数据整理情况，由省财政厅（法规税政处）对各市调查工作进行综合平衡，全面考核后通报表扬先进单位和个人。

二、考核的对象

考核对象为全省各地级以上市财政局，佛山市顺德区财政局及具体组织重点产品调查工作人员。

三、考核的内容和标准

（一）先进单位（实行百分制）。

1. 工作组织（15分）

（1）领导重视，机构稳定，人员落实，并在经费上予以支持，保障调查任务顺利完成。按时上报数据软盘、工作总结与汇总说明、分析报告。（5分）

（2）根据统计法，认真贯彻省财政厅《关于印发重点产品国际竞争力调查表的通知》等文件规定，严守调查企业的商业机密和知悉的调查数据等国家秘密。（5分）

（3）密切与省财政厅（法规税政处）的日常工作沟通，及时报送本地关税工作情况和信息。（5分）

2. 样本数量（20分）

（1）调查企业户数多。选择的企业覆盖面大，从经营规模和注册类型等方面具有代表性。在全省各市调查户数中位居前列的。（10分）

（2）调查财政部列示的重点产品品种数量位居前列的。（10分）

3. 数据质量（30分）

（1）调查表填报完整，无漏表漏项；（6分）

（2）封面文字信息填报无误，代码信息录入准确；（6分）

（3）调查表项目指标填取口径正确；（6分）

（4）数据填报真实，满足表内、表间逻辑性审核公式，能通过合理性审核；（6分）

（5）同类产品相比成本、价格等无异常数据。（6分）

4. 汇总说明（10分）

（1）认真进行调查实施工作的组织、方法和数据处理等总结，并撰写上报调查工作总结报告，总结有情况，有经验，有改进建议。（5分）

（2）汇总说明当年本地区重点产品调查种类，增补产品调查种类，调查企业户数及分类情况，并对税收策调整本地产业、企业及经济影响等情况的说明简明扼要，重点突出。（5分）

5. 分析报告（25分）

（1）认真按时完成省财政厅委托的专题分析任务。（10分）

（2）分析报告选题好。结合本地产业或产品结构、进出口状况、经济运行特点或当前热点问题等选择分析题目。（5分）

（3）分析报告深刻透彻。全面客观地反映出分析的产品、产业或行业的现状及国际竞争力情况；揭示出存在主要问题，剖析产生问题的关键原因；提出有针对性的切实可行的对策建议。被财政厅局或当地党委政府有关信息刊物采用，为领导决策和科学、准确的调整关税政策提供参考依据。（10分）

（二）通报表扬个人。

1. 职业道德好。热爱关税与重点产品调查工作，工作积极主动，认真负责。自觉遵守统计职业道德规范。

2. 任务完成好。承担的调查任务，上报及时，数据准确，软盘报表做到录入无误，书面资料完整规范。

3. 优质服务好。深入企业督促指导、调查研究，能结合国家产业政策及本地经济形势特点与工作重点，对调查数据进行深加工，反映重点产品或重点产业的生产经营、运行情况，针对存在问题，提出改进建议，充分发挥调查信息的作用，成绩突出。

4. 业务素质好。刻苦钻研关税、外贸业务，开拓进取，熟练掌握调查统计的业务知识，运用计算机对数据加工处理，综合分析能力较好，工作有特色，效率高。

5. 互助合作好。工作中与同志和相关部门密切配合，互相帮助，共同做好调查工作。

根据以上五项条件，由各市财政局推荐表现突出的同志，在每年10月底前以书面材料报送给省财政厅（法规税政处）。

四、本办法自2010年起施行

广东省高新技术产业开发区发展引导专项资金管理办法

广东省财政厅2010年3月31日印发（粤财工［2010］21号）

第一章　总　则

第一条　为规范对广东省高新技术产业开发区发展引导专项资金（以下简称“专项资金”）的管理，提高资金使用效益，根据省政府《印发广东省省级财政专项资金管理暂行规定的通知》（粤府［2006］37号）、《中共广东省委、广东省人民政府关于加快高新技术产业开发区发展的意见》（粤发［2009］13号）（以下简称《意见》）等规定，制定本办法。

第二条　本办法所称专项资金，是指为贯彻落实《意见》，经省人民政府批准设立，并由省财政预算安排专项用于支持推动高新技术产业开发区（以下简称“高新区”）提升产业竞争力和自主创新能力的资金，其中2010年安排1亿元，2011年、2012年各安排2亿元。

第三条　专项资金原则上依托项目进行管理，即通过科学严谨的立项来规范项目资金的分配和使用，并对资金分配和使用的全过程进行监督检查、追踪问效和绩效评价，保证资金的有效使用。

第四条　省财政厅负责专项资金管理，审核、下达专项资金，办理专项资金拨付手续，对专项资金使用情况进行监督检查和开展绩效评价工作。

第五条　省科技厅负责制定年度工作计划，实施项目工作计划，会同省财政厅审定、下达专项资金项目计划，对项目计划实施情况进行监督检查，并配合省财政厅开展绩效评价工作。

第二章　专项资金使用范围

第六条　专项资金主要用于引导各级财政加大对高新区的科技投入力度，推动高新区提升产业竞争力和自主创新能力，培育各高新区错位发展，各自形成特色，使用范围主要包括：

（一）推动高新区研发产业高端技术，开展产业前沿技术重大攻关；

（二）扶持引进产业高端技术与产业化项目，孵化具有自主知识产权项目；

（三）加速重大创新成果产业化，培育发展半导体照明和新型平板显示等高新技术产业；

（四）扶持发展高技术服务业项目；

（五）扶持园区发展环境、创新体系研究和规划建设；

（六）支持高新技术产业培育区建设；

（七）培育园区特色产业和特色产业基地建设与发展；

（八）省财政厅、省科技厅决定的其他项目。

第七条　专项资金按照批准的项目（任务），采取无偿补助、贷款贴息、奖励等支持方式，对重大项目可实行滚动支持。

第八条　专项资金的支出范围包括项目费、组织管理费。项目费主要用于开展科技基础性工作发生的相关支出，主要包括：原材料及标（样）本购置费、仪器设备购置费及相关业务费等，项目费由项目（任务）承担单位管理和使用；组织管理费主要用于编制项目指南、开展项目评审（评议）、监督检查、项目验收等工作发生的支出，此项费用由省财政厅按规定核定后使用。

第三章　项目申报、审批和下达

第九条　省科技厅根据《意见》对高新区发展的战略定位和总体目标，按阶段性目标，会同省财政厅分年度制定和发布《广东省高新技术产业开发区发展引导专项资金申报指南》，明确年度重点支持范围和具体要求。

第十条　申报专项资金的项目应当符合专项资金支持范围并在广东高新区内实施。申报单位必须是依法在广东省成立，具有独立法人资格、健全的财务管理机构和财务管理制度的高新区管理机构、科研机构、高等院校、企业及其他有关单位。

第十一条　项目申报单位按照本办法和年度申报指南的要求，准备和提供相应的申请材料，并保证申请材料真实可靠。申请项目须具备以下条件：

（一）项目符合国家、省高新区发展政策及申报指南要求，实施地和成果转化地在广东高新区内；

（二）申报单位两家以上的，须合作基础良好且签订了合作协议；

（三）申报单位具有较强的技术实力或者较高的科研水平，并有一定人员、资金或设备投入；

（四）项目资金预算合理可行；

（五）原则上地方财政应承诺并落实足额配套经费；

（六）省财政厅、科技厅认为应当具备的其他条件。

第十二条 项目实行专家评审（评议）与行政决策相结合的立项审批制度。

（一）省科技厅会同省财政厅组织专家对申报项目以评审（评议）或论证等方式进行审查，对专项资金项目及其预算提出意见。评审和论证意见作为专项立项决策以及总预算控制的重要依据。

（二）省科技厅会同省财政厅根据评审和论证意见进行综合平衡，审定支持项目及其预算，下达专项资金项目计划通知书，并通知项目承担单位编制项目预算。

经批准的项目及其预算一般不作调整，如有特殊情况确需进行调整时，应按规定的程序报批。

第四章　资金拨付和会计处理

第十三条 省财政厅根据下达的项目资金计划，按规定办理资金拨付手续。属省属单位的，直接拨付到省级有关部门；属市县项目的，由省财政厅通过财政部门下拨。已纳入国库集中支付的项目承担单位，由各级财政部门实行国库集中支付。

省级有关部门和市县级财政部门收到专项资金后，必须及时下拨到项目承担单位，不得截留、挪用。

第十四条 省级有关部门、市县级财政部门拨付资金后，应督促项目承担单位按有关规定进行会计处理。

项目承担单位收到专项资金，应作为专项应付款反映，并分别按照企业、行政或者事业单位会计制度，进行核算。形成资产部分，计入资本公积，不能形成资产部分，按现行有关会计制度规定处理。国家另有新规定的，从其规定。

第五章　项目管理和验收

第十五条 专项资金项目实行合同管理，正式立项的项目需在省科技业务申报系统中填报合同。

第十六条 项目承担单位应当按照国家有关财务制度，对专项资金实行专账核算、专账管理。

第十七条 用专项资金购置的固定资产属于国有资产的，应当纳入项目承担单位的固定资产账户进行核算与管理，由项目承担单位行使使用权。

第十八条 项目形成的成果属国家和项目承担方所有。项目完成后，项目承担单位应及时总结和申请验收。

第十九条 项目验收的组织工作，由省科技厅、省财政厅或被授权委托的项目组织实施管理机构组织进行。

第二十条 项目验收以签订的合同内容为考核的基本依据，对项目所取得的科技成果水平、应用效果和对经济社会的影响、攻克的关键技术的方案和效果、知识产权的形成和管理、项目实施的组织管理经验和教训、科技人才的培养和队伍的成长、经费使用的合理性等，应作出客观的、实事求是的评价。

第二十一条 项目验收程序，一般应符合下列要求：

（一）项目验收工作需在项目合同完成后半年内完成；

（二）项目承担者在完成任务、做好总结的基础上，及时向项目组织实施管理机构提出验收申请并提交有关验收资料和数据；

（三）项目组织实施管理机构审查全部验收资料及有关证明，合格的向省科技厅提出验收申请；

（四）省科技厅批复验收申请，主持或委托项目组织实施管理机构组织验收，同时也可委托有资质的社会中介机构组织验收或评估；

（五）省科技厅批准项目的验收结果，并抄送省财政厅。

第二十二条 项目承担者申请验收时应提供以下验收文件、资料，以及一定形式的成果（样机、样品等），供验收组织或评估机构审查：

（一）项目合同书或计划任务书；

（二）省科技厅/省财政厅对项目的批件或有关批复文件；

（三）项目验收申请表；

（四）项目研发工作总结报告；

（五）项目研发技术报告；

（六）项目所获成果、专利一览表（含成果登记号、专利申请号、专利号等）；

（七）样机、样品的图片及数据；

（八）有关产品测试报告或监测报告及用户使用报告；

（九）建设的中试线、试验基地、示范点一览表、图片及数据；

（十）购置的仪器、设备等固定资产清单；

（十一）项目经费的决算表；

（十二）项目验收信息汇总表。

第二十三条 项目组织实施管理机构在组织项目验收时，可临时组织项目验收小组，有关专家成员由项目组织实施管理机构提出，并经省科技厅批准后聘任。

参与项目验收工作的评估机构，应遵照《科技评估管理暂行办法》有关规定执行。

第二十四条 项目验收组织实施管理机构根据验收小组/评估机构的验收意见，提出“通过验收”或“需要复议”或“不通过验收”的结论建议。

被验收项目存在下列情况之一者，不能通过验收：

（一）合同或计划任务书任务完成不到80%；

（二）预定成果未能实现或成果已无科学或使用价值；

（三）提供的验收文件、资料、数据不真实；

（四）擅自修改合同或计划任务书的考核目标、内容、技术路线；

（五）超过合同或计划任务书规定期限半年以上未完成任务，且事先未作说明。

第二十五条 需要复验的项目，承担者应在接到通知30日内提出复验申请。

未通过验收的项目，承担者可在接到通知半年内，整改完善有关项目材料后，提出复验申请。如再次未通过验收，项目承担者三年内不得再承担同类计划项目。

第六章　监督和检查

第二十六条　省科技厅负责项目的日常监督管理和验收工作，按照专项资金监督管理和验收的工作规范，组织实施项目监督管理和验收工作，分析总结项目执行情况。省财政厅负责对专项资金的管理、使用进行监督检查，参与项目的验收工作。

第二十七条　高新区管理机构、地级以上市科技主管部门、财政部门负责当地专项资金项目的日常监督管理工作，并向省科技厅、省财政厅定期报告项目的执行情况。

第二十八条　项目实施应当严格按照签订的《项目合同》执行，确有必要调整时，项目承担单位应向省科技厅、省财政厅提出书面申请，按程序进行核批。

第二十九条　建立专项资金使用、管理检查制度。省科技厅、省财政厅按规定对扶持项目实施情况进行检查，发现问题及时纠正。对项目的监督检查应依法办事，不得违法干预项目承担单位的正常工作。

第三十条　建立专项资金绩效评价制度。省科技厅按规定对专项资金使用情况实施绩效自评，省财政厅视情况组织开展重点绩效评价。

第三十一条　对专项资金使用、管理中发生的擅自改变专项资金用途，或者骗取、挪用专项资金等行为，按《财政违法行为处罚处分条例》规定进行处理。

第七章　附　则

第三十二条　本办法由省财政厅会同省科技厅负责解释。

第三十三条　本办法自印发之日起实施，至专项资金到期不再设立后废止。

会计师事务所服务收费管理办法

广东省财政厅2010年4月1日印发（粤财会［2010］27号）

第一条　为保障会计师事务所服务质量，维护社会公共利益以及委托人、会计师事务所的合法权益，促进注册会计师行业健康发展，根据《中华人民共和国价格法》、《中华人民共和国注册会计师法》等有关法律法规规定，制定本办法。

第二条　依照《中华人民共和国注册会计师法》设立的会计师事务所，根据相关法律法规规定，提供审计服务和其他服务，应当按照本办法收取服务费用。

第三条　会计师事务所服务收费应当遵循公开、公正、公平、自愿有偿、诚实信用和委托人付费的原则。

第四条　会计师事务所服务收费实行政府指导价和市场调节价。

会计师事务所提供下列审计服务的收费实行政府指导价：

（一）审查企业会计报表，出具审计报告；

（二）验证企业资本，出具验资报告；

（三）办理企业合并、分立、清算事宜中的审计服务，出具有关的报告；

（四）法律、行政法规规定的其他审计业务。

会计师事务所按照自愿有偿原则提供会计咨询、会计服务等其他服务的收费实行市场调节价。

第五条　审计服务可实行计件收费、计时收费或者计件与计时收费相结合的方式。

第六条　实行计件收费的审计服务，可以实收资本、资产总额或营业收入等反映审计对象规模的指标为计费依据，采取差额定率累进计算的办法收取服务费。即按实收资本、资产总额或营业收入等划分收费档次，分档计算收费额，各档相加为收费总额。

第七条　实行计时收费的审计服务，可按照提供服务所需工作人日数和每个工作人日收费标准收取服务费用。工作人日数根据审计服务的性质、风险大小、繁简程度等确定；每个工作人日收费标准根据执业人员专业技能水平、审计工作的服务质量等分别确定。

第八条　实行政府指导价的具体收费项目、基准价及其上下浮动幅度，由各省、自治区、直辖市财政部门提出意见，报同级价格主管部门制定。

第九条　制定审计服务收费标准，应当以审计服务的社会平均成本、法定税金和合理利润为基础，并考虑当地经济发展水平、社会承受能力和注册会计师行业的发展等因素确定。

核定审计服务社会平均成本，应以《中国注册会计师执业准则》规定的必要执业程序为依据，并考虑执业责任风险和人员培训费用等因素。

第十条　实行市场调节价的其他服务，应由会计师事务所根据服务成本和当地社会经济发展状况，自主制定不同服务的收费标准范围。具体收费标准由会计师事务所与委托人协商确定。确定收费标准时应考虑以下主要因素：

（一）耗费的工作时间；

（二）业务的难易程度；

（三）委托人的承受能力；

（四）会计师事务所可能承担的风险和责任；

（五）会计师事务所的社会信誉。

第十一条　会计师事务所异地设立的分所，应当执行分所所在地的收费规定。

会计师事务所（分所）异地提供服务，可以执行会计师事务所（分所）所在地或者异地的收费规定，具体由会计师事务所与委托人协商确定。

第十二条　会计师事务所接受委托，应当与委托人签订服务收费合同（协议）或者在委托合同（协议）中载明收费条款。

收费合同（协议）或收费条款应包括：收费项目、收费标准、收费方式、收费金额、付款和结算方式、争议解决方式，采用计时收费的，还应载明计费的工作人日数等内容。

第十三条　会计师事务所与委托人签订合同（协议）后，委托关系终止的，有关费用的退补和赔偿依照《合同法》等有关规定办理。

第十四条　审计服务采取招（投）标方式取得的，会计师事务所应当在规定的基准价和浮动幅度内合理确定投标报价。

第十五条　会计师事务所为委托人提供服务，应当严格按照相关法律法规和《中国注册会计师执业准则》，恪守独立、客观、公正的原则，履行必要的执业程序。

第十六条　会计师事务所向委托人收取服务费，应当出具合法票据，注册会计师个人不得私自收费。

第十七条　会计师事务所应当在营业场所显著位置公示服务项目、收费标准、收费依据等内容，自觉接受社会监督。

第十八条　会计师事务所应当严格执行价格主管部门制定的会计师事务所服务收费管理办法和收费标准，建立健全内部收费管理制度。

第十九条　会计师事务所有下列情形之一的，由政府价格主管部门依照《价格法》和《价格违法行为行政处罚规定》实施行政处罚：

（一）未按规定公示服务项目、收费标准的；

（二）超出政府指导价浮动幅度制定价格的；

（三）擅自制定实行政府指导价的审计服务收费标准的；

（四）违反规定以佣金、回扣等形式变相降低审计服务收费超出政府指导价浮动下限的；

（五）采取分解收费项目、重复收费，扩大收费范围或自立名目等方式乱收费的；

（六）不按照规定提供服务而收取费用的；

（七）其他价格违法行为。

第二十条　公民、法人和其他组织对会计师事务所的价格违法行为，可以向会计师事务所所在地价格主管部门举报、投诉。

第二十一条　会计师事务所与委托人之间发生收费纠纷，会计师事务所应当与委托人协商解决，也可以申请仲裁或者向人民法院提起诉讼。

第二十二条　会计师事务所受委托人要求，赴境外或港澳台地区提供服务的收费，通过与委托人签订合同的方式协商确定。

第二十三条　本办法由国家发展改革委会同财政部负责解释。

广东省省级农产品质量安全监督检测体系建设专项资金管理办法

广东省财政厅2010年4月7日印发（粤财农［2010］72号）

第一条　为规范省级农产品质量安全监督检测体系建设专项资金的分配管理，提高资金使用效益，根据《农产品质量安全法》、省政府《印发广东省省级财政专项资金管理暂行规定的通知》（粤府［2006］37号）以及省财政厅《关于印发〈广东省财政支农专项资金报账制实施办法〉的通知》（粤财农［2005］117号）有关规定，制定本办法。

第二条　本办法所称省级农产品质量安全监督检测体系建设专项资金，是指由省级财政预算安排的用于支持广东省农产品质量安全监督检测体系建设，开展农产品质量安全监测的资金。

第三条　资金用途。

省级农产品质量安全监督检测体系专项资金主要用于农产品质量安全检测体系建设，农产品、农业投入品及产地环境质量安全检测，农产品质量安全检测技术支持体系等支出。任何部门（单位）和个人不得在省级农产品质量安全监督检测体系建设资金中提取项目管理费、专项工作经费或日常办公经费。

（一）农产品质量安全检测体系建设。主要用于省级及欠发达地区农产品质量安全检测仪器设备购置和维护、实验室条件改造及流动检测工具配置等。

（二）农产品质量安全监督检测。主要用于开展农产品、农业投入品、产地环境的质量安全例行监测、专项检测、监督抽查和风险评估等相关工作所需的抽样、检测、试验验证、技术咨询等经费。

（三）农产品质量安全检测技术支持体系。主要用于省级农产品质量安全检测信息系统建设、农产品质量安全检测机构实验室管理系统完善、农产品质量安全检测数据处理以及组织开展农产品检测机构的行业认可、资质考核、业务培训等。

第四条　项目申报。

（一）项目申报单位按照本办法和项目申报指南的要求，填报项目申请书，经同级农业部门会同财政部门审核同意后，由地级以上市农业部门和财政部门审核汇总并统一上报省农业厅和省财政厅。

（二）省农业厅根据省级财政专项资金管理要求，会同省财政厅通过公开招标或组织相关行业专家对项目申报材料进行评估审查，并根据专家的评审意见提出年度资金安排计划，于每年5月底前报送省财政厅。

第五条　资金拨付。

省财政厅根据用款单位性质、预算管理级次办理资金下达和拨付手续：

（一）安排给省有关部门的资金，由省财政实行国库集中支付。

（二）下达有关市的资金，有关地级市财政局应在收到省下达资金发文后10个工作日内将资金指标转下达给有关县（市、区）财政局，并将下达文件抄送省财政厅（农业处）备案。此项资金具备国库集中支付条件的，采取国库集中支付管理；暂不具备国库集中支付条件的，按省财政厅《关于印发（广东省财政支农专项资金报账制实施办法）的通知》（粤财农［2005］117号）的规定，实行财政报账制管理。

第六条　绩效管理。

（一）绩效目标：全面加强各级农产品质检机构软硬件建设，不断健全和完善农产品质量安全监督检测体系和信息网络体系，为农产品质量安全风险评估、信息发布和技术执法提供支持。全省每年开展省级以上监测5次以上，全年抽检样品数达到3 500个以上。通过加强监督检测，全省农产品质量安全水平得到基本保障，全省蔬菜产品和畜禽产品主要生产基地（养殖基地）监控率达到100%。逐步构建广东省农产品质量安全可追溯信息管理系统，实现农产品质量安全可溯源和责任可追究。

（二）专项资金按照《关于印发〈广东省财政支出绩效评价试行方案〉的通知》（粤财评［2004］1号）和有关规定开展绩效评价。

1. 省市县财政部门和农业部门负责组织实施绩效评价工作，财政部门根据项目实施情况与工作需要，积极开展专项资金重点评价，按照广东省农产品质量安全监督检测绩效评价指标体系的要求，对项目开展综合评价，及时向有关部门通报结果，并将评价结果作为下一年度资金安排的依据之一。

2. 各项目申报（承担）单位按照申报指南和绩效评价有关规定和要求，在项目申报时设计科学合理的绩效指标（如设备交付使用率、抽检样本量及分布计划完成程度、检测准确度、支出项目的资金管理水平等），设定所要达到的绩效目标，并在项目完成后主动开展绩效自评，按时向管理部门提交自评结果。

第七条　部门职责。

（一）农业部门职责

1. 省市县农业主管部门对所申报项目的真实性、可行性以及合规性负责，做好项目的组织实施和绩效评价工作。

2. 市县农业主管部门的职责包括：

（1）依照本规定和项目申报指南及时组织项目单位进行项目申报、编制项目计划，并对项目单位申报材料的真实性、可行性和合规性负责；

（2）严格按照省下达年度项目计划组织实施项目建设，加强项目资金的监督和管理，及时了解项目实施情况、资金使用情况，具体实施对项目的全面验收和绩效自评等；

（3）根据国库集中支付以及财政报账制有关规定，对有关凭证严格审核，确保支付金额、内容以及相关资料、凭证的真实、合规和完整。

3. 省农业主管部门的职责包括：

（1）对各地申报的项目引入竞争机制，会同省财政厅通过招标或组织专家按公平、公正、公开的原则进行论证、评审，严格规范评审程序，提出项目资金分配初步方案；

（2）加强项目资金的监督和管理，及时了解项目实施、资金使用以及项目验收等情况，开展专项资金绩效自评工作。

（二）财政部门职责

1. 市县财政局职责：对同级农业主管部门提出的项目进行合规性审核，配合同级农业主管部门做好项目资金申报工作；严格按照国库集中支付和财政报账制规定及时审核拨付资金；对专项资金拨付、使用以及管理情况开展专项检查，加强资金监管。

2. 省财政厅职责：与省农业厅共同组织项目评审工作，对省农业厅提出的资金分配方案进行审核；及时下达专项资金，并加强对专项资金拨付、使用的监管，组织绩效管理。

（三）项目承担单位职责

1. 对报送项目申报材料的合法性、真实性以及可行性负责；

2. 严格按照经批准的项目计划组织实施，明确项目的规模、标准和主要工作内容，确保按期保质完成项目任务；

3. 确保项目资金专款专用，及时提供报账凭证，并确保报账凭证真实、完整；

4. 按财政预算资金管理的有关规定、财务会计制度和预算管理规定进行专账核算、专人管理，并设立专项资金的收入、支出明细账。

第八条 监督管理。

任何单位和个人不得以任何理由截留、挤占或挪用专项资金。各级农业、财政、审计和监察部门应按职能分工定期或不定期对专项资金的使用、拨付以及管理情况进行监督检查。如发现有截留、挤占和挪用专项资金的单位和个人，将按照国务院《财政违法行为处罚处分条例》（国务院令第427号）的有关规定进行处理、处罚，同时缓拨或暂停安排该单位及其所在市、县的同类专项资金。

第九条 本办法由省财政厅、省农业厅负责解释。

第十条 本办法自印发之日起执行。

广东省省级农村沼气建设专项资金管理暂行办法

广东省财政厅2010年4月7日印发（粤财农［2010］73号）

第一条 为加强和规范省级农村沼气建设专项资金的分配管理，提高资金使用效益，根据省政府《印发〈广东省省级财政专项资金管理暂行规定〉的通知》（粤府［2006］37号）和省财政厅《关于印发〈广东省财政支农专项资金报账制实施办法〉的通知》（粤财农［2005］117号）有关规定，特制定本办法。

第二条 本办法所称省级农村沼气建设专项资金，是指由省级财政预算安排的支持广东省农村户用沼气、规模化畜禽养殖场及大中型沼气工程建设，扶持沼气服务体系发展的专项资金（以下简称“农村沼气资金”）。

第三条 扶持范围。

农村沼气资金扶持范围主要是东西两翼、粤北山区14个地级市以及江门恩平、台山和开平市。

第四条 资金用途。

农村沼气资金用于户用沼气池建设、规模化畜禽养殖场和养殖小区大中型沼气工程建设以及农村沼气服务体系建设。

（一）户用沼气池建设

主要用于农村户用沼气池建设补助（标准为1 500元/户）、沼气建设技工培训和模具补助。

（二）规模化畜禽养殖场和养殖小区大中型沼气建设

主要用于沼气发酵池、储气柜和输配气系统建造、工程设计和技术服务费。规模化畜禽养殖场和养殖小区大中型沼气建设补助对象需具备以下条件：

一是养殖企业、专业户自愿申请，经营状况良好、有建设资金自筹能力，能够承担除省级补助资金以外所需的建设项目资金；二是年生猪出栏量3 000头以上的养殖场新建沼气池有效容积达到300立方米以上的大中型沼气工程项目；三是优先安排给向周边农户提供集中供气的养殖企业；四是工程建设与环境整治相结合，因地制宜开展沼液、沼渣综合利用，发展生态农业，带动无公害农产品生产的企业；五是已经享受过省财政补助的养殖企业或养殖户不再重复补助。

（三）农村沼气服务体系建设

主要用于沼气服务网点购置稻草切碎机、进出料设备、检测仪器、维修工具和沼气配件等。

第五条 项目申报。

（一）纳入省扶持范围的县（市、区）农业、财政部门应按照本办法要求，根据本地农村沼气建设工作的开展情况和需要编制年度农村沼气建设实施方案和项目资金申报材料，由地级以上市农业、财政部门审核汇总后，于每年4月15日前报送省农业厅。

（二）省农业厅根据省级财政专项资金管理和竞争性分配的要求，会同省财政厅通过公开招标或组织相关行业专家对各市申报材料进行专家评审，并根据专家评审意见提出年度农村沼气资金安排计划，于每年5月底前报送省财政厅。

第六条 资金下达和拨付。

省财政厅根据用款单位性质、预算管理级次办理资金下达和拨付手续：

（一）安排给省有关部门的资金，由省财政实行国库集中支付。

（二）下达有关市的资金，有关地级以上市财政局应在收到省下达资金发文后10个工作日内将资金指标转下达给有关县（市、区）财政局，并将下达文件抄送省财政厅（农业处）备案。此项资金具备国库集中支付条件的，采取国库集中支付管理；暂不具备国库支付条件的，按省财政厅《关于印发〈广东省财政支农专项资金报账制实施办法〉的通知》（粤财农［2005］117号）的规定，实行财政报账制管理。

第七条 绩效管理。

（一）绩效目标

1. 农村户用沼气建设项目绩效目标。将农村户用沼气建设与农业生产发展有机结合，因地制宜推广以沼气为纽带的“猪沼果（菜）”生态家园模式，帮助建池农户取得较好的综合效益。在项目区实现家居环境清洁化、资源利用高效化和农业生产无害化的目标，创建现代生态文明新村，建设美好家园。

2. 大中型沼气工程项目绩效目标。按照污染防治、能源生产、生态农业发展的功能要求，积极推广统一建池、集中供气、综合利用的建设模式，把养殖场沼气工程建成新农村建设的公益性项目，实现经济效益、社会效益和生态效益的统一。

3. 农村沼气服务体系建设项目绩效目标。按照“政府支持、多元参与、方式多样、市场运作”的原则，将沼气服务体系建设与沼气发展协调推进，在全省逐步建立以县（市、区）农业局为管理部门、以乡镇农业技术推广站为服务实体的农村沼气服务体系。为农村沼气用户提供优质、高效、安全的服务，推进沼气健康发展。

（二）专项资金按照《关于印发〈广东省财政支出绩效评价试行方案〉的通知》（粤财评［2004］1号）和有关规定开展绩效评价

1. 省市县财政部门和农业部门负责组织实施绩效评价工作，财政部门根据项目实施情况与工作需要，组织开展专项资金重点评价，及时向有关部门通报结果，并将评价结果作为下一年度资金安排的依据之一。

2. 各项目申报（承担）单位按照申报指南和绩效评价有关规定和要求，在项目申报时确定科学合理的绩效指标，确定所要达到的绩效目标，并在项目完成后主动开展绩效自评，按时向管理部门提交自评结果。

第八条　部门职责。

（一）农业部门职责

1. 省市县农业主管部门对所申报项目的真实性、可行性以及合规性负责，做好项目的组织实施和绩效评价工作。

2. 市县农业主管部门：

（1）在实地考察和通过招标委托中介机构进行专家评审的基础上，及时完成项目的审核上报工作，并对所审核上报项目的真实性、可行性以及合规性负责；

（2）严格按照省下达年度项目计划组织实施项目建设，加强项目资金的监督和管理，及时了解项目实施情况、资金使用情况、项目验收情况等；

（3）根据国库集中支付以及财政报账制有关规定，对有关凭证严格审核，确保支付金额、内容以及相关资料、凭证的真实、合规和完整。

3. 省农业主管部门：

（1）会同省财政厅对各地申报的项目通过公开招标或组织专家进行论证、评审，严格规范评审程序，及时向省财政厅提出项目资金分配方案。

（2）加强项目资金的监督和管理，及时了解项目实施、资金使用以及项目验收等情况，开展专项资金绩效自评工作。

（二）财政部门职责

1. 市县财政局职责：对同级农业主管部门提出的项目进行合规性审核，配合同级农业主管部门做好项目资金申报工作；严格按照国库集中支付和财政报账制度规定及时审核拨付资金；对专项资金拨付、使用以及管理情况开展专项检查，加强资金监管。

2. 省财政厅职责：与省农业厅共同组织项目评审工作，对省农业厅提出的资金分配方案进行合规性审核；及时下达专项资金，并加强对专项资金拨付、使用的监管，组织绩效管理。

（三）项目承担单位职责

1. 对申报项目及相关资料的合法性、真实性以及可行性负责。

2. 项目实施单位必须按照经批准的项目实施计划组织实施，明确建设地点、规模、标准和主要建设内容，确保如期完成，并达到预定的建设目标。

3. 对扶持对象实行档案登记制度。农户领取补贴或模具等实物或参加项目培训班的要有农户亲笔签收（到）表、照片作为凭证，购置的设备要有明细表和发票（复印件要有原件可查），项目工程建设要有设计书及财务决算清单等资料。

4. 确保专项资金专款专用，及时提供报账凭证，并确保报账凭证真实、完整。严格按照财政预算资金管理规定，专账核算、专人管理。

5. 及时向县级农业和财政部门汇报项目建设进度和资金使用情况。

第九条　监督管理。

任何单位和个人不得以任何理由截留、挤占或挪用专项资金。各级农业财政、审计和监察部门应按职能分工定期或不定期对专项资金的使用、拨付以及管理情况进行监督检查。如发现有截留、挤占和挪用专项资金的单位和个人，将按照国务院《财政违法行为处罚处分条例》（国务院令第427号）的有关规定进行处理、处罚，同时缓拨或暂停安排该单位及其所在市、县的同类专项资金。

第十条　省级农村沼气建设专项资金中安排的中央农村沼气项目配套资金和世行沼气项目配套资金从其规定，不适用本办法。

第十一条　本办法由省财政厅、省农业厅负责解释。

第十二条　本办法自发布之日起执行。

广东省新农村现代流通服务网络工程专项资金管理暂行办法

广东省财政厅2010年5月6日印发（粤财工［2010］123号）

第一章　总　则

第一条　为全面推进广东省社会主义新农村建设，建立健全农村流通网络体系，助农增收，便民惠农，拉动农村消费，从2010年起至2012年，省财政设立广东省新农村现代流通服务网络工程专项资金。为规范专项资金的管理，充分发挥资金使用效益，根据《中华人民共和国预算法》及有关规定，特制定本办法。

第二条　广东省新农村现代流通服务网络工程专项资金（以下简称专项资金）重点用于支持供销合作社农资、农副产品、日用消费品和再生资源回收利用等服务体系的改造；支持农产品流通企业与农产品专业合作社对接，在农产品生产基地建设鲜活农产品冷链系统、快速检测系统、配送中心、物流配送等农村现代流通体系建设。

第三条　专项资金的安排遵循科学合理、公开透明、突出重点的原则，确保资金的使用效果。

第二章　资金支持范围

第四条　专项资金支持范围包括：

（一）农资经营企业农资物流基地、配送中心、连锁经营网络体系、批发交易市场升级改造项目；

（二）农副产品经营企业农副产品配送中心、连锁经营网络、冷链物流系统、批发交易市场升级改造项目；

（三）日用消费品经营企业日用消费品配送中心、连锁经营网络体系升级改造项目；

（四）再生资源回收企业再生资源社区回收点、分拣加工中心和集散市场升级改造项目；

（五）省供销社主管的专业合作社、行业协会、专业经济协会等各类组织以及供销合作社系统农资、农副产品经营企业农化服务体系、农副产品、农资市场信息收集与发布、质量安全服务体系等公益性服务项目；

（六）符合专项资金支出范围的其他项目。

第三章　资金支持方式

第五条　专项资金主要采取以奖代补、财政补助和贷款贴息等支持方式。

（一）对难以取得银行贷款，但能够制定具体量化评价标准的项目，在项目验收合格后，经审核符合奖励条件的项目，采取以奖代补的方式支持。

（二）对难以取得银行贷款，且盈利性弱、公益性强，量化评价困难，不适用以奖代补方式支持的项目，采取财政补助方式支持。

（三）对投资规模大、能够获取银行贷款的项目，采取贷款贴息方式支持。

第四章　资金申报和审核

第六条　申报专项资金项目单位必须是在广东省境内注册，具有独立法人资格、健全的财务管理机构和财务管理制度、配备合格财务管理人员的企业及有关单位。

第七条　省财政厅和省供销社每年印发专项资金项目申报指南，明确当年申报工作有关规定和要求。

第八条　专项资金的申报材料主要包括：

（一）财政部门和供销合作社专项资金申请文件；

（二）项目承担单位项目可行性研究报告；

（三）项目承担单位法人营业执照复印件、组织机构代码证复印件以及地税、国税登记证复印件；

（四）项目承担单位相关资质证书复印件；

（五）项目承担单位上年度财务审计报告；

（六）其他要求提供的材料。

第九条　按照规定，各级财政部门会同供销合作社组织本地区符合条件的企业（或其他申报单位）申报项目，并对申报项目进行审核汇总，逐级向省财政厅和省供销社提出申请。省供销社所属企业申报的项目通过省供销社审核后向省财政厅提出申请。

第十条　省财政厅会同省供销合作联社对申报项目组织专家评审，下达项目计划。省财政厅下达资金预算。

第五章　资金拨付与监督检查

第十一条　专项资金拨付按照财政国库管理制度的有关规定执行。其中：纳入国库集中支付的项目，省属项目资金由省财政实行集中支付，市县项目资金通过财政部门逐级下拨，并由同级财政部门实行集中支付。未纳入国库集中支付的项目，省属项目资金由省财政厅直接拨付到项目主管部门，市县项目资金由省财政厅通过财政部门逐级下拨。

第十二条　建立专项资金绩效评价制度。省财政厅根据有关规定，对专项资金开展绩效评价。

第十三条　建立专项资金检查制度。省供销社、省财政厅按规定对专项资金扶持项目实施情况进行监督检查，发现问题及时解决。对项目的监督检查应依法办事，不得干预用款单位正常的经营活动，被检查的用款单位要主动配合检查人员做好相关工作，提供相应的文件、资料，不得阻碍检查工作的正常进行。

第十四条　项目单位要对专项资金实行专账核算，专款专用，严禁截留或挪用。对弄虚作假、截留、挪用等行为，依照国务院《财政违法行为处罚处分条例》（国务院令第427号）的有关规定处理。

第六章　附　则

第十五条　本办法自印发之日起施行。

第十六条　本办法由省财政厅会同省供销社负责解释。

广东省实验室体系建设专项资金管理暂行办法

广东省财政厅2010年6月28日印发（粤财教［2010］214号）

第一章　总　则

第一条　为规范广东省实验室体系建设专项资金（以下简称专项资金）的管理，提高专项资金的使用效益，促进广东省实验室开展应用基础研究和产业共性关键技术研究，为广东省科技经济发展提供技术支撑，根据《广东省省级财政专项资金管理暂行规定》和国家有关财务规章制度，制定本办法。

第二条　专项资金的来源为省财政拨款，省财政每年列入省级财政预算安排。

第三条　专项资金的使用，要围绕广东科技发展布局和重点，要符合实验室体系的重点支持领域，坚持目标明确、重点突出、程序规范、管理科学、择优支持、专款专用的原则。

第四条　省财政厅负责编制专项资金预算，下达专项资金计划，办理专项资金拨付手续，对专项资金使用情况进行监督检查和开展绩效评价工作。

第五条　省科技厅负责制定年度工作计划，实施项目工作计划，会同省财政厅审定、下达专项资金项目计划，对项目计划实施情况进行监督检查，并配合省财政厅开展绩效评价工作。

第二章　支持的方向和范围

第六条　专项资金的支持方向

（一）实验室建设项目。包括新建省重点实验室、省公共实验室和省企业重点实验室；对运行良好的实验室进行持续投入建设。

（二）省重点实验室、省公共实验室和省企业重点实验室的开放运行。

（三）实验室专项项目，包括实验室成果转化项目和科研仪器研发项目等。

（四）国家实验室、国家重点实验室建设配套项目。

（五）省重点实验室、省公共实验室和省企业重点实验室组织管理费。

（六）省重点实验室、科研院所承担的物种资源库建设和保护经费。

（七）省政府确定需要支持的其他事项。

第七条　专项资金的开支范围

专项资金的开支范围包括实验室建设费、实验室开放运行费、实验室专项项目费、配套项目费、种质资源收集保护费和组织管理费。

（一）实验室建设费主要用于实验室硬件和软件建设工作发生的相关支出，主要包括：仪器设备购置及使用、前期研究、学术带头人和科研骨干引进、科研设备更新改造、原材料和专用业务等费用。

（二）实验室开放运行费主要是用于实验室在运行过程中的各项能耗与耗材费、科研仪器维修费、人员费、开放课题和学术交流费用等。

（三）实验室专项项目费主要用于实验室成果转化、科研仪器研发等。

（四）配套项目费主要用于对国家实验室和国家重点实验室建设项目进行配套。

（五）种质资源库建设保护经费主要用于重点实验室和科研机构设立公益性种质资源库所需费用。

（六）组织管理费主要用于开展项目评审、监督检查、会议及调研等工作发生的支出，按实际需要列入专项资金酌情安排。

第三章　申报与审批

第八条　实验室建设项目包括新建、续建等。实验室体系专项资金的使用应坚持“重组织、重设计、重管理、重实效”的原则，项目申报注重主动组织，项目评审注重综合评议。

第九条　项目申报

（一）指南发布。省科技厅根据广东科技发展的需要和实验室体系建设的布局要求，会同省财政厅制定和发布年度申报指南。

（二）组织申报：属省级单位的申报项目，由省行业主管部门牵头组织申报。属市、县的申报项目，由所在地级市科技部门会同财政部门组织申报。其他单位的申报项目，直接报省科技厅和省财政厅指定业务受理窗口。

（三）材料受理。各单位根据指南的要求，按规定的时间和内容编写项目申报任务书和可行性报告，经主管部门或地级市科技、财政部门审核后，通过科技厅指定的网络进行申报，并将一式两份书面材料报送省科技厅业务受理窗口，同时附上有说服力的附件材料。

第十条　项目审批

（一）省科技厅会同省财政厅组织专家对申报项目进行评审论证，并根据项目申请材料和专家意见形成资金安排计划，通过申报网站向社会公示2周，有异议的项目则按程序复议，如无异议，则联合发文下达项目经费。

（二）项目实行合同制管理，项目承担单位在接到经费通知一个月内与省科技厅签订合同书。项目执行单位要根据经费安排数额制订项目实施方案和合同书。

第四章　资金拨付与会计处理

第十一条　根据项目安排计划，省财政厅按规定办理专项资金拨付手续。省级单位项目专项资金由省财政实行集中支付，市县单位项目专项资金通过财政部门逐级下拨，并由同级财政部门实行集中支付。

第十二条　省有关主管部门、市（县）财政部门拨付资金后，应督促项目承担单位按规定进行会计处理。

（一）形成资产的部分，按照《企业财务通则》和《事业单位财务规则》的规定处理。

（二）收到补助金的项目单位为企业的，应通过专项应付款进行核算；项目单位为行政事业单位的，通过拨入专款进行核算。

第五章　监督检查和绩效评价

第十三条　省财政厅、省科技厅按规定对扶持项目的实施情况进行检查、验收，发现问题及时纠正。对项目的监督检查应依法办事，不得干预项目承担单位的正常工作。

第十四条　地级以上市财政部局、科技部局负责当地实施的专项资金项目的日常监督管理工作，并定期向省财政厅、省科技厅报告项目的执行情况。

第十五条　项目建设因故中止的，应根据具体情况收回部分或全部资金。

第十六条　对专项资金使用、管理中发生的擅自改变专项资金用途，或者骗取、挪用专项资金等行为，按《财政违法行为处罚处分条例》规定进行处理、处罚、处分。

第十七条　建立专项资金绩效评价制度。省财政厅会同有关部门按照省财政厅、省审计厅、省人事厅《关于印发〈广东省财政支出绩效评价试行方案〉的通知》（粤财评［2004］1号）的规定，组织绩效评价。

第六章　项目验收与管理

第十八条　建立项目验收组织工作，由省科技厅、省财政厅或授权委托项目承担单位的主管部门组织进行。

第十九条　项目验收以项目合同书约定的内容为考核依据，对项目的基本建设情况、研究成果、队伍建设、人才培养、学术交流、开放流动、运行管理、经费使用的合理性等内容，作出客观、实际的评价。

第二十条　项目验收程序，一般应符合下列要求：

（一）项目验收工作需在合同完成后6个月内完成。

（二）项目承担单位在完成任务、做好总结的基础上，应按规定的材料格式，向省科技厅提出验收申请并提交有关验收资料和数据。

（三）省科技厅核实验收材料后批复验收申请。

（四）项目验收完成后，省科技厅和省财政厅批复项目验收结果。

第二十一条　项目承担单位申请验收时应提供以下验收文件、资料，以及一定形式的成果，供审查：

（一）项目合同书和项目实施方案。

（二）省科技厅对项目的批件或有关批复文件。

（三）项目验收申请表。

（四）项目实施工作总结报告。

（五）项目所获成果、专利一览表。

（六）购置的仪器、设备等固定资产清单。

（七）项目经费的决算表。

第二十二条　建设项目验收分为“通过验收”和“不通过验收”两种。通过验收的，由省科技厅挂牌。对无正常理由超期半年以上而不能按计划验收的，省科技厅责成承担单位主管部门组织调查小组，协调解决问题，并进行内部通报。情节严重的，将撤销项目建设计划。

第二十三条　省科技厅对通过验收的实验室建设项目实行动态管理，定期考核评估。

第七章　奖励表彰和配套管理

第二十四条　省科技厅和省财政厅对运行良好的实验室择优给予奖励并进行表彰，并按照考核评估情况安排开放运行费用。

第二十五条　国家实验室、国家重点实验室建设申请配套项目资金，参照本办法进行申报和管理。

第八章　附　则

第二十六条　本办法自印发之日起生效。

第二十七条　本办法由省财政厅和省科技厅负责解释。

广东省省级财政专项资金竞争性安排服务工作候选代理机构评选暂行办法

广东省财政厅2010年7月16日印发（粤财工［2010］245号）

第一条　为进一步加强对省级财政专项资金竞争性安排工作的管理，规范竞争性安排实施主体确定代理服务机构的行为，保障和维护省级财政专项资金扶持项目竞争性安排工作公开、公平和公正开展，根据《中华人民共和国招标投标法》、《中华人民共和国政府采购法》及《省级财政专项资金支持项目竞争性安排暂行办法》（粤财工［2009］58号）的规定，结合广东省省级财政专项资金竞争性安排工作实际，制定本办法。

第二条　本办法所指省级财政专项资金竞争性安排服务工作候选代理机构（以下简称“候选代理机构”），是指按照本办法规定，经遴选认定的代理省级财政专项资金竞争性安排服务工作的具有相应资质的社会中介组织或者符合相应条件的其他事业单位、行业组织。

第三条　省财政厅每两年通过公开招标方式选定若干家竞争性安排服务工作候选代理机构并报省政府确认。经省政府确认的候选代理机构名单由省财政厅公布。

第四条　代理机构的评选工作应严格遵守国家有关法律法规和相关规章制度，遵循公开透明、安排科学、择优选用、公平公正的原则。

第五条　省级财政专项资金竞争性安排实施主体按照实际需要，从省财政厅公布的代理机构名单中选定具体承担本专项资金竞争性安排的代理服务机构，原则上每年一定。

第六条　专项资金竞争性安排实施主体应当与被选代理机构签订书面委托协议，约定双方的权利和义务；代理机构不得进行转包或分包。

第七条　候选代理机构采取招标方式择优确定。参选机构应具备以下基本条件：

（一）在广东省注册成立的独立法人，并在省内设有常驻办公场所和工作人员；

（二）具备组织评标或评审的专业力量；

（三）代理服务专业素质高、信誉良好，财务状况良好；

（四）近3年内没有受到相关管理部门行政处罚。

第八条　省财政厅负责组织实施评选工作，主要包括：

（一）在媒体及省财政厅网站刊登评选公告；

（二）由参选机构按要求编写参选文件，并在规定期限内向省财政厅提交；

（三）按照评选程序组织评选；

（四）评选结果报请省政府确认后，在省财政厅网站公布；

（五）由入选候选代理机构向省财政厅出具《省级专项资金支持项目代理机构承诺书》（见附件）。

第九条　省财政厅组建评选委员会，成员人数为9人以上单数，评选活动全程在有关监督机构的监督下进行。

第十条　参选代理机构应向省财政厅提交以下材料：

（一）营业执照或机构代码证书；

（二）资信、财务、管理能力证明文件；

（三）资产构成情况及投资参股的关联企业情况；

（四）本单位基本情况（从事招标或评审代理服务的主要方向和领域，办公场所，人员构成，负责人与主要业务人员的简历、业绩证明等）；

（五）近3年来的承担资金扶持项目招标或评审代理业绩和经验情况（项目类别、项目财政金额、服务效果等）；

（六）近3年来财务平衡表及财务审计情况；

（七）代理服务工作方案（投入资源和力量、服务内容，工作计划，重点、难点分析，保障措施等）；

（八）有招标代理资质的机构一并提供招标代理资质证书等相关材料；

（九）评选公告要求提交的其他材料。

第十一条　任何参选代理机构不得以欺诈、弄虚作假、诋毁他人等手段参与评选。

第十二条 省财政厅根据评选结果，提出候选代理机构名单并上报省政府确认。

第十三条 省监察部门依法对参与评选活动的国家机关及其工作人员实施监察，对有关行政部门及其工作人员履行职责情况进行检查，并依法调查处理违纪违法行为。

第十四条 本办法由省财政厅负责解释。

第十五条 本办法自印发之日起执行。

广东省战略性新兴产业发展专项资金管理办法（试行）

广东省财政厅2010年7月16日印发（粤财工［2010］276号）

为深入贯彻落实省委、省政府《关于加快经济发展方式转变的若干意见》（粤发［2010］8号）精神，加快广东省战略性新兴产业发展，省财政设立战略性新兴产业发展专项资金（以下简称“专项资金”），采用竞争性扶持方式，对战略性新兴产业发展给予支持引导。为规范专项资金管理，提高专项资金使用效益，制定本办法。

第一章 专项资金使用原则及部门职责

第一条 专项资金的使用和管理应坚持以下原则：

（一）突出重点，分类扶持。专项资金分配突出重点，集中扶持战略性新兴产业发展，近期优先支持高端新型电子信息、LED产业、新能源汽车三大产业，采用分类扶持方式，力争在关键领域重点突破，以点带面，加快战略性新兴产业发展。

（二）竞争择优，公平公开。专项资金分配引入竞争机制，采用竞争性扶持方式，实现“多中选好、好中选优”。竞争性分配过程必须公开透明，各环节的办法和标准应公开、统一，广泛接受监督，确保公平、公正。

（三）创新机制，引导放大。创新财政资金投入机制，通过竞争性安排，采取贷款贴息、以奖代补等方式，充分发挥财政投入“四两拨千斤”的杠杆作用和乘数效应，引导金融及其他社会资金投入，力争以百亿财政资金引导，拉动千亿以上社会资金投入至战略性新兴产业。

（四）权责统一，分工合作。专项资金采用分类切块支持方式，各相关主管部门分别牵头负责所切块专项资金竞争性分配工作，并切实提高责任意识，相关部门密切配合，确保专项资金竞争性分配依法依规、积极有效。

（五）绩效导向，加强监管。增强专项资金分配使用的绩效观念，从资金切块、项目申报、评估审查到使用监管等环节，都必须以提高资金使用效益为基本导向。各部门要加强对资金使用、项目实施的监督管理，提高资金使用绩效。

第二条 部门职责。省财政厅会同省发展改革委、省经济和信息化委、省科技厅共同负责专项资金管理。

省财政厅负责专项资金预算管理，配合省发展改革委、省经济和信息化委、省科技厅组织项目申报、竞争性评审，审核、下达专项资金项目计划，负责办理专项资金拨付手续，对专项资金使用情况进行监督检查和开展绩效评价工作。

省发展改革委、省经济和信息化委、省科技厅按分工负责组织项目申报、竞争性评审、项目管理，下达项目计划，对项目实施情况进行监督检查，组织项目验收，并配合省财政厅开展绩效评价工作。

第二章 专项资金安排额度

第三条 为体现集中财力办大事的原则，保证必要的扶持力度，“十二五”期间省财政原则上每年安排20亿元，五年投入100亿元，集中支持战略性新兴产业发展。

第四条 建立专项资金切块动态调整机制。每年20亿元的专项资金，由省财政厅预留40%，其余部分由省财政厅报省政府批准后切块安排至省有关主管部门。

第五条 专项资金切块额度综合考虑以下几个方面：

（一）产业发展阶段，上年度实现产值、预期本年度实现产值、产值增速等产值情况；

（二）产业中企业、产业基地数量，产业集聚度；

（三）产业市场培育、软环境建设等因素；

（四）上年度专项资金使用绩效情况。

第六条 专项资金部门切块部分，分别由省经济和信息化委、省发展改革委、省科技厅牵头组织用于支持高端新型电子信息、新能源汽车、LED产业三大产业发展。省财政厅预留部分，用于支持超过资金扶持上限的项目，并兼顾其他非近期重点突破的战略性新兴产业项目以及省委、省政府决定的其他重大项目，资金安排由省财政厅按省委、省政府的决定办理。

第七条 专项资金使用不影响现有其他各类专项资金对战略性新兴产业的支持，获得省财政扶持资金的项目可继续申请省级财政其他专项资金支持，统筹使用，加快发展。各部门要用活用好现有挖潜改造专项资金、现代信息服务业发展专项资金、重大科技专项资金、产学研合作专项资金等，集中支持战略性新兴产业发展。

第三章　专项资金扶持范围和方式

第八条　专项资金重点支持高端电子信息、LED 产业、新能源汽车、太阳能光伏、核电装备、风电、生物制药、新材料、节能环保、航空航天、海洋等 11 个战略性新兴产业，近期优先支持高端电子信息、LED 产业和新能源汽车等三大战略性新兴产业率先取得突破。

第九条　专项资金应以项目为依托，重点支持产业推进类项目，适当兼顾相应的核心技术突破、产业化、人才引进等产业配套的技术研发和应用环境类项目。

第十条　支持额度。以单个企业为主体的项目，在省主管部门切块资金额度内，每个项目支持金额不低于 1 000 万元（含 1 000 万元），不高于 5 000 万元（含 5 000 万元）；以主体企业或主体产品为主的产业集群项目，在省主管部门切块资金额度内，每个项目支持金额不低于 3 000 万元（含 3 000 万元），不高于 8 000 万元（含 8 000 万元）。对项目投资规模较大的，可在报请省政府批准后另行研究给予特殊支持。

第十一条　项目准入。为体现集中财力扶持，重点突破的资金使用原则，申请专项资金必须符合以下条件：

（一）项目承担主体必须是省内注册的企业或企业与政府机构、高校、科研机构的联合体；

（二）项目总投资不低于 5 000 万元，申请单位自筹资金不低于总投资的 50%；

（三）围绕战略性新兴产业发展的核心技术和产业链关键环节，项目整体技术水平达到国内一流，与国际领先水平基本同步，能够填补国内空白、替代进口或突破国外专利和技术封锁，能够获取自主知识产权并实现产业化；

（四）项目实施能够带动形成相应的产业集聚，完善产业链配套，做大做强产业集群；

（五）项目承担企业必须具备良好的生产条件、先进的生产及研发设备；

（六）项目必须具备科技引领和创新驱动能力，代表中（长）期经济发展方向和技术进步方向；

（七）项目承担单位应具有国内先进水平以上的研发团队，领军人才和创新性人才在行业具有较大影响力。

项目承担单位需具备的其他具体条件由省有关主管部门在发布项目申报指南时予以进一步明确。

第十二条　专项资金根据项目实际采用贷款贴息、无偿补助、以奖代补等方式安排使用。为放大财政资金使用效应，应优先采用贷款贴息方式支持形成产业项目，对开发研究、市场开拓和配套服务项目可采用适当补助或以奖代补等方式支持战略性新兴产业发展。

第四章　组织实施

第十三条　专项资金采用竞争性分配方式，省有关主管部门牵头组织本部门切块资金支持项目的竞争性遴选工作。

第十四条　分类实施。省经济和信息化委负责牵头组织高端新型电子信息项目遴选；省发展改革委负责牵头组织新能源汽车项目遴选；省科技厅负责牵头组织 LED 产业项目遴选。

第十五条　组织申报。省有关主管部门每年会同省财政厅共同发布申报指南。各地级以上市政府（不含深圳）组织当地企业按照申报指南要求进行申报。

第十六条　竞争性评审。省有关主管部门牵头组织开展项目竞争性评审工作，省监察厅负责派员对竞争性评审进行全过程监督。

（一）成立竞争性评审小组。评审小组由省经济和信息化委、省发展改革委、省科技厅、省财政厅、省外经贸厅各派 1 名人员和相关领域的专家组成。专家由省有关主管部门会同上述省有关部门共同抽取。评审小组人数必须为 15 人以上单数。

（二）评审程序。

1. 书面评审。评审小组对项目申报材料进行审查，提出书面审查意见，确定进入公开答辩环节的项目名单。

2. 公开答辩。采用演讲、现场答疑等方式对项目进行公开答辩，评审小组现场打分确定进行实地考察的项目名单。

3. 实地考察。评审小组对项目进行实地考察，出具考察意见，提出拟扶持项目名单。

具体评审办法由省有关主管部门牵头会同省财政厅研究制定。

（三）项目公示。评审结果由省有关主管部门报省财政厅审核后，由省有关主管部门在媒体上进行公示，公示时间不少于 7 个工作日。

第十七条　领导小组确认。公示结束后，拟扶持项目由省有关主管部门会同省财政厅联合上报领导小组确认，确定最终获得扶持资金的项目。

第五章　资金的监督检查与绩效管理

第十八条　建立监督检查制度。省发展改革委、省经济和信息化委、省科技厅、省财政厅共同负责对专项资金使用情况开展监督检查，有关单位应自觉接受监督，如实提供相关资料，执行有关部门依法作出的检查意见。

第十九条　建立绩效管理机制。省财政厅会同有关部门按规定组织开展绩效目标申报、绩效监测督查、绩效评价和绩效问责的全过程绩效管理工作。专项资金绩效评价结果作为省主管部门专项资金切块调整的重要依据。

第二十条　对弄虚作假骗取财政资金，以及挤占、截留或挪用财政资金等行为，按照《财政违法行为处罚处分条例》（国务院令第427号）等有关规定处理。

第六章　附　则

第二十一条　本办法由省财政厅负责解释。

第二十二条　本办法自印发之日起施行。

广东省集体林权制度改革工作补助经费管理办法

广东省财政厅2010年8月9日印发（粤财农［2010］264号）

第一条　为加强和规范广东省集体林权制度改革工作补助经费的分配管理，提高资金使用效益，根据《财政部关于拨付集体林权制度改革工作经费的通知》（财农［2008］290号）和省政府《印发〈广东省省级财政专项资金管理暂行规定〉的通知》（粤府［2006］37号）有关规定，特制定本办法。

第二条　本办法所称集体林权制度改革工作补助经费，是指由中央财政和省级财政预算安排的用于广东省集体林权制度改革的工作补助经费。

第三条　资金补助范围及用途

集体林权制度改革工作补助经费是对省及市县开展集体林权制度改革工作所需支出的专项补助，其中：

（一）安排给市县的资金主要用于：

1. 外业勘测支出：包括聘请技术人员、踏界划定四至、勾图、确定明显标志物等。

2. 林权纠纷调处支出：包括户与户、村与村、乡（镇）与乡（镇）、县（区）与县（区）之间的林权纠纷调处。

3. 内业支出：包括附图、附表绘制、公示、登记台账、签订合同等。

4. 档案管理支出：包括搜集、整理、归档及相关设备购置等。

5. 培训支出：包括对林改工作人员、技术人员、乡村干部、村组林改工作小组、农民的政策和技术培训。

（二）安排给省林业局的资金主要用于：

1. 外业勘测支出：实地指导各地开展宗地外业踏查、外业勾绘等日常指导工作以及检查验收等。

2. 山林纠纷调处支出：召开有关部门、村民代表协调会，市与市之间的林权纠纷调处以及重大、突出山林纠纷案件协调处理等。

3. 会议支出：召开中期汇报会、工作总结会、专题座谈会、档案汇审会等。

4. 林改信息管理系统建设支出：林权信息数据库、林权管理信息子系统及林业产权交易信息平台建设等。

5. 培训支出：组织全省林改工作业务培训、印刷培训教材以及组织人员到周边先期开展林改工作的省份进行学习等。

6. 设备购置支出：购置一批林改工作所需设备。

7. 资料及股权证印刷支出：统一印刷股权证以及文件资料汇编。

8. 宣传支出：下发简报、在媒体刊登林改专版等。

第四条　资金分配

安排给市县的集体林权制度改革工作补助经费根据各地集体林地面积，按照一定的补助标准分配给各县（市、区）：

（一）3个集体林权制度改革试点县按2.5元/亩的标准给予补助；

（二）94个非珠三角地区县（市、区）按2元/亩的标准给予补助；

（三）集体林面积50万亩以上的珠三角地区县（市、区）按2元/亩的标准给予补助；

（四）其余珠三角地区县（市、区）按照1.7元/亩的标准给予补助。

第五条　部门职责

（一）林业部门职责

1. 市县林业主管部门：

（1）严格按照《广东省全面推进集体林权制度改革工作方案》规定的工作步骤组织实施，制订林改工作经费具体使用方案和项目报同级财政部门审核，加强对资金的监督和管理，及时了解资金使用情况。

（2）根据国库集中支付以及财政报账制有关规定，对有关凭证严格审核，确保支付金额、内容以及相关资料、凭证的真实、合规和完整。

2. 省林业局：

根据各地林改工作进度，拟定资金下达计划报送省财政厅；制订省本级林改工作经费的具体使用方案及项目；

加强对项目资金的监督和管理，及时了解资金使用以及各地林改工作进展等情况，开展专项资金绩效自评工作。

（二）财政部门职责

1. 市县财政局职责：对同级林业部门报送的林改工作经费具体使用方案和项目进行审核；严格按照国库集中支付和财政报账制度规定及时拨付资金；对专项资金拨付、使用以及管理情况开展专项检查，加强资金监管。

2. 省财政厅职责：及时下达专项资金，并加强对专项资金拨付、使用的监管，组织绩效管理。

第六条　资金下达和拨付

（一）林改补助经费按各地林改工作进度下达。省林业局根据各地林改工作进度拟定资金下达方案，报省财政厅审核后下达各地。

（二）省财政厅根据用款单位性质、预算管理级次办理资金下达和拨付手续：

1. 安排给省有关部门的资金，由省财政实行国库集中支付。

2. 下达有关市的资金，有关地级以上市财政局应在收到省下达资金发文后10个工作日内将资金指标转下达给有关县（市、区）财政局，并将下达文件抄送省财政厅（农业处）备案。此项资金具备国库集中支付条件的，采取国库集中支付管理；暂不具备国库支付条件的，按省财政厅《关于印发（广东省财政支农专项资金报账制实施办法）的通知》（粤财农［2005］117号）的规定，实行财政报账制管理。

3. 经费使用中涉及政府采购和项目招投标的，严格按照政府采购和招投标有关规定执行。

第七条　绩效管理

（一）绩效目标。至2011年，基本完成全省集体林权制度改革任务，逐步建立起产权归属明晰、经营主体落实、责权划分明确、利益分配合理、流转程序规范、监管服务有效、配套机制完善的现代林业产权制度，逐步形成集体林业的良性发展机制，实现资源增长、农民增收、生态良好、林区和谐的目标。

（二）此项资金按照《关于印发〈广东省财政支出绩效评价试行方案〉的通知》（粤财评［2004］1号）和有关规定开展绩效评价。省市县财政部门和林业部门负责组织实施绩效评价工作，财政部门根据集体林改工作开展情况与工作需要，组织开展资金重点评价，及时向有关部门通报结果。

第八条　监督管理

任何单位和个人不得以任何理由截留、挤占或挪用林改工作经费。各级林业、财政、审计和监察部门应按职能分工定期或不定期对资金的使用、拨付以及管理情况进行监督检查。如发现有截留、挤占和挪用资金的单位和个人，将按照国务院《财政违法行为处罚处分条例》（国务院令第427号）的有关规定进行处理、处罚，同时缓拨或暂停安排该单位及其所在市、县的林改工作经费。

第九条　本办法由省财政厅、省林业局负责解释。

第十条　本办法自印发之日起执行。

广东省财政科研课题管理办法（修订版）

广东省财政厅2010年8月18日印发（粤财办［2010］35号）

第一章　总　则

第一条　为了更好地发挥财政科研工作“为领导决策、为财政工作服务”的功能，进一步繁荣广东省财政科研事业，调动全省开展财政科研课题的积极性和主动性，推动广东财政科研课题科学化、规范化和制度化管理，依据国家和广东省科研项目管理的有关规定，在对《广东省财政科研课题管理办法（2000）》进行全面修改与完善的基础上，制定本管理办法。

第二条　广东财政科研工作是以广东财政改革与发展中的重点、热点、焦点问题为主要研究对象，以促进广东财政经济、社会协调发展为目标，以辅助财政部门和有关部门单位决策为根本目的，利用现代科学的有关理论、方法和手段，采用定性分析与定量分析相结合而进行的一种综合性研究活动。

第三条　广东省财政科研的范围主要包括：财政与经济社会发展战略，财政体制改革，财政法制，财政政策，财政管理，财政重大投资项目论证，以及财政理论和方法等，并突出实践性与创新性，通过研究为广东财政改革和发展提供现实指导和参考。

第二章　管理体系和管理机构

第四条　为了巩固以往科研课题管理的成果，提高地市级开展财政科研课题的积极性和主动性，建立全省财政科研课题管理分级体制，实行省、市两级管理机制。全省范围内的课题管理实行省级管理机制，地市级课题管理参照省级课题管理办法实行地市级管理方式，省级管理机构对地市级管理机构进行业务指导。

第五条　财政科研课题管理环节包括课题研究题目的甄选、课题立项、课题研究中期管理、课题结题评审以及成果发布出版等环节的管理工作；课题研究周期为每年的4月1日到第二年度的3月30日。

第六条　广东省财政科研管理主体为广东省财政厅，广东省财政学会和广东省财政科学研究所为执行机构，负责课题的立项、管理、结题评审以及成果发布出版等环节的全部管理工作；地市级财政科研管理主体为地市级财政局，地市级财政学会为执行机构，负责课题的立项、管理、结题评审以及成果发布出版等环节的管理工作。

第七条　为保证财政科研课题适应广东经济、社会协调发展及各级各类决策和有关管理部门的需要，由省财政学会成立广东省财政科研学术委员会（以下简称“学术委员会”），作为财政科研工作的智囊机构，学术委员会的主要职责是评审广东省年度财政科研课题项目立项、立项后的培训、参与成果验收、评审等工作。学术委员会成员主要由财经方面的理论与实务专家组成，包括广东省财政厅的主管厅长、业务处室的处长、社会机构、高校的知名专家学者，数量3～5人。各地市也可参照省级管理模式成立相应的学术管理机构。学术委员会人员应符合下列条件：

1. 热心财政科研工作，具有较强的事业心和责任心；

2. 坚持原则，实事求是，主持公道，具有良好的科研职业道德；

3. 长期从事财政相关科研或实践工作，熟悉财政科研的相关领域，在学术上具有一定的造诣和威望，具有较高理论水平、政策水平和丰富的实践经验。

第三章　课题题目征集

第八条　课题征集。每年1月由省财政学会和省财政科学研究所向各课题单位发出征集课题研究选题范围的通知，由各课题单位结合本单位的工作重点、本年度将推进的重大改革和政策，提出研究选题并上报省财政学会和省财政科学研究所；地市级课题征集由各市参照省级方式自行组织。

第九条　课题研究范围确定。省财政学会和省财政科学研究所对各课题单位所提出的选题意见进行归并综合，初步确定本年度全省财政科研课题选题范围，报经厅领导批准后予以公布，确定本年度广东省财政科研课题选题范围，向各课题单位予以公布，并下发立项申请书。地市级课题研究范围由各市参照省级方式自行确定。

第四章　课题申报与立项

第十条　课题申报。各课题单位可在下发的课题选题范围中选取1～2个研究课题，也可结合本地区或实际的工作需要，自行选取课题进行申报。

第十一条　为了提高课题研究质量，实现“为领导决策、为财政工作服务”的目标，财政科研课题原则上不接受个人单独申报，鼓励课题单位加强横向协作，通过实践部门与理论研究部门紧密协作，群策群力，形成研究团队，提高课题研究保障能力。

第十二条　各课题组申报项目时，必须按照立项申请书（见附件1）认真填写立项申请书，并要有相应课题申报单位的推荐意见。

第十三条　各申报单位必须在年度5月1日之前，向省财政学会和省财政科学研究所提交立项申请书的电子版和纸质版，纸质版一式三份，封面加盖本单位公章。过期将不再接受课题单位提交的课题立项申请书。

第十四条　立项评审。立项申报后，由省财政学会学术委员会根据各课题单位申报课题情况，全面考虑各课题的研究价值、现实意义、创新性、可行性、研究能力及课题单位申报态度等方面的综合情况，进行立项评审工作，确定是否批准申报。或者把研究课题具有相似性的单位组成跨地区或跨单位的课题研究协作组，确定各协作课题的牵头单位和课题负责人，其他单位作为课题研究协作成员，共同开展课题研究。

第十五条　将初步立项评审结果上报主管厅领导，厅领导审批后，正式下文通报课题立项和分组情况。

第五章　项目实施与中期管理

第十六条　省财政学会、省财政科学研究所负责指导、协调科研课题的具体研究工作，并指定专人担任课题管理与联络。地市级财政局和财政学会指定专人担任地市级课题管理与联络。

第十七条　各课题组在收到课题立项文件后，应严格执行立项申请书，保质保量完成课题任务。在课题研究实施过程中，课题单位须至少召开一次中期评估会议，并向省财政学会和省财政科学研究所报告研究进展情况，以确保课题研究按预定进度和方向进行。

第十八条　省财政学会和省财政科学研究所对有关财政科研课题进行中期检查，课题负责人应按要求准确及时地汇报项目进展情况。对于项目执行不力者，将提出管理意见。

第十九条　为保证课题研究顺利进行，课题负责人及其所在单位要各负其责共同做好课题的管理和跟进工作。课题负责人有义务确保重大问题研究的时间进度与质量保证，督促加强课题分工之间的协调一致，并与省财政学会、省财政科学研究所保持经常性联系和沟通，报告进展情况，接受业务指导。

第二十条　课题负责人要做好具体的课题管理工作，组织课题组成员按计划进度和质量要求完成课题研究任务。课题负责人所在单位要将重点科研课题纳入本单位的科研工作计划，加强课题研究的监督和管理。

第二十一条　各课题单位须接受省财政学会、省财政科学研究所对课题执行情况的跟踪管理，于每季度第一周向省财政学会、省财政科学研究所上报课题研究进度；接受并配合省财政学会、省财政科学研究所的课题验收评估，准确提供相关数据和资料。

第二十二条　各课题单位须及时报告课题执行中出现的重大情况。课题研究过程中，一般不得中途变更和调整经过批准的课题立项申请书中的内容。课题承担单位如果需要变更实施方案，须提交书面报告，并经省财政学会、省财政科学研究所批准后方可执行。确有下列情况之一者，应向省财政科学研究所提出书面课题变更申请，详细说明变更要求和理由，经过批准后，方可变更：

1. 变更课题负责人；
2. 改变课题名称；
3. 研究内容有重大调整；
4. 不能按期完成课题研究；
5. 中止或撤销课题；
6. 其他重要事项的变更。

第二十三条　课题单位应将获准立项的课题列入本单位工作计划，全方位配合课题研究的开展，保证课题研究所必需的人力、物力，确保课题研究的顺利进行。

第六章　课题验收管理

第二十四条　各课题单位应于第二年的 3 月 30 日之前，按照《广东省财政科研课题管理办法》的验收标准，将课题报告的纸质版（一式三份）上交省财政学会、省财政科学研究所，电子版发至相应邮箱。课题研究最终报告的要件见《广东省财政科研课题研究及管理规范》（见附件 2）。

第二十五条　由省财政学会和省财政科学研究所负责组织收集课题，省财政学会学术委员会组成课题验收委员会进行验收评比，验收评比标准（见附件 3）。课题验收委员会的主要职责是对各科研课题研究报告进行鉴定，提出课题成果修改与评审意见，并将评审与修改意见及时提交各课题单位，供其进行修改和完善。

第二十六条　被验收课题存在下列情况之一者，不能通过验收：

1. 预定成果未能实现或成果无科学或实用价值；
2. 提供的验收文件、资料、数据不真实；
3. 擅自修改立项申请书中约定的课题研究目标、内容、研究方案等；
4. 超过课题研究规定期限并且事先未做报告的。

第二十七条　未通过验收的课题，课题负责人接到通知，经整改完善有关课题计划及文件资料后，可提出下年度验收申请。如仍未通过验收，课题负责人两年内不得再申请和主持广东财政科研课题。

第二十八条　根据课题验收情况，课题验收委员会对通过验收的课题研究报告进行综合评审，评审出一、二、三等课题，省财政厅对其提供一定的成本补助。

第七章　结项评审和成果宣传

第二十九条　评审结果由省财政厅以发文的形式予以通告，通告后，省财政学会、省财政科学研究所以书面通知的形式，及时将课题评审结果告知课题组负责人及其所在单位。必要时，还将公开课题结项评审结果和学术委员会的具体意见；

1. 同意结项的，由广东省财政科学研究所负责向课题负责人及其所在单位发出课题结项通知书，同时办理其他有关验收结项手续。
2. 未同意结项的，广东省财政科学研究所负责通知课题负责人及其所在单位，在规定时间内对课题研究成果进行修改完善，并重新申请结项评审。

第三十条　广东省财政科研课题成果所有权归省财政学会、省财政科学研究所和项目完成单位共有，双方应共同维护该成果的知识产权。课题负责人及其所在单位，在广东省财政科学研究所发布研究成果后方可公开出版，并应在醒目位置标明“××年广东省财政科研课题”字样。

第三十一条　逐步建立广东省财政科研成果数据库，并通过适当的方式面向用户开放。同时，每年对入省财政科研成果库的成果的阅读、下载、违规举报、用户评价等内容进行统计公布，作为项目研究质量事后评价的重要指标。

第三十二条　加强财政科研成果的应用。广东省财政科学研究所负责课题研究成果的宣传工作，及时梳理、归纳最新研究进展、重大研究成果，并将每年经过验收结项的优秀科研课题研究成果汇集编辑成册公开出版，呈送相关领导和相关职能部门。

第八章　附　则

第三十三条　本办法由省财政学会、省财政科学研究所负责解释。

第三十四条　本办法自发布之日起实施。

广东省省级财政国库集中支付银行代理业务综合考评办法

广东省财政厅2010年9月15日印发（粤财库［2010］33号）

第一章　总　则

第一条　为公平、全面考评省级财政国库集中支付业务代理银行（以下简称“代理银行”）管理水平和服务质量，健全代理银行服务激励与约束机制，根据广东省财政厅与各代理银行签订的国库集中支付委托代理协议，结合目前省级财政国库集中支付银行代理业务实际情况，制定本办法。

第二条　本办法适用于省财政厅对代理省级财政直接支付业务和省级财政授权支付业务的银行代理业务综合考评。

第三条　本办法所指的代理业务综合考评（以下简称“综合考评”），是指省财政厅按照与代理银行签订的国库集中支付委托代理协议，依据预算单位反馈、省财政厅日常业务检查及代理银行工作报告反映的省级财政国库集中支付业务情况，对代理银行进行考核后作出的综合评价。

第四条　综合考评遵循科学、规范、公平、公正的原则。

第五条　综合考评对财政直接支付业务和财政授权支付业务分别实施。

第六条　省财政厅成立省级财政国库集中支付业务综合考评小组（以下简称“考评小组”），负责综合考评工作的实施。

第二章　综合考评的组织实施

第七条　综合考评通过预算单位服务质量问卷调查（仅限授权支付业务）、省财政厅业务检查和代理银行工作报告三种方式进行。

第八条　预算单位服务质量问卷调查是指省财政厅通过向基层预算单位发放《授权支付代理银行服务质量问卷调查表》（以下简称《问卷调查表》），依据《问卷调查表》反馈的情况对代理业务进行考评。

第九条　省财政厅于每年12月1日前向参与问卷调查的省级基层预算单位发放《问卷调查表》，各基层预算单位应于1月15日前将调查结果反馈省财政厅。

第十条　省财政厅业务检查是指省财政厅依照委托代理协议内容，不定期对代理银行办理国库集中支付业务情况进行检查，并根据检查结果对代理业务进行考评。

第十一条　代理银行工作报告是指代理银行每年对其代理的省级财政国库集中支付业务进行总结并报省财政厅，省财政厅依据工作报告结合实际情况对代理业务进行考评。

第十二条　各代理银行应于每年1月15日前将上年度工作报告提交省财政厅。工作报告内容应包括代理业务总体情况、存在问题、改进建议，以及下一阶段工作计划。

第三章　财政直接支付业务综合考评

第十三条　财政直接支付业务综合考评指标体系由支付结算水平、信息反馈质量、管理协调水平和支付系统性能四项指标构成。

第十四条　支付结算水平指标：反映代理银行资金汇划的及时、安全、准确程度和业务流程的简捷、规范程度。包括：（1）及时接收（核对）省财政厅下达的纸质凭证和电子支付指令；（2）安全、准确办理资金汇划、调整和退库手续；（3）及时、规范和人民银行国库单一账户进行资金清算。

第十五条　信息反馈质量指标：反映代理银行信息反馈的及时性、信息要素的完整性和信息内容的准确性。包括：（1）及时向省财政厅和预算单位传递单据、报送报表和按规定应反馈的其他情况的纸质和电子信息；（2）规范相关单据及电子文件的格式和内容；（3）反馈信息内容真实、数据准确。

第十六条　管理协调水平指标：反映代理银行内控制度的完善性、代理业务从业人员的培训情况和工作协调能力。包括：（1）及时转发省财政厅文件，建立严谨内管制度；（2）妥善保管、保密省财政厅提供的各种财政资金支付凭证、单据、预留印鉴或其他相关资料；（3）定期开展从业人员培训；（4）加强沟通协调，为省财政厅和预算单位提供快捷、优质服务。

第十七条　支付系统性能指标：反映代理银行支付系统功能的完备性、处理业务的时效性、系统的稳定性和可靠性。包括：（1）建立运转高效、功能完善、连接顺畅、性能稳定的业务操作系统；（2）及时处理系统故障，确保业务正常开展；（3）根据省财政厅要求，做好系统维护与升级工作。

第四章　财政授权支付业务综合考评

第十八条　财政授权支付业务综合考评指标体系由支付结算水平、公务卡业务水平、信息反馈质量、管理协调水平、零余额账户管理水平和支付系统性能六项指标构成。

第十九条　支付结算水平指标：反映代理银行资金汇划的及时、安全、准确程度和业务流程的简捷、规范程度。包括：（1）及时、准确接收和下达预算单位用款额度；（2）及时接收、办理（或退回）电子支付凭证；（3）严格控制预算单位用款额度支出；（4）按规定时间受理预算单位提交的纸质票据；（5）安全、高效办理资金汇划、调整和退库手续；（6）及时、规范和人民银行国库单一账户进行资金清算。

第二十条　公务卡业务水平指标：反映代理银行在公务卡业务的组织管理情况。包括：（1）采取有效措施，积极配合省财政厅开展公务卡业务；（2）规范、快捷为预算单位办理开、换卡手续；（3）安全、高效办理公务卡支付和还款业务。

第二十一条　信息反馈质量指标：反映代理银行信息反馈的及时性、信息要素的完整性和信息内容的准确性。包括：（1）及时向省财政厅和预算单位传递单据、报送报表和按规定应反馈的其他情况的纸质和电子信息；（2）规范相关单据及电子文件的格式和内容；（3）反馈信息内容真实、数据准确。

第二十二条　管理协调水平指标：反映代理银行内控制度的完善性、代理业务从业人员的培训情况和工作协调能力。包括：（1）及时转发省财政厅文件，建立严谨内管制度；（2）妥善保管、保密省财政厅和预算单位提供的各种财政资金支付凭证、单据、预留印鉴或其他相关资料；（3）定期开展从业人员培训；（4）加强沟通协调，为省财政厅和预算单位提供快捷、优质服务。

第二十三条　零余额账户管理水平指标：反映代理银行对预算单位零余额银行账户开设、变更和撤销手续的完备性，预算单位零余额账户使用的规范性。包括：（1）规范办理预算单位零余额账户开立、变更和撤销手续；（2）严格按规定办理预算单位零余额账户向本单位其他账户及预算隶属关系上下级单位银行账户转拨资金；（3）规范、高效办理零余额账户委托代缴业务；（4）及时、规范处理挂账资金。

第二十四条　支付系统性能指标：反映代理银行支付系统功能的完备性、处理业务的时效性、系统的稳定性和可靠性。包括：（1）建立运转高效、功能完善、连接顺畅、性能稳定的业务操作系统；（2）及时处理系统故障，确保业务正常开展；（3）根据省财政厅要求，做好系统维护与升级工作。

第五章　综合考评结果计算及应用

第二十五条　综合考评实行分档评分制，共设“好”、“较好”、“中”、“较差”和“差”五档，对应分值为“10分”、“5分”、“0分”、“－5分”和“－10分”。

第二十六条　财政直接支付业务综合考评总分计算方式如下：考评小组成员依据业务检查和通过其他渠道所掌握的代理银行承办代理业务的情况，填写《直接支付代理银行综合考评表》，各成员评分值算术平均后得出代理银行的财政直接支付业务综合考评总分。

第二十七条　财政授权支付业务综合考评总分计算方式如下：考评小组成员依据业务检查和通过其他渠道所掌握的代理银行承办代理业务的情况，填写《授权支付代理银行综合考评表》，各成员评分值算术平均后得出省财政厅评分；《问卷调查表》反馈的各单位评分值算术平均后得出预算单位评分；省财政厅评分乘以30%加上预算单位评分乘以70%得出代理银行的授权支付业务综合考评总分。

第二十八条　按照“奖优罚劣”的原则，综合考评结果与代理业务年度手续费挂钩。各代理银行代理业务年度手续费上下浮动率为该业务综合考评总分乘以1%，即代理业务年度手续费上下浮动幅度为±10%。

第二十九条　省财政厅根据年度综合考评结果，每年4月15日前对各代理银行综合考评情况予以通报。各代理银行应根据通报所反馈问题，积极落实整改措施，完善业务制度，不断提高服务水平和工作质量。

第六章　附　则

第三十条　本办法由广东省财政厅负责解释。

第三十一条　本办法自印发之日起施行。原《广东省省级财政国库集中支付银行代理业务综合考评暂行办法》（粤财库［2006］47号）、《关于〈广东省省级财政国库集中支付银行代理业务综合考评暂行办法〉的补充通知》（粤财库［2008］44号）于同日废止。

广东省财政应急救灾资金管理暂行办法

广东省财政厅2010年10月5日印发（粤财农［2010］446号）

第一条　为加强财政应急救灾资金管理，确保财政应急救灾资金及时拨付和资金安全，充分发挥财政应急救灾资金的使用效益，保障救灾工作的顺利开展，根据中央关于财政应急救灾资金管理的有关规定，结合广东省实际，制定本办法。

第二条　本办法所称财政应急救灾资金，是指中央、省和市县各级财政安排的自然灾害生活补助、自然灾害灾后重建补助、纳入灾区恢复重建资金计划的其他财政性资金，以及实行专户管理的财政应急救灾资金专户利息收入等资金。

第三条　广东省财政应急救灾资金管理坚持以下原则：

（一）明确责任，分级管理

市、县（市、区）政府是应急救灾工作的责任主体，应将财政应急救灾资金列入年度财政预算，并对上级财政拨付的资金及本级财政应急救灾资金的安排和使用负总责。

（二）统筹规划，突出重点

根据应急救灾工作方案和复产重建规划，统筹安排财政应急救灾资金，按照先共性后个性、先急后缓的要求，优先安排解决涉及大多数群众迫切需要和切身利益的问题。对重点问题要集中财力重点解决。

（三）及时到位，专款专用

各级各部门要按照特事特办、急事急办的要求，将财政应急救灾资金及时足额落实到位，专项用于救灾工作。

（四）规范管理，公开透明

财政应急救灾资金的分配管理应严格按规定的程序和要求执行。发放给个人和家庭的灾害救助资金应登记造册、张榜公布，公开发放程序，自觉接受监察、审计等部门的检查和社会监督。

第四条　各级人民政府应加强对应急救灾资金管理工作的领导，及时决定或者批复救灾重建方案和资金安排计划，督促有关部门及时安排下达资金和加强资金管理。

第五条　各级财政部门是财政应急救灾资金管理的职能部门，会同同级有关部门制定同级财政应急救灾资金管理规范，并加强对财政应急救灾资金的监管。

第六条　各级应急救灾职能部门应配合同级财政部门及时落实财政应急救灾资金安排方案，严格按规定管理使用财政应急救灾资金。

属于财政应急救灾资金范畴内的有关专项资金的使用管理，按照各专项资金管理办法及《广东省省级财政专项资金管理暂行规定》（粤府［2006］37号）的规定执行。

第七条　财政应急救灾资金来源主要包括：

（一）全省各级财政预算安排的救灾专项资金。

（二）中央下达的救灾补助资金。

（三）实行专户管理的财政应急救灾资金的利息收入。

（四）列入灾后恢复重建资金计划的其他财政性资金。

（五）其他按规定安排的资金。

第八条　财政应急救灾资金主要安排用于以下方面：

（一）应急解决灾民的吃、穿、住和抢救、转移、安置、治病、防疫等方面的支出。

（二）因灾造成的公路、桥梁、水利、农田、学校等基础设施修复和恢复生产支出。

（三）因灾倒损民房的修复或重建。

（四）救灾物资的购置。

（五）按救灾和恢复重建需要实施的其他民政、教育、国土、环保、农业、卫生、林业、海洋渔业等方面的项目。

（六）符合财政应急救灾资金使用规定的其他项目。

第九条　财政应急救灾资金应严格按照规定的程序安排和拨付：

（一）全省各级财政预算安排的应急救灾专项资金，由同级行业主管部门提出资金安排方案，送同级财政部门审核后下达。需要报送同级政府审批的，应及时报批，并于批准后及时下达拨付。

纳入财政应急救灾资金范围的相关专项资金已有规定安排程序的，按规定程序执行。

（二）中央和省已明确具体项目的财政应急救灾补助资金，由省财政厅直接转下达和拨付至项目所在市或县（市、区），并抄送同级行业主管部门。

应由省明确具体项目的中央救灾补助资金，由省级行业主管部门提出资金安排方案，送省财政厅审核后下达拨付。需要报送省政府审批的，应及时报批，并于批准后及时下达拨付。

应由市县确定具体项目的中央和省救灾补助资金，省级财政部门应会同行业主管部门尽快将资金额度分配下达至有关市或县（市、区）财政，市县财政部门收文后，应尽快会同级相关部门，及时足额分配并落实到具体单位和个人。

（三）纳入灾后恢复重建计划的其他财政性资金，按资金渠道参照本条第（一）、（二）项的规定安排和拨付。

（四）各级财政部门可按照同级政府的决定，根据灾情变化和救灾工作需要单独下达和拨付财政应急救灾资金。

第十条　财政应急救灾资金应严格按照规定的时间要求安排和拨付，其中：

（一）涉及灾民吃、穿、住和抢救、转移、安置、治病、防疫等方面支出的财政应急救灾资金，市县财政部门应当在收到资金后1日内下达并落实到具体单位或者发放到灾民。

（二）因灾基础设施和倒损民房的修复或重建、救灾物资的储备，以及按恢复重建计划方案需要修复或重建的其他项目资金，财政部门在下达资金时，应当根据灾情和项目实施进度计划明确资金到位的具体时限，并在时限内下达和落实到位。

（三）有特别规定和上级资金下达文件另有时间要求的财政应急救灾资金，按其时间要求拨付和发放。

第十一条　财政应急救灾资金应当按照国库集中支付的有关程序拨付。确不具备国库支付条件的市县，按照报账制等有关规定执行。救灾物资购置应按政府采购的相关规定执行。

第十二条　市县财政部门转下达和拨付中央、省级财政救灾补助资金的情况及相关文件资料，应及时报送省财政厅及相关部门备案。

第十三条　各级财政部门应定期组织对财政应急救灾资金的安排使用进行绩效评价和监督检查。财政应急救灾资金的监督管理应采用以下方式：

（一）事前审核、事中检查和事后考核评价相结合。

（二）日常监督与专项重点检查相结合。

（三）资料审查与实地抽查相结合。

第十四条　各级监察、审计部门应按规定对财政应急救灾资金计划、分配、管理、拨付和决算的全过程进行监察和审计，定期向本级人民政府和上级监察、审计部门报告监督检查结果。

第十五条　任何单位和个人不得截留、挪用或者擅自改变财政应急救灾资金用途。截留、挪用或者擅自改变财政应急救灾资金用途的，对直接负责的主管人员和其他责任人员依法给予行政处分；涉嫌犯罪的，移交司法机关依法追究刑事责任。

第十六条　对财政应急救灾资金下达、拨付、使用和管理过程中由于不履行职责（拒绝、放弃、推诿应履行的职责）或不正确履行职责（不依照规定程序、权限、时限履行职责），给国家利益、人民生命财产、公共财产等造成重大损失或恶劣影响的，依照《广东省〈关于实行党政领导干部问责的暂行规定〉实施办法》等有关规定，提请有关部门按照干部管理权限规定对其进行责任追究。

第十七条　本办法由省财政厅负责解释。

第十八条　本办法自印发之日起施行。

广东省省属职业技术教育经费预算管理改革试点暂行办法

广东省财政厅2010年10月8日印发（粤财教［2010］327号）

为贯彻落实省委、省政府关于建设教育强省的决定，加快广东省职业技术教育发展，根据《中共广东省委　广东省人民政府关于大力发展职业技术教育的决定》（粤发［2006］21号）和《印发广东省大力发展职业技术教育实施纲要（2006－2020年）的通知》（粤府［2007］11号）要求，特制定本办法。

一、总体思路

根据广东省大力发展职业技术教育的目标要求，省属公办职业院校经费按照学校类别和现有的财政预算关系，以在校生人数为基数，逐步探索实行以生均综合定额为主的预算管理体制改革。从2010年起，在若干所院校中先行试点，待试点取得经验后再逐步扩大范围。

二、指导思想

通过实施预算管理改革，促进职业院校经费的增长与扩招的增长相适应。职业院校经费供给方式与改革发展要求相适应。职业院校经费需求与财政承受能力相适应。

三、改革原则

适应发展，促进改革；先行试点，分步实施；整体推进，重点突破。

四、改革内容

参照省属高校生均综合定额的做法，改革现行职业院校（试点，下同）经费基数加增长的拨款方式，逐步实行以生均综合定额拨款为主的管理办法，即按照学校全日制在校生（不含成教生、联合办学学生等）人数、专业折算系数和生均综合定额等因素核定职业院校主要的预算经费。科学合理地安排财政资金，调动职业院校扩招积极性，扩大职业院校办学自主权，促进职业技术教育的发展。

（一）试点学校

实行生均综合定额试点的院校为省属高职院校、中职学校及技工学校。每年由省教育厅、省人力资源和社会保障厅、省财政厅统筹考虑，并视省级财政状况选定若干所院校开展试点，逐步扩大试点范围。

（二）学科专业折算系数

职业院校学生按不同专业分为四类，折算系数分别为：文史、财经、管理专业为1；理工、外语、师范专业为1.2；医学、体育、农林、地矿、航海等艰苦专业及民族生为1.4；艺术类为1.6。

技工学校学生按不同专业分为两类，折算系数分别为：高耗材工种为1.2，普通工种为1。

（三）计算方法

鉴于各学校2010年正常经费基数水平差距较大，为使改革工作平稳过渡，同时又逐步缩小各学校原基数之间的差距，正常经费核定实行经费基数按学制逐年递减，新增经费按生均定额核定的办法。具体为：

1. 以2009年为基点，即以2009年正常经费为基数，按学校的学制逐年递减。职业院校为三年学制，经费分三年逐年递减，年均减少1/3。

2. 根据省属职业技术院校现行经费生均支出水平，并结合省级财政的承受能力，核定高等职业教育学校生均基准定额为3 300元/生·年；纳入生均经费试点的国级家重点中等职业学校、国家级重点技工院校，可参照高职高专院校试点标准设定生均基准定额；普通中职学校与技工学校生均基准定额为2 800元/生·年。

（四）核定公式

2010年学校正常经费 = 2009年招生人数 × 生均定额 + 2009年经费基数 × 2/3

2011年学校正常经费 = （2010年二年级在校生人数 + 2010年招生人数） × 生均定额 + 2009年经费基数 × 1/3

以后年度以此类推。

2009年前入学的在校学生毕业以后，即三年以后，试点学校经费全部按学校的全日制在校生人数核定，具体核定公式为：

n年学校正常经费 = （n - 1）年在校生 × n年生均定额

（五）预算编报程序

职业技术院校经费预算管理改革后，职业技术院校经费预算编报相应调整。在编制下一年度预算前，学校按要求准确填列纳入统一招生平台的有关数据，分别报省教育厅、省人力资源社会保障厅、省财政厅审核，省财政厅核定并下达学校的正常经费预算控制数，学校据此编制年度预算，分别报省教育厅、省人力资源社会保障厅审核后送省财政厅核定。从实施经费管理改革的学年起，省财政厅将参与招生计划的核定、批复等工作，并对实际招生人数的变化情况进行监控，必要时可采取资金清算等形式对财政拨款进行定期调整。

广东省对口支援新疆工作资金筹措和使用管理办法

广东省财政厅2010年10月20日印发（粤财预［2010］229号）

为贯彻党中央、国务院关于新时期支援新疆工作的决策部署，落实全国对口支援新疆工作会议精神，促进新疆保持和谐稳定，全省各级财政筹措资金专项用于广东省对口支援新疆建设工作。为加强援疆资金管理，提高资金使用效益，根据《中华人民共和国预算法》、《中华人民共和国预算法实施条例》、《广东省预算审批监督条例》以及《广东省对口支援新疆工作方案》等国家和省的有关法律法规规定，制定本资金管理办法。

第一章　总　则

第一条　援疆资金是指省级和各地区（不含深圳市）按照省委、省政府的统一部署和分级管理的财政体制规定，筹集安排用于广东省对口支援新疆建设的资金。

第二条　援疆资金管理和使用应遵循以下基本原则：

（一）集中领导、统一规划。按照“全省一盘棋”的思想，援疆资金应在省委、省政府的总体部署和集中领导下分配使用。援疆资金的筹集、使用和管理等各个环节都应纳入省对口支援新疆工作领导小组（以下简称领导小组）的统一领导、组织和协调。援疆资金的分配和使用必须符合广东省对口支援新疆总体规划，必须按照统一制定的建设标准拨付和使用资金，避免交叉重复和损失浪费。

（二）分级负责，统筹安排。广东省对口支援新疆采用“省里统筹、三市对两县一市”的形式。各地区按照省委、省政府的统一部署和分级管理的财政体制规定，落实对口支援任务的经费保障责任，及时、足额筹集对口支援经费。省财政负责按照对口支援总体规划，统筹安排资金。

（三）立足当前、着眼长远。援疆资金的分配和使用既要坚持从实际出发，又要着眼长远谋划，把保障和改善民生放在优先位置，努力增强受援地区发展后劲，实现可持续较快发展。坚持“输血”与“造血”相结合、“硬件”建设与“软件”建设相结合，确保援疆资金安排和使用发挥出最大效益。

（四）规范管理，加强监督。为确保资金拨付和使用安全、规范、有序，各地区、各级财政筹集的援疆资金实行全过程专账专户核算管理，坚持专款专用、专项专用、合理分配，严格按经批准的使用范围和对象拨付和使用。

第二章　资金筹集

第三条　援疆资金采取分类分档的办法筹集：广州、佛山、东莞、中山、珠海和省级按上年一般预算收入（扣除城市维护建设税、专项收入、行政事业性收费等专门用途收入后）的4.7‰安排；其余市县（不含66个享受县级转移支付待遇的县区）按3‰安排。

第四条　按照国家下达的任务量，2011～2015年全省各级财政筹集援疆资金63.27亿元。各市分年需落实的援疆资金数额，按省财政厅《关于落实对口支援新疆西藏资金的通知》（粤财预［2010］108号）要求，各级财政应尽早做好资金安排工作。

第五条　承担具体对口支援任务的三市（广州、佛山、东莞）筹集资金由各市自行调入前方工作队财政专户，按援疆资金管理办法办理拨付手续并负责资金使用的监管。承担援建任务的三市所筹集资金超出省下达该市援建工作任务量部分的资金要专项上解到省级，由省统筹安排用于对口援疆工作。不承担对口支援任务的地级市要求每年将对口支援资金专项上解到省级，由省根据对口支援工作需要统筹安排用于全省对口援疆工作。

第六条　按照多渠道筹集的原则，全省应积极争取中央、自治区、兵团的资金和央企的项目支持，按照不改变分配渠道、不改变使用方向的要求，结合对口支援规划，与广东省的援助资金统筹使用，努力扩大援疆效果。

第三章　资金使用范围

第七条　援疆资金主要用于增强受援地区自我发展能力，重点包括以下方面：

（一）改善群众基本生活条件。

（二）支持产业发展。

（三）加强人才支援。

（四）加强就业援助。

（五）支持提高开放型经济水平。

（六）改善生态环境。

（七）支受援方经协商并列入广东省对口支援新疆总体规划的其他项目。

第八条　援疆资金以安排对口援建项目支出为主。各对口援建市有关工作经费（主要是工作组日常办公经费）原则上由所在市财政另行安排。

第四章　资金拨付

第九条　援疆资金实行全过程专账专户核算管理。前方指挥部和三个工作组分别设立援疆资金专户，分别负责省级和承担援建任务市项目建设经费的管理。省财政设立对口支援资金专账，负责三个市以外的全省援疆资金的管理。

第十条　援疆资金按照筹集主体不同，分为省级统筹援疆资金（含省本级筹集和不承担对口援建任务地市上解资金）以及对口援建市援疆资金两类。

（一）省级统筹援疆资金，在广东省对口支援新疆总体规划框架内，由省财政厅按照领导小组及办公室审定的年度投资计划及建设进度等办理资金拨付手续。

对于承担具体支援任务的地市，按本办法第三条筹集的对口援疆资金不足以保证省下达该市承担的援建工作任务资金需求的，省财政可按相对均衡的原则，根据对口支援市承担的工作量，结合对口支援市经济发展水平与财力状况予以补助。具体分配办法由省财政厅与省发展改革委等有关部门共同研究制定，并报领导小组批准后由省财政按预算级次下达各有关市。

（二）对于对口援建市援疆资金，由承担具体支援任务的地方政府参照省级资金拨付方式制定资金管理办法。承担对口支援任务的地市实施本地区对口支援工作应优先使用本市筹集的援疆资金。

第十一条　对于全省筹集的对口援疆资金，按照领导小组审定的对口支援新疆总体规划、建设项目、年度投资计划以及建设进度等，分别由省财政和承担对口援建任务的市财政办理资金拨付业务。

第十二条　省级统筹援疆资金用于援建项目建设的，根据援建项目建设方式不同分别采取以下资金拨付方式：

（一）采取直接补助到受援地区方式的，根据经前方指挥部审核的用款申请，省财政将援疆资金拨付给受援方财政局统筹使用。

（二）采取与受援地区合作共建方式的，根据前方指挥部申请，省财政将援疆资金拨付前方指挥部设立的援疆资金专户，由前方指挥部根据项目建设进度情况，将援疆资金拨付至项目所在地设立的项目建设资金专户，由前方指挥部和受援地区共同监管使用。

（三）采取省级统筹建设方式的，根据领导小组办公室批准下达的年度项目建设计划及建设进度，经前方指挥部申请，省财政将援疆资金拨付到前方指挥部设立的援疆资金专户，由前方指挥部按进度拨付给项目建设单位或承包单位。

第十三条　省级统筹援疆资金用于技术援助项目的，在对口援疆总体规划的框架范围内，由前方指挥部会同省直有关部门提出经费预算报领导小组办公室，领导小组办公室会同省财政厅等有关部门审核并报请领导小组批准后，省财政厅按用款进度将资金拨付给前方指挥部或省直有关部门。对未纳入全省对口支援新疆总体规划的技术援助项目，省财政不予安排。

第五章　资金管理

第十四条　各级财政安排的援疆资金应严格按国家和广东省的有关规定，并结合当地条件和实际情况实施招标、采购和建设，严格按国库管理要求和预算级次拨付资金。

第十五条　援疆资金实行全过程专账专户管理，坚持专款专用、专项专用、重点使用、合理分配，严格按经批准的使用范围和对象拨付和使用，确保资金专款专用，坚决防止挤占、挪用。

第十六条　各级纪检监察部门和财政、审计部门对援疆资金预算执行、资金使用和财务管理等方面的情况进行监督检查，如发现有截留、挤占、挪用援疆资金或其他财政违法行为的，依据《财政违法行为处罚处分条例》及其他有关规定处理，并追究该部门（单位）和责任人员的法律责任。

第六章　附　则

第十七条　本办法由省财政厅负责解释。

第十八条　本办法自印发之日起执行。

广东省战略性新兴产业发展专项资金（省财政安排）竞争性分配评审办法

广东省财政厅2010年10月25日印发（粤财评［2010］95号）

第一条　为深入贯彻落实省委、省政府《关于加快经济发展方式转变的若干意见》（粤发［2010］8号）精神，加快广东省战略性新兴产业发展，做好战略性新兴产业发展专项资金省财政预留资金（以下简称专项资金）的竞争性分配评审工作，确保评审过程公开、公平、公正，确保评审结果科学合理，根据《战略性新兴产业发展专项资金（省财政安排）竞争性分配实施方案》等规定，特制定本办法。

第二条　评审对象。专项资金评审对象为广东省内符合专项资金扶持范围并具备申报条件的企业或企业与政府机构、高校、科研机构的联合体。

第三条　评审原则。专项资金评审以科学发展观为统领，以财政资金的集中投入、竞争择优配置为形式，以鼓励项目竞争、实现重点突破为手段，以全面提升产业综合竞争力、推动形成新的经济和财税增长点为主要目标，体现以下原则：

（一）坚持政策导向

专项资金评审通过调动参评单位的积极性、主动性、创造性及竞争意识，引导各地、各参评单位重点发展具有广阔市场前景、资源消耗低、带动系数大、综合效益好的战略性新兴产业项目，促进广东省战略性新兴产业集约化、规模化集聚发展，抢得发展先机，抢占核心领域，进一步提升广东省产业国际化竞争力，打好经济发展方式转变这场“硬仗”。

（二）坚持公平公正

专项资金评审通过制定规范的评审方法、清晰的评审程序，整个评审过程广泛接受监督，确保评审结果公开、公平、公正。

（三）坚持竞争择优

专项资金评审通过按单个企业和产业集群项目性质分组设定客观科学的评审指标及权重，充分体现“企业实力最好，项目竞争力最强”的竞争择优评审要求。同时，借助相关技术领域专家、产业经济专家和财务管理类专家的专业力量，确保专项资金按不同产业领域实行分类扶持，实现“多中选好、好中选优”。

第四条　评审程序。专项资金评审按太阳能光伏、核电装备、风电、生物制药、新材料、节能环保、航空航天、海洋8类战略性新兴产业领域和项目性质，每类均分为单个企业项目组和产业集群项目组共16个项目组进行。整个评审程序遵照公正、公平、公开的原则，邀请纪检监察人员进行全过程监督，按照下列步骤进行：

（一）要件准入

省财政厅会同省经济和信息化委、省发展改革委、省科技厅和省外经贸厅依据评审要点对各地申报的项目进行要件准入审查，符合扶持范围和条件的取得竞争性评审资格。

（二）竞争性评审

1. 书面评审。评审专家组依据评审要点对取得竞争性评审资格的参评单位项目申报材料进行审查评分，确定进入公开答辩环节的参评项目名单。原则上16个项目组每组各评选出3个项目共48个项目进入公开答辩环节。

某一类产业每组申报项目低于3个的，原则上不组织评审，专项资金调剂至其他产业安排。

2. 公开答辩。召开专家评审会，参评单位采用演讲、现场答疑等方式对参评项目进行公开答辩，评审专家组依据评审要点现场评分确定进入实地考察环节的项目名单。

第一步，抽签确定出场顺序。16 个项目组按照太阳能光伏、核电装备、风电、生物制药、新材料、节能环保、航空航天、海洋 8 类产业，每类按先单个企业项目、后产业集群组的顺序，抽签确定各组参评项目的出场顺序。

第二步，参评单位陈述。16 个项目组参评单位按抽签顺序进行投影展示演讲（3 分钟）、现场答辩（10 分钟）、总结性陈述（2 分钟），时间共 15 分钟。

第三步，评审专家评分。在每类项目组所有参评单位总结性陈述完毕后，由专家现场进行评定评分。

第四步，评审结果确定。16 个项目组参评项目的专家评分经审定确认后，现场公布得分及排名。原则上每组按得分排名分别评选出 2 个项目共 32 个项目进入实地考察环节。

3. 实地考察。评审专家组进行实地考察，对参评单位项目申报材料和公开答辩情况的真实、客观和科学性等进行核对核实，对项目现场答辩环节的综合分数进行修正得出项目最终得分，按照最终得分排名并出具考察意见。

（三）项目公示

评审专家组综合考虑书面评审、公开答辩、实地考察等阶段情况，提出建议扶持项目名单报省财政厅。省财政厅对建议扶持项目进行审核，提出拟扶持项目并在媒体上进行公示，公示时间不少于 7 个工作日。

（四）领导小组确认

公示结束后，拟扶持项目名单由省财政厅报省促进战略性新兴产业发展领导小组确认，确定最终获得扶持资金的项目。

省财政原则上对 8 类战略性新兴产业领域 16 个项目组，每组均扶持 1 ~ 2 个项目。其中：单个企业项目原则上每个项目支持金额不低于 1 000 万元（含 1 000 万元），不高于 5 000 万元（含 5 000 万元）；产业集群项目原则上每个项目支持金额不低于 3 000 万元（含 3 000 万元），不高于 8 000 万元（含 8 000 万元）。

如参与竞争性分配的项目较多、实施效果较好，省财政在财力许可的条件下，可将以后年度的资金提前安排使用。

第五条　评审要点。专项资金评审要点包括准入要件、评审要件两部分（附件 1）。

（一）准入要件

取得竞争性评审资格的参评单位必须同时具备以下四个条件：

1. 申报的项目属于太阳能光伏、核电装备、风电、生物制药、新材料、节能环保、航空航天、海洋 8 类战略性新兴产业，以及省委、省政府决定的（含近期重点突破的三大产业中超过扶持上限的项目）其他重大项目。

2. 项目承担主体必须是省内注册的企业或企业与政府、高校、科研机构的联合体。

3. 项目总投资不低于 5 000 万元，申请单位自筹资金比例不低于总投资的 50%。

4. 企业主营业务与申报项目的关联度高，或近两年内企业（或联合体）从事过与申报项目相关的产业研发与经营。

（二）评审要件

专项资金评审要件按照单个企业项目和产业集群项目组，设置企业实力，项目科技水平、发展前景和可行性，以及参评单位表现等五个一级指标，结合专项资金扶持方向、范围和战略性新兴产业的特点细化为评分的二级指标和三级指标，并按书面评审、现场答辩和实地考察三个环节设定各指标分值，构成完整的专项资金评审要件指标体系。

1. 企业实力：包括财务效益状况、科技研发能力、生产条件（适用于单个企业组项目）以及协同能力（适用于产业集群组项目）。

2. 项目科技水平：包括项目创新性和项目先进性。

3. 项目发展前景：包括项目产业化和项目集聚效应。

4. 项目可行性：包括项目技术经济可行性以及集群发展机制（适用于产业集群组项目）。

5. 参评单位表现：包括申报资料完整清晰、客观真实和现场答辩效果（适用于现场答辩和实地考察环节）。

第六条　评审方法。专项资金在竞争性评审采用定量分析与定性分析相结合的方法，通过对评审内容设定相应的指标及分数进行分析和评价，形成评审结果。

（一）评分排序办法

专项资金竞争性评审评分采用纸质和记名、“评分制”和“投票制”相结合的方式。评审专家在每个环节先对项目进行评分，按项目得分高低进行排序；如遇得分相同情形，采用由评审专家投票表决方式确定参评项目排名次序。

（二）评分评判要素

参评项目评分满分为 100 分，评审专家在书面评审环节，细化至评审要件中的三级指标进行评分；在公开答辩和实地考察环节，细化至二级指标进行评分，三级指标作为专家评分评判要素考虑。

（三）评分计算办法

在书面评审和现场答辩环节，每个参评项目的得分为除去所有评审专家评分中的 1 位最高分和 1 位最低分后，汇总其他所有专家评分，平均计算出参评项目的综合得分。在实地考察环节，专家对考察项目在现场答辩环节各二级指标的得分进行扣分评分，最终得分为该项目现场答辩环节的综合得分减去实地考察环节专家的平均扣分数。

（四）评审结果确定

1. 首次参评项目按最终得分排序。对首次参与专项资金竞标的参评项目，在书面评审和公开答辩环节，16 个项目组分别按每组组内的所有参评项目综合得分进行排序，确定本组进行公开答辩、实地考察的项目；在实地考察环节，每组参评项目的排序由实地考察后项目的最终得分确定。

2. 已中标项目再次参评采用“级差调减”确定得分排序。从第二批次专项资金竞标起，在书面评审环节，对在本批次竞标前已中标获得过专项资金扶持的参评项目，以级差分作为调减确定综合得分。各组每批次的级差分，按本组前一批次公开答辩环节参评项目第一名与最后一名综合得分的差值设定，已中标参评项目参加本批次竞标按照级差分×n（已中标次数）叠加来调减分值。

各组将调减后的已中标参评项目综合得分与其他首次参与竞标的参评项目综合得分进行排序，确定本组进行公开答辩的项目名单。公开答辩环节不再对已中标项目进行“级差调减”。

3. 同分结果采用“投票制”方法确定排名顺序。如出现相同分数而无法确定排名顺序的情况，则由评审专家对这些同分参评项目进行排序投票来确认，参评项目的最终排名根据评审专家的投票序数平均而成。

第七条 评审专家。

专项评审专家根据《广东省财政厅综合性专家库管理暂行办法》规定进行管理。

（一）根据战略性新兴产业的特点和专项资金评审要求，组建“专项资金评审专家库”。专家库的组成包括两部分：

1. 部门专家：由省经济和信息化委、省发展改革委、省科技厅、省财政厅、省外经贸厅各派1名人员。

2. 相关领域专家：在相关领域中具有深厚理论基础、较深学术造诣、较高政策水平和丰富评审经验，在教学科研、科研成果产业化实践及实际管理工作中取得突出成绩的专家学者。主要包括产业经济类专家、财务管理类专家和技术领域类专家（有关太阳能光伏、核电装备、风电、生物制药、新材料、节能环保、航空航天、海洋8类战略性新兴产业领域的专家）。

（二）抽取评审专家，组成两个评审专家组

评审专家抽取。专项资金评审专家抽取由省财政厅在省监察厅、省审计厅及相关媒体的监督下进行，分别在竞争性书面评审工作和公开答辩工作开始前一天，从“专项资金评审专家库”中分产业经济领域、财务管理、技术领域（分别按8类战略性新兴产业领域抽取）三类随机抽取，组成专项资金书面评审专家组和公开答辩评审专家组。

评审专家组成员。专项资金书面评审专家组和公开答辩评审专家组成员分别为15人，其中5个部门专家、3个产业经济类专家、2个财务类专家、5个技术领域类专家（8类战略性新兴产业领域专家仅参加对应领域的项目评审）。

（三）随机抽取完成后，当场通知评审专家

将评审专家抽取结果及通知情况当场记录备案，以备后查。参加评审专家抽取的有关人员对被抽取专家的姓名、单位和联系方式等内容必须严格保密。

（四）评审专家在评审工作中应遵循以下职责：

1. 按独立、客观、科学、公平、公正的评审原则，不受任何干扰，独立、负责地提出评审意见，不对其他专家的评审意见施加影响。

2. 认真、负责地审核相关评审材料，审慎、客观地提出评审意见，确保评审结果的真实性、权威性和公信力。

3. 不得利用评审专家的特殊身份和影响力，单独或与有关人员共同为评审对象提供便利。

4. 严格遵守保密规定，不得披露评审专家组成员、参评项目材料、对参评项目的评审和比较意见、其他评审专家意见等有关保密信息。

第八条 本办法由省财政厅负责解释。

省级财政结余结转资金管理暂行办法

广东省财政厅2010年11月5日印发（粤财预［2010］205号）

第一章 总 则

第一条 为加强省级财政结余结转资金管理，优化财政资源配置，加快财政支出进度，提高财政资金使用效益，根据《预算法》、《预算法实施条例》、《广东省预算审批监督条例》、《财政部关于加强地方财政结余结转资金管理的通知》（财预［2010］383号）等有关规定，制定本办法。

第二条 省级财政结余结转资金管理，应坚持以下原则：

科学精细。要按照加强财政基础工作和基层建设、推进财政科学化精细化管理的要求，完善省级财政结余结转资金基础资料，全面掌握结余结转资金整体情况，完善结余结转资金管理的信息技术手段，区分不同的资金性质和项目类型对结余结转资金进行分类、动态管理。

协调推进。省级财政结余结转资金管理要与预算编制相结合，在编制年度预算时统筹安排使用结余资金，根据项目结转资金情况统筹安排下一年度预算；要与加快财政预算执行进度、推进总预算会计部分事项权责发生制等财政管理和改革协调推进、互相衔接，形成对财政结余结转资金管理的整体合力。

依法依规。省级财政结余结转资金管理要严格遵循《预算法》、《预算法实施条例》、《广东省预算审批监督条例》等各项财政管理法律法规和制度，切实做到依法行政、依法理财。

统筹兼顾。要注重管理的原则性与灵活性相结合，处理好共性与个性的关系。在严格按照要求加强管理的基础上，对结余结转项目进行具体问题具体分析，分别采取切实可行、适宜有效的管理办法。

第三条　省级财政结转结余资金是指与省级财政有缴拨款关系的省直行政、事业单位、社会团体及省属企业（以下简称部门、单位）在预算年度内，按照财政部门批复的预算，当年未列支出的财政资金。

第四条　结转资金是指当年支出预算已执行但尚未完成，或因故未执行，下年需按原用途继续使用的项目支出资金。

结余资金是指经批准的当年支出预算指标，执行过程中支出预算工作目标已完成，或由于受政策变化、计划调整等因素影响工作终止，当年剩余的财政资金。

第五条　对中央专项转移支付安排形成的结余结转资金，其资金管理办法对结余结转有具体规定的，按规定执行；未作具体规定且超过预算确定期限一年以上的，可在其资金管理办法规定的用途和使用范围内，调整到其他级次或同类项目，并报省财政厅汇总后报财政部备案。

第二章　结转资金的管理

第六条　项目支出资金原则上应在当年使用完毕。对确需结转使用的，由部门、单位提出申请，按规定程序批准后可结转下年继续安排使用。

第七条　结转资金原则上不得调整用途。在年度预算执行过程中，确需调整结转资金用途的，需履行规定审批程序。

第八条　连续若干预算年度安排的经常性项目，有结转资金的，在编制以后年度预算时，应根据项目结转资金情况和项目年度资金需求情况，统筹安排下一年度预算。

第三章　结余资金的管理

第九条　结余资金包括基本支出结余和项目支出结余。基本支出结余包括人员经费结余和日常公用经费结余。

第十条　纳入财政工资统发的部门、单位的人员经费结余，年终清算后原则上全部收回省级预算。未纳入财政工资统发的部门、单位的人员经费结余，以及所有部门、单位的日常公用经费结余，先收回省级预算，由部门、单位重新提出项目并履行规定审批程序后安排。年度执行中，因增设机构、增编增人等产生的人员经费支出和日常公用经费支出，应优先使用部门、单位的基本支出结余资金安排。

第十一条　省级预算安排的项目支出结余，原则上全部收回省级总预算。

第十二条　对某一预算年度安排的项目支出，结转下年仍未使用完毕的，视同结余资金管理，原则上全部收回省级总预算。

第十三条　省级预算安排的政府采购项目支出结余，按政府采购节约资金管理有关规定执行。

第十四条　基本建设项目支出结余，按基本建设财务管理规定执行，工程竣工后结余的项目资金，经财政部门审核确认后，按投资来源比例收回省级总预算。

第十五条　省级预算收回的结余资金，原则上用于同类新增项目支出。

第四章　减少结转和消化结余资金的措施

第十六条　部门、单位应加强项目支出预算执行管理，切实减少年度预算结余结转。在预算执行中，因政策变化等原因，对当年执行进度缓慢、预计年底可能形成较多结转或结余资金的项目，应及时提出调减当年预算或调整用于执行中新增重点支出项目的建议，并履行规定审批程序。对经审核调减的预算资金，原则上收回省级预算，用于同类新增项目支出。

第十七条　除特殊原因外，对当年结余结转资金比上年增加较多，或常年累计结余结转资金规模较大的部门、单位，在编制部门预算时，原则上适当压减其下一年度预算总额。

第十八条　对部门预算安排的财政资金，因特殊原因已无法支出或已不需要支出的，应及时履行规定审批程序调整预算项目，或将资金收回省级总预算。

第五章　附　则

第十九条　对纳入省级预算管理的政府性基金结余结转资金，按照有关政府性基金项目管理规定执行。

第二十条　本办法由省财政厅负责解释。

第二十一条　本办法自印发之日起施行。

广东省中央农村环境保护专项资金环境综合整治项目考核验收暂行办法（试行）

广东省财政厅2010年11月25日印发（粤财工［2010］420号）

第一条 为规范全省中央农村环境保护专项资金环境综合整治项目实施与管理，充分发挥中央农村环境保护专项资金的效益，根据《国务院办公厅转发环境保护部等部门关于实行"以奖促治"加快解决突出的农村环境问题实施方案的通知》（国办发［2009］11号）、《中央农村环境保护专项资金管理暂行办法》（财建［2009］165号）和《中央农村环境保护专项资金环境综合整治项目管理暂行办法》（环发［2009］48号）的要求，结合广东省实际，制定本办法。

第二条 中央农村环境保护专项资金（以下简称专项资金）是指中央财政为支持农村环境保护，鼓励各地有效解决危害群众身体健康的突出问题，促进农村生态示范建设而设立的专项补助资金。

第三条 中央农村环境保护专项资金环境综合整治项目是指为有效解决农村突出环境问题、改善农村环境质量而开展的环境污染防治设施建设和综合性污染治理项目。专项资金对此类项目实行"以奖促治"。

第四条 省级环保部门会同财政部门负责验收工作。各地级以上市财政部门负责专项资金使用管理的具体考核；各地级以上市环保部门负责项目实施管理和实施成效的具体考核。

第五条 考核内容主要包括以下方面：

资金管理：包括地方配套资金落实情况、预算执行情况、县级财政报账制、资金使用是否合法合规等资金管理情况。

项目管理：包括责任制、参与制、报备制、公示制、验收情况等项目实施管理情况。

项目实施成效：污染治理达标及群众满意率等情况。

第六条 具体项目完成后，由项目所在地县级人民政府及时提交考核验收所需相关材料及证明，并提出考核验收申请，报地级以上市财政、环保部门考核验收。收到考核验收申请后的一个月内，各地级以上市财政、环保部门开展项目的考核验收工作，并将考核评分结果和考核验收意见报省级财政部门、环保部门。

省级财政、环保部门根据实际情况进行抽查，考核结果作为下一年度专项资金申报审核的重要依据。

第七条 项目考核采取听取汇报、查阅资料、现场察看相结合的方式，并充分听取当地农民群众意见，开展群众满意度调查。

第八条 考核结果采用百分制，具体依照《广东省中央农村环境保护专项资金环境综合整治项目考核验收评分标准》（详见附件）进行评分。

第九条 考核分为优良、一般、较差三个等次：考核评分在85分以上的，评为优良等次；得分在60～84分的，评为一般等次；得分在59分以下的，评为较差等次。

第十条 获得优良等次的项目所在市，下一年度优先安排中央农村环境保护专项资金；获得较差等次项目的所在市，下一年度停止安排中央农村环境保护专项资金。

第十一条 本办法由省财政、环保部门负责解释。

第十二条 本办法自印发之日起执行。

附件：广东省中央农村环境保护专项资金环境综合整治项目考核验收评分标准

附件：

广东省中央农村环境保护专项资金环境综合整治项目考核验收评分标准

考核内容	考核指标	分值	评分标准
资金管理（40分）	1. 资金落实情况	8	按照批复的实施方案落实地方配套资金，得8分；否则以8分为基准，按照实际配套资金额度评分；预算调整未履行报批手续的，扣4分。
	2. 预算执行情况	12	预算执行进度达到100%，得12分。以12分为基础，按实际预算执行率进行调节。
	3. 招投标情况	3	严格履行招投标程序，符合招投标的项目进行招投标，得3分。
	4. 县级财政报账制执行情况	5	实行县级财政报账制、相关审批手续完备，得4分；专项补助资金单设账户，进行专项核算的，得1分。
	5. 资金使用合规性	12	不存在截留、挤占挪用资金等违规情况，得12分。有以上现象之一的，不得分。
项目管理（35分）	6. 责任制执行情况	3	建立项目责任制，县级政府与项目镇、村签订责任书，明确了项目承担单位的任务和要求，得3分。
	7. 参与制执行情况	2	调动农民积极性，农民投工投劳，得2分。
	8. 报备制执行情况	4	各地级市环保、财政部门按照规定审批项目实施方案的，得3分，在规定时间之内批复的，得1分。项目实施方案一经地市环保、财政部门审批后原则上不得调整，未经省级环保、财政部门批准同意擅自调整的，扣3分。
	9. 公示制执行情况	4	将专项资金的安排使用情况和项目实施情况对村民进行了公示的，得3分；在市、县级政府网站上将项目管理办法、申报指南、考核验收办法等予以公开的，得1分。
	10. 项目建设完成情况	10	在规定时间内完成批复的项目实施方案明确的全部工程量，得10分。未完成的，依照工程量按比例得分。
	11. 项目验收情况	4	地级市环保、财政部门依有关要求按时完成项目考核验收的，得4分。
	12. 污染治理设施运行及管理情况	8	落实了运行维护资金，并建立了完善的管理机制，设施正常运转的，得8分；落实了运行维护资金，但并未建立完善的管理体制，得4分；建立了完善的管理机制，但并未落实运行维护资金的，得1分。

续表

考核内容	考核指标	分值	评分标准
项目实施成效（25分）	13. 环境污染防治目标实现情况	10	项目建成后达到预期治理目标的，得10分。
	14. 群众满意度	10	随机问卷调查（调查人数不少于村民总数的2%），以10分为基准分，按群众满意度比率进行调节。
	15. 环境监测指标	5	项目所在地县级及以上环保部门对已完成项目实施前后环境质量进行了对比监测的，且记录真实、完整，得3分，仅监测其中1次的，得2分；项目实施后监测结果明显优于项目实施前监测结果的，得2分。

广东省省直行政单位国有资产处置收入和出租出借收入管理暂行办法

广东省财政厅2010年12月1日印发（粤财资［2010］83号）

第一章　总　则

第一条　为了规范和加强省直行政单位国有资产收入管理，防止国有资产流失，根据《行政单位国有资产管理暂行办法》（财政部令第35号）以及国家有关规定，制定本办法。

第二条　本办法适用范围是：省直党的机关、人大机关、行政机关、政协机关、审判机关、检察机关、各民主党派，以及参照公务员法管理、执行行政单位财务和会计制度的省直事业单位和社会团体；省直垂直管理系统行政单位（以下统称省直行政单位）。

第三条　本办法所称省直行政单位国有资产处置收入，是指省直行政单位国有资产产权的转移或核销所产生的收入，包括国有资产的出售收入、转让收入、置换差价收入、报废报损残值变价收入、补偿赔偿收入等。

本办法所称省直行政单位国有资产出租出借收入，是指省直行政单位在保证完成正常工作的前提下，经批准同意，出租、出借国有资产所取得的收入。

上述收入包括产权在行政单位，由事业单位管理的房屋等固定资产的处置收入和出租出借收入。

省直行政单位国有资产处置收入和出租出借收入，以下统称为国有资产收入。

第四条　省直行政单位处置国有资产，应按照规定程序履行报批手续。未经批准，不得处置。

国有资产出租、出借应以“公平、公开、公正”为原则。省直行政单位拟将占有、使用的国有资产对外出租、出借或无偿出借的，无论是本单位实施，还是委托后勤服务单位或者其他单位实施，都应按照规定程序履行报批手续。未经批准，不得出租、出借。

省直行政单位主管部门负责下属单位国有资产对外出租、出借和处置审核报批工作。

第二章　征收管理

第五条　国有资产收入属于省政府非税收入，实行“收支两条线”管理，由省财政厅负责收缴和监管。

第六条　省直行政单位处置和出租、出借国有资产应缴纳的税款和所发生的相关费用（资产评估费、技术鉴定费、交易手续费、清理费用等）在收入中抵扣，抵扣后的余额上缴省财政。

第七条　省直行政单位应按照本规定负责对本单位国有资产收入收缴工作实施具体管理，并监督检查下属单位国有资产收入缴纳情况。

第八条　省直行政单位已取得的国有资产收入，在收入抵扣后3个工作日内，采取如下方式上缴：

（一）实行省非税收入收缴改革的省直行政单位，其国有资产收入应通过省非税收入征管系统收缴。

（二）采取直接缴款方式的，缴款义务人按照有关规定纳税和抵费后，凭执收单位有关缴款通知书，使用省财政厅规定的“非税收入一般缴款书”，将余额缴入省财政，并报主管部门和省财政厅备案。

国家和省另有规定的从其规定。

第九条　省直行政单位上缴国有资产收入时，使用以下收入科目：

出租出借收入，使用“行政单位国有资产出租收入（103070601）”科目；

处置收入，使用“行政单位国有资产处置收入（103070602）”科目。

第十条　省直行政单位应当记录和反映国有资产收入，并按照有关规定向省财政厅报送年度统计报告。

第三章　使用管理

第十一条　国有资产收入有关收支统一纳入部门预算，支出由省财政厅统筹安排，可优先安排用于收入上缴单位出租出借国有资产的维护、管理性支出及统筹安排用于省直行政单位固定资产更新改造和新增资产配置。原则上不得用于人员经费支出。

第十二条　申请使用国有资产收入资金的省直行政单位，应根据财政预算管理的有关规定提出用款计划，经省财政厅审核批准后，按下达的项目使用，年终将使用情况报主管部门及省财政厅。

第四章　监督检查

第十三条　省财政厅负责对省直行政单位国有资产收入缴纳情况进行监督检查。

省审计厅负责对省直行政单位国有资产收入管理进行审计监督。

第十四条　省直行政单位要如实反映和缴纳国有资产收入，不得隐瞒；不得截留、挤占、坐支和挪用国有资产收入；不得违反规定使用国有资产收入。

第十五条　省直行政单位要切实履行监管职责，加强对下属单位国有资产的监督管理，建立健全国有资产收入形成、收缴、使用、监督管理等方面的规章制度，防止隐瞒、截留、挤占、坐支和挪用国有资产收入。

第十六条　省财政厅、省直行政单位和个人违反本办法规定的，应根据《财政违法行为处罚处分条例》（国务院令第427号）等国家有关规定追究法律责任。

第五章　附　则

第十七条　省直行政单位公有住房出租、出售收入，按照国家和省现行住房分配货币化改革有关规定执行，不执行本办法。

第十八条　本办法自发布之日起施行。此前发布的有关省直行政单位国有资产处置收入和出租出借收入管理的规定，凡与本办法规定不一致的，以本办法为准。

第八部分

财经文选

在全省财政反腐倡廉建设工作会议上的讲话

广东省财政厅党组书记、厅长 刘 昆

2009年是进入新世纪以来广东省经济社会发展最为困难的一年，也是全省财政各项工作攻坚克难、砥砺奋进的一年。在省委、省政府的正确领导下，全省各级财政部门迎难而上，主动作为，推动收入形势稳步向好，调控手段日益丰富，重点支出保障有力，财政改革深入推进，财政新风蔚然形成，取得了令人瞩目的成绩。在积极发挥财政职能作用、推动经济社会又好又快发展的过程中，全省各级财政部门始终坚持党的反腐倡廉战略方针，全面推进教育、制度、监督、惩处等各项工作，围绕中央和省委、省政府一系列重大决策部署和改革措施履行监督管理职能，确保党和国家大政方针在我省财政工作中的贯彻落实；切实加强干部作风建设和廉洁自律工作，全面推进财政管理制度改革，不断完善对财政权力运行的监督制约机制，全省财政反腐倡廉建设取得了新的成效，为推动我省经济社会和财政事业发展提供了有力的保障，作出了积极的贡献。特别是要指出的是，各授权管理单位高度重视反腐倡廉建设，长期支持和配合我厅纪检监察工作，坚持以廉政促业务，以业务检验廉政，扎实推进党风廉政建设和反腐败工作，取得了显著的成绩，形成了两手抓、两促进的良好局面。

反腐倡廉建设事关党和国家的工作大局，事关今年财政各项工作任务的全面顺利完成。新时期新形势下，我们必须按照中央和省委、省政府的部署，进一步深入推进财政反腐倡廉工作，把反腐倡廉建设纳入财政工作全局之中，寓于各项财政改革和工作举措之中，以更加坚决的态度，更加有力的措施，更加扎实的作风，推动我省财政反腐倡廉建设不断深入。关于今年全省财政反腐倡廉各项工作，邓桂明同志还将做具体部署，全省各级财政部门要认真贯彻、抓好落实，努力开创广东省财政反腐倡廉建设工作的新局面。下面，我着重就贯彻落实十七届中央纪委五次全会、省纪委十届四次全会和全国财政反腐倡廉建设工作会议精神，加强财政反腐倡廉制度建设，推进反腐倡廉建设科学化，切实抓好反腐倡廉各项工作部署的贯彻落实，讲三点意见。

一、深刻认识新时期新形势下加强反腐倡廉制度建设、推进反腐倡廉建设科学化的重大意义

依靠制度惩治和预防腐败，是我们党在长期反腐倡廉建设实践中总结出的成功经验，历来受到高度重视，特别是进入新世纪新阶段，党和国家对加强制度建设不断提出新的更高要求。十七届中央纪委五次全会进一步强调要加强反腐倡廉制度建设，突出制度建设在反腐倡廉建设中的重要地位和作用，这既是对党的建设历史经验的高度概括和反腐倡廉规律的深刻把握，也是对加强反腐倡廉制度建设要求的继承创新。省纪委十届四次全会也从推进反腐倡廉建设科学化的方面，强调制度建设的极端重要性。因此，加强反腐倡廉制度建设，推进反腐倡廉建设科学化，是当前深入推进财政部门党风廉政建设和反腐败斗争，服务于我省当好推动科学发展、促进社会和谐排头兵的制度保证，对提高党的建设科学化水平具有重要意义。

（一）要从全面加强和改进党的建设、提高党的执政能力的高度，深刻认识加强反腐倡廉制度建设的重要性

党的制度建设与党的思想建设、组织建设、作风建设、反腐倡廉建设共同构成党的建设基本内容，关系党的建设全局。党的十七届四中全会强调了党的制度建设重要性，把制度建设摆在党的建设新的伟大工程更加突出的位置。反腐倡廉制度建设是党的制度建设的重要组成部分，是加强和改进党的建设的重要内容。全面贯彻落实党的十七届四中全会精神，以改革创新的精神推进党的建设，必须高度重视反腐倡廉制度建设。财政工作是党的事业的重要方面，是政府职能的重要组成部分，涉及广大人民群众的切身利益和社会生活的方方面面，体现着党的路线、方针、政策，贯彻十七届四中全会精神，落实加强党的建设各项工作任务，就必须以改革创新的精神，围绕提高党的执政能力、保持党的先进性，着力加强财政反腐倡廉制度建设，与时俱进地推进财政反腐倡廉建设科学化，始终适应提高党的建设科学化水平的要求。

（二）要从服务于我省当好推动科学发展、促进社会和谐排头兵的全局，深刻认识加强反腐倡廉制度建设的必要性

省委十届六次全会提出，要深入贯彻胡锦涛总书记视察广东时的重要讲话精神，努力当好推动科学发展、

促进社会和谐的排头兵。这是省委在科学判断我省发展的历史方位，准确分析国际国内形势，从新的实际出发提出的重大战略目标。当前和今后一个时期，全省各项工作都必须服从和服务于这一战略目标。反腐倡廉建设既为我省科学发展、社会和谐服务，又为科学发展、社会和谐提供重要保障，事关当好排头兵战略目标实现的大局。财政作为源头治腐的重要职能部门，必须以加强反腐倡廉建设、服务全省发展大局为己任。我们要深刻认识到，当前腐败现象产生的原因是多方面的，但体制机制的缺陷、制度管理的漏洞是主要根源，必须通过财政体制机制创新，健全财政反腐倡廉制度体系，科学、合理和透明地配置财政资源，消除分配和再分配中的“暗箱操作”、“权力寻租”和“灰色地带”，充分发挥财政源头治腐作用，为服务于我省经济社会发展大局提供有力保障。

（三）要从落实构建源头治腐体系、提高财政反腐倡廉建设水平的要求，深刻认识加强反腐倡廉制度建设的紧迫性

反腐倡廉建设是一个系统工程，教育要靠制度来保证，监督要靠制度来落实，改革要靠制度来深化，惩治要靠制度来规范。发挥制度的规范和保证作用，是严厉惩治腐败、有效预防腐败的前提和基础。可以说，在完善惩治和预防腐败体系各项工作中，制度建设不仅是核心，还是整个体系建设的载体，贯穿于体系建设的全过程，是惩防体系建设的重要内容。因此，加强财政反腐倡廉制度建设，不断建立完善科学合理、行之有效的体制机制，充分发挥用制度管权、管事、管人的刚性作用，建立起预防腐败的防火墙，才能把财政部门的反腐倡廉建设不断推向前进，真正做到从源头上防治腐败。同时，财政反腐倡廉制度建设很多方面的内容与财政工作紧密相连，通过切实加强财政反腐倡廉制度建设，也有助于促进财政工作的科学发展。近年来，我省财政改革与发展取得了显著成绩，其中一条重要的经验就是我们始终注重加强反腐倡廉制度建设，为财政改革与发展事业提供保驾护航的“利器”。今后更要以坚定不移的态度，把反腐倡廉制度建设不断推向前进，为实现财政改革与发展提供坚强有力的政治保证。

二、着力加强反腐倡廉制度建设，不断提高财政反腐倡廉建设科学化水平

近年来，我省各级财政部门高度重视财政反腐倡廉制度建设，初步形成了教育、制度、监督、惩治、预警的工作机制，同时，进一步深化财政管理改革，从机制上、源头上提高反腐倡廉建设的制度化、规范化水平，为财政部门党风廉政建设和反腐败斗争提供了有力的制度保证。但是，我们也应该看到，与中央和省委、省政府的要求相比，与人民群众的期盼相比，我们在财政反腐倡廉制度建设方面还存在一些差距。一些重要领域和关键环节还缺乏科学有效的制度规范，有些制度虽然早已建立，但跟不上形势发展需要，不能有效发挥作用；一些制度过于原则宽泛，缺乏针对性和可操作性；还在一定程度上存在重制定、轻执行现象，有的制度没有得到很好执行。这些问题都必须引起我们的高度重视，下决心、花大力气积极加以解决。当前和今后一个时期，全省各级财政部门要以建立健全财政惩治和预防腐败体系各项制度为重点，以制约和监督权力为核心，以提高制度执行力为抓手，整体规划，重点突破，逐步建成内容科学、程序严密、配套完备、有效管用的财政反腐倡廉制度体系，切实提高制度执行力、增强制度实效。具体而言，要在以下三个方面下工夫。

（一）坚持解放思想，在增强反腐倡廉制度创新性上下工夫

坚持解放思想、改革创新，既是深入推进反腐倡廉建设的一条重要经验，也是加强反腐倡廉制度建设必须遵循的一条重要原则。以改革创新精神加强反腐倡廉制度建设，就要用马克思主义中国化的最新成果武装头脑，深入贯彻落实科学发展观，紧紧围绕反腐倡廉建设中的突出问题、人民群众反映强烈的问题，总结新经验、研究新情况、解决新问题，不断推动反腐倡廉建设的制度创新。当前和今后一个时期，全省各级财政部门要按照中央和省委、省政府的部署安排，把推进财政反腐倡廉制度建设与推进财政改革发展紧密结合起来，与解决人民群众最关心、反映最强烈的突出问题紧密结合起来，把那些经过实践检验的行之有效的做法上升为制度，把那些从普遍现象中提炼出的规律性认识运用于制度建设，实现反腐倡廉实践创新、理论创新、制度创新的有机统一，保证反腐倡廉制度行得通、管得住、用得好。要深入推进财政管理改革，在巩固当前改革成果的基础上，进一步深化部门预算、国库集中支付、“收支两条线”、政府采购、绩效评价和财务核算集中监管等改革，使预算的编制、审批、执行都有法可依、有章可循，保证每个环节都有严格的程序、严肃的制度。要深入推进基本公共服务均等化改革，完善绩效考评机制，让广大人民群众共享改革发展成果，促进社会公平正义，增强向心力、凝聚力。需要强调的是，财政反腐倡廉制度建设要适应新形势新任务的要求，注意创新方式方法，积极探索新载体、新知识与财政反腐倡廉制度建设有机结合的途径和手段，既为执行制度提供有利条件，又为制度创新提供有力支持。

（二）突出系统构建，在提高反腐倡廉制度科学化上下工夫

在新形势下推进反腐倡廉建设的科学化，必须进一步推动反腐倡廉制度建设的系统构建，充分发挥制度的预防和治本功能。要坚持全面规划、统筹兼顾、稳步推进的原

则，紧紧围绕教育、监督、改革、惩治等各个方面和环节，加快构建惩治和预防腐败体系基本框架，逐步建立全面系统、具体明确、功能齐全、机制完善的财政反腐倡廉制度体系。一是进一步加强财政反腐倡廉教育制度建设，筑牢拒腐防变思想道德防线。要把反腐倡廉教育工作作为一项基础性工作来抓，以加强对各级财政部门领导干部教育为重点，切实加强党性党风党纪教育，加强理想信念教育和廉洁从政教育，使广大财政干部特别是领导干部带头遵守、模范执行各项廉洁自律规定，正确行使手中的权力，切实做到为民、务实、清廉，形成推动我省财政事业科学发展的强大动力。要深入研究贯穿干部培养、选拔、管理、使用全过程的反腐倡廉教育有效办法，加快形成有利于财政部门党员干部坚定理想信念、弘扬优良作风、增强廉洁意识的拒腐防变教育长效机制。二是进一步加强监督制度建设，规范权力运行和使用。要认真执行和不断完善各项监督制度，完善监督体制，明确监督责任。要不断推进财政公开制度建设，自觉接受人大、审计等部门对财政工作的监督，充分发挥社会监督的作用。要充分发挥财政监督在财政管理中的作用，积极开展上下联动监管，建立健全覆盖所有政府性资金和财政运行全过程的财政监督机制，形成财政预算、执行、监督既相互制约又相互协调的工作机制。三是进一步加强预防制度建设，形成有效预防腐败的长效机制。在科学制定惩治腐败制度的同时，必须着力探索预防腐败的措施和办法，努力形成一整套有效的预防腐败制度。要坚持权力配置科学、界限明确、行使依法、运行公开，把预防腐败的要求落实到财政权力运行各个环节，落实到财政管理的各项制度、各个方面。要推进廉政风险防控机制建设，从财政工作的重点领域、重点环节入手，构筑制度防线，形成以积极防范为核心、以强化管理为手段的科学防控机制。要以完善财政管理制度，不断推进财政科学化、精细化管理为手段，深化财政改革，把预防腐败的要求拓展到财政各个领域和各个方面，形成有效预防腐败的长效机制。四是进一步加强惩治制度建设，坚决惩治腐败。要完善财政违法违纪责任追究制度，加强财政执法，严肃查处财政违法违纪行为，强化执法监督，做好执法考核，切实做到有法可依、有法必依、执法必严、违法必究。要建立腐败现象易发多发领域调查分析和专项治理制度，加强重点领域案件查处工作，通过查办案件，发现管理制度上的漏洞和缺陷，及时完善制度，堵塞漏洞，遏制腐败现象的滋生蔓延。

（三）抓好制度落实，在强化反腐倡廉制度执行力上下工夫

制度的效用取决于制度的执行力。再好的制度，如果不执行，也会形同虚设，难以发挥应有的效力。目前，一些制度执行不严、落实不力，严重影响了制度的权威性和严肃性。这就要求我们既要重视制度的制定，更要抓好制度落实，提高制度的执行力。一要健全教育机制，提升制度的认同力。要把反腐倡廉制度纳入理论中心组学习的内容，列入干部教育培训的课程。要把制度宣传教育作为廉政文化建设的重要内容，充分利用各种有效载体，加大宣传教育力度，使广大党员干部广泛了解制度、高度认同制度、有效监督制度执行，不断增强廉政制度文化认同力，切实增强恪守制度的自觉性。二要完善保障机制，增强制度执行的推动力。制度不落实或执行不到位，主要原因是党性原则和组织观念不强、纪律意识和制度意识淡漠、小团体利益和个人利益作梗。强化制度的执行力，必须加强组织领导，破除利益壁垒，强化制度意识、扫清执行障碍。全省各级财政党组织和纪检监察部门要把制度执行摆在突出位置，以落实党风廉政建设责任制为抓手，进行责任分解，明确执行的责任、时限和要求，形成一级抓一级、层层抓落实的推动力。各级领导干部特别是主要负责人要以身作则，率先垂范，带头学习制度、严格执行制度、坚决维护制度，全力推进制度的贯彻落实。三要完善监督机制，维护制度的公信力。坚持制度面前人人平等，加强对制度执行情况的监督检查。要完善制度执行监督机制，既要针对存在的问题开展专项检查，又要开展经常性的日常检查，及时发现和纠正违法违纪的行为，严格责任追究，严肃查处有令不行、有禁不止、随意变通、恶意规避等严重破坏制度的行为，切实做到令行禁止，违者必究，着力强化制度的约束力和公信力，坚决维护制度的权威性和严肃性。

三、切实抓好今年财政反腐倡廉建设各项工作部署的贯彻落实

今年是国内外形势处于多个重大转折的“叠加”时期，既是我省巩固应对国际金融危机阶段性成果、保持经济平稳较快发展的关键一年，也是科学发展由探索实践向全面深化转变的关键一年。党风正则干群和、干群和则事业兴，反腐倡廉建设是加快发展、构建和谐的重要保障。全省各级财政部门一定要认真贯彻落实中央纪委十七届五次全会、省纪委十届四次全会和全国财政反腐倡廉建设工作会议精神，紧紧围绕促进发展、改善民生、深化改革三大主题，以高度的政治责任感和工作紧迫感，把今年全省财政系统党风廉政建设和反腐败工作认真抓好，落到实处。

（一）规范财政权力运行，保证财政资金分配的公正透明

财政资金分配是财政职能的重要体现，也是财政工作中最容易发生问题的关键环节。全省各级财政部门要牢牢抓住财政资金分配这个关键，进一步建立健全财政权力的运行机制，规范财政收入、支出、分配等工作程序，把权力运行纳入制度化、规范化、程序化轨道。要建立财政部门内部权力制衡机制，有针对性地建立科学运行流程和监控机制，规范资金分配权，监督资金使用权，强化资金监

管，建立财政资金的调控管理机制。要强化财政监督职能，建立财政资金分配管理的长效机制，确保财政资金分配的规范、安全和高效。全省各级财政纪检监察部门一定要加强对财政资金分配活动的监督检查，防止权力滥用和腐败问题的发生。

（二）加强监督检查，确保中央和省委重大决策部署在全省财政系统坚决贯彻执行

党的政治纪律是对各级党组织和各级领导干部政治言论和行为的规范，是各级党组织和党员领导干部贯彻执行中央路线方针政策的重要保证，在党的各项纪律中处于首要地位。深入推进党风廉政建设和反腐败工作，必须把严格维护和执行政治纪律放在各项工作的首位来抓。财政部门要坚决贯彻落实中央宏观调控的决策部署，同时要认真履行监督检查职责。全省各级财政部门特别是财政监督和纪检监察部门要重点加强对资金使用的监督检查，进一步强化事前和事中监督，加强对基础建设、“三农”、教育、社会保障、医疗卫生等重点支出的监督检查。健全对财政宏观调控政策执行情况的定期检查和专项检查制度，完善纪律保障机制，确保积极财政政策发挥实效。

（三）认真执行党风廉政建设责任制，全面夯实财政反腐倡廉工作基础

全省各级财政部门要把党风廉政建设和反腐败工作纳入本单位工作总体部署，与业务工作一起研究、一起部署、一起考核，确保完成中央和省委部署的反腐倡廉各项任务。主要负责同志要切实履行第一责任人的职责，做到重要任务亲自安排部署、重要工作亲自组织协调、重大问题亲自研究解决。领导班子其他成员要抓好自己职责范围内的反腐倡廉工作，切实加强对分管部门牵头的反腐倡廉工作的组织、督察和指导，落实“一岗双责”，做到工作职责和掌握的权力管到哪里，党风廉政建设的职责就延伸到哪里。要抓好责任分解，结合自身实际研究确定本部门本单位反腐倡廉建设的重要任务，并根据相关部门职能和领导干部的岗位职责，细化工作责任，落实责任主体，明确目标要求，做到任务分工具体、责任要求明确、保障措施有力。

（四）着力解决群众反映强烈的突出问题，确保各项惠民政策落到实处

财政工作事关全局，涉及群众的切身利益，直接影响到党与人民群众的血肉联系。各级财政部门要时刻把为人民群众谋利益放在首位，进一步落实党的各项惠民政策，按照省委省政府的部署要求，主动提供财力保障，着力解决群众反映强烈的突出问题，保障和改善民生。特别要强调的是，今年仅省级安排用于改善民生、提供公共服务的支出就达540亿元，这笔庞大的资金，一定要管好、用好，要健全完善资金监督管理办法，并加强全过程绩效管理考核，规范操作，堵塞漏洞，确保政策不折不扣落实，让公共财政的阳光照耀民生。

（五）领导干部要严格要求自己，自觉做勤政廉政的表率

勤政和廉政是对干部的基本要求，也是加强反腐倡廉建设两个相互联系的重要目标。财政工作千头万绪、任务繁重，需要我们各级领导干部倍加珍惜组织和人民的信任，倍加珍惜财政改革发展的舞台，把精力用在干事创业上，把工夫放在狠抓落实上，勤勤恳恳，兢兢业业，为财政事业发展作出应有贡献。同时，要严格遵守党的纪律，始终绷紧反腐倡廉这根弦，带头廉洁自律，带头执行规定，带头接受监督，作密切联系群众的表率、求真务实的表率、艰苦奋斗的表率和廉洁从政的表率，用自己的一言一行去教育、影响和带动广大党员干部。

需要强调的是，财政纪检监察工作是财政全局工作的重要组成部分，是保障财政事业健康发展的重要力量。长期以来，全省财政各级纪检监察部门和广大纪检监察干部恪尽职守，任劳任怨，为促进财政改革发展做了大量工作，作出了重要贡献。在新的形势下，随着财政改革的不断深入，财政收支盘子的增大，全省各级财政部门要更加重视纪检监察工作，根据当地纪检监察部门分线派驻或部门派驻的情况，进一步健全纪检监察机构，配齐配强纪检监察干部，切实加强财政纪检监察工作和纪检监察干部队伍建设。要加强对纪检监察工作的领导，支持纪检监察工作人员依纪依法履行监督检查职责，为他们服务中心工作、履行监督职责创造条件。要加大对纪检监察干部的培养、交流、选拔、任用力度，着力增强纪检监察干部的实践能力，努力建立起一支与财政事业发展相适应的高素质的纪检监察干部队伍。

同志们，面对新的形势任务对财政反腐倡廉工作提出的新挑战，面对人民群众对财政干部公正廉洁的新要求新期待，我们一定要以高度的政治责任感和使命感，以非同寻常的决心和毅力，以认真扎实、卓有成效的工作，进一步加强反腐倡廉建设，努力提高财政公信力，为更好地发挥财政职能作用，服务于我省当好推动科学发展、促进社会和谐的排头兵作出新的更大贡献。

（本文系作者2010年2月5日在全省财政反腐倡廉建设工作会议上的讲话）

在纪律教育学习月活动动员会上的讲话

广东省财政厅党组书记、厅长　刘　昆

一、统一思想，提高认识，深刻领会纪律教育学习重要性

反腐倡廉，教育是基础。胡锦涛总书记指出："加强纪律教育学习是做好党风廉政建设和反腐败工作的关键一环，是加强党的执政能力建设的重要内容"。广东省开展纪律教育学习月活动则是具体的措施和体现。纪律教育解决的是人的思想的问题，解决的是我们党员干部世界观、价值观、人生观的基本问题，是反腐倡廉建设的基础性工程。从1992年起，广东省在全国率先开展纪律教育学习月活动，今年已经是第19个年头。19年的探索和实践证明，纪律教育学习月活动是反腐倡廉教育的有效方式。朱明国书记指出："纪律教育对增强党员干部廉洁自律意识、提高党员干部拒腐防变能力、营造崇廉尚洁的社会氛围具有重要作用。"今年是全面贯彻党的十七届四中全会精神、加强和改进新形势下党的建设的重要一年，也是广东省继续保持经济平稳较快发展、确保"十一五"规划顺利完成的关键一年。在这样一个历史时期，要求我们更加深刻地认识反腐倡廉建设的重要意义。我们要进一步统一思想，提高认识，从加强广东省财政系统反腐倡廉建设和保障广东省财政事业科学发展的战略高度，深入扎实有效地开展纪律教育学习月活动。通过教育学习活动，使我厅全体党员干部职工特别是处级以上领导干部进一步增强政治意识，进一步增强制度意识，进一步增强廉政意识，在思想、工作和生活等方面牢固构筑拒腐防线，真正做到廉洁从政。同时，通过教育学习活动，采取更有力的措施，扎实推进财政部门反腐倡廉建设和惩防腐败体系建设，确保财政资金的安全和财政干部的安全。

二、围绕主题，结合实际，扎实开展纪律教育学习活动

今年全省纪律教育的主要任务是，以邓小平理论和"三个代表"重要思想为指导，深入贯彻落实科学发展观，认真贯彻党的十七大和十七届四中全会精神，以"加强制度教育，构筑拒腐防线"为主题，加强对党员干部的反腐倡廉教育，重点抓好反腐倡廉党纪法规制度教育，并分层次抓好公务员队伍和国有企事业单位领导人员的廉洁教育。根据省委、省纪委的部署和我厅工作安排，纪律教育学习月活动从7月中旬开始至8月底结束。厅各级党组织要按照《关于开展2010年广东省财政厅纪律教育学习月活动的通知》的安排和今天会议的要求，完成好"规定动作"，做好"自选动作"，紧扣"加强制度教育，构筑拒腐防线"这个主题，做到结合广东财政实际、干部队伍实际、岗位职责实际"三个结合"，做到教育学习时间、内容、目标、责任"四个到位"，切实增强纪律意识、责任意识、程序意识、改革意识、自警意识、前瞻意识"六个意识"，确保党员干部思想上有新收获，确保反腐倡廉建设有新成效，确保广东财政发展有新成就。

（一）深入学习贯彻党纪法规，增强党员干部的纪律意识

依靠制度惩治和预防腐败，是我们党在长期反腐倡廉建设实践中总结出的成功经验。在惩治和预防腐败体系各项要素中，制度更具有根本性、全局性、稳定性和长期性。促进党员干部廉洁从政，关键是要形成用制度规范从政行为、按制度办事、靠制度管人的机制。今年纪律教育学习月期间，我们要重点学习贯彻《党章》、《中国共产党巡视工作条例（试行）》、《中国共产党党员领导干部廉洁从政若干准则》（以下简称《廉政准则》）、《实行党政领导干部问责的暂行规定》、《中共中央关于加强和改进新形势下党的建设若干重大问题的决定》、《关于领导干部报告个人有关事项的规定》和《关于对配偶子女均已移居国（境）外的国家工作人员加强管理的暂行规定》等党内法规和反腐倡廉制度，进一步增强我厅党员干部的党性观念和纪律意识，提高我厅党员干部遵守党章和党内纪律的自觉性。

要突出抓好《廉政准则》的学习教育，促使我厅党员干部特别是领导干部全面熟悉和了解《廉政准则》的各项要求和规定，牢固树立法律面前人人平等、制度面前没有特权、制度约束没有例外的意识，强化制度刚性。《廉政准则》的核心内容体现为"8个禁止"、"52个不准"，不仅涉及党员领导干部行使权力过程中的行为规范，还涉及思

想、生活、家庭和社会交往等方方面面。为配合《廉政准则》的学习教育，省纪委专门组织力量编写了《廉政准则使用手册》，该手册详细解读了《廉政准则》。广大党员干部要认真学习《廉政准则使用手册》，模范遵守《廉政准则》，常修为政之德，常怀律己之心，恪尽为民之责。要真正做到情为民所系，权为民所用，利为民所谋，倍加珍惜党和人民赋予的权力，倍加珍惜自己的政治生命，倍加珍惜现有的工作条件和生活待遇，严于律己，洁身自好，廉洁奉公，用准则规范自己的从政行为，切实做到为民、务实、清廉，勤政廉政，干净干事。

（二）认真贯彻落实问责制，增强为民理财的责任意识

实行党政领导干部问责是加强对党政领导干部的管理和监督，增强领导干部的责任意识和大局意识，提高党的执政能力和水平的重要保障。厅各处室、单位班子成员要高度重视，认真学习贯彻中央《关于实行党政领导干部问责的暂行规定》和广东省的《实施办法》，把贯彻落实问责制与深化作风建设、提高执行力结合起来，以为民理财、科学理财、依法理财为核心，建立健全领导负责牵头、明确重点工作、实行重点督办、狠抓工作落实的工作机制。通过开展纪律教育学习，切实做到提高工作质量、提高工作效率、提高服务水平“三个提高”。要把强化责任落实到各项工作中去，要做到“四个相结合”：一是要与落实省委、省政府重大决策部署相结合；二是要与厅党组成员抓落实的十五项重点工作相结合；三是要与规范权力运行相结合；四是要与实行“一岗双责”、落实党风廉政建设责任制相结合。通过问责形成“倒逼机制”，转变工作作风，促进财政事业科学发展。要切实提高“六个方面”的执行力：一是要提高财政部门促进转变经济发展方式的执行力；二是要提高服务群众、服务基层、服务企业的执行力；三是要提高财政预算和增收节支工作的执行力；四是要提高推进财政改革发展的执行力；五是要提高推进机关建设和机关党建的执行力；六是要提高反腐倡廉制度建设的执行力。

（三）严格规范财政权力运行，增强依法理财的程序意识

汪洋书记在省纪委十届四次全会上指出：“腐败的本质是公共权力的滥用、权力行为的失范，抓住了规范权力运行，就抓住了从源头上防治腐败的重要环节。”黄华华省长在省政府第三次廉政工作会议上指出：“反腐败的核心问题是对权力的监督制约。”“没有程序的公正，就很难保证实质的公正和结果的公正。要把行政程序制度建设作为推进依法行政的重点任务，贯穿于行政决策、行政执法、行政监督的全过程。领导干部要强化程序意识，严格按程序办事。”规范财政权力运行，建立健全公开、透明、规范的权力运行机制和监控机制，完善对财政部门关键岗位和重点环节的监督，是促进财政干部严格依法行政和科学理财，提升财政科学管理水平的重要举措，是确保财政资金、财政干部安全的重要保证。2009 年，财政厅认真组织开展了规范权力运行工作，梳理出各类权力事项共计 467 项，并制定了《工作运行规程》。今年年初，财政厅在厅门户网站公布了《工作运行规程》，把厅各处室、单位架构职能和现有行政职权的权力事项运行流程图都向社会公开，置于社会公众监督之下。南方日报以《广东省财政厅“权力运行流程图”绘成》为题对财政厅开展规范权力运行工作进行了宣传报道。厅各处室、单位要把规范权力运行工作作为一项长期任务，在纪律教育学习月活动中，切实强化党员干部的程序意识，严格按规程办事，充分利用已取得的工作成果，加大制度和规程的执行力，在执行中完善，在执行中提高，针对执行中发现的管理漏洞和薄弱环节，加强建章立制，有效减少和预防违法违纪问题发生；加大制度和规程执行的监督力，将执行制度和规程的情况作为监督检查的重要内容，使工作成果转化为管理效益，推动财政科学化和精细化管理；加大责任追究的力度，对不按制度和规程办事的行为，依法依纪追究相关人员责任。

（四）大力推进制度体制机制创新，增强科学理财的改革意识

推进财政管理制度体制机制改革创新，完善公共财政管理体制机制，是推进科学理财的重要保证，也是从源头上防治腐败、建立健全惩防腐败体系的重要组成部分。要以纪律教育学习月活动为抓手，结合今年财政厅党风廉政建设和反腐败工作安排，增强改革意识，加强源头治腐制度建设，促进广东省财政事业的发展。要积极构建绩效优先、约束有力、规范透明的财政支出管理体系。在巩固当前改革成果的基础上，进一步建立健全政府预算体系，深入推进国有资本经营预算、社保资金预算制度建设；加强预算编制管理，进一步加强部门预算编制改革与政府采购、资产管理、项目绩效评价等财政改革的衔接，提高预算编制完整性；加强预算执行管理，强化资金分配、拨付、监督问效等各项职能；继续深化部门预算、国库集中支付、政府采购、“收支两条线”、绩效评价、资产管理、财政监督等各项改革；深化省级财政竞争性分配机制改革，扩大改革试点范围；加快“金财工程”建设步伐，为财政改革提供有力的技术支撑。

（五）开展示范教育和警示教育，增强履职用权的自警意识

要积极运用正反两方面的典型开展教育，增强教育效果。一方面，要进行先进典型示范教育。要深入发掘、精心培育、运用广东省及财政系统的先进典型进行广泛教育，通过总结宣传廉政勤政先进典型，树立榜样，弘扬正气。今年，省纪委选择汕头市金霞街道月季园社区党支部书记杨静娟“上为政府分忧、下为百姓解难”的先进事迹，拍摄了《月季花开》专题教育片。我们要认真组织观

看，积极开展讨论，引导广大党员干部树立正确的人生观、价值观、权力观，进一步增强宗旨意识和群众意识。另一方面，要用反面典型开展警示教育，结合近年来全国、全省发生的典型案例，深刻剖析，利用身边人、身边事警示党员干部。纪律教育学习月期间，我们将组织播放《妻贪夫祸多》、《法槌下的疯狂》、《算清五笔账，走好人生路》等专题教育片，组织厅各处（室）、单位支部书记参观监狱等活动，加强警示教育，增强广大党员干部自警、自重、自省、自律意识。厅各处室、单位要认真组织党员干部职工集中观看电教片，认真开展细算腐败“五笔账”教育活动，弄清违纪违法行为给个人的政治前途、经济、家庭、身心等方面造成的严重后果，算清腐败的政治账、经济账、亲情账、健康账、自由账，真正从思想上受到震动，牢牢构筑拒腐防变的思想道德防线，增强遵纪守法观念。

（六）切实做到关口前移，增强队伍建设的前瞻意识

近几年来，在繁重的财政改革发展工作中，省财政厅党组站在全省经济社会发展全局的高度，围绕大局，服务中心，坚持两手抓，一手抓财政改革与发展，广东省财政事业年年迈上新台阶；一手抓党风廉政建设，财政干部队伍建设年年有新经验。几年来我厅各项财政工作在厅党组的有力领导下，经过大家的共同努力，为落实省委、省政府的决策部署、促进广东经济社会的发展提供了有力的政策支持和有效的财力支撑，为广东当好推动科学发展、促进社会和谐排头兵作出了积极的贡献，得到了省委、省政府的高度肯定。同样，我们在党风廉政建设、财政队伍建设方面也取得了显著的成效，我厅的党建工作和反腐倡廉工作多次在全国和全省相关会议上作经验介绍，得到了上级领导的高度评价。一支政治坚定、业务精通、作风优良、依法理财的干部队伍逐步培养形成，一种团结协作、务实高效、甘于奉献的优良作风不断发扬，财政软实力进一步增强，为广东省财政改革发展提供了有力的组织和人才保障。实践证明，广东省财政干部队伍是一支能打硬仗、善打硬仗的干部队伍，是一支能谋善断、服务大局的干部队伍，为促进全省经济社会平稳较快发展作出了突出贡献。随着经济社会发展形势的不断变化，随着我厅干部队伍知识结构、年龄结构的不断变化，我们要坚持继承与创新相结合，在继承和发扬以前的好做法好经验的同时，要继续创新，用新思路、新举措、新办法，紧跟形势，贴近党员干部队伍思想实际，做到关口前移，教育在先，防范在前，不断增强队伍建设的前瞻意识。以纪律教育学习月活动为载体，通过不断教育学习，更好地以反腐倡廉理论武装人，以廉政勤政的精神塑造人，以反面典型案例教育人，以清廉的榜样鼓舞人，进一步培养打造一支能干事、肯干事、讲政治、乐奉献的优秀干部队伍，为广东省财政事业不断取得新进步提供政治和组织保障。

三、加强领导，精心组织，确保纪律教育学习月活动取得实效

纪律教育要常抓常新。我厅要站在新的起点上，认真贯彻落实全省纪律教育学习月活动动员暨示范点现场会精神，认真开展纪律教育学习月各项活动，争取有新突破，取得新成效。

（一）加强领导，落实责任

教育抓得好不好，能不能取得实效，关键在组织领导。厅机关各党支部、厅属各单位党组织要高度重视，认真组织开展纪律教育学习月活动。厅各级党组织主要负责人是第一责任人，要做好计划安排，切实把纪律教育纳入到工作整体部署中，确保教育学习时间、内容、目标、责任“四个到位”。处级以上领导干部要带头学习，带头作辅导报告，带头参加教育活动。厅直属机关团委、厅机关工会要结合各自特点，采取各具特色的方式，组织发动团员、群众积极投身教育学习活动。

（二）突出重点，务求实效

要突出教育重点，紧扣“加强制度教育，构筑拒腐防线”这个主题，紧密联系财政工作实际，突出教育的针对性和有效性，把教育学习与改进工作、解决实际问题结合起来，制定针对性的具体措施和办法，认真查找和切实解决党员领导干部在党性党风党纪方面存在的突出问题，认真查找和着力解决影响和制约财政改革与发展的突出问题，认真了解和着力解决群众反映强烈的热点难点问题，实现好、维护好、发展好人民群众的切身利益，使教育学习活动取得实实在在的成效。

（三）督促检查，加强指导

驻厅纪检组、党委办要发挥好组织协调作用，抓好落实。要积极主动抓，及时掌握情况，出主意，想办法，保证教育学习的组织、措施和效果的落实。要以组织召开座谈会、经验交流会、编印《纪检通讯》以及组织抽查等形式，对全厅教育活动进行指导、督促检查。对教育活动搞得好的单位，及时总结推广经验；对教育工作比较薄弱的单位，予以批评，责成补课，保证教育学习活动扎实进行。

同志们，新形势、新任务对反腐倡廉教育工作提出了新的更高的要求。我们要扎实开展纪律教育学习月活动，加强制度教育，强化制度意识，提高拒腐防变和抵御风险的能力，把纪律教育学习的成果体现在科学决策上，转化为推动工作的实际行动，不断推进财政改革与发展，为广东省当好推动科学发展、促进社会和谐的排头兵作出新的更大贡献。

（本文系作者2010年7月14日在纪律教育学习月活动动员会上的讲话）

关于广东财政继续改革创新当好排头兵的工作思考

广东省财政厅党组书记、厅长　曾志权

今天，我们召开全厅副处以上领导干部会议，主要是与大家共同研究如何做好新时期新形势下的财政工作，并对今年后几个月的工作安排作出部署，目的是更好地把财政部谢旭人部长到广东视察时的指示精神及省委、省政府的工作部署落到实处，让全厅领导干部更加地了解和掌握新一届厅党组的工作思路和重点，共同研究广东省财政工作如何在现有较高的起点上，百尺竿头、更进一步，再创新的辉煌。

近年来，在省委、省政府的正确领导下，厅党组带领全厅同志，坚持以科学发展观为统领，遵循“预则立”的工作准则，锐意改革、开拓进取，各项工作都得了新进展、新成绩，财政实力不断壮大，财政宏观调控不断改善，公共财政体系不断健全，财政管理改革不断深化，财政监管不断加强，为广东省经济平稳较快发展和社会全面进步作出了积极的贡献，得到了省委、省政府的充分肯定。当前，广东省正处于推进科学发展、加快经济发展方式转变的关键时期，可以预计，广东省经济社会将沿着科学发展的轨道快速前进，在更高起点上实现新的更好更快发展。这不仅为财政改革发展提供了更广阔的空间，也对财政工作提出了更高的要求，广东省财政工作必须适应新的形势和要求，继续改革创新当好排头兵。结合贯彻落实谢旭人部长来广东省调研时的重要讲话精神和近来省委、省政府领导对财政工作提出的新要求，近期，我梳理了一下当前和今后一个时期的财政工作思路，今天在这个会上提出来，和大家一起研究，希望大家认真思考，并按职能分工，制订细化实施方案，抓好落实。

一、关于今后一个时期财政工作的思路

当前和今后一个时期，广东省财政工作总的思路是：坚持以科学发展观为统领，按照省委、省政府的决策部署，紧紧围绕全省经济社会发展大局，坚持“生财有道、聚财有方、用财有规”的理财原则，突出促进发展、改善民生、深化改革三大主题，坚持继承和创新并举，管理和服务并重，统筹兼顾，开拓进取，以更加开阔的视野、更加扎实的作风、更加高效的工作，继续把财政改革发展事业推向前进，切实做到“八个突出抓好、八个提高”，努力在新的起点上实现“八个新突破”。

（一）突出抓好依法行政，提高依法理财水平，在推进财政法制建设上有新突破

坚持依法行政，全面推进依法理财是建设公共财政体制的必然要求，是财政部门加强自身建设、提高理财水平的有效途径。广东省一直高度重视财政法制建设工作，特别是近年来各项工作取得了突出成效，地方财政法规制度体系和财政执法监督机制不断完善，财政干部依法行政意识不断增强，理财行为不断规范。随着公共财政体系建设加快推进，预算信息公开工作的深入开展及社会民主化程度的逐步提高，对财政部门加快推进法制建设提出了新要求，我们要始终坚持依法理财的目标原则，把依法行政、依法理财的要求贯穿到财政工作的各个环节。

1. 牢固树立依法理财理念。坚决贯彻落实各项财政法律法规，不断完善地方财政制度体系，维护财政法制的严肃性和权威性，真正将依法理财落到实处。

2. 规范理财行为和程序。坚持依法行政，建立和完善财政决策规则、程序，实行依法决策、科学决策和民主决策。依法实行公示、听证等制度，保证决策的科学、民主。落实权力规范运行，明确和规范每个岗位的权力内容、范围和责任，并建立公正、公开的考核制度。

3. 严格财政规范性文件管理。全面清理现有财政规范性文件，建立健全财政规范性文件废、改、立的工作机制。研究明确财政规范性文件的范围、内容要求、制定规则、制定程序等，提高财政规范性文件的质量。

4. 加强普法教育和执法监督。加强财政法制宣传教育，提高全体财政干部的法律意识和法制观念，做到学法、懂法、守法，使依法理财成为财政工作人员的自觉行动。认真做好财政行政复议工作，完善财政行政审批程序。

此项工作由法规处牵头负责，厅有关处室配合落实。

（二）突出抓好抓基层打基础工作，提高“两基”建设水平，在加强财政科学化精细化管理上有新突破

2009 年以来，特别是财政部最近在安徽组织召开全国

财政厅（局）长座谈会，研究布置了推进财政科学化精细化管理工作，强调推进财政科学化精细化管理重点在基础，关键在基层。8月3～6日，我陪同谢旭人部长到河源、惠州和广州增城调研。谢旭人部长对当前广东省加强财政基础工作和基层建设作了一系列重要讲话和指示，强调了加强“两基”建设的重要性和紧迫性，对广东省“两基”建设指出了不少需要改进的问题，对我教育很深。这使我们深刻认识到，财政管理基础工作贯穿于财政政策研究、制定、实施及预算编制、执行的全过程，是财政管理的基石；基层财政是各项财政政策和资金落实的一线载体和责任主体，关系到财政工作的最终效果，具有十分重要的地位和作用。客观地说，在过去一段时期，广东省在加强“两基”建设方面做了大量工作，但措施和力度均有所不足，基础管理和基层建设逐渐难以适应新时期财政改革与发展的需要，下一步必须采取措施加大工作力度，在加强财政基础管理和基层建设两个方面下工夫，抓紧制订实施广东省《关于加强财政基础工作和基层建设　推进财政科学化精细化管理的实施意见》，为广东省财政长期健康持续发展打下坚实基础。

1. 在加强财政基础管理上下工夫。一是要细化预算编制。部门预算要全部细化到“项”级科目和落实到具体执行项目；完善定员定额管理，合理确定单位基本支出；项目支出安排要经过严谨科学的论证，明确项目实施的绩效目标，提高预算年初到位率。二是加强基础数据采集。全面掌握预算单位的人员和编制、工资及津补贴、存量资产和配置标准、收费项目和标准等基础数据。加强预算编制与基础信息的衔接，提高预算编制数据的准确性。三是细化政府收支科目体系。要按照财政部部署，做好政府收支分类科目的细化工作，研究“三公经费”等支出数据统计口径。四是强化预算执行管理。采取措施提高财政性资金支付效率，加快财政支出进度，清理和压减财政结余资金，建立健全预算执行管理责任制和预算执行情况通报制度。五是强化财政预算监督。要建立覆盖所有政府性资金和财政运行全过程的监督机制，强化事前和事中监督，促进监督与管理的有机融合，推进监督关口前移。六是加强信息化建设。要加快“金财工程”建设进度，规划和建立流程通畅、业务协同、数据共享的一体化管理系统，为加强财政管理、深化财政改革提供技术支撑。七是加强会计基础工作。积极推进政府会计改革，改进现行主要以收付实现制为基础的预算会计体系，逐步引入权责发生制，研究构建政府会计准则和制度体系，建立政府年度财务报告制度，全面反映各预算单位、各级政府的资产负债状况和业务活动情况。八是提高预算执行分析水平。要坚持厅内集中分析研究的制度，在现行预算收支分析工作的基础上，创新预算收支分析方式、方法，提升分析高度、拓宽分析角度，善于把握宏观经济运行全局和社会发展的热点，提高预算收支分析质量水平。九是积极做好预算信息公开，自觉接受社会监督。要落实部门作为部门预算编制执行的主体责任，加强对部门公开预算的指导和监督，有序、有度地推进预算信息公开。

2. 在加强基层财政建设上下工夫。一是加强对基层财政指导。及时向基层财政部门传达有关政策文件，对市县特别是对县乡财政部门给予业务指导和督促，确保相关政策切实贯彻落实到基层。加强对基层财政的调研工作，了解存在的问题并研究解决。改进和完善财政管理制度，提高基层财政管理水平。二是充实完善基层财政特别是乡镇财政职能。适应农村综合改革的新形势，充实完善县乡财政职能，县级财政除做好本级财政管理工作外，要进一步加强对乡镇财政的指导和监管，建立县乡财政信息通达机制。充分发挥乡镇财政就地、就近实施监管的优势，进一步强化资金监管职能作用，建立健全乡镇辖区内项目管理监督机制。三是提高乡镇财政干部素质。大规模开展乡镇财政干部和农村财会人员培训，使基层财政干部能力素质有较大提高，提高工作积极性和队伍凝聚力，增强“归属感”。四是规范乡镇财政所服务群众工作。充分利用乡镇财政贴近农村、直接服务基层群众的优势，建立健全便民服务规章制度。规范农村基础设施建设项目资金使用和招投标管理、落实涉农补贴政策、村级财务会计服务等涉及群众切身利益事项，努力为基层群众提供优质、便捷、高效的服务。五是加强乡镇财政所硬件建设。保障乡镇财政所的办公经费，改善办公环境，配备和更新必要的办公设备，提高管理信息化水平，并建立财政部门上下级之间互联互通的信息化管理平台。六是改进工作作风，促进廉洁自律。乡镇财政干部直接服务群众，要增强工作责任心，求真务实，积极创新，以过硬的工作能力和良好的工作作风，为基层群众办实事办好事。牢固树立正确的权力观、地位观和利益观，认真落实党风廉政建设责任制，做到为民、务实、清廉，发挥党员干部的先锋模范作用。

此项工作由预算处、地方财政国库处、综合处、行政政法处、教科文处、工贸处、农业处、经建处、社保处、外金处、会计处、绩效评价处、资产处、农业综合开发办、农村财务管理处、采购监管处、监督检查局负责。其中，信息化建设由信息中心牵头负责；强化财政预算监督由监督检查局牵头负责；加强会计基础工作由会计处会预算处、国库处负责；提高预算执行分析水平由国库处会预算处牵头负责，其余工作由预算处、地方财政处负责。

（三）突出抓好发挥财政杠杆作用，提高财政调控水平，在支持经济社会又好又快发展上有新突破

近年来，在广东省经济社会快速发展、加快转型的关键时期，省委、省政府高度重视运用财政手段，广东省财政支持经济社会发展的工作重心和投入方式发生了很大变化，财政调控职能不断增强，其中一个非常重要的经验就是发挥财政“四两拨千斤”的杠杆作用，集中财力办大事，为推动省委、省政府各项决策部署落实提供了有力的财力保障和政策支持，得到了省委、省政府的充分肯定。我们要在前一阶段工作的基础上，以科学发展观统揽全局，发挥财政职能作用，创新财政支持经济社会发展的政策手段

和制度安排，优化财政资源配置，促进经济社会又好又快发展。

1. 要坚持以发展为要点，支持经济发展方式加快转变。当前，广东省转变经济发展方式刻不容缓。要坚持集中财力办大事的原则，集中财力保重点领域需要，将支持重心放在促进经济发展方式转变以及经济发展的关键领域和重点环节。今年以来，财政厅已制定实施了支持经济发展方式转变的多项重点工作，包括“十二五”期间省财政每年新增安排20亿元、共100亿元支持战略性新兴产业发展，统筹安排25亿元进一步推进产业转移，创新财政手段、全省五年内计划投入近300亿元支持引进高层次人才，全省五年内投入250亿元支持文化强省建设，加快推进城市轨道和绿道“双道”建设，促进珠三角区域基本公共服务一体化等。今后一个时期，广东省财政要紧紧围绕省委、省政府各项中心工作和重大决策部署，不断创新财政政策设计，放大财政资金引导作用，加快工作进度，使财政政策资金尽快发挥效益。

此项工作由预算处会各业务处室负责。

2. 要坚持以人为本，建立改善和保障民生的长效机制。保民生是我们一切工作的出发点和落脚点。要按照《广东省基本公共服务均等化规划纲要》及其规划搭建的工作平台，切实采取措施抓好组织实施，从公共教育、公共卫生、公共文化体育、公共交通、生活保障、住房保障、就业保障、医疗保障等八个方面入手，加强与省直有关部门的沟通协商，把任务分解到部门，建立严格的督办机制，系统地推进广东省财政支持民生事业发展的各项工作。同时，注意追踪了解基本公共服务均等化规划纲要的实施情况，汇总分析执行中出现的问题，抓紧建立基本公共服务均等化绩效考评机制，探索建立多元化的公共服务供给制度，加强对发达地区与欠发达地区之间的横向转移支付工作的指导，加快基本公共服务均等化步伐。

此项工作由预算处、办公室会各业务处室负责。

3. 要坚持财力“下沉”，创新财政保稳定、保运转的投入机制。区域、城乡发展不均衡，基层和县域经济财政普遍薄弱，是广东省的重要省情特征。因此，省级财政要在力所能及的范围内，坚持“压省级、保地方”和保民生、保稳定、保运转的工作思路，在财力“下沉”的基础上，强化省级财政调控全省发展的职能作用。重点是探索建立完善县以下政权基本财力保障机制，认真落实农村基层组织工作经费保障制度，加大力度支持欠发达地区“规划到户责任到人”对口帮扶工作，推进连南县高寒山区移民安居，全面支持解决广东省贫困农民“住有所居”问题等。

此项工作由预算处、地方财政处、农业处及其他业务处室分别负责。

（四）突出抓好统筹兼顾，提高服务大局能力，在推动财政工作转型上有新突破

财政是政府履行职能的物质基础，财政工作绝不是简单的收与支，必须跳出财政做好财政工作，不仅要算好经济账，还要算好政治账、社会账，不仅要算好总量账，还要算好质量账、效益账，不仅要算好眼前账，更要算好长远账、未来账，树立从经济到财政的思想，积极发挥财政职能作用，推动经济社会又好又快发展。重点要把握好以下四个方面的关系，并在此基础上明确解决问题的具体措施：

1. 正确处理好纲与目的关系，做到围绕中心、服务大局、当好参谋。财政作为政府重要职能部门，涉及经济社会发展的方方面面，应该也可以在关系全局的重点工作上主动有为。要牢固树立大局意识，在财政政策制定、财政体制调整、财政预算安排等事关全局的重大问题上，要与省委、省政府保持高度一致。财政的所有工作，都要树立“一盘棋”的思想，主动为全省经济社会发展出谋划策，统筹财力安排，做到纲举目张。

2. 正确处理好继承与创新的关系，始终保持财政工作的活力。既要认真总结改革开放以来特别是近年来财政改革发展积累的好经验、好做法，同时又要开拓创新，锐意改革，继续创造新经验当好排头兵。在总结经验、发扬成绩的同时，继续解放思想，拓宽视野，积极探索符合科学发展的财政改革发展思路，着力破除传统的思维定势和路径依赖，创造性地开展各项工作，使财政工作始终适应科学发展的要求。

3. 正确处理好需求与可能的关系，坚持集中财力办大事。要解决好财力需求与有限财力之间的矛盾，通过调整财政支出结构，集中财力办大事，“小钱小气、大钱大方”，做到有保有压，有所为、有所不为，使财力安排体现预见性和科学性。要坚持“预则立”的思想，做到未雨绸缪，时刻关注和科学把握财政经济形势，为省委、省政府决策提出政策建议，赢得先机。

4. 正确处理好目标和路径的关系，既有全局思维和战略眼光，又有脚踏实地抓落实的举措。一方面，既要站在经济社会发展的全局去研究和规划财政改革发展的战略目标和总体思路，又要从财政职能和财政工作属性去探索和实践财政改革发展的方向和原则。另一方面，既要从把推动科学发展上水平作为财政工作的核心和目标，又要把保障改善民生作为财政工作的根本和目的，并从这两个方面着力，以此为路径，脚踏实地抓落实，建立适应科学发展的财政体制机制。

此项工作由厅各处室、单位负责，厅办公室负责督办工作。

（五）突出抓好深化改革，提高财政管理效益，在创新财政体制机制上有新突破

近年来广东省财政改革的实践充分证明，正是我们坚持以改革引领财政管理及各项工作，广东省财政工作才能不断出新成绩、上新水平。“改革没有退路。”站在新的起点上，我们切不可满足于过去取得的成绩，骄傲自满，故步自封。从前段时间我参加全国财政厅（局）长座谈会交流的情况看，广东省在部分改革领域已经被兄弟省市赶超，

全国各地区财政改革竞争态势激烈，令我印象十分深刻。因此，广东省财政锐意改革、创新进取的传统与作风不能丢，改革的力度还须进一步加强。特别是当前广东省改革已进入深水区，必须进一步增强忧患意识，增强改革的魄力与勇气，破除传统管理惯性思维和路径依赖，围绕建立公共财政管理体系的总体目标，努力构建绩效优先、约束有力、规范透明的财政支出管理体系，强化财政管理职能，提高管理效益。

1. 突出理财观念创新。开展财政工作始终要坚持“有所为、有所不为”的总方针，按照“绩效优先、民生优先、大事优先”的原则，不断调整优化支出结构，进一步退出一般性竞争领域，强化财政支持社会管理和公共服务的职能，促进经济发展方式加快转变。

2. 突出财政体制创新。财政体制是引导政府行为的重要杠杆，要适应主体功能区规划实施和基本公共服务均等化的要求，调整完善省以下财政体制。

（1）实施生态激励型财政机制。按照主体功能区规划和推进基本公共服务均等化的要求，在对原激励型财政机制进行调整完善的基础上，对生态发展区实施生态激励财政机制，增强生态区县（市）提供基本公共服务的能力和运转保障能力，提高生态区加强生态保护与建设的积极性。对非生态发展区继续实施现行激励型财政机制，鼓励地方加快发展，通过经济发展增强自身财政保障能力。

（2）推进省直管县财政改革。围绕主体功能区规划建设目标，分类推进省直管县财政改革，对既属财政部规定试点范围的“产粮、产油、生猪生产”大县，又属于广东省主体功能区规划中的生态发展区域的县（市）实行完全意义的省直管县财政体制，构建符合广东实际的省直管县财政体制模式。

（3）完善推进基本公共服务均等化横向财政转移支付机制。做好各市建立横向转移支付机制的情况追踪和反馈工作，建立健全有关制度办法，促进各市探索建立横向财政保障机制，保障资金安全、规范和有效运作。

（4）推进乡镇财政、村级财务管理方式改革。推进“镇财县管”、“财政收支集中管理”和“镇财县统”等模式的乡镇财政管理方式改革，从机制上强化县级财政的补助责任，增强乡镇财政的保障能力。推进“村财镇代管”、“村级会计选聘制、委派制”和“委托中介机构管理”等模式的村级财务管理方式改革，规范村级财务管理，促进村务公开和民主理财，防止集体资产流失。

（5）调整财政分配关系，适当增强省级财政调控能力。调整规范省以下各级政府间财政分配关系，逐步完善财力与事权相匹配的财政体制，实现区域财力分布的均衡以及上下级政府财力与事权的对称。适当增强省级财政调控能力，为推进基本公共服务均等化提供财力保障。

3. 突出预算管理创新。要围绕公共财政预算编制、执行、监督的各个环节，把预算编制、预算执行与预算监督更好地结合起来，注重改革的整体性和系统性，继续深化部门预算、国库集中支付、政府采购、“收支两条线”管理、绩效评价、资产管理、财政监督等各项支出管理改革，夯实财政支出管理制度基础。加强预算管理基础工作，充分运用现代科学的手段和规范的制度，努力构建覆盖财政资金运行各个环节的管理、监督体系，实现从财政资金预算、拨付、使用、效益评价的全过程制度化管理。积极推进预算编制与资产管理、绩效评价、政府采购等改革相结合，协调推进各项改革，部门预算重大项目支出要事前确定绩效目标，将项目绩效评价结果作为部门预算项目安排的依据；结合存量资产情况和有关资产配置制度进行专项审核，逐步建立资产预算制度，促进财政支出效益的最大化。深化省级财政竞争性分配机制改革，进一步扩大改革试点范围，提高财政资金分配效益。

此项工作由预算处、地方财政处、国库处、绩效评价处、资产处、采购监管处、农村财务管理处、监督检查局分别牵头负责。

（六）突出抓好换位思考，提高主动服务水平，在建设服务型机关上有新突破

财政部门是党和政府密切联系人民群众、为推动科学发展和促进社会和谐提供财力保障的重要部门，牢固树立服务理念，做到服务大局、服务基层、服务群众，尤为重要。近年来，广东省各项财政改革之所以能不断向纵深推进，并走在全国前列，各项惠民政策之所以能在基层落地生根、开花结果，一条重要的经验就是主动服务，寓服务于管理、监督中，获得了省直兄弟部门和基层人民群众的高度认同，并积极配合各项工作的推进。我迫切感觉到，新的形势下，如果我们不树立服务理念，不坚持换位思考、主动服务，我们开展各项工作的阻力就将增加，工作的效果就将大打折扣。形势要求我们必须继续牢固树立服务理念，并将这一理念贯彻到推动财政改革发展各项工作中。一方面，寓服务于财政惠民实践中，增强为人民群众做好事、办实事的情感和责任，进一步转变机关作风；另一方面，寓服务于财政管理实践中，不断提高服务效能，实现“五个到位”，即服务意识到位、服务责任到位、服务承诺到位、服务监督到位、服务考核到位，树立“务实、创新、高效、廉洁、和谐”的服务型机关新形象。

1. 深入基层，广泛调研民情社意。针对人民群众最关心、最直接、最现实的利益问题，积极深入基层开展广泛调研，问政于民、问需于民、问计于民。领导干部要带头深入基层、深入群众，开展调研活动。要在深入调研的基础上，及时向省委、省政府提出政策建议及资金安排方案，切实将调研成果转化为促发展、惠民生的政策举措。

2. 便民利民，简化办事程序。在确保财政资金安全的同时，不断探索简化惠民资金的审批程序，切实方便人民群众。同时，进一步加大网上审批、网上办事的力度，简化办事手续，清理不合时宜的办事程序和规定，着力提高服务质量和效率，让人民群众体验到财政机关是便民、利民、真正以人为本的服务型机关。

3. 扎实为基层、为群众办好事、办实事。在透彻理解中央和省委、省政府大政方针，正确判断自身财力的基础

上，主动“买单”，大力解决制约社会和谐的热点难点问题，建立完善的保障和改善民生政策体系，把构建和谐社会的思路前瞻性地体现在政府财力的分配和使用中。

4. 坚持寓服务于管理。秉持寓服务于管理的理念，并将之贯彻到当前的各项改革实践中，积极加强与省直兄弟部门的沟通联系，强化对基层财政部门的指导帮助，深入了解情况，主动上门服务。特别要强调的是，在财政收支矛盾日益突出的情况下，要积极主动做好服务工作，争取各部门的理解支持，做到资金不足用笑脸和服务补足。同时，围绕提高财政工作透明度，促进依法行政、优质行政、廉洁行政，将有关政策法规、办事程序、指南和办结时限等事项向服务对象公开，并实行服务承诺，主动接受服务对象监督。

5. 规范办事规程，提高办事效率。厅各处室单位要在前期制定的权力运行流程图的基础上，进一步细化完善，形成翔实规范的办事规程。同时，对于厅机关公文运转、公文审核签批权限、领导批示件办理，人大、政协提案议案办理都应有明确的制度规定，切实提高服务效率。要在全厅开展“五个一服务程式”活动，即一张笑脸相迎、一张椅子让座、一杯清茶暖心、一腔热忱办事，一句好言相送，切实转变机关作风。

此项工作由厅各处室、单位负责，厅办公室负责督办工作。

（七）突出抓好队伍建设，提高部门和队伍执行力，在强化干部队伍建设上有新突破

贯彻落实科学发展观，关键在人，关键在领导干部。近年来广东省财政工作不断取得新突破，在一定程度上取决于广东省财政干部具有较强的能力素质，是一支能战斗的干部队伍。省委、省政府历来高度重视机关干部队伍建设工作，汪洋书记多次强调选拔任用干部要“让善于科学发展的人上、不会科学发展的人让、阻碍科学发展的人下”，为广东省干部队伍建设指明了方向，提出了具体要求。从财政厅的情况来看，当前干部队伍素质总体较高，干部选拔任用机制较为科学、合理，但与科学发展观及新时期新形势财政改革发展的要求相比，还需要我们进行深入的分析和探讨。按照省委、省政府关于干部队伍建设的要求，今后一个时期，财政厅将从多个层次加强干部队伍建设，奖勤罚懒，提升素质，改进作风，努力建设一支务实、清廉、高效的高素质干部队伍。

1. 建立健全各项学习制度。按照创建学习型机关的要求，深入开展读书学习活动，加大干部教育培训力度，在全厅营造爱读书、爱学习，自觉学习、主动学习的良好风气。完善厅理论学习中心组学习制度。

2. 加大选派干部到基层锻炼培养的力度。制定机关干部上挂下派挂职锻炼办法，鼓励年轻干部到基层一线锻炼，锻炼造就一批肯干实干、经验丰富、素质过硬的财政干部。

3. 建立实施领导干部工作问责制。推动工作主要靠领导干部抓落实。要通过建立严格的工作问责制，营造紧张快干抓落实的良好氛围，以更高的效率、更大的干劲推动各项工作落实。

4. 建立完善干部工作考核评价制度。领导谋划思路确定以后，大量抓落实的工作需要广大干部承担。因此，我们要对每个干部落实工作的情况进行考核，不能干多干少一个样，干好干坏一个样，否则大家就没有了积极性。要在原有考核制度的基础上，进一步细化考核办法，制定科学配套的可考核、可操作指标体系，将考核结果作为干部选拔任用的重要依据。

5. 建立科学规范的干部选拔机制。要坚持“凭能力定使用，靠实绩求进步”的选人用人导向，打破论资排辈的束缚，为有能力的优秀干部提供舞台，鼓励干部脚踏实地、埋头苦干、勇于奉献，把主要精力投入到干事创业中，促使全厅形成风清、气正、实干的良好机关氛围。

6. 加大干部交流轮岗力度。按照《省财政厅国家公务员职位轮换（轮岗）暂行办法》规定，积极推进处级、科级等各层次干部交流轮岗，为干部提供学习锻炼机会，增强干部队伍活力，提高综合素质。

7. 进一步加强作风建设。机关作风体现了一个机关干部职工的总体精神风貌和工作态度，是影响部门执行力的重要“软实力”。作风建设是一项常抓常新的工作，一方面，领导干部要率先垂范、以身作则抓落实；另一方面，需要从制度上着手，完善行政问责、工作考核、定岗定责、服务承诺、限时办结、调查研究等各项制度规定，建立作风建设的长效机制。

8. 强化工作纪律。良好工作纪律是提高部门执行力、有效应对各类突发事件的重要保证。财政厅已制定了一系列工作纪律制度，关键是要抓好执行和落实，如，领导干部外出报告制度、请假制度、工作规程等。通过加强组织纪律，服从工作安排，做到令行禁止，政令畅通，确保各项工作有序、有效。

9. 进一步加强廉政建设。财政部门作为管钱管物的重要部门，经常会面临各种诱惑和考验，加强党风廉政建设、强化拒腐防变意识十分重要，必须加强廉政建设工作。同时，我们还肩负深化财政管理改革、构建源头防腐机制的重要任务，要纳入财政工作的总体框架一同谋划、一同部署、一同推进。

10. 加强领导班子建设。厅领导班子是全厅工作的领导核心。在这里，我谨代表厅党组向大家作郑重承诺，我们将继续保持好的传统和作风，发挥带头表率作用，凡事以身作则，按照行政首长负责制及民主集中制的原则搞好分工合作，抓好工作落实。班子讲团结、讲民主，遇事多商量、多协调、多沟通，严格执行有关办事规程和制度规定，重大事项由集体研究决定，建设一个团结、和谐、务实、进取的领导班子，带动全厅形成心齐、气顺、风正、劲足的工作局面。各处室、单位也要抓好处级领导班子建设，落实好行政首长负责制和民主集中制等制度，搞好团结，相互补台，带领干部职工做好工作。

以上工作，第一项由党办会人教处负责；第七项由厅办公室会监察室牵头负责；第二至六项、第九、第十项由

人教处牵头负责；第八项由监察室牵头负责，厅办公室负责督办工作。

（八）突出抓好围绕中心，提高党建工作和机关建设水平，在党的建设和机关建设上有新突破

党的建设和机关建设是我们全部工作的重要组成部分。近年来，财政厅坚持以改革创新的精神推进党的建设和机关建设，积极探索党建工作和机关建设的新路子，党建工作和机关建设在改革创新中不断前进，在求真务实中不断发展，为发挥财政职能作用、推动经济社会发展起到了重要的保障和促进作用。新的时期，更要坚持把党建工作和机关建设放到当前财政改革与发展的大背景下去考虑，紧紧围绕财政改革发展的中心工作和目标任务，确定工作目标，落实保障措施，不断提高党的建设和机关建设水平。

1. 坚持把加强思想建设、服务科学发展作为机关党建工作的基本任务，切实增强贯彻落实科学发展观的政治自觉性。要把用科学发展观武装头脑作为党的思想建设第一位的任务，引导广大党员干部深化对科学发展观的理解和认识，切实增强贯彻落实科学发展观的政治自觉性。

2. 坚持把改革创新、开拓进取作为机关党建工作的不竭动力，不断增强机关党建工作的生命力。新的时期要实现财政厅机关党建工作更大的发展，必须继续坚持和发扬改革创新这一优良传统，抓住机关党建工作的关键环节，以观念创新、思路创新引领机制制度创新、方式方法创新，使财政厅机关党建工作更加适应时代需要、实践发展和群众期待。

3. 坚持把求真务实、注重实效作为机关党建工作的基本要求，不断提高机关党建工作水平。必须在解决问题，发挥作用上用力气、下工夫，把党建工作的着力点真正放到研究解决突出问题上，找准机关党建工作融入财政中心工作的切入点和结合点，真正把机关党建落实到完善财政工作思路上，落实到财政惠民实践上，落实到促进财政改革上，努力实现以党建促业务、以业务巩固党建成果。

4. 坚持把健全机制、完善制度作为机关党建工作的根本保障，形成加强机关党建工作的长效机制。要着力发挥各级党组织抓党建的关键作用，进一步完善机关党建运行格局；要着力完善机关党建的制度体系，进一步提高机关党建科学化、制度化、规范化水平；要着力加强考核评价和督促检查，进一步落实机关党建工作任务，促进党建工作目标的实现。

5. 弘扬勤俭节约的优良作风，大力推进节约型机关建设。加强对各项节支措施和结果的监督检查，确保节支目标顺利实现，大力营造“以勤俭节约为荣、以铺张浪费为耻”的氛围，倡导艰苦奋斗的节约之风，推进节约型机关建设。

6. 加强机关制度建设，提高机关管理科学化、规范化水平。健全厅机关公文运转、督办落实、后勤管理等方面的制度体系，形成精细化、规范化管理模式，确保机关高效、有序、规范、优质运转。

以上工作，机关建设由厅办公室牵头负责；机关党建由党办牵头负责。

二、关于今年后几个月要抓好的重点工作

当前已进入年度工作的第三季度，是各项工作承上启下的关键时期。广东省财政各项中心工作和大政方针已定，下一步关键是要采取措施加快工作进度，抓好工作落实。今后几个月重点要抓好以下11项工作：

（一）抓好厅党组已确定的今年要落实的各项工作

今年以来，在省委、省政府的领导下，财政厅已开展了一系列重要工作，取得了突出成绩，但很多工作仍处于关键的推进阶段，有的工作仍在谋划完善，有的政策措施还要加大力度跟踪抓好落实。为此，我们要在认真总结上半年工作的基础上，按照厅党组既定的各项工作任务，全面推进抓好贯彻落实，确保完成预定目标。同时，要继续落实好厅党组重点抓落实工作制度，确保各项重点工作力度不减、有序推进，实现重点突破。厅办公室要按照新一届厅党组成员分工，对厅党组成员抓落实分工进行重新调整，并完善督办制度办法，督促各处室、单位抓好工作落实。

此项工作由厅各处室、单位分别牵头负责，厅办公室负责督办工作。

（二）抓好省委、省政府已部署的财政支持经济社会发展各项工作任务

包括落实家电、汽车、摩托车下乡和以旧换新、支持扩大内地消费市场、扶持民营企业发展等各项扩内需政策，支持推进省重点项目建设，支持“三旧”改造项目、促进外贸进出口较快增长和加工贸易转型升级、加快推动产业和劳动力“双转移”、提高自主创新能力、引进和培养高层次人才、支持战略性新兴产业发展、加快推进现代产业体系建设、发展现代农业，以及推进基本公共服务均等化、支持文化强省建设、深化医药卫生体制改革、开展农村新型养老保险试点、清理化解农村义务教育负债、支持高寒山区移民安居、解决农村贫困户泥砖房、茅草房改造、中小学校舍安全工程和规范化学校建设等。

此项工作由厅各业务处室分别牵头负责；以上未列但已明确任务和责任的其他工作，相关处室也要抓紧推进，抓好落实，厅办公室负责督办工作。

（三）抓紧研究明后年支持民生的有关政策

要紧密围绕基本公共服务均等化规划的实施，会同省级有关部门积极向财政部和上级主管部门联系沟通，及时了解掌握今后国家可能出台的民生政策情况。在此基础上，认真分析、测算今后几年特别是2011年需要广东省各级财

政安排的落实国家民生政策的资金情况，为今年下半年省委、省政府出台重大民生政策做好准备工作。

此项工作由预算处牵头负责。

（四）抓好收入组织工作，密切关注收入动态

按照省财税联席会议的工作部署，密切关注收入运行动态，继续执行厅领导分片抓收入等制度，加强对地方工作的指导，督促目前收入完成情况不理想的地市加大工作力度，扭转被动局面；协助税务部门抓好税收征管工作，重点加强对重点地区、重点税源和大企业的税收征管力度；积极主动做好财政厅负责的非税收入组织工作，确保完成全年全省和省级一般预算收入都增长20%的任务目标。同时，坚持收入、支出“两手抓”，继续实行严格的预算支出管理和行政经费考核等各项节支措施，各部门专项资金尽量实行总量控制，不开新口子，重点管好用好已设立的专项资金。

此项工作由预算处、国库处会各业务处室负责。

（五）抓好支出进度，建立通报制度

认真贯彻落实《财政部关于进一步做好预算执行工作的指导意见》，强化预算执行的各项措施。重点是建立全省预算执行通报制度，促进全省上下联动，共同抓好支出进度工作；并在厅内部建立省级预算执行通报制度，对各业务处室预算执行情况进行通报，要求各业务处室加强对经管预算单位预算执行情况的调查分析和沟通协调，找出妨碍加快预算执行的症结所在，共同研究采取措施加以解决，同时继续做好预算指标下达提前告知、预拨付资金等有效的制度措施，加快省级单位的预算支出进度。

此项工作由预算处、国库处会各业务处室负责。

（六）抓好明年的预算编制工作

谢旭人部长在视察财政厅时对加强预算编制工作作了具体指示。我们要主动谋划，提前准备，从现在开始就要部署明年预算编制的工作，并与上年预算资金结余结转的情况结合起来一并研究，充分考虑国家宏观调控政策和预算编制制度等影响，及早掌握明年预算安排及财力平衡情况，提高预算编制的主动性、科学性。

在调研过程中，谢旭人部长还反复提到加大财政宣传力度的工作，强调民生投入的公开就是最大的预算公开。为此，我们要在前一阶段向社会公开预算编制相关数据表格的基础上，进一步做好相应做好解释和说明工作，使老百姓能读懂预算报告，认识到政府的支出相当部分已投入了民生领域。同时，建立健全科学、规范的项目支出类别体系，为下一步预算公开做好基础性、技术性准备工作。

此项工作由预算处会各业务处室负责。

（七）抓好财政监督管理工作

近期谢旭人部长到广东省检查调研的三项重点工作中，有两项属于财政监督管理，表明了新时期中央加大反腐倡廉力度的决心。对此，我们必须予以高度重视，从政治和全局的高度出发，发挥财政监督职能作用，与推进财政科学化精细化管理紧密结合起来，进一步加强各项财政监督工作，包括深入开展“小金库”治理、强农惠农资金清查、产业转移园资金使用情况绩效评价等专项工作。同时，抓好各项日常工作管理，进一步建立完善财政监督、财政支出评价、政府采购监管以及会计管理、资产评估和注册会计师管理等各项财政管理社会工作制度，强化财政监管职能，提高监管效率。

此项工作由监督检查局、农业处、工贸处、绩效评价处、采购监管处、会计处、资产评估协会、注册会计师协会分别牵头负责。

（八）抓紧完善省以下财政体制

目前，财政厅已形成了改革的总体思路，下一步要抓紧完善改革方案，力争把问题和困难想得更充分一点，把政策措施谋划得更严谨、周全一点，加快体制调整步伐。一是贯彻落实生态激励型财政机制。目前，国家主体功能区规划已获通过，广东省主体功能区规划即将出台。下半年，要做好生态优化区域县（市）各项生态指标数据的收集和核实工作，为实施生态激励型财政机制做好准备。二是做好四个试点县（市）和顺德区省直管县财政改革工作。按照省政府的部署，顺德区从7月1日起实行省直管县财政体制，兴宁市、南雄市、紫金县和封开县将从10月1日起启动省直管县财政改革试点。下一步，要抓紧进行有关准备工作，确保省直管县财政改革顺利推进。三是建立县以下政权基本财力保障机制。在已出台的村级基层组织经费保障制度的基础上，抓紧研究出台县、镇基本财力保障机制，构建稳定规范的县以下政权基本财力保障机制，采取“省保县、市保镇、县保村”的隔层保障形式，确保县（市）、镇（乡）和村级基本支出需要。四是研究测算调整省以下财政体制。按照推进基本公共服务均等化和增强欠发达地区运转财力保障的需要，研究调整、规范省与市县财政分配关系，适当增强省级财政调控能力，并做好有关测算工作，为在适当时机出台方案做好准备。

此项工作由预算处牵头负责。

（九）抓好基层党组织和党员“创先争优”活动

深刻领会李源潮同志关于创新争优活动的重要批示精神，全面抓好贯彻落实，进一步增强创先争优的责任感和紧迫感，使创先争优活动取得实实在在的成效。要坚决避免出现“上热下冷”、“前热后冷”现象，把创先争优的要求体现到各项抓落实的工作上来，在积极逐一推进“八个一”活动、抓好落实的基础上，结合财政特色和本部门实际，与推进“抓落实促发展”活动相统筹，创新活动载体，建立考核机制，确保活动有计划有重点地持续推进。

此项工作由党办牵头负责。

（十）抓紧做好市县长培训班有关准备工作

要结合贯彻落实全国财政厅（局）长座谈会精神、加强财政“双基”建设的工作部署，认真组织好今年市县长财税培训班工作。

此项工作由人教处牵头负责。

（十一）抓好财政厅对口帮扶大沙村工作

前一阶段，财政厅对口帮扶工作取得了一定的成效。下一步，要紧紧围绕汪洋书记提出“扶贫与基层党建工作两手抓、双促进，扶贫要扶志”等重要指示精神，进一步加大帮扶力度，创新帮扶方法，推进帮扶项目建设，确保对口帮扶工作扎实推进、更上新台阶。

此项工作由人教处牵头负责。

以上是我对当前及今后一个时期财政工作的一个初步考虑。应该说，这些思路还是框架性的，把这些思路变成实施意见，还需要大家进一步地去思考、去研究。希望大家按照以上工作思路，抓好安排和落实，群策群力，同心同德，进一步解放思想，改革创新，努力探索新路经、开拓新业绩，开创财政工作新局面。

（本文系作者2010年8月13日在全厅副处以上领导干部会议上的讲话）

统一思想　提高认识
扎实推进省直管县财政改革

广东省财政厅厅党组书记、厅长　曾志权

一、高度重视，提高认识，增强改革的积极性和主动性

省直管县财政改革，是广东省1996年实行分税分成财政体制以来在财政体制方面的一次重大改革，既涉及市县利益格局的调整，又涉及财政管理模式的变革，对广东省财政乃至经济社会发展都将产生深远的影响。根据兄弟省的实践情况，这项改革是一项大的系统工程，不仅牵涉省市县相关政府部门工作业务的衔接和协调，也涉及财政部门内部管理的调整。特别是在改革初期阶段，需要开展的工作千头万绪，需要协调处理的事项繁多。试点市县财政部门要在党委、政府的领导下，站在战略和全局的高度，从推进科学发展的角度出发，讲政治、顾大局，充分认识改革的重要性、紧迫性和艰巨性，统一思想、提高认识，增强改革的主动性和积极性。

（一）开展省直管县财政改革是落实中央政策、当好排头兵的根本要求

推进省直管县财政改革是中央一项重大政策部署。2005年6月，温家宝总理在全国农村税费改革试点工作会议上指出：“要改革县乡财政的管理方式，具备条件的地方，可以推进‘省管县’的改革试点。”党的十六届五中全会提出要优化组织结构、减少行政层级，条件成熟的地区可以实行省直管县财政体制。《国家第十一个五年经济社会发展规划》提出要“理顺省级以下财政管理体制，有条件的地方可实行省级直接对县的管理体制”。去年和今年的中央1号文件均明确提出要推进财政“省直管县”改革。财政部也一直把完善省以下财政体制、推进财政“省直管县”改革作为一项重要工作来抓，去年更是明确提出了2012年年底前除民族自治地区外全面推进改革。近几年来，全国已有安徽、湖北、山西、吉林等22个省市实行了省直管县财政改革，改革的积极效应正在逐步显现出来。广东作为改革开放的先行地，在推进省直管县财政改革方面也应该继续发挥勇于探索、开拓创新的优良传统，进一步解放思想，改革创新，构建有利于科学发展的体制机制，在推进省直管县财政改革方面创造新的经验。省委、省政府决定推行省直管县财政改革，是落实中央统一部署和总体要求的需要，符合改革的趋势，也是推动广东省实现科学发展，继续当好排头兵的根本要求。

（二）开展省直管县财政改革是推进广东省均衡、可持续发展的现实需要

从财力总量上看，广东目前仍是全国第一大省。但是，也必须看到，在总量第一的辉煌光环下，广东财政发展还面临着许多尖锐的矛盾和突出的问题，尤其是区域发展不平衡和县域财力薄弱是制约广东省可持续发展的重要症结。广东的区域发展差异系数目前全国最高，广东的县域财力水平甚至不如中西部省份，有几组数字可以说明问题：一是横向发展不均衡。珠三角核心地区7市人口、土地面积分别约占全省的40%、16%，而经济总量占全省的比重则

达3/4，地方一般预算收入占全省市县级的比重超过4/5。东西两翼和粤北山区14市人口、土地面积分别约占全省的60%、84%，而GDP仅为全省的1/4，地方一般预算收入占全省市县级的比重还不到1/5。2009年，珠三角地区人均一般预算收入5 943元；同期东西两翼和粤北山区人均一般预算收入为993元，仅为珠三角地区的1/6。二是纵向财力配比失衡。2009年，全省一般预算收入3 650亿元中省级占19.92%，地市级占43.28%，县（区）级占28.41%，乡镇级占8.39%。作为基层财政，县（区）一级承担了维持政权运转以及教育、卫生等大量基础性事权，2009年县（区）级财政供养人员占全省市县级的比例达到76.96%，其事权与财力的配比存在较为严重的失衡。三是县域财力薄弱，基层财政困难突出。全省67个县（市）人均可支配财力为3.77万元，仅为全省市县级平均水平的四成左右。按照财政部的统计口径，2008年广东省县级人均支出仅1 891元，大致达到全国平均水平，但低于西部（2 109元）和东部（1 964元）的水平，县域财力薄弱的问题较为突出。

县域基层财政困难和区域差距问题也是全国各地普遍存在的问题。为帮助解决这一问题，财政部近年来采取了一系列政策措施，如要求调整完善省以下财政体制、实行“三奖一补”政策、要求建立县级基本财力保障机制等，取得了一定成效。为进一步推进解决县域基层财政困难问题，在总结有关地区省直管县财政改革经验做法的基础上，财政部出台了省直管县财政改革的实施意见，并将其作为缓解县域基层财政困难的主要措施之一予以推行。这项改革虽然是全国普遍推行的改革措施，但对于广东省而言则具有更为重要的现实意义。通过因地制宜地推进省直管县财政体制改革，在增强县级财权与事权完整性的基础上，强化县（市）独立的财政主体地位，并进一步增强省级帮扶责任和管理力度，有利于优化县域发展环境、明确发展责任、增强发展动力，为有效缓解广东省县域财力薄弱问题提供了一条现实可行的道路，在当前广东省财力失衡已严重制约可持续发展的情况下，推进省直管县财政改革的迫切性已不言而喻。

（三）开展省直管县财政改革是深化财政管理体制改革的重要举措

近年来，广东省以科学发展观为统揽，按照中央政策精神和省委、省政府的统一部署，不断改革创新省以下财政体制机制，着力深化和完善公共财政管理体制，在促进广东省区域均衡、协调发展方面取得了显著成效，为广东省当好实践科学发展观排头兵起到了重要的作用。为促进县域经济财政加快发展，2004年广东省建立实施了激励型财政机制。作为激励型财政机制的配套措施，2005年广东省出台了帮助县（市）解决镇（乡）财政困难的帮扶政策。为规范和加强基层财政财务管理，2007年广东省出台了推进镇（乡）财政和村级财务管理方式改革试点的意见。与此同时，在省的统一部署下，各地部门预算改革、国库支付制度改革等各项公共财政支出管理改革也在不断有序推进和深化，各级财政管理科学化、精细化水平不断提高。2008年以来，按照主体功能区规划和推进基本公共服务均等化的要求，广东省进一步深化省以下财政体制机制改革，出台了进一步改进与完善激励型财政机制的意见，初步建立了生态激励型财政机制；出台了推进基本公共服务均等化横向财政转移支付的指导性意见；初步建立了村级组织工作经费保障机制；目前正在研究建立县级基本财力保障机制。这些改革措施，将为广东省践行科学发展观提供进一步的体制机制保障。

2009年6月，财政部下发了推进省直管县财政改革的实施意见，提出“实现政府间财政收支划分、转移支付、资金往来、预决算、年终结算等五个方面由省财政与县财政直接联系”。为贯彻落实中央的政策要求，广东省从2009年下半年起开始研究实行完全意义上的省直管县财政改革，并将其作为一项进一步深化省以下财政体制机制改革、完善公共财政管理体制的重要政策措施。按照省委、省政府的指示精神，广东省创造性地贯彻落实财政部政策要求，将财政部政策与广东省实际情况结合起来，将既属于财政部规定范围，同时又属于广东省生态发展区的县（市）纳入省直管县财政改革试点范围，并从中选择确定了南雄市、紫金县、兴宁市和封开县作为试点单位，于2010年10月1日首先进行完全意义上的省直管县财政改革试点。因此，推行省直管县财政改革，是对广东省近年来公共财政管理体制改革的延续与深化，与近年来的省以下财政体制机制改革是一脉相承的。纵观近年广东省财政体制改革脉络，可以看出，体制改革的核心宗旨是推进科学发展、协调发展，而改革的重点是县域和基层财政。通过近年一系列的改革措施，已基本构建起权责清晰、激励有效、保障有度的政府间分配关系架构，为广东省各级政府实现科学发展奠定了体制基础。为进一步巩固成果，促进发展，有必要进一步明晰财政体制改革重心，加大力度解决基层困难、基础不牢的核心矛盾。在这种情况下，推进省直管县财政改革是一项行之有效的措施，是把握经济社会发展脉搏顺势而为的必然选择，也是深化财政体制改革的根本要求。

（四）开展省直管县财政改革是推进科学化精细化管理、加强基础工作和基层建设的有效途径

推进科学化精细化管理、加强基础工作和基层建设是广东省下一步深化改革、规范管理的基本方向。这项工作统筹在全省、难点在基层。如何进一步加强对基层工作的统筹规划和督促指导，是决定“双化”、“双基”工作成效的关键所在。在这一背景下，开展省直管县财政改革为推进“双化”、“双基”工作创造了有利的体制基础。一方面，开展省直管县财政改革使省财政管理工作进一步向基层延伸，其本身就是推进精细化管理、加强基层建设的内在要求。另一方面，开展省直管县财政改革减少了财政管理层级，财政资金、财政政策、项目信息从省级直接到达县级，县级的实际情况和相关诉求也能够直接传递到省级，

有利于加快信息通达机制的建立，使省级部门更加贴近基层，深入基层，了解基层情况，制定的政策、推进的改革更加符合基层实际，更加有利于建立符合基层发展要求的财政管理模式。

因此，推进省直管县财政改革，对于广东省实现均衡、可持续发展具有极为重要的现实意义，相关市县财政部门必须高度重视，增强工作的主动性和积极性，全力以赴做好改革工作。

二、认真学习，深入理解，领会掌握改革的精髓与内涵

理解、掌握推进省直管县财政改革的内涵与精神实质，是顺利推进改革的前提条件。对于财政部推进省直管县财政改革的精神实质，各级财政部门一定要认真学习，深刻领会，并结合自身实际情况加以贯彻落实。按照财政部推进省直管县财政改革的实施意见，以及近年来关于加强县域基层财政和财政基础管理工作的一系列部署，结合广东省实际情况，我认为省直管县财政改革内涵包括两个方面：一是省财政在财政收支划分、转移支付、资金调度、预决算和财政结算等“五个方面”直接对县，重点在构建新的财政管理方式；二是加强县镇（乡）基层财政建设和财政基础工作，重点在建立完善财政管理的平台。两项工作紧密联系，相辅相成。省直管县财政改革后，由于减少了财政管理层级，财政资金、政策、项目信息从省级直接到达县级，必然要求加强对县级的督促与指导，加强基层财政建设和财政基础管理工作；另外，加强基层财政建设和财政基础管理工作，有利于增强财政干部队伍理论业务素质，提高基层财政部门管理水平，加强基层财政部门自身建设，为省直管县财政改革提供良好的软硬件环境。因此，第二项工作既是当前广东省财政工作亟待加强的方面，也是省直管县财政改革的重要配套保障措施，没有基层财政建设和财政基础工作的改善与加强，省直管县财政改革同样不可能真正取得成效。

（一）省直管县财政改革的核心是省财政在“五个方面”直接到县

一是财政收支划分直接对县。在进一步理顺省与市、县支出责任的基础上，确定市和县财政各自的支出范围，市、县不得要求对方分担应属自身事权范围内的支出责任。市县间财政收入一般按属地原则划分，市、县辖区内的地方税收及非税收入除中央和省级收入外，都归市、县财政所有。

二是转移支付直接对县。省财政转移支付直接核定并补助到市与县，专项拨款补助由市、县直接向省级财政等有关部门申请，由省级财政部门直接下达市与县。市级财政可通过省级财政继续对县安排转移支付补助。

三是财政预决算直接对县。市、县统一按照省级财政部门有关要求，各自编制本级财政收支预算和年终决算，分别报省汇总。市级财政部门要按规定汇总市本级、所属各区县及试点县预（决）算，并报市人大常委会备案。

四是资金调度直接对县。取消市与县之间日常的资金往来关系，建立省与市、县之间的财政资金直接往来关系。省级财政直接确定市、县的资金调度额度。市、县金库按规定直接向省级金库报解财政库款。

五是财政结算直接对县。年终各类财政结算事项由省级财政与市、县财政直接办理。市与县之间如有财政结算事项，必须通过省级财政办理。

实行完全意义上的省直管县财政改革，需要做到“五个直接对县”，切断市级财政与县级财政的结算资金往来关系。为贯彻落实“五个方面直接对县”，省财政根据省政府文件精神，拟定了具体实施细则，在本次会议上一并征求大家意见。希望大家认真研究提出意见，省财政将根据大家意见研究修改完善，拟报省政府批准后下发执行。

有一个问题在这里给大家说明一下，根据广东省实际情况，省政府决定从今年10月1日起推行省直管县财政改革，改革时间与财政年度不一致。为妥善处理2010年省与市县之间的财政决算和财政结算问题，确保改革平稳推进，有序进行，广东省省直管县财政改革将采取分步实施、逐步到位的办法，将2010年10月1日至2010年12月31日定为改革过渡期，过渡期内，省财政资金调度直接对县，重点建立省直管县财政改革的基本架构。从2011年1月1日起，全面实行“五个方面直接对县”。

（二）省直管县财政改革的关键是加强基层财政建设和财政基础管理工作

按照省政府关于开展省直管县财政改革试点的通知精神，广东省在推行省直管县财政改革的同时，需实行以加强县级财政管理为核心的综合配套改革，推进财政支出管理电子平台建设、乡镇财政管理信息化建设、乡镇财政资金监管、镇（乡）财政管理方式改革和村级财务管理方式改革等配套改革，进一步提高基层财政管理水平，增强基层财政保障能力。各试点市、县要积极贯彻落实，按照省财政的统一安排和部署，扎实做好相关工作。前段时间，谢旭人部长来广东省调研时一再强调，要加强管理基础工作和基层财政建设，全面推进财政科学化精细化管理。为贯彻落实省政府政策和谢旭人部长指示精神，厅里面目前正在研究制定加强基础工作和基层建设、推进财政科学化精细化管理的实施意见，拟对广东省财政基础管理工作和基层财政建设作出全面部署。加强管理基础工作和基层财政建设是推进省直管县改革的关键环节，为此，市县财政部门要着重从以下几个方面抓好工作。

一是抓住预算编制这个“龙头”，建立科学化精细化制度。加强财政管理基础工作和基层建设，推进财政科学化精细化管理，必须紧紧抓住预算编制这个“龙头”。按照财政部的统一部署，经省委、省政府批准，广东省从2000年开始实施部门预算改革。省级在2002年全面推开了部门预算改革，地市级在2004年、县区级在

2005年也基本推开改革。总体来看，广东省部门预算改革的发展态势较好，但由于广东省区域财力差异较大、预算管理水平不一等原因，市县两级特别是县级部门预算改革在广度和深度上都存在不平衡的问题。在预算编制周期和程序的确定、预算公开透明度、预算与资产、人员编制的有机结合等方面，还存在不够科学、不够合理、不够规范、不够细化等问题，进一步深化改革的任务还十分艰巨。各市、县要以科学发展观为指导，按照中央和省的部署，在推进省直管县财政体制改革的同时，下大力气完善预算编制制度，提高科学化程度和精细化水平。要按照完善社会主义市场经济的要求，建立完整的政府预算体系，逐步建立由公共财政预算、国有资本经营预算、政府性基金预算和社会保障预算组成的有机衔接的政府预算体系，全面反映政府收支总量、结构和管理活动，推动政府理财方式变革，从源头防治腐败，推动社会主义民主政治发展；要细化预算编制，解决传统预算编制过粗的问题；要增强预算编制完整性，将上级补助、返还、转移支付提前告知数等全部纳入年初预算；要加强部门预算专项结转和净结余资金统筹使用，并建立预算执行与下年预算编制的有效衔接；要建立完善年度预算与中长期财政规划有效结合的机制，将部门预算与绩效评价、资产管理、政府采购等紧密结合，协调推进，并针对薄弱环节，不断完善管理机制和流程，努力提高预算编制科学化精细化程度。同时，按照谢旭人部长在广东省视察时的指示精神，各级财政部门要主动谋划，提前准备，尽早布置部门预算编制工作，提前从宏观政策上、从预算编制制度方面进行研究，提高预算编制的主动性、科学性。

二是抓住预算执行这个根本，提高资金使用效益。预算执行关系到中央和省出台政策的贯彻落实，关系到财政职能发挥和财政资金使用效益。要在完善预算编制，提高预算编制科学化精细化水平的基础上，采取切实有效的措施加强预算管理，不断提高预算执行的均衡性和效率。今年，围绕加强预算执行管理这一目标，中央和省财政以加快预算执行进度为抓手，研究制定了相关制度措施，如建立预算执行情况通报制度、清理结余结转资金等，在广东省各级财政部门共同努力下，这项工作取得了一定的成绩，广东省预算执行进度在全国名列前茅。但是，与财政部的要求相比，与财政改革与发展的趋势相比，与人民群众的期待相比，我们仍存在一定的差距。无论是今年部里召开的各次会议，还是谢旭人部长的每次视察调研，支出进度都是强调的重点，因此，大家要将加快支出进度作为今年财政工作的头等大事来抓，作为加强预算执行管理的核心任务来抓，作为省直管县财政改革试点的一项重要配套工作来抓，想方设法采取有效措施，如尽快下达和安排转移支付资金、清理结余结转资金、采取约谈通报制度等，加快支出进度。另外，预算执行是政府各部门的分内职责，绝不仅仅是财政部门的责任，大家要加强业务宣传，落实部门作为预算执行的责任主体，把督促部门加强预算执行管理作为日常工作重点，提高部门加强预算执行管理的积极性和主动性。

三是抓住预算监督这个保障，促进管理与监督的有机结合。预算编制、预算执行和预算监督是相互联系、相互分离又相互制衡的三个环节。党的十六届三中全会《关于完善社会主义市场经济体制若干问题的决定》提出要“改革预算编制制度，完善预算编制、执行的制衡机制，加强审计监督”。省财政厅十分注重财政监督作用的有效发挥，提出在财政运行过程中，把监督作为财政管理的必要环节和组成部分，纳入制度设计和安排，形成财政监督与财政管理的紧密融合，实现对财政资金运行全过程的动态监控，构建一个科学合理、系统全面、权责明确、运作规范的财政监督工作机制。经过这些年的努力，建立并完善了内部循环监督工作系统、财政资金垂直跟踪监督工作系统、省级财政专项资金监督工作系统和重大公共项目全过程监督工作系统等四大监督工作系统，同时还建立了与省人大、省审计厅联网的“实时在线财政预算监督系统”和实施了“财务核算信息集中监管”改革，财政监督工作逐步从注重检查型监督转变为管理型与检查型并重的监督，从部门各自监督转变为部门联合监督，从事后监督转变为实时监督和全方位监督。市县财政部门要进一步提高对预算监督工作重要性的认识，按照省的部署和改革思路，推进预算监督体系建设，将监督纳入预算编制、执行通盘考虑，建立健全覆盖所有政府性资金和财政运行全过程的监督机制，促进监督与管理的有机融合，并自觉依法接受人大审计监督，保障各项政策落到实处，每笔资金都能充分发挥效益。需要强调的是，乡镇财政监督职能能否充分发挥，关键在于县的指导，县级财政要加强对乡镇财政的指导和监督，明确乡镇财政的具体监管范围，量化、细化监管任务和责任，组织和指导乡镇财政开展监管工作，加大检查力度，及时发现并研究解决乡镇财政管理中存在的问题。

四是抓住基层这个关键，充实完善乡镇财政职能。经过多年的努力，广东省基层财政工作和建设取得了长足的进步，但仍存在许多薄弱环节和需要提高的地方。乡镇财政贴近基层、贴近群众，具有就地监管、就近监管的优势，如何发挥好乡镇财政职能，用好乡镇财政干部队伍，已成为加强财政基层建设的一项非常重要而又紧迫的任务。财政部十分重视基层工作、关心基层建设，前段时期接连下发了几个关于基层工作和建设的指导文件。谢旭人部长在广东省调研的时候，专门深入基层检查指导工作，并对如何加强基础工作和基层建设作出了具体指示。省财政厅积极贯彻落实，结合广东省基层财政工作实际，拟出台实施意见，指导、督促基层开展相关工作，实施意见目前正在制定中。关于加强基层建设，我认为，要按照健全公共财政体系的要求，合理界定和充实乡镇财政职能，强化乡镇财政监管职责。市县财政部门要建立乡镇财政信息通达机制，要及时将涉及乡镇部门或在乡镇辖区范围内实施的各类政策、资金和项目信息，采取简便有效的方式通知乡镇财政部门，有关资金拨付文件要及时抄送到乡镇，确保乡镇职能的有效发挥。要加强对乡镇财政干部的培训，加快乡镇财政信息化建设，逐步改善乡镇财政用房、交通、设备等基本办公条件，关心乡镇财政工作人员工作生活。随着社会主义新农村建设的推进和公共财政职能的不断加强，中央和省用于乡镇以下的资金大幅增加，如何加强资金监管，发挥财政资金效益，直接关系到惠民政策的落实。县级财政部门要切实发挥指导、督促作用，将其作为财政工作的分内职责来开展，并使其经常化和制度化，以充分发挥乡镇财政监管作用。

加强基础工作和基层建设，推进财政科学化精细化管理体现在日常工作中，这项工作做得好不好，直接关系到省直管县改革能否顺利推进，各级财政部门要统一规划、因地制宜、系统推进、分步实施，切实将此项工作抓好抓紧抓实。

三、统一思想，注重协调，确保改革顺利推进

省直管县财政改革是一项系统工程，意义重大，影响深远。为确保改革稳步有序推进，结合广东省实际情况，我再提几点要求。

（一）统一思想，加强领导

推进省直管县财政改革，是中央的统一部署和整体要求，是省委、省政府的重大决策，是各级各部门的共同责任，各市县政府及有关部门要切实统一思想，加强领导，充分调动各方面的积极性，保障改革顺利实施。大家回去后要将这次会议精神及时向政府汇报，全面部署谋划改革，认真制订改革方案。同时，加强学习，吃透中央和省的文件精神，通过学习领会，充分认识改革的重要性、紧迫性、复杂性和艰巨性，自觉把思想和行动统一到中央的要求上来，统一到省委、省政府的决策上来，统一到推动广东财政科学发展上来，统一到推进改革的具体实践中来，切实履行好自身职责，全力以赴做好改革各项工作。要强化组织领导，落实好工作职责，各级财政部门一把手要亲自抓，挑选理论政策水平高、业务能力强、工作作风踏实的业务骨干负责具体工作，为改革提供有力的组织保障。

（二）及时行动，推进改革

今年的省直管县试点将于10月1日起正式运行，距今仅一个多月的时间，即使到年底也仅三个月时间。在这短短数月内需要理顺上下级方方面面的利益关系，开展财政收支划分、财政基数分解与划转、债务处理、政策及管理制度调整等一系列工作，还需要协调解决其他改革过程中出现的共性和个性问题，任务十分艰巨。有关市县财政部门必须增强紧迫感，及时行动，落实分工，按照省的统一部署和确定的工作任务，抓紧开展省直管县改革试点工作，改革中遇到的问题和困难及时向上级反映，确保改革按时顺利推进。

（三）明确职责，相互支持

要实现省直管县财政改革顺利推进和平稳运行，相关市县必须坚持从大局出发，进一步明确职责，相互支持，共同推进。一方面，市级仍要继续履行对县（市）发展的统筹协调和帮扶责任。实行财政省直管县并非将市与县完全割裂开来，在财权相对独立的基础上，地级市与试点县在行政管辖和经济社会管理方面仍是不可分割的整体。因此，对试点县的改革发展，地级市要从全局出发，继续加强帮扶和指导，要纳入全市统一规划中加以扶持。市级财政部门要切实履行职责，从支持县域发展、缓解基层财政困难的角度出发对试点县尽可能给予支持和倾斜，包括在体制“分家”和基数核定时尽量对县给予照顾，在今后社会事业发展和民生政策落实方面，也要一如既往地给予试点县帮助和支持。同时还要继续做好对县级财政的业务指导和监督，认真完成上级财政部门交代的各项工作任务。另一方面，试点县也要服从大局，自觉接受全市的统一规划和政策指导。县财政部门要自觉服从和接受市级财政的指导与监督。在财政改革和发展过程中，遇到新情况、新问题要及时向市级财政部门汇报和反映，建立良好的沟通协调机制，共同努力实现协调发展。

（四）加强协调，协同推进

由于省直管县财政改革与行政体制改革的不同步，财政部门在改革推行以及执行落实有关涉及财政部门的政策过程中，必然遇到一系列与政府及相关部门的衔接协调问题，工作较为复杂，难度较大。因此，在改革过程中财政部门要切实加强上下级以及部门之间的协调配合，不断理顺工作关系，建立经常性的沟通联络机制，齐心协力把改革措施落实到位。对改革过程中出现的问题和矛盾，要认真加以研究，互相体谅，积极协商解决，不得推诿扯皮，不得消极对待。要坚持正确的舆论导向，及时澄清认识误区，增强社会各方面对改革的理解与支持，统一改革思想、凝聚改革共识、形成改革合力、减少改革障碍。在改革过程中，无论遇到多大的困难和矛盾，都要毫不动摇地坚持改革方向，团结协作，各级、各部门共同努力，形成促改革、抓落实的强大合力，主动积极克服困难，解决问题，化解矛盾，确保改革顺利推行。

（五）统筹规划，完善机制

省直管县财政改革是一项综合性改革，不仅仅是财政分配关系的调整，也包括财政管理机制的完善。省和各试点市县在推进改革过程中必须坚持统筹谋划，紧密围绕中央和省关于推进财政科学化精细化管理，加强基础工作和基层建设的政策精神，结合本地实际情况，以省直管县财政改革为契机，紧扣预算编制、预算执行和财政监督三个环节，突出基层财政建设一个重点，全面推进财政综合配套改革，不断构建完善省直管县财政综合管理机制，以管理促改革，以改革促发展，为有效缓解基层财政困难，实现均衡、可持续发展奠定体制机制基础。

（本文系作者2010年8月24日在广东省省直管县财政改革试点工作会议上的讲话）

公共财政与经济发展方式转变

广东省财政厅党组书记、厅长　曾志权

一、公共财政与经济发展方式转变的内在联系

转变经济发展方式，是党中央在总结国内外发展实践经验、深刻把握我国经济发展规律，从我国经济发展实际出发提出的重要发展方针和重大发展战略，是关系国民经济全局紧迫而重大的战略任务。广东省作为改革开放的先行地，要更好地发挥在国家经济社会发展全局中的重要作用，当好推动科学发展、促进社会和谐的排头兵，必须率先在转变经济发展方式迈出步伐，走出一条结构优化、效益提高、区域协调、城乡统筹、民生改善、社会繁荣、人民幸福安康的和谐发展之路。公共财政是宏观经济的重要调控手段，是党和国家履行经济社会管理职责的物质基础和财力保障。公共财政如何更好地促进经济发展方式转变，是当前新形势下公共财政建设的一个重要任务。这不仅需要我们深刻认识转变经济发展方式的科学内涵，而且要全面把握公共财政与转变经济发展方式的内在联系，找准切入点，突出重点，发挥作用。

（一）关于公共财政的职能及其定位

在市场经济条件下，政府的主要职能是加强和改善宏观调控，弥补市场缺陷，保持经济平稳健康发展，包括制定和执行宏观调控政策、调节社会分配和完善社会保障、保护自然资源和生态环境等，实现经济社会发展目标。公共财政是政府为满足社会公共需要而进行的政府收支活动，体现的是政府的活动范围和政府职能意图，并随着政府职能的变化而变化，公共财政建设的根本任务是要恰当处理好经济社会转型、政府职能转变而带来的财政职能转变和财政转型问题。因此，公共财政是一个动态发展的概念。在社会主义市场经济的不同发展阶段，公共财政满足社会公共需求的侧重点也有所不同。当社会发展进入完善社会主义市场经济体制阶段后，经济社会发展的目标由单纯追求经济增长转向推动经济发展方式的全面转变，公共财政必须围绕促进经济发展方式转变来配置资源、参与调控。这是建设和发展公共财政需要解决的一个基本的方向性、战略性问题，也是进一步深化财政改革、充分发挥财政职能作用的重要课题。

根据公共财政的一般理论和社会主义市场经济内在要求，社会主义市场经济条件下，财政的基本职能可以概括为四个方面：

一是资源配置职能。就是将一部分社会资源集中起来，形成财政收入；再通过财政支出分配引导社会资金流向，弥补市场缺陷，最终实现全社会资源配置效率的最优化。在社会主义市场经济条件下，财政不仅直接分配部分社会资源，而且能够对全社会的资源进行调节。包括调节社会资源在政府部门和非政府部门之间的配置，调整财政收入在国内生产总值中所占的比重，通过调整财政支出结构满足各种公共需要，通过资金的分配及相关的财政政策引导社会资金流向等。

二是收入分配职能。通过政府财政收支活动，对各类社会成员收入在社会财富中所占份额进行调控，以实现收入分配公平的目标。在市场为主导的初次分配中出现的分配不公，必须依靠政府的力量，通过财政的手段予以调节。财政调节收入分配主要有三种形式：划清一次分配和财政二次分配的范围和界限；规范国民初次分配制度，调节个人收入和级差收入；通过转移性支出，使每个社会成员享受基本的生活和福利水平。

三是调控经济职能。包括运用财政政策促进实现全社会总需求和总供给的基本平衡；通过财政资金的投入，促进经济结构的优化升级；发挥内在稳定器的作用，减缓经济的周期性波动等。通过这些措施，实现社会资源的充分利用，保持合理的物价水平和较快的经济发展速度。

四是监督管理职能。在社会主义市场经济条件下，利益主体的多元化和经济决策的分散性，必然出现市场的自发性和排他性。要保证宏观调控和微观政策的有效性，财政必须强化监督管理。包括通过对宏观经济和微观运行的监督管理，为经济平稳运行创造良好的环境；通过加强对资金使用的监督管理，提高财政支出效率等。

公共财政的这四大职能决定了其在促进经济发展方式转变中作用的方向和着力点。当前，加快经济社会发展方式转变，推进实现科学发展新模式，对财政改革发展提出了新的要求，形成了新的导向。这个导向引导着财政的转型，以建立与经济发展方式转变要求相适应、相匹配的财政形态。

（二）关于经济发展方式转变的内涵及其特征

党的十七大提出，要加快转变经济发展方式，推动产业结构优化升级。从党的十四届五中全会提出转变经济增长方式，到十七大提出转变经济发展方式，从“增长”到“发展”一词之变，内涵却有明显差异，标志着经济发展理念的整体创新和经济发展路径的战略转变，意味着科学发展观实现路径的深刻调整，反映了我们党对建设中国特色社会主义的经济发展规律认识的全面深化。

根据发展经济学理论，经济增长意味着生产能力的扩大，是一国产出水平、社会物质及生活水平的提高，而经济发展，既突出经济领域中数量的变化，更强调和追求经济运行中质量的提升和结构的优化。显然，经济增长不能等同于经济发展，只关注经济增长而忽略经济的全面、协调和可持续发展，增长方式、增长代价以及增长结果显失公平，必然导致经济增长成本过高、难以维系。国际经验证明，经济增长并不一定带来经济发展，甚至在经济增长速度很高的情况下，许多国家并没有取得社会经济的普遍进步，反而出现了“没有发展的经济增长”现象。

【参考】20 世纪七八十年代是拉美经济的起飞时期，工业年均增长 8% 以上，国民经济年均增长 6.5%。到 21 世纪初，巴西等拉美主要国家人均 GDP 达到 2 000 美元。但经济快速增长的同时，却同时出现了失业率持续攀升，贫富悬殊、两极分化的社会现象，大多数人享受不到现代化的成果，各种社会矛盾凸现和激化。其结果是，拉美一些国家因此陷入动荡，发展停滞。这种状况被称为“拉美陷阱”。

同转变经济增长方式的涵义相比，转变经济发展方式的内涵更为深刻、全面，转变经济发展方式是经济发展方法、手段与目标的整体转变，意味着由单纯追求速度、盲目扩大数量的增长方式转变为数量和质量、速度和效益统一的发展方式，主要依靠科技进步、劳动者素质提高、管理创新和制度变革带动持续增长，实现经济增长方式的整体转变和全面提升；从效率优先的分配模式向兼顾效率和公平的分配模式转变，推动全民均等分享发展成果的发展目标，促进社会和谐发展。这集中反映了我国经济社会发展的阶段性特征，体现了科学发展观和社会主义市场经济发展规律的要求。

由此，我们可以发现，转变经济发展方式的提出，标志着经济发展理念的整体创新和经济发展路径的战略转变。转变经济发展方式的内涵具有三个鲜明的特点：一是转变经济发展方式不仅注重数量的增长，而且更注重通过科技进步、科学管理提高生产要素的质量和使用效率；二是转变经济发展方式不仅注重经济总量的扩张，而且更注重经济结构及运行质量；三是经济发展方式转变不仅注重经济领域的发展，而且更注重经济、社会和资源环境的协调发展。

（三）公共财政与经济发展方式转变的内在联系

公共财政与经济社会发展方式转变的关系，是由经济社会转型所决定的。公共财政与经济发展方式转变两者的理论基础是一致的，公共财政以促进经济社会发展方式转变为目标，是加快经济发展方式转变的物质基础和重要手段。同时，经济发展方式转变是公共财政可持续发展的坚实基础，经济发展转变的成效在财政中得到了充分的体现。

1. 公共财政是促进经济发展方式转变的重要手段。社会主义市场经济条件下，市场是一只“无形的手”，是资源配置的基础手段。但市场不能解决所有的问题，市场失灵问题的存在决定了经济不能完全依照“看不见的手”实现健康运行。同样，推动经济发展方式转变，我们既要充分发挥市场的基础性作用，同时也要健全宏观调控体系，发挥政府“有形之手”的力量。财政作为政府履行职能的物质基础，是政府宏观调控的重要手段，与社会经济各个领域、各个方面利益格局的形成和调整有着极大关联，财政体制的确定、财政政策的选择和财政分配的调整，对经济总量、经济结构以及经济发展方式的选择，都有着至关重要的影响。公共财政可以在推动经济发展方式转变过程中发挥重要的作用，主要体现在三个方面。

第一，财政体制的引导作用。在财政收支总量既定的前提下，财政体制的架构、财政总量的配置，不仅对财政资金本身的使用效率，而且对经济发展方式的形成和转变，都有着直接或间接的重要影响。依据财政分权理论，财政体制应遵循事权与财权，或政府职责的履行与其所需的相应财力相统一、相对称的原则。如果财政体制的设计符合这一原则要求，或者说在财政资源配置合理的情况下，可以使各级政府形成明确的行为预期，激发其提升本地经济发展长远竞争力、实现可持续发展的积极性和主动性，减少因财权过大或过小、履行事权所需财力的过剩或不足选择短期行为而带来的效率损失，为加快经济发展方式转变提供内生动力。

【参考】为有效打破缺乏激励的平均主义，从 2004 年起，广东省建立实施了促进县域经济发展的激励型财政机制，并根据形势发展不断调整完善，有效调动了县域特别是山区贫困县加快经济财政发展的积极性，效果十分显著。2003～2009 年，全省 67 个县（市）县均一般预算收入从 1.3 亿元增加到 3.4 亿元；67 个县（市）按财政供养人口计算的人均财力和人均支出水平分别从 2003 年的 1.54 万元和 2.34 万元，提高到 2009 年的 3.88 万元和 6.25 万元。

另外，通过财政体制调整，可以有效引导地方政府行为，为摆脱传统发展路径依赖、加快经济发展方式转变提供有力的体制支撑。其中的一个重要体现就是财政转移支付改变偏重于经济总量和财政收入总量等少数经济指标的状况，全面引进经济发展、生活水平、社会发展、生态环境等指标，可以有效鼓励地方政府更多地考虑环保、资源等因素，主动转变经济发展方式。广东省去年以来建立实施的生态激励型财政机制和横向财政转移支付机制，都是运用财政体制有效引导地方政府行为、加快经济发展方式转变的生动实践。

第二，财政政策的支持作用。随着财政收支绝对规模的不断扩大及对 GDP 的相对比重持续上升，财政政策的选择和变动对经济发展态势和格局有着非常重要的影响。一方面，可以体现为直接降低转变成本。转变经济发展方式隐含着改革、转轨的成本。在传统经济增长模式几十年的形成和运行过程中，已经具备了一定的路径依赖特征，如果退出这一路径转向新的发展路径，涉及一系列可能发生的成本，如产品升级换代、新技术的研发和利用等，都是转变经济发展方式的相关成本。满足这些前提条件所需的成本和相关联的经济体制转型中所出现的改革成本一样，很难由市场迅速消化。另外，实现经济发展方式转变的一个突出问题是外部效应问题。

【参考】“外部效应”，又称溢出效应，是指在经济活动中，某个经济主体的活动给其他经济主体带来的影响，这种影响可能是有益的，也有可能是有害的。有益的影响称为正外部效应，如加大研究开发投入；有害的影响称为负外部效应，如环境污染。

从经济和产业发展规律看，自主创新和新兴产业发展都有前期投入大、风险高的特征，同时又具有很强的外部性和社会效益。需要通过财政政策的支持，降低转变的成本，使外部效应内部化，有效解决“市场失灵”的问题。如为支持提高自主创新能力，2007～2009 年，广东省各级财政累计投入 208.61 亿元，年均增长 15.86%，资金支持方向涵盖了自主创新的各个领域和环节，实现了对自主创新的全方位支持。另一方面，体现为间接的激励和约束。与政府直接支付转变成本相比，政策的激励和约束则带有一定的间接性，但往往更具有规范性和长效机制特征。财政政策可以通过特定的作用方式和工具组合，重新调度和配置一部分经济利益，起到激励和约束经济行为的作用。如为应对国际金融危机对中小企业发展造成的不利影响，省财政在 2009 年一次性新增 40 亿元支持中小企业发展和扩大出口，其中 10 亿元用于扶持中小企业技术改造和技术创新的贷款贴息或补助。截至今年年初，省财政共审核安排补贴资金 9.61 亿元，支持中小企业 2 293 家，带动中小企业贷款融资 395 亿元，财政资金放大倍数达到 41 倍（见图 1）。

第三，财政分配的保障作用。经济发展方式转变是经济发展方法、手段与目标的整体转变，不仅重视经济规模扩大和效率提高，更强调经济发展的可持续性和发展成果的共享性，民生的持续改善和社会的和谐稳定，既是经济发展方式转变的重要内容，也是经济发展方式转变的根本保障。因此，一定时期的财政收支总量及其对社会公共产品、公共服务的提供程度，即提供的数量与质量，满足公共需要的方式与方向，对经济发展方式的形成与选择必然有着极为重要的影响。世界各国的发展经验表明，公共财政对公共服务的保障程度与经济发展方式转变的成效高度相关。如果公共服务能够与经济发展的要求相适应，而不是成为经济发展的“瓶颈”，将对一国经济发展起到巨大的推动和前导性作用，奠定必要的前提和基础。在财政改革发展过程中，通过强化公共财政满足社会公共需要的职能作用，夯实经济发展方式转变的基础条件，是对经济发展方式转变的有效支持。如近年来，广东省通过加大对基本公共服务领域的资金保障力度，加快推进基本公共服务均等化，着力建立健全保障和改善民生的长效机制，2003～2009 年，全省各级财政对公共教育、公共卫生、社会保障等各项民生投入达到 9 616 亿元，占全省一般预算支出的比重从 43.63% 提高到了 57.13%，有效地发挥了财政政策、资金在改善民生、扩大消费中的重要作用（见表 1）。

2. 经济发展方式转变是财政可持续发展的坚实基础。经济决定财政，实现财政的可持续发展必须以经济的平稳健康可持续发展为基础。在经济发展方式转变过程中，通过技术创新、结构优化、环境改善和资源的合理配置等，一方面，淘汰落后的生产能力，另一方面，形成新的经济

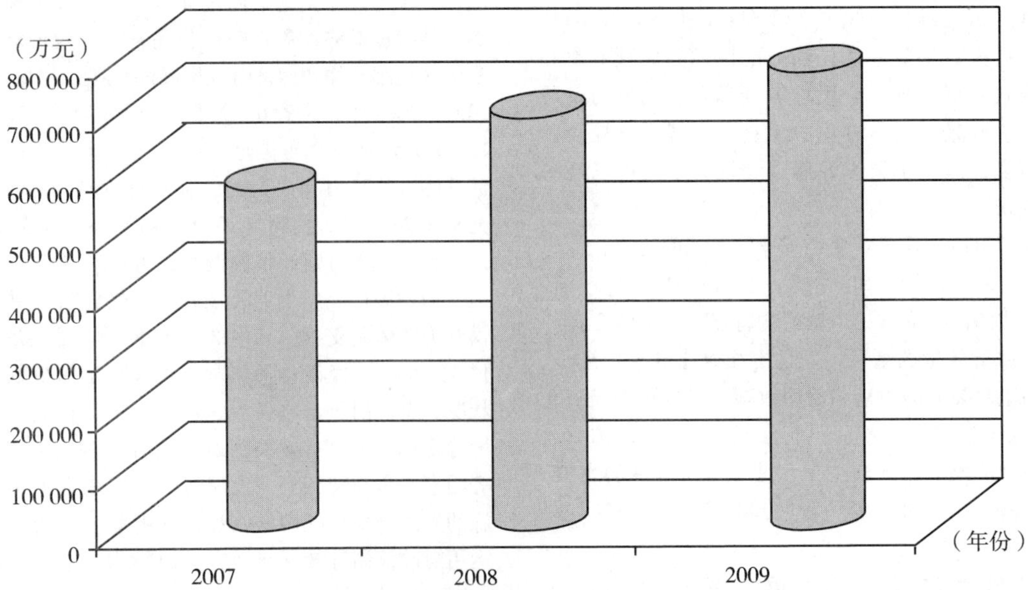

图 1　全省财政自主创新投入情况（2007～2009 年）

表1　　广东省财政民生社会事业投入情况　　单位：万元

项　　目	2003～2009年	2003年	2004年	2005年	2006年	2007年	2008年	2009年
一般预算支出合计	196 512 436	16 956 324	18 529 500	22 890 691	25 533 399	31 473 114	37 785 681	43 343 727
其中：民生社会事业支出	96 165 028	7 397 937	8 090 045	9 237 974	10 898 942	15 882 931	19 895 233	24 761 966
教育	33 467 066	2 652 474	2 879 522	3 292 088	3 926 235	5 651 432	7 033 269	8 032 046
科学技术	6 759 775	517 006	564 263	686 964	796 663	1 184 707	1 325 155	1 685 017
文化体育与传媒	4 228 934	381 087	442 981	508 356	592 184	522 154	667 154	1 115 018
社会保障和就业	17 708 190	1 512 100	1 718 641	1 862 233	2 164 420	2 807 434	3 628 345	4 015 017
医疗卫生	9 247 574	735 442	729 099	823 633	1 035 579	1 383 845	2 011 467	2 528 509
环境保护	2 490 990	117 926	195 375	205 998	246 149	246 685	470 878	1 007 979
农林水事务	11 145 128	1 051 990	1 069 750	1 259 163	1 341 398	1 704 674	1 926 025	2 792 128
城乡社区事务等	11 117 371	429 912	490 414	599 539	796 314	2 382 000	2 832 940	3 586 252
占一般预算支出的比重（%）	48.94	43.63	43.66	40.36	42.69	50.47	52.65	57.13

注：（1）本表以快报数填列（2008年、2009年是决算数）；（2）民生支出不包含维持运转的行政和公检法部门支出。

增长点，有利于增强经济发展后劲，同时也为财政的可持续发展提供坚实基础。从实践结果来看，转变经济发展方式对财政的影响不仅反映在财政收入总量上，而且反映在财政收入结构上，对提高财政收入质量、确保财政收入可持续增长起着关键作用。近年来，广东省财政收入规模不断扩大、财政支出结构不断优化，呈现“增长快、质量稳、结构优、协调好”的态势。今年上半年，来源于广东省的财政收入完成5 753.63亿元，比上年同期增长46.23%；全省地方一般预算收入完成2 188.09亿元，增长21.53%，增幅比上年同期提高了19.28个百分点。经济是财政的源泉和基础，广东省财政收支成果的取得，其中除了宏观经济回升向好、各地区加强收入征管等因素外，最重要的原因是广东省加快经济发展方式转变战略的深入推进，带动了财政收支规模的扩大和结构的优化。

【参考】从税收收入产业结构看，今年上半年，广东省第三产业实现税收2 807亿元，比上年同比增长27%；全省来自第三产业税收的比重由2009年的54.5%提高到今年上半年的55.6%；从税收收入行业结构看，医药制造业实现地方税收收入9.68亿元，增长12.04%，来自电子信息、电气机械及专业设备、石油及化学三大新兴支柱产业的税收收入比重由2009年的29.14%提高到今年上半年的29.49%。又如，“双转移”战略推动了区域财税协调发展。今年上半年，省产业转移工业园实现税收42.3亿元，同比增长75.6%。广东省13个产业转移竞争性扶持资金中标市2010年上半年一般预算收入平均增长26.92%，超全省平均水平5.39%。经济发展方式转变有效促进了广东省财政收入质量的提高，为广东省财政可持续发展打下了坚实的基础（见图2）。

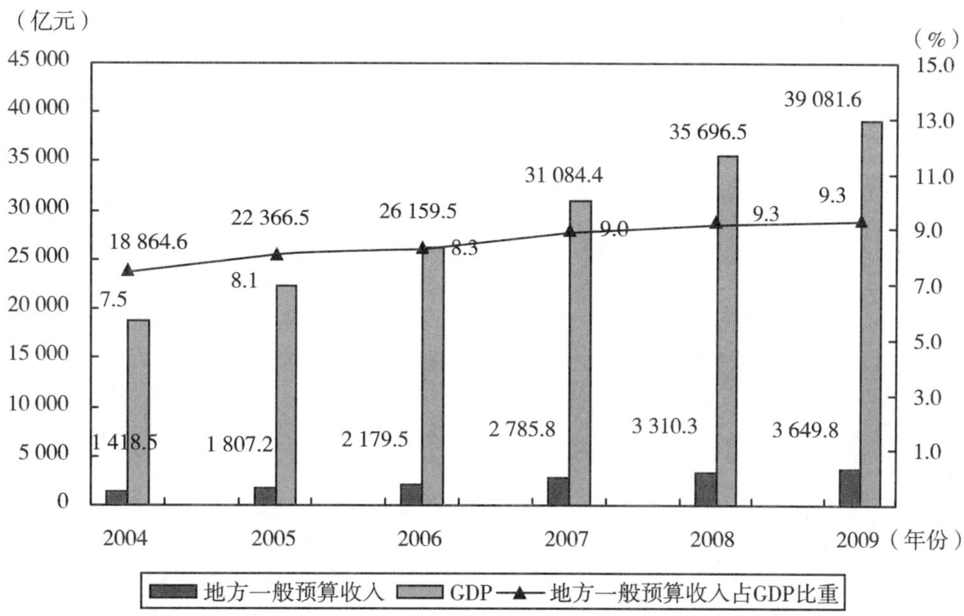

图2　广东省地方一般预算收入与GDP及其比重变化

财政收入的持续增长和收支规模的迅速扩大，为更好地支持全省经济社会发展提供了充足的财力保障。同时，我们也要深刻认识到广东省财政可持续发展面临的各种困难和挑战。近期来看，国际金融危机影响的严重性和经济复苏的曲折性超出了预期，国家加快出台一系列调控政策，使广东省经济运行面临许多新情况、新问题。经济发展的形势折射到财政方面，使得财政运行面临一些不确定因素和困难，收入增幅可能出现较大幅度回落。广东省地方一般预算收入总量虽仍在各省市排名第一位，但第二位的江苏省与广东省的差距逐年缩小。今年上半年，广东省收入增幅在全国排名第27位，与江苏、上海及全国各省市平均增幅均呈逐月回落态势，但广东省增幅回落更大，追兵越来越逼近，继续保持财税收入总量排头兵的地位压力越来越大，我们不能不增强忧患意识。长期来看，占广东省经济总量主体的珠三角地区人口资源环境制约趋紧，经营成本全面上升，经济发展极化效应有所削弱；东西北地区受产业结构不够合理、基础设施薄弱及发展理念等因素的影响，地区经济总量偏小，自我发展能力偏弱。

【参考】出现这种情况，很重要的原因就是江苏、上海、山东等省市的经济结构比广东省更为合理。近年来广东省在固定资产投资、自主创新投入等方面都与江苏、上海等地都有一定的差距。以与江苏的比较为例，2009年，广东省全社会固定资产完成13 353.15亿元，同比增长19.5%；而江苏全年全社会固定资产投资完成18 751.6亿元，同比增长24.5%，超过广东省5 398.45亿元。在全社会固定资产投资中，广东省2009年工业投资完成4 439.49亿元，增长13.7%，其中，制造业投资全年完成4 439.49亿元，增长1.7%。而同期江苏省工业投资完成6 603.6亿元，增长21.4%。其中，制造业投资完成5 999.4亿元，增长22%；高新技术产业投资1 493.3亿元，占工业投资比重达22.6%。

面对严峻的形势，我们必须加快经济发展方式转变，增强经济发展后劲，为实现财政可持续发展奠定坚实的基础。

二、运用公共财政手段促进经济发展方式加快转变的重要性和紧迫性

转变经济发展方式及相应的结构调整和改革深化，是我国经济正在经历的一次深刻转型和伟大变革。未来应对后国际金融危机时代国内外经济环境的新变化、新挑战，实现经济均衡、可持续发展，在根本上取决于经济发展方式转变的进程和成效。

【参考】2009年12月胡锦涛总书记到广东省考察工作时就强调，转变经济发展方式刻不容缓，必须把加快经济发展方式转变作为深入贯彻落实科学发展观的重要目标和战略举措，坚定不移调结构，脚踏实地促转变，“早觉悟、早动手、就会早主动”。在今年2月份省部主要领导干部深入贯彻落实科学发展观加快经济发展方式转变专题研讨班上，胡锦涛总书记强调，加快经济发展方式转变是我国经济领域的一场深刻变革，关系改革开放和社会主义现代化建设全局，必须紧紧抓住机遇，承担起历史使命，把加快经济发展方式转变作为深入贯彻落实科学发展观的重要目标和战略举措，毫不动摇地加快经济发展方式转变。今年7月份，在地方考察工作时，胡锦涛总书记进一步指出，转变经济发展方式是破解发展难题、实现科学发展的根本之策、关键之举，必须以只争朝夕的精神，在加快转变经济发展方式上下大气力、下真功夫，务求取得突破性进展。9月6日，胡锦涛总书记在深圳经济特区建立30周年庆祝大会上的重要讲话中指出，加快经济发展方式转变是关系我国经济社会发展全局的重大战略任务，要求继续加快转变经济发展方式，努力为推动科学发展探索新路，坚决打好经济发展方式转变这场硬仗。

广东省作为改革开放的前沿阵地和科学发展“试验田”，经过30年的高速发展，经济总量已提升到一个较高的水平，GDP占全国的比重达到1/8，每年的GDP增量就相当于内地一个省份GDP总量。近年来，广东省大力推进“三促进一保持”，推动产业结构优化和转型升级，经济发展方式转变势头良好，全省经济形势总体上呈现出“结构不断优化、效益持续提升、民生继续改善”的特征。但正如汪洋书记最近在《求是》杂志上撰文指出，要时刻保持清醒的头脑，对转变经济发展方式取得的成绩不能高估，转变经济发展方式遇到的困难不能低估，面向未来，要进一步增强机遇意识和忧患意识，切实解决“不愿转”、“不会转”、“不能转”的问题，增创科学发展新优势。要清醒地认识到，30多年的快速发展使广东省经济积累了一些亟待解决的突出矛盾和问题，体现为人与自然的关系上，长期形成的高投入、低产出、高排放和对自然界掠夺式的发展模式，难以为继；体现为在人与人之间的关系上，城乡二元结构，地区间发展不平衡，个体间享受基本公共服务的权利和水平不均等。

一是产业结构不合理，影响了经济发展的协调性。从广东省三大产业结构来看，当前突出的问题是第三产业发展滞后。2009年广东省三次产业的产值比重分别为5.1%、49.3%、45.6%，第三产业所占的比重不但远远低于发达国家的水平，甚至低于低收入国家的平均水平。与同水平上中等收入国家标准相比，第一产业比重基本相当，第二产业比重约高18个百分点，第三产业比重约低17个百分点，这说明广东省工业较快增长的同时并没有有效地带动第一、三产业的增长，其结果是当前工业品的相对过剩带来的生产能力的闲置以及对出口的过度依赖，这将加剧供大于求的矛盾。另一方面，广东省传统产业技术升级与改造的压力较大。改革开放以来，广东省经济的增长主要靠低附件值、劳动密集型的传统产业来推动。产业结构向高级化推进的过程中，由于核心技术不足和创新能力较差，导致表面是高技术产业且规模较大，实际上大部分处于生产价值链的低端，经济效益并没有随产值增长而提高。创新能力仍然不足，如，广东省IT领域的专利85%来自国外，高新技术企业对外技术依存度在70%以上。2008年研

发投入占 GDP 比重仅为 1.41%，低于全国 1.54% 的平均水平，更低于北京、上海、江苏、浙江等省市。广东省技术消化吸收比例低，企业技术引进经费与消化吸收经费比例仅为 1∶0.07，低于浙江 1∶0.48、全国 1∶0.26 的水平，仅列全国第 12 位，与韩国、日本 1∶10 的水平更是相差甚远（见表 2）。

表 2　　2008 年我国部分地区研发经费支出（R&D）情况

地区	R&D 经费支出（亿元）	R&D 经费投入强度（%）
全国	4 616.0	1.54
北京	550.3	5.25
上海	355.4	2.59
天津	155.7	2.45
陕西	143.3	2.09
江苏	580.9	1.92
浙江	344.6	1.60
辽宁	190.1	1.41
广东	502.6	1.41

二是区域和城乡间发展差距，阻碍了经济发展成果的共享性。近年来，广东省区域和城乡发展的协调性有所增强，但发展不平衡问题依然突出。从城乡看，自 20 世纪 80 年代以来，广东省城乡居民收入绝对量呈上升态势的同时，二者的相对比值也呈不断扩大的趋势。城镇居民人均可支配收入由 1980 年的 473 元提高到 2009 年的 21 575 元，农村居民人均纯收入由 1980 年的 274 元提高到 2009 年的 6 907元，增长显著。但是，城乡居民收入比值由 1980 年的 1.73 扩大到 2009 年的 3.13。截至目前，广东省还有3 409 个贫困村、70 万户、316 万贫困人口，需改造农村泥砖房、茅草房 200 多万户。可以看出，改革开放以来广东省农民人均收入占全省人均收入的相对份额越来越小，城乡居民收入差距拉大。从区域看，2007 年全省区域发展差异系数为 0.75，高于全国 0.62 的平均水平，已接近国际上 0.8 的临界值。衡量区域发展不平衡状况的泰尔指数从 2000 年的 0.0846 扩大到 2007 年的 0.1144，以年均 5.2% 的速度在扩大。珠三角与山区的人均 GDP 差距由 2000 年的 3.65 倍扩大到 2009 年的 4.038 倍，除珠三角外，广东省其他地区人均 GDP 均低于全国平均水平。2009 年，全省市县级地方财政一般预算收入中，珠三角占 80.9%，而东西两翼和粤北山区分别只占 8.2% 和 10.9%（见表 3）。

表 3　　广东省城镇居民收入与农民居民收入对比

年份	城镇居民人均可支配收入（元）	农村居民人均纯收入（元）	城乡居民收入比
1978	412	193	2.13
1980	473	274	1.73
1990	2 303	1 043	2.21
1995	7 439	2 699	2.75
2000	9 762	3 654	2.67
2002	11 137	3 912	2.84
2008	19 733	6 400	3.08
2009	21 575	6 907	3.13

三是生产要素瓶颈进一步显现，制约了经济发展的可持续性。当前全省可供利用的土地资源严重不足，全省人均耕地面积只有0.031公顷，相当于全国平均数的1/3，远低于联合国划定的0.053公顷的警戒线；能耗依然较大，单位GDP能耗比美国、日本、英国分别高2.3倍、6.2倍和3.2倍。特别是产业重型化加快增大了节能减排压力。20世纪90年代以来，广东省以重化工业为主的工业化发展迅速，到2009年，规模以上工业增加值中，重工业比例达到59.3%。重工业的加快发展是一个经济发展阶段的趋势，但重化工业的加速发展会给全省的节能降耗带来压力，今年上半年，广东省工业用电量增长22%，比规模以上工业增加值增速高4.1个百分点；6大高耗能行业快速回升，带动工业综合能源消费量大幅增长，在目前长效机制尚未完全建立的情况下，节能任务仍然十分繁重和紧迫。另外，广东省外贸出口依存度过高，2009年进出口总额6 111.18亿美元，外贸依存度达到106.8%。虽然对外贸易是促进广东省经济快速增长的重要动力，但现阶段出口贸易模式尤其是能源密集型产品的贸易结构对能源投入有很强的依赖性，加剧了广东省经济发展与资源环境压力矛盾。

化解这些发展中面临的矛盾和问题，根本出路在于转变经济发展方式。同时，从国际发展形势看，国际金融危机的冲击使世界经济格局调整向纵深发展，出现了一系列新的变化，特别是国际市场需求趋紧可能长期化，要求我们必须转变高度依赖国际市场、高投资低消费的发展模式，推动经济发展方式从要素驱动向创新驱动转变。从国内发展形势看，当前，加快转变经济发展方式已成为全国上下的共识，兄弟省市在转变上的行动更快、力度更大，面对百舸争流、竞相发展的态势，只有加快转变才是广东省赢得科学发展新优势的唯一出路。加快转变经济发展方式刻不容缓。我们必须进一步提高加快经济发展方式转变的责任感和紧迫感，认真研究转什么、怎么转、如何加快转的问题，真正在加快上下工夫、见实效，集中力量打赢经济发展方式转变这场硬仗。

依据美国经济学家波特的经济发展四阶段论，当前广东省经济发展仍处于要素驱动和投资驱动阶段。按发展的一般规律，下一步将进入创新驱动阶段。但如果不加宽“路基”，不加固“轨道”，经济发展并不会自然地进入新的阶段，必须发挥政府“有形之手”的力量。

【参考】1990年，美国经济学家迈克尔·波特提出经济发展四阶段论，即要素驱动阶段、投资驱动阶段、创新驱动阶段、财富驱动阶段。“要素驱动阶段”以劳动力、土地、矿产等资源作为主要驱动力；“投资驱动阶段”以投资和规模生产作为主要驱动力；“创新驱动阶段”以技术创新作为经济发展主要驱动力；“财富驱动阶段”以人们追求全面发展、文学艺术、体育保健、休闲旅游等生活享受作为主要驱动力（见图3）。

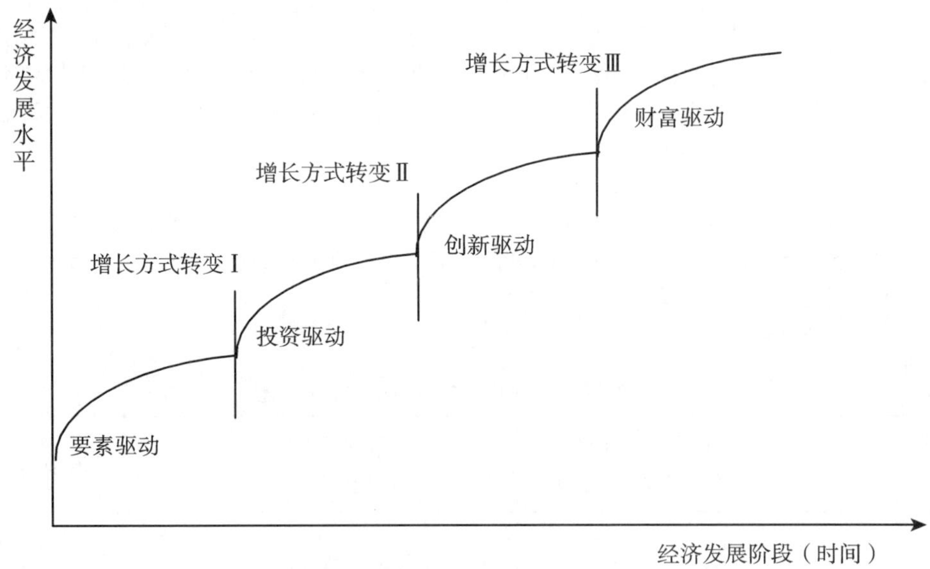

图3　经济发展四阶段论

转变经济发展方式，实现经济增长“三个转变”，已不仅仅是发展过程中的必然选择，更是政府不可推卸的责任。财政体制、财政政策和财政分配的选择，对转变经济发展方式都有着重要的影响。从地方财政的角度，就是要按照公共财政的要求，从体制、政策等层面入手，善用公共财政手段，引导和促进经济发展方式转变，推动广东省加快进入经济发展创新驱动阶段。可以说，转变经济发展方式已经不是可转可不转的问题，而是快与慢的问题，各级政府和财政部门必须有强烈的紧迫感和责任感，积极主动，大胆作为，全力推动经济发展方式加快转变。

三、关于运用财政手段促进经济发展方式转变的粗浅看法

转变经济发展方式，首先是要按照科学发展观的要求，转变我们的发展观念和执政理念，彻底转变“重物轻人”思想，摆脱粗放型发展路径依赖，逐步建立创新驱动、内

生增长、集约发展的科学发展新模式。今年5月，省委、省政府出台了《关于加快经济发展方式转变的若干意见》，提出了40条政策措施，这是广东省贯彻落实中央关于加快经济发展方式转变重大战略的指导性文件。按照省委、省政府的统一部署，我们研究和制订与转变经济发展方式相适应的财政政策，必须紧扣当前形势，立足我国国情和广东省情，创新机制，围绕中心，服务大局，为加快经济发展方式转变提供财政政策支持和财力保障。

（一）把握原则，全面发挥财政职能作用促进经济发展方式转变

在综合运用财政政策措施促进经济发展方式转变过程中，应注重把握四个原则：一是财政体制应防止传统发展模式复归。按照主体功能区规划实施和基本公共服务方均等化的要求，调整省以下财政体制，引导地方政府摆脱以经济增长为唯一目标的粗放型发展路径依赖，加快科学发展。二是财政政策应适应发展模式转变需要。要增加对创新的财政资金支持，提高创新过程得到的分配份额，适度限制土地、资本等要素在分配中的比例。三是财政分配方式应引导发展模式的转变。引进竞争性方式进入财政分配，让最好的创新活动和科学发展工作通过科学合理的竞争程序优先得到财政支持，让财政资金在发展方式转变中取得最大的社会和经济效益。四是财政管理应保障发展方式转变。加快向公共财政转变，坚持“有所为、有所不为”，深化支出管理改革，构建绩效优先、约束有力、规范透明的管理体系，提高资金使用效益。按照以上原则，发挥财政职能作用，推动广东省经济发展方式加快转变，应从以下四个方面着手。

第一，充分发挥财政的资源配置职能，支持产业结构和经济结构优化，培育新的经济增长点。实现经济发展方式的根本性转变，归根结底要依靠科技进步，依靠产业升级和经济结构优化，培育新的经济增长点。为此，要充分发挥财政的资源配置职能，不断强化财政政策对经济发展的支撑作用，从解决影响经济发展的结构性问题入手，重点加大对科技、人才等的支持力度，缓解要素制约，既为保持经济平稳较快发展提供支撑，又为实现未来发展目标创造条件。要突出支持现代产业体系建设，落实财政支持现代产业体系建设各项财政措施；要突出支持自主创新，充分运用财政补贴、政府采购等政策手段，拿出推进自主创新的有效举措，研究出台财政支持自主创新的措施，加快形成鼓励企业自主创新的利益导向。

第二，充分发挥财政的宏观调控职能，有效协调三大需求，促进区域协调发展。要从支持调整总需求入手，重点支持扩大内需，增强消费对经济的拉动作用，实现投资、消费、出口协调增长。重点是贯彻实施扩大内需战略，落实省委、省政府《关于扩大内需战略的决定》，支持扩大广货内销，落实家电下乡、汽车摩托车下乡、汽车家电以旧换新等政策，努力扩大居民特别是农村居民消费需求，引导消费结构升级，提高消费对经济发展的贡献率。要把实现区域协调、城乡统筹作为推动经济发展方式转变的关键和突破口，着力支持城乡区域协调发展。重点是要加快实施《珠江三角洲地区基本公共服务一体化规划》，推进珠三角地区经济社会一体化发展；全力支持推进产业和劳动力“双转移”，发挥省产业转移扶持资金的引导作用，提升产业园区建设水平；要按照统筹城乡发展的要求，财政资源向农村倾斜，大力发展现代农业，加强农村基础设施建设。

第三，充分发挥财政的收入分配职能，增加居民收入，缩小收入差距。保障和改善民生，实现发展成果由人民共享，是扩大国内需求、拉动经济增长的重要动力，是加快经济发展方式转变的重要内容，也是实现基本公共服务均等化的目标要求。要通过调整优化支出结构，加大对基本公共服务领域的资金保障力度，着力建立健全保障和改善民生的长效机制，有效发挥财政政策、资金在改善民生、扩大消费中的重要作用。要积极推进收入分配制度改革，加大财政对收入分配的调节作用，逐步提高居民收入在国民收入分配格局中的比重、劳动报酬在初次分配中的比重。

第四，综合运用财政政策措施，支持改革创新，消除经济发展方式转变的体制机制障碍。加快经济发展方式转变，必须加大改革力度，消除经济发展方式转变的体制和机制障碍。为此，要继续推进财政体制改革，建立有利于科学发展的财政体制机制，重点是按照统筹城乡区域协调发展的要求，进一步完善省以下财政体制，调整政府间财政分配关系，引导资源的合理配置和流动。要大力支持关键领域和关键环节的改革，支持和配合资源价格、垄断行业、行政管理体制、城乡管理体制、社会保障体系等改革，为实现经济发展方式转变创造有利的体制环境。要以实现财政科学化精细化管理为目标，进一步深化财政管理改革，保障经济发展方式转变目标实现。

（二）理清思路，明确财政支持经济发展方式转变的重点

当前，财政收支矛盾依然突出。由于财政资源和经济实力的有限，广东省财政支持经济发展方式转变的战线不能拉得太长，必须坚持有所为有所不为的原则，力争在一些关键领域取得突破，带动全局。围绕省委、省政府加快经济发展方式转变的中心工作，我认为，重点要在支持战略性新兴产业发展、现代产业体系建设、自主创新、“双转移”、协调发展、节约集约用地、节能减排和实施生态环境保护等八个方面着力，力求取得新进展、新突破。

1. 支持战略性新兴产业发展。国际金融危机的冲击给世界经济带来了巨大影响，世界各国都在寻找下一轮经济增长的动力。

【参考】美国奥巴马政府十分强调新能利用、干细胞、航天航空、宽带网络的技术开发和产业发展。日本把重点放在商业航天市场、信息技术应用、新型汽车、低碳产业、医疗与护理、新能源（太阳能）等新兴行业。英国为了应对目前的经济衰退，启动了一项批量生产电动车混合燃料车的“绿色振兴计划”。德国政府批准了总额为5亿欧元的

电动汽车研发计划预算。韩国制定《新增长动力规划及发展战略》等。

今年9月8日，温家宝总理召开国务院常务会议，审议并原则通过了《国务院关于加快培育和发展战略性新兴产业的决定》，从我国国情和科技、产业基础出发，现阶段选择节能环保、新一代信息技术、生物、高端装备制造、新能源、新材料和新能源汽车七个产业，在重点领域集中力量，加快推进。广东省见事早、行动快，近年来不断加大财政对新兴产业的投入，优化新兴产业发展环境，取得了积极成效。

【参考】从2008年起，省财政每年安排创新药物的筛选评价专项1亿元，重点支持广东华南新药创制中心建设，目前已论证63个新药项目，签订协议并启动的新药合作项目达到8个。又如，近年来省财政安排发展平板显示产业扶持资金9亿元，安排高世代液晶面板生产线补助资金20亿元，建设广东省平板显示产业链，目前已经成为全球最大液晶电视模组制造基地。再如，2009年省财政从中央代发地方政府债券中安排10亿元支持珠海航空产业园项目，目前珠海航空产业园区已经成为广东省发展民用航空产业的先进制造业基地。2008年，广东省新能源、高端电子信息、生物医药、新材料、航空产业、节能环保等六大领域高端新兴产业实现工业总产值8 885亿元，占当年全省工业总产值的12.1%；工业增加值1 710亿元，占全省工业增加值的11.2%，对当年GDP的贡献率达4.8%。2009年，全省电子信息产业产值约占全国的1/3和全省工业总产值的1/5，产业规模连续18年居全国首位。电动汽车、卫星导航产业从无到有，产业技术、规模和产品应用走在全国前列。

今年，广东省进一步研究制定了支持战略性新兴产业发展的政策措施，经省政府同意，“十二五”期间，省财政每年将新增安排20亿元，5年共100亿元，采取竞争性分配方式，支持引导战略性新兴产业发展，重点支持高端电子信息、半导体照明（LED）、电动汽车、太阳能光伏、核电装备、风电、生物制药、新材料、节能环保、航空航天、海洋等11个战略性新兴产业，近期优先支持高端电子信息、半导体照明（LED）和电动汽车等三大战略性新兴产业率先取得突破。下一阶段，重点是要加快推进支持战略性新兴产业项目遴选工作，“成熟一批、启动一批”，尽快发挥财政资金的支持引导作用。

2. 推进现代产业体系建设。现代产业体系是国民经济的主骨架，是一个国家和地区综合竞争力的重要支撑和促进经济发展方式转变的重要载体。目前，广东省人均GDP已近6 000美元，整体进入工业化中后期阶段。在2003年制定实施九大产业发展规划的基础上，2008年广东省在全国率先出台了《关于加快建设现代产业体系的决定》，标志着广东省产业结构调整进入了一个新阶段。近年来，围绕推进先进制造业和现代服务业“双轮驱动”的现代产业体系建设，广东省进一步转变投入重心，创新投入方式，发挥财政资金的杠杆引导作用。

【参考】2009年，省财政安排的用于现代产业体系建设的财政资金达470多亿元（不包括历年累计安排的国有资本收益支出及累计安排的企业关破支出等）。其中，安排2亿元扶持信息服务业发展，推动信息服务业两年间产值从2 000亿元增加到4 000多亿元，税收增加300多亿元；安排现代服务业发展引导专项资金约1亿元、省现代流通业发展专项资金3 000万元，支持现代服务业和物流业发展；安排2亿元文化产业发展专项资金，支持广东省文化产业加快发展；投入5.3亿元支持先进制造业项目近500个，带动投资123亿元，放大倍数达23倍；投入10亿元资本金成立广东省中小企业信用再担保有限公司，解决中小企业融资难、经营难的问题；大力支持发展装备制造业，有力推动了一批高精尖重型装备制造业项目顺利启动。

有关专家指出，广东建设现代产业体系，主要动力是依靠内资企业提升产业的科技含量，发展自主知识产权，实质是提升产业的科技含量，使科技含量低的产业提升为科技含量高的产业；在此过程中劳动密集型产业一部分外迁，一部分就地改造。今后一个时期，我们要按照“结构高级化、布局合理化、发展集聚化、竞争力高端化”的要求，找准财政支持现代产业体系建设的战略突破口，除加大力度支持战略性新兴产业发展外，还要在两方面下工夫：一方面，推进现代产业高端化发展。重点发展高端服务业和高端制造业，积极推进制造业向“服务化”转型。省财政将重点加大资金统筹力度，支持现代产业500强项目（包括103个战略性新兴产业项目、100个先进制造业项目、101个现代服务业项目、101个优势传统产业项目、100个现代农业项目，总投资约1.2万亿元）；同时，积极探索建立激励引导机制，如通过税收优惠政策吸引大型企业、跨国企业、高科技企业等到广东省设立企业总部；对各地提高服务业和工业固定资产投资比重给予奖励；鼓励金融企业和地方金融制度创新和机构创新，对省内企业到国内外证券市场成功发行公司股票进行奖励等。另一方面，推进现代产业集聚化发展。按照区域经济一体化的要求，珠三角要增强高端产业集聚，加快形成广佛肇、深莞惠、珠中江产业集聚圈；东西北地区要依托34个省级产业转移工业园，促进现代产业向园区集聚。这方面省财政已制定实施了一系列竞争性帮扶措施，下一步将抓好落实，争取更大成效。

3. 促进自主创新。自主创新是相对于技术引进、模仿而言的一种创造活动，是指通过拥有自主知识产权的独特的核心技术以及在此基础上实现新产品的机制的过程。近年来，沿海发达地区陆续出现的“劳工荒”、“技工荒”现象表明，我国经济正在逼近经济学中所称的“刘易斯转折点”，劳动力无限供给的“人口红利”逐渐消失，必须把经济增长源泉转向主要依靠技术进步或生产率提高上来。广东省改革开放的实践证明，技术进步无法依靠“以市场换技术”或技术跟随的路线，必须基于本土市场需求，形成内生的自主创新能力。

【参考】刘易斯转折点：即劳动力过剩向短缺的转折点，是指在工业化过程中，随着农村富余劳动力向非农产业的逐步转移，农村富余劳动力逐渐减少，最终枯竭。由诺贝尔经济学奖得主美国经济学家阿瑟·刘易斯在人口流动模型中提出。

刘易斯提出“二元经济”发展模式。他认为，经济发展过程是现代工业部门相对传统农业部门的扩张过程，这一扩张过程将一直持续到把沉积在传统农业部门中的剩余劳动力全部转移干净，直至出现一个城乡一体化的劳动力市场时为止。此时劳动力市场上的工资，便是按新古典学派的方法确定的均衡的实际工资。

广东省高度重视自主创新工作，2008 年印发了《广东省建设创新型广东行动纲要》和《广东自主创新规划纲要》，自主创新成为广东省发展的重大战略，近年来全省财政自主创新经费逐年增加，2007～2009 年累计投入 208.61 亿元，年均增长 15.86%，并逐步探索了财政支持自主创新的成功的路子。

【参考】创新资金合作方式，2006～2009 年省财政共投入省部产学研合作专项资金 10 亿元，支持组建省部产学研创新联盟 31 个，示范基地 176 个；2009 年，省院产学研合作全面开展，参与合作的中科院院属机构达到 64 所；引入竞争性分配机制，实施粤港关键领域重点突破项目招标，共支持项目近 1 000 项，累计实现产值超 3 000 亿元；完善政府采购政策，制定实施《广东省自主创新产品政府采购的若干意见》，及时出台《广东省自主创新产品清单》；集中财力投入 4.74 亿元，在全球范围成功引进首批 12 个创新科研团队和 15 名领军人才，在国际上引起很大反响等。据科技部公布的《中国区域创新能力报告》显示，2009 年广东省区域创新能力综合指标名列全国第二，研发人员总数全国第一，发明专利授权量全国第一，创新经济绩效和企业创新能力全国第一，高技术产值和产品出口全国第一。至 2009 年年底，全省科技活动人员达 60 万人，比上年增长 12.8%，R&D 投入达 625 亿元，R&D 人员达 28 万人，比上年增长 16.7%，规模居全国第一。

按照省委十届六次全会的部署，下一步，省财政在继续完善原有政策措施基础上，支持自主创新重点在两个方面下工夫。一方面，充分发挥企业作为自主创新主角的作用，建立鼓励企业自主创新的利益导向机制。充分整合利用好面向企业的财政专项资金，创新投入机制，采取以奖代补、贴息、风险投资、与技术改造挂钩补助等，放大财政资金作用，引导广大企业特别是重点企业加大技术改造和研发投入，大力支持推进“自主创新 100 强”项目建设，形成市场内生的自主创新能力。另一方面，利用财政手段促进培养和吸引高层次人才，主要有五个方面：一是设立高层次人才奖励基金会，奖励高层次人才，使其个人所得税实际平均税负水平控制在 11% 左右。二是对高层次人才实施多样化的住房资助政策。三是对高层次人才创业项目给予财政贴息。设立创新投资贴息资金，对于高层次人才创业贷款给予 50%～70% 权重的贴息或担保。四是通过风险投资基金支持高层次人才创业投资。对高层次人才创办的高新技术企业以参股方式给予最高 40% 权重的风险投资。五是对培养和吸引高层次人才工作做得最好的 3 个市各给予 1000 万元的奖励，同时积极发挥政府采购的政策支持作用。我们相信，这些政策会在将来一段时期为广东省引进高层次人才发挥重要的作用。

4. 推动产业和劳动力“双转移”。促进区域协调发展，始终是广东省推动科学发展的重大挑战。经过解放思想，顺应产业梯次转移和经济增长极理论规律，广东省提出了劳动力和产业“双转移”发展战略，即对东西北地区发展实行重点突破战略，首先在少数条件优越的点上形成增长中心，通过承接珠三角产业转移和农村劳动力培训转移，提高产业和劳动力集聚度，实现跨越式发展。

【参考】按照这一思路，近年来，省财政加大力度支持欠发达地区工业园区建设，2005 年安排 5.6 亿元支持东西两翼和粤北山区 14 个市的转移工业园区建设，2007～2009 年每市再安排 2 000 万元补助，财政共安排 8.4 亿元，这些政策为欠发达地区加快工业化进程提供了很好的土地储备和资金条件。特别是按照“双转移”的工作部署，省财政 2008～2012 年集中投入 400 亿元支持“双转移”。其中，2008～2009 年广东省先后开展了 5 批次、共 75 亿元省级产业转移园扶持资金竞争性招投标活动，有效促进了欠发达地区加快科学发展。截至 2009 年年底，13 个市获得前五批省竞争性扶持资金 75 亿元，共带动地方和社会投入 913.31 亿元，杠杆乘数达 12.2 倍。截至 2010 年上半年，全省 34 个省产业转移园入园项目数（含意向）2 200 个，全省 34 个省产业转移工业园实现产值 695.65 亿元、税收 42.3 亿元，分别增长 52.5%、75.6%，预计全年产值可达 1 500 亿～2 000 亿元，税收 75 亿～100 亿元。省产业转移工业园工业占当地市的工业增加值也由 2007 年不足 1% 提升到 2009 年的 9.4%。2008 年至今，省产业转移工业园累计创造产值超过 2 000 亿元。

下一步，省财政将按照省委、省政府关于对产业转移“再推一把”的要求，再一次性集中投入 25 亿元，实施加快推进产业转移的四项措施：一是促进产业集聚。2010～2013 年，安排 8 亿元，设立省专业性产业转移工业园建设竞争性扶持资金，对主导产业属于珠三角地区并已具有明确转移倾向的 8 个行业的省产业转移工业园进行扶持。二是鼓励外向度高的企业向欠发达地区转移。安排约 9 亿元，设立省珠三角地区企业产能转移奖励资金，对在珠三角地区工商行政部门办理注册登记，并于 2010～2013 年转移到省产业转移工业园的生产性企业给予奖励，对企业整体或生产线转移的，根据企业上一年度产值（产能），按 30 元/万元年产值（产能）的标准给予一次性奖励。对产能扩张转移（原企业或生产线不转移）的，取企业在省产业转移工业园所在地 2010～2013 年实现产值（产能）的平均数，按 30 元/万元年产值（产能）的标准给予一次性奖励。三是实行行政奖励。安排 3 亿元，设立珠三角地区政府产业跨市转出奖励资金，对 2010～2012 年度产业转移目标责任制考核评价中每年名列前两位的珠三角地级以上市政府，给予 5 000 万元的一次性奖励。四是鼓励市之间对口实施产业转移。对签订对口产业转移协议的市，按产能转移的产值给予奖励。同时，省财政还将继续落实好每年投入 10 亿元支持劳动力培训转移就业，开展劳动力职业技能培训、智力扶贫、劳动力转移就业服务等。以上政策措施，是欠发达地区加快发展的重大政策机遇，希望能充分地利用和把握好。

5. 促进协调发展。促进区域、城乡及不同群体间的协调发展，是落实科学发展观的基本要求。改革开放以来，广东经济社会发展取得了举世瞩目的成绩，至2009年人均地区生产总值达40 748元（折合5 965美元），进入中高等收入地区行列，但内部区域、城乡及不同社会群体间发展水平差距扩大的趋势迄今没有得到根本性扭转。按照新古典经济增长理论，在国家发展进程中存在一种均衡状态的“收入陷阱”。当前，广东省正处于从中高等收入向高收入迈进的一个关键阶段，如何跨越“中等收入陷阱”、学会“边增长、边分配”，是摆在我们面前的重大课题（见图4）。

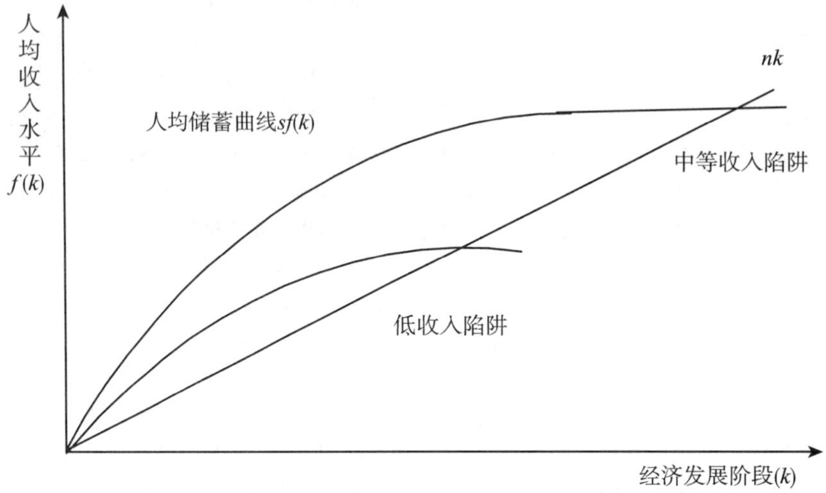

图4　新古典增长模型中的低收入陷阱与中等收入陷阱

注：k为资本对劳动的比例；s为储蓄率；n为人口增长率；均衡条件为：$sf(k)=nk$。

省委、省政府一直以来把统筹区域、城乡和不同人群间的协调发展作为推动科学发展的最大难题和挑战去认识和应对，多年来逐步探索了促进协调发展的新路子，充分发挥财政职能作用，做了大量卓有成效的工作。

一是加大财政转移支付力度，促进区域协调发展。省财政积极发挥中枢调控作用，从财力上、政策上、体制上加大对欠发达地区的扶持，积极实施财力下沉的倾斜政策。按照“压省级，保地方”的思路，省级一般预算支出占全省比重从2001年的18.8%下降到2009年的11.22%，省级可用财力超过一半以上通过各种形式转移到市县，用于促进市县社会民生事业发展。1996～2009年，省财政对市县一般性转移支付和调资专项转移支付从5.8亿元增加到158.3亿元，年均增长28.96%；省对市县专项补助从25.5亿元增加到429亿元，年均增长24.25%，确保了基层政府运作的基本财力需要。同时，激励与帮扶并举，广东省从2004年期实行了激励型财政机制，并根据形势发展不断调整完善，效果十分显著，不仅促进了县域特别是山区贫困县经济财政快速发展，也为当前广东省推进富县强镇事权改革打下了坚实的基础。

二是推进“规划到户责任到人”扶贫开发，促进城乡协调发展。广东省从2009年起创新性地提出了“规划到户责任到人”扶贫开发战略，建立瞄准机制，实行“靶向疗法”，是广东省新时期扶贫开发工作的重大转变和突破。为推进“规划到户责任到人”扶贫开发，经省政府同意，省财政将于2010～2012年投入7亿元，采取“以奖代补、分类扶持”的方式，支持欠发达地区开展对口帮扶工作。各市、县从“先富帮后富、实现共同富裕”的政治高度，高度重视和抓好“规划到户责任到人”扶贫开发工作，不断加大帮扶力度，创新帮扶方式，对全省3 409个贫困村、70万户贫困户逐步实现定点清除。

三是促进不同群体间协调发展，推进基本公共服务均等化。2009年广东省在全国率先出台实施《广东省基本公共服务均等化纲要（2009～2020年）》，提出从公共教育、公共卫生、公共文化体育、公共交通、生活保障、住房保障、就业保障、医疗保障等八个方面稳步推进基本公共服务均等化，从2009年开始，广东财政每年新增投入292亿元、12年累计投入约2.5万亿元提高全省基本公共服务水平，并通过完善省以下财政体制、实施人口迁移等保障措施，分步推进，到2020年实现广东基本公共服务达到中等发达国家水平，基本建成覆盖城乡、功能完善、分布合理、管理有效、水平适度的基本公共服务体系，确保广东省每一位居民全面、平等地享有基本公共服务，实现“底线均等”，这对广东省民生事业发展、社会进步及转变经济发展方式都将有重要而深远的影响。一年来基本公共服务均等化工作取得实质性进展，各市积极完善体制机制、进一步扩大保障范围和提高保障标准，引导和调控社会资源向欠发达地区特别是农村地区倾斜，推动了各项基本公共服务事业的快速发展。

6. 节约集约用地。土地作为经济发展的基础资源，历来是决定经济发展可持续性的关键因素。近年来，随着广东省工业化进程加速，土地资源瓶颈日趋严重。如广州市番禺区，2004年已将2010年的建设用地指标提前使用，至2009年已耗用了2020年土地指标的九成。广东省发展用地的紧张，一方面固然是由于广东仅用全国1.87%的土地，产出了占全国1/8的经济总量，另一方面传统外延型、粗放式的经济增长模式，导致土地利用方式粗放是更深层次的重要因素。节约集约用地成为转变经济发展方式的重要方面。

【参考】2008年，温家宝总理对广东殷切提出："希望广东不仅经济发达，而且生态优美，成为节约集约利用土地的示范省。"省委、省政府对此高度重视，围绕建设节约集约用地试点示范省，一方面，从土地存量运用入手，改变过去粗放式发展模式，集约利用土地。2008～2012年，全省统筹整合用于土地开发整理的土地收益和现有一般预算安排的涉及农田基本建设的专项资金，共投入80.96亿元建设500万亩现代标准农田，提高土地产出率。为促进发达地区传统产业转型升级，2008～2012年省财政每年安排产业转移奖励资金5亿元，五年共安排25亿元，鼓励珠三角发达地区进行产业升级、经济结构调整和"三旧"改造（旧城镇、旧厂房、旧村庄），提高发达地区的土地利用率，创造条件促进珠三角传统产业要么异地转移，要么就地转型升级。另一方面，在增量开发上寻求出路，采取措施增加广东省耕地面积。2008～2012年省财政累计投入40亿元引导和推动市县积极采取措施增加耕地，特别是加快对广东省低效园地、山坡地的改造，并实行城镇建设用地的增加与农村建设用地的减少挂钩，新增耕地规模与欠发达地区建设、开发用地规模挂钩的"双挂钩"办法，使耕地开发者真正成为受益者，通过激励手段建立耕地开发长效机制，争取五年造新耕地200万亩以上。同时，积极探索调整提高耕地开垦费标准，研究制订围海造地鼓励政策，增加可用土地面积。

今后一个时期，省财政将继续发挥好财政职能作用，积极推进节约集约用地试点示范省建设，逐步加大政府配套投资及多渠道资金投入，盘活存量和促进增量相结合，创新财政支农资金的投入方式，优化财政扶持政策措施，探索完善激励机制，促进土地节约集约使用。特别是当前，广东省成功向国土资源部申请"三旧"用地改造三年先行先试优惠政策，各市县特别是珠三角地区要充分利用这一契机，加大财政对宜居城乡建设的投入，引导全社会资金投入，积极推进"三旧"改造特别是城中村改造、珠三角区域绿道网、"万村百镇"政治等七个重点领域建设；今年要加大推进力度，确保全年启动4 000多个改造项目、约38万亩改造面积的目标任务。据初步测算，全省"三旧"用地达175万亩，相当于广东省9年用地指标，至少可拉动投资2.8万亿元。到2012年，全省城中村改造投资将达1 480亿元，"三旧"改造将增加1 000多亿元投资和超过2 000公顷建设用地。

7. 抓好节能减排。发达国家走过的先污染后治理、牺牲环境换取经济增长的老路，在中国走不通，也走不起。在新型工业化和快速成长的进程中，广东要立足省情，借鉴世界各国的经验教训，探索一条代价小、效益好、排放低、可持续的新型工业化道路。目前，全世界都在关注低碳经济的发展，我国在2009年哥本哈根会议前向国际社会承诺：到2020年单位GDP碳排放在2005年基础上减排40%～45%，并把该指标纳入强制性的国民经济发展纲要。从广东省来看，应对国际金融危机后，节能减排的任务更为艰巨。因此，各地从现在起就要强化节能减排目标责任制，严格考核标准，强化奖惩措施。

【参考】近年来，财政支持节能减排工作的力度不断加大。2008～2010年，省财政安排有关节能减排专项资金合近50亿元。从2008年起每年安排节能减排与可再生能源重大专项资金1亿元，支持推广节能减排新技术、新产品、新工艺，推动重点行业、重点领域节能减排；每年安排节能专项资金2亿元、循环经济工作经费2 000万元，支持开展节能技改项目、节能工程实施及循环经济建设；共投入近2亿元支持淘汰落后产能，2009年共淘汰落后炼钢、炼铁能力585.29万吨、落后水泥产能888万吨；每年安排环保专项、污染减排专项、治污保洁专项约6亿元，支持重点流域、河流和湖泊整治，加强环境监管能力建设，提升环境执法水平等；同时，创新财政投入机制，省财政统筹投入25亿元，采取BOT方式一揽子解决东西北欠发达地区污水处理设施建设资金问题，目前广东珠三角地区中心镇、东西两翼和山区县城污水集中处理能力达到1 300万吨，居全国第一。经过努力，2009年广东省单位GDP能耗下降4.27%，"十一五"前四年累计下降13.89%，完成"十一五"节能任务的85.77%，任务完成进度超过时间进度要求。

今后一个时期，各市县要进一步把节能减排工作摆上重要议事议程，从全面推进资源节约型和环境友好型社会建设的高度，将节能减排与提高自主创新能力结合起来，与建设现代产业体系结合起来，加强行政监察，推进资源节约型和低碳产业发展。要积极发挥财政政策的杠杆引导作用，采取财政补贴、贴息、奖励等方式，引导企业加快技术改造步伐，更新装备水平；灵活设计政策，引入激励机制，实行"早退多补、迟退少补"的补偿原则，支持淘汰小钢铁、小水泥等落后产能；加强新十大重点节能工程建设，推动非工业领域节能和工业园区循环经济试点，欠发达地区产业转移园区要坚持环保指标的高标准"准入"，把污水处理厂建设作为一项硬指标落到实处；加大支持力度，大力发展新能源、可再生能源、新材料等新兴产业，务实发展低碳经济。

8. 实施生态环境保护。生态文明是人类遵循自然规律、社会规律的取得的保护生态和建设生态成果的综合。传统经济发展方式带来了资源匮乏、生态问题突出、环境形势严峻、消费不尽合理等问题，转变经济发展方式迫切要求加强生态环境保护，建设生态文明。

近年来，广东省高度重视生态环境保护工作，安排专项资金支持生态环保的关键领域建设。2006年以来，省财政共安排各类林业生态建设专项资金48.95亿元，其中：安排生态公益林补偿资金26.9亿元，用于补偿广东省生态公益林经营者的经济损失；安排造林资金18.84亿元，用于林分改造、东江流域涵养林建设、红树林及沿海防护林体系建设、生态文明“万村绿”建设等林业重点生态建设工程；安排其他林业专项资金3.21亿元，用于自然保护区建设、森林防火、林业病虫害防治等；安排资金6.985亿元，支持海洋生态保护。5年来，广东省森林面积不断扩大、林分质量进一步提高，重点海域、海湾的海洋环境质量得到恢复与改善，为促进广东省经济社会的可持续发展奠定良好基础。同时，为加强生态环境保护，经省政府同意，广东省从2010年起实施生态激励型财政机制，对生态优化区域实施以生态发展为基本导向的激励型财政机制，将省财政一般性转移支付与县域生态环境挂钩，鼓励县域加强生态保护与建设。并相应建立生态优化区域县（市）生态指标考核办法，设立了单位GDP能耗、耕地保有量等17项县级生态考核指标及其权重构成，考核结果作为省级一般性转移支付的依据，见表4。

表4　　县级生态考核指标体系及其权重

序号	名　称	数据来源	权重
1	单位GDP能耗	省统计局	0.05
2	农业总产值	省统计局	0.05
3	耕地保有量	省国土资源厅	0.1
4	环境空气质量优良天数比重	省环保厅	0.05
5	地表水功能区水质达标率	省环保厅	0.1
6	集中式饮用水源地水质达标率	省环保厅	0.05
7	主要污染物总量减排完成率	省环保厅	0.05
8	森林覆盖率	省林业局	0.1
9	生态公益林功能等级	省林业局	0.05
10	自然保护区占国土面积比例	省林业局	0.05
11	水源保护区占国土面积比例	省环保厅	0.05
12	农田保护区占国土面积比例	省国土资源厅	0.05
13	当年造林面积	省林业局	0.05
14	规模化畜禽养殖场粪便综合利用率	省农业厅	0.05
15	农村卫生厕所普及率	省卫生厅	0.05
16	万元GDP主要污染物排放强度	省环保厅	0.05
17	化肥施用强度（折纯）	省农业厅	0.05

（三）完善财政措施，全力支持经济发展方式转变

财政体制是引导政府行为的重要杠杆，财政政策、资金是加快经济发展方式转变的重要手段和物质基础。今后一个时期，广东省财政将围绕贯彻落实主体功能区规划实施和基本公共服务均等化两大发展战略，调整省以下财政体制，加快形成推动科学发展的财政体制和配套政策措施，引导地方破除传统发展路径依赖，财政政策、资金进一步向经济发展方式转变的重点领域和薄弱环节倾向，构建“促转变”的利益引导机制，促进广东省经济发展方式加快转变。

1. 推动公共服务均等化。当前，从中央到地方改善民

生工作不断强化，广大人民群众对共享经济发展成果呼声日益强烈。党的十七大提出基本公共服务均等化战略，让广大人民群众平等地享受改革发展成果，是贯彻落实科学发展观的重要发展战略。现阶段，广东省提供公共服务不仅在总量上不足，而且城乡、区域分布十分不均衡，迫切需要政府进一步加大民生和公共服务投入。因此，转变经济发展方式，首先是要转变“重物轻人”思想，在发展经济的最终目的上落实到改善和保障民生，提高广大人民群众生活水平上来。

目前，广东省已出台实施《广东省基本公共服务均等化规划纲要（2009～2020年）》，这是广东省系统推进各项民生工作、加大民生投入的重要平台，也是财政支持经济发展方式转变的一个重要抓手。一年来，省财政厅建立了《纲要》实施情况定期统计督查机制，制定《规划》实施年度工作要点，推动各项工作落实。同时，针对省级财政转移支付力度总体有限的状况，从2010年起探索实施横向转移支付财力保障机制，在保持现行财政体制基本框架的基础上，纵向转移支付以保障政权运作基本财力需要为主，横向转移支付则以逐步实现基本公共服务均等化为主，吸收并将目前对口支援政策制度化，通过技术手段适当调整，明确责任，点对点支持，形成推进基本公共服务均等化的重要的制度保障。

下一步，我们将抓紧制定实施《广东省基本公共服务均等化绩效考评办法（试行）》，设定各基本公共服务均等化目标分解至21个地级以上市，促进《纲要》在全省贯彻实施，并引导社会投入，逐步建立基本公共服务多元化投入机制，有效缓解广东省区域城乡基本公共服务总体供给不足的状况。在此基础上，针对广东省贫富差距不断扩大的状况，省财政还将积极探索推进收入分配制度改革，积极采取措施提高城乡居民的整体收入水平，如加快推进城镇化及农村劳动力培训转移，提高农业生产率和构建农业反哺机制，完善市场机制决定生产要素价格的制度，突出对低收入群体的补助，基本消除绝对贫困现象等。

【参考】《纲要》提出，广东省从2009～2020年平均每年新增投入292亿元、累计投入2.48万亿元推进基本公共服务均等化。为达到这一支出水平，各级基本公共服务支出年均增幅应达到15.4%以上，使得全省基本公共服务支出占一般预算收入的比重从2009年的22.4%提高到2020年的28.6%，其中，珠三角地区要从2009年的17.7%提高到2020年的21.5%，东西北地区要从2009年的32.4%提高到2020年的35.6%；同时，发达地区要进一步加大横向转移支付力度，欠发达地区要加大劳动力技能培训和人口迁移力度，以确保到2020年实现区域间人均基本公共服务支出差距控制在20%以内的目标。

2. 实行生态激励型财政机制。当前，我国正在推进主体功能区规划实施，是贯彻落实科学发展观的重大空间发展战略。编制主体功能区规划，可以根据经济、人口、资源和环境条件优化经济布局，合理发挥不同区域经济发展、人口集聚、社会事业和生态保护的功能，有利于提高资源空间配置效率，实现集约节约发展、清洁发展和可持续发展，是加快转变经济发展方式的必然要求。

主体功能区规划实施需要财政、环保、土地、金融及产业等政策的有力支撑与配合。对此，省财政厅高度重视，早在广东省研究部署编制主体功能区规划的时候，就开始着手研究建立与主体功能区规划相配套的省以下财政体制的问题。经省政府批准同意，广东省从2010年起实施新的激励型财政机制，总的是在加大对生态发展区的一般性转移支付力度、提高基本保障能力的基础上，对生态发展区引入生态激励因素，建立一套生态环境衡量指标体系，作为计算省财政转移支付增长的依据，生态保护得越好，财政转移支付越多，反之，则相应减少财政转移支付；对非生态保护区，继续实行经济激励的财政机制。通过财政体制的激励引导，促使生态发展区摆脱传统粗放型发展路径依赖，加大生态保护力度，实现科学发展。

3. 实行省直管县。县镇是我国行政运转的最基层单位，特别是区县级政府在我国政权架构中处于承上启下的重要地位，是经济发展、社会进步和政权稳固的重要基础，在转变经济发展方式中经常面临“怎么转”、“转什么”的利益抉择。广东省县级地区大部分分布在东西北欠发达地区，近年来广东省虽积极采取措施激励和保障县域经济发展，促进形成了县域经济加快发展的“拐点”，但县域经济财力薄弱的问题依然十分突出。因此，加大转移支付力度，确保县镇平稳正常运转，是促进县镇经济发展方式转变的重要基础和前提。

【参考】2009年，全省县（区）级财政收入仅占全省的28.41%，县均一般预算收入仅为3.64亿元。与全国相比，按照财政部的统计口径，2008年广东省县级人均支出仅1 891元，大致达到全国平均水平，但低于西部（2 109元）和东部（1 964元）的水平；按财政供养人员人均5万元的标准测算，广东存在财力缺口的县区有44个，占县区总数的50%，缺口额达到69.76亿元，县均缺口额近1.6亿元，财力缺口的数额和县区个数均排在全国前列。

按照财政部的统一部署，为减少管理层级，强化县域财力保障，经省政府批准同意，从2010年10月1日起开展省直管县财政改革试点，以南雄市、紫金县、兴宁市和封开县试点县（市），实行完全意义的省直管县财政体制，在财政收支划分、转移支付、资金往来、预决算、年终结算等五个方面建立省财政与县财政直接联系，构建符合广东实际的省直管县财政体制模式，并在试点县全面推进以加强县级财政管理为核心的综合配套改革，增强基层财政保障能力。由于省直管县涉及原有利益格局的调整，特别需要各相关市县的支持、理解与配合，市级财政要继续按规定对试点县落实帮扶和资金配套政策，妥善处理相互间债务关系，不得突击扣还试点县财政欠市财政的债务，不得将应属于县级收入范围的收入收归市级，不得将应属于市级支出范围的支出转嫁给县级，不得以任何名义、形式集中或变相集中试点县的财力。希望通过省直管县财政管理改革，为广东省县域经济发展提供更好的政策体制环境，加快科学发展的步伐。

【参考】广东省在已出台的村级基层组织经费保障制度的基础上，探索建立县、镇基本财力保障机制。总体是按照“省保县、市保镇、县保村”隔层保障的思路，对财力困难县，采取省规范化转移、市积极支持的方式，建立县级基本财力保障制度，确保基层政府实施公共管理、提供基本公共服务及落实民生政策的基本财力需要；对财力困难镇，实行省专项补助、市统筹等办法予以保障，省建立市对乡镇补助考核机制，确保镇级运转的基本财力需要；对贫困村，采取省市补助、县统筹的办法，建立村级工作经费保障制度，确保村级运转的基本财力需要。

4. 深化财政转型，进一步加大对转变经济发展方式重点行业及工作的支持力度。在近年来的工作实践中，我深深地体会到，公共财政支持经济发展方式转变的过程，同时也是公共财政深化改革、实现自身转型的过程。以财政促转变，首先财政支持经济发展的方式要转变，如，要更加注重推动经济发展方式转变和经济结构调整，突出财政政策实施的重点，切实发挥好财政政策作用直接、运用灵活、定点调控的优势，投入战略性新兴产业、现代产业体系建设、自主创新、节能减排等关键领域；更加注重发挥引导乘数效应，发挥财政引导和杠杆作用，通过市、县财政配比支持和财政贴息、组建政策性投融资担保公司，利用银行开展中期票据和银团贷款等方式，省市联动，政府、金融部门、企业联动，引导地方、金融部门及其他社会资金投人，建立起财政投入为引导、企业投入为主体、全社会共同参与的多形式、多层次的资金投入体系，达到“四两拨千斤”的效果；更加注重综合运用政策手段，除直接投入外，更多地采取财政贴息、以奖代补、融资担保、创新投融资方式等财政杠杆，综合运用减免税费、增加支出、编制滚动预算等多种手段，提高财政政策效应；更加注重发挥机制创新的效应，打破思维定式和路径依赖，大胆探索财政支持经济发展的多种投入机制，积极在需求弹性大、支持经济发展的专项资金分配领域引入竞争机制，以公开竞争激发活力、确保公平，最大程度地提高财政资金的配置效率，等等。

总之，加快经济发展方式转变是我国经济领域的一场深刻变革，公共财政大有可为。国际金融危机的冲击从一个侧面集中暴露了广东省传统发展方式的深层次矛盾和问题，也集中暴露了支撑这种传统发展方式的一系列体制机制弊端，不深化改革就没有出路。我们要按照省委、省政府的决策部署，运用公共财政手段，抢抓危机倒逼调整结构、转变发展方式的历史契机，深化财政投入机制改革，集中有限财力投入经济发展方式转变的关键领域，率先探索建立有利于科学发展的财政体制机制。

（本文系作者2010年9月14日在市、县（市、区）长专题培训班开班上的讲话）

加强基础工作和基层建设
推进财政科学化精细化管理

广东省财政厅党组书记、厅长　曾志权

一、深刻认识加强“两基”、“两化”工作的重要意义

（一）加强“两基”、“两化”工作，是新形势发展的迫切需要

我们所从事的财政工作政策性很强，涉及面很广，关系经济社会发展全局和广大人民群众切身利益，又处在收入分配和资金供求矛盾的焦点上。这些特点决定了财政系统必须加强自身建设、实行科学精细管理，容不得半点疏忽大意。尤其是当前，我们正处于经济社会转型、政府职能转变、财政工作和服务对象转变的新形势，迫切需要加强“两基”、“两化”工作。一是要适应经济社会转型的要求。随着我国市场经济改革的深入推进，我国已进入产业转型升级、劳动力加快从农村向城市转移的关键时期，各类社会矛盾也不断凸显，人民群众对政府各类民生政策的呼声很高，要求财政部门提供相应的财力保障。同时，随着人民素质的提高和现代信息传播速度的加快，社会各方面对预算的编制、执行、绩效考核和信息公开都提出了更高要求。只有加强“两基”、“两化”工作，才能适应新形势的要求。二是要适应政府职能转变的要求。随着我国经济社会的发展，我国政府正在经历从传统的计划经济型政府向市场经济下法治政府、服务政府、责任政府、效能政府的转变。随着政府职能的逐步转变以及依法行政和行政管理创新的不断深入，完善公共财政体系尤为迫切，需要财政管理更加科学精细。三是要适应财政工作和服务对象转变的

要求。随着政府职能从计划经济型向服务型政府的转变，财政工作的重心也从原来的经济建设逐步向公共服务转变，财政工作对象由主要涉及经济领域扩展到经济社会生活各个领域，财政部门的服务对象由过去主要面向部门和企业，扩展到现在面向全社会、面向千家万户。财政工作和服务对象的拓展，使财政工作日益受社会各界的关注，迫切需要财政工作更加细致有效。

（二）加强“两基”、“两化”工作，是做好各项财政工作的必然要求

随着科学发展观的深入贯彻落实和社会主义和谐社会建设步伐不断加快，对财政部门发挥公共财政职能作用也提出了越来越高的要求。财政工作覆盖面不断扩大、工作要求不断细化，工作任务日益加重。一是财政工作覆盖面不断扩大。党的十七大报告以及省委、省政府工作报告提出的加快转变经济发展方式、推进社会主义新农村建设、推动区域协调发展、推进教育、就业、社会保障、医疗卫生、文化等民生事业发展等各项目标，方方面面均与财政工作紧密相关，财政工作涉及面日益广泛，财政部门承担的工作任务日益繁重。二是财政工作从粗放型向具体化、细致化转变，更加贴近服务对象个人。公共财政改革的一项重要目标就是通过建立健全制度，使财政收、支、管工作不断具体化、细致化，不断贴近服务对象个人。如：农村综合改革方面，必须将“三农”补助资金、教育补助金、农村合作医疗补助金、农村养老等各项资金直接核补到农民个人；社保基金监管方面，必须将社保基金核算到参保个人；部门预算编制方面，必须将基本支出预算细化到目级科目，项目支出预算落实到具体项目；国库集中收付改革方面，必须按月下达单位基本支出、直接向供应商支付项目支出。财政管理方式的日益细化，使财政工作量呈级数增长。财政工作任务的不断加重，要求财政部门必须加强“两基”、“两化”工作，不断提高管理水平，才能切实做好新时期各项财政工作。

（三）加强“两基”、“两化”工作，是现代管理发展的必然趋势

我国古代思想家老子早在2000多年前就提出了“天下难事必作于易、天下大事必作于细”的重要思想。近代以来，科学化、精细化管理逐步成为西方现代管理的一大重要理论。20世纪初，科学管理之父泰勒提出了科学管理理论，强调管理的科学化、标准化和精细化，使人们认识到管理是一门具有明确规则和原则的科学。随着现代企业规模的扩大，生产技术日趋复杂，产品更新换代周期缩短，生产协作要求提高，管理学界日益认识到科学化、精细化管理理论的重要意义，越来越多的企业管理者也采纳并将这些理论应用到企业管理的实践中，促进了现代社会生产力的不断提高。现代公共管理的实践表明，企业管理与公共管理的一脉相承。许多企业管理理论，在公共管理中同样适用。现代生产力的发展，使企业界逐步发展应用科学化、精细化管理理论。现代社会的发展，使公共管理的对象、范围、要求发生了巨大变化，也要求现代公共管理必须借鉴企业管理，采用科学化、精细化管理的理论。以财政管理为例，我们涉及的政策层面日益广泛，牵涉到社会生活的方方面面、社会的各个群体，我们的核算对象日益细致，到了每一位群众、每一个个体，财政工作量呈级数增长，以往旧的管理水平已不能适应社会发展的需要。迫切要求财政部门采用现代科学化、精细化管理理念，才能适应现代公共管理的需要。

二、围绕公共财政改革，突出机制创新，近年财政推进“两基”、“两化”工作取得显著成绩

近年来，我省坚持“生财有道、聚财有方、用财有规”理财原则，坚定不移地推进公共财政体系建设，按照“整体推进、系统配套、重点突破”原则，不断深化公共财政管理体制改革，多项改革走在全国前列，财政基础工作和基层建设不断夯实，科学化、精细化管理水平不断提高。

（一）紧扣财政管理各环节推进公共财政改革，初步构建完善公共财政管理框架

2003年以来，针对广东省日益突出的政府部门肢解财政问题，省财政及时转变重收入轻支出、重分配轻监督的观念，把加强财政支出管理摆在更加突出的位置。积极推进财政部统一部署的以部门预算、国库集中支付、政府采购制度、“收支两条线”管理为主线的财政支出管理制度改革，各项改革整体走在全国前列，夯实了公共财政管理的制度基础，初步构建完善了公共财政管理框架。

1. 推进部门预算改革。为解决传统预算编制内容过粗、透明度不高、约束力不强等弊端，广东省从2002年起在省级全面推开部门预算改革。一是将预算内资金和预算外资金统一纳入编制范围。二是支出细化到基层预算单位、具体的项目和目级科目，实行定员定额管理。三是在全国率先引入项目预算绩效观念。四是在全国率先将预算管理与资产管理相结合。五是强化人大预算监督，向省人大代表提供厚达几百页的部门预算表，并在全国率先实现省人大对财政资金的实时在线监督。目前，广东省部门预算改革已在省、市、县三级全面铺开，基本构建了架构合理、程序规范、科目细化、内容完整、方法科学的现代预算管理制度。

2. 推进财政国库管理制度改革。为从根本上改变财政资金分级分散收付的传统体制，广东省从2003年起开展国库集中支付改革试点。一是建立国库单一账户体系，实现对预算单位账户的统一管理。二是逐步建立完善覆盖会计核算、资金清算、账户管理等各环节的制度体系。三是强化信息技术支撑，在全国率先对预算管理和国库集中支付系统进行整合。广东省国库集中支付改革整体领先全国，

至2004年底所有省级部门纳入改革，至2007年全省所有县（市）、区本级预算单位全面实施改革，资金范围逐步扩大到所有部门预算资金。国库集中支付制度在财政财务管理中的基础性地位基本确立。

3. 推进政府采购制度改革。为规范政府采购行为、提高采购资金效益，广东省从2003年起开展政府采购制度改革。一是分别建立管理机构和采购机构，实现“管”、“采”分离。二是组织制定《广东省实施〈中华人民共和国政府采购法〉办法》等制度，在全国走在前列。三是提高采购透明度，建立论证和预告制度，实施采购电子化。四是积极推进政府采购与预算管理、国库集中支付管理相衔接。通过改革，广东省政府采购公开化、透明化和规范化水平不断提高，采购规模不断扩大，全省采购总额从2002年的83.5亿元增长到2009年的803亿元，年均增长38.2%。

4. 推进“收支两条线”管理改革。为规范社会和政府分配秩序、有效防治腐败，广东省不断深化“收支两条线”制度改革。一是实行“收支脱钩”，执收执罚部门工作经费不与其组织的收入挂钩。二是全面推行“单位开票、银行代收、财政统管”的征缴模式。三是在全国首创罚没物品公物仓规范化管理模式，由财政部门对罚没物品实施统一管理。四是积极组织开展收费项目、标准和账户清理工作。目前，广东省“收支两条线”管理改革实现了“三个100%”，即县以上100%实行，非税收入100%纳入财政管理，100%解缴财政，处于全国前列。全省纳入预算管理的非税资金从2002年的278.8亿元增长到2009年的1 792.5亿元，年均增长30.45%。

（二）突出自身特色大胆创新，财政管理体制建设不断取得新突破

随着财政改革的深入推进，“单兵突进”的改革模式越来越无法满足形势发展的要求。针对这一情况，广东省在全国率先开展了绩效管理、资产管理、财务核算集中监管、竞争性分配等多项具有广东特色的财政改革，得到财政部好评。

1. 推进财政支出绩效管理改革。为进一步提高财政专项资金使用绩效，广东省从2003年起推进绩效管理改革。一方面，要求对省直500万元以上项目或跨年度项目支出进行绩效评价，并逐步扩展到省级所有专项资金。另一方面，在全国率先探索实施绩效预算管理。在部门项目预算表中增加了绩效评价内容，逐步将项目绩效评价结果作为预算安排的重要依据。通过实施绩效管理，有力强化了部门绩效观念和责任意识。如，仅在引入绩效目标预算的2005年，省直部门2006年预算新增请款就比2005年减少30多亿元。

2. 推进行政事业国有资产管理改革。为解决国有资产管理滞后等问题，广东省从2005年起，积极探索行政事业单位资产管理改革。在经营性资产方面，成立省直行政事业单位物业管理中心，统一接收和管理省直党政机关经营性资产，并委托公司进行市场化运营。在非经营性资产方面，在全国率先探索资产预算管理模式，在部门预算编制中引入资产预算审批管理。近年来广东省行政事业资产管理取得显著成效，省财政通过调剂的方式妥善解决了部分单位办公场所不足的问题，减少了新增基建支出，资产管理机制不断完善。

3. 开展财务核算信息集中监管改革。为实现对国库资金运行的全过程监管，广东省开全国之先河，从2005年起开展省级财务核算信息集中监管改革。通过统一单位会计软件、统一会计规程，建立数据集中监管系统，实现了财政部门对财政资金使用全过程实时、直接、无“盲点”监管，得到了财政部的高度评价。2008年，进一步推行了公务卡结算改革试点；同时，全面启动财政支出管理电子平台建设，逐步建立覆盖政府各层次、财政各环节的动态监控机制。

4. 推进财政资金的竞争性分配改革。2008年起，广东省在全国率先开展了省级财政专项资金竞争性分配改革试点，通过招标投标等形式，对支出项目进行“优中选优”，提高了资金分配的科学性和透明度。2008～2009年对14项专项资金试行竞争性分配，2010年再增加8项。特别是圆满完成了累计5批次、75亿元省产业转移扶持资金竞争性招投标活动，有效促进欠发达地区增强加快发展的责任感、形成科学发展的新思路，赢得了社会的广泛认同。

（三）着眼区域协调发展，深化财政体制改革，“两基”、“两化”工作基础不断夯实

区域发展不均衡是广东省发展的重要省情特征。多年来，省委、省政府积极探索区域协调发展战略，省财政坚持财力“下沉”、“压省级、保地方”，积极发挥财政体制调控作用，努力扭转区域间财力增长失衡的趋势，有力促进了区域协调发展。

1. 坚持实施财力下沉，夯实基层财政运转基础。近年来，省财政按照“压省级，保地方”的思路，不断压缩省本级支出规模，集中财力向欠发达地区倾斜。省级一般预算支出占全省一般预算支出的比重从2002年的16.02%逐步下降到2009年的11.22%。省级用于维持政权运转的经费支出比重从2006年的25.04%下降到2010年的9.13%。在此基础上，省不断加大对欠发达地区转移支付力度，省级可用财力七成以上通过各种形式转移到市县。2008年、2009年、2010年省财政年度预算中安排用于改善民生和均衡区域公共服务水平的支出分别达到了70%、75.46%、76.87%。

2. 不断完善激励型财政机制，促进县域经济社会加快发展。为加快欠发达地区发展，广东省从2004年起建立并实施激励型财政机制，将省财政转移支付与县域经济财政发展挂钩，县域经济发展越快，财政增收越多，所得转移支付补助奖励就越多；反之则越少，甚至被扣减转移支付。2008年，省财政对激励型财政机制进行了调整完善。2010年年初，为更好地适应主体功能区规划的要求，省财政进一

步建立生态激励型财政机制，在保生态发展区基本运转的基础上增强改善环境的内在动力。对非生态发展区继续实施现行激励型财政机制，鼓励地方加快发展。

3. 稳步推进省直管县财政改革，构建符合广东实际的管理模式。为增强对基层财政运转的保障，我省从2010年起选择兴宁市、南雄市、紫金县和封开县作为试点实行省直管县财政改革。试点的主要内容是在政府间财政收支划分、转移支付、资金往来、预决算、年终结算等五个方面由省财政与县财政直接联系。目前，广东省省直管县改革试点工作正在稳步有序推进。

4. 稳步推进镇村财政管理方式改革，规范基层财政管理。为提高基层财政管理的规范化、透明化程度，广东省从2008年起，选择东莞市和潮安、蕉岭、徐闻、德庆、清新5个县开展乡镇财政和村级财务管理方式改革试点工作。其中，镇（乡）财政管理方式改革包括“镇财县管”、“财政收支集中管理”和“镇财县统”三种模式；村级财务管理方式改革包括“村财镇代管”、“村级会计选聘制、委派制”和“委托中介机构管理”三种模式。下一步，省将在总结试点经验的基础上，进一步扩大试点范围，稳步推进镇村财政管理方式改革。

三、明确职责目标，扎实推进“两基”、“两化”工作

近年来，虽然广东省在推进“两基”、“两化”工作方面取得了较好成绩，但仍存在财政管理法律法规体系有待完善、预算约束力不强、预算编制较粗、预算执行迟缓、管理基础工作和基层建设比较薄弱等问题。特别是在乡镇财政管理方面，我们还存在职责定位不够清晰、目标不够明确、基础工作不够扎实等问题，迫切需要加以改进。为了进一步加强广东省“两基”、“两化”工作，省厅近期制定并下发了《关于加强财政基础工作和基层建设、推进财政科学化精细化管理的实施意见》，希望各级财政高度重视，切实抓好贯彻落实。下面，我对广东省进一步加强“两基”、“两化”工作提几点要求。

（一）明确目标任务，突出工作重点

目标是行动的方向。管理学中有一个著名的理论叫“以终为始”，讲的就是在做事前要明确最终目标，做事时始终以最终的目标为方向，就不会白费工夫，做到事半功倍。因此，我们首先必须明确广东省“两基”、“两化”工作的目标要求，作为我们的工作方向。

广东省加强“两基”、“两化”工作的总体目标是，经过全省各级财政部门和广大财政干部职工的共同努力，通过加强财政管理基础工作，大力推进基层财政建设，抓基层打基础，全面推进财政科学化精细化管理。政府预算体系进一步健全，预算编制进一步细化和完整，预算执行管理进一步规范，支出进度进一步加快，财政监督体系进一步完善，基础数据采集、支出标准体系建设、项目库建设等基础管理工作进一步夯实，乡镇财政职能进一步明晰，乡镇财政监管职责进一步强化，财政部门内部基层单位建设进一步完善。

（二）明确职责定位，落实工作责任

职责明确、定位清晰是管理的基础。只有职责明确、定位清晰，才能实现各司其职、合理分工、有效协作，确保各项工作有序开展。因此，我们各级财政都必须明确自身的职责定位，尤其是在“两基”、“两化”工作中的职责定位。

从理论层面来讲，财政部门的职能主要包括：宏观调控、资源配置、收入分配、监督管理等。从实践层面来讲，地方各级财政部门的主要职责包括：一是为民理财的“管家”，受人民的委托，代人民理财，行使财政政策制定执行、预决算编制执行、国有资本金管理、国有资产管理、政府债务管理等职能；二是政府决策的“参谋”，为政府各项战略、规划、方案、政策提供决策参考；三是财经秩序的“警察”，监督财税政策、财政收支执行，监督指导会计、审计、资产评估行业，维护正常的社会财经秩序。

具体到“两基”、“两化”工作，广东省各级财政部门的共同职责是，扎实开展“两基”、“两化”工作，更好地履行为民理财、决策参谋、财经秩序监管等职能。同时，广东省各级财政部门在“两基”、“两化”工作各有分工：

1. 省财政厅的职责分工。除加强厅内各业务处室建设，加强厅内管理基础工作外，主要负责对全省各地的业务指导、检查监督考核，制订乡镇财政干部培训方案，负责市县师资培训，加强市县示范性培训。

2. 各市财政局的职责分工。主要负责加强市局自身建设，指导并监督县乡财政部门落实工作，协调做好下达乡镇的资金信息通达工作，做好市辖区及县（市）所辖乡镇的培训工作。

3. 各县（市、区）财政局的职责分工。主要负责加强县级自身建设，对乡镇财政的指导和监督，组织乡镇信息平台和监管体系建设，推进乡镇财政和村级财务管理方式改革，做好县（市）所辖乡镇的培训工作。

4. 乡镇财政所的职责分工。这部分今天我想重点讲一讲。农村税费改革后，我国乡镇财政管理普遍存在职能不明确、定位不清晰等问题。因此，我想借这次培训，跟广东省各级财政干部一起理一理新时期乡镇财政所的职责定位，为推进乡镇财政建设奠定思想基础。

农村税费改革以后，随着中央对“三农”多予、少取政策的密集出台，乡镇财政的职能发生了重大变化，从过去的“收入征管型”，向“收支并重型”、“公共服务型”、“综合协调型”转变。职责定位相应转变为：乡镇社会事业的“支持者”、公共服务的“保障者”、财政资金的“监管者”。

新形势下的乡镇财政职能定位的重大转变，要求乡镇财政部门进一步明确思路，充分发挥职能作用。一是充分

发挥收支管理的职能。在组织收入方面，要依法依规，做到应收尽收。在支出管理方面，要发挥面向农村、熟悉基层的优势，扎实做好数据统计、档案管理等基础工作，为财政管理提供真实可靠的依据；要按要求用好各类强农惠民资金，加大政策宣传力度，做好补贴发放和管理，防止骗取补贴行为；要规范乡镇财务会计管理和村级财务管理。二是充分发挥监管职能。发挥就地、就近监管的优势，健全项目管理监督机制，对各级、各种渠道下达的财政强农惠民资金，实行全面监管。通过建档备案、不定期巡查抽查等形式，加强项目实施和资金监督检查、跟踪问效，并及时向县级财政部门反映情况。三是充分发挥为民服务的职能。发挥接近乡村、了解乡村的优势，梳理农业农村发展中存在的短板，提出可行的财政支持政策建议，及时向上级财政部门报告。四是接受县（区）财政部门赋予的监管职能。

财政管理点多、面广、线长，乡镇财政处于财政管理体系的末梢，是推进农村公共服务均等化、落实财政强农惠民政策的重要保障。各级财政部门都要深刻认识乡镇财政建设的重要地位和作用。省级、市级、县级财政部门要加强对乡镇财政的指导和管理，及时将财政政策、资金信息传达到乡镇财政所，并提出监管工作要求，加强乡镇财政干部培训，提高其能力素质，逐步改善乡镇财政办公条件。乡镇财政部门也要努力加强自身建设，完善管理基础和工作制度，确保履行好新时期的职责任务。

（三）明确工作措施，狠抓工作落实

在明确目标任务、职责定位的基础上，下面我再结合现代管理的要求，谈谈当前“两基”、“两化”工作中应当采取的工作措施。

1. 抓核心，加强财政法制建设。在现代管理中，制度建设是核心环节。正所谓“没有规矩，不成方圆”。制度就是工作的“规矩”和准则，没有制度，我们的工作就不能成“方圆”。法制建设，是高层次的制度建设，是科学化精细化管理的重要前提和有力保障。我们必须按照科学化精细化的要求，重点突破、整体推进，进一步加强广东省财政法制建设。一是牢固树立依法理财理念。二是完善财政法规，及时研究制定广东省财政法规，确保财政管理有法可依。三是严格财政规范性文件管理，建立健全财政规范性文件废、改、立的工作机制，提高财政规范性文件的质量。四是规范理财行为和程序，建立和完善财政决策规则、程序，依法实行公示、听证等制度，保证决策的科学、民主。五是加强普法教育和执法监督。

2. 抓主体，健全政府预算体系。随着公共财政改革的推进，财政管理的主体不断拓展，在原来一般预算、基金预算的基础上，逐步增加了社保基金预算和国有资本经营预算，我们各级财政应当根据管理主体的变化情况，及时健全政府预算体系。一是建立完整的政府预算体系。逐步建立由“四大预算”组成的政府预算体系，加大统筹调配力度，形成资金合力。二是完善公共财政预算。收入方面，要提高收入质量，不断提高税收收入占财政收入的比重；支出方面，要结合《广东省基本公共服务均等化规划纲要（2009～2020年）》的实施，不断加大对基本公共服务的投入力度。三是稳步推进国有资本经营预算编制，加强与国资监管部门的协调，加快编制本地区国资预算。四是规范政府性基金预算，更准确清晰反映基金收入来源，把基金支出全部细化到具体事项。五是建立健全社会保险基金预决算制度，加强与社会保险基金主管部门沟通，加快推进本地区社保基金预决算编制。

3. 抓龙头，加强预算编制管理。预算编制是财政工作的龙头。预算就是政府财政收支计划。在现代管理中，计划是管理的第一环节。预算管理必须按照现代计划管理的要求，注意基础数据的准确性以及计划的全局性、全面性，抓好龙头，提纲挈领，推动工作开展。一是提高收入预算编制的科学性和准确性，建立科学合理的收入预测模型。二是细化支出预算编制。部门预算要加强与基础信息的衔接，项目支出安排要经过严谨科学的论证，明确绩效目标，重大项目支出要广泛征求各方意见。三是增强地方预算编制的完整性，将上级对下级转移支付列入各级预算。四是提高预算编制的透明度，按照财政部关于预算公开的规定，及时向社会公开预决算报告及表格，并且要加强对部门公开预算的指导和监督。五是加强部门预算专项结转和净结余资金统筹使用研究结余结转资金与预算编制相结合的具体办法。六是建立预算执行与下年预算编制的有效衔接，要把预算单位上年的项目支出预算执行情况作为编制下年预算的重要参考依据。七是协调推进部门预算等各项财政改革，进一步加强与绩效评价、资产管理的衔接。

4. 抓过程，强化预算执行管理。预算执行，从管理的角度来讲，就是组织、领导财政预算的实施过程。执行的好坏，直接影响到财政预算的最终成效。因此，必须按照现代执行管理关于职责明确、合理分工、流程优化、协调配合的原则，确保财政预算执行到位。一是加强收入管理，加强与税务部门、非税收入执收单位的沟通协调，确保依法征收、应征尽收，同时不断提高收入分析水平。二是提高财政性资金支付效率，及时拨付财政资金，加快应急性、突发性资金拨付速度，加强资金调度管理，避免年底集中下达。三是建立预算执行管理责任制，强化部门作为预算执行主体的责任意识。四是探索建立财政专项资金统筹使用机制，统筹使用符合使用规定、性质相同、用途相近的财政专项资金，集中财力办大事。五是建立预算执行情况通报制度，指导、督促本级部门和下级财政部门加快预算执行进度，切实提高预算执行时效性和均衡性。

5. 抓监控，建立健全财政监督体系。财政监督，从管理学角度来讲，就是对财政工作控制的过程。在财政监督工作中，要按照现代管理关于事前、事中、事后全过程和各层面全方位控制的原则，健全财政监督控制体系。一是建立覆盖所有政府性资金和财政运行全过程的监督机制，强化较为薄弱的事前和事中监督，推进监督关口前移，利

用财政管理信息系统，强化过程监控，发挥监督的预警和防范作用。二是着力建立完善县镇财政监督体系，明确乡镇财政的监管范围、监管任务和责任，加大乡镇财政监管力度。

6. 抓基础，加强财政管理基础工作。基础工作是财政管理的基石。要牢固树立现代管理中“细节决定成败”等管理理念，狠抓基础工作，为各项财政工作提供保障。一是加快财政管理信息化建设，深刻认识信息化建设的支撑性作用，切实加快“金财工程”建设进程，实现财政管理各环节、上下级财政间的信息更加通畅。二是做好基础数据整理工作。要建立健全基础数据体系，逐步实行动态管理，全面掌握预算单位的人员和编制、工资及津补贴、存量资产和配置标准、收费项目和标准，各级财政的供养人口、财源财力、贫困人口，以及宏观经济运行、社会经济发展情况等基础数据。要加强对数据的分析整理，结合实际加以利用。三是建立项目库管理制度，充分利用信息技术平台，建立财政和预算单位备选项目库，完善项目的遴选、论证、审核和排序制度。四是完善政府财政统计报告制度，要按照财政部的统一部署，逐步完善“三农”、民生、教育、医疗卫生、社会保障、劳动就业、交通、住房、文化等社会各界关注的数据的统计报告制度。

7. 抓终端，加强基层财政建设。基层财政是财政组织体系建设的基本环节，是财政政策落实的最终载体。当前，要针对广东省乡镇财政建设较为薄弱的状况，重新明确新时期乡镇财政新的职能定位，狠抓乡镇财政建设。一是深化镇村财政（务）管理方式改革，这次培训班上，我们将把已开展试点的东莞市以及潮安、蕉岭、徐闻、德庆、清新等县的经验材料发给大家，希望各地要借鉴试点经验，从本地区实际出发选择管理模式，加快推进改革。二是健全完善乡镇财务会计管理，要完善管理制度，健全内控机制和纠错机制，推行财务公开，广泛接受社会监督，加强国有和集体资产管理，妥善凭证、账簿、合同等基础资料，确保财政资金安全。三是建立乡镇财政信息通达机制。县级财政部门要指定专门科（股）牵头负责，将涉及乡镇部门或在乡镇辖区范围内实施的所有财政资金项目（包括通过主管部门等其他渠道安排的项目），及时通知乡镇财政部门，为乡镇财政部门推进财政资金监管创造条件。四是加强村级财务和资产管理。要全面推行农村财务管理规范化，提高农村会计、审计和民主理财人员素质，加强村级财务管理情况审计，提升财务公开和民主理财水平。五是加强乡镇基础工作。要积极组织推广乡镇财政管理有关信息系统，完善档案管理，提高信息化水平和基础资料管理水平。六是切实加强乡镇财政资金监管。做好涉农补贴的申报、认定、审核、公示、数据管理等工作，采取国库集中支付与“一卡通”相结合等方式及时发放补助资金。严格项目资金监管，加强对项目的实地审查、公示、实施跟踪、评估验收等工作。

8. 抓人才，加强财政干部队伍建设。“为政之要，唯在得人”。人是管理中最活跃、最具有决定性的因素，是管理的第一资源。各级财政部门要按照科学发展观的要求，加强干部队伍建设，为加强“两基”、“两化”工作提供智力支持和组织保障。一是建立健全各项学习制度，深入开展读书学习活动，营造爱读书、爱学习，自觉学习、主动学习的良好风气；创新干部教育培训机制，加大干部教育培训力度，全面提升全省财政干部推动科学发展、促进社会和谐的本领。二是加强领导干部队伍建设，落实好行政首长负责制和民主集中制等制度，搞好团结，相互补台，带领干部职工做好工作；建立严格的领导干部工作问责制，营造紧张快干抓落实的良好氛围。三是建立完善干部工作考核评价制度，进一步细化干部考核办法，制定科学配套可考核、可操作指标体系，将考核结果作为干部选拔任用的重要依据。四是建立科学规范的干部选拔机制，坚持“凭能力定使用，靠实绩求进步”的选人用人导向，在全省财政系统形成风清、气正、实干的良好机关氛围。五是进一步加强作风建设，完善行政问责、工作考核、定岗定责、服务承诺、限时办结、调查研究等各项制度规定，建立作风建设的长效机制。六是进一步加强廉政建设，强化拒腐防变意识，构建财政源头防腐机制。

以上是广东省各级财政近期在加强“两基”、“两化”建设方面迫切需要开展的一些工作。我前面也讲了，这次的培训班是既是推进广东省“两基”、“两化”工作的一次“大动员”；也是提高各级财政干部政策水平和业务能力的一次“大练兵”。“大动员”，就是希望各位财政局长、财政所长要深刻认识加强“两基”、“两化”工作的重要性、紧迫性，明确各级财政在“两基”、“两化”工作中的职责分工和工作目标、工作任务，切实加强对本地区“两基”、“两化”工作的领导，回去后，抓紧贯彻落实省厅《关于加强财政基础工作和基层建设、推进财政科学化精细化管理的实施意见》，尽快组织制定本地区实施方案，细化落实措施，指导督促下级财政部门抓好贯彻实施，并及时向上级财政部门反馈实施情况，形成一级抓一级，上级带下级，层层抓落实的良好局面，确保广东省“两基”、“两化”工作取得实效。“大练兵”，就是希望各位局长、所长珍惜这次难得的学习机会，静下心来，集中精力，认真学习，深入思考，进一步提高财政理论水平和政策能力。此外，本次培训班的举办，也是关于乡镇财政管理的一次示范性的培训，希望各地以此为契机，切实落实工作责任，建立起长期的培训机制，有计划地组织好对基层财政干部的培训，争取在两三年之内完成对全省乡镇财政干部的轮训。

（本文系作者2010年10月20日在乡镇财政干部示范性培训班上的讲话）

加强监督检查　狠抓工作落实
深入开展党风廉政建设和反腐败工作

广东省财政厅纪检组长　邓桂明

这次会议的主要任务是：学习贯彻十七届中央纪委五次全会、省纪委十届四次全会和全国财政反腐倡廉建设工作会议精神，总结2009年党风廉政建设和反腐败工作情况，研究部署2010年工作任务。厅党组对这次会议高度重视，厅党组书记、厅长刘昆同志作了重要讲话，我们要深刻学习领会，认真抓好落实。

一、2009年反腐倡廉建设主要情况

2009年是不平凡的一年，面对国际金融危机的严重冲击和反腐倡廉的新形势，全省财政系统和授权管理单位认真贯彻落实科学发展观，坚持标本兼治、综合治理、惩防并举、注重预防的方针，围绕中心，服务大局，把反腐倡廉建设寓于财政改革发展之中，以廉政促业务，以业务检验廉政，坚持两手抓，两促进。2009年广东省财政工作成绩显著，全省一般预算收入比上年增长10.25%，连续19年居全国各省市首位；反腐倡廉建设取得新进展，各项工作取得新成效。

（一）坚持科学发展，保障中央和省委重大决策的贯彻落实

全省财政系统和授权管理单位认真学习贯彻党的十七大和十七届四中全会、十七届中央纪委三次、四次全会和省委十届四次、五次全会精神，以科学发展观为统领，紧紧围绕保增长、保民生、保稳定、“三促进一保持”和“双转移”等重大决策部署，深入开展监督检查，狠抓工作落实。一是全力做好扩大内需促进经济增长政策落实和资金监管工作。省财政厅及时成立监督检查工作领导小组，制定印发《广东省扩大内需中央资金管理暂行办法》等制度，对资金拨付和使用情况实行动态监控，做到事前预警、事中跟踪监督、事后问效的全过程监督。广州、梅州、东莞、惠州、汕尾、河源、肇庆、江门等市财政局成立督查组，积极开展监督检查工作。2009年，广东省分解下达中央扩大内需项目资金预算44亿多元，落实地方政府配套资金65.96亿元，保证资金安全到位。二是开展对积极财政政策落实情况的监督。加强专项检查，确保积极财政政策和工作措施的有效落实；加强资金监管，确保财政资金安全和资金效益地发挥；加强工作过程监督，确保省财政75亿元产业转移扶持资金等财政资金竞争性分配改革的顺利实施。三是认真研究解决“花出来”的腐败问题。根据汪洋书记关于突出解决“花出来”问题的指示，省财政厅党组专门召开党组扩大会议，研究贯彻措施，对全省财政系统提出促进预算公开、加强预算执行等八个方面的贯彻意见，各市财政局结合本地实际，认真贯彻落实，切实加强了财政管理。

（二）着力构建惩防体系，进一步推进源头治腐各项工作

全省各级财政部门认真贯彻落实中央《工作规划》和省委《实施办法》，创新机制，大力推进财政惩防体系建设，着力构建源头治腐公共财政制度防线。部门预算改革、国库集中支付改革和“收支两条线”管理制度改革继续深化；行政事业单位国有资产监管、财政支出绩效评价工作不断加强；公共财政体系不断健全；政府采购监管制度不断完善，《广东省实施〈中华人民共和国政府采购法〉办法》经省人大审议通过，全省统一电子政府采购平台基本建成，佛山、潮州等十多个市已上线运行，制定了《广东省自主创新产品政府采购的若干意见》，发挥政府采购政策功能。财政部门惩防体系建设取得了显著成效。

（三）多措并举筑牢廉政防线，扎实推进党风廉政建设

全省财政系统和授权管理单位坚持党组（党委）统一领导、党政齐抓共管、纪检监察部门组织协调、其他职能部门各负其责、依靠群众支持和参与的工作机制，采取多种措施，不断加强党风廉政建设。一是加强责任意识，认真落实党风廉政建设责任制。各级财政部门认真研究制定2009年党风廉政建设和反腐败工作安排，细化责任分工，明确工作要求；制定领导干部党风廉政建设责任制具体责任内容，明确工作责任，落实责任主体。佛山、中山、江门、潮州、云浮、韶关等市实行党风廉政建设责任制考核等制度，责任要求明确，保障措施有力。二是加强宣传教育，增强拒腐防变意识。省财政厅以纪律教育学习月为载体开展四个专题学习讨论。深圳、清远市财政局开展廉政专题教育整顿活动和“廉风和畅”廉政教育活动，茂名、

湛江、阳江、云浮等市财政局开展“廉政论坛”、“民主评议公务”等形式多样的廉政教育活动。中信银行举办反腐倡廉教育图片展。通过各种教育活动，增强了教育的针对性，有效提高了党员干部的拒腐防变意识。三是加强监督检查，提高制度执行力。认真贯彻落实《关于实行党政领导干部问责的暂行规定》等四个重要文件；认真执行廉政档案、提任干部廉政考察、任前谈话、新招录公务员上岗廉政教育等制度。省财政厅重申党员干部廉洁自律规定和重大事项报告制度，对新提任的28名处级干部进行任前廉政谈话，对76人次进行提任廉政考察。省国税局建立完善内控机制，以“两权”监督制约为核心，加强巡视检查工作。粤财公司制定履职问责办法，开展规范职务消费专项财务检查。广发银行、光大银行开展案件风险排查，健全完善监督制约机制。广发证券启动诚信档案建设，促进员工廉洁从业。中信华南实行项目目标责任制，控制成本支出，强化员工廉洁自律。

（四）加强权力监督制约，认真组织开展规范权力运行工作

按照财政部的部署，2009年全省财政系统认真组织开展规范权力运行工作。省财政厅成立规范权力运行工作领导小组，由厅党组书记、厅长挂帅，各党组成员任副组长，确保工作有序开展。规范权力运行工作分梳理登记、健全完善、审核把关和总结成果四个阶段，各处室、单位对所有权力事项按照行政管理类、财政分配管理监督类和其他类进行分类，逐项梳理权力行使依据，细化权力运行流程，明确岗位职责，查找薄弱环节和廉政风险点，制定完善权力运行程序和监督管理流程，建立健全配套管理制度。全厅34个处室、单位梳理、规范各类权力事项共计467项，形成指导性、操作性较强的《广东省财政厅工作运行规程（汇编）》。各市财政部门按照要求认真开展规范权力运行工作，揭阳、湛江等市财政局在扎实推进市本级工作的同时，加强对县（区）的督导，及时解决帮助工作中存在的问题。通过开展规范权力运行工作，财政部门在转变执政观念、加强制度建设、推进财政管理制度改革、行政审批制度改革和惩防体系建设等方面取得了新的进展，有效预防了腐败问题的发生。

（五）抓好专项检查治理，确保工作取得实效

一是认真开展“小金库”专项治理，促进反腐倡廉建设。按照中纪委、财政部统一部署，认真组织开展全省“小金库”专项治理工作。通过自查自纠和重点检查，全省共清理“小金库”303个，金额近1.33亿元；依法查处了一批案件，给予党纪政纪处分16人，行政处罚18人，组织处理15人，移交司法机关处理11人，协助省纪委监察厅通报了10起典型案件，治理“小金库”工作取得了良好成效。二是认真开展财政资金安全专项检查，强化资金安全防范。组织对农村劳动力培训转移就业资金、家电下乡补贴资金等6个专项资金进行检查，规范资金管理；组织财政系统开展国库资金安全检查，督促纠正检查发现的问题，规范操作，保证财政资金安全。三是组织开展政府采购检查，规范采购市场秩序。组织开展对政府采购代理机构和采购项目收费专项检查，共抽查了21家政府采购代理机构和560个采购项目，纠正违规收费行为，规范采购秩序，强化行政监管。会同省纪委监察厅、省审计厅组织对省集中采购机构的工作考核检查，督促整改存在的问题，向省政府报送了考核检查报告。四是认真落实行政经费节约年目标。将节约行政经费、控制一般性行政支出作为一项重要工作来抓，明确行政经费节约的考核内容、考核方式和奖惩措施，加强因公出国（境）管理，严控出国经费，抓好督促落实工作。2009年全省一般性行政经费得到较好控制，仅省级就压减了13.6亿元。

（六）严格依纪依法，认真做好信访举报和案件查处工作

全省财政系统和授权管理单位把做好信访工作和查办案件作为从严治党、惩治腐败的重要手段，切实做到有诉必核，有案必查，维护纪律的严肃性。2009年，全省财政系统、驻厅纪检组及授权管理单位共收到群众信访举报889件，其中驻厅纪检组65件、授权管理单位454件、地市财政系统370件。全年共初核了739件，其中驻厅纪检组12件、各授权管理单位399件、地市财政系统328件。了结并作出适当处理的443件，共立案16人，其中驻厅纪检组和授权管理单位立案9人，地市财政系统立案7人。受党纪处分的6人、受政纪处分的17人，为国家挽回经济损失304.81万元。驻厅纪检组对原厅属某单位挪用财政专项资金、严重违反财经纪律的问题组织了立案调查，对该案的主要负责人给予纪律处分，全部追回被挪用的资金150万元。同时，5次派人协助有关部门办案，对2008年受到党纪、政纪处分的干部进行回访教育，达到“惩前毖后、治病救人”的目的。广发银行纪委在全省企业办案工作会议上作了经验交流。

（七）加强纪检队伍建设，增强服务大局能力

各级财政部门和授权管理单位把加强纪检监察队伍自身建设作为一项基础工程来抓，坚持严格要求、严格教育、严格管理和严格监督。思想作风进一步加强。认真参加学习实践科学发展观、转变作风抓落实等活动，深入开展“做党的忠诚卫士，当群众的贴心人”主题实践活动，切实提高纪检监察干部思想修养和政治意识。调研工作进一步推进。驻厅纪检组组织开展积极财政政策落实情况、反腐倡廉建设等5个重点课题的调研，提交的《财政部门惩治和预防腐败体系研究》论文入选“2009广东廉政论坛”，并被评为优秀论文；东莞市财政局开展预防职务犯罪理论研讨；广发证券股份有限公司开展“商业贿赂潜规则问题研究”专题调研；中信华南集团深入基层开展反腐倡廉专项调研，为工作决策提供了参考依据。信息交流力度进一步加大。各市财政局和授权管理单位向驻厅纪检组报送信息151篇，驻厅纪检组编印

通讯、专报59期，11篇被中纪委、省纪委采用，在省纪委信息工作考评中名列派驻机构首位。干部素质进一步提高。举办第四期全省财政系统纪检监察干部培训班，组织全省财政系统和授权管理单位纪检监察干部22人参加中纪委培训班学习，并选派15人次参加上级机关组织的各种培训，业务水平有了进一步的提高。

2009年，全省各级财政部门和授权管理单位反腐倡廉建设工作取得了较好成绩。但是，也必须清醒地看到，我们的工作还存在一些问题。主要有：有的工作推进不够平衡，部分地市财政部门规范权力运行工作尚未全面铺开，“小金库”治理工作还不够深入；监督工作还未完全到位，有的基层财政部门监督工作仍较薄弱，财政资金被侵占挪用问题和干部违纪问题仍有发生；队伍作风建设还要进一步加强，财政管理制度改革还要进一步深入，对权力运行的监督制约还要进一步完善，制度建设和执行还要进一步强化等，这些问题必须引起我们的重视，要认真研究解决。

二、2010年反腐倡廉工作任务

2010年是全面贯彻党的十七届四中全会精神、加强和改进新形势下党的建设的重要一年，也是继续实施积极财政政策、推动“三促进一保持”目标实现的关键一年，做好财政反腐倡廉工作意义重大。我们要深入贯彻落实党的十七大、十七届四中全会、十七届中央纪委五次全会、省委十届六次全会、省纪委十届四次全会和全国财政反腐倡廉建设工作会议精神，以科学发展观为统领，坚持标本兼治、综合治理、惩防并举、注重预防的方针，以促进经济发展方式转变为核心，加强对积极财政政策落实情况的监督检查，以推进财政惩治和预防腐败体系建设为重点，加强制度建设，以规范权力运行为抓手，着力推进依法理财，为广东省当好推动科学发展、促进社会和谐的排头兵提供坚强保障。

（一）加强监督检查，确保中央、省委重大决策的贯彻落实

加强对积极财政政策落实情况的监督检查。落实好积极财政政策，对促进经济平稳较快发展、促进社会和谐意义重大。各级财政部门要按照中央、省委的决策部署，按照全省财政工作会议的精神，突出“三促进一保持”这一重点，加强对建设现代产业体系、提高自主创新能力，以及结构调整、扩大内需、惠及民生等财政政策措施和《广东省基本公共服务均等化规划纲要》落实情况的监督检查。做好对支援汶川恢复重建资金使用和项目建设的监督检查。加强对“三农”、教育、科技、医疗卫生、文化、社会保障、保障性住房、节能减排以及欠发达地区扶持资金使用情况的专项检查。

加强和完善监督检查机制。建立监督检查工作协调机制，突出工作重点，不断提高监督检查的针对性和有效性。要健全对重大财税政策执行情况定期检查和专项督查制度，严肃查处违纪违规行为，坚决纠正有令不行、有禁不止行为。要强化纪律保障机制，严明党的纪律特别是政治纪律，使广大党员干部在思想上、政治上、行动上同党中央保持高度一致。严肃查处违反政治纪律的行为，确保党的路线方针政策和省委省政府的重大决策部署在财税金融工作中得到全面贯彻落实。

（二）强化教育监督，促进党员干部廉洁从政

加强廉政教育，构筑拒腐防线。以党性党风党纪教育为重点，加强对党员干部特别是领导干部的理想信念教育和廉政教育，弘扬党的优良作风，弘扬理论联系实际的学风，把学习教育与财政改革发展相结合，与科学理财、为民理财相结合，引导党员干部自觉廉洁从政，常修为政之德，常怀律己之心，恪尽为民之责，切实做到为民、务实、清廉。要结合财政工作实际，认真开展以“加强制度教育，构筑拒腐防线”为主题的纪律教育学习月活动。要结合财政系统反腐倡廉实际，加强示范教育和警示教育。要结合干部队伍建设要求，开展岗位廉政教育。要结合党员干部思想实际，加强经常性廉政教育。

加强监督管理，认真落实廉洁自律各项制度规定。严格按照省纪委的要求，认真落实领导干部报告个人重大事项制度，把住房、投资、配偶子女从业等情况列入报告内容。切实加强对配偶子女均已移居国（境）外的财政干部的管理和监督。认真执行《中国共产党党员领导干部廉洁从政若干准则》及其他相关规定。严肃查处领导干部利用职务便利为本人或特定关系人谋取不正当利益等问题，严禁违反规定为配偶、子女及其他特定关系人在就业、投资入股、经商办企业等方面提供便利谋取不正当利益，严禁违反规定私自从事营利性活动，严禁违反规定收送现金、有价证券、支付凭证，严禁大操大办婚丧喜庆事宜或借机敛财，严禁用公款或接受与其行使职权有关系的单位和个人邀请进行高消费娱乐、健身活动。

增强责任意识，严格落实党风廉政建设责任制。积极推行党风廉政建设第一责任人述责制度，加强对党员领导干部履行党风廉政建设职责情况的监督，强化各级领导班子抓党风廉政建设的责任意识，加强组织领导，协调各方力量，推动工作落实。要全面推行“一岗双责”，把反腐倡廉建设与业务工作一起部署、一起落实、一起检查、一起考核，抓好责任分解、责任考核、责任追究，巩固齐抓共管反腐倡廉建设的局面。

（三）推进制度建设，认真落实财政部门源头治腐各项工作任务

制度建设是建立健全惩治和预防腐败体系、从源头上防治腐败的根本途径。全省各级财政部门要按照财政部和省纪委的工作部署和要求，继续深化财政管理制度改革，大力推进体制机制创新，进一步健全完善公共财政预算编制、执行、监督和问效体系。继续深化部门预算改革，建立健全政府预算体系，深入推进国有资本经营预算、社保

基金预算制度建设，完善和规范财政转移支付制度；深化国库集中支付改革，继续推进财政支出管理电子平台建设、省级财务核算信息集中监管和公务卡结算改革，加快省级财政国库动态监控系统建设；完善政府采购制度，建立健全电子化政府采购管理交易系统；严格执行“收支两条线”规定，加快非税收入管理条例立法进程，建立健全政府非税收入管理体系；继续推进财政绩效评价工作，完善绩效评价体系；加强行政事业单位国有资产管理，加强资产管理制度和信息化建设；深化省级财政竞争性分配机制改革，扩大改革试点范围；强化财政监督，推进建立健全覆盖所有政府性资金和财政运行全过程的监督机制；认真部署推进基本公共服务均等化，完善相关配套改革，健全考评机制。

（四）严格依法理财，进一步开展规范财政权力运行工作

深入开展规范权力运行工作，建立健全公开、透明、规范的权力运行机制和监控机制，完善对财政部门关键岗位和重点环节的监督，是促进财政干部严格依法行政和依法理财，提升财政管理水平的重要保证，是构建惩防体系、有效预防腐败的重要措施，对财政权力正确行使，确保财政资金、干部安全具有重要意义。厅各处室、单位要把规范权力运行工作作为一项长期任务，充分利用已取得的工作成果，加大制度和规程的执行力，在执行中完善，在执行中提高，针对执行中发现的管理漏洞和薄弱环节，加强建章立制，有效减少和预防违法违纪问题发生；加大制度和规程执行的监督力，将执行制度和规程的情况作为监督检查的重要内容，使工作成果转化为管理效益，推动财政科学化和精细化管理；加大责任追究的力度，针对不按制度和规程办事的行为，依法依纪追究相关人员责任。各地市财政部门要将规范权力运行工作作为今年的一项重要工作，按照省厅的部署，继续抓好规范权力运行工作，对本单位所有权力事项按照行政管理类、财政分配管理监督类和其他类进行分类，并逐类逐项梳理权力行使依据，描述权力运行流程，明确岗位职责和关键环节，查找关键部位和薄弱环节，健全完善《工作规则》和权力事项管理制度、运行流程，针对权力事项的关键部位和薄弱环节，查找廉政风险点，制定完善权力运行程序和权力监督管理流程，建立健全配套管理制度，形成具有指导性和操作性的工作运行规程，建立规范权力运行的长效机制。厅各处室、单位要加强对地市财政部门对口科室的指导。

（五）抓好组织落实，认真开展专项治理检查工作

深入开展工程建设领域突出问题和“小金库”等专项治理工作。会同有关部门认真落实《关于开展工程建设领域突出问题专项治理工作的意见》。建立健全重大工程监督机制，严肃查处违纪违法问题。巩固党政机关和事业单位“小金库”专项治理成果，并向社会团体和国有企业延伸。进一步加大财政纠风工作力度。加强对社保基金、住房公积金、扶贫和救灾救济资金以及政府专项资金管理使用情况的监督检查，加强对大额资金的实时监控。严格控制一般性财政支出。继续严格控制出国（境）团组数量和规模，建立禁止公款出国（境）旅游长效机制；加强公务用车使用管理，严禁违规为领导干部配置用车；进一步规范和改革公务接待制度，严禁用公款大吃大喝，不得以参加会议、学习、培训、联谊活动等名义用公款请客送礼；从严控制楼堂馆所建设，严禁违反规定购建、装修办公用房；继续巩固晚会、展览、庆典、论坛活动清理成果。

（六）依法依纪，严肃查处违法违纪行为

严肃查处违法违规案件。严肃查处利用资金管理分配权、行政审批权、行政执法权和干部任免权进行贪污、索贿受贿、徇私舞弊、权钱色交易的案件；利用工作便利为亲友谋取不正当利益的案件；干预招标投标获取非法利益的案件；严重违反政治纪律的案件；严重侵害群众利益的案件；失职渎职，给国家利益造成重大损失的案件，对任何腐败行为要依纪依法严肃处理，绝不姑息。

进一步建立健全查办案件工作组织协调机制。加强对查办案件工作的组织协调，各地各单位要大力支持纪检监察部门查办案件工作，坚持纪检监察部门和监督部门以及相关执法机关移送案件线索和协作办案制度。认真执行关于严格依法依纪办案的规定，保障被调查人的合法权益。完善重大案件通报制度，加强案件剖析，认真研究案发规律，充分发挥查办案件的治本功能。

（七）加强调研学习，进一步提高财政纪检监察干部素质

切实加强思想政治建设。着眼建设学习型机关，把思想理论建设放在首位，坚持用中国特色社会主义理论武装头脑，模范践行社会主义核心价值体系，切实增强政治意识、表率意识、法治意识、创新意识和宗旨意识。切实加强能力建设。加大财政纪检监察干部的教育培训力度，拓宽学习领域，强化实践锻炼，努力掌握和运用纪检监察工作所需要的新思想、新知识、新经验，不断提高促进科学发展、促进社会和谐、有效防治腐败的能力。切实加强作风建设。继续深入开展“做党的忠诚卫士，当群众的贴心人”主题实践活动，加强党性锻炼和作风养成，强化政治纪律、工作纪律和组织纪律，完善监督制约机制，坚持秉公用权，严格自律。树立监督者更要接受监督的意识，自觉接受监督，讲党性、重品行、做表率。切实加强系统建设。进一步增强全局意识，大力推进全省财政纪检监察组织建设，积极探索充分发挥基层财政纪检监察职能作用的有效办法，加强系统上下联动，夯实财政反腐倡廉建设的组织基础。

同志们，反腐倡廉建设使命光荣，责任重大。让我们振奋精神，恪尽职守，奋发进取，以更加坚定的信心、更加坚决的态度、更加有力的措施、更加扎实的工作，不断开创党风廉政建设和反腐败斗争的新局面！

（本文系作者2010年2月5日在全省财政反腐倡廉建设工作会议上的工作报告）

原文内容由五部分构成：一是广东省省级财政专项资金概念；二是广东省省级财政专项资金管理的现状；三是财政专项资金管理的国内外经验与启示；四是广东省省级财政专项资金管理改革的理念、思路、目标与原则；五是广东省省级财政专项资金管理研究。由于篇幅限制，在此只节选第五章进行刊登。

广东省省级财政专项资金管理研究

（节选）

广东省财政厅

第五章　广东省省级财政专项资金管理改革的对策建议

省级财政专项资金管理要以绩效为导向，运用分类管理的方法，对财政专项的申请流、决策流、资金流进行全过程动态管理，不断提高财政专项资金的科学性和合规性。全过程包括从省财政部门到省直资金主管部门、从省级财政到地方财政、最后到资金使用项目的过程；也包括从资金设立、到资金分配使用、再到检查监督和绩效管理的过程。动态管理是指对财政专项资金的整个过程实时监控、在线监测、随时了解。

第一节　构建清晰的财政专项资金结构体系

加强省级财政专项资金管理，首先要摸清家底，根据清晰的可操作的财政专项资金定义，明确省级财政专项资金的总量规模；然后根据资金的用途和性质进行分类，弄清专项资金内部的结构。只有数目清晰、家底清楚，才能打造“阳光财政”和“玻璃钱柜”。

一、明确省级财政专项资金的总量

财政专项资金的总量包括两个方面的内容：一个是财政专项资金的项数，即省级财政专项资金总共有多少个具体的专项；另一个是财政专项资金的规模总量，如财政专项资金占一般预算支出的比重、专项转移支付与一般转移支付的比例关系。

（一）要从制度上限制专项的不断增长，保持省级财政专项总项数的相对稳定。专项资金的项数太多，容易造成资金过于分散和具体，给财政部门的管理和调配带来困难。建议在经济社会没有发生重大变革的情况下，省级财政专项的项数保持相对稳定。凡是要求新设立的专项，尽量在现有专项的范围内进行调配，通过扩大部分专项的用途和增加某些专项的资金量来解决问题，总体上避免专项数量的大幅增加。建立专项资金的查询检索机制，要求新设立的专项只有经过查询检索确认没有重叠交叉后，才被允许设立。

（二）省级财政专项资金总量应该清晰。要根据前面的省级财政专项资金的定义，对省级财政专项资金进行一次彻底清查，搞清省级财政专项资金的总体规模。财政部门要像掌握一般预算收入、一般预算支出等数据一样，清晰掌握并定期发布专项资金的数据（包括专项资金的总体规模、专项支出占一般预算支出的比例、专项转移支付与一般性转移支付的比例）。虽然目前理论上和实践上对专项支出与基本支出的比例关系、专项转移支付与一般性转移支付的比例关系并不存在一个固定的合理标准①，不同国家由于政治体制、区域差距等实际情况不同，专项支出与基本支出的比例、专项转移支付与一般性转移支付的比例差异很大；但是，专项资金的总量数据不能因此而含糊不清。要逐步将专项资金的数据单独列出向省人大公开。

二、加强专项资金的清理调整

财政专项资金往往是为了完成特定工作任务或实现某一项事业发展目标，换句话说，很多专项的设立都具有短期应急的特点。随着时间的增长和新的任务目标需要，设立的专项必然会越来越多。因此，从长远来看，不同专项之间可能会存在一些交叉重叠的现象，从而有必要定期回

① 专项支付与一般转移支付是不同的转移支付方式，具有不同的政策目标。一般性转移支付（无条件拨款）主要是平衡地区间的财政能力差别，使贫困地区政府能有足够的资金行使其职能。通常一国地区之间贫富差距越大，其无条件拨款的比重也就越高。专项转移支付（专项拨款）一般用于对具体项目的补助，具有较强的宏观调控作用，是中央和上级政府实现其政策目标的有力工具。因此，专项转移支付与一般转移支付的合理比例应该从当地实际出发来确定。如美国转移支付中绝大部分都是专项拨款，即联邦政府规定资金的用途。美国联邦转移支付的主要目标是保证各地实际达到一定质量和水准的公共服务，而不仅仅保证各地达到一定的财政收入。通过专项补助可以有效实现联邦政府的意图。

头对专项资金进行清理整合。

建议以5年为一个周期（与政府换届周期一致），对专项资金进行定期清理整合，减少专项资金的数量，优化专项资金的结构。对设立时间较长、已经多年没有收支发生的资金，以及不符合法规和现行财政管理要求的专项资金，应分门别类进行清理整顿，并入资金性质相同或相近的项目；对同一部门主管，用途相似的专项资金进行整合。如广东省把对高等院校的许多专项资金集中合并，实行高等学校生均定额拨款，辅以少量专项（高等学校学科建设专项资金、高校质量工程建设资金）的做法非常值得推广；逐步合并小规模专项资金，将那些种种历史原因设立的分块管理、目标性质相同相近的小规模的专项资金，通过调整用途、修改管理办法等方式合并到一定的规模化，以一定的社会事项和民生需求进行汇集和分类，超越省级政府职能部门进行分类，并探索指定一主要的省级主管部门进行牵头管理。

三、优化专项资金的投向

专项资金是为实现特定经济社会发展目标的政府财政投入，因此，必须对专项资金的投向决策进行科学论证，增强投向的科学性和计划性。要明确政府与市场的边界，发挥市场配置资源的基础性作用，凡是市场可以发挥作用的领域和行业，财政资金要主动撤出。对专项资金投向的结构、专项资金设立的金额、各年度预算分配等要进行有效的数据测算。要从所处的经济社会发展的阶段实际出发，根据国家和省中长期发展规划，围绕省委省政府的中心工作，优先满足老百姓最关心、最直接、最现实的需求，制定一定时期内（五年）专项资金的投向规划①，增强专项资金投向的计划性和规范性。

鉴于当前广东经济社会发展不协调，出现经济发展“一条腿长”、社会发展“一条腿短”的问题，广东整体发展进入了以社会建设为重点的新阶段。建议在继续促进经济增长、加快经济发展方式转变、增强自主创新能力的同时；把更多的财力和专项资金用于扩大就业、增加居民收入、扩大内需，用于统筹城乡差距、促进区域协调发展、缩小贫富差距，用于教育、医疗卫生、社会保障、住房等民生福利，用于环境保护、生态文明建设，等等。

第二节 建立以绩效为导向的制度化设立机制

一、加强设立环节的绩效管理

要将绩效管理前移至设立环节，用绩效预算的理念指导省级财政专项资金的设立，申请设立时不仅要有明确的绩效目标，而且要同步制定专项资金管理办法。

（一）用绩效的理念指导省级财政专项资金的设立。绩效预算是预算方法上的一种创新，是将政府预算建立在可衡量的绩效基础上，把预算资源的分配与政府部门的绩效联系起来，强调结果、责任和效率，提高财政支出的有效性。专项资金具有明确的专门用途和绩效目标，因此，完全可以引入绩效管理②的理念。绩效管理的第一关是专家评审。在众多业务主管部门提出省级专项资金的设立申请后，财政部门可以部分放弃对预算资金分配独专的“自由裁量权”，委托专家们进行技术把关，对专项设立申请进行事前评审，依据专项项目的合规性、必要性、实用性和真实性，进行申请项目的排序，区分轻重缓急，从而基于评价结果安排财政专项资金，实现专项资金设立的科学化、民主化和公开化。凡是通不过专家评审的专项设立申请，原则上不得设立。要加强对专项资金绩效目标可评性的审核。目标尽量具体，该量化的需量化，如果是业务专项需要有业务指标，分年度的专项要有分年度目标，逐步从“形式要件审核”改为“可评性审核”。

（二）申请设立时同步制定专项资金管理办法。虽然《广东省省级财政专项资金管理暂行规定》（粤府［2006］37号）规定专项资金设立要有可行性研究报告，且在可行性研究报告中必须写明专项资金预期要达到的绩效目标和检验绩效目标实现与否的相关专业指标等；但是当前一些省直政府主管部门设立省级财政专项资金的积极性依然很高，归根结底在于这些绩效目标缺少量化，难以对省直资金主管部门进行有效考核，且对考核结果没有相应的奖惩约束机制。也就是说，专项资金主管部门的权利和义务明显不对等。设立专项意味着主管部门有了一笔可以“支配使用”的经费，同时不用承担太多的责任，更多时候责任被分散在各个使用专项的具体项目上。因此，建议业务主管部门在申请专项设立时，不仅必须要求有明确的可量化的绩效目标，增强绩效目标的可评性，而且要同步制定专项资金管理办法，彻底改变以前专项资金设立之后才制定管理办法的做法。通过专项资金管理办法，督促部门明白获得设立专项资金的同时要承担的管理责任。

二、形成常规化制度化设立机制

要明确省级财政专项资金设立的门槛和标准，设定固定时间进行申请，促进专项资金设立的常规化、制度化。

（一）明确省级财政专项资金设立的门槛和标准。从当前省级财政专项的设立依据看，主要有三种方式：第一种是法定专项投入，如省人大议案资金；第二种是省委省政府决定重点扶持和保障的专项投入；第三种是由部门根据省委省政府关于经济社会发展精神提出的专项投入。目前这种设立来源的门槛和标准还有待进一步明晰。

---

① 如专项资金投向规划与五年国民经济与社会发展规划相配套，注重预算与政策之间的整合，以政策引导资金的投向，以预算约束政策的随意制定。

② 2004年，佛山市南海区财政局在全国率先进行绩效管理实践，此后逐步扩大评审范围，2006年所有预算部门都纳入绩效预算评审范围。

首先，什么是法定专项投入要进行清晰地界定。我国法律体系中的所谓广义的法律，并非仅仅指由人大立法的法律，也包括各种行政法规和部门规章，这些法规和规章也是具有法律效力的。因此，省级财政专项的设立必须对法律的层次予以明确，什么层次的法律才能作为法定投入的依据。建议在法律等级体系中，全国人大制定的宪法、基本法律、普通法律，国务院制定的行政法规，省人大制定的地方性法规作为法定投入认定的标准。

其次，省委省政府决定重点扶持和保障的专项投入，必须要遵循集体决策的原则，省级专项资金设立必须以政府红头文件的形式进行批准设立，不能单凭某个领导人的签字就设立财政专项资金。

最后，由部门根据省委省政府关于经济社会发展精神提出的专项投入，必须将政府决策与执行相结合，解决信息不对称的问题。具体来说，业务主管部门在向分管省领导汇报工作，要求开展某项工作的时候，业务主管部门必须同步对落实资金的情况进行汇报，说明是通过现有财力解决，还是通过新增财力解决。如果是新增财力解决，就需要报常务副省长统筹协调。分管副省长也要在审批决策之前询问该事项的资金来源。

（二）建立专项资金设立定期申请制度。按照现行的管理规定，随时都可以申请设立专项资金，随意性较大。这给财政预算的统筹安排带来较大挑战。要逐渐改变目前省级财政专项资金可以随时申请的状况，建议在每年设置一个固定时期进行专项资金设立申请。一般来说，每年的重大决策都的在全国和省的“两会”之后就定型，所以建议在“两会”后的一个月作为省级专项资金设立申请的时期。逐步将专项资金的预算周期与自然周期相结合，使专项资金的设立申请从无限无期走向有序有期。当然，考虑到一些短期应急事件（如自然地质灾害的发生）的发生，定期申报制度要给特殊紧急事项留一个缺口，允许特殊紧急专项资金的临时申请和紧急设立。

（三）探索专项资金设立的竞争性评审机制。专项资金设立与项目的设立的有相似性，当前在项目的设立环节普遍引入了竞争性评审机制，但在省级财政专项资金本身的设立环节还没有形成竞争性的机制。竞争性评审机制与定期申请制度相辅相成。当业务主管部门向财政部门提出专项资金设立的申请后，财政部门可以探索在评审环节引入竞争性机制，邀请专家和利益相关者组成一个评审团，每年定期对所有的专项资金设立申请进行统一评审。短期内可以先对金额较大、专业性较强、影响较大的专项资金设立申请进行专家评审，从专家库随机抽选相关专业或行业的专家进行匿名评审。逐步建立健全财政专项资金设立的评审指标体系，根据专项的不同类型（如保障型与发展型①），形成不同的评审指标体制。优先设立与党和政府中心工作相关性强、效率高、效果好、社会影响大的财政专项。

三、完善专项资金调整退出机制

专项资金的调整退出机制非常重要。只有根据经济社会发展的需要不断调整退出，不断设立，才能形成新陈代谢的良性循环机制。目前新设立的省级财政专项资金一般都有明确的年限，到期后会自动退出；但有一些用途比较单一的专项资金，是某些单位和部门必不可少的事业经费，如果贸然退出，可能导致这些单位和部门的事业发展受很大影响，出现无钱做事的窘况。建议对专项资金的支持方向、用途和使用范围适时进行调整，将同一使用方向的专项资金进行整合，逐步增加具有综合目标的专项资金的数量，避免单一具体用途的专项资金固化为部门利益；此外，还有一些是历史沿革造成的专项资金，已经变成某些部门常规经费使用，退出的难度较大。建议抓住中央和省委省政府重大政策调整的契机，适时加快退出，对于确实经费不足的，要通过增加基本支出的方式解决。

要将专项资金的退出与绩效管理结合起来，根据专项资金的类型寻求合适的退出方法。一是保障型专项资金不能因为绩效不佳而取消，需要对具体问题具体分析。如果是因为资金太少导致绩效不佳的，还要追加资金投入；如果是管理失误导致绩效不佳的，要责令改正并追究管理人员的责任，从而提高资金使用绩效。二是发展型专项资金如果没有实现绩效目标，则要退出和撤销该项专项资金，或者对该专项资金管理进行整改；或者调整该专项使用方向，将资金配置到效率更高、绩效更好的行业和领域。

第三节　规范专项资金的分配使用方式

专项资金分配和使用是专项资金执行过程中的重要工作，也是沟通专项资金和具体支出领域、使用对象的桥梁和纽带。要以绩效为导向，一方面保证把专项资金及时配置到具有经济社会效益的项目上去，另一方面保证专项资

① 保障型专项资金的目标是完成国民待遇、实现省民待遇的资金配置，完成中央政策的意图，达到对省内人员在社会经济待遇上的本省最低保障，是维护本省社会经济稳定的最坚实基石，以此在全国范围内、创造性推行城乡公共服务均等化，倾力农村、欠发达地区和贫困人口，完成兜底使命，夯实各项省级的社保条件，托起温烫的“省民”归属感。分配方式是对符合法定条件的人员进行人均定额式的资金支出，如义务教育阶段农村困难家庭子女生活费补助专项、全省农村免费义务教育专项、人口和计划生育专项、城镇居民基本医疗补助等，分配程序是通过日常预算，而非业务处室完成，具有封闭型特点。发展型专项资金的目标是培育广东社会经济发展的新动力，壮大本省的财源和综合竞争力、综合实力，分配方式是注重竞争型分配使用，并从最初的部门、行业内部运作的竞争模式，推行面向社会公开、借助第三方的社会中介机构和社会专家的参与，协助完成程序公正与技术把关，在公开的氛围中提高社会关注度和公信力，即由政府内部型的竞争向由社会竞争平台展开。发展型的专项，从全省重点推进、均衡发展、协调发展，权衡各部门各地区进行有绩效指标做必要考量，以结果为导向进行再分配（具体参见分报告）。

金在这些项目上得到合理高效地使用。

一、创新分配机制，提高配置效率

目前省级财政专项资金有直补、奖补、配套、竞争性分配等多种分配方式，要根据事权与财权划分、专项资金本身的性质和功能、资金的规模和投向等多种因素科学选择具体的分配方式，提高资源配置的效率。

（一）直补分配方式。直补是指财政专项资金直接补贴到最终使用人的资金分配方式。如种粮农民直接补贴，就是把通过流通环节的间接补贴改为对种粮农民的直接补贴，原则上按粮食种植面积把粮食补贴直接发放到种粮农民手中。此外，水稻良种补贴、家电下乡补贴、汽车下乡等都是采取直补的分配方式。这种分配方式最大的好处就是减少中间环节，缩小资金流程，按照因素法（如粮食种植面积）直接补贴到最终用户。建议今后凡是可以按照一定的因素和标准直接分配到最终使用者的专项资金，都实行直补。从事权和财权的划分来看，属于省级政府事权范围内的项目，应该由省级财政专项资金直补。

（二）配套分配方式。当前很多专项资金都采取配套的方式进行分配，出现这种情况归根结底是因为各级政府之间的事权和财权界定不清晰。建议今后进一步明晰各级政府的事权和财权，从理论上说，属于省级和省以下地方政府共同事权范围内的事项，应该采取配套的资金分配方式。越是靠近省级政府这一极的事权，省级专项资金应该出大头，省以下地方政府配套占小头；越是靠近省以下政府这一极的事权，省级专项资金应该出小头，省以下地方政府配套占大头。

（三）竞争性分配方式。竞争性分配是广东财政专项资金分配机制的一种创新。2008 年，广东省财政厅已制定出台《关于省级财政专项资金试行竞争性分配改革的意见》，初步搭建了竞争性分配的管理框架，今后的任务是进一步完善竞争性分配机制。具体来说，要对竞争性分配方式的适用性作进一步的界定。竞争性分配不能搞“一刀切”。不是所有的专项资金都适合竞争性分配。

对省级财政专项资金实行竞争性分配改革，首先要摸清现有专项资金的扶持方向、使用对象、资金性质等基本情况，并按专项资金性质进行分类、筛选，确定纳入改革范围的专项资金。建议竞争性分配把握两个分类原则：第一，区分发达地区和不发达地区的原则。对于使用对象为发达地区和财力充裕地区的专项资金，原则上都实行竞争性分配，目的是激励发达地区将自身财力投入到上级政府希望投入的事业中来。第二，区分专项资金用途性质的原则。用于经济发展的专项资金（如产业转移专项资金）可以进行竞争性分配，从而打破普遍落后的均衡局面，形成新的增长极；用于公共服务、社会事业等经济发展以外的保障性专项资金，不能实行竞争性分配。

（四）奖补分配方式。竞争性分配需要招标、投标、评审等一系列复杂程序，具有很高成本。如果竞争性分配的标的物很有诱惑力，即用于分配的专项资金规模较大，投标人才会有较大积极性；如果标的物规模太小，可能对投标人缺乏吸引力，且竞争性分配的成本占总资金的比例会很高。因此，建议对规模较小、且主要属于省以下地方政府事权范围的专项资金实行“以奖代补”这种分配方式（当然规模较大的专项资金也可以实施这种分配方式）。据了解，“大禹杯”竞赛专项经费在实行“以奖代补”这种分配方式时取得了良好效果，有利于充分调动省、市、县等各级政府的积极性。

（五）混合分配方式。奖补分配方式主要是根据工作进度、工作情况、工作效果进行以奖代补，是标准的以结果为导向。但是，这种方式也存在一定的问题，因为项目的前期投入需要由自己承担，这笔启动资金对于经济落后地区来说，可能难以获得。因此，实际工作中可以充分结合各种分配方式的优点，组合运用。如对于使用对象为欠发达地区的专项资金，可以先先给一定数量的启动资金，最终再根据绩效进行奖励。据了解，一些欠发达地区正是利用通过竞争性分配获得的“双转移”专项资金作为转移工业园建设的启动资金。

二、推行财政专项资金项目库预算管理

财政专项资金项目库预算管理就是要细化部门预算，加强预算项目的审核，将专项资金预算细化到每一个具体项目，增强专项资金使用的计划性和规范度，提高预算项目的可执行性，减少主管部门在预算执行中的调整，提高年初预算到位率。

（一）建立项目储备库。加强项目申报的前期准备工作，逐步建立一个滚动的项目库。各财政拨款单位应于每年报送下一年度部门预算时一并报送今后几年拟进行的专项项目，同时提供项目申请报告及附属资料。申请报告和附属资料必须全面、详细、准确。各市县应按照上级财政的有关政策和项目申报指南，结合本地财政状况，分门别类建立市级和县级财政项目储备库，以便上级筛选和使用。省级财政部门根据本地财政状况和支持项目政策的要求，确定符合条件的项目进入本级项目库，最后综合考虑上报中央财政。实施项目滚动规划，立项项目将从三年（抑或其他周期）滚动规划中优中选优。项目库实行动态管理，随时进行补充、调整，并定期上报推荐。逐步建立广东省财政专项资金项目库。

（二）设立入库门槛，建立项目量化评审机制。财政部门和业务主管部门在收到专项项目申请报告后，应建立一套量化指标体系，将各单位报送的若干年专项项目，按照指标体系的要求进行量化评价，将评价的结果按照分值由高到低进行排序，并依次提供资金安排意见。

构建科学合理的指标体系，首先要对专项项目进行分类，按项目的性质可分为：建设性项目；车辆、设备购置项目；维修、小型改造及租赁项目；会议、活动项目；业务费、培训费、开办费、手续费、临时人员费等项目。在专项项目分类的基础上，将项目评价指标分为两大类分别对项目进行评价：项目基本评价指标（以下简称“基本指

标”）和项目分类评价指标（以下简称“分类指标”）。基本指标是项目库中所有项目均要进行评价的指标；分类指标是分别对各类专项的不同性质而设定的评价指标。每一个项目都要先进行项目基本评价指标的评价，具体到某一类项目又分别应进入各自所属类别的项目分类评价指标进行评价，根据最后的得分在该项目所属类别内各项目间进行滚动比较，分类排序，择优提供资金支持。

考虑到项目数量众多且千差万别，主管部门和财政部门又忙于日常事务，可尝试委托有一定资质的社会中介机构从事对项目可行性方案的审计、核实工作。这样一方面可解决由于项目单位多，拨款部门无精力对项目的可行性详尽审核的矛盾；另一方面可扶持社会中介机构积累经验，快速发展，承担起项目资金使用的风险和方案论证的责任，从而提高项目资金使用的严肃性和科学性。

（三）提高项目申报的公开性。项目申报要实施阳光操作，提高专项资金使用的透明度。一是拟编比较科学的标的，按法定程序公开招标。二是广泛宣传，吸引相关行业更多的单位来申报项目，扩大选择范围。三是对财政专项资金的使用开支实行财务公开，在一定范围内以一定的方式定期公布公告。四是逐步建立项目预算公开制度，特别是像重大科技专项等较大项目，应该逐步公开项目预算，接受社会和同行监督。五是建立对财政专项资金使用的监管核实小组，在单位内部选择有坚持原则主持正义并能代表全局利益的职工代表参加，以充分体现其透明度，实现群管意识。

（四）集中资金搞好重点项目建设。细化专项资金的分类，对于使用对象是物（基本建设）的专项资金，要采取集中财力办大事的原则，有计划分期分批地重点解决对推动经济和社会事业发展有突出影响的事项，彻底改变项目过多、单个项目资金不足的“撒胡椒粉”式的立项模式，充分发挥资金投放的规模效益，高起点、高标准进行项目建设，争取做到立项一个、实施一个、见效一个。对于使用对象是个人的专项资金，则尽量照顾到每一个使用者。

三、创新专项资金管理手段，完善预算执行机制

继续完善国库单一账户体系，进一步深化国库集中支付改革范围，通过集中支付将专项资金直接支付到最终收款人；加快推进财政支出管理电子平台建设，在会计信息集中监管的基础上建立起专项资金的双向反馈机制，及时通过信息交流来达到对专项资金使用情况的及时掌握，确保资金使用安全性，并形成资金使用自纠机制问题；完善资金拨付流程，规范政府采购、报账管理等技术手段以控制资金专款专用。

（一）扩大国库集中支付改革范围，加快财政支出管理电子平台建设步伐。广东省自2003年实行国库集中支付改革后，创新了预算执行机制，财政资金原则上不再拨付至单位账户，而是直达最终收款人，而且要求预算单位要严格按预算指标使用财政资金，预算科目及项目不能调剂使用，专项资金专款专用，分账核算，从制度上限制了单位混用专项资金与单位公用支出性质的资金。目前国库集中支付系统已经推广到县（区）级，财务核算信息集中监管系统推广到地市级及个别县（市）、区。今后要进一步完善省、市两级的财政国库支付系统，在确保系统正常运转的基础上，结合国库改革的业务需求继续做好系统的升级工作，重点开展公务卡模块的应用推广，同时积极推开财务核算信息集中监管改革，不断扩大试点范围，探索开展动态监控与同源采集工作。重点加快县级的国库支付系统的实施上线工作，不断扩大纳入国库集中支付的预算单位数量和资金范围。

（二）利用财政支出管理电子平台，建立内外结合的财政资金监管体系。财政支出管理电子平台的建设有利于逐步实现财政部门财政支出管理的信息化，从而做到全省财政预算执行信息的“同源采集”，构建一个涵盖预算指标、资金支付、会计核算、会计监管在内的闭环预算执行新机制。要构建一个以国库支付系统和财务核算信息集中监管系统为基础的财政支出管理电子平台，通过预算执行管理的信息化，逐步建立覆盖政府各层次的财政资金动态监控机制，实现财政专项资金事前、事中、事后的全方位监督，实现对财政专项资金的立项、分配使用以及监督评价等各个环节的全过程实时监控。财政部门与预算单位要加强交流，建立起监控信息的双向反馈机制，及时发现问题、解决问题，形成资金使用自纠机制。这样也有利于化对外监督为对内监督，大大降低监督的成本。

（三）完善资金拨付的制度流程，确保资金规范使用。省级财政部门要严格规范专项资金拨付程序，从拨付开始就堵塞漏洞，从根本上管好专项资金。①进一步加大直接支付的比例，大额的专项资金实行财政直接支付，通过财政部门签发支付指令，通过财政零余额账户将资金直接支付到最终收款人；零星支出实行财政授权支付，由预算单位零余额账户按照财政部门的授权，自行签发支付指令，将资金直接支付到最终收款人。②必须按照规定的程序和要求，开设预算单位零余额账户，用于核算和反映本单位财政资金的支出。③严格省级财政资金拨付程序，财政部门、省级预算单位应按照国库集中支付改革相关制度文件规定的流程规范资金申请、支付和会计核算。④建立省级财政专项资金对账制度，省级财政部门经办业务处要定期与省级预算单位核对资金使用情况。⑤加快预算执行进度，提高年初预算到位率。要避免大量财政资金年底集中拨付，实际上到下一年才开始使用上一年的资金，造成当年的专项资金结余数过大的现象。⑥在预算执行过程中，财政部门可按月向省委省政府主管领导和各预算单位通报省级财政专项资金支出进度，以增强各层次预算管理主体加快支出进度的责任感；以较大权重对各市县支出进度进行考核评比，督促市县加快支出进度；加强日常分析督导，及时解决支出预算执行中的问题；年终收回本级安排而尚未执行完毕的专项支出，用于平衡预算，以强化对各部门加强支出进度的约束机制。

（四）推广报账制，实行项目资金的“提款报账制度”。“提款报账制度”是目前我国使用国际金融组织贷款项目中普遍采用的资金拨付方法，即项目开始后，所需资

金采用预借款、支付一定比例备用金或暂由项目单位其他资金垫付等方式进行。对实行招标的项目，由中标单位定期把项目原始发票（复印件）等相关原始资料复印件一同报拨款单位审核无误后，核销或发放资金。未实行招标的项目，由项目单位定期到拨款部门报审项目开支的原始发票，并由拨款单位加盖“审核报销”字样，以此作为发放（核销）资金和记账的依据。实行此项制度，能保证项目资金跟着项目进度和项目质量走，提高了资金效益，减少了违规占用。广东财政专项资金管理可以借鉴国际经验推广报账制。当然，报账制也有很高的成本，增加省级财政部门的工作负担，建议根据预算资金的特点，优先对省级项目以及难以监管的基层项目实行报账制。如果资金使用单位确实困难、难以垫付资金的，还可以采取先拨预付款，根据报账情况再下拨后续资金的变通办法。

（五）完善专项资金政府采购制度。政府采购制度与国库集中支付制度是相辅相成的，两个都是公共支出管理的主要内容。实行政府采购制度，有利于提高支出过程的公开性和透明度，从而实现对国库资金的严格控制和监督，促进资金的规范使用。财政部门在下达财政专项资金指标时，凡纳入政府采购目录的财政专项资金，要明确执行政府采购事宜，按规定编制年度政府采购计划，由政府采购部门按规定实行政府采购。未经批准不得自行采购，否则不予拨款。要采取先易后难的步骤，有计划地不断完善和扩大采购范围。

第四节　形成全过程立体监督模式

要对财政专项资金的设立、分配、使用、绩效管理等整个全过程进行监督，确保资金使用的安全性和完整性；增强监督的针对性，以绩效为导向开展监督检查，促进财政专项资金使用效益的不断提高；加大处罚力度，使监督检查取得实效。

一、建立全过程监督检查机制

建立全过程无缝监督机制，一方面要横向扩大监督的范围，逐步将所有省级财政专项资金纳入监督检查范围，另一方面要纵向延伸监督检查的环节，对专项资金的设立、分配、使用、绩效等全过程进行监督。加强各层次、各环节监督检查的配合协调，及时发现问题，解决问题，做到无缝对接。

（一）合理确定专项资金监督管理基本原则。一是分级实施。应本着“谁使用、谁管理、谁负责”的精神，各司其职。财政部门和主管部门应按照自己职责，对分管的资金抓好监督管理，在实际工作中加强协调，形成合力。二是监管结合。把监督检查和强化管理有机统一，通过检查发现管理上的漏洞，进一步改进完善管理。三是依法监督。在工作程序上要依法进行，在检查结果上要依法评价，对违纪行为要依法处理。自始至终坚持依法行政，用法律法规约束监督的全过程。

（二）构建多元监督主体，开展联合监督。省级财政专项资金的监督主体不能局限在财政部门，要发挥纪检、监察、审计、社会公众的监督作用，努力构建内外结合多元监督主体。一是内部监督。财政部门应切实加强对专项资金的日常监督管理，各业务部门应按其各自职责分工，针对各类专项资金的特点，结合专项的具体情况，将其所分管的行业或部门的专项资金管严、管实，做到对专项资金的管理不缺位，对专项资金的使用不越位，使其规范运行。财政监督机构既要对不同部门或单位专项资金的使用和项目实施进行监督，也要对财政部门内部各业务部门的专项资金管理工作行使监督职责。同时各监督检查部门，要相互配合、相互协调，检查结果共享，避免各部门重复交叉检查，给基层项目实施单位带来不必要的负担。

二是审计监督。审计要突出重点，加大对重大专项的审计，着重抓好专项资金是否足额拨付到位、是否专款专用、专项资金是否发挥应有的使用效益等三个环节。加大对二、三级和项目建设单位的审计监督，从深层次揭露专项资金管理中存在的违法违纪问题。审计机关要对专项资金的审计建议和决定进行跟踪调查，监督落实，如实反映跟踪检查结果，切实将审计结果“成果化”。

三是纪检监察监督。财政部门要和纪检、监察、组织等部门合作，对那些置国家利益而不顾，违反程序，暗箱操作，搞人情项目，随意挪用截留、转移财政专项资金的单位和个人，在核实证据的前提下，给予行政处理和经济处罚，构成犯罪的，移送司法部门查处，绝不手软。

四是社会监督。增强专项资金分配使用的透明度，尽可能多地将资金分配使用情况向社会公开，以便接受各方面的监督。当前要重点发挥人大的监督作用，对于专项资金及其支持项目，人大代表可以定期或不定期检查项目进展以及费用开支与财政预算是否一致，使监督日常化。此外，要根据实际情况进一步扩大媒体和公众的监督作用。

（三）明确各监督主体的职责。在形成多元监督主体的同时，要明确各监督主体的职责。一是财政部门的监督职责。财政部门各处室要从自身工作的实际情况对专项资金进行内部监督。二是业务主管部门的监督管理职责。业务主管部门要加强对资金使用项目的技术把关，遴选出一批优质高效的项目，提出分配建议，确保资金投向的绩效。及时向财政部门报告监督检查中发现的问题，共同需求解决对策。三是项目实施单位要建立自我监督体系。四是扩大监督的社会参与度，可组建有人大代表参与的监督小组，共同监督。

（四）创新监督检查方式。坚持日常监督与专项检查相结合，实行事前、事中、事后全过程监控。财政监督要改变过去事后监督的方式，将监督的重心向事前、事中前移，要创新检查方式，建立内部制约监督机制，实行各级财政部门逐级签订责任状，对专项资金监督体现在责权利中，达到有效监控的目的。审计部门要充分利用信息工程的网络，积极构建财政专项资金监管网络平台，加强信息交流与沟通，做到信息资源共享，形成内外结合，全方位、多层次、多形式、多渠道的财政专项资金监督体系，增强检查监督的及时性。

二、建立绩效为导向的监督框架

目前，监督检查主要还停留在于资金使用的合法性、合规性审查，在绩效监督方面仍处于初始阶段。今后监督检查的重点要从对资金合法性、合规性的监督转向绩效目标是否实现的监督，从形式监督走向内容监督。建议以绩效目标作为监督专项资金执行的依据，增强监督的针对性和有效性。加强监督部门与绩效部门的沟通交流，建立起联动机制。监督部门要根据绩效部门的绩效管理结果，优先对没有实现绩效目标或绩效目标不佳的项目进行监督，查找绩效目标没有实现的原因；同时也对绩效管理结果很好的专项资金进行监督检查，及时总结经验，为其他项目提供借鉴。

三、加大处罚力度，提高监督的震慑力

对监督检查中查出的违法违纪问题要依法严肃处理，坚决抵制说情风，对那些一贯置国家法律于不顾，一味钻空子的单位和个人，坚决严惩不贷。

一是严肃查处各种违法违纪行为。对查出的问题和违纪违规行为，要按照财政专项资金管理有关规定，认真贯彻执行《财政违法行为处罚处分条例》，分清责任，严肃处理，全面落实责任追究制度。财政、审计、纪检监察机关要共同采取有力措施，加大监管力度，对有禁不止执意挤占、挪用专项资金和因失职渎职、滥用权力等违法违纪造成财政专项资金重大损失以及发生腐败问题，坚决追究相关责任人和领导人的责任，吊销违纪会计人员的会计证，把处理事和处理人结合起来，行政处理与法律处罚结合起来。

二是转变处罚方式，由处罚单位向处罚个人转变。要细化责任，明确主要领导、分管领导、项目负责人，财务人员在专项资金管理中的责任。一旦出现问题，要认真追究相关责任人的责任，就能使相应的处罚落到具体的人身上。

第五节　实现绩效管理的无缝衔接

绩效是财政专项资金的生命。目前省级财政专项资金管理初步形成了事前明确绩效目标、事中加强绩效监管、事后实施绩效评价和绩效问责的全过程绩效管理机制。今后的任务是进一步促进绩效管理的横向和纵向扩展，加强绩效管理各环节的无缝对接；完善绩效管理指标体系，实施分类绩效管理；强化绩效管理结果的应用和问责。

一、健全绩效管理体系

（一）提高绩效管理制度法律位级。广东省早在2004年就制定了《广东省财政支出绩效管理试行方案》，但是以广东省财政厅、广东省审计厅、广东省监察厅、广东省人事厅四部门联合发文的形式出台的，停留在部门规范性文件的层次。当前，迫切需要提高制度的位级。建议由省人大加强立法，制定出台一部包括财政专项资金在内的财政支出绩效管理法律，对财政支出绩效管理主体、程度、指标体系、问责方式等作出明确规定。如果人大立法遇到困难，也可以省政府令的形式发布。

（二）完善绩效目标完成情况定期报告机制。业务主管部门不仅要在事前对绩效目标进行申报，而且要在事中对绩效目标进展情况进行定期组织自评汇报，事后要提交绩效自评报告。建议各专项资金的业务主管部门定期向本级财政部门递交报告，详细说明专项资金的规模大小、管理运行情况、所产生的社会效益和经济效益等，使政府领导能及时、全面掌握专项资金的运行情况，同时强化部门的被监督意识，促使其不断完善制度，加强管理，提高资金运行效率效益。逐步对自评报告的格式进行规范，保证报告质量。针对有些专项资金到位后，长期未有效利用出现连年结转的情况，主管部门特别要对资金使用率低的原因作出解释。

（三）健全多层次的绩效管理机制。进一步健全完善财政部门—主管部门—资金使用单位之间的绩效管理机制，完善资金使用单位与主管部门联动的绩效考核机制。一方面主管单位和财政部门要紧密配合，继续加强对项目绩效管理的力度，确保每一个项目都取得预期成效；另一方面，要强化主管单位的责任意识，加强对主管部门进行绩效考核，使得主管部门自觉项目实施和资金使用进行全过程监督，及时掌握项目进度，督促项目实施单位加强资金和项目管理，最终使整个专项达到设立时的绩效目标。除了建立起项目绩效和部门绩效（专项绩效）的双重管理机制外，还要将最终绩效与阶段性绩效结合起来，加强项目和部门事中绩效目标的监测，及时发现问题，及时提出整改意见，促进最终绩效目标的实现。

（四）发展多元绩效管理主体，形成多种绩效管理方式。全方位的财政专项资金绩效管理体系在覆盖范围上比传统的评价体系要大很多，相应的也就会增加工作量。以往财政专项资金的绩效评价工作大部分是由财政系统的工作人员来完成，而新的评价体系需要更多的人力和物力来执行，仅靠财政系统自身来完成困难很大。因此，可以在财政绩效管理部门主导的基础上，探索发展多元绩效管理主体，形成多种绩效管理方式。积极培育绩效管理中介机构，营造良好的绩效管理市场环境，积极引导、规范对社会中介机构的管理，加强业务指导，使之更好地为绩效管理工作服务。探索开展联合绩效管理，由财政部门、审计部门、人大代表、社会公众和专业中介机构共同组成绩效考评队伍，提高绩效管理工作的透明度和公信力。逐渐形成部门自我评价、财政综合评价、绩效审计、社会评价等多种绩效管理方式。

二、完善绩效管理的指标体系

要分别建立针对主管部门（专项）和资金使用单位（项目）的双重绩效管理指标体系。首先，在主管部门的绩效管理指标体系建构方面，绩效管理要与专项资金设立时提出的目标结合起来。在专项资金设立时，项目申报时都要有明确的量化的绩效目标，绩效考核要把设立目标的实现率和达标率作为重要考核指标，让被考核者给自己“带上镣铐”。其次，在项目的绩效管理指标体系建构方面，借鉴世界银行外国政府贷款项目绩效管理指标设计，从相关

性、效果、效率、可持续性、影响等五个方面对项目进行绩效管理。具体应根据不同的项目性质和内容来确定。对于效益是经济的、有形的、可以用货币衡量的支出项目，可以采用成本—效益评价法；对于那些成本易于衡量，但效益却不易衡量，而且通过此项支出所提供的商品或劳务，不可能以任何形式进入市场交换的支出评价，则可以采用“最低费用法”；对于定性指标，则可以采取专家打分或用户满意度调查（公众评判）的方式进行。此外，对于一般性专项资金，还可以采取“比率分析”、“比较分析”等方式对专项资金结构和增减水平进行综合评价，从而判断资金使用效益情况。

要根据专项资金的分类，不同类别的专项资金采取不同的绩效管理方式。保障型专项资金向达到一定条件和标准的省内人员或特定事项给予的定额补助，如“人口和计划生育专项”和“义务教育阶段农村困难家庭子女生活费补贴专项”，这些已确定人员定额的省级专项，其绩效考评的既包括拨付环节，是否及时高效地拨付给有需要的人，瞄准的程度如何；也包括其实施效果是否达到预期，以此作为今后决策的参考依据。对发展型专项，要以结果为导向考核。此外，也可以根据专项资金的部门不同，实施政府部门分类别绩效评估。按照各部门的职能、业务情况，将政府部门分成经济调节和经济管理类部门、社会管理和政务管理类部门、市场监管和执法监督类部门，将相近职能部门划分到一类中进行评估，减少各评估组间因标准和部门业务不统一而造成的攀比和不平衡，有利于同类别部门间的比较。

三、注重绩效管理结果的应用

扩大绩效管理结果应用覆盖范围，将绩效管理结果与财政资金管理有机结合。对不同阶段的绩效管理结果采取不同的应用方式。对于阶段性评价结果的应用，主要是直接反馈到使用部门，督促其改善绩效管理。对于后评价结果的应用，主要是将绩效结果与预算安排挂钩，以绩效管理结果引导和规范财政资金的使用方向，优化部门预算的编制。通过绩效管理结果，调整项目执行的过程，并为项目的立项提供依据。

探索多种绩效管理结果的应用方式。一是直接反馈到使用部门，督促部门改善绩效管理。部门根据绩效管理结果，找出资金使用和管理上存在的问题，提出改进建议，规范项目管理，提高用财水平，提高财政资金的使用效益。二是将财政专项资金绩效管理结果作为年度预算安排以及调整年度资金支出结构的重要参考依据，按照绩效管理的结果进行拨款，增强专项资金的拨款约束力。在专项资金绩效管理办法中应该明确连续性专项资金追加的绩效条件。三是适度向相关部门通报，加强相互之间的沟通与激励。对部分重点财政专项资金使用绩效良好的单位进行表扬；对绩效差劣的单位实绩效问责，视情况给予提醒注意、黄牌警告、红牌处罚等。四是上报给省政府相关领导和综合部门用于决策参考。五是提供给大大、审计、监察等部门，作为外部监督依据。

逐步建立绩效问责与激励机制。将绩效管理结果与部门单位履行岗位责任及部门发展目标结合起来。对绩效显著的项目给予鼓励，对绩效良好的项目在同类项目中优先安排，对绩效差劣的项目视情况提请省政府批准暂停、撤销或减少资金，逐步形成科学、规范的项目资金分配使用约束机制。

课题组成员：国际债务处（牵头）、预算处、教科文处、农业处、国库处、绩效评价处、法规处、省财政学校

执笔：麦　方

原文内容由五部分构成：一是行政事业资产管理的理论研究框架；二是广东省行政事业单位国有资产管理改革成效分析；三是国外行政事业资产管理做法评价；四是国内行政事业资产管理做法评价；五是广东省行政事业单位国有资产管理改革对策。由于篇幅限制，在此只节选第二章和第五章进行刊登。

广东省行政事业单位国有资产管理研究

（节选）

广东省财政厅行政事业资产管理处

第二章　广东省行政事业单位国有资产管理改革成效分析

2004年，广东省财政厅成立行政事业资产管理处，拉开了全省加强和规范行政事业资产管理工作的序幕。七年来，在财政部和省委、省政府的正确领导下，全省各级财政部门紧紧围绕“以服务预算管理为中心，抓住资产配置和资产处置两个关键环节，夯实队伍建设、制度建设和信息化建设三项基础工程，运用清产核资、资

产评估、产权界定、产权登记四个基本手段，实现与部门预算、政府采购、国库集中收付、会计核算监管、绩效考核对接五个方面对接”的行政事业资产管理工作思路，周密部署，精心组织，不断推进行政事业资产管理和改革。

一、广东省行政事业单位资产简要情况

广东省作为经济大省，行政事业国有资产数量也非常庞大。据决算数据反映，2007～2009年，全省行政事业单位国有资产数量保持稳定的增长水平。2007年全省各部门资产总额（含企业化管理事业单位及民间非营利组织资产数，下同）6 396.95亿元。其中，行政单位2 184.09亿元，事业单位4 101.92亿元。2008年全省各部门资产总额6 979.57亿元，增长9.1%。其中，行政单位2 363.64亿元，增长8.2%，事业单位4 455.55亿元，增长8.6%。2009年全省各部门资产总额7 970.75亿元，增长14.2%。其中，行政单位2 648.03亿元，增长12.04%；事业单位5 102.04亿元，增长14.51%（见表1）。

表1　　2007～2009年广东行政事业国有资产情况　　单位：亿元

年份	国有资产总额			净资产		
	总计	行政单位	事业单位	总计	行政单位	事业单位
2007	6 396.95	2 184.09	4 101.92	4 788.11	1 599.97	3 126.40
2008	6 797.57	2 363.64	4 455.55	5 179.44	1 729.16	3 363.41
2009	7 970.75	2 648.03	5 102.04	5 599.63	1 852.15	3 641.25

二、改革实践

（一）坚持以服务预算管理为中心，大力推进预算管理与资产管理相结合。2005年以来，广东省财政厅按照省委、省政府领导的指示精神，确定了以预算管理为中心加强行政事业资产管理的工作思路，从实现科学发展观、先行先试、完善公共财政体系的层面上，不断提高对资产管理与预算编制有机结合的认识。2006年开始在省级行政事业单位部门预算编制工作中开展房屋建筑物、机动车和单项价值20万元以上的大型设备等存量资产统计和增量资产审核工作，并从建立和完善资产管理制度和资产管理数据库入手，不断探索资产配置预算编制和管理模式，把资产管理有机融入预算编审、执行、决算三个环节中，进一步深化部门预算改革。2008年增加了资产经营收入情况表，完善行政事业资产收益预算制度。2009年颁布了《广东省省直行政单位常用公用设施配置标准（试行）》，在试行一年后根据实施情况作了相应修正，报省政府审定后正式印发执行。2010年，省财政厅通过引入中介机构审核评价方式对增量资产计划进行复审，提高了预算的准确性。各地财政部门也相继开展了资产配置管理工作。如，广州市从2007年开始试行编制市属行政事业单位资产购置计划，在部门预算“一上”之前完成批复，作为编制部门资产增量预算的依据。东莞市在2007年部门预算中，首次开展了对办公设备、空调、机动车等资产的存量统计和增量预算编审工作。湛江、茂名、江门等市也开始尝试资产管理与预算管理相结合的工作，积累了一定经验。通过几年来的努力，广东省已探索形成资产配置工作机制、初步建立科学的预算分配制度，预算资金分配的科学性不断提高，有效性不断增强，得到财政部、省委、省政府的高度重视，受到新华社、中央电视台等媒体的广泛关注，在全国产生了较好的影响。

（二）抓住资产配置和资产处置两个关键，创新行政事业资产管理方式方法。在行政事业资产日常管理中，重点抓好资产配置的入口关和资产处置的出口关两个关口，不断加强对资产配置、购建、使用到处置各环节的管理，完善资产的全过程监管。

在资产配置环节，坚持资产配置与行政事业单位履行职能需要相适应、与行政事业单位资产占有情况相结合，充分发挥财政配置资源的作用，加大对行政事业单位国有资产存量调整力度。如对省直存量房产进行调配，以无偿划拨、置换等方式先后解决省直机关和事业单位办公用房不足问题，盘活了闲置资产，优化了资源配置，节省了财政资金。

在资产处置环节，坚持公开、公正、公平的原则，规范单位资产处置行为，按规定权限严格审批行政事业单位资产处置申请，严格资产无偿调出、出售、报废、报损等处置程序，对评估机构、鉴定机构和产权交易机构等作出统一要求，提高资产处置的透明度，防止国有资产流失。

在资产收入征缴管理环节，从严控制行政单位出租、出借国有资产的行为，按规定加强对出租、出借、处置国有资产收入实施监管，按照政府非税收入管理的规定，实行“收支两条线”管理，防止国有资产收益流失。省级现有经营性资产出租收入每年有7 000多万元，比2006年接收前增长50%，资产空置率从2006年接收时的24.8%下降到3.3%。在资产处置收入方面，2010年全年省级部门本年度上缴的国有资产处置及租赁收入已突破1亿元。

（三）夯实制度建设、信息化建设和队伍建设三项基础，不断提高行政事业资产管理水平。

1. 加强行政事业资产管理制度建设。近年来，省财政厅不断加强完善行政事业资产管理制度，先后印发了《关于推进行政事业单位预算管理与资产管理相结合有关问题的通知》、研究制定了《省直行政事业单位资产处置管理暂行办法》、《广东省省直行政单位常用公用设施配置标准》、《广东省省直行政单位国有资产处置收入和出租出借收入管理的暂行办法》、《省直行政单位国有资产使用管理暂行办法》等管理制度。以财政部两个令为基础，省财政厅还结合本省实际研究起草了《广东省行政事业单位国有资产管理暂行办法》，并广泛征求吸收省直各部门及有关专家意见，不断完善行政事业资产管理制度体系。

2. 加强资产管理信息化建设。为改变过去运用手工方式管理行政事业资产的落后面貌，省财政厅将行政事业资产管理信息系统列为"金财工程"的一个子系统，周密制订计划，组织力量研发了行政事业资产管理信息系统。经过试点及分步推广，现已将所有省直单位纳入系统实施使用范围，广州、佛山、东莞、珠海、湛江、肇庆等6个地级以上市也已在市、区级开展了系统实施工作。

3. 加强干部队伍建设。在各级各部门的共同努力下，全省各级财政部门、行政事业单位不断完善管理机构，充实专业人员，强化业务培训，着力加强干部队伍思想、组织、工作作风和党风廉政建设，全省已基本上建成一支行政事业资产管理专业工作队伍，各地行政事业资产管理工作已迈开了步伐，并已初见成效。

（四）运用清产核资、资产评估、产权界定和资产登记报告四个手段，对行政事业资产实施有效管理。

1. 认真开展行政事业清产核资，摸清核实全省行政事业资产家底。在2002年全省各地组织党政机关事业单位经营性资产清理和规范管理工作基础上，2004年省财政厅会同文改办开展了省文化体制改革试点单位清产核资工作，2005年开展了省直事业单位大型设备普查工作。2007年，按照财政部关于开展全国行政事业单位资产清查的统一部署，开展了全省行政事业单位资产清查工作。2009年，开展了省直行政事业单位资产统计报告工作。

2. 认真做好行政事业单位及所属企业产权管理基础工作。根据省委、省政府和中央有关部门的统一部署，省财政厅积极配合做好广东省高校科技产业规范化建设；配合省委宣传部、省文改办做好文化体制改革有关工作。全省各级财政认真做好行政事业单位所属经济实体的日常产权管理工作，审批事业单位国有资产对外投资，审核股权转让、增加注册资本、房产抵押贷款、产权登记等事项，认真履行好国有资产监管职责，防止国有资产流失，提高国有资产使用效率。

3. 研究探索行政事业资产信息统计报告制度。行政事业资产信息统计报告时财务会计报告的重要组成部分，是行政事业单位资产日常管理工作的重要基础。目前，省财政厅正在着手研究探索建立行政事业资产信息统计报告制度，通过统一报告格式和填报要求，对占有、使用的国有资产状况定期作出报告，及时掌握行政事业单位的基本情况、国有资产总量、结构和分布情况、资产质量与运营情况、主要资产的实物情况、主要资产增减变动情况和资产使用情况，为资产管理制度和决策提供基础信息。

（五）树立全局观念和系统管理意识，实现与公共财政各项改革对接。坚持树立全局意识和系统管理意识，努力实现行政事业资产管理改革与部门预算、国库集中支付、政府采购、绩效评价和会计核算集中监管等改革的对接。在部门预算编制过程中，通过开展增量资产配置计划审核工作，使资产管理成为部门预算的一个重要基础工作。通过加强对预算执行过程中增量资产配置计划执行情况信息反馈管理，推进行政事业资产管理与国库集中支付、政府采购有关信息相互对接。通过探索研究资产配置、使用绩效评价指标体系，力求资产管理与绩效评价相对接。通过研发资产管理信息系统，建立固定资产电子卡片管理制度，逐步实现资产管理与财务核算集中监管系统数据相对接。

三、改革成效

从近几年广东省行政事业单位国有资产管理改革的实践经历来看，资产管理工作在指导有序、逐步深入地推进，资产管理意识不断增强，资产家底基本摸清，资产配置管理稳步推进，资产管理行为日趋规范，规章制度建设逐步完善，初步建立了适应新形势要求的行政事业资产管理体制机制。

在资产管理的职责划分方面，首先，能够深刻认识到我国的行政事业单位国有资产管理与西方国家本质上的区别，坚持在社会主义公有制的前提下对管理职责进行调整和完善，提高行政事业单位国有资产的效率和效益。其次，将行政事业单位国有资产产权进行分离，国家是国有资产的第一所有者，各级人民政府是各级行政事业单位国有资产的实际所有者，拥有国有资产的所有权、处置权和收益权；主管部门和行政事业单位是国有资产的使用者，拥有国有资产的使用权和被授权的部分处置权，并在此基础上形成行政事业单位国有资产"国家统一所有，政府分级监管，单位占有、使用"的管理体制，基本实现了国有资产产权的专门化管理。再次，正确划分了国有资产产权实现过程中不同层次的组织及其主体的管理职能，合理确定各管理者之间的责权利关系，明确了财政部门是负责行政事业单位国有资产管理的政府职能部门，对行政事业单位国有资产实行综合管理；主管部门负责对本部门所属行政事业单位国有资产实施监督管理；行政事业单位对本单位占有、使用的国有资产实施具体管理，初步建立起适应广东实际的行政事业资产管理体制。

在资产管理的目标界定方面，广东省提出了"服务一个中心（预算管理），抓住两个关键环节（资产配置和资产处置），夯实三项基础工程（队伍建设、制度建设和数据库建设），运用四个基本手段（清产核资、资产评估、产权界定、产权登记），实现五个方面对接（与部门预算、政府采购、国库集中收付、会计核算监管、绩效考核对接）"的行政事业资产管理工作思路，比较准确地抓住了行政事业单位国有资产管理的关键环节，紧紧围绕财政中心工作，以推进资产管理渔预算管理、财物管理有机结合为重点，以加强法制建设为保障，工作思路清晰，改革全面系统，做法值得肯定。

在资产配置方面，首先，明确了财政部门是资产配置工作的管理者和审核者，有权对各行政事业单位不合理的资产配置要求予以驳回，不予划拨预算经费；有权对行政事业单位现有的存量资产进行统一调剂、共享使用或收回。其次，财政部门尝试开展存量资产统计和增量资产审核工作，颁布省直行政单位常用共用设备配置标准，增加资产经营收入统计工作，并不断完善资产管理数据库，初步建立了科学的预算分配制度，基本满足了以存定增、标准明确、按需配置、信息传递的要求，提高了资产预算编审权威性和有效性。

在资产使用方面，首先，不断加强完善行政事业资产管理制度，先后建立了行政事业资产配置、处置、收益等实施办法；其次，研发了省直单位行政事业资产管理信息系统，初步实现了资产管理信息化建设；再次，开展了清产核资、资产评估、产权界定、资产登记报告等四项基础工作，对行政事业资产实施了较为有力的管理，基本上符合行政事业资产的管理要求。

在资产处置方面，财政部门按规定权限严格审批行政事业单位资产处置申请，严格资产无偿调出、出售、报废、报损等处置程序，对评估机构、鉴定机构和产权交易机构等也作出了统一要求；对资产收入按照政府非税收入进行从严管理、实施监督，这一系列做法基本上符合资产管理的流程和要求，资产处置收入也有一定比例的增加，防止国有资产收益流失的效果较为明显。

四、问题剖析

（一）缺乏对行政事业单位资产管理的考核评价制度。传统预算理论在政府与各行政机构的关系上采用的是养人原则，认为行政机构要完成其职能，就必须有人，政府的财政职能就是保证其工资和必要的公务开支，使这些机构能够存在下去。政府部门应当根据各行政机构的人员和合理定额来分配公共预算。至于他们管理的怎样，那是这些机构官员的事。以养人原则为基础的财政供给体系和公共预算模式保证了行政机构的正常运行，但由于它违背了行政机构的办事原则，不考虑公共预算拨款与各机关单位的绩效关系，因而带来了人员和机构膨胀、行政官员的机会主义倾向等问题。

行政事业单位国有资产的配置也是通过公共预算拨款完成的，在预算分配上同样存在按投入拨款而不是按效果拨款的问题，忽略了对行政事业国有资产存量优化和增量绩效的度量和考核。部门预算安排与单位资产存量关联度较低，预算编制更注重于单位收入及产出状况，并不关注其现有资产应获得的收入及产出。我国的预算管理模式迄今为止仍然是以投入控制为重点的传统管理模式，即以控制支出为主，例如在部门预算编制中偏重于控制投入（支出）的增长幅度和数量；在预算执行中，强调按照预算规定的项目和数额执行支出，以控制超支为管理重点。对于资产管理来说，以投入控制为主的预算管理模式至多只能关心资产的边际增量问题，很难对资产存量实行全面的管理。在这种管理模式下，管理的主要目标是当年预算收支活动的合规性，而支出活动结束后形成的那些资产，尤其是固定资产，还有那些与预算支出没有直接关系的资产，如土地等的管理往往成为财政部门力所不及之处。

倘若对单位存量资产和新增资产的使用效果不做考核，也无法对下一次的资产投入是否必须进行论证，当各预算单位提出购置国有资产的预算请求时，财政部门只有被动地批准通过。如何协调财政预算的短缺与各单位日益膨胀的国有资产需求规模之间的矛盾，资产的平均配置就成了减少各预算单位之间的矛盾与冲突的手段。一旦各预算单位掌握了资产配置的主动权，财政部门想控制行政事业性国有资产的规模就变得十分困难了。

（二）信息不对称削弱了财政部门的监管力度。行政事业单位国有资产管理中的信息不对称问题由来已久。财政部门不清楚某些国有资产的实际用途和使用状态，是否“公物私用”了，是否已经“非转经”了，是否获取了符合市场水平的资产收益，是否需要报废报损，以及在资产处置时是否将收益如实上缴。实际使用单位也有隐瞒这些真实信息的强烈动机和手段，财政部门难以准确了解清楚，更谈不上在资产的购置和使用中实施有效管理和控制。信息不对称使资产使用单位的机会主义行为迅速“传染”，一旦机会主义盛行，财政部门的监管力度就会被严重削弱。

由前述理论可知，国有资产管理中存在着明显的委托—代理关系，由之产生的管理分权和信息不对称问题难以避免。作为委托人的政府和财政部门，并不清楚也不干预作为代理人的主管部门和使用单位的具体工作，这是一种向下放权，委托人要想保证权力不被滥用，必须设计某种机制能够对代理人的行为进行监测和引导，并对不良行为及时予以遏制，以保证代理人按照委托人的意愿和利益行事，尽量减少由信息不对称带来的机会主义行为。这种机制至少应当做到以下三点：一是明确并细化委托人和代理人各自的管理权限及工作内容；二是在对管理对象进行客观、科学地分析基础上提出委托人和代理人各自的管理要求和考核目标；三是改变委托人和代理人分而治之的工作状态，借助现代化信息技术，确保信息在代理人内部之间的传递以及对组织外部委托人的传递，都是持续一致的信息，而且委托人能够根据信息反映的实际问题及时予以解答和纠正。但是在现实的资产管理过程中，这三点都很难保证。首先，我国“国家统一所有，政府分级监管，单位占有、使用”的行政事业单位国有资产管理体制和“财政部门综合管理—主管部门监督管理—使用单位具体管理”的三级国有资产管理模式，并没有将财政部门的综合管理内容和权限进行细化，特别是当三个管理主体出现职责冲突和交叉时该怎么处理、谁的权限最高也并不明确。其次，没有对这三个管理主体提出年度资产管理的考核目标、要求及处罚标准。最后，国有资产信息化管理系统未能全面铺开，尚未将行政事业单位资产存量管理与增量管理、资金管理与实物管理、静态管理与动态管理信息很好地结合起来，尚未与行政事业单位的日常财务会计信息系统结合起来，这些都会影响信息在组织内部和组织外部传递的一致性，给资产使用单位修改资产使用数据和信息创造机会，也会削弱财政部门对主管部门和资产使用单位的行为进行观测判断的准确性和及时性。

（三）缺乏激励约束机制，导致使用者忽视资产管理。行政事业单位对国有资产的管理不够重视，普遍存在“重钱轻物”、“重购轻管”的现象，缺乏效益意识、管理意识、责任意识，实物资产的日常管理工作薄弱，资产的重复购置和闲置情况较为严重，资产利用率低下。这种不重视可以分为两个层次：一是没有积极性去重视，二是没有外界的压力胁迫其重视。

前已论及，行政事业单位国有资产管理中的委托—代理关系不可避免地产生信息不对称问题，需要建立某种激励和约束机制，以保证代理人按照委托人的意愿和利益行事。但在实际的资产管理乃至更大范围的财政管理中，这种机制都是缺失的，缺失源于对成本的忽视。在传统的预算管理模式中，资产是根据单位人员编制和定额标准来配置的，是保证单位职能顺利履行的，只要职能增加，资产也要相应增加和更新。这种思路让行政事业单位在开展工作时首先想到的就是向财政部门申请购置资产，资产形成后由部门和单位无偿占有使用，资产使用情况与使用单位的工作成果不挂钩，使用单位也不会形成对资产的节约意识和效益意识。因为政府官员也是“理性的”，他们追求的是“预算最大化”，希望能够从上级手中获得最大化的预算去开展工作，以求建立辉煌的政绩，实现自己职位的提升。在这个过程中是没有成本概念的，因为成本不被考核。从政府角度来讲，由于公共产品和公共服务的提供很难计量效益，与效益相对应的成本也就显得可有可无了，在政府财务会计中也没有凸显和优化的必要。因此，行政事业单位对资产是否节约使用、是否发挥了资产的最大化效能不够重视。各单位拥有的资产数量和资产使用绩效之间没有联系，使用人不会因为忽视资产的日常管理而受到财政部门的惩罚，也不会因此而导致他的新增资产预算金额被削减。这是约束机制缺失的表现。

另外，激励机制也未建立。现行法律规定，资产由单位占有使用，资产处置由各使用单位经审核批准后独立开展，可自由选择处置的途径，或出售、或报废，但处置收益需要统一上缴，由省级统筹安排。这种制度缺乏对资产实际使用人的激励。因为，一方面希望实际使用人在日常管理与处置报废资产时实现效益最大化，包括注重资产的日常使用和维修保养，使资产效能发挥到最大化；资产处置时能够按市场定价，实现资产残余价值的最大化；另一方面，对由于使用人的努力换来的资产处置收益又需统一上缴，与工作考核也没有关联，更不会因为重视资产管理和维护，对现有资产循环使用、节约了单位的购置经费而受到表扬或被允许增加下一年度的资产购置经费。这种制度安排将资产实际使用人置于管理的中心，但却忽视了使用人的“经济人”、“理性人”的性质。在现行的财务独立的财政管理体制下，不利于调动实际使用人加强资产管理的积极性。

（四）资产管理与预算管理相结合的广度和深度不够。

1. 资产配置标准不够细化，缺乏资产共享共用机制。应分类制定与行政事业单位提供的公共产品和服务相适应的资产配置标准，并作为预算安排的主要依据。由于行业标准的缺失，预算安排很难与资产一一对应。很多行政事业单位主要考虑的是事业发展，其他，如人均办公用房及基本办公设备的配备、各种不同技术职级科研人员的专用和通用设备配置方面，既无标准又缺乏关联，致使历史原因形成的行政事业单位之间苦乐不均的现象仍较严重。同时，由于缺乏有效的资产共享共用的调剂机制，同类行政事业单位之间的资产差异被人为拉大，资产闲置与短缺并存，资产配置不均衡、分配苦乐不均等问题还比较突出。

2. 纳入增量预算审核的资产范围较小。省级行政事业单位纳入增量资产审核的只有房屋建筑物、机动车和单项价值20万元以上的大型设备等资产，审核的资金来源只限于年初预算拨款，对其他来源的购置资金均未纳入审核范围，这给部分行政事业单位增量资产规避审核提供了操作空间，不利于对资产配置进行全过程监管。而且，存量资产统计和增量资产审核工作的起步较晚，经验积累较少，也需要鼓励各市财政部门敢于尝试与创新，相互学习，不断丰富经验。

（五）管理手段落后，管理制度缺失。在以投入控制为主的预算管理模式中，所使用的技术手段往往比较简单，很难充分满足资产管理的需要。

1. 会计基础薄弱，存在账实不符现象。主要表现在账务不健全、核算不规范、年终清理结算工作不扎实。有些单位只设固定资产总账，没有明细账或者没有按固定资产的类别、品名、数量、单价等进行账务登记，难以做到账卡、账账、账实相符。一是我国将政府预算与部门具体使用资金的核算是分裂开来，财政总预算只对预算执行过程的收支进行宏观核算，行政事业单位对预算资金的实际收支进行会计核算。两种核算的会计科目各自为政，导致超预算现象普遍。二是资产与资金管理的脱节。行政事业单位会计账目及报表不能反映资产的完整结构及其变化状况，形成很多管理上的漏洞。

2. 财政对行政事业单位实行收付实现制，难以监督财政资源的使用效率和效果。收付实现制对政府产出的管理功能较弱，无法反映财政的资源使用情况，主要体现在无法提供政府财务状况的真实的信息，无法反映政府所拥有的各种资源、资产和承担的债务（包括积欠的长期债务、拖欠的费用以及隐性负债等）；混淆了收益性支出和资本性支出的界限，因而不能真实反映政府所提供的公共产品或服务的成本，也不利于对政府的绩效进行评价。

3. 缺乏现代化的管理手段，管理效率低下。信息化建设相对滞后，相关数据库的转换工作正在全面展开，资产管理信息系统尚处于推广使用阶段，资产管理工作无法实现真正的动态管理。

第五章　广东省行政事业单位国有资产管理改革对策

一、指导思想与原则

当前，行政事业资产管理工作机遇与挑战并存。一方面，政府公共行政、公共财政体制改革在不断深化，如何从转变政府职能、节约行政成本、提高行政效能的角度科学合理的配置党政机关、事业单位资产，实现资产占用的公平、合理和资产使用的规范、高效，是行政事业资产管理改革与发展的新课题。另一方面，党中央、国务院关于“完善各类国有资产管理体制和制度”、“促进基本公共服务均等化、完善公共财政体系、深化预算制度改革”等新要求，为行政事业资产管理改革与发展指明了方向。根据行政事业资产管理工作所面临的新形势、新情况和新任务，今后一个时期，广东行政事业资产管理工作的指导思想是：以邓小平理论和“三个代表”重要思想为指导，以科学发展观为统揽，深入贯彻党的“十七大”精神，认真贯彻落实省委、省政府的决策部署，紧紧围绕财政中心工作，进一步完善行政事业资产管理体制，不断创新管理方式，健全管理制度，规范资产配置、使用、处置和国有资产收益管理，促进资产管理与预算管理有机结合，推进资产科学化、精细化管理，不断适应公共财政和公共行政改革的需要，促进资产管理工作不断迈上新台阶。

在这一指导思想下，广东行政事业单位国有资产管理改革应坚持以下原则。

一是服从政府管理需要的原则。行政事业资产管理是政府公共行政管理的一个重要组成部分。借鉴服务型政府理论，在开展行政事业资产管理改革的过程中，应着力于从政府职能定位出发，通过科学的制度设计和管理实践，实现政府的公共责任，提高行政效率。行政事业资产的各项改革，必须以更好地提升政府管理效能为目标，服务于政府职能转变的需要；行政事业资产管理的各项措施和思路都应与政府管理的目标保持一致，把服务政府管理主要作为资产管理的落脚点，以实现资产有效使用为突破口，不断提升资产配置效率，创新财政管理手段，最终实现节约行政成本、提高行政效能的目的。

二是科学发展、先行先试的原则。行政事业资产管理工作是一项系统工程，具体管理工作复杂细致，国内外行政事业资产管理模式各异，各地都结合本地实际和发展需要因地制宜地设计了管理模式，且取得了较好的成效。但万变不离其宗，国内外新的资产管理理论，如服务型政府理论和无间隙政府理论等为资产管理工作提供了理论指导，因此，应鼓励各地在科学发展观的统揽下，先行先试，不断吸取经验教训，以提高行政效能和资源配置效率为核心目标，以建设服务型政府为任务，不断创新资产管理新方法。

三是公平正义的原则。公平正义是衡量一个国家或社会文明发展的标准，是协调社会各个阶层相互关系的基本准则，是社会具有凝聚力、向心力和感召力的重要源泉，也是我国构建社会主义和谐社会的重要特征之一。行政事业资产作为政府部门履行职责的物质基础，是全体公民的物质财富，其管理制度设计和制度安排也应遵循公平正义的原则，才能取得资产管理各个主体乃至社会各个阶层的共识和认同，使这些制度获得最广泛的社会支持并得以顺利实施；在调节各单位的资产配置、使用、处置等各种利益关系中，只有遵循公平正义的原则，才能有效地整合社会各种资源和力量，形成上下联动、齐抓共管的资产管理良好氛围。

四是分类管理的原则。行政事业资产管理涉及行政单位和事业单位的不同性质、不同用途的资产，种类繁多，差别迥异。应坚持分类管理的原则，区别行政事业单位的性质及功能定位，分类指导，有序推进。对于行政单位国有资产，重点以资产的预算配置为切入口，坚持资产增量配置与存量管理的结合，建立健全从资产配置、购置、使用、变动、绩效考核到处置管理的监控体系，为建立廉洁、高效、服务、创新政府服务。对于事业单位国有资产，要按照国家和省的统一部署，根据事业单位的性质定位和财政供给体制，探索“明确定位、分类管理、依法监管、整合资源、绩效考核”的分类管理体制，促进事业单位的健康发展。

二、目标模式与总体思路

行政事业单位国有资产管理的目标模式是：在推进资产科学化、精细化管理基础上，逐步构建起目标明确、产权清晰、权责明确、配置科学、使用高效、处置规范、监督有力的新型行政事业资产管理体制。

一是目标明确。行政事业资产管理必须紧紧抓住提高行政效能这一核心目标，以完善公共财政体制为根本，以服务财政预算改革为中心，以规范资产管理为基础，以加强资产配置与资产处置为突破，以推进资产管理绩效评估和行政问责制度为保障，不断探索与服务型政府、公共行政体制、公共财政体制相适应的行政事业资产管理模式，提高资产的配置和使用效益，发挥财政对社会资源的配置作用，促进行政管理体制改革，为加强党的执政能力建设、构建社会主义和谐社会服务。

二是产权清晰。应坚持社会主义公有制的大方向，清晰界定行政事业单位国有资产的所有权归国家和政府所有。其他产权可以在提高行政效能的前提目标下实现专业化分工管理。“财政部门—主管单位—使用单位”模式也好，南宁市采取的办公用房市场租赁模式也好，都是在不改变行政事业资产所有权人的前提下采取的产权细分、专业化管理尝试。权限模式是集中为主还是分散为主，要视各行政事业资产的性质和资产管理技术条件而定，不能说有好坏之分。应鼓励广东省各地市大胆尝试，走出适合自身情况的产权管理模式之路。

三是权责明确。资产产权分离和分工管理必然带来对各方产权主体的权责进行明确细化的要求。对资产管理的权责划分应当清晰明确、无交叉重合，各管理主体在各自的工作中能够独立且不受影响地行使职权，承担工作责任，处罚明确有效。各主管部门、各行政事业单位的责任划分应与管理权限相一致，并与资产绩效考核结果相挂钩，要将责任履行程度纳入单位领导及经管人员的年度工作考核指标体系中，推行资产管理问责制和激励制，落实监管责任。

四是配置科学。行政事业资产的配置应当与服务型政府的构建要求相一致、与节约预算经费、提高行政效能的意愿相吻合、与行政事业单位履行职能需要相适应、与行政事业单位资产占用情况相结合，不断细化各类公用资产的配置标准、价格上限、配置数量和使用年限，严格做到配置有标准、有依据。逐步扩大存量资产和增量资产配置计划的审核范围，建立资产审核与资金安排的联动关系，最终建立和完善资产预算制度，创新财政管理体制。

五是使用高效。要大力支持同领域同部门的资源整合，积极探索跨领域、跨部门的资源整合方式，提高国有资产使用效率。要紧密结合行政事业单位体制改革目标要求，总体设计，分类推进，逐步建立行政事业资产共享共用机制，尤其是在科技、教育、文化、体育、卫生等公共资源的共享共用机制方面寻求新的突破，打破部门、单位的限制，集中整合资源，通过搭建资产共享共用平台，盘活存量资产，实现国有资产使用效益的最大化。

六是处置规范。行政事业资产应做到公开透明、公平公正、依法依规处置，严管收益。应大力借助于资产评估机构、技术鉴定机构和经济鉴证机构等社会中介机构和产权交易平台，并采取公开招租、拍卖出让等手段对资产进行市场化处置，以获得最大化的处置价格。对于固定资产提前报废或淘汰的，应探索建立固定资产报废需先经技术部门鉴定后，方可凭鉴定意见申请办理提前报废手续的管理办法，杜绝固定资产提前报废的随意性。资产处置收入要严格按照财政“收支两条线”进行管理。

七是监督有力。实现监督有力，一要靠法规，应从建章立制入手，要研究制定涵盖行政事业资产配置、使用、处置、收入等各个环节的管理办法，完善配套制度体系，切实抓好各项规章制度的落实，全面加强资产绩效评估和资产管理问责制。二要靠手段，大力推进信息化建设，形成统一、权威的行政事业单位存量资产数据库，准确反映各单位资产存量、分布、使用状态等情况；要完善与部门预算、政府采购、国库集中收付、会计集中核算监管、绩效考核等财政各项改革的数据对接，实现数据共享共用，将预算编制、财政资金拨付、资产购置、领用、处置和收入上缴的全过程完整体现在信息平台之中，达到财政动态监管的目的。

三、当前改革要求和对策

当前，我国政治经济形势发展变化包括经济发展方式转变、政府转型尤其是政府行政体制改革、事业单位体制改革、文化管理体制改革以及部门预算、政府采购、国库集中支付、会计核算、绩效考核等公共预算体制改革对行政事业资产管理体制改革提出了新的要求。

（一）改革要求。新形势下要切实加强行政事业资产管理工作，必须突出重点，积极谋划，找准加强行政事业资产管理工作的着力点和突破口，积极探索，大胆创新，按照“五注重五促进”的要求谋划新时期行政事业资产管理工作。

一是要注重加强组织领导，促进部门齐抓共管。行政事业资产管理工作能否正常开展、能否深入推进、能否取得成效，关键取决于各级领导的认识、决心和态度。作为资产综合管理的部门，各地财政部门要切实加强对资产管理工作的组织领导，主动向当地党委、政府汇报工作，及时研究和解决工作中遇到的新情况、新问题，联合各部门齐抓共管，上下联动，分工协作，形成合力，一级抓一级，层层抓落实。要加强对资产管理工作的分类指导、统筹协调和监督检查，积极采取措施，不断加大力度，进一步推进行政事业资产管理工作。

二是要注重理顺管理体制，促进职能归位到位。财政部两个部长令的出台，明确了各级政府、财政部门和行政事业单位在资产管理工作中的地位和作用，并对资产配置、使用、处置等环节的职责与权力做了具体的规定，确立了当前我国行政事业资产管理体制框架。要遵循财政部部长令规定的“国家统一所有，政府分级监管，单位占有使用”的模式，进一步理顺行政事业资产管理体制，构建“财政部门—主管部门—行政事业单位”三个层次的监管体系，明确各部门和单位的监管职责，落实监管责任，促进财政部门、主管部门和行政事业单位三者的密切配合，确保监管职能到位。

三是要注重建立工作机制，促进强化有效监管。要进一步建立健全行政事业资产管理工作机制，采取有效手段，规范资产监管。要围绕政府公共行政管理体制、事业单位体制改革及公共财政体制改革要求，遵循资产管理与预算管理、财务管理相结合的原则，建立健全各项工作机制，推动行政事业资产管理制度建设，不断建立健全从资产配置、购置、使用、变动、处置到收入管理等一系列的制度体系，研究制定相关配套管理办法，细化各个环节的具体管理，进一步规范行政事业单位国有资产的占有、使用、处置行为，促进依法依规管理，强化有效监管。

四是要注重加强“双基”建设，促进科学精细管理。“双基”建设包括基础工作和基层建设。夯实行政事业资产管理基础，加强资产管理基层建设，首先，要借助资产清查、清查核资等手段，核实各单位资产存量情况和基本构成，摸清资产“家底”；其次，要健全各项基础管理制度、基础工作流程和审核审批运行机制，规范资产各个环节的管理行为，切实做到有据可依、有章可循；最后，要建设一支能胜任工作的资产管理队伍，各单位有专门负责资产管理的机构和人员，明确职责分工，完善岗位体系，加强绩效考核，推进行政事业资产科学精细管理。

五是要注重运用科技手段，创新管理方式方法。随着改革的发展，行政事业资产总量不断加大，以往粗放型的管理模式已经远远不能适应发展的需要，运用现代的科技手段实现精细化管理势在必行。资产精细化管理的基础是标准化、系统化和程序化，实现这一目标要依托现代信息技术手段。要充分利用清产核资、资产清查等专项工作成果，大力推进资产管理信息系统建设，以资产信息管理系统为载体，建立连接财政系统内部、主管部门及行政事业单位的数据信息管理大平台，动态、实时地反映行政事业单位资产各项数据，做到及时动态监控和实时信息查询，为实现精细化管理提供技术支撑，提高资产管理效率。

（二）主要对策。结合广东行政事业资产管理的实际，当前行政事业资产管理的主要对策有：

1. 创新思维，确立行政事业单位国有资产管理新导向。在行政事业资产管理工作中，要树立四种新观念：一是政权观念。行政事业单位国有资产是政权运转和事业发展的重要物质基础。党中央、国务院高度重视资产管理工作，党的十六大、十七大都强调要加强资产管理工作，财政部和广东省委、省政府对行政事业资产管理作了具体部署，因此，必须从为政权运转服务、加强执政能力建设及廉政建设的角度充分认识加强行政事业资产管理的重要意义。二是成本绩效观念。政府及各部门在提供公共产品或公共服务时，既要考虑产出，又要考虑投入成本，努力降低行政成本，最大限度地提高行政效能。要树立行政绩效、行政责任和行政成本意识，积极主动地推进政府会计改革，探索科学核算和反映行政成本的途径和方式。三是资产预算观念。以服务财政预算改革为中心，做好资产管理工作，尤其是要认真做好资产预算管理的基础性工作，完善资产预算的编审、执行和报告制度，从源头上管好增量投入，切实加强资产存量管理，合理控制流量变化，深化和细化部门预算。四是系统管理观念。从外部关系看，资产管理与公共行政管理存在高度关联，资产管理必须与公共行政管理联动进行。从公共预算体系看，资产管理是预算管理的一个子系统，资产管理也必须与预算各项管理和改革有机结合起来，实现资源的一体化管理，形成整体合力。

2. 理顺体制，明确划分各管理主体的职责。在国有资产管理的多重委托体系中，清晰的职责划分有利于减少财政部门、主管部门和行政事业单位之间的冲突协调费用，降低机会主义行为的发生率。应当按照财政部35、36号令确立的“国家统一所有、政府分级监管、单位占有使用”的管理体制，强化对行政事业资产的系统管理，建立完善“财政部门—主管部门—行政事业单位”三个层次的监管体系。财政部门代表政府统一履行行政事业资产管理职责，结合行政管理改革和公共财政改革要求，借鉴国内外资产管理的成功经验，探索建立资产预算和资产绩效管理制度，完善资产管理与预算管理、财务管理有机结合的机制，组织协调好行政资产的配置与资产处置，从源头上管理好行政事业资产，充分发挥财政配置资源的功能作用；主管部门负责对所属行政事业单位资产实施监督管理，具体组织本部门所属单位资产的清查、配置、使用、统计、处置等审核和监督检查工作，要按照公共行政管理改革的要求，探索建立行政绩效、行政成本的考核机制和制度，对其所属行业、单位国有资产实施绩效管理；行政事业单位负责对本单位占有、使用的资产实施具体管理，依法享有和行使国有资产占有使用者管理职责，具体负责本单位资产的采购验收、账卡管理、清查登记、维修保养、统计报告以及资产配置、处置、出租出借等工作，承担资产安全使用，有效运营的责任，保障资产的安全完整和保值增值。

3. 完善制度，大力推进资产管理法制化进程。财政部门及有关部门要在财政部两个部长令的框架下，抓紧完善行政事业单位国有资产管理制度及相关配套管理办法，逐步建立、健全与预算管理相适应的行政事业单位资产管理制度，完善从资产配置、购置、使用、变动到处置管理的行政事业资产制度体系，推动行政事业资产管理的规范化、制度化，为预算管理与改革提供基础保障。一是要研究制定并尽快出台广东省行政事业单位资产管理办法，考虑到该办法的权威性，建议以政府规章的形式发布，作为广东行政事业资产管理的基本法制框架，规范广东省行政区域范围内的行政事业性国有资产的占有、使用、收益、处分等行为。二是要根据行政事业单位机构职能和性质定位等实际情况，研究制定行政事业单位资产管理配套办法，细化资产配置、更新标准，完善新增资产配置审批程序，建立资产使用、领用制度，加强资产出租出借和对外投资管理，严格资产报废处置程序，确保资产安全完整，防止资产流失。三是要制定行政事业单位经营性资产收益和资产处置收入及支出管理办法，规范资产收益的收缴和使用，防止国有资产流失。四是建立常规性的清产核资、财产清查、产权界定、产权管理及资产报告制度，从制度上明晰行政事业资产的所有权和占有权，规范资产日常管理。

4. 严控“入口”，提高资产配置的科学性。资产配置是行政事业资产形成的“入口”，是日常管理的关键环节之一，资产配置与服务型政府的构建要求相一致、与节约预算经费、降低行政成本的意愿相吻合、与行政事业单位履行职能需要相适应、与行政事业单位资产占用情况相结合的原则，严格做到配置有标准、有依据。

一是要加快完善资产配置标准。应当充分借鉴全国各地资产配置经验，结合广东实际，逐步完善各类资产配置标准，为资产配置审核提供依据。要坚持以服务财政预算改革为中心，配合政府采购和国库集中支付改革，分行业制定或完善资产配置标准。财政部门可充分利用行业主管部门的力量，研究制定分行业的资产配置标准，如可委托教育主管部门研究制定高等院校、中专职业学校的教学资产配置标准；发挥卫生医疗主管部门的作用，研究制定各类医院的医疗设备配置标准，等等。在制定配置标准时，既要考虑人员定额，又要考虑资产初始购建费用和日常运营费用定额，科学合理分配资源，节约、高效使用资源。

二是要切实加强新增资产配置专项审核工作。在已经开展的部门预算增量资产配置计划编审的基础上，逐步扩大新增资产配置审核范围，重点加强预算执行环节追加财政资金购置资产的项目管理工作，对涉及房屋建筑物、机动车和单件价值20万元以上大型设备等“三项资产”的新增购置项目，均应编制增量资产计划，经过审核后才安排预算资金。要进一步严格新增资产配置预算编制和执行管理，各单位使用各类资金（包括财政资金、自筹资金以及其他资金）购置资产的，必须按照规定编报增量资产购置计划，经财政部门审核后，才能进行资产购置。未按要求编报增量资产购置计划的，或者增量资产预算计划未经财政部门审核的，单位不得进行政府采购，不得进行新增资产购置。要采用实物费用定额编制相关经费预算，根据实物配备标准和按实物量平均计算的费用定额标准，计算、考核各单位位公用经费。

三是逐步建立共享共用机制，实现资产优化配置。在预算编审阶段审核资产配置计划时，应首先着眼于充分利用存量资产，通过建立共享共用机制实现资产整合与优化配置。在存量资产不能满足需求的情况下，再考虑通过购置资产的办法予以解决。要大力支持同领域同部门的资源整合，积极探索跨领域、跨部门的资源整合方式，提高国有资产使用效率。要紧密结合行政事业单位体制改革目标要求，总体设计，分类推进，逐步建立行政事业资产共享共用机制，尤其是在科技、教育、文化、体育等公共资源的共享共用机制方面寻求新的突破，取得经验后再在一些部门进行推广，以打破部门、单位的限制，集中整合资源，通过搭建资产共享共用平台，盘活存量资产，实现国有资产效益的最大化。

5. 有效使用，努力推行资产绩效考核。资产使用环节应当建立完善的制度法规体系、有效的事前激励制度、事中监督控制制度和事后问责制度，以充分遏制资产实际使用人的机会主义行为。当前应结合广东省实际，逐步建立相应的激励和约束机制，推行资产绩效考核工作。

一是建立资产绩效考核制度和考核指标体系。据了解，目前有部分单位建立了资产管理制度，但没有构建资产管理的测试和评价体系，其主要弊端有：一是没有长期量化数据考核分析制度是否全面完整、与实际需要是否存在差异，不便科学拟定纠偏措施。二是没有建立完整细化的指标体系来定量分析资产的使用状况、利用效率和资产维护成本，导致考核只是停留在主观的判断上，缺乏客观依据。三是不利于提高制度执行力。绩效考核对人们的行为有积极的影响，能促进人们对制度的权威性高度认识。当前应当建立资产绩效考评指标体系，引进绩效管理理念，挖掘资产绩效评价的经济价值。

在考核指标设计上，要坚持“能量化的尽量量化，不能量化的尽量细化”基本思路，指标内容不仅包括评价单位是否有效利用了国有资产，执行了国有资产政策，还包括单位完成行政事业任务、提供公共产品和服务的质量和效率、内部管理水平以及单位的可持续发展的能力。因此，可考虑设计以下几个方面指标：①基本指标。如行政事业单位国有资产总量、资产总额、资产负债、净资产、负债率；单位固定资产、流动资产、无形资产、对外投资、其他资产等的总量、所占比重及增长率；各大类实物资产的数量、价值及其比重，即土地、房屋、车辆、大型设备等。②规模指标。如行政事业单位国有资产支出总额及增长率，国有资产支出占GDP的比重及增长率，国有资产支出占财政支出的比重及增长率。③结构指标。行政事业单位国有资产在所有国有资产中所占比重及增长率；分中央、省、市县级行政事业单位国有资产的总量及增长率；分行业口如经济建设、农林水、文教卫、公检法、行政管理、党派团体等国有资产存量及增量结构。④配置指标。如资产配置标准、定额定员标准、设备配置、设备购置、资产配置效率、政府采购占总支出的比重、资产是否存在重复建设现象、资金使用公开程度等。⑤使用指标。如资产完整率、资产完好率、资产利用率、资产使用寿命率；资产出租、出借率；固定资产利用率、固定资产收益率、主要固定资产构成指标；财政性资金使用效率；资产闲置率。⑥效用指标。如公共产品公众需求量和供给量的比例、行政单位发展指标、事业单位发展指标、公众的满意程度、对国民经济的推动程度、环境保护和改善程度、人力资源效用指标、就业率、技术进步率等。⑦公平指标。如单位人均国有资产占有量、贫富差距缩小程度、相同行业部门单位国有资产占有量、同一区域部门单位国有资产占有量、新增国有资产配置合理程度等。

二是制定资产管理问责办法。按照“谁使用、谁管理”原则，单位对资产实行分级管理、责任到人，对工作有差错的责任人应当进行问责，作出追究处理，奖励资产管理问责追究制度。责任追究制度必须达到：①明确资产价值管理和实物管理职责。做到单位内部的资产配置、资产使用、资产处置等各个环节都有人管理、有人负责。②确保实物管理和财务核算一致。资产明细账与资产卡片定期核对，定期组织清查盘点，做到账实相符、账卡相符。③明确资产使用部门、使用人（责任人）应承担的责任。将每一件资产确认到具体使用人（责任人），并明确单位负责人、资产管理员、资产使用者的职责范围，即：一般干部对自己使用的资产负责；资产管理员对本单位所有资产的管理负责；单位负责人对本单位资产管理工作负总责。④明确管理过错的处理办法，根据工作差错的事实、情节轻重及违反规定实际造成后果的大小，对责任人作出恰当处理，落实责任，奖勤罚懒。对于在资产绩效评估中获得“良好”以上成绩的，可以在下一年的资产购置预算中给予适当的奖励；或者将资产评估结果列入单位负责人的年终工作考核指标中，给予适当的权重，以引起单位负责人对资产管理的重视。

三是建立资产统计报告制度。各单位的资产情况应当及时进行报告，以便财政部门和主管部门及时掌握单位的资产情况，对资产实施动态管理。财政部门应当制定统一的资产报告要求，布置各单位填报统计报表；各单位按统一的报告格式和要求对资产的占有、使用状况，资产的增量、减量情况，资产的管理情况等定时作出报告，通过统计、分析和信息反馈，及时反映各单位的财务信息和资产状况，并对管理中存在问题进行分析，查漏补缺，及时发现问题，解决问题。通过建立资产统计报告制度，使政府各级资产管理部门及时掌握资产情况，为党委、政府及财政部门的决策服务。

6. 规范处置，严防国有资产流失。资产处置是行政事业资产的“出口”，由于国有资产的“内部人”控制特征，实际使用者有私自处置、低价处置、随意报废报损国有资产的机会主义行为，财政部门应当选择合适的资产处置办法，尽力要求资产使用单位实现信息对称和公开透明，并加大对使用者的监督和问责力度，以防止国有资产流失。

一是选择集中处置模式，建立公物仓。分散处置模式下，财政部门需要监督很多个资产使用单位是否按规定处置资产并上缴收益，“一对多”的管理会增加协调、监管的费用。而在集中处置模式下，财政部门只需要监督一个资产集中处置机构，实现“一对一”的监控，不仅节约了财政部门的财力和物力，而且对集中处置机构而言，倘若出现私自处置、违规处置的行为的话，也增大了被查出的概率，这在无形中对集中处置机构也形成了一种威慑。因此，建议广东省对资产处置采取集中处置的模式。可以借鉴厦门、北京、青岛等地的做法，对于需处置的资产，统一由财政部门委托一家产权交易机构进行公开拍卖等方式进行处置；建立公物仓实物库，统一收缴闲置、报废、大型会议及展览添置的资产等；对一些专业性较强、保管存储有特殊要求的设备，实行委托管理。其效果包括：①规范资产处置行为，防止各单位分散各自处置造成国有资产流失。②加大资产的调剂力度，促进公共资产合理配置和共享共用。③提高资产循环利用，推进节约型政府的建设。④集中处置报废资产，确保处置收入及时缴入国库或财政专户。

二是推行市场化、公开化、公正化处置。①搭建产权交易平台。建立以国有产权交易所为主导，部分有资质、有经验、信誉高的拍卖公司为辅助的国有资产产权交易平台。大型活动、整体转让、重点项目、大型资产、汽车房屋建筑物等资产进产权交易所挂牌交易，小批量、一般性资产如办公家居、电子产品等通用资产就近交拍卖公司拍卖。②搭建资产评估平台。通过政府采购形式招标部分资产评估公司，建立资产评估平台，负责承担行政事业单位资产评估、鉴证等相关工作，规范行政事业资产评估行为，维护资产合法权益。③建立资产鉴证专家及鉴证机构库。实践中，资产鉴证领域存在盲点，涉及资产安全的由技术监督部门出具意见，涉及资产其他性能的鉴证没有专业的机构、专业的人员作出专业的判断，大部分由单位或主管部门的某个部门给出意见，其效力有限，缺乏有效的外部鉴证为资产处置工作带来一定困难。因此，在实际操作中可建立资产鉴证专家及鉴证机构库，采用专家咨询法进行鉴证，聘请3个以上业内专家对鉴证标的状况、特点、继续使用价值等作出判断和鉴定，最后由财政部门根据掌握的情况和专家意见作出结论，以降低财政部门审批风险。④构建行政事业单位资产处置（核销）公示制度。单位处置资产必须在本系统对处置的资产情况进行公示以防范行政审批的风险，杜绝暗箱操作，增强社会监督，对违规处置行为也起到一种震慑作用。

7. 创新办法，大力推进信息化建设。充分利用信息技术手段有助于减少资产实际控制人的机会主义行为，实现财政部门对使用部门的有效监控和信息对称，是推进行政事业资产管理制度化、规范化、科学化的必由之路，是实现资产管理现代化、创新资产管理模式的重要内容。建立资产管理信息化系统，将有力地推动行政事业单位资产管理和资金管理相结合，单位资产存量管理与变量管理相结合，资产静态管理和动态管理相结合，为科学分配预算、准确评估单位绩效、提高资金使用效益提供基础数据。当前应加快建设行政事业资产信息平台，形成统一、权威的行政事业单位存量资产数据库，准确反映各单位资产存量、分布、使用状态等情况，实现对行政事业资产总量、分布状况的快捷查询和深度分析，逐步形成“财政部门—主管部门—行政事业单位”三个层次的监管体系。通过建立资产信息管理系统，逐步完善与部门预算、政府采购、国库集中收付、会计集中核算监管、绩效考核等财政各项改革的数据对接，实现数据共享共用，形成互补互动、互相印证的工作机制，将预算编制、财政资金拨付、资产购置、领用、处置和收入上缴的全过程完整体现在信息平台之中，使行政事业资产管理体制改革与公共财政各项改革形成整体合力，达到财政动态监管的目的。

8. 加强监督，进一步加强资产收益管理工作。行政事业单位国有资产收益管理是资产管理的一项重要内容，也是从源头上规范收入分配秩序、防治腐败的重要措施。在党政机关统一岗位津贴以前，行政单位资产收益一直作为单位补充工作经费和用于职工福利支出，大部分沉淀在各单位，脱离财政监管。财政部两个部长令对资产收益管理作出了明确的规定，行政单位的资产出租出借收入、资产处置收入和残值收入以及事业单位的资产处置收入，应严格按照政府非税收入管理的规定，实行“收支两条线”管理，要及时上缴财政部门。对行政事业单位国有资产收益监管是资产管理工作的一个重要内容。要进一步研究有关规范和加强资产收益管理的办法，特别是对事业单位利用国有资产对外投资、出租出借的收入，应结合事业单位的财政供给体制，进一步研究相关管理制度，合理核定单位的收入和支出，平衡各单位资产收益的支配权，达到公平合理，奖勤罚懒，并加强对省直有关单位资产收益管理情况的监督检查。同时，对各单位位取得的资产收益，应优先用于单位的新增资产配置，实现资产配置管理和处置管理的有机衔接。

总之，行政事业资产管理模式和对策设计应当因地制宜，不能生搬硬套。行政事业资产管理需要发挥各级政府财政部门、主管部门、使用单位的积极性和能动性，同心协力、多方联动、大胆尝试、敢于为先，才能提高行政效能，推进服务型政府的全面构建。

课题组成员：沈梅红（组长）于海峰　吴金华　云　峰　林树发　彭　琳　蔡照亮　谢　颖　崔　迪

原文内容由四部分构成：一是加快自主创新，推进广东国有企业转型升级的必要性、重要性；二是广东国有企业自主创新状况分析；三是广东国有企业自主创新、转型升级的路径选择；四是以自主创新为抓手，加快广东国有企业转型升级。由于篇幅限制，在此只节选第三、四部分进行刊登。

以自主创新为抓手　加快广东国有企业转型升级

（节选）

广东省财政厅绩效评价处

第三部分　广东国有企业自主创新、转型升级的路径选择

自主创新是产业结构优化的原始动力。从生产要素配置的角度看，创新对产业结构演进升级通过两方面完成：当某一产业的创新带来新的需求时，将引起生产要素向该产业流入，促进该部门的成长和发展，导致产业结构升级；当某一产业的创新仅带来生产效率提高，但没有创造新需求时，则往往引起生产要素从该产业流出，加速该产业的萎缩和退出，同样导致了产业结构的升级（修菊华，2010）。国有企业的转型升级，除了要服从这一规律之外，还有其特殊性。这一特殊性是由国有企业的地位和责任决定的。因此，广东国有企业要自觉适应新的竞争形势，增强时代的责任感和使命感，科学、合理、系统地设计自主创新的路径，实现企业的转型升级。

一、自主创新实现国有企业转型升级要有明确战略部署

在明确国有企业自主创新主体地位、突破性创新中坚力量的基础上，要对国有企业的自主创新进行战略性部署。对国有企业转型升级的战略性要求，源自国有企业兼具国资特性和市场属性，因此，既要实现自身发展，更要服从全省发展大局。尤其是在新的经济发展形势下，国有企业更要有以企业发展撬动产业发展、以产业发展引领经济发展的战略气魄，紧紧围绕全省经济发展的战略目标，贯彻实施全省加快构建现代产业体系的战略部署，加快自主创新速度，大力发展战略性新兴产业的高端环节，加速转型升级的进程。

（一）自主创新要紧紧围绕全省经济发展的战略目标。国企转型升级应该服从和服务于全省经济发展的大局，紧紧围绕全省经济发展的战略目标。当前，广东经济发展的战略任务是全面贯彻落实中央关于加快经济发展方式转变的重大战略部署，深入实施《规划纲要》，大力推进“三促进一保持”工作。只有加快自主创新，才能推动企业进入创新驱动、内生增长的发展轨道，在促进经济社会又好又快发展中起带头作用，当好推动科学发展、促进社会和谐的排头兵。这也是对国有企业转型升级的战略要求。

（二）自主创新要贯彻实施产业发展的战略部署。构建现代产业体系是各国参与全球高端竞争、增强产业可持续发展能力的重要基础，这是国际产业发展的基本规律。建设好现代产业体系，广东就能实现从参与国际低端竞争向参与国际高端竞争的历史性转变，实现从传统发展模式向科学发展模式的历史性跨越。广东国有企业要围绕这一战略部署进行转型升级，尤其是要在战略性新兴产业中，找到自身的位置。在构建现代产业体系过程中，国有企业要坚持现代服务业和先进制造业的“双轮驱动”，在产业发展战略实施中走在前面，加快企业自主创新能力的培育和发展。

（三）自主创新要积极打造产业高端的战略环节。历史经验表明，全球性经济危机往往催生重大科技创新和科技革命（路甬祥，2009）。全球金融危机以来，正在催生一场新的科学技术革命。由技术革命带来的全新技术领域，为企业迅速成长提供了崭新的平台。可以预见，未来具有竞争优势的企业将更加突出科技引领和创新驱动，并产生于低碳、生物、新能源和高端新型电子信息等新兴产业。因此，广东国有企业要抢抓战略性新兴产业发展机遇，大力发展战略性新兴产业的核心技术，通过突破性创新，成为新兴产业的开拓者，并吸引大量跟随性企业进入，形成新的产业链，培育出以创新型龙头企业为核心的新兴产业。

二、自主创新实现转型升级要有利于国有企业功能的发挥

国有企业在突出战略性的同时，仍要面临激烈的市场竞争。民营企业和外资企业在经济发展的各个领域都有着极强的扩张欲望和动力，所以，国有企业在转型升级过程中，必须发挥主动性，通过自主创新能力的提升，增强控制力，加大话语权。

（一）把握自主创新的主动性，增强国有企业在重要资源和产业的控制力。国有企业在国家经济社会稳定发展中的控制力的实现，一方面体现为企业自身的保值增值，不断实现规模扩张和可持续发展；另一方面是通过自身实力的提升，提高在所处产业的竞争地位。

随着经济发展水平的不断提高，国有企业不论是要实现保值增值，还是要提高产业竞争地位，都必须进行主动自主创新。自主创新是随着企业所处的市场地位和技术平台变化的，企业在业务和产业环境的变动中得到不断调整和创新，从而提高资源利用效率和能力，培育自己的核心竞争力，就有可能确立长期的竞争优势。以原始创新和集成创新为中心的技术创新是企业可持续发展的核心。对长盛不衰的著名企业进行生命周期研究发现，这些企业都有一个基本特征，就是不断地进行原始创新和集成创新（林平凡，2006）。当前，广东走在前列的国有企业，就是通过主动自主创新，着力推进经营创新，实现国有资产的保值增值，不断提高企业赢利水平，从而在一定程度上增强企业在行业内的控制力。

（二）把握自主创新的能动性，增强国有企业在资源配置和稳定经济中的话语权。国有企业在发展过程中，要通过核心竞争力的提升来巩固在经济领域中的地位，从而不断增强在经济发展特别是资源配置中的话语权。一是要根据广东消除经济发展短板对资源的需求，进行运营模式创新，积极参与对国际资源控制的竞争，通过提高资源的控制力，增强对广东经济发展方向的话语权。二是根据广东降低社会不稳定因素对关键产业的需要，在关系国计民生的重要领域加强资源配置能力，从而提高承担经济发展责任的能力。

国有企业主动进行自主创新，不但能在经营中取得更好的效益，还能更好地把资源配置到最需要的产业和领域，从而增强国有企业的话语权。

三、国有企业自主创新实现转型升级要突出重点

长期以来，广东国有企业在发展过程中，发展迅速虽快但竞争能力不强，规模虽大但跨国经营能力不强，优势明显但管理能力不强。因此，国有企业要抓住转型升级的薄弱环节，把自主创新落到实处，着力在提高自主创新能力、提高跨国经营能力和提高运营管理能力等方面下工夫，为全省企业作出表率。

（一）着力提高自主创新能力。以自主创新为抓手推动产业转型升级，是后金融危机时期全球经济发展新变局下，广东转变经济发展方式对国有企业提出的强烈要求和重大任务。提高自主创新能力既是企业推动转型升级的重要抓手，又是企业转型升级的重要任务。基于这样的认识，国有企业的自主创新，首先要有突破性，获取原始创新的知识产权，能够突破发达国家的技术垄断。其次要有开创性，能够通过创新成果的产业化，培育新的行业主体环节。最后要有引导性，能够通过国有企业自主创新带动全省经济的创新型发展。

（二）着力提高跨国经营能力和水平。长期以来，广东大部分产业处于国际产业链的低端，缺乏在国际市场上的“下单”能力以及跨国经营能力。因此，加快培育广东具有国际竞争力的本土跨国公司，既能通过跨国经营提高技术创新水平，又还能为培育民营企业为主体的跨国公司提供示范作用。对广东国有企业来说，充分利用自身的规模优势，以自主创新开路，加大对外投资速度，加快跨国经营，在全球市场配置资源，对提高广东在国际分工中的地位，加快转变经济发展方式，提升国际竞争力具有重大的现实意义和战略意义。

（三）着力提高运营管理能力和水平。管理与市场是企业发展的两大支撑点。只有始终坚持市场导向，按照现代企业制度的要求不断深化企业管理体制改革，推动自主创新，企业才能充满生机。因此，企业运营管理创新是推进科技进步和创新的重要环节。在企业创新中，管理创新处于综合统筹、指导协调的地位。通过新机制的建立，推动企业优胜劣汰，使优势企业能够迅速扩张，使国有经济能够及时进入必须进入的领域，及时退出不必进入的领域（纪玉山、贾成中，2009）。因此，增强自主创新能力，需要加快新机制的建立，以经营管理水平的提升为先导。而自主创新能力的提升，反过来又可以进一步转化为管理创新的动力，从而实现自主创新和经济管理水平提升的良性互动。

第四部分　推进自主创新，加快国有企业转型升级的对策

从创新理论和产业发展理论来看，自主创新是一个企业长期集聚资源、创造知识、培育核心竞争力的过程，是增强竞争优势的关键环节，更是企业转型升级的重要基础。同时，以大型国有企业为主体的自主创新，将通过以创造性破坏为代表的创新不断带来新产品、淘汰旧产品，在这个过程中不断提高生产率，引发了新产品为动力的经济增长（刘志铭、郭惠武，2008），使企业从较低端企业组织形态向更高级的企业组织形态发展，从较低端产业价值链环节跃迁到更高级产业价值链环节，从传统的商业模式向更先进的商业模式转变，从而有利于国有企业加快从原来国有独资的单一股权形态向混合所有制、有效扩大国有资产控制力的上市公司转化。在此过程中，既需要激发内生力量实现跃迁和升级，也需要外部力量的引导和推动。产业创新作为一种激进式创新，从创新的内容上来看，它是一个复杂的创新系统，可能涉及多个互补的技术领域，需要多种不同的创新资源，而这些不是某一个单一的企业所能完全具备的（余光胜，2008）。因此，国有企业提升自主创新能力，实现转型升级和可持续发展，就是要掌握具有自主知识产权的核心技术和配套技术，提升企业的核心竞争力，为转变经济发展方式提供强大支撑，打破发达国家在全球产业链高端环节的垄断权。为此，国有企业的自主创

新要做到三个突出：一是突出突破性，掌握一定程度的突破性、原始创新的知识产权；二是突出开创性，打造战略性新兴产业的主体环节；三是突出引导性，带动全省经济的创新型发展。

按照这个思路，针对存在问题，根据路径选择分析，本报告认为要从政府层面、企业层面合力推进广东国有企业自主创新、转型升级。在推动广东国有企业转型升级过程中，政府要发挥政策支持和引导作用，制定长远的发展战略规划，加快国有经济体制机制改革，加大财政扶持力度；企业要培养内生能力，推动自主创新，提升核心竞争力，增强转型升级的主动性。

一、完善政府政策扶持

政府对国有企业自主创新的扶持，不仅要从宏观上引导，也要从微观上介入。从宏观上来讲，就是要创造良好的环境，加强对国有企业自主创新的方向性的指导；从微观的角度来说，政府虽不直接参与企业创新，但可通过对国有企业自主创新提出要求，鼓励和引导企业集聚创新资源，为创新活动奠定基础。换言之，政府的扶持政策是围绕着环境和资源两方面进行设计，尤其是要侧重于鼓励和引导企业集聚创新资源，增强自主创新能力。就目前情况来看，政府扶持国有企业创新资源集聚有三种模式：一是财政扶持，可以直接转化为企业的创新资源，但是要起到带动和引导作用；二是推动国有企业兼并重组，整合创新资源；三是发展资本市场，以市场力量解决创新投入不足的问题。

（一）营造有利于国有企业自主创新的良好环境。一是增强政府及其部门支持国有企业自主创新的意识。要把鼓励国有企业自主创新作为广东一项长期的战略举措，把国有企业通过自主创新掌握自主知识产权，实现关键技术突破的重要性和战略性，提高到消灭广东产业发展的短板，引领整个产业发展的方向，摆脱国外势力控制与渗透的高度。研究实施国有企业自主创新，转型升级的奖励方式，对企业家和重大技术人员给予重奖；加大对国有企业创新的宣传和舆论支持力度。二是为自主创新营造宽松的氛围。创新需要社会观念和国家体系的支撑。政府要在鼓励国有企业创新的同时容忍企业创新失败，对国有企业的自主创新提供足够的支持和宽容。彻底放弃对国有企业自主创新“急功近利”的要求和“拔苗助长”的扶持，尊重自主创新和产业发展的一般规律，使国有企业可以在一个相对宽松的氛围中进行稳健的自主创新。对于有利于广东经济持续发展和关系国家发展战略的重点原始创新项目和技术，应该采取“集中资源、长期扶持、重点突破”战略性扶持模式。三是加强知识产权保护，正确处理激励科技创新和鼓励科技运用的关系、自主创新和引进吸收国外先进技术的关系、保护知识产权和维护公众利益的关系，加强知识产权工作，完善知识产权制度，健全知识产权保护体系，加大对侵权行为的打击力度。

（二）强化对企业转型升级的战略安排和科学指导。一是结合“十二五”规划的编制，积极谋划，制定广东国有企业转型升级的发展战略和规划，明确企业转型升级的方向。深入贯彻落实科学发展观，按照国务院和省委、省政府的战略部署，以进一步增强国有经济的活力、控制力、影响力为核心，更加注重企业以加快发展方式转变为中心的技术、经营和管理的综合性创新，更加注重产业结构调整升级为重点的国有企业市场话语权的不断增强，更加注重以体制机制创新为重点的监管手段的改进，释放企业活力，推动国有企业特别是大型国有企业发展再上新台阶，为广东当好排头兵提供有力支撑。二是“十二五”期间，要把广东国有企业培育成为有独特竞争优势、有鲜明主业体系、有科学管理水平、有持续发展后劲的群体，总量指标、效益指标全面进入全国前列。按照《规划纲要》中培育国家级创新型企业的要求，在重点行业培育国家级创新型企业，建立和完善鼓励国有企业自主创新的机制，提高国有企业自主创新能力，增强企业核心竞争力。三是政府牵头，成立有财政、经信、发改、科技、国资等部门参加的国有企业自主创新和转型升级工作领导小组，加强和改善对自主创新和转型升级工作的领导，及时研究解决企业转型升级的重大问题，从行政和技术层面协调各省市、产业和企业以及产学研各主体之间的联合创新问题，从政策层面协调各部门对企业自主创新的扶持责任，以及各项关键政策的落实问题。四是站在经济持续、健康、安全发展的高度，开展国有企业自主创新，转型升级的理论探讨和专门培训，进一步强化国有企业对自主创新的认识。五是加快建设完善广东政府官员和国有企业负责人之间互相流动的“旋转门”机制，为国有企业家团队建设提供人才资源，提高国有企业家的基本素质、政治地位和责任感，为国有企业转型升级提供高级人才保证。

（三）加大财政扶持力度。财政支持国有企业自主创新是广东经济重要环节实现转型升级的重要内容。在实施过程中，要由分散向集中转变，由短期向持续投入转变，由直接投入向注重引导转变，充分发挥财政扶持资金从研发一直到产业化对企业创新活动系列的支持和引导作用。一是集中优势资源，鼓励重点企业创新突破。合理划分对原始创新、集成创新和引进技术消化吸收再创新的扶持额度，尤其是要集中财力支持原始性创新。鼓励企业围绕主业的核心技术，正确选择自主创新的突破口，争取在3～5年时间内，在产业升级关键领域，支持有优势的企业选择1～2项原始创新项目，通过专家论证，由财政逐年分阶段进行支持，推动企业掌握自主知识产权和关键技术。二是加大投入力度，做大做强创新合作平台。对部分承担支持创新风险投资、承担基本创新平台建设和运营的国有企业，根据其创新服务产业功能和社会需要，进行专项评估后，加大重大项目财政投入，支持有风险投资、公共创新服务平台、共性技术研究与产学研合作职能和任务的企业加快发展速度。三是完善政府采购制度，加大对创新产品的采购政策倾斜。进一步严格执行建立财政性资金采购自主创新产品制度，并结合本省实际，确定并公布广东省政府采购自主创新产品目录，使用财政性资金的政府采购，必须优先购买列入目录的产品。省内企业、科研机构生产或开发的试制品和首次投向市场的产品，具有较大市场潜力并符合政府采购需求条件的，由政府或其他使用财政性资金的采购人进行直接采购；对需要研究开发的重大创新产品或技术，通过政府采购招标方式，面向全社会确定研究开发单位，签订政府订购合同，并建立考核验收和研究开发成果推广机制；将消化吸收再创新形成的先进装备和产品纳入政府优先采购范围，优先安排订购和使用国产首台（批、套）重大装备的重点工程。四是落实税收政策，强化税收对自主创新的支撑作用。如企业按照当年实际发生的技术开发费用的150%抵扣当年应纳税所得额的申报、审核、批复办法，承担重大引进技术消化吸收再创新项目的企业进口国内不能生产的关键设备、原材料及零部件免征进口关税和进口环节增值税的申报、审核、批复办法，新创办的高新技术企业减免企业所得税、房产税、城镇土地使用税的申报、审核、批复办法等，利用税收调控手段推进企业自主创新。

（四）加快兼并重组，集聚创新资源。落实国务院提出的促进企业兼并重组的要求①，鼓励国有企业以兼并重组为重点的经营创新。加快广东国有企业兼并重组的步伐，消除企业兼并重组的制度障碍，加强对企业兼并重组的引导和政策扶持，改进对兼并重组的管理和服务。一是推进国有企业布局结构调整。明确国有经济需要发展和控制的行业和领域，立足于提高资源优化配置效率，在更大范围内进行资源配置、结构调整，进一步提高优势产业集中度，不断提高国有经济在重要领域的活力、控制力和影响力。重点推进基础产业、资源产业等领域的兼并重组，支持广晟公司、机场集团、粤电集团等成为国内行业排头兵。二是推动国有企业围绕主业进行战略性重组，重点推进国有企业整体上市。支持国有企业在完善监管制度的基础上提高资本运作能力，通过兼并收购和多元化经营，培育一批“准央企”式的国有企业和上市公司，统筹国际国内两个市场，鼓励有实力的企业积极实施“走出去”战略，实现在更大范围内的资源优化配置，培育一批有国际竞争力的跨国公司。三是整合和激活国有企业的创新资源。调整和加强对国有企业创新的投入政策方向，确定国有企业在战略性新兴产业重要环节的培育路径和经营模式。鼓励广新外贸、广晟公司在新兴产业、高科技领域以创新资源集聚和充分利用为中心，以人才、技术和知识产权要素为重点的重组，实现新材料和数字音频技术应用的重点突破。四是扶持构建产业创新平台。实施国有企业科技研发重点投入计划，建设和完善一批省级和国家级技术创新平台，培育一批国家级创新型企业。在广东的优势产业领域以及新兴产业领域，支持大型国有企业牵头组建基于全球合作的产业技术联盟，建设广东开放的技术创新体系，增强国有企业在广东自主创新、转型升级中的产业主导作用，在完善产业链建设中对关键环节的控制力和话语权。五是鼓励省市国有企业通过各种方式推进“强强联合，强弱兼并”。鼓励省属大型企业和广州、深圳大型国有企业通过交流、合作等方式，向各市属国有企业提供兼并重组的先进经验和做法。鼓励省属企业与市属国有企业之间、市属企业之间实施产业联盟战略；鼓励在广东国有企业之间的兼并重组，在整合资产，集中资源的基础上壮大实力，培育覆盖全省或部分地区的新的行业性龙头企业，在此基础上争取整体上市。

（五）以机制创新释放企业的创新活力。一是进一步完善国有企业负责人经营业绩考核办法，创新业绩考核指标和考核方式，引导企业负责人重视加大和加快转变经济发展方式的战略性投入，注重科技创新和长效投入，促进国有企业创新发展，提高企业核心竞争力和可持续发展能力。发挥激励机制和考核机制对自主创新的导向性作用，进一步完善从立项到研发，到项目完成，再到成果产业化等一系列创新活动的考核和激励，使创新活动的各个阶段能够顺利衔接和转换。二是积极探索国有资产监管的有效方式方法，加强广东企业国有资产监管法规体系建设，为国有企业提供良好的经营环境。推进国有企业股份制改革，积极引进战略投资者，实现产权多元化。三是进一步推动国有企业建立健全规范有效的董事会，完善外部董事制度，充分发挥外部董事作用，实现决策层与执行层、决策权与执行权适当分开，完善公司治理结构。推进外部董事选派工作。按照外部董事选聘、考核评价等办法，选聘素质高、能力强的外部董事进入董事会，逐步加大外部董事在董事会中的比例。加强对外部董事行为的规范，确保外部董事忠实履职，发挥其内部制衡作用。探索规范董事会与党组织之间的关系。通过建立科学合理的工作程序和制度安排，使公司董事会与党组织有机结合，既充分保障董事会行使法律赋予的决策权，又保证党组织政治核心作用的有效发挥。四是完善企业选人用人和激励约束机制，推进内部劳动用工、分配制度改革，逐步建立市场机制调节、企业自主分配、出资人依法调控、社会有效监督的国有企业收入分配新体系。五是做好财务动态监测和绩效评价工作。完善经营业绩考核体系，抓住出资人最关心的关键问题和制约企业科学发展的主要矛盾，进一步提高考核指标的导向性和针对性，加强分类考核和行业对标，积极探索经济增加值考核，更好地落实保值增值责任。六是破解国有企业上缴利润数量和企业发展矛盾的难题，探索国有经济收益再分配和返还机制。根据企业的发展速度和转型升级的需要，在充分论证的基础上，对创新贡献大、持续性强、积

---

① 国务院总理温家宝6月30日主持召开国务院常务会议，研究部署促进企业兼并重组。会议指出，近年来，各行业、各领域通过企业合并和股权、资产收购等多种形式积极进行整合，企业兼并重组步伐加快，产业组织结构不断优化。但一些行业产业集中度低、自主创新能力不强、市场竞争力较弱等问题仍然突出。在资源环境约束日益严重、国际产业竞争更加激烈的新形势下，必须切实推进企业兼并重组，深化企业改革，促进产业结构优化升级，加快经济发展方式转变，提高发展质量和效益，增强抵御国际市场风险能力，实现可持续发展。

极性高的国有企业返还部分上缴利润，支持创新型国有企业提高自主创新的积极性，为国有企业在重点项目和领域创新突破增强动力，提供资源。

（六）支持国有企业进入战略性新兴产业。一是加快国有企业进入战略性新兴产业的主体环节，提升国有企业的战略地位和对产业发展导向的控制力。调整和强化对国有企业创新的投入政策方向，确定国有企业在战略性新兴产业重要环节的培育路径。二是制定国有企业通过创新技术产业化进入战略性新兴产业的特惠政策。战略性新兴产业的培育在很大程度上是科技成果产业化的过程。因此，对于重要的关键性突破性技术，要考虑制定一些特惠政策或单项扶持政策。制定针对国有企业自主创新的战略性新兴产业、新技术、新产品目录，鼓励企业开发具有自主知识产权的新技术新产品，提高产品附加值和市场竞争力；以大型国有企业为依托，加大省级财政扶持力度，实施国有企业科技研发重点投入计划，建设和完善一批省级和国家级技术创新平台、培育一批国家级创新型企业；选择一批行业特色明显，掌握突破性创新技术、综合技术能力较强的国有企业，给予较长时期的重点财政扶持，在战略性新兴产业培育龙头企业，形成广东国有经济对战略性新兴产业的主导力量。三是加快国有企业整合产业链上下游资源，鼓励大型国有企业利用自身研究机构和创新资源，向自主研发、品牌营销等服务环节延伸，创新商业模式，提高产品附加值，实现生产型制造向服务型制造转变，大力推动国有企业的产业升级。四是根据产业技术集中、延长产业技术创新环节的原则，在广东国有企业中通过划拨、兼并和互换等方式，实现科研机构和优长技术向优势企业和重要产业集中，增强国有企业进入战略性新兴产业的创新实力。五是鼓励大型国有企业承担起引导创新责任和功能，企业拥有的创新平台要进一步向进入战略性新兴产业的中小企业倾斜，支持中小企业在战略性新兴产业的主体环节和配套技术开发过程中做大做强，与国有企业共同支撑战略性新兴产业的健康、持续发展。

（七）发挥金融资本市场对自主创新的推动作用。一是建立统筹协调机制。政府各部门在发展资本市场关键问题上应加强协调，不断应对新情况，研究新对策，以求真务实的精神积极落实包括政策性金融、商业金融、创业风险投资、保险市场等在内的一系列支持自主创新的科技、金融政策，促进科技与资本市场为主的金融体系的结合，提升资本市场的综合效应，充分发挥资本市场对自主创新的支持作用。统筹规划科技金融资源，协调制定科技协同政策，营造科技金融发展的良好环境，组织开展科技金融改革试点示范，共同推进科技金融创新。二是利用我国人民币汇率形成机制改革的机遇，推进广东国有企业转型升级。汇率机制改革，将在一定程度上表现为人民币较快升值，部分企业出口产品的利润空间受到内外两头挤压，价格优势逐步减弱。这些产业直接面临生存威胁。而资金密集型和技术密集型行业，产品附加值高，利润较厚，在倒逼机制作用下将可能通过科技升级换代来逐步缓解人民币升值的压力。各级政府和国有经济主管部门要充分利用这一机遇，鼓励国有企业在引进国外先进技术成本降低的情况下，更好地利用资本市场，加快技术引进吸收实现技术结构的升级，改变长期以来处于产业链低端的配角角色。鼓励企业以资本整合全球资源，构建创新驱动的开放型经营模式。抢抓国际利益格局和全球财富大调整机遇，发挥资本配置资源作用，积极参与全球科技资源整合，建立资源能源战略储备，以资本换产业，加快产业的升级优化。三是大力发展贸易金融，为国有企业产业输出和资本输出提供金融支撑。支持省属、市属的金融机构创新金融产品与服务。结合国际贸易发展及我国外汇管理的实际情况，逐步开发更多更好的防范外汇风险的金融新品种；结合外汇风险及进出口业务风险等新形势，不断开发新的保险品种，为广东经济发展提供保证和支撑。加强开展长期的、双赢的国有银企合作。鼓励有条件的金融机构“走出去”，赴境外开设海外分支机构，为广东产业、资本输出提供金融支撑。配合国家人民币国际化战略，利用《规划纲要》赋予的先行先试权限等政策，鼓励广东金融机构率先搭建人民币自由兑换平台和人民币金融资产对外输出平台，构建人民币回流机制，开放外汇市场交易与外汇衍生品市场交易等，推动广东金融国际化新的突破。四是进一步推进多层次资本市场建设，满足企业不同的融资需求。继续大力推进国有企业债券市场的发展，改善广东的融资结构，满足企业直接融资需求，使全省不同发展水平的地区、不同发展层次的国有企业都能比较有效地利用多层次资本市场加快自身的发展；进一步完善创业风险投资制度保障体系，设立政府创业风险投资引导基金，引导社会资金和境外资金流向创业风险投资企业或设立商业性创业投资基金。五是扶持金融中介机构发展。重视证券公司、期货公司、基金管理公司等金融中介机构在发展和利用资本市场中的作用，整合优势资源，培育扶持若干家国有控股的规模大、资本雄厚、具有在国内国际两个市场开拓发展能力和竞争实力的大型证券、期货、基金公司和金融控股集团，不断增强地方金融实力和对发展利用资本市场的影响带动力。六是为广东培育跨国公司提供金融服务和支持。改革金融服务机制，进一步争取中国进出口银行、国家开发银行、中国出口信用保险公司等政策性金融机构和外资银行给予广东实现跨国经营国有企业更多的支持；探索建立支持跨国经营的信用担保和保函风险专项资金，为广东重点支持的跨国经营业务提供信贷担保和保函支持；推进地区金融机构改革，推进粤港澳金融的深入合作，为广东企业跨国经营提供多样化的商业性金融服务。

二、提升企业内生能力

在自主创新和转型升级过程中，企业不仅要集聚创新的物质资源，更要重视人力资源的培育和集聚。在物质资源和人力资源协同作用下，培育和提升以平台建设为中心的技术创新能力，以资源配置为中心的管理创新能力，以国内外市场开拓为中心的市场创新能力，以融资创新为中心的资本运营能力，以品牌培育为中心的国际竞争能力，使企业形成自主创新和转型升级的内生能力。

（一）注重培育新型国有企业家队伍。一是要赋予国有企业家团队新的责任。国有企业的企业家要成为业内精英，能够担当企业自主创新、转型升级决策者、领路人和执行者的角色。二是要对国有企业家团队提出新要求。新型国有企业家团队要站在经济发展的前沿，直接感知国际经济环境的激变，直接感受国际经济强国的挑战，为国家和地区承担发展的重任。三是要加强国有企业家团队的人文精神培育，着重培育爱国奉献精神，开拓创新精神和高尚的道德情操。四是要积极创造条件，制定有利于与经理人市场相适应、有竞争力的国有企业家团队稳定成长的薪酬和激励制度。五是要加大对新型国有企业家队伍的培训和人才资源的挖掘。要加大投入，组织企业中、高层经营团队的经常性培训；注重在中层经营、科技干部和业务骨干中培育和提拔高层管理人才；建立在不同企业之间的企业家队伍竞争性流动机制。

（二）注重培育国有企业人才队伍。作为知识的拥有者、传播者和创造者，人才队伍是提高自主创新能力，实现企业转型升级的中坚力量。一是要牢固树立人才资源是第一资源的观念，大力实施人才强企战略，紧紧围绕强化培养造就人才、措施得力吸引人才和各展所长使用人才等关键环节，努力造就一支规模宏大、结构合理、素质优良的创新人才队伍。二是要不断壮大科技人才队伍，营造良好的创新环境，宽容失败，鼓励创新。三是要下放权力，建立适当的竞争机制，给予企业培育和提拔素质管理人才、创新型科技人才、高技能人才的权力，培育有利于高层次人才创造力发挥的内部环境。四是加大投入培养国际性经营人才。实施人力资源国际化计划，培养一批拥有国际化技能的执行人才，为提高企业国际市场竞争力提供人才保障；特别是要针对广东国际化经营的战略性区域，实施国际区域工商人才培训计划，为企业发展培训和储备一批适应不同地区商业环境的战略性人才。

（三）加快技术创新平台建设，提升技术创新能力。技术要素是自主创新和转型升级的核心要素，要加快技术创新平台建设，加速创新要素集聚，建立企业自主技术创新的载体，提高创新效率，提升技术创新能力。一是具备条件的企业要建立重点实验室、工程中心等创新基地，大型省属国有企业要积极承担国家科技计划项目及省级科技项目，开展技术攻关，掌握核心关键技术，在关键领域形成国有企业之间重点突破、联合攻关项目，形成由国有企业掌握的自主知识产权。二是大中型国有企业要加大研发投入，原则上工业企业每年的科研经费不少于销售收入的3%，其中科技型企业不低于5%，电子信息、新能源、新材料等企业不低于6%。三是组建大型企业技术联盟，推动行业关键技术合作研发，形成产业技术创新链，推动相关产业实现重大技术突破，形成产业核心技术标准，支撑和引领产业技术创新，提升产业核心竞争力，促进产业结构优化升级。

（四）提升管理创新能力。一是创新管理理念。在国有企业内部大力倡导管理理念的转变，通过培训教育或引入新的管理人才，开阔国有企业管理者的视野和思路，广泛吸收新的管理信息，提高管理者的专业知识和管理能力，使管理创新有良好的思想认识基础。二是创新管理组织。根据市场需求和生产的特点合理设计管理组织，改变传统的职能型组织结构，按照精简高效、以市场为导向的原则构建新的内部组织结构。三是创新管理技术。随着国有企业的发展，市场规模的扩大，一方面企业内部管理日益复杂化，另一方面市场需求快速变化和竞争形势不断变化，都要求管理者提高反应速度。要解决这两者间的冲突和矛盾，就要积极引进先进的管理技术，尤其是利用现代信息技术，通过技术手段和相应的技术平台的建设与应用来提高管理的效率和质量。

（五）培育国内外两个市场，提升市场开拓能力。增强国内外市场竞争力是国有企业转型升级的重要途径，企业自主创新能力是否增强并产生成效，最终体现为是否建立起持续的市场竞争优势。目前，广东国有企业要改变主业明确，但市场竞争力不强的局面，在区域、行业、产业链或产品方面形成比较优势，就必须要增强开拓市场的能力。一是以自主创新为抓手，确立主业，完善产业链，立足于开拓国内市场，加快产品结构调整。二是积极开拓国际市场，参与国际经济分工与合作，优化出口产品结构，提高出口产品质量，培育国际知名品牌，以投资带动出口。三是创新优化商业模式，发挥国有企业规模、网络和信用等方面优势，努力优化商业模式。

（六）注重培育国有企业资本运营能力。积极利用资本市场，推进企业核心资产上市或整体上市，推动优势资源向绩优上市公司集中。进一步拓宽融资渠道，推进融资创新，通过发行企业债券、中短期融资券、信托产品等，最大限度提升资本的利用效率。国有企业要强强联合，促进双方资源共享，实现优势互补。国有大中型企业要在集团层面进行产权多元化改革，推动企业做大做强做优，为企业深化改革、推进国有经济布局和结构的战略性调整以及完善法人治理结构提供积极的示范作用。资产质量较好、拥有上市公司平台的省属企业（如广晟公司、粤电集团、交通集团、航运集团、机场集团等）要通过定向增发等多种途径，积极推动企业集团主业资产上市、核心资产上市及整体上市，实现优势资源向上市公司集聚。拥有优质资产和业务但缺乏上市公司平台的国有企业（如广业公司、建工集团、中旅集团等）要积极培育一批后备上市公司群，通过IPO、借壳等方式实现优质资产上市，进一步提升企业发展空间，推进企业做大做强做优。

（七）以品牌培育为中心，提升国际竞争能力。一是国有企业要进一步加大对现有名牌培育的投入，提高现有名牌的经济社会价值，多角度、多渠道培育和发展更多拥有核心技术和自主知识产权的国内、国际知名品牌和区域品牌，进一步带动企业质量水平、技术创新能力、管理水平和名牌经营水平向更高层次提升。二是要围绕企业的核心产业和广东的战略性新兴产业，开展突破性创新，打造具有自主知识产权的强势产品品牌，并不断做大做强，率先走出国门，改变广东长期以来出口无品牌或弱品牌的局面，树立广东品牌的正面形象，从而带动广东企业的全球化品牌创新。三是提升企业国际化品牌与形象策划能力。在建立质量保证体系满足国际消费需求的基础上，对企业品牌与企业形象进行全面系统的策划，努力使企业形象、企业品牌与企业国际化战略相匹配，并为战略的实施提供必要的保障。四是通过并购、上市和扩大规模提升企业的国际品牌地位。以增强企业竞争力培育国际化市场为目标，抓住后金融危机时期国际市场调整、产业重构的机遇，加快实施境内并购，整合国内市场行业品牌资源。实施国际化经营战略，争取部分产业在境外主要资本市场上市，扩大海外融资渠道和企业规模，提高跨国经营的品牌影响力。

参考文献

1. 张晓强．以自主创新应对金融危机，以新兴产业增强经济动力［J］．中国经贸导刊，2010（4）．

2. 张茉楠．创业型经济论［M］．北京：人民出版社，2009：237－238．

3. 金碚．论国有企业改革再定位［J］．工业经济研究，2010（4）．

4. 齐新家，陶虎．基于自主创新的国有企业综合绩效评价体系改进研究［J］．山东经济，2008（3）．

5. 修菊华．自主创新——产业转型升级的路径依赖［J］．全国商情（理论研究），2010（1）．

6. 林平凡．论自主创新能力与企业持续发展［J］．广东社会科学，2006（2）．

7. 路甬祥．经济危机往往催生重大科技创新［G］．中国网（china. com. cn），2009：2. 16．

8. 纪玉山，贾成中．竞争性领域国有经济战略重组研究［M］．北京：科学出版社，2009：74－75．

9. 沈志渔，刘兴国．国有企业自主创新能力发展的阻碍因素分析［J］．学术研究，2009（10）．

10. 汪洋．自主创新是加快转变经济发展方式的核心推动力［J］．学术研究，2010（3）．

11. 刘志铭，郭惠武．创新、创造性破坏与内生经济变迁——熊彼特经济主义理论的发展［J］．财经研究，2008（2）．

12. 余光胜．产业视角的企业战略——战略理论的反思与融合［M］．上海：上海财经大学出版社，2008：105．

13. 梁桂金．国有企业自主创新存在的问题及成因分析［J］．商场现代化，2008（11）．

14. 余凤翥．转型期国有企业自主创新动力问题的探索［J］．科技管理研究，2008（8）．

15. 周华．国有企业自主创新动力的系统性研究［J］．经济纵横，2008（9）．

16. 古继宝，徐鸣．德国国有企业改革及启示［J］．行政论坛，2005（3）．

17. 王文创，张金城．德国国有企业的管理及对我国的启示［J］．理论学刊，2006（5）．

课题组成员：沈梅红（组长）林　华　汤如武　林平凡　李　敏　曾友谊　高怡冰

原文内容由四部分构成：一是当前广东省自主创新基本情况；二是省财政支持自主创新基本情况；三是国内外财政支持自主创新的政策措施；四是促进自主创新的财政政策研究。由于篇幅限制，在此只节选第二、四部分进行刊登。

促进自主创新的财政政策研究

（节选）

广东省财政厅工贸发展处

二、省财政支持自主创新基本情况

采用财政手段支持自主创新，是引导和激励广大企业、高校和科研院所开展自主创新的有效途径，也是应对创新过程中出现的市场失灵的重要举措。目前，财政支持对广东省增强自主创新能力、争创科学发展新优势起到了“四两拨千斤”的杠杆作用，而且这种效应正逐步放大，有力推动了全社会加大研发投入，加快创新成果转化与应用。

广东省财政支持自主创新工作，主要有直接支持和间接支持两种形式。直接支持即财政科技投入，例如各类科技计划项目、对企业创新进行的财政补贴、政策性金融机构资金支持等；间接支持，主要是给予政策鼓励引导，分为政府采购、税收激励。通过各种形式的财政支持，广东省已经形成了较为完善的以政府财政投入为引导、企业投入为主体、社会投入为补充的多元化科技投入体系。

（一）全省财政科技投入的基本情况

省财政科技拨款主要科目在2007年已作较大幅度调整，由原来的科学事业费、科技三项费、科研基建费的分类划分变为科学技术管理事务、基础研究、应用研究、技术研究与开发、科技条件与服务、社会科学、科技普及、科技交流与合作等地方财政直接拨款数的分类划分，反映到财政支出上就是每年支持的各类科技计划项目、专项基金项目、科研基建等费用。近年来，随着广东省经济社会的快速发展，经济对科技的需求越来越大，财政科技投入也越来越多，对全省科技活动的影响也越来越大。

1. 全省地方财政科技拨款规模不断扩大，增速大幅提高。2009年全省地方财政科技拨款达到168.50亿元，比上年增加35.99亿元，总量创下历史新高；地方财政科技拨款增速大幅提高，达到27.2%，同比上升了16个百分点，高于全省财政支出的增速。地方财政科技拨款占地方财政支出的比例为3.89%，比上年提高了0.38个百分点。

从纵向比较看，广东省地方财政科技拨款的总量规模是逐年扩大，从2005年年底的84.16亿元增加到2009年的168.50亿元，“十一五”期间翻了一番，平均增速达到19%（见图1）。这反映了近几年来，“自主创新”成为广东省战略发展的核心，科技工作逐渐从“配角”转变为“主角”，地方财政对科技投入的力度和强度都有了很大的提高。

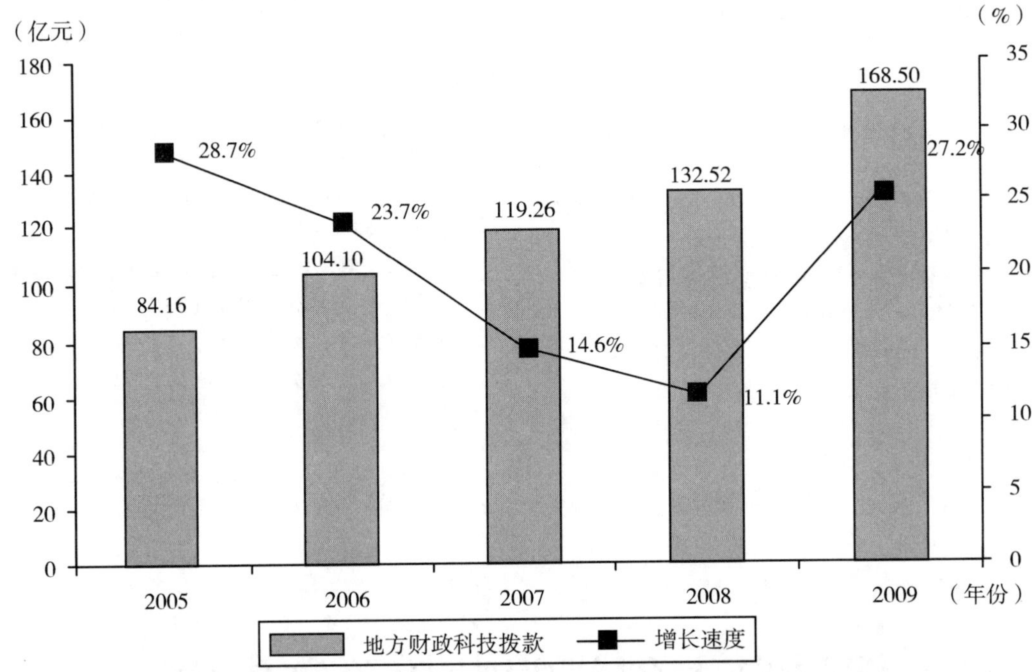

图1　2005~2009年地方财政科技拨款、增长速度

2. 从占比看，地方财政科技拨款占地方财政支出比重总体提升。总体来看，“十一五”期间，广东省地方财政科技拨款占地方财政支出比重有所上升，2009年达到3.89%，比2005年年末提高了0.19个百分点。从年度来看，该比重出现了上下波动：2006年达到最高值4.08%，2007年、2008年持续下降到3.51%，到2009年又回升，已接近4%的关口（见图2）。

3. 从拨款用途来看，技术研发及其他科技支出占八成。2009年广东省地方财政科技拨款中，其他科学技术支出比重最大，占46.7%，达到78.65亿元，同比增长32.8%，表明政府加大了科技奖励、补助的激励力度以及其他科技支出的力度。其次是技术研究与开发经费，占37.3%，达到62.81亿元，同比增长26.9%，说明政府十分重视应用技术、产业技术的研究与开发以及科技成果的转化与扩散。用于改善科技条件与服务的财政投入11.01亿元，占6.5%。科学技术管理事务、基础研究、应用研究、社会科学、科学技术普及、科学交流与合作等其余科技支出所占比重均比较小（见图3）。

4. 从地区分布看，全省财政科技拨款集中于珠三角地区。珠三角地区是全省地方财政科技拨款的主力军，占全省的比重达到87.05%，其中深圳和广州科技投入优势明显，两市之和占全省科技拨款比重达到66.2%；山区五市、粤东、粤西地区比较低，分别占2.53%、1.57%、1.13%。从地方财政科技拨款占地方财政支出比例看，珠三角地区最高，有5.09%，高于全省水平；省本级财政占2.67%，低于全省水平；山区五市、粤东、粤西的比例偏低，仅占1.03%、0.97%、0.69%（见图4）。

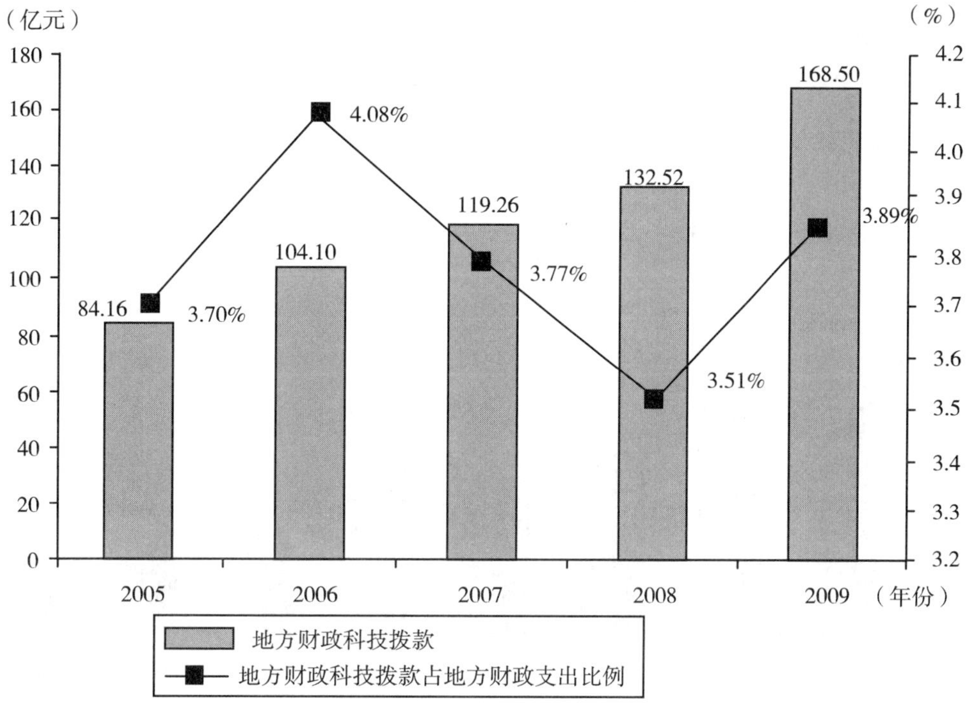

图 2　2005～2009 年广东省地方财政科技拨款占地方财政支出比重

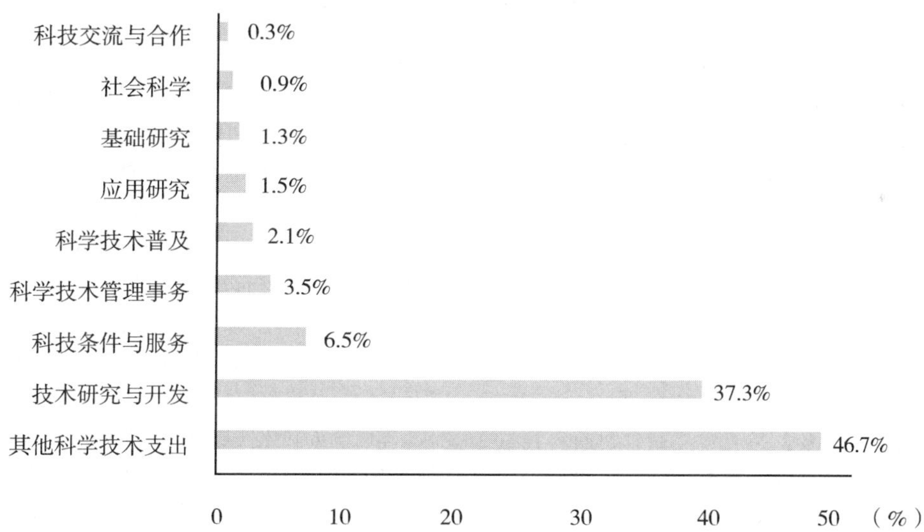

图 3　2009 年地方财政科技拨款各科目占比情况

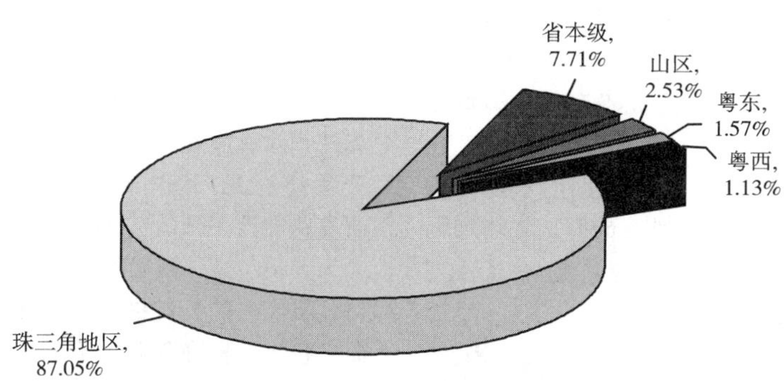

图 4　2009 年广东省各地区地方财政科技拨款地域分布情况

5. 从兄弟省市比较看，规模总量退居全国第二。历年广东省地方财政科技拨款总量都居全国首位，然而2009年被上海赶超，退居全国第二。上海地方财政科技拨款额达到221.96亿元，比广东省多了53.46亿元。在占地方财政支出比例方面，2009年广东省（3.89%）排名提升一位，排全国第三，赶超浙江（3.87%），但与第一名上海（7.42%）和第二名北京（5.45%）有较大差距（见图5）。

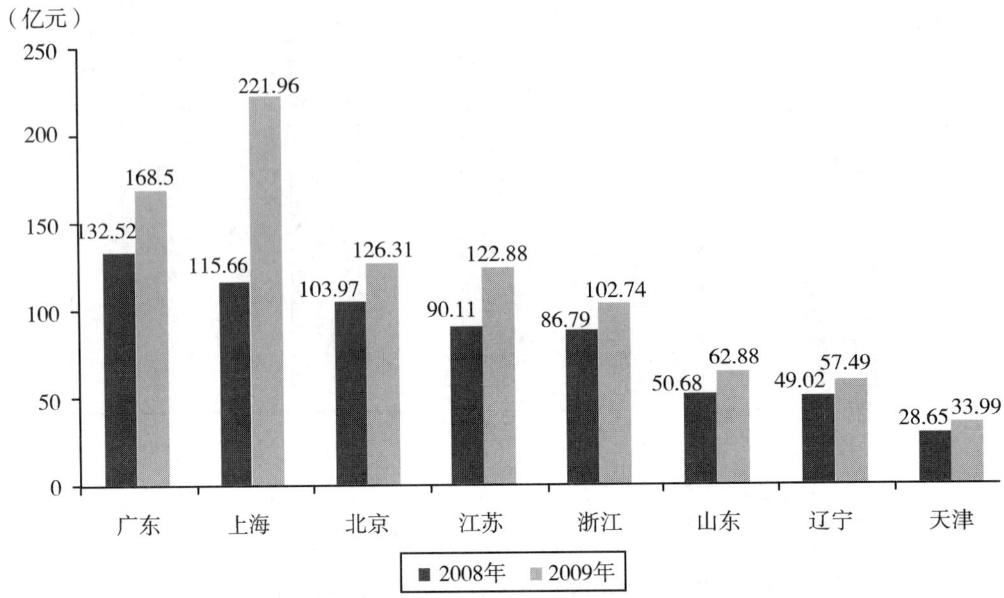

图5 部分省市地方财政科技拨款规模比较

（二）省财政支持自主创新的做法与成效

1. 加大财政科技投入，促进全社会科技投入大幅增长。财政科技投入作为政府支持自主创新的重要途径，发挥了“四两拨千斤”的作用，引导和促进全社会科技投入。“十一五”期间，全省地方财政科技投入逐年增长，平均增速达19%；截至2009年年底，财政科技投入达到168.5亿元，是“十五”末的2倍，创下历史新高。在财政投入的拉动下，全社会科技投入总量呈现大幅增长态势。2009年全省科技经费支出约1 100亿元，“十一五”年均增长24.6%；研究开发（R&D）经费达到625亿元，是“十五”末的2.5倍，年均增长25.8%。可见，广东省财政科技投入所发挥的杠杆作用愈来愈大，杠杆系数从2005年的1:2.97提升到2009年的1:3.71（财政科技投入：R&D经费），也就是说，到2009年全省每投入1万元财政科技拨款，就能拉动全社会投入3.71万元研究开发经费。

从投入强度看，“十一五”财政科技投入强度有所提升，带动了全社会R&D投入强度快速增长。2009年全省财政科技投入占地方财政总支出的比重达3.89%，比2005年年底提高了0.22个百分点，年均增长0.055个百分点。在各级政府财政投入的拉动下，“十一五”期间广东省R&D占GDP的比重快速攀升，2009年达到1.66%，年均增幅0.12个百分点，预计2010年达到1.8%左右，有望实现“十一五”科技规划制定目标。

2. 贯彻落实各类财政政策，激励引导企业自主创新。

一是积极落实政府采购自主创新产品工作。根据国家政府采购的有关文件，广东省积极推进政府采购自主创新工作，制定广东省实施细则，使得政府采购工作全面进入实操性阶段。2009年，省财政厅、省科技厅联合制定并印发了《广东省自主创新产品政府采购的若干意见》，为政府采购自主创新产品提供了具体指导意见。2009年7～12月，省科技厅、省发改委、省经贸委、省财政厅、省知识产权局、省质监局等六部门联合组织开展“2009年广东省自主创新产品”的认定工作。目前，认定了“京信通信公司3G移动通信直放站”等130项产品为“2009年广东省第一批自主创新产品”。其中，有119项产品被列入2009年第一期《广东省政府采购自主创新产品清单》；2009年广东省第二批自主创新产品认定工作已经完成。目前，广东省政府采购自主创新产品工作已全面转入实操阶段，省内部分自主创新产品生产企业已经享受到政策优惠，获得了政府采购合同。

二是贯彻落实自主创新税收优惠政策。自2006年省委省政府出台《广东省促进自主创新若干政策》以来，广东省制定和落实了一系列面向自主创新的财政激励政策，充分发挥了创新政策在激励引导企业自主创新上的重要作用。例如，企业研发费用税前扣除额超50亿元。2009年，全省已有1 000多家企业享受到了研究开发费用加计扣除政策，加计扣除额度超过50亿元，相当于为企业增加研究开发经费近15亿元。省内绝大部分地区企业均不同程度享受到了研发费加计扣除政策优惠，珠三角地区享受政策优惠情况尤为突出。这一政策不但成为降低企业负担，提高企业应对危机能力的关键措施，而且也成为引导广东省企业加大研发投入，提高创新能力的重要杠杆。又如，全省高新技术企业享受各类减免税收优惠过百亿元。2009年，全省重新认定的国家级高新技术企业达到3 366家，享受各类减免税优惠138.02亿元，同比增长30.8%。其中，兑现科技优惠政策中的高企减免税达 41.08 亿元，占高企全部减免税总额的 29.8%。

3. 推进各类科技计划实施，促进了一大批核心技术的突破和科技成果的产业化。科技计划是地区科技实力的具体体现，也是地区科技实力向科技能力转化的有效组织方式。广东省利用科技计划这个操作平台，形成了较强的科技能力，促进了一大批核心和关键技术的突破以及科技成果的转化产业化。目前，省级科技计划项目包括重大科技专项、科技金融合作贷款项目、高新技术产业化项、粤港关键领域重点突破项目、省部产学研结合项目、科技型中小企业技术创新资金等 31 类攻关项目，财政安排资金达到 21.1 亿元。例如，2008 年开始连续 3 年，省财政每年专门拨款 1 亿元支持“节能减排与可再生能源”重大专项。2009 年该重大专项立项支持 20 个专题共 62 个项目，累计节能 38.90 万吨标准煤、减排 COD3.82 万吨、$SO_2$7630 吨、$CO_2$100.87 万吨，节能减排效果相当明显，为推动重点行业、重点领域节能减排，顺利完成全省“十一五”节能减排约束性指标提供了有力支撑。又如，2009 年省财政拨款 1 亿元支持“产业共性技术攻关”重大专项，选择了广东省有特色、有优势的支柱产业如轻工机械装备、电器制造、陶瓷、通信网络等产业作为重点支持方向，共立项支持 59 项，带动社会总投资超过 12 亿元，有力扩大了内需，促进社会经济平稳较快发展。此外，在省级科技计划项目的基础上，各市围绕地区科技与经济发展需求，组织开展了各类市级科技计划项目，有力推动了地区自主创新能力和科技实力的提升。

4. 财政支持科技与金融结合，缓解科技型中小企业融资难问题。科技金融结合是通过发挥政府部门的资金引导和组织协调优势、合作银行的融资优势，建立科技金融互利互动的工作机制，搭建科技与金融结合的协作平台，为科技型中小企业发展提供融资渠道，缓解科技型企业融资难题。

一是与金融机构开展全面合作，引导金融机构加大对科技型企业贷款。目前，省科技厅已经与国家开发银行广东省分行、招商银行、光大银行、中国出口信用保险公司签署了战略合作协议，授信额度共计 280 亿元，以帮助更多的科技型企业解决融资难题。如 2007 年省科技厅与国家开发银行广东省分行签署了《科技与开发性金融合作协议》。根据协议，省科技厅拿出 1 亿元设立“广东省科技型中小企业融资担保风险准备金”，并与地级以上市合作，增加“融资担保风险准备金”规模。国家开发银行广东省分行按照风险准备金 1:20 的比例，在未来 5 年内为全省科技型中小企业提供 180 亿元贷款。目前，国开行已向 31 个项目发放贷款，贷款金额 7.12 亿元，省科技厅累计拨付风险准备金 3 560 万元。贷款企业新增销售收入 25 亿元，新增税收 7 000 万元，新增就业岗位 8 900 个，成为后金融危机时代广东科技型中小企业发展的一道亮丽风景线。

二是启动科技金融试点市工作，探索科技资源和金融资源全面结合的新机制和新模式。2009 年 5 月，省科技厅正式启动珠海、东莞和中山的科技金融试点市工作。与试点市双方共同设立省市联合科技贷款风险准备金 5 000 万元，合作银行承诺以风险准备金的至少 20 倍提供科技型中小企贷款额度。突出以企业知识产权等科技要素作为核心质押物，引入科技贷款。试点市搭建助贷服务平台，与银行、担保和中介服务机构开展广泛合作，并建立相应风险分担机制与风险退出机制。这是广东省首次开展科技金融的综合性试点试验工作，具有重要的引导示范作用。

5. 推进科技投入和科研管理体制创新，深化科技体制改革。科技体制改革的实践表明，财政配套政策对于科技体制改革能否取得成功至关重要，没有比较完善的财政支持政策，科技体制改革必然举步维艰，事倍功半。

目前，广东省科研体制改革取得阶段性进展。一是广东省于 2009 年出台了《关于深化科研体制改革的意见》（粤府办［2009］106 号），目前正稳步推进省属科研院所改革定位和主体科研机构组建工作，进一步深化广东省科研体制改革，努力完善广东省区域创新体系。二是加大财政科技投入。《意见》中的改革配套措施主要基于国家事业单位分类改革的主要精神，并充分吸纳了省财政厅、省劳动保障厅的意见形成。在此基础上，广东省明确了对公益类科研机构的财政扶持政策，并按照“机构认定，经费到位”的原则，在编制重新核定后，省财政将提高公益类科研机构的人均事业费支持强度。

6. 夯实科技创新基础，推动了创新人才、基地建设取得较大成效。广东省通过大量的财政科技投入作引导，带动全社会加大自主创新的投入与建设力度，不仅夯实了广东省科技创新的基础，而且还推动了全省的科技进步。近十几年来，得益于政府财政的大力支持，广东省高新技术开发区、科技园区、科技园区、科技企业孵化器等各式创新载体迅速发展起来，在此基础上又涌现出遍及南粤大地的一大批重点实验室、公共创新平台、工程中心等创新机构。这些创新载体和机构，成为广东省创新人才集聚的洼地，有力地推动了全省自主创新能力和核心竞争力的提升。

（三）省财政支持自主创新存在的问题

尽管广东省财政支持自主创新取得了很大的成效，但与广东省未来自主创新事业所要承载的任务比，与广东省与国内外发达地区的科技发展差距比，广东省的财政科技投入在总量、结构、管理体制和机制上都存在一些亟须解决的问题。

1. 财政投入结构亟须优化。从国际上通行的对科技活动的分类标准来看，广东省的基础研究、应用研究和试验发展的投入比例配置不尽合理，基础研究和应用研究的投入比重过低，试验发展的投入比重过高。这种投入比例结构导致了广东省原始创新能力的不足，不利于整条创新链的有效运作，也不利于广东省科技创新能力的提高。

2. 财政科技投入分散存在弊端。理顺和完善财政科技投入管理体制，是财政支持自主创新的重要体制保障。目前，广东省分散投入、分散管理及分散使用的财政投入管理体制存在缺陷，制约了政府在促进自主创新当中所发挥的引导作用。主要表现在：

一是资金使用分散，条块分割。在政府科技经费的分配过程中，由于要照顾到各条块的利益，使原本可能集中使用的财力变得按条块分配，经费分布分散，形成了“撒胡椒粉”的局面。例如，大部分科技项目只能得到比较平均的小额资助，导致重点支持不足，影响了重大技术研究与开发项目的进行。

二是资源不能进行有效的统一整合，存在资源浪费现象。当前，创新资源的配置缺乏强有力的宏观调控机制。经费投入的分散、管理上的条块分割，使得承担科技研发任务的各个部门、各个研究单位自成体系，相互之间缺乏必要的信息沟通和资源共享，导致设备、人力等的重复投入。例如，用于基础研究和高新技术研究的大型分析仪器和测试设备重复购置，使用率普遍不高。以广州地区大型仪器协作网运作为例，据统计，广州市内价值 10 万元以上仪器设备有 3 384 台（套），但只有 72 台（套）大型科研仪器入网，入网仪器设备的价值和数量仅是上海的 1/18 和 1/5。

三是缺乏对科技经费的使用全过程进行有效监督。在广东省的科技投入体制下，尽管已经实施了科研项目的“零预算”管理，一定程度上杜绝了项目资金使用的不合理性，提高了预算透明度，但是从整体上看仍然缺乏有效的监督机制，科技经费管理重分配、轻监督，科技投入的效果难以得到保障。需要在明确财政部门、项目管理部门和研发机构之间各自责任的基础上，做到资金配套有落实、项目完成有考核、项目执行有监督。

四是财政科技投入核算和统计体系不健全。一方面，政府科技预算科目设置的交叉和缺漏不利于科技投入统计。如受制于政府支出预算科目的局限性，目前有一些属于科技投入性质的财政支出，分列在不同的预算科目中，统计时不易分离，因此未统计在财政科技投入总量中。另一方面，政府预算中没有设立 R&D 科目，不利于核算统计。目前广东省无法直接从财政渠道获得较全面、系统的政府 R&D 投入数据。在科技统计年报制度中，也难以统计出政府 R&D 经费的实际使用情况。因此，多年来需要掌握政府 R&D 经费的投入情况时，只能根据公布的财政科技投入数据或相关的数据进行估算，从而不利于为宏观科技决策提供可靠依据。

3. 政府的财政科技投入职能不甚明晰。在市场经济体制下，政府的职能主要是弥补市场的不足，在市场机制不能充分起作用的领域发挥作用。财政科技支出应遵循公共财政的原则，把资助重点放在企业没有能力承担和不愿意投入的领域，如基础技术和产业共性技术研究等，以克服这些领域的市场失灵对技术进步的阻碍。但实际上，广东省科技投入的职能与上述应用的目标取向存在偏差，没有很好地体现政府与市场分工，职能定位不清晰，不能体现公共财政的要求：一方面，政府并没有完全担当起在产业技术创新过程中应当承担的责任；另一方面又承揽了许多本来应当由企业自身担负的技术创新任务，例如现有的财政科技投入偏重于短期项目和产品技术开发，大部分用于资助企业的产品和工艺技术开发，对基础研究投入的比例过低。在产业技术领域里，政府应重点支持那些效益较大的共性技术研究与开发，不影响企业公平竞争前研究开发，以及有助于提高全省整体实力和形成竞争力的战略研究领域。

4. 自主创新的财税优惠政策不够完善。税收优惠政策本质上是一种税式支出，其根本作用是刺激企业增加研发投入，进而提高产品的科技含量，促进研发成果产业化，增强企业的竞争力。目前我国的大部分科技税收优惠政策在促进自主创新方面还远非完善。一是针对科研院所、大学以及科研人员的科技税收优惠政策偏少。二是科技税收优惠政策的管理效率低，如实际执行中，审批环节过多，认定标准不统一，造成了管理效率不高。三是科技税收优惠政策手段过于偏重税额式直接减免。

5. 自主创新产品政府采购政策有待进一步完善。利用政府采购政策推动创新成果商业化是推进技术创新、产品创新的重要手段。目前，广东省已先行先试，出台实施了《广东省自主创新产品政府采购的若干意见》和《广东省自主创新产品政府采购清单》，但自主创新产品政府采购清单的范围仅限于医疗器械、新能源、网络信息等几个方面，与政府采购目录相比范围较窄，产品数量较少，与政府部门实际采购需求还存在一定差距。此外，大多数企业对自主创新产品政府采购政策还不够了解，企业申报自主创新产品的数量较少，政府采购政策功能未能有效发挥。

四、省财政支持自主创新的政策研究

自主创新是提升广东科技水平和核心竞争力的关键，是产业结构转型升级、实现经济发展方式转变的核心驱动力，也是促进经济平稳较快增长、实现财政可持续发展的必由之路。财政应采取积极有效的政策措施，促进全省自主创新能力的提升。

支持自主创新，省财政的基本思路是：明确政府在自主创新中的作用，建立财政科技投入的长效稳定增长机制，逐步加大财政科技投入；优化财政投入的结构，提高投入的质量和效率；运用多种财政手段，增强政府投入的引导效应；加强财政资金监督管理，提高资金的使用效率；做到“普惠、公平、公正、透明”。具体地讲，主要是做好以下几项工作。

（一）明确财政投入在自主创新中的作用和职责

积极更新财政投入观念，科学界定政府与市场的分工，理清政府与市场的边界。根据财政、税收各自特点以及现行各项政策的执行情况，政府在自主创新方面应明确以下职责范围：对于引进设备与技术、加大研发费用投入等应由企业主导，发挥好市场机制的作用，不宜通过财政支出安排或实施减免税；对于基础研究、战略高技术，共性的关键技术以及节能、环保等促进经济社会可持续发展的公共产品或服务的自主技术创新，应主要通过规范的财政支出予以安排；税收优惠的作用空间应主要放在激励和引导方面，政策手段的选择上尽可能采用加速折旧、费用加计扣除等间接优惠方式，引导企业建立健全自主创新机制。

（二）逐步加大财政投入支持自主创新

逐步加大财政科技投入。财政资金支持是企业创新资金来源的一个重要组成部分。国内外经验表明，在经济飞速发展时期，政府投入对全社会R&D投入强度起着重要的带动和引导作用。2009年，广东省R&D投入强度1.65%，仅达到全国平均水平，与发达国家和发达兄弟省市之间存在明显差距。因此，广东省要加大政府在R&D经费中的份额，以财政科技投入带动全社会R&D投入，将有利于改变R&D投入水平偏低的状况。为此，广东省要发挥政府财政科技投入的引导作用，逐步加大科技财政投入，带动全社会尤其是企业加大研发投入，强化企业的技术创新主体地位。

优化财政科技投入结构。针对当前财政投入结构方面的突出问题，采取结构性对策，尤其是对基础研究、科研基础设施、战略性新兴产业和重大战略产品等领域给予重点支持和保障。一是要大幅增加基础研究的投入力度，充分发挥省自然科学基金、社会科学基金的作用，增强基金的投入强度，加大各类基础研究项目的支持力度。二是结合各类基地建设，要加大对科研基础设施的投入，扩宽投入渠道，逐步改善科研条件，同时要建立健全科研设备和信息资源开放共享机制，对已投入使用的大型科学仪器设备及重大科技项目，要保障必要的运行维护经费。三是要运用财政手段重点支持11个战略性新兴产业发展，优先扶持高端新型电子信息、LED和新能源汽车率先突破发展。四是要继续支持重大科技专项实施，加快形成一批制约广东省产业发展的重大关键技术和重大战略产品。五是建议以全省科研机构改革和事业单位改革为契机，建立适应科研机构特点的定额管理制度，适当提高科研人员的人员费标准及公用经费标准，保障科研机构正常的科研支出，同时考虑给予流动人员必要的经费支持。六是整合省级自主创新专项资金，对自主创新类资金进行科学界定与分类，对专项资金统一扎口管理，从源头、从部门预算编制项目支出上做到统筹分配使用。

（三）创新财政资金投入方式

为了有效调节财政科技投入的方向和规模，并发挥其放大、辐射、引导效应，除了采取直接拨款方式外，还要将政府采购、政策性科技金融支持等多种财政资金投入方式灵活运用，从而有效实现政府投入的放大效应和针对性。

一是继续完善自主创新财税激励政策体系。一方面，落实与实施国家、省现行的有关自主创新财税优惠政策。加强对企业的政策宣传和培训，推进企业研究开发费税前扣除政策落实工作。允许企业加速研究开发仪器设备折旧，逐步扩大加速折旧范围。继续对认定的国家级高新技术企业实施减免税收优惠。另一方面，整合和完善创新财税政策体系。为解决现行促进企业自主创新税收优惠的繁杂、零散、混乱等问题，要整合和完善自主创新财政政策，使其形成一个较为健全的政策体系，消除各种税收法律之间的重复和改变多种低效率的支持提高企业自主创新能力的税收优惠政策的混乱局面，确保税收政策内在的规范、统一，体现促进自主技术创新政策的系统性、严肃性和稳定性，加大税收支持提高企业自主创新能力的宏观调控力度。例如，对企业用于研发的仪器设备，可出台详细的加速折旧设备清单，减少审批时间。在重点支持和发展的高新技术领域中，自主制定技术标准并被批准为国家标准和国际标准的，从应用技术研究与开发资金中，给予事后补助。

二是加大政策性科技金融支持，引导全社会增加创新投入。进一步完善政策性金融支持体系，在与国开行广东省分行合作的基础上，选择有科技含量、有潜力、有研发基础的企业给予贷款扶持，采取无偿资助、贴息等方式加快广东省科技型中小企业投融资担保体系的建设。进一步强化财政贴息作用，加大财政贴息的规模，改进和完善贴息管理操作。健全科技项目贷款风险补偿机制，积极引导各类商业银行针对科技企业的差别化和标准化服务。运用财政手段，加强全社会信用体系建设及相关基础设施建设。借鉴以色列、丹麦等国家经验，积极探索设立“创业投资基金的基金”，即母基金，以促进更多资本进入创业投资市场和促进更多创业投资公司的建立。

三是完善政府采购制度。由于广东省自主创新产品政府采购政策已从政策制定全面转入政策实操，因此，要继续完善政府采购制度。要逐步增加政府采购额度，为技术创新产品主动创造需求市场。不断完善自主创新产品的认定标准、评价体系以及《政府采购自主创新产品目录》，各级政府机关、事业单位和团体组织用财政性资金进行采购的，必须优先购买列入目录的产品。建立激励自主创新的政府首购和订购制度。要发挥财政、审计与监察部门的监督作用，地方各级财政部门要对采购人采购自主创新产品情况开展经常性检查或专项检查。

（四）加强财政资金监督管理以提高使用效率

一是完善财政支持自主创新的预算管理模式和制度规范。财政科技自主创新投入的资金管理要按照预算编制、执行、监督相分离的要求，在公共财政框架内实施改革。要按照早编细编预算、实行综合预算、编制部门预算、硬化预算约束的要求，严格预算管理与执行。实行部门预算，将所有的收支项目都编进科技预算，有效增强科技创新投入资金的透明性。实行国库单一账户管理制度，加强财政性科技资金的收支管理。继续实施“零基预算”管理，科技部门的所有政府性资金全部直接缴入国库账户，科技支出在实际使用时从国库账户直接划入商品和劳务提供者的账户，以解决目前科技单位在银行开户过多而造成的资金分散和监督不力等问题。要在科技经费使用的事前、事中和事后，发展完善必要的公示制度和公共监督机制，在资金运用的全过程施以预算监督、内外审计监督和外部公共监督，通过公开性与透明度的提高，促进科技投入资金的合理统筹、节约使用。

二是建立健全财政科技投入的绩效考核评价机制。首先，要建立面向结果的绩效评价和追踪问效机制。将绩效评价机制贯彻到资金管理的始终，借助绩效评价的结果形成有力的“倒逼”机制，使财政业务处室、主管部门和用款单位将主要精力从争资金转移到重管理。财政部门在业务主管部门自我评价的基础上，组织相关中介机构，有选择地对资金使用的经济性、效率性、效益性开展重点评价，并逐步扩大评价范围。强调绩效评价结果的运用，根据结果对专项及项目进行相应调整。重大专项和科技研发、中试、产业化项目在实施后定期进行全面评估。其次，要对于基础研究、应用研究和基础设施投入应分类进行支出绩效评价。评价政府基础研究支出绩效应把视角放在中、长期社会效益上。评价应用研究投入绩效必须紧密跟踪当期科技发展态势和经济发展战略以及公共政策的变动，评价视角的选择要与近中期各重大宏观政策相对应，评价指标的调整要与产业政策、就业政策、科技政策等的阶段性重点相呼应，同时还要注重测评研究项目的中长期经济回报率。

三是改革现行的项目评审制度。变现在的企业申报政府审批的资金管理模式为政府“招标”和“以奖代补”方式。财政对项目的扶持视情况采取“前补”或者“后补”的模式。采取“前补”的项目，相关职能部门要制定详细的项目指南，面向全社会公开招标；采取“后补”的，先期制定补助或奖励标准并予以公示，凡完成项目并达到标准的企业，平等享受政府补助。

（五）探索建立财政支持自主创新的长效机制

公共财政对建设创新型广东具有激励、引导、协调、保护等职能作用。因此，要建立和完善财政科技投入的稳定增长机制，确保财政科技拨款占政府财政支出的比例稳步提升。要充分考虑重大科技需求增长，辅以特别增长机制，在财政科技支出增幅未能超出经常性财政收入实际增长水平的情况下，可考虑在下一年度适当安排追加科技支出。

课题组成员：孙祖通（组长）　陈瑞雄　刘雄威　余玩冰　毛秀源　黄小群　黄　山　王远林　姚　林

政府大型场馆财政监管改革研究

广东省省直行政事业单位物业管理中心

本调研报告研究的政府大型场馆，是指广东省政府财政拨款或政府主导通过其他途径筹集资金兴建的，以满足体育、文化、科技和群众娱乐等需要的社会公有场馆及其附属配套设施，是政府提供文体公共服务的基础性物质条件。具有以下几个特征：第一，大型场馆产权归政府所有；第二，政府大型场馆以物产的形式存在，并且属中间产品的范畴；第三，从政府大型场馆的功能和作用来看，它是一种生产资料或称之为资本品，即用来生产各类服务产品或培养人才，以满足社会需要的生产资料；第四，政府大型场馆的实质是基础性物质条件，而不是一级组织或机构。

一、目前政府大型场馆管理运营模式及存在主要问题

（一）政府大型场馆管理运营模式

目前，广东省政府大型场馆管理体制主要还是采用从计划经济中沿袭下来的行政管理模式；政府大包大揽，也一部分场馆采取企业化经营管理、委托管理等形式。

1. 事业单位经营管理模式。目前，广东省大部分政府大型场馆采取事业单位经营管理模式。这种模式的做法是在建立政府大型场馆的同时设立一个新的专门负责日常管理运营的事业单位，按规模大小或者具体需要定为副处级、处级甚至更高的行政级别，定岗定编，按职务套相应的待遇，再根据业务范围划到相应的行业主管部门下属，每年财政经费预、决算跟随行业主管部门一同上报财政部门。这种模式下，经营者的收入按对应的既定级别标准发放，考核按事业单位人员考核办法考核，经营者收入以及晋升与经营状况、服务优劣、大众满意度关联度不高。如广东省奥林匹克体育中心、广东省科技馆、广东省博物馆等。

2. 企业化经营管理模式。随着市场经济的不断深入发展，新建的政府大型场馆也有部分采取集团公司企业化经营管理模式，即不再将经营个体定为事业单位，也不再定编制级别，直接按企业组建，有部分原本由事业单位运营管理的政府大型场馆也通过改制重组，加入到其中。这些

政府大型场馆以原来的业务主管部门为纽带，整合成某一专业领域的集团公司，主要经营者的任免仍受业务主管部门制约，但收入分配主要采取市场化运作，多劳多得，市场所得的收益占大头，财政补助经费只是辅助。如广东省星海音乐厅、广州体育馆。

3. 政府委托企业经营管理模式。委托经营在国外的政府大型场馆管理中比较流行，在国内相对少见。近年来，个别地方政府也在不断探讨革新政府大型场馆的管理模式，委托经营就是其中较为流行的一种。具体做法是由政府主导，针对场馆的实际情况设定目标资质，通过公开招标方式甄选合适的对象，确定后将场馆整体打包给选定的专业公司经营，政府与其签订委托协议，对场馆的人员编制、经营方式不予干涉，财政也不给予任何补贴，完全由市场决定。如广州歌剧院。

（二）政府大型场馆管理运营中存在主要问题

传统的管理模式由于产权的权责不清，管理手段落后，与市场经济体制不适应，与行政事业管理体制改革不适应，与人民群众对公共服务的需求不适应，导致了一系列问题的产生。

1. 产权关系不清，权责利不明。关于政府大型场馆的产权管理一直都没有一个统一的、明确的规定，由于由谁代表国家统一所有，其所有权人如何实体化不明确，政府物业的产权、使用权、管理权等各类权利实际上集中于具体操作部门，导致部门、直属单位自成体系。有些政府大型场馆的产权持有人是场馆经营单位，有些是业务主管部门，也有些是各级财政或派出机构，还有些政府大型场馆甚至根本未办理产权登记。

政府作为政府大型场馆的投资人，理应对场馆的经营和使用情况进行监管，考核经营者的业绩情况，可是具体由谁来考核，怎样考核，考核哪些内容，也没有统一的、明确的规范。2006 年财政部 35、36 号令出台，明确规定，“各级财政部门是政府负责行政、事业单位国有资产管理的职能部门，对行政、事业单位的国有资产实施综合管理”，政府大型场馆的权、责、利得以部分明确，可是由于一方面对政府大型场馆管理上存在的问题长期缺乏重视，另一方面对于如何实施综合管理也找不到具体的实施操作办法指引，政府大型场馆产权不清、权责利不明的现状没有得到根本解决。政府大型场馆管理中条块分割严重，所有权被虚置，政府管理部门不仅没有有效的手段进行科学管理，物业不能合理流动和有效重组，而且闲置浪费、重复建设的情况十分突出。

2. 组织管理架构不合理，管理效率不高。现行的管理架构下，政府大型场馆的经营者一般设定为业务主管部门的下级单位，名义上归业务主管部门领导，由于没有统一的管理规范，业务主管部门自上而下的考查力度大小、范畴受主观因素影响较大。而在向有关部门申请增加编制、经费、物资的时候，政府大型场馆管理机构和业务主管部门一般是作为整体申报的，业务主管部门对政府大型场馆管理机构的人、财、物业务调度余地大，政府大型场馆管理机构和业务主管部门成为实际上的利益同盟者，将政府资产变为部门利益的现象更加突出。财政部门名义上是政府大型场馆的综合管理部门，但偏重于宏观政策，可操作性、可量化考核性不强。而且财政部门通常只侧重财和物的监管，尤其是财（资金）的监管，物的监管相对较弱，对于人的监管更是基本没有涉及，监管力度小而且不全面，大大削弱了财政监管的效果，也使财政部门代政府履行出资人角色难以落到实处。

3. 公共服务职能与市场经营职能混淆，运作定位不清。政府大型场馆通常是为了承办某个公共项目或者提供某种公共服务而兴建的，日积月累之下规模越来越大，后续维护资金越来越多，财政供养负担越来越重，从政府的角度而言，很难完全承担所有场馆的所有费用，一些经济欠发达的地区更是捉襟见肘，只能采取差额补贴、定额补贴或者完全对外承包的方式缓解财政压力。公共基础服务着重基础，不以营利为目的，市场经营却是追求利润最大化的经济行为，两者本身立足点不一样，甚至有所对立，由于对政府大型场馆应侧重哪一方面没有明确的规定，也没有统一的具体的考核导向，导致政府大型场馆在制订工作计划和年度预算时往往无所适从。从场馆经营者的角度而言，场馆的基本开支是由政府承担的，而场馆经营收入是归自己支配的，政府大型场馆的经营者很容易便产生片面追求市场经营效益的倾向性，进而有意无意忽略建设政府大型场馆提供公共服务的初衷。受地理位置、设计用途、历史沿革等诸多因素影响，政府大型场馆情况千差万别，除少数场馆经营较好，有所盈余外，相当部分场馆既没能搞好市场经营，又提供不了合理的公共基础服务。

4. 场馆建设欠统筹规划，使用效率低下。政府大型场馆的投建社会影响大，占地范围广，耗费资金多，动辄过千万元，甚至数亿元，各届政府在各个时期都是作为重大项目来审核管理的。然而审批环节主要关注的是“要不要建、怎么建、多少钱建”，对于建成后“怎么用、怎么管、怎么养”的问题很少提前设想周到，导致耗费巨资建成的政府大型场馆使用起来往往不尽如人意，甚至形同虚设。以广东省奥林匹克体育中心为例，而该中心 2008 年全年比赛以及各项活动合共才 26 场（类），平均每个月才 2. 17 场（次），并且这其中有接近三成是与体育运动无关的商业项目。出于维护费用昂贵，还有简化管理等方面的考虑，该中心没有对居民个人开放，公共基础服务的提供也就无从谈起，全年基本处于半空置状态。类似这样的场馆，还有依赖政府吃大锅饭的心理，市场化开拓程度不足，无法形成场馆同盟，无论公共服务还是市场经营的效率都非常低下，政府投入巨资没能达到理想的使用效果，每年还要耗费大量的资金维持基本的运转，这些后续的资金同样发挥不了太多积极的作用。

5. 政府包办多，管理手段单一。大型场馆提供包括科技、文化、体育等多方面基础公共服务，从规划到建设到维护，长久以来几乎全部都是由政府一手包办，建设也没有发动社会参与，管理未引入竞争机制，极少有政府以外的资本介入。造成这样局面的原因一方面是由于大型场馆投入资金大，建设周期长，资本回收慢的普遍情况导致非政府资本裹足不前；另一方面也是由于政府没有从舆论宣传、政策设定、资金扶持等各环节着力，充分调动非政府资本投入的积极性，导致非政府资本进入热情度不高。大型场馆的地理位置、立项要求、设计用途各不相同，采用完全一样的模式方法管理缺乏针对性，显然难以取得令人满意的效果。因此，要使大型场馆走上良性循环的轨道，公共基础服务得到长足发展，政府应该杜绝大包大揽的做法，积极引入非政府资本参与建设和运营，并且广泛接受社会评价监督。

二、目前财政部门对政府大型场馆监管方式及存在问题

（一）财政部门对政府大型场馆现行监管方式

目前，财政部门对政府大型场馆的监管还偏重于经费安排和政策指导两方面。经费安排方面，财政部门目前基本采取增量预算核定。场馆建成后，根据人员编制计算工资及办公经费，和场馆维护费用两大部分合在一起确定一个年度经费预算总额，年初一次性下达或分几次下达，遇上要调整经费的情况，根据财政部门计划安排或依申请调整，下一年度循例增减。虽然政府大型场馆每年上报的预结算报表是分细项编制，但财政部门实际管理中一般只进行总量控制，不让预算单位超出下达的额度和计划，至于经费具体使用情况并没有实质性的跟踪监督措施。每年年终，财政部门一般也不对政府大型场馆组织专门的年度业绩考核评价，只是以政府大型场馆自行提交的工作总结或者其上级管理部门的考核意见为准。即便如此，有关的总结和考核意见也不与下年度预算经费下达数挂钩。在资产管理方面偏重政策指导，一般都是些宏观的、远期规划性的意见，可操作性不强。在绩效考核方面，还没有建立针对大型场馆的考核体系。

（二）财政部门对政府大型场馆目前的监管存在问题

财政部门对政府大型场馆重政策轻绩效、重遵守制度轻实操效果、重专项检查轻日常管理，未能形成完整的资产与预算结合。

1. 管理制度不健全，缺乏有效制度规范。针对政府大型场馆的财政监管制度严重缺乏和滞后，是政府大型场馆财政监管出现诸多问题的重要原因。

首先，在项目规划建设环节，财政部门虽然会同发改委等部门进行立项审查，但一般都是按照基建项目的标准去审，较多地关注资金总量预算控制，较少关注项目的后续维护成本、可持续性、能耗性等方面的内容，对于政府大型场馆的运营模式选择基本不涉及。政府大型场馆比起一般基建项目有其自身特殊性，运营模式选择的恰当与否与实现其立项意图息息相关，但目前全国各地还没有一个有针对性的规范文件出台，因此选择的随意性大，而财政部门前期介入时机的缺位也是导致后面一系列监管问题出现的重要原因之一。

其次，在政府大型场馆日常运营及年度补助资金使用环节，除了宏观的、一般性的财务制度规范以外，财政部门并未进行实质性同步监管，导致部分政府大型场馆管理机构出现盲目购置资产，擅自利用资产进行对外投资、出租、出借或提供担保，随意处置资产的行为。

最后，在资产管理考核环节，制度建设仍然是空白。缺乏相应的责任考核要求，对资产的完整性和使用有效性等缺少客观公正的考核标准和考核程序，没有有效的激励约束机制和考核评价制度，政府大型场馆的资产管理和使用效率自然难以提高。

2. 出资人角色虚置，无法进行实时监督和合理配置。财政部门是政府大型场馆的出资人有两重含义：一是作为政府大型场馆产权持有人，负有维护投资人权益职责；二是作为政府预算管理部门，负有政府资金资产使用监管职责，目前财政部门两方面角色虚置，职责未能发挥实效，主要表现在：

一是监督不到位。按照新的体制，财政部门、主管部门、事业单位要明确管理机构和人员，分别对事业单位资产实施综合管理、监督管理和具体管理。财政名义上是政府大型场馆管理机构的综合管理部门，实质上，由于现行预算下达以及决算上报对口的均为政府大型场馆的上级业务部门，中间间隔了一层，财政对政府大型场馆的资金资产管理的力度无形中被削弱，更主要的，由于财政对政府大型场馆缺乏统一的制度化的规范，也没有可量化考核的指标，更没有就管理的好坏设立相对应的奖惩措施，经营者态度积极与否、效率高低、执行力度大小全凭经营者本身的自觉性，财政部门发挥不了应有的影响。

二是资金资产调拨机制僵化。以广东省星海音乐厅和广东省奥林匹克体育中心2008年的经营及财政补助情况为例：广东省星海音乐厅由省文化厅下属企业化管理的事业单位经营，业务发展良好，一直保持着比较高的使用率，每年都有运营结余。2008年全年共演出332场，平均上座率78%，人员及维护总支出1 129万元，年终结余约510万元，全部留存，财政另外每年按标准补助约540万元；而同样由省体育局事业单位管理的广东省奥林匹克体育中心于2001年落成，总投资12.3亿元，占地面积75 873平方米，经营状况则相对较差，2009年截至11月运营收入491.2万元，尚不足全年总支出的四成，财政对其按照拨付给广东省星海音乐厅的同样标准核定每年补助1 000万元。也就是说，政府大型场馆经济效益好，有大幅盈利，财政得不到利润分享；政府大型场馆经营不善，使用率不高，亏损严重，财政补助也不会因此减少。

此外，由于缺乏统一的配置标准，财政部门在核定部门预算和配置资产时，缺乏科学的参考依据，难以做到规范、科学、公平、合理，大大影响了资源的配置效率。一些单位和场馆在购置资产时，一味追求高标准、高性能、

高档次，不仅增加了购置时的支出，还加重了使用和维护的后续负担。另一方面，由于财政部门没有介入到政府大型场馆管理的日常监督，在不同场馆当中，进行合理的人、财、物统一调配也就难以实际开展，结果一部分场馆在不断增购资产增加编制，另一部分场馆因为机构改革合并等各种原因，大量资产超标、闲置，问题一直得不到解决。

由此可见，无论是作为产权持有人角色，还是政府预算管理部门角色，财政的相关职责都未能切实履行。

3. 重资金、轻资产，资金与资产管理脱节。政府大型场馆是由财政资金投入形成的，可以看做是财政资金的第二形态，理应摆在同等地位，得到同等重视，可是受传统观念影响，无论是财政部门还是使用单位，都不够重视资产管理，虽然对资产的购置、使用、流转、处置制定有一定的制度，但通常都难以贯彻落实，长此以往，难以保证资产的完整和安全，要提高资产管理效益、优化资产配置也无从谈起。同时，由于资产管理信息体系不健全，财政部门和主管部门、事业单位之间资产存量信息不对称，预算安排往往陷于被动，难以有效控制资产重复购置和超实际需求购置资产。

正如财政部研究指出，"一个充分发挥预算部门和资产部门的管理积极性，实现主体明确、配合默契的管理机制，同时在实际工作中顺畅操作的工作机制和工作流程尚未建立"。财政部门现行的操作模式往往"就资产论资产"、"为管理而管理"，对资金的政策制定、研究投入和关注程度远高于资产，并且资金管理和资产管理自成系统，极少相互对照共同考核，形成了财政通过预算把钱花出去，最后形成的资产财政却管不了的尴尬局面。资金和资产管理严重脱节，严重削弱了预算管理的严肃性和政策性，不仅造成了巨大的浪费，公共财政改革也难以彻底。

政府作为社会公共事务管理机构以及公共服务的主要提供者，政策的制定和实施应朝着能够促进和提高公共服务水平的角度出发，财政部门是政府的重要组成机构，无论是对资金还是资产进行监管，其目标是一致的。然而实际中是以人头经费乘以编制数以及固定资产规模大小核定每个场馆的年度预算，年年循旧例下达，即使是调整数额，也主要参照前述两项，与绩效并无直接联系。因此，场馆上级主管部门或者场馆经营者对提高场馆公共服务质量和数量的动力不足，转而热衷于扩编增员和增加固定资产投资，以争取获得更多的财政资金补助。预算资金的投放单纯地仅为了维持场馆日常开支，没能对公共服务的促进发挥作用，这与建设场馆的初衷是不相符的。

三、部分省市政府大型场馆改革经验

针对政府大型场馆运营及监管中存在的困难和问题，许多地方政府都非常重视，并且结合本地实际尝试各种不同的改革探索，各具特色，其中颇多可供借鉴的经验和做法。

（一）深圳市实行场馆所有权与管理单位分开的模式

2006 年年底，深圳市政府结合事业单位改革，将 7 家市属政府大型公共场馆管理单位全部改制为公司制企业，划归市国资委管理，场馆资产产权也同时进行了分割：其中办公设备和专用设备作为企业资产产权划归场馆管理企业，场馆建筑物和大型固定资产作为行政事业资产产权划归市政府（市财政）。市财政局联同各行业主管部门负责监管经营企业履行场馆既定的公益服务职责和场馆的使用情况，市国资委负责监管经营企业的整体经营绩效。市财政局、行业主管部门通过委托协议方式和经营企业明确委托方和受托方的责权利关系：场馆的日常维护、修缮由经营企业负责，单项维修超过一定标准的，由市财政安排经费；同时根据经营企业提供的既定公益服务数量，市财政按成本定价原则安排政府购买服务费用予以补贴。几年来，4 家体育场馆运行良好，也取得了不错的社会效益。

深圳市政府大型场馆改革模式的特点主要有以下三方面：

一是将政府大型场馆的所有权与使用权分开，明确政府场馆资产为行政事业资产，由市财政局管理，有利于明确场馆所有者和经营者的责权利关系，有利于维护行政事业资产的安全、完整，是贯彻财政部 36 号令关于"应当坚持所有权与使用权分离的原则"精神的积极探索。

二是将政府大型场馆管理单位转制为企业，构建现代法人治理结构，有利于发挥市场机制的作用，在保证场馆提供基本公益服务的基础上，为社会提供更多样的、个性化的服务，充分发挥政府大型场馆的社会效益和经济效益。

三是将政府直接提供公益服务改变为政府购买公益服务，市财政和行业主管部门监督场馆的使用情况，并根据每年大型场馆提供公益服务的数量和大修情况安排财政补助资金，财政补助场馆的资金也由过去的以养人为主改为以养事为主，符合公共财政改革的方向。

（二）无锡市采取组建管理中心集中管理模式

2005 年，无锡市政府结合事业单位管理体制改革，按照"政事分开、管办分离"的原则，将大型场馆行业主管部门的行业管理职能与场馆事业单位经营职能分离，分别设立专施场馆管理职能的文化艺术管理中心和体育场馆训练管理中心。市财政部门牵头，联合市纪委、监察部门与房管部门通过"免费、免资料、免处罚"，将改制的场馆单位产权两证全部办妥，并以管理中心名义进行登记，产权证由财政局资产科专人保管，有关单位需要使用房产证时向财政部门提交申请。行业主管部门与管理中心行政级别上属平级关系，人、财、物完全分开，均由市政府直接管理。改革以后，行业主管部门只负责行业监管、规范、指导以及购买提供公共服务等工作，管理中心则负责辖下场馆管理单位的经营考核，行业主管部门和管理中心都是财政一级预算单位，各自向对口的财政业务部门申请财政补助经费。财政每年补助各场馆的经费以各场馆单位改革当年财政补助经费为基数，场馆的日常维护费用由场馆管理单位自行解决，场馆的大修及翻新改造经费由市财政另行安排解决。部分先天条件比较好的场馆改革当年即取得盈利，其他场馆在经过合理改造后，也基本能达到收支平衡或略有节余。

无锡市政府大型场馆改革模式的主要特点有以下两方面：

一是政府大型场馆由管理中心集中统一管理，管理中心直接向市政府负责，有效地解决了以前多部门管理存在的职能交叉和职责缺位问题，有利于整合和优化场馆资源配置，充分发挥场馆的整体效益，维护政府场馆资产的安全、完整和有效利用。

二是采取“老人老办法，新人新办法”的方式推进政府大型场馆管理单位人事制度改革，有效地解决了老场馆的历史遗留问题，排除了改革的最大阻力，有利于政府大型场馆改革的稳步推进。

（三）香港特区政府采取政府直接管理模式

香港特区政府的“一场两馆”（香港大球场、香港体育馆及伊利沙伯体育馆）由政府投资，先后于1994年、1989年和1980年建成投入使用，由政府（康文署）负责管理。场馆管理员工分为公务员（长俸制员工）、合约制员工和短期合约制员工。香港特区政府场馆的日常运作，主要是以市值租金出租场地及其他设施，大部分的场地支持服务均以合约形式外包予承办商（包括机电装置、设备及视听器材的维修和操作，保安和入场控制、清洁服务以及舞台和体育器材的供应和操作等），该馆的管理层主要负责协调和监管外包承办商的服务水平。场馆所有的运营收入上缴政府，相关成本费用由政府核销。为实现公益性目标，场馆每年年初都制订详细收支平衡计划，一般定为收入略大于支出的5%，即以收抵支，略有盈余。由于每年都有盈余，香港政府除支付该馆基础建设资金外，基本不用再进行后续投入。香港体育馆的使用率高达98%，香港大球场的使用率在60%左右。基本达到政府既定的服务目标——“提供优质文康服务，以配合香港发展成为世界级大都会及盛事之都”。

香港政府大型场馆管理模式的主要特点有以下三方面：

一是场馆建设的统筹规划科学、合理，规模和数量适当，每个场馆都采用多功能设计并配备先进的设施、设备，适应各种文化、体育及其他多元化经营的需要，有利于充分发挥场馆资源效用，减少不必要的重复建设和闲置、浪费。

二是场馆以公共服务为目标，即“提供优质文康服务，以配合香港发展成为世界级大都会及盛事之都”，场馆每年制订的收支计划均按“收入略大于支出的5%”的原则，即实现公益性目标，又不增加政府负担。

三是各场馆每年都制订并公开详细的运营计划，接受政府、社会和公众的监督，有利于吸引社会力量的广泛参与，有利于形成对场馆经营管理的倒逼机制，也有利于政府建立对场馆运营绩效的考评机制和激励、约束机制。

（四）广州市歌剧院采取委托经营管理模式

广州歌剧院于2009年建成后，市政府即打破传统的政府大型场馆管理模式，按照国家关于文化体制改革的精神，采取国际上比较流行的全权委托经营管理模式，面向国际公开招标，选定文化部直属的国有大型文化央企中国对外文化集团公司为经营者，对该院进行日常经营管理，实现场馆本身“零编制、零补贴”。该公司为管理好广州市歌剧院，专门成立了具有企业法人性质的广州歌剧院管理公司，采取市场化、专业化运作模式，与国家大剧院、上海大剧院结成院线联盟，进行品牌推广与节目安排联动。目前其运营情况广受业界、社会和市民认可。

广州歌剧院管理模式的主要特点是“零编制、零补贴”，一建成就采用充分的市场化、专业化运作手段，引入专业管理团队进行管理，有利于快速提升广州歌剧院的品牌知名度和广州城市文化的软实力，有利于提高歌剧院的使用效率、经营效益；同时也破除了政府包揽场馆管理的传统、单一路径，减轻了政府财政负担。

四、政府大型场馆财政监管改革的重要意义

广东省政府大型场馆的种类繁多，以数量最多而且比较典型的体育场馆为例：2001年第九届全运会共使用比赛和训练场馆122座，其中新建11座，改建和维修45座；2010年第十六届亚运会共使用场馆70座，其中新建12座，改扩建68座。由此可见，大型体育场馆的设计与兴建往往是从服务某个大型赛事的角度出发的，与人民群众的日常需求有所区别，一旦赛事结束，高昂的后续维护费用和由竞技到民用的用途差异就成为各级政府亟待解决的问题。在希腊，甚至出现过一届奥运会拖垮一届政府经济的案例。其他用途的政府大型场馆虽然没有这么突出，但也有着大同小异的问题。从发展规划来看，《广东省基本公共服务均等化规划纲要（2009～2020年）》提出要“加大公共服务投入，创新公共服务体制，完善推进基本公共服务均等化的体制保障和配套措施，加快建成覆盖城乡、功能完善、分布合理、管理有效、水平适度的公共服务体系”，“同时，加强体制创新，完善推动基本公共服务均等化的体制保障，加快建设水平适度的基本公共服务体系，让基本公共服务全面平等地惠及全省居民”，相应地对政府大型场馆的效率和效益提出了更高的要求。因此，如何完善政府大型场馆的管理体制，提高政府大型场馆的使用效率，发挥政府大型场馆的综合效益，成为政府迫切需要解决的重大议题。

（一）政府大型场馆财政监管改革是推动基本公共服务均等化的具体要求

经过30多年的改革开放，我国社会已进入发展型社会

阶段，受总体经济发展水平、国民收入分配状况、区域发展协调程度等因素制约，社会基本公共服务均等化程度与社会发展的要求、社会公众的需求还存在一定差距。政府大型场馆作为基本公共服务均等化的重要载体，它的财政监管改革必将成为推动基本公共服务均等化的重大突破口。第一，由社会组织参与政府大型场馆的建设管理，既有利于节省财政开支，避免重复性建设、购置等，又可将各行政事业单位从具体性的繁杂事务中解脱出来，实现社会的平衡发展。第二，建设公共服务型政府是当前行政体制改革的目标，治理政府部门利益膨胀是行政管理体制改革所面对的难题。加强政府大型场馆财政监管，能有效避免“国家利益部门化、部门利益个人化”情况的出现，遏制部门利益的膨胀，防止滥用权力的腐败行为。第三，按照社会主义市场经济的要求，市场在资源配置中应发挥基础性配置作用，政府主要负责提供公共产品和公共服务，这也是政府职能由传统的管理型向服务型转变，回归到社会管理与公共服务职能的核心要求。

（二）政府大型场馆财政监管改革是建设节约型社会的必然要求

党的十六届五中全会指出：“要把节约资源作为基本国策，发展循环经济，保护生态环境，加快建设资源节约型、环境友好型社会，促进经济发展与人口、资源、环境相协调。”建设节约型社会，实现可持续发展，是总结现代化建设经验、从我国的国情出发而提出的一项重大决策，是树立和落实科学发展观的具体体现。

建设节约型社会首先要从政府做起，目前资产管理基础薄弱，导致大量财政资源浪费和低效率使用的现象时有发生，要降低资产运行成本，必须强化节约意识，加强资产管理，采取有效的措施维护资产安全完整，并对现有存量资源有效整合，使其发挥最大使用效益。政府大型场馆财政监管改革能有效降低政府运行成本，节约社会资源，加快节约型政府、节约型社会建设。盘活现有存量的政府大型场馆，符合社会公众需求的通过合理方式开放给广大人民群众使用，不适合现代社会需求的通过合理改造或布局调整，使其物尽其用，是建设节约型社会的具体体现。

（三）政府大型场馆财政监管改革是节减财政开支的现实要求

近年我国的GDP和财政收入均屡创新高，经济发展的同时人们对公共基础服务的需求量和服务水平的要求也在不断提升，政府必须要不断加大公共基础建设的投入以满足这些变化要求。因此，在财政收入连年高速增长的同时，各级财政支出的压力也在不断增大，既要不断改善行政效率，提高公共基础服务水平，又要达至收支平衡或者合理周转，如何合理安排财政开支，开源节流，便成为各级政府一项极为重要而且长期的任务。政府大型场馆投入资金量大，相应地财政支出也远较一般事业单位高，当中由于各种历史遗留问题和客观原因所限，支出的成效不高，还有相当可改善节减的余地。以广东省奥林匹克体育馆为例，年财政支出1 000万元，如果能通过改革提高资金使用效率，节减10%就是100万元，某些普通事业单位全年的经费尚不足该金额，两相对比，成效便显现出来。因此，政府大型场馆管理如果能改革到位，科学合理调整，会对节减财政开支，提高财政资金运作水平有很大的促进作用。

（四）政府大型场馆财政监管改革是创新财政资产管理改革的客观需要

随着公共财政体制建设的深入推进，近年来广东省财政部门对行政事业资产管理改革工作日益重视，先后制定出台了省直行政事业单位资产管理暂行办法及资产配置、资产处置及资产收益等一系列配套办法，构建了行政事业单位资产管理的基本框架，但客观来看，这些办法还仅局限于对资产配置（增量）和资产处置（减量）这两个头尾环节进行标准化管理，尚未触及到存量资产使用这个庞大而重要的中心环节。而政府大型场馆财政监管改革正是以加强资产使用环节的财政监管为突破口，通过运用多种监管手段，规范资产使用管理，提高资产运行效益，优化社会资源配置，推进资产管理与预算管理更紧密地结合，强化财政资金的科学合理分配，探索建立政府大型场馆财政监管新模式，是创新财政资产管理改革的客观需要。

五、政府大型场馆财政监管改革原则

政府大型场馆财政监管改革作为行政事业单位资产管理改革的一部分，必须纳入到整个公共财政改革的体系中统筹考虑，要围绕公共财政改革和基本公共服务均等化规划这个中心，要与其他财政管理改革互相衔接，努力建立适应社会主义市场经济要求、体现服务型政府和公共财政理念的“产权清晰、配置科学、使用合理、处置规范、监督公正”政府大型场馆管理新模式，科学优化分类管理，综合提高场馆使用效率。

综上所述，我们认为应着重掌握以下几个原则：

（一）与产权管理相结合

产权管理是政府大型场馆权利的核心，是物业占有、使用、收益、处分等各类权利的综合体现。市场化是合理配置社会资源的有效手段，足够的经济收益是提供基础公共服务基本保障，也是政府大型场馆可持续发展的前提。市场化的基本前提条件是产权明晰，产权界定包括财产所有权界定行为和与财产所有权相关的其他权能的界定行为。因此，要规范政府大型场馆的管理，就要理顺产权，清晰界定产权，把基础工作做好，才能向前开展下一步工作。对政府大型场馆财政监管改革的最终目标应是推动政府大型场馆管理机构与行政主管部门脱钩，并积极引入非政府资本参与运作，发挥市场的基础配置调节作用。通过激励而充分的市场竞争，使政府大型场馆的投资、建设、运营达到最大程度的合理化。

（二）与预算管理相结合

政府大型场馆的管理水平是财政预算安排科学、管理的前提和基础。财政补助场馆的经费预算要改变以往主要按人员编制确定的思路和做法，主要应考虑如何完善和发挥场馆本身的功能以及作用，考虑每年计划办哪些事情，需要做哪些维护，完成哪些目标，据此测定合理的补贴金额，场馆人员编制的多少可作为参考指标，而非决定性指标。即办多少事给多少钱，变养人预算为养事预算。同时，政府要积极引入社会资本参办政府大型场馆，不宜大包大揽，更不宜“一刀切”，将场馆经营的所有费用全包起来。

（三）与财务管理相结合

财务活动是场馆管理单位最基本、最重要的经济活动，财务管理是单位管理的核心，有效的财务监管能确保各项财务制度和财政预算的贯彻执行。资产管理是财务管理的重要组成部分，与财务管理密切相关，从管理机构内部看，账账相符、账实相符，实物与资产账、资产账与财务账衔接一致是资产管理的基础要求；从外部监督来看，清晰准确的账务是了解政府大型场馆经营情况的最直接途径，也是最核心内容。因此，要加强财政监管，就必须规范财务制度，重视财务监督。

（四）与绩效评价管理相结合

任何改革实践都需要检验成果，以确定是否合理有效，客观公正的考核标准和考核办法，有效的激励约束机制和考核评价制度，一方面能真实评价改革实践的成败，另一方面能够提高政府大型场馆的管理和使用效率。而有效的评价机制，一要评价资产是否以最低的成本或批准的费用范围内取得，二要评价资产是否得到充分有效的利用，三要评价资产的使用是否达到了预期的目标。此外，还要结合政府大型场馆的特性，对资产配置的合理性和资产的安全完整性作出评价。

六、政府大型场馆财政监管改革的建议

按照新时期财政改革的目标要求，广东财政要坚持改革创新，不断推进财政体制改革、强化财政管理。作为事业单位的重要组成部分，政府大型场馆改革与事业单位改革成败攸关，而财政监管的方式效果又与政府大型场馆改革密不可分，有着直接影响。从另一个角度来看，提高财政部门对政府大型场馆财政监管的力度和程度，也是符合财政改革中工作更进一步科学化、精细化管理要求的。因此，在前述四个原则指导下，本报告对政府大型场馆财政监管改革提出以下几点建议：

（一）创新制度保障，加强制度化、规范化、全程化管理

俗话说无规矩不成方圆，履行职责的首要条件是依法依规，这也是财政监管步入法制化背景下依法理财的客观要求。因此，制度建设很重要，必须尽快建立一套规范、完备的规章制度系统作保障，使政府大型场馆的一切管理活动严格按照规范运行。

从监管项目来看，可以从资产管理审批、会计核算管理、日常监督、责任考核等各环节出发，将现行的与政府大型场馆管理有关的规章制度梳理一遍，将已经过时了、不适合当前社会环境甚至阻碍政府大型场馆健康发展的条文废除或者更新，对于尚是空白地带的领域，查漏补缺，及时制定相应的具有可操作性的细则加以规范。尽可能针对政府大型场馆的特点制定出台专门的规定，将散见于各规章条例的相关政策归拢到一个文件中来，以便使用单位更好地参照执行。

从监管次序来看，财政监管应该贯穿政府大型场馆的立项、管理方式选择、场馆后续改造等事项，即事前、事中、事后全过程监管，避免遗留死角。

1. 结合政府大型场馆后续维护费用测算情况，审批工程立项，从源头控制后续费用规模。如今政府对政府大型场馆的立项都非常谨慎，对于基建资金安排审批也很严格，大大减少了过去场馆一味追求高投入、超豪华的流弊，但场馆建成后，后续维护费用的支出这一块则比较少受到关注，也不作为项目立项审批的重点。以某大型会议中心为例，由于会议室和走廊的空调灯光是联动的，一旦启动，整个区域内每天仅电费开支便高达10万元。因此，有必要从审批立项环节开始把关，对后续维护费用作出合理测算，坚决避免不必要的高能耗设计，尽可能促使采用节能环保的设计方案，从源头控制后续维护费用的增长规模。

2. 充分考虑各政府大型场馆的实际情况，选择合适的管理运营模式和团队。不同区域不同类型的大型场馆存在许多不同情况，选址、场地设计用途、经营项目等都会直接影响到经营效益。从以往的经验看来，哪种模式经营效益都有好有坏，关键是要从实际出发，综合考虑后才能选择最合适的经营模式。财政部门作为产权持有者代表，应设立一套及时介入选择管理团队的机制，与业务主管部门协商，通过对大型场馆运营前的管理团队组建或公开招标方案设计提出意见，甚至直接核定经营模式的方式，行使所有者权益，落实所有者角色。

3. 支持政府大型场馆合理改造，降低后续维护费用。对于既有的旧场馆，尤其是能耗比较高的旧场馆，则可以通过合理改造的方式，降低后续维护费用。对此，可以设立一套可量化的指标体系，用以评定是否需要对场馆进行后续改造，改造的侧重点是什么。近年来建筑设计越来越注重节能环保，例如，引入自然光和使用先进的水冷设备能够大大降低场馆的耗电量，而草皮滴灌技术的使用则使

场馆的耗水量降低到原有浇灌技术用水量的一成，诸如此类的新技术新设计很多，节能环保成效非常显著。旧场馆经过长期的使用，无论是原有的场地设计还是设备使用都渐渐落后于社会公众服务的增长，在这种情况下，结合低碳节能的目标进行改造，尽量使用环保设计，既能使场馆更适合社会公众服务的新需求，又能大幅降低场馆的后续维护成本，节减长期财政支出，可以起到一举两得的作用。

（二）理顺产权关系，规范产权登记制度，坚持所有权和使用权相分离

深圳市和无锡市的政府大型场馆改革都注意到了产权明晰的重要性，前者通过产权归财政部门，管理权归国资委将政府大型场馆的所有权和使用权分离开来；后者则通过日常由财政部门统一保管产权证明资料，场馆经营者依规定向财政部门申请使用的方式监管产权，实质上也是所有权和使用权分离。产权是物业所有权利的起点和根本依据，要理顺产权关系，首先要做到产权明晰。政府是行政事业单位国有资产的出资人，由于政府是一个总体性的概念，到实际中是财政部门在担当产权持有人角色，代表政府履行所有者职责。因此，政府大型场馆的产权可统一登记到财政部门指定的管理机构名下，由指定的管理机构保管有关权属证明，监督产权的合理使用。

政府大型场馆的产权除需按法律规定在房管部门确权外，还要切实执行在财政部门进行国有资产登记的有关规定，以便有针对性地进行统一规范管理。财政部门可通过行政审批、产权登记措施，对涉及产权调剂、变更、处置等事项进行严格管理，确保国有资产不流失。

政府大型场馆所有权和使用权分离是政事分开的必然要求，所有权由财政部门代表国家行使，使用权由政府大型场馆管理机构行使。财政部门代表政府履行所有者职责，相应地享有资产的收益权、处置权和调剂权等权利。鉴于政府大型场馆的特殊性，首先要维护好资产的安全完整，在此基础上，再提高资产使用效率和效果，实现资产的有效利用，政府大型场馆管理机构应作为使用者对此进行负责，接受财政部门作为产权持有人的监督，将所有权和使用权明确区分开来。财政部门代表国家管理政府公共财产，不能仅从年度报告来分析和发现问题，而是要切实从维护国有资产、财产安全的角度、从绩效的角度多方考核，确保资产的安全和完整。可以考虑借鉴国资委监管企业的方式，结合现代法人治理结构，建立完整的报告制度，从政府大型场馆的模式选择开始介入，贯穿整个管理期间。从有利于提高资产效益、改善基础公共服务水平、节约财政开支的目的出发，也可以因势利导，对政府大型场馆的经营者以及经营方式适时变更。

（三）明确责权利关系，构建科学合理的政府大型场馆管理架构

长期以来，责权利不明、部门职责交叉、专门的管理机构和人员缺位等问题制约着政府大型场馆效益的提高和发展，明确责权利，构建科学合理的政府大型场馆管理架构是解决问题的关键。财政部36号令构建了“财政部门—主管部门—事业单位”三级管理模式，进一步明确三个管理主体在资产管理工作中的具体职责和权限。

该管理模式运用到政府大型场馆的管理中，可以设定为：财政部门从国家新时期完善、加强事业单位资产管理体制的角度等方面提出加强政府大型场馆监督管理的原则和宏观的管理要求，明确资产监督、管理的方向并制定有关制度，切实维护所有者权益；行业主管部门应结合行业的特点和规划，负责对政府大型场馆发展进行行业监管、规范、指导；政府大型场馆管理者从受托管理者的角度向产权人财政部门负责，接受监督和质询，从行业经营者的角色接受行业主管部门的指导和规范。从而清楚界定财政部门、行业主管部门和政府大型场馆经营者三个层次管理机构在政府大型场馆管理上的相应职责。

（四）建立科学分类机制，区别对待，分类管理

政府大型场馆多数是为了提供某个方面的公共服务兴建的，但建成后，受人员增加、经营环境改变、通货膨胀等种种因素影响，管理者往往陷于如何确保有足够收入以维持场馆正常运转的问题上，而忽略了兴建场馆的初衷。面对这种情形，财政有求必应，无限量地提供补贴支持，显然也是不切合实际的。

根据政府大型场馆服务形式和目标不同，可以划分为公益性、准公益性和市场化三大类。由于三类场馆各自向社会提供服务的方式和特点迥异，财政的监管方式也有所区别。公益类的指由于服务项目或客观条件所限，不适合市场化运作，又为社会所必需的政府大型场馆，此类可综合场馆的规模、提供的年度公共服务量以及服务水平等因素后核定所需经费，由财政全额补贴，着重考核场馆发挥的社会效益来评定管理优劣，例如图书馆；准公益类的政府大型场馆有一定的市场化基础，但受限于必须提供的基础公共服务部分，难以完全市场化，可分别核定公益性和经济性的比重，将两方面因素结合起来共同考核；市场化的政府大型场馆所提供的服务虽然也属于社会基础公共服务，但有相当的盈利空间，而且具备足够的条件参与市场竞争，对于这一类场馆，可以采取自负盈亏的方式，财政不再补贴，甚至完全脱钩转制为企业或经营实体。

通过分类处理，区别对待，政府能够更清晰准确地进行自身功能定位，将有限的资源投入到必需的公共基础服务当中，使财政资金得到充分合理的利用，真正做到有的放矢。广州歌剧院“零补贴、零编制”的模式，就是对市场化大型场馆彻底归于市场化运作一次很好的尝试。

（五）丰富监管手段，预算结合、财务监督、购买服务、绩效考核等多种方法并行

目前政府大型场馆的财政监管手段还比较单一，较多地依靠行政指令执行，容易流于形式。事实上，鉴于财政

部门代政府履行所有者角色和部门自身特点，在加强政府大型场馆的监管上，可着力点多，应大力加强创新监管手段，多层次、多方位、多渠道、多形式并行。

1. 提高资产与预算相结合的科学性，促进资金资产可持续循环。按照财政部35、36号令的第二章第八条规定“各级财政部门是政府负责行政事业单位国有资产管理的职能部门，对行政单位国有资产实行综合管理。”财政部门对资产有监管的职能，但长期以来重资金、轻资产的管理方式，使对资产监管的研究投入不多，往往孤立进行甚至流于表面，难以落到实处。要把资产真正管住、管精、管优，还是要把资金和资产的监管结合起来，形成完整的链条，相互对照，通盘考核。例如，可以在下达预算前，参考上年度绩效考评结果以及下年度绩效目标计划，因事预算，按质计价，将补助资金安排和资产使用效率直接关联起来，有利于调动场馆管理单位提高资产使用效率的积极性。

2. 加强财务监管力度，实现政府大型场馆日常管理全程监督。一般情况下，日常监督和专项检查应结合在一起进行，而实际执行中，各种专项检查较多，日常监督相应不足，因此要加大日常监督力度，强化日常监督手段，以实现全程有效监管，这当中最有效最便捷的又属财务监管。财政部门作为财务会计的主管部门，从政策性、指导性、专业性等各方面都具备最好的条件，可以以财政部门为主体，联合行业主管部门以及社会力量，建立全方位、多层次的监督体系，以确保资产发挥最大的使用效益。

一是针对政府大型场馆经营的共性和特性，制定具有针对性的财务规章办法，以便政府大型场馆管理机构参照执行；二是由政府大型场馆管理机构定期向财政部门报送专门格式财务报表，以便财政部门及时掌握场馆经营动态；三是加强日常财务监督抽查，将异常状况或违法违规现象消灭于萌芽；四是加强专业资产管理人员培训，提高管理者专业素质。

3. 推行政府采购，量化政府大型场馆公共服务。深圳市以及无锡市体育场馆管理改革都体现了一个共同的改革思路和趋势，就是实行政府采购公共服务。政府的支出主要来源于纳税人的钱，本身有向民众提供基础公共服务的义务，以向场馆购买服务的形式对公共服务的数量和质量加以明确，可以更好地完成相关职责。

由于政府大型场馆所处的位置和周边情况各不相同，因此，政府可以通过科学方法测算政府大型场馆辐射范围的人员使用量，再综合场馆提供服务的水平质量、单位成本、固有利润加成率、政府的补贴比例等因素，核定每年向场馆购买的公共服务数量及价格，并要求场馆管理者每年初提交上年度政府已购买的公共服务实现情况报告。场馆经营者在完成政府已购买的公共服务的基础上，可以自主经营，自负盈亏，根据盈利的高低自行安排工作人员的工作福利。

政府购买公共服务的形式可以多种多样，方式一是按购买公共服务时间折算金额，财政直接将资金支付给场馆，这样做的好处是政府直接面对的支付对象比较少，有利于节约时间提高行政效率，不利之处是一旦后续监管流于形式，便又回复到先前“做与不做、做多做少差不多”的无序局面；方式二是政府向公众发放公共服务券，政府大型场馆凭收取的公共服务券向财政部门定期结算，这种方法有利于调动场馆管理者的积极性，也能最大限度地使财政补贴的使用落到实处，不利之处是耗费的人力物力较大，甚至要重新设计一套发放体系。

4. 建立政府大型场馆绩效考核体系，优化财政资金使用效益。无锡市组建了专门的管理中心统一管理大型场馆，香港体育馆则由政府直接进行管理，两者都取得了较好的社会及经济效益，由此可见，大型场馆的管理者究竟是政府还是事业单位或者企业，不是问题的最根本，关键是要对场馆发挥的效益及财政补贴的合理使用建立一套行之有效的科学监管方法，制定科学合理的绩效考核体系是其中的关键。

（1）绩效考核体系应体现公益性。政府担负着社会管理的职能，有提供基础公共服务的责任，因此对政府大型场馆的财政监管角度与企业市场化经营的角度不一样，必须更多地着重场馆公益性的实现。从这个角度出发，政府向政府大型场馆提供财政补贴，设计相应的绩效考核应该是能够清楚地界定场馆提供的基础公共服务的质量和数量，并且应该能够促进管理者不断发掘潜力，进一步提高基础公共服务的质和量的科学体系。

（2）绩效考核应推动政府大型场馆提高使用效率。政府大型场馆建成后，固定资产折旧、场地维护等很大一部分成本属于固定支出，节减的空间有限，在支出既定的前提下，增加公共服务数量也好，提高经营收益也好，如何把场地更充分地利用起来，做更多的事情，从而直接降低单位成本，就成为考量管理者能力水平的重要途径。物尽其用是物品使用的一般原则，政府大型场馆耗资巨大，后续维护成本也相对高昂，对管理者的绩效考核同样也应能起到促使场馆物尽其用的效果方为合理。

（3）绩效考核体系应贯穿财政资金划拨事前、事中、事后。财政资金的管理是一个动态的过程，预算的合理制定，资金使用过程的控制，项目或年度终结后的决算分析，都是不可或缺的环节，只有事前、事中、事后全程监管，才能使财政资金使用更高效、安全、合理。相应地，绩效考核体系也应该能够适合财政监管不同阶段的不同要求。事前阶段的绩效考核设计，可以侧重于立项定位是否准确、可行性调查是否完善；事中阶段的绩效考核设计，可以侧重于资金使用是否有完备的审批手续、渠道是否合理；事后阶段的绩效考核设计，可以侧重于将项目成果与初期立项目标、其他同类项目绩效作比较，分项评分，综合测定。

（六）增加政府大型场馆财政资金使用透明度，接受公众查阅监督

尽管政府大型场馆有来自于上级主管部门及财政部门的监督，作为社会公共舆论的外部监督仍然是不可缺少的。从香港体育馆的考察结果来看，管理公开透明，与公众互

动是其能一直保持高效运作的重要因素。财政补助资金主要来源于社会公众向政府缴纳的税款，政府大型场馆管理者本身有义务也有必要向社会公众公布财政补助资金的使用方向，接受更广泛的社会公众舆论监督。

1. 政府大型场馆的经费在有关部门的年度决算报表中单列，或作为附表申报。一直以来，场馆的经费都是并入上级主管部门的决算报表内反映，很少单列，至于场馆的人、财、物单项具体使用金额更是不作细分，难以统计。要加强财政监管，有必要将场馆的费用开支单列出来，或者是以场馆为单位设置附表，连同上级主管部门的决算资料一同上报财政部门，可以更清晰地反映场馆经费的实际使用情况，便于财政部门以此为参考，更加准确科学地核定预算指标下达数。

2. 在网络或公开刊物上，公开场馆财政补助资金使用情况信息。对于不涉密的资金使用信息，场馆管理者、场馆上级主管部门或者财政主管部门，应通过多种渠道及时向公众公布，以便更好地接受监督。香港体育馆就很好地利用了网络资源，在自身的网站上公开每月的场地使用安排、上年度收支报表、公众入场情况等信息，使公众随时可以查询，状况一目了然。除了网络，公开发行的报纸、刊物也是很好的公布途径。

3. 设立完整的机制，针对公众反馈意见及时予以跟进解决。政府接受社会舆论监督，与社会公众沟通，不仅是单方面的信息公开，还应该是一个双向互动的过程，政府大型场馆的财政监管也是如此。政府大型场馆的财政补助资金使用情况公布后，还应设立相应的渠道，以便公众将意见反馈给场馆管理者、上级主管部门以及财政部门。有关部门接到公众反馈意见后，应对其积极合理的部分予以采纳，并认真研究改进措施，各司其职，不断提高管理水平和资金使用效益。

政府大型场馆财政监管的改革势在必行，如果能够铺开试点，总结分析，继而能够深入研究，进一步推开改革，相信能够对公共财政改革以及事业国资改革起到相当有力的促进作用。

课题组成员：郭　为　洪清阳　王　兵　欧　颖　葛小南

广东省上市公司会计准则执行情况分析

广东省财政厅会计处

在全面总结几十年会计准则改革经验的基础上，中国财政部集中力量，经过数年的艰苦努力，终于在2007年新会计准则改革中取得圆满成功。这是我国会计制度改革历史中最为重大的一次会计制度改革，具有重要的历史意义。2007年新会计准则改革的成功，不但使我国会计准则实现了与高质量国际财务报告准则的趋同，大幅提升了我国会计准则的国际地位，而且对促进我国经济发展和适应经济全球化都具有重要的意义。所以，以财政部和证监会为主导的监管部门、企业界及其他社会各界都十分关注新会计准则的执行情况。

一、研究问题的提出

广东省是我国的经济大省，经济总量连续22年居全国首位，上市公司数量也最多。一个国家的上市公司是国家发展经济的重要主体，一个地区的上市公司也是一个地区发展经济的主体。由于我国地方政府之间存在激烈竞争，上市公司作为地方政府的核心竞争要素，如何提高本省上市公司质量无疑尤为受到各省政府当局的重视。郭道扬（2004）指出，会计信息质量是上市公司、资本市场乃至整个市场经济的活力之本、生命之源。因为对一个投资者而言，高质量的会计信息帮助投资者作出正确的投资决策和监督管理者对受托责任的履行程度；对于一个公司而言，高质量的会计信息有利于改善公司治理结构，促进企业可持续地、健康地发展壮大；对一个市场而言，高质量的会计信息通过影响股价而引导资源配置，其质量的高低直接影响整个资本市场的发展，从而影响经济发展。那么，如何产生高质量的会计信息呢？会计信息是在会计准则的规范下生成，制定会计准则目的就在于规范公司的会计信息生产。会计信息质量一方面内生于会计准则的质量，另一方面内生于对会计准则执行的有效性。所以，会计准则质量的高低和会计准则能否有效执行，直接关系到会计信息质量的高低，其小到影响一个国家或地区的公司发展，大到影响一个国家的经济发展。

2007年新会计准则改革的成功，使我国会计准则质量上升到前所未有的高度，得到国际同仁的广泛认可①，也就是说，我国已经有了高质量的会计准则。那么，剩下的问题是，如果上市公司能有效执行新会计准则，将对上市公司质量的提高乃至经济发展具有重要的积极作用。正因为如此，自2007年新会计准则改革成功以来，我国政府十分重视和关心新会计准则的执行情况。而且，作为我国的上市公司数量最多的经济强省，广东省上市公司会计准则执行情况，不仅受到本省政府、企业同仁及其他社会各界的关心和重视，还受到中央政府相关部门的重视和关心。因此，本文将结合理论与实证，集中分析广东省上市公司新会计准则的执行情况。一方面，是为了促进上市公司提高会计信息披露质量，改善公司治理水平，提升公司质量；另一方面，由于广东省上市公司数量最多，以广东省上市公司为代表检验新会计准则执行效果，在一定程度上有利于推断全国新会计准则的执行效果，至少可作为其他地区会计准则执行效果的参照。

二、研究思路的设计

为了清楚地掌握广东省上市公司新会计准则的执行情况，本文分三个步骤实现这一目标：其一，财务报告是会计信息的载体，所以先简要分析广东省上市公司财务报告，以了解上市公司的整体财务状况、经营成果和现金流量情况；其二，高质量的会计准则产生高质量的会计信息，新会计准则执行效果较好的直接反映是会计信息质量的提高。因此，我们通过会计信息质量从整体上检验新会计准则的执行效果，而会计信息质量分析主要从会计信息价值相关性、盈余管理程度和审计意见三个维度展开；其三，所谓会计准则改革，是在原有会计准则基础所作的调整和变动，只是这次会计准则调整和变动的幅度较大。因此，我们对一些影响比较大的特殊准则之执行情况进行具体分析；其四，结论、原因与建议，主要分析准则执行情况潜在的原因及其改进准则执行的建议。

本文后面部分的安排如下：第三部分为广东省上市公司财务报告的简要分析；第四部分是广东省上市公司新会计准则执行情况的整体分析；第五部分为广东省上市公司特殊准则执行情况的具体分析；第六部分为本文结论、原因与建议。

三、广东省上市公司财务报告的简要分析

（一）广东省上市公司的业绩分析

表1是广东省上市公司2006～2009年业绩分析的有关财务指标。从表1可知，上市公司2007年营业总收入同比增长16.4%，营业总成本同比增长18.8%，比营业总收入增长幅度小2.4%，但营业外收支净额同比增加251.7%，而且新会计准则引入了公允价值计量模式，使公允价值变动收益增加7 050万元，上述主要因素导致利润总额同比增加106.4%，净利润同比增加105.4%，稍低于利润总额的增长幅度，原因在于企业所负担的所得税费同比增加82.7%。2007年是新会计准则执行的第一年，广东省上市公司增收增利，增收是经济形势较好所致，但是营业总成本控制有待改善；增利在很大程度上是因营业外收支净额大幅增加所致，这部分收益不可持续，企业应尽量把握主营业务收入增长和控制成本，以提高企业盈利的可持续性。

上市公司2008年营业总收入同比增长4%，营业总成本同比增长3%，比营业总收入增长幅度小1%；受金融危机的影响，公允价值变动收益同比降低－290.1%；营业外收支净额同比增加27.6%，上述主要因素导致利润总额同比降低44%；由于所得费用负担同比降低了57%，导致净利润降幅稍低于利润总额，为41%。2008年的企业绩效下降，主要源于金融危机导致全球经济恶化，从而使比较依赖出口增收的广东省上市公司业绩大幅下降。

上市公司2009年营业总收入同比降低9%，营业总成本同比降低12%，比营业总收入增长幅度小3%；在政府经济大力刺激下，经济复苏较为迅速，公允价值变动收益同比增加109.6%；营业外收支净额同比降低2%，上述主要因素导致利润总额同比增加55%；由于所得费用负担同比增加了88%，导致净利润降幅稍低于利润总额，为48%。2009年收入下降的主要原因为实体经济在金融危机的恶劣影响下，复苏较慢；利润增加的原因是上市公司实施了有效的成本控制，并且公允价值变动收益大幅增加。公允价值变动收益与营业外收支都是非经常性损益，可持续性较低，因此应增加主营业务收入和进一步控制成本，才能提高企业的竞争力。同时，需要说明的是，由于公允价值计量主要与金融资产有关，所以金融类行业受这部分影响较大。但是，整体而言，无论是从金融行业的角度，还是从非金融行业的角度进行分析，所得结论基本与上述一致。

（二）广东省上市公司的净资产分析

表2是广东省上市公司2006～2009年净资产分析结果。从表2可知，上市公司2007年净资产同比增加54.4%，资本公积同比增加87.6%，净利润同比增加105.4%，但是资产价值准备也同比增加16.7%。经过对综合报表的分析，净资产的增加主要源自于资本公积和净利润转化的未分配利润。虽然资产减值对净资产增加存在一定的负面影响，但是增幅较小，所以影响不大。2008年净资产同比减少3%，资本公积同比减少18.8%，净利润同

① 在2009年11月14日，我国2007新会计准则获得欧盟认可，这是国际资本市场首次认可中国企业会计准则，也在很大程度上说明了我国新会计准则向高质量准则迈进过程中取得了重大进展。而且，在多次国际会议中，我国新会计准则向国际财务报告准则的成功趋同被普遍认为是向国际财务报告准则趋同的学习典范。

表 1 广东省上市公司 2006～2009 年业绩分析 单位：万元

财务指标	2006 年	2007 年	2008 年	2009 年	2007 年增减	2008 年增减	2009 年增减
营业总收入	373 000	434 000	452 000	413 000	61 000（+16.4%）	+18 000（+4%）	−39 000（−9%）
（1）非金融类	309 000	353 000	358 000	338 000	44 000（+14.2%）	+5 000（+1%）	−20 000（−6%）
（2）金融类	2 790 000	4 040 000	4 950 000	3 870 000	1 250 000（+44.8%）	+910 000（+23%）	−1 080 000（−22%）
营业总成本	352 000	418 000	429 000	379 000	+66 000（+18.8%）	+11 000（+3%）	−50 000（−12%）
（1）非金融类	290 000	328 000	345 000	315 000	+38 000（+13.1%）	+17 000（+5%）	−30 000（−9%）
（2）金融类	2 730 000	4 380 000	4 460 000	3 350 000	+1 650 000（+60.4%）	80 000（+2%）	−1 110 000（−25%）
公允价值变动损益		7 050	−13 400	1 290		−20 450（−290.1%）	+14 690（+109.6%）
（1）非金融类		858	−1 120	195		−1 978（−230.5%）	1 315（+117.5%）
（2）金融类		265 000	−526 000	48 400		−791 000（−298.5%）	574 400（+109.2%）
营业外收支净额	887	3 120	3 980	3 900	2 233（+251.7%）	860（+27. 6%）	−80（−2.0%）
（1）非金融类	727	2 880	3 960	3 590	2 153（+296.1%）	1 080（+37.5%）	−370（−9.3%）
（2）金融类	6 850	13 400	5 220	18 100	6 550（+95.6%）	−8 180（−61.0%）	12 880（+246.7%）
利润总额	33 000	68 100	38 000	58 900	35 100（+106.4%）	−30 100（−44%）	+20 900（+55%）
（1）非金融类	19 600	34 500	20 600	31 100	14 900（+76.0%）	（13 900）（−40%）	10 500（+51%）
（2）金融类	547 000	1 560 000	866 000	1 340 000	1 013 000（+185.2%）	−694 000（−44%）	+474 000（+55%）
所得税	8 320	15 200	6 530	12 300	6 880（+82.7%）	−8 670（−57%）	+5 770（+88%）
（1）非金融类	5 030	6 920	4 480	6 030	1 890（+37.6%）	−2 440（−35%）	+1 550（+35%）
（2）金融类	122 000	380 000	104 000	301 000	258 000（+211.5%）	（276 000）	197 000
净利润	25 800	53 000	31 500	46 600	27 200（+105.4%）	−21 500（−41%）	+15 100（+48%）
（1）非金融类	15 300	27 600	16 200	25 100	12 300（+80.4%）	−11 400（−41%）	+8 900（+55%）
（2）金融类	426 000	1 180 000	762 000	1 040 000	754 000（+177.0%）	−418 000（−35%）	+278 000（+36%）

比减少41%，而且资产价值准备也同比增加416.9%。经过对综合报表的分析，净资产减少主要源自于资产减值损失和亏损所致。这些项目的减少归根于金融危机爆发所导致的经济形势恶化之影响。但是，到2009年，在政府大力的经济刺激下，净资产同比增加5%，资本公积同比增加1.5%，净利润同比增加48%，但是资产价值准备也同比减少86%。经过对综合报表的分析，净资产的增加主要源自于资本公积的增加和净利润转化的未分配利润。同时，值得注意的一点是，新会计准则之后，资产减值准备明显增加，这说明了产品销售不畅、存货积压严重，或者，生产设备技术落后，产能结构结构不合理，企业管理当局应及时调整资产结构。此外，需要说明的是，整体而言，无论是从金融行业的角度，还是从非金融行业的角度进行分析，所得结论基本与上述一致。

（三）广东省上市公司的现金流量分析

表3是广东省上市公司2006～2009年现金流量的分析结果。从表3可知，上市公司2007年经营活动现金净流量为37 000万元，同比增加59.2%；筹资活动现金净流量为83 200万元，同比增加89.1%；投资活动现金净流量为86 400万元，同比增加15.7%；最后，现金流量净额为33 800万元，同比减少43.7%；2008年，经营活动现金净流量为73 800万元，同比增加99.5%；筹资活动现金净流量为55 600万元，同比减少33.2%；投资活动现金净流量为151 000万元，同比增加74.8%；最后，现金流量净额为21 600万元，同比减少163.9%；2009年，经营活动现金净流量为15 200万元，同比增加106.0%；筹资活动现金净流量为26 700万元，同比减少52%；投资活动现金净流量为95 300万元，同比减少36.9%；最后，现金流量净额为834 000万元，同比增加486.1%；综述可知，2007年和2009年上市公司有大量现金滞留在银行，而2008年受经济形势恶化之影响，现金流不足。此外，需要说明的是，整体而言，无论是从金融行业的角度，还是从非金融行业的角度进行分析，所得结论基本与上述一致。

四、广东省上市公司新会计准则整体执行情况：基于会计信息质量的分析

从技术上而言，会计信息是按照特定的会计准则生成，如果严格执行会计准则，高质量的会计准则理应产生高质量的会计信息。2007年新会计准则在质量上取得重大提高，这已得到国际的广泛认可。所以，在会计准则质量大幅提高的前提下，如果上市公司能有效地执行会计准则，会计信息质量应该能得到提高。所以，从会计信息质量是否提高的角度，检验新会计准则执行情况不失为一种很好的检验方法。现在的问题是，如何衡量会计信息质量？

会计信息内涵丰富，包含的会计科目多达150多个会计科目；会计信息质量的维度有可靠性、相关性、可理解性、可比性、实质重于形式、重要性、谨慎性和及时性等。所以，会计信息质量是一个内涵广泛而复杂的概念，不可能用一个指标将其完全涵盖。而且，不同的市场环境下，会计信息质量重要性维度不同。比如，在不发达市场中，投资者不成熟、监管制度不完善、执法不严明，可靠性特征更为重要；相反，在发达市场中，投资者成熟、监管制度完善、执法严明，会计信息的相关性特征更为重要。企业的目标是获取利润，所以利润科目是最为重要的科目，会计盈余信息是最重要的信息。目前，会计信息质量的衡量指标主要有：

其一，会计信息价值相关性。该指标的计算是通过使用会计指标（如会计盈余和净资产）对股价进行回归，所得模型的拟合优度（R-square）越大，会计信息质量越高。附录中有具体计算模型的解释。

其二，盈余管理程度（|DA|），该指标越小，盈余管理的程度越小，会计信息质量越好；反之亦然。本文将在附录中列示应计质量（|DA|）的计算过程。所以，|DA|值越小，会计准则执行制度越好。附录中有具体的计算模型解释。

其三，审计意见。当审计师在验证会计数据过程中，一旦发现企业存在虚假陈述、操纵会计数字、隐瞒会计事项及其他违反会计准则的行为时，将要求报表编制者进行相应的修改和调整；否则，将对财务报告出具非标意见，向市场发出“公司会计信息质量有问题”的信号以作警示。所以，从一定程度上，审计意见的比例可作为衡量会计准则是否被有效执行的一个检验指标，具体为：当非标审计意见越多，说明会计信息质量越差，会计会计准则效果越差。

任何制度都是在一定的市场环境中执行，市场环境的好坏是制度能否有效执行的必要前提。会计准则作为一种重要的会计制度，市场环境对其执行有重要影响。因为会计准则制定的目的是为了生成高质量的会计信息，所以公司所处市场环境对高质量会计信息的需求程度决定了会计准则被有效执行的程度。那么，什么样的市场环境对高质量的会计信息需求高呢？经济越发达的地区，越是依赖市场契约配置资源，从而越需要高质量的会计信息作为交易前签订契约或交易后证实契约的工具。同时，会计监督越严格的地方，越能保证会计准则有效执行的程度，比如会计师事务所服务水平越高、会计监管部门严格执法的效率越高，会计准则有效执行程度越高。从广东省各市或县来看，深圳和广州经济相对更发达，佛山和东莞为第二档次，其他次之。从会计监督而言，也是如此。鉴于深圳市上市公司数量占据广东省上市公司总量的比例超过50%。而且，一般而言，证券市场所在地和上市公司数量越多的地方，对高质量会计信息需求越高，会计监督更为严格。因此，本文将深圳的市场环境划分为第一档次，广州的市场环境划分为第二档次，东莞和佛山划分为第三档次，其他为第四档次。

（一）会计信息价值相关性

表4是2007年新会计准则前后（2004～2009年）的会

表 2 广东省上市公司 2006～2009 年净资产分析 单位：万元

财务指标	2006 年	2007 年	2008 年	2009 年	2007 年增减	2008 年增减	2009 年增减
净资产	228 000	352 000	343 000	359 000	+124 000（+54.4%）	-9 000（-3%）	+16 000（+5%）
（1）非金融类	183 000	222 000	227 000	239 000	+39 000（+21.3%）	+5 000（+2%）	+12 000（+5%）
（2）金融类	2 510 000	6 110 000	5 880 000	5 850 000	+3 600 000（+143.4%）	-230 000（-4%）	-30 000（-1%）
资本公积	85 300	160 000	130 000	132 000	+74 700（+87.6%）	-30 000（-18.8%）	+2 000（+1.5%）
（1）非金融类	64 000	85 900	77 700	82 300	+21 900（+34.2%）	-8 200（-9.5%）	+4 600（+5.9%）
（2）金融类	1 170 000	3 440 000	2 640 000	2 410 000	+2 270 000（+194.0%）	-800 000（-23.3%）	-230 000（-8.7%）
净利润	25 800	53 000	31 500	46 600	+27 200（+105.4%）	-21 500（-41%）	+15 100（+48%）
（1）非金融类	15 300	27 600	16 200	25 100	+12 300（+80.4%）	-11 400（-41%）	+8 900（+55%）
（2）金融类	426 000	1 180 000	762 000	1 040 000	+754 000（+177.0%）	-418 000（-35%）	+278 000（+36%）
资产减值准备	4 310	5 030	26 000	3 630	+720（+16.7%）	+20 970（+416.9%）	-22 370（-86.0%）
（1）非金融类	1 170	1 840	5 770	1 540	+670（+57.3%）	+3 930（+213.6%）	-4 230（-73.3%）
（2）金融类	162 000	145 000	983 000	99 800	-17 000（-10.5%）	+838 000（+577.9%）	-883 200（-89.8%）

表 3 广东省上市公司 2006～2009 年现金流量分析 单位：万元

财务指标	2006 年	2007 年	2008 年	2009 年	2007 年增减	2008 年增减	2009 年增减
经营活动净现金流	90 700	37 000	73 800	152 000	-53 700（-59.2%）	36 800（+99.5%）	78 200（+106.0%）
（1）非金融类	16 700	8 690	13 400	44 100	-8 010（-48.0%）	4 710（+54.2%）	30 700（+229.1%）
（2）金融类	3 870 000	5 740 000	2 930 000	5 100 000	1 870 000（+48.3%）	-2 810 000（-49.0%）	2 170 000（+74.1%）
投资活动净现金流	-74 700	-86 400	-151 000	-95 300	-11 700（+15.7%）	-64 600（74.8%）	55 700（-36.9%）
（1）非金融类	-28 000	-37 200	-38 800	-33 400	-9 200（+32.9%）	-1 600（4.3%）	5 400（-13.9%）
（2）金融类	-1 860 000	-2 260 000	-5 520 000	-2 940 000	-400 000（+21.5%）	-3 260 000（144.2%）	2 580 000（-46.7%）
筹资活动净现金流	44 000	83 200	55 600	26 700	39 200（+89.1%）	-27 600（-33.2%）	-28 900（-52.0%）
（1）非金融类	26 000	50 500	31 000	17 900	24 500（+94.2%）	-19 500（-38.6%）	-13 100（-64.9%）
（2）金融类	701 000	1 530 000	1 230 000	432 000	829 000（+118.3%）	-300 000（-19.6%）	-798 000（-46.7%）
现金流量净额	60 000	33 800	-21 600	83 400	-26 200（-43.7%）	-55 400（-163.9%）	105 000（+486.1%）
（1）非金融类	14 700	21 990	5 600	28 600	7 290（+49.6%）	-16 390（-74.5%）	23 000（+410.7%）
（2）金融类	2 711 000	5 010 000	-1 360 000	2 592 000	2 299 000（+84.8%）	-6 370 000（-127.1%）	3 952 000（+290.6%）

计信息价值相关性（R-square）及其所存在差异的情况。从表4可知，以广东省全体非金融类上市公司为分析对象可知，2007年之前（2004～2006年）的R-square为0.3730，2007年及其之后R-square为0.4816，2007年之后（2007～2009年）比之前大0.1086，说明整体而言，广东省上市公司执行新会计准则之后，会计信息价值相关性明显提高，也即会计信息质量得到明显改善，这意味着广东省上市公司很好地执行了新会计准则。而且，从地区角度而言，深圳、广州和东莞＆佛山等地上市公司在新会计准则之后的会计价值相关性都得到了明显提高。但是，在新会计准则之后，其他经济次发达和会计监管较薄弱的地方，会计信息价值相关性反而有所降低。上述结论说明了广东省上市公司有效地执行了新会计准则，并且新会计准则能否有效执行与市场环境有很大关联，经济越不发达，会计监管越薄弱，会计准则执行效果越差。

表4　会计信息价值相关性的比较分析

会计信息质量	阶段	全省上市公司	深圳	广州	东莞＆佛山	其他
R-square	2007年前	0.3730	0.4235	0.3084	0.4223	0.4519
	2007年后	0.4816	0.4931	0.4672	0.7200	0.4290
	前后差异	+0.1086	+0.0696	+0.1588	+0.2977	-0.0229

（二）盈余管理程度

表5是2007年新会计准则前后的盈余管理程度（｜DA｜）及其所存在差异的情况。从表5可知，以广东省全体非金融类上市公司为分析对象，发现2007年之前的｜DA｜为0.0900845，2007年及其之后｜DA｜为0.0919528，2007年之后比之前大0.0018682，说明整体而言，新会计准则并没有明显地降低广东省上市公司的盈余管理程度。但是，我们按市场环境的好坏，将广东省划分四个等级，依次为深圳为第一档次，广州划分为第二档次，东莞和佛山划分为第三档次，其他为第四档次，并进一步检验不同市场环境中，新会计准则前后的盈余管理程度，结果发现，新会计准则之后，深圳市上市公司盈余管理程度有所改善，广州市上市公司盈余管理程度稍微有提高的迹象，东莞和佛山的上市公司盈余管理程度比广州有更大的提高，而其他地区的上市公司盈余管理程度又比广州有更大程度的提高，也就是说，市场环境越好的地方，新会计准则越能更好地限制上市公司的盈余管理现象。

表5　盈余管理程度的比较分析

会计信息质量	阶段	全省上市公司	深圳	广州	东莞＆佛山	其他
｜DA｜	2007年前	0.0900845	0.1067997	0.0834168	0.0529404	0.0709065
	2007年后	0.0919528	0.0982075	0.0843394	0.0573307	0.0937857
	前后差异	-0.0018682	0.0085923	-0.0009225	-0.0043904	-0.0228792

（三）审计意见

当审计师在验证会计数据过程中，一旦发现企业存在虚假陈述、操纵会计数字、隐瞒会计事项及其他违反会计准则的行为时，将要求报表编制者进行相应的修改和调整；否则，将对财务报告出具非标意见，向市场发出“公司会计信息质量有问题”的信号以作警示。所以，从一定程度上，审计意见的比例可作为衡量会计准则是否被有效执行的一个检验指标。

表6是2005～2009年新会计准则前后审计意见的分布情况。从表6可知，在2005～2009年，广东省上市公司所获得标准审计意见的数量逐渐增加，从获得标准审计意见占审计意见比例的角度而言，2007年新会计准则之后明显大幅度提高，而非标意见的比例大幅下降，这说明广东省上市公司能有效执行新会计准则。

表6　审计意见的比较分析

审计意见＼年份	2005	2006	2007	2008	2009
标准意见	94	107	138	150	216
非标意见	18	16	13	9	19
标准意见比例（%）	84	87	91	94	92

五、特殊准则执行情况的分析

（一）资产减值准则的执行情况分析

《企业会计准则第8号——资产减值》规定：当资产的可回收金额低于其账面价值时，应当计提相应的资产减值准备。并且，进一步在第十七条规定：长期资产减值损失一经确认，在以后会计期间不得转回。但是，旧会计准则关于资产减值政策的规定则是：对八项资产的减值准备都可以进行转回；当转回时，贷计当期收益。因此，长期资产减值能否转回的问题是新旧会计准则在资产减值会计处理问题上的最大区别。新会计准则对资产减值政策作出这一改变是基于中国现实情况的考虑，在允许计提的长期资产减值转回时，长期资产减值转回并非由于其资产质量的改善与经济因素的好转，而是出于其盈余管理的动机所致（王建新，2007）。为了限制企业利用资产减值转回来进行盈余操纵的不良现象，新会计准则制定了"长期资产计提的减值损失不得转回"这一规定。新会计准则是2006年正式发布，2007年1月1日起，在所有上市公司正式执行。因此，如果资产减值会计准则被上市公司很好执行，那么，上市公司从2006年、2007年及以后计提的减值准备应大幅降低。

表6是广东省2006～2009年非金融类上市公司资产减值准备科目各年度均值分析表，如表6所示：在资产减值损失允许转回的时候，2004年和2005年广东省非金融类上市公司计提的资产减值准备分别为3 570万元和3 210万元，而新会计准则发布之后，2006年、2007年和2009年所计提的资产减值准备均值分别为1 170万元、1 840万元和1 540万元，远低于新会计准则之前年度所计提的资产减值准备均值。2008年正值金融危机爆发，各公司为规避风险，在会计政策选择上作出相应调整，从而使得计提的资产减值准备增加，属于特殊情况。所以，不但不能说明公司对这一准则的执行不好，反而说明了新会计准则更能防止资产价值泡沫虚增。因此，新会计准则执行三年以来，广东省上市公司严格执行新的资产减值准则，有效地扼制了一些企业利用资产减值损失转回以操纵利润的行为，并根据市场环境的变化及时地反映资产的真实价值，取得了良好的执行效果。

表7　　资产减值准则的分析　　单位：万元

年　份	2004	2005	2006	2007	2008	2009
资产减值准备	3 570	3 210	1 170	1 840	5 570	1 540
总资产	300 000	363 000	381 000	443 000	540 000	568 000
净利润	12 700	7 520	15 300	27 800	16 300	25 100
资产减值准备与净利润之比	0.28	0.43	0.08	0.07	0.34	0.06

（二）长期股权投资准则的执行情况分析

长期股权投资会计准则将母公司对子公司的投资核算方法统一改为成本法，避免了母公司在没有现金流入的情况下分配利润而导致现金流出，从而有效地防范企业资金链断裂的风险（刘玉廷、王鹏和薛杰，2010）。所以，如果上市公司有效地执行该准则，将会导致新会计准则之后的投资收益明显减少。据表8取得数据表明，2004年、2005年和2006年样本内公司各年度投资收益平均值分别1 020万元、1 660万元和2 680万元；2007年、2008年和2009年样本内公司各年度投资收益平均值分别6 580万元、4 410万元和4 250万元，也就是说，2007年新会计准则之前的投资收益明显低于2007年新会计准则之后的投资收益。并且，从与投资收益与长期股权投资比重而言，也得出一致的结论。虽然投资收益大幅度提高可能有较多因素所致，但是权益法改为成本法理应会降低投资收益项目的金额。然而，经对广东省上市公司执行这一准则情况的分析，发现投资收益未减反而增加，说明新会计准则从权益法到成本法的转变并没有很好地约束母公司在没有现金流入的情况下分配利润的行为。因此，可以说，在广东省的上市公司中，长期股权投资准则未得到很有效的执行，这对上市公司的资金链存在较大风险。

表8　　长期股权投资准则的分析　　单位：万元

年　份	2004	2005	2006	2007	2008	2009
投资收益	1 020	1 660	2 680	6 580	4 410	4 250
长期股权投资	22 800	23 500	28 000	21 700	23 300	22 800
比重	0.04	0.07	0.10	0.30	0.19	0.19

（三）无形资产准则的执行情况分析

2007年新会计准则执行之前，企业的研发支出全部冲减当期利润，企业通常难以承受，直接影响了企业研发投入和自主创新的积极性（刘玉廷、王鹏和薛杰，2010）。2007年新会计准则关于无形资产的会计准则规定，企业开发阶段的支出，如果符合一定条件的应当资本化，确认为企业的无形资产。所以，在新会计准则下，企业的无形资产应明显高于新会计准则之前的金额；开发支出和商誉应不断增加。从表9可知，自2007年新会计准则实施的三年来，上市公司各年度的无形资产均值分别为12 800万元、22 700万元和21 600万元，明显高于新会计准则之前各年度无形资产均值。在会计准则实施的三年来，上市公司2007～2009年各年度自主开发支出资本化均值分别为220万元、404万元和498万元，商誉分别为1 920万元、2 880万元和3 050万元，研发支出和商誉都呈现出逐年增长的趋势。因此，新会计准则在广东省上市公司的有效执行，反映出开发支出资本化规定的积极效果，体现了企业发展方式的转变，有利于提升广东省企业发展质量和核心竞争力。

表9　　**无形资产准则的分析**　　单位：万元

年　　份	2004	2005	2006	2007	2008	2009
无形资产	8 910	9 260	9 560	12 800	22 700	21 600
研发支出	—	—	—	220	404	498
商誉	—	—	—	1 920	2 880	3 050

（四）公允价值计量准则的执行情况分析

2007年新会计准则引入了公允价值计量模式，主要允许企业在股票、债券、基金、投资性房地产和企业并购重组等业务方面选择公允计量。但是，鉴于我国新兴市场和转型经济的实际情况，监管当局坚持以历史成本计量为基础，允许企业在适当时可选择性地使用公允价值计量模式，并对公允价值计量的应用规定了严格的限制条件（刘玉廷、王鹏和薛杰，2010）。从公允价值计量应用的限制条件看，监管部门对公允价值计量的应用十分谨慎，甚至可以说不提倡，主要原因在于公允价值计量涉及市场估计，其中需要运用管理者大量的主观判断，从而给管理者更大的盈余操纵空间。虽然可供出售金融资产或持有至到期投资采用公允价值计量，但公允价值的变动计入所有者权益，直到处置时才计入当期损益，从而避免了公允价值波动对企业当期损益的不利影响。然而，交易性金融性资产流动性更强，相比前两者而言，更容易引起企业价值的波动，也更容易成为管理者盈余操纵的空间。表10是2007～2009年广东省上市公司各年度交易性金融资产、可供出售金融资产和持有至到期投资总额的年度均值表。从表10可知，在会计准则实施的三年来，上市公司2007～2009年交易性金融资产的均值分别为2 280万元、1 000万元和563万元，可供出售金融资产分别为9 500万元、2 900万元和5 340万元，持有至到期投资分别为512万元、464万元和265万元，2007～2009年交易性金融资产所占比重分别为0.19、0.23和0.09，该比重较小，说明上市公司尽可能避免了公允价值的负面影响，按照会计准则规定谨慎地应用公允价值计量，较好地执行了公允价值计量准则。

表10　　**金融资产准则的比较分析**　　单位：万元

年　　份	2007	2008	2009
交易性金融资产	2 280	1 000	563
可供出售金融资产	9 500	2 900	5 340
持有至到期投资	512	464	265
交易性金融资产占三者比重	0.19	0.23	0.09

检验公允价值计量准则是否被有效执行的另一个指标是公允价值变动收益，从表11可知，从广东省全体上市公司而言，2007年公允价值变动收益为2 050万元，2008年为－13 400万元，2009年为1 290万元，2008年相比2007年公允价值变动收益减少20 450万，降幅高达290.1%，这与2008年爆发的金融危机密切相关；随着2008年年底政府“四万亿”刺激方案的出台，2009年国家经济迅速复苏，公允价值变动收益也随之增加14 690万元，增幅高达109.6%。上述数据的分析，公允价变动收益与市场形势的变动较为同步和一致，一方面说明广东省上市公司能有效地执行公允价值计量准则；另一方面也说明公允价值能更加真实地反映企业价值。同时，结合净利润分析可知，净

利润的变化趋势与公允价值变动收益十分相关，说明金融危机导致经济形势恶化，致使企业资产价值减值，如果新会计准则中没有固定使用公允价值计量，这部分损益很可能不能及时反映，从而使公司价值不能得到真实反映。因此，广东省上市公司通过公允价值变动收益，更及时、更客观地反映企业真实价值，是公允价值计量准则有效执行的重要体现之一。

表 11 公允价值变动收益的分析 单位：万元

指标	2007 年	2008 年	2009 年	增减 -1	增减 -2
公允价值变动损益	7 050	-13 400	1 290	-20 450(-290.1%)	+14 690(+109.6%)
(1)非金融类	858	-1 120	195	-1 978(-230.5%)	+1 315(+117.5%)
(2)金融类	265 000	-526 000	48 400	-791 000(-298.5%)	+574 400(+109.2%)
净利润	53 000	31 500	46 600	-21 500 (-41%)	+15 100(+48%)
(1)非金融类	27 600	16 200	25 100	-11 400(-41%)	+8 900(+55%)
(2)金融类	1 180 000	762 000	1 040 000	-418 000(-35%)	+278 000(+36%)

(五) 所得税准则的执行情况分析：基于新所得税法的分析

在 2007 年 11 月 28 日，我国实施新的所得税法，降低了所得税税率，从以前的 33% 统一调整到 25%，该法从 2008 年 1 月 1 日起，正式执行。广东省上市公司 2007 年实现利润总额平均为 68 100 万元，实际负担的所得税费用为 15 200万元，实际负担的企业所得税税率为 22%。

在 2008 年，广东省上市公司实现利润总额平均为 38 000万元，同比减少 30 100 万元，降幅为 44%。实际负担的所得税费用为 6 530 万元，同比减少了 8 670 万元，同比降幅为 57%，实际负担的企业所得税税率为 17%，比 2007 年的 22% 下降了 5 个百分点，企业的实际所得税负明显下降。2008 年净利润降幅为 41%，比利润总额的降幅 44% 低 3%。

在 2009 年，广东省上市公司实现利润总额平均为 58 900万元，同比减少 20 900 万元，增幅为 55%。实际负担的所得税费用为 12 300 万元，同比增加了 5 770 万元，降幅为 88%，实际负担的企业所得税税率为 21%，高于 2008 年的 17%，但低于 2007 年的 22%，企业的实际所得税负明显下降。

以上分析表明，新企业所得税法改革明显减轻了广东省上市公司负担，对企业业绩的改善有明显的积极作用。而且，从非金融类和金融类上市公司的角度分析，也能得到基本一致的结论。

六、结论、原因与建议

上文针对广东省上市公司，结合整体和具体准则两个角度，分析了新会计准则的执行情况，得到了一系列有重要意义的结论。下文将归纳所得到的结论，然后分析结论背后的原因，并根据所得结论提出政策建议。

(一) 结论

上述分析通过两个维度检验广东省上市公司新会计准则执行情况，一个维度是新会计准则前后会计信息质量的比较分析，我们分别从会计信息价值相关性、盈余管理程度、审计意见三个角度，比较新会计准则前后会计信息质量的变化，以检验新会计准则执行的整体情况；另一个维度是，从资产减值准则、长期股权投资准则、公允价值计量准则与所得税准则的角度，检验具体准则的执行情况。结果发现：

其一，从会计信息质量的角度而言，新会计准则显著提高了广东省上市公司的会计信息价值相关性，这在很大程度上说明了广东省上市公司有效地执行了新会计准则；从盈余管理程度角度而言，广东省上市公司在新会计准则前后并无明显差异，这说明新会计准则对广东省上市公司盈余管理并无明显影响。从审计意见类型来看，2007 年新会计准则前后标准无保留审计意见数量和比例都存在显著差异，具体表现为 2007 年新会计准则之后，标准无保留审计意见数量和比例都大幅增加，即非标审计意见的比例下降，这再一次说明了广东省上市公司有效地执行了新会计准则。同时，会计准则能否有效执行与上市公司所处市场环境密切相关，通常情况下，经济越发达地区，市场环境越有利于会计准则的执行。于是，我们将广东省按经济发达程度（GDP）划分为四区域，结果发现，经济越发达地区，新会计准则前后盈余管理程度变化情况好于经济次发达地区，比如新会计准则对深圳、广州地区上市公司的影响强于东莞、佛山地区，而东莞、佛山地区又强于其他次发达地区。而且，在经济发展情况处于第四类的次发达地区（深圳、广州、东莞和佛山之外的其他地区），新会计准则之后的会计信息价值相关性反而更低，也就意味着，从价值相关性而言，同样发现市场环境不好的地方，会计准则执行情况越差。

其二，无论是资产减值、长期股权投资和无形资产准则，还是公允价值计量准则和所得税准则，在广东省上市公司中都得到了比较好的执行。具体表现为：对资产减值准则而言，新会计准则执行三年以来，广东省上市公司严格执行新的资产减值准则，有效地扼制了一些企业利用资产减值损失转回操纵利润的行为，并根据市场环境的变化及时地反映资产的真实价值，取得了良好的执行效果；对长期股权投资准则而言，经对广东省上市公司执行这一准则的情况分析，发现投资收益未减反而增加，说明新会计准则从权益法到成本法的转变并没有很好地约束母公司在没有现金流入的情况下分配利润的行为。因此，可以说，在广东省的上市公司中，长期股权投资这一会计准则并未得到很有效的执行，这对上市公司的资金链存在较大风险；对无形资产准则而言，"研发支出"科目反映出广东省上市公司对开发支出资本化规定执行的积极效果，其体现了企业发展方式的转变，有利于提升广东省企业发展质量和核心竞争力，也说明了这一准则在广东省上市公司得到有效执行；对公允价值计量准则而言，"公允价值变动收益"科目与市场形势的变动较为同步和一致，一方面说明广东省上市公司能有效地执行公允价值计量准则；另一方面也说明公允价值能更加真实地反映企业价值。同时，公允价值计量涉及市场估计，其中需要运用管理者大量的主观判断，从而给管理者更大的盈余操纵空间。"交易性金融资产"科目最便于管理者达到这一目的。但是，该科目占三项金融资产比例很小，说明上市公司按照会计准则规定谨慎地应用公允价值计量，尽可能避免了公允价值的负面影响，较好地执行了公允价值计量准则。而且，2008 年金融危机导致经济形势发生剧烈变化，导致企业业绩发生剧烈波动，对金融资产和投资性房地产影响尤其大，而这些资产计量都允许采用公允价值计量模式。从公允价值变动损益和金融资产类科目的变动情况看，新会计准则引入公允价值计量模式，使会计信息能更客观地随着市场环境的变化而反映企业价值；而且，由于监管部门对公允价值计量模式的严格监督，我们并没有发现广东省上市公司利用公允价值计量中的管理层判断进行盈余操纵。所以，广东省上市公司按照新会计准则的相关规定有效地执行了公允价值计量准则。

（二）原因

从上述结论可知，广东省上市公司在 2007～2009 年有效地执行了我国 2007 年实施的新会计准则。任何制度的执行效果取决于制度本身可执行的质量和制度执行的监督机制。因为新会计准则作为制度本身是被公认的高质量会计制度，所以其能否被有效执行取决于执行该制度的监督机制。Ball，Robin 和 Wu（2003）的研究表明，高质量的会计准则不一定能产生高质量的会计信息，因为不同市场环境下，管理层财务呈报的动机不同。所以，监督机制主要目的是约束管理层攫取私利的动机。监督机制分为外部监督机制和内部控制系统。当外部监督机制和内部控制系统薄弱时，管理层有动机通过牺牲投资者利益而为最大化自己的利益。在正常情况下，这些机会主义行为必然会影响利润的非正常性下降，如真实反映到报表中必将引起投资者不满，从而使管理层为其败德行为付出代价。因此，管理层为了掩盖这种机会主义行为，必然会通过违反会计规则的会计手段操纵盈余，从而降低了会计准则执行的效果。反之，当外部监督机制健全和内部控制系统有效的情况下，管理层机会主义行为风险大和成本高，管理层呈报动机更好。因此，广东省上市公司对新会计准则的执行比较好主要原因在于：广东省市场环境的外部监督机制健全。从政府监管的角度而言，省证监局、财政厅等监管部门投入了大量人力和物力对上市公司的会计工作进行严密监管；从中介监督的角度而言，会计师事务所是保障会计准则有效执行的重要力量。在省财政厅的正确领导下，广东省注册会计师协会不断健全规章制度，科学合理地进行管理，以提高会计监管工作效率。截至 2009 年 12 月底，全省共有会计师事务所（含深圳）718 家，注册会计师（含深圳）7750 人，如此强大的中介监督力量无疑会提高会计准则执行效率。同时，省注协为了保证会计监督的力量，对会计师事务所也实施科学的、严密的管理和监督。具体表现可总结为三点①：其一，精心组织，周密安排，扎实开展；其二，分层监管，联合检查，形成合力；其三，严格程序，严肃惩戒，强化警示。从市场监督的力量而言，广东省市场化程度十分发达，媒体也十分发达，居全国之首。媒体对上市公司和证券市场的监管都是十分重要的力量，很多重大会计丑闻就是媒体记者揭发出来的。同时，近年来，广东省上市公司不断完善内部控制系统，在很大程度上也限制了管理层的机会主义行为，从而提高了会计准则执行的效果。

（三）建议

1. 提高会计人员的职业判断能力。会计准则有原则导向和规则导向之分。国际财务报告准则为原则导向，我国会计准则与国际财务报告准则实现趋同，并体现了原则导向。原则导向的会计准则通常要求企业根据会计准则规定的原则，结合实际情况作出职业判断。比如收入确认、资产减值、递延所得税、预计负债、债务重组、企业合并、公允价值计量、权益性交易等交易或事项的会计处理，均涉及职业判断（刘玉廷，2010）。管理层或会计人员主观判断空间的增加是新会计准则一个重要特征。这一方面要求会计人员转变观念、更新理念，熟练掌握新准则的概念框架；另一方面要求会计人员刻苦钻研，准确把握新准则的精髓和

① 为提高检查工作效率，在 2009 年的检查工作中，协会试行分层监管的制度，对 75 家事务所实施重点检查，对 19 家事务所实施一般检查。同时，与省财政厅监督局、会计处联合对 9 家事务所进行了执业质量检查，检查工作达到了预期目标，取得了积极成效。针对检查发现的问题，为慎重对各事务所、注册会计师的惩戒工作，协会实施了专家复审、审理会议等检查处理程序。经惩戒委员会会议决定，给予 1 家会计师事务所、4 名注册会计师公开谴责的行业惩戒；给予 3 家会计师事务所、1 名注册会计师行业内通报批评的行业惩戒；对 7 家事务所和 14 名注册会计师，分别给予责令书面检讨、责令限期整改等不同类型的行业惩戒。此外，对在 2008 年受到行政处分的 2 名注册会计师，追加了行业内通报批评的行业惩罚。——来源于：http：//www. caikepass. com/f/2010－1/n4818. shtml.

实质，以使会计人员真正提升职业判断能力，更加自觉地执行新会计准则的各项规定。因此，政府监管部门应有计划地开展有关新准则的深度培训，全面提升相关人员的会计职业判断能力（财政部会计司，2008）。但是，职业判断是一把“双刃剑”，恰当地判断所确认和计量的结果就是真实公允的，反之，就成为调节和操控利润的手段（刘玉廷，2010）。因此，在实际工作中，既要加强管理层或会计工作人员的职业判断能力，也要加强对职业判断相关的会计监管。

2. 进一步加大会计监管力度。虽然广东省上市公司能够有效地执行新会计准则，但是这种有效性是否具有可持续性，与会计监管力度十分相关。所以，各级监管部门应在上级监管部门的领导下，继续做好会计信息质量检查工作。同时，由于会计工作与多个部门的工作都密切相关，如证券监管部门、银行监管部门、保险监管部门、审计监管部门及其国有资产监管部门，因此，最好的监管方式是各个部门相互协调与合作，进而形成监管合力，严格监督和检查新准则实施中出现的问题；继续发挥注册会计师审计在新准则实施中的鉴证作用，借助中介机构社会监督的力量推动新准则实施到位；继续开展上市公司及相关会计师事务所约谈工作，切实解决新准则执行中存在的问题。对于违反会计准则规定的行为，应根据情节进行严厉处罚（财政部会计司，2008）。为了使以后更有效地执行会计准则，监管部门应继续跟踪分析上市公司执行会计准则的情况。

3. 重点关注公允价值计量的具体应用。新会计准则正式引入了公允价值计量模式，这是本次会计准则改革的一个重要特征。鉴于公允价值计量实务比较复杂，有效监管难度大，尤其是估值技术的运用，如何选择估值模型和相关参数假设等，新准则目前并没有提供详细指南，所以监管部门对公允价值的运用和监管十分重视。监管部门应针对本地区的经济形势和上市公司的行业特征，组织专门力量研究与公允价值相关的问题，比如国际和国内的公允价值征求意见稿、解释公告及其相关资讯，以指导企业在实务中正确地运用公允价值。同时，在对公允价值计量的监管中，监管部门之间应相互学习，并不断积累经验，以更有效地监督公允价值计量的执行情况。

参考文献

1. Ball, R., A. Robin and J. Wu, Incentives Versus Standards: Properties of Accounting Income in Four East Asian Countries. Journal of Accounting and Economics, 2003 (36), 235 - 270.

2. Dechow P., Sloan R. and Sweeney, A., Detecting earnings management. The Accounting Review, 1995 (70): 2 - 42.

3. Ohlson, J. A. Earnings, book values, and dividends in equity valuation. Contemporary Accounting Research11, 1995 (2): 661 - 687.

4. 财政部会计司．我国上市公司2007年执行新会计准则情况分析报告．经济科学出版社，2008.

5. 郭道扬．人类会计思想演进的历史起点．会计研究，2009 (8): 3 ~ 14.

6. 郭道扬．会计史研究：历史·现时·未来（第二卷）．中国财政经济出版社，2004.

7. 刘玉廷．关于中国企业会计准则与国际财务报告准则持续全面趋同问题．会计研究，2009 (9): 6 - 9.

8. 刘玉廷、王鹏和薛杰．我国上市公司2008年执行企业会计准则情况分析报告．会计研究，2009 (7): 3 - 21.

9. 刘玉廷、王鹏和薛杰．严格遵守会计准则提供高质量财务报告认真履行社会责任．会计研究，2010 (1): 7 - 13.

10. 刘玉廷等．企业会计准则实施的经济效果——基于上市公司2009年年度财务报告的分析．会计研究，2010 (6): 3 - 12.

11. 王建新．长期资产减值转回研究．管理世界，2007 (3): 42 - 50.

附录

一、会计信息价值相关性的衡量方式——Ohlson (1995) 模型

财务报告由资产负债表、利润表和现金流量表组成。会计盈余与股价相关性代表利润表提供信息的有用性。但是，资产负债表也包含了丰富的信息。而且，资产负债表的信息往往可通过净资产向市场传递。Penman (1998) 以理论模型结合实证分析进一步指出，在预测未来盈余这一事件中，盈余和净资产除了相互包含着重叠信息之外，各自还彼此包含着对方不具有的独特信息，将两者加入同一模型预测未来盈余将提高模型的预测能力和准确度。Ohlson (1995) 提出的剩余收益模型更能代表会计信息的整体价值相关性。模型 (1)[①]中，*BVE* 代表每股净资产账面价值；*EPS* 代表每股盈余，*P* 代表股价，对模型回归所得拟合优度越大，会计信息价值相关性越高，会计准则执行情况越好。

$$P_{i,t} = \alpha_0 + \alpha_1 EPS_{i,t} + \alpha_2 BVE_{i,t} + e_{i,t} \tag{1}$$

二、盈余管理程度——基于修正 Jones 模型

Dechow, Sloan 和 Sweeney (1995) 指出，应收账款几乎是所有企业经营过程中不可避免的经常性项目。而且，

① 因为股价乘以股数即为权益市场价值，所以该模型是 Ohlson (1995) 模型的另一种表达。

考虑到企业经常有一些无法收回的应收账款，所以还为应收账款设立了一个与之相配套的账户——坏账准备。由于坏账准备给予管理者较多的主观判断空间，并且各期计提的坏账直接影响损益。所以，坏账准备最终很可能成为管理者进行盈余操纵的工具。Dechow，Sloan 和 Sweeney（1995）认为基本 Jones（1991）模型容易高估不可操控性应计项目，而低估可操控性应计项目，从而低估盈余操纵的程度，有必要对基本 Jones 模型进行修正：他们认为，由于应收款项增加额往往是管理者为了便于进行盈余操纵而产生，所以在修正的 Jones 模型中，营业收入增加额中应扣除应收款项增加额这一部分，具体模型为：

$$\frac{TA_{i,t}}{Asset_{i,t-1}}=\alpha_1\frac{1}{Asset_{i,t-1}}+\alpha_2\frac{\Delta REV_{i,t}}{Asset_{i,t-1}}+\alpha_3\frac{PPE_{i,t}}{Asset_{i,t-1}}+\varepsilon_{i,t} \tag{2}$$

$$ACC_{i,t}=\frac{TA_{i,t}}{Asset_{i,t-1}}-\left(\hat{\alpha}_1\frac{1}{Asset_{i,t-1}}+\hat{\alpha}_2\frac{\Delta REV_{i,t}-\Delta REC_{i,t}}{Asset_{i,t-1}}+\hat{\alpha}_3\frac{PPE_{i,t}}{Asset_{i,t-1}}\right) \tag{3}$$

计算方式为：对模型（2）进行回归，估计所得系数代入模型（3），计算所得的 *ACC* 值之绝对值越大，盈余管理程度越大，会计信息质量越低，会计执行效果越差。其中，*TA* 为总应计项，等于营业利润减去经营活动现金净流量；*Asset* 为资产总额；*REV* 为销售收入变动额；*REC* 为应收账款变动额；*PPE* 为固定资产原值。

课题组成员：邹清莲（组长）　谭劲松　陈胜文　金　智　龙文标

原文内容由四部分构成：一是导论；二是广东省财政国库集中支付改革情况；三是当前财政资金支付管理存在的问题；四是完善财政资金支付管理的建议。由于篇幅限制，在此只节选第四部分进行刊登。

财政资金支付条例立法研究

——基于广东财政为例

（节选）

广东省财政厅法规税政处

四、完善财政资金支付管理的建议

（一）充分认识财政资金支付立法的必要性

1. 财政法制建设是健全我国经济法律体系的重要组成部分。我国经济法律体系建设正在不断地完善和规范，财政法律体系是我国经济法律体系的重要组成部分，是保障我国经济健康发展的重要支撑，也是规范我国财政行为和贯彻落实财政政策的有力保障。建立健全完善的财政法律体系，是实现依法治国、依法理财、依法行政，促进财政事业健康发展，保证国家经济和社会秩序稳定的关键环节，在经济全球化发展的今天具有重要现实意义。国家一直以来不断完善财政法律体系建设，有计划、有步骤地开展财政立法活动，并取得了一系列的财政法律建设成果。由于我国国民经济突飞猛进的发展势头，财政工作面临的困难和急需解决的问题日渐增多，财政立法工作不可能一蹴而就，为了更好地发展市场经济和完善财政法律体系，就必须加快财政立法的步伐，特别是针对财政实际工作中的突出问题补缺补漏，通过立法规范工作流程，提高工作效率。

我国《宪法》中有很多规定都与财政法有关，比如公民的基本权利、国家基本制度、国家机构设置等，虽然条文上没有明显直接的联系，但这些都是财政立法的先决条件，并对财政立法有指导意义。同时，也正因为《宪法》中没有对财政立法的直接规定，就更应该重视财政立法工作，并结合财政工作实际不断完善我国财政立法工作。

2. 完善财政法制建设是体现公共财政的迫切需要。财政工作要适应我国计划经济向市场经济转型的过程，必须突出“公共财政”职能。公共财政是指在市场经济条件下，为满足社会公共需求而进行的政府收支活动模式或财政运行模式，是国家以社会和经济管理的身份参与社会分配，并将收入用于政府的公共活动支出，为社会提供公共产品和公共服务，以保证国家机器的正常运转，保障国家安全，维护社会秩序，实现经济社会的协调。围绕公共财政建设，财政法律体系的建立从横向上看是要以宪法基础，以财政法基本原则为依据，以公共利益为前提的法律制度，从纵向上看则是由规范财政体系的法律、行政法规、地方性法规和各项规章等构成。构建我国立体的，涵盖全方位财政工作的财政法律体系是建设我国和谐社会的必要条件。

3. 完善财政资金支付法律法规是财政基本法律体系的重要补充。财政法律法规主要是规定国家财政的收入和支出，以及财政资金的有关管理政策。财政基本法律体系主要包含了财政法制实施的原则、管理财政的规范、国家财政机构的职能等。国家财政资金的预算、收支都属于财政基本法律的管理范畴。随着我国经济体制改革的不断深入，财政法制体系需要不断地更新、补充和完善，根据财政工作改革的实际不断深化和细化财政业务管理。

4. 完善财政资金支付法律法规是全面提高财政管理水平的需要。作为国家调控宏观经济的重要手段，财政在整个社会利益分配中起主导作用。财政管理水平的高低直接决定和影响社会各市场主体的切身利益。要加强财政管理，就必须遵循公平、公正、法制等市场经济基本规则，建立健全涵盖财政收支各环节的全方位的管理机制，并进一步规范财政资金收支流程，实现财政管理和财政资金分配的规范化、制度化和法制化。

5. 完善财政资金支付法律法规是体现国库集中支付改革的需要。国库集中支付改革是财政支出改革的重要内容，是对传统财政支出方式的细化、透明化管理，是从传统的以资金拨付为财政管理主要方式向以财政预算指标管理为主要模式的重大转变，是以国库单一账户体系为基础，以健全的财政支付信息系统和银行间实时清算系统为依托，预算单位提出申请，经国库集中支付机构审核后，将资金通过单一账户体系支付收款人。国库集中支付改革迫切需要通过立法来固化主体、程序、责任等内容。

（二）确定财政资金支付条例立法的原则

法律原则直接产生于立法目的，并受到法律价值制约，法律逻辑上是作为整个法律基础的综合性观念概括。以建立公共财政为目的，财政配套立法应当遵循以下原则：

1. 公平与效率相结合的原则。公共财政的公平，主要是指社会公平，包括中央与地方之间的纵向公平和地方与地方之间的横向公平。财政分配的效率，包括经济效率和社会效率。经济效率是指通过制度设计，简化资金支付，减少资金支付中间环节，提高财政资金支付效率。公平与社会效率既具有统一性，也具有对立性，二者必须兼顾。财政立法要以如何促进国家经济社会发展为主要目的来考虑财政收支；财政收支的方式和数量必须有利于促进经济社会的发展。在微观经济方面，国家财政充分运用财税杠杆调节经济的作用，引导企业开展公平竞争；在宏观经济方面，国家财政通过制定财政政策与财政法律、法规，调整国民收入在国民经济各部门之间的分配比例，以及国家、企业、个人之间的分配比例，制约社会总供给与总需求的平衡。

2. 公共责任原则。由于政府与社会成员在管理公共财政能力上的不平等性，国家健康稳定发展的内在要求需要用法律对政府的责任和义务加以明确，并对政府的行政行为加以约束，以实现“权利”和“义务”在国家各阶层的分配与平衡。政府或者其授权机构应当为其非法或不当行为负责，并补偿由此对社会成员所造成的损失。在立法制度上应该具体体现为责任主体对其非法或不当行为负责的行政问责制和被侵害主体的国家赔偿制度规定。

政府代表国家向社会全体成员提供公共服务，积极履行公共服务义务。按照依法理财的要求，意味着政府的财政资金支出必须要受到制度化的控制和约束。国家依法保护所有纳税人和其他社会成员的合法权利，财政立法应当赋于其监督财政资金支出是否恰当的权利，以及获得公共服务的权利。为防止和及时纠正财政资金支付中可能出现的权力越位和滥用，财政资金支出立法中应明确统一完善支付程序、支付信息公开、支付监督等制度。

3. 刚性预算原则。预算制度是规范和限定政府收支，控制政府行政成本，调节政府转移支付，履行政府公共服务的财政核心制度。从公众的角度理解预算，就是政府决策提供何种服务以及公民如何享有这些服务。预算制度将政府财政资金支出限制在政府可能获得的收入之内，确保财政收支平衡。但预算本身必须是刚性的，也就是其法定性、严肃性。我国虽然用《预算法》体现财政预算刚性，但由于预算制度贯穿我国财政业务主体，靠一个法律法规是无法完全规范及弥补现行制度缺口，必须配套立法。刚性预算原则体现了社会成员对政府预算法定性的要求，也反映出国家经济发展对政府管理能力的进一步要求。

4. 规范透明原则。在财政资金安排过程中，社会成员与政府之间存在信息资源上的不对称性。财政行政行为和财政收支制度都必须符合法律规定，具体资金的支付也要符合程序要求。规范透明原则是法律透明度原则在财政领域的具体体现和财政法治化的必要内涵，也是公共财政的内在要求。

（三）确定财政资金支付的类型及法定程序

1. 确定财政资金支付的类型。

（1）财政直接支付。财政直接支付是指预算单位在下达预算的控制下提交资金支付申请，财政部门根据预算安排和财政财务管理规定审核后签发支付指令，通过国库单一账户体系，将财政资金支付到收款人或用款单位账户。在财政直接支付中，是财政部门而非预算单位直接向代理银行签发支付指令，财政部门依据预算单位的申请针对具体的预算执行行为签发支付指令，预算单位向财政部门申请财政资金支付必须符合财政部门对资金支付审核的特定要求。财政直接支付适用于统发工资支出、基本建设支出、政府采购支出及其他大额专项支出。

（2）财政授权支付。财政授权支付是指预算单位根据财政授权自行签发支付指令，代理银行根据支付指令，在财政部门批准的用款额度和资金使用范围内将资金支付到收款人账户。

2. 确定财政资金支付的法定程序。

（1）通过财政零余额账户直接支付程序（见图1）。基层预算单位在下达预算的控制下提交资金支付申请，经一级预算单位审核后，报财政部门审核。财政部门根据部门预算、法定合同等审核确认直接支付申请后，开具《财政直接支付汇总清算通知单》和《财政直接支付凭证》分别送人民银行国库、承担清算职能的财政专户（以下简称清算银行）或财政零余额账户代理银行（以下简称代理银行）。

代理银行根据《财政直接支付凭证》，通过财政零余额账户及时将资金支付到收款人或用款单位，及时将支付信息反馈给财政部门、一级预算单位和基层预算单位。

代理银行每日根据实际发生的财政性资金支付金额填制划款申请向清算银行申请资金清算。清算银行在《财政直接支付汇总清算通知单》确定的清算额度内，根据代理银行的划款申请，将资金拨付到财政零余额账户。

财政直接支付的资金由代理银行支付后，因收款单位的账户名称或账号填写错误等原因而发生资金退回财政零余额账户的，代理银行在当日（超过清算时间在第二个工作日）将已清算的资金退回清算银行并通知财政部门和预算单位，由清算银行恢复相应的财政直接支付额度。对确需支付的资金，预算单位核实后重新申请支付。

这种支付方式的特点是先支付后清算，资金由开设零余额账户的代理银行先行垫支，再与清算银行进行清算；清算时财政资金才真正流出国库单一账户体系。

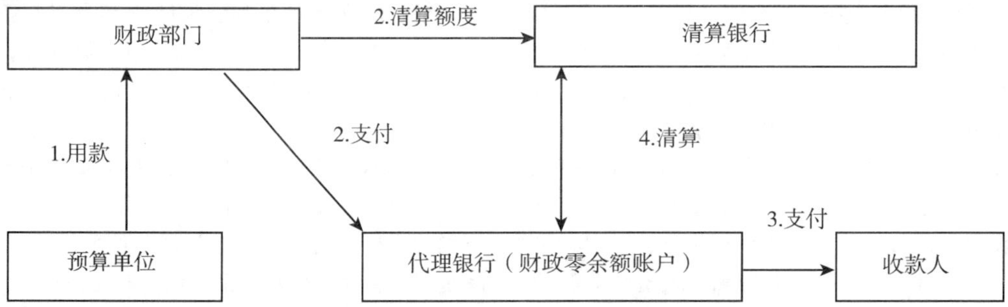

图1　财政直接支付流程（财政零余额账户支付）

（2）通过国库单一账户或财政专户直接支付程序（见图2）。通过国库单一账户或财政专户直接支付，是由财政部门根据预算单位用款申请，在预算指标范围内，向人民银行（国家金库）或财政专户开户银行开具支付指令，人民银行（国家金库）或商业银行根据支付指令，通过国库单一账户或财政专户将资金直接支付到收款人（商品或劳务供应商）或用款单位账户。

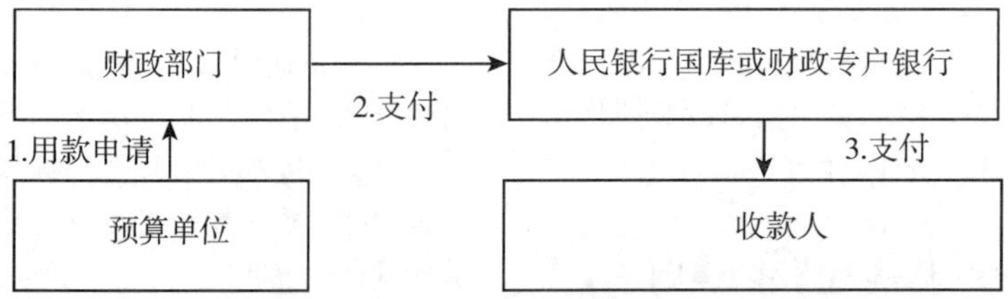

图2　财政直接支付流程（国库单一账户或财政专户支付）

（3）财政授权支付程序（见图3）。预算单位根据部门预算和财政管理规定编制财政授权支付用款计划，财政部门根据部门预算批复下达财政授权支付额度，分别向清算银行和代理银行签发下月《财政授权支付汇总清算通知单》和《财政授权支付通知单》。

代理银行收到《财政授权支付通知单》后，将《财政授权支付通知单》所确定的各基层预算单位财政授权支付额度通知其所属各有关分支机构并向相关预算单位发出《财政授权支付额度到账通知书》。

预算单位在《财政授权支付额度到账通知书》所确定的额度内开具支付指令，使用财政资金。代理银行凭据《财政授权支付通知单》受理预算单位财政授权支付业务，控制预算单位的支付金额。预算单位支用财政授权支付额度资金可通过转账或现金等方式结算。

代理银行每日按实际发生的财政性资金支付金额填制划款申请，向清算银行申请清算。清算银行在《财政授权支付汇总清算通知单》确定的累计额度内，根据代理银行的划款申请将资金划拨到代理银行。

财政授权支付的资金由代理银行支付后，因收款单位的账户名称或账号填写错误等原因而发生资金退回预算单位零余额账户的，代理银行将资金退回清算银行并通知预算单位，按原渠道恢复预算单位零余额账户财政授权支付额度。

除按规定可划拨至本单位相应账户的资金外，预算单位零余额账户不能向本单位或与本单位有关联的上下级预算单位银行账户划拨财政资金。因特殊情况确需向自有资金账户划拨资金的预算单位，需向财政部门提交申请，经批复同意后方能向代理银行办理资金支付手续。

在财政授权支付中，单位零余额账户接收的是用款额度，而非真实拨付的财政资金。与财政直接支付一样，在实际支付发生前，财政资金仍保留在清算银行中，实际支付发生后，财政资金与单位零余额账户清算。财政授权支付适用于预算单位的日常小额经费支出。

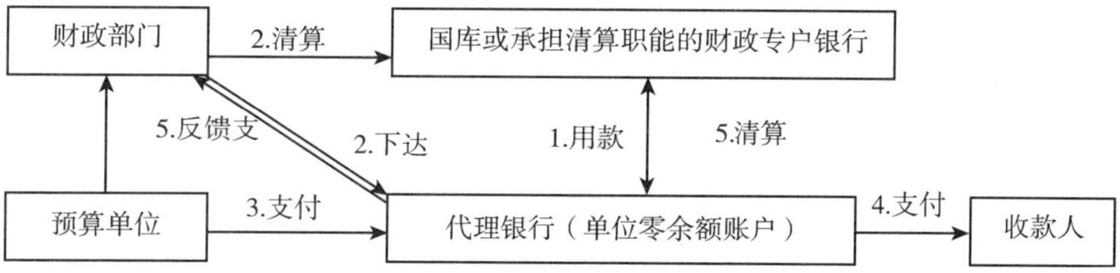

图3　财政授权支付流程

（4）财政资金清算程序。财政性资金支付清算，是指通过银行的资金汇划系统，将财政性资金由国库或承担清算职能的财政专户划拨给国库单一账户体系中其他账户的资金划拨的行为。清算银行与财政零余额账户、预算单位零余额账户之间的资金清算通过代理银行在人民银行的准备金存款账户或承担清算职能的财政专户进行。代理银行通过银行的资金汇划系统，根据支付方式和支付地点的不同，采用同城转账、异地汇兑和现金支付等方式实现财政性资金的支付与清算。代理银行需与清算银行签订代理财政性资金银行支付清算协议。协议应包括以下条款：代理财政性资金支付清算的方式、协议双方的权利和义务、违约责任等。

办理直接支付和授权支付业务过程中，财政部门向清算银行提交加盖预留印鉴的《财政直接支付汇总清算通知单》和《财政授权支付汇总清算通知单》，分别用于控制财政零余额账户和预算单位零余额账户的清算额度，并作为清算银行在额度范围内办理代理银行申请划款清算的合法依据。代理银行办理支付业务（包括退库）后，向清算银行提交加盖代理银行预留印鉴的《申请划款凭证》，作为清算银行在财政直接支付汇总清算累计额度、授权支付累计额度内办理财政性资金支付清算的合法依据；向清算银行提交加盖代理银行预留印鉴的《申请退款凭证》，作为清算银行办理财政性资金退划国库单一账户的合法依据。每一营业日终了前，代理银行将《申请划款凭证》或《申请退款凭证》从清算银行提回，分别划往并结平财政零余额账户和预算单位零余额账户。

代理银行每日收到的财政部门或预算单位的支付指令，应当在当天将资金划拨到收款人账户；因受理业务的时间已超过当天清算截止时间，代理银行当天未能完成清算产生的垫付资金利息由财政部门按当日超额存款准备金利率计付给代理银行。

（四）明确财政资金支付各主体的职责

1. 财政资金支付各主体及其相互间关系的确定。财政资金支付主要涉及三类主体：一是财政部门，它是财政资金支付的主体，包括从中央到地方的各级财政部门，其中各基层财政部门有着双重身份，既是承接上级财政转移支付资金的收款方，又是本级财政资金的支付方；二是银行，它是财政资金支付环节的媒介，即中介机构，包括人民银行国库、财政专户开户行及国库集中支付代理银行；三是单位，它是财政资金支付环节的用款方，包括各级预算单位以及部分因特定的业务（如政府采购、基建、捐赠等）与财政部门发生资金领拨款关系的企业及其他特殊收款人。

财政部门在人民银行开立国库存款账户及财政专户，人民银行代理财政国库业务，财政与人民银行之间是委托代理与代理的关系。

财政部门在商业银行开立财政专户，商业银行负责办理财政资金收付业务，财政与商业银行之间是委托支付与代理支付的关系。

财政部门通过招标选定国库集中支付业务代理银行作为预算单位或财政零余额账户的开户银行，财政与国库集中支付业务代理银行之间是委托支付与代理支付的关系。

根据预算单位申请，通过财政直接支付等方式，按规范程序将财政资金支付到最终用款人，财政与预算单位之间是支付者与使用者的关系。

预算单位通过财政授权支付方式，通知国库集中支付代理银行办理资金支付业务，预算单位与国库集中支付业务代理银行之间是委托支付与代理支付的关系。

商业银行的主管部门是中国人民银行，在业务上接受人民银行的监督。人民银行与商业银行之间是监督与被监督的关系。

根据不同的财政资金支付方式，三类主体在不同支付方式中所处的地位和职能也不同，以省级财政为例，各主体间的关系见图4。

2. 财政资金支付各主体的职能定位。财政职能：依法编制和执行预算，制定财政资金支付的制度规范；按照账户管理要求，开设和管理国库单一账户、财政零余额账户和财政专户等财政账户，并对账户的收支情况进行会计核算，监控国库存款账户及财政专户的收支业务和存款情况；选定国库集中支付代理银行和财政专户开户行，定期组织对银行办理业务的情况进行考评，并按规定向代理银行支付相关费用；办理预算单位银行账户开立、变更等事项的审批、备案；在预算或计划的控制下，批复预算单位用款计划，下达财政授权支付额度；审核预算单位用款申请，签发财政资金支付指令办理资金支付；定期与人民银行、

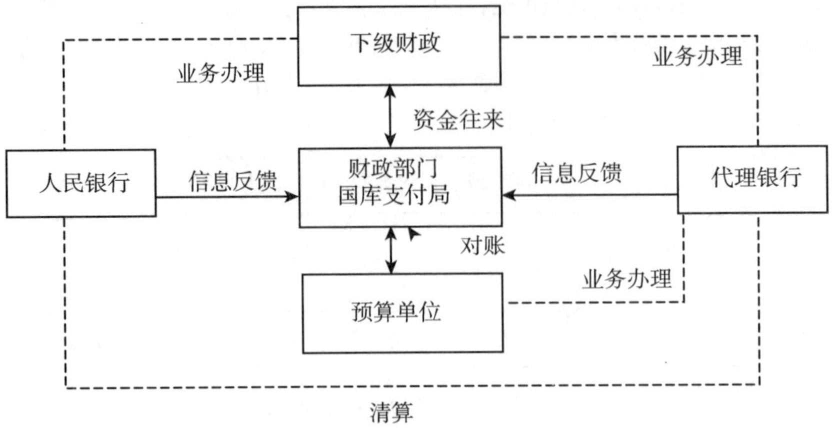

图4

商业银行、预算单位核对账务；协调预算单位、人民银行、商业银行和其他有关部门在财政资金支付业务中的有关事项。

人民银行职能：配合财政部门制定财政资金支付的制度规范，会同财政部门制定财政资金支付银行清算业务的制度规范，配合财政部门选定承办国库集中支付业务的代理银行；根据财政部门申请，按规定为财政部门开立国库存款账户及财政专户，并对账户资金计付利息；根据财政部门的支付指令或清算指令，办理资金支付或与代理银行办理资金清算业务；及时向财政部门反馈国库存款账户及财政专户的收支信息和管理动态；定期与财政部门及代理银行核对账务；监督并定期检查商业银行承办财政业务的有关情况。

商业银行职能：根据有关规定为财政部门开立财政专户和财政零余额账户，为预算单位开立预算单位零余额账户和其他账户；根据财政部门开出的财政资金支付指令办理财政资金支付；在财政部门下达的财政授权支付额度内控制预算单位办理财政授权支付，并协助监控单位零余额账户使用状况，不得违规支付资金；按清算协议规定与人民银行进行资金清算，定期与人民银行核对账务；及时向财政部门和预算单位反馈财政专户、零余额账户收支情况，提供对账单并核对账务；妥善保管财政部门和预算单位提供的财政支付各种单据、资料，并负有保密义务；接受人民银行、财政部门对财政资金支付的监督管理。

预算单位职能：按部门预算使用财政性资金，并做好相应的财务管理和会计核算工作；编制和审核本单位及所属单位的用款计划，提供有关申请及所需凭证，并保证凭证的真实性、合法性；根据管理规定签发授权支付指令，通知代理银行支付资金；负责编制本部门及所属单位预算执行情况和决算报表，配合财政、审计等监督部门对本单位及所属单位预算执行、资金支付和账户管理等情况进行监督管理；根据有关规定按时与财政部门、商业银行核对账务。

3. 明确财政资金支付环节中各主体的责任。财政资金支付包含财政部门下达预算、编制用款计划、预算单位提交支付申请、财政审核支付申请、财政通知资金拨付、代理银行拨付资金、资金清算、反馈资金支付信息等多个环节。不同的资金支付环节，各个相关主体承担不同的责任。

（1）财政部门下达预算环节的责任。财政资金支付以法定的预算为依据。对预算的要求：一是预算编制要尽可能细化，要明确资金的具体用途，用于基本支出的预算要有明确规范的使用标准，用于项目支出的预算要明确具体项目；要明确财政资金的使用主体，原则上预算应该编制细化到最终的用款单位，也即基层预算单位。二是下达预算要及时。要提高部门预算的年初到位率，原则上所有的财政支出都应该统一编进预算；要加快预算下达的进度，在人大正式批复预算前明确允许以上报人大的预算草案作为预算执行及财政资金支付的依据，待人大批复预算后再根据情况进行预算执行调整。三是要明确界定预算结余和当年度用款额度结余。由于引入了用款计划管理，建议明确预算结余经批复后与下年预算统筹安排，作为下年预算执行及财政资金拨付的依据，用款额度结余自动结转下年，作为下年预算执行及财政资金拨付的依据。

由于预算编制不合理、不合规导致财政资金支付不正确的问题，由各级财政的预算管理部门承担责任。

（2）预算单位申请环节的责任。预算单位根据下达的预算，结合本单位、本部门资金使用的具体情况及使用进度，向财政部门提出编制用款计划或资金使用申请，其中，财政直接支付资金由财政部门审核通过后代理支付，财政授权支付由财政部门根据单位申报的用款计划下达额度给预算单位零余额账户代理银行，预算单位在额度的控制下自行支付。预算单位向财政部门申请使用财政资金，必须根据下达预算资金的使用范围、金额提出申请，同时提交相关的证明依据（如政府采购资金支付必须提供有效的政府采购合同，基建资金支付必须提供经审核的基建合同等）和合法有效的银行账户信息。

虽然财政部门对财政资金的申请要进行审核和监督，但由于预算执行中的信息不对称因素，财政部门无法完全杜绝单位违规申请使用财政资金的行为及其风险。由于财政资金的使用权属于单位，按照权利与责任对等的原则，单位应当对财政资金申请环节所涉及的问题负主要责任。具体为：

预算单位超预算申请使用财政资金，如超预算编制用款计划，超预算、超用款计划申请财政直接支付，超授权支付用款额度支用财政授权支付资金，预算单位应承担资金返还责任。

预算单位擅自变更预算用途的，由预算单位主要领导、财务负责人及具体行为人承担违规使用财政资金的责任。

预算单位或有关人员提供错误、虚假的支付信息资料，如提供伪造、变造或提供虚假或错误的收款人及账户，伪造、变造或提供虚假支付申请、虚假合同，有关人员与收款人合谋以非法手段骗取财政性资金，导致财政资金损失的，应当区分具体行为由预算单位主要领导、财务负责人及具体行为人承担挪用、盗用、贪污财政资金的责任。预算单位违规开设的账户不能作为财政资金支付的收款账户，一经发现预算单位主要领导、财务负责人及具体行为人承担违规开设银行账户的责任。

预算单位不按规定程序申请使用财政资金，如不按规定的支付方式使用财政资金，不按项目进度或均衡性原则申报用款计划，违反政府采购管理规定使用政府采购资金，违规使用预算单位零余额账户的，由预算单位主要领导、财务负责人及具体行为人承担违规使用财政资金的责任。

（3）财政资金审核环节的责任。财政部门要根据财政资金支付的相关文件规定对预算单位提交的支付申请或用款计划进行形式上的审核，审核的内容主要包括预算单位提交的申请要件是否齐全，手续是否完备，进度是否符合要求。如果因财政部门审核不严而导致财政资金违规支付的，应由财政部门承担相应责任。

（4）财政通知资金拨付环节的责任。财政部门通知银行办理财政资金支付应规范使用财政资金拨付凭证，财政拨款凭证要进行编号，确保要素填制齐全，印鉴加盖正确，凭证的传递和签收手续规范完整。因财政部门提供不规范或错误信息的凭证给银行支付或使用伪造、变造的财政资金支付凭证，造成财政资金损失的，由财政部门承担相应责任。

（5）代理银行拨付资金环节的责任。人民银行或商业银行在办理财政资金拨付的过程中，要按照《国家金库条例》或代理协议的规定，对财政部门或预算单位提交的财政资金支付凭证的真实性、有效性认真审核，如未履行审核义务或未按照合法有效的财政资金支付凭证在规定的时间内正确履行支付义务的，对单位或财政部门造成的损失要承担相应责任。

（6）资金清算环节的责任。国库集中支付代理银行每日收到的财政部门或预算单位的支付指令，应当在当天将资金划拨到收款人账户并与人民银行国库或其他财政专户清算；人民银行或财政专户的开户行要根据清算协议及时为国库集中支付代理银行办理资金清算手续。因代理银行提供错误的资金清算信息或超清算额度清算造成损失的，由代理银行承担责任；因人民银行及承担清算责任的财政专户开户行未在规定时间内受理清算或未对清算申请进行规范审核造成的损失，由人民银行及承担清算责任的财政专户开户行承担责任。

（7）反馈资金支付信息环节的责任。银行要及时向财政部门和预算单位反馈财政资金支付和清算的信息，以满足财政部门和预算单位对预算执行管理、财政资金支付核算及资金支付监管的要求。

（五）完善财政资金支付监管机制

财政支出监督管理是财政管理的重要组成部分，加强财政支出监督管理，对落实科学发展观、构建和谐社会、发展社会主义政治文明有着十分重要的意义。加强财政支出监督管理，必须尽快建立起覆盖财政资金运行全过程的财政监督机制，建立健全预算编制、执行、监督相互制衡、相互促进的财政资金运行体系。为保证财政资金支付安全，合规使用，建议在财政资金支付条例立法中，从以下几方面对财政资金支付监管的有关内容予以明确：

（1）成立专门的监管部门并赋予特定职责。国库部门内部成立专门的监督管理组织，对财政资金支付进行实时监控，与财政各业务部门和监督部门形成联动协作，及时发现和有效查处违法违规违纪问题，加强财政资金支付内控管理和外部监督，防范和控制财政资金支付风险，促进财政资金安全、规范和有效支付使用。该监管组织负责对财政资金支付使用情况进行日常动态监控和疑点核实，提出核查建议和报告，及时向财政其他业务部门通报核查情况，会同业务部门组织实地核查，跟踪整改落实情况。

（2）明确监管范围、对象及内容。实时监控财政资金支付全过程，包括财政国库部门内部支付流程、代理银行支付行为及预算单位请款、用款行为三大部分。对财政资金支付的申请、审核、支付、清算、核算的操作流程进行跟踪，动态监控每一笔财政资金支付的详细交易记录，监控资金支付是否符合程序，资金支付是否及时足额，资金流向是否正常，资金使用是否符合预算规定用途等。

（3）确立监管程序及机制。利用信息化手段对资金支付使用全过程存在的疑点进行核实、纠偏和警示，按照系统预警→实时监控→人工查询→综合核查→问题处理→信息披露→部门整改→跟踪反馈→监控报告的工作流程进行监管，形成事前事中有效控制、事后跟踪问效的财政资金支付使用监控模式，确保财政资金合法、合规支付使用，提高预算执行刚性。

（4）对单位现金的管理和控制。针对当前预算单位对现金使用管理存在的问题，在财政资金支付条例“关于财政资金支付的流程与控制”环节中，明确财政资金支付过程中各单位提现的限额和频率，明确现金报销的上限，超过该限额应采用支票或公务卡结算，有效控制单位现金存量，杜绝资金支付风险，保证财政资金的安全、合规使用。

（六）规范财政资金支付信息的使用

1. 财政资金支付信息的功能。

（1）财政资金支付信息是反映财政资金最终去向的原始资料，也是反映预算执行情况的重要载体。财政资金支付信息反映了预算安排的具体情况，记录了财政资金的最终去向，是反映预算执行是否到位、财政资金支付是否准确的重要依据。

（2）财政资金支付信息是财政会计管理的基础。财政资金支付信息记录了各级政府预算执行和用款单位使用财政资金的经济活动，是财政总预算会计及行政事业单位会计核算的对象。根据正确无误的财政资金支付信息登记账簿，就能把日常发生的财政资金支付业务通过会计核算正确地、及时地反映出来，并向预算执行分析，政府预、决算编制、国库现金管理等反馈数据信息。

（3）财政资金支付信息是明确经济责任的重要依据。由于每一项财政资金支付都要由经办部门的有关人员开具支付凭证并在凭证上签名盖章，对经济业务的真实性和合法性负完全责任。根据财政支付信息的记录可以明确哪些人应该对哪项业务负责，各负什么责任。这样就可以促使经办业务的部门和人员加强责任感，使其严格按规定办事，一旦发现了问题，也能根据凭证查清责任。

（4）财政资金支付信息是财政资金支付监管的内容。由于财政资金支付信息的记录，因此，全国各级人大、人民政府、财政部门和审计部门通过审核财政资金支付信息，可以检查各项财政支付业务是否符合有关政策、法令、制度等的规定，有无违法乱纪或铺张浪费等行为，从而建立对财政资金支付管理的内外部监督，保障财政资金安全。

2. 财政资金支付信息的使用和公开范围。财政预算信息公开是建设透明政府、和谐社会的必然要求。财政资金支付信息作为一种特殊的预算执行信息，其中不仅包括预算执行的内容，而且包括具体付款的金额、用途、收款人账户等信息，是财政资金最终去向的具体反映。财政资金支付信息的使用和公开要考虑两个方面的问题：一是财政资金支付信息的性质界定；二是财政资金支付信息公开的程序设计。

各预算单位是预算执行的具体实施者，是财政预算资金的具体使用者，涉及预算单位具体的财政资金支付信息来源于预算单位的具体预算使用行为。财政部门作为预算执行的组织者，虽然通过信息系统和国库集中支付代理银行集中收集了每笔财政资金的具体支付信息，但对于这类信息，财政部门只是记录者和保存者，不能对信息的有效性、合法合规性进行界定；同时，财政资金支付信息是单位财务管理的基础信息，涉及各个用款单位和收款人的权益和隐私，有关信息是否涉及国家秘密、商业秘密或个人隐私的情况只能由用款单位确定。

综上所述，财政资金支付信息原则上不宜由财政部门直接公开，而应该将信息公开的主体界定为预算单位，需要了解这些信息的部门和社会公众应向用款单位申请公开，由用款单位对信息作出解释和说明，而不是向财政部门申请公开。

财政资金支付信息在财政部门可汇集为预算执行信息，即反映为分科目、分部门的预算执行情况，根据规定，财政部门记录的预算执行信息仅向法律法规明确授权对财政资金使用和管理有监督职责的部门提供，如审计、监察、人大等。有关部门使用财政资金支付原始信息应当以一定的形式提出查询申请，经财政部门同意后提供。根据财政支付信息统计制作的财政支出统计数据应由本级政府授权财政部门发布后主动向社会公开。

课题组成员：徐迎建　林　斌　王燕惠　张文蔚　邓　宏　杨勇华

原文内容由四部分构成：一是研究背景；二是本研究的目的、意义及技术路线；三是创建生态示范镇的财政补偿机制调研；四是茂名市生态示范镇创建建议。由于篇幅限制，在此只节选第三章和第四章进行刊登。

建立生态示范镇的财政补偿机制研究

（节选）

广东省茂名市财政局、茂名市财政学会

第三章　创建生态示范镇的财政补偿机制调研

（一）市内典型镇基础情况调研

本次市内典型镇基础情况调研选择高州大坡镇、电白罗坑镇和信宜池垌镇。茂名市主要森林资源和水资源都在北部，高州的东北部和信宜的北部，这两处植被茂密，林地面积约 3 900 平方公里，占全市林地的 76% 以上。在茂名市水资源总量中，70% 以上集中在北部地区，也是全市主要的河流鉴江、罗江、袂花江发源地。高州水库位于高州市东北部，距市区 25 公里，集水面积 1 002 平方公里，库容量 11.5 亿立方米，是全国十大水库之一，担负着茂名市工业、生活用水和高州、化州、电白、吴川等县市及茂南区、茂港区农业供水任务，设计灌溉农田118万亩。位于电白县北部罗坑镇的罗坑、黄沙两大水库集水面积超250平方公里，总库容1.5亿立方米。我们所选择的这三个典型镇都是茂名市居民饮用水的主要水源地，属重要的生态敏感区，生态保护职责重大。

1. 各项指标对比分析。从社会发展、环境质量及污染控制和生态建设三方面对罗坑镇、大坡镇、池垌镇进行较详细调查，见表1。

由表1分析可知，“社会发展”指标除“生态示范村所占比例”外与省的指标要求差距不大；在“环境质量及污

表1　　社会经济及生态指标

内容	序号	指　标	罗坑镇	大坡镇	池垌镇	省级生态示范镇要求
社会发展	1	城镇居民年人均可支配收入(元)	5 620	6 500	4 800	≥6 500
	2	农民年人均纯收入(元)	2 830	3 200	3 000	≥3 500
	3	饮用水卫生合格率(%)	90	90	90	100
	4	生态示范村所占比例(%)	0	0	0	≥30
	5	群众对环境状况满意率(%)	90	80	60	≥90
环境质量及污染控制	6	地表水环境质量	达标	达标	达标	符合功能区划或环境规划要求
	7	大气环境质量	达标	达标	达标	符合功能区划或环境规划要求
	8	声环境质量	达标	达标	达标	符合功能区划或环境规划要求
	9	重点工业污染源排放达标率(%)	100	100	100	100
	10	建成区生活污水集中处理率(%)	0	0	0	≥65
	11	建成区生活垃圾清运率(%)	70	85	80	100
	12	建成区生活垃圾处理率(%)	0	0	0	≥60
	13	医疗废物无害化处理率(%)	0	0	0	100
	14	城镇卫生厕所建设和管理	基本达到	基本达到	基本达到	达到省卫生镇要求
	15	规模化畜禽养殖场粪便综合利用率(%)	60	80	70	≥90
生态建设	16	建成区人均公共绿地面积(m^2)	15	11	12	≥11
	17	森林覆盖率(%) 或绿化覆盖率(%)	70	75	65	≥45
	18		60	40	40	≥38
	19	主要农产品中有机、绿色及无公害产品种植面积的比重(%)	60	65	60	≥30
	20	水土流失治理率(%)	≥90	≥90	≥90	≥90
	21	矿山生态恢复率(%)	≥90	≥85	≥80	≥90
	22	生态农业模式建设	0	0	0	至少有一种(或以上)模式，且达到一定规模和特色

染控制”方面，其中“环境质量”完全能够达标，“污染控制”方面如“建成区生活污水集中处理率”、“建成区生活垃圾处理率”、“医疗废物无害化处理率”为0，其他指标“建成区生活垃圾清运率”、“规模化畜禽养殖场粪便综合利用率”与省的要求差距不大；在“生态建设”方面，除“生态农业模式建设”方面尚未形成一定规划和特色外，其他指标都达到或远远超过省的指标。

综上所述，茂名市典型镇创建生态示范镇的基础条件较好，具体表现在环境质量好、生态保护现状较好；但劣势也很明显，主要是建成区生活污水、垃圾及医疗废物都未得到规范化处理，生态农业发展水平低，尚未形成规范化、产业化生产；由于茂名市创建生态示范镇工作尚属起步阶段，目前全市没有进行生态示范村的评比与创建。

2. 典型镇创建生态示范镇的困难分析。作为北部乡镇在经济欠发达情况下，对生态环境保护一直作了相当大的努力，承担了以水资源保护为主的重任。但和《茂名市环境保护规划（2006～2020年）》确定近期至2015年环境目标相比，即饮用水源水质达标率100%，地表水水质达标率95%，大气环境质量达到功能质量标准比率97.3%，森林覆盖率60%，生活垃圾处理率90%，北部乡镇生态环境保护还有很大差距，还需要采取多方面措施。据调查，主要有以下五方面原因。

（1）生态公益林的补偿和管护费用低。茂名生态公益林中，经调整界定的国家级重点生态公益林面积为111 836亩，省级生态公益林面积2 287 101亩，主要分布在高州与信宜的山区。现在的生态公益林的补偿和管护费用，按9元/亩·年的标准，资金约2 159万元/年，但农民将山地出租收入约30～50元/亩·年，因此农民种植生态公益林积极性较低。

（2）生活垃圾处理没治理。茂名市境内的乡镇建成区生活垃圾收集清运率约60%～85%，但目前收集的垃圾只是找个偏远的地方简单的堆放，没有一个符合国家处理规划要求的垃圾处理场，生活垃圾处理达标率为0，特别是在高州水库附近的几个乡镇的生活垃圾大部分堆放在入库河流边上，每逢在大雨时，大量生活垃圾就流入水库里，出现这种现象的主要原因是乡镇环卫人员和设备配套不足和合格垃圾处理场资金投入大，难以维护。

（3）污水处理未经处理。乡镇建成区内的配套的污水排放管网较少，区内的生活污水未经处理后多头排放，生活污水处理率为0。高州水库附近的7个乡镇的污水都是直排入高州水库内，造成高州水库水资源污染严重。目前市政府拟在高州水库上游的7个乡镇建设污水处理设施，但由于征地问题和后期污水处理设施运行维护资金困难，造成污水处理设施建设进度缓慢。

（4）矿山复绿困难。高州、信宜两市的矿产资源丰富，已探明的矿产资源有30多种，境内的银岩锡矿是全国第三大锡矿，东坑金矿为广东省第二大金矿；玉矿是全国唯一的“南方碧玉”。矿产资源的开发利用为茂名市经济和社会发展提供了重要物质保障。然而，传统生产方式“只开采、不治理”，哪里好开采、好运输，就在哪里开工。于是很多矿山出现了这样的场景：山体裸露、植被破坏、生态环境受损严重，出现山体崩塌、泥石流等地质灾害等。此前大量的废弃矿山属于“无主山”，很难落实责任人，复绿和治理的重任只能落在政府身上。

（5）经济实力和资金实力不强。从以上北部乡镇生态环境保护面临主要情况来看，作为北部乡镇实施生态保护，最大困难就是经济实力和资金实力，究其客观原因，主要有：①产业结构问题。北部山区乡镇，从改革开放开始，同东部乡镇一样，走过乡镇村集体办工业道路，由于受交通等各类基础设施落后影响，北部乡镇工业化道路遭受挫折，目前产业构成中第一产业仍占据较大比例，工业以资源开发加工为主，主要是竹制品、农产品，工农业生产普遍存在规模小，缺少品牌产品，加工粗放附加值低等问题。近年来以旅游为主第三产业虽有一定的发展，但尚属于起步阶段。②山区与珠江三角洲等的经济落差大，造成山区人口外流，多以青年外出打工为主，并且本地的山区农业发展成本相对增加，收益减少。③乡镇财政困难。一是受税费改革影响，教育费附加、农业税减免取消等因素，导致乡镇财政收入减少；二是企业较少，带来税源来源较少；三是受生态保护约束，招商引资工作难，企业难以进入，税源扩张缺乏基础。

3. 财政补偿介入的困难分析。

（1）对生态补偿机制缺乏正确认识，将生态补偿简单化、表面化。目前，国内对生态补偿机制的理论研究尚属初级阶段，在绿色GDP的核算体系、资源环境的价值评价体系等建立生态补偿机制的基础理论研究方面还相对薄弱，广东省、茂名市均处于起步研究阶段，尤其是一些政府领导，对建立生态补偿机制的重要性和系统性认识还存在一些错误的观点：将建立生态补偿机制的要求仅仅看成是欠发达地区单方面的需求，将生态补偿简单地等同于政府的财政补助。这样，既忽视了多元化的生态补偿渠道的建立，也忽略了自身合适产业的发展和生态经济结构的构建。

（2）开展生态补偿探索实践较为缺乏。生态补偿机制在实际操作中目前还存在一些难度较大的技术和政策问题，缺乏制度创新和实践探索，尤其在生态补偿方式、财政生态补偿资金使用绩效考核评价制度等方面。目前，茂名市的生态补偿尚停留在政府的财政补助方式，市场经济的机制和调控手段等操作运用较少，一方面使政府背上了沉重的经济负担，另一方面使“谁破坏，谁赔偿；谁利用，谁支付”原则未落到实处。同时，茂名市尚未建立一套支付生态补偿地区和接受生态补偿地区的考核制度和标准体系，以及生态补偿的效益评价机制，对目前财政补助资金等使用效果情况和存在问题缺乏深入认识，造成上、下游地区均未能真正认识到自身在生态补偿机制中的责、权、利之间的统一关系，使生态补偿的真实效果并未充分体现。

（3）市级财政补助资金种类繁多。目前，市级财政补助资金中除生态建设专项资金、环保补助专项资金、郊县补助资金、绿化建设专项资金、支农资金、扶贫帮困资金等项目与生态补偿有着明显的直接和间接的意义外，其他许多财政支持和补助项目的生态补偿指向尚不清晰，这些隐形投入占81.5%，需要进一步梳理明确和完善，将隐性投入转为显性投入，并向社会明确公示，取得社会的监督和支持。

（4）现有市级财政补助过于平均，生态补偿重点不够突出。茂名市重要生态功能区所在区域的财政补助与该地区所承担的生态环境保护和建设任务并未直接挂钩，未能充分体现“谁保护，谁受益”的生态补偿基本原则。造成这些问题的主要原因是各项资源费的征收和使用都按部门和行业分别进行，行政色彩浓，缺乏统筹安排，导致了补偿不尽到位，在一定程度上影响了上游地区生态保护的积极性，未能充分体现生态保护和建设的整体效能。此外，现行财政的支出结构不尽合理，例如，省财政对市县“两保两挂”和“两保一挂”财政政策中缺乏生态环境保护和建设内容，对重点生态功能区域的财政支持力度不够。

（5）存在部分资源费的征收力度不够，部分补助标准偏低等问题。现行的环保排污费的征收项目不全，对生活垃圾、生活污水等的收费相对滞后；已开征的项目收费额度远低于处理成本。目前广东省矿山自然生态环境治理恢复保证金收费标准也远远低于实际的处理成本，而且对已关停的矿山无法征收，对真正落实矿山整治工作任务造成很大的资金短缺。新《广东省矿山自然生态环境治理恢复保证金管理办法》即将实施，生态环境治理恢复保证金的标准和要求有所提高。

6. 生态补偿管理体制不尽完善。目前，茂名市生态补偿的管理体制中多头管理现象十分突出，资源、环境、财政、税务、科技、农业、林业、水利等各部门都与生态补偿有关，但没有一个部门具有综合协调管理职能，造成了某些项目多方重复申报资金，难以对资金使用进行有效地监督管理。同时在生态补偿，特别是财政转移支付方面的有关法规、制度的实行方面也缺乏系统的标准和办法，财政转移补偿具有一定的任意性和福利性，使生态补偿的公平性受到质疑。

（二）生态示范镇创建先进市调研

1. 梅州。梅州的生态示范点从1999年开始申报，2000年梅县雁洋镇即申报成功为省级生态示范镇，其后又成功获得四个省级生态示范镇称号。经过5年的评比创建，目前梅州市已拥有500多个市级生态示范村，17个市级生态示范镇，在广东省是起步早，示范点遍布范围广的地区之一。梅州在生态示范村镇的创建过程中采用“以奖促治”、“以奖促建”的方式给予财政支持，即，获得市级生态示范村的一次性给予2万元奖励，获得市级生态示范镇的一次性给予10万元奖励，而获得省级生态示范镇的省里同样给予30万元的一次性奖励。按照梅州市生态示范村镇规划，到2012年全市30%的村创建为市级生态村，15%的镇创建为市级生态镇；到2020年70%的村镇都将创建为市级生态村镇。

梅州市2005年印发了《关于开展创建市级生态示范村活动的实施意见》（梅市府办〔2005〕68号），该《意见》以全面实施“生态梅州”为发展战略，以巩固提高良好的生态环境质量，促进人与自然和谐，生态、经济、社会的可持续发展为目标。对创建省级生态示范区（村、镇、场、园）和市级生态村确有资金困难的，在环保专项资金（排污费）中给予2万~5万元支持，用于环境污染防治项目。对成功创建省、市示范村镇的单位和领导、组织、指导开展创建活动取得成绩的有关人员给予表彰奖励。各县（市、区）也应建立创建生态示范村镇投入机制、配套相应的补助和奖励基金。

2. 韶关。韶关也是广东省早开始生态示范镇创建的地级市之一，其中始兴县就有深渡水瑶族乡、罗坝、城南3个省级生态示范镇。另外，始兴镇于2010年获得国家级生态示范镇称号，目前全县正积极创建国家级生态示范县的工作。

韶关每年由财政筹措2 000万元用于生态文明创建，每年选取24个镇，每个镇补贴20万元用于垃圾清运的硬件设施配置，如清运点垃圾收集站建设、垃圾车购置等，此部分资金直接由市财政划拨到各县财政，县里统筹资金安排，且不足部分由县财政配套补充。以沼气建设为切入点，按照“住房楼房化、道路硬底化、村头村尾绿化、经济产业化、能源沼气化”等“十化”标准建设生态文明村之一，家家户户都建有沼气池，沼气解决了生活燃料问题，减少了薪炭林的砍伐量，沼液成了发展蚕桑、黄烟等产业的最好有机肥料，将蚕桑渣、人畜粪便入池作沼气原料，还解决了农村的卫生问题，形成了猪—沼—果（烟）或养—蚕—桑的生态农业模式。

在韶关仁化县董塘镇高莲村调研时我们发现生态示范村创建对于该村经济、文化、环境都带来了非常巨大的改变。从2004年初开始，该村就把沼气建设与发展生态农业、特色农业和整治村容村貌结合起来，通过村干部带头兴建、使用和算经济账等措施，大力发展沼气建设，目前全村建成沼气池266个，占农户总数91%。通过建设农村沼气工程，带动了农户“改灶、改厕、改圈、改路、改水”，促进了农村的公共基础设施建设，彻底改变了以往污水横流、垃圾遍地的面貌。村集体经济得到发展后，2010年投入190多万元，将镇村公路和所有村道拓宽，村委会至各自然村的道路全部实现了水泥硬底化，投入10万元铺设生活污水渠2 080米，建成容纳60立方米的生活污水净化处理池，实现生活污水处理系统化。另有120户农户装上太阳能热水器，80%以上的村民使用清洁能源，实现了生活能源洁净化。

3. 湛江。湛江市积极参与原省环保局组织开展的创建广东省生态示范村（场、园）活动，至2004年先后创建了徐闻县后寮村等一批广东省生态示范村（场、园）。2002年，湛江市印发《湛江市开展“四通五改六进村”创建生态文明村活动实施办法》。2005年，开展创建湛江市级生态示范村活动，以生态示范活动的创建，引导生态文明村深入开展。2007年，增加创建市级生态示范镇内容。2009年，开展“宜居城乡”创建活动。截至2010年6月，核拨开展创建活动专项经费680多万元。共创建各级生态示范镇14个（省级6个，市级8个）；村（场、园）202条（省级37条，市级165条）；各级生态文明村5396条；宜居城镇2个。

湛江市不断加大创建生态示范镇投入。一是从2006年开始每年拨出250万元经费，实施全市村庄发展规划的编制，优先编制了全市200人以上的村庄发展规划。截至2009年年底，累计编制了4941条村庄的发展规划。二是2005～2007年每年预安排算100万元、2007～2010年每年预算安排150万元，奖励创建单位（每条市级生态示范村3万元；每个市级生态示范镇10万元）。三是编制了《湛江市治污保洁发展规划（2006～2020年）》，由县（市、区）人民政府通过财政预算和其他渠道筹集资金，统筹安排建设城镇污水集中处理设施及配套管网和垃圾处理设施。2010年市财政在对城乡治污保洁补助2 000万元，“十二五”期间将每年递增500万元，重点支持城镇污水和垃圾处理设施建设。四是中心镇生活垃圾处理场及中转站建设所需资金由市级财政补贴50%，各级政府可采用BOT方式筹集其余建设资金或引入正规的垃圾处理企业经营。五是“十二五”期间市财政将采取以奖代补的方式，统一补助每村污水处理设施建设经费3万～5万元，专项用于农村生活污水处理设施建设，不足部分由村自筹和县、镇财政补助。此外，湛江市引导社会资金对生态与农村环境保护工程的投入。吴川市实施“回归工程”，社会资金投入约6亿元，建成全国十大优美村庄——林屋村等一批省市级生态示范村。徐闻县采取了“千干扶千村，万干齐回村”的做法，动员外出人员捐款和社会各界支持，共投入资金约4.3亿元，创建文明村1 102条，占自然村总数的87.3%。群众是生态镇村创建工作的主体，形成了由“要我创建”到“我要创建”的转变氛围，全市打造了一批生态典型，使生态文明村的创建工作学有榜样，赶有目标，提升了创建生态文明村的内涵，为创建宜居城镇打下了良好基础。

第四章　茂名市生态示范镇创建建议

（一）生态示范镇基础环境建设

1. 提高思想认识，建设茂名市生态文明。

（1）生态文明是最高级的人类文明，坚定不移地推进生态文明创建，就能实现由环境换取增长向环境优化增长的历史性转变。坚持正本清源，把生态文明创建放到转变发展方式的高度来考量，不仅可实现环境质量的提升，而且加快了由环境换取增长向环境优化增长的转变。近年来，各城市不断优化主体功能区布局，形成了产业集聚区、城市功能区、旅游开发区、生态保护区等各个功能区融合发展、互促并进的科学发展新格局。

（2）生态环境是赶超先进的突破口，坚定不移地推进生态市（镇）创建，就能为新一轮发展构建起强大的后发优势。当前，区域发展的竞争异常激烈。如果说过去的竞争主要是拼区位条件、政策优惠和资源消耗，那么，新一轮发展将主要取决于科技、人才和生态。其中生态是最基础的条件，是实现赶超的突破口。没有良好的生态环境，就不能建成高品质人居城市，就不能吸引高层次人才，也谈不上发展高新技术产业。

（3）生态投入是最有价值的投入，坚定不移地推进生态市（镇）创建，就能为长远发展奠定坚实基础。尽管生态投入短期内不能产生经济效益，环保基础设施建设是一项“看不见的工程”，但对一个地方的长远发展，产生的效益最大、发挥的作用最深远。

（4）生态成果是群众最期盼享有的发展成果，坚定不移地推进生态市（镇）创建，就能为群众创造更大的福祉。进入新的发展阶段，群众的生活日益富足，对高品质人居环境的期盼更为强烈。开展生态市（镇）创建，不仅仅是为了一块牌子，更是要通过生态市（镇）创建这一有效抓手，推动解决群众关心的环境问题，以更多的生态成果，为全体人民创造更大的福祉。

2. 加强组织领导，建立长效机制。建议市政府成立以分管副市长牵头的生态文明建设工作领导小组，统筹本市生态环境保护及生态示范市（镇）创建的工作，由财政给予工作人员固定编制与工作经费，在考核上把此项工作纳入《茂名市“十二五”环境保护目标责任制》考核体系。该机构负责组织《茂名市生态文明建设规划》、《茂名农村环境综合整治规划》、《茂名市生态示范村（镇）考核验收标准实施方案》等相关规划与方案的制订与实施。在各项措施实施中，各县、市（区）应建立健全了农村环保工作机构，初步形成“党委领导、政府负责、环保牵头、部门联动、县乡实施”的区、市、县、乡四级网络体系。

3. 合理规划创建工作，抓好区域试点。围绕《茂名市生态文明建设规划》、《茂名农村环境综合整治规划》及已分步实施的《茂名市环境保护规划（2006～2020年）》，确定了“从村庄试点、整乡推进到集中连片，从县区试点到整市推进”的工作思路。通过3～5年的努力，全市创建一批市级生态示范村，不少于10个市级生态示范镇，争取创建3个以上的省级生态示范镇，1个以上国家级生态示范镇，并“以点带面，全面铺开”，到2020年前争取获得国家生态示范县2个以上，全市获得生态示范市称号。

4. 制定投入政策，实施项目带动。建议每年安排不少于5 000万元专项经费进行全市生态文明建设，由市生态文明建设工作领导小组统筹安排使用，其中，不少于1 000万元资金运用于全市生态示范村（镇）创建。对年度考核优秀的试点县区和被命名为市级生态示范镇、生态示范村的进行“以奖代补”，分别给予30万元、5万元的奖励；对饮用水源地保护、污水垃圾治理、畜禽养殖污染防治及综合利用等工程项目进行“以奖促治”，充分调动了各地抓农村环保工作的积极性。在“三清”（清理粪堆、清理垃圾堆、清理柴草堆）、“四改”（改水、改厕、改灶、改圈）、“五通”（通路、通车、通电、通自来水、通宽带网）、“六化”（硬化、净化、亮化、绿化、美化、整齐化）的基础上，重点加强全市农村集中式饮用水源地保护与保护区划定工作，对其中重点饮用水源地进行了有效保护，以确保广大农村饮用水安全。为确保各项目标的实现，具体工程是保证，拟在未来3~5年内在全市新建2万个垃圾池、40个垃圾转运站，配发120辆农村垃圾转运车；新建3万个农村户用沼气池、发放12万台太阳能灶；建设20个规模化畜禽养殖粪便污染综合处理厂、4个秸秆综合利用项目；建成36个农村生活污水处理示范工程；关停、治理严重影响农村环境的中小企业；形成至少有两种以上、达到一定规划的生态农业模式，实现循环经济式的农业生产方式。

5. 开展示范创建，构建生态文明。坚持生态保护是前提、经济发展是根本，以新农村建设为抓手，以“以奖促治”项目为示范，在全市开展以“生态示范镇创建”为重点的农村环境综合整治工作，力求农村环境得到明显改善。

（1）以整合为动力，提升资源综合利用。一是整合清洁水源。通过新改建农村集中饮用水源，同时建立安全饮用水工程日常维护机制。经卫生防疫部门监测，实施安全饮用水工程的村组饮用水质各项指标均优于饮用水卫生标准。二是整合清洁能源。大力推广农村沼气工程建设力度，加强管理和服务队伍建设，形成县、乡、村三级服务网络，沼气入户率达到30%以上。三是整合清洁家园。加快实施道路“村村通”工程，典型镇90%的村完成道路硬化工程。对公路沿线、河流两岸等生态脆弱地区山场均严禁采伐。四是整合清洁田园。禁止在典型镇范围内销售和使用甲胺磷、杀灭菊酯等“三高、三致”农药，明确允许、禁用和限用的农业投入品种类，发展立体种植、循环利用等生态农业模式，大力发展生态农业，鼓励和扶持有机、绿色和无公害产地认定和产品认证。

（2）以治理为手段，促进农村环境整治。首先是通过典型抓带动。以“以奖促治”项目为典型，将饮用水源改造、保护区建设和农村生活垃圾、污水治理作为重点，开展“山水田林路村庄”综合治理。通过公示项目实施内容和资金投入情况、公开招投标饮用水源保护区建设及生活污水人工湿地处理系统等工程，实行单项工程验收和综合验收相结合制度，确保项目工程的顺利实施。其次是宣传引导造氛围。向典型镇农民朋友发出倡议，自觉养成文明卫生、爱护环境的良好习惯，公开曝光乱扔乱倒垃圾现象和行为，同时宣传先进典型，为实施全市农村环境治理工程营造了良好的氛围。再次是明确任务重落实。明确目标任务，计划用2年时间在典型镇建立“户归集、组建池、村收集、镇处理”的运作模式，有效解决农村脏乱差等突出环境问题，建立较完善的农村垃圾收集处理网络和行之有效的长效机制。

（3）以治本为目标，创造优美人居环境。第一，健全机制抓保障。成立以县长任组长的农村环境综合整治工作领导小组，抽调专人开展技术指导、检查督促、考核验收等日常工作。完善政务公开，坚持村务公开，问计于民，接受群众监督。完善投入机制，县财政每年安排农村环境综合整治专项资金。每年安排专项资金专门用于农村垃圾收集处理设施和网络建设。制定农村垃圾处理工作评价指标体系和考核办法，将农村环境综合整治工作纳入县年度目标管理考核。第二，上下联动抓管理。实行县级领导包乡镇、乡镇领导包村、村两委包组制度，完善县直单位联系村制度，将联系村农村环境综合整治工作中出现的困难和问题纳入帮扶内容，形成党委政府推动、乡镇村组实施、相关部门配合、干部群众参与的强大氛围，确保全县农村环境整治工作按计划推进、按目标落实、按规定达标。第三，强化意识抓宣传。运用舆论媒体、宣传栏、专题讲座等多形式宣传环保知识，激发和加强群众的环保意识。在校园文化建设中培养学生的环境保护意识，推动农村环保型家庭建设。开展“环保之家”创建评比活动，全力打造生态环境协调、人居环境优美、社会发展和谐的“绿色乡镇”。

6. 加大培训宣传，提高环保意识。开展农村环保科普“三进”（进乡村、进学校、进农家）活动，发放宣传材料，提高了广大农民、社会各界的环保意识。通过此项活动使各级领导干部树立新的政绩观，让广大农民积极参与，普遍受益，改变落后的生活习惯，同时，因地制宜，分类指导，建立不同类型的农村饮用水源地保护和垃圾、污水、畜禽粪便污染治理模式。

（二）建立对生态示范镇的财政补偿机制研究

1. 明确补偿方向，确定生态补偿主体和原则。地方在进行生态补偿的财政制度安排时，必须坚持“谁收益、谁付费，谁破坏、谁恢复”的原则，即应根据利益相关者在特定生态保护/破坏事件中的责任和地位确定生态补偿主体；生态补偿的付费和补偿可根据下面四个原则确定：一是破坏者付费原则，主要针对行为主体对公益性的生态环境产生不良影响从而导致生态系统服务功能的退化的行为进行补偿。二是使用者付费原则，生态资源属于公共资源，具有稀缺性应该按照使用者付费原则，由生态环境资源占用者向国家或公众利益代表提供补偿。该原则可应用在资源和生态要素管理方面，如占用耕地、采伐利用木材和非木质资源、矿产资源开发，企业在取得资源开发权时，需要向国家交纳资源占用费。三是受益者付费原则，在区域之间或者流域上下游间，应该遵循受益者付费原则，即受益者应该对生态环境服务功能提供者支付相应的费用。区域或流域内的公共资源，由公共资源的全部受益者按照一定的分担机制承担补偿的责任。四是保护者得到补偿原则，对生态建设的保护作出贡献的政府、集体和个人，对其投入的直接成本和丧失的机会成本应给予补偿和奖励。

2. 明确划分责任，切实发挥各级政府的积极性。在生态补偿机制中，政府既是生态补偿的主体，又是生态补偿制度的制定者。这种双重身份，决定了政府具有确保生态平衡和促进人与自然协调发展的责任。理顺中央和地方在生态投入方面的关系，使事权划分清晰，财力合理匹配，才能保障财政生态补偿政策的稳定性、一致性和有效性。要通过努力明确各级政府的生态责任，使区域内生态要素按照人与自然可持续发展的要求，实现生态功能与经济功能的分工，从而达到区域发展效益最大化的目标。促进人与自然发展事权，决定了每级政府有权决定其生态系统是以经济功能为主体，还是生态功能为主体。明确了生态事权的各级政府对本地区生态效应的外溢，承担相应的权利和责任。即对产生正生态效应的，具有取得生态补偿的权利，对产生负生态效应的，具有承担支付生态补偿的责任。在经济欠发达、生态系统较发达的生态镇，镇级政府应该选择促进生态系统、发展生态功能的政策，使这一地区通过生态功能外溢获得生态补偿资金，来确保地区的可持续发展。

3. 完善支付制度，建立基层政府财力保障机制。随着分税制财政体制改革实行和农业税的取消，镇级特别是生态示范镇的财力越来越薄弱，财力来源主要靠上级财政的转移支付。因此，转移支付制度是生态补偿机制中最核心的，也是最受关注的一项制度。我们要尽快建立以一般转移支付为主，专项转移支付为辅的转移支付体系；把生态补偿的相关因素纳入现行转移支付制度的办法；对重复交叉的专项转移支付项目要进行整合或归并；对具有一定政策导向作用、年年有、普惠制、数额相对固定的财力性转移支付和专项转移支付应该归并到一般转移支付中。同时，上级财政要积极采取措施提前告知并下达转移支付资金，以便下级财政特别是县乡财政统筹安排，落实应承担的投入。要规范专项转移支付办法，充分考虑地方承受能力，属于中央的事权，不再要求地方配套；需要地方配套的，要明确事权内容、中央对地方的补助方式、承担比例等，并且一定几年不变。这就需要通过税制改革，完善地方税体系等，不断增加地方本级的财政收入，提高基层政府特别是生态示范镇的财政保障能力。

4. 建立生态基金，实现政府间横向转移支付。按照我国目前的预算会计制度，政府间横向的转移支付支出，既不可能列入政府纵向的转移支付范围，也不可能列入本级预算，因此，在技术上存在着一定的困难。参考挪威政府养老基金等国际经验，我们可以通过设立政府性的生态补偿基金（不向社会征收）的办法，来解决这一问题，实现政府间横向的转移支付。基金资金来源主要包括生态效应外溢受益地政府对生态效应外溢地政府的生态补偿横向转移资金；生态效应外溢地政府为确保生态效应的生产而投入的政府性资金；企业、社会团体和个人，以及国内外的捐赠；基金本身运行取得的投资收入、利息收入等。生态补偿基金可由上一级政府的生态补偿委员会监管，同时接受参与基金的各级政府的检查。具体管理办法可参照我国民政部、财政部制定的非政府组织的基金管理办法。

5. 建立长效机制，健全财政预算管理制度。上级政府通过转移支付给予的生态补偿资金，以及本级政府承担的生态保护责任，都要通过本级预算的安排，落实到具体的生态要素所在地，以调整这些地区人民对生态的干预程度，实现生态补偿的目标。因此，在本级的一般预算中，需要安排如下两个方面的预算，来实现生态补偿：（1）生态补偿的能力建设资金。在本级政府的预算中，需要安排本级政府负责生态补偿的相关机构和人员经费，如生态补偿委员会，生态系统的管理和保护人员、机构的经费等；本级政府实现生态补偿所必需的能力建设经费，如生态系统的监测经费、信息化建设的相关经费等；还需要在本级预算中安排生态补偿宣传支出、生态补偿研究支出和生态补偿支出绩效评价经费等。（2）生态补偿的相关支出项目。在本级预算中，需要形成一系列的生态补偿支出项目，以调整生态系统所在地人民对生态系统的干预方式为核心，最终实现生态补偿的目标。为此，在本级预算中，需要在现有的“生态公益林”等项目基础上，增加经济林建设、保护区建设、水资源保护、流域治理等项目，形成生态综合治理项目预算体系；可通过把禁止开发、限制开发生态功能区的农牧民纳入社会保障体系，实现禁牧补贴等，改变农业、农民生活方式对生态系统的过度干预；也可给当地的公务员一个“生态补偿补贴”以提高政府各部门对生态补偿支持积极性。

6. 拓宽融资渠道，建立健全生态补偿投融资体制。拓宽生态建设和环境保护资金筹措渠道要注意开展多渠道融资。建立健全生态补偿投融资体制，既要坚持政府主导，努力增加公共财政对生态补偿的投入，又要积极引导社会各方参与，探索多渠道多形式的生态补偿方式，拓宽生态补偿市场化、社会化运作，形成多方并举，合力推进。按照“谁投资、谁受益”的原则，支持鼓励社会资金参与生态建设、环境污染整治的投资。积极探索生态建设、环境污染整治与城乡土地开发相结合的有效途径，在土地开发中积累生态环境保护资金。发挥中央和地方财政的双重作用；完善生态补偿的财政政策体系，充分利用市场条件探索多渠道的融资机制。加强对私人企业的激励机制鼓励他们投入到环保产业中；积极利用国债资金、开发性贷款。创造良好的条件以引进海外资金，积极吸引国外资金直接投资于生态项目的建设，以及国际组织和外国政府的贷款或赠款，努力形成多元化的资金格局。

7. 完善管理体制，加强相关科技基础研究。生态补偿政策涉及许多部门的利益，需要综合协调，应加强部门内部和行政地域内的生态补偿工作，整合有关生态补偿的内容。引导社会各方参与环境保护和生态建设。加强组织领导，不断提高生态补偿的综合效益。建立和完善生态补偿机制是一项开创性工作，必须有强有力的组织领导。应理顺和完善管理体制，克服多部门分头管理、各自为政的现象，加强部门、地区的密切配合，整合生态补偿资金和资源，形成合力，共同推进生态补偿机制的加快建立。加强生态补偿立法工作，从法律上明确生态补偿责任和各生态主体的义务，为生态补偿机制的规范化运作提供法律依据。积极借鉴国内外在生态补偿方面的成功经验，坚持改革创新，健全政策法规，完善管理。

积极探索绿色国民经济核算，强化生态补偿的科技支撑。进一步完善国民经济增长环境代价分析，着手研究资源环境实物量统计和资源耗减、环境损失估价方法，积极开展绿色国民经济核算试点工作，探索定量化的自然资源和生态环境价值评价方法，为建立完善生态补偿机制提供科学依据。要强化自然资源合理开发的规划布局和实施机制研究，充分发挥科研机构和专家学者的积极作用，进一步完善生态补偿的科学决策机制。要坚持走新型工业化道路，加大生态环境保护重大关键技术和共性技术的科技攻关，积极推广应用各种先进适用技术，大力推行清洁生产，积极发展循环经济，加快实施经济开发区和工业园区的生态化改造项目，促进经济增长方式转变。

8. 积极探索实践，为建立生态补偿长效机制积累经验。应结合主体功能区规划与本地产业布局，实行优化开发、重点开发、限制开发和禁止开发，严格按照生态功能区要求，确定不同地区的主导功能，形成各具特色的发展格局。将区域经济规划与区域环境评价工作有机结合起来，严格实行建设项目环境准入制度，主动参与政府招商引资、经济发展决策过程。深化审批制度改革，实现以污染轻重和环境敏感程度实行分级分类审批。以高州水库库区内七个镇作为建立生态示范镇补偿机制的试点，加大公共财政生态补偿力度，加快环境基础设施建设，推进生活垃圾、污水和医疗废物无害化处理。积极推进形式多样的城乡环境共建模式，如实行“百家单位包百家村镇”、“城区与郊县结对共建”、“大企业帮扶弱村屯”、“项目开发就地帮扶建设”等多种共建方法扩大对农村的支持，可解决部分资金缺口。鼓励愿意承担社会责任的单位，解决一些村屯环境整治缺钱少物的困境，鼓励项目开发商就地帮扶村镇绿化、道路等基础建设，提倡驻地单位与村镇采取共建共用的方式，如等比出资解决污水、垃圾、绿化、道路、小流域等共同的环境问题。同时，改变对库区乡镇的考核制度，加大其环保方面的考核指标，发挥库区周边乡镇政府作用，对完成环保指标的库区内乡镇给予财政奖励。从而确保多方法、多渠道地探索建立对生态示范镇的财政补偿机制。

参考文献

1. 孙钢，许文．关于中国资源税费制度改革．税务学会研究报告，2004 年．

2. 林致远．《环境保护的财政对策》［J］．当代经济研究，2002（8）．

3. 曲爱珍．对建立生态环境补偿机制的思考［J］．青海环境，2004（12）．

4. 邢丽．关于建立中国生态补偿机制的财政对策研究［J］．财政研究，2005（1）．

5. 李克国，魏国印，张宝安．环境经济学［M］．中国环境科学出版社，2003.

6. 沈满洪，陆菁．论生态保护补偿机制［J］．浙江学刊，2004（4）．

7. 李克国．生态环境补偿政策的理论与实践［J］．环境科学动态，2000（2）．

8. 刘峰江，期海明．生态市场补偿制度研究［J］．昆明理工大学学报（社会科学版），2005（1）．

9. 陈丹红．构建生态补偿机制实现可持续发展［J］．生态经济，2005（12）．

10. 尤艳馨．构建我国生态补偿机制的国际经验借鉴［J］．地方财政研究，2007（4）．

11. 姚明宽．建立生态补偿机制的对策［J］．中国科技投资，2006（8）．

12. 白雪华．加强环境保护构建和谐社会［J］．中国国土资源经济，2005（4）．

13. 衣保中，林莎．区域经济发展中的环境补偿机制——以东北地区为例［A］．可持续发展：经济与环境（下册）［C］．同济大学出版社，2005.

14. 联合国．21 世纪议程［R］．中国环境科学出版社，1993.

15. 国家计委．中国 21 世纪议程——中国 21 世纪人口、环境与发展白皮书［R］．中国环境科学出版社，1994.

16. 尤晓娜，刘广明．建立生态环境补偿法律机制［J］．经济论坛，2004（21）．

17. 孔志峰．如何从财政学角度设计生态补偿机制［N］．中国环境报，2008－9.

18. 柳长顺，刘卓．国内外生态补偿机制建设现状及其借鉴与启示［J］．水利发展研究，2009（6）．

课题组成员：李小迪（组长） 张龙衍 钟旗军 孙帝林 柯理平 梁 军 冯祥清 黎凯晟 梁建旭 肖黄丹 陈雄略 叶广勇 杜 诚 柯日华

执笔人：杜 诚 陈雄略 梁 军 梁建旭

原文内容由七部分构成：一是顺德推进基本公共服务均等化的必要性及条件分析；二是顺德基本公共服务均等化的成效及不足分析；三是顺德推进基本公共服务均等化的措施及其效果分析；四是顺德推进基本公共服务均等化的探索与思考；五是顺德今后推进基本公共服务均等化的主要措施；六是顺德推进基本公共服务均等化的配套支撑；七是顺德推进基本公共服务均等化的评价与管理。由于篇幅限制，在此只节选第五、六、七部分进行刊登。

顺德推进基本公共服务均等化的探索与思考

（节选）

广东省顺德区财税局

五、顺德今后推进基本公共服务均等化的主要措施

（一）公共医疗卫生服务均等化措施

1. 实现公共医疗卫生服务均等化的基本原则。

（1）坚持人人享有基本医疗卫生服务，保证群众基本用药。

（2）坚持以政府为主导，强化政府责任，改革公立医疗卫生机构管理体制和运行机制，坚持基本医疗的公益性方向，扭转盲目追求经济利益倾向，减轻群众负担，改善医患关系。

（3）坚持中西医并重、中西药并重，制定扶持中医药振兴发展的政策措施，实现中西医、中西药协调发展。

（4）以公共卫生、农村卫生和社区卫生为重点，健全政府公共服务职能，优化卫生资源配置。

（5）鼓励、引导社会力量积极参与，多渠道发展医疗卫生事业，扩大医疗卫生服务供给，鼓励公平有序竞争。

2. 实现公共医疗卫生服务均等化的主要措施。

（1）升级硬件设施，改善市民就医环境。提高公办医疗的服务能力，加快区属医院建设，比如加快推进区第一人民医院易地重建，落实伍仲珮纪念医院、桂洲医院易地新建项目、中医院改扩建工程，积极推进社区卫生服务站建设，在“十二五”期间，按照每间社区卫生服务站辐射1万~2万服务人口设置，实现基本医疗服务镇村同质化。根据实际需求增设社区卫生服务站，到“十二五”期末各镇、村社区卫生服务覆盖率达100%。加快顺德智能卫生建设项目，以数字化促进医疗服务标准化，探索区域医疗服务联网运作，建立区域电子病历、居民电子健康档案，完善“病历一本通”和医疗机构检查检验结果互认制度。

（2）实施医药卫生体制改革，有序推进公立医院改革试点。发展高端化、个性化医疗，打造一批技术领先的专科医院，适当增加中医坐堂医诊所和护理服务机构，发展专业体检机构，推行家庭医生服务。

（3）继续完善基本门诊合作医疗。坚持并增加安排名医进村居（比如每年不少于2 000人次），开展“家庭病床”服务并纳入医保范畴。将“门诊预约挂号”服务推广至民营医疗机构。提供更多惠民医疗项目，增加涉及疾病预防控制、妇幼保健、健康教育等免费服务项目，逐步实现参保人员在区内所有定点医疗机构自主选择住院或接受门诊医疗。

（4）加强公共卫生服务体系建设，提高全民健康意识。公共卫生体系由疾病预防控制（含传染病、职业病、慢性非传染性疾病等）、卫生监督、妇幼卫生、精神卫生、爱国卫生、健康教育及社区卫生服务等组成。“十二五”时期要结合事业单位机构改革，确定专业公共卫生机构的体制，明确和落实公共卫生机构的性质和投入方式，各级财政依据机构的体制落实人员经费、发展建设经费、公用经费和业务经费。全面加强各级各类专业公共卫生机构基础设施建设，建立健全公共卫生基层服务网络。

推进疾病预防控制机构的分类改革，改变当前疾病预防控制事业自收自支的现状，把业务费、办公经费和人员福利纳入政府财政经费全额供给，建立科学长效的财政投入保障机制。在全区建立分工明确、信息互通、资源共享、协调互动的公共卫生服务体系。

完善基层卫生监督网络覆盖，设立镇（街）卫生监督分所，按每万人口拥有卫生监督人员数1~1.2人的标准充实工作人员，承担辖区的相关卫生监督执法任务。

妇幼卫生工作要坚持以保健工作为中心，与临床相结合，以基层工作为重点，加强妇幼保健院对基层医疗机构的指导。继续落实《母婴保健法》和妇女及儿童发展纲要。积极推进住院分娩和贫困救助，进一步降低孕产妇及婴幼儿死亡率。预防和减少出生缺陷，提高出生人口素质，加强脑性瘫痪、智力低下等儿童残疾康复指导工作。逐步建立适合流动人口的妇幼保健服务模式。加大婚前医学检查

宣传力度，加强婚前和孕期健康教育及咨询服务。

全面贯彻《全国精神卫生工作体系发展指导纲要（2008～2015年）》，在学校广泛开展心理健康教育，在社区开展心理行为问题预防，提高人群心理健康知识和精神疾病预防知识知晓率，降低儿童及青少年精神疾病和心理问题发生率。加强重性精神疾病管理治疗，提高精神疾病患者接受康复服务的比例。

继续开展群众性爱国卫生运动，推进农村改水改厕工作和健康镇街、健康村的创建工作。继续巩固除四害工作成果。

顺德区工厂企业多，存在职业危害的生产企业14 146家，涉及约45.02万名产业工人。全区现有专职职业卫生监督人员4人、技术服务人员（多为兼职）约80人，远远不能满足职业卫生安全需要。"十二五"期间要适当增加职业卫生人员配备，合理保障人员经费，加强对作业场所的职业健康监护和指导，做好建设项目职业病防护设施"三同时"审查工作。

不断完善区域卫生规划，建立健全以政府举办的社区卫生服务中心、社区卫生服务站为主体的城市社区卫生服务体系，为居民提供方便、快捷、优质的社区基本医疗服务和公共卫生服务。按照统一规划、合理布局、完善功能、规范管理的原则，进一步建立健全社区卫生服务网络。建立和完善社区卫生服务机构补偿机制，加大政府对站点筹建的支持力度，按省规定核定的基本建设、医疗设备购置、人员经费及所承担公共卫生服务的业务经费，探索按定额定项和政府考核、购买服务的方式核拨公共卫生服务补助经费。对社会力量举办的社区卫生服务站采取政府考核、购买服务等方式给予补偿，并且进一步加强监督管理，严厉打击违法经营。逐步完善社区卫生服务机构"六位一体"的功能，承接9项基本公共卫生服务项目的具体服务内容，实现镇（街）村（居）一体化管理，强化镇（街）社区卫生服务中心对村（居）社区卫生服务站的管理职能。

深入推进"全国亿万农民健康促进行动"、"中国公民健康素养促进行动"以及"全民健康生活方式行动"，丰富"顺德区学校健康教育与健康促进基地"活动内涵，围绕健康素养基本知识和技能、优生优育及区内重点健康问题等内容，加强宣传阵地建设，创新宣传模式和载体，提高居民健康知识知晓率和健康行为形成率。

（5）完善公共卫生和计生服务。提高公共卫生水平，强化突发公共卫生事件处理、重大疾病防治、传染病救治体系，完善卫生监管体系。继续创建一镇一品的"人生"系列人口文化基地（即以精品化和系列化方式打造人口计生宣教工作新品牌，包括"人"系列和"生"系列两大组成部分，分别在10个镇（街道）建成教育基地、"住宅小区人口文化休闲中心"、健康图片陈列室、科普展览、大型浮雕、大型壁画等）。实行流动人口享受与户籍人口同等的出生缺陷预防和优生优育服务。

（6）当前促进公共卫生服务均等化的举措。一要全面落实公共卫生服务项目。实施为全区居民免费提供9项基本公共卫生服务，继续实施乙肝疫苗补种（对15岁以下人群免费补种乙肝疫苗）、妇女增补叶酸预防出生缺陷项目、孕产妇住院分娩补助项目等重大公共卫生项目。二要继续抓好疾病防控和卫生应急工作。加大疫情监测力度，完善和细化应对重大疫情和突发公共卫生事件的工作预案，加强应急工作的技术支持、信息管理和物资储备，强化应急演练。三要强化监督执法。加强职业卫生、学校卫生、公共场所卫生监督。加强医疗机构监管，严厉打击无证非法行医行为。四要加强妇幼保健和健康教育。推行妇科病免费普查计划，提高婚检、孕检率，降低出生缺陷发生率。指导各镇（街道）做好迎接妇女儿童发展规划验收评估准备工作。加强各级健康教育机构的内涵建设，促进社区卫生服务中心和计生服务所资源共享。五要深入开展爱国卫生运动。指导大良做好国家卫生城市，陈村、北滘、龙江做好国家卫生镇复查迎检工作，保持国家卫生城市（镇）荣誉称号。六要积极搞好污水处理设施建设。统筹建设全区污水处理设施，加强城市治污能力，重点推进逢沙、容桂、勒流、乐从、陈村、北滘、龙江污水处理厂及配套管网工程、北滘工业废水预处理站等建设，形成布局合理、覆盖面广、处理能力强的污水治理网络。

（二）公共文化体育服务均等化措施

1. 优化人文环境。整合宣传资源，策划推广顺德形象，打造"阳光城市"名片。推广重视家庭、关爱家人的文化。继续推进"情暖佛山·阳光顺德"、"顺德好人"等品牌活动。继续开展"好学顺德"、"书香顺德"活动和"家门口的图书馆"、"家门口的电影院"工程，建设学习型社会。办好世界顺德联谊总会第七届恳亲大会。

2. 提升公共文化体育服务供给力。加快公共文体服务体系建设，加大基层文体设施建设，提高文体基础设施的可达性。推动公共文体设施覆盖城乡，全区人均公共文化设施使用面积达到1.2平方米，建设中心城区"十分钟文化圈"、村居"十里文化圈"，十个镇（街道）均建成公共体育公园、国民体质监测和健康指导服务站、档案馆，提高文体设施普及率。重点建设顺德博物馆、区档案馆新馆库、容桂动漫公园、容桂体育公园、龙江体育公园等项目。大力建设村（社区）文化活动室、农家书屋、粤剧会堂、基层档案室。优化文化人才队伍，大力发展文化产业，建成若干个省或国家级的文化产业示范园区、文化产业出口基地。

3. 丰富公共文化体育服务供给形式。推广手机图书馆、电子书图书馆、流动电影院、流动展览和文艺演出等便利化文化服务，深入开展"一月一村一场电影"、"送戏下乡"等文化活动，引导和支持自发式的社区文化活动，按每万人至少拥有20名社会体育指导员的标准发展社会体育指导员队伍。推动演艺中心等公共文化设施市场化运作，培育文化消费。探索以政府购买服务的形式，推动公益文化活动社会化。

4. 推进全民健身工程。创建"全民健身示范村居"。

开展中小学生游泳普及计划试点。以镇街、企业、村居、学校、家庭为单位，举办贯穿全年的群众性文体竞赛活动。创建无障碍城市，确保新建、改建工程项目达到无障碍设施验收标准。在城镇建成区研究建设步行系统、自行车通勤廊道。综合推进公园、道路绿化建设，新建、改建一定数量的公园和绿化道路，新增、改造一定数量的绿化面积。实施顺峰山公园改造提升方案，打造“城市绿心”。规划建设城市“绿道”，为市民提供漫步、运动、休憩空间。

（三）公共教育服务均等化措施

1. 加大教育改革创新力度。争取创建国家教育综合改革试验区。推动义务教育均等化，建立教育资源的交流共享机制。以素质教育为核心，深化中小学课程改革，促进学生的全面发展。探索以政府购买服务的方式发展学前教育。推进初中升高中跨镇招生试点。拓展职业教育办学渠道，创新工学结合、校企合作的人才培养模式，为企业输送优秀技能型人才。加强教育管理制度建设，完善教育质量评价机制，建立督学制度。支持、规范和提升民办教育，引入国际资源和社会力量发展合作办学项目。

2. 建设现代化教育体系。发展0～3岁儿童早期教育指导和服务体系，普及3～6岁学前教育，制定和实施农村学前教育发展模式实验方案，提高幼师队伍素质，探索创新办学和管理机制，在每个镇（街道）创建1～2所具备现代教育技术特色的学前教育示范园。推动社区小学联合办学，实施“公办教育设施设备更新计划”和“公办义务教育学校人员交流计划”，促进义务教育资源均等化。优化高中教育资源配置，高标准普及高中阶段教育，实行“以区为主”的统筹与管理体制。整合中等和高等职业技术教育资源，建成10所“国家级重点中等职业技术学校”，推动校企合作创建一批国家级高技能人才培养基地和公共实训基地，推进顺德职业技术学院建设国家级骨干高职院校。完善终身教育体系，大力建设学习型社会，建成覆盖全区的现代远程教育体系，加强市民再教育和培训，每年提供职业培训和闲暇教育服务13万人次以上，发展老年教育，创办市民学校、社区学校。

3. 促进不同群体就学机会均等。全面取消择校费，促进教育公平。着力优化调整中小学布局，推进义务教育学校优质化建设，着力改善薄弱学校设施，发展职业教育，提升地方高等教育服务地方的能力。提高本地家庭经济困难学生义务教育的助学力度，确保低保、低保临界对象家庭子女均接受全程助学。促进公办中小学校多渠道接纳非户籍常住人口适龄子女就学，基本实现外来务工人员子女进入公办学校就学。探索对区内参加职业教育的农村学生和涉农专业学生提供学费资助。打造区域特殊教育指导与服务中心，实现所有残障儿童都能够接受教育。

（四）公共交通服务均等化措施

1. 总体构想：健全开放、顺畅的现代化综合交通运输体系。构建以轨道交通为骨干、公共交通为主体、多种交通协调发展的多层次城市交通体系，实现市民在综合交通枢纽的“零距离换乘”和货物运输的“无缝衔接”。完善内畅外通的公路网，加快建成“三横四纵”高速公路网络，融入珠三角主要城市的1小时经济圈，抓紧区内、各镇（街道）快速干线和市政道路建设，促进中心城区交通融合，实现区内无障碍连接。

2. 大力建设公共交通基础设施。首先是优化城市道路。合理规划城市道路布局和美化道路环境，完善慢行交通设施，逐步将步行道、自行车道与机动车道隔离或单独成线联网。重点建设龙洲路改造工程、大良东乐路延伸线工程、容桂外环路建设工程、勒流富安路改造和勒北新大桥工程、乐从环镇路和乐中路工程、龙江丰华南路和工业大道改造工程等项目。其次是新建顺德东客运站等2个二级汽车客运站场，完善公交枢纽站、首末站、专用道等，提高公交线网密度和站点覆盖面，减少偏远村（社区）的公交服务盲点，每年新增5条以上公交线路。同时，科学建设公共停车场，中心城区的停车服务半径控制在200米以内。加快无障碍设施的建设和改造，创建全国无障碍城市。力促交通管理和交通建设同步发展，完善智能交通管理信息系统，重点区域实行全自动化管控。

3. 增加轨道交通建设。推进轨道交通建设，重点建设途经顺德的广珠城际轨道5个轨道站场和市域轨道地铁3号线顺德段，探索建设区内绕城轨道交通。

4. 加快干道交通建设。建成区域快速路网络骨架和以区域快速路网上镇（街道）为节点的区域道路运输枢纽系统，重点推进佛山市纵五顺德段北滘至均安主干线及辅道工程、红旗路、高富路、乐龙路、伦桂路、“横九”干线、南国路东延线、禅西大道乐从段辅道、新市良路、羊大路、佛陈路东延线道路、文登路扩建工程等建设。

5. 推进交通枢纽建设。全力推进海尾立交工程、105国道节点立交和跨线桥工程、五沙大桥扩建工程、海华大桥工程、南沙大桥工程、七滘大桥扩建工程等建设。推进顺德新港等港口、码头建设。

（五）生活保障均等化方面

1. 进一步扩大社会保险的覆盖面。加强政策法规宣传，提高员工参保意识和维权意识，督促用人单位依法为员工参保缴费，进一步扩大企业职工基本养老保险的覆盖面，并加大扩面征缴力度。按照“低门槛，广覆盖，保基本，可持续，简便易行，实惠利民”的原则，为非户籍常住就业人口建立专门的“非户籍常住就业人口养老保险”。力争到2015年，非户籍常住就业人口养老保险参保率达到90%以上。

2. 逐步提高养老待遇水平。在基本实现“全民养老”的基础上，建立财政补助标准的动态调整机制，根据我区经济社会发展水平，不断增加财政投入，逐步提高城乡居民基本医疗保险、完全被征土地农村居民基本养老保障以及新型农村社会养老保险的待遇水平。力争到2014年，包括人均养老金、最低生活保障水平和五保供养在内的人均生活保障财政支出从2008年的约200元提高到510元。

3. 进一步健全社会救助体系。进一步完善城乡居民最低生活保障制度，实行应保尽保，建立和完善与物价指数上涨的补贴政策，并根据全区经济发展水平适时调整最低生活保障标准；完善各项社会救助制度，积极落实分类施保制度，对低保对象家庭中患大病、重残、单亲家庭、子女上大学等特困低保家庭，适度提高救助补差标准；认真落实《农村五保供养工作条例》，全力推进五保供养工作上水平；建立和完善困难群众危房改造救助制度。

把在本市内居住3年以上的所有非户籍人口家庭纳入最低生活保障制度的覆盖范围。力争到2014年，在本地居住3年以上的非户籍常住人口家庭最低生活保障覆盖率达到85%以上。把在本市内居住3年以上的非户籍人口纳入五保范围。力争到2014年，符合五保供养条件的非户籍常住人口的供养率达到90%以上。

4. 构建完整的三级慈善网络。完善区、镇（街道）、村（居）三级慈善机构，通过三级联动，整合社会资源，丰富和创新社会救助形式，积极调动社会各界力量参与救助工作；进一步指导慈善组织自身建设，规范管理和运作；通过落实税收优惠政策、规范劝募、表彰先进典型等措施，保护和激励社会各界的捐赠热情；进一步探索镇（街道）“爱心超市”的运作模式，完善运行机制，推动捐赠活动的制度化、经常化，为捐赠者和受助者提供便捷的平台。

5. 积极推进社会福利社会化。制定政策，鼓励和扶持社会力量兴办福利机构；鼓励区、镇（街道）、村（居）的敬老院，逐步探索以租赁、赎买的形式，开放经营者的市场主体资格，增强市场活力；以政府为主导，采用政府购买服务的灵活方式，推动“居家养老”和“平安钟”的老年人服务体系，切实提升老年人的养老服务水平。

（六）住房保障均等化方面

1. 全面开展住房情况摸底调查。准确把握全区现有中低收入住房困难家庭、外来务工人员的住房情况，正确规划未来全区住房保障工作的发展路向。

2. 进一步加大保障性住房的建设力度。实施“安居”工程。探索新型公屋的建设和租赁制度，引导社会资金投入，增加廉租住房和经济适用房供应，实现人均住房建筑面积13平方米以下、低收入家庭的住房基本得到保障，逐步将非户籍常住人口中低收入住房困难家庭纳入廉租住房保障范围。多渠道筹集租赁房源，探索为处于住房保障制度之外的“夹心层”群体提供政策性租赁住房。加大对困难群体危房改造的救助力度。

到2014年，人均住房保障财政支出从2008年的约85元增加到100元；包括非户籍常住人口在内的廉租住房保障率和经济适用房保障率在2008年的基础上分别提高15%；农村危房改造率100%。城乡人均住房保障财政支出差距控制在40%以内。

3. 节约和集约利用土地，严格执行土地总体规划和土地利用年度计划。紧凑式布局城市的产业、居住、办公、公共空间等功能，保护和监管全区的生态安全用地，坚决严控低端工业用地比例，探索实行工业用地出让年限分阶段实施、出让金分批缴付制度。建立完善企业用地效益考核机制，加快产业转型和促进城市发展。推动城市更新，盘活存量用地，实施“三旧改造”的用地面积达5.5万亩以上。

4. 扩大住房保障受益范围。在2014年前，把城乡户籍人口和在本市工作生活不低于3年的非户籍常住人口全部纳入住房保障范围。平等享受政府提供的经济适用房、廉租住房、危房改造等住房保障服务。建立农村居民和城乡非户籍常住人口的住房公积金制度。尽快使住房公积金制度覆盖各市辖区内所有户籍城乡居民和在辖区内工作生活不低于3年的非户籍常住人口。

把辖区内城镇职工（包括在辖区内工作生活不低于3年的已就业非户籍常住人口）单位最低缴存比例提高到工资总额的8%，个人最低缴存比例提高到6%；农村以户为单位缴纳住房公积金，个人缴纳家庭年纯收入的2%，财政配套补贴个人缴费的2.5倍。

5. 多渠道筹措住房保障资金。住房保障资金主要来源于以下几个方面，一是财政预算内安排的资金；二是国有土地出让净收益的一定比例计入住房保障资金；三是住房公积金增值收益中按规定提取的廉租住房补充资金；四是社会捐资款；五是其他渠道筹集的资金。

（七）就业保障均等化方面

1. 提高市域内失业保险覆盖率。把市域内国有企业改革遗留的下岗失业人员、农村劳动力、城镇就业困难群体，尤其是把在市域内工作生活不低于3年的非户籍常住人口全部纳入城镇劳动就业统计、失业统计、失业保险参保统计、技能培训统计和公共就业服务的覆盖范围。

到2014年，包括非户籍常住人口在内计算的失业保险参保率在2008年约78%的基础上提高30%；为市域内国有企业下岗失业人员、农村劳动力、城镇就业困难群体和在当地工作生活3年以上的非户籍常住人口提供平等的就业介绍和就业再就业培训。到2014年，以常住人口计算的技能培训普及率和就业援助率在2008年的基础上（分别为2%和17.3%）提高20%。

2. 多渠道开发就业岗位。根据经济社会发展提供的新增岗位，妥善解决好各类劳动者的就业需要；着力开发社区就业岗位，把开发社区就业岗位与完善就业服务功能结合起来，与社区经济发展结合起来，与帮扶困难群众就业结合起来。利用社区工作坊、日班生产线、灯光夜市、农民灵活就业市场等多种就业措施和形式，开发一批适合本地就业困难人员的就业岗位，重点解决低保家庭劳动力、有劳动能力残疾人及其他就业困难群体的就业难题，促进本地人实现充分就业。

3. 完善就业困难群体就业援助制度。按照“项目齐全、按需择用、精细服务”的原则，制定就业援助常规办法，根据实际确定就业援助群体，分类登记，逐人建档；

根据援助对象实际情况提供就业援助项目，实行专人帮扶责任制，使就业援助制度化、规范化。当前，重点推行“4 050”人员、“零就业家庭”和农村年人均收入 1 500 元以下家庭三个群体援助项目。确保“零就业家庭”出现半年内能帮助 1 名家庭成员实现就业；农村 1 500 元以下贫困户家庭每户培训转移就业 1 人。各地市根据实际扩大范围或确定新的援助群体。

4. 完善劳动就业工作各项制度。完善就业登记制度，通过定期登记和抽样调查相结合的办法，摸清本地劳动力资源状况，准确掌握各类人员就业和失业的实际情况。完善劳动用工管理制度，进一步完善录用登记备案制度，明确各类用工单位录用人员登记备案的办法和程序，做好各类企业新录用人员登记备案的跟踪服务工作，着力解决一些企业只用工不备案的问题，为企业依法用工、劳动者享受合法权益和准确计算失业率创造条件。

5. 进一步完善人力资源市场体系。继续完善区、镇（街道）、村（社区）三级公共就业服务体系，着重完善镇（街道）以及村（社区）劳动服务站硬件建设和人员配置，鼓励和支持各镇、街道建立劳动保障协理员制度，提升公共就业服务能力。继续鼓励民营职业介绍机构健康有序发展。通过建立基本统一、规范的劳动力市场体系，充分发挥市场对劳动力资源配置的导向作用，促进劳动力合理流动。

6. 推动形成城乡劳动者平等就业制度。一是在全面建立乡镇劳动保障工作机构的基础上，依托乡镇劳动保障机构，搞好就业服务平台建设，建立覆盖城乡的劳动力市场信息服务网络。二是统一城乡居民就业服务待遇。对符合一定条件的农村居民，进行就业与失业登记，并享受与城镇居民同等的免费职业指导、职业介绍、政策咨询、就业援助等就业服务。三是全面加强农村劳动力职业技能培训。要分类制订实施农村劳动力职业培训计划，对农村新成长劳动力，特别是未能升学的初高中毕业生要普遍组织参加劳动预备制培训；对农村劳动力和失地、失业的农村居民，要普遍组织转移就业的技能培训；对农村贫困家庭，要制定针对性强的培训计划，组织青壮年劳动力的职业技能培训和劳务输出，继续搞好智力扶贫工程。

7. 建立和完善残疾人就业扶助体系。将残疾人就业纳入全区就业工作总体部署，鼓励和扶持兴办福利企业、庇护性工场、残疾人实训基地等集中安排残疾人就业，并着力解决好“零就业”残疾人家庭和社会福利机构收养的残疾孤儿成年后的就业问题。鼓励和扶持残疾人自谋职业、自主创业、组合创业。推进公益性就业岗位优先安置残疾人就业制度建设，并落实社保补贴和岗位补贴。通过各级人力资源市场，设立残疾人就业专门窗口，积极向用人单位推荐残疾人，免费为未就业残疾人托管人事档案和人事关系。

（八）医疗保障均等化方面

1. 进一步扩大医保覆盖面。探索城镇职工基本医疗保险、城镇居民基本医疗保险和新型农村合作医疗制度“三合为一”的路径，实现医疗保障制度的重大突破；合并“三险”基金，实现一体化管理。

把在本地工作生活不低于 3 年的非户籍常住人口纳入医疗保障范围内。已在当地城镇就业的非户籍常住人口（包括企业职工和灵活就业人员）纳入城镇职工基本医疗保险覆盖范围，未就业的纳入当地城镇居民基本医疗保险，代耕农纳入当地农村新型合作医疗覆盖范围。城镇职工基本医疗保险参保率从 73.93% 提高到 85%，其中已就业非户籍常住人口城镇职工医疗保险参保率达 60%；城镇居民基本医疗保险参保率从 98% 提高到 100%，其中未就业非户籍常住人口城镇居民基本医疗保险参保率参保率达 80%；新型农村合作医疗保险参保率保持在 100%（98.8%），其中代耕农新型农村合作医疗参保率达 95%。

2. 规范医保标准和程序。统一医疗保障“三险”参保人员医疗服务、药品目录标准、就医管理办法、报销范围、标准和程序。

城镇职工基本医疗保险补偿水平、城镇居民基本医疗保险补偿水平和新农合补偿水平之间的差距控制在 50% 以内，三个不同参保群体大病年度报销最高限额之间的差距控制在 1 倍以内。提高人均医疗保障财政支出水平。人均医疗保障财政支出从 2008 年的 110 元左右提高到 2014 年的 145 元。

3. 提高公办医疗的服务能力。完成区第一人民医院等 4 家区属医院的新建、改（扩）建工作。打造一批技术领先的专科医院，适当增加个体诊所、中医坐堂医诊所和护理服务机构，发展专业体检机构，推行家庭医生服务。提供更多惠民医疗项目，增加涉及疾病预防控制、妇幼保健、健康教育等免费服务项目，逐步实现参保人员在区内所有定点医疗机构自主选择住院或接受门诊医疗。以数字化促进医疗服务标准化，探索区域医疗服务联网运作，建立区域电子病历、居民电子健康档案，完善“病历一本通”和医疗机构检查检验结果互认制度。提高公共卫生水平，强化突发公共卫生事件处理、重大疾病防治、传染病救治体系，完善卫生监管体系。推广“全民健康生活方式行动”等活动，提高居民健康知识知晓率和健康行为形成率。继续创建一镇一品的“人生”系列人口文化基地，实行流动人口享受与户籍人口同等的出生缺陷预防和优生优育服务。

4. 完善城乡医疗救助体系。全面推进城乡医疗救助制度建设，加快出台城乡特困群众医疗救助实施办法。资助城乡低保对象参加城镇居民基本医疗保险和新型农村合作医疗。改革完善现行优抚对象医疗保障方式，逐步实行多重医疗保障。实施精神病患者“解锁工程”，对流浪精神病患者全部实现免费收治。加大艾滋病“四免一关怀”救助力度，参照发达国家和地区的做法，设立医疗救助基金。

六、顺德推进基本公共服务均等化的配套支撑

（一）深化大部制改革，加快政府职能的转变

加快政府职能转变是深化行政管理体制改革的核心。强化政府公共服务职能，主要指政府优化公共产品的供应结构，提高公共服务的质量，改善公共服务的供给方式，稳步增加政府公共服务支出，切实解决公共服务投入不足的问题。要以建设公共服务型政府为目标，切实把政府的职能转变到经济调节、市场监管、社会管理和公共服务上来，把基本公共服务问题放到与经济建设、政治建设和文化建设同等重要的位置，在重视经济、政治和文化领域改革发展的同时，重视推进基本公共服务建设。

完善政府在各项基本公共服务中的事权财权划分，合理界定各级政府的基本公共服务支出责任、管理责任和监督责任，调整和理顺各级政府的财政分配。尽快实现基本公共服务的统计透明化、规范化，在此基础上建立基本公共服务的技术支持体系，明确界定基本公共服务上需要均等化的领域，为科学规划、明晰实现基本公共服务均等化所需要财政支出需求奠定技术基础。

（二）为推进基本公共服务均等化提供科学有力的财力支撑

改革和完善以基本公共服务为导向的公共财政体制。必须按照促进城乡、地区基本公共服务均等化的总要求深化公共财政体制改革。首先是要合理调整财政支出结构。要减少政府公共财政支出中经济建设支出，扩大基本公共服务类支出比重，实现公共财政支出向基本公共服务领域倾斜，向农村等基层倾斜、向经济欠发达地区倾斜，确保把更多的财政资金投向公共服务领域。

完善财政转移支付制度。转移支付要以实现公共服务均等化为改革目标，坚持公平、公正、合理的原则，逐步加大一般性转移支付比重，重点向县镇（乡）级倾斜，着力解决县镇（乡）财政困难，以增强基层政府提供供给服务的能力。

建立基本公共服务财政支出持续稳定增长机制。建立公共服务财政支出持续稳定增长机制，为政府履行基本公共服务职责提供财力保障。各级政府都要不断加大对基本公共服务的财政支出力度，对基本公共服务的财政支出增长速度应高于本级财政总支出的增长速度。

积极推进财政管理体制改革。优化财政支出结构，将公共财力向社会事业的薄弱环节倾斜，结合“简政强镇”改革，加强镇级财力保障。探索成立预算委员会，实行参与式公共财政预算和竞争性资金分配，逐步建立“阳光预算”制度，将财政预算向社会公示。

（三）探索基本公共服务的多元化供给途径

吸引社会投资主体举办基本公共服务，推进基本公共服务举办主体多元化，弥补财政投资能力不足，提高财政资金营运效率。制定基本公共服务指导目录，按照鼓励类、限制类和禁止类，分类指导基本公共服务发展。对有关社会公共服务市场准入的地方性法规和政策规定进行清理，对各职能部门实施行政许可依法进行规范，放宽基本公共服务投资的准入限制。通过制订基本公共服务专项发展规划、服务标准，完善相关措施，鼓励社会组织和公众参与对基本公共服务项目的投资。通过优惠政策的激励机制和公共资源的补偿性供给机制，鼓励和引导社会力量举办基本社会公共服务，政府采取适当的形式购买其服务，提供给公众使用。

在盘活存量、重组资产、调整布局结构中，采取资产拍卖、股份出让等市场运作方式，筹措建设资金，保证基本公共服务领域国有资产保值增值。鼓励通过发行体育彩票、足球彩票和社会福利彩票等方式募集资金。积极鼓励采取赋予冠名权、广告发布权等多种方式筹措资金。鼓励社会各界志愿捐助。进一步放宽社会公共服务市场准入条件和范围，鼓励社会各类资本，包括非公有资本及海外资本进入社会公共服务领域。

（四）继续解放思想，先行先试，坚持体制改革创新

在推进基本公共服务均等化事业进程中，顺德应该开放思想，敢想敢试，创新体制。全面加强和推进“省直管县”改革试点工作，抓住顺德被省人大常委会以法律形式赋予行使地级市管理权限的重大机遇，行使好省委、省政府赋予顺德的地级市管理权限，落实好为全省深化县（市、区）体制改革、建设服务型政府探索经验和提供示范的改革任务。

继续完善区级“大部制”的运行机制，理顺政府和部门间的责权，优化行政运作流程，促进部门内部职能的有机统一。深化决策、执行、监督既相互制约又相互协调的机制建设，扩大政府决策、执行和监督的公众参与，促进决策的科学民主、执行的专业高效、监督的有力到位。

深化“简政强镇”事权改革，进一步明确区与镇（街道）之间权责划分，优化镇（街道）机构设置和编制配备，推进镇（街道）职能转变，实现城乡区域的协调、科学发展。

强化参与式治理机制，发挥顺德区公共决策咨询委员会作用，坚持“问政于民”，政府部门领导采取设立公众接待日、进入网络问政论坛等形式，畅通群众利益诉求反映渠道，发挥新闻舆论和互联网的积极监督作用。推进依法行政，建立决策反馈纠偏机制。

（五）完善基本公共服务均等化建设的监督考评机制

在基本公共服务一体化过程中，应以公民为中心，以

群众满意为标准，增强过程的透明性和公开性，保证公民对基本公共服务的决策、预算以及执行和评估过程都有充分的参与，从而能够对公众需求和意愿作出回应。一是要重视公众参与，形成基本公共服务提供的科学决策机制，要让公众广泛参与、民意充分表达，建立公众参与、专家咨询、政府决策三者相结合的决策机制，保证基本公共服务决策的科学化、透明化、民主化和制度化。二是要大力发扬民主监督，积极鼓励舆论监督。让公众参与监督公共服务的经营活动，使公共服务的供给和使用更趋向合理，有效地防止公共服务提供和使用过程中的低效现象。三是要加强政府内部的自我约束，主动满足公众的知情权。政府在公共服务提供方面要遵循信息公开、政策透明的原则，及时通报公开有关政策和信息，逐步建立行政承诺制度、听证制度、信息查询咨询制度，增加透明度。

要将基本公共服务绩效评估与干部选拔、任用和内部激励相联系，把公共服务指标纳入干部考核体系，在此基础上建立相应的问责制。以此加强政府对基本公共服务供给的监管职责，改变干部考核中事实上仍然把GDP视为重要的刚性指标、把公共服务供给当成软指标、重对上负责、而忽视社会成员实际需求的倾向，建立以公共服务为导向的干部考核制度。建立健全基本公共服务问责制，明确问责的具体内容、形式和程序，实行过错责任追究制度，制定落实法定质询、罢免的具体程序，创设引咎辞职、责令辞职等易于实施的责任追究制度。

七、顺德推进基本公共服务均等化的评价与管理

（一）建立有效促进基本公共服务均等化的考评指标体系

基本公共服务均等化的科学评估是检验均等化实现效果的基本途径，是决定政策走向的基本依据，也是进一步合理配置基本公共服务资源的认识基础。为了科学评估基本公共服务均等化水平，至少需要回答如下三个问题：

1. 评估的内容和对象。本研究报告认为，对基本公共服务均等化的评估应该是对均等化政策的实施效果进行评估，兼顾对政策方案及其实施过程的评估。

2. 评估主体。评估者的态度和自身素质直接关系到评估的效果，不同立场的政策评估主体有可能以自己的态度和观点影响政策评估的实际效果。本研究报告认为，对基本公共服务均等化的政策评估应该采用定性评估与定量评估相结合，以定量评估为主的方法；同时，不但需要考虑基本公共服务的供给方（政府以及提供基本公共服务的具体机构和企业），还要考虑基本公共服务的消费方（分属于不同群体的全体居民），以消费方实际感受到的基本公共服务均等化效果为主。因此，我们建议对基本公共服务均等化政策及其效果实行多方综合评价，由政府牵头组织，提供基本公共服务的机构和企业配合，结合对辖区居民的抽样调查和实地访问，以第三方中立客观地评估为主。

3. 评估的方法和手段。包括如何确定评价指标和标准？如何采集数据？如何进行分析评价？课题组参考了中国科学院可持续发展战略研究组提出的关于中国可持续发展指标体系（2001年修正版）以及《2005年世界发展指标》中与政府公共服务供给相关的指标，结合其他学者的观点以及顺德区的具体情况，提出几大类量化评价指标、数据采集原则和来源如表1所示（由于统计数据的缺乏，无法给出各个指标的具体标准和权重）。

表1　基本公共服务均等化评价指标体系

一级指标	二级指标	标准	权重	选取原则	数据来源
公共医疗卫生	每万人公共医疗卫生机构数				
	每千人公共医疗卫生机构持牌医护人员数				
	公共医疗卫生机构中西医比例				
	公共医疗卫生机构年度巡回义诊的频率				
	每千人公共医疗卫生机构床位数				
	公共医疗卫生机构床位使用率				
	医护人员日均诊疗护理病人数				
	公共医疗卫生年度投入的财政支出占比				
	年度人均医疗卫生支出				
	居民对公共医疗卫生满意率				

续表

一级指标	二级指标	标准	权重	选取原则	数据来源
公共文化体育	每万人公共图书馆（室）数				
	人均公共图书量				
	每万人文化活动室（团体）数				
	每万人文体（绿化）公园数				
	每万人文体协会数				
	正式文体活动频率				
	公共文体年度投入的财政支出占比				
	农村网络覆盖率				
	农村有线电视覆盖率				
	居民公共文体活动参与率				
公共教育	学龄儿童入学率				
	班级平均人数				
	平均师生比				
	大专及以上学历教师比例				
	小学英语开课率				
	初中电脑开课率				
	小升初平均升学率				
	生均教育拨款				
	年度教育拨款的财政支出占比				
公共交通	每平方公里公共交通线路				
	每万人公共汽车辆数				
	公共汽车平均发车频率				
	居民对地方公共交通满意度				
生活保障	农村基本养老保险覆盖率				
	农村社会养老保险覆盖率				
	每月最低生活保障费				
	每万人敬老院床位数				
	社会救济福利支出占财政年度支出比例				
	人均社会救济福利支出				
住房保障	人均住房建筑面积				
	廉租房覆盖率				
	住房补贴覆盖率				
	保障性住房占新开工住宅面积比重				

续表

一级指标	二级指标	标准	权重	选取原则	数据来源
就业保障	登记失业率				
	平均登记失业天数				
	失业保险覆盖率				
	每万再就业人口服务机构数				
医疗保障	居民医疗保险覆盖率				
	工伤保险覆盖率				
	生育保险覆盖率				
	重大疾病支出限额				

关于评价方法的选择，课题组认为熵权 TOPSIS（Technique for Order Preference by Similarity to Ideal Solution）分析法是一种比较理想的方法。熵权法是一种根据各项指标值所提供的信息量的大小来确定指标权数的方法，是客观赋权法的一种。TOPSIS 法是多属性决策理论中用于多方案综合评价比较的一种基本方法，熵权 TOPSIS 分析法是熵值赋权法和 TOPSIS 法的组合，其基本思想是：基于原始评价矩阵，对数据进行无量纲化处理，得到规范矩阵，然后结合熵权确定的指标权重，建立加权决策矩阵，找出有限方案中的正理想方案（最优方案）和负理想方案（最劣方案），然后计算评价对象与正理想方案和负理想方案的距离，获得各评价对象与正理想方案的相对接近程度，并以相对接近度作为评价排序的依据。

在确定指标权重的时候，传统做法一般采取专家打分法和层次分析法的综合，这些主观赋权的方法存在较大的主观因素，不同人对指标的重要程度存在不同的排序，而用熵的概念这种客观赋权法来确定评价指标的权重，可以有效避免主观因素的影响。如果某个指标的信息熵越小，就表明其指标值的变异程度越大，提供的信息量就越大，在综合评价中所起的作用就越大，其权重也就应该越大；反之则越小。

（二）建立激励约束兼容的以基本公共服务为导向的政府绩效考评体系

政府绩效评估指标体系是预先设置的能够全面反映政府管理绩效状况的指标集合。政府能否切实强化公共服务职能，能否真正朝着实现基本公共服务均等化的方向努力，取决于公共服务指标在整个政府绩效评估指标体系中和基本公共服务均等化指标在公共服务指标体系中的重要程度，也取决于基本公共服务均等化指标的科学化程度。如果政府绩效评估指标体系中不是以社会管理和公共服务为主，那么政府的这两项职能很难摆脱“说起来重要，做起来次要”的境地，基本公共服务均等化也会沦为纸上谈兵。因此，必须增加公共服务指标在政府绩效评估指标体系中的权重，要把基本公共服务均等化指标作为公共服务指标体系中的约束性指标，以此增强镇街及各部门等推进基本公共服务均等化的责任感。

（三）基本公共服务均等化的长期管理

基本公共服务均等化是由治理型、建设型政府转变为服务型政府的必由之路，是社会主义市场经济体制的应有之义，也是建设和谐社会，维护社会长治久安的必然选择。“不患寡而患不均”、“国不以利为利，以义为利也”、“长国家而务财用者，必自小人矣。”这些古圣先贤的言论早已经揭示了治国平天下的智慧。在人均 GDP 即将达到 3 000 美元的转折点，社会矛盾将会变得复杂尖锐起来。未雨绸缪提前化解矛盾正是基本公共服务均等化承载的历史使命。

但是，由于历史积累的种种不均等的公共服务欠账，以及当前公共财力的相对有限，实现基本公共服务均等化必将是一个长期的过程。因此，我们从一开始就必须做好打持久战的心理和政策准备。为此，必须做到以下几点：

1. 把基本公共服务均等化上升到政治的高度，上升到建设和谐社会巩固党的领导的高度。

2. 坚持有所为有所不为的原则，量力而行，循序渐进地推进基本公共服务均等化。

3. 建立基本公共服务均等化的制度，确保相关政策和措施的连续性。

4. 动态调整基本公共服务均等化的内容，做到与时俱进。

5. 把实现基本公共服务均等化与保持国民经济和社会持续健康发展有机结合起来，开源节流，生生不息。

6. 把基本公共服务均等化与国家管理的现代化与民主化结合起来，最终实现“学有所教，老有所养，劳有所得，病有所治，住有所居，出行方便，身心健康”的理想。

课题组成员：陈炳宜（组长） 胡志力 陈招扬 林 立 张旭阳 梁尧斌 黄 燕 杨 沙 谢福林 薛超婷 周 龙

原文内容由四部分构成：一是梅州县域经济发展的总体评价；二是梅州县域经济促进财政收入增长的机遇和挑战；三是梅州县域加快“绿色的经济崛起”的基本策略；四是梅州构建县域经济绿色崛起的财政税收政策保障措施；五是促进梅州地方财力可持续增长的对策思考。由于篇幅限制，在此只节选第三、四、五部分进行刊登。

大力发展“绿色”县域经济 促进地方财政收入可持续增长对策研究

（节选）

广东省梅州市财政局

三、梅州县域加快“绿色的经济崛起”的基本策略

梅州县域加快绿色的经济崛起是系统工程，本研究通过产业体系、空间结构、产业园区（基地）、城镇建设、投商引资、功能区划、民营经济、民生发展等方面提出相关基本策略，以推动县域经济持续发展。

（一）促进县域经济整体持续发展，构建绿色的弹性空间结构

未来5~15年，梅州县域空间结构总体构架是：“一核两副中心三组团四轴线”，突出点线面结合，强化梯度集聚，形成县域经济总体布局与分工，推动产业及其功能向核心区集聚（见图4）。

1. 一个核心：梅州市区及梅县城区。通过加大对以梅州中心城区与梅县城区及延伸地区的建设，建设互享的市政与交通基础设施以及公共服务设施，完善核心地区服务功能与提升其对周边的带动辐射作用。同时改善核心生态环境，创造人与自然和谐共生的人居环境，提升生活品质。

2. 两个副中心：以兴宁、丰顺为副中心。

（1）兴宁为梅州县域东部门户，是对接珠三角经济圈的桥头堡，发展成为“绿色发展先行（主力）市、新型工贸发达市、科教文卫先进市、宜业宜居幸福市”的副中心。

（2）丰顺为梅州县域南部门户，是对接汕潮揭经济圈的前沿阵地，发展成为“梅州桥头堡、潮汕后花园”的副中心。

3. 三大功能组团：南部、中部与北部功能组团。

（1）南部制造产业功能组团：南部地区（包括兴宁、五华、丰顺等）区位优势得天独厚，交通发达，是对接珠三角的前沿地区，有一定的工业基础和城镇配套设施，有大片可供开发的丘陵地，投资成本低，工业承载力较好。通过标准高起点开发建设新型的产业园区，走新型工业化道路，大力调整优化产业结构，加快与珠三角的道路对接，产业互补，招商互动，做强做大的先进制造业，成为梅州县域经济乃至梅州经济重要增长空间。

（2）中部综合配套服务功能组团：中部地区（梅州市区与梅县）环境优美，是梅州市政治、文化中心，城市公共服务和配套设施较为完善，具有集聚本市及承接珠三角产业资源的效应，在产业发展上要与周边地区实现错位互补发展，为周边地区发展大生产，搞好配套大生活。依托产业转移工业园，重点发展先进制造业、高新技术产业。着力营造适宜创业和生活居住的优美环境，创建客家文化产业城，打造国际化会议休闲胜地，推动形成都市生活圈。

（3）北部生态产业功能组团：北部地区（平远、以龙头企业带动建材等产业发展。发挥种植业优势，推动农业产业化。在大埔为客家文化旅游提供服务。北部组团以山区为主，好山好水加田园风光，旅游资源丰富，发展生态旅游和现代农业前景广阔，也可以作为梅州东北部绿色生态屏障和生态旅游区。严格保护生态环境，整合平远、蕉岭、大埔三县的生态和人文资源，加强生态文明建设，高标准建设风景旅游景点和景区，营造国际化乡村生态大公园，大力发展现代农业、生态旅游和会议休闲经济，形成现代生态产业圈。

4. 四条轴线：X形发展轴线。以梅城（梅县）为中心向四个方向形成四条发展轴线，充分发挥资源优势和经济区位优势，构筑特色突出的产业集聚带和城镇连绵带，形成梅州县域产业发展和经济腾飞的发展主轴。

（1）兴宁（五华）—梅县（梅县）发展主轴（对接珠三角与内陆经济圈）。依托广梅汕铁路，梅河高速以及规划中的梅赣高速等，打造梅州对接珠三角经济圈，实现承接互动发展的主轴。

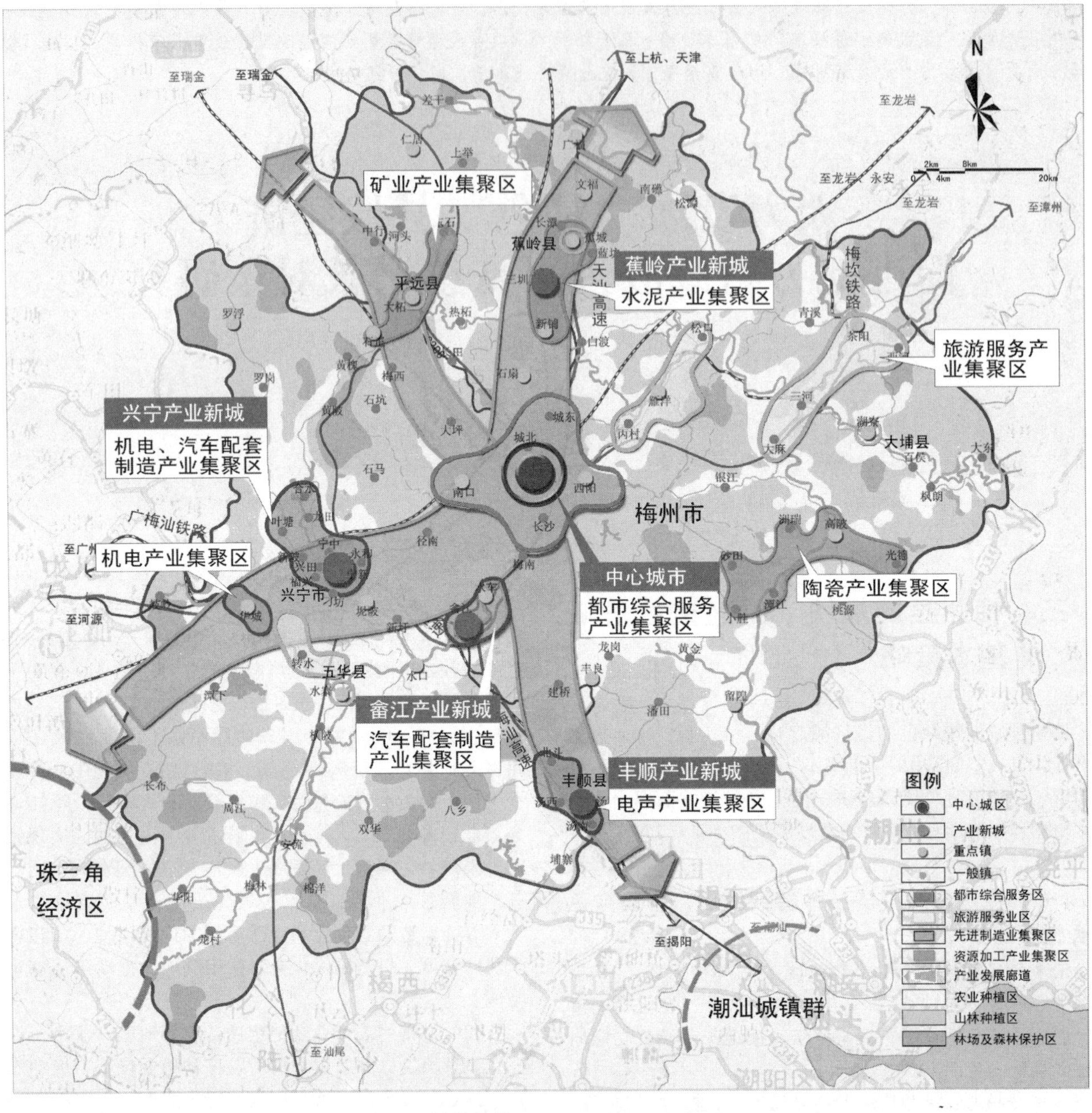

图4　梅州县域经济空间发展总体框架

（2）梅江（梅县）—丰顺发展轴线（连接潮汕揭经济圈与海西经济圈）。依托汕梅高速公路、广梅汕铁路，以及规划中的大（埔）潮（州）高速、梅州西环经揭阳炮台至汕头港高速、韩江航道等，打造梅州与潮汕地区实现联动发展的主轴。

（3）梅江（梅县）—大埔发展轴线（对接海西经济圈）。依托杭广高速铁路、梅坎铁路、梅漳高速公路等，打造梅州融入海西经济区发展主轴。

（4）梅江（梅县）—平远（蕉岭）发展轴线（对接内陆经济圈）。依托龙梅高速公路、济广高速、鹰梅铁路、梅江、汀江航道等，成为推动粤赣合作的主轴。

（二）实施主体功能区错位发展，增强县域内外优势互补互动

结合国家主体功能区发展要求，梅州纳入生态发展区，但对于县域经济的发展也要打破行政区域的限制，划分优化开发区域、重点开发区域、限制开发区域，实行差别化发展。

1. 制定三大主体功能区划与发展指引。

（1）中部现代服务业和都市工业区（优化开发区域）。优化开发区是指国土开发密度已经较高、资源环境承载能力开始减弱的区域。梅州县域的优化开发的现代服务业和都市工业区（优化开发区域）空间范围上包括梅州中心城区周边扩散区域。

这类区域要着力优化结构，重点通过空间整合提升效益，完善功能，率先转变经济发展方式，改善生产生活环境。

要改变依靠大量占用土地、大量消耗资源和大量排放污染实现经济较快发展的模式，把提高增长质量和效益放

在首位，提升参与全球分工与竞争的层次，继续成为带动梅州县域经济社会发展的龙头和参与经济全球化的主体区域。

城镇发展上为全区的政治、经济、文化、交通、信息和社会公共服务中心，对外是区域性商贸交易与物流中心、旅游服务接待中心。结合现状，做到有机疏解，优化调整提升功能，使功能从齐全向功能饱和方向发展，特别是提升区域品质，集聚人口与产业，实现健康持续发展。

产业方向上以梅城区发展文化产业、会议休闲产业、商业商贸、旅游服务、职业教育和房地产等为生活配套的第三产业为主，同时在外围扩散区发展都市工业。

政策导向上制定产业优化和转移导向目录，在资源消耗、环境影响等方面实行更加严格的产业效能标准，设定高于全国平均标准的产业用地门槛。

（2）南部先进制造业和现代高效农业区（重点开发区域）。重点开发区是指资源环境承载能力较强、集聚经济和人口条件较好的区域。重点开发的先进制造业和现代高效农业区（重点开发区域）空间范围上以梅县、兴宁、五华、丰顺等县城城区及邻近区域。

这类区域要加强统一规划，完善基础设施，改善投资环境，促进产业集群化发展，主动承接国内外产业转移。引导人口向片区和农民居住区集聚，逐步发展成为支撑区域经济发展和人口集聚的重要载体。逐步成为支撑梅州县域经济发展和人口集聚的重要载体。

城镇发展上以完善城镇功能为主体，通过完善配套设施，吸引产业与人口集聚。

产业方向上以重点培育发展先进制造业、矿产、建材、农产品加工等为主的工业和商务会展、研发、物流等为主的生产性服务业。并结合产业转移园区重大项目，通过对重大项目在这一区域的发展与布局，成为梅州县域参与区域经济竞争的核心地区。

政策导向上主要加大基础设施建设的投资支持，有针对性地适当扩大建设用地供给，支持产业组团和规模发展。

（3）北部高效农业和生态文化旅游区（限制开发区域）。限制开发区是指生态环境脆弱、集聚经济和人口条件不够好的区域。梅州县域的高效农业和生态文化旅游区（限制开发区域）空间范围上包括平远、蕉岭和大埔等区域。

这类区域要坚持保护优先、适度开发、点状发展，因地制宜发展资源环境可承载的生态型工业，适度发展生态旅游业和生态养殖业，加强生态环境保护和修复，引导超载人口逐步有序转移。

城镇发展上以山水生态环境整体保护优先为原则，全面推进镇区基础设施建设，集中资源优先推进道路交通、市政建设等基础设施建设，增强镇区集聚能力和人口承载能力，形成基础完备、生态优良、各具特色的现代化山水城镇。

产业导向上发展以自然资源为依托，发展各具特色生态旅游业、休闲度假产业和现代农业，成为旅游休闲度假地、现代农业基地及生态资源涵养地。

政策导向上建立生态补偿机制，推动城乡一体化发展的制度建设，加大财政转移支付支持，引导生态移民，扶持和培育特色产业，并有针对性地配套服务设施，实行发展中保护。

2. 实施差别化的区域发展政策和考评机制。

（1）实施不同的扶持和引导政策。结合不同的主体功能区在财政、投资、产业、土地等方面实施不同的扶持和引导政策，如不考核镇一级的招商指标和不考核生态发展地区的 GDP 增长指标，进一步健全县域科学发展考核评价体系。同时加大生态补偿和财政转移支付的力度，探索建立以全省为统筹的跨县域主体功能区生态补偿基金，促进区域间错位发展与功能互补。

（2）确立梅州县域主体功能区规划的法律地位。从法律上切实保障主体功能区规划的严肃性、权威性，防止出现主体功能区规划在实施过程中流于形式。在主体功能区产业准入和产业进园上扎实推进节能减排节地工作，逐步淘汰落后产能。

（3）建立梅州县域主体功能区的监测评估体系。对主体功能区建设的实施情况进行动态监控。形成主体功能区是一项长期的工作，为了及时把握主体功能区规划实施的进展情况，对各功能区发展状态进行信息采集和分析，并进行动态评价和调整。

3. 建立与主体功能区规划相匹配的财政统筹体系。进一步研究完善一般性转移支付和财政补偿制度，在县域地区建立各平级功能区间的联系平台，同时按功能区定位调整财政支出，增设与主体功能区相关的财政预算项，以及完善其他相关配套机制最终保障县域财政发展。

（三）充分发挥县域资源优势，建立绿色的特色现代产业体系

梅州县域大部分属于山地丘陵森林生态安全屏障区，对广东省生态安全格局的稳定起着不可替代的作用。并且梅州县域基本上涵盖了水源涵养、水土保持、防风固沙等生态功能，未来需要打造成为坚实的绿色生态屏障，建设稳定的生态体系，维护生态健康安全，促进梅州经济社会发展。结合生态与环境资源条件，积极构建以绿色产业、环保加工业、生态旅游、原生态产品、水产业、农产品为主体的现代特色产业体系，形成新的增长点。通过规划引导建设若干特色的产业片区，提升产业环境，通过生态、文化、产业、项目、土地、空间的优化组合，共同推动特色产业科学发展。

1. 加快发展汽车零部件、数控机床、发电设备、机械等先进制造业。重点发展汽车零部件、数控机床、发电设备、机械等装备制造业，形成若干具有特色、知名度高的机械装备制造产业集群。到 2020 年，先进制造业总产值超过 200 亿元。

（1）汽车零部件产业。加强与国内外大企业的合资合作，着力提升电机、柴油机、车桥等汽车零部件产业发展

水平，把梅州建设成为粤闽赣地区重要的汽车零部件制造基地与配套中心。

（2）机械装备制造业。大力发展精密铸造，着力形成以铸造业为基础的产业集群。巩固提升机械装备制造业，积极发展大型水电、风力发电装备制造产业。

（3）电子信息产业。大力发展以高端电路板、电子元器件、电声器材和通信设备等为代表的电子信息产业。力争到2020年，通过大项目引进带动形成超百亿元的工业总产值，高新技术产品产值比重提高至60%以上。加快推进与省共建全省重要的高端电路板生产基地。坚持培育和引进相结合，大力扶持新型电子元器件的研发和产业化，壮大一批电子元器件龙头骨干企业。积极发展数字化电声产品、TFT新型平板显示器和3C融合产品为重点的高端数字家电产品。鼓励发展电子商务、软件开发等现代信息服务业。

2. 优先发展绿色农业、精细农业、高效农业等特色现代农业。大力发展绿色现代农业。加快发展特色农业、生态农业、高质农业、旅游农业，推动传统农业“绿色再造”，不断提高农业综合生产能力和综合竞争力，打造全省重要的优质粮食、高端植物油及优质有机茶、优质安全果蔬、特色养殖生产基地和加工供应中心。

（1）以特色种养为重点，打造若干特色种养基地。按照特色农业、绿色农业、高质农业、旅游农业的思路，加快建设水果、茶叶、油茶、南药、优质稻、蔬菜、烤烟、畜牧水产养殖等八大特色种养基地。积极发展名贵苗木、高值花卉、用材林、生物质能源、毛竹等特色种养业。

（2）突出农产品的精深加工。如金柚、油茶、脐橙等大宗农产品的精深加工。重视培育地理标志产品，打造梅州农业大品牌。加强与国际国内大市场的对接，提高梅州农产品的市场占有率，建设全省重要的优质粮食、高端植物油及优质名茶、优质安全果蔬、特色养殖生产基地、加工供应中心和若干农产品价格形成中心。

（3）打造若干农业示范园区。通过与台湾地区的合作，出台鼓励台湾农民来梅创业的政策措施，办好每年一次的梅台农业合作交流会，加快建设一批现代农业产业园、台湾农民创业园。要注重组织和制度创新，增强农业龙头企业和农民专业合作组织的辐射带动能力。

（4）发展生态休闲农业。树立发展精致农业理念，充分挖掘丰富的农业资源，积极支持有条件的农业龙头企业利用现有的果园、茶园等基地，打造一批集物质生产、绿色消费、休闲娱乐于一体的农业旅游景点景区，成为城里人“乐农事、住农家、吃农饭”的休闲乐园。

（5）推进农业标准化与品牌建设。通过加强与国内外重点的农业高校和科研院所的合作，推进农业标准化建设，推广良种良法，抓好农地整治改良，建立健全农产品质量检测体系，提升产品质量，培育一大批无公害农产品、绿色食品、有机食品。

3. 大力发展旅游、商贸、物流、金融、客家文化等现代服务业。

（1）加快发展旅游先锋产业。开发利用客家文化和自然生态资源，深化省市共建客家文化生态旅游示范区合作，建设“梅赣龙客家文化生态旅游圈”和“梅潮山海文化生态旅游圈”，打造国家级“客家文化生态旅游产业园”。推进客家文化生态旅游示范区规划与客家文化、现代农业、生态林业、绿色工业等有关规划的对接，打响客家文化之旅、度假休闲之旅、保健养生之旅、红色文化之旅等特色旅游品牌，打造全国有影响的绿色健康度假区。加快20公里梅江画廊、客天下旅游产业园、梅县健康度假区、梅城文化产业城、梅江区泮坑客家文化精品长廊、千佛塔宗教文化旅游区、丰顺温泉度假城、平远卧佛文化旅游产业园、蕉岭生态文化休闲城等景点、景区建设，打造一批集古村落、客家文化、秀美生态、精致农业于一体的经典景区，新上一批国家级4A、5A景区。加大区域旅游资源整合，集中打造雁洋度假保健旅游、大埔名人名居旅游和五丰兴（五华、丰顺、兴宁）温泉养生旅游等精品线路。加快建设休闲观光绿道，做到“县县有亮点、处处有精彩”。进一步打响国际客家山歌文化节、金柚节、脐橙节、自驾游节等品牌，实现“一年一节庆、一季一活动、一县一品牌”。加大宣传营销力度，建立完善旅游开发的投资和退出机制，着力打造度假旅游、保健养生旅游目的地。

（2）发展商贸物流业。以揭阳潮汕国际机场、梅县机场和日益发展的快速铁路、高速公路形成的交通网络为依托，建设集航空、陆路物流、海关保税、国际贸易服务、快件服务、展览展示、金融服务、商务旅游等为一体的现代物流中心。加快规划建设机场远程货站，增强口岸服务功能，提高通关便利水平，发展航空指向型的高端临空现代服务业。围绕现代产业体系建设，精心策划物流产业，优化空间布局，着力培育大型商贸连锁经营商和第三方物流企业，加快推进原燃材料、服装、农副产品等商品交易中心建设，整合提高物流业的组织化程度和社会化配置能力，将物联网等信息技术融入物流业，推进物流中转的无缝连接，形成专业化、规模化、集约化的现代物流体系，打造辐射粤闽赣的梅赣龙特色农产品物流圈、原燃材料集散基地和工业物流中心。

（3）金融服务业。加大对金融机构的支持和服务力度，搭建新的金融服务平台。积极创建金融生态示范市，进一步完善社会信用体系和融资担保体系，为重点项目、产业园区、城市基础设施、绿色现代产业体系等方面的建设提供高效便捷的融资服务。充分利用和发展资本市场，培育上市后备资源，加快推进企业上市步伐，努力扩宽直接融资渠道。积极推动“农村金融改革创新综合试验区”建设，深化农信社改革，尽快组建农村商业银行，更好地服务农村和基层。引入战略投资者、风险投资基金、有实力的企业和个人，加快设立村镇银行和信用保险公司、担保公司，缓解中小企业融资难题。

（4）特色文化产业。扎实推进文化名城建设，加强对全市文化产业的统一规划和科学布局，建设文化产业强市。加快建设中国客家文化生态保护区，推进中国客家博物馆晋升国家一级馆工作，保护开发“客家围龙屋”、客家古村落和客家山歌、汉乐等物质和非物质文化资源，办好“国际客家山歌文化节”等节庆活动，推动文化与旅游、商业融合，发展文化会展业。以客家文化创意为核心，承接珠三角地区文化产品制造等产业转移，加快规划建设文化创意园区，推进麓湖山文化产业园、林风眠艺术园等建设。积极开发传媒出版、动漫游戏、影视制作、音乐创作、广告设计和网络广播电视等新兴文化产业，培育2~3家有客家特色、竞争力强的文化骨干企业。盘活客家文化特色资源，拍摄反映客家题材的影视作品，创作在国内外有影响力的客家文艺精品。深化以亮胜客家艺术中心、市山歌剧团、广东汉剧院等基地为主体的创作演出，加快建设电影院线等文化网络，推进客家文化有形化、市场化，发展客家文化休闲娱乐业。健全文化产品、服务和要素市场，建立文化产权交易平台，培育文化中介行业，延伸文化产业链条，逐步把文化产业建成我市支柱产业。实施振兴“足球之乡”规划，加快建设国家级足球训练基地，举办高水平体育赛事，培育发展以足球为重点的体育产业。

4. 积极发展新医药、新能源、新材料和环保等战略性新兴产业。要按照生态化、专业化、集群化、高端化取向打造新医药、新能源、新材料和环保产业为重点的战略新兴产业。推进具有自主知识产权和广阔市场前景的疫苗、诊断试剂、新药的开发和产业化，加快发展生物医药产业。依托南药资源，打造一批全国知名的梅州中药品牌，加快发展现代中药产业。积极发展风电、生物质能、太阳能光伏为重点的新能源产业。积极培育LED外延设备、大功率封装设备和灯具等新光源产业。

5. 壮大烟草、电力、建材、矿业、陶瓷、酿酒等六大传统产业基地。实施改造提升、自主创新、名牌带动、项目带动、转型升级战略，加快推动烟草、电力、建材、矿业、陶瓷、酿酒等产业的转型升级。

（1）烟草产业基地。发挥“五叶神”的品牌优势，争取梅州卷烟厂扩大产能、研发新品、优化结构，确保烟草产业产值和税收平稳增长。

（2）电力生产基地。围绕打造全省电力生产基地的目标，发展清洁火电、绿色水电能源项目以及水泥企业余热发电项目。重点推进梅州（五华）抽水蓄能电站、荷树园电厂三期、华润兴宁电厂二期、大埔电厂等重点电力项目建设，力争到2015年全市电力装机容量达到460万千瓦。

（3）建材产业基地。加快淘汰落后产能，推进结构调整和资源整合，发展新型干法旋窑水泥生产，力争到2020年全市形成2 500万吨水泥熟料生产规模，打造全省重要的绿色建材生产基地。

（4）矿业产业基地。发展稀土规模化精深加工，加快平远稀土项目建设，打造知名的稀土新材料生产基地。推进资源高效整合、统一布局和综合开发，加快五华钼矿、兴宁霞岚钒钛磁铁矿等重点项目建设。到2020年，全市矿产工业总产值超过200亿元。

（5）陶瓷产业基地。整合瓷土资源，改善装备水平，提高工艺技术，强化产品研发，提升产品档次，打造“大埔陶瓷”、“高陂青花瓷”、“潭江红陶”等区域性品牌。到2020年，全市陶瓷产业工业总产值超过50亿元。

（6）酿酒产业基地。以长乐烧、一线天、南国白珍珠等为重点，大力发展酿酒业，打造客家娘酒品牌，建设广东省米香型白酒生产基地。

6. 重点扶持壮大100强上市与骨干企业。争取县域经济在新兴战略性产业、先进制造业、现代服务业、传统优势产业、现代农业领域内，优先发展100家产值在50亿~100亿元及以上的上市与骨干企业，成为县域经济的主导力量，带动县域经济跨越式发展。

（四）引导要素向园区集聚，实现县域产业规模化与集约化发展

以优势企业为主，适当集中布局，促进现代化产业分工协作的产业功能区和专业化产业园区，促进县域产业规模化与集约发展，成为带动县域经济发展的主力军。

1. 大力建设县域四大重点产业园区。

（1）东莞石碣（兴宁）产业园。以瞄准先进制造业、高新技术产业等战略产业，加强与珠三角地区、空港经济区的产业对接，发挥集聚效应，加快形成各具特色的产业集群。重点发展电子信息、机电制造及其他高新技术产业，以云山汽车为龙头，构建以汽车零配件、机械制造、五金、电子等核心的现代产业集群。

（2）蕉华工业园。蕉华工业园以铜材加工为主，同时发展机械装备、五金制品以及电子信息产业。经济开发区、高新区充分利用产业特色明显、产业基础较好的优势，积极培育电子信息、机械装备和高端建材等产业集群。

（3）五华经济开发区。依托广梅汕铁路、梅河高速公路、省道华五线、华中线等，重点发展以建材、精细化工、食品等产业，培育汽车配件、五金、机电、电器产业，成为重要的对接珠三角的产业平台。

（4）丰顺经济开发区（分报告提取补充完善）。依托广梅汕铁路，汕梅高速公路（连广汕、深汕高速）206国道和省道224线、汕头机场、汕头港、梅汕高速等交通基础设施，进行规模化发展，坚持以电子、电声、医药、汽车零件等制造业和高科技产业为主导，成为带动梅州县域南部发展的引擎。

2. 培育七大县域特色产业集聚地。以发展县城及其工业园区为重点，加快推进县域工业化进程，以解决农民增收、财政增长、农村劳动力转移等社会主义新农村建设过程中的诸多问题。通过以园区载体为重点来重新调整县区工业发展，走错位发展道路，对重点发展的产业、产品进行细分，通过合理选择，避免无序竞争（见表14）。

表 14　　县域特色产业发展

县域	主要特色产业
梅县	电力和电子信息产业基地
平远	铸造产业和矿产加工业基地
大埔	陶瓷、水电产业基地
丰顺	电声产业基地
蕉岭	建材产业基地
五华	酒业和机电产业基地
兴宁	机电产业基地

3. 扶持建设31个特色示范专业镇。发展梅州县域的中心镇域经济要坚持错位发展、注重特色、一镇一业的理念，着力建好各具产业特色镇工业集中区（见表15）。充分发挥龙头企业在原材料、劳动力等方面的优势，以龙头企业为重点培育特色专业镇，拓展发展空间。结合各县域专业镇特色，着重加强专业镇生产网络与机构支持网络的建设，促进专业市场（包括原料、辅料和配料）、公共平台（信息资讯平台，设计研发平台，人力培训平台，企业管理平台和市场营销平台等）、中介机构（研发，信息，培训等）、配套生产企业（主要是零部件企业）和物资配送（包括物流，仓储，货运等）的建设与完善，将梅州县域特色专业镇打造成为产业生力军。

表 15　　梅州特色专业镇一览表

级别	序号	镇名	特色产业	龙头企业
省级专业镇	1	平远县大柘镇	木制品加工	绿洋中纤板公司、元宝家私公司、朝阳木制品公司、仕达木业公司、鼎盛木业公司
	2	蕉岭县新铺镇	建材	油坑集团、皇马集团
	3	梅县雁洋镇	旅游	梅雁集团、宝丽华集团、华银集团
	4	梅县畲江镇	工艺	锦芳工艺品公司、卓进工艺品公司、安吉工艺品公司、宏达工艺品公司、裔辉工艺品公司
	5	梅县水车镇	工艺	海润工艺制品有限公司
	6	大埔县高陂镇	日用陶瓷	新马陶瓷公司、恒辉陶瓷工艺厂、高陂昌辉陶瓷工艺厂、金冠陶瓷工艺厂等
	7	兴宁市宁新镇	纺织	东风染织公司、洋里染织厂、广东云岗毛巾厂、新大毛巾厂、兴联制衣厂
	8	兴宁市新圩镇	工艺编织	万通、鸿兴、兴信、信达
	9	兴宁市坭陂镇	工艺	胜风工艺、民盛工艺
	10	丰顺县汤坑镇	电声	培英电声公司、泰昌电声元件公司
	11	丰顺县汤西镇	畜禽养殖	丰顺温氏家禽有限公司
	12	丰顺县騮隍镇	青榄种植与加工	创镒商贸有限公司
	13	丰顺县潭江镇	红陶	丰顺县振兴陶瓷厂、丰顺县新兴陶瓷厂、梅州市金马陶瓷有限公司
	14	五华县歧岭镇	酿酒	长乐烧酒业有限公司
	15	五华县安流镇	工艺	五华县华福工艺厂、五华县福江出口竹器厂
	16	兴宁市叶塘镇	禽畜养殖加工	广东富农食品有限公司

续表

级别	序号	镇名	特色产业	龙头企业
市级专业镇	1	蕉岭县三圳镇	蔬菜	志龙菜业
	2	蕉岭县文福镇	建材	塔牌集团
	3	丰顺县砂田镇	陶瓷	梅州市伟式陶瓷公司、砂田镇如金陶瓷厂、丰顺县砂田镇南坑建忠瓷厂
	4	丰顺县八乡山镇	甘薯种植加工	梅州市康之基农业科技发展有限公司
	5	丰顺县黄金镇	竹制品加工	黄金竹工艺美术厂、吉安工艺厂
	6	五华县水寨镇	小五金	永发五金螺丝厂
	7	兴宁市罗浮镇	油茶种植加工	罗浮油茶基地
	8	兴宁市坭陂镇	工艺	胜风、民盛
	9	梅江区金山街道	禽畜养殖加工	伟群实业有限公司、东丽达贸易有限公司、尚记食品有限公司
	10	平远县仁居镇	脐橙	仁居果业合作社、金绿橙果业
	11	梅县水车镇	工艺	祥锦工艺品有限公司
	12	梅县西阳镇	电子	梅县线艺电子集团、博敏电子厂、恒晖电子厂
	13	梅县石扇镇	金柚	锦芳金柚公司
	14	大埔县光德镇	陶瓷	林海陶瓷公司、下漳联陶瓷厂、宝丰陶瓷有限公司、富太陶瓷有限公司等
	15	大埔县枫朗镇	茶业	西岩茶叶集团有限公司、拾富茶业有限公司

（五）突出县城区和中心镇建设，带动县域城乡空间协调发展

突出“7”个梅江县域县城区的带动辐射作用，强化“20”个中心镇的支撑点作用，夯实“100”个中心村的基础功能，形成以“县城区—中心镇—中心村”为骨架的城镇空间布局体系。

1. 强化主城区规模化与高品质化发展。围绕“世界客都、宜居城乡”的目标定位和“城市向山拓展、生产要素向城市集中”的思路，建立全市空间规划协调机制，形成经济社会发展规划、城乡规划、土地利用规划“三规合一”的规划体系。

（1）实行高品质的城市产业用地更新与调整。同城市功能转变相结合，需要适时放宽用地属性的刚性限制，弹性地实行功能与置换，将一定程度上提高土地的集约利用效率，避免土地资源浪费与闲置。包括旧城改造、城中村改造及退二进三（工业厂区改商业、住宅等第三产业）项目。梅州主城区过剩工业用地，可以结合城市升级与城市改造，采取置换对调方式，改为商业和居住用地，把梅城打造成为面积100平方公里、人口近百万的粤东北区域性中心城市，提升城市中心区的建设品质。

（2）整合土地规模化连片开发。对于低密度杂乱不规则的土块，由土地储备机构通过征购或其他方式，将分散土地集中起来统一改造后再另行出让，促进土地和合理利用和升值。特别是中心区村镇兼并与村落改造上突出以人为本对于低密度杂乱不规则的土块，由土地储备机构通过征购或其他方式，将分散土地有效集中，连片集中进行空间再规划，来提升城市功能和扩大城市建设规模，从而实现规模化土地开发增值与发展空间的高品质化。可以探索建设城郊村落中心，作为城郊副中心，与中心发生联系，并作为城郊服务。

（3）强调功能齐全与饱和。应充分认识到梅州中心区在城市功能方需要有一个集聚过程，功能不能过于单一化。中心城区经济功能引导着城区产业发展，而城区的产业发展直接决定着城市经济功能的发挥，需要突出城区经济功能与城区产业发展并联耦合的效应。在中心城区基于功能导向着重引入现代服务产业元素，如现代商贸业、金融服务业、信息产业、房地产业、咨询和人才培训服务业是城市功能再造的现实选择。有重点在城市核心地区进行标志性地区再造更加国际化，辐射更广阔区域的城市商业中心区，创造消费、引导消费，提升社区居住的品质，吸纳城市人口。

（4）中心区外围生态组团建设。突出城市生态环境建设必须突破原有的城市建成区、郊区两张皮的格局，在生态建设方面实现一体化建设，并特别加强城市边缘区的生态组团建设力度。在城市边缘区进行“林网化—水网化”模式的森林、湿地建设，加强道路、水系、农田三大防护林网建设，以连接重点生态区的骨干河流、道路为主建设贯通性的城市森林生态廊道，并加强城郊污染土地生态修

复，发展花卉、苗木等非食品类生态产业，以及开展郊区低效生态林的定向改造，发展近自然的生态风景林。

2. 加快县域城区土地集约集聚开发。提升县城中心区的功能，增强其集聚与辐射能力。通过高品质开发特别是中心城区的开发必然与土地开发相联系，引导城镇化与土地开发持续有效进行。

（1）开展高品质的县城中心城区控制性规划。借助山水城田形态和规划的意向，借助高品质规划吸纳投资。对县城中心区进行功能分区，形成多功能组团，形成集行政办公、商务商业、文化娱乐、体育运动、居住多功能为一体的中心城区。通过城市行政中心确定后，联系各个功能组团的建设与发展。

（2）对县城中心城区土地进行储备。确定中心城区的增长边界，在对中心城市规划区范围内的土地有预见性地进行土地储备，用于未来中心城区的土地开发与城镇建设。通过经济适用房，提供可支付性的住房引导人口迁移。对于低密度杂乱不规则的土块，由土地储备机构通过征购或其他方式，将分散土地集中起来统一改造后再另行出让，促进土地和合理利用和升值。

（3）引入土地开发资本进行综合开发。引入土地开发资本对县城新区土地进行综合开发，分期拍卖和出售进行开发。通过招拍挂土地转让，增加土地财政收入，将增加的这些收入按步骤进行基础设施建设，实现县城新区从规划期、半成熟期、成熟期的转变。

（4）增强人居环境建设。抓好县域中心区的建设，建设成为配套合理、功能齐全、环境优美的中心，重点在于提升中心区的城镇品位，加强城区管理，完善水、电等基础设施的建设。充分体现出山水城田的规划理念，进一步优化中心城区的人居环境，加大可支付性住宅建设的比重，提高中心城区对人口的吸纳能力，增强其辐射能力，让它能够在更大的范围内发挥作用，吸引人口到中心城区居住工作。

3. 推动县域中心镇特色化发展。

（1）引导人口向中心镇集聚。中心镇在这些地区作为区域重大生产力布局的支撑和依托。在近期优先发展，在基础设施投资建设、产业配置、贷款额度、用地指标等方面给予政策倾斜，扶持其发展。争取在近期建成全区城镇建设发展的示范样板。通过完善教育、医疗等生活配套设施引导人口向中心城区集聚，增强中心城区的人气与活力，并进一步优化居住环境与就业环境（见表16）。

表16　　梅州县域重点发展中心镇

县市（区）	中心镇
梅县	雁洋镇、畲江镇、松源镇
兴宁市	坜陂镇、华城镇、水口镇
丰顺县	汤西镇、北斗镇、丰良镇、留隍镇
平远县	罗浮镇、石正镇、大柘镇、仁居镇
蕉岭县	广福镇、文福镇、本练镇、新铺镇
大埔县	湖寮镇、高陂镇、茶阳镇、大麻镇
五华县	水寨镇、华城镇、安流镇

（2）完善中心镇的城市与产业功能。中心镇重点在于增强培育新兴工业和现代高效农业，形成工业与农业相互促进，共同发展的局面。利用工业园区现有的企业优势，坚持“以工扶农”的举措，通过结对帮扶、定向培训等手段，让农村人口实实在在地体会到工业化的好处，减少园区附近村庄及农民数量，使农村人口尽量转向工业园区。

（3）在中心镇的公共服务配套建设上倾斜以改善环境。加速农村人口向集聚的工业功能区及中心镇转移，同时吸引外出务工人员回乡务工。扩大就业机会，在中心镇的公共服务配套建设上倾斜，保护和改善镇区生态环境，吸引周边农村人口，实现农村人口就地、就近转移，达到农民增收和平衡区域经济发展的目的。

（4）通过乡镇的撤并引导中心镇要素集聚。集约发展各县（市）中心镇，进行乡镇行政区划的合理调整，撤销规模过小的乡镇，与邻近城镇合并；引导乡镇企业向中心镇的工业园区或工业组团集中，引导农业产业化发展分离出的第二、三产业向中心镇集中，引导自然村人口居住向中心镇新住宅区集中。

4. 促进县域中心村生态发展。

（1）加强中心村基础设施与社会设施建设。完成中心村电网建设，提高固定电话、移动通信和广播电视的覆盖率，搞好中心村村地区水利工程建设。切实加强基础教育，巩固九年义务教育的成果。加大农民培训力度，继续办好“小康班”，培养致富带头人和技术推广人才，增强市场观念和创业致富意识。

（2）加强中心村农田与乡村生态保护。中心村需要切实保护优质农田，保证实现耕地占补平衡；建立基本农田保护区档案，树立界桩和标牌，范围和边界，并严格执行国家和自治区基本农田保护条例；不允许占用基本农田进行非农建设，若遇国家重点项目，确实需要征用时，应经过法定程序修改规划，并报有关部门审批。

（3）加强乡村地区的生态建设和环境保护。合理开发和利用资源，有效保护生态环境，保护好水源涵养地。重点抓好天然林保护、植树造林、牧草种植等工程，禁止烧山垦殖，争取对超过25度以上的坡地逐步实行退耕还林，加强山区自然保护区建设，保护生物多样性。

（4）中心村改造以改善农民生产、生活条件相结合。通过整治宅前屋后环境、修建村内道路和桥梁、治理村内河道、修缮农宅白化墙面、建立农村生活污水集中处理系统、完善农村公共设施、进行村宅绿化等方面的改造。同时配套中心村水、电、路、通讯设施建设和教育、卫生、文化公共设施建设。引导零散分布的小村落居民向中心镇或中心村迁居，引导山区条件差的村落居民迁往镇区和副中心，继续推进撤乡并镇工作，合理调整乡镇行政区划。

（六）通过双转移与招商引资，加快重点项目落户县域

1. 以"双转移"为引导，重视产业转移园建设。尽管梅州县域交通设施、基础设施、供电、高速公路等等都已经初具规模，如国道（205国道、206国道）、铁路（梅坎铁路、广梅汕铁路）、高速公路（梅河高速、梅汕高速、天汕高速）等，但还需要进一步加大基础设施投入，将梅州纳入了珠江三角洲3小时圈，努力加快珠三角产业向梅州扩散的速度。抓住省委、省政府实施《珠江三角洲地区改革发展规划纲要》、"双转移"（产业转移和劳动力转移）、"双提升"（提升产业竞争力和提升自主创新能力）的契机，加快产业转移发展，促进珠三角与梅州县域之间人流、物流、资金流与信息流的对流，实现协同发展。特别是要通过培育产业转移工业园平台建设，形成了对产业的吸聚能力，努力使产业转移园成为梅州县域工业经济的重要聚集地和经济增长点。

2. 突出产业资本招商和重点项目招商。从转统的产业招商转向产业资本招商，重点在于对产业资本的控股方，由控股方进行企业化经营，特别是产业组合要素招商，即将土地等要素禀赋结构，转化为比较优势，完成土地、资本和市场等要素在本区域的完美组合，使之尽快转化为城市和产业发展源源不断的招商动力。新时期梅州县域的招商过程不是单纯引进生产某一产品或某一产业的企业，而是要求引进的企业以资本、人才和市场等要素投资方式，同政府的土地、特许权合作开发城市或工业地产，建设工业园如建设梅州客都产业公园，然后再由合作者引入国际大集团等战略投资者共同建设。

3. 创新招商方法扩大招商范围。抓产业集群项目招商，还必须按抓"集群的思维"，抓"集群的组织机制"，必须打破目前各个招商部门之间互不通气、互不支持、各成体系、各自分割的思维模式和体制，采取现代管理方式中的团队组织模式抓集群招商，组成若干个产业集群招商团队，实现招商人才的团队式集聚、高水平发挥。将招商包给专业的咨询与服务公司以及会计律师事务所等公司，由这些公司开展招商，对专业公司所引资本、技术与项目实行有偿奖励和资金支持，从而做到招商渠道的多样化与精准化。利用乡情亲情如在外的梅州人，由他们招人来投资，如何组合再进行利益分享。设立广州招商局办事处，聘一部分招商专业队伍，扩大与集团公司合作，加大招商委托。

（七）扶持民营企业做大做强，增强县域民营经济发展竞争力

梅州应充分发挥市场配置资源的基础性作用，增强县域民营经济竞争力和可持续发展能力，把民营经济打造成为支撑梅州县域绿色的经济崛起的重要力量。

1. 扶持县域民营经济集聚扩张。一方面积极引导支持民营企业加快转型升级，通过巩固提升现有的民营传统产业，加快发展先进制造业和现代服务业。另一方面依托"双转移"，进一步加强各类园区建设，形成优势产业集群。特别是实施"走出去"战略，形成一个能够代表梅州参与全球区域竞争的民营企业集群。

2. 构建创新公共服务平台。民营企业的公共服务平台是可持续发展的重要保证，通过依靠科技创新建设梅州县域经济发展的行业公共研发平台，突出重点扶持科技型民营企业发展，特别是适时规划建设民营科技园，引导民营高科技企业规模化下集聚化发展。

3. 依法引导有条件的民营企业建立现代企业制度。通过依法加强监管，切实加强梅州的行业协（商）会建设，促进梅州县域民营企业自律发展，特别是同时放宽准入，激活民间投资活力，参与地方产业与企业并购。

4. 扎实推进适应民营企业特点的融资体系建设。梅州需要集中力量在优化法制环境、拓宽发展领域、强化金融服务、加强支撑体系建设、鼓励全民创业等方面取得突破。并旗帜鲜明地保护民营企业合法财产、合法经营和合法权益，为民营企业投融资创造公平、和谐的宏观环境。

（八）加快农村劳动力双转移，促进县域农业增效和农民增收

梅州县域农村剩余劳动力转移关系到梅州县域绿色的经济崛起的大问题，有序引导农村剩余劳动力转移将有助于促进农业增效与农民增收，为县域经济持续发展创造条件。

1. 加快推进中心镇和小城镇建设吸引农村劳动力转移。梅州县域的中心镇和小城镇是农村劳动力转移重要的空间和载体。特别是梅州县域中心镇具有良好的区位优势和一定经济规模，在各乡镇中发展比较快，能够对周边一些乡镇起到辐射带动作用，通过加快这些城镇的建设是实现梅州县域农村劳动力转移的重要保障。在中心镇和小城镇必须大力发展第三产业，促使农村劳动力充分就业。乡镇企业要发挥靠近农村的优势，把第三产业发展作为再次

创业的突破口，重点是发展农产品流通、交通、通讯、信息服务、技术服务等行业，开发农村的旅游等新兴产业。也重视非正规就业岗位的培育，通过正规、合法的中介组织了解非正规就业人员与雇佣者的需求，让更多的非正规就业人员能在城镇安心工作，同时也让更多的雇佣者能顺利雇佣到所需人员，从而更多方面引导有条件的农村剩余劳动力转移。

2. 加强农村基础教育和对农村劳动力的就业培训。要整合培训资源，改革培训体制机制，提高培训质量。要完善多层次多渠道的公共就业服务体系，加速促成劳动力就业转移。一是各级政府要调整财政支出结构，加大财政对农村基础教育的扶持力度；二是要不折不扣地全面贯彻执行“一费制”，坚决制止变相收费的情况发生；三是尽快制定和完善农村劳动力就业培训的总体规划，按市场化、社会化的要求，增加职业培训基地和培训集团，并不断完善农村劳动力职业培训体系；四是结合各地实际开展特色培训，结合市场需求开展对口培训。

3. 激励农村劳动力本地就业与创业。在实施“双转移”的背景下，紧紧抓住产业转移的 机遇，采取有效措施拓展农村劳动力就地就业。同时应把创业带动就业作为扩大就业和加速农村劳动力转移的主要途径。加大创业指导和政策扶持力度，激励农民工返乡创业，提供创业项目推荐、融资服务、开业指导等“一条龙”服务和政策性的资助补贴。

4. 妥善解决城镇扩展中的“失地农民”问题。在严格控制占用耕地的同时，通过改革土地征用制度，提高土地补偿标准，保证这部分“失地农民”的基本生活条件，还可以探索和建立土地入股、租赁等新的补偿机制，增加“失地农民”的土地增值收益。通过建立健全土地征用中的宣传、预告、公示、听证等整套制度，保障土地所有者权益。建立相对统一，适时调整的征地拆迁补偿标准，关键是让利于民，解决“农转非”的后顾之忧，真正使农民“失地”不“失业”，“农民”变“市民”。加强对农民创业就业的帮助和指导，确保失地农民后续发展。采取“政府出一点、集体补一点、个人缴一点、征地主体拿一点”的办法建立失地农民社会保障基金，为“失地农民”提供可靠的失业救助、医疗保险、养老保险等配套社会保障。

5. 加速县域农村劳动力向珠三角转移。以规模输出为抓手，按照劳动力输出组织化、规模化、品牌化、市场化的要求，在梅州各县市建立市县乡三级劳务输出和服务体系，扩大劳动力转移总量，提高转移就业的空间和质量。如在三角洲地区设立劳务输出站，派人常驻办公室，专门组织收集就业信息、培训订单和开展劳动力转移就业跟踪工作。

四、梅州构建县域经济绿色崛起的财政税收政策保障措施

梅州县域的“富县强镇”和“简政强镇”应以转变职能、简政放权、增加财力、强化责任为重点，减少审批层次，简化审批程序，推进依法行政，提高行政效能，加快建立权责一致、分工合理、决策科学、执行顺畅、监督有力的行政管理体制。

（一）促进县镇事权与财力相适应

要扎实做好省直管县财政体制改革试点工作，改革财政转移支付制度，健全基层政权组织的财政保障机制。进一步扩大市县财政分治，最终实现由省管市和省管县（市），均衡市县运作的基本财力。同时，积极推进镇（乡）财政和村级财务管理方式改革，实行“镇财县管”和“村财镇代管”。

（二）以建设服务型政府为目标推动县镇政府职能转变

稳妥调整政府职能结构，优化政府组织结构和运行机制，大力提升行政效能。要继续完善顺德新一轮行政管理体制改革，及时研究分析顺德改革对县域改革的借鉴和推动作用，加快扩大县级政府经济社会管理权限。有条件的县市，除规划管理、重要资源配置、重大社会事务管理等经济社会管理事项外，可尝试赋予县（市）与设区市同等的经济社会管理权限。要以“大部制”理念为指引，积极试点推进乡镇机构改革，整合公共服务资源。

（三）加快制定和实施富县强镇事权改革方案

按照“权责一致，重心下移、减少层次”的原则，分期分类逐步赋予镇部分县级行政审批权、规划建设管理职能和综合执法职权，重点要强化面向基层和群众的社会管理和公共服务职能。特别是要加快县镇机构、行政审批制度、财政管理体制、条块关系、“一票否决”及人事制度等的改革，不断增强县、镇两级政府社会管理和公共服务能力。同时，要健全县镇行政权力监督约束体系。要进一步探索推进县镇政务公开的方式，特别要建立监督机制，强化责任追究，创新监督手段和形式，将政务公开、财政资金和专项基金运行以及要素市场建设等领域纳入监察范围，确保权力使用受到约束。

（四）建立竞争性财政激励机制

设立产业发展引导资金，重点支持关系产业全局关键领域和新兴产业关键技术的项目。对落户广州（梅州）产业转移园区的汽车零部件等主导产业企业，给予技术研发、品牌培育、自主创新等专项扶持。统筹惠农资金的使用，突出对八大主导产业、特色产业园区、台湾农民创业园区和农产品深加工项目的支持。实行财政增收奖励政策，对完成考核指标的县镇进行增收奖励，激活县财政的增收解决性，逐步加大帮扶力度，促进县域经济发展。

（五）积极争取上级财政对绿色崛起的支持

重点体现在：（1）积极推进县域经济发展改革和完善

市县的财政政体制，调整财税基数，切实增加市县财政收入；要从根本上解决市县财政困难、矛盾突出的问题。(2) 改革转移支付制度，优化转支，将省对县（市）的一般性转移支付分为均衡性转移支付，激励性转移支付和政策性转移支付两种形式，促使县（市）做大财政蛋糕，切实增加县财政收入，达到富民强省、“扩权强县”目的，促进县域经济快速发展。(3) 积极推进绿色经济发展财税政策制定与执行，建立生态补偿机制。(4) 参照国家西部经济发展优惠政策加大对山区经济发展的支持力度。

五、促进梅州地方财力可持续增长的对策思考

（一）进一步树立科学的理财观，正确把握财政扶持经济发展的导向和力度

面对当前严峻的财政经济形势，要把贯彻落实中央“调结构、保增长、促民生”政策作为转变增长方式的重要机遇，树立科学理财观，正确把握促进经济结构调整与地方可用财力增长的关系，把推动结构调整、培育可持续财源纳入宏观经济发展战略来考虑。要着重处理好上级财源与本级财源关系、长远与当前的关系和“取”与“予”的关系。

（二）明确扶持重点，切实推动经济结构调整和增长方式转变

提高经济运行质量和效益，是促进财政收入可持续增长的根本。财政部门要围绕产业结构调整升级，运用多种财政政策手段，优化产业扶持政策。

1. 着力推动工业经济发展，壮大主体财源。一是调整和完善对重点优势行业的支持政策，支持高科技含量和高附加值的企业。努力培育壮大产业集群优势，积极引导优势产业，加快现有产业链延伸和上下游企业的配套协作，形成一批关联性强、集约化水平高的产业集群。二是支持传统制造业技改。运用财政政策支持传统制造业技改更新和效益提高，坚持以信息化带动工业化，促进重大项目、关键生产技术改造。三是支持骨干企业做大做强做优。四是加大企业品牌培育力度。五是支持发展循环经济。鼓励企业向高增加值、高技术含量产业转型。六是鼓励企业上市。促进企业优化资本运作、扩大规模和产业重组。

2. 加快发展第三产业，做精主导财源。一是要拓展生产性服务业。深入推进从工业企业分离发展服务业，将制造业企业的仓储运输、科研设计、创业孵化器等服务业从制造业中剥离独立出来，提高生产型外贸企业产、供、销产业链的专业细化程度，将其劳务输出、接单中心等整体中分离出来。二是要提升消费性服务业。提升商贸服务业档次，鼓励商贸流通服务业做大做强，扩大在农村的连锁经营网络，扶持传统农贸市场改造升级。加快社区商业、家政服务、社区保安、养老托幼和修理服务等，培育专业性与综合性龙头企业，大力发展连锁经营服务。三是要支持新兴服务业发展。引进一批优质高端项目，积极推动楼宇经济、总部经济、知识经济等新兴经济形态蓬勃发展。适时发展创意产业，推动传统行业集群加速由加工制造中心向营销中心、技术中心、设计中心转型。同时鼓励软件企业和信息服务企业向其他服务领域延伸，加快服务业的信息化和智能化。四是要加快服务业基地建设。全面提升现代服务业的档次，提升产业结构，促进经济质量的提高。

3. 扶持高新技术产业，做大新兴财源。要注重发展特色产业，重点培育发展新材料、电子信息、生物医药和节能环保五大新兴高新技术产业。要支持科技服务平台和研发机构建设，加大对高新技术企业研发投入奖励力度，培育企业核心竞争力。降低企业技术开发补助门槛，引导企业积极实施各类新技术新产品开发项目、高新技术产业化项目、重大引进技术消化吸收再创新项目。用好投资创业风险基金，引导各类创新主体加大研发投入，推动创新要素向企业集聚。

4. 扶持中小企业发展，拓宽基础财源。一是要拓宽中小企业融资渠道，加快构建中小企业融资担保平台。继续扶持担保机构，扩充担保公司资本，提高其担保额度，在防止和控制担保风险的同时，支持企业做大做强。二是建立健全社会化服务体系。搭建中小企业技术创新、融资担保、信息咨询、产业协作、创业辅导等服务平台，推动中小企业做大做强。三是加大中小企业财政扶持力度。在制定政策时，对中小企业作适当倾斜，降低中小企业享受政策优惠的门槛，使更多有发展潜力的中小企业能享受到政策优惠，促进其快速成长。

5. 提升国际化水平，做强外向型财源。面对外需不足的形势，要加大外贸出口等扶持政策的执行力度，鼓励企业在稳定传统市场基础上，开拓新兴市场。鼓励现有服务外包企业做强做大，推动有实力的大企业把生产基地外迁，鼓励企业设立境外营销窗口。要鼓励高新技术产品、自主知识产权产品扩大出口，控制高耗能、高排放和资源性产品出口，支持企业开展国际认证、注册国外商标，进一步提高出口产品的档次和附加值。积极扩大进口，重点增加先进技术设备、重要原材料和关键零部件及元器件进口。

6. 完善镇乡（园区）财政管理体制，培育区块财源。进一步完善镇乡（街道）财政管理体制，激励镇乡加快发展第三产业。要加快园区基础设施建设，增强承载功能。要设定园区产业准入门槛，预留土地供高新项目进入，并要专门调出地块作为研发中心、科技中心、设计中心等核心功能建设，增强园区的财政贡献份额，并使之成为梅州经济增长的亮点及支撑点。

（三）优化财政扶持经济政策，发挥资金激励作用

1. 继续落实积极财政政策，保障经济增长。要继续把促进经济平稳较快发展作为经济工作的首要任务，坚定不

移地贯彻落实积极财政政策的各项政策措施，全面落实应对金融危机的一揽子计划，保持政策的连续性和稳定性。要加大政府投资力度，抓好重点工程与民生工程的建设。积极上报国债项目，争取国家资金支持。认真贯彻落实扩大内需各项政策，继续实施购房补贴、家电和汽车下乡补贴等政策，拉动农村消费。

2. 整合现有财政政策，促进产业结构调整。对现有政策进行认真梳理整合，对需要加强的予以加强，需要削弱的减少规模，不符合时宜的予以取消，以便发挥最大的政策效用。在今后的政策制定过程中，由区政研室进行牵头把关，切实加强部门协调与资源整合，充分发挥产业政策的最大效应。各部门在政策执行过程中要严格把关，自求平衡，不得突破专项资金的预算安排数。同时对在信息化、技术改造、创牌、认证等方面有雷同或重复的政策，同一项目只能就高补助或奖励，使财政资金起到更好的激励与引导作用。

3. 完善财政支持方式和手段，发挥资金撬动效应。认真研究财政资金扶持投向，争取用最小的财政资金达到最大的扶持效益。在配合产业结构调整方面，通过优先供应土地，土地使用税、水利基金减免等政策，扶持战略产业中具有成长性的企业，尤其要支持和鼓励技术进步和技术创新活动，促进产业优化。要进一步完善企业评价体系，将企业科技投入、出口创汇、节能环保、税收实绩、社会贡献等指标作为财政补贴的重要依据，引导企业走可持续发展道路。

4. 创新资金管理方式，促进资金规范使用。要加强科学管理，发挥财政资金“四两拨千斤”的导向作用和乘数效应。一要整合投入财力。把分散在各个部门的性质雷同的资金进行整合，使有限的资金发挥最大的效用。二要加大绩效评价力度。进一步完善专项资金管理办法，明确各项资金奖励的标准与范围，加大中介机构参与绩效评价力量，确保评价的客观性、公正性。加强评价结果的应用，使资金使用更加规范有效。三要完善公示制度。除外贸补贴等不宜公开的项目外，在政策兑现前对拟补助企业及项目实行媒体公示，接受社会监督，引导更多的企业向政府支持的方向发展。四要加强信息化管理。建立完善财政扶持企业发展信息管理系统，对受助企业及项目情况进行动态管理，使申请、审核、拨付等程序更加简便合理，也避免同一项目多头奖励，方便跟踪问效。

课题组成员：蓝天良（组长）黄定锋

2010年人民币汇率问题

中国政法大学教授　杨　帆

一、人民币汇率被政治化：大背景是全球贸易保护主义浪潮

2000年开始，以日本首难，美国跟进，要求人民币升值的呼声一直未断，这种压迫产生了人民币升值预期，引导国际投机资本大举进入，造成中国外汇储备激增，股票市场大幅波动，房地产泡沫出现。2005年，中国实行有管理的浮动汇率制度，人民币对美元的名义汇率，以浮动方式从1∶8.27升值到2009年年底的1∶6.8，升值18%左右。其中2008年升值最快，2009年基本未动。

美国方面主张人民币一步到位升值到1∶5，理由是中国对美大幅度贸易顺差，这是站不住脚的。

如果嫌中国劳动密集型产品的价格太便宜，美国消费者愿意支付更高的价格，那么提高价格就是了，买者要求卖者提高价格，倒是少见。但出口商品的提价机制应该是补偿成本。第一，增加农民工福利提高劳动成本；第二，补偿环境损失，征收环境税和资源出口关税。这是改善中国自身经济和社会结构的政策，应通过财政手段，不需动用汇率这样的货币杠杆，来调节经济总量。

中国出口产品价格弹性低，即使提高了价格，出口数量减少，但出口金额未必减少，中国对美国的贸易顺差应通过扩大进口来解决，特别是美国应该放开对中国出口高科技的限制。美国以贸易逆差为名压迫人民币升值，是“醉翁之意不在酒”。

美国金融危机以来经济没有恢复，国内矛盾激化，以贸易保护主义转嫁危机是必然的。美国国会是推行贸易保护主义的大本营，每年5月开会批评中国已成惯例，从十几年前的最惠国待遇，加入WTO，到中美贸易逆差、反倾销、市场经济地位等等，2010年如果把中国列为“汇率操纵国”，全面制裁中国就进入了程序。美国商界宣称这次不会帮助中国，欧洲亦以“碳政治”制造一套凌驾于WTO之上的国际贸易新规则；美国还呼吁发展中国家一起制裁中国。一场全球贸易战即将兴起，主要是针对中国的。因为中国经济增长率还有8.7%，2009年虽然出口下降了16%，但由于德国下降更快，中国出口跃居世界第一；2010年中国经济总量将超过日本，成为世界第二；贸易顺差虽下降但2009年仍旧有1 960亿美元，于是就成为众矢之的。

二、人民币对美元升值的理论由中国学者最早提出，是中国政府自主决策

人民币对美元的名义汇率无论是升是贬，都是中国改革和发展的需要，是政府自主决策。1978～1994 年从 1:1.7贬值到 8.7，是计划、财政、价格、外贸、外汇体制改革的综合表现，也是出口创汇的需要。1986 年以后出现贬值与通货膨胀的循环；1992～1993 年经济过热压迫汇率贬值，人民币在 1994 年以“向市场并轨”的名义，从 1:5.7 一次性贬值到 8.7，已属超额贬值，从此中国贸易顺差大增。

笔者 1994 年在《金融研究》上发表文章，提出人民币汇率将结束连续 16 年的贬值，进入历史升值期。汇率机制将发生根本变化，由计划经济的综合出口成本决定，变成开放市场经济下的宏观经济杠杆；其作用由保证出口创汇变成调节国内外经济平衡；调整汇率的决定权出口利益集团向中央货币当局转移。只不过由于贬值思维惯性，出口导向战略和亚洲经济危机，使这一过程推迟了 12 年。

人民币升值的建议是中国学者最早提出来的，对中国经济有利，可改善贸易条件，促进我国以比较低的价格进口国际资源、设备和技术，有利于控制通货膨胀和产业结构升级。2005 年 7 月，人民币以浮动方式升值，实质是中国政府的自主决策，并非外界压力之结果。

人民币升值的理论依据是什么？

购买力平价是决定长期汇率的依据。理论上说，货币国内购买力决定对外购买力，同一商品在同一国家应该有相同的价格。如果以 400 种商品为一“标准品”样本，在中国值 4 万元人民币，在美国值 1 万美元，人民币对美元比值应是 1:4。这个比值在 1990 年是 1:1，以后由于物价上升，人民币购买力下降，长期保持在 1:4，以后可能上升到 1:5 或 1:6，就是说，人民币汇率是由 1:8.7 向 1:6 升值的趋势。名义汇率扣除物价变动，称为实际汇率，20 年以来，人民币实际汇率已升值，采用不同物价指数，大约在 20%～40%，这是决定人民币名义汇率升值的非货币因素。实际汇率又是可贸易品与非贸易品的价格之比，可贸易品即可以移动并参加国际贸易的商品，其价格不断下降，非贸易品即房地产旅游医疗等不可移动的商品与服务，其价格不断上升。决定价格涨跌的非货币因素，称为“生产率比工资弹性”，在可贸易品部门，由于引进外国先进设备，生产率提高速度非常快，而工资基本不涨，所以可贸易品价格年年下降；在非贸易品部门，生产率难以提高，但工资却在提高，非贸易品价格年年上升。这样，用可贸易品价格去除以非贸易品价格，分子越来越小，分母越来越大，实际汇率的值就越来越小；人民币采用直接标价，1 美元兑换的人民币越来越少，就说明人民币实际汇率升值。

名义汇率如不随实际汇率升值，称为“汇率错位”，就产生升值预期，引导国际投机资本进入，国家被迫收购使外汇储备剧增，人民币基础货币过度发行，再使用货币政策予以冲销，这就是 10 年以来中国发生的实际情况。理论上还可计算人民币“实际有效均衡汇率”，笔者研究所得结论是：在均衡发展的条件下，2010 年人民币还有 5% 的升值空间，到从 1:6.8 升值到 1:6.46；到 2011 年还有 1.2% 的升值空间，升值到 1:6.38。

如果 2011 年美元对欧元贬值 20%，人民币实际有效汇率再升值 7.7%，升值到 1:5.9，不能再高。根据方程，贸易条件从 2008 年的 1.2624，到 2012 年下降为 1，为保持人均 GDP 增长率不变，须将投资率提高 4.86 个百分点。

三、控制货币升值和资产泡沫，围绕汇率问题的中美大国博弈

最新理论研究表明（张斌，2009），货币升值预期必定引起股市房地产泡沫，即使严格控制外部资金流入也不能避免。深层次原因是，货币升值预期引起了非贸易品价格上升预期。只要国内储蓄大于投资，政府采取积极财政货币政策，资产泡沫就会产生。

人民币升值有助于缓解内外经济矛盾，但一定要注意：如迅速升值到 1:5，有可能突然转为贬值预期。此时如果美国宣布加息，等于一个动员令，号召投机资本和腐败资本外逃，此时股票房地产泡沫破灭，将引起金融危机。在人民币升值过程中，中国必须做到“三个控制”：控制升值速度，控制资产泡沫，控制投机资本进出。

关于“人民币国际化”，是指人民币在亚洲地区出境，不急于宣布自由兑换。30 年来人民币在法律上都没有宣布自由兑换，这在最大规模上限制了投机资本对国内经济的冲击，限制了腐败资本外逃。同时我们巧妙地利用了香港，通过两种货币同时流通，一种商品两种标价，默认特区的外汇自由市场和市场汇率，并没有影响涉外经济效率，这是中国国际化过程中最有智慧、最成功的案例，完全可以再实行一个时期，不必急于在法律上宣布自由兑换，以丧失我国维护经济安全的杀手锏。我要警告：如果在国内经济过热，大量国际游资进入，泡沫经济盛行时贸然放开人民币自由兑换，那么金融危机离我们就不远了。有没有“阴谋”，结果都是一样。“市场”自然规律也足以造成经济崩溃，市场特别是金融市场，其本质是非均衡的而不是均衡的，非均衡发展必然导致金融泡沫和崩溃。西方经济学教科书的均衡假设，是一种理想化的假设而已。长期稳定人民币，可以考虑与美元脱钩，改为与货币篮子挂钩，按照实际有效汇率的变动调整名义汇率，以减少美元不稳定和持续贬值的影响。这需要各种政策配套，比如在大宗进出口贸易中，特别是在中国周边贸易中减少以美元计价；增加在国际货币基金组织中的话语权，推动国际大宗商品不再用美元定价，积极推动亚洲自由贸易区与货币合作。只有削弱美元霸权，中国经济和人民币汇率才能真正稳定下来。

四、加快国内经济转型是关键，不能再说空话，必须加速进行

如果中国坚持人民币小幅度升值，不可避免的是美元单方面对欧元、日元贬值，欧日经济还不如美国，如果其货币与美元轮番贬值，人民币还是要被迫升值，一直到贸易顺差消失，这可能就是美国让中国“承担国际责任”的含义。人民币在三年内正常升值6%，在美元大幅度贬值的压迫下再升值8%，这样的幅度肯定不能满足美国的胃口，很有可能动员西方发达国家甚至发展中国家，针对中国的出口产品进行全面制裁。无论如何，中国依靠劳动密集型产品出口的战略导向维持不下去了，那些鼓吹“静态比较利益”，误导中国发展战略的新自由主义理论，不能再误导中国。国内军方学者发表一些“鹰派”言论，主张抛售美国国债以抗议美国向台湾军售。美国人说不怕，有许多人等着买呢。实际上恰恰相反，如果中国抛售美国国债，的确没有人接盘，这就意味着中国卖不出去，美国有手段控制自己的国债市场，比如做市商不承接，中国也没有办法。此时我们才真正领受到什么是“国家干预”。以前卖的国债是无法收回的，中国不应再买美国国债。

现在是美国联合国际社会向中国转嫁矛盾，对我们形成巨大压力，如果中国不肯就范，压力还会增大，这是“非意识形态化的大国竞争”，再韬光养晦也没有用。正确选择应该是变压力为动力，外抗霸权，内修人权。应该看到美国的压力在客观上，与我们本来就应该实行的经济社会调整，有一部分是一致的。本来我们应自觉转换，可惜我们不自觉，现在是人家压迫我们转换。中国净出口不断下降已成定局，2009 年还有 1 960 亿美元，在全球贸易制裁的情况下，最坏的可能是，到 2010 年顺差为零，总需求缺失 1 906 亿美元，必须从投资和消费的增加中补上。中国投资率已到了吓人的程度，未来时期真正的有效需求是消费拉动。与日本不同的是，中国还有极其庞大的内需潜力，可惜在现行既得利益格局的压制下不能发挥出来。中国经济持续 30 年的高速度增长，依靠市场化改革，引进外资，宽松的货币政策，依靠股市和卖地，依靠廉价劳动力，以环境资源破坏为代价的出口，都已没有空间。

中国离人口老化还有 15 年，依靠国债和城市化，发展潜力还可维持 10 年。我们必须利用这 15 年时间，使中国真正跨上新的历史台阶。对外打破国际霸权实现产业升级，对内限制利益集团启动内需。这意味着缩小两极分化，改变 30 年来形成的利益格局，这需要一系列政治与社会改革，不发动和依靠广大人民群众，不依靠民主与法治，不能奏效。如果两个方面我们都做不到，就不能奢谈中国崛起。

（一）未来五年（2010～2014 年）实际有效汇率趋势

我们根据 Montiel 理论，从供给、需求、外部环境及其他这四个方面选取对实际汇率有解释力度的变量，同时借助 Hsiao 变量筛选程序，可以确定需要的变量为人均 GDP、投资率 INV、贸易条件 TOT。根据 Balassa-Samuelson 效应，劳动生产率（PROD）提高，均衡实际汇率升值；反之贬值，两者呈正向关系。这里以人均 GDP 作为劳动生产率的替代变量。

广义货币的供给量（M2）会刺激总需求，导致进口需求的增加，经常项目恶化，通货膨胀产生，均衡实际汇率需要贬值，呈反向关系。由于实际汇率剔除物价因素，用实际货币供给量（RM2）代替。

贸易条件（TOT）通常定义为一国出口产品的国际价格与进口产品的国际价格之比，衡量一国单位进口额与其所需出口额用以交换的商品数量的比率。如果一国一定数量商品所换得的进口产品数量增加，即比值上升，则该国贸易条件改善；反之，贸易条件恶化。贸易条件对汇率的影响取决于其收入效应与替代效应。贸易条件改善的收入效应会改善经常项目收支，均衡实际汇率需要升值，但其替代效应会改变国内贸易品与非贸易品的结构，导致均衡实际汇率贬值。因此其效应也需要综合评定。这一指标的选择，将出口总额（EX）与进口总额（IM）的比值表示贸易条件，即 TOT = EX/IM。根据人民币实际有效汇率的数据特征，选择 1993 年结构突变点，并设定发生截距项和时间项的特变。

为消除异方差，将所有数据取对数，根据 E～G 两步法，运用协整检验，得出方程如下：

$$\begin{aligned} LNREER = & -1.2780 - 0.1021D1993 - 0.2185T \\ & + 0.1772TD1993 + 0.8287LNPROD \\ & - 0.9224LNINV - 0.2158LNTOT \end{aligned}$$

各变量系数显著，方程拟合较好。人均 GDP 与实际有效汇率的弹性系数为 0.8287，即人均 GDP 每提高 1%，使实际有效汇率升值 0.8287%；投资率与实际有效汇率的弹性系数为 -0.9224，即投资率每提高 1%，实际有效汇率贬值 0.9224%，投资增加引起进口需求增加，导致经常项目恶化，均衡实际汇率需要贬值；贸易条件与实际有效汇率弹性系数为 -0.2158，即贸易条件每提高 1%，会使实际有效汇率贬值 0.2158%。

我们根据 1985～2008 年数据，选择不同的函数形式，对时间项作回归，对未来五年的数据作出预测。选择 PROD、INV、TOT 的均衡值，并取对数，即为：hplnPROD、hplnINV、hplnTOT。

1985～2008 年三个数据见图 1～图 3。

hplnPROD 接近直线增长，hplnINV 接近二次函数增长，对这两个数据分别选择时间趋势项的一次函数和二次函数。对于 hplnTOT 分别选择二次函数和三次函数拟合，根据可决系数等指标，选择三次函数。分别进行回归，计算 2009 ~ 2014 年三个指标数据（见表 1）。

将这些数据带入原方程，可求得 2009 ~ 2014 年人民币均衡实际汇率（见表 2）。

数据集中在 133 左右，相比 2008 年人民币实际有效汇率 127. 11，可推断出人民币还有一定升值压力存在。

以 2008 年为基期，可以求得，2009 年人民币实际有效汇率已升值 5%，2010 年，2011 年继续小幅度升值 1. 2%，以后将小幅度贬值。

计算 2009 ~ 2014 年实际有效汇率逐年变动情况（见表 3、表 4）。

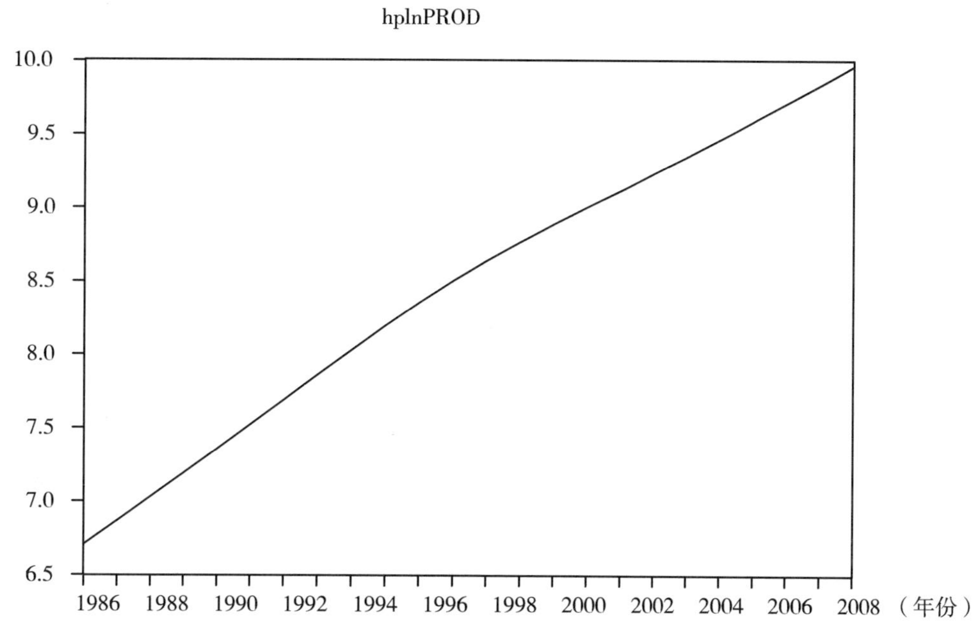

图 1

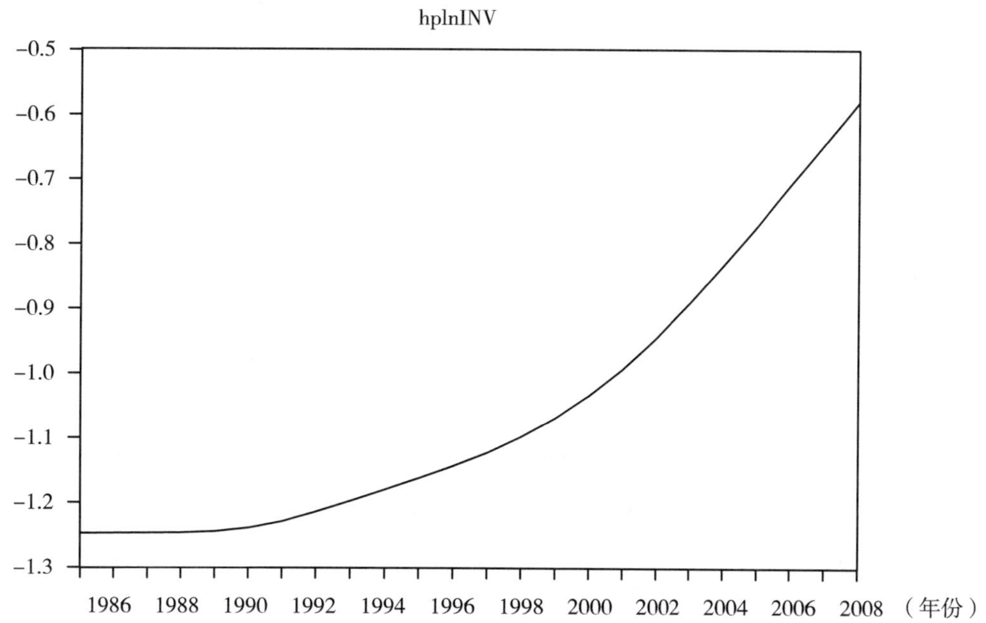

图 2

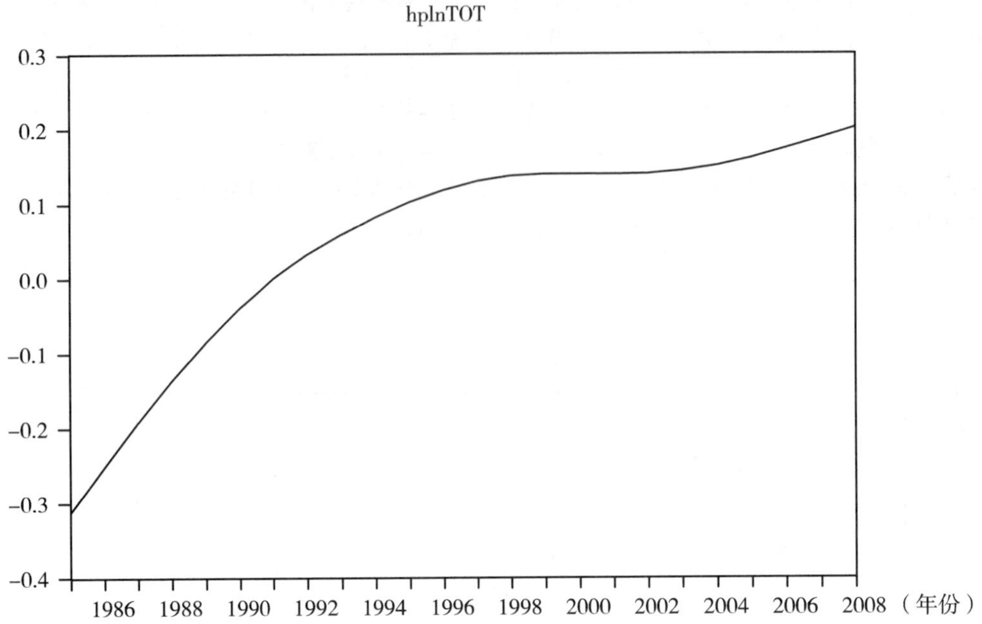

图 3

表 1　　2009～2014 年三个指标数据

年份	hplnPROD	hplnINV	hplnTOT
2009	10. 2163	－0. 5244	0. 229425
2010	10. 3574	－0. 4525	0. 252407
2011	10. 4985	－0. 3772	0. 280173
2012	10. 6396	－0. 2985	0. 313274
2013	10. 7807	－0. 2164	0. 352266
2014	10. 9218	－0. 1309	0. 3977

表 2　　2009～2014 年人民币均衡实际汇率

年份	汇率	年份	汇率
2009	132. 36	2012	133. 42
2010	133. 54	2013	132. 28
2011	133. 96	2014	130. 57

表 3　　2009～2014 年人民币汇率升值幅度　　单位:%

年份	2009	2010	2011	2012	2013	2014
幅度	4. 92	5. 37	5. 39	4. 96	4. 07	2. 72

表 4　　2009～2014 年实际有效汇率逐年变动情况

年份	2009	2010	2011	2012	2013	2014
幅度	4. 92	0. 89	0. 31	－0. 40	－0. 85	－1. 29

如果人民币与篮子货币挂钩，就是按照人民币实际有效汇率确定人民币升值幅度。

我们的结论是：2010 年，人民币正常升值空间为 5%左右，从 1∶6. 8 升值到 6. 46；2010 年、2011 年和 2012 年一共为 6. 2%左右，继续升值到 1∶6. 38。

以上变化，可维持中国经济的内外均衡。估计数据见表 5。

表 5

2010～2014 年经济预测
（均衡发展情况）

单位：%

年份	2009	2010	2011	2012	2013	2014
GDP	8.7	8	8	8	8	8
CPI	－0.7	3	3	4	4	4
PPI	0	3	4	4	5	4
投资	30	25	25	25	25	25
进口	－11.2	5	10	15	15	15
出口	－16	0	5	10	10	10
M2	27	17	17	17	15	15

这是假设美元不动货币篮子稳定的情况。假设 2011 年美元突然对欧元贬值 20%，相当于人民币实际有效汇率又升值 7.7%，为 1:5.9 左右。这应该是人民币对美元升值的底线。

如果这还不能满足美国的要求，把中国列为"汇率操纵国"，联合其他国家对我实行严厉贸易制裁，使我贸易顺差在 2012 年消失。根据方程，贸易条件从 2008 年的 1.2624，到 2012 年下降为 1，为保持人均 GDP 增长率不变，须将投资率提高 4.86 个百分点。

具体地说，2009 年我国贸易顺差为 1 960.7 亿美元，到 2012 年消失，为维持总需求不变，经济增长率不低于 8%，必须相应扩大国内投资与消费。鉴于目前投资率已经太高，启动国内消费是关键（见表 6）。

美国是如何把日本导入泡沫经济的？

表 6

2010～2014 年经济预测
（有严厉贸易制裁）

单位：%

年份	2009	2010	2011	2012	2013	2014
GDP	8.7	8	7	7	8	8
CPI	－0.7	3	3	4	5	5
PPI	0	5	5	5	5	5
投资	30	25	30	30	20	20
进口	－11.2	5	10	15	15	15
出口	－16	0	－20	0	10	10
M2	27	25	25	15	15	15

我在硕士期间专攻日本经济，其 18 年高速增长，当时国内外舆论把日本捧上天。后来泡沫兴盛，美国出版《日本第一》，惊呼"日本买下了美国"。曾几何时泡沫破灭，日本停滞 20 年。黄树东先生近期著作，论述了美国从国家利益出发，把日本导入泡沫经济的历史。

第一，贸易摩擦，产业控制与高科技争夺，国家利益和世界霸权是美国政策的核心。日本与美国是"二战"期间的敌人，战后的政治军事外交盟友。美国先占领日本，又扶植日本，是出于朝鲜战争和冷战的需要，以后则是围堵中国的需要。

美国一直以新自由主义改造日本。战后日本陷入恶性通货膨胀，杜鲁门总统派特使，银行家道奇去推行"休克疗法"，说日本是"高跷经济"，要砍掉美国援助和财政补贴这两条腿，造成经济衰退和严重失业，依靠朝鲜战争才解脱出来。以后日本经济高速增长 18 年，离不开美国的扶植，美国替日本承担了军费，把力量集中于发展军事工业，向日本廉价转让民用技术；对日本实行 5% 的优惠关税，而默认日本单方面对美国征收 15% 的关税，保持对美大幅度贸易顺差。日本则在政治军事外交技术市场方面全面依赖美国，成为美国在亚洲的冷战基地。

日本的半导体和汽车，在 20 世纪 60 年代以后成为美国强劲竞争对手，美国采取一系列措施整治日本。早期逼迫日本"自愿限制出口"，从 1956 年的纺织品，到后来的钢铁、汽车、计算机，层出不穷。1977 年美国半导体协会指责日本违背市场规则，滥用倾销方式。美国政府帮助企业，采取多种方式包括政府间协议限制日本，培植中国台湾、韩国作为竞争对手，至 1993 年终于取代日本再度成为最大的晶片出口国。日元资本外流出现了产业空心化，日本政府没有魄力和能力推动产业升级，至 21 世纪日本在高科技产业上已完全输给了美国。

第二，出口导向，货币升值，金融自由，宏观失控是催生泡沫经济的四大因素。1946年为扶植日本，美元对于日元大大高估，出口导向恶化了国内的二元经济关系。随着日本经济的恢复，日元从1美元兑换360日元升值到了250日元。日元在1965年就宣布可自由兑换，但金融体系没有放开，国家控制相当严密，国际资本无法自由进出。美国压迫日本先开放金融市场，再把日元升值，一直持续了14年，日本节节抵抗，节节败退，最后全盘放开，顷刻瓦解。

20世纪80年代美国发明了一种理论：日元低估是万恶之源，日本政府操纵汇率，背离市场，导致美国双赤字。美国联合西方各国联手，在1985年达成“华盛顿共识”，联手压迫日元升值，一宣布就造成严重升值预期，投机资本进入日本，1985年年底就数使日元迅速升值到1∶200，最高升值到1∶80；1998年亚洲金融危机时期日元曾贬值到1∶150，后来就在90～130范围内波动。

第三，仅仅是货币升值，并不会产生严重的泡沫经济。“华盛顿共识”不限于宣布日元升值，而是一个一揽子新自由主义改革计划：开放国内市场；充分发挥私人行业的生命力；实施弹性的金融政策，使之充分考虑到日元的汇率；更有力地推动金融体系和日元的自由化，使日元反映日本经济的实力；允许地方政府进行追加投资；刺激国内需求，扩大消费信用和住房按揭等。

在货币升值期间推行金融自由化，加速泡沫经济形成。日本传统金融体制是主银行体制，银行与企业相互持股，以银行为中心形成企业集团，政府规定存贷款利率差，保护银行和居民的利益。资本市场极不发达，银行隶属于财政部，主要目标不是利润，而是政府经济目标和财团整体利益。

这种银行体系被指责为“封建体系”，逼迫日本实施金融体系和外汇市场自由化：扩大资本市场，放开利率。允许银行业以利润为中心，从事创新业务，发展房地产按揭和资产证券化，银行参与债券发行，交易外国金融期货，进入养老信托，向企业出售证券化贷款，将银行完全推向市场和国际化，改造成“现代银行”，废除政府对银行的保护。

金融自由化在相当程度上激化了金融固有的脆弱性。利率上限取消以及降低进入壁垒，引起银行特许权价值降低，银行部门的风险管理行为扭曲；金融业由分业经营走向混业经营；商业银行和投资银行日益融合，银行过度介入证券市场。日本在1960～1980年企业借入资金为30%，80年代后下降到10%，进入20世纪90年代下降到5%。银行收益减少，从事高风险高收益投资，加大了金融系统存在的道德风险。

第四，日本政府保持高增长思维惯性。进退失据决策屡屡失误。日本政府在经济转型期追求GDP高速增长的思维惯性，在改革过程中忽略过度投资和资产价格快速上涨的风险，宏观政策屡屡失误。

为缓解日元升值压力，鼓励银行和企业向海外投资。1980～1984年，逐步放开外汇管制，外国企业可在日本发行以日元和外国货币为基准的债券，日本金融机构可用任何货币在海外发行债券，把得到的资金兑换成日元，日本成为世界主要的资本供给者。20世纪80年代中期成为世界最大债权国。1996年16.7%的GDP是外国资产。日本外流的资本有40%到了美国，25%到了亚洲。日本银行在美国发放的贷款曾达到美国新增贷款的17%，大量购买美国的房地产，此时正是美国房地产泡沫时期，日本资本接盘后，美国房地产就崩盘，日本投资巨亏，相当于10年对美贸易顺差。

为缓解日元升值压力，保持企业竞争力，日本实行低利率，把经济资源引导到资产投机和信用扩张，刺激了房地产泡沫形成。日本银行在吹大资产泡沫的同时，也吹大了自己资产和利润。金融自由化促进信用极度扩张，银行业资本极度膨胀，银行股票价格迅速上升，“解放资本”的奇迹就是资产泡沫。股市从1986年的12 000点飙升到39 000点，东京房地产总市值超全美国房地产总值，资产泡沫吸引了巨额银行贷款。1980年，日本银行在世界前10名当中只有一家，1988年囊括了前10名。

1987年的“黑色星期一”，纽约股票市场暴跌引起全球连锁反应，各国在1988年紧缩银根，日本仍沉浸于金融自由化带来的“新鲜而自由的空气”，增大现钞供给，到1989年紧缩银根为时已晚。1990年日本资产泡沫破裂，日本当局直到1995年才承认经济衰退，采取措施已晚，经济泡沫最终破灭。日本银行积累了巨额不良资产，1992年达到40万亿日元，日本政府寄希望于经济回升消化不良资产，结果1998年增加到87万亿日元，占银行业贷款的15%～20%，国内生产总值的30%。

在经济大萧条环境下，日本政府在1996年实施“大爆炸”式的全盘自由化改革。2002年推出“金融再生计划”，受此冲击2003年股指跌破8 000点大关，回到了1983年的水平。经过长期的改革，健全了法律监管，至2005年银行不良资产下降到16万亿日元。

理论上讲银行的市场化改革是必要的，但也充满着风险。初期改革与货币升值，经济高速增长并行，引发了资产泡沫。泡沫崩溃以后，市场力量无法使日本走出通货紧缩，零利率和改革都不能解决问题，出现“流通性陷阱”。2008年受美国影响，日本的出口和GDP又出现下降，经济没有走出衰退。

日本的挫折根本在于，第一，没有完整的主权，在外力压迫下被迫升值和改革；第二，错误地应用新自由主义理论；第三，没有处理好货币升值、经济增长和体制改革的关系；第四，沉浸于过去经济高速增长思维中不能摆脱，不能解决结构性问题，在经济转型期出现了严重的泡沫经济。

笔者一直认为中国不会走日本老路，因为大家对此已有警惕，现在看来有必要旧事重提。中国目前形势与日本非常相似，理论欺骗仍旧有市场，中国有强大的势力在阻挠我们深刻反思新自由主义，自美国金融危机以来，我们的主流媒体一直有意识地回避实质问题，而把反思限制在技术层面。如果美国使用硬的一手，施加更大压力迫使中国就范，还是有可能的。毕竟中国的发展对美国有依附性，“精英”吃美国奶长大，被美国洗了脑子，他们害怕与美国对抗，也与美国有着千丝万缕的联系，他们在中国仍是“主流”。他们已形成利益集团，有一整套思想理论政策，掌握了许多部门的领导权。在外部压力下，我们内部会可能起分化，走泡沫经济之路的可能性是有的，我们必须提高警惕，从国家利益与安全角度谨慎对待升值等问题，绝对不能让泡沫经济等问题葬送30年的改革成果。

（二）2004～2008年人民币汇率走势统计与分析

为了探讨近五年来人民币走势情况，这里特选取人民币名义汇率（对美元（NYUSD）、对日元（NYYEN）、对欧元（NYEURO））、人民币实际汇率（对美元（RYUSD）、对日元（RYYEN）、对欧元（RYEURO））、名义有效汇率（NEER）和实际有效汇率（REER），进行相关计算与分析。

人民币名义汇率的数据取自于《中国统计年鉴》各期，人民币实际汇率选用名义汇率及各国物价指数进行计算求出，其中中国采用零售价格指数、美国和欧盟采用生产价格指数、日本采用工业品价格指数。各种汇率全部采用直接标价法，相关数据来自于IFS各期，结果见表7。

表7　**2004～2008年人民币名义汇率与实际汇率**

年份＼币种	人民币名义汇率			人民币实际汇率		
	对美元	对日元	对欧元	对美元	对日元	对欧元
2004	827.68	7.6552	1 029	729.3148	7.13625	933.9493
2005	819.17	7.4484	1 019.53	819.17	7.4484	1 019.53
2006	797.18	6.8570	1 001.90	807.77	6.9282	1 022
2007	760.40	6.4632	1 041.75	781.879	6.50037	1 056.53
2008	694.51	6.7427	1 022.28	776.286	6.4921	1 090.485

表8　**2005～2008年人民币名义汇率与实际汇率变动**　单位：%

年份＼币种	人民币名义汇率			人民币实际汇率		
	对美元	对日元	对欧元	对美元	对日元	对欧元
2005	－1.03	－2.70	－0.92	12.32	4.37	9.16
2006	－2.68	－7.94	－1.73	－1.39	－6.98	0.24
2007	－4.61	－5.74	3.98	－3.21	－6.18	3.38
2008	－8.67	4.32	－1.87	－0.72	－0.13	3.2

考察5年来人民币上各种汇率（见上表）每年变动情况可以有如下结论：

相对于美元而言，人民币名义汇率自2005年以来持续升值，尤其是2008年升值幅度突破8%。但是实际汇率升值幅度自2007年升值3.21%后，2008年升值幅度放缓。此处变动情况是各期相对上期而言。由于采用直接标价法，所以出现负号的数据表示升值，未出现负号的数据表示贬值。

相对于日元而言，人民币名义汇率2005～2007年都出现升值，但2008年出现贬值，但实际汇率则不然，2006～2008年都出现升值，前两年升值幅度较大，超过6%，2008年只是轻微升值。

相对于欧元而言，人民币名义汇率在2005年、2006年、2008年均出现升值，但实际汇率一直处于贬值状态。

为了全面考察人民币汇率的变动趋势，在这6种汇率的基础上，再加入人民币名义有效汇率（NEER）和人民币实际有效汇率（REER）。由于这两种汇率均采用间接标价法，所以将前6种汇率换算成间接标价，为了便于比较，特将这8种汇率以2005年为基期，换算成指数形式，结果见表9和图4。

表 9　　2004～2008 年人民币 8 种汇率指数值

	人民币名义汇率（基期 2005）				人民币实际汇率（基期 2005）			
年份	对美元	对日元	对欧元	名义有效汇率	对美元	对日元	对欧元	实际有效汇率
2004	98.97	97.3	99.08	99.89	112.32	104.37	109.16	100.2
2005	100	100	100	100	100	100	100	100
2006	102.76	108.62	101.76	102.69	101.4	107.5	99.76	102.09
2007	107.7	115.24	97.87	104.97	104.8	114.58	96.5	107.15
2008	117.9	110.47	99.73	111.25	105.5	114.73	93.49	116.2

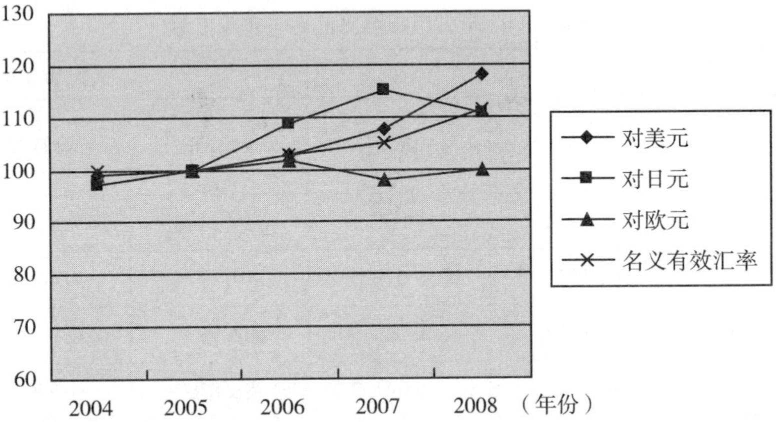

图 4　2004～2008 年人民币名义汇率

可以看出在 2004 年，这 4 种汇率都比较接近，2006 年，人民币最先对日元出现升值，2007 年继续升值，2008 年才有所贬值。2007 年，6 种汇率开始出现偏离，名义有效汇率、人民币对美元、对日元均出现幅度较大的升值，但人民币对欧元出现贬值。至 2008 年，这 4 种汇率偏离程度依然未能缓解，其中人民币对日元和人民币名义有效汇率比较接近，人民币对美元升值幅度继续加大，对欧元小幅度升值（见图 5）。

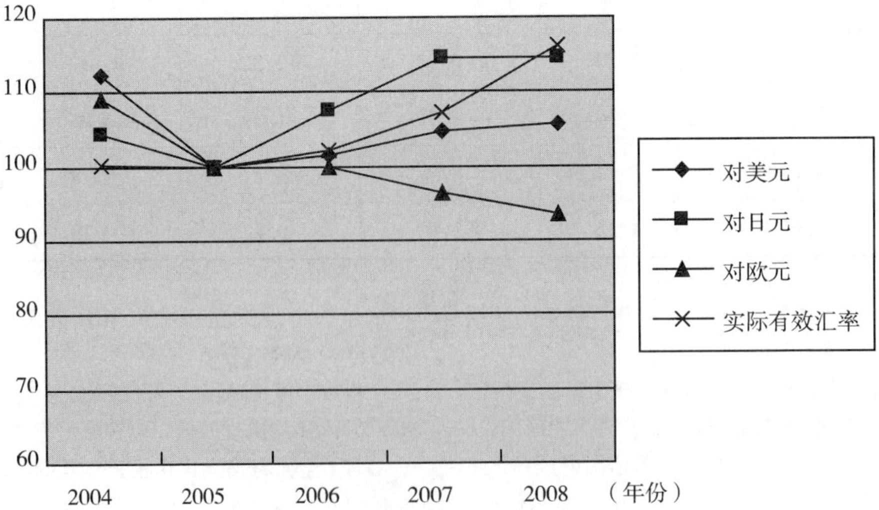

图 5　2004～2008 年人民币实际汇率

人民币的 4 种实际汇率变动情况较名义汇率复杂。2004 年，人民币对美元、对日元、对欧元的实际汇率均比人民币实际有效汇率高，但是 2005 年后，人民币对日元的实际汇率开始升值，升值幅度逐年升高，2008 年才出现放缓。2004 年后，人民币实际有效汇率出现升值，且升值幅度持续升高。人民币对美元实际汇率在 2007 年出现明显的升值，2008 年升值幅度有所放缓。人民币对欧元的实际汇率较其他三类比较特殊，2006 年后持续贬值。

第九部分

财政机构人员

2010 年省财政厅领导及厅属各单位领导名单

一、厅领导

党组书记、厅长：曾志权
党组成员、纪检组长：邓桂明
党组成员、副厅长：欧 斌
党组成员、副厅长：沈梅红
党组成员、副厅长：危金峰
党组成员、副厅长：郑贤操
党组成员、副厅长、厅直属机关党委书记：戴运龙
党组成员、副厅长：林楚欣
副巡视员：吴仰和
副巡视员：黎树源
副巡视员：曾毓昌

二、厅机关各处室及厅直属行政机构领导

（一）办公室

主 任：钟 炜
副主任：邹善杰 胡建斌（兼） 肖映波（兼）

（二）法规处

处 长：徐迎建
副处长：林 斌 夏 清

（三）预算处

处 长：李秋萍
副处长：冯宝璇

（四）地方财政处

处 长：姚 露
副处长：刘华伟

（五）国库处

处 长：卢小娟
副处长：戴穗生 周丽娟

（六）综合处

处 长：彭明官
副处长：刘付杰 李树林

（七）行政政法处

处 长：辜东方
副处长：翟登军 李广文

（八）教科文处

处 长：苏凤玲
副处长：袁 庆 饶伟强

（九）工贸发展处

处 长：孙祖通
副处长：陈瑞雄 刘雄威 余玩冰

（十）农业处

处 长：叶梅芬
副处长：施映民 邱立新

（十一）经济建设处

处 长：张仿松
副处长：詹俊青 杨新枝

（十二）社会保障处（与广东省社会保险基金财政管理办公室合署）

处 长：钟 凯

副处长：陈锡荣
广东省社会保险基金财政管理办公室主任：刘小聪
广东省社会保险基金财政管理办公室副主任：陈蔚兰

（十三）外经金融处

处　长：周修群
副处长：彭钿基　卢　丹

（十四）会计处

处　长：邹清莲
副处长：古小丽　陈胜文

（十五）绩效评价处

处　长：林　华
副处长：袁　明　汤如武

（十六）行政事业资产管理处

副处长（主持全面工作）：云　峰
副处长：林树发　彭　琳

（十七）农业综合开发办公室

主　任：蒋育燕
副主任：张毓斌

（十八）农村财务管理处

处　长：何谢带
副处长：刘瑞麟　蓝　波

（十九）政府采购监管处

处　长：肖红梅
副处长：崔桂秋　罗德富

（二十）监督检查局

局　长：吴金华
副局长：谢　慈

（二十一）人事教育处

处　长：朱莉萍
副处长：曹远潮　张　槟

（二十二）机关党委办公室

副主任（协助主任管理全面工作）：胡建斌
副主任：曾小红

（二十三）离退休人员服务处

处　长：缪东山
副处长：柳捍国

（二十四）省纪委和监察厅派驻厅纪检组、监察室

主　任：张穗汉
副主任：郑定标

（二十五）国际金融组织债务管理办公室（广东省世界银行贷款业务办公室）

主　任：郑亚吉
副主任：曹玉英　刘　捷

（二十六）国库支付局

局　长：戴穗生
副局长：康颖朝　陈　苹　刘云梅　张景涛

三、厅属各单位领导

（一）机关服务中心

主　任：肖映波
副主任：朱学荣

（二）省直行政事业单位物业管理中心

主　任：郭　为
副主任：洪清阳　吴小林

（三）投资审核中心

主　任：邝　慧
副主任：谭捍卫

（四）票据监管中心

主　任：宁攻坚
副主任：李小玲

（五）省财政信息中心

主　任：刘　菡
副主任：谭煜筹　李建业

（六）省财政科学研究所

所　长：黎旭东
副所长：陈坤城

（七）省农业综合开发评估中心

主　任：容康栋（兼）
副主任：江振河

（八）省注册会计师协会

秘书长：丁跃文
副秘书长：李柏生　李楚雄　葛　芸

（九）省资产评估协会

秘书长：黄　山
副秘书长：陈桓考

（十）省会计函授职业技术学校

校　长：邹清莲（兼）
副校长：黄腾达

（十一）省财政职业技术学校

校　长：张新华
副校长：林　斌　黄志泉　张贤基

2010年各地级以上市财政局（委）领导名单

一、广州市

党委书记、局长：张杰明
副局长：吴国伟　谭曼青　段彩英　朱建华
纪委书记：杨新来

二、深圳市

党组书记、主任：乔家华
党组成员、副主任：钱　勇　伍秀琼　汤暑葵
　　张福通　黄亦平　王虎善
党组成员、机关党委书记：刘友亮

三、珠海市

局　长：张　松
副局长：吴小濠　张柏峰
支付中心主任：黎达强
纪检组长：李九泉
副局长：戴伟辉

四、汕头市

局　长：官惠林
副局长：黄业龙　卢永健　谷元新　李　宁
纪检组长：许文颖
副调研员：马振文

五、佛山市

党组书记、局长：焦文庆
党组副书记、副局长：宰建平
党组成员、副局长：麦昌顺　钟永平　林剑伟
党组成员、纪检组长：陈志保

六、韶关市

党组书记、局长：林　嘉
党组副书记、调研员：何新云
党组成员、副局长：潘　穗　胡敏倩
党组成员、纪检组长：陈树川
党组成员、副局长：谢运洪
党组成员、总会计师：肖少康

七、河源市

党组书记、局长：梁国华
党组成员、副局长：温文忠　黎志强　杨　森
贺新彬　何仕军
党组成员、纪检组长：欧阳克念
党组成员、财务总监：冯永康
党组成员、总经济师：何忠良

八、梅州市

党组书记、局长：李　钢
党组副书记、副局长：丘燕玲
党组成员、副局长：古惠常　张梓明　卓小玫
王新奕
党组成员、纪检组长：蓝天良
党组成员、市世界银行贷款业务办公室主任：魏仲权

九、惠州市

局　长：游水生
副局长：李政良　陈雪梅　谢开亮
纪检组长：黄秀珍

十、汕尾市

局　长：黄　聪
副局长：陈兴初　赵小川
纪检组长：吴堂煜

十一、东莞市

党组书记、局长：詹文光
党组成员、副局长：陈锐康　王锐江　叶树平
李长福　谢　涛
党组成员、会计核算中心主任：王　标
党组成员、纪检组长：莫桂冰

十二、中山市

局　长：黄国庆
副局长：吴竹科　林　东　黄健华　顾竹林
纪检组长：袁凯斌
总会计师：梁志军
非税收入管理办公室主任：黄玉珊

十三、江门市

党组书记、局长：马跃敏
党组成员、调研员：林英才
党组成员、纪检组长：李达成
党组成员、副局长：陈　灵　梁炎浓　汤惠红
李健斌

十四、阳江市

局　长：许培业
党组书记：谢英杰
副局长：张建社　冯秀恳　陈小敏
宋培安　谭世健
纪检组长：张小兰

十五、湛江市

党组书记、局长：梁　培
党组成员、副局长：张玉坚　刘启进
　　　　　　　　　庞彩虹　高祺金
党组成员、纪检组长：张蔚蓝
党组成员：李　光　王　区　胡毅华

十六、茂名市

党组书记、局长：李小迪
党组副书记、副局长：杨德贤
党组成员、副局长：张龙衍　钟旗军　邹继党
党组成员、纪检组长：麦俊球
副局长：张　梅
党组成员：邓华顺　钟扬芬

十七、肇庆市

党组（党委）书记、局长：刘惠明
党组成员、副局长：梁寿元　唐建明　刘小良
　　　　　　　　　钟国祥
党组成员、总经济师：赵少芬
党组成员、党委副书记、纪委书记：麦伟刚
党组成员、纪检组长：毛祖武

十八、清远市

党组书记、局长：钟鸿辉
党组副书记、副局长：朱昭斌
党组成员、副局长：罗良品
副局长：邵　军
党组成员、副局长：王　洁
党组成员、纪检组长：胡灿阳
党组成员、公共资产管理中心主任：罗伟民
住房公积金管理中心主任：肖　宁
机关党委书记：陈能然

十九、潮州市

局　长：朱智朝
副局长：苏岳良　刘燕君　林景雄
　　　　邢玉荣　陈章发

二十、揭阳市

党组书记、局长：詹汉池
党组副书记、副局长：方海宏
党组成员、副局长：陈若波　陈锡轩　洪创基
党组成员、纪检组长：陈少雄
党组成员：王耿明

二十一、云浮市

党组书记、局长：梁锦波
党组成员、纪检组长：陈华坚
党组成员、副局长：刘洁洲　魏荣新　叶章森
　　　　　　　　　张乐柱（挂任）　林淑仪

2010年各市、县、区财政局领导名单

一、广州市

（一）越秀区财政局

局　长：徐卉瑜
党委书记：梁淑宁
副局长：陆伟刚　蔡　薇
　　　　陈伟雄

（二）海珠区财政局

局　长：张日麟
副局长：张慧英　谢　强

（三）荔湾区财政局

局　长：胡秀珍
书　记：刘自本
副局长：谢彦校　何　敏　雷智文

（四）天河区财政局

局　长：陈树军
副局长：黎文涛　黄永常　曾莉嫦

（五）白云区财政局

局　长：张坤艳
副局长：李转珠　何　伟

（六）黄埔区财政局

局　长：麦耀东
党委书记：唐化荣
副局长：陈红燕　郑　炜

（七）花都区财政局

局　长：邱乐伟
副局长：赖颖明　潘宪泳　李一霖
党委书记、纪委书记：任俊东

（八）番禺区财政局

局　长：袁泽新
副局长：余　菁　周健民　陈志明

（九）南沙区财政局

局　长：曾燕萍
副局长：蒋建军　沈　超　卢　翦　吕丹雄

（十）萝岗区财政局

局　长：赵国生
副局长：陈俩国　梁玉军

（十一）从化市财政局

局长、书记：潘锦峰
副局长、副书记：黎伟洲　何耀源

（十二）增城市财政局

局　长：张国新
党委书记：吴金城
副局长：温演源　范　辉　毛敢良　林　利

二、深圳市

（一）福田区财政局

局　长：李健盛

副局长：张　红　叶有励　刘红非　潘晓文

（二）罗湖区财政局

局　长：罗战忠
副局长：文　政　黄志红　丘宇辉

（三）盐田区财政局

局　长：莫熙玲
副局长：张秋娴　谢彦红

（四）南山区财政局

局　长：江宁鹏
副局长：吴伟军　马键珍　温靖宇

（五）宝安区财政局

局　长：李献荣
副局长：刘柏稻　饶诚进　李纪文　王映芬

（六）龙岗区财政局

局　长：李跃飞
副局长：刘少明　许少帆　杨　艳

（七）光明新区发展和财政局

局　长：王湘闽
副局长：麦耀明　雷琳娜　高　亮

（八）坪山新区发展和财政局

局　长：张宗武
副局长：王　晋　朱焕扬　黄泽文

三、珠海市

（一）香洲区财政局

局　长：黄　峻
副局长：温建锋　杨素芬　黎希健　李晓伟

（二）金湾区财政局

局　长：欧阳水平
副局长：李健明　宋　芬　马　玲

（三）斗门区财政局

局　长：吴坤荣
副局长：陈长球　赵买祥　吴国华

（四）高新区财政局

局　长：叶　丹
副局长：谭春欢

（五）高栏港区财政局

局　长：王晨辉
副局长：陈少忠　黄慧媚　何怀玉

（六）横琴新区财金事务局

局　长：阎　武

（七）万山区财政局

局　长：梁小雄
副局长：江炳高

（八）保税区财政局

副局长：林卫红

四、汕头市

（一）金平区财政局

局　长：汤华新
副局长：吴宏豪　张　宏　王　淳　潘玉蓉　魏云生

（二）龙湖区财政局

局　长：高义隆
副局长：陈一峰　蔡俊鸿　谢玉泉

（三）濠江区财政局

局　长：陈昌熊
副局长：詹泽鹏　陈光洁

（四）潮阳区财政局

局　长：郑文伟
副局长：蔡文华　邱建瑞　翁健璇

（五）潮南区财政局

局　长：蔡钰夫
副局长：张林财　吴茂财　吴喜良

（六）澄海区财政局

局　长：叶逸群
副局长：王睦雄　陈志雄　蔡懿祥

（七）南澳县财政局

局　长：章旭光
副局长：吴彬市　柯鹏城　章俊峰
县国资办副主任：黄卓伟

五、佛山市

（一）禅城区财政局

党组书记、临时负责人：关卫国
党组成员、副局长：梁品超
党组成员、纪检组长：贺洪涛
党组成员、公资办主任：刘海波
局务委员：钟灵辉　陈金水　许雪蘅　陈先鸿
纪检副组长：莫海勇

（二）南海区财政局

局　长：黄福洪
党组书记、常务副局长：江启强
党组成员、副局长：梁爽泰　高小勇
吴淑仪　崔永诗
党组成员、纪检组长：李孔健

（三）顺德区财税局

党组书记、党委书记、局长：关世良
党组副书记、党委副书记、常务副局长：黎敏秋
党组成员、党委委员、副局长：梁学文　陈炳宜
党委委员、局务委员：陈建豪　刘红文　劳伟源
苏伟林

（四）高明区财政局

党组书记、局长：黄志明
纪检组长：程双喜
局务委员：李宝辉　麦玉卿　蒋　卫　练明娇

（五）三水区财政局

局　长：彭建国
副局长：蔡日棠　彭家文
机关党委书记：宗仕强
纪检组长：韩雪明
局务委员：钱静瑜　卢　山

六、韶关市

（一）浈江区财政局

局　长：张玉花
副局长：肖　伟　周　斌　黄远花

（二）武江区财政局

局　长：孙理鸣
副局长：李新科　陈雪延　华新凤

（三）曲江区财政局

党组书记、局长：张以荣
党组副书记、副局长：吴东华
党组成员、副局长：林春花　吴远清

（四）乐昌市财政局

党组书记、局长：邱才郁
党组成员、支部书记：谷安辉
党组成员、副局长、市公共资产管理中心主任：陈志雄
党组成员、副局长：邓秀英　林永红
党组成员、纪检组长：邓　斌

（五）南雄市财政局

局　长：袁元桃
纪检组长：曾冠华
副局长：丘隆全　杨建雄　马新路

（六）仁化县财政局

局　长：叶伟光
财金总支书记：黄德明
副局长：赖海光　周群信　李庆明

（七）始兴县财政局

局　长：汤爱亮
副局长：卢少英　刘达然　陈社好

（八）翁源县财政局

局　长：叶有昌
副局长：冯　炬　沈鹏飞　肖春兰
党总支书记：张伙添

（九）新丰县财政局

局　长：吴武超
副局长：卢阳俊　吕松媚　陈参恒

（十）乳源瑶族自治县财政局

局　长：禤继文
副局长：何　娟　李智军　盘良叁

七、河源市

（一）源城区财政局

党组书记、局长：刘小平
党组成员、副局长：潘　瑛　廖永新
党组成员、纪检组长：叶丽华
副局长：吴雅君（挂职）
党组副书记、财务总监：林树培
党组成员、副局长：杨伟忠
党组成员：刘碧青

（二）东源县财政局

党组书记、局长：许小强
党组成员、纪检组长：杨　波
系统党委副书记：钟声辉
党组成员、副局长：赖启平　张桂平　朱志青　廖三妹

（三）和平县财政局

党组书记、局长：陈仕华
党组副书记：罗春生
党组成员、副局长：邹鉴洲　陈仕相　骆周俊
党组成员、纪检组长：曾石冲

（四）龙川县财政局

党组书记、局长：卢洪元
党组成员、副局长：李文强　杨洪德　邹思伟
党组副书记：邬消强

（五）紫金县财政局

党组书记、局长：黄廉基
党组成员、副局长、纪检组长：邹伟光
党组成员、副局长：龚子岳　杨练雄　戴小洪　彭定山

（六）连平县财政局

党组书记、局长、财税线党委书记：唐锦明
党组副书记、县农综办主任：黄康心
党组成员、副局长：黄维清　郑志强　熊丰见
党组成员、财税线党委副书记：谢智良
党组成员、纪检组长：张楚彬
党组成员：黄伟均　吴忠强　佘建辉　卓亚山

八、梅州市

（一）梅江区财政局

局　长：丘孝东
副局长：翁学勤、李森庆
财税系统党委副书记：黄立明
副局长：孙　蔚

（二）兴宁市财政局

局　长：彭志洪
党组副书记：肖小思
副局长：张永坚　刘海波　罗　镁
纪检组长：肖福辉

（三）梅县财政局

局　长：李义明
副局长：林　红　杨坤芳　刘火云
　　　　梁志英　李华新
纪检组长：肖　梅
党组成员：谢岳辉　吴淦泉　罗文兴

（四）平远县财政局

局　长：赖彬洪
副局长：马名远　姚　玲　凌曼红
纪检组长：曾　平

（五）蕉岭县财政局

局　长：刘仁忠
副局长：赖建平　黄伟忠　林小琼
农财办主任：林峰明

（六）大埔县财政局

局　长：黄从发
副局长：黄敬春　刘志达　刘广明
　　　　刘建成　饶文玲
纪检组长：胡振奋

（七）丰顺县财政局

局　长：罗健威
副局长：杨家业　冯建忠　蔡少灏
纪检组长：李百桓

（八）五华县财政局

党组书记、局长：朱汉军
党组副书记、副局长：胡远乃
副局长：陈清龄　朱建芳　古振常
纪检组长：曾胜良
党组成员：张　裕

九、惠州市

（一）惠城区财政局

局　长：王崎峰
副局长：刘佩斯　林伟群　马建安
纪检组长：蔡志权

（二）惠阳区财政局

局　长：曾国华
副局长：罗建明　杨文峰　曾伟荣
纪检组长：周秀霞
党委副书记：许红利

（三）惠东县财政局

局　长：林汉琴
副局长：黄伟坚　陈玉强　邱少伟

（四）博罗县财政局

局　长：刘水金
副局长：王贵光　陈　可　朱石麟
　　　　王天树　曾文华
纪检组长：邹东平

（五）龙门县财政局

局　长：刘树容
副局长：黄碧炎　李秀林　廖敏贤　黄碧浪
南昆山分局局长：李伟权

（六）大亚湾财政局

局　长：黄伟强
副局长：何艳军　阙光虎　何隽环
纪检组长：钟国强

（七）仲恺区财政局

局　长：刘子尧
副局长：陈镇坤　叶　杨
纪检组长：游水源
党组成员：张伟忠　李绍光

十、汕尾市

（一）城区财政局

局　长：吕丰民
副局长：刘贵文　蔡奋雄

（二）陆丰市财政局

局　长：张育浩
副局长：林一纲　李汉涛　郑镇鹏

（三）海丰县财政局

局　长：林国义
副局长：林建秀　刘　宁　林瑞清

（四）陆河县财政局

局　长：刘兴旺
副局长：叶杰雄　彭伟通

（五）华侨区财政局

局　长：舒　怀
副局长：沈展峰　彭家岸

（六）红海湾财政局

局　长：颜常青
副局长：缪世勇　马秋萍

十一、东莞市（略）

十二、中山市（略）

十三、江门市

（一）蓬江区财政局

局　长：廖炳华
书　记：苏炳裕
副局长：叶春兰　雷锦暖
纪检组长：司徒民强

（二）江海区财政局

党组书记、局长、资产办主任：李文聪
党组成员、副局长：李卓鹏　赵英梅　梁玉梅
党组成员、纪检组长：邓北江
党组成员、资产办副主任：徐明强

（三）新会区财政局

党组书记、局长：郑根长
党组成员、副局长：苏伟雄　冯国沛　陈健敏
党组成员、纪检组长：许建平
党组成员：肖思强　李欣源

（四）台山市财政局

党组书记、局长：雷国斌
党组副书记、副局长：钟仲豪
党组成员、副局长：冯剑波　赵智健　颜运龙
党组成员、纪检组长：颜伟聪

（五）开平市财政局

党组书记、局长：熊天恩
党组副书记、资产办主任：谭贤富
党组成员、副局长：张瑞球　林培进　张伟赞
党组成员、纪检组长：杨素华
党组成员、资产办副主任：吴顺庭　邹翠杏

（六）鹤山市财政局

党组书记、局长：崔常平
党组成员、副局长：宋超英　吕海鹰　李家杰
党组成员、资产办主任：易立言

（七）恩平市财政局

党组书记、局长：吴月波
党组成员、副局长：郑立科　吴伟锋　卢土庆
吴先进
党组成员、纪检组长：郑奕欣
党组成员、总经济师：何伟劲
党组成员、总会计师：冯庭芳

十四、阳江市

（一）江城区财政局

局　长：阮　敏
副局长：雷法恩　关　永　林进允　林志雄

（二）阳春市财政局

局　长：黄洪格
党组书记：陈少明
党组副书记：吴茂郊
副局长：李　健　钟　毅　叶　雨

（三）阳东县财政局

局　长：黄华冠
副局长：卢慧敏　钟德伟　阮永春

（四）阳西县财政局

局　长：陈德统
副局长：李孟新　梁永雄　张　海

（五）海陵区财政局

局　长：冯兆绘
党支部书记：曾　达
副局长：杨计多　黄福保　程振挺

（六）高新区财政局

局　长：曾练豪
副局长：林景周　陈志权　曾献明

十五、湛江市

（一）赤坎区财政局

局　长：郑光宇
党支部书记：杨志良
副局长：曾剑鸣　郭永欢　梁　俭

（二）霞山区财政局

局　长：郑开康
副局长：李巨波　何义明

（三）麻章区财政局

局　长：张向阳
副局长：冯　波　杨　奇　吕珠明

（四）坡头区财政局

局　长：林志强
党支部书记：张古银
副局长：林茂粒　钟日南
纪检组长：郑建辉

（五）雷州市财政局

局　长：吴　玉
副局长：邓兴球　莫颂军　苏　兄
纪检组长：官锦程
工会主席：周　荣

（六）廉江市财政局

局长、党组副书记：黄　生
党组书记、副局长：颜海涛
党组成员、副局长：刘启新　江维峰
党组成员、纪检组长：罗　柏
党组成员：陈　聪　潘　立

（七）吴川市财政局

局　长：龚启图
副局长：易东生　万尚泉　李永华
纪检组长：詹伟雄

（八）遂溪县财政局

局　长：周　宝
副局长：余遂荣　朱家燕　罗　益
纪检组长：邹进强

（九）徐闻县财政局

党组书记、局长：李　乐
副局长：李　咏　林　培　符　坚　吴宗燕
党组副书记、纪检组长：杨运强

（十）开发区财政局

局　长：邹志嫣
副局长：吕清涛　唐国华　郑毅芳

十六、茂名市

（一）茂南区财政局

党组书记、局长：杨康权
副局长：曾　扬
党组成员、副局长：柯业涌　谭国立　罗　龙
党组副书记、纪检组长：朱国华
党组成员：黄剑铭　张燕芬　董伟钊

（二）茂港区财政局

党组书记、局长：崔万爵
党组成员、副局长：杨裕全　陈径天
党组成员、副书记：周建明
党组成员：邓小扬

（三）信宜市财政局

党组书记、局长：梁耀杰
副局长：张　海　刘　钿　罗魏冰　原喜怀
党组副书记：吕澜业
纪检组长：冯广胜

（四）高州市财政局

党组书记、局长：刘耀海
党组成员、副局长：余苏松　甘　钊　黄　颖
副局长：邓振杰
党组成员、纪检组长：曾焕志
党组成员：刘　瑞　傅志昂　钟建亮

（五）化州市财政局

党组书记、局长：刘付军
党组成员、副局长：郑建伟　李学周　吴　龙
卢一鹏　王　丹
党组副书记：王信志
党组成员、纪检组长：朱秀华
党组成员：李盛芳　吴伟亮

（六）电白县财政局

党组成员、局长：田业海
党组成员、副局长：赖志谋　陈　勇　李国焕
潘土全　吴伟华
党组副书记：黄红源
党组成员：张帝保　张　田　邓　光　林　尧
周炳豪　周　宁　陈经杰

十七、肇庆市

（一）端州区财政局

局　长：郑智超
副局长：张玉娥　赵万金　张国安
党组成员：李培杰　卓　越

（二）鼎湖区财政局

党支部书记、局长：谢东权
副局长：卢振亮　陈立据　梁东夷
党支部副书记：葛晓玲

（三）高新区财政局

党组书记、局长：邝俊民
党组成员、副局长：陈　德　冼美群

（四）四会市财政局

局　长：何旭辉
副局长：梁　明
党委副书记：赵强辉
副局长：冼一兵　欧沛荣
局班子成员、公共资产管理中心主任：卢伟文

（五）高要市财政局

局　长：冯广庆
副局长：李小玉　陈智伟　谢海明
党委副书记：翟鉴宽　伍时宁　张　涛
赖广华（兼）

（六）广宁县财政局

局　长：潘岐华

副局长：陈家泉　卢松文

（七）德庆县财政局

局　长：杨海燕
副局长：陆建华　谢锡平
　　　　何汉标　徐燕文
副书记：聂继安　闲家坚
　　　　黄志坤　江军球
党组成员：陈志明　邓　文

（八）封开县财政局

党组书记、局长：叶军尤
党组副书记：林志伟　孔　坚
副局长：梁华新　苏金荣　康清平

（九）怀集县财政局

副局长：陈剑锋　岑金兴　盘卫平
党委书记：李　敏
党委副书记：林兴家　阮英洪
国资委副主任：蔡小桥　李　志

十八、清远市

（一）清城区财政局

局　长：练桂华
副局长：黎　力　郑劲峰　黄翠珊

（二）英德市财政局

党组书记、局长：庄少华
党组成员、副局长：何久航　吴亮明　吴基丽
党组成员、纪检组长：刘学军

（三）连州市财政局

局　长：成茂军
副局长：周春艳　陈春宁

（四）佛冈县财政局

局　长：冯庆洲
副局长：何高者　梁浩锋　罗　杰
纪检组长：黄建中

（五）清新县财政局

局　长：陈永常
副局长：罗永康　陈映徽　江聪慧

（六）连山壮族瑶族自治县财政局

局　长：张伟平
副局长：黄志光　甘海燕　陈文坚

（七）连南瑶族自治县财政局

局　长：黎钟罗
副局长：李　洪　盘振云

（八）阳山县

局　长：王　建
副局长：邹小玲　谭雄辉

（九）开发区财政局

局　长：罗钦辉
副局长：罗阳柱

十九、潮州市

（一）湘桥区财政局

局　长：佘维昭
副局长：洪标然　洪永标　何创光

（二）饶平县财政局

局　长：黄潮才
副局长：张德强　黄实得

（三）潮安县财政局

局　长：成思钿
副局长：林建安　雷佩霞　苏锡伟

（四）枫溪区财政局

局　长：赖楚群
副局长：陈林英　江慧群

二十、揭阳市

（一）榕城区财政局

局　长：卢少通
副局长：陈钦元　杨称杰　黄济勇　林奕彬
纪检组长：黄鸿飞

（二）普宁市财政局

党组书记、局长：林杰丹
党组成员、副局长：李秋琼　王础鹏　吴粤林
党组成员、纪检组长：陈国盛

（三）揭东县财政局

党组书记、局长：洪培藩
党组成员、副局长：黄冀生　章合武　卢伟彬　孙洁辉
党组成员、纪检组长：谢壮松

（四）揭西县财政局

局　长：邱旭辉
副局长：许越明　李扬惠　蔡育群　黄建群
纪检组长：李凤权

（五）惠来县财政局

党组书记、局长：吴俊平
党组成员、副局长：欧阳周　唐　泽　朱　晓　方汉文　施惠芳
党组成员、纪检组长：蔡场龙

（六）东山区财政局

党组书记、局长：林少鸿
党组成员、副局长、纪检组长：杨劲华
党组成员、副局长：涂德建

（七）市试验区财政局

局　长：魏炳江
副局长：洪亮春　林志鸿　黄可彬　林丽明

（八）大南山侨区财政局

局　长：钟　国
副局长：郑建彬　黄明来

（九）高新区财政局

局　长：郑旭山

二十一、云浮市

（一）云城区财政局

局　长：阮其华
副局长：邓成金　万远宁　梁桂友
纪检组长：余金培

（二）罗定市财政局

局　长：李　军
纪检组长：尹荣灿
副局长：陈　成　谭炳权　区淑芝　梁敏嫦
党支部书记：王道正

（三）新兴县财政局

局　长：黄定昌
党组副书记：何之宏
副局长：黎卓民　麦锦雄　麦树坚
纪检组长：冼勇锋

（四）郁南县财政局

局　长：吴　越
副局长：蔡　勇　黄重阳　李家婷

（五）云安县财政局

局　长：麦瑞坚
副局长：陈荣生　刘贤鉴　叶一帆
党组成员：黄坚洪

2010 年度全省财政系统职工情况统计表

一

项目	合计	分布			
		省（区、市）厅局	市（地、州）局	县（市、区）局	乡（镇）所
合计	24 488	1 279	3 834	9 248	10 127
%	100	5.22	15.66	37.77	41.35

二

项目	行政职务						专业职务			
	合计	厅级以上	处级	科级	一般干部	工勤人员	合计	高级	中级	初级
合计	24 488	26	594	3 445	15 141	5 282	8 988	289	2 939	5 760
%	100	0.11	2.43	14.07	61.83	21.57	100	3.22	32.70	64.09

三

项目	性别		民族		政治面貌			
	男	女	汉	其他	党员	团员	民主党派	其他
合计	15 123	9 365	24 279	209	15 776	1 215	75	7 422
%	61.76	38.24	99.15	0.85	64.42	4.96	0.31	30.31

四

项目	年龄					文化程度				
	35 岁以下	36～45 岁	46～54 岁	55～59 岁	60 岁以上	研究生	大学本科	大专	中专	高中及以下
合计	7 719	9 737	5 888	1 129	15	767	8 301	10 332	1 989	3 099
%	31.53	39.76	24.04	4.61	0.06	3.13	33.90	42.19	8.12	12.66

五

项目	参加工作时间					
	1965 年前	1966～1970 年	1971～1980 年	1981～1990 年	1991～2000 年	2001 年以后
合计	2	275	4 273	7 927	8 168	3 843
%	0.01	1.12	17.45	32.37	33.36	15.69

六

项 目	变 化 情 况				
	上年实有人数	本年实有人数	增加或减少总数		
			合计	绝对增加数	绝对减少数
合计	24 211	24 488	277	1 227	950
省（区、市）厅局	1 262	1 279	17	85	68
市（地、州）局	3 794	3 834	40	151	111
县（市、区）局	9 117	9 248	131	489	358
乡（镇）所	10 038	10 127	89	502	413

七

项 目	人 员 性 质										
	行政		事 业				企业	聘用制			
		其中：公务员数	合计	财政补助	其中：参公管理	经费自理		合计	行政	事业	企业
合计	13 345	11 091	11 011	10 019	5 194	651	132	925	471	341	113
省（区、市）厅局	753	680	491	359	67	96	35	126	55	36	35
市（地、州）局	2 357	2 143	1 387	1 156	727	216	90	112	23	15	74
县（市、区）局	5 743	4 964	3 498	3 242	1 619	196	7	170	106	60	4
乡（镇）所	4 492	3 304	5 635	5 262	2 781	143	0	517	287	230	0

全国财政系统先进集体和先进工作者

人力资源和社会保障部、财政部授予中山市三角镇财政所、肇庆市高要市财政局、省财政厅办公室三个单位为“全国财政系统先进集体”荣誉称号。梅州市大埔县财政局局长黄从发、茂名市财政局预算科科长何江、揭阳市榕城区财政局局长卢少通“全国财政系统先进工作者”荣誉称号。

第十部分

大 事 记

1 月

4 日　省财政厅上报省政府《关于 2009 年第二、三批省产业转移竞争性扶持资金督查情况的报告》。

4~7 日　厅党组书记、厅长刘昆参加在广州召开的中国共产党广东省第十届委员会第六次全体会议。

5 日　厅党组书记、厅长刘昆参加在广州召开的省委、省政府领导班子和领导干部 2009 年度考核测评会议。

△省财政厅转发《财政部　中国人民银行关于将按预算外资金管理的全国性及中央部门和单位行政事业性收费纳入预算管理的通知》。

6 日　厅党组成员、副厅长欧斌到佛山调研基层医疗卫生保障情况。

6~8 日　省财政厅、省国税局、省地税局在广州联合召开《广东省志·财政税务卷》初审会议，省财政厅、省国税局、省地税局的编志工作人员、顾问、专家出席会议。厅党组成员、副厅长戴运龙出席会议并作了主题发言。

7 日　厅党组副书记、副厅长曾志权参加在广州召开的广东省 2009 年污染减排工作汇报会。

8 日　厅党组成员、纪检组长邓桂明参加在广州召开的全省国有企业查办案件工作会议。

10~11 日　厅党组副书记、副厅长曾志权参加在北京召开的全国财政工作会议。

11~14 日　厅党组书记、厅长刘昆分别在梅州、河源、清远、韶关参加省委、省政府召开的粤北地区现场会。

12~21 日　厅党组成员、副厅长郑贤操率团赴美国与世界银行进行《缩小广东城乡贫富差距》课题交流研讨。

13 日　省财政厅组织的《缩小广东城乡贫富差距》课题获得 2009 年度世界银行年度优秀团队奖。

14 日　厅党组成员、副厅长戴运龙参加在广州召开的 2009 年度国债发行工作总结暨表彰大会。

15 日　厅党组书记、厅长刘昆参加在韶关召开的粤北山区工作会议。

△厅党组副书记、副厅长曾志权参加在广州召开的广东省资产评估协会第二届第一次理事会会议。

18 日　厅党组书记、厅长刘昆参加全国安全生产电视电话会议（广东分会场）。

△厅党组副书记、副厅长曾志权参加在广州召开的全省宣传工作会议。

△省财政厅上报财政部《2010 年广东省财政收支预算表及地震灾后恢复重建资金预算收支统计表》。

18~19 日　厅党组书记、厅长刘昆和厅党组成员、副厅长沈梅红分别陪同财政部副部长李勇一行在深圳、珠海调研。

19 日　厅党组成员、副厅长欧斌参加在广州召开的全省人力资源和社会保障工作会议。

20 日　刘昆、曾志权、邓桂明、欧斌、沈梅红等厅领导参加省纪委十届四次全会第二次大会。

△厅党组成员、纪检组长邓桂明参加在广州召开的中国共产党广东省第十届纪律检查委员会第四次全体会议。

△厅党组成员、副厅长戴运龙参加在广州召开的全省打击走私工作会议。

21 日　厅党组书记、厅长刘昆和厅党组成员、副厅长欧斌参加在广州召开的省深化医药卫生体制改革领导小组第六次会议。

△厅党组成员、副厅长戴运龙参加在深圳召开的财政部全国经济金融形势分析会。

21~22 日　厅党组成员、副厅长沈梅红参加在东莞召开的财政部东部地区基础教育和职业教育财政工作座谈会。

22 日　厅党组成员、纪检组长邓桂明参加在广州召开的省纪委省监察厅派驻机构 2009 年度工作总结（述职述廉）会议。

23 日　厅党组副书记、副厅长曾志权参加在广州召开的省密码工作领导小组会议并出席全国党的密码工作创建 80 周年纪念会（广东分会场）。

△厅党组成员、副厅长欧斌参加在北京召开的全国省级注册会计师行业党组织书记和注册会计师协会秘书长学习贯彻领导同志重要讲话精神座谈会。

24 日　厅党组书记、厅长刘昆陪同中共中央政治局委员、省委书记汪洋会见新疆哈密地区党政代表团。

25 日　厅党组书记、厅长刘昆在广州陪同中共中央政治局委员、省委书记汪洋和省委副书记、省长黄华华以及副省长李容根会见财政部部长助理王保安一行。

△厅党组副书记、副厅长曾志权参加在广州举行的新疆哈密党政代表团赴粤考察座谈会。

25~26 日　厅党组成员、副厅长郑贤操陪同中国会计学会会长金莲淑一行在广东调研。

△厅党组成员、副厅长戴运龙陪同财政部部长助理王保安一行在广东调研。

26 日　厅党组书记、厅长刘昆陪同中共中央政治局委员、省委书记汪洋到三水考察三峡移民安置工作情况和社会主义新农村建设情况。

△厅党组书记、厅长刘昆和厅党组成员、副厅长郑贤操参加在佛山召开的广东省会计学会成立 30 周年纪念大会暨 2009 年年会。

△曾志权、邓桂明、欧斌、沈梅红等厅领导参加在广

州举行的《广东学习论坛》第七十期报告会。

△厅党组成员、副厅长欧斌参加省注册会计师协会与台湾会计师工会在广州联合举办的粤台注册会计师涉税业务研讨会。

△厅党组成员、副厅长戴运龙参加在广州召开的全国福利彩票工作会议。

26～27日　厅党组副书记、副厅长曾志权参加在广州召开的全省农村工作会议。

27日　刘昆、曾志权、邓桂明、欧斌、沈梅红、郑贤操、戴运龙等厅领导参加在广州召开的全省财政工作会议。

28日　厅党组书记、厅长刘昆参加在广州召开的政协第十届广东省委员会各届别委员代表座谈会。

△省财政厅上报财政部《关于广东省2009年财政运行及年终结算问题的报告》。

28～29日　厅党组副书记、副厅长曾志权到五华开展“规划到户责任到人”对口帮扶工作。

29日　厅党组成员、副厅长戴运龙参加全国信访局长电视电话会议（广东分会场）；接待越南财政部代表团访粤。

1月29日～2月2日　厅党组书记、厅长刘昆列席在广州召开的广东省第十一届人民代表大会第三次会议。

2月

1日　厅党组副书记、副厅长曾志权参加在广州召开的加强广东省涉疆工作会议。

1～2日　厅党组成员、纪检组长邓桂明参加在北京召开的全国财政反腐倡廉建设工作会议。

4日　厅党组成员、副厅长欧斌参加在佛山召开的全省财政社会保障工作座谈会。

5日　刘昆、曾志权、邓桂明、欧斌、沈梅红、戴运龙等厅领导参加在广州召开的全省财政反腐倡廉建设工作会议。

5～6日　厅党组书记、厅长刘昆到惠东县、五华县开展“规划到户责任到人”对口帮扶工作。

△厅党组成员、副厅长郑贤操陪同省政协主席、省委常委、常务副省长黄龙云前往茂名开展送温暖慰问活动。

8日　厅党组书记、厅长刘昆列席省委十届第105次常委会议，汇报《关于广东实行省直管县财政改革的请示》；向省政府考核组汇报厅开展2009年度实施《珠江三角洲地区改革发展规划纲要（2008～2020年）》评估考核工作情况。

9日　厅党组书记、厅长刘昆陪同省人大常委会主任欧广源到台山开展“送温暖”慰问活动。

△厅党组副书记、副厅长曾志权陪同中共中央政治局委员、省委书记汪洋到清远开展“送温暖”慰问活动。

△厅党组书记、厅长刘昆接待全国人大原副委员长王炳乾一行。

10日　省财政厅转发《财政部关于进一步做好预算执行工作的指导意见的通知》。

12日　省财政厅上报省政府《关于2009年省产业转移竞争性扶持资金使用情况的报告》。

21日　厅党组书记、厅长刘昆参加在广州召开的全省加强作风建设电视电话会议。

22日　省财政厅转发《财政部　国土资源部　中国人民银行关于加强土地成交价款管理规范资金缴库行为的通知》。

23日　厅党组副书记、副厅长曾志权和厅党组成员、纪检组长邓桂明参加贯彻实施《中国共产党党员领导干部廉洁从政若干准则》电视电话会议（广东分会场）。

△厅党组成员、副厅长欧斌参加卫生部公立医院改革试点电视电话会议（广东分会场）。

25日　厅党组书记、厅长刘昆参加在北京召开的地方政府债务和融资管理座谈会。

△厅党组副书记、副厅长曾志权参加在广州召开的省委常委第三期集中学习讨论会。

△厅党组成员、纪检组长邓桂明和厅党组成员、副厅长欧斌参加在广州举行的《广东省实施〈中华人民共和国政府采购法〉办法》颁布实施新闻发布会。

△省财政厅上报省政府《关于省级财政专项资金试行竞争性分配改革的工作总结报告》。

26日　厅党组书记、厅长刘昆陪同中共中央政治局委员、省委书记汪洋到增城、东莞调研绿道网建设情况。

△厅党组副书记、副厅长曾志权参加在广州召开的全省安全生产工作暨防范重特大安全事故工作会议。

27日　厅党组书记、厅长刘昆和厅党组成员、副厅长欧斌参加财政部全国会计师事务所深入学习实践科学发展观活动总结大会（广东分会场）。

3 月

1 日 《广东省实施〈中华人民共和国政府采购法〉办法》正式颁布实施。

3 日 厅党组副书记、副厅长曾志权参加在广州召开的全省春耕生产电视电话会议。

△厅党组成员、纪检组长邓桂明参加在广州召开的全省纪检监察机关办案工作座谈会。

△厅党组成员、副厅长戴运龙参加在广州召开的全省物价工作会议。

4 日 厅党组成员、副厅长沈梅红参加在广州召开的省级财务核算信息集中监管改革第四批试点工作动员会。

△厅党组成员、副厅长戴运龙参加在广州召开的广东省治理工程建设领域突出问题工作领导小组会议第三次会议。

5 日 厅党组成员、副厅长沈梅红参加在广州召开的省政协提案委员会全体委员会议。

△驻厅纪检组被评为 2008 ~ 2009 年度全省纪检监察信息工作先进单位。

5 ~ 14 日 厅党组书记、厅长刘昆出席在北京召开的第十一届全国人民代表大会第三次会议。

9 日 省财政厅印发《广东省省级部门决算批复暂行办法》。

10 日 厅党组成员、副厅长戴运龙参加在中山召开的亚行贷款支付政策研讨会和亚行贷款新模式研讨会。

15 日 厅党组书记、厅长刘昆参加在广州召开的省委学习实践活动领导小组第十一次会议。

△厅党组副书记、副厅长曾志权参加在湖北襄樊召开的全国春季农业生产工作会议。

16 日 刘昆、曾志权、邓桂明、欧斌、戴运龙等厅领导参加在广州召开的广东省传达贯彻全国人大、政协“两会”精神电视电话会议。

△厅党组成员、副厅长沈梅红参加在北京召开的“85 工程”二期验收工作会议。

△厅党组成员、副厅长戴运龙参加在广州举办的农业综合开发科技推广项目管理培训班开班仪式。

17 日 厅党组书记、厅长刘昆参加在广州召开的广东省深入学习实践科学发展观活动总结大会。

17 ~ 19 日 厅党组成员、纪检组长邓桂明到河源、五华、梅州、惠州等地调研。

17 ~ 18 日 厅党组成员、副厅长欧斌陪同省委常委、副省长肖志恒前往北京拜会农业部部长韩长赋和财政部副部长王军。

18 日 全省县（区）国库支付系统所有试点县（市）、区完成系统实施上线工作。

△省财政厅转发《财政部关于印发〈行政事业单位资金往来结算票据使用管理暂行办法〉的通知》。

18 ~ 19 日 厅党组副书记、副厅长曾志权参加在广州召开的省事业单位分类改革领导小组会议。

19 日 省财政厅转发《财政部关于进一步做好预算信息公开工作的指导意见的通知》。

20 日 省财政厅转发《财政部关于印发〈利用住房公积金发放保障性住房建设贷款财务管理办法〉的通知》。

22 日 厅党组书记、厅长刘昆陪同中共中央政治局委员、省委书记汪洋到南沙、番禺视察绿道建设情况并出席珠三角 1 号绿道亚运城段建设启动仪式。

△省财政厅转发财政部 国家发改委 人力资源和社会保障部 卫生部《关于印发〈2009 年基层医疗卫生机构实施国家基本药物制度和综合改革以奖代补专项资金管理办法〉的通知》。

22 ~ 25 日 厅党组成员、副厅长欧斌率检查组赴惠州、汕尾、揭阳、汕头、潮州、梅州检查医改工作情况。

23 日 厅党组书记、厅长刘昆分别参加在广州召开的广东省对台专项工作会议，国务院第三次廉政工作会议和省政府第三次廉政工作会议（广东分会场）。

△厅党组副书记、副厅长曾志权参加在广州召开的省人大代表建议交办工作会议。

23 ~ 24 日 厅党组成员、副厅长戴运龙陪同财政部信息网络中心调研组到广州、东莞调研并向调研组汇报有关工作。

24 日 厅党组书记、厅长刘昆参加在广州召开的省委理论学习中心组加快经济发展方式转变专题学习会。

△厅党组成员、副厅长沈梅红参加在广州召开的加快广东省注册会计师行业发展调研座谈会。

25 日 厅党组书记、厅长刘昆在广州参加《环境保护部广东省人民政府共同推进和落实〈珠江三角洲地区改革发展规划纲要（2008 ~ 2020 年）〉合作协议》签字仪式。

△厅党组书记、厅长刘昆和厅党组副书记、副厅长曾志权参加在广州召开的珠三角五个一体化规划专家论证会。

26 日 厅党组副书记、副厅长曾志权参加在广州召开的《广东省实践科学发展观重点行动纲要》落实情况交流会。

△省财政厅上报省政府《关于报送〈广东省基本公共服务均等化规划纲要（2009 ~ 2020 年）〉2009 年实施情况

及2010年工作任务要点的请示》。

28日 厅党组成员、副厅长沈梅红参加在广州召开的全省审计工作会议。

29日 厅党组副书记、副厅长曾志权参加在惠州召开的全省三防工作会议。

29～30日 厅党组书记、厅长刘昆参加在北京召开的全国对口支援新疆工作会议。

△厅党组副书记、副厅长曾志权陪同中共中央政治局委员、省委书记汪洋到河源调研“规划到户责任到人”工作情况。

30日 厅党组成员、纪检组长邓桂明和厅党组成员、副厅长戴运龙参加中央扩大内需促进经济增长政策落实暨治理工程建设领域突出问题监督检查工作电视电话会议（广东分会场）。

△厅党组成员、副厅长沈梅红参加在阳江召开的全省财政会计管理工作会议。

△厅党组成员、副厅长戴运龙参加在广州召开的广东省双拥工作领导小组第二十五次全体（扩大）会议，陪同省长黄华华会见并宴请北京新岸线软件科技有限公司负责人鲍东山教授，中国工程院副院长、院士邬贺铨和原国家广电部副部长何栋才。

△省财政厅印发《关于印发〈广东省欧洲投资银行贷款项目管理办法（试行）〉的通知》。

31日 省财政厅上报省长黄华华、常务副省长朱小丹、副省长宋海《关于广东省开征地方教育附加有关情况的报告》。

3月31日～4月1日 厅党组书记、厅长刘昆陪同中共中央政治局委员、省委书记汪洋到江门市台山市、开平碉楼与村落调研。

4月

1日 厅党组副书记、副厅长曾志权参加在广州召开的广东安全生产应急管理综合试点现场会暨全国安全生产应急管理工作会议。

△厅党组成员、纪检组长邓桂明参加在广州召开的全省效能和电子监察工作电视电话会议。

△厅党组成员、副厅长欧斌到茂名调研外经金融工作情况。

△厅党组成员、副厅长戴运龙参加国务院办公厅加强和规范各地政府驻北京办事机构管理工作电视电话会议（广东分会场）。

△省财政厅印发《广东省农村沼气建设专项资金管理办法》。

2日 厅党组书记、厅长刘昆陪同中共中央政治局委员、省委书记汪洋到东莞市调研珠三角城际轨道交通建设情况。

△厅党组成员、副厅长沈梅红参加在广州召开的《广东省基本公共服务均等化绩效考评办法（试行）》征求意见座谈会。

6日 厅党组书记、厅长刘昆在广州参加全党深入学习实践科学发展观活动总结大会（广东分会场）。

△省财政厅印发《广东省欧洲投资银行贷款项目管理办法（试行）》。

7日 省财政厅转发《财政部关于印发〈金融企业呆账核销管理办法（2010年修订版）〉的通知》。

7～8日 厅党组副书记、副厅长曾志权在连南研究落实高寒山区居民移民安居工作。

△厅党组成员、副厅长戴运龙参加在北京召开的财政部事业单位分类改革相关文件征求意见会议。

8日 厅党组成员、纪检组长邓桂明参加全国纠风工作电视电话会议和全省纠风工作电视电话会议（广东分会场）。

△厅党组成员、副厅长欧斌参加在广州召开的省政协“稳定外需，促进经济平稳较快发展”专题调研会议。

△厅党组成员、副厅长沈梅红、戴运龙参加在广州召开的广东省预算会计研究会第三届理事会代表大会。

9日 厅党组副书记、副厅长曾志权参加在广州召开的省政府向全国人大常委会调研组汇报“大力发展战略性新兴产业，推进产业结构调整，加快经济增长方式转变”情况会议。

△厅党组成员、副厅长欧斌参加在广州召开的全国人大财经委就业和社会保障专题调研座谈会。

10日 厅党组书记、厅长刘昆参加在广州召开的广东省考察团赴新疆开展对口支援考察调研活动动员会。

10～12日 厅党组成员、副厅长戴运龙参加在北京召开的中国财政学会2010年年会暨全国财政理论讨论会。

11日 厅党组副书记、副厅长曾志权陪同省委常委、常务副省长朱小丹在广州会见一汽大众汽车有限公司董事、总经理安铁成一行。

12日 厅党组书记、厅长刘昆参加在广州举行的全省深入贯彻落实科学发展观加快转变经济发展方式专题研讨班（第一期）。

△厅党组副书记、副厅长曾志权参加在广州召开的省政府向中央扩大内需促进经济增长政策落实暨治理工程建

设领域突出问题第13检查组汇报工作会。

△厅党组成员、纪检组长邓桂明参加在广州召开的向财政部农业综合开发项目检查组汇报工作会议。

△省财政厅上报财政部《关于报送〈广东省2009年度财政性资金投资基本建设项目决算报表〉的报告》。

12～16日　厅党组书记、厅长刘昆参加广东省考察团赴新疆开展对口支援考察调研活动。

13～16日　厅党组成员、纪检组长邓桂明陪同财政部农业综合开发项目检查组到高要、开平、台山等地检查工作。

14日　厅党组副书记、副厅长曾志权参加在广州召开的广东省向国家督促检查组汇报实施《珠江三角洲地区改革发展规划纲要（2008～2020年）》工作情况会议及在珠海召开的省政府与全国人大常委会调研组关于"大力发展战略性新兴产业，推进产业结构调整，加快经济增长方式转变"情况交换意见会。

17日　省委常委、组织部长胡泽君一行抵达哈密，召开座谈会并慰问第五批广东援疆干部，哈密地委副书记、援疆工作队领队危金峰在会上汇报第五批援疆工作队工作情况。

18日　厅党组书记、厅长刘昆参加在广州召开的广东省与国家督促检查组交换实施《珠江三角洲地区改革发展规划纲要（2008～2020年）》工作情况意见会议。

19日　厅党组成员、副厅长欧斌参加全国食品安全工作电视电话会议（广东分会场）。

△厅党组成员、副厅长戴运龙参加在上海举行的2010年上海世博会广东展馆开馆仪式。

19～20日　厅党组副书记、副厅长曾志权参加在西安召开的全国财政企业工作会议。

19～23日　厅党组书记、厅长刘昆参加广东省党政代表团赴江西、福建省学习考察。

21日　厅党组成员、副厅长戴运龙参加在广州召开的广东省2010年度国家农业综合开发高标准农田建设示范工程项目竞争立项评审会。

22日　厅党组副书记、副厅长曾志权陪同省委常委、组织部长胡泽君会见越南党政干部考察团一行。

△厅党组成员、纪检组长邓桂明参加全国切实做好当前农业生产工作紧急电视电话会议（广东分会场）。

23日　厅党组成员、纪检组长邓桂明参加全国纪检监察系统主题实践活动总结暨加强自身建设电视电话会议（广东分会场）。

26日　厅党组书记、厅长刘昆参加在广州召开的省编委会议。

△省人大常委会副主任陈用志率队到省财政厅视察指导工作，厅党组书记、厅长刘昆，厅党组成员、副厅长欧斌、戴运龙出席了座谈会。

△厅党组副书记、副厅长曾志权参加在广州召开的省富县强镇事权改革联席会议。

26～27日　厅党组成员、纪检组长邓桂明参加在长沙召开的全国财政监督工作专题会议。

27日　厅党组书记、厅长刘昆陪同省长黄华华检查北江大堤防汛工作，参加在广州召开的《广东省实践科学发展观重点行动纲要》落实情况汇报会。

△厅党组副书记、副厅长曾志权陪同副省长李容根检查飞来峡水利枢纽防汛工作，参加在广州召开的省推进产业转移和劳动力转移工作领导小组第五次会议。

27～29日　厅党组副书记、副厅长曾志权参加在广州举行的全省深入贯彻落实科学发展观加快转变经济发展方式专题研讨班（第三期）。

28日　厅党组书记、厅长刘昆参加在广州召开的省节能减排工作领导小组会议。

△厅党组成员、副厅长欧斌参加在东莞召开的全省财政社保医改座谈会。

△厅党组成员、副厅长戴运龙参加在广州召开的中央扩大内需促进经济增长政策落实暨治理工程建设领域突出问题第13检查组与省政府反馈意见会。

△省财政厅上报财政部《关于报送2010年地方政府债券资金安排使用方案的请示》。

29日　厅党组成员、副厅长戴运龙参加在顺德召开的全省富县强镇事权改革工作现场会。

△省财政厅上报财政部《关于报送〈广东省2009年度企业财务会计决算报表〉的报告》。

30日　刘昆、曾志权、邓桂明、戴运龙等厅领导参加在广州举行的《广东学习论坛》第七十三期报告会。

△《南方日报》对省财政厅规范权力运行工作进行报道。

△省财政厅转发《财政部关于印发〈中央财政支持地方高校发展专项资金管理办法〉的通知》。

△省财政厅上报财政部《关于报送广东省2009年度部门决算报表及分析的报告》。

5月

5日　厅党组书记、厅长刘昆在广州参加国务院节能减排工作电视电话会议和全省节能减排工作电视电话会议

（广东分会场）、中共广东省委全体（扩大）会议、省广州亚运会、亚残运会和深圳世界大运会筹办工作领导小组第一次会议。

9日　厅党组书记、厅长刘昆陪同中共中央政治局委员、省委书记汪洋到到韶关检查指导救灾复产工作。

10日　刘昆、邓桂明、沈梅红、戴运龙等厅领导参加在广州举行的《广东学习论坛》第七十四期报告会。

△厅党组副书记、副厅长曾志权参加在广州召开的扶贫开发“规划到户责任到人”工作情况汇报会。

△厅党组成员、副厅长欧斌代表省财政厅向人大财经委汇报广东省社会保险基金2009年决算和2010年第一季度预算执行情况。

11～13日　党组成员、副厅长欧斌、沈梅红参加在广州举行的全省深入贯彻落实科学发展观加快转变经济发展方式专题研讨班（第五期）。

11～14日　厅党组副书记、副厅长曾志权赴韶关、清远参加省人大扶贫开发“规划到户责任到人”工作调研活动。

13日　刘昆、欧斌、沈梅红、戴运龙等厅领导参加在广州召开的全省贯彻落实《中国共产党党员领导干部廉洁从政若干准则》电视电话会议。

13～14日　厅党组成员、纪检组长邓桂明参加在惠州召开的全省财政监督工作座谈会。

17日　厅党组书记、厅长刘昆陪同中共中央政治局委员、省委书记汪洋在广州参观百校千企技工教育成果展。

△省财政厅印发《关于2010年在全省范围内启动预算执行动态监控工作的通知》。

△省财政厅上报财政部《关于2009年广东省财政扶贫资金绩效考评情况的报告》。

17～18日　厅党组成员、副厅长欧斌在五华县大沙村检查落实对口帮扶工作。

18日　厅党组书记、厅长刘昆和厅党组成员、副厅长沈梅红参加在广州举行的2010年中国“5·18”国际博物馆日主会场启动暨广东省博物馆新馆开馆仪式。

△厅党组成员、副厅长戴运龙参加在广州召开的2010年全省财政系统国际金融组织和外国政府贷款工作会议。

18～20日　厅党组成员、纪检组长邓桂明和厅党组成员、副厅长戴运龙参加在广州举行的全省深入贯彻落实科学发展观加快转变经济发展方式专题研讨班（第六期）。

19日　厅党组成员、副厅长沈梅红参加在珠海召开的全省财政支出管理电子平台阶段总结暨动态监控改革动员布置会议。

20日　厅党组副书记、副厅长曾志权参加在广州召开的省事业单位分类改革领导小组会议。

△厅党组成员、副厅长欧斌会见香港华人会计师公会会长陈美宝一行。

△省财政厅上报省政府《关于省直管县财政改革有关事项的请示》。

21日　厅党组书记、厅长刘昆和厅党组成员、纪检组长邓桂明参加全国“小金库”治理工作经验交流电视电话会议（广东分会场）。

△厅党组副书记、副厅长曾志权参加在广州召开的全省贯彻落实《广东省〈关于实行党政领导干部问责的暂行规定〉实施办法》电视电话会议。

21～22日　厅党组成员、副厅长欧斌参加在北京召开的2010年全国深化医药卫生体制改革工作会议暨省部级领导干部深化医药卫生体制改革专题研讨班结业式。

24日　厅党组书记、厅长刘昆参加在广州召开的广东省重点项目建设工作会议。

△厅党组副书记、副厅长曾志权参加在广州召开的省推进泛珠三角区域合作工作协调领导小组扩大会议。

△厅党组成员、副厅长沈梅红参加在广州召开的省政协“拓宽渠道增强广东省经济实力，壮大省本级财政收入”调研座谈会。

△省财政厅印发《广东省省级财政支农专项补助资金管理办法（暂行）》。

25日　厅党组书记、厅长刘昆参加在广州召开的全国人才工作会议第一次全体会议广东分会场、省对口支援新疆工作领导小组第一次会议。

△厅党组成员、副厅长欧斌参加在广州举行的中国（广东）—韩国发展经贸论坛。

26日　厅党组书记、厅长刘昆参加在深圳召开的珠三角地区贯彻落实《规划纲要》工作会议。

△厅党组成员、纪检组长邓桂明到东莞检查“小金库”清理工作。

27日　厅党组书记、厅长刘昆参加在广州召开的广东省大规模培训干部动员大会、中共广东省委全体（扩大）会议。

28日　厅党组书记、厅长刘昆列席省政府常务会议，汇报《珠江三角洲地区基本公共服务一体化规划（2009～2020年）》和《关于价格调节基金征收使用管理的暂行办法》。

△省财政厅上报财政部《关于报送广东省2009年度金融企业财务决算的报告》。

31日　厅党组书记、厅长刘昆列席省十一届人大常委会第十九次会议。

6 月

1 日　厅党组书记、厅长刘昆参加在香港举行的《粤港合作框架》协议宣讲会。

△厅党组副书记、副厅长曾志权参加在广州召开的省促进战略性新兴产业发展领导小组第一次会议。

△厅党组成员、副厅长欧斌参加在广州召开的全省深化执行力建设工作电视电话会议、省十一届人大常委会第十九次会议。

△厅党组成员、副厅长戴运龙参加在广州召开的广东省"十二五"规划编制工作会议。

△省财政厅转发《财政部关于印发〈文化产业发展专项资金管理暂行办法〉的通知》。

2 日　厅党组书记、厅长刘昆陪同中共中央政治局委员、省委书记汪洋到到韶关调研扶贫开发工作。

2～5 日　厅党组副书记、副厅长曾志权参加广东省考察团赴新疆开展对口支援考察调研活动。

3 日　省财政厅转发《财政部关于印发〈中央财政农村金融机构定向费用补贴资金管理暂行办法〉的通知》。

5 日　厅党组书记、厅长刘昆参加在广州举行的省委办公厅读书小组学习交流会。

8 日　厅党组副书记、副厅长曾志权参加在广州召开的省扶贫开发领导小组成员会议。

△厅党组成员、副厅长欧斌陪同省委常委、副省长肖志恒到省农垦局调研，参加在广州召开的"加强人文关怀、改善用工环境"工作座谈会。

9 日　厅党组书记、厅长刘昆陪同中共中央政治局委员、省委书记汪洋和省委副书记、省长黄华华会见德国大众及一汽集团一行并参加"一汽—大众广东项目签约仪式"。

10 日　厅党组副书记、副厅长曾志权参加在韶关乳源召开的全省扶贫开发"规划到户责任到人"工作现场会。

11 日　厅党组书记、厅长刘昆参加在广州举行的省委常委第四期集中学习讨论会。

11～12 日　厅党组成员、副厅长戴运龙参加在北京召开的全国公共租赁住房工作会议。

12 日　厅党组书记、厅长刘昆参加在广州召开的广东省加快转变经济发展方式电视电话会议。

13 日　厅党组成员、副厅长沈梅红参加在广州召开的《广东省建设文化强省规划纲要》(初稿）征求意见座谈会。

△厅党组成员、副厅长戴运龙陪同省委常委、常务副省长朱小丹到惠州、东莞调研珠三角城际轨道交通项目建设情况。

17 日　厅党组书记、厅长刘昆列席省政府常务会议并汇报《广东省推进省直管县财政改革试点方案》。

△厅党组副书记、副厅长曾志权列席在广州召开的政协第十届广东省委员会常务委员会第十一次会议，参加强农惠农资金专项清理和检查工作全国电视电话会议以及全省电视电话会议。

△厅党组成员、副厅长欧斌参加财政部和国家税务总局调研组在珠海召开的珠海市横琴岛澳门大学新校区建设期间税收问题的座谈会。

△厅党组成员、副厅长沈梅红参加在广州召开的广东省建设文化强省工作和《广东省建设文化强省规划纲要》(稿）的意见和建议座谈会。

18 日　厅党组书记、厅长刘昆列席在广州召开的政协第十届广东省委员会常务委员会第十一次会议。

△厅党组副书记、副厅长曾志权参加在广州召开的部署制定实施《珠江三角洲地区改革规划纲要（2008～2012年)》"四年大发展"工作方案会议。

△厅党组成员、副厅长沈梅红参加在广州召开的省人才工作协调小组第九次会议。

△厅党组成员、副厅长戴运龙参加省人大在广州召开的保障性住房建设情况汇报会。

21 日　厅党组副书记、副厅长曾志权陪同省委常委、常务副省长朱小丹到云浮、肇庆调研双转移工作情况。

△厅党组成员、副厅长戴运龙参加在中山召开的2010年度审计情况通报会暨广东亚行贷款节能减排促进项目财务与项目管理培训班。

21～22 日　厅党组成员、副厅长欧斌参加在香港举行的粤港经济技术贸易合作交流会。

22～23 日　厅党组副书记、副厅长曾志权陪同省委常委、常务副省长朱小丹到江门、中山、珠海调研经济社会发展情况。

23 日　厅党组书记、厅长刘昆陪同省委副书记、省长黄华华到佛山调研教育发展情况，参加在广州召开的省中长期教育改革发展规划纲要专家学者座谈会。

24 日　厅党组书记、厅长刘昆和厅党组成员、纪检组长邓桂明参加在广州召开的省治理"小金库"工作领导小组2010年工作会议。

△厅党组副书记、副厅长曾志权在广州参加国务院防汛抗洪救灾视频会议（广东分会场)、省中长期教育改革发展规划纲要领导小组会议。

△厅党组成员、副厅长沈梅红参加在广州召开的《广东省基本公共服务均等化绩效考评办法（试行)》征求专家意见座谈会。

△厅党组成员、副厅长戴运龙参加在揭阳召开的全省财政投资管理工作座谈会。

24～25 日　厅党组成员、副厅长欧斌参加在昆明召开的全国注册会计师行业创先争优活动交流推进会。

25 日　厅党组书记、厅长刘昆陪同中共中央政治局委员、省委书记汪洋到中山大学人类病毒学研究团队、计算科学科研团队调研。

26 日　厅党组书记、厅长刘昆参加在广州举行的省委办公厅读书小组学习交流会。

28 日　厅党组副书记、副厅长曾志权陪同省委副书记、省长黄华华到东莞宽禁带半导体研究中心团队、运动控制与先进装备技术国际研究团队开展调研，参加在广州召开的全省救灾复产工作电视电话会议。

△厅党组成员、副厅长沈梅红参加在广州召开的广东省哲学社会科学规划领导小组工作会议，向省人大财经委汇报广东省 2009 年省级决算草案报告。

29 日　厅党组书记、厅长刘昆参加在韶关举行的中共广东省委粤北省委机关旧址修复保护工程落成仪式和广东省纪念中国共产党成立 89 周年座谈会。

△厅党组成员、纪检组长邓桂明赴五华县大沙村检查指导“规划到户责任到人”对口帮扶工作。

△厅党组成员、副厅长沈梅红陪同省委常委、常务副省长朱小丹到深圳低成本健康建设创新团队、能源与环境材料研发团队开展调研。

30 日　厅党组书记、厅长刘昆参加在广州举行的广东扶贫济困日活动启动仪式。

△刘昆、曾志权、欧斌、戴运龙等厅领导参加省财政厅扶贫济困捐款活动。

△厅党组成员、纪检组长邓桂明在五华“规划到户责任到人”对口帮扶点开展扶贫济困活动，在潮州检查“小金库”清理工作。

△厅党组成员、副厅长沈梅红参加在广州召开的广东省重点实验室建设 25 周年工作总结会，向省人大财经委汇报广东省 2010 年上半年预算执行情况，参加省政协提案委员会 2010 年第二季度委员活动。

7 月

2 日　厅党组书记、厅长刘昆列席省政府常务会议，并汇报《珠三角城际轨道交通主骨架网项目省级资本金筹措方案》。

6 日　厅党组成员、副厅长欧斌参加在广州召开的省政府向卫生部医改调研组汇报工作座谈会。

△厅党组成员、副厅长沈梅红参加在广州召开的省领导分组协调创新科研团队成果运用协调会。

7 日　省财政厅上报财政部《关于报送预算公开情况的函》。

12 日　厅党组书记、厅长刘昆参加在广州召开的省委、省政府工作汇报会。

△厅党组副书记、副厅长曾志权参加在广州举行的广东省第 3 期领导干部经济管理专题研究班开班式。

12～13 日　厅党组副书记、副厅长曾志权陪同省委常委、常务副省长朱小丹到韶关调研曲仁矿区工作并参加研究曲仁矿区工作会议。

12～17 日　厅党组成员、副厅长欧斌参加省政府代表团赴新加坡、泰国学习考察。

13 日　厅党组书记、厅长刘昆在本厅向全国人大代表专题调研组汇报编制“十二五”规划中关于基本公共服务均等化情况。

△省财政厅上报省委办公厅《关于广东省各地各部门贯彻落实〈广东省基本公共服务均等化规划纲要〉情况的报告》。

14 日　刘昆、曾志权、邓桂明、戴运龙等厅领导参加在广州召开的省财政厅 2010 年纪律教育学习月活动动员会。

△厅党组成员、副厅长沈梅红参加在广州召开的全省 2010 年高校毕业生“三支一扶”计划实施工作电视电话会议。

15 日　省财政厅印发《广东省推进基本公共服务均等化横向财政转移支付资金管理办法的通知》。

16～17 日　厅党组书记、厅长刘昆参加在广州召开的中国共产党广东省第十届委员会第七次全体会议。

16 日　省委组织部通知：任命曾志权同志为省财政厅党组书记，免去刘昆同志的省财政厅党组书记职务。

△省委组织部通知：任命林楚欣同志为省财政厅副厅长、党组成员。

△省财政厅上报财政部《关于广东省强农惠农资金专项清查工作领导机构成立情况和实施方案的报告》。

19 日　厅党组书记、副厅长曾志权在广州参加全省上半年经济形势分析会。

21 日　厅长刘昆列席在广州召开的省十一届人大常委会第二十次会议。

△厅党组成员、副厅长戴运龙陪同省政协主席黄龙云在广州调研旧楼加装电梯工作。

△省财政厅印发《广东省集体林权制度改革工作补助经费资金管理办法》。

△省财政厅印发《广东省森林植被恢复费省统筹资金管理办法》。

23 日　省十一届人大常委会第二十次会议任命刘昆同志为广东省人民政府副省长，任命曾志权同志为广东省财政厅厅长。

△厅党组成员、副厅长沈梅红参加在鹤山召开的全省上半年预算执行分析座谈会。

△厅党组成员、副厅长戴运龙列席在广州召开的省十一届人大常委会第二十次会议。

26 日　厅党组书记、厅长曾志权陪同中共中央政治局委员、省委书记汪洋到南海慰问广州军区空军 95026 部队。

△厅党组成员、副厅长欧斌陪同副省长刘昆到省外经贸厅调研。

27～28 日　厅党组书记、厅长曾志权参加在安徽合肥召开的全国财政厅（局）长座谈会。

△厅党组成员、副厅长戴运龙陪同中共中央政治局委员、省委书记汪洋和省委副书记、省长黄华华参加上海世博会广东周活动。

30 日　厅党组书记、厅长曾志权，厅党组成员、副厅长欧斌、戴运龙等厅领导参加在广州召开的省财税工作联席会议。

8 月

2 日　厅党组成员、副厅长欧斌陪同副省长刘昆到省旅游局调研。

△厅党组成员、副厅长戴运龙陪同省委副书记、省长黄华华到佛山市调研。

3 日　财政部部长谢旭人一行到省财政厅视察指导工作。曾志权、邓桂明、欧斌、沈梅红、戴运龙等厅领导参加在广州召开的向财政部部长谢旭人汇报工作座谈会。

△厅党组成员、副厅长欧斌参加在广州召开的全省公共卫生与基层医疗卫生事业单位实施绩效工资工作部署会。

△省财政厅印发《广东省省级财政支农专项资金管理暂行办法的通知》。

3～6 日　厅党组书记、厅长曾志权陪同财政部部长谢旭人到河源、惠州、增城调研检查工作。

4 日　厅党组成员、副厅长沈梅红参加在广州召开的广东省迎接广州亚运会倒计时 100 天誓师动员大会、省财政厅及广州亚运会倒计时 100 天安保工作万人誓师大会。

5 日　厅党组成员、副厅长欧斌陪同副省长刘昆到省侨办调研。

6 日　厅党组成员、副厅长戴运龙参加在广州召开的省直单位非税收入征管工作会议。

8～12 日　厅党组书记、厅长曾志权参加广东省党政代表团赴西藏自治区考察对口支援工作。

8～11 日　厅党组成员、副厅长欧斌陪同副省长肖志恒赴海南省学习考察新型农村社会养老保险等工作情况。

9 日　厅党组成员、副厅长沈梅红陪同省政协主席黄龙云到广州南沙湿地公园开展调研并参加省政协 20100687 号提案办理座谈会。

△厅党组成员、副厅长戴运龙参加在广州召开的省政府关于广东省实施区域协调发展战略情况汇报会。

10 日　厅党组成员、副厅长沈梅红陪同副省长刘昆到省外办调研。

11～12 日　厅党组成员、副厅长戴运龙参加省人大调研组赴汕头调研推进区域协调发展情况。

12 日　《南方日报》专版刊登省财政厅宣传文章《广东省财政要继续创新经验当好排头兵》。

13 日　厅党组书记、厅长曾志权在广州参加铁道部广东省关于又好又快推进广东铁路建设会谈暨会议纪要签字仪式、部省合作珠三角城际轨道交通建设领导小组会议。

△厅党组成员、纪检组长邓桂明参加在广州召开的全省国有及国有控股企业“小金库”专项治理工作会议。

△省财政厅转发《财政部关于地方特色产业中小企业发展资金管理暂行办法的通知》。

16～22 日　厅党组书记、厅长曾志权参加广东代表团赴中国台湾参加“台湾·广东周”考察活动。

16～9 月 13 日　厅党组成员、副厅长欧斌参加广东省第 6 期领导干部美国高级培训班学习。

16 日　厅党组成员、副厅长林楚欣参加在广州召开的珠三角合作共建省产业转移示范园工作情况汇报会。

△省财政厅印发《关于中等职业学校农村家庭经济困难学生和涉农农业学生免学费工作的实施意见（试行）的通知》。

18 日　厅党组成员、纪检组长邓桂明一行到哈密地区考察。

18 日　厅党组成员、副厅长戴运龙参加在广州召开的国务院《住房保障工作目标责任书》督查组意见反馈会。

△厅党组成员、副厅长林楚欣参加省人大常委会主任欧广源率领省人大代表视察组视察路桥收费推行一卡通工作。

19 日　厅党组成员、副厅长沈梅红陪同省委常委、常务副省长朱小丹到省地税局、国税局调研。

23 日　厅党组书记、厅长曾志权和厅党组成员、副厅长林楚欣陪同省委常委、常务副省长朱小丹会见并宴请世界银行代表团一行。

24 日 厅党组书记、厅长曾志权参加在广州召开的广东省省直管县财政改革试点工作会议、省委理论学习中心组集中学习讨论会。

25 日 厅党组书记、厅长曾志权参加在广州召开的全省工业经济工作会议。

△厅党组成员、副厅长戴运龙陪同副省长李容根到广州调研统筹城乡一体化发展、社会主义新农村建设等有关工作。

△厅党组成员、副厅长林楚欣参加在广州召开的广东省"十二五"规划纲要编制工作专题调研座谈会。

△省财政厅转发《财政部　水利部关于印发〈重点小型病险水库除险加固项目和资金管理办法〉的通知》。

25～26 日 厅党组书记、厅长曾志权陪同中共中央政治局委员、省委书记汪洋到汕尾市调研深圳（汕尾）产业转移工业园建设情况。

27 日 厅党组书记、厅长曾志权和厅党组成员、副厅长林楚欣参加在全国依法行政工作会议第一次全体会议（广东分会场）。

△厅党组书记、厅长曾志权参加在广州召开的贯彻落实全国教育工作会议精神和教育规划纲要部署实施国家教育体制改革试点工作电视电话会议。

△省财政厅转发《财政部　工业和信息化部关于印发〈中小企业信用担保资金管理暂行办法〉的通知》。

△省财政厅上报财政部《关于报送广东省 2009 年国有企业运营情况专题分析的报告》。

27～29 日 厅党组成员、副厅长戴运龙参加广东省政府代表团赴福建参加第六届泛珠三角区域合作与发展论坛暨经贸洽谈会。

31 日 厅党组书记、厅长曾志权和厅党组成员、纪检组长邓桂明参加在广州召开的 2010 年省直有关单位落实反腐倡廉工作责任情况汇报会。

△厅党组书记、厅长曾志权参加在广州召开的部分重点企业财税工作座谈会。

△省财政厅印发《关于加强财政基础工作和基层建设推进财政科学化精细化管理实施意见的通知》。

9 月

1 日 厅党组书记、厅长曾志权陪同省委副书记、省长黄华华走访慰问抗日老战士。

2～3 日 厅党组成员、副厅长沈梅红到五华县大沙村检查督促对口帮扶工作。

2 日 厅党组成员、副厅长沈梅红参加在广州召开的全省教育工作会议。

5 日 厅党组成员、副厅长林楚欣巡视 2010 年度全国高级会计师资格考试、全国会计领军（后备）人才统一考试广州考区。

6 日 厅党组书记、厅长曾志权在深圳出席经济特区建立 30 周年庆祝大会。

8 日 省财政厅印发《关于印发广东省植物病虫害防控专项资金管理办法的通知》

10 日 曾志权、邓桂明、林楚欣等厅领导参加在广州举行的《广东学习论坛》第七十七期报告会。

△厅党组成员、副厅长沈梅红参加在广州召开的全省解决中小学代课教师和教师工资福利待遇问题新闻发布会。

△厅党组成员、副厅长戴运龙陪同副省长刘昆到省台办调研。

13 日 厅党组成员、副厅长戴运龙陪同副省长刘昆到韶关调研旅游工作。

△厅党组成员、副厅长林楚欣参加在北京举行的中国与世界银行合作 30 周年纪念活动座谈会。

14 日 曾志权、邓桂明、欧斌、沈梅红、戴运龙等厅领导参加在广州召开的全省促进县域财政发展工作会议。

△厅党组成员、副厅长欧斌陪同省委常委、副省长肖志恒到顺德参加全省职业技能大赛总决赛。

△厅党组成员、副厅长林楚欣参加在北京召开的农村国际金融研讨会。

14～15 日 曾志权、邓桂明、欧斌、沈梅红、林楚欣等厅领导先后参加在广州举办的市、县（市、区）长公共财政与经济发展方式转变专题培训班。

14～17 日 厅党组成员、副厅长戴运龙陪同省委常委、常务副省长朱小丹到汕头、汕尾、潮州、揭阳调研各市贯彻落实粤东现场会和工作会议有关文件精神情况，并参加粤东工作汇报会。

16 日 厅党组书记、厅长曾志权陪同省委副书记、省长黄华华会见并宴请香港特别行政区长官曾荫权一行，并参加粤港合作联席会议第十三次会议。

16～17 日 厅党组书记、厅长曾志权在五华县大沙村检查督促对口帮扶工作。

19 日 厅党组书记、厅长曾志权参加在广州召开的省委常委学习务虚会。

20 日 厅党组成员、副厅长欧斌参加在广州召开的全省关闭破产国有企业退休人员医疗保障暨农民工积分制入户城镇工作座谈会。

△厅党组成员、副厅长戴运龙参加在广州召开的省政协十届三次会议第 20100174 号提案督办工作座谈会。

△厅党组成员、副厅长林楚欣参加在广州召开的广东省珠算心算协会成立30周年纪念大会。

21日　曾志权、邓桂明、欧斌、沈梅红、戴运龙、林楚欣等厅领导参加在广州召开的广东省学习贯彻胡锦涛总书记重要讲话精神干部大会。

△厅党组书记、厅长曾志权参加在广州召开的广东省人才工作汇报会。

22～23日　厅党组书记、厅长曾志权陪同中共中央政治局委员、省委书记汪洋、省委副书记、省长黄华华到茂名市指导抗洪救灾工作。

25日　厅党组书记、厅长曾志权参加在广州召开的省人大代表建议办理工作会议。

26日　厅党组书记、厅长曾志权参加在广州召开的部分市财税工作座谈会。

△厅党组成员、副厅长欧斌陪同省委常委、副省长肖志恒到深圳观摩2009年职业技能大赛可编程序控制系统设计师、会展设计师、动画设计师职业技能总决赛。

△厅党组成员、副厅长沈梅红参加在广州召开的2009年度省级预算执行审计查出问题整改工作会议。

26～28日　厅党组成员、副厅长戴运龙陪同副省长李容根到阳江市、云浮市指导抗洪救灾工作。

27日　厅党组书记、厅长曾志权，厅党组成员、副厅长欧斌参加在广州召开的“省政府决策咨询顾问委员会”成立大会省财政厅及省长与专家座谈会。

△厅党组成员、纪检组长邓桂明参加在广州召开的省级强农惠农资金专项清查领导小组向中央强农惠农资金专项清查工作督查组汇报工作情况会议。

△省财政厅转发《财政部关于规范地方各级政府部门举债和担保承诺行为的通知》。

28日　厅党组书记、厅长曾志权参加在广州召开的省长与专家座谈会。

28～30日　厅党组成员、副厅长欧斌陪同副省长肖志恒到上海学习考察。

29日　省财政厅印发《关于开展省直管县财政改革试点有关事项的通知》。

30日　厅党组成员、副厅长沈梅红参加在广州召开的全国人大财经委来粤专题调研座谈会。

9月30日～10月1日　厅党组书记、厅长曾志权陪同中共中央政治局委员、省委书记汪洋到茂名市调研救灾复产工作。

10月

1日　厅党组书记、厅长曾志权陪同中共中央政治局委员、省委书记汪洋到茂名调研救灾复产工作。

△厅党组书记、厅长曾志权，厅党组成员、副厅长欧斌、戴运龙等厅领导参加厅长办公（工作）会议，传达学习中共中央政治局委员、省委书记汪洋关于加大力度支持灾区灾后复产重建的指示精神，研究布置进一步加大省财政支持灾区灾后复产重建力度的相关工作等。

2日　厅党组成员、副厅长欧斌参加在茂名市召开的全省加大灾区灾后重建工作意见有关问题工作会议。

8日　曾志权、邓桂明、欧斌、沈梅红、林楚欣等厅领导参加厅长办公（工作）会议，传达学习省领导关于实施《广东省基本公共服务均等化规划纲要（2009～2020年）》重要批示精神，研究进一步加大力度推进基本公共服务均等化的工作措施等。

9日　厅党组书记、厅长曾志权参加在四川省召开的广东省对口支援四川省汶川县恢复重建任务全面完成庆祝大会。

13日　厅党组书记、厅长曾志权参加在广州市召开的广东省实施《规划纲要》实现“四年大发展”电视电话会议。

△厅党组成员、副厅长戴运龙参加省政府向中央扩大内需促进经济增长政策落实暨治理工程建设领域突出问题第十四检查组汇报工作会议。

15日　省财政厅印发《广东省财政应急救灾资金管理暂行办法》。

18日　曾志权、邓桂明、欧斌、沈梅红、戴运龙、林楚欣等厅领导参加省财政厅民主推荐干部大会。

△曾志权、邓桂明、欧斌、沈梅红、林楚欣等厅领导参加厅长办公（工作）会议，传达学习省领导关于实施《广东省基本公共服务均等化规划纲要（2009～2020年）》重要批示精神，研究进一步加大力度推进基本公共服务均等化的工作措施等。

19日　厅党组书记、厅长曾志权列席省委十届第130次常委会议。

20日　省财政厅在肇庆召开2010年第一期乡镇财政干部培训班。全省21个地级以上市财政局（委）局长（主任）、67个县（市）财政局长及部分镇（乡）财政所长参加了培训。厅党组书记、厅长曾志权出席开班式并作动员讲话。

21日　厅党组书记、厅长曾志权参加省政协20100174号提案办理会。

△厅党组成员、副厅长林楚欣参加省财政投资审核中心成立10周年庆祝大会。

22日　厅党组书记、厅长曾志权参加在广州召开的全省扶贫开发“规划到户责任到人”驻村干部座谈会。

25日　厅党组成员、副厅长戴运龙陪同常务副省长朱小丹到江门调研创先争优及广东南车轨道交通车辆修造基地项目建设等情况。

△省财政厅印发《广东省战略性新兴产业发展专项资金（省财政安排）竞争性分配评审办法》。

25～26日　厅党组成员、副厅长欧斌参加在北京市召开的全国财政系统依法行政依法理财工作座谈会。

26日　厅党组书记、厅长曾志权参加在东莞市召开的完善省以下财政体制工作座谈会。

△厅党组成员、副厅长戴运龙参加广东省第3期领导干部区域经济发展专题培训班（“法国班”）开班仪式。

27日　厅党组成员、副厅长欧斌参加在深圳市召开的部分市养老保险基金投资运营座谈会。

27～28日　厅党组书记、厅长曾志权参加在河源市召开的完善省以下财政体制工作座谈会。

30日　厅党组书记、厅长曾志权参加中央扩大内需促进经济增长政策落实暨治理工程建设领域突出问题第十四检查组向省政府反馈意见会。

11月

1日　曾志权、邓桂明、欧斌、沈梅红、林楚欣等厅领导参加厅理论学习中心组集中学习会，深入学习十七届五中全会精神，研究部署省财政厅贯彻落实工作。

△厅党组成员、副厅长林楚欣在广州接待世行“南南合作”项目非洲代表团。

△省财政厅印发《关于启动电子招投标系统试点运行工作的通知》。

2日　厅党组书记、厅长曾志权参加广东省开展国家低碳省试点工作启动大会。

4日　厅党组书记、厅长曾志权参加在广州市召开的广州亚运会期间信访维稳工作电视电话会议。

5日　厅党组书记、厅长曾志权列席省十届第131次常委会议。

8日　受厅党组书记、厅长曾志权委托，厅党组成员、副厅长沈梅红主持厅长办公（工作）会议，研究布置配合做好中央转移支付审计调查的有关工作等。

9日　厅党组书记、厅长曾志权陪同省长黄华华会见加拿大国库委员会主席兼亚太门户部长斯托克韦尔·戴一行。

△曾志权、欧斌、沈梅红、林楚欣等厅领导参加在广州市召开的完善省以下财政体制工作座谈会。

10日　厅党组成员、副厅长戴运龙参加在广州市召开的省实施主体功能区规划生态发展区会议暨试点市、县授牌仪式会议。

12日　厅党组书记、厅长曾志权出席在广州市举办的第16届亚洲运动会开幕式。

16日　曾志权、沈梅红等厅领导参加厅长办公（工作）会议，布置落实省财政第一批战略性新兴产业资金竞标评审有关工作等。

17～18日　厅党组书记、厅长曾志权陪同省长黄华华到韶关视察扶贫开发“双到”工作情况。

18～19日　由厅党组成员、副厅长戴运龙带队到五华县大沙村检查督促对口帮扶工作。

19日　厅党组书记、厅长曾志权列席省委十届第132次常委会议。

22日　厅党组书记、厅长曾志权，厅党组成员、副厅长欧斌、戴运龙参加省财政厅创先争优专题讲座，厅党组书记、厅长曾志权作题为《立足岗位 创先争优》的讲座。

23日　曾志权、邓桂明、欧斌、沈梅红、戴运龙、林楚欣等厅领导向常务副省长朱小丹汇报广东省2011年预算草案。

△省府常务会议审议原则通过省财政厅拟订的《关于建立县以下政权基本财力保障机制意见》，厅党组书记、厅长曾志权列席会议。

24日　厅党组成员、副厅长林楚欣带队到五华县大沙村检查督促对口帮扶工作。

24～28日　厅党组成员、副厅长戴运龙参加广东省政府代表团赴西藏林芝地区参加广东省第六批援藏先行启动项目开工仪式。

25日　厅党组书记、厅长曾志权参加在广州市召开的研究办理《关于顺德区深化综合改革试验需省支持事项相关工作思路及建议》协调会。

△厅党组成员、纪检组长邓桂明参加广东省欢迎第五批援疆干部返粤座谈会。

27日　厅党组书记、厅长曾志权出席在广州市举办的第16届亚洲运动会闭幕式。

29日　厅党组书记、厅长曾志权列席省十一届人大常委会第二十二次会议。

△省财政厅印发《关于建立县以下政权基本财力保障机制的意见》。

29～30日　厅党组成员、副厅长沈梅红参加在广州市召开的第一批战略性新兴产业发展专项资金（省财政安排）现场答辩会。

12 月

1 日　厅党组书记、厅长曾志权参加在广州市召开的广东省迎接广州 2010 年亚洲残疾人运动会动员大会。

△省财政厅印发《广东省省直行政单位国有资产处置收入和出租出借收入管理暂行办法》。

3 日　省财政厅《转发〈财政部关于预算外资金纳入预算管理若干问题的意见〉的通知》。

5 日　厅党组成员、副厅长林楚欣陪同省政府领导在广州会见并宴请欧洲投资银行副行长阿尔萨一行。

6 日　厅党组书记、厅长曾志权陪同省长黄华华到省气象局调研。

△厅党组成员、副厅长戴运龙参加中央宣讲团举办的党的十七届五中全会精神报告会。

△厅党组成员、纪检组长邓桂明参加在广州市举办的“全国检察机关惩治和预防渎职侵权犯罪展览”巡展开幕式，并和厅各处室、单位领导干部及重点岗位人员共 50 人观看了展览。

7 日　省府常务会议审议通过调整完善分税制财政体制实施方案。

8 日　厅党组书记、厅长曾志权参加在广州市召举行的国家海洋局广东省关于合作推进广东海洋经济强省建设工作框架协议签约仪式。

8～9 日　厅党组成员、副厅长欧斌陪同副省长肖志恒到全国社保基金理事会汇报工作。

△厅党组成员、副厅长沈梅红陪同全国人大常委会预工委调研组到河源开展县级基本财力保障情况调研。

9 日　曾志权、邓桂明、林楚欣等厅领导参加厅长办公（工作）会议。传达省政府常务会议精神，研究进一步加大力度扶持战略性新兴产业发展的有关意见等。

10 日　曾志权、邓桂明、沈梅红、林楚欣等厅领导参加厅长办公（工作）会议，研究审议《广东省自主创新产品政府采购管理办法》（稿）等。

12 日　厅党组书记、厅长曾志权出席在广州市举行的 2010 年亚洲残疾人运动会开幕式。

14 日　省人大常委会主任钟阳胜率领部分人大代表到省财政厅视察，厅党组书记、厅长曾志权汇报了 2010 年省级预算执行和财政工作情况，以及 2011 年预算草案编制情况和工作思路，并与视察组成员就当前财政工作的一些热点难点问题进行了沟通和交流。主任钟阳胜充分肯定了 2010 年省财政工作，并对做好 2011 年预算编制和财政工作提出了具体要求。

△厅党组书记、厅长曾志权列席省委十届第 133 次常委会议。

15 日　厅党组书记、厅长曾志权参加广东福建合作交流座谈会。

15～16 日　厅党组成员、副厅长欧斌参加在北京市召开的部分省财政厅（局）长座谈会。

17 日　省委十届第 134 次常委会议审议通过调整完善分税制财政管理体制实施方案，厅党组书记、厅长曾志权列席会议。

△省财政厅《关于省以下财政体制改革情况的报告》上报省领导。

19 日　厅党组书记、厅长曾志权参加在广州市举办的 2010 年亚洲残疾人运动会闭幕式。

△厅党组成员、副厅长林楚欣出席在河源市召开的全省高级会计师评审会议。

20 日　曾志权、邓桂明、欧斌、沈梅红、戴运龙等厅领导参加厅长办公（工作）会议，传达学习省府常务会议精神，研究省财政厅对 2011 年省政府工作报告向全省人民承诺重点办好 10 件民生实事的意见；传达学习省委常委会议精神，研究部署完善省以下财政体制改革的有关工作等。

△厅党组成员、副厅长林楚欣参加在深圳市召开的中国和柬埔寨经济特区及产业集群发展经验分享研讨会。

23 日　厅党组书记、厅长曾志权参加省委理论学习中心组读书会。

△省政府印发《广东省调整完善分税制财政管理体制实施方案的通知》，新的分税制财政管理体制于 2011 年 1 月 1 日起正式实施。

24 日　曾志权、邓桂明、欧斌、沈梅红、戴龙云、林楚欣等厅领导参加 2010 年度厅党员领导干部民主生活会。

25 日　厅党组书记、厅长曾志权，厅党组成员、纪检组长邓桂明参加在广州市召开的廉政建设责任分工会议。

26～28 日　厅党组书记、厅长曾志权参加在北京市召开的全国财政工作会议。

27 日　厅党组书记、厅长曾志权陪同常务副省长朱小丹参加全国财政工作座谈会。

△厅党组书记、厅长曾志权参加在北京市召开的全国财政系统先进集体和先进工作者表彰会，厅办公室荣获全国财政系统先进集体荣誉称号。

28～30 日　厅党组成员、副厅长戴运龙参加广东省党政代表团赴海南省学习考察。

29 日　曾志权、邓桂明、沈梅红、林楚欣等厅领导参加厅长办公（工作）会议，传达学习全国财政工作座谈会和全国财政工作会议精神，布置召开全省财政工作会议有关工作；研究修改广东财政“十二五”规划（稿）；研究审议《省直行政事业单位国有资产使用管理暂行办法》（稿）等。

30日　曾志权、邓桂明、欧斌、林楚欣等厅领导参加在广州市召开的全省财政依法行政理财工作会议暨财政法制培训班。

31日　省委常委、常务副省长朱小丹到省财政厅看望慰问全体财政干部。在听取厅党组书记、厅长曾志权的工作汇报后，常务副省长朱小丹着重指出，2010年，在省委、省政府的正确领导下，通过全体财政干部的共同努力，财政工作取得了显著成绩，出色地完成了省委、省政府交付的工作任务。常务副省长朱小丹勉励全省各级财政部门要再接再厉，扎实工作，争取在2011年取得更大成绩，为“十二五”开好局、起好步。

△厅党组书记、厅长曾志权列席省委十届第138次常委会议。

△省委组织部通知：任命危金峰同志为省财政厅副厅长、党组成员。

第十一部分

媒体报道

实现城里人与乡下人、富地方与穷地方的"底线公平"

广东，同享公共财政阳光

在基本公共服务领域，让广大人民群众享有同样的权利，享受同样的公共产品和保障，一直是百姓的期盼和政府努力的方向。去年底，广东省在全国率先出台《基本公共服务均等化规划纲要（2009～2020）》。规划纲要提出，到2020年，广东要基本建成覆盖城乡、功能完善、分布合理、管理有效、水平适度的基本公共服务体系，基本公共服务达到中等发达国家水平。

目前，广东省在教育、卫生、交通、就业等方面的基本公共服务实际水平如何？在推进公共服务均等化方面有哪些创新？当地人怎么看？记者近日对此进行了采访。

——《人民日报》编者

高中阶段学杂费全免，农家子弟进城上学无障碍

新学期刚开始，广东省增城市的高中生和他们的家庭就收到一份"大礼"：从今年秋季学期起，在国家实行城乡九年义务教育免费的基础上，增城市对高中阶段学生也将实行免费教育。这意味着，一个孩子从进入小学到高中毕业，12年的学杂费将全部由政府"埋单"。

国庆前夕，在增城中学漂亮整洁的校园里，记者见到了校长杨爱华。杨校长说："我从事教育工作30多年了，现在政府对教育的重视程度和投入力度都是前所未有的。"她指着校内几座新大楼说，高中部是这两年新建的校区，除了教学楼、图书馆外，还配套建设了学生宿舍和食堂。现在全校3 000多名高中生中，有85%以上来自农村，学校都可以提供食宿，让他们安心读书。每名学生一学期的住宿费只有256元，伙食费一个月200多元也够了。对于普通农村家庭，送孩子进城上学，这样的负担还是可以承受的。

为了让农家子弟能享受和城里孩子一样的公共教育资源，近年来增城市每年预算内教育经费投入占全市财政总支出的30%左右，远远高于广东省20%左右的支出水平。市里先后投入40多亿元，撤并农村"麻雀"学校，新建和扩建学校80多所，农村学校师资和设施水平大大提高。同时，城市高中教育资源完全向农村学生敞开，实现了城乡共享。

不仅如此，政府向农民提供的其他公共服务也越来越多：中心村之间全部开通了客运班车，并与城区公交线路相连接，方便了农民出行；对农村垃圾实行"户集、村收、镇运、市处理"的收运模式，实现了城乡生活垃圾处理一体化；进城打工的农民，也可以像城里人一样申请经济适用房和廉租房……

增城市市长叶牛平说，作为一个以农村为主的县级市，增城全市80多万人口中有50多万是农村人口。增城这些年经济发展很快，在全国县域经济基本竞争力排名中位列第九。经济富裕了，不能忘了农村和农民。2007年以来，政府在民生和各类公共事业上的投入占到全市财政支出的74.7%。政府在资源配置、保障和改善民生等方面，力争城里人、乡下人待遇大致相当，更好地体现公平。

通过转移支付，让欠发达地区有能力提供更多公共服务和基本保障

像增城这样发展较快的地区，政府有一定的经济实力，推进基本公共服务均等化，城乡统筹起来不会那么难；但对经济欠发达地区来说，地方财政本身就捉襟见肘，怎样才能再拿出钱来，提高基本公共服务和保障水平呢？

在清远市凤城区冯灿德老人家里，记者看到社区卫生服务中心陈云瑚医生正在为老人做例行的病情检查。冯灿德说，他和老伴都没有工作单位，身体也不太好。今年5月，老伴因肾结石动了手术，7月份他又因肝病住进了医院，巨额的医疗开支让家庭经济压力相当大。"多亏了政府为没有工作单位的居民也提供了医疗保险，老伴的手术费和我的住院费能报销一大半。"

清远市委常委、常务副市长梁志强介绍，清远属于广东省欠发达地区，全省16个国家级贫困县，清远就占了4个。近年来，清远市克服贫困人口多、家底薄、财政实力弱等重重困难，累计投入20多亿元，改善公共医疗服务，建立起覆盖城乡的基本医疗保障制度。眼下，全市城镇职工基本医疗保险和城镇居民医疗保险的参保率分别达95%和90%，农村新农合参合率达98%。

除了地方政府加大投入，中央和省级财政大力支持也至关重要。清远市卫生局局长梁积福给记者算起了细账："城镇居民医保和新农合，政府的补助是每人每年120元，其中中央和省级财政补助78元；对未达标的乡镇卫生院进行改、扩建，省财政对每个卫生院补助3万元；今年重点建设的15个基层医疗卫生服务项目，获得了中央财政补助资金5 830万元……上级财政这么多的扶持政策和补助资金，对经济欠发达地区提升基本公共服务确实是及时雨。"

推进基本公共服务均等化，需要有稳定可靠的财力来源保障。如何从体制机制上解决经济欠发达地区财力不足的问题？

广东省财政厅厅长曾志权表示，在公共财政制度建设方面，广东作了积极探索。一是建立实施生态激励型财政机制，生态保护得越好，财政转移支付越多。通过基本增长加生态保护激励相结合的机制设计，使生态发展区达到与其他地区基本相当的公共服务能力。二是探索建立推进基本公共服务均等化横向财政转移支付机制。在保持现行财政体制基本框架不变、继续加大对市县纵向转移支付力度的同时，将目前对口支援政策制度化，探索建立横向财政转移支付制度，明确责任，点对点支持，共同推进全省基本公共服务均等化。

实现“底线公平”，将基本公共服务差距控制在合理的范围内

“编制实施广东省基本公共服务均等化规划是省委书记汪洋同志点题，并在省委、省政府的直接领导下开展的。”曾志权说。

结合广东经济社会发展水平，规划将基本公共服务定义为基础服务类和对人的保障类两大组成部分。其中基础服务类主要包括公共教育、公共卫生、公共文化体育、公共交通等四方面；对人的保障类分为生活保障、医疗保障、就业保障、住房保障等四方面。

规划颁布实施以来，广东省加大了对基本公共服务领域投入力度。据统计，2010 年全省预算安排民生投入 2 529 亿元，占全省一般预算支出的 53.87%。上半年全省财政民生投入达到 1 205.66 亿元，占一般预算支出的 56.11%。“到 2020 年，全省人均基本公共服务支出差距要控制在 20% 以内，全省共需投入基本公共服务领域的财政资金为 24 812 亿元，平均每年新增投入 292 亿元。”曾志权说。

记者在调查中了解到，广东省不同地区之间的基本公共服务水平仍存在一定差距。以城镇基本医疗保险和新农合为例，增城市每人每年报销封顶线达到了 10 万元，而清远市每人每年的最高报销额为 6 万元。

基本公共服务均等化，是不是就要搞“一刀切”、消灭所有差异？

对此，广东省委常委、常务副省长朱小丹解释说，基本公共服务均等化是一个渐进过程，其强调的是机会均等、资源共享和制度统一的概念，并不意味着人人都享有完全一致的基本公共服务，而是在承认地区、城乡、人群存在合理差别的前提下，保障所有居民都享有一定标准之上的基本公共服务，其实质是“底线均等”，即享受基本公共服务的机会均等，结果大体相同，并将基本公共服务差距控制在合理的范围内。

“在规划纲要中，我们也明确提出要防止把均等化变成绝对平均化，把基本公共服务均等化理解为区域间、群体间基本公共服务的绝对均等化。”朱小丹强调，在推进基本公共服务均等化过程中，首先是下工夫缩小差距、扩大覆盖范围，基本公共服务重点向农村、落后地区、困难群体倾斜，在覆盖全体居民的基础上逐步提高供给水平，保障每一位公民平等享有基本公共服务，实现“底线公平”。

朱小丹表示，下一步，全省将加大公共财政投入，对基本公共服务领域实行重点倾斜，把更多财政资源用于加强经济社会发展薄弱环节、用于改善民生和发展社会事业，解决基本公共服务供给不足以及城乡地区间公共服务水平差异问题。力求将有限的财政资金更多投向基本公共服务最基础、最急需、共享性最强、覆盖面最广的领域，发挥出最大的效益。同时，通过完善财政体制机制，建立有效的激励约束机制、探索多元化的公共服务供给制度，形成有利于推进基本公共服务均等化的制度环境。

（记者：李丽辉，2010 年 10 月 11 日《人民日报》）

广东省财政厅：注重实践创新　力求取得实效

中央部署开展创先争优活动以来，广东省财政厅党组紧扣学习实践科学发展观这个主题，突出财政实践特色，以“八个一”活动（做一次公开承诺、树一个先进标杆、建一套工作机制、定一个工作亮点、做一次调查研究、开一期民主生活会、写一篇读书心得、帮一户贫困农户）为载体，在体现特色、创新实践、注重实效上狠下工夫，“八个一”活动进展顺利、成效明显。

做一次公开承诺，做到责任明确，约束有力

广东省财政厅提出深入开展“八个一”活动，使创先争优活动成为可量化、可考核的具体行动，这一口号迅速得到广大党员干部的认可，发挥了重要的引导促进作用。厅各党支部（党委）积极行动，结合业务实际，抓紧制订实施方案及支部公开承诺，并由厅活动办分别汇编成册在厅内公开，接受干部群众监督，作为开展创先争优活动的一次公开承诺。每一位党员学习对照争当“五带头”优秀共产党员的基本要求，对照本单位党组织创先争优实施方案要求，密切联系岗位工作职责，对争当优秀党员、落实“五带头”具体要求逐一进行承诺，切实提高参与活动的自觉性和主动性。

树一个先进标杆，做到学有榜样、赶有目标

广东省财政厅把树标杆、立先进作为激发党支部和党员干部创先争优内生动力的重要途径，鼓励厅各党支部（党委）和党员干部从财政系统、从厅机关、从身边的先进基层党组织和优秀共产党员中树立标杆，自觉学先进、找差距、促提高、求进步，实现比有标杆、学有榜样、赶有目标、超有方向。一是开展争创“党员先锋岗”活动，为每年度评选的优秀共产党员颁发“党员先锋岗”流动岗牌，力求带动党员干部素质全面提升，干部作风全面转变。活动开展以来，厅里共建立党员先锋岗48个。二是开展争创“先进基层党组织”活动。三是开展创建“五星服务岗”活动。选取会计服务大厅作为窗口建设的典型，实行“一站式”便民服务，让人民群众切实体会到办事省时、省心、省力，创建“五星服务岗”。四是开展“四比四看四提高”活动。

建一套工作机制，做到制度完善、管理规范

制度机制管根本、管长远，是实现创先争优活动可持续发展的重要保障。多年来，广东省财政厅在改革发展实践中逐步探索建立了一系列优化政务、强化事务、提高服务以及促进财政科学、规范管理的制度体系。通过开展创先争优活动，广东省财政厅重新修订《广东省财政厅机关工作制度汇编》，促进机关工作质量、工作效率和服务水平的提高。厅各党支部（党委）也把制度建设摆到突出位置，对已制定的制度办法做一次全面清查和梳理，建立内部工作制度废、改、立机制，在修订业务管理制度的同时，完善行政问责、工作考核、定岗定责、服务承诺、限时办结、调查研究等内部管理制度，形成了抓落实的倒逼机制。

定一个工作亮点，做到突出重点，以点促面

“定一个工作亮点、破一个工作难点”。广东省财政厅注重把创先争优活动与推动财政工作紧密结合起来，引导党支部和党员干部在完成重点工作、破解发展难题上创先进、争优秀。厅各党支部（党委）围绕省委、省政府决策部署和财政中心工作，结合年初工作计划，逐项工作抓落实，并确定一个最能体现部门特色、展示工作业绩、形成重要突破的工作事项，作为创建先进基层党组织的重点，打造一个突出的业务和党建工作亮点。活动开展以来，厅各党支部（党委）共确定工作亮点34个，涵盖了财政工作促进发展、改善民生、深化改革的方方面面。

做一次调查研究，做到紧扣中心，破解难题

广东省财政厅坚持把学习的收获、调研的成果转化为谋划发展的正确思路和推动工作的具体措施。围绕厅党组确定的继续改革创新当好排头兵的工作思路和部署，确定了34个调研专题，并明确了各专题的牵头处室，落实工作责任，切实将调研成果转化为推动财政改革发展的正确举措。为把调研工作扎扎实实做好，杜绝“走过场”，确保出实效，广东省财政厅建立优秀调研报告评比制度，开展优秀调研报告评比。通过考核评比，促进提高调查研究的整体质量和水平。

开一期民主生活会，做到创新方式，提高实效

广东省财政厅明确要求各党支部（党委）要围绕创先争优主题，组织召开一次专题民主生活会，并邀请有关厅领导或党委委员参加，对照“五个好”、“五带头”以及在五个方面创先争优的要求，查找不足，分析原因，研究改进措施。重点是创新民主生活会方式，提高民主生活会成效。一是开展“联创共建”。鼓励各党支部跨支部联合召开民主生活会，强化民主互评，对存在问题共同研究、共同查摆、共同解决。二是开展“结对共建”。结合开展城乡基层党组织互帮互助活动，由财政厅党支部（党委）和帮扶基层党组织联合召开民主生活会，了解和熟悉基层工作，提高工作质量和针对性。

写一篇读书心得，做到工学相融，以学促创

今年以来，广东省财政厅先后开展了“读一本好书、写一篇心得”和“提高执行力”专题读书活动，创办《读书园地》内部刊物，作为推进读书交流活动的重要平台和载体，并计划建立机关读书室，为党员干部读书学习及小组交流活动提供良好环境，促进培养党员干部爱读书、读好书、自觉学习。

帮一户贫困农户，做到责任到人、创优为民

按照省委的统一部署，广东省财政厅积极开展“规划到户责任到人”对口帮扶大沙村活动，在省直机关单位中率先派驻工作组，通过全面摸查，建立了78户贫困户档案和帮扶台账，实现贫困户档案“一户一表”、帮扶记录“一户一卡”，并落实责任到人，实行“对号入座”、人对人扶贫，按照每位厅领导帮扶2户、每位正处级领导干部帮扶1户、其余处级干部2～4人帮扶1户贫困户的原则，将对口帮扶大沙村78户贫困户的责任全部落实到118位厅处级干部，深入农户结合实际研究确定扶贫方法，逐项抓任务落实。在此基础上，个别帮扶与整村帮扶相结合，积极推进产业帮扶、救济帮扶、发动社会帮扶、智力帮扶，特别通过设立“大沙村扶困基金”，发动社会力量累计捐款达140多万元，专项用于大沙村读书教育、特困救助等，建立了帮扶长效机制。

（2010年8月31日《经济日报》）

广东财政：打造阳光下的“玻璃钱柜”

如何有效消除财政资金分配中的“暗箱操作”、“权力寻租”和“灰色地带”，使政府财政成为阳光下的“玻璃钱柜”？近日，广东省财政厅门户网站上挂出的“权力运行流程图”一经面世，就引起了人们的关注——

绘“流程图”防止“权力寻租”

“让民众来监督政府，是对行政权力最大程度的制约，也符合现代政治的理念。只有程序透明，并严格按此执行，民众才能认可你的工作。”省财政厅厅长刘昆说。

从去年3月开始，广东省财政厅就开始紧锣密鼓地绘制“权力运行流程图”，主动引进社会力量来制约公权力，让公权力回归其应有的位置与状态。现在，“流程图”已逐步被挂到该厅的门户网站上，供所有群众监督。

绘制“权力运行流程图”的目的在于使每一项权力的行使都有章可循，保证权力的“在轨”行使。这项工作的第一步是“梳理权力”。厅内各部门在对本部门财政分配管理监督权和行政管理类权力全面梳理的基础上，一方面从领导职责、决策程序、依法行政、政务公开、行政监督等方面进一步健全完善工作规则；另一方面针对权力的关键部位和薄弱环节，查找出廉政风险点，对制度进行“废、改、立”，建立健全配套管理制度，并对每一权力事项绘制“权力运行流程图”，将各部门是否按照流程图开展工作列为考核的重要指标。

靠制度创新实现“阳光财政”

科学的部门预算管理、透明的资金分配和有力的财政监督是“阳光财政”建设的三驾马车。广东省财政厅注重在预算分配、资金监控等关键部位和环节上进行制度创新，构建覆盖资金运行全程的管理和监督机制，管好“钱袋子”。

近年来，广东在省、市、县三级实行综合预算和细化预算，申报项目要提出绩效目标，并将上年部门预算中500万元以上或跨年度安排的有关项目的绩效评价结果作为本年部门预算项目安排的重要依据，对使用绩效较差的项目结合专项资金管理规定进行调整。同时，将部门预算与资产管理工作相结合，从建筑物、机动车、大型设备三项主要固定资产入手，以存量底数来控制增量申请，加强行政事业单位增量资产配置预算审核，严把资产入口关。在编制2010年省级部门预算中，共核减不符合配置标准及规定的资金申请19.35亿元。

按照省委、省政府推进产业转移和劳动力转移的决定，广东省财政要拿出75亿元支持产业转移园区建设。这么大一笔资金如何分配？广东省财政厅想出了一个办法，类似于招标式的“批钱”，谁的项目好，资金使用规划得合理，就把这笔钱批给谁。这个办法被命名为“竞争性财政分配政策”。2009年，广东通过实施竞争机制，分配重点产业园区建设、农业、水利、劳动力转移扶持资金近85亿元。“竞争性财政分配政策”扩大了资金分配的决策主体范围，最大限度地消除了“暗箱操作”和“权力寻租”。

用信息技术消除“灰色空间”

广东注重运用信息技术推动财政资金运作透明化和监管科学化，减少人为因素影响。“实时在线财政预算监督系统”实现了财政厅与省人大、审计部门之间的信息联通，财政厅可随时向人大提供省级预算单位历年以及实时的资金使用情况。

记者发现，在该系统内，省财政的每一笔支出都会在第一时间进入人大监督的视野。人大可以随时盯住财政资金的流向，约束部门花钱的随意性，对财政支出的监督实现了由静态的报表监督向动态的实时监督转变，由结果监督向全过程监督转变，有效推进了党风廉政建设，被形象地誉为“电子钱柜”。

此外，广东已基本实现省一级预算单位财务核算信息集中监管改革，各地级以上市改革也全面铺开。在保证预算单位“三权不变”（即预算单位资金所有权、资金使用权、财务核算权不变）的原则下，统一预算单位会计核算软件和会计核算方式，并通过网络集中预算单位的会计数据，建立“会计数据大集中”的财务核算集中监管系统，结合财政集中支付的相关信息，对单位会计账目及会计信息的真实性和准确性进行自动比对，实现对财政资金使用全过程实时、直接和没有“盲点”的监管。

在该系统以及国库集中支付系统的基础上，广东着力打造财政支出管理电子平台，将财政资金运行的所有数据信息都集中到这一平台上，实现预算执行信息的“同源采集”，构建起了一个涵盖预算指标、资金支付、会计核算、部门决算、会计监管在内的闭环预算执行机制。目前，广东省级国库集中支付资金规模从2003年的274亿多元增长到2009年的5 499亿多元，年均增长68%。

（记者：凌曲刚、郑成桑、翁键，2010年6月21日《中国纪检监察报》）

润物细无声

不久前的南粤大地依旧布满寒意，但广东省政府2009年底通过的《广东省基本公共服务均等化规划》，好像阵阵温暖湿润的春风，驱走寒意，为老百姓的心坎注入了温暖。

这阵阵温暖的“均等化之风”，也把记者带到了广东。从广州的增城到肇庆的四会，从城市的街头到乡间的小路，记者切身感受到了广东省委、省政府对广东百姓细致入微的民生关怀，广东财政推进基本公共服务均等化的力度。

增城，隶属于广州市，清宣统《增城县志》援引的明《永乐志》记载：南海郡前统县六，今增为七，故名增城。在“增设”建制一千多年后的今天，增城不仅实现了经济社会的飞速发展，还通过与主体功能区相结合，切实有效推进基本公共服务均等化，成为广东省公共服务均等化的探索者和先行者。四会，隶属于肇庆市，公共服务均等化也在稳步推进。

近年来，广东财政部门按照省委、省政府的部署，持续致力于推动基本公共服务均等化相关工作，《规划》的出台，将使广东未来基本公共服务的框架和内容明晰化，使基本公共服务加速覆盖到广大百姓。

增城创新体制切实推进基本公共服务均等化

近年来经济增势迅猛的增城，算得上名副其实。

2009 年，这座位于广州东北部的县级市的 GDP 近 574.9 亿元，同比增长 14.3%，地方财政一般预算收入达 31.7 亿元，同比增长 18.4%。全国县域经济基本竞争力则从 1999 年的第 58 位跃升至 2009 年的第 9 位，自 2000 年以来连续九年居广东省之首。

雄厚的经济实力和活力让人惊讶，增城的文明进步更促人思考——这是人类生活的永恒目标，也是社会发展的最高境界。

出增城市区，沿着宽阔的荔新公路乘车南行 20 多分钟后，道路两旁整洁依然，鲜艳的花簇不时一闪而过。如果不是两旁碧绿的菜田，可能会忘记这里已经远离市区。再过几分钟，记者乘坐的中巴驶入了路边的一个小区。小区里路面整洁，花草布满假山，山上的小径曲折有致，孩子们在亭台间追逐嬉戏，不远处成排的“小洋楼”掩映于竹林之中——难道是让记者参观某别墅区？

正疑惑时，一位中年男子匆匆赶来给记者做起了介绍，他便是新塘镇上邵村村主任邵有跻。他说，村里共有207户、800多口人，居住区是2004 年入住的。村民主要收入来源包括出租厂房、商铺和土地流转收益等，人均年收入 1 万多元。每家的“小洋楼”面积为280 多平方米，造价 18 万元左右。邵有跻接着带记者参观了村里的公共图书室、文体活动室等，其规模之大和功能之完备不可以“村级”来揣测。

留住乡村的野趣和幽静，引来城市的雅致和舒适——此时记者脑海中浮现出几年前在法国某小镇参观时看到的情形，随即问道：“上邵村在增城大概属于哪一水准?”

“属于中游吧。”同行的增城市副市长张文远说。

一个有点出乎意料的回答。

张文远说，2002 年增城就根据不同区域的资源禀赋条件将全市划分为三大圈，即南部发达经济圈、中部城市生活区和北部山区。2003 年以后，按照中央提出的科学发展观的要求，进一步调整为重点开发的新型工业区、优化开发的文化生活区和限制开发的生态产业区等三大主体功能区，叫做“抓南扶北促中间”。

通过什么机制来实现主体功能区的目标？张文远说，主要是四个机制。一是建立资源配置机制。调整优化行政区域，将原来的16 个镇街整合为9 个，将北部低效的工业用地调整到南部集中高效利用，农田保护区和生态保护区则向北部集中，实现土地集约节约利用；二是建立财政转移支付和生态补偿机制。北部山区镇税收留成部分全额返还。每年把南部镇税收超收分成的 10% 转移给北部山区，每年还安排山区镇专项建设资金各 5 000 万元，加快北部旅游区环境建设，带动当地群众增收致富；三是建立产业优化升级机制，按照主体功能区的不同定位编制产业发展规划，建立产业准入和退出机制，促进产业集聚集约发展；四是按照南、北、中不同的重点发展内容，建立干部绩效分类考评机制。

这些机制并非纸上谈兵，而是已在增城的土地上留下了深深的烙印。

“你看，公路右侧的那条小路就是自行车专用道”。顺着张文远手指的方向，记者注意到，这条自行车道距离公路大约 5 米左右，宽约 1.5 米，与公路如影随形，伸向远方。从增城市区到北部的小楼镇，自行车道长达 80 公里，一路景色宜人。

“这条目前国内为数不多的自行车专用道投资了 1 900 多万元，是按照国际标准修建的，是增城基本公共服务均等化的写照，也是北部山区老百姓的一条致富路。”张文远说。

追着这条路，记者来到了小楼镇。镇长汤海帆告诉记者，市里每年给镇里的转移支付资金 1 400 万元左右，这就保证了镇里干部的收入与南部镇基本持平，干部人心稳定。此外，市里每年还安排专项建设资金 550 万元用于旅游基础设施和环境建设。目前，镇里旅游业每年的收入大约在 1.2 亿元左右。从老百姓来看，通过旅游业获得的收入每年有 4 000 多万元左右，占农民人均收入的 36%。

增城通过体制创新带来的文明进步让记者很是佩服：没有经济发展就不可能有文明进步，但经济发展并不等于文明进步，它还需要一些别的东西。

张文远似乎猜到了记者在想什么。他感慨地说道：“社会的全面发展过程中，钱很重要，但并非都是钱的问题，理念和思路也很重要。”比如，市里提出用公园化理念统筹城乡规划和建设，变“在城市里面建公园”为“在公园里面建城乡”，让增城处处是公园，让市民工作在公园，生活在花园；推进路边、田边和水边整治；不搞大拆大建，实施原生态、原产权、原居民、原民俗等“四原”保护；推动家园公园化、田园公园化、果园公园化、校园公园化、工业园公园化等“五园”建设。

市财政局局长张国新以农村垃圾处理这一“不起眼”的例子说明了增城统筹城乡的理念和力度。目前，增城农村居民生活垃圾全部实行村里、市里集中运输并处理的模式，以保证处理效果，保护环境。

“全市每年用于保洁服务、垃圾处理的支出超过 5 000 万元。”张国新说。

这些好的理念和思路使增城尝到了“既经济又生态”、鱼与熊掌兼得的“甜头”。张文远说，2009 年，北部山区三镇的平均税收增幅达 110% 以上。

增城的文明进步也体现在他们对于基础教育，特别是优化和公平配置教育资源的探索上。这也是增城推进公共服务均等化的重要方面。

近年来，增城先后投入42亿元，科学调整优化学校布局，合理撤并“麻雀学校”186所，以增城市区、新塘城区和中心镇村为重点，集中资源建设一批优质规划学校，把城市教育向村镇延伸，农村孩子集中到城市上学，引进和培养了一批优秀教师，大力推进城乡教育均衡发展。

增城中学是其中的一个例子。位于市区的该校高中部经过搬迁扩建后，现有学生3 300多人，是广东省示范性普通高中，占地300多亩，设施先进，师资优秀。财政为此已经投入建设资金2.5亿元。校办主任钟建平介绍说，目前学校80%的学生来自农村，其中95%是住校生。

“如果不是大力度的调整优化学校布局，很难想象能有这么多农村学生享受城市的优质教育资源。”张文远感慨到。

看四会如何优化配置公共教育资源

四会市位于广东中部偏西，是珠三角与粤西北山区的接合点。2009年，全市地方财政一般预算收入仅为8.1亿元。即使如此，全市2009年的基本公共服务支出占到了一般预算支出的67%。市财政局局长李剑表示，目前他们正在编制2010年的预算草案，将按照省里的基本公共服务均等化规划的要求和市领导的指示，进一步调整支出结构，增加基本公共服务投人。

“你这个财政局长压力岂不是更大了?”

“是很头疼，但头疼也要上，为此只好报告市政府舍弃一些别的项目。”李剑说。

不过，让李剑感到欣慰的是，分管文教、卫生的副市长李明端对此心中有数。她说，自己这一块差不多是财政支出的“半边天”，可财政部门非常主动，她从未因为“钱事”催促过财政部门，这反映了财政部门思想观念新，认识到位，理财管财水平高。

李明端所说的“财政部门思想观念新”确非虚言。在四会，教育公平对于推动社会公平的重大作用已成社会共识，尊师重教风气浓厚，公共教育均等化已是促进基本公共服务均等化的重要推手。

四会东城中学是一所规模较大的初中学校，学生人数达4 000多，其中很多都是来自农村的学生，还有约四分之一的学生属于外来工子弟。校长郭焕桂告诉记者，这些外来工子弟与本地学生享受着完全一致的各种待遇。

李明端副市长说，在财政支持下，为优化教育资源，让农村和外来工子弟也能享受优质教育资源，四会这两年大力进行规范化学校建设，三年来的投入将近1亿元。此外，引进优秀教师的力度也很大，目前高中教师的“门槛”已经升高到了北师大、华东师大等重点院校的毕业生。当然，教师的待遇水平在当地也令人羡慕，每月达到4 600多元，因此每年都有数百位来自各地的应届毕业生前来应聘。

教育设施的大幅度改善和师资水平的提升，为四会的基础教育水平的提升打下了坚实基础。据介绍，近年来四会的高考上线率和重点院校录取率大幅提升。

基本公共服务均等化获得新动力

据广东财政厅有关负责人介绍，近年来，广东省以基本公共服务均等化为目标，以实施“十项民心工程”为载体，大力调整支出结构，在基础教育、基本医疗和公共卫生、基本社会保障、公共就业服务和基本住房保障等方面，财政投入持续大幅增加。2003～2008年，广东省各级财政民生投入7 140亿元，占全省财政一般预算支出的比重从2003年的43.6%提高到2008年的52.7%，增加了9个百分点。省级财政不断压缩本级支出规模，在调整优化支出结构的基础上，集中财力向市县倾斜，除了加大对市县的财力性转移支付力度外，在制定教育、医疗、卫生、社会保障等各项惠民政策时，对欠发达地区的补助比例均达到五至七成以上，切实帮助解决欠发达地区发展民生的筹资问题。

按照从2009年开始实施的广东省基本公共服务均等化规划要求，到2020年，全省将基本建成覆盖城乡、功能完善、分布合理、管理有效、水平适度的基本公共服务体系，实现城乡、区域和不同社会群体间基本公共服务制度的统一、标准的一致和水平的均衡，全省居民平等享有公共教育、公共医疗卫生、公共文化体育、公共交通、生活保障、就业保障、医疗保障、住房保障等基本公共服务，在一定水平上做到人人“学有所教、劳有所得、病有所医、老有所养、住有所居”，基本公共服务水平在国内位居前列，在国际上达到中等发达国家水平。

为此，按照实现基本公共服务总体适度均衡的要求，在2009～2020年12年间，全省共需投入基本公共服务领域的财政资金预计为24 812亿元，年均增长15.4%，平均每年新增投入292亿元。

如此巨大的投入不仅对于财力保障提出了严峻挑战，更需要解放思想，实现体制机制创新。

省财政厅党组副书记、副厅长曾志权告诉记者，基本公共服务均等化是创新性的制度安排，目前大家还在摸着石头过河。对广东来说，尤其让人头疼的是区域协调发展问题。这方面，增城将主体功能区建设和基本公共服务均等化结合起来，给了大家很大启发。2009年底出台的广东基本公共服务均等化规划也对此着墨甚多。如，通过加快主体功能区建设，加快产业结构调整优化，以合理的产业布局带动人口的合理布局，以此推进基本公共服务均等化进程，等等。

此外，如何开展横向转移支付一直是一个难点。在这方面，广东2010年也采取了实质性的重要举措。

曾志权介绍，从2010年开始，省政府分别转发了由省财政厅研究提出的调整完善激励型财政机制的意见和横向转移支付指导意见。

前者规定，对生态优化区域（即主体功能区规划中属限制开发区的县域）实施以生态发展为基本导向的激励型财政机制，将省财政一般性转移支付与县域生态环境保护挂钩。为此，省财政厅与相关部门提出了“县域生态综合增长率”指数和17项考核指标。

后者规定，在原先实行纵向转移支付的基础上，将目前的省内对口支援政策制度化，探索建立省内横向财政转移支付制度，明确责任，点对点支持，加大推进基本公共服务均等化的力度。意见确定由珠三角7个地级以上市作为财力转出市，与其他14个财力转入地级市进行横向财力转移。

规划，正为广东的基本公共服务均等化注入新的更大动力。

（记者：刘国旺、颜晓岩、范小花，2010年3月4日《中国财经报》）

2010年广东省已经围绕《广东省实施〈政府采购法〉办法》的落实出台一系列配套措施，进一步规范政府采购行为

地方立法成为改革的突破口

——访全国人大代表、广东省财政厅厅长刘昆

全国人大代表、广东省财政厅厅长刘昆一出现，就被记者团团围住。记者们关注的焦点是刚刚于3月1日实施的《广东省实施〈政府采购法〉办法》（以下简称《实施办法》）。

“作为专项条例，能够得到社会各界如此踊跃的参与和关注，确实让我震惊。”刘昆表示，如此参与“热度”也表明社会各界对政府采购改革的高度关注。

此外，就舆论广泛关注的“格力废标案”，刘昆并不回避，他表示这是社会进步的表现，法律一定会作出公正的裁判，一旦发现腐败问题，将坚决处理。

立法初衷：两大推手

“《实施办法》的诞生是解决广东省政府采购工作中遇到的实际问题的需要。”刘昆表示，回顾广东省这10年的政府采购发展足迹，尽管政府采购规模一次又一次雄踞全国之首，但是，社会普遍反映的一些问题也客观存在，如价格高、效率低、监管难，采购预算和实施计划编制缺乏科学性等，这些问题都亟须通过地方立法进行规范，破除政府采购前行路上的绊脚石。

同时，在这十年间，广东省各级政府和政府采购监管部门结合财政改革实际，出台了一系列配套制度并总结推广了一批成功做法和经验，这些宝贵的经验也亟须通过地方立法予以法制化、规范化，为广东省政府采购下一个十年的到来营造一个良好的制度氛围。

“总结实践经验和做法、解决实际操作中的客观问题是《实施办法》诞生的一大推手。”刘昆说，“而另一个推手则是适应新时期国家经济发展的要求。”刘昆强调，在《政府采购法》实施后，伴随着优化财政支出功能的强化和国家经济环境的变化，政府采购的公共政策功能被越来越强调，如强制采购节能产品、扶持自主创新和中小企业等，但这种公共政策功能在实践中却并没有得到足够的重视和有效的发挥。因此，有必要通过地方立法细化、补充，将各项政府采购政策功能具体化，更加有力地进行落实。

格力案反映了社会的进步

面对媒体关于“格力废标案”的发问，刘昆正面回答：“这是社会进步的表现，我相信法律一定会作出公正的裁判。”

刘昆表示，目前案件已进入法律程序，进入法律程序后不宜做太大的讨论，应该给司法足够的空间。“我想强调一点，出现格力案件这种行政诉讼，本身就是社会进步的表现。”刘昆表示，政府的每一个行政行为，当事人不会完全都同意，但是通过法律途径来解决不同看法和对具体行为的不同意见，这是社会进步的表现。他认为，格力空调与地方财政部门之间的法律诉讼，不管谁胜谁负，都是社会的进步，当事人都会从中受益。

“在这起案件中，如果发现有腐败问题，我们肯定坚决处理。国家有一整套监督制度，我们要相信这个制度。”刘昆同时表示，《实施办法》也已将此类投诉案件的相关内容予以完善。如《实施办法》第45条规定，评标委员会、谈判小组、询价小组成员名单以及评审意见等相关资料应当在指定的政府采购信息发布媒体予以发布，供应商对审查和答复结果有异议的，可以向政府采购监督管理部门提出复审或者废标申请。

“这种公开，有助于让类似的诉讼案件在最短的时间内得到最有效的解决。”刘昆表示，“整个政府采购制度本身就是在改革中不断完善的，《实施办法》的颁布是广东省推进政府采购改革向纵深发展的一个重要突破口，将对推进财政支出体制改革、规范政府采购管理、发挥政府采购政策功能作用等方面产生极大的推动作用。”

期望《实施办法》铿锵落地

尽管《实施办法》源于广东省政府采购的实践，但是能否顺利完成指导实践的使命，仍待检验。对此，刘昆认为，《实施办法》能否落地有声，与地方能否把握好对法律的实施权有着紧密的关联。“而要想落实好法律的实施权，就应该把当地政府的发展理念、措施、方式与政府采购有机地结合起来，使政府采购变为当地发展的重要利器，也

就是说政府采购不能脱离当地的发展职能。否则，政府采购的功能将会大打折扣。”刘昆对《实施办法》的落实提出了这样的要求。

同时，刘昆表示，2010年将是《实施办法》的宣传推广年。“今年，广东省已经围绕《实施办法》对已有的制度性文件进行全面清理，接下来还将加大对《实施办法》的宣传和实施力度，对于各地市的执行要求也将出台一个具体规定，以《实施办法》的全面推开进一步规范政府采购行为。”在刘昆看来，2010年将是检验《实施办法》的关键年。

（记者：田冬梅、陈昂、王坤，2010年3月10日《中国财经报》）

刘昆：广东的“阳光财政”创新

2009年，广东省本级年度预算中安排用于改善民生和均衡区域公共服务水平的支出已达全年预算安排的75.46%。

2010年，广东省级财政将进一步加大民生投入，预算中计划安排用于均衡区域公共服务水平、改善民生和提供公共服务的支出将达到1 202.34亿元，占财政预算支出的比重也将进一步提高到76.87%，比上年再提高近1.5个百分点。

“过去的一年，广东财政始终坚持以民生为重，大力调整优化支出结构，新增财力继续向农村、基层倾斜，向民生领域倾斜，取得了较好的效果。同时，广东省也着手在建设公开透明的‘阳光财政’上下工夫，将其视为为民理财、理财惠民、理财富民长效机制的基础。”广东省财政厅厅长刘昆表示。

坚持以民生为重坚持向民生倾斜

2009年，广东财政将保障和改善民生作为重中之重，尤其在财政支出安排上重点倾向于民生领域，并狠抓工作落实，有力促进了民生事业的发展。

如2009年，广东省财政支出中，用于公共教育、公共卫生、社会保障体系建设、就业服务、“三农”、环保等方面的投入普遍增长幅度较大，其中医疗、环保等投入增速高达25%以上。

“在刚刚召开的十一届全国人大三次会议上，温家宝总理在政府工作报告中提出了‘我们所做的一切都是要让人民生活得更加幸福、更有尊严，让社会更加公正、更加和谐。’这样的观点，并多次谈及民生问题，这将促进我们在建立保障和改善民生的长效机制上下工夫，真正将民生工作落到实处。”刘昆表示。

广东是一个人口大省，上至省级财政厅，下至各级财政系统，均在保民生问题上下足了工夫，一方面加大民生投入的力度，另一方面注重建立保障和改善民生的长效机制。

2009年，广东率先在全国制定实施了《广东省基本公共服务均等化规划纲要（2009～2020年）》（以下简称《规划》）。

谈起该项工作的组织实施，刘昆难掩期许：“《规划》对全面推进广东各项民生事业发展、构建长效机制、努力使基本公共服务平等地惠及全省广大人民非常重要。截至目前，该项工作已经收到了阶段性的成果，当前的主要任务是健全基本公共服务均等化绩效考评机制，尽快完善、公布考评指标体系，完善相关配套政策，组织实施对落实2009年基本公共服务均等化工作的绩效考评，部署落实2010年工作任务；探索建立多元化的公共服务供给制度，形成公共服务事业供给主体多元化格局。”2010年，为了确保民生工作再上一个台阶，广东财政已经着力从确保民生重点投入，完善城乡教育、医疗、社保、就业、住房保障、文化等制度体系建设上落实好各项民生政策；同时，围绕广东省主体功能区规划和推进基本公共服务均等化的要求，将调整完善省以下财政体制改革、促进各级政府财力与事权相匹配、促进区域协调发展和增强基层政府提供基本公共服务的能力纳入到工作范围之内；另外，广东财政还将在统筹城乡一体化发展，建立健全财政支农资金稳定增长机制，推进“规划到户责任到人”扶贫开发上积极开展工作，其中“规划到户责任到人”的扶贫开发将作为广东财政推动科学发展、促进社会和谐的一项重要工作抓紧抓好。

注重财政运行公开注重财政管理透明

建设公开透明的“阳光财政”是公共财政的必然要求。

“广东‘阳光财政’的建设得益于在改革开放中广东先行一步，为公共财政管理改革及早启动、不断深入创造了条件。”刘昆表示。

广东财政历来非常重视“阳光财政”建设，特别是近年来，随着财政收支规模不断扩大，广东财政也更加注重提高财政运行的公开化和透明度，受到财政部和中央有关部门的充分肯定和社会各界的广泛好评。

总结近年来广东财政在“阳光财政”工作上探索实践，刘昆表示，“我们认为广东这方面成效的取得，最根本的是坚持解放思想、先行先试，以发展的思路和改革的办法推进‘阳光财政’建设，并且敢于创新。”

作为全国财政大省，广东“阳光财政”创新的方面有三项。

一是注重手段创新，通过建立财务核算信息集中监管系统、实时在线财政预算监督系统和支出管理电子平台三大创新技术手段，推动财政资金运作的透明化和监管的科学化，打造“玻璃钱柜”。

二是注重管理的创新，通过建立规范透明的资金分配模式、实行项目绩效评价制度、探索资产预算管理模式和建立财政内部循环监督工作系统与各级财政间垂直跟踪监督系统相结合的闭环的财政监督模式，构建覆盖资金运行全程的管理和监督机制，确保财政资金始终处于有效的监管之中。

三是注重制度的创新，特别是通过在财政二次分配中引入市场竞争机制的制度创新，最大限度地消除“暗箱操作”。如在面向下级政府的财政专项资金分配中，广东财政引入了竞争机制，变人为分钱为制度分钱，改平均分配为竞争取得，由原来的单向式“一对一”审批安排转为有专家、公众、媒体广泛参与的选拔性分配，增强了资金分配的科学性和透明度。

着力绩效管理体系建立，着力打造特色绩效管理模式

2003年，对民营科技园（区）建设专项资金4.2亿元实施的绩效评价，开启了广东省财政厅的财政支出绩效管理改革探索与实践之路。而今，当年在全国率先推行的以财政项目支出绩效评价为重点的省级财政支出绩效管理改革试点，已经逐步在广东全面铺开。

目前，广东财政支出绩效管理改革已然走在了全国的前列，并初步形成了具有广东特色的财政支出绩效管理体系，并取得了显著成效：一是树立了绩效优先、结果导向的理财理念；二是确立和增强了部门单位的责任意识；三是提高了财政资金使用效益；四是促进了高效、透明、绩效政府的建设。

随着财政支出绩效管理改革的顺利推进，广东财政已初步构建起了财政支出绩效管理体系，探索形成了具有示范意义的各有侧重的绩效管理改革多个模式，如在全国具有一定示范意义的绩效管理改革省级模式，以及在省级模式基础上进一步探索形成的具有地方特色的市县级绩效管理改革模式——广州模式、南海模式等。

“目前，广东的财政支出绩效审核已经形成了‘事前绩效审核、事中绩效督查，事后绩效评价和绩效问责’的管理框架。其中，省级模式侧重于构建与预算管理全过程对接、完整的项目支出绩效评价体系和探索财政专项资金竞争性分配管理改革；广州模式侧重于在实施项目支出绩效评价基础上探索部门财政支出的综合绩效评价和绩效问责；南海模式侧重于对项目预算实行专家评审和强化项目支出绩效问责。”谈起广东的财政支出绩效管理工作刘昆如数家珍。

多年来的探索和实践，广东财政获得了太多的第一。改善民生、加强财政支出绩效管理，最终确立“阳光财政”的机制，广东财政所有努力和艰辛付出的目标只有一个，正是刘昆在采访中提到的——希望“阳光财政”普照千家万户。

（记者：张瑶瑶，2010年3月12日《中国财经报》）

刘昆：用财政手段促“转变”

“预算报告贯彻执行了中央提出的积极财政政策，今年的任务措施可操作性强，特别是把保持合理投资规模作为今年的重点；财政支出中保障民生的措施很到位、很突出，完全符合政府工作报告的要求。”全国人大代表、广东省财政厅厅长刘昆接受记者采访时说。

刘昆表示，财政政策是政府实施经济调控的重要手段，认真研究和制定与转变经济增长方式相适应的财政政策，将会有效地促进经济增长方式的转变。

一是财政政策应防止落后发展模式回头。要增加对创新的财政资金支持，创新所得在税收方面可以考虑税收抵减，提高创新过程得到的分配份额，适度限制土地、资本等要素在分配中的比例。

二是财政分配应适应发展模式转变需要。目前基本公共服务方面的转移支付过度依托户籍的状况，要考虑依托常住地人口情况，均等安排基于基本公共服务的转移支付。

三是财政分配方式应引导发展模式的转变。可以考虑引进竞争性方式进入财政分配，让最好的创新活动通过科学合理的竞争程序优先得到财政支持，让财政资金在发展方式转变中取得最大的社会和经济效益。

保障民生是公共财政义不容辞的职责。刘昆告诉记者，2009年广东省本级年度预算中安排用于改善民生和均衡区域公共服务水平的支出已达75.46%，比上年提高了2个百分点。省级财政支出安排重点突出，公共教育、公共卫生、社会保障体系建设、就业服务、“三农”、环保等方面的投入增长幅度都较大，其中医疗、环保等投入增长超25%。

2009年，在加大民生投入力度的同时，广东还注重建立保障和改善民生的长效机制。去年，广东在全国率先实施制定了全省基本公共服务均等化规划纲要（2009－2020年）框架，对全省基本公共服务事业进行了系统梳理，形成完整的解决思路和政策体系框架，有利于全面推进基本公共服务均等化，在全省范围内缩小城乡、区域、不同人群间享受基本公共服务水平的差距，他们的目标是力争到2020年基本建成覆盖城乡、功能完善、分布合理、管理有效、水平适度的基本公共服务体系。

“2010年，省级财政进一步加大民生投入，预算中计划安排用于均衡区域公共服务水平、改善民生和提供公共服务的支出将达到1 202.34亿元，占财政预算支出的比重进一步提高到76.87%，比上年再提高近1.5个百分点。”

刘昆说。

据他介绍，2010 年，广东着重在以下几方面做好保障和改善民生工作：一是继续大力确保民生重点投入，进一步完善城乡教育、医疗、社保、就业、住房保障、文化等制度体系，落实好各项民生政策，包括中小学校校舍安全工程、扩大就业再就业，事业单位绩效工资改革、医药卫生体制改革、健全覆盖城乡居民的社保体系以及拓展农村社会养老保险试点等等。二是围绕广东主体功能区规划和推进基本公共服务均等化的要求，调整完善省以下财政体制改革，促进各级政府财力与事权相匹配，促进区域协调发展，增强基层政府提供基本公共服务的能力。主要措施包括：对生态发展区实施以生态发展为基本导向的激励型财政机制，开展省直管县财政改革试点，实施珠三角地区对欠发达地区的横向转移支付指导意见及逐步建立省保县（市）、市保镇（乡）、县（市）保村隔层保障的基层财力保障机制。三是抓好《广东省基本公共服务均等化规划（2009－2020 年）》组织实施，以此为重要平台，全面推进各项民生事业发展，构建长效机制，努力使基本公共服务平等地惠及全省人民。四是统筹城乡一体化发展，进一步建立健全财政支农资金稳定增长机制，推进现代农业产业建设，落实支农惠农政策体系，推进农村扶贫开发工作。五是积极推进“规划到户责任到人”扶贫开发，将其作为推动科学发展、促进社会和谐的一项重要工作抓紧抓好，创新扶贫方式，扎实开展各项对口帮扶工作。

“广东省高度重视阳光财政建设，特别是近年来，随着财政收支规模不断扩大，更加注重提高财政运行的公开化和透明度，受到各界广泛好评。总结近年来的探索实践，我认为广东这方面成效的取得，最根本的是坚持解放思想，先行先试，以发展的思路和改革的办法推进阳光财政建设。”刘昆说。

广东省建设阳光财政主要体现在三方面的创新：一是注重手段创新，通过建立财务核算信息集中监管系统、实时在线财政预算监督系统和支出管理电子平台三大创新技术手段，推动财政资金运作的透明化和监管的科学化，打造“玻璃钱柜”。二是注重管理的创新，通过建立规范透明的资金分配模式、实行项目绩效评价制度、探索资产预算管理模式和建立财政内部循环监督工作系统与各级财政间垂直跟踪监督系统相结合的闭环的财政监督模式，构建覆盖资金运行全程的管理和监督机制，确保财政资金始终处于有效的监管之中。三是注重制度的创新，特别是通过在财政二次分配中引入市场竞争机制的制度创新，最大限度地消除“暗箱操作”。

（记者：李忠峰，2010 年 3 月 13 日《中国财经报》）

积极发挥财政职能　引导经济发展方式转变

财政力促“头号工程”

加快经济发展方式转变是广东省近年经济工作的“头号工程”。今年，广东省财政厅将进一步发挥财政职能，突破传统发展方式的思维定式和路径依赖，创造性地开展工作，积极引导经济发展方式转变。

充分发挥财政的资源配置作用，促进科技进步和产业升级，培育新的经济增长点。充分发挥财政政策作用直接、运用灵活、定点调控的优势，研究制定有效的支持自主创新的政策措施，为自主创新创造环境、提供政策、搭建平台，以加快形成鼓励自主创新的利益导向和政策机制，推动经济发展从要素驱动向创新驱动转变。发挥财政资金扶持的引导效应，通过财政专项资金竞争性机制安排，集中力量支持现代产业体系建设，解决制约产业结构优化升级的薄弱环节，促进现代产业集聚发展，加快传统产业转型升级步伐。支持新能源、电子信息、生物医药、新材料等新兴产业发展，加强新兴产业基地公共基础设施和支撑服务平台建设，落实支持新兴产业发展的财税优惠政策，培育新的经济增长点。

充分发挥财政的宏观调控职能，支持产业结构和经济结构调整，促进区域协调发展。抓住实施《珠江三角洲地区改革发展规划纲要》的历史机遇，创新财政政策措施，加快推进产业和劳动力“双转移”，加快金融强省建设，支持加工贸易转型和扩大内销，支持重点节能减排工程和珠三角绿道网建设，推进珠三角区域经济社会一体化发展，充分发挥财政促进经济发展方式转变的引导和调控作用。深入实施“提升珠三角带动东西北”战略，加快编制实施《珠江三角洲地区基本公共服务一体化规划》，推进珠三角地区经济社会一体化发展，加快推进重点项目建设，支持欠发达地区加快发展。加强财政体制调控，按照主体功能区规划和基本公共服务均等化的要求，贯彻落实新型激励型财政机制，开展省直管县财政改革试点，实施珠三角地区对欠发达地区的横向转移支付，逐步建立省保县（市）、市保镇（乡）、县（市）保村隔层保障的基层财力保障机制。

充分发挥财政的收入分配职能，扩大消费需求，保障和改善民生。认真落实广东省委、省政府《关于扩大内需战略的决定》，形成消费、投资、出口协调拉动的增长格局；做好“家电汽车下乡”、“汽车家电以旧换新”工作，实施千村万乡市场工程，扩大农村消费市场，支持扩大广货内销，支持文化产业发展和旅游强省建设，有效扩大消费需求。进一步建立健全财政支农资金稳定增长机制，积极推进“规划到户、责任到人”扶贫开发，建立农村基层组织工作经费保障机制，确保基层稳定、有序运转。继续加大民生投入力度，全面实施广东省基本公共服务均等化规划纲要，强化公共服务供给，完善社会保障体系，调整国民收入分配结构，提高低收入者收入水平。2009年，广东财政积极发挥财政职能、科学运用财政措施上下工夫，为打好加快转变经济发展方式这场“硬仗”提供了有力保障。

一是突出支持现代产业体系建设，促进形成现代服务业和先进制造业“双轮驱动”发展格局。2009年共安排13亿元扶持生产性服务业和信息服务业发展，推动信息服务业两年间产值从2 000亿元增加到4 000多亿元，增加税收300多亿元；放大财政投资倍数达23倍，带动投资123亿元支持近500个先进制造业项目；同时，安排专项资金大力支持发展装备制造业，促进传统产业转型升级。

二是突出支持产业转移和转型升级，促进提升产业国际竞争力。安排资金400亿元扶持粤东西北欠发达地区完善基础设施、建设产业转移园区和劳动力技能培训。

三是突出支持提升自主创新能力，促进提高产业核心竞争力。投入26.81亿元为提升自主创新能力提供了坚实的财力基础。

四是突出支持节能减排和环境保护，促进经济社会可持续发展。统筹投入25亿元，一揽子解决东西北欠发达地区污水处理设施建设资金问题，安排节能专项资金、节能减排与可再生能源专项资金3亿元，支持推广节能减排新技术、新产品、新工艺，推动重点行业、重点领域节能减排。

五是突出保障民生，推动基本公共服务均等化。安排用于改善民生、提供公共服务以及均衡区域公共服务水平方面的各项支出达到1 111亿元，占2009年省级财政支出的75.46%，比上年提高近2个百分点，用于教育、医疗、社保、“三农”等方面的支出增长均在15%以上。

（记者：范小花，2010年4月22日《中国财经报》）

财政部部长谢旭人赴广东调研检查时要求

认真开展强农惠农资金专项清查工作

近日，财政部部长、强农惠农资金专项清查工作部级领导小组组长谢旭人就强农惠农资金专项清查工作，赴广东调研检查。其间，谢旭人听取了广东省关于开展强农惠农资金专项清查工作的情况汇报，并分别与省、市、县、乡四级财政部门同志就强农惠农资金专项清查工作等进行了座谈。

谢旭人指出，开展强农惠农资金专项清查工作是落实强农惠农政策的重要保障，是维护好农民群众利益的重要手段，是加强党风廉政建设的重要途径，是推进财政科学化精细化管理的重要举措。专项清查工作全国电视电话会议召开以来，各地区、各有关部门认真按照专项清查工作部署和要求狠抓落实，取得了积极地进展。

下一步，各地区、各有关部门要进一步加强领导，明确任务，突出重点，完善制度，确保专项清理工作扎实推进并取得实效。一是明确工作任务。要对各级财政安排用于县级及以下的强农惠农资金进行全面清理，对资金的安排、分配、拨付、使用、项目实施等环节进行全面检查。二是突出工作重点。要采取自查自纠与重点检查相结合的方式，把关系农民群众切身利益、社会各界普遍关注的专项资金和管理不规范的地方、单位作为重点检查对象。针对检查中发现的问题，制订详细整改计划，落实整改责任，限期整改。三是建立长效机制。要认真总结各地区、各有关部门的好经验、好做法，深入分析当前强农惠农资金使用管理中存在的问题，抓住薄弱环节和关键部位，研究解决问题的体制机制性措施，健全和完善各项制度，促进形成强农惠农资金科学管理的长效机制。四是加强督促指导。上级部门要加强对下级部门的督促指导，既要开展对强农惠农资金管理环节的检查，也要深入到基层，开展对基层执行政策和使用资金情况的检查，保障专项清查工作取得实效。

谢旭人强调，目前国家出台的强农惠农政策越来越多，财政涉农支出大幅增长，涉农资金种类多、管理环节多，对加强财政涉农资金管理提出了新的更高要求。各级财政部门要在开展强农惠农资金专项清理工作的同时，进一步加强涉农资金管理，切实提高资金使用效益。一是积极推动财政支农资金整合。市县政府要积极发挥统筹协调作用，要在全面、准确摸清强农惠农政策和资金情况的基础上，围绕当地农业发展重点项目，按照“渠道不乱、用途不变、统筹安排、优势互补、形成合力、各记其功”的原则，把符合使用规定、性质相同、用途相近的支农专项资金纳入整合范围，有规划地集中财力办大事，提高财政支农资金使用效益。二是大力推进财政支农资金科学化精细化管理。运用现代管理方法和信息化技术，建立健全管理制度和工作规范，明确职责分工，完善岗责体系，提高强农惠农资金管理效率。三是切实发挥基层财政部门职能作用。要充分发挥基层财政部门特别是乡镇财政了解基层情况的优势，强化基层财政在涉农资金审核、使用监管方面的职责，积极实施就地、就近监管，提高乡镇财政管理水平。

（记者：夏祖军，2010年8月9日《中国财经报》）

财政部部长谢旭人赴广东考察调研财政管理基础工作和基层建设时强调，要以加强“两基”建设为重点

全面推进财政管理各项工作

近日，财政部部长谢旭人赴广东省调研财政管理基础工作和基层建设（以下简称“两基”）情况，分别深入河源市、惠州市、广州市及部分县（市、区）财政局和乡镇财政所了解情况、检查和指导工作。他提出，要以加强“两基”建设为重点，全面推进财政管理各项工作。

谢旭人对广东省财政厅在“两基”建设、提高财政科学化精细化管理水平等方面取得的成绩表示肯定，并就进一步加强“两基”建设，提高预算编制水平，加快预算执行进度等提出了要求。

谢旭人说，当前县级财政部门在乡镇财政管理方面还存在薄弱环节。一些县级财政管理的支出没有发挥乡镇财政了解情况、核实有关基础数据的作用；一些由县级以上财政部门管理但用在乡镇的项目支出，没有发挥乡镇财政熟悉情况、就近监管的作用。县级财政部门要切实担负起责任，加强对乡镇财政工作的指导，充实乡镇财政职能，强化乡镇财政监管职责。要加强对乡镇财政干部和农村财会人员财政政策培训，提高基层工作人员综合素质。

谢旭人指出，民生支出的公开是最重要的预算公开。基层财政部门在不断加大民生投入的同时，要大力推进重大民生支出公开，让人民群众知道政府的钱都花在哪里，效果怎么样。经同级人大或其常委会审议批准的地方预、决算要主动向社会公开，做到完整、真实、细化，并做好解释和说明工作。

谢旭人强调，财政管理基础工作为实现财政管理目标提供基础资料、基础标准、基本手段，贯穿于财政政策研究、制定、实施的全过程，贯穿于预算编制、执行的全过程，也贯穿于其他财政管理工作的全过程，是财政管理的基石，直接影响财政管理的持续性和效率。县乡财政和财政部门内部基层单位是财政管理的重要责任主体和载体。要建立健全由公共财政预算、国有资本经营预算、政府性基金预算、社会保障预算组成的完整的政府预算体系，把政府所有收支全部纳入预算管理，全面反映政府收支总量、结构和管理活动，努力提高资金使用效益。要进一步加强预算编制管理，细化预算编制，切实减少代编预算规模，进一步提高预算年初到位率。要建立健全预算支出责任制度，加快预算执行进度，不断提高预算执行的均衡性和效率。要建立完善预算编制与预算执行有机结合的机制，做到预算编制和预算执行相辅相成、相互促进，努力解决好预算编制与预算执行“两张皮”的问题。要加强预算绩效管理，强化财政监督管理，加快财政管理信息化建设。

广东省财政厅厅长曾志权陪同考察调研。财政部办公厅主任戴柏华、预算司司长许宏才、农业司司长赵鸣骥、监督检查局局长耿虹参加了考察调研。

（记者：夏祖军，2010年8月10日《中国财经报》）

广东财政工作

——新起点上将实现“八个新突破”

本报讯　如何继续当好排头兵，改革创新广东财政工作？日前，新一任广东省财政厅党组书记、厅长曾志权表示，当前和今后一个时期，广东财政工作要深入贯彻落实全国财政厅（局）长会议和财政部部长谢旭人到广东调研时的讲话精神，坚持生财有道、聚财有方、用财有规的理财原则，突出促进发展、改善民生、深化改革三大主题，继续把财政改革发展事业推向前进，切实做到“八个突出抓好、八个提高”，努力在新的起点上实现“八个新突破”。

一是突出抓好依法行政，提高依法理财水平，在推进财政法制建设上有新突破。牢固树立依法理财理念，坚决贯彻落实各项财政法律法规，不断完善地方财政制度体系。坚持依法行政，落实权力规范运行，建立和完善财政决策规则、程序。建立健全财政规范性文件废、改、立的工作机制，提高财政规范性文件的质量。加强财政法制宣传教育，提高全体财政干部的法律意识和法制观念。

二是突出抓好抓基层打基础工作，提高“双基”建设水平，在加强财政科学化精细化管理上有新突破。一方面，在加强财政基础管理上下工夫。细化预算编制，加强基础数据采集；细化政府收支科目体系，做好政府收支分类科目的细化工作，研究“三公经费”等支出数据统计口径；强化预算执行管理，建立健全预算执行管理责任制和预算执行情况通报制度等等。另一方面，在加强基层财政建设上下工夫。充实完善基层财政特别是乡镇财政职能，充分发挥乡镇财政就地、就近实施监管的优势。

三是突出抓好发挥财政杠杆作用，提高财政调控水平，在支持经济社会又好又快发展上有新突破。坚持集中财力办大事的原则，将支持重心放在促进经济发展方式转变以及经济发展的关键领域和重点环节。坚持以人为本，建立改善和保障民生的长效机制。按照《广东省基本公共服务均等化规划纲要（2009～2020年）》，从公共教育、公共卫生、公共文化体育、公共交通、生活保障、住房保障、就业保障、医疗保障等八个方面入手，把任务分解到部门，建立严格的督办机制。坚持财力“下沉”，创新财政保稳定、保运转的投入机制。

四是突出抓好统筹兼顾，提高服务大局能力，在推动财政工作转型上有新突破。牢固树立大局意识，主动为全省经济社会发展出谋划策，统筹财力安排，做到纲举目张。正确处理好继承与创新的关系，既认真总结好经验、好做法，同时又要破除传统的思维定式和路径依赖，使财政工作始终适应科学发展的要求。正确处理好目标和路径的关系，既有全局思维和战略眼光，又有脚踏实地抓落实的举措。

五是突出抓好深化改革，提高财政管理效益，在创新财政体制机制上有新突破。曾志权强调说，要突出财政体制创新。适应主体功能区规划实施和基本公共服务均等化的要求，调整完善省以下财政体制。包括实施生态激励型财政机制、推进省直管县财政改革、完善推进基本公共服务均等化横向财政转移支付机制、推进乡镇财政、村级财务管理方式改革等，适当增强省级财政调控能力和基层财政保障能力。

六是突出抓好换位思考，提高主动服务水平，在建设服务型机关上有新突破。扎实为基层、为群众办好事、办实事。在透彻理解中央和省委、省政府大政方针，正确判断自身财力的基础上，主动“买单”。树立起财政部门“勤政、务实、高效、廉洁、文明”的服务型机关新形象。

七是突出抓好队伍建设，提高部门和队伍执行力，在强化干部队伍建设上有新突破。建立科学规范的干部选拔机制，坚持“凭能力定使用，靠实绩求进步”的选人用人导向，打破论资排辈的束缚。从制度上着手，完善行政问责、工作考核、定岗定责、服务承诺、限时办结、调查研究等各项制度规定，建立作风建设的长效机制。

八是突出抓好围绕中心，提高党建工作和机关建设水平，在党的建设和机关建设上有新突破。曾志权说，要坚持把党建工作和机关建设放到当前财政改革与发展的大背景下去考虑，紧紧围绕财政改革发展的中心工作和目标任务，确定工作目标，落实保障措施，不断提高党的建设和机关建设水平。

（记者：颜小岩、鲁锦峰，2010年8月26日《中国财经报》）

构筑一道坚实的“公共财政保障线”

——广东省财政支持灾区救灾复产重建纪实

10月12日，广东省委办公厅、省政府办公厅出台了《关于加大力度支持灾区复产重建工作的指导意见》，全省财政部门紧绷救灾复产这根弦，把支持灾区灾后复产重建作为今后一个时期头等大事抓紧抓实抓好。

9月20日，超强台风“凡亚比”裹挟着强降雨横扫粤西茂名、阳江、云浮等地，特大泥石流、山体滑坡等灾害接连发生，大片房屋被摧毁，道路、桥梁被冲垮，部分地区通信、电力中断，人员伤亡和财产损失严重。

非常时刻，非常行动。面对严峻灾情，广东省各级财政部门迅速反应，把支持灾区救灾复产重建作为中心工作，按照中央和省委、省政府的科学决策和统一部署，在财政部的关心支持下，积极筹措资金，充分发挥财政的保障作用，想灾区群众之所想，急灾区群众之所急，解灾区群众之所难，全力以赴投入到支持灾区抗灾救灾的战斗当中，与全省人民一道，谱写了一曲众志成城的抗灾之歌。

紧急部署，迅速行动

受超强台风“凡亚比”影响，强降雨在9月20日夜间开始袭击粤西地区。高州市马贵镇马贵站12小时内降雨量达到673.5毫米，超过该站历史实测最大雨量，降雨强度达到1 000年一遇；阳春市八甲镇石碧站降雨502.5毫米，超200年一遇。长时间的持续强降雨，导致山体滑坡和特大山洪泥石流等次生灾害暴发，茂名、阳江、云浮等市21个县（市、区）160多个乡镇100多万人受灾。

广东省委、省政府迅速作出抗灾救灾的指示和部署，22日零时，三级救灾应急响应启动，22日3时，二级救灾应急响应启动，一场抗灾救灾、复产重建的战役在全省迅速打响。

广东省各级财政部门紧急行动起来，省财政厅厅长曾志权批示：“密切关注受灾情况，对救灾工作应特事特办，加大支持。”按照省委、省政府的工作部署，省财政厅和受灾地财政部门第一时间启动了救灾应急工作机制，实行救灾复产值班和联络员制度、信息传递和报告制度、资金应急保障制度，并开通了资金拨付“绿色通道”，全力支持灾区群众抗灾抢险、恢复生产、重建家园。

9月22日是中秋佳节，曾志权随同广东省委书记汪洋、省长黄华华等省主要领导同志，到达交通通讯中断、灾情最重的高州市马贵镇，视察灾情、指导抗灾救灾。当晚，在信宜市参加省政府紧急召开的救灾工作会议后，已是次日凌晨时分，曾志权立即致电省财政厅农业处负责同志，要求进一步加大工作力度，增拨资金，并连夜办理资金拨付手续，支持高州、信宜市开展救灾复产工作。

10月1日深夜11点，广东省财政厅办公楼依然灯火通明。曾志权厅长正在这里主持召开厅长办公（工作）会议，研究支持灾区开展灾后复产重建项目和省级资金扶持建议方案。此前，他刚刚于9月30日至10月1日再次随同汪洋书记到茂名、云浮视察灾情，贯彻落实省委、省政府关于灾区抢险救灾重心全面转入复产重建的工作部署。他随后致电省有关部门领导沟通协调相关资金安排意见，形成《关于加大省财政支持灾区灾后复产重建力度的意见》，于次日上午即上报省政府。

大灾如大考，考验着财政人的精神和意志，也考验着财政人的信念和力量。面对突如其来的灾害，全省各级财政部门迅速行动起来。灾情发生后，省财政厅明确，包括节假日在内必须做到资金筹集安排和拨付各环节时刻有人在岗，办公室、预算处、农业处等处室的工作人员几乎是连轴转，按照厅党组提出的“急事急办、特事特办、随到随办”的工作要求，核实灾情、制订计划、筹措资金、拨付资金，加班加点，一刻不停。“十一”长假期间，他们依然坚守岗位，全天候待命，随时投入到救灾行动中，确保不因财政资金拨付影响救灾应急工作。

受灾地区各级财政部门抗灾救灾工作也迅速展开。作为此次受灾最严重的地区，茂名市财政局实行局领导在岗带班，相关科室轮流值班，并抽调最优秀的业务骨干，到拨付救灾复产资金一线。信宜市坪塘镇财政所从救灾一开始，连续两个通宵开车运送救灾物资和救灾人员，到10月7日，他们往返行程已超过1 300公里，运送物资40多车次。在阳江、云浮，当地财政部门干部纷纷放弃休息时间，全力支持抗灾救灾，尽心尽责，毫无怨言。

灾难无情人有情。全国财政系统发扬“一方有难、八方支援”的协作精神，支援广东抗灾救灾。9月23日，财政部有关司局的领导到灾区帮助指导救灾工作，带去对灾区财政干部的关心和慰问，极大地鼓舞了灾区人民战胜灾害的信心和勇气。中央财政加大了对广东抗灾救灾的支持力度，截至10月15日，中央财政共拨付广东救灾复产资金11 000万元。兄弟省、市的财政同仁无私地伸出援助之手，9月25日，山东省捐赠救灾资金500万元，9月27日，福建省捐赠救灾资金100万元，给灾区财政部门救灾工作提供了有力支持。

发挥职能作用，加大保障力度

由于“凡亚比”台风带来的降雨强度大、成灾快，并引发山体滑坡、泥石流等严重次生灾害，灾害发生时间特别、地域特殊、救灾险难，造成了较为严重的人员伤亡和财产损失。据统计，截至9月27日，此次特大暴雨带来的洪涝灾害、泥石流灾害和其他次生灾害造成130.50万人受灾，因灾死亡和失踪的一共141人，紧急安置转移10.07万人，倒塌房屋1.35万间，受灾农作物面积58.03千公顷，直接经济损失50.91亿元，其中水利设施直接经济损失15.09亿元。

救灾复产重建，财政资金是重要的保障。只有财政救灾资金及时拨付到位，才能确保救灾物资供应和各地、各部门抢险救灾和复产重建工作的有序开展。面对严重的灾情，全省各级财政部门把时间当作第一要求，争分夺秒保障救灾资金需求。省财政厅启动了紧急资金拨付程序，做到资金实时优先拨付，专人办理跟踪报告，确保从接到任务到完成资金拨付在24小时内办理完毕。9月23日，省财政厅第一批救灾资金1 600万元全部拨付到位；9月26日，省财政增加安排的2.15亿元救灾资金，除“全倒户”安置资金需要核实后拨付外，其余全部拨付至灾区市县，帮助灾区群众共渡难关。

在救灾复产工作最紧张的时期，汪洋书记到高州、信宜、罗定等灾区视察时指示，加大财政支持救灾复产重建的力度。根据汪洋书记的指示精神，省财政厅成立专职小组，很快拟定了《关于加大省财政支持灾区灾后复产重建力度的意见》，按照先应急后完善、先恢复后提高、先重点后一般，突出重点，统筹兼顾的原则，提出在已安排救灾复产资金3.2亿元的基础上，增加安排11.7亿元资金，支持灾区灾后复产重建。另外，还安排其他方面救灾资金6 000多万元。至此，省财政共安排“凡亚比”台风救灾复产重建资金14.9亿元，这是改革开放以来广东省级财政对本省局部地区救灾复产支持资金金额最多的一次。

茂名、阳江、云浮等地财政部门积极克服财力紧张的困难，不等不靠，千方百计加大本级财政投入，并开辟救灾复产资金拨付“绿色通道”，所有救灾复产资金均即时办理。信宜市财政局打破常规，急事急办，接到市领导拨款通知，立即开票拨款，保证救灾资金及时、足额拨付到位，有力地支持了当地的抗灾自救和灾后复产重建工作。截至10月7日，仅茂名市就累计拨付救灾复产资金达1.5亿元。其中，中央补助资金4 300万元，省补助资金9 530万元，市财政安排资金1 096万元。

全省各级财政部门在提高资金拨付效率的同时切实加强资金监管。省财政规定，对已实行专户管理的水利救灾资金由省财政直接拨付至市、县（市、区）水利建设资金专户，减少拨付的中间环节，不具备集中支付条件的按照财政支农资金报账制管理的规定办理，严防救灾资金被挤占、挪用。茂名市财政局迅速制定实施了《“9·21”特大暴雨洪灾救灾重建专项资金管理办法》，从严格财务管理、明确支出次序、提高工作透明度等三方面保障救灾专项资金安全高效运作。

财政支持复产重建，工作不断、力度不减

在省委、省政府的坚强领导下，在中央财政的有力支持下，经过全省上下的努力，目前救灾复产重建工作已取得阶段性成效，各项救灾资金得到及时筹措和落实，受灾群众及时得到妥善安置，各地重建家园工作陆续开展，但是，救灾复产工作的形势仍十分严峻、任务仍十分艰巨。10月12日广东省委办公厅、省政府办公厅出台的《关于加大力度支持灾区复产重建工作的指导意见》，明确要加大财政支持力度，进一步恢复灾区正常生产生活条件和秩序，确保2011年春节前完成受灾倒塌房屋重建任务，让“全倒户”搬进新居；争取在一年内，除个别大型水毁工程外，全面完成各项复产重建任务，使灾区基本生产生活水平和经济社会发展全面恢复并适当超过灾前水平，城乡面貌明显改观，生态环境切实得到保护和改善，基本公共服务水平明显提高。

按照省委、省政府的决策部署，省财政厅提出，要切实履行职责，认真落实资金筹措和保障工作，发挥省级调控和表率作用，确保财政保障工作不断、力度不减，重点支持推进倒塌民房修复重建、中小学校舍修复重建、水毁沙压农田复垦、交通基础设施修复重建、水毁水利设施修复及除险加固、重灾镇和重灾村恢复重建等六项重点工程建设。同时，及时组织力量对中央、省和市县救灾资金的安排、拨付、使用情况进行监督检查，督促市县财政部门充分发挥部门职能作用，加强救灾资金管理，使救灾复产重建资金发挥出最大的经济社会效益。

对于奋战在救灾复产重建第一线的许多广东财政人而言，这是一场检验工作执行力的大考。20天来的实践证明，全省各级财政部门无愧于省委、省政府和广大人民群众的信任，发挥了财政应急保障的重要作用，圆满完成了省委、省政府交办的各项工作任务。当前，救灾复产重建工作仍在紧张有序地进行，救灾和恢复重建工作一日不结束，财政保障工作就一日不能松懈，广东各级财政部门将继续认真履行职责，发扬连续作战精神，做到工作不断、力度不减，构筑一道坚实的“公共财政保障线”，与全省人民一道奋力夺取救灾复产重建工作的全面胜利。

（记者：鲁锦峰，2010年10月21日《中国财经报》）

谁的优势大 财政扶持谁

广东引入竞争方式，分配战略性新兴产业发展专项资金，5年投入100亿元

经过紧张激烈的公开答辩评审，广东省财政厅组织的第一批战略性新兴产业发展专项资金公开答辩结果于近日揭晓。太阳能光伏、核电装备、生物制药、新材料、节能环保等5类产业15个项目竞争该专项资金，通过演讲陈述、现场答疑、专家评分等程序，广州博创机械有限公司节能环保注射成型设备等10个项目最终胜出，进入到现场考察环节。

战略性新兴产业代表着产业发展的趋势，是推动经济发展方式转变的重要力量，其起步和培育离不开政府“有形之手”，离不开财政资金和政策的支持。为此，今年广东设立了战略性新兴产业发展专项资金，“十二五”期间省财政每年将安排20亿元，5年共投入100亿元，集中支持高端新型电子信息、LED产业、新能源汽车、太阳能光伏、核电装备、风电、生物制药、新材料、节能环保、航空航天、海洋等11类战略性新兴产业发展，进而实现对其他产业和领域的带动提升，推动经济发展方式转变。

据了解，在每年20亿元的专项资金中，60%部分切块安排到省直其他部门用于支持高端新型电子信息、LED产业、新能源汽车三大产业发展，省财政安排40%部分则用于其他8类战略性新兴产业项目以及省委、省政府决定的其他重大项目。该省对项目采用分类扶持的方式，其中，以单个企业为主体的项目，每类产业原则上支持1~2个项目，每个项目支持金额不低于1 000万元（含1 000万元），不高于5 000万元（含5 000万元）；以主体企业或主体产品为主的产业集群项目，每类产业原则上支持1~2个项目，每个项目支持金额不低于3 000万元（含3 000万元），不高于8 000万元（含8 000万元）。这次竞争性分配的资金就来自于40%的部分。

为鼓励项目竞争，实现财政资金的择优配置、重点突破，充分发挥财政资金“四两拨千斤”的杠杠作用，此次战略性新兴产业发展专项资金分配引入了竞争性安排方式，按照竞争择优、公平公开的原则，设置了组织申报、要件准入、书面评审、公开答辩、现场考察、项目公示和结果确认等7个环节，形成了一套完整的竞争性分配流程。其中，书面评审和公开答辩环节均以封闭形式进行，全程由省纪委派驻省财政厅纪检监察人员进行监督。据了解，此次专项资金竞争性分配共吸引了153家项目单位申报。

按照竞争性分配程序，公开答辩结束后，省财政厅还将组织评审小组对10个项目进行实地考察，出具考察意见，并综合考虑书面评审、公开答辩、实地考察等阶段情况，提出建议扶持项目名单。为期7天的公示期结束后，拟扶持项目将由省财政厅上报省促进战略性新兴产业发展领导小组确认。最终通过全部程序的项目，将获得1 000万~5 000万元的省财政资金扶持。这笔扶持资金将根据项目实际采用贷款贴息、无偿补助、以奖代补等方式安排使用。其中，形成产业的项目，将优先采用贷款贴息的方式，原则上每个项目用于贴息的补助资金不低于补助金额的50%；对开发研究、市场开拓和配套服务项目将采取适当补助或以奖代补的方式。

据悉，对于符合条件但因申报项目不足3个未能进入公开答辩环节的航空航天、风电、海洋类产业等重要项目，广东省财政厅还将另行研究对此类型企业项目的支持措施。

（记者：鲁锦锋，2010年12月7日《中国财经报》）

关注2010年预算执行进度：广东提高8个以上百分点

广东省高度重视加快预算支出执行进度，今年9月份以省政府名义下发了《关于进一步加快财政支出进度的通知》，要求各地进一步提高预算编制的科学性，提高资金支付效率，狠抓财政支出进度。截至11月底，全省地方一般预算支出完成年度预算的87.56%，比去年同期进度提高8.56个百分点。全省21个地级以上市当中，有15个市支出进度快于上年同期。广东省主要采取以下几项措施，多管齐下加快预算支出执行进度，取得了积极成效。

实行预算支出分类管理。对全年的一般预算支出项目进行全面梳理，按支出性质将各项资金分为工资支出类、公用经费和业务经费类、基建项目类、民生支出类、专项资金类、疫情救灾类和中央下达资金类等7大类别，并针对各类支出的实际情况明确支出管理要求，相应地对各类资金的结余结转也区别情况明确了分类管理的原则，提高了支出管理的针对性和规范性。

建立支出进度任务分解机制。在对预算支出进行分类管理的基础上，由支出经管部门每月对支出额度进行分类分解，制定下一个月的支出进度任务。同时，建立支出进度任务每月统计汇总机制，要求各经管部门认真细化支出项目情况，并把每月的支出进度任务落实到具体支出项目。

建立全省预算执行通报制度。以各市经人大通过的预算数为2010年一般预算支出预计数，省级财政按月对各地级以上市预算支出进度进行排名并予以通报。各市、县财政部门也相应建立了辖区内预算支出进度通报机制，形成一级抓一级，上级带下级，层层抓落实的工作格局。

建立省级支出拨款进度通报制度。明确省直各部门为支出执行的责任主体，要求各部门将支出执行责任落实到具体岗位和人员，并对已下达的预算指标分月编制用款计划，确保用款进度不慢于时间进度，促进省直部门加快支出进度，避免年底集中下达、集中拨付。

加强结余结转资金管理。专门制定了办法，对省级结余结转资金进行分类，并相应提出减少结余资金和消化结转资金的具体措施，以控制部门结余结转资金规模，倒逼部门加快预算支出执行进度。

（2010年12月31日《中国财经报》）

基本公共服务均等化贴身解读之二

教育均等化，关键要保障有力

“教育公平是社会公平的重要基础，是首要的、根本性的民生工程。”省教育厅厅长罗伟其认为，省政府印发《广东省基本公共服务均等化规划纲要（2009～2020年）》（以下简称《规划纲要》），明确将基本公共教育服务均等化列在八项基本公共服务均等化之首，体现了省委、省政府把教育摆在优先发展战略地位的坚强决心，也切合广东省教育发展的实际和需要。

“均等化”须科学规划

《规划纲要》明确，要着重促进欠发达地区教育发展，重点改善欠发达地区师资队伍建设和办学条件，巩固和提高发达地区的教育水平和质量，不断增加教育优质学位，缩小欠发达地区与发达地区的教育差距。

罗伟其表示，实现义务教育均衡化，是个长期过程，但必须从现在起科学规划，强力投入，合理配置资源，持续推进，才能力争在一个不太长的时期里明显缩小欠发达地区与发达地区、农村与城市的教育差距。

此外，要提高教育质量还有一个很重要的目标抓手，就是普及巩固12年基础教育的成果。“这意味着要实现高中阶段教育普及化。”罗伟其介绍，2007年省委、省政府出台《关于加快普及高中阶段教育的决定》，提出到2011年全省户籍人口高中阶段教育毛入学率要达到85%，普职比大体相当的目标。

中职教育需“集约化”发展

《规划纲要》提出，大力发展中等职业教育，到2011年，全省中等职业技术学校（含技工学校）年均招生达到70万人，全日制在校生达到200万人。

“2009年，全省中等职业教育在校生总数已达到185.46万人，居全国第二位。”罗伟其说，当前和今后一段时期，实现职业教育体系化，就要整合优化中等职业教育资源，加快职业教育基础能力建设，实施集约化高水平职业教育基地建设战略，打造我国南方重要的职业教育基地。“由此，才能全面推进中等职业教育、高等职业教育、应用型技术型本科教育、专业学位研究生教育发展，构建从培养初级技能型人才到高端技能型人才的现代职业教育体系，为现代产业体系的建立提供人才支撑。”

10 年后实现高教普及化

2009 年，广东高等教育毛入学率为 27.5%，明显低于北京、上海、江苏、浙江、吉林等先进省市，与广东经济社会发展战略需求极不相符，仍需进一步促进规模与结构、质量、效益协调发展。

《规划纲要》提出，到 2011 年，力争全省高等教育毛入学率达到 32% 以上，到 2020 年全省基本实现高等教育普及化。

两年提高超过 4%，十年要实现普及化，这个目标会不会有难度？对此，罗伟其客观地评价，从 2004 年以来小学学龄儿童入学规模的趋势来分析，预计到 2015 年广东高等教育学龄人口都处于高峰期，从 2016 年起将逐渐下降，近期要大幅度提高高等教育毛入学率有很大困难。“但经过努力，到 2020 年达到 50%、进入高等教育普及化阶段的目标是可以实现的。”

教育经费投入要多元化

罗伟其还指出，推进基本公共教育服务均等化的关键是保障措施有力并切实得到贯彻落实。

以教育经费投入为例，《规划纲要》明确了建立完善教育经费多元的投入体制，实现教育经费“三个增长”，即各级政府教育财政拨款的增长高于财政经常性收入的增长，并按在校生人数平均的教育费用逐步增长，保证教师工资和学生人均公用经费逐步增长。

“通过建立满足教育发展的良性投入机制，保障教育投入，广东有能力到 2020 年建立健全全省统一制度、统一地区标准、统一预算拨付、统一监管的公共教育体系。”

（记者：谢苗枫，2010 年 1 月 4 日《南方日报》）

基本公共服务均等化贴身解读之三

大病不出县，吃药更便宜

《广东省基本公共服务均等化规划纲要（2009～2020 年）》提出，要推进“公共卫生均等化”，到 2011 年初步实现人人享有公共卫生服务；到 2020 年人人享有基本医疗卫生服务。

省卫生厅党组书记、副厅长黄小玲认为，最大的亮点是突出“三基”，即基本、基层、基础。“基本”是指三年内实现基本医保制度城乡“全覆盖”，建立基本药物目录制度。“基层”是加强基层卫生体系建设，发展卫生院、社区医院，让群众就近看病。“基础”是加强基层医院的基础设施建设，支持县级医院（含中医院）标准化建设，发挥龙头作用。

根据测算，要完成以上医改目标，广东各级财政必须在三年内投入 420 亿元。但专家指出，受国际金融危机冲击，广东财政普遍面临减收压力，“公共卫生均等化”的投入资金能否切实到位，还需观察。省级财政要加大对欠发达地区的转移支付力度，加强监督，确保“好事能做好”。

“新医改”五大优惠

——城乡居民看病有医保。3 年内，城镇职工基本医疗保险、城镇居民基本医疗保险参保率均达到 95% 以上，新型农村合作医疗参合率达到 98% 以上。所有在校大学生都纳入城镇居民医保。

——看病可报销更多医药费。城镇职工医保个人账户可以供家庭成员看病购药、疫苗接种、健康体检等。2010 年，城镇职工医保累计年度最高支付限额不低于 12 万元；城镇居民医保住院费用报销比例不低于 65%，累计年度最高支付限额不低于 8 万元；新农合镇、县、县外住院报销比例分别不低于 70%、60%、50%，累计年度最高支付限额不低于 8 万元。

——基层群众吃药更便宜。2009～2010 年，在以省为单位进行集中采购的基础上，选择 40 个县（市、区）推进建立政府办基层医疗卫生机构统一配送、全部配备使用及零差率销售基本药物的制度。制定各级各类医疗机构使用基本药物的比例。大部分常见病处方药纳入政府定价范围。

——农民小病不出村、大病不出县。到 2011 年，建立三级医院两个半小时服务圈、二级医院一个半小时服务圈和基层卫生服务机构半小时服务圈，形成方便快捷的应急救治和转诊网络，为群众提供安全、便捷、低成本的基本医疗卫生服务。

——公立医院改革开始“破冰”。从 2009 年起，在深圳、韶关、湛江三个市试点取消药品加成的基础上，推进医药分开，逐步取消药品加成，药事服务费纳入基本医疗保险报销范围。实行区域“病历一本通”和区域或同级医疗机构检查检验结果互认。

（记者：陈枫，2010 年 1 月 5 日《南方日报》）

基本公共服务均等化贴身解读之四

文化体育服务体系覆盖全社会

省政府印发《广东省基本公共服务均等化规划纲要（2009～2020年）》（以下简称《规划纲要》）提出，2011年，广东省基本建成市、县（市、区）、乡镇（街道）、行政村（社区）四级基层公共文化设施网络，初步解决农民群众收听广播收看电视难、看书难、看电影难的问题。基层农村公共体育服务水平明显改善，群众体育健身难问题基本得到解决。到2020年，形成服务优质、覆盖全社会的公共文化服务体系，基本形成完善的现代化公共体育服务体系。

重点打造乡镇文化站

省文化厅副厅长杜佐祥表示，《规划纲要》将文化作为一个重点，必将推进文化事业繁荣发展。他说，《规划纲要》提出，到2011年，广东省将建成城市“十分钟文化圈”和农村“十里文化圈”，确保城乡群众能够免费享受各种公益性文化服务。这是实现文化均等服务的重要方面。按照《规划纲要》的精神，近几年还将逐渐把文化站、博物馆等单位都纳入到规划轨道中来。

杜佐祥说，2011年广东省将实现县有两馆（文化馆、图书馆），乡镇有综合文化站，行政村有文化活动室。着重建设好乡镇综合文化站将作为下一步的工作重点，因为乡镇综合文化站综合了文化、广电、体育等方面的广泛资源，群众能够就地或近距离享受读书、阅览、演出等文化资源，更可以利用文化资源进行农业技术方面的科普培训。目前，文化信息资源共享工程服务网络就以党员远程教育网络资源为依托平台，为广大群众提供了大量的文艺、科普方面的资源。

群众体育要“五化”

省体育局局长杨迺军指出，根据《规划纲要》的要求，当前和今后一段时期，广东省体育的主要工作是进一步加快体育强省建设，进一步加快群众体育发展。他说，到2020年，群众体育要达到场地现代化、组织网络化、活动体系化、健身科学化、体质优良化，全面实现群众体育锻炼有场地、活动有组织、健身有指导、体质有保障。

（记者：李文龙、郭珊，
2010年1月6日《南方日报》）

基本公共服务均等化贴身解读
我省将推进生活保障均等化

探索建立普惠型社会福利制度

我省将推进生活保障均等化。根据《广东省基本公共服务均等化规划纲要》，到2011年，完善城镇职工基本养老保险制度，全面开展新型农村社会养老保险试点，到2014年，建立不同制度之间的衔接机制，形成城乡统筹的生活保障体系。到2017年，进一步提高保障水平，逐步缩小人群、城乡与地区差别，逐步提高均等化程度。到2020年，建立适合广东省情、覆盖城乡全体居民、在全国处于较高水平的、具有相当高均等化程度的社会保障体系。

省民政厅将在珠三角地区先行先试，探索建立普惠型社会福利制度，加快健全救灾救助体系，建立完善优抚安置双拥服务体系，完善促进慈善事业发展的体制机制，努力推进基本公共服务均等化目标的实现。

据介绍，现阶段广东省基本养老保险仅仅覆盖城镇地区部分，在覆盖农村地区方面还刚刚开始。据介绍，广东省将以农民工、非公有制企业从业人员、灵活就业人员及城镇个体工商户为重点，扩大养老保险覆盖面。建立具有针对性的农民工养老保险制度。完善养老保险关系转移、接续办法。到2014年，建立不同制度之间的衔接机制，形成城乡统筹的生活保障体系。其他未被该制度覆盖的农村居民，将主要通过新型农村社会养老保险、农村低保、农村五保、家庭保障等解决其未来养老问题。

省民政厅要求珠三角9市加快养老服务机构建设，至2011年底前，各市至少建有一所省二级以上综合性社会福利机构。推动珠三角地区率先推广居家养老服务，探索建立政府购买服务的居家养老服务的补贴制度。

今年，省民政厅将指导珠三角9市抓紧实施“儿童福利机构建设蓝天计划”项目，并开展对国内社会力量独立举办儿童福利机构可行性调研论证，2011～2012年在珠三角地区有条件的市开展试点工作。

珠三角地区的市、县（市、区）根据经济社会发展水平、财政状况、当地群众生活水平和物价指数等进行调整提高低保标准和补助水平，并建立低保标准动态调整制度。

至2012年，低保标准尚未达到家庭年人均收入2 500元的市、县（市、区）要逐步将低保标准提高至人年2 500元以上。根据城乡经济社会发展情况逐步推行城乡低保标准一体化，缩小城乡低保标准的差别。目前珠三角除深圳、佛山、东莞三市已实行城乡低保标准一体化外，其余各市至2020年均要实行城乡低保标准一体化。

（记者：刘茜、李强，通讯员：粤民宣、梁嘉敏，2010年1月11日《南方日报》）

基本公共服务均等化的挑战与对策

话题缘起：前不久，全国第一个基本公共服务均等化规划纲要《广东省基本公共服务均等化规划纲要（2009～2020年）》（以下简称《规划纲要》）正式出台，《规划纲要》描绘了到2020年广东省公共教育、公共卫生、公共文化体育、公共交通、生活保障、住房保障、就业保障和医疗保障八大方面公共服务的蓝图，明确制定了推进基本公共服务均等化的目标与实施路径。《规划纲要》出台无疑意义非凡，而要实现这一宏伟蓝图，财力保障是最根本的问题，此外还须推进行政管理体制、财政管理体制和社会治理方式等一系列改革。我们特约专家就推进基本公共服务均等化的上述关键问题谈看法。

基本公共服务均等化要解决的关键问题

《广东省基本公共服务均等化规划纲要（2009～2020年）》的出台，让老百姓对未来生活充满期待。同时，也有不少人为之担忧，基本公共服务均等化，谈何容易？换个角度看，这种担忧恰好就是广东实施《规划纲要》、推进基本公共服务均等化面临的挑战，也是我们必须解决的关键问题。

财力保障：以均衡收支差异为主要模式促进地区间财力的均等化区

根据测算，2009年至2020年的12年间，全省共需投入基本公共服务领域的财政资金24 812亿元，年均增长15.4%，年均新增投入292亿元。如此大规模的财政投入，将极大地考验广东全省各级财政。如果说全省财力的总量还可以实现这个“跳一跳可以摸到的目标”的话；那么，区域间财力的不平衡才是广东推进基本公共服务均等化的真正考验。众所周知，区域发展不平衡是广东的重要省情。不同地区之间、城乡之间财政实力的不平衡，将直接影响到基本公共服务均等化目标的实现。

促进地区间财力的均等化首先要选择合适的均等化模式。一般来说，财力均等化主要有均衡收入能力、均衡支出能力、均衡收支差异三种模式。就当前广东来说，财政在基本公共服务均等化中的策略选择应以均衡收支差异为主，即借鉴民政部门对低保户收入补差的办法，省级财政根据各地区经济社会发展水平差异、财政收入的不同、基本公共服务供给的实际困难等因素综合考虑，对难以达到“底线均等”（全省基本公共服务标准）的地区实行补差，从而弥补其收支缺口。具体操作上，可根据基本公共服务两大类八项内容，设立公共教育、公共卫生、公共文化体育、公共交通、生活保障、住房保障、就业保障、医疗保障等八个省级财政专项资金，分别对这八个方面基本公共服务难以达到全省最低标准的地区进行“补差”。

提供方式：政府以“出资人”和“购买者”的角色选择“双高”服务供应商

虽然基本公共服务是纯公共产品，必须由政府财政为其埋单；但是，这并不意味着政府必须直接生产基本公共服务。广东推进基本公共服务均等化必须选择一种“好”的基本公共服务提供方式。这个“好”包括两层意思：一层意思是从投入产出比来看，要选择效率较高的生产者；另一层意思是要选择群众满意度较高的生产者。为此，必须加快推进现有事业单位改革，调整事业单位经费供给方式，变“以钱养人、养机构”为“以钱养事”，采取政府购买服务、合同委托、服务承包等多种方式支持事业单位发展，使事业单位成为公共服务供给的主体。同时，要促进基本公共服务提供主体的多元化，建立基本公共服务多元化供给机制。这样，政府公共财政就可以通过扮演“出资人”和“购买者”的角色，在多个基本公共服务提供主体之间选择生产效率高和群众满意度高的“双高”服务供应商。

服务对象：全体社会成员

基本公共服务均等化的对象是全体社会成员，广东作为人口迁移流动大省，占常住人口近1/3的流动人口应该作为社会一员共享社会发展和进步的成果。《规划纲要》也明确提出，要通过实施人口迁移，将流动人口纳入基本公共服务均等化范围，促进人口由农村向城市转移，由欠发达地区向珠江三角洲地区迁移，不断缩小城乡间、区域间基本公共服务差距。不过，这里所说的人口迁移更多的是指户籍所在地在广东省内的人口迁移。对于省外流动人口，要从根本上实现其基本公共服务均等化，还需要在国家层面作出统筹安排。最近国务院出台的《城镇企业职工基本养老保险关系转移接续暂行办法》，规定参保城镇企业职工基本养老保险可跨省转移，就开了一个好头。

（作者：郑梓桢、邓智平，分别系广东省政协委员、省社科院研究员和省社科院助理研究员）

深化财政体制改革：均等化的制度保障

广东各地之间的基本公共服务不均等，主要原因是由于经济发展不平衡造成各地政府财力不均等。因此，通过财政体制改革，使各地政府都具有提供基本公共服务的财力，是实现基本公共服务均等化的重要举措。

一是推进省直管县财政管理体制改革。分税制改革之后，广东省实行了“省管市、市管县”的财政管理体制。在这种财政体制下，欠发达地区的市由于自身经济实力弱，难以对其管辖的县给予支持，有的市甚至过多地把县的资源集中到市，或过多地把省财政的转移支付资金截留在市，不利于县域经济的发展，并造成县政府财力困难，基本公共服务难以保证。因此需要进行省直管县财政管理体制改革，在政府间收支划分、转移支付、预决算、资金往来、年终决算等方面，省财政与市、县财政直接联系，开展相关业务工作。省直管县财政管理体制改革的一个重要内容是收支划分，这也是完善分税制的改革。要把省和市、市和县划分收支改为省直接和市、县划分收支。收入划分要科学合理，既要保证省级政府掌握必要的调控财力，又要保证一般的市、县政府具有足够的财力提供基本公共服务。

二是改革转移支付制度。为了在制度上保证省财政的转移支付真正落到欠发达的县，要把省对市、市对县的转移支付改为省直接对市、县的转移支付。要设计科学合理的转移支付计算公式，规范转移支付，从制度上杜绝依靠拉关系要钱的不正之风。转移支付要处理好平等和效率的关系，对部分转移支付资金实行竞争性分配，把有限的财政资金配置到效率高的地方和项目上。对于财政资金竞争性分配，需要研究采取怎样的具体做法才是科学合理的，并对这些做法所产生的全部成本和全部收益进行对比分析，以此提高分配效率。

三是完善预算审批和预算监督制度。当前在不少地方存在着这样的状况：一方面基本公共服务领域缺乏财政资金，另一方面行政支出却浪费严重。因此，政府要在安排预算时让投入基本公共服务的财政资金增长率高于其他财政资金增长率；同时，要采取有力措施遏制行政支出的挥霍浪费，把节省下来的资金投到基本公共服务上。从根本上解决行政支出浪费问题不能依靠发文件，只能依靠制度改革。其有效的措施就是完善预算审批和预算监督制度。政府提交人大审批的预算应该编制详细，人大审查和批准预算的时间应该安排充足，部门预算的批准应该逐个进行。应该总结和推广广州市公开预算的做法，逐步有序地实行预算公开，让政府预算成为人人监督的“阳光预算”。

四是建立财政资金绩效评价制度。建立财政资金绩效评价制度，对投入基本公共服务的财政资金进行事前绩效审核、事中绩效督察、事后绩效评价和绩效问责，会为政府有效率地运用财政资金提供制度保证。

（作者：缪国亮，系中共广东省委党校经济学部教授）

完善均等化的绩效考评机制

推进基本公共服务均等化，旨在深入贯彻落实科学发展观，构建党领导全体人民共同建设、共同享有的社会主义和谐社会，实现全面建设惠及十几亿人口的更高水平的小康社会。实现基本公共服务均等化具体操作中应当关注几个问题。

关注小事情大战略的问题。基本公共服务是保护个人最基本的生存权和发展权所必需提供的公共服务，是一定阶段公共服务应该覆盖的最小范围和边界。基本公共服务均等化是指在基本公共服务领域尽可能使居民享有同样的权利，享受水平大致相当的基本公共服务。《规划纲要》的基本公共服务范围分为两大类八项内容，都是柴米油盐、衣食住行、生老病死等民生“小事”，基本公共服务均等化的中心问题，不再是笼统的广大人民根本利益，而是人民群众切实的经济、政治、文化和社会利益，表现为看得见、摸得着、用得上的现实利益。然而小的事情却影响大的战略布局。

关注小措施大变化的问题。广东省以“十项民心工程”为载体，全面推进全民安居、农民减负、权益保护、全民安康、治污保洁、农村饮水、城乡防灾减灾等。广州市“惠民 66 条”，涵盖了“三农”、就业、教育、社会保障、医疗卫生、公共安全、住房保障、城市交通、人居环境、文化体育和政务服务水平等 11 个方面 66 件实事。2008 年广州市又有了“补充 17 条”，主要从各类社会保险保障体系入手，切实改善民生。这些小措施带来了大的变化。在制定政策和实施行为时，需要防止两种弊端：第一，只是从经济成本维度来衡量基本公共服务均等化的实现，将直接关系民生的公共卫生、教育、住房等社会事业完全商品化；第二，使基本公共服务均等化的目标对政府行为失去硬性约束力，成为“有钱就办，没钱就算”的可有可无的软指标，成为政府“不出乱子不管，出了乱子才管”的消极被动行为。这些弊端直接导致当前民生领域服务的缺失，造成贫富差距、城乡差距、地区差距不断拉大的社会后果。这方面需要完善基本公共服务均等化绩效考评机制，着重考察实践基本公共服务均等化中的各种制约因素，将出发点放在探寻制约基本公共服务均等化的根源性症结，对各种僵化的旧体制尤其是公共财政体制，逐步进行改进。

关注小苗头大趋势的问题。推进基本公共服务均等化的实现机制，要放在普遍联系中去看，放在系统中去看，放在大格局中去看，动态地来把握。在这方面尤其要注意那些看起来是个小的苗头，但是一旦发展起来就会成为一个大的趋势的问题，尤其要关注那些小概率、大危机的情况。要善于发现问题和解决问题，畅通群众表达利益诉求的渠道，把握群众的喜怒哀乐，关心群众的安危冷暖。一些干部没有问题意识，不善于发现苗头，眼睛看不到趋势，头脑没有分析，手里没有措施，以至于小事闹成了大事件。

（作者：段华明，系中共广东省委党校现代化战略研究所所长、教授）

（2010 年 1 月 25 日《南方日报》）

实现公平与可持续发展的重大战略举措

广东基本公共服务均等化走在全国前列

经过30多年的改革开放，我国已进入以促进人的自身发展为目标的发展新阶段。新时期新阶段，着力推进基本公共服务均等化，是满足广大群众日益全面增长的公共需求、实现公平与可持续发展的重大战略任务，也是各级政府的基本职责。着力推进这一重大目标的实现，将加快广东发展方式的转型，使广东在我国新时期新阶段的改革发展中发挥更大的作用。

2009年12月，广东省人民政府印发了《广东省基本公共服务均等化规划纲要（2009~2020年）》，在全国率先编制了基本公共服务均等化规划。《规划纲要》提出，到2020年，全省基本建成覆盖城乡、功能完善、分布合理、管理有效、水平适度的基本公共服务体系，实现城乡、区域和不同社会群体间基本公共服务制度的统一、标准的一致和水平的均衡，全省居民平等享有公共教育、公共卫生、公共文化体育、公共交通、生活保障、住房保障、就业保障、医疗保障等基本公共服务，使基本公共服务水平在国内位居前列，在国际上达到中等发达国家水平。

均等化是促进社会公平和谐发展的重大战略任务

基本公共服务均等化的本质是促进全体公民公平分享改革发展成果的机会均等，结果大体相同，把基本公共服务差距控制在社会可承受的范围内。广东《规划纲要》的突出特点，是把“公平优先”作为推进基本公共服务均等化的首要原则。《规划纲要》提出，坚持公平优先，基本公共服务供给重点向农村、欠发达地区和困难群体倾斜，在覆盖全体居民的基础上逐步提高供给水平，保障每一位公民平等享有基本公共服务，实现“底线公平”。

推进基本公共服务均等化，有利于保障公民的基本权利，确保每一个公民平等享受基本公共服务，促进社会公平公正、维护社会和谐稳定；有利于缩小城乡、区域和不同社会群体之间收入水平、生活质量和发展机会的差距，推动区域之间、城乡之间协调发展。

基本公共服务均等化是保障与改善民生的重大任务。保障与改善民生，直接依赖教育、卫生、基本社会保障和公共就业等基本公共服务对社会成员的可及性。也就是说，“努力使全体人民学有所教、劳有所得、病有所医、老有所养、住有所居”（中共十七大报告）。

2009年，我国城乡人均收入比已经达到3.33:1，若把基本公共服务，包括义务教育、基本医疗等因素考虑在内，城乡人均实际收入比将高达5~6:1。据此估算，城乡基本公共服务差距对城乡实际收入差距的影响度在30%~40%左右。为此，新阶段缓解城乡差距核心在于尽快实现城乡基本公共服务均等化，赋予农民与城市居民同等的发展权利和发展机会。

均等化是扩大内需、保持经济平稳发展的重要条件

基本公共服务均等化是推进城乡一体化的重要举措。中共十七届三中全会明确提出，要“形成城乡经济社会发展一体化新格局”。基本公共服务均等化是体现以人为本的重要制度安排，是形成城乡经济社会发展一体化发展新格局的重要途径。广东率先推出逐步实现全省基本公共服务均等化的宏伟规划，加快城乡一体化的公共产品供给制度安排，取消对农民公平分享基本公共服务的体制障碍、制度障碍和政策限制，给农民以公平的国民待遇，加快统一城乡义务教育制度、公共医疗卫生制度、劳动就业制度、户籍管理制度、社会保障制度等基本公共服务制度，必将在全国率先建立起城乡经济社会发展一体化的新格局。

基本公共服务水平的提高，对经济的可持续增长有着非常重要的影响：一方面，在健康和教育领域的基本公共服务供给，有助于促进人力资本积累，替代物质资源的投入，提高劳动生产率和资源的利用效率，降低经济增长对物质资源投入的依赖；另一方面，基本公共服务的供给，特别是基本社会保障水平的提高，有助于减少居民的预防性储蓄，促进消费，扩大内需，实现经济发展方式的转变和经济结构的优化。

扩大社会投资是扩大内需的重要内容。广东省到2020年实现基本公共服务均等化的目标需要投入24 812亿元，年均增长15.4%。从全国情况看，保守地乘上8倍，今后10年需要投入20万亿元左右。应当说，公共服务领域的投资需求是巨大的，是十分有潜力的。强化以基本公共服务均等化为目标的社会投资，是扩大国内投资需求、保持经济持续快速增长、促进经济发展从高度依赖出口向主要依靠内需转变的重要途径。

基本公共服务均等化是扩大消费的重要前提。这些年来，我国消费率从2000年的62.3%下降到2008年的48.6%，重要原因之一在于基本公共服务供给不到位，城乡居民的消费预期不稳。据测算，2005年城乡居民用于教育和医疗的额外支出对其他商品和服务消费产生的挤出效应达到5 810.7亿元。如果政府在教育、医疗等公共服务领域的投入到位，消费率可以从51.9%提高到55.2%。

扩大内需的最大潜力在农村，基本公共产品缺失和基本公共服务严重不到位，是启动农村消费大市场的主要障碍。所以，消除体制、政策和制度性障碍，促进城乡基本公共服务均等化，是启动农村消费大市场的重要前提条件。广东通过实施《规划纲要》，率先实现城乡、区域和不同社会群体之间基本公共服务的均等化，将为扩大消费内需开辟巨大的空间。

率先推进基本公共服务均等化，也是破解发展难题的重要路径。广东以出口加工业为重要特征的产业结构迫切要求调整升级，而产业升级需要通过基本公共服务均等化提高劳动者素质；广东仍然比较突出的城乡差距和区域差距需要通过共享式发展逐步缩小，而共享式发展迫切要求通过基本公共服务均等化建立起完善的再分配机制，有效地缓解城乡、区域和贫富差距；广东高度依赖出口的发展模式要转型加快扩大内需，而扩大内需迫切要求通过基本公共服务均等化为老百姓提供保障，稳定广大社会成员对未来的预期，从而敢花钱，提高消费率。

政府绩效考评以基本公共服务为重要导向

着力推进基本公共服务均等化，有一个财力的问题，但更重要的是体制建设和体制创新的问题。从实践看，着力推进基本公共服务均等化，关键在于实现政府转型，强化各级政府在基本公共服务中的主体地位和主导作用，加快建设公共服务型政府。广东《规划纲要》特别强调通过建立以基本公共服务为重要导向的政府绩效考评体系，强化对公共部门的约束引导，提高政府提供基本公共服务的效率和水平，将基本公共服务均等化纳入政绩考核体系，建立激励约束兼顾的政府绩效考评体系。这是广东率先推进基本公共服务均等化的重要体制机制安排。

合理划分省与市、县政府在基本公共服务中的职责分工，也是广东《规划纲要》的重要内容。近几年来，广东省各级政府都在不断加大对基本公共服务的投入，在解决民生问题方面有明显成效。但从总体上看，基本公共服务在城乡、区域和不同群体之间失衡的问题尚未根本改观。重要原因之一是，在基本公共服务领域，各级政府之间缺乏明确的职责划分。为此，广东将在明确划分各级政府公共服务职责的基础上，率先建立政府绩效评估体系和评估考核机制，将基本公共服务绩效评估与干部选拔、任用和内部激励相联系。这将从根本上改变干部考核中事实上仍然把 GDP 视为重要刚性指标、把公共服务供给当成软指标，而忽视社会成员实际需求的倾向，是保证各级政府履行基本公共服务职责的重要制度安排。

按照《规划纲要》的要求，广东将率先提高基本公共服务普遍覆盖，率先建立城乡统一的基本公共服务体制，率先实现省内各地区基本公共服务财政能力均等化，率先建立基本公共服务多元供给机制。这将使广东率先在全国实现基本公共服务均等化，对新时期我国的经济社会发展产生广泛而深远的影响。

（作者：迟福林，系中国（海南）改革发展研究院院长；总策划：刘昆、杨兴锋、王春芙、曾志权；总指挥：张仿松、胡建斌、王垂林、郭亦乐；统筹：范小花、鲁锦锋、姜玉龙、卢轶；版式统筹：陈健珊；2010 年 1 月 29 日《南方日报》）

十年后多数农民领养老金不是梦

● **百姓心声**

广东河源紫金县农民李化明最近看到广东出台了基本公共服务均等化规划纲要，当即致电本报记者，表达了他的激动心情。不过他问道："我是贫困地区的农民，从报上看到政府非常重视农民的养老问题，紫金也开始推广农村养老保险，低保户的生活补贴也年年在提高。在最近的报上，我关注到政府提出生活保障均等化政策，也就是说将加大对落后地区的财政补贴，缩小与发达地区的生活水平差距。我想十年之后，广东贫困山区农民的生活应该发生一个非常大的变化吧？当我们老去的时候真的可以像城里人一样领养老金吗？那时候我们的未来生活将有哪些改变呢？"

【权威说法】

2020 年建起均等化程度较高的社会保障体系

省人力资源和社会保障部门有关负责人告诉记者，广东省将推进生活保障均等化，随着生活保障均等化的实施，广东城乡居民的生活将有一个大的改观，广东居民生活将普遍得到保障。根据《广东省基本公共服务均等化规划纲要（2009～2020 年）》，到 2011 年完善城镇职工基本养老保险制度，全面开展新型农村社会养老保险试点，到 2014 年，建立不同制度之间的衔接机制，形成城乡统筹的生活保障体系。到 2017 年，进一步提高保障水平，逐步缩小人群、城乡与地区差别，逐步提高均等化程度。到 2020 年，建立适合广东省情、覆盖城乡全体居民、在全国处于较高水平的、具有相当高均等化程度的社会保障体系。

2020 年以前基本实现农保"全覆盖"

那时候农民是否也可以像城里人一样领取养老金？当然可以。就在今年 1 月 9 日，三水区西南街道木棉村 30 名首批参加新农保的农民代表，欢天喜地地拿到了基本养老金存折和个人账户对账折。据了解，目前全省 14 个试点县区均已启动了试点，有 27.3 万农民参加新农保，6.3 万人领取养老待遇。至 2009 年底，全省已有 263.8 万农民参加各类农村社会养老保险，其中 83.9 万人领取养老待遇。省人力资源和社会保障厅有关负责人说，十年之后广东省大多数农民领养老金不是梦，大多数人都可以老有所养。在《广东省基本公共服务均等化规划纲要（2009～2020 年）》中，提出建立适合广东省情、覆盖城乡全体居民、在全国处于较高水平的、具有相当高均等化程度的社会保障体系。

据了解，就在新年前夕，广东省政府正式印发《广东省新型农村社会养老保险试点实施办法》，全面启动新农保试点。从 2009 年到 2010 年底，广东在梅州市平远县等 14

个县、区开展新农保试点，约有375万农民率先纳入养老保障，约占全省符合参保条件农民的10%。以后逐步扩大试点，到2020年以前，将基本实现广东省农保“全覆盖”。

广东省人力资源和社会保障厅副厅长林应武说，全省有农村居民约5 000万人，其中16岁以上的适龄人口有3 850万人，仅60岁以上的老年人口就有585万人，目前全省农民参保率仅为6.3%，大部分农民尚未纳入社会养老保障范围。现阶段，广东省基本养老保险仅仅覆盖城镇地区部分，在覆盖农村地区方面还刚刚开始。因此生活保障均等化政策的实施，将有力地加快新型农村社会养老保险试点的全面铺开。

2020年实行城乡低保标准一体化

为了让更多生活在底层的人们获得养老保障，实现老有所养的目标。据介绍，广东省将以农民工、非公有制企业从业人员、灵活就业人员及城镇个体工商户为重点，扩大养老保险覆盖面。建立具有针对性的农民工养老保险制度。完善养老保险关系转移、接续办法。到2014年，建立不同制度之间的衔接机制，形成城乡统筹的生活保障体系。其他未被该制度覆盖的农村居民，将主要通过新型农村社会养老保险、农村低保、农村五保、家庭保障等解决其未来养老问题。十年之后，无论是在城市还是乡村，绝大部分人都会享受到老有所养的待遇。

此外，为了让更多的低层百姓享受到公共财政的阳光，省民政厅还将在珠三角地区先行先试，探索建立普惠型社会福利制度，加快健全救灾救助体系，建立完善优抚安置双拥服务体系，完善促进慈善事业发展的体制机制，努力推进基本公共服务均等化目标的实现。

为实现这一目标，省民政厅要求珠三角9市加快养老服务机构建设，至2011年底前，各市至少建有一所省二级以上综合性社会福利机构。

今年，省民政厅将指导珠三角9市抓紧实施“儿童福利机构建设蓝天计划”项目，并开展对国内社会力量独立举办儿童福利机构可行性调研论证，2011～2012年在珠三角地区有条件的市开展试点工作。珠三角地区的市、县（市、区）根据经济社会发展水平、财政状况、当地群众生活水平和物价指数等进行调整提高低保标准和补助水平，并建立低保标准动态调整制度。至2012年，低保标准尚未达到家庭年人均收入2 500元的市、县（市、区）要逐步将低保标准提高至人年2 500元以上。根据城乡经济社会发展情况逐步推行城乡低保标准一体化，缩小城乡低保标准的差别。目前珠三角除深圳、佛山、东莞三市已实行城乡低保标准一体化外，其余各市至2020年均要实行城乡低保标准一体化。

【纲要摘要】

建立覆盖全省居民的社保体系

到2011年，完善城镇职工基本养老保险制度，全面开展新型农村社会养老保险试点，提高城乡最低生活保障和优抚对象保障标准，使应该得到基本养老保障、社会救助与社会福利的人都能享受相关的待遇或服务。到2014年，建立不同制度之间的衔接机制，形成城乡统筹的生活保障体系。到2017年，进一步提高保障水平，逐步缩小人群、城乡与地区差别，逐步提高均等化程度。到2020年，建立适合广东省情、覆盖城乡全体居民、在全国处于较高水平的、具有相当高均等化程度的社会保障体系。

建立“个人缴费、集体补助、财政补贴”的新型农村社会养老保险制度。坚持“保基本、广覆盖、可持续”的基本原则，突出工作重点，以45周岁以上农民作为重点人群。有条件的地方，积极推进城乡居民养老保险体系建设。

加快完善优抚安置保障体系建设，建立城乡抚恤优待补助标准正常增长机制，切实保障优抚对象生活不低于当地平均生活水平。

加快完善社会救助体系建设，构建以最低生活保障、灾民救助、五保供养、流浪乞讨人员救助为主，以临时救助为补充，覆盖全面的社会救助体系。完善各种救助标准的正常增长机制。

【专家解读】

谢建社（广州大学广州发展研究院副院长）：

摒弃计划体制中城市偏向型动机

《珠江三角洲地区改革发展规划纲要（2008～2020年）》（以下简称《纲要》）提出促进城乡基本公共服务均等化，统筹教育、卫生、文化、社会保障等公共资源在城乡之间的均衡配置。

生活保障均等化，是指国家和社会在通过法律法规和政策对国民收入进行分配和再分配，对社会成员特别是生活有特殊困难的人们的基本生活权利给予保障的社会安全制度。社会保障的本质是维护社会公平进而促进社会稳定发展。

改革开放以来，珠江三角洲地区实现了经济社会发展的历史性跨越。但是，由于长期以来的城乡二元结构，城乡居民收入差距越来越大。当前城乡差距最核心的问题，是公共服务和社会保障水平的差异。就在这关键时刻，党提出了科学发展战略，《纲要》的精神实质是“科学发展，先行先试”。

谢建社认为，在生活保障均等化中，低保制度的实施在很大程度能保障生活均等化的实施，在生活保障均等化中占有重要位置。在社会救助制度的实践中，国际上通行的做法是针对不同的家庭执行不同的救助标准。但是，在我国城镇低保制度的实践中，各地普遍的做法是执行统一的固定标准，很少地区能够考虑家庭规模和家庭人口构成的影响。在实施生活保障均等化过程中，要充分考虑家庭结构不同致使低保标准多元。家庭结构对于家庭生活需求也有着重要影响。

（记者：刘茜，2010年1月29日
《南方日报》）

力争每年扶持10万人创业成功

• **百姓心声**

广州市民张先生是一家企业的员工，他一直想自己出来创业，但又怕将来创业失败后不好找工作。他告诉记者，看到报道说广东省要推进就业保障均等化，是不是可以将之理解为将来政府会为我们提供更多的工作机会，以后找工作更容易了。“那我是不是就可以放下包袱进行创业?”

清新县红星村民雷平则想通过培训提高自己的工作技能，从而可以换一份工资高一些的工作。他致电本报记者问道：“就业均等化政策实施之后，我是不是可以得到免费培训的机会呢?”

【纲要摘要】

建立全省统一的公共就业服务体系

到2011年，建立以“双转移”为目标的城乡劳动者平等就业的管理和服务制度，着力实现城乡基本公共就业服务均等化，建立创业服务体系。到2014年，建立城乡统一的劳动力资源、就业失业状况调查统计和指标体系，完善城乡平等的就业援助制度以及创业促进就业服务体系。到2017年，进一步增强政府公共就业服务供给能力，继续加强职业技能培训和智力扶贫，推动建立职业资格准入制度，完善远程职业培训平台，建立职业技能开发评价及政府公共就业服务绩效评价机制。到2020年，建立健全全省统一的公共就业服务制度和体系，实现区域间公共就业服务资源的均等化、城乡间公共就业服务体系的一体化和各类劳动者享受公共就业服务权利的公平化，实现全省各类劳动者和谐就业。

构建农村劳动力技能培训普惠制度，推进全民技能提升和储备计划，实施技工教育倍增计划；开发适应广东省产业调整升级的职业培训标准，注重开发适应农村劳动力、高技能人才培养和技工教育的远程培训课件。

推进创业促进就业服务，组织评审一批创业咨询服务机构，为创业者提供创业孵化服务，开发创业项目，鼓励高校毕业生等青年创业。

加强人力资源市场网络建设，加强基层公益性职业介绍服务机构建设，推进基层服务平台联网建设。

【权威说法】

2020年实现全省劳动者充分就业

省人力资源和社会保障部门有关负责人说，今后十年政府将拿出更多的资金为老百姓创造更多的就业岗位，只要你愿意干活，不用愁工作。根据《广东省基本公共服务均等化规划纲要（2009～2020年）》，到2020年，广东省将建立健全全省统一的公共就业服务制度和体系，实现区域间公共就业服务资源的均等化、城乡间公共就业服务体系的一体化和各类劳动者享受公共就业服务权利的公平化，实现全省各类劳动者和谐就业。

据省人力资源和社会保障厅介绍，到2011年，广东省将建立以“双转移”为目标的城乡劳动者平等就业的管理和服务制度，着力实现城乡基本公共就业服务均等化，建立创业服务体系。

政府将为百姓提供更多“饭碗”

去年，江门市委、市政府搭建了“千企扶千村”就业工程服务平台。“千企扶千村”实施一年，已免费培训农村劳动力42 645人，培训后实现转移就业35 232人，得到了省委书记汪洋同志的肯定。其实，江门“千企扶千村”就业工程仅仅是这些年广东所打造的许多就业工程中的一个。据省人力资源和社会保障厅有关负责人说，随着就业保障均等化政策的推进，政府将为百姓提供更多的“饭碗”。还会有更多“千企扶千村”就业工程“出炉”。

据介绍，为了让更多人能找到如意的工作，2009～2011年，广东省基本公共就业服务将覆盖城乡和省内所有常住人口。到2011年，90%的县（市、区）、80%的街道（乡镇）和75%的社区能够提供较为完备的基本公共就业服务功能。到2011年，在每年省有关部门组织开展的创业培训中，力争培训合格率达到90%，创业成功率达到40%。

为了实现这一目标，广东省将推进公共就业服务向基层延伸，建立健全公共就业服务平台，加强公共就业服务机构、创业服务体系和人力资源市场的场地和设施建设，完善基本服务功能，确保服务体系覆盖城乡和省内所有常住人口。构建农村劳动力技能培训普惠制度，推进全民技能提升和储备计划，实施技工教育倍增计划。

据介绍，广东省到2014年将建立城乡统一的劳动力资源、就业失业状况调查统计和指标体系，到2017年进一步增强政府公共就业服务供给能力，到2020年全面完善全省统一的公共就业服务制度和体系，这一阶段将实现基本公共就业服务标准化、城乡及区域间基本公共就业服务资源均等化，实现全省各类劳动者和谐充分就业；就业援助服务更加精细化。

扶持创业被提上日程

据了解，创业在促进就业保障均等化中也占有重要地位，明年将建立创业服务体系。

省人力资源和劳动保障厅有关负责人说，近年来以创业带动就业已成为解决就业问题的一条有效路径。前年金融危机之后，广东农民工大量返乡，省人力资源和社会保障厅就制定优惠政策大力扶持他们回乡创业，他们回乡创业不仅可申请5万元小额贷款，而且还减免返乡农民工创业行政事业性收费。农民工在户籍所在的县城、乡镇自主创业的，创办企业注册资本（金）10万元以下的，或者设立个体工商户的，凭当地劳动保障部门出具的自主创业优惠证明，两年内免收其工商登记费、减免各项其他行政性收费。经营国家限制的行业（包括建筑业、娱乐业以及广告业、桑拿、按摩、网吧、氧吧等）的除外。减免农民工返乡创业有关税收。

与此同时，广东团省委、省农村信用联社、省扶贫办联合发布了《关于实施〈广东扶持农村青年创业小额贷款项目〉的通知》，计划该年在全省发放超过1亿元的小额贷款扶持资金，专项扶持农村青年创业。该政策亮点在于“一镇一青年一项目”的目标，该政策实施全省将有2 000名优秀农村青年及2 000个优质创业贷款项目得到扶持。

省人力资源和社会保障部门有关人士说，《广东省基本公共服务均等化规划纲要（2009～2020年）》一推出，扶持创业就被提到日程上来，为了鼓励和扶持创业，《纲要》中明确规定推进创业促进就业服务，组织评审一批创业咨询服务机构，为创业者提供创业孵化服务，开发创业项目，鼓励高校毕业生等青年创业。大力推进创业带动就业，依托各类创业培训基地，力争每年扶持10万名城乡劳动者经过创业培训成功创业，带动就业50万人左右。

【专家解读】

湛新民（华南师范大学人力资源研究所所长）：

充分就业利于社会和谐发展

公共就业保障均等化中，就业是核心问题。改革开放以来，虽然广东经济得到了高速发展，但是仍然存在区域、城乡、不同人群之间的不均等。《广东省基本公共服务均等化规划纲要（2009～2020年）》就是政府为了解决这种不平均而制定的一个基本的、普适性的纲领性文件，它的实施将为广大老百姓带来更多的保障。公共服务就业保障均等化中，有关培训、就业信息服务将会为大多数人创造就业的条件，尤其是那些就业困难群众将因此而受益。这样就有利于更多劳动者权益的保障和劳动关系的调整，更有利于社会的和谐发展。

公共就业保障均等化政策的重点突出，创业被提到重要位置，劳动者创业，公共财政给予支付一定的补贴，另外财政、税收、产业、社保、培训政策将给予支持，这就会鼓励一大批人进行创业，从而以创业带动就业，扩大就业面，创造更多的就业岗位。随着创业政策的实施，创业成为就业均等化中的重中之重，广东将成为创新型的社会、创业的乐土。

湛新民认为，在公共就业保障均等化政策中，培训是一大亮点，它解决了就业的核心问题，经过培训将提高劳动者的素质，增强他们的就业能力和竞争力。该项政策中，把资金投放重点在职业培训上是“授人以渔”，解决了劳动者技能培训，就能提高他们就业的稳定性，增强保护自己的权益的能力。

（记者：刘茜，2010年1月29日《南方日报》）

住房保障纳入毕业生等“夹心层”

● 百姓心声

小郑今年刚刚大学本科毕业，在广州一家广告公司担任文案工作。广告行业普遍起薪不高，每月平均3 000元的收入让小郑过得紧巴巴的。“最犯愁的就是房租了，一个月几乎一半的收入都花在了住上。”

现在广州高昂的房价也让小郑相当无奈。以目前的房价和小郑的收入来看，小郑觉得自己15年内不可能买得起房子。“虽然我的收入应该会逐年提高，但也赶不上房价。更何况大半收入都搭进房租了，根本攒不下什么钱。”

无独有偶，最近一篇帖子在网络上被广泛转载，帖子称有人大代表提案称，目前“80后”已逐渐成为社会的主流，但生存的困境日益显著。建议政府对1978年到1991年出生的人给予一定的住房补助或结婚补助等。虽然该帖的真实性无从求证，但也侧面反映出社会的呼声。

对于大多数人毕生最大支出——住房，低收入家庭尚有廉租房、经济适用房等保障，但作为刚进入社会的毕业生来说，福利分房制度取消后，他们目前只有一部分能享受到非常有限住房补贴，而依靠补贴不仅买不起房，甚至连支付房租都不够。这不仅是这些毕业生的最大困扰，也逐渐成为我们社会的一大尴尬。

【权威说法】

政策性租赁房解决过渡性居住。小郑今天的困扰也许10年内就将不再。根据《广东省基本公共服务均等化规划纲要（2009～2020年）》，到2020年，广东省将基本形成以廉租房制度、经济适用住房制度、政策性租赁住房制度和住房公积金制度为主要内容的城镇基本住房保障制度体系。细心的人也许会发现，政策性租赁房作为一个新生事物与廉租房和经适房摆在了一起，而就是这个政策性租赁房，将很大程度上解决小郑们的困扰。

省住房和城乡建设厅住房保障处处长陈天翼介绍，政策性租赁房的房源可以通过多种方式新建或筹集，将以低于市场的租金，供既买不起商品房又不符合廉租房、经适房条件的“夹心层”群体——如新参加工作人员、异地调动干部、外来务工人员等家庭租住，解决其过渡性居住问题。

根据《规划纲要》，2009～2011年广东省将试行建立政策性租赁房制度，在珠三角地区率先推行，由各地采取多种形式新建、购买或利用腾退公房等方式筹集房源作为政策性租赁房；2012～2014年，这一政策将逐步推开，到2017年，全省各地级以上市都将推出政策性租赁房；而到了2020年，广东省将全面实施并完善政策性租赁房制度。

陈天翼介绍，从前我们的住房保障体系主要是针对低收入住房困难家庭，而政策性租赁房的推出，则将标准提高到了中等偏低收入的住房困难家庭，大大扩大了住房保障体系的覆盖范围。此外，政策性租赁房的租金定价标准也与廉租房不同，将采用级差租金的办法。也就是说，中等收入家庭或个人可以以低于市场价格的租金，租住政策性租赁房；而低收入家庭或个人租住，还可以根据收入标准，在此基础上享受一定折扣。

记者从省住房和城乡建设厅了解到，为了使政策性租赁房制度更好地实施，制定“广东省政策性租赁房指导意见”已经写入省住房和城乡建设厅的重点工作计划，预计年内就将出台。

相信不久以后，像小郑这样刚刚参加工作的“夹心层”，就可以向政府租住政策性租赁房了。政府当“房东”，不仅更加稳定安全，而且租金也比市场价更为低廉。节余更多，再加上努力工作，相信他们一定可以更早地买上属于自己的房产。

其实，广东省为解决“夹心层”的住房困难所做的探索和努力并不止建立政策性租赁房制度。陈天翼还介绍，广东省正在探索经适房的“租售并举”，用于解决廉租房和经适房标准之间的低收入“夹心层”的实际困难。届时，收入标准不能享受廉租房又买不起经适房的家庭，就可以先租后买。该办法将有效地使廉租房制度与经适房制度得以接轨。

有关专家表示，政策性租赁房制度可以解决不符合廉租房、经适房标准又买不起商品房的中低收入“夹心层”的住房困难。而经适房“租售并举”又可以解决不符合廉租房标准又买不起经适房的低收入“夹心层”的问题。这些制度创新将使广东省的住房保障体系无缝对接，真正对需要保障的人群实现全覆盖。

【纲要摘要】

非户籍常住人口逐步纳入廉租房保障

到2011年基本解决全省城镇户籍7万户低收入且人均住房建筑面积10平方米以下家庭的住房困难问题。

到2014年全面解决城镇户籍低收入家庭住房困难问题，逐步将非户籍常住人口中的低收入住房困难家庭纳入廉租住房保障范围。

到2020年基本形成以廉租住房制度、经济适用住房制度、政策性租赁住房制度和住房公积金制度为主要内容的城镇基本住房保障制度体系。

2009～2011年全省每年投入23亿至30亿元，年均增加廉租住房实物配租1.2万户，其余以租赁补贴方式解决住房困难问题。

低收入住房困难家庭较多、房价相对较高、住房结构性矛盾突出的市，继续推进经济适用住房建设，适当增加经济适用住房供应。全省计划每年平均建成经济适用住房1.2万套。

2012～2014年全面解决城镇户籍低收入且人均住房建筑面积10平方米以下家庭的住房困难问题；2015～2017年，廉租住房保障基本覆盖人均住房建筑面积12平方米以下的城镇低收入住房困难家庭；2018～2020年，解决人均住房建筑面积15平方米以下的城镇低收入住房困难家庭的住房问题。

【专家解读】

陈天翼（省住房和城乡建设厅住房保障处处长）：

从10平方米到12平方米再到15平方米

住房保障准入标准逐步提高

《规划纲要》的一大亮点就是住房保障体系的覆盖面越来越大。从收入标准来看，保障范围将从低收入家庭逐步向中低收入家庭转变；从住房面积准入标准来看，2014年以前，准入标准为人均住房面积低于10平方米的低收入家庭；到了2017年，这一标准被提高到12平方米；而到了2020年，又进一步提高到15平方米。

与2006年以前相比，当时广东省的住房保障仅对人均收入低于当地最低生活保障线且人均住房建筑面积低于6平方米的“双特困户”进行保障，而短短十几年之间，这一标准就将被提高到15平方米。这体现了广东改革开放以来所积累的雄厚实力，是根据广东的具体情况，在财力允许的情况下确立的。

当然我们应当认识到，保障范围并不是越大越好。我们应该明确的一个原则是保障基本需求，住房保障也要考虑到可持续发展、土地集约利用和合理有效地利用公共资源。因此保障水平一定要适中，而不能过度保障。目前来看，2020年15平方米这一标准是基本符合广东省实际的，届时广东省人均住房面积预计将达到30平方米左右，将人均面积的一半作为保障的准入标准是比较合适，也是有可能实现的。

陈琳（广州大学商学院房地产研究所所长）：

解决住房困难不仅仅是提供一个房子

低收入家庭住房困难问题，实际上并不仅仅是提供一个房子就可以解决的，在我们的低收入家庭住房调查中可以发现，有很多问题都可能引起住房困难，比如因病或者因失业而致贫等等。因此仅仅是提供住房保障是远远不够的。在《规划纲要》中我们看到包括公共教育、生活保障、住房保障、就业保障、医疗保障等基本公共服务都被纳入了保障范围，这非常好，把这些基本需求结合在一起保障有利于问题的根本解决。

《规划纲要》还建立了一个完整的保障性住房产品供应体系，包括廉租房、经适房、政策性租赁房和住房公积金制度等。尤其是政策性租赁房制度，既可以作为刚刚参加工作的白领、大学生等的过渡性用房，又可以解决一部分廉租房与经适房之间的“夹心层”的住房困难。

《规划纲要》的另一大亮点就是将非户籍常住人口中的

低收入住房困难家庭纳入了廉租房的保障范围，关于农村危破房改造也有相当大的篇幅。以往，关于住房保障人们的关注往往更集中在城市户籍人口，而忽略了农村和城市外来人口，因此这些举措都能够极大地促进城乡间、区域间和人群之间的平衡与协调。

（记者：卢轶，2010 年 1 月 29 日《南方日报》）

明年有条件的行政村客运通达率 100%

● **百姓心声**

家在韶关南雄山区的陈强从村里出门，到东莞工厂来打工，他总要为这四、五个小时的行程犯愁，路虽然修到了村口，但乘班车却不容易。目前广东完成了镇通村路建设，然而几时这些偏远的山区村子能通上客运班车？记者从省交通运输厅获悉，今年有条件行政村客运通达率将达 95%，而按照《广东省基本公共服务均等化规划纲要（2009 ~ 2020 年）》要求，到 2011 年，基本实现镇级有站、村级有亭和有通客运班车条件的行政村客运通达率 100% 的目标。

【权威说法】

推行短途公路客运班车公交化

随着去年底广东全省镇通建制村公路路面硬底化任务的完成，如何让修好的路上跑起客运班车，让村民出行更加便捷？在广东有条件的地区，这项工程已在加紧推进中。

一阵鞭炮过后，大批村民争先恐后上车“霸”位，6 辆大巴辆辆满客。以前坐摩托车出行日晒雨淋，现在坐公交车既便宜又安全舒适。村妇也背着小孩来凑热闹了，说以前从县城坐摩托车来这里探望打工的丈夫一趟要 15 元，现在坐公交车只需 5 元……这是广东德庆县革命老区马圩镇上彭村此前开通农村公交车时的场景。德庆县也因基本开通全县所有行政村的客运业务，而成为“广东农村公交化第一县”。

在东莞，核心城区公汽班次密度已达到每 10 分钟一班，重点线路高峰期 5 ~ 7 分钟一班；镇公汽 15 分钟一班，重点线路高峰期每 10 分钟一班，即便在偏远的村子，也大约每隔 30 分钟就有一班公交车。东莞市交通局负责人介绍，东莞已经基本实现了村村通公汽。

据统计，截至 2009 年底，全省建设乡镇客运站 413 个，候车亭 9 905 个，全省符合通客车条件的行政村客车通达率为 90%，珠三角地区基本实现了全部行政村通客车的目标。

笔者近日从省交通运输厅获悉，今年广东省将大力推进农村客运网络建设，初步形成城乡一体化公交网络，在今年年内实现 60% 的乡镇有站（含招呼站）、80% 的村有亭和有通客运班车条件的行政村客运通达率 95% 的目标。

根据《广东省基本公共服务均等化规划纲要（2009 - 2020 年）》，广东省将积极推动短途公路客运班车向公交化模式运行转变，建立多元化的农村客运站场投入机制，加大农村站场建设力度，大力发展农村客运。到 2011 年，基本实现镇级有站、村级有亭和有通客运班车条件的行政村客运通达率 100% 的目标。

7 年已完成农村公路硬底化里程 8 万多公里

高州市根子镇是南菜北运的主要基地，每天早上 7 点钟开始，就有来自全国各地的大货车沿着新修好的村道，开到田间地头收购蔬菜。立石村村民苏亚群开着摩托车把刚从自家田里摘下来的四季豆带到收购集中点，一筐四季豆卖了 108 元。他高兴地说：村里通了水泥路，收购蔬菜的车多了，一般都能卖到好价钱。

2003 年，解决农村行路难被省委、省政府列入十项民心工程之一，到 2009 年底，全省共投入 292. 27 亿元，完成了农村公路硬底化里程 8 万多公里，其中通建制（行政）村 4. 8 万公里，提前一年完成预定目标。全省 1 508 个乡镇 100% 通上了沥青（水泥）路，全省 21 649 个建制村中，除了 12 个因重点工程等影响暂缓实施外全部实现路面硬底化，5 900 多万农民受实惠，彻底改变农村地区出行“晴天一身尘，雨天一身泥”的状况。

为完成平均每年 42 亿元的投资，广东省 7 年里筹集各项补助资金 109. 48 亿元。从 2005 年起，省财政大幅度提高省补助标准，对东西两翼和粤北山区的农村公路建设从原来每公里补助 10 万元提高到 15 万元，对珠三角地区从原来没有补助，改为对其中革命老区镇通建制村公路路面硬底化每公里补助 5 万元。

农村公路建设任务重的地方，本身就是地方财政困难的市县区，但各级政府还是想方设法筹措配套资金。信宜大成镇政府为落实配套资金，把镇政府的旧礼堂、饭堂、闲置房等资产拍卖，宁愿办公地方窄一点，也要让村路修得更宽一些。

“镇通建制村公路路面硬底化”工程得到当地百姓的衷心拥护。据统计，7 年来地方投资和捐资共达 182. 8 亿元。茂名市高州曹江镇倾力打好“先进牌、乡情牌、细致牌”，全镇捐资 1 万元以上的有 52 人，最多的捐资 120 多万元。惠州市泔溪村 94 岁高龄的黄壬娇捐出了自己积攒多年的 1 000 元。

据悉，下一步省交通运输厅将重点对革命老区和少数民族乡镇等欠发达地区通 500 人以上的自然村或新农村公路路面硬底化建设进行调研，确定可行的实施方案并提交省政府决策。

加快经济发展缩小城乡差距

云浮罗定泗纶镇双德村海拔 800 多米，素有云浮“西伯利亚”之称。随着分界至双德公路的修通，近 6 000 多名群众从此告别出行难，并成为双德村加快发展的引擎。广德信食品贸易行在双德村成立特色蔬菜公司，仅此一个项目就为当地村民每月增收1 000多元。公司经理黎汉才说："特色蔬菜公司能在偏僻的双德村生根发芽，主要是得益于村道的改善，蔬菜最怕的是运输途中'颠簸'，损耗极大，如果道路没修好，再好的地理气候环境也会无人问津"。

省交通运输厅厅长何忠友指出，农村公路的建设为农业发展提供硬件支撑，同时促进人流、信息流的流通，为农业提供软件支持。现代农业推进集约经营，进行招商引资，建设现代农业园区都有赖于"路相通"。

据统计，汕头全市共有超过117家企业到新通水泥路的村居落户，投资总规模在3 600万元以上，为当地农村经济发展注入了新的活力。肇庆市德庆县的农村公路带动了当地贡柑、砂糖橘、荔枝等基地的发展，形成规模化种植，更获得了"中国柑王"、"中国橘王"的称号。

广东部分村镇结合水泥路建设进行环境卫生整治，村民的居住环境、卫生条件得到明显改善。肇庆市自2003年以来，共创建了生态文明村1 000多个、省卫生村100多个。汕头市实施通建制村公路路面硬底化建设以来，连接了177所小学，方便了10万多农村学生的求学之路。

有关专家分析，农村公路路面硬底化和农村通达客运班车工程将推进社会主义新农村建设，直接促进了农民群众饮水难、看病难、住房难、上学难等问题的解决，促进了农村社会经济的快速发展，带动了地方产业的发展，增加了更多的就业机会。

【纲要摘要】

建立多层次城乡一体化公交服务体系。到2011年，基本确立公共交通在城市交通体系中的主体地位。到2014年，逐步提高轨道交通占公共交通客运比重，进一步完善农村公路网络，初步建立相对完整的农村客运网络体系。到2017年，公共交通成为主流出行方式，建成轨道交通基本网络以及轨道交通与地面公交相衔接的一体化交通体系，基本形成覆盖全省城乡的交通客运网络。到2020年，基本建成惠及城乡、全民共享的安全、便捷、经济、可靠的多层次城乡一体化公共交通服务体系，有效满足居民出行需求。

【专家解读】

靳文舟（华南理工大学土木与交通学院教授）：

公共交通服务应关注弱势群体

建设交通基础设施不是目的而是手段，运输才是目的。改革开放30多年，广东交通走在全国前列。但由于综合运输系统中各个方式的建设和发展基本是各自为政的，如今把各个交通方式放在综合运输系统的一个盘子中，统一考虑发展问题，就需要考虑各个方式的效益比较、资源利用和平衡发展问题。这次珠三角一体化规划还要着重考虑基本公共服务均等化问题，在美国，交通技术设施的经济、公平和环境是决定建设项目是否上马的关键。我们情况虽然与国外有所不同，但现代化的交通体系建设也要以人为本，离不开民生。要充分考虑各方利益，政府的投资更多地关注弱者，尤其是在经济欠发达的农村地区，在交通设施和公共交通服务方面应给予足够的重视。

（记者：景小华，实习生：杨鸽，2010年1月29日《南方日报》）

双保险：横向转移支付+人口迁移

■ 引言

"《广东省基本公共服务均等化规划纲要》（以下简称《规划纲要》）的出台是不打无准备之仗的。"曾经直接参加《规划纲要》起草的省政协委员郑梓桢对本报记者如是说。他所说的"不打无准备之仗"，是指广东为公共服务均等化投入了相当的财力支持。

据了解，预计到2020年，全省共投入基本公共服务领域的财政资金24 812亿元，年均增长15.4%，年均新增投入292亿元，而同期广东省一般预算收入年均增长仅为12.9%。《规划纲要》同时指出，各级基本公共服务支出按高于一般预算支出增长安排，占一般预算支出的比重逐年提高。

财政部财政科学研究所副所长刘尚希表示，"有钱"不等于"基本公共服务已经均等化"。正如企业要生产优质产品，单是靠设备、人员及资金等要素仍然不行，企业管理也不可缺少；同一道理，要使基本公共服务均等化，财政保障机制及配套措施必不可少。

据悉，为加强基本公共服务"普惠于民"，保障财政这一支柱力量到位，广东省财政厅特意成立了相关工作小组，并率先提出与基本公共服务进展相适应的财政体制改革思路。

◎ 引入激励型财政机制

不因保护环境牺牲民生

> 省财政要制定相应的转移支付机制，设立专项资金对这些生态区予以补偿或奖励，要鼓励那些为保护必要的生态环境而牺牲不必要GDP的地区。

实施基本公共服务均等化，对于各个地方意味着打开

“钱袋子”，为公共教育、卫生、交通、就业、生活保障等服务埋单。如果说这笔财政支出对于经济相对发达地区尚可支付的话，那么对于不发达地区明显像个瘦子挑重担——不堪重负。

在去年一次会议上，韶关、河源、梅州，三个被划为生态发展区的欠发达城市联合发问：我们既然城市定位为“不适宜大规模、高强度工业化和城镇化开发”，那么，对于这些财力相对有限的欠发达地区，能不能针对生态发展区建立一套激励型的转移支付机制？

针对疑问，省财政厅厅长刘昆当场答复，考虑到各地发展不平衡，省财政厅拟建立对限制开发区引入生态保护激励型财政机制，“可以研究建立生态环境衡量指标体系作为计算省财政转移支付增长的依据，生态保护得越好，财政转移支付越多；反之，财政转移支付越少。”

对此，省委党校教授林子英告诉记者，针对不同地区情况不同及发展各异，国家推行主体功能区，广东根据实际情况划定了四大不同区域。“像河源、梅州这种生态保护区应该得到大力保护，它们减少或禁止工业的准入，付出很大代价，省内一定要协调。省财政要制定相应的转移支付机制，设立专项资金对这些生态区予以补偿或奖励，要鼓励那些为保护必要的生态环境而牺牲不必要 GDP 的地区。”

刘昆表示，基本公共服务均等化某种程度上必须以财力的均等化为基础，必须在财政体制上予以配套，首先要做好的是不能让生态保护区因为承担生态发展任务，影响其提供基本公共服务的水平。据了解，目前广东省已经出台了生态保护激励型财政机制转移支付的有关政策。

郑梓桢还表示，除了生态方面，像其他很多如双转移、工业园区扶持资金等，各方面都应该建立相应的激励型财政机制，在全省统筹兼顾的战略安排下，“钱才能投到民生最需要的地方”。“这种激励型机制从财政上来说是一种很好的创新”。

据了解，基本公共服务作为一种“底线均等”的根本要求，要求各地对于基本民生都有相应的财政投入。在欠发达地区财力不大和实施主体功能区划的情况下，采取省级财政统一协调或以“先富带后富”的方式就显得不可或缺。

◎“一只大手”无法统管所有财政分配

财政转移支付机制“纵”“横”结合

> 仅仅依靠全省统筹财政，依靠省级财政“一只大手”无法统管所有财政分配，财政向基本公共服务的投入还需要建立新的转移支付机制。

正如每个人的步伐大小不一，广东各地发展程度也不尽相同。珠三角地区在改革开放中先行一步，充分利用有利的地缘、政策优势，敢为人先，艰苦创业，率先步入发达地区行列，在经济上“先富”起来。

比珠三角地区步伐小一些的，是广东的东西两翼和粤北山区，这些地区面积与人口占全省比例超过 80%，但整体经济实力还显得单薄，GDP 总值在全省所占份额仅为两成左右。

一些地区走得快，一些地区走得慢，如何确保它们之间公共服务均等化？“先富帮后富”、“先进带后进”，这是广东根据地区发展不平衡得出的宝贵经验。

由于地区发展的不平衡，在《规划纲要》中，广东针对不同地区提出不同要求，各市基本公共服务支出占一般预算支出的比重应从目前的 22.1% 提高到 2020 年的 27.0%。珠江三角洲地区（含广州、深圳、珠海、佛山、东莞、中山、江门市，根据经济发展梯度未含惠州、肇庆市）从 2009 年的 17.7% 提高到 2020 年的 21.5%；欠发达地区从 2009 年的 32.4% 提高到 2020 年的 35.6%。

但有关专家表示，仅仅依靠全省统筹财政，依靠省级财政“一只大手”无法统管所有财政分配，财政向基本公共服务的投入还需要建立新的转移支付机制。以前财政机制基本上都是“纵向”运行，即各县把税收与非税收性收入等收拢后交至市级，市级聚拢后再上交到省级；当需要财政支出时，则由省级划拨至市级、县级，这是典型的纵向分配机制。专家指出，纵向财政的优点是财政控制性强、便于财力集中，弱点则是层层把关、效率相对低下。

因而专家指出，在实行基本公共服务均等化过程中，有必要探索建立横向转移支付机制，实现“纵”“横”结合。专家表示，财政横向转移支付机制的优点在于：由于财政在不同地区之间进行直接转移，资金来源于财力富裕地区，这样可以大大减轻省级财政的压力；此外，横向转移支付的透明度高，转移支付的数量、来源、去向、谁转出、谁受益都非常清楚明了，并且减少中间环节，资金使用效率得以提高。

对于横向转移机制，刘尚希称其为“具有中国特色的支付机制”，他表示，在汶川大地震中，广东省就对口支援四川省汶川县和甘肃省部分重灾区。广东省内也不乏其例，河源在发展过程中就曾“受惠于”深圳的鼎力支持。2008 年 6 月，河源传出好消息：与其对口帮扶的深圳市，给予河源财政帮扶资金 5 750 万元，全力支持河源环保型工业建设与发展。除财政上的帮扶，深圳还就产业转移、劳动力转移给予河源以指导。

林子英告诉记者，要真正保障基本公共服务，既需要全省财政的统筹，也要各市财政理念的提升，“既强调省级财政的统筹战略，也依赖各市的合作力量”。

◎ 助基本公共服务财政到位

“省管县”是大趋势

> 在基本公共服务均等化过程中，需要的是直接高效的财政机制。以前的财政机制层层把关、层层束缚，特别是环节众多导致许多地区出现公共设施建设不到位，贪污腐败现象严重等情况。

“‘省管县’今后肯定会是一大趋势。”林子英利落爽快地告诉本报记者。

去年 2 月 1 日，中央一号文件明确提出要推进省直接管理县（市）财政体制改革，鼓励有条件的省份率先减少行政层次，依法探索省直接管理县（市）的体制。

伴随着《珠江三角洲地区改革发展规划纲要》出台，广东“先行先试”在“省管县”也体现出来。《规划纲要》指出，广东可以在珠三角地区先行先试，选择有条件的地方合理调整行政区划结构，试行省直管县体制。

林子英表示，在基本公共服务均等化过程中，需要的是直接高效的财政机制。以前的财政机制层层把关、层层束缚，特别是环节众多导致许多地区出现办事效率低下，公共设施建设不到位，贪污腐败现象严重等情况。

郑梓桢也持相同的观点，他表示，“省管县”对于基本公共服务的作用是直接而有效的，因为从财政环节上来看，省级财政直接到县，减少了中间环节，这样能让基本公共服务建设资金一步到位；同时，通过“省管县”的体制，省委、省政府也能“一手”接触到基层公共服务建设情况，这样有利于全省财政的统筹兼顾和基本公共服务经费的真正落实。

刘昆表示，今后一段时期，广东省将逐步推进“省管县”财政管理方式改革，使财政管理层级从目前的省、市、县、镇四级转向省、市和县（市）两级。

在“省管县”的试验田中，顺德无疑是广东最早的“试验田”。早在1992年，顺德就是广东省综合配套改革试验市，由时任省委书记的谢非直接挂点联系。2003年，顺德和南海、高明、三水正式并入佛山撤市建区，然而，撤市设区后的顺德上升势头明显放缓。

国家行政学院教授竹立家认为，顺德近几年发展速度放缓，根本原因在于其行政管理权限受到限制，导致其对经济社会和文化发展的支持力度，以及对城市发展的支持力度受到了限制。

在广东一次发展论坛上，一个民意调查吸引了民众的眼光，论坛就“是否同意顺德成为广东省单列市”做了调查，共有35 877人参与投票，其中33 979人同意，占总数的94.5%，1 353人反对，625人认为应维持现状。

去年8月21日，广东省委、省政府正式批复同意佛山市顺德区继续开展综合改革试验工作，在其他所有经济、社会、文化等方面的事务，赋予顺德区行使地级市管理权限。这对于顺德而言，不啻是又一次“扩权”与经济腾飞的信号。

林子英告诉记者，自20世纪80年代以来，对于基本公共服务均等化，市一级政府在财政及配套建设上起到的作用相对有限，因此，“省管县”将是全国发展的一大趋势。但她同时表示，推行“省管县”将是一个长期而复杂的过程，广东有100多个县区，如果只是简单地把所有的县收拢过来，“人多手杂”，到时对于基本公共服务效果可能适得其反。

释疑

人口迁移：是包袱还是推动器？

据悉，目前广东流动人口数量达3 000万人，来自全国各地的外来工在广东随处可见，他们或许只是工厂里的一名普通技工，或许只是超市里的一名导购员，或者只是物流行业里的中间介绍商……因此，在广东的人口成分中，流动人口成为一个不可忽视的因子。

据了解，按一般的划分标准，广义上的流动人口包括省内的流动人口及省外的外来人口。广东既拥有大量本省内流动人员，同时，来自外省的人员流动也占了相当的比例。

在实施基本公共服务均等化过程中，流动人口，特别是外来人口应该置于一种什么样的位置？这成为业内各界讨论的焦点。一种偏激的观点认为，外来人口虽为广东作出贡献，但也占用了广东的公共服务资源，比如教育、医疗、交通等等，从而为广东公共服务建设添了“包袱”，降低了广东本省人口的福利，减少了当地居民的可用资源。

对此，郑梓桢表示，这种说法错误得离谱，人口迁移对于广东的经济发展起到十分重要的作用，尽管流动人口也给广东带来一些问题，但这些问题对于广东经济发展来说无疑是“芝麻与西瓜”的关系。对于社会人口的流动，广东应建立一套相应的人口流动机制，从而为广东经济发展带来更大的贡献。

林子英认为，要认识流动人口在基本公共服务均等化中的地位，必须从迁移人口在广东发展中的作用说起。林子英告诉本报记者，人口迁移是市场化必然产生的结果，“我们不能只把人口迁移看成是包袱”。人，作为生产要素中的主体，在经济发展进程中发挥着重要作用，广东经济实力之所以能占据全国十分之一强，这与外来人口的贡献是密不可分的。

根据有关数据统计，改革开放30多年来，广东经济以年均13.8%的速度增长，综合经济实力跃居全国前列，GDP占全国1/8，税收占1/7，外贸出口占1/3，累计吸收外资占1/4，经济总量超过3万亿元，相继赶超了亚洲“四小龙”中的新加坡、中国香港、中国台湾等地区，成为中国第一经济大省。

目前，《规划纲要》中明确指出，广东要“通过实施人口迁移，将流动人口纳入基本公共服务均等化范围，促进人口由农村向城市转移，由欠发达地区向珠江三角洲地区迁移”。

■ 中山样本

入户积分制为流动人口敞开“大门”

长期以来，对于流动人口而言，“入户难”成为制约进城农民工城市化的主要瓶颈。然而，中山市率先走出一条与众不同之路——入户积分制，从而为流动人口进入中山敞开了“大门”。

所谓积分制，即中山按照社会经济发展需要，以积分排名的方式为外来流动人员安排一定数量的入户指标，达到一定分数的流动人员可以享受与本地居民一样的公共服务，包括教育、医疗等等。

据了解，目前中山市拥有流动人员约120万人，约占全市总人口的45.7%。从2007年开始，中山就按照先局部后整体、先试点后推开的方针，先后在小榄镇、火炬开发区、东升镇三个镇区开展流动人员子女凭积分入读公办学校试点，引起积极反响。

在试点获得良好效果的情况下，目前中山将积分制向全市“全面铺开”。目前，中山市已有1/3流动人员进入积分制管理，4 781名流动人员子女通过积分入读公办中小学，其中去年就有3 000多名。

中山市副市长谭培安表示，中山面临越来越多流动人员的入户渴求，在现行户籍管理相对滞后的情况下，中山将基本公共服务由常住人口向流动人口延伸，让改革发展成果惠及全体城乡建设者。

刘尚希表示，基本公共服务向流动人口延伸是经济发展的必然结果。反过来看，不实行“普惠于民”的服务均等也会让经济发展退步，近年来，广东各地出现“民工荒”便是各地忽视流动人口社会福利的表现。

曾经直接参与中山市“积分制”相关工作的郑梓桢表示，积分制创造了一种公平公正的入籍局面，它能“引导外来人口有序地入籍，引导外来人口有序地移动，引导外来人口在迁入这一城市后有序地生活和工作”。

郑梓桢告诉记者，中山的积分制还与上海的打分制有着本质的区别，上海不是针对所有的人群，它只针对人才才允许申请，而中山则是允许所有的群体、阶层，只要努力，就都享受这个城市的所有福利。

采访接近尾声时，郑梓桢表示，广东有很多外来人口，受财力的限制，基本公共服务均等化对所有外来人口不可能一步到位，但“除了本省人口外，要尽量惠及外省人口”，这样才能体现基本公共服务的真正含义。

链接

事业单位新进人员实行公开招聘

今年1月1日起，广东省6万多个事业单位新进人员实行公开招聘，这标志着广东省事业单位人事制度改革开始全面推进。

《规划纲要》提出，广东要进一步推进事业单位改革，创新公共服务体制，使事业单位成为公共服务供给的主体，降低提供基本公共服务的成本。

此外，还要对事业单位实施分类改革，调整事业单位经费供给方式。推进事业单位所有权与管理权的分离。

早在2006年，广东就被划为全国事业单位改革五个试点之一，正式开始了事业单位改革的探索；2008年，广东被列为事业单位养老保险改革试点；今年伊始，广东省6万多个事业单位新进人员实行公开招聘，事业单位人事制度改革进入新的阶段。

基本公共服务也要“无形之手”

作为顺德“现代社工制度”的试点单位，顺德容桂以建立现代社工队伍、创建现代社工制度作为切入点，首次提出目前由慈善组织和政府出资，购买社工组织服务。今年1月，容桂街道首批招聘的6名社工正式上岗，起薪超过3 000元。

《规划纲要》提出：要在坚持公益事业发展由政府主导的原则下，探索基本公共服务多样化供给形式，建立基本公共服务供给的市场机制。同时，放宽基本公共服务投资的准入限制，通过招标采购、合约出租、特许经营、政府参股等形式，将原由政府承担的部分公共职能交由市场主体行使。

有关专家指出，基本公共服务作为一项社会“公共产品”，在能够交给市场的情况下，不妨把它交给市场，让“无形之手”实现最优的公共服务资源配置。

考核评价“指挥棒”开始转变

广东绩效考评机制的改革一直处于不断完善之中。随着主体功能区规划的提出，广东以“GDP”为导向的考核评价“指挥棒”发生重大转变，这意味着对划入生态发展区域的29个县而言，今后的评价指标不再看经济硬增长，而是看有没有农业发展优先和生态保护优先。

《规划纲要》中提出，要通过建立以基本公共服务为重要导向的政府绩效考评体系，将基本公共服务均等化纳入政绩考核体系，建立激励约束兼顾、以基本公共服务为导向的政府绩效考评体系。同时，引入外部考评机制，形成多元化考评主体。

有关专家指出，以前在“唯GDP论”的发展模式下，很多地区牺牲了环保与生态，最后得不偿失。目前而言，调整政府考核评价机制，有利于地方转变经济发展模式，从而实现经济“绿色”增长。

（记者：彭国华，实习生：杨鸽，2010年1月29日《南方日报》）

广东2010年民生投入占财政总支出逾34%

尽管省十一届人大三次会议明天才开幕，但昨天从全省各地赶来的代表已经高度关注政府“钱袋子”里的钱怎样花了。刚走进驻地，代表们就发现今年的财政预算审议又有新突破——34页的《广东省2009年预算执行情况和2010年预算草案的报告》（以下简称《预算草案报告》）比以往增厚，不仅款项更细化，而且还绘制了彩色图表，让代表们一目了然。

省级预算安排增长8.5%，滑入多年来“低谷”

“从这份报告中也能看到刚过去的2009年对广东确

实不容易。”细心的代表一翻开“新鲜热辣”的《预算草案报告》，就马上发现了2010年省级一般预算的“不普通”。

据了解，根据2010年中央和省经济财政政策取向，以及省委、省政府确定的经济社会发展战略目标，2010年广东省省级预算安排其中一个原则就是厉行节约，大力压减一般性支出。全年省级除“保增长、保民生、保稳定”之外的一般性财政支出，原则上要比2009年度压减5%。

“2010年省级一般预算收入拟在2009年完成的基础上，考虑剔除一次性不可比因素28亿元后按增长8.5%安排。”一位代表向记者计算了一下，“这样的比例意味着2010年的这一部分的预算安排绝对数仅比2009年增加了38.93亿元。这是广东多年来的‘低谷’”。

而据省人大财经委员会有关负责人透露，2010年省级财政预算安排确有难度。“2009年是不平凡的一年，受国际金融危机影响，加上国家政策性减收因素和收入结构约束等因素影响，省级财政短收了30多亿元，后报请省人大常委会批准，对2009年省级一般预算收入进行了调减，最后完成调整后预算的100.51%。”该负责人说，因此减收的影响也对2010年省级预算安排造成了“压力”。

科技投入与去年相比，可比增长达15%

“虽然财政部门很‘头痛’，提交给省人大财经委的2010年部门预算及省级预算安排报告都比往年要迟，但从中可以发现广东无论多难，也在民生方面的支出有增无减。”该负责人说，此外今年对“科学技术”的投入也增长不少，与2009年相比，可比增长达到15%。

代表们在研读新鲜出炉的《预算草案报告》也发现，广东公共财政道路越走越宽。“瞧瞧，今年的教育、卫生、社会保障和就业又增加了一大笔投入！”清远代表团的好几位代表都掩饰不住激动地告诉记者，在2010年省级支出安排中，法律法规要求保障的重点支出投入均增长10%以上，其中社会保障、教育、医疗、科技、农业等投入增长12%以上。“这样的比例大大高于财政一般性正常支出增长比例，体现了省委、省政府推进基本公共服务均等化的决心。”

此话不假。记者对比今年与去年省级一般预算支出表发现：今年的教育预算支出为134.2823亿元，可比增长12.62%；社会保障和就业预算支出为68.0127亿元，可比增长14.76%；医疗卫生预算支出为74.9866亿元，可比增长14.92%；环境保护预算支出为9.0458亿元，可比增长11.30%；农林水事务预算支出76.7645亿元，可比增长15.47%。

记者算了一下，在2010年省级财政总支出计划安排的1 564.25亿元中，用于改善民生、提供公共服务的支出为539.78亿元，占比超过34%。

（记者：谢苗枫、徐林、曹斯、赵杨、洪奕宜，2010年1月28日《南方日报》）

百亿财政资金支持战略性新兴产业

每年安排20亿元，单个企业为主体的项目每批支持16个，每项目支持5 000万元；产业集群项目每批支持15个，每个支持8 000万元。

“四十条”含金量高，其中财政对加快经济发展方式转变的支持力度大。“十二五”期间，省财政将每年新增安排20亿元，共100亿元，重点支持引导发展战略性新兴产业。与此同时，继2008年、2009年两年间安排75亿元产业转移竞争性扶持资金后，下一步省财政还将安排产业转移奖励资金25亿元。省财政何以如此大手笔，这些资金又将怎么用？省财政厅厅长刘昆对此进行了解读。

分配方式

拟引入招投标等竞争机制

财政政策是政府调控经济和推动产业发展的重要手段。刘昆介绍，利用财政政策手段促进战略性新兴产业发展的总体思路是：以培育和发展战略性新兴产业，促进经济发展方式转变为主要目标，以财政资金的集中投入、竞争择优配置为形式，突出战略性新兴产业发展的关键环节和重点领域，在“十二五”期间，原则上每年安排20亿元，五年投入100亿元，集中支持战略性新兴产业发展，进而实现对其他产业和领域的带动提升，推动经济发展方式转变。

刘昆介绍，这100亿元的扶持对象将分为两类，一是以单个企业为主体的项目；二是以主体企业或主体产品为主的产业集群项目。对以单个企业为主体的项目，每批支持16个，每个项目支持5 000万元；以主体企业或主体产品为主的产业集群项目，每批支持15个，每个支持8 000万元。另外，对在项目遴选及评审过程中发现的特别优秀的项目，还将在省政府批准后另行安排资金给予特殊支持。

而在分配方式上，思路也很新。刘昆表示，在分配中，拟引入竞争机制，通过招投标等方式，建立项目优选机制，实现“多中选好、好中选优”，提高资金使用效益，有效发挥财政资金“四两拨千斤”的杠杠作用和乘数效应，力争以百亿财政资金引导，拉动千亿社会资金投入至战略性新兴产业领域。

此外，在扶持范围上，也将重点支持高端电子信息、半导体照明、电动汽车、核电装备、生物制药、航空航天等11个战略性新兴产业。刘昆说："近期优先支持高端电子信息、半导体照明和电动汽车等三大战略性新兴产业率先取得突破，并立足自主创新，注重发挥资金的引导放大效应，集中突破关键、共性技术，突出支持新兴产业基地建设，战略性产品研制和技术成果转化，支持新兴产业规模化、集聚式发展。"

对口产业转移

按产值给予奖励

刘昆介绍，近期，汪洋书记要求对"双转移"工作要"再推一把"。

因此，继2008年、2009年两年间安排75亿元产业转移竞争性扶持资金后，下一步省财政还将安排产业转移奖励资金25亿元。

刘昆表示，这一政策措施将从促进产业集聚、加速转移、提高转移企业的比较优势、行政鼓励等四个方面入手，进一步推动产业转移园区建设，争取在今年内再形成发达地区向产业转移园区进行产业转移的高潮。

具体来看，一是以竞争方式促进省级产业转移园区产业集聚，形成集约水平较高的专业性省级产业转移园区。以园区基础条件、专业化程度、招商情况、环境保护等为主要考核指标，通过竞争性方式支持设立专业性省级产业转移园区。二是提高欠发达地区企业成本比较优势，奖励外向度高的企业向欠发达地区省级产业转移园区转移。三是鼓励发达地区组织比较优势较差的产业向广东省其他地区转移。由珠江三角洲各市制定产业准入条件，对比较优势较差的产业提高准入门槛，以价格等条件进行限制；省政府每年组织一次检查、评审，对产业转移工作组织成绩突出的市，省政府给予表彰，对前三名各奖励5 000万元。此项政策按2年两次表彰共安排3亿元。四是鼓励市之间对口实施产业转移。对签订对口产业转移协议的市，按产能转移的产值给予奖励。

（记者：卢轶，通讯员：范小花，
2010年5月20日《南方日报》）

广东省直机关2009年节约"三公"费用6 988万元

笔者11日从省财政厅获悉，在去年全省开展的行政经费节约年活动中，各级财政和监察部门从行政支出预算安排、使用、监督、考核等环节入手，采取一系列有效措施，大力压减一般性行政支出，取得了明显成效。据统计，2009年省直各机关、财政拨款事业单位仅交通费、出国费、招待费"三公"费用就节约6 988万元。

不安排新购汽车经费

去年，广东省切实加强了对"人、车、会、接待、出国"等一般性行政支出的控制，实行公务购车和用车经费、会议经费、公务接待费用、党政机关出国出境经费、办公经费预算"五个零增长"和议事机构、会议数量、文件数量、各类评比表彰"四个减半"。

在公务用车支出方面，除达到报废条件必须更新的车辆外，各单位不安排新购汽车经费；车辆燃油、维修等支出严格实行政府采购、定点供应。在会议费、差旅费和接待费支出管理方面，严格执行中央和省关于公务接待管理的规定，杜绝用公款吃喝，并从严控制会议规模、时间和经费预算，从严控制差旅费开支水平。进一步修订完善了出国（境）计划报批制度，强化出国任务审批，尽量压缩出访团组、人数、时间，并严格出国（境）经费预算管理，实行了总量控制。

广东省还尽力压减一切不必要的行政开支。对各类评比达标表彰活动进行了反复清理，保留的全省性评比达标表彰项目由2007年底的348个大幅减少到去年的44个。而各种开放性晚会、展览会、庆典和论坛等活动经费也受到了严格控制，明确除经省委、省政府批准的重大活动外，省财政停止安排省级部门举办相关活动经费。

为确保各项节约措施取得实效，广东省还对省直各机关、财政拨款事业单位进行考核，并将年终综合考评结果分为良好、合格、不合格三级。对考核为"良好"的单位，给予通报表扬并适当奖励；对考核为"不合格"的单位，则由省审计部门对该单位年度预算执行情况进行重点审计。

六个经济科目节约2.3亿元

一系列的措施实施使广东省行政经费节约工作取得明显成效。据统计，去年，省直公用经费节约6 680.8万元，节约率为9.35%；六个经济科目（办公费、交通费、出国费、会议费、培训费、招待费）节约费用22 736.1万元，节约率为23.8%，其中，办公费节约2 461.2万元，节约率26.5%；交通费节约2 369.9万元，节约率12.8%；出国费节约2 061.8万元，节约率26.8%；会议费节约9 438.6万元，节约率25.8%；培训费节约3 848.4万元，节约率34.9%；招待费节约2 556.3万元，节约率20.5%。

省财政厅有关负责人还介绍，为及时掌握"三公"费用开支情况，今年起广东省还特别实行了定额指标管理，严格按照中央和省规定的比例和标准，设置年度定额控制指标并加强监管。此外，建立健全了监测、评估和预警机制，从今年起将省直机关"三公"费用纳入省综合性电子监察系统进行监管。

据了解，各单位在每季度结束后10日内，须按要求申报有关支出，并由省纪委将有关数据上线至省综合性电子监察系统，年度结束，则由省财政部门向省纪委提供各单位实际支出数据，与各单位报送数据进行核对。省纪检监察、财政、审计部门也会定期对各单位“三公”费用开支情况进行分析评估，并综合上报省委、省政府。而对日常管理中发现的异常情况和苗头性问题，监察系统会及时向相关单位预警。对年度实际开支超过当年定额指标的单位，也将要求其作出书面说明；对存在奢侈浪费问题的，予以通报或查处。

（记者：卢轶，通讯员：岳才轩，2010年7月12日《南方日报》）

广东10月起试点省直管县财政改革

省人大常委会调研区域协调发展，刘昆称区域间发展差距扩大趋势初步得到遏制

前昨两日，省人大常委会调研组推进区域协调发展座谈会在广州召开，副省长刘昆、有关省直部门及地市负责同志作了情况汇报。省人大常委会主任欧广源，副主任钟阳胜、陈用志出席座谈会。

刘昆表示，广东省区域协调发展取得了阶段性成果，区域间发展差距扩大的趋势初步得到遏制，但省区域协调发展仍然存在一些突出问题。“十二五”期间，广东省将更新理念，创新区域发展思路，以推进区域基本公共服务均衡化为重点，促进人口、经济、资源环境的空间均衡。

中央拨亿元支持建设“南岭生态区”

省发改委副主任余云州汇报说，为进一步推进粤北山区生态发展，探索实施主体功能区规划，广东正在积极推进南岭生态区建设与保护工作，南岭生态区全称为南岭山地森林生态及生物多样性功能区。

南岭生态区包括国家主体功能区规划中确定的广东11个国家级限制开发县，具体为韶关的乐昌市、南雄市、始兴县、仁化县、乳源瑶族自治县，梅州的兴宁市、平远县、蕉岭县，河源的龙川县、连平县、和平县。

省发改委已经会同省直有关部门，组织11个县市政府共同研究制定了推动南岭生态区建设和保护项目工作方案。国家发改委在2010年第一批中央预算内投资计划中，共安排南岭生态区11个县中央投资资金约1亿元。

有部分基层政府阻碍产业转移

省经济和信息化委副主任林位超表示，目前珠三角地区推动产业转移主要依靠市场机制，政府主动发挥作用明显不足，部分基层政府甚至存在消极对待和阻碍产业转移的现象，珠三角地区产业转移积极性有待进一步提高。

鉴于此，下一步，广东将着力提高珠三角产业转移积极性，出台《关于进一步推进产业转移工作的若干意见》，强化对转移企业的支持，落实25亿元产业转移奖励资金，鼓励珠三角企业加快向省产业转移园转移。督促珠三角各级政府给予转移企业指导和奖励，尤其不能刻意阻挠企业转移发展，对推动产业转移工作较好的珠三角政府给予奖励。

10月起开始试点省直管县财政改革

省财政厅副厅长戴运龙称，广东省县域基础差、底子薄，从总体上看，广东省县域经济财政实力仍然较为薄弱，是制约广东省区域协调发展的主要掣肘。2009年，全省67个县（市）一般预算收入仅占全省一般预算收入的8.08%，平均人均可支配财力为3.77万元，仅为全省市县级平均人均可支配财力水平的四成左右。

为此，省财政厅拟订了省直管县财政改革试点方案，基本思路是，在落实财政部改革文件的基础上，对既符合财政部要求，又属于主体功能区规划中的生态发展区域县（市），实行完全意义的省直管县财政体制，构建符合广东实际的省直管县财政体制模式。

今年6月，省府常务会议审议同意省财政厅提出的省直管县财政改革试点方案，选择了兴宁市、南雄市、紫金县和封开县作为试点，从今年10月1日起开展省直管县财政改革试点工作。目前，省财政厅正在抓紧进行有关准备工作。

（记者：雷辉，实习生：余宗明，通讯员：任宣，2010年8月11日《南方日报》）

改革直指转移支付等环节

省直管县财政体制改革试点工作将于10月1日起实施，根据财政部有关规定以及广东省主体功能区划的设置，兴宁市、南雄市、紫金县和封开县被纳入今年省直管县财政改革试点范围。这是笔者从昨日召开的省直管县财政改革试点工作会议上获悉的。

四试点既是农业大县也是生态县

根据财政部的要求，近期首先将粮食、油料、棉花、生猪生产大县纳入改革试点范围。而根据财政部有关规定以及广东省主体功能区划的设置，被纳入广东省2010年省直管县财政改革试点范围的兴宁市、南雄市、紫金县和封开县，既属于财政部规定试点范围的“产粮、产油、生猪生产”大县，又属于广东省主体功能区划中的生态县。

市县间财政收入一般按属地原则划分

省财政厅党组书记、厅长曾志权表示，省直管县财政改革，主要针对政府间收支划分、转移支付、资金往来、预决算、年终结算等环节，实现省财政与市和试点县财政直接联系，开展相关业务工作。

具体来看，在统一收支划分方面，保持现行分税分成财政体制不变，在进一步理顺省与市、县支出责任的基础上，确定市、县财政各自的支出范围，市、县不得要求对方分担应属自身事权范围内的支出责任。市县间财政收入一般按属地原则划分，市、县辖区内的地方税收及非税收入除中央和省级收入外，归市、县财政所有。市、县财政收入划分不符合要求的，由省财政予以调整。

在转移支付方面，转移支付、税收返还、所得税返还等由省财政直接核定并补助到市与县；专项拨款补助，市、县可直接向省财政等有关部门申请，由省财政直接下达市与县，市级财政可通过省财政继续对县给予专项拨款或财力性补助。

在财政预决算方面，市、县统一按照省的要求，各自编制本级财政收支预算和年终决算，分别报省汇总。市级财政部门要按规定汇总市本级、所属各县（市、区）及试点县财政预决算，并报市人大常委会备案。

在资金往来方面，取消市与县之间日常的资金往来关系，建立省与市、县之间的财政资金直接往来关系。省财政直接确定各市、县的资金调度额度。市、县金库按规定直接向省级金库报解财政库款。

在年终结算方面，年终各类结算事项一律由省财政与市、县财政直接办理。市与县之间如有结算事项，必须通过省财政办理。市、县举借国际金融组织贷款、外国政府贷款、国债转贷资金等，直接向省财政申请转贷及承诺偿还，并能按规定偿还的由省财政直接对市、县扣款。

此外，在按照财政部要求推进省直管县财政改革的同时，结合广东省实际，广东省还将在试点县全面推进以加强县级财政管理为核心的综合配套改革，推进财政支出管理电子平台建设、乡镇财政管理信息化建设、乡镇财政资金监管、镇（乡）财政管理方式改革和村级财务管理方式改革，进一步提高县级财政管理水平，增强基层财政保障能力。

不得突击扣还试点县财政欠市财政债务

根据省政府办公厅《关于开展省直管县财政改革试点的通知》要求，省财政厅要会同省地税局、省国税局、人行广州分行等单位，抓紧调整相关管理制度，研究制订改革的具体实施办法和配套措施；要逐步建立县级资本财力保障机制，加大对财力薄弱县支持力度，实现“保工资、保运转、保民生”的目标；要进一步强化对试点县财政工作的指导、管理和监督，规范县级财政收支行为，确保收支平衡。严格执行机构编制管理规定，市、县、乡不得违规新增机构、编制和财政供养人员。

实行省直管县改革后，有关市要继续关心和帮助县级财政发展，加强对县乡财政工作的指导。对中央和省明确要求给予县配套的专项资金，市级财政要继续对试点县落实配套；市对试点县不能随意开减收增支的政策口子，或要求试点县配套资金；对市域范围内的重点项目建设确需试点县投入的，市财政要给予相应补助；妥善处理好市与试点县的债务关系，不得突击扣还试点县财政欠市财政的债务，不得将应属于县级收入范围的收入收归市级，不得将应属于市级支出范围的支出转嫁给县级，不得以任何名义、任何形式集中或变相集中试点县的财力，否则，由省财政厅采取相应措施予以纠正。

昨日的会议还研究讨论了省财政厅草拟的《关于推进省直管县财政改革试点的实施意见（征求意见稿）》。

（记者：卢轶，通讯员：岳才轩，2010年8月25日《南方日报》）

携手世界银行28载　助力广东科学发展

广东至今共利用世界银行贷赠款项目30个，金额14.83亿美元

今年是中国和世界银行合作30周年，也是广东和世界银行合作28周年。广东与世界银行的合作伴随着广东改革开放的历程，是广东引进外资的重要渠道之一，其优惠的融资成本，先进的管理理念，助推广东社会经济实现又好又快发展。至今，广东省利用世界银行贷赠款项目共30个，金额已达14.83亿美元。

广东和世界银行合作领域宽广

28年来，广东作为中国改革开放的前沿，是我国与世界银行合作最早的省份之一，一直与世界银行保持着密切、

良好的合作关系。世界银行在中国的第一个贷款项目“大学发展项目”就包括了广东，世界银行所属国际金融公司在华投资的第一个项目——广州标致汽车也落户广东。广东省和世界银行合作的领域宽广，涉及政策研究和交通、教育、环保、城建、农业、林业、卫生等行业，取得了十分可喜的成效。

交通领域方面，广东先后利用世界银行贷款近8.8亿美元，投入到港口、高速公路、内河航道和中心城区交通建设上。最为人熟悉的应该是1993年实施的佛开高速公路建设项目和1998年实施的广州市内环路建设项目。两个项目借力世界银行，实现了地区交通建设的多个突破：佛开高速开创了高速公路证券化的先例，内环路建设首次在国内以货币和实物补偿的方式安置拆迁，首次采用计算机系统对拆迁项目进行管理并以创纪录的速度，将主体工程的5年施工期缩短为18个月。

教育方面，是广东省与世界银行最早开展合作的领域，先后8个项目共贷款5 244万美元，涉及高等院校、职业学校和中学等各类学校几十所。初期的项目主要是引进世行资金解决教学设施设备落后状况，现在则注重引进和借鉴国际先进教育理念和教育管理经验，推动教学观念更新，对于推动广东省教育改革发展发挥了积极的作用。

在城建和环保领域，世界银行一直致力推动城乡环境保护治理和节能减排。例如从2001年开始，为应对珠江三角洲地区城市水环境日趋严重的污染，广东省就开始与世界银行合作进行了珠江流域综合治理系列项目，从引进当前国际水治理跨区域合作先进理念进行境内珠江流域治理研究，到先后贷款2.24亿美元和1 000万美元的全球环境基金赠款支持广州、佛山、江门的污水处理厂建设、污水管网的铺设和固体废弃物处理，开创了“以知识合作带动贷款合作，以贷款项目促进制度创新”的新模式。

在农林业开发方面，世界银行在广东也建树良多，推广了优质良种和种养植技术，带动了农村经济的迅速发展和农村富余劳动力的就业。借助世界银行的支持，“红江橙”成为广东的农产品优质品牌，并向周边地区推广；茂名的荔枝种植面积在几年内增加了十几倍，成为了当地农业的拳头产品；梅州的沙田柚和龙眼种植面积分别达到14 000公顷和1 400公顷，当地农民收入显著提高……

2009年，广东省和世界银行合作的《缩小广东城乡贫富差距》政策研究项目，得到了广东省委、省政府和世界银行的高度重视，世界银行针对广东当前城乡贫富差距的现状和问题，创新性地提出了消除绝对贫困、缩小机会不均等以及控制收入不均等的“三支柱”战略框架和一揽子的政策建议，汪洋书记和黄华华省长等省领导对该项目的成果给予了高度评价。

正推进数个具有全国示范效应合作项目

回顾28年历程，广东省与世界银行的合作经历了两个转变。一是管理体制的转变。1992年，广东省世界银行贷款业务办公室的成立，标志着广东省利用世界银行贷款由分散管理型向统一管理型逐步转变，随后的十几年，包括世界银行贷赠款管理在内的广东省政府主权外债管理制度不断完善，建立健全了涵盖“借、用、还”全过程的监督管理制度体系。二是合作理念的转变，从重数量向重质量和效益转变，从重筹借向重使用和偿还转变，从重资金引进向资金和智力引进并重转变，充分发挥世界银行在推动知识创新和制度创新方面的作用。

当前，广东省正进一步加强与世界银行合作，按照省委、省政府关于争当科学发展排头兵的要求，广东省将努力拓展合作空间，拓宽合作领域，深化合作方式，并坚持改革创新，敢于“先行先试”，积极推进在全国具有示范作用的合作项目，包括：争取采用新的融资方式推进广东城乡社保一体化建设，加速社保公共服务均等化进程；推进全国第一个货运节能减排项目的实施，提高广东省货运行业的效率，降低货运行业的能耗和排放；配合“双转移”政策，积极推进农村经济综合开发示范镇项目；以东亚牲畜废弃物处理项目为基础，设计广东农村生态环境治理项目等。

首创货币和实物补偿安置拆迁

广州市中心区交通项目是广州市政府与世界银行合作开展的城市交通综合改善项目，于1998年立项，其中世界银行贷款1.8亿美元。经过近10年实施，已相继完成内环路、交通管理与安全、公交改善、机动车污染控制、道路维护设备采购、技术援助、广佛放射线7个子项目的实施工作。

该项目是以“综合交通改善”理念推进城市交通建设的代表作。通过子项目的实施，不仅注重完善“硬件”建设，更借此更新管理理念和效率，实现管理水平的提升。

在规划中，该项目强调“以人为本、全面发展”的管理理念，推行“全面发展框架”，在全国领先实现了多个第一：工程拆迁安置中第一次引入“安居”理念，通过实物与货币补偿双向选择实现拆迁安置；第一次修建隔音屏障，在项目的建设过程中坚持文明施工，做好环境保护。

在交通管理与安全、公交改善等子项目实施过程中，实施以“硬件”建设带动管理“软件”提升的发展模式。公交改善项目通过交通调动系统的建设，实现广州市公交系统从传统的人工调度向系统、智能调度的转变。交通管理与安全项目不但借助交通设施改善提高了交通管理效率，更通过安全教育提高市民安全意识。据不完全统计，1995年广州市中心区道路平均车速每小时10～15公里，2007年提高到每小时20～25公里，同时万人交通死亡率同比下降了约55%。

经典案例

珠江治污项目——市场化运营推进污水收费制度改革

为了解决水污染问题，2002年广东省政府推出了大规模的珠江水环境综合整治方案，计划用八年时间投资400多亿元在珠三角地区城镇兴建污水处理系统，得到世界银行的大力支持。

2001年，借整治珠江广州河段污水项目为契机，为更全面掌握珠江流域水环境情况，广东省通过世界银行引入赠款进行了珠江三角洲城市群发展和环境问题、污水治理、固废处理、水质模型等一系列研究。综合研究成果，结合大珠三角各城市的状况，世界银行很快就和广东省达成了利用世界银行贷款开展珠江流域治理的框架性意见。

2004 年底，珠江流域综合整治一期项目，珠江广州河段环境治理开始实施，获得世界银行贷款 1.28 亿美元。贷款用于投资改善广州市污水处理和收集系统，并建设和运营一个处理有毒有害废弃物设施。

2007 年，珠江流域综合整治二期项目开始实施，获得世界银行贷款 9 600 万美元，用于治理佛山和江门河段。在佛山市，世界银行贷款用于扩建一个污泥处理厂、新建一个污泥集中处理设施等。在江门市，世界银行贷款用于扩建一个污水处理厂、改善水质监测系统，并技术援助新组建的江门碧源污水治理有限公司。

珠江流域综合整治系列项目成为融跨行政区域合作、市场化运作、公司化管理等改革于一体的环保建设项目，实现了基础建设和制度建设的双成功：一是市场化运营有效地推进了污水收费制度改革。二是跨区域水治理的实施，有效降低了污水处理投资运营成本，并强化了区域间的协调。

缩小城乡差距项目——借世行知识优势破广东发展难题

2008 年 4 月，世界银行与广东省合作开展的《缩小广东城乡贫富差距》课题研究正式启动，目的是借助世行作为知识银行的优势，以解决城乡贫富差距问题为突破口，破解广东科学发展的难题，促进广东经济社会全面、协调发展。

此课题在 2009 年 6 月完成。课题研究按照世行“政策分析建议援助”合作框架，由世行方面和广东方面分别进行不同的专题研究。

世界银行通过对广东省各地进行实地调查研究，对广东省城乡贫富差距的问题归结为三大类：一是绝对贫困；二是机会不均等；三是收入不均等。并有针对性地提出了“三支柱”战略政策建议：通过健全完善低保政策等社会救助体系消除绝对贫困；通过职业技能开发，完善劳动力市场、提高公共卫生服务和义务教育均等化水平等措施来缩小机会不均等；通过农村劳动力转移、改善农村金融服务和改革农村土地政策来控制收入不均等。

通过《缩小广东城乡贫富差距》课题研究，广东省进一步树立了世界眼光、加强了战略思维，更充分地利用世行的智力资源为广东发展服务。同时也为进一步加强与世行在政策建议分析援助方面的合作积累了经验。

传染病控制项目——肺结核病初治病人治愈率提高 72%

世界银行贷款传染病与地方病控制（结核病控制）项目是广东省医疗卫生系统第一个利用世界银行贷款控制疾病的项目。该项目利用世界银行的无息贷款，以药品、医疗物资等实物为主要取得方式，免费为结核病人检查和治疗，其宗旨是改善结核病人的发现、治疗和管理方式，使病者及其家庭乃至整个社会受益。项目从 1991 年开始实施，到 2001 年结束，共利用世行贷款 460 万美元。

项目制订了一套科学、严密的目标方案，从工作任务、技术政策、措施，以及检查监督、总结、评价的科学工作程序。

项目促进了现代化结核病控制策略的落实，全省覆盖了 DOTS（短程化疗）的技术政策；各地结防专业机构得到进一步的健全和发展，专业技术人员的业务素质得以提高，结核病疫情的严重程度受到扼制，加快了控制结核病的步伐。

项目实施期间，全省有 97 万多名肺结核病可疑症状者接受检查。初治病人的治愈率与项目前相比提高了 72%。项目实施效果证明，DOTS 策略在现代结核病控制中是成功的，项目传染性肺结核病人的治愈率比项目实施前病人的治愈率提高 68.3%。广东省政府借鉴项目的成功经验，全面启动 2001～2010 年广东省结核病控制项目。

社保一体化项目——更加关注知识合作的长期效应

广东省目前正与世界银行积极推进“广东城乡社保一体化”项目，这是广东省“以知识合作带动贷款合作，以贷款项目促进制度创新”的又一次尝试。该项目是《缩小广东城乡贫富差距》政策研究项目成果的后续合作项目，着重推进广东省建立一体化的社会保障体系，项目正处于设计阶段，将有助于加快提高新型农村养老保险的覆盖面，提前完成新农保全覆盖。项目有助于推动社保基金统筹层次的提高，从而使养老、医疗等社保基金更好地发挥社会保险的功能。项目还将推动建立一个覆盖全省城乡的集中式管理信息系统，为实现广东省城乡养老和医疗等保险关系顺畅转移接续奠定技术基础。

国家有关部委和世界银行都对该项目高度重视，希望广东在社保一体化方面能够先行一步，为全国提供借鉴和示范。8 月 23 日，世行中国局副局长刘晓云一行专门就此访问广东，并与常务副省长朱小丹就采取“以成果导向的融资方式”进行合作交流了看法。最为关键的是，广东省与世界银行将更加关注知识合作所带来的长期效应，借助世界银行在其他发展中国家实践的经验，完善和充实广东省社保一体化的目标和思路，使之更具有示范效应。

致辞

相互借鉴寻求共赢开辟未来

广东省财政厅厅长　曾志权

今年是中国与世界银行合作 30 周年，也是广东与世界银行合作 28 周年。在此谨对与世界银行合作推动广东省发展所取得的可喜成绩表示热烈祝贺，对工作在这条战线上的同志们的辛勤付出表示衷心感谢。

1980 年，中国恢复了世界银行席位；1982 年，广东开启了与世界银行合作的历程。28 年弹指一挥间，28 年合作共兼程，伴随改革开放一路走来。

世界银行是引进优惠外资的重要渠道，也是引进先进国际经验与发展理念的窗口；是推动创新的试验田，也是经验交流与对外宣传的平台。28 年来，广东借助世界银行的平台，引资与引智并举，不仅缓解了改革开放初期资金不足的问题，而且把世界银行经过半个多世纪积累形成的先进经验引入广东，在促进政府转变观念，推动体制机制创新，提高管理能力，培养人力资源等方面都发挥了重要的作用。去年，汪洋书记、黄华华省长会见世界银行常务副行长胡安·何塞·达布先生时也充分肯定了广东借助世界银行的发展理念、知识、技术、资金等推动科学发展、促进社会和谐所取得的成效。

双方合作28年的历程，也体现了广东与世界银行之间相互学习借鉴、寻求共赢的合作精神：始终从省情出发，积极而富有创造性地学习世界银行的经验；世界银行也不断从广东改革开放发展实践中汲取经验，丰富其发展思想。

抚今追昔，意在登高望远；知往鉴今，重在开辟未来。

当前，广东省的发展已经站在了一个新的历史起点上，正处于推进科学发展、加快经济发展方式转变的关键时期。可以预计，广东省经济社会将沿着科学发展的轨道快速前进，在更高的起点上实现新的更好更快发展，广东财政也将乘势而上、继续改革创新当好排头兵，这将为广东与世界银行的合作提供更为广阔的空间。我期望广东和世界银行今后的合作能够更加紧密，不仅要借助世界银行的力量，为破解广东科学发展的难题建言献策，也要借助世界银行的平台，宣传广东，推广广东发展的成功经验。

愿广东和世界银行的合作更上一层楼！

高端访谈

财政部国际司副司长陈诗新：

广东项目丰富双方合作方式与理念

中国与世界银行合作30周年之际，财政部国际司副司长陈诗新接受专访指出，广东作为沿海经济发达地区，要继续发挥优势，坚持理念和机制体制创新，结合世界银行知识银行这一个平台，广东要不断提升知识合作水平，探索合作新领域、新技术、新方法、新模式。

广东项目受世行高度评价

问：如何评价广东和世界银行的合作历程，特别是近年来按照财政部的要求，广东和世界银行合作的成效？

答：28年来，在财政部和世界银行的支持下，广东作为改革开放的前沿阵地，开拓创新，与世界银行合作工作成效好、质量高，从国际司掌握的数字看，广东贷款项目共34个（注：含涉及广东的部委项目），协议金额10多亿美元。这些项目是立足于广东省情，围绕政府中心工作而开展的，具有带动与示范效应，对广东经济社会发展，尤其是对引进外资工作是一个积极的因素，是有贡献的。

从引进智力资源方面，广东省能抓住当前经济发展的热点、难点，与世界银行合作开展了一批创新意识强、时代特征明显、档次质量高的知识合作项目，走在全国前列，也丰富了与世界银行合作方式与理念，意义重大。此外，广东省在项目绩效评价方面工作也抓得紧、抓得好，建立了具有特色的评价制度，这项目工作得到国际司的肯定。

广东省与世界银行合作工作能如此出色，离不开历届省领导的高度重视与支持，如汪洋书记、黄华华省长、朱小丹常务副省长对“缩小广东城乡贫富差距”项目、社保一体化与农民工项目等给予了鼎力支持，令项目充分发挥了应有的社会效益。

据我所知，世界银行对广东的评价也是比较高的。他们认为，广东项目完成质量好、管理水平高、创新示范性强。丰富了世界银行的经验，值得提炼推广。

扶持企业“走出去”可借助世行平台

问：“十二五”期间，财政部对于广东与世界银行合作有什么新要求？

答：广东今后要继续发挥优势，坚持理念和机制体制创新，主要体现在三个方面：

一是抓管理。围绕部里提出的财政管理要科学化、精细化的要求，建章立制，对在建项目进行借用还全过程管理，从管理出效益。

二是讲创新。希望更多的创新经验能从广东项目中体现出来，为国内、为世界银行提供借鉴与示范。

三是重绩效。近年来，财政部重视抓绩效工作，专门在预算司成立了绩效处。世界银行有一个较为成熟规范的绩效评价体系，我们要以贷赠款项目为载体，做好项目绩效评价工作，为财政资金绩效评价工作做好表率。

此外，广东作为沿海经济发达地区的发展理念已较为成熟，结合世界银行知识银行这一个平台，广东要不断提升知识合作水平，探索合作新领域、新技术、新方法、新模式，例如在节能减排，应对气候变化和体制创新方面可以进行更多的务实合作，在发展战略规划上可以更多地借鉴世界银行的先进经验，在扶持企业“走出去”方面也可以借助世界银行的平台，提高企业的国际化、现代化水平。同时，通过这些积极而富有成效的合作，多创造一些经验，为国内其他省份地区提供借鉴，当好科学发展的排头兵。

（记者：岳才世、岳岩、高国辉，2010年9月14日《南方日报》）

省纪委通报党政机关私设“小金库”典型案件

发现“小金库”399个　涉及金额1.75亿元

昨天，省纪委召开新闻发布会，通报了群众举报和重点检查特别是“双零”县区督导核查中发现的10起违规私设“小金库”典型案件。省纪委常委、省委巡视办主任姜斌在通报会上表示，去年4月至今，广东省按照中央的统一部署，通过自查、重点检查和督导核查共发现“小金库”399个，涉及金额1.75亿元。

63个地级单位谎称无“小金库”，后全部被查出有问题

去年4月以来，全省党政机关和事业单位共36 066个单位进行了自查自纠；并组织2 834人，成立了596个检查组，对3 087个党政机关和事业单位进行了重点检查。全省共发现“小金库”399个，涉及金额1.75亿元，已全部进行了整改处理。在治理中，全省共收到有效举报线索376件，全部按要求进行了核查。全省党政机关和事业单位因设立“小金库”和使用“小金库”款项受到行政处罚53人，组织处理38人，党纪政纪处分96人，移交司法机关处理26人。

姜斌在通报会上表示，今年全省继续深化党政机关事业单位“小金库”治理工作，督促单位进行“回头看”。至7月底，在自查自纠和重点检查阶段均没有发现“小金库”的63个“自查自纠零申报”和“重点检查零问题”的“双零”地区和单位，发现都存在“小金库”问题，经督导核查发现“小金库”96个，涉额3 200多万元。

举报“小金库”最高奖励10万元

根据《中央纪委、财政部、监察部、审计署关于印发〈“小金库”治理工作举报奖励办法〉的通知》，在“小金库”专项治理工作期间，举报人自愿向“小金库”治理日常工作机构举报“小金库”违法行为，经核查属实，由“小金库”治理日常工作机构根据举报时效、举报材料的翔实程度、举报内容与查实内容相符合的程度等，按照检查出并已收缴入库的“小金库”资金、税款、罚款合计金额的3%～5%，给予举报人奖励，奖励最高额为人民币10万元。经费由省财政划拨。同时对举报人实行严密的保护措施。

据悉，在党政机关和事业单位的治理工作基本完成后，今年年底将重点开展社会团体和国有企业“小金库”治理工作。

广东省治理“小金库”举报电话及电子信箱

受理类别	举报电话	电子信箱	邮政编码	地址
国有及国有控股企业私设“小金库”问题	020－38306099 38306271	gdtpc@gdgz.gov.cn	510075	广州市天河路45号之6粤能大厦710室
社会团体私设“小金库”问题	020－83300922 83394362	mzt_mjzzj@gd.gov.cn	510030	广州市越华路118号
省治理“小金库”领导小组办公室	020－83170210	gdszlb@163.com	510030	广州市北京路376号

■ 链接

10起违规私设“小金库”典型案件

清远环境卫生管理处私设“小金库”959万元

2003年1月至2006年12月，清远市环境卫生管理处将财政返还的卫生清洁费以机动车队等8个内设机构名义违规私设账户，“小金库”累计金额959万元，大部分用于发放干部职工福利补贴，共支出943万元。2007年1月以后，市环境卫生管理处改以下属站所收费员陈某等人的名义在银行开设多个私人账户，以公款私存的方式，处理市环卫处返拨到各下属站所的经费，违规发放奖金补贴、加班费、通讯费等。至2010年5月，上述个人账户余额累计121万元。市环卫处原主任范桂密受到党内严重警告处分，主任麦杏桃受到行政记过处分。

汕头潮阳区教育局私设“小金库”355.7万元领导私分7万元

2006年1月至2007年底，汕头市潮阳区教育局局长吴进奎指使有关人员，采取收取教师违约培训费不入账、虚增开支套取资金、收取教材回扣费不入账等手段，公款私存，设立“小金库”，金额累计达355.7万多元。除部分用于重病教师医疗费以及办公经费开支外，主要用于发放干部职工福利。吴进奎与副局长吴坚廷、秘书股股长赵泽钦私分7万多元。吴进奎受到开除党籍和行政撤职处分，并移送司法机关处理。

河源龙川县林业局套取国家造林工程款设“小金库”281.96万元

2006～2009年11月，河源市龙川县林业局在国家生态林抚育、造林灭荒等项目建设中，利用实际造林面积与签订造林合同面积差额，套取国家造林工程款，累计281.96万多元。其中17.8万元以技术服务费名义公款私存，用于林业局的经费开支；14.6万元被该局副局长王伟民，营林股股长李振伟、副股长谢俏荣等13位林业局干部以“营林技术服务费”的名义私分；其余249万多元由王伟民、李振伟、谢俏荣分别存放或转到他人账户存放。2010年6月，王、李、谢三人已被移送司法机关处理。

深圳罗湖区东门街执法队私设“小金库”120万元

2006年6月至2010年2月间，深圳市罗湖区东门街执法队队长张拥军指使内勤林某采取虚报、多报工作开支，收取赞助费、劳务费不入账等方式，私设“小金库”，金额119.7万多元，存于林某私人账户。“小金库”资金主要用于公务接待、慰问及职工福利。张拥军受到留党察看一年及行政撤职处分，“小金库”余额20 053元被收缴国库。

清远连南县粮食局私设“小金库”565万元

自1991年以来，清远市连南县粮食局未经批准，擅自开设银行账户，在多次清理中隐瞒不报，并将多年来“农转非”遗留款项、该局铺面房租收入等存入私设账户，累积金额达565万多元，主要用于单位公务接待、旅游等开支。日前，县纪委决定对连南粮食局局长欧阳永明予以立案调查。违纪金额565万元已全部上缴财政。

湛江廉江市车管所与车辆检测站合谋设“小金库”41.7万元

2008年11月，廉江市公安交警大队车管所所长李伟权、指导员陆廉与该市机动车辆检测站经理周某商定，成立“廉江市石城中金中介所”，车管所以便民为由将机动车入户、年审等业务委托该中介所办理，所得利润车管所得七成。至2009年5月，车管所共分得利润22.75万元。2008～2009年，车管所还通过对客运车辆提供少检或免检便利，收取辖区内客运车辆“赞助费”、春运车检“加班费”13.7万多元。车管所将以上款项账外设账，“小金库”金额合计41.7万多元，主要用于发放干部职工福利补助和车管所日常开支。李伟权受到留党察看一年和行政撤职处分；陆廉受到党内警告处分，两人均被调离车管所。

深圳规划局宝安分局私设“小金库”547.35万元

2004年8月以来，深圳市规划局宝安分局将市规划局和国土局分设后划归该局管理的粤海国土所综合楼等四处物业用于出租，收取租金。至2009年6月，共收取物业租金、管理费等547.35万元，违规存入该局工会账户，用于单位文体活动、发放干部职工福利等开支。深圳市纪委已对该案立案查处。

揭阳榕城区民政局婚姻登记处售礼物设“小金库”62.45万元

2001年初至2008年底，揭阳市榕城区民政局婚姻登记处违反规定，向结婚申请登记人配售纪念章、《新婚家庭手册》、新婚教育光碟等，共获利62.45万多元，违规私设“小金库”。以上资金主要用于发放干部职工福利补贴、领导干部旅游及节假日请客送礼。婚姻登记处负责人吕惠城及具体经办人黄建伟受到开除党籍、行政撤职处分；区民政局分管副局长张惠珠受到党内警告处分；“小金库”余额全部追缴。

汕尾市海丰县民政局私设“小金库”447.9万元

2002年12月以来，汕尾市海丰县民政局局长黄远康多次指示该局财会股长陈某、出纳林某，通过虚增工程款，多列支出经费、优抚慰问金、社会救济支出等手段筹集资金，私设“小金库”，金额447.9万元。黄先后76次从“小金库”取款84.6万元，供个人消费或赌博；其余均被黄用于单位日常公务活动、节日慰问和单位福利支出。黄受到开除党籍和公职处分，并被判处有期徒刑10年。

江门市江海区礼乐水利所私设“小金库”75.57万元

2004年8月至2010年2月，江门市江海区礼乐水利所采取现金收取工程收入、不纳入单位账户核算的形式，私设“小金库”，累计金额75.57万元，全部以发放干部职工福利奖金形式私分。该所所长汤炽垣已被移送司法机关处理。

（记者：赵杨，通讯员：粤纪宣，2010年9月16日《南方日报》）

广东省救灾复产和灾后重建工作积极推进

灾区生活必需品供应稳定

2010年9月25日下午省委常委会议和25日晚省政府常务会议对救灾复产和重建工作作出部署后，省有关单位认真贯彻落实省委、省政府决策部署，全力以赴开展救灾复产重建工作，各项工作总体进展顺利。

救灾复产资金迅速落实

25日省政府常务会议决定在省财政已拨2 500万元省级救灾复产补助资金基础上，再专项安排2.15亿元资金，共2.4亿元用于救灾复产。截至27日下午5时，省财政已下拨1.8亿元救灾复产资金。增拨的2.15亿元资金，其中1.55亿元已于9月26日下午4时拨付至受灾市、县，其余0.6亿元全倒户重建家园补助资金，待民政部门核实情况后及时下拨。截至27日下午5时，中央安排救灾资金0.9亿元，其中水利救灾资金0.3亿元已安排拨付至受灾县市，民政救灾资金0.6亿元，待资金到账后迅速拨付。

灾区受灾群众得到妥善安置

民政部门采取分散安置为主、集中安置为辅的方式，在高州市、信宜市集中安置受灾群众7 000多人，通过搭建帐篷、临时居住点、投亲靠友等方式分散安置4万多人；阳春市采取分散安置方式安置3.9万多人。向受灾群众发放应急生活补助资金有关政策已落实。截至27日上午10时，省民政厅已向灾区紧急调运了5 300张折叠床、4 900顶帐篷、8 000床毛巾被、17 000件衣服等大量物资，空投了15吨即食食品。目前灾区生活必需品市场供应畅通稳定。同时，省民政部门要求灾区进一步开展查灾核灾工作，建立全倒户台账和因灾伤亡失踪人员台账，于9月30日前上报省民政厅。

灾区基础设施修复工作迅速展开

9月25日，省交通厅紧急调集广州等7个市的抢险力量和设备赶往茂名支援，抢险工作进度明显加快。截至27日下午5时，茂名市已全部打通中断的省道，打通中断的县道4条（X633仍未抢通），打通通行政村道路44条（占需抢通道路总数的81.5%）。对于目前仍受阻的10条通行政村道路，目前正在紧张抢修，争取尽早抢通。

9月26日晚上7时灾区已全面恢复送电。由于道路不通等原因，目前暂有部分村未能通过大电网送电，广东电网公司已组织50台发电机临时供电，并千方百计调运物资安排施工，力争于28日晚上8时全部完成修复。

灾区卫生防疫情况正常，未发现传染病流行及食物中毒事件

省卫生厅和省红十字会从23日开始，陆续组织专家和卫生小组到灾区开展救灾防病工作，26日下午增派了两部应急消杀车、应急检测车和一批专业人员赴灾区指导和协助开展现场卫生防疫检测工作。目前，该厅共有6支医疗卫生防疫队在一线开展卫生防疫工作。灾区防疫情况正常，未发现传染病流行和食物中毒事件。

灾区水质未见异常

有关单位加强了对信宜市银岩锡矿尾矿库溃坝事件所影响水体的水质监测，从连日的监测结果看，钱排河和黄华江有关监测指标均符合地表水Ⅱ类标准，广西环保部门从22日凌晨4时起对粤桂交接断面及下游水厂取水口水质进行连续监测，所有监测指标达到水质功能要求，水质未见异常。

高州水库垃圾清理成效明显，有关部门继续加快库内垃圾清理进度。根据环保部门27日的监测结果，水库水质保持在地表水Ⅱ类至Ⅲ类标准以内，符合规定水质要求。

排查地质灾害隐患和病险水库工作正在开展

省国土资源厅制定《灾区地质灾害防治工作方案》，对受灾地区进行了排查，重点对茂名、阳江受灾严重地区的139个镇进行了拉网式排查。经排查，茂名、阳江市新增地质灾害隐患点192个（茂名市159个、阳江市33个）。加强动态监测和险情巡查，每24小时发送地质灾害预警预报信息，并落实各乡镇、村、组和地质灾害隐患点的群测群防责任人，确保巡查到位、监测到位、预警到位。

省水利厅于26日再增派4个由厅领导任组长的救灾复产工作组到灾区，对水毁水利工程修复工作开展指导和监督，并紧急通知要求各地成立水毁水利工程修复工作专责领导小组，于10月5日前完成对重点水毁水利工程的全面勘察和核实工作，加快做好修复工作。

复产和重建工作正在紧张有序进行

省住房城乡建设厅派出专人和专家到现场指导灾区全倒户住房重建工作，待救灾工作初步完成后，将开展组织建设临时性活动板房、核实全倒户数量、规划指导全倒户建设永久性住房等方面的工作。

省农业厅26日增派两个工作组到灾区指导救灾复产工作，省财政给灾区安排500万元救灾种子应急专项资金，各地也迅速开展了农业灾后复产工作。截至26日，茂名市抢收农作物5 775亩，抢种675亩，改种农作物570亩；阳江市组织抓好晚稻生产，对受灾严重的5个镇进行病虫害防治23万亩，施肥6.9万亩，完成改种补种4 200亩。

（记者：符信，2010年9月29日《南方日报》）

广东省财政首批5.8亿元支持战略性新兴产业

太阳能、光伏等五类10个项目进入实地考察环节。每个获胜项目可获1 000万~5 000万元扶持

“十二五”期间，省财政将每年新增安排20亿元，五年投入100亿元，支持11大战略性新兴产业。昨日，首批5.8亿元专项资金竞争性分配评审工作进入公开答辩环节。太阳能光伏、核电装备、生物制药、新材料、节能环保等五类15个以单个企业为主体的战略性新兴产业项目，通过演讲陈述、专家现场提问、评审专家评分等程序，最终决出了广东易事特电源股份有限公司分布式发电电气设备与系统集成制造等10个大项目进入实地考察环节。最终通过全部程序的项目将可获得1 000万~5 000万元的省财政扶持。

“十二五”每年20亿扶持，电子信息、LED、新能源汽车近期重点突破

战略性新兴产业是引领未来经济社会发展的重要力量，代表着产业的发展趋势，而它的起步和培育都离不开政府有形之手的引导和扶持，通过财政资金和政策支持就是其中的重要手段之一。为此，省财政“十二五”期间将每年新增安排20亿元，五年投入100亿元，支持高端新型电子信息、LED产业、新能源汽车、太阳能光伏、核电装备、风电、生物制药、新材料、节能环保、航空航天、海洋等11个战略性新兴产业。

据了解，每年20亿元的专项资金，由省财政预留40%，其余部分切块安排到省经信委、省发改委和省科技厅，分别用于支持高端新型电子信息、LED产业、新能源汽车三大近期重点突破的产业发展。省财政预留的40%部分则用于兼顾其他非近期重点突破的战略性新兴产业项目以及省委、省政府决定的其他重大项目。昨日首批分配的5.8亿元就来自于省财政预留的部分。

按照《广东省战略性新兴产业发展专项资金管理办法》，在资金扶持方式上，省财政采用分类扶持方式，一是支持以单个企业为主体的项目；二是支持以主体企业或主体产品为主的产业集群项目。在标的设定上，对以单个企业为主体的项目，每个项目支持1 000万～5 000万元；以主体企业或主体产品为主的产业集群项目，每个项目支持3 000万～8 000万元；对于项目投资较大的，则可在报请省政府批准后另行研究给予特殊支持。

而省财政厅根据前期财政资金竞争性分配的经验，对战略性新兴产业发展专项资金也实行竞争性分配。在竞标程序上，设置了组织申报、要件准入、书面评审、公开答辩、实地考察、项目公示、领导小组确认等7个环节，环环相扣，密切相连，初步形成了一套完整的竞争性分配流程。

航空航天、风电、海洋类产业将另行研究扶持办法

昨日进行的公开答辩会是竞争性评审工作的第四个环节，也是最为重要的环节之一。

首批专项资金竞争性分配共有153家项目单位申报，但由于申报的产业集群类项目未能通过要件准入条件，而航空航天、风电和海洋类产业符合申报条件的项目又不足3个，未能进入书面评审，因此经过书面评审后，昨天进入答辩会的产业只有太阳能光伏、核电装备、生物制药、新材料、节能环保等五类15个项目。

昨日的公开答辩会持续了一整天，经过紧张、紧凑的参评单位演讲陈述、专家现场提问、评审专家评分等环节，广东易事特电源股份有限公司分布式发电电气设备与系统集成制造等10个项目脱颖而出，进入到实地考察环节。

今日起，省财政厅将组织实地考察，由评审小组出具评审意见，并提出拟扶持项目名单，评审结果将在媒体公示7天。公示结束后，拟扶持项目将由省财政厅上报省促进战略性新兴产业发展领导小组确认，并获得省财政第一批战略性新兴产业发展资金。

省财政厅副厅长沈梅红介绍，专项资金将根据项目实际采用贷款贴息、无偿补助、以奖代补等方式安排使用。为放大财政资金的使用效应，将优先采用贷款贴息的方式支持形成产业项目，原则上每个项目用于贴息的财政补助资金额不低于补助金额的50%；对开发研究、市场开拓和配套服务项目可采取适当补助或以奖代补等方式支持发展。

而对由于符合条件的项目不足3个、未能进入答辩会的航空航天、风电、海洋类产业，沈梅红表示，它们不仅属于广东省发展战略性新兴产业的重点项目，而且通过要件准入条件的这三类项目往往在业界实力强、在行业中起领军作用，能同其竞争的企业数量很少，省财政将另行对支持此类型的企业及项目进行研究。

（2010年12月1日《南方日报》）

基本公共服务支出2020年增至4 043亿元

迎接省委十届六次全会

关注广东基本公共服务均等化规划纲要

《广东省基本公共服务均等化规划纲要（2009～2020）》针对目前全省区域间基本公共服务水平差异较大的情况，一方面提出了财力保障目标和要求，另一方面还率先全国提出了与基本公共服务均等化相适应的财政体制改革思路。

基本公共服务现状：以2008年为例，全省八项基本公共服务支出为724亿元，人均支出766元。其中，珠三角地区基本公共服务支出409亿元，人均支出1 034元；粤东、西两翼和粤北山区基本公共服务支出315亿元，人均支出573元。东西两翼和粤北山区人均基本公共服务支出水平为珠江三角洲地区平均水平的55.5%。

财力保障目标和要求：预计2009～2020年，同期基本公共服务支出从835亿元增加到4 043亿元，年均增长15.4%。全省基本公共服务支出占一般预算收入的比重，从2009年的22.4%提高到2020年的28.6%。

各级基本公共服务支出按高于一般预算支出增长进行安排，各市基本公共服务支出占一般预算支出的比重从2009年的22.1%提高到2020年的27.0%。其中，珠三角地区从2009年的17.7%提高到2020年的21.5%；欠发达地区从2009年的32.4%提高到2020年的35.6%。计划到2020年，实现区域间人均基本公共服务支出差距控制在20%以内的目标。

财政体制改革思路：结合推进区域协调发展和实施主体功能区划，通过引入生态保护激励型财政机制、建立县级基本财力保障机制、探索横向转移支付机制、推进省管县财政管理体制改革等，构建以基本公共服务均等化为导向的财政投入机制，为推进基本公共服务均等化提供财力保障。

专家点评

财政部财政科学研究所副所长刘尚希研究员：实现基本公共服务均等化，必须有相配套的财政体制，从这点上说，财政体制改革十分重要。其中，最重要的一点是，各级政府的财权与事权要匹配，要明确各级政府的支出责任，划清财权与事权。比如，对县一级基本公共服务，哪些支出该由县级政府负责，哪些该由省或者中央财政掏钱，都必须明确。在广东，地区之间经济发展水平差异较大的情况下，省里要加强调控，对粤东西两翼和粤北山区，省级政府应该承担更多的责任。

省直管县改革，要符合当地的经济发展水平，就是看当地区域经济一体化程度。程度低的可以考虑，比如农业大县、产粮大县纳入省直管县的范围是正确的，但是工业化、市场化、城市化程度达到相当水平、产业集聚已经呈现出来，区域经济已经慢慢形成一体化的时候，搞省直管县一刀切断，结果会适得其反，会阻碍这种区域经济一体化的发展。

（记者：严丽梅，2010 年 1 月 2 日《羊城晚报》）

广东率先提出人口迁移策略

为实现公共服务均等化，人口转移将从现在的 20 万人增加到 2020 年的 240 万人

■ 迎接省委十届六次全会

关注广东基本公共服务均等化规划纲要

要实现到 2020 年区域间人均基本公共服务差距缩小到 20% 以内的均等化目标，除了财政体制保障外，《广东省基本公共服务均等化规划纲要（2009～2020）》还率先提出了实施公共服务人口迁移策略。

即促进人口由农村向城市转移，由欠发达地区向珠三角地区迁移，以减轻欠发达地区基本公共服务财政负担，缩小城乡间、区域间基本公共服务差距（考虑到人口迁移的复杂性及广东实际情况，规划主要考虑户籍所在地在广东省内的人口迁移）。

基本公共服务现状：2007 年，广东成为全国常住人口第一大省，9 449 万常住人口中，省内流动人口约 1 100 万，跨省流动人口约 1 900 万。近年来，广东流动人口呈缓慢增长态势，2000～2005 年，全省流动人口每年增加 30.9 万人，年均增长 1.2%。随着珠三角地区经济发展模式的转变以及劳动密集型产业项目的有序转移，迁入的流动人口增速将相对减缓。

人口迁移改革方向：将流动人口纳入城市发展规划，积极与量力而为并行地提供基本公共服务，逐步开放户籍。按照主体功能定位调控人口总量，引导人口与生产要素同向流动。鼓励优化开发区域、重点开发区域吸纳外来人口定居落户；引导限制开发和禁止开发区域的人口逐步自愿平稳有序转移，缓解人与自然关系紧张的状况。

人口迁移基本原则：坚持渐进性、有序性、有效性、统筹性的原则。既不能人为设置障碍阻碍人口迁移流动，也不能认为一经迁入就应给予绝对公平、与本地居民完全一致的福利待遇。在农村劳动力获得城镇户口后，在一定时期内建立农民在城乡间进退自如的机制，让农民有一个调整适应期。

人口迁移策略目标：按每年增加 20 万人测算，人口迁移规模将从 2009 年的 20 万人增加到 2020 年的 240 万人，在不考虑横向转移支付制度的条件下，到 2020 年，欠发达地区人均基本公共服务支出达到珠三角地区 83.3% 的水平，实现区域基本公共服务水平差距控制在 20% 以内的目标。

■ 专家点评

城镇化与新农村并举，农民城乡间进退自如

国务院发展研究中心研究员、农村经济研究部副部长徐小青：通过推进城镇化，有序、渐进地推进农村人口向城镇转移、向第二、三产业转移，这个方向是对的。广东在追求基本公共服务均等化的过程中，还提出城镇化与新农村建设并举这个思路。广东情况特殊，既属于发达地区，但各区域间的发展又不平衡，能转移的人口是有限目标，最终还是要把新农村建设好，让农村人安居乐业，也体现基本公共服务均等化水平的提高。广东还提出在一定时期内建立农民在城乡间进退自如的机制，比如在贫困山区，对腾出的土地资源，能保留用于发展第一产业的要保留，保留其农村集体所有性质。在农村劳动力向城市转移的过程中，如何保障原来农村土地等各种权益，是一个全局性的难题，希望广东能走在全国前面树立一个榜样。

（记者：严丽梅，2010 年 1 月 3 日《羊城晚报》）

政府“钱袋子”里的钱怎样花

■高端访谈

广东财政厅厅长刘昆接受《羊城晚报》记者专访——

想办法让老百姓也读懂财政预算

现在的办法是多提供名词解释，等预算法调整之后广东会有进一步的推进。

广东的钱袋子怎么公开？广东的财政政策会向哪里倾斜？广东人获得基本公共服务会达到什么水平？“两会”之际，《羊城晚报》记者就当前的社会、政治和经济热点，专

访了广东省财政厅厅长刘昆。

1. 阳光预算：向人大代表完全公开，下一步要向公众公开。

● 背景：日前，财政部发出《关于进一步做好地方财政预算信息公开的通知》（征求意见稿），对各地方政府财政预算信息公开的内容、方式和范围等作出了统一的要求。“阳光预算”制度将有实质性的突破。

《羊城晚报》记者：去年广州就率先向社会公开了财政预算的“账本”。国家财政部最近发了征求意见稿，广东在这方面会如何推进？

刘昆：从广东的情况来看，财政部通知要求的，实际上我们都已经达到了。广东省财政的细化程度还是相当高的。

当然，财政公开化必须在国家统一法律框架下推进。越往高层级的预算，需要更高层面的法律支撑。

《羊城晚报》记者：有些官员认为财政预算太公开，太透明不好，这样会导致政府很多该做的事情都做不了，请问真会有这样吗？

刘昆：财政资金取之于民，用之于民，让老百姓知道老百姓的钱用得如何，这是题中之意。现在向人大代表是完全公开的，下一步要向公众公开，但是涉及到秘密事项，要遵守保密法。

现行《预算法》是1994年公布的。预算法律修改，必然兼顾到公众知情权。等预算法调整之后，广东会有进一步的推进。

《羊城晚报》记者：有的人大代表反映对预算案看不懂，那么财政预算如何让老百姓也读懂呢？

刘昆：预算报告必须按照国家的统一规定来草拟，不可能每一个名词都完全通俗化。我们在现实中采取提供名词解释的办法来解决。除了向人大代表提供名词解释，还会尽量通过媒体介绍有关词汇，让老百姓能看懂。我们最近在推进基本公共服务均等化中也采取这个做法，得到了《羊城晚报》等媒体的支持。

《羊城晚报》记者：有人说财政预算的公开，像香港那样甚至政府购买一张桌子都能看到，我们也会这样细化吗？

刘昆：作为部门预算的编制，反映了国家和地方的管理水平。改革开放，我们用30多年的时间完成了西方成熟市场经济国家两三百年的里程，配套管理和能力不一定能及时跟上。

2. 落实积极财政政策：安排财政资金支持自主创新，引才政策将在全球引起反响。

● 背景：省委十届六次全会指出，加快经济发展方式转变是今年经济工作的头号工程。

《羊城晚报》记者：去年经济企稳向好，今年财政如何进一步为转变发展方式服务？

刘昆：去年我们国家应对金融危机很成功，广东也按照国家政策，包括财政上的措施，取得非常好的效果。从目前公布的指标来看，GDP增长了9.5%，财政总收入增长6.87%，一般预算收入增长了10.25%，成绩是来之不易的。

省委、省政府最近出台的扩大内需的决定。作为财政部门来说，我们要落实中央政策，特别是经济发展由要素驱动向创新驱动方面，在财政资金给予支持。

这些措施包括安排财政资金吸引人才、支持自主创新，在政府采购上鼓励支持自主创新的企业。省里很快会公布人才候选名单，将来在吸引人才的政策上，不但在全国，甚至在全世界都会引起相当大的反响。同时，在扩大内需方面，会继续加大财政资金的力度，包括扩大基础设施的投资，扩大内需消费的措施。还有，要加大力度保民生，特别对低收入群体的保障予以强化。

《羊城晚报》记者：在落实积极财政政策上，如何为经济企稳回升服务？

刘昆：在投资上，全面推进新十项工程、建设现代产业体系确定的重点项目建设等。今年省级财政预算将安排一定的省铁路建设项目资本金，支持广珠铁路、广珠城际轨道交通、厦深铁路等项目建设，继续安排欠发达地区产业转移园区发展资金15亿元。

就外贸出口而言，省财政将把采取有效措施尽快扭转外贸出口下滑势头作为广东首先克服国际金融危机影响。

3. 公共服务均等化：强调底线均等机会均等，首先拉近距离缩小差距。

● 背景：目前广东城市和农村的恩格尔系数都降到50%以下，表明消费型需求已经退居其次，教育、就业、医疗、住房和社会保障成为最重要的公共需求。广东省率先全国出台《广东省基本公共服务均等化规划纲要（2009～2020年）》。

《羊城晚报》记者：为什么广东要实现基本公共服务均等化，有什么条件实现？

刘昆：从目前了解的情况看，基本公共服务均等化的规划和编制，广东是第一个。广东这么大的地方，不是每个地方都可以搞第二产业的。

基本公共服务均等化是一个渐进的过程，强调的是机会均等、资源共享和制度统一。它的实质是底线均等，体现为享受基本公共服务的机会均等，尊重社会成员的自由选择权，重点保障低收入群体的基本公共服务供给。要防止把均等化变成绝对平均化。我们会首先在拉近距离、缩小差距上下工夫。

《羊城晚报》记者：《规划纲要》提出，到2020年，广东省要基本建成基本公共服务体系，达到中等发达国家水平，那么广东省有实现这一目标的财力基础吗？

刘昆：对财政来说，财政来源于经济，所以我们立足于广东未来10年的经济发展可以达到中等发达国家的设想，在财力许可范围内研究提出的。

我们对财力供求进行了测算，预计若要实现到2020年全省区域间人均基本公共服务支出差距控制在20%以内的目标，全省需要投入财政资金24 812亿元，平均每年新增投入292亿元。综合考虑规划期内全省经济财政形势，将全省基本公共服务支出占一般预算收入比重逐步从2009年的22.4%提高到2020年的28.6%。我们认为这是能够实现的。

《羊城晚报》记者：基本公共服务均等化中，公平优先还是效率优先?

刘昆：在纯粹市场行为来看，是要效率第一，但是财政分配是二次分配，就要首先兼顾公平。在市场失灵的时候，就要通过二次分配予以纠正。财政分配公平为第一要务。同时，也要注意效率问题。

《羊城晚报》记者：基本公共服务均等化会遭遇什么困难和挑战?

刘昆：你会发现我们在定义上有理论上的突破，包括对基本公共服务的理论基础、社会公平正义、社会和谐、人的生存权发展权，还要保证人的尊严和体面的需求，这些定义也符合国际上主流理论，也是符合广东实际的。当然，一个长时间的规划，越近期就会越详细，规划期末的目标就会粗略一些。

4. 保民生：诸多民生政策将出台，2010 年投向注重“三倾斜”。

● 背景：民生方面，国家和广东都有一系列的研究，很多民生政策都将出台。

《羊城晚报》记者：今年在保民生上，有何具体政策?

刘昆：包括提高退休职工待遇的政策等很多民生政策都将出台。今年民生投向有三个特点：

一是向农村的社会事业倾斜，将安排城乡水利防灾减灾工程及重点项目补助资金 30 多亿元；安排 30 余亿元，对欠发达地区新型农村合作医疗的参保补助从 61 元每人，提高到 72 元每人。二是向困难群众倾斜，将全省 210 多万困难群众纳入低保范围；将全省没有参加医疗保险的困难企业退休人员 28.44 万元纳入医疗保险。三是推进教育事业发展，2010 年，省财政将安排 10 亿元推进中小学教师工资福利待遇“两相当”工作，即县域内教师平均工资水平与当地公务员平均工资水平大体相当，城乡教师工资福利待遇大体相当。

（记者：戚耀琪，2010 年 1 月 29 日《羊城晚报》）

第十二部分

附　　录

广东省财政学会

2010年，省财政学会以多种方式组织开展财政科研工作，在广东财政改革和发展方面发挥了理论支持和宣传推动作用。

一、认真做好财政科研工作，不断创新理论，以理论指导实践，服务广东省中心工作

1. 在财政绩效管理理论与实践方面开展了持续的探索并形成了具备中国特色的广东模式绩效预算体系。财政绩效管理是基于整个政府层面，对财政资金的使用以绩效为导向，对财政支出全过程进行管理的一种机制。从2004年南海绩效预算尝试开中国财政绩效管理之先河起，截至2010年，与省财政科学研究所开展财政绩效管理实践合作的地级市有中山、江门和珠海，其中中山市成立了以常务副市长为主席的绩效管理委员会，并从2010年开始，用三年时间推进支出在50万元以上的项目绩效预算工作。区级单位除南海以外，还有佛山市顺德区、禅城区和三水区也在和省财政学会合作。在实践基础上，省财政学会在财政绩效管理的理论上也不断探索，完成了《绩效预算：破解财政分配困局，推动政府管理革命》、《绩效预算的进一步完善》、《绩效论》、《广东模式财政绩效管理：省委领导下的集体创新》、《中国特色广东模式财政绩效管理的核心和内涵：科学性》、《中国共产党中央领导集体执政绩效思想研究》等理论文章12篇。截至2010年，已经形成比较完善和成熟的管理制度和操作模式，初步建立了具有中国特色的广东模式的财政绩效管理框架体系。

2. 积极组织开展全省财政课题管理工作。省财政学会严把课题研究的选题和考评关，引导财政干部职工将理论与实践相结合，以研究引导改革，用理论指导实践。2010年，共收到53个单位的75个省财政科研课题立项申请报告。本着“为领导决策服务、为财政工作服务”和“好中选优，优中选精”的原则，省财政科学研究所组织专家从课题的研究价值、现实意义、创新性、可行性、研究能力及课题单位申报态度等方面进行了评审，并对28个单位的37个课题进行了立项通报。2010年8月，修改完善了《广东省财政科研课题管理办法》，明确了课题的立项、申报、跟踪管理、结项评审和课题出版发行等工作，并制定了课题的研究规范。

3. 积极筹建省财政厅综合性专家库工作。建设省财政厅综合性专家库是项系统工程，通过对全厅各处室所需专家类型进行摸底调查，弄清各处室对专家需求的类型与层次，选择所需的专家；在调研和借鉴其他厅局专家库的基础上起草了《广东省财政厅综合性专家库管理暂行办法》和《广东省财政厅综合性专家库建设方案》，并成立了以戴运龙副厅长为主任的专家库管理委员会。

4. 通过开展具体的课题研究工作，提高自己的理论水平与科研能力。为不断提高自身的理论水平与科研能力，更好地为财政中心工作服务，省财政科学研究所具体承担了一些课题研究工作。参与了省财政厅预算处的全国课题《全面推进省直管县财政体制改革——关于省直管县财政管理方式改革的研究报告》广东分报告、外经金融处的《欧洲债务危机对广东出口影响的分析报告》、中山市的《中山市扶持产业发展专项资金绩效管理研究报告》等课题研究工作。

5. 积极做好《广东财政理论与实务》丛书出版发行工作。为有效促进广东财政的改革与发展，建立广东财政与社会经济、政治以及文化的协调发展，建设和谐社会，促进和提升广东财政理论界的水平和在全国的影响力，广东省财政厅决定在“十一五”期间编辑出版《广东财政理论与实务》系列丛书。截至2010年年底，整套丛书已经出版14本。

二、充分发挥杂志的对外窗口宣传作用，提高广东省财政的影响力

1. 做好杂志编辑工作，发挥窗口宣传作用。在《广东财政理论与实务》的编辑出版工作上，紧紧围绕广东省财政中心工作主题，始终充当广东财政改革的先行者，主动以敏锐的视觉发现问题，铺路造势。精心策划和组织采编每一期中心栏目，围绕热点，抓住难点，突出重点，大力宣传财政改革。2010年，省财政学会分别围绕新型农村社会养老保险进行了宣传和理论探讨，为改善民生问题提供政策建议；围绕中央提出的“加快经济发展方式的转变”的要求，对广东省在产业结构优化和调整所做的成效进行了宣传，同时对广东省在进一步加快经济发展方式的转变进行了探讨；围绕当前全国逐步开展起来的绩效管理进行专题报道，大力宣传“广东模式的绩效管理”的先进做法。同时，与省财政厅各处室紧密联系，积极宣传各处室在财政工作中取得的成绩。

在《广东财政规章制度》的编辑出版中，省财政学会始终坚持及时、准确、完整，将财政部、省财政厅、相关省级单位的最新通知和规章制度进行刊登，发挥财政政策法规的宣传和咨询服务作用。

2. 组织举办财经专家学术报告会。2010年，省财政学会邀请了中国政法大学世界经济研究所教授杨帆就热点——人民币汇率问题作了专题报告，为省财政学会更深层认识当前货币的发展形势和趋势提供了更广阔的视角。

3. 组织开展征文活动，调动财政工作者理论研究积极性。为进一步促进和推动广东省财政工作者参与财政科研理论研究，始终保持理论结合实际的工作作风。省财政科学研究所与惠州市财政局联合举办了“惠财杯”征文活动，主题为中央提出的“转变经济发展方式，社会经济科学发展”共收到稿件700篇，评出一等奖6篇，二等奖10篇，三等奖29篇。

（省财政学会供稿，朱朝明执笔）

广东省会计学会

2010年，省会计学会先后荣获了中国会计学会颁发的“先进会计学会”称号以及省社会科学界联合会成立50周年“最具影响力学术团体”的称号，各项工作得到了社会的肯定和好评。

一、重视组织建设，推动学会不断发展

按照“依法办会，规范管理”的原则，学会要重视组织建设工作，规范工作程序，使各项工作积极而有序地进行。

1. 召开省会计学会成立30周年纪念大会。总结过去是提高认识，开创未来的重要方式。为纪念省会计学会成立30周年，回顾省会计学会30年成长历程，2010年1月26日，省会计学会在佛山市隆重召开了成立30周年纪念大会暨2009年年会。中国会计学会会长金莲淑，原省财政厅党组书记、厅长刘昆（现任广东省人民政府副省长），省财政厅党组成员、副厅长郑贤操莅临会议并作重要讲话，省社科联专职副主席李旭明亲临会议指导。会上，还向30年来为学会工作作出突出贡献的单位和个人颁发荣誉牌匾。

2. 召开常务理事会，研究解决新问题。省会计学会于2010年5月13日召开了第八届理事会第五次常务理事（扩大）会议。省会计学会第八届理事会顾问、常务理事及有关人员20多人出席了会议。经省会计学会常务理事会审议，会议通过了《广东省会计学会个人会员分级管理办法》（试行），完善了《广东省2009年度会计科研课题评审办法》（两年完成），以及研究了省会计学会网站建设、调整省会计学会单位会员会费标准、组织2010年度广东省中、高级会计人员培训班等多项工作。

3. 健全组织架构，完善规章制度。2010年，为整合资源，根据精简机构和资源共享的精神，省会计学会和省珠算心算协会按照统一领导，统一管理，职责不变，分工合作的原则，实行合署办公。此外，还按照工作职能，实行工作人员定岗定责制，充实骨干力量，不断提高工作人员素质，为学会工作的不断开展提供了有力保障。规范学会的日常管理，使学会各项工作做到有章可循。在认真研究、细致调查、广泛听取意见的基础上，制定《广东省会计学会财务管理实施细则》、《广东省会计学会内部管理工作规范》、《广东省会计学会有关费用的管理办法》等各项制度。

二、加强理论研究，推动实务工作新进步

1. 提升课题研究，完善评审制度。为提高广东省会计理论水平，指导会计实务工作，2009年度会计科研课题在以往组织课题的基础上增加了重点会计科研课题项目，针对当前会计改革中出现的热点、难点问题及配合《珠江三角洲地区改革发展规划纲要》，确定了《珠江三角洲地区“双转移”的财务与会计问题研究》、《广东省医疗保险制度改革的财务与会计问题研究》等重点课题。2009年当年申报的会计科研课题161项，其中重点课题12项；评出中标会计科研课题121项，其中重点课题3项。2010年，为进一步完善规范课题评审，使评审更科学、快捷、全面，学会制定了《广东省2009年度会计科研课题评审办法》，根据评审办法要求，经专家组通过小组初评、交叉辅审、会议终评等环节，评定重点课题良2项，合格1项；会计科研课题一等奖2项，二等奖4项，三等奖10项。

2. 树立品牌意识，坚持办好会刊。2010年，编辑部围绕当前会计界热点、难点问题采用各种各样的方式进行组稿、约稿，刊登专业论文，宣传报道会计新动态、新资讯。2010年年初，还编辑出版了《广东省会计学会成立30周年纪念专刊》，刊载了学会30年发展历史图片、纪念文章、摄影、书法、美术作品等，以纪念和宣传广东省会计学会成立30年来取得的发展与成就，树立会计工作者的荣誉感和责任感。

三、打造服务平台，不断强化学会管理手段

1. 发展个人会员队伍，强化服务工作。为充分发挥学会的作用，切实服务于会计人员，努力满足不同层次的个人会员要求。省会计学会决定开展吸纳个人会员工作，并实行分级管理，提供专业发展支持，帮助个人会员成为适应新形势需要的高素质、多层次的会计专业人才。2010年6月，省会计学会印发了《广东省会计学会个人会员分级管理办法》（试行）和《关于征集广东省会计学会个人会员的通知》。截至11月底，共有126人申请成为个人会员，经省会计学会常务理事会审批，成为首次个人会员的共有103人，其中，会员有61人，高级会员有42人。

2. 发展信息化，建设会计学会网站。省会计学会努力建立会员服务信息系统，探索网站建设。省会计学会网站依托于“广东省会计管理信息平台”，面向本会会员、全省会计人员和社会公众，利用网站专业化、便利化的特色，及时发布最新的会计法律法规和学会工作动态、会议、培训、理论研讨、会员动态等信息，并为单位会员和企业提供及时的在线报名、书刊征订、在线投稿等服务。省会计学会网站将在近期投入使用，现网站建设已接近尾声，软件已开发完毕，正办理网站ICP备案流程。省会计学会网

站的开通将有助于简化工作流程，促进服务手段。同时通过网站，增加广大会计人员和社会公众对省会计学会及其会所开展的活动的了解，充分利用网络信息化平台，达到更便捷地为学会会员服务的目的。

四、服务社会，推动学会工作持续发展

1. 配合会计管理机构，举办培训班。省会计学会积极开展会计人员继续教育培训工作，把培训工作任务列入年度工作安排之中，结合当年会计人员继续教育要求和当前热门问题，通过举办培训班、讲座等形式进行。2010年，省会计学会分别于7～9月，在上海国家会计学院举办了3期广东省中、高级会计人员培训班，来自各地区、各行业、各领域的会计人员共计150多人参加了培训班。省会计学会从课程编排到师资力量都进行了精心策划和周密安排，聘请相关领域的专家学者担任授课工作，还聘请了财政部会计司针对当前政府会计改革、新会计准则执行中的热点难点问题、内部控制专题、金融理财与投资分析以及干部工作压力应对和心理调适等热点问题进行培训，课程内容新颖、充实，取得了良好的效果。

2. 提供便民服务，代理征订财会报刊。2010年，省会计学会受《中国会计报》征订委托，组织全省征订报纸，荣获全国征订《中国会计报》第六名大户。下半年，根据财政系统宣传工作会议精神，为方便广大读者订阅2011年度财会报刊，受中国会计学会、《中国财政》杂志社、中国财政经济出版社和中国财经报社的委托，省会计学会协助组织部分财会期刊的征订工作。同时，为进一步做好会计宣传工作，2010年10月恢复召开了广东省2011年度财会期刊征订工作会议，召集各地级以上市会计学会负责人和期刊征订经办人，传达财政系统宣传工作会议精神，部署征订任务。省会计学会还提供多种订阅渠道供订户选择，便于订户订阅。省会计学会要求各地高度重视，加强宣传，认真组织本地区的征订工作，让全省会计人员及时征订、及时了解订阅信息。

五、围绕中心，发挥学会参谋助手作用

1. 加强企业内部控制规范体系宣传工作。根据《财政部、证监会、审计署、银监会、保监会关于印发〈企业内部控制配套指引〉的通知》和《关于加强企业内部控制规范体系宣传工作的通知》文件精神，省财政厅印发了《关于加强企业内部控制规范体系宣传工作的通知》，要求各地财政部门高度重视，认真部署，做好宣传工作。同时，将内部控制规范作为2010年广东会计人员继续教育内容，并于2010年10月11～14日与广东证监局、省审计厅、省国资委、广东银监局、广东保监局六部门联合召开全省贯彻实施企业内部控制规范动员大会暨会计骨干师资培训班，财政部原会计司司长刘玉廷莅临大会并作重要讲话。这次参加会议的代表来自全省各地上市公司、省属集团公司、银行金融机构、保险机构、大专院校、会计师事务所及有关政府部门，共300多人。

2. 做好全国先进会计工作者候选人的推荐工作。根据《财政部关于开展2010年全国先进会计工作者评选表彰工作的通知》精神，印发了《广东省财政厅推荐2010年全国先进会计工作者（会计管理工作者系列）候选人工作方案》，组织各地区、各部门做好全国先进会计工作者候选人的推荐工作，要求各地于2010年6月20日前将推荐名单报送上来。经专家小组对全省各地市财政部门和省级有关单位推荐的9名全国先进会计工作者候选人的事迹材料进行评审，确定推荐省财政厅会计处处长邹清莲为全国先进会计工作者（会计管理工作者系列）候选人，并于7月底上报财政部。经全国专家组评审，邹清莲处长被授予“全国先进会计工作者”荣誉称号。

（省会计学会供稿，陈伟明、陈焕桂执笔）

广东省预算会计研究会

2010 年，省预算会计研究会围绕广东省财政中心工作，顺利完成了各项工作任务。

一、完成换届选举工作

2010 年 4 月 8 日，召开省预算会计研究会第三届理事代表大会，参加会议的有第二届理事、第三届候选理事和特邀领导共 110 人。大会审议并通过了第二届理事会工作报告和新的《广东省预算会计研究会章程》；选举并通过了第三届理事（65 人）、常务理事（22 人）及领导成员（7 人）。

二、围绕财政中心工作，组织课题研究，开展各项活动

1. 完成两个课题的研究撰写工作。一是《政府预算会计与财务会计结合方式研究》的课题报告；二是《省直管县财政管理方式改革》广东分课题的报告。全国预算与会计研究会将《政府预算会计与财务会计结合方式研究》的报告作为该课题研究总报告的蓝本。《省直管县财政管理方式改革》广东分课题报告也有部分内容被吸收进总报告。

2. 参加第二十次中南片区预算管理与会计协作研讨会。广东省提出了全面推进县级国库集中支付制度改革以及完善和健全高校、医院会计制度的修改建议，为此次研讨会提供了重要的参考资料。

3. 联合省财政厅预算处、国库处举办了两期全省政府会计改革理论研习班，重点介绍中国政府会计改革的研究情况、主要观点和政府会计改革的主要内容，并以专题《论我国政府会计的计量焦点》讲解了广东省预算会计研究会的研究成果，全省财政系统共 110 人（次）参加了研习班学习。

4. 开展“国库集中收付制度改革十年回顾”征文评比活动。2010 年为深入开展广东省国库集中收付制度改革研究工作，省预算会计研究会与省财政厅国库处联合举办了《国库集中收付制度改革十年回顾》征文评比活动。广东省共收到征文近 100 篇，其中推荐给财政部的 11 篇征文中有 2 篇获得优秀奖。同时，广东省共评出一等奖 2 篇；二等奖 3 篇；三等奖 4 篇；优秀奖 10 篇。

5. 参加全国预算与会计研究会成立 20 周年暨宣传工作会议。会上，省预算会计研究会纪武会长在会上作了题为《紧密围绕财政中心 深入开展科研活动》的经验交流。

三、抓好信息宣传工作

1. 建立预算会计研究工作动态信息平台。为了更好地发挥预算会计研究会的桥梁、纽带作用，加强全省各地预算会计研究工作的信息沟通，建立预算会计研究工作动态信息平台，不定期编制《广东省预算会计研究会工作动态》，2010 年共编印 7 期。

2. 做好《预算管理与会计》月刊的征订任务。在各级财政部门和省直有关单位的大力支持配合下，全省征订 2011 年《预算管理与会计》月刊比 2010 年递增 17.5%，并再一次被全国预算与会计研究会评为财政宣传优秀单位。

（省预算会计研究会供稿，王启利执笔）

广东省农村财政研究会

2010年，省农村财政研究会（以下简称“省农研会”）在省财政厅党组的领导下，在中国农研会和省社科联的指导下，紧紧围绕省委、省政府的工作大局，以科学发展观为指导，以规范课题管理为抓手，以促进“三农”工作为目标，进一步解放思想，深入农村开展调查研究，积极探索农村财政改革理论、政策建议，努力提高课题研究质量和水平，有力地推进了广东省农村财政研究工作的发展。

一、结合中央1号文件精神选定2010年调研课题

2010年，省农研会根据中央1号文件精神和中国农研会课题研究计划，结合当前广东省“三农”发展中的热点、难点问题，选择了《统筹城乡发展中的财政政策研究》、《转变农业发展方式的财政政策研究》、《耕地保护补偿机制问题研究》等12个调研课题进行立项，在报省财政厅领导批准后下达到各课题组开展课题研究。

二、严格把好2009年度课题的验收评审关

一是及时制定课题验收评审工作方案，聘请有关专家组成课题验收评审小组。二是送给评审小组各成员的课题研究报告均删除了课题组成员名单等信息，并在评审小组成员会议前一个月通过电子邮件发送给课题验收评审小组各成员，由评审小组各成员独立审阅，按照《广东省农村财政研究会课题研究报告验收、评比标准》对课题研究报告评审打分、撰写评语。三是及时召开了验收评审小组成员会议，评选出一、二、三等奖。经评审，2009年开展研究的18个课题均顺利通过了验收，其中一等奖1篇，二等奖2篇，三等奖4篇。

三、加大对2009年度课题研究成果宣传力度

一是将课题研究报告的主要理论观点编印成16期《农研动态》供有关部门和领导决策参考。同时，每期《农研动态》都在省财政厅外部网站的专属栏目刊登。二是出版2009年《广东省农村财政研究会调研课题论文集》，共印发了2000册，供市、县财政部门和省直有关单位研究参考。

四、召开了四届三次全体理事会议

2010年6月18日，省农研会在佛山市召开了四届三次全体理事会议，参加会议的有全省21个地级市财政局（委）以及省财政厅有关处室、省直有关单位、科研院校的理事共70人。会议由副会长兼秘书长陈子希主持，省农研会会长罗妹珠出席会议并作了理事会工作报告。会议总结回顾了四届二次理事会以来的工作情况，研究部署了当前及今后一个时期的工作。会议还增、改选了22位理事和3位常务理事，并对2009年度获奖课题颁发证书。

五、积极组织学术交流和培训活动

2010年7月19日，省农研会邀请省委党校教授朱定祥到省财政厅作《新形势下解决“三农”问题的新思路》专题讲座。省财政厅农业处、农村财务管理处、农业综合开发办公室、农业综合开发评估中心和省农业厅、省国土资源厅、省水利厅、省林业局、省海洋渔业局、省气象局、省扶贫办的有关同志约50人参加了讲座。

此外，省农研会还组织了70名基层财经干部参加中国农研会在桂林、大连、齐齐哈尔、威海、太原等地举办全国基层财经干部培训班的培训，获得中国农研会颁发的优秀组织奖。

六、加强秘书处的建设，夯实省农研会管理基础

一是以通讯的形式组织第四届理事会全体常务理事进行投票表决，一致同意聘任省财政厅农业处范小花、方亮、穆慧姝三位同志为省农研会秘书处副秘书长，并向他们颁发了聘任证书。二是聘请了具有审计资质的会计师事务所对省农研会2009年的财务进行审计。三是根据《会计法》和《广东省财政厅所属单位财务管理制度》等有关规定，制定了《广东省农村财政研究会财务收支管理办法》，明确秘书处会计员、出纳员的职责和日常费用开支的管理等，确保一切经费开支都按制度办理。

（省农研会供稿，陈子希执笔）

省农研会四届三次理事会领导成员名单

顾　　问： 李鸿生　莫棣华　温健辉
会　　长： 罗妹珠
副 会 长： 谢仁寿　张德扬　陈德萍　陈子希
秘 书 长： 陈子希（兼）
副秘书长： 范小花　方　亮　穆慧妹

省农研会四届三次理事会常务理事名单（共24名，以姓氏笔画为序）

于海峰　尹学毛　王绍瑾　田晓霞　叶梅芬　刘　菡
刘继东　刘敏清　刘瑞麟　汤如武　陈子希　陈德萍
何启环　张德扬　周丽娟　罗妹珠　林　江　施映民
饶伟强　容康栋　谢仁寿　辜东方　蒋育燕　赖作卿

省农研会四届三次理事会理事名单（共60名，排名不分先后）

白建林　林　斌　杨新枝　陈胜文　余玩冰　蓝　波
肖小华　蚁文娟　范小花　王康丰　邱少霞　古志东
穆慧妹　方　亮　刘柏文　尹　旭　贺　莹　陈周华
麦　方　崔　剑　邝小清　李　萍　刘艳娥　廖纪坤
王汉忠　卢金贵　文　升　万　忠　李伟锋　杨　柳
周婉华　熊启泉　周建华　咸春龙　王　瑞　冯海波
于明霞　葛孚桥　陈　英　池伟星　戴伟辉　张娟辉
曾少耿　邓华刚　游国廉　刘小奇　陈建桥　蔡妈情
王锐江　邝振强　伍建超　朱锡雄　冼业伙　罗红梅
李华强　欧炳新　谢宇辉　邢玉荣　洪奕惠　梁卓兴

广东省珠算心算协会

2010 年，省珠算心算协会（以下简称“省珠协”）并紧紧围绕弘扬珠算传统文化这一核心，推进广东省珠算珠心算教育工作全面开展。

一、积极参加“创先争优”活动，大力推动省珠协各项服务工作扎实开展

省珠协积极组织全体工作人员参加了省财政厅开展创先争优活动。2010 年，省珠协工作人员积极学习和贯彻《会计处支部深入开展创先争优活动实施方案》，坚持从省珠协各项工作实际出发，改革创新，务求实效。在与有关单位联系工作上，力争做到“四心”，即热心、耐心、细心、精心；在销售服务工作上，努力做好“五个一”，即一张笑脸、一声问候、一把椅子、一杯热茶、一句道别。“创先争优”活动有效改进了协会的服务质量，为“弘扬珠算传统文化”发挥了积极作用。2010 年，省珠协副会长李秀容被广东省科学技术协会评为省级学会先进工作者。

二、召开成立 30 周年纪念大会，增强第九届理事会组织凝聚力

2010 年 9 月 20 日，省珠协在广州召开了成立 30 周年纪念大会，省财政厅党组成员、副厅长林楚欣莅临大会并作了讲话，省科协党组成员、秘书长杨豪标亲临大会指导。省珠协第九届理事会全体理事以及历届老领导、嘉宾，各地级以上市珠协的领导，代表、珠算珠心算专家等共 97 人参加了大会。

三、精心筹划各类比赛活动，推动珠算珠心算教育普及发展

2010 年，省珠协精心组织了两次具有深远意义的珠算珠心算比赛。

1. 组织第 19 届海峡两岸（广东赛区）珠心算通信赛。2010 年 5 月 23 日上午，根据中国珠算心算协会的部署，省珠协积极组织广东省各地级以上市珠协和省直各大中专院校学生参加了第 19 届海峡两岸（广东赛区）珠心算通信赛。在全省各地有关部门的大力发动和共同努力下，广东省参赛的人数达 13 605 人，评出优胜奖 1361 人，由中国珠算心算协会和台湾省商业会联合颁发了《优胜奖证书》。本次通信赛，省注协荣获中国珠算协会三等组织推广奖以及二等成绩奖。

2. 举办广东省第十五届珠算技术比赛。2009 年 6 月 5 日上午，省珠协于在广州举行了广东省第十五届珠算技术比赛。来自 11 个地级市和 8 个省属大中专院校的 30 支代表队共 90 名选手参加了这次比赛。

四、积极搭建交流平台，为广大会员创造学习条件

1. 组织征订 2010 年度《珠算与珠心算》期刊工作。2010 年，省珠协切实做好《珠算与珠心算》的征订发行工作。在各市珠协的重视和努力发动下，共征订《珠算与珠心算》174 份。

2. 发行出版《广东珠算》刊物。2010 年，省珠协出版了《广东珠算》共 4 期，在推动学术研究和经验交流方面发挥着重要的作用，进一步为广东省广大珠算珠心算教育同仁在珠算珠心算领域开阔了视野。

3. 做好省珠协网站建设和维护工作。2010 年，省珠协仍然将网站的建设和维护作为日常重点工作来抓。及时更新省珠协的重要活动以及广东省珠算珠心算教育工作情况、相关文件和各地珠协的重要信息。积极利用网站和网络通信等先进手段加强与广大会员、有关单位的联络，为社会各界与广东省珠算珠心算教育工作者搭建起沟通的桥梁。

4. 出版《广东省珠算心算协会成立 30 周年纪念专辑》。为配合 2010 年下半年的省珠协成立 30 周年纪念活动，经过大半年的积极筹备、常务理事会议修改通过，省珠协出版印刷了《广东省珠算心算协会成立 30 周年纪念专辑》。专辑反映了省珠协三十年来，凝聚广大珠算珠心算教育工作者的汗水和智慧，团结奋进的发展历；罗列了三十年来省珠协的大事记、活动图片、发展简史，以及在珠算珠心算教育工作了取得的成绩；收录了广东省珠心算教育实验点开展珠心算教育的成功经验和大量的纪念文章。《广东省珠算心算协会成立 30 周年纪念专辑》成为了广东省珠算心算协会三十年来，弘扬珠算珠心算文化的历史见证。

五、积极配合有关大中专院校课程安排，上门做好鉴定服务工作

2010 年，省珠协鉴定人员以鉴定服务中心工作为重心，

坚持以人为本，积极配合有关大中专院校、小学、幼儿园开设珠算珠心算课的课程安排，保质保量上门做好等级鉴定服务工作。同时，秘书处工作人员根据各大中专院校要求按时完成证书打印及发放等后续服务工作。此外，省珠协坚持在广州市八十五中学设立珠算等级鉴定点，每月1~2次为社会参加鉴定的人员服务。2010年，省珠协珠算鉴定人数为3 977人次，珠心算鉴定人数为260人次。

（省珠算心算协会供稿，肖健华执笔）

广东省会计函授职业技术学校

2010年，省会计函授职业学校（以下简称“学校”）在省财政厅和中华会计函授学校（以下简称“总校”）的正确领导下，以党的十七大精神为指导，深入贯彻落实科学发展观，紧紧围绕“从严治学，质量第一”的办学方针，精心谋划、科学组织、狠抓落实，圆满地完成了各项工作任务。

一、农村财会人员财政支农政策培训工作

根据总校和省财政厅会计处的部署，学校组织力量完成了《农村报账员业务培训教学计划和课件》制作，通过了总校的评审验收；加强对各地培训工作的日常管理和指导，及时统计上报培训情况，统一征订和发放培训教学资料，印制培训证书，编印支农政策培训《简报》，开展分类培训问卷调查；做好总校课题评审会、全省支农政策培训工作座谈会暨《培训管理系统》软件培训班材料草拟和会务组织工作；加强对管理系统软件试点工作的指导和督办力度，按时完成全省数据录入工作，并针对管理系统使用中存在的不足，向总校提出修改完善的建议；做好教学指导和经验交流工作，不断提高培训效果；制定广东省培训《考核评价工作底稿》，参加2009年、2010年度培训考核和评优表彰工作。2010年，在全省各级财政部门的共同努力下，共完成农村财会人员财政支农政策培训59 982人，其中村级会计人员20 210人，代理机构会计人员2 055人，村干部17 768人，其他19 949人。此外，组织制作的《农村报账员业务培训教学计划和课件》得到了财政部、领导的充分好评，以高票通过评审。

二、协助会计处做好会计服务大厅的管理工作

1. 发挥“广东省会计管理信息系统”的作用，优质、高效、有序地完成了日常业务。省财政厅会计服务大厅依托“广东省会计管理信息系统”，为会计人员提供良好的服务。2010年，办理会计从业资格有关业务共计28 827件（其中新发证22 384件），组织会计专业知识考试共计71 262人，安排省直初、中级会计电算化考试37 785人。受理2010年高级会计师考试报名共531人、评审材料194份，回复网上读者来信295封，成功接听群众来电130 850个，较好地完成了工作任务。

2. 克服困难，想方设法平稳度过业务量高峰期。2010年度的从业资格管理业务量高速增长，与2009年同期相比增幅达35%以上，而且业务量在时间上的分布极不均衡，表现为3月份和9月份当月的业务量达到4 000多宗，而5月份的业务量只有973宗。省财政厅会计服务大厅不断地优化工作流程以加快受理速度，同时加强了对每位员工的业务能力要求，合理分工，努力维持整个省财政厅会计服务大厅和谐平稳的工作气氛。在业务量高峰期间，省财政厅会计服务大厅因地制宜，对受理窗口进行合理扩展和划分，并且通过人员调配等手段，以秩序和效率为出发点，很好地解决了工作量大，现场人多等问题。

3. 全面实行会计专业知识无纸化考试工作。2010年，在省财政厅会计处的统一部署下，会计服务大厅严格按照财政部《关于推进会计从业资格无纸化考试的指导意见》的精神，制订了会计从业资格会计专业知识考试无纸化的工作计划和具体方案，通过学习调研、需求分析、软件开发、题库建设、系统调试、部署测试等步骤，如期完成无纸化考试系统及题库的研发建设工作；在组织无纸化考试过程中，省财政厅会计服务大厅对省直无纸化考试进行了整体的研究和规划，采取了“两手抓”的办法：一手抓考点建设，一手抓考务工作安排。在省财政厅领导的关心支持下，经过大家的共同努力，实现了2010年省属会计从业资格考试全部采用无纸化考试的模式进行。

4. 积极“创先争优”，打造五星服务。为贯彻落实省财政厅《关于深入开展我厅创先争优活动的通知》、《广东省财政厅开展创先争优活动实施办法》的要求，在省财政厅会计处党支部的领导下，结合财政厅会计服务大厅的实际情况，深入开展“创先争优，提升服务档次”的主题活动。一是制定了《关于会计服务大厅深入开展创先争优活动的实施方案》，开设了“创先争优活动专栏”，把财政厅会计服务大厅的有关活动要求和内容对外公示。二是设立了“创先争优五星服务岗”，制定了“五星服务岗”规范化服务守则，公开评选出“本月服务之星”，把服务态度好、工作表现突出的先进个人，作为大家学习和追赶的榜样。三是开展了创先争优问卷调查活动，设计有关问卷内容和设立问卷收集箱，围绕着当前财政会计工作的重点、难点和热点问题，直接收集群众的意见、研究群众的工作建议和解决群众的诉求；四是组织了“写一篇读书心得”活动，进一步增强大家读书学习的责任感和紧迫感，拓宽视野，不断提升能力素质。此外，还统一了财政厅会计服务大厅工作人员的着装，制定了《广东省财政厅会计服务大厅工作手册》，进一步提升了窗口服务的形象和规范化管理水平。

2010年，省财政厅会计服务大厅被省监察厅、省人民政府纠风办、省文明办评为2009年度广东省系统和行业“窗口之星”。

三、充分发挥培训基地作用，大力开展会计人员继续教育培训

2010 年，各级办学单位面对激烈竞争的培训市场，在各级财政部门的领导和部署下，充分利用部门办学优势和已有的办学条件，大力开展会计人员继续教育和各类业务培训，2010 年度，共完成各类培训共 141 447 人次，其中，会计从业资格考前培训 8 721 人次，会计专业技术资格考前培训 6 920 人次，会计电算化培训 6 809 人次，企业会计准则培训 31 442 人次，其他各类培训 87 555 人次，其中，学校共举办了省直单位会计人员继续教育培训班 8 期，为 1 026 名会计人员进行《企业会计准则》继续教育培训。梅州市辅导站紧密围绕财政中心工作，积极服务招商引资，根据产业园区企业的需求，采取“以需定培、长短结合、以短为主”的培训形式，分班分类，按需施教，对产业园区 60 多间企业的 153 名财务人员进行有针对性、集中式的以“企业记账的规范化”、“会计从业资格考试培训”为内容的免费培训，为学员提供《新企业会计准则》、《财经法规与会计职业道德》等资料 600 多份，受到了园区财会人员的欢迎；饶平直属函授站每一期培训班开学，县财政局有关领导都参加，并亲自在开学典礼上讲话，给学员提出学习目的、任务和要求，鼓励学员端正学习态度，树立正确学习观和刻苦学习的精神。在日常的教学管理中，注意完善教学各项规章制度，择优选聘教师，为提高教学质量提供保障。为了方便学员处理好工学矛盾，我们采取合理安排上课时间、送教上门等措施，尽力做到以人为本、优质服务。

四、扎实做好学历教育收尾工作

狠抓教学管理的各环节，认真审核毕业生学籍及成绩资料，按时订购和下发各种教学资料，认真做好毕业验证等方面工作，确保学校 2010 年 119 名毕业生按时顺利取得省教育厅颁发的毕生证书。

五、认真做好事业单位岗位设置的有关工作

根据广东省事业分类改革有关文件精神，学校按省财政厅的统一部署，制定了学校《事业单位分类改革方案》、《方案说明》、《岗位设置方案》上报省财政厅，积极配合厅人教处做好学校事业单位分类改革的相关工作。

（省会计函授学校供稿，关坤翘执笔）

广东省财政职业技术学校

2010年，省财政职业技术学校（以下简称“学校”）坚持以发展为主题，围绕“建设一流学校，培养一流人才”的奋斗目标，统一思想、提高认识，总结经验、科学规划，创新思路、开拓进取，全面实施素质教育，积极稳妥地推进学校各项工作的顺利开展，努力实现财政职业教育事业又好又快发展。

一、注重实效，创新形式，学校加强政治思想工作，走和谐发展之路

1. 抓落实，深入开展主题实践活动和创先争优活动。2010年2月，学校组织中层以上干部学习现任省人民政府副省长（时任省财政厅党组书记、厅长）刘昆《传承创新，科学发展，争创一流职业教育学校》的重要讲话精神。2010年6月，根据《广东省财政厅创先争优活动方案》，学校结合实际制定了《广东省财政职业技术学校创先争优活动方案》。对照“八个一”的要求，举行党员公开承诺活动、组织观看“郭明义同志先进事迹报告会”、举行以“立足本职，创先争优”为主题的教职工个人工作经验交流会、召开以“开展创先争优活动，转变教育发展方式”为主题的党委领导班子民主生活会等，交流思想、总结经验，弘扬学校多年来积淀的优良传统和先进作风，引领全体教职工努力创建一流学校，培养一流人才。

2. 抓学习，提升党员干部政治思想素质。学校以党委理论中心组学习扩大会议为引领，开展专题学习，举办党员培训班，组织外出参观考察等形式多样的学习活动，进一步提升党员干部政策理论水平和政治思想素质。2010年4月，学校组织党员观看反腐倡廉专题片，进一步加强党风廉政建设。2010年7月，学校举办了为期9天的党员干部专题教育培训班，通过专家讲座、户外拓展训练、湖南“红色之旅”参观考察、撰写学习心得体会等丰富多样的学习活动，在全体党员中深入学习贯彻科学发展观，进一步提高学校党员干部政治思想觉悟和政策理论水平。2010年11月，学校组织党支部学习中共中央十七届五中全会精神和省财政厅厅长曾志权的重要讲话精神，全面总结“十一五”期间学校教育事业的发展并广泛讨论学校“十二五”规划，充分发挥党员干部在规划学校发展中的参政议政作用，对推动学校教育事业发展具有重大意义。

3. 品书香，建设学习型基层党组织。学校认真落实省财政厅关于开展读书活动的要求，开展了“品味书香，共同进步”的读书活动。通过开展优秀图书书目推荐、优秀图书展、读书讲座、读书论坛、读书征文等一系列的活动，在全校掀起读书高潮。活动中，学校读书征文小组收到了教职工数十篇读书心得，通过组织评选活动，选择质量较高的文章汇总出版了一期读书专刊《财苑书香》，并择优推荐到《读书园地》杂志。张新华校长的《学而不厌，诲人不倦——〈给教师的一百条建议〉新读》和张贤基副校长的《读书的典范，学习的楷模——读〈毛泽东的读书生活〉有感》等作品均在广东省财政厅的《读书园地》上刊发。

4. 献爱心，扶贫助困见成效。学校认真贯彻落实省委、省政府关于扶贫开发“规划到户、责任到人”的重要决策精神。结合省财政厅对口帮扶五华县大沙村的工作要求，在广东省财政厅对口帮扶五华县大沙村工作组的周密安排下，儿童节前夕，学校党委书记、校长张新华带领副校长林斌、黄志泉、张贤基一行，前往五华县水寨镇大沙村小学参加“六一”庆祝活动，向大沙村小学80多名小学生捐赠了学习文具、图书和校舍修缮资金50 000元；2010年6月，学校党员以特殊党费的形式，踊跃为玉树地震震灾捐款，共捐款4 343元；2010年8月，学校受省财政厅委托，由副校长张贤基带队赴揭西县参加“关爱留守儿童，共建希望家园”扶贫献爱心活动，向揭西留守困境儿童赠送了价值4 000元的书包、文具等学习用品，并深入部分贫困儿童家里走访慰问。

二、统筹兼顾，全面协调，学校发挥综合管理作用，提高服务效率

1. 规范权力运行，完善激励机制，加强干部队伍建设。为实现学校的可持续发展，领导班子勤勉执政，认真贯彻民主集中制，以第十轮全员聘任为契机，制订《广东省财政职业技术学校第十轮全员聘任方案》，坚持公开、公平、公正原则，通过个人申报、民主测评、民主推荐、组织考察、党委讨论、校长办公会确定岗位等程序规范干部聘任，圆满完成学校第十轮全员聘任工作，通过新一轮的聘任，有效地调整中层干部配置，优化教职工队伍结构，实现人尽其才、事得其人、人事相宜，为学校的事业稳步快速发展打下坚实的基础。同时，学校不断完善激励机制，殷切关怀教职工成长，激发教工工作的主动性、积极性、创造性，涌现出大批优秀教师、优秀班主任。

2. 加强制度建设，规范行政管理，提升管理水平。2010年，学校加强制度建设，多次召开中层干部会议、制

度修订专题会议，对学校已有规章制度进行全面梳理、补充和修订，例如对学术委员会章程、车辆管理、财务管理等规章制度作了进一步的完善等，目标是分层分类形成适合学校目前事业发展和建设需要的制度体系，现初步形成《学校党团群工作制度的选编》、《学校管理制度的选编》两大部分制度；学校还配合广东省事业单位分类改革，完成岗位和岗位职责的设置与修订工作，通过岗位职责的修订，进一步明确职责，促使各岗位人员积极主动地工作。

3. 严格财务管理，增收节支，提高资金使用效率。学校严格实行“收支两条线”管理，坚持增收节支、量入为出、勤俭办事的原则，规范审批手续，发挥经费的最大使用效益，确保学校日常运作和重点项目建设。学校认真执行收入分配政策，强化专项资金管理，依法理财、科学理财、民主理财，保障各项资金安全高效运作。2010 年，学校财务收支预算能力较强，预算执行良好，收支结构合理。

4. 加大招生宣传，重视招生就业工作，扩大办学规模。学校进一步探讨和实践扩大办学规模的有效途径，认真总结历年来的招生及就业推荐工作经验教训，充分分析形势，拟定招生、就业推荐工作思路，早动员、早规划、早部署、早行动，坚持突出重点、实行点面结合的做法，积极做好招生、就业推荐工作。在招生方面，加强领导，深入中学，重点宣传，广泛地争取生源，努力减缓省属中职学校生源萎缩对学校招生带来的冲击。在就业推荐及顶岗实习工作方面，密切联系实习单位、用人单位，积极走访企业，安排学生面试；不断开拓创新，加强校企合作单位，共建实习基地，妥善安排毕业班学生实习就业，取得了良好成效，就业率保持在 95% 以上，同时以良好的就业出路，促进校招生工作。

三、开展调研，不断总结，学校深化教育教学改革，以质量强校

1. 注重技能训练，开展技能竞赛，促进良好学风。学校继续抓好教学日常管理工作，注重技能训练。各专业部精心组织开展了会计作账、点钞、珠算、商品分辩、堆头设计、汉字与数据录入等技能大赛，在校园里掀起了学习技能的热潮，学生学习积极性大大提高，教师讲授热情也空前高涨，纷纷带领学生参加各种技能竞赛，取得可喜成绩，频频传出喜报：在首届广东省中职学校学生语文应用能力竞赛中，学校有 3 名学生分别荣获一、二、三等奖；在 2010 年省属中等职业学校技能选拔赛计算机技术竞赛中，学校有 2 名学生分别获得图形图像处理竞赛的一等奖和三等奖，另有 2 名学生分别获得动画片制作竞赛的二等奖和三等奖；在省中等职业学校技能大赛省属学校会计技能选拔赛中，学校两位学生获得会计实务单项竞赛二等奖等优异成绩。学校还组织了全国英语、计算机、营销员以及省级会计从业资格、初级会计电算、珠算定级等考证工作。2010 年，学校学生通过努力获得会计从业资格证、营销员证等各种技能证书的达 1 067 人次。

2. 加强校企合作，注重基地建设，创新人才培养模式。2010 年，学校在总结近年来开展“2 + 1”学生顶岗实习经验的基础上，积极探索人才培养新模式，把“加强校企合作，注重基地建设”作为重点工作。学校高度重视，多次召开专题会议研讨，各部门积极落实，广泛联系企业，根据学校专业设置特点与实际情况，认真筛选合作单位，洽谈合作条件，先后与广州兴泰会计师事务所、佛山顺德区诚泰财务会计咨询有限公司、东莞华必信会计公司、广东源瑞税务师事务所有限责任公司、中国银行顺德分行、广州点聚信息技术有限公司、深圳创世纪职业介绍有限公司、省财政厅会计服务大厅、沃尔玛好又多黄石分公司等 9 家企业签订了合作协议，范围涵盖了会计、财税、金融、计算机、市场营销、电子商务等专业，将 400 多名学生送到专业对口的工作岗位去顶岗实习，强化学生的专业技能和社会适应力。

3. 教师深入企业实践，不断提升业务水平。根据《教育部关于建立中等职业学校教师到企业实践制度的意见》以及《广东省高等学校学生实习与毕业生就业见习条例》精神，学校制定了《教师到企业实践与指导检查学生实习管理办法（试行）》，加强双师型教师的培养，组织专业教师到企业实践。先后有 22 名专业教师利用暑假到校企合作单位顺德诚泰财务会计咨询有限公司、东莞华必信会计公司、广东源瑞税务师事务所有限责任公司、广州点聚信息技术有限公司实践，在实践中提升了专业理论，提高了职业技能教学水平。学校以项目为引导，促使教师致力实现教学模式从知识传授到技能训练的转型，根据社会需要实施应用型人才的培养策略。

4. 积极开展教育调研，科研成绩斐然。2010 年，学校积极走访了相关校企合作的实训基地，以向企业和学生发放调查问卷（分集中实习和分散实习调查）及进行座谈等了解情况，收集信息、调研、分析、反馈校企合作过程中的利弊优劣，形成有情况、有问题、有分析、有对策的《深化校企合作，创新办学模式》调研报告，为新一轮、进一步的校企合作铺路搭桥。学校重视科研兴教，组织完成了德育教育案例故事的征集工作，并在第 64 期《广东财校学刊》开设德育专栏刊登；学校教师黄莉、吴作歆、李建华等主编的教材在中国科学院教材建设评比中分别荣获一、二等奖；在广东省职业教育德育优秀论文评比中，学校有 8 篇论文分别获得一、二、三等奖等。

5. 开拓渠道，拓展培训业务范围。学校调整办学策略，丰富宣传手段，扩大宣传效果，根据全省财政工作大局服务的需要，学校培训中心承担了省财政厅关于开展 2010 ~ 2011 年度会计人员继续教育培训的部分师资任务，共完成会计从业资格证、会计职称、会计电算化、会计继续教育等短期培训班约 2 000 人次；依托行业优势，成功举办了新疆哈密地区财政系统公共财政业务培训班、清远市阳山县财政干部培训班、韶关市浈江区财政干部培训班共 4 期，合计培训人数 139 人，取得良好的社会效应；扩大了中南财经政法大学联合办学点，增加了 3 个办学点，招生人数达 184 人；2010 年金融学院本科招生达 40 人；增加了广东

商学院中英双证自考辅导班招生项目，招生人数达90人。学校形成了专本多层次、成人电大、自考多模式的学历教育办学平台。

四、德育为先，生本管理，学校细化常规工作，推进养成式教育

1. 以人为本，开展健康人格教育。2010年，学校重视学生思想品德和行为规范教育，开展学雷锋活动、举行庄严的入团宣誓仪式、成人宣誓仪式、举办入党积极分子培训班，组织了义务植树、敬老扶幼、一对一帮扶等公益活动，成立校园志愿者社团等，熏陶学生高尚的道德情操。

另一方面，学校注重学生的心理健康教育，举办第三届心理健康教育活动月，开展了以“关爱新生，关注老生”为主题的心理健康教育系列活动；在新生入学军训期间，开展了“扬起青春风帆，迎接财校新生活”为主题的新生心理健康团体辅导活动；建立新生心理档案，加强心理咨询和心理辅导。通过举办第七届“心之约”晚会，出版《心之约》小报、开展“心里话你说我说”征文比赛以及“心灵之声”广播等普及心理健康的知识，多方位地培养学生的健康人格。

2. 异彩纷呈，营造寓教于乐的文化氛围。学校举办第八届社团活动月系列活动，组织各种文艺晚会、综艺大赛、校园文学创作大赛、硬笔书法比赛、趣味数学比赛、排球比赛等内涵丰富的课余活动，以艺术文化活动活跃学生课余生活，在健康的文体活动中培养学生良好的道德情操。

2010年，学校还结合第16届亚运会、2010年广州亚残运会的举行，以传递亚运精神为主线，开展知识竞赛、校运会比赛、征文比赛、亚运志愿者礼仪形象选拔赛、亚运精神宣讲团走进校园等系列活动，成立了“迎亚运”通讯社，培训了亚运助威团，邀请了享有盛誉的北京“心灵之声”残疾人艺术团到学校进行励志演出等，在校园里唱响亚运精神。在省教育厅举办的“志愿精神、职业风采”广东省中职学校亚运志愿者礼仪形象大赛总决赛中，学校选派的洪晓珠、黄婉芃两位选手分别荣获“最具活力自信奖”和优秀奖；学校“希望之星”亚运助威团荣获第16届亚运志愿团选拔赛比赛第七名；学校学生黄佩虹的作品《志愿精神伴我成长》、温晓萍的作品《一起走》获评“志愿精神伴我成长”征文大赛二等奖，孙亚华老师获评优秀指导老师奖。

3. 齐抓共管，完善日常管理机制。学校在加强学生日常管理过程中，发挥二级管理优势和学生干部“自我管理”的作用。学校加强班级量化考核，规范学生日常行为，注重宿舍卫生管理和周末晚归管理，培养学生良好的生活习惯；坚持周会制度，表扬优秀行为人与事，严肃纪律；加强后进学生的帮教工作，加强与学生家长联系沟通，积极争取多方面的教育支持；召开表彰大会，大力表扬品学兼优、全面发展的优秀学生以及班风、学风良好的先进班集体，激励学生比、学、赶、超，引领校园风尚，学校的校园文明建设再上新台阶。

五、保障供应，服务至上，学校切实抓好后勤工作，管理与服务水平全面提升

1. 加强食堂的卫生管理，改善食堂服务质量。学校践行人本管理理念，加强食堂卫生监控和物价监管，关心学生饮食卫生和质量，杜绝食物中毒的发生。2010年11月，学校召开了膳食服务工作座谈会，通报情况、沟通意见、取得反馈，进一步完善食堂服务与管理，贯彻落实学校稳定价格的措施，保障膳食供应的安全、卫生、健康和实惠。

2. 更新校园基础设施，改善师生学习与生活环境。学校积极筹措资金，装修学生与教职员工宿舍，更新宿舍用具配置，认真地做好各项后勤保障工作，为新生提供了周到的后勤服务。学校及时做好供电供水设备及其他设备的维护、维修；细致完成学校绿化、卫生清洁及消毒灭蚊工作，美化学校环境；注重消防和安全保卫，及时消除安全隐患，保证学校安全、卫生、整洁、舒适。

3. 提供信息技术支持，畅通信息，保障图书流通。2010年，学校更新两间机房的设备设施，将商务实训中心的会议室改装成为多功能室，新建了会计实训室与培训中心机房，完善了校园软、硬件建设，为教育教学提供有力的支持。

学校图书馆积极发挥文化传播功能作用，完善了文献保障体系，提高文献信息资源的使用效率，为学校的建设与发展提供文献保障；积极拓宽购书渠道，提高购书质量，同时配合学校开展“品味书香，共同进步”读书活动之优秀书目推荐，采取了多种形式，拓展读者服务，充分利用了网络优势，开展信息代查代检服务工作。

2010年，广东省财政职业技术学校在坚持着科学发展的道路，不断更新教育观念，实施教学改革，积极探索办学新模式，开创人才培养新模式，建立一套“知用”和“致用”相统一的课程体系，争当职业教育发展排头兵；学校丰富校园文化，推进素质教育，致力于培养品学兼优、知行合一的高素质技能型人才，为经济建设和社会发展服务。

（广东省财政职业技术学校供稿，陈培元执笔）

2010 年度广东省财政科研课题管理研究成果评比结果

	课题单位	课题名称
一等课题（共 3 个）	国际金融组织债务管理办公室、省财政学校	广东省省级财政专项资金管理研究
	省财政厅行政事业资产管理处	广东省行政事业单位国有资产管理研究
	省财政厅绩效评价处	以自主创新为抓手　加快广东国有企业转型升级
二等课题（共 7 个）	省财政厅工贸发展处	促进自主创新的财政政策研究
	省直行政事业单位物业管理中心	广东省政府大型场馆财政监督改革
	省财政厅会计处	广东省上市公司企业会计准则执行情况分析
	省财政厅法规税政处	财政资金支付条例立法研究——基于广东财政为例
	茂名市财政局	关于建立生态示范镇的财政补偿机制研究
	顺德区财税局	顺德基本公共服务均等化建设的探索与思考
	梅州市财政局	大力发展“绿色”县域经济　促进地方财政收入可持续增长对策研究
三等课题（共 19 个）	广东省注册会计师协会、中山大学	中小型会计师事务所治理模式与合并整合探析
	省财政厅法规税政处	广东省玩具业国际竞争力分析
	佛山市财政局	建立佛港澳三地会计服务行业的合作机制探索
	韶关市财政局	生态转移支付研究
	肇庆市财政局	地方政府债务成因及其风险防范研究
	湛江市财政局	基于层次分析法的政府投资项目财政风险评估
	佛山市财政局	佛山市财政绩效管理实证分析与发展研究
	肇庆市财政局	地方财政专项资金监督管理研究
	湛江市经济技术开发区财政局	战略机遇期推动开发区二次崛起的对策研究
	肇庆市财政局	增加政府投入　完成城乡基本医疗服务均等化
	东莞市财政局	政府采购领域职务犯罪预防探析
	英德市财政局	农民专业合作社问题与对策研究
	东莞市厚街财政分局	东莞市镇街财政支出管理研究
	江门市财政局	促进江门经济发展方式转变的财政政策研究
	韶关市财政局	发挥财政职能作用，促进我市经济发展方式转变
	广州市公安局	深化广东省公安经费保障体制改革研究
	肇庆市财政局	发挥财政职能作用促进产业转移上新台阶
	肇庆市财政局	以信息化为支撑促进财政科学化精细化管理
	佛山市禅城区财政局	县域城乡基本公共服务均衡供给规划研究

“惠财杯”财政征文大赛获奖名单

文　章	作者	单　位
一等奖（6篇）		
完善分税管理体制改革　推动区域协调发展	游水生	惠州市财政局
突破制约经济发展的瓶颈　推动湛江经济步入快车道	梁　培	湛江市财政局
广东乡镇干部队伍建设对策研究	袁　庆	广东省财政厅教科文处
土地财政与地方经济发展的研究	黄定锋	梅州市财政局
加大统筹城乡区域协调发展　实现缩小广东省区域间差距	李光和	江门市江海区财政局
建立科学的生态补偿机制　积极推进主体功能区建设	黎　莉	清远市连山壮族瑶族自治县财政局
二等奖（10篇）		
发挥财政职能，促进韶关市经济增长方式转变	林　嘉 温建明 张宗君	韶关市财政局
建立财政监督长效机制的几点思考	蓝天良	梅州市财政局
发挥财政职能　促进经济发展方式加快转变	谢开亮	惠州市财政局
当前农村财务管理存在的问题及对策	肖益民	湛江市财政局办公室、科研所
山区县经济发展的现状及对策——丰顺县发展县域经济的调查报告	龚翠莲	梅州市丰顺县财政局办公室
争当科学发展排头兵——论构筑鹤山多元化的梯阶财源	余文涛	江门市鹤山市财政局
CEPA框架下的惠港澳会计合作问题	马迎春 方新月 金　岩 熊佰楚	惠州市财政局
高州市政府采购工作中遇到的问题及解决对策研究	廖　娴	茂名市高州市财政局
欠发达地区实现基本公共服务均等化的财政对策——以茂名为例	杨德贤	茂名市财政局
连南县村级财务管理存在问题及对策	张家剑	清远市连南瑶族自治县财政局
三等奖（29篇）		
论国库集中收付制度预算结余资金结转的办法	曹清江 柯文松	广州市财政局国库支付局
积极利用现代信息技术　加强财政支出动态监管	邓　斌 高　歌	珠海市财政局国库科
促进自主创新　财政大有可为——以珠海为例	张　松 彭高旺	珠海市财政局
对当前地方财政面临问题的思考	曾楚城	汕头市潮阳区财政局

续表

三等奖（29 篇）		
提高财政构建和谐社会的能力	朱汉军	梅州市五华县财政局
构建公共财政体系　推进和谐社会建设	大朗财政分局	东莞市大朗财政分局
财政支出项目绩效管理的研究必要性及国内外研究现状分析	高敏思	中山市财政局
创新理财思路　更新理财观念　着力推进经济方式转变和经济结构调整	张栋材	江门市财政局
如何规范和完善区级政府采购管理	苏悦欢	江门市江海区财政局
论新形势下村级财务管理的建设和审计工作的完善	黄瑞芳	江门市台山市财政局
积极履行政府职能　推进公共卫生和医疗保障均等化	王　静	江门市开平市财政局监督检查股
促进鹤山地方财政收入稳步增长的对策建议	陈继灵	江门市鹤山市财政局
加强土地出让收入基金管理与统筹城乡发展	陈建忠	惠州市基础设施建设基金管理办公室
浅析地方政府融资平台风险防范	肖甲第	惠州市博罗县财政局
紧抓扶贫“双到”　缩小城乡差异——徐闻县在扶贫开发“双到”工作中的财政问题探讨	武龙文	湛江市徐闻县财政局
徐闻对接海南建设国际旅游岛的财政问题研究	陈光贤	湛江市徐闻县财政局
层次分析法在政府投资项目财政风险评估中的应用	左　芳	湛江市财政科学研究所
完善财政监督工作的对策建议	林思彤	茂名市茂港区七迳财政所
浅析欠发达地区乡镇财政管理存在的问题及对策	曹　聪	茂名市茂港区财政局
统一招租平台——行政事业单位国有资产出租管理的高效模式	何汉光	茂名市高州市财政局
利用财政手段　驱动县域经济发展	宋治华	茂名市化州财政局
支持广东高新技术产业发展的财政政策研究	陈雄略	茂名市财政局
浅谈财政支农资金整合的实践与展望	陈世良 梁明杰	肇庆市德庆县财政局
行政事业单位国有资产收益管理研究	杨钊河	清远市连南县财政局
稳定房价的地方财税政策思考——以清远市清城区实际为例	吴德红	清远市清城区财政局
发挥财政职能　推进县镇财政体制改革	李　炼	潮州市财政局
加快县域经济发展的几点思考	杨锐锋	揭阳市揭东县财政局
创新机制　强化监督　力促“三农”投入出实效	黄耿丰	揭阳市大南山华侨管理区财政局
浅谈推进财政国库管理科学化、精细化	刘振群	揭阳市东山区财政局
组织奖（5 名）		
梅州市财政局		
江门市财政局		
惠州市财政局		
茂名市财政局		
揭阳市财政局		